무담보 5억원·담보부 10억원 초과의
고액 개인채무자를 위한 유일한 회생절차

신 일반회생 실무

- 일반회생 · 간이회생 -

법학박사 장 종 운
법 무 사 김 상 승 공저

진 원 사

머리말

본서는 고액의 채무를 부담하고 있는 개인채무자가 통합도산법상의 절차를 밟아 회생하기 위한 유일한 절차인 일반회생절차에 관하여 다루고 있습니다. 통합도산법상 회생절차로는 제2편에서 규율하고 있는 회생절차와 제4편에서 규율하고 있는 개인회생절차가 있습니다. 그런데 개인회생절차는 이를 이용할 수 있는 채무액의 최고 한도 제한이 있어서 무담보 채무 5억원 이하, 담보부 채무 10억원 이하의 채무를 가지고 있는 개인채무자만을 대상으로 하고 있습니다. 따라서 이러한 채무액의 한도를 초과하는 고액의 채무자로서는 부득이 절차도 복잡하고 비용도 많이 드는 제2편 회생절차를 이용하는 수밖에 없을 것입니다. 여기에 고액의 개인채무자가 통합도산법 제2편 회생절차를 통하여 회생을 도모하는 절차인 일반회생절차에 대한 기본적인 지식의 습득이 필요한 것이며 본서는 이러한 일반회생절차에 대하여 서술하고 있는 것입니다. 일반회생절차에서는 저당권 등 담보권도 회생계획에 따라 권리변경이 가해질 수 있고 회생절차가 진행하는 동안에는 담보권의 행사가 제한될 수 있기 때문에 개인회생절차를 이용할 수 있는 개인채무자라도 영업에 필수적인 재산에 저당권 등 담보권이 설정되어 있어서 당해 담보권의 실행을 저지할 필요성이 있는 경우에는 일반회생절차를 이용하는 실익이 있을 것입니다. 실무상 일반회생절차는 무담보 채무 5억원 초과, 담보부 채무 10억원이 초과된 채무를 가지고 있는 자영업자 등 개인사업자나, 의사·약사·한의사, 변호사, 변리사, 기술사, 세무사 등 전문직종 종사자, 부실한 부동산을 소유하고 있는 임대소득자 등이 주로 이용하고 있고, 고액의 채무를 부담하고 있는 공무원이나 대기업 회사원 등 급여소득자도 많이 있습니다.

한편 통합도산법에서는 최근 간이회생제도를 신설하여 회생채권 및 회생담보권의 총액이 30억원 이하인 소액의 영업소득자가 일반회생절차보다 다소 간소화된 절차인 간이회생절차를 통하여 회생을 도모할 수 있도록 하고 있는데, 본서에서는 이러한 간이회생절차에 대하여도 그 서식과 함께 자세히 설명해 놓았습니다.

본서는 제1편 일반회생 이론 및 실무지식, 제2편 일반회생신청서 작성 사례로 구성되어 있으며, 제1편은 다시 제1장「통합도산법상의 회생제도」, 제2장「일반회생절차」, 제3장「일반회생 신청절차」, 제4장「일반회생신청서 작성 사례」, 그리고「부록」편으로 구성되어 있고, 제2편은 제1장「일반회생절차 개시신청서 및 일반회생계획안 작성 사례」, 제2장「일반회생절차 개시신청서 작성 사례」, 제3장「일반회생계획안 작성 사례」, 제4장「간이회생절차 개시신청서 작성 사례」로 구성되어 있습니다. 또한 본서에서는 최근까지의 판례와 2016년 5월 29일 개정되어 동년 8월 30일부터 시행되고 있는 통합도산법의 개정 내용도 반영하였습니다.

본서는 일반회생신청 사건에 관한 국내 최초의 실무 및 이론서가 아닌가 싶습니다. 이에 일반회생신청서를 작성하거나 대행하려는 분들께서 가장 절실히 느끼는 사례와 서식의 부족 문제를 보완하는데 초점을 맞추었으며, 이론 부분은 사례 작성에 꼭 필요하고 참고해야 할 부분을 중심으로 비교적 상세히 서술하였음을 밝혀둡니다.

끝으로 본서가 나올 수 있도록 애써 주신 진원사의 양진수 사장님과 편집부 관계자분들께도 고맙다는 말씀을 전해드리고 싶습니다.

부족하거나 미흡한 부분은 다음 판에 반영해 드릴 것을 약속드리며, 아무쪼록 이 책을 구입하신 모든 독자분들께 행운이 함께 하시고, 일반회생신청의 실무에 있어서 조그마한 도움이라도 되었으면 하는 마음 간절히 바라는 바입니다.

2017년 1월

저자 **장종운·김상승** 드림

참고 및 인용자료

서울중앙지방법원 파산부, 2011, 회생사건실무(상)·(하)(제3판)

서울중앙지방법원 파산부, 2011, 개인파산·회생실무(제3판)

서울중앙지방법원 파산부, 2011, 법인파산실무(제3판)

서울중앙지방법원 파산부, 2011, 도산절차와 소송 및 집행절차

서울중앙지방법원 파산부, 2010, 개인파산관재인 업무편람

사법연수원, 2011, 도산처리법

법원공무원교육원, 2009, 파산·개인회생실무

전병서, 2007, 도산법(제2판)

오수근, 2008, 도산법의 이해

김택수, 2009, 기업회생실무

문호준, 2008, 회생사건(이론&실무)

임치용, 2004, 파산법연구

서울중앙지방법원, 2004, 개인채무자회생실무

대한변호사협회, 2006, 통합도산법(제37기 특별연수)

법무부, 2006, 채무자 회생 및 파산에 관한 법률 해설

법원도서관, 2012, 회생위원 직무 편람

장종운, 2013, 신 개인파산·회생실무

장종운, 2013, 신 법인파산실무

장종운·김상승, 2014, (개정판)법인회생사건 처리실무

장종운, 2016, 개인도산개론

명인제, 2013, 일반회생

박기환, 2016, 회생절차실무

임채홍·백창훈, 1998, 제2판 회생절치법(상)·(하)

三ヶ月章외 5인, 1998, 條解 會社更生法(下)

松田二郞, 1983, 會社更生法(新版)

목 차

제1편 일반회생 이론 및 실무지식

제2편 일반회생신청서 작성사례

부 록 일반회생 실무규정

제 1 편

일반회생 이론 및 실무지식

제1장 통합도산법상의 회생제도

제2장 일반회생절차개시신청 및 개시결정

제3장 일반회생계획안 작성·제출과 그 인가 및 면책

제4장 일반회생계획인가 후의 절차

제5장 간이회생절차

제1장 통합도산법상의 회생제도

제1절 통합도산법 개요

《 I 》
통합도산법의 구조

1. 통합도산법[1)]의 체계

① 제1편 총칙(제1조~제33조)

② 제2편 회생절차(제34조~293조의8)

㉠ 제1장 회생절차의 개시, ㉡ 제2장 회생절차의 기관, ㉢ 제3장 채무자재산의 조사 및 확보, ㉣ 제4장 회생채권자·회생담보권자 등, ㉤ 제5장 관계인집회, ㉥ 제6장 회생계획, ㉦ 제7장 회생계획인가 후의 절차, ㉧ 제8장 회생절차의 폐지, ㉨ 제9장 소액영업소득자에 대한 간이회생절차

③ 제3편 파산절차(제294~제578조의17)

㉠ 제1장 파산절차의 개시 등, ㉡ 제2장 파산절차의 기관, ㉢ 제3장 파산재단의 구성 및 확정, ㉣ 제4장 파산채권 및 재단채권, ㉤ 제5장 파산재단의 관리·환가 및 배당, ㉥ 제6장 파산폐지, ㉦ 제7장 간이파산, ㉧ 제8장 면책 및 복권, ㉨ 제9장 유한책임신탁재산의 파산에 관한 특칙

④ 제4편 개인회생절차(제579조~제627조)

㉠ 제1장 통칙, ㉡ 제2장 개인회생절차의 개시, ㉢ 제3장 회생위원, ㉣ 제4장 개인회생채권의 확정, ㉤ 제5장 변제계획, ㉥ 제6장 폐지 및 면책

---

1) 2006년 4월 1일 이전까지 시행되고 있는 파산법과 개인채무자회생법을 비롯한 화의법, 회사정리법은 2005년 3월 31일 제정된 「채무자 회생 및 파산에 관한 법률」로 통폐합되어 2006년 4월 1일부터 시행되어 오고 있다. 실무상 위 「채무자 회생 및 파산에 관한 법률」을 '통합도산법'이라고 한다.

⑤ 제5편국제도산(제628조~제642조)

⑥ 제6편벌칙(제643조~제660조)

[표 1] 통합도산법의 구성

구 성		조문	대 상
제1편총 칙		1~33	공통
제2편 회생절차	제1장 회생절차의 개시	34~73	개인·법인
	제2장 회생절차의 기관	74~88	
	제3장 채무자재산의 조사 및 확보	89~117	
	제4장 회생채권자·회생담보권자 등	118~181	
	제5장 관계인집회	182~192	
	제6장 회생계획	193~256	
	제7장 회생계획인가 후의 절차	257~284	
	제8장 회생절차의 폐지	285~293	
	제9장 소액영업소득자에 대한 간이회생절차	293조의2~293조의8	
제3편 파산절차	제1장 파산절차의 개시 등	294~354	개인·법인
	제2장 파산절차의 기관	355~381	
	제3장 파산재단의 구성 및 확정	382~422	
	제4장 파산채권 및 재단채권	423~478	
	제5장 파산재단의 관리·환가 및 배당	479~537	
	제6장 파산폐지	538~548	
	제7장 간이파산	549~555	
	제8장 면책 및 복권	556~578	
	제9장 유한책임신탁재산의 파산에 관한 특칙	578조의2~578조의17	
제4편 개인회생절차	제1장 통칙	579~587	개인
	제2장 개인회생절차의 개시	588~600	
	제3장 회생위원	601~602	
	제4장 개인회생채권의 확정	603~609조의2	
	제5장 변제계획	610~619	
	제6장 폐지 및 면책	620~627	
제5편 국제도산		628~642	공통
제6편 벌 칙		643~660	공통
부 칙			공통

2. 각 도산절차 규정 내역

가. 제1편 총칙

총칙은 목적(제1조), 외국인 및 외국법인의 지위(제2조), 재판관할(제3조), 회생절차폐지 등에 따른 파산선고(제6조), 송달(제8조), 공고(제9조), 즉시항고(제13조), 관리위원회의 설치(제16조), 채권자협의회의 구성(제20조), 법인에 관한 등기의 촉탁(제23조), 등기된 권리에 관한 등기 등의 촉탁(제24조), 부인의 등기(제26조), 사건기록의 열람 등(제28조), 채무자의 재산 등에 관한 조회(제29조), 시효의 중단(제32조), 민사소송법 및 민사집행법의 준용(제33조) 등을 규정하고 있으며, 통합도산법 제2편~제5편까지 공통적으로 적용되는 부분이다. 총칙 부분 중 중요 사항만 몇 가지 살펴보기로 한다.

(1) 송 달

이 법의 규정에 의한 재판은 직권으로 송달하여야 한다(제8조 제1항). 회사인 채무자의 사채권자 또는 주주·지분권자에 대한 송달은 사채권자 또는 주주·지분권자가 이 법에 의하여 주소를 신고한 때에는 그 주소에, 주소를 신고하지 아니한 때에는 사채원부·주주명부·사원명부 또는 등기부에 기재된 주소 또는 그 자가 회사인 채무자에 통지한 주소에 서류를 우편으로 발송하여 할 수 있고, 등기된 담보권을 가진 담보권자에 대한 송달은 그 담보권자가 이 법의 규정에 의하여 주소를 신고한 때에는 그 주소에, 주소를 신고하지 아니한 때에는 등기부에 기재된 주소에 서류를 우편으로 발송하여 할 수 있는바, 서류를 우편으로 발송한 때에는 그 우편물이 보통 도달할 수 있는 때에 송달된 것으로 본다(제8조 제2항, 제3항, 제4항). 한편 이 법의 규정에 의하여 송달을 하여야 하는 경우 송달하여야 하는 장소를 알기 어렵거나 대법원규칙이 정하는 사유가 있는 때에는 공고로써 송달에 갈음할 수 있다(제10조 제1항). 다만 위 송달에 관한 규정들은 이 법에 특별한 정함이 있는 때에는 적용하지 아니한다(제8조 제6항, 제10조 제2항). 그리고 이 법의 규정에 의하여 공고 및 송달을 모두 하여야 하는 경우에는 송달은 서류를 우편으로 발송하여 할 수 있고, 이 경우 공고는 모든 관계인에 대하여 송달의 효력이 있다(제11조).

(2) 공　고

이 법의 규정에 의한 공고는 관보에의 게재 또는 대법원규칙이 정하는 방법(일간신문 게재, 대법원홈페이지 등 전자통신매체 공고, 적당한 방법에 의한 공고사항 요지만의 공시)에 의하여 행하고, 공고는 관보에 게재된 날의 다음 날 또는 대법원규칙이 정하는 방법에 의한 공고가 있은 날의 다음 날에 그 효력이 생긴다(제9조 제1항, 제2항). 재판의 공고가 있는 때에는 이 법에 특별한 정함이 있는 때를 제외하고는 모든 관계인에 대하여 그 재판의 고지가 있은 것으로 본다(제9조 제3항). 그리고 이 법의 규정에 의하여 공고 및 송달을 모두 하여야 하는 경우에는 송달은 서류를 우편으로 발송하여 할 수 있고, 이 경우 공고는 모든 관계인에 대하여 송달의 효력이 있다(제11조).

(3) 즉시항고

이 법의 규정에 의한 재판에 대하여 이해관계를 가진 자는 이 법에 따로 규정이 있는 때에 한하여 즉시항고를 할 수 있다(제13조 제1항). 즉시항고장은 원결정 법원에 제출한다. 즉시항고 기간은 재판의 공고가 있는 때에는 그 공고가 있은 날부터 14일 이내이고, 재판의 공고를 하지 않는 경우에는 재판의 고지를 받은 날로부터 1주 이내이다(제13조 제2항, 제33조, 민사소송법 제444조 제1항). 즉시항고가 제기된 경우 원재판을 한 법원은 항고가 이유 있다고 인정되는 경우에는 재도의 고안에 의하여 재판을 경정하여야 하고(제33조, 민사소송법 제446조), 항고가 이유 없다고 인정되는 경우에는 기록을 항고법원으로 송부하여야 한다(제33조, 민사소송법 제443조 제1항, 제400조). 즉시항고에는 이 법에 특별한 규정이 없는 한 집행정지의 효력이 인정된다(제13조 제3항). 즉시항고가 이유 있다고 인정하는 때에는 재도의 고안에 의하여 판결을 경정하여야 하고, 이유 없다고 인정하는 때에는 항고법원에 기록을 송부한다.

(4) 법인에 관한 등기의 촉탁

통합도산법이 제정되기 전의 파산법하에서는 법인에 대한 파산선고결정이 있는 경우나 파산취소·파산폐지의 결정이 확정된 경우, 파산종결결정이 있는 경우에는 위 각 기입등기를 상업등기소에 촉탁하여 법인등기부에 등기가 이루어지도록 하는 한편 법인 채무자의 재산 중 등기·등록된 권리에 관하여도 위 각 기입등기·등록을 촉탁하도록 하고 있었다. 그런데 개별 재산에 대한 기입등기·등록은 아무런 대항력을 가지지 아니하고 제3자에 대하여 경고적 의미를 가질 뿐 재산의 수가 너무 많은 경우 등기·등록에 소요되는 시간 및 비용만 많이 소요되고 절차가 종료된 후에도 그 기입등기·등록이 신속히 말소되지 않아 부동산 등을 거래하는데 지장이 초해하는 등 문제점이 많았다. 이에 통합도산법에서는 법인등기부에만 파산선고 등의 사실을 등록하도록 하고 법인의 개별재산에 대하여는 등기·등록 촉탁제도를 폐지하였다. 따라서 채무자가 법인인 경우에는 법인등기부에만 파산선고 등의 사실이 공시되고 개별 부동산등기부 등에는 공시되지 아니한다. 이 점이 개인채무자가 파산선고 등을 받은 경우 개인채무자의 개별재산 중 등기·등록된 권리에 관한 촉탁제도(제24조 제3항, 제27조)가 계속 유지되고 있는 것과 구별되는 점이다. 통합도산법상 등기·등록의 촉탁 주체는, 부인의 등기가 된 재산을 임의매각한 경우의 등기말소촉탁(제26조 제4항)이 법원인 경우를 제외하고는, 법원사무관 등이다. 법인파산과 관련하여 상업등기소에 촉탁의 대상이 되는 것은 파산선고결정의 기입등기(제23조 제1항 제1호), 파산취소·파산폐지 또는 파산종결결정의 기입등기(제23조 제1항 제5호), 파산관재인·국제도산관리인을 선임하는 처분의 등기(제23조 제2항, 제355조, 제636조 제1항 제4호) 등이다. 법원은 법인인 채무자에 대하여 파산선고가 있는 경우 필요하다고 인정하는 때에는 파산관재인의 신청에 의하거나 직권으로 채무자의 발기인·이사·감사·검사인 또는 청산인에 대한 출자이행청구권 또는 이사 등의 책임에 기한 손해배상청구권을 보전하기 위하여 이사 등의 재산에 대한 보전처분을 할 수 있고(제351조 제1항), 관리위원회의 의견을 들어 위 보전처분을 변경·취소할 수 있다(제351조 제4항).

(5) 사건기록의 열람·복사

이해관계인[2)]은 법원에 사건기록의 열람·복사, 재판서·조서의 정본·등본

2) 회생절차상 이해관계인의 범위에 관하여는 명문의 규정을 두고 있지 아니하지만 통상 채권자, 관계인집회기일의 통지를 요하는 자, 즉 관리인, 회생을 위하여 채무를 부담하거나 담보를 제공한 자는 물론 그밖에 법률상 이해관계를 가진 자를 포함하는 개념이라고 본다. 법에서는 관리인과 채무자를 제외한 이해관계인을 회생절차개시결정 전후로 크게 대별하여 회생채권자, 회생담보권

이나 초본의 교부 또는 사건에 관한 증명서의 교부를 청구할 수 있다(제28조 제1항). 사건기록 중 녹음테이프 또는 비디오테이프에 관하여는 변개가 가능하고 그 성질상 열람·복사의 대상이 되지 아니하므로 이해관계인의 신청이 있는 때에만 법원이 그 복제를 허용할 수 있을 뿐이다(제28조 제2항). 다만 법원은 채무자의 사업유지 또는 회생에 현저한 지장을 초래할 우려가 있거나 채무자의 재산에 현저한 손해를 줄 우려가 있는 때에는 열람·복사, 정본·등본이나 초본의 교부 또는 녹음테이프 또는 비디오테이프의 복제를 허가하지 아니할 수 있다(제28조 제4항).

(6) 재산조회

법원은 필요한 경우 관리인·파산관재인 그 밖의 이해관계인의 신청에 의하거나 직권으로 채무자의 재산 및 신용에 관한 전산망을 관리하는 공공기관·금융기관·단체 등에 채무자명의의 재산에 관하여 조회할 수 있다(제29조 제1항). 재산조회절차에 관하여는 민사집행법상의 재산조회 규정이 준용된다(제29조 제3항, 민사집행법 제74조 제3항, 제4항, 제75조).

나. 제2편 회생절차

(1) 중요 조문

회생절차개시의 신청(제34조), 가압류·가처분 그 밖의 기각사유(제43조), 다른 절차의 중지명령 등(제44조), 회생채권 또는 회생담보권에 기한 강제집행 등의 포괄적금지명령(제45조), 회생절차개시의 결정(제49조), 회생절차개시신청에 관한 재판에 대한 즉시항고(제53조), 다른 절차의 중지 등(제58조), 영업 등의 양도(제62조), 환취권(제70조), 관리인의 선임(제74조), 재산가액의 평가(제90조), 관리인보고를 위한 관계인집회(제98조), 부인할 수 있는 행위(제100조), 법인의 이사 등의 재산에 대한 보전처분(제114조), 손해배상청구 등의 조사확정재판(제115조), 이의의 소(제116조), 회생채권(제118조), 회생채권의 변제허가(제132조), 회생담보권자의 권리(제141조), 상계권(제144조), 회생채권자·회생담보권자·주주·지분

자 등 회생절차개시결정 전부터의 이해관계인과 공익채권자, 개시후기타채권자 등 회생절차개시결정 후의 원인에 의하여 생긴 채권자를 구분하여 달리 취급하고 있다.

권자의 목록(제147조), 회생채권의 신고(제148조), 회생담보권의 신고(제149조), 회생채권자표·회생담보권자표와 주주·지분권자표(제158조), 회생채권 및 회생담보권 등의 확정(제166조), 회생채권 및 회생담보권 조사확정의 재판(제170조), 채권조사확정재판에 대한 이의의 소(제171조), 공익채권이 되는 청구권(제179조), 관계인집회 기일의 통지(제182조), 회생계획의 내용(제193조), 회사의 흡수합병(제210조), 회사의 신설합병(제211조), 주식회사의 분할(제212조), 주식회사의 분할합병(제213조), 주식회사의 물적분할(제214조), 주식회사 또는 유한회사의 신회사 설립(제215조), 회생계획안의 제출(제220조), 회생계획안의 결의의 방법과 회생채권자 등의 분류(제236조), 회생계획의 인가여부(제242조), 회생계획인가의 요건(제243조), 회생계획의 수행(제257조), 회생계획인가 전의 폐지(제286조), 신청에 의한 폐지(제287조), 회생계획인가후의 폐지(제288조) 등이 규정되어 있다.

(2) 회생절차의 이력과 개인회생절차와의 관계

(가) 회생절차의 이력

통합도산법 제2편 회생절차는 종전의 회사정리법(파탄에 직면한 주식회사의 재건을 도모하기 위한 법으로서 기존 경영자의 경영권이 배제됨)과 화의법(파산을 예방하기 위하여 하는 강제화의에 대하여 규정한 법으로서 기존 경영자의 경영권은 보장되나, 대기업은 그 이용이 곤란함)을 통합하여 놓은 것인데(통합이라고는 하지만 화의법이 사실상 폐기된 것임), 거의 대부분 회사정리법상의 회사정리절차를 기본틀로 하고 있다. 다만, 회사정리법은 주식회사만이 이용할 수 있었으나 통합도산법상의 회생절차는 주식회사 이외의 다른 회사나 비법인사단·재단도 이용할 수 있고 개인도 이용할 수 있는 등 그 이용주체에 특별한 제한이 없고, 회생절차의 관리인으로 기존 경영진이 임명될 수 있는 등 화의절차의 일부요소가 가미되어 있다.

(나) 개인회생절차와의 관계

제2편 회생절차는 법인이나 개인 모두 이용할 수 있는 절차임에 반하여 제4편 개인회생절차는 법인은 이용할 수 없고 개인만이 이용할 수 있는 절차이다. 다만 회생절차는 기업형 채무자의 재건을 도모하는 절차이기 때문에 비용도 많이 들고 그 절차가 복잡하며 난해한 측면이 있으므로 개인의

회생을 위하여 이용하기에는 한계가 있을 것으로 보이며 따라서 개인채무자의 대부분은 개인회생절차를 이용하고 있다. 그러나 개인회생절차는 무담보채무 5억원 이하, 담보부 채무 10억원 이하의 채무자만이 이용할 수 있고 여기에 해당되지 아니한 채무자는 개인회생절차를 이용할 수 없는 한계가 있다. 따라서 위 채무액수를 초과한 개인채무자가 그 회생을 도모하려면 부득이 법인회생의 경우와 같이 제2편 회생절차를 통하여야 할 것이다. 이와 같이 고액의 개인채무자가 제2편 회생절차를 통하여 회생을 도모하는 절차를 실무상 일반회생절차[3]라고 한다. 개인회생절차에서는 저당권 등 담보권사는 별제권자로 인정되어 개인회생절차와 무관하게 그 담보권을 행사할 수 있게 되지만 회생절차에서는 담보권도 회생계획에 따라 권리변경이 가해질 수 있고 회생절차가 진행하는 동안에는 담보권의 행사가 제한될 수 있는 장점이 있으므로 개인회생절차를 이용할 수 있는 개인채무자라도 영업에 필수적인 재산에 저당권 등 담보권이 설정되어 있어서 당해 담보권의 실행을 저지할 필요성이 있는 경우에는 회생절차를 이용할 실익이 있을 것이다.

(3) 기존 경영자 관리인제도 신설(제74조)

통합도산법상의 회생절차는 거의 대부분 종전의 회사정리법상의 회사정리절차를 기본 골격으로 하고 있는 반면, 화의법의 색채가 짙은「기존 경영자 관리인제도」를 도입하였다. 즉, 법원은 특별한 경우를 제외하고는 기존의 경영자(개인인 채무자 또는 법인의 대표자 등)를 관리인으로 선임하여야 하고(제74조 제2항), 특히 채무자가 개인이거나 중소기업 등인 경우에는 관리인을 선임하지 아니할 수 있으며, 관리인이 선임되지 아니한 경우에는 채무자(개인 또는 법인의 대표자)가 관리인으로 간주된다고 규정함으로써(제74조 제3항, 제4항) 회생절차에 있어서 기존 경영자의 경영권을 보장하고 있는 것이다.

---

3) 일반회생절차란 법률상의 용어는 아니며 법인회생절차나 개인회생절차와 구분하기 위하여 실무상 사용하는 용어이다. 통합도산법 제2편「회생절차」는 법인회생절차와 일반회생절차를 모두 규율하는 절차인데, 일반회생절차는 개인채무자가 위 통합도산법 제2편「회생절차」중 개인채무자에 해당되는 조항만 적용하여 회생을 도모하는 절차이다. 따라서 본문 중 '회생절차' 또는 '회생'이라는 용어를 사용하는 경우에도 문맥상 '일반회생절차' 또는 '일반회생'을 의미하는 경우가 있으며 이는 용어를 단축하여 간결하게 표현하기 위한 것임을 밝혀 둔다.

다. 제3편 파산절차

(1) 중요 조문

제3편 파산절차는 법인 및 개인의 파산절차에 관하여 규정하고 있는데, 파산신청(제1장 제1절), 파산선고 등(제1장 제2절), 법률행위에 관한 파산의 효력(제1장 제3절), 법인의 이사 등의 책임(제1장 제4절), 파산관재인(제2장 제1절), 채권자집회(제2장 제2절), 감사위원(제2장 제3절), 파산재단의 구성(제3장 제1절), 부인권(제3장 제2절), 환취권(제3장 제3절), 별제권(제3장 제3절), 상계권(제3장 제5절), 파산채권(제4장 제1절), 파산채권의 신고 및 조사(제4장 제2절), 재단채권(제4장 제3절), 파산재단의 관리 및 환가(제5장 제1절), 배당(제5장 제1절), 파산폐지(제6장), 간이파산(제7장), 면책(제8장 제1절), 복권(제8장 제2절) 등으로 구성되어 있다.

(2) 견련파산

견련파산이란 우선적으로 진행되는 회생절차가 도중에 실패한 경우 법원이 필수적 또는 임의적으로 신청에 의하거나 직권으로 파산을 선고함으로써 파산절차로 이행시키는 것을 말한다. 견련파산 제도는 회생에 실패한 채무자를 퇴출시켜 신속하게 구조조정을 실현시키기 위한 제도이다.

파산선고를 받지 아니한 채무자에 대하여 회생계획인가결정 후에 있어서 회생절차폐지의 결정이 확정된 경우, 법원은 그 채무자에게 파산의 원인되는 사실이 있다고 인정하는 때에는 직권으로 파산을 선고하여야 한다(제6조 제1항, 필수적 파산선고). 이 경우 파산선고 전에 지급정지 또는 파산신청이 없는 때에는 회생절차개시의 신청 또는 사기파산죄(제650조)에 해당하는 법인 채무자의 이사(업무집행사원 그밖에 이에 준하는 자 포함)의 행위 중 어느 하나에 해당하는 행위를 지급정지 또는 파산신청으로 본다(제6조 제3항). 이때 회생절차에서의 공익채권은 파산절차에서 재단채권으로 취급된다(제6조 제4항). 또한 파산선고를 받은 채무자에 대한 회생계획인가결정으로 파산절차가 효력을 잃은 후 회생절차폐지결정이 확정된 때에도 법원은 직권으로 파산선고를 하여야 한다(제6조 제8항, 필수적 파산선고).[4] 이 경우에는 회생계획인가결정으로 효력을 잃은 파산절차에서

4) 이와 같이 회생계획인가결정 후 폐지결정이 확정된 경우와는 달리 회생절차개시신청의 기각결정,

의 파산신청이 있은 때에 파산신청이 있은 것으로 보며, 회생절차에서의 공익채권은 파산절차에서 재단채권으로 취급된다(제6조 제9항).

한편 파산선고를 받지 아니한 채무자에 대하여 회생절차개시신청의 기각결정, 회생계획인가 전 회생절차폐지결정, 회생계획불인가결정 중 어느 하나에 해당하는 결정이 확정된 경우, 법원은 그 채무자에게 파산의 원인이 되는 사실이 있다고 인정하는 때에는 채무자 또는 관리인의 신청에 의하거나 직권으로 파산을 선고할 수 있다(제6조 제2항, 임의적 파산선고). 즉 회생계획인가결정 후의 폐지가 아닌 위와 같은 경우에는 파산선고가 임의적인 것이다. 이 경우 파산선고 전에 지급정지 또는 파산신청이 없는 때에는 회생절차개시의 신청 또는 사기파산죄(제650조)에 해당하는 법인 채무자의 이사(업무집행사원 그밖에 이에 준하는 자 포함)의 행위 중 어느 하나에 해당하는 행위를 지급정지 또는 파산신청으로 본다(제6조 제3항). 이때 회생절차에서의 공익채권은 파산절차에서 재단채권으로 취급되고(제6조 제4항), 회생계획인가결정 전에 이와 같은 파산선고가 있는 경우 회생채권의 신고, 이의와 조사 또는 확정은 파산절차에서 행하여진 파산채권의 신고, 이의와 조사 또는 확정으로 본다(제6조 제5항).

파산선고를 받은 채무자에 대하여 회생절차개시신청의 기각결정, 회생계획인가 전 회생절차폐지결정, 회생계획불인가결정 중 어느 하나에 해당하는 결정이 확정되어 파산절차가 속행되는 때에도 공익채권은 재단채권으로 하고(제7조 제1항), 회생계획인가결정 전에 위와 같은 파산절차의 속행이 이루어진 경우 회생채권의 신고, 이의와 조사 또는 확정은 파산절차에서 행하여진 파산채권의 신고, 이의와 조사 또는 확정으로 본다(제7조 제2항, 제6조 제5항).

라. 제4편 개인회생절차

(1) 중요 조문

용어의 정의(제579조), 개인회생재단(제580조), 개인회생채권(제581조), 개인회생재단채권(제583조), 부인권(제584조), 환취권(제585조), 별제권(제586조), 상계권(제587조), 개인회생절차개시의 신청권자(제588조), 개인회생절차개시신청서(제

회생계획인가 전 폐지결정 또는 회생계획불인가결정이 확정된 경우에는 중지되었던 파산절차가 당연히 속행되기 때문에 새로이 파산선고를 할 필요가 없다(제7조 제1항).

589조), 중지명령(제593조), 개인회생절차개시신청의 기각사유(제595조), 개인회생절차의 개시결정(제596조), 다른 절차의 중지 등(제600조), 회생위원 선임 및 해임(제601조), 개인회생채권의 확정(제603조), 개인회생채권조사확정재판(제604조), 개인회생채권조사확정재판에 대한 이의의 소(제605조), 변제계획안의 제출 및 수정(제610조), 개인회생채권자집회(제613조), 변제계획의 인부(제614조), 변제의 수행(제617조), 변제계획 인부결정에 대한 즉시항고(제618조), 면책결정(제624조), 면책의 취소(제626조) 등으로 구성되어 있다.

(2) 개인회생절차의 이력

제4편 개인회생절차는 종전의 개인채무자회생법상의 개인회생절차를 흡수하고, 일부 개정하여 재편한 것이다.

마. 제5편 국제도산

제5편 국제도산은 정의(제628조), 관할(제630조), 외국도산절차의 승인신청(제631조), 국제도산관리인(제637조), 국내도산절차와 외국도산절차의 동시진행(제638조), 공조(제641조) 등으로 구성되어 있다. 국제도산이란 파산채무자나 파산채권자 또는 파산재단의 관계에 있어서 섭외적 요소를 포함하는 파산사건을 의미한다. 통합도산법은 외국인에 대하여 종전 파산법상의 상호주의를 폐지하고 내외국인 완전평등주의로 규정하였으며(제2조), 국제도산에 있어서도 속지주의를 폐지함으로써 채무자의 국외재산도 파산재단에 속하게 하여 관리인의 관리처분권이 미치도록 하였으며, 국내파산절차의 대외적 효력 및 외국도산절차의 대내적 효력이 모두 인정되도록 하였다.

바. 제6편 벌칙

제6편 벌칙은 사기회생죄(제643조), 제3자의 사기회생죄(제644조), 회생수뢰죄(제645조), 회생증뢰죄(제646조), 경영참여금지위반죄(제647조), 무허가행위 등의 죄(제648조), 보고와 검사거절의 죄(제649조), 사기파산죄(제650조), 과태파산죄(제651조), 일정한 지위에 있는 자의 사기파산 및 과태파산죄(제652조), 구인불응죄(제653조), 제3자의 사기파산죄(제654조), 파산수뢰죄(제655조), 파산증뢰죄(제

656조), 재산조회결과의 목적외 사용죄(제657조), 설명의무위반죄(제658조), 국외범(제659조), 과태료(제660조) 등으로 구성되어 있다.

사. 부 칙

통합도산법 제정 당시의 부칙은 이 법이 공포(2005. 3. 31)된 후 1년이 경과한 날(2006. 4. 1)부터 시행되며(제1조), 이 법의 제정으로 종전의 회사정리법, 화의법, 파산법, 개인채무자회생법이 폐지되고(제2조), 이 법 시행 당시 종전의 회사정리법에 의하여 정리절차개시신청을 한 정리사건, 종전의 화의법에 의하여 화의개시신청을 한 화의사건, 종전의 파산법에 의하여 파산신청을 한 파산사건, 종전의 개인회생채무자법에 의하여 개인회생절차개시신청을 한 개인회생사건은 각각 종전의 회사정리법, 화의법, 파산법, 개인채무자회생법을 적용하며(제3조), 이 법 시행 전의 행위에 대한 벌칙의 적용에 있어서는 종전의 규정에 의하고, 1개의 죄가 이 법 시행 전 후에 걸쳐 행하여진 때에는 이 법 시행 전에 범한 것으로 본다는 내용 등이 규정되어 있다(제4조). 한편 최근 2016년 5월 29일 법률 제14177호로 개정된 통합도산법은 공포 후 3개월이 경과한 날인 2016년 8월 30일부터 시행된다(다만 제3조의 개정 규정은 공포 후 6개월이 경과한 날부터 시행됨).

3. 각 절차간의 관계

통합도산법상 제2편의 회생절차, 제3편의 파산절차, 제4편의 개인회생절차는 모두 개인채무자가 이용할 수 있는 제도이며, 따라서 개인채무자가 3개의 절차를 동시 또는 이시에 신청하는 경우도 있을 수 있다. 이러한 경우에는 어떻게 처리되는가? 법 적용의 우선순위를 따져 보면 3개의 절차 중 개인회생절차가 가장 우선하며, 다음이 회생절차(개인회생·법인회생), 마지막이 파산절차(개인파산·법인파산)가 된다(개인회생절차 → 회생절차 → 파산절차 순). 따라서 선순위의 절차가 진행되면 후순위의 절차는 금지 또는 중지되는 것이다. 즉, 개인회생절차가 신청되면 회생절차나 파산절차가 중지 또는 금지되고(제593조), 회생절차개시결정이 있게 되면 종전에 진행되고 있는 파산절차는 중지되며 새로운 파산신청도 할 수 없게 되는 것이다(제58조).

◉ 채무자 회생 및 파산에 관한 법률

제44조 (다른 절차의 중지명령 등) ① 법원은 회생절차개시의 신청이 있는 경우 필요하다고 인정하는 때에는 이해관계인의 신청에 의하거나 직권으로 회생절차개시의 신청에 대한 결정이 있을 때까지 다음 각 호의 어느 하나에 해당하는 절차의 중지를 명할 수 있다. 다만, 제2호의 규정에 의한 절차의 경우 그 절차의 신청인인 회생채권자 또는 회생담보권자에게 부당한 손해를 끼칠 염려가 있는 때에는 그러하지 아니하다.

1. 채무자에 대한 파산절차
2. 회생채권 또는 회생담보권에 기한 강제집행, 가압류, 가처분 또는 담보권실행을 위한 경매절차(이하 "회생채권 또는 회생담보권에 기한 강제집행등"이라 한다)로서 채무자의 재산에 대하여 이미 행하여지고 있는 것
3. 채무자의 재산에 관한 소송절차
4. 채무자의 재산에 관하여 행정청에 계속되어 있는 절차
5. 「국세징수법」 또는 「지방세법」에 의한 체납처분, 국세징수의 예(국세 또는 지방세 체납처분의 예를 포함한다. 이하 같다)에 의한 체납처분 또는 조세채무담보를 위하여 제공된 물건의 처분. 이 경우 징수의 권한을 가진 자의 의견을 들어야 한다.

② 제1항 제5호의 규정에 의한 처분의 중지기간 중에는 시효는 진행하지 아니한다.

③ 법원은 제1항의 규정에 의한 중지명령을 변경하거나 취소할 수 있다.

④ 법원은 채무자의 회생을 위하여 특히 필요하다고 인정하는 때에는 채무자(보전관리인이 선임되어 있는 때에는 보전관리인을 말한다)의 신청에 의하거나 직권으로 중지된 회생채권 또는 회생담보권에 기한 강제집행등의 취소를 명할 수 있다. 이 경우 법원은 담보를 제공하게 할 수 있다.

제58조 (다른 절차의 중지 등) ① 회생절차개시결정이 있는 때에는 다음 각 호의 행위를 할 수 없다.

1. 파산 또는 회생절차개시의 신청
2. 회생채권 또는 회생담보권에 기한 강제집행등
3. 국세징수의 예에 의하여 징수할 수 있는 청구권으로서 그 징수우선순위가 일반 회생채권보다 우선하지 아니한 것에 기한 체납처분

② 회생절차개시결정이 있는 때에는 다음 각 호의 절차는 중지된다.

1. 파산절차
2. 채무자의 재산에 대하여 이미 행한 회생채권 또는 회생담보권에 기한 강제집행 등
3. 국세징수의 예에 의하여 징수할 수 있는 청구권으로서 그 징수우선순위가 일반 회생채권보다 우선하지 아니한 것에 기한 체납처분

제593조 (중지명령) ① 법원은 개인회생절차개시의 신청이 있는 경우 필요하다고 인정하는 때에는 이해관계인의 신청에 의하거나 직권으로 개인회생절차의 개시신청에 대한 결정시까지

다음 각 호의 절차 또는 행위의 중지 또는 금지를 명할 수 있다.

1. 채무자에 대한 회생절차 또는 파산절차
2. 개인회생채권에 기하여 채무자의 업무 및 재산에 대하여 한 강제집행·가압류 또는 가처분
3. 채무자의 업무 및 재산에 대한 담보권의 설정 또는 담보권의 실행 등을 위한 경매
4. 개인회생채권을 변제받거나 변제를 요구하는 일체의 행위. 다만, 소송행위를 제외한다.
5. 「국세징수법」 또는 「지방세법」에 의한 체납처분, 국세징수의 예(국세 또는 지방세 체납처분의 예를 포함한다. 이하 같다)에 의한 체납처분 또는 조세채무담보를 위하여 제공된 물건의 처분. 이 경우 징수의 권한을 가진 자의 의견을 들어야 한다.

② 제1항 제5호의 규정에 의한 처분의 중지기간 중에는 시효는 진행하지 아니한다.

③ 개인회생절차개시의 신청이 기각되면 제1항의 규정에 의하여 중지된 절차는 속행된다.

④ 법원은 상당한 이유가 있는 때에는 이해관계인의 신청에 의하거나 직권으로 제1항의 규정에 의한 중지 또는 금지명령을 취소하거나 변경할 수 있다. 이 경우 법원은 담보를 제공하게 할 수 있다.

⑤ 제45조 내지 제47조는 개인회생절차에 관하여 준용한다.

第600조 (다른 절차의 중지 등) ① 개인회생절차개시의 결정이 있는 때에는 다음 각호의 절차 또는 행위는 중지 또는 금지된다. 다만, 제2호 내지 제4호의 절차 또는 행위는 채권자목록에 기재된 채권에 의한 경우에 한한다.

1. 채무자에 대한 회생절차 또는 파산절차
2. 개인회생채권에 기하여 개인회생재단에 속하는 재산에 대하여 한 강제집행·가압류 또는 가처분
3. 개인회생채권을 변제받거나 변제를 요구하는 일체의 행위. 다만, 소송행위를 제외한다.
4. 「국세징수법」 또는 「지방세법」에 의한 체납처분, 국세징수의 예(국세 또는 지방세 체납처분의 예를 포함한다. 이하 같다)에 의한 체납처분 또는 조세채무담보를 위하여 제공된 물건의 처분

② 개인회생절차개시의 결정이 있는 때에는 변제계획의 인가결정일 또는 개인회생절차 폐지결정의 확정일 중 먼저 도래하는 날까지 개인회생재단에 속하는 재산에 대한 담보권의 설정 또는 담보권의 실행 등을 위한 경매는 중지 또는 금지된다.

③ 법원은 상당한 이유가 있는 때에는 이해관계인의 신청에 의하거나 직권으로 제1항 또는 제2항의 규정에 의하여 중지된 절차 또는 처분의 속행 또는 취소를 명할 수 있다. 다만, 처분의 취소의 경우에는 담보를 제공하게 할 수 있다.

④ 제1항 또는 제2항의 규정에 의하여 처분을 할 수 없거나 중지된 기간 중에 시효는 진행하지 아니한다.

〈2〉
통합도산법의 회생절차 관련 개정내용

종전의 파산법과 개인채무자회생법을 비롯한 회사정리법, 화의법은 2005년 3월 31일 제정된 「채무자 회생 및 파산에 관한 법률」(이하 '통합도산법'이라 호칭하며, 조문만 기재되어 있는 경우에는 통합도산법의 조문을 의미함)로 통폐합되어 2006년 4월 1일부터 시행되어 오고 있다. 따라서 회생절차에 관하여 새로 제정된 통합도산법과 종전의 회생절차간에 어떠한 차이가 있는지 알아둘 필요가 있다. 한편 통합도산법은 2005년 3월 31일 제정 이래 2016년 5월 29일까지 총 24차례의 개정이 있었다. 다만 내용상 개정은 7차례뿐이고 나머지는 모두 타법 개정에 따른 법 명칭 등의 변경에 불과한 것이다. 이에 실질적 개정이 이루어진 경우 중 중요한 것 몇 가지만 살펴보기로 한다.

1. 법인 및 개인 모두 이용 가능

통합도산법상의 제2편 회생절차는 법인과 개인채무자 모두 이용할 수 있으며, 법인의 경우에도 주식회사·유한회사·합명회사·합자회사 등 모든 법인이 이용가능하다. 법인과 관련하여 종전의 화의법에서는 대기업은 이용할 수 없었고, 회사정리법에서는 주식회사 이외의 법인은 이용할 수 없었던 점과 구별되는 점이다. 그리고 개인채무자의 경우에도 회생절차를 이용할 수 있는데, 개인회생절차와 달리, 채무 금액의 제한없이 이용이 가능하다.

2. 기존 경영자 관리인 제도 도입

종전의 회사정리절차에서는 기존 경영자로부터 경영권을 박탈하였고, 따라서 회사정리절차의 이용을 저해하는 결과를 초래하였다. 그런데, 통합도산법상의 회생절차에서는 법원은 관리위원회와 채권자협의회의 의견을 들어 관리인의 직무를 수행함에 적합한 자를 관리인으로 선임하여야 하되, 일부 예외적인 경우[5]를 제외

5) 기존 경영자를 관리인으로 선임할 수 없는 예외적인 경우란 ① 채무자의 재정적 파탄의 원인이 개인인 채무자나 개인이 아닌 채무자의 이사, 채무자의 지배인이 행한 재산의 유용 또는 은닉이나

하고는 원칙적으로 기존 경영자, 즉 개인인 채무자나 개인이 아닌 채무자의 대표자를 관리인으로 선임하도록 하고 있다(제74조 제1항, 제2항).

또한 채무자가 개인, 중소기업, 그밖에 대법원규칙이 정하는 자인 경우에는 아예 관리인을 선임하지 아니하고 이러한 채무자(개인이 아닌 경우에는 그 대표자)를 관리인으로 보게 하여 기존 경영자의 경영권을 보장해 주고 있다(제74조 제3항).[6)]

◉ 채무자 회생 및 파산에 관한 법률 제74조

제74조 (관리인의 선임)

① 법원은 관리위원회와 채권자협의회의 의견을 들어 관리인의 직무를 수행함에 적합한 자를 관리인으로 선임하여야 한다.

② 법원은 다음 각호에 해당하는 때를 제외하고 개인인 채무자나 개인이 아닌 채무자의 대표자를 관리인으로 선임하여야 한다.

1. 채무자의 재정적 파탄의 원인이 다음 각목의 어느 하나에 해당하는 자가 행한 재산의 유용 또는 은닉이나 그에게 중대한 책임이 있는 부실경영에 기인하는 때
   가. 개인인 채무자
   나. 개인이 아닌 채무자의 이사
   다. 채무자의 지배인
2. 채권자협의회의 요청이 있는 경우로서 상당한 이유가 있는 때
3. 그밖에 채무자의 회생에 필요한 때

③ 제1항의 규정에 불구하고 채무자가 개인, 중소기업, 그밖에 대법원규칙이 정하는 자인 경우에는 관리인을 선임하지 아니할 수 있다. 다만, 회생절차의 진행 중에 제2항 각호의 사유가 있다고 인정되는 경우에는 관리인을 선임할 수 있다.

④ 관리인이 선임되지 아니한 경우에는 채무자(개인이 아닌 경우에는 그 대표자를 말한다)는 이 편의 규정에 의한 관리인으로 본다.

⑤ 관리인을 선임하는 경우 법원은 급박한 사정이 있는 때를 제외하고는 채무자나 채무자의 대표자를 심문하여야 한다.

⑥ 법인은 관리인이 될 수 있다. 이 경우 그 법인은 이사 중에서 관리인의 직무를 행할 자를 지명하고 법원에 신고하여야 한다.

그에게 중대한 책임이 있는 부실경영에 기인하는 때, ② 채권자협의회의 요청이 있는 경우로서 상당한 이유가 있는 때, ③ 그밖에 채무자의 회생에 필요한 때를 말한다(제74조 제2항).

6) 다만, 회생절차의 진행 중에 ① 채무자의 재정적 파탄의 원인이 개인인 채무자나 개인이 아닌 채무자의 이사, 채무자의 지배인이 행한 재산의 유용 또는 은닉이나 그에게 중대한 책임이 있는 부실경영에 기인하는 때, ② 채권자협의회의 요청이 있는 경우로서 상당한 이유가 있는 때, ③ 그밖에 채무자의 회생에 필요한 때에는 관리인을 선임할 수 있다(제74조 제3항 단서).

⑦ 채권자협의회는 제2항 각 호에 해당하는 경우 법원에 관리인 후보자를 추천할 수 있다.

3. 필요적 파산제도의 축소

종전의 회사정리법에서는 회생계획인가 후 회생절차폐지의 결정이 확정된 경우뿐만 아니라 그 이외의 회생절차 종료사유인 개시신청기각결정, 불인가결정, 인가 전 폐지결정의 경우에도 필요적 파산선고제도를 채택하였으나(회사정리법 제23조), 통합도산법에서는 회생계획인가 후 회생절차폐지의 결정이 확정된 경우에만 필요적으로 파산을 선고하도록 하고, 나머지의 경우에는 채무자 또는 관리인의 신청에 의하거나 법원의 직권에 의하여 파산선고를 할 수 있도록 함으로써 임의적인 것으로 하였다(제6조 제1항, 제2항).

4. 채권조사확정절차의 개선

종전의 회사정리절차에서는 채권신고기간 내에 채권자가 신고하지 아니하면 실권되도록 하여 불의의 손해를 입게 되는 경우가 많았다. 그런데 통합도산법에서는 관리인이 먼저 회생채권자의 목록, 회생담보권자의 목록과 주주·지분권자의 목록을 작성하여 제출하도록 하고(관리인의 목록제출의무 제도), 신고기간 및 조사기간을 통하여 조사절차를 거치도록 함으로써 실권이 최소화되도록 하였다(제147조). 또한 회생절차의 효율성을 높이기 위하여 채권조사확정재판 및 이에 대한 이의의 소라는 간이, 신속한 절차를 마련하였다(제170조, 제171조).

5. 지급결제제도에 관한 특칙 신설

사인 간의 금융거래 중에는 예컨대 은행공동망, 어음교환제도, 신용카드결제제도, 유가증권시장결제제도, 코스닥시장결제제도 등과 같이 일정한 결제체계 아래에서 그 내부적인 규칙에 따라 청산과 지급이 이루어지는 것이 있는데, 이러한 결제체계 내에서 거래하는 당사자 중 일부가 파산한 경우에도 통상적인 파산절차에 따라 이를 규율하게 되면 당해 결제체계 자체가 붕괴될 위험이 있다. 이에 통합도산법에서는 지급결제의 완결성을 위하여 한국은행총재가 금융위원회와 협의하여 지정한 지급결제제도의 참가자에 대하여 회생절차가 개시된 경우, 그 참가자에 관련된 이체지시 또는 지급 및 이와 관련된 이행, 정산, 차감, 증거금 등 담보의 제공·처분·충당 그 밖의 결제에 관하여는 그 지급결제제도를 운영하는 자가 정한 바에 따라 효력이 발생하며 해제, 해지, 취소 및 부인의 대상이 되지 아니하도록 하고 있고, 자본시장과 금융투자업에 관한 법률, 그 밖의 법령에 따라 증권·파생금융거래의 청산결제업무를 수행하는 자 그밖에 대통령령에서 정하는 자가 운영하는 청산결제제도의 참가자에 대하여 회생절차가 개시된 경우 그 참가자와 관련된 채무의 인수, 정산, 차감, 증거금 그 밖의 담보의 제공·처분·충당 그 밖의 청산결제에 관하여는 이 법의 규정에 불구하고 그 청산결제제도를 운영하는 자가 정한 바에 따라 효력이 발생하며 해제, 해지, 취소 및 부인의 대상이 되지 아니하도록 하고 있으며, 또한 일정한 금융거래에 관한 기본적 사항을 정한 하나의 계약에 근거하여 적격금융거래를 행하는 당사자 일방에 대하여 회생절차가 개시된 경우 적격금융거래의 종료 및 정산에 관하여는 기본계약에서 당사자가 정한 바에 따라 효력이 발생하고 해제, 해지, 취소 및 부인의 대상이 되지 아니하도록 하고 있다.

◉ 채무자 회생 및 파산에 관한 법률 제120조(지급결제제도 등에 대한 특칙)

① 지급결제의 완결성을 위하여 한국은행총재가 재정경제부장관과 협의하여 지정한 지급결제제도(이 항에서 "지급결제제도"라고 한다)의 참가자에 대하여 회생절차가 개시된 경우, 그 참가자에 관련된 이체지시 또는 지급 및 이와 관련된 이행, 정산, 차감, 증거금 등 담보의 제공·처분·충당 그 밖의 결제에 관하여는 이 법의 규정에 불구하고 그 지급결제제도를 운영하는 자가 정한 바에 따라 효력이 발생하며 해제, 해지, 취소 및 부인의 대상이 되지 아니한다.

지급결제제도의 지정에 관하여 필요한 구체적인 사항은 대통령령으로 정한다.

② 「증권거래법」, 「선물거래법」 그 밖의 법령에 따라 증권·파생금융거래의 청산결제업무를 수행하는 자 그밖에 대통령령에서 정하는 자가 운영하는 청산결제제도의 참가자에 대하여 회생절차가 개시된 경우 그 참가자와 관련된 채무의 인수, 정산, 차감, 증거금 그 밖의 담보의 제공·처분·충당 그 밖의 청산결제에 관하여는 이 법의 규정에 불구하고 그 청산결제제도를 운영하는 자가 정한 바에 따라 효력이 발생하며 해제, 해지, 취소 및 부인의 대상이 되지 아니한다.

③ 일정한 금융거래에 관한 기본적 사항을 정한 하나의 계약(이 항에서 "기본계약"이라 한다)에 근거하여 다음 각호의 거래(이 항에서 "적격금융거래"라고 한다)를 행하는 당사자 일방에 대하여 회생절차가 개시된 경우 적격금융거래의 종료 및 정산에 관하여는 이 법의 규

정에 불구하고 기본계약에서 당사자가 정한 바에 따라 효력이 발생하고 해제, 해지, 취소 및 부인의 대상이 되지 아니하며, 제4호의 거래는 중지명령 및 포괄적 금지명령의 대상이 되지 아니한다. 다만, 채무자가 상대방과 공모하여 회생채권자 또는 회생담보권자를 해할 목적으로 적격금융거래를 행한 경우에는 그러하지 아니하다.

1. 통화, 유가증권, 출자지분, 일반상품, 신용위험, 에너지, 날씨, 운임, 주파수, 환경 등의 가격 또는 이자율이나 이를 기초로 하는 지수 및 그 밖의 지표를 대상으로 하는 선도, 옵션, 스왑 등 파생금융거래로서 대통령령이 정하는 거래
2. 현물환거래, 유가증권의 환매거래, 유가증권의 대차거래 및 담보콜거래
3. 제1호 내지 제2호의 거래가 혼합된 거래
4. 제1호 내지 제3호의 거래에 수반되는 담보의 제공·처분·충당

6. 채권자협의회의 권한 강화

종전의 회사정리절차에서는 채권자협의회의 기능은 채권자들의 이해를 조정하여 법원에 의견을 제시하는데 불과하였으나 통합도산법에서는 그 권한이 대폭 강화되었다. 즉, 관리위원회(관리위원회가 설치되지 아니한 때에는 법원)는 회생절차개시신청 또는 파산신청이 있은 후 채무자의 주요채권자를 구성원으로 하는 채권자협의회를 구성하여야 한다(제20조 제1항). 다만 채무자가 개인 또는 중소기업자인 때에는 채권자협의회를 구성하지 아니할 수 있다. 그리고 관리위원회는 필요하다고 인정하는 때에는 소액채권자를 채권자협의회의 구성원으로 참여하게 할 수 있다(제20조 제3항).

채권자협의회는 채권자간의 의견을 조정하여 ① 회생절차 및 파산절차에 관한 의견의 제시, ② 관리인·파산관재인 및 보전관리인의 선임 또는 해임에 관한 의견의 제시, ③ 법인인 채무자의 감사(감사위원회의 위원 포함) 선임에 대한 의견의 제시, ④ 회생계획인가 후 회사의 경영상태에 관한 실사의 청구, ⑤ 그밖에 법원이 요구하는 회생절차 및 파산절차에 관한 사항, ⑥ 그밖에 대통령령이 정하는 행위를 할 수 있다(제21조 제1항). 그리고 법원은 회생절차 또는 파산절차의 신청에 관한 서류·결정서·감사보고서 그밖에 대법원규칙이 정하는 주요자료의 사본을 채권자협의회에 제공하여야 한다(제22조 제1항).

◎ 채무자 회생 및 파산에 관한 법률 제20조(채권자협의회의 구성)

① 관리위원회(관리위원회가 설치되지 아니한 때에는 법원을 말한다. 이하 이 조에서 같다)는 회생절차개시신청 또는 파산신청이 있은 후 채무자의 주요채권자를 구성원으로 하는 채권자협의회를 구성하여야 한다. 다만, 채무자가 개인 또는 「중소기업기본법」 제2조 제1항의 규정에 의한 중소기업자(이하 "중소기업자"라 한다)인 때에는 채권자협의회를 구성하지 아니할 수 있다.

② 채권자협의회는 10인 이내로 구성한다.

③ 관리위원회는 필요하다고 인정하는 때에는 소액채권자를 채권자협의회의 구성원으로 참여하게 할 수 있다.

④ 제1항의 경우 채무자의 주요채권자는 관리위원회에 채권자협의회 구성에 관한 의견을 제시할 수 있다.

◎ 채무자 회생 및 파산에 관한 법률 제21조(채권자협의회의 기능 등)

① 채권자협의회는 채권자간의 의견을 조정하여 다음 각 호의 행위를 할 수 있다.

1. 회생절차 및 파산절차에 관한 의견의 제시
2. 관리인·파산관재인 및 보전관리인의 선임 또는 해임에 관한 의견의 제시
3. 법인인 채무자의 감사(「상법」 제415조의2의 규정에 의한 감사위원회의 위원을 포함한다. 이하 같다) 선임에 대한 의견의 제시
4. 회생계획인가 후 회사의 경영상태에 관한 실사의 청구
5. 그밖에 법원이 요구하는 회생절차 및 파산절차에 관한 사항
6. 그밖에 대통령령이 정하는 행위

② 채권자협의회의 의사는 출석한 구성원 과반수의 찬성으로 결정한다.

③ 법원은 결정으로 채권자협의회의 활동에 필요한 비용을 채무자에게 부담시킬 수 있다.

④ 채권자협의회의 구성 및 운영에 관하여 필요한 사항은 대법원규칙으로 정한다.

⑤ 채권자협의회가 구성되어 있지 아니한 때에는 제50조 제1항·제62조 제2항·제132조 제3항·제203조 제4항·제259조·제287조 제3항 및 제288조 제2항 중 채권자협의회에 관한 사항은 적용하지 아니한다.

◎ 채무자 회생 및 파산에 관한 법률 제22조(채권자협의회에 대한 자료제공)

① 법원은 회생절차 또는 파산절차의 신청에 관한 서류·결정서·감사보고서 그밖에 대법원규칙이 정하는 주요자료의 사본을 채권자협의회에 제공하여야 한다.

② 관리인 또는 파산관재인은 법원에 대한 보고서류 중 법원이 지정하는 주요서류를 채권자협의회에 분기별로 제출하여야 한다.

③ 채권자협의회는 대법원규칙이 정하는 바에 따라 관리인 또는 파산관재인에게 필요한 자

료의 제공을 청구할 수 있다.

④ 제3항의 규정에 의하여 자료제공을 요청받은 자는 대법원규칙이 정하는 바에 따라 자료를 제공하여야 한다.

⑤ 채권자협의회에 속하지 아니하는 채권자의 요청이 있는 때에는 채권자협의회는 제1항 내지 제3항의 규정에 의하여 제공받은 자료를 제공하여야 한다.

7. 포괄적 금지명령제도 신설

종전에는 법률행위별로 개별적 중지명령제도만 있었으나, 통합도산법에서는 회생절차개시의 신청이 있는 경우 개별적 중지명령에 의하여는 회생절차의 목적을 충분히 달성하지 못할 우려가 있다고 인정할 만한 특별한 사정이 있는 때에는 이해관계인의 신청에 의하거나 법원의 직권으로 회생절차개시의 신청에 대한 결정이 있을 때까지 모든 회생채권자 및 회생담보권자에 대하여 회생채권 또는 회생담보권에 기한 강제집행 등의 금지를 명할 수 있도록 함으로써 하나의 결정으로 모든 회생채권자에 대하여 채무자의 재산에 대한 강제집행 등을 금지할 수 있도록 하였다(제45조, 제46조, 제47조).

◉ 채무자 회생 및 파산에 관한 법률

제45조 (회생채권 또는 회생담보권에 기한 강제집행 등의 포괄적 금지명령)

① 법원은 회생절차개시의 신청이 있는 경우 제44조 제1항의 규정에 의한 중지명령에 의하여는 회생절차의 목적을 충분히 달성하지 못할 우려가 있다고 인정할 만한 특별한 사정이 있는 때에는 이해관계인의 신청에 의하거나 직권으로 회생절차개시의 신청에 대한 결정이 있을 때까지 모든 회생채권자 및 회생담보권자에 대하여 회생채권 또는 회생담보권에 기한 강제집행 등의 금지를 명할 수 있다.

② 제1항의 규정에 의한 금지명령(이하 "포괄적 금지명령"이라 한다)을 할 수 있는 경우는 채무자의 주요한 재산에 관하여 다음 각호의 처분 또는 명령이 이미 행하여 졌거나 포괄적 금지명령과 동시에 다음 각호의 처분 또는 명령을 행하는 경우에 한한다.

1. 제43조 제1항의 규정에 의한 보전처분
2. 제43조 제3항의 규정에 의한 보전관리명령

③ 포괄적 금지명령이 있는 때에는 채무자의 재산에 대하여 이미 행하여진 회생채권 또는 회생담보권에 기한 강제집행등은 중지된다.

④ 법원은 포괄적 금지명령을 변경하거나 취소할 수 있다.

⑤ 법원은 채무자의 사업의 계속을 위하여 특히 필요하다고 인정하는 때에는 채무자(보전관리인이 선임되어 있는 때에는 보전관리인을 말한다)의 신청에 의하여 제3항의 규정에 의하여 중지된 회생채권 또는 회생담보권에 기한 강제집행등의 취소를 명할 수 있다. 이 경우 법원은 담보를 제공하게 할 수 있다.

⑥ 포괄적 금지명령, 제4항의 규정에 의한 결정 및 제5항의 규정에 의한 취소명령에 대하여는 즉시항고를 할 수 있다.

⑦ 제6항의 즉시항고는 집행정지의 효력이 없다.

⑧ 포괄적 금지명령이 있는 때에는 그 명령이 효력을 상실한 날의 다음 날부터 2월이 경과하는 날까지 회생채권 및 회생담보권에 대한 시효는 완성되지 아니한다.

제46조 (포괄적 금지명령에 관한 공고 및 송달 등)

① 포괄적 금지명령이나 이를 변경 또는 취소하는 결정이 있는 때에는 법원은 이를 공고하고 그 결정서를 채무자(보전관리인이 선임되어 있는 때에는 보전관리인을 말한다) 및 신청인에게 송달하여야 하며, 그 결정의 주문을 기재한 서면을 법원이 알고 있는 회생채권자·회생담보권자 및 채무자(보전관리인이 선임되어 있는 때에 한한다)에게 송달하여야 한다.

② 포괄적 금지명령 및 이를 변경 또는 취소하는 결정은 채무자(보전관리인이 선임되어 있는 때에는 보전관리인을 말한다)에게 결정서가 송달된 때부터 효력을 발생한다.

③ 제45조 제5항의 규정에 의한 취소명령과 같은 조 제6항의 즉시항고에 대한 재판(포괄적 금지명령을 변경 또는 취소하는 결정을 제외한다)이 있는 때에는 법원은 그 결정서를 당사자에게 송달하여야 한다. 이 경우 제10조 및 제11조의 규정은 적용하지 아니한다.

제47조 (포괄적 금지명령의 적용 배제)

① 법원은 포괄적 금지명령이 있는 경우 회생채권 또는 회생담보권에 기한 강제집행등의 신청인인 회생채권자 또는 회생담보권자에게 부당한 손해를 끼칠 우려가 있다고 인정하는 때에는 그 회생채권자 또는 회생담보권자의 신청에 의하여 그 회생채권자 또는 회생담보권자에 대하여 결정으로 포괄적 금지명령의 적용을 배제할 수 있다. 이 경우 그 회생채권자 또는 회생담보권자는 채무자의 재산에 대하여 회생채권 또는 회생담보권에 기한 강제집행등을 할 수 있으며, 포괄적 금지명령이 있기 전에 그 회생채권자 또는 회생담보권자가 행한 회생채권 또는 회생담보권에 기한 강제집행등의 절차는 속행된다.

② 제1항의 규정에 의한 결정을 받은 자에 대하여 제45조 제8항의 규정을 적용하는 때에는 제45조 제8항 중 "그 명령이 효력을 상실한 날"은 "제47조 제1항의 규정에 의한 결정이 있은 날"로 한다.

③ 제1항의 규정에 의한 신청에 관한 재판에 대하여는 즉시항고를 할 수 있다.

④ 제3항의 즉시항고는 집행정지의 효력이 없다.

⑤ 제1항의 규정에 의한 신청에 대한 재판과 제3항의 즉시항고에 대한 재판이 있는 때에는 법원은 그 결정서를 당사자에게 송달하여야 한다. 이 경우 제10조의 규정은 적용하지 아니한다.

8. 특수관계인을 상대방으로 한 행위에 대한 특칙(부인권 대상의 확대)

통합도산법은 채무자와 친족 등 특수관계인[7] 사이의 행위에 대하여는 관리인이 보다 쉽게 부인권을 행사할 수 있도록 하였다(제101조 제1항). 또한 특수관계인을 상대방으로 하는 행위에 있어서는 부인대상 행위의 기간도 통합도산법 제100조(부인할 수 있는 행위)상의 비본지행위에 대한 위기부인의 경우[8]에는 60일에서 1년으로, 무상부인의 경우[9]에는 6월에서 1년으로 그 범위를 확대하였다(제101조 제2항, 제3항).

◉ 채무자 회생 및 파산에 관한 법률

제100조 (부인할 수 있는 행위)

① 관리인은 회생절차개시 이후 채무자의 재산을 위하여 다음 각 호의 행위를 부인할 수 있다.

1. 채무자가 회생채권자 또는 회생담보권자를 해하는 것을 알고 한 행위. 다만, 이로 인하여 이익을 받은 자가 그 행위 당시 회생채권자 또는 회생담보권자를 해하는 사실을 알지 못한 경우에는 그러하지 아니하다.
2. 채무자가 지급의 정지, 회생절차개시의 신청 또는 파산의 신청(이하 이 조 내지 제103조에서 "지급의 정지등"이라 한다)이 있은 후에 한 회생채권자 또는 회생담보권자를 해하는 행위와 담보의 제공 또는 채무의 소멸에 관한 행위. 다만, 이로 인하여 이익을 받은 자가 그 행위 당시 지급의 정지등이 있는 것 또는 회생채권자나 회생담보권자를 해하는 사실을 알고 있은 때에 한한다.
3. 채무자가 지급의 정지등이 있은 후 또는 그 전 60일 이내에 한 담보의 제공 또는 채무의 소멸에 관한 행위로서 채무자의 의무에 속하지 아니하거나 그 방법이나 시기가 채무자의 의무에 속하지 아니한 것. 다만, 채권자가 그 행위 당시 채무자가 다른 회생채권자 또는 회생담보권자와의 평등을 해하게 되는 것을 알지 못한 경우(그 행위가 지급의 정지등이 있은 후에 행한 것인 때에는 지급의 정지등이 있은 것도 알지 못한 경우

---

7) 특수관계인이란 개인채무자의 경우에는 배우자, 8촌 이내의 혈족, 4촌 이내의 인척, 생계유지자·생계공동자 등을 말하고, 법인채무자의 경우에는 임원, 계열회사 및 임원, 채무자에게 100분의 30 이상을 출자하거나 임원의 임면 등으로 영향력을 행사하고 있는 자 등을 의미한다(시행령 제4조).

8) 즉 지급정지 등이 있은 후 또는 그 전 60일 내에 한 담보제공, 채무소멸에 관한 행위로서 채무자의 의무에 속하지 아니하거나, 그 방법 또는 시기가 채무자의 의무에 속하지 아니하는 행위에 대한 부인의 경우를 말한다(제100조 제1항 제3호).

9) 즉 지급정지 등이 있은 후 또는 그 전 6월 내에 한 무상행위 및 이와 동일시 할 수 있는 유상행위에 대한 부인의 경우를 말한다(제100조 제1항 제4호).

에 한한다)에는 그러하지 아니하다.

4. 채무자가 지급의 정지등이 있은 후 또는 그 전 6월 이내에 한 무상행위 및 이와 동일시할 수 있는 유상행위

② 제1항의 규정은 채무자가 제140조 제1항 및 제2항의 청구권에 관하여 그 징수의 권한을 가진 자에 대하여 한 담보의 제공 또는 채무의 소멸에 관한 행위에 관하여는 적용하지 아니한다.

제101조 (특수관계인을 상대방으로 한 행위에 대한 특칙)

① 제100조 제1항 제2호 단서를 적용하는 경우 이익을 받은 자가 채무자와 대통령령이 정하는 범위의 특수관계에 있는 자(이하 이 조에서 "특수관계인"이라 한다)인 때에는 그 특수관계인이 그 행위 당시 지급의 정지등이 있은 것과 회생채권자 또는 회생담보권자를 해하는 사실을 알고 있었던 것으로 추정한다.

② 제100조 제1항 제3호의 규정을 적용하는 경우 특수관계인을 상대방으로 하는 행위인 때에는 같은 호 본문에 규정된 "60일"을 "1년"으로 하고, 같은 호 단서를 적용하는 경우에는 그 특수관계인이 그 행위 당시 채무자가 다른 회생채권자 또는 회생담보권자와의 평등을 해하게 되는 것을 알았던 것으로 추정한다.

③ 제100조 제1항 제4호의 규정을 적용하는 경우 특수관계인을 상대방으로 하는 행위인 때에는 같은 호에 규정된 "6월"을 "1년"으로 한다.

◎ 채무자 회생 및 파산에 관한 법률 시행령 제4조(특수관계인)

법 제101조 제1항, 법 제218조 제2항 각 호 및 법 제392조 제1항에서 "대통령령이 정하는 범위의 특수관계에 있는 자"라 함은 다음 각 호의 어느 하나에 해당하는 자를 말한다.

1. 본인이 개인인 경우에는 다음 각 목의 어느 하나에 해당하는 자
   가. 배우자(사실상의 혼인관계에 있는 자를 포함한다. 이하 같다)
   나. 8촌 이내의 혈족이거나 4촌 이내의 인척
   다. 본인의 금전 그 밖의 재산에 의하여 생계를 유지하는 자이거나 본인과 생계를 함께 하는 자
   라. 본인이 단독으로 또는 그와 가목 내지 다목의 관계에 있는 자와 합하여 100분의 30이상을 출자하거나 임원의 임면 등의 방법으로 법인 그 밖의 단체의 주요 경영사항에 대하여 사실상 영향력을 행사하고 있는 경우에는 당해 법인 그 밖의 단체와 그 임원
   마. 본인이 단독으로 또는 그와 가목 내지 라목의 관계에 있는 자와 합하여 100분의 30이상을 출자하거나 임원의 임면 등의 방법으로 법인 그 밖의 단체의 주요 경영사항에 대하여 사실상 영향력을 행사하고 있는 경우에는 당해 법인 그 밖의 단체와 그 임원

2. 본인이 법인 그 밖의 단체인 경우에는 다음 각 목의 어느 하나에 해당하는 자
   가. 임원
   나. 계열회사(「독점규제 및 공정거래에 관한 법률」 제2조 제3호에 따른 계열회사를 말한다) 및 그 임원
   다. 단독으로 또는 제1호 각 목의 관계에 있는 자와 합하여 본인에게 100분의 30이상을 출자하거나 임원의 임면 등의 방법으로 본인의 주요 경영사항에 대하여 사실상 영향력을 행사하고 있는 개인 및 그와 제1호 각 목의 관계에 있는 자와 법인 그 밖의 단체(계열회사를 제외한다. 이하 이 호에서 같다) 및 그 임원
   라. 본인이 단독으로 또는 그와 가목 내지 다목의 관계에 있는 자와 합하여 100분의 30 이상을 출자하거나 임원의 임면 등의 방법으로 단체의 주요 경영사항에 대하여 사실상 영향력을 행사하고 있는 경우에는 당해 법인 그 밖의 단체 및 그 임원

9. 청산가치보장 규정 신설

종전의 회사정리절차에서는 청산가치 보장 규정이 없었으나 통합도산법에서는 채무자의 도덕적 해이를 막고, 소수 채권자의 보호를 위하여 이를 명시하고 있다(제243조 제1항 제4호). 청산가치보장의 원칙이란 채무자의 사업을 계속할 때의 가치가 채무자의 사업을 청산할 때의 가치보다 크도록 회생계획을 작성해야 한다는 원칙을 말한다. 다만 이러한 청산가치보장의 원칙은 동의한 채권자에 대해서는 적용하지 아니하도록 하고 있다.

◉ 채무자 회생 및 파산에 관한 법률

제243조 (회생계획인가의 요건)

① 법원은 다음의 요건을 구비하고 있는 경우에 한하여 회생계획인가의 결정을 할 수 있다.

1. 회생절차 또는 회생계획이 법률의 규정에 적합할 것
2. 회생계획이 공정하고 형평에 맞아야 하며 수행이 가능할 것
3. 회생계획에 대한 결의를 성실·공정한 방법으로 하였을 것
4. 회생계획에 의한 변제방법이 채무자의 사업을 청산할 때 각 채권자에게 변제하는 것보다 불리하지 아니하게 변제하는 내용일 것. 다만, 채권자가 동의한 경우에는 그러하지 아니하다.
5. 합병 또는 분할합병을 내용으로 한 회생계획에 관하여는 다른 회사의 주주총회 또는 사원총회의 합병계약서 또는 분할합병계약서의 승인결의가 있었을 것. 다만, 그 회사

가 주주총회 또는 사원총회의 승인결의를 요하지 아니하는 경우를 제외한다.

6. 회생계획에서 행정청의 허가·인가·면허 그 밖의 처분을 요하는 사항이 제226조제2항의 규정에 의한 행정청의 의견과 중요한 점에서 차이가 없을 것
7. 주식의 포괄적 교환을 내용으로 하는 회생계획에 관하여는 다른 회사의 주주총회의 주식의 포괄적 교환계약서의 승인결의가 있을 것. 다만, 그 회사가 「상법」 제360조의9(간이주식교환) 및 제360조의10(소규모 주식교환)의 규정에 의하여 주식의 포괄적 교환을 하는 경우를 제외한다.

② 회생계획의 인가 여부 결정에 이르기까지의 절차가 법률의 규정에 위반되는 경우에도 그 위반의 정도, 채무자의 현황 그 밖의 모든 사정을 고려하여 회생계획을 인가하지 아니하는 것이 부적당하다고 인정되는 때에는 법원은 회생계획인가의 결정을 할 수 있다.

10. 공고방법의 개정

종전에는 공고를 관보 및 법원이 지정하는 일간신문에 하도록 하였으나, 통합도산법에서는 관보 또는 대법원규칙이 정하는 방법에 의하여 행하도록 함으로써 대법원 홈페이지의 인터넷공고가 가능하도록 하였으며(제9조), 따라서 종전의 관보게재료 및 신문공고료 등이 절감될 수 있는 길이 마련되었다.

11. 즉시항고를 할 수 있는 재판의 한정

종전에는 법률에서 불복할 수 없다는 규정이 없는 한 원칙적으로 이해관계인은 모든 절차에 대하여 즉시항고를 할 수 있도록 되어 있었으나, 통합도산법에서는 즉시항고의 대상이 되는 재판을 한정하여 법률에 특별히 즉시항고할 수 있다는 규정이 있는 경우에만 즉시항고가 가능하도록 하였다(제13조 제1항). 즉시항고기간은 재판의 공고가 있는 경우에는 공고가 있은 날로부터 14일 이내이고(제13조 제2항), 공고가 없는 경우에는 재판의 고지를 받은 날로부터 1주 이내이다. 초일은 산입하지 아니한다. 통합도산법상의 즉시항고에는 특별히 정함이 없는 한 집행정지의 효력이 인정된다(제13조 제3항).

[표 2] 즉시항고 규정

사항 등 \ 고지 등	즉시항고의 대상	즉시항고의 집행정지효의 제한
사건기록의 열람 등 불허가결정	제28조 제5항	
관리인 등의 보수 결정	제30조 제3항	
대리위원 등의 보상금지급 허가결정	제31조 제2항	
보전처분	제43조 제6항	제43조 제7항
보전관리명령(취소·변경)	제43조 제6항	제43조 제7항
포괄적 금지명령(취소·변경)	제45조 제6항	제45조 제7항
강제집행 등의 취소명령	제45조 제6항	제45조 제7항
포괄적 금지명령의 적용배제 재판	제47조 제3항	제47조 제4항
회생절차개시결정	제53조 제1항	제53조 제3항
회생절차개시신청 기각결정	제53조 제1항	제53조 제3항
주식회사의 영업 등의 양도에 대한 허가결정	제63조 제3항	
관리인 해임결정	제83조 제3항	제83조 제4항
부인의 청구를 인용하는 결정	이의의 소 (제107조 제1항)	
회생절차 중 이사 등의 재산에 대한 보전처분(취소·변경)	제114조 제5항	제114조 제6항
손해배상청구권 등의 조사확정결정	이의의 소 (제116조 제1항)	
공익채권에 기한 강제집행 등의 중지·취소명령 또는 중지명령의 변경·취소결정	제180조 제5항	제180조 제6항
서면결의에 의한 회생계획의 인가·불인가결정	제247조 제1항	제246조
관계인집회 결의에 의한 회생계획의 인가·불인가결정	제247조 제1항	제246조
회생절차폐지의 결정	제290조 제1항, 제247조 제1항	
파산선고	제316조 제1항	제316조 제3항

(서울중앙지방법원, 제4판 회생사건실무上, 42p. 참고 및 인용)

12. 이해관계인의 기록 열람·복사규정 신설

통합도산법에서는 이해관계인은 법원에 사건기록의 열람·복사, 재판서 등의 정본·등본 또는 초본의 교부를 청구할 수 있도록 하는 규정을 신설하였다(제28조). 종전에는 이에 관한 명문의 규정이 없었고, 다만 민사소송법의 준용규정 등에 의하여 사건기록의 열람·복사, 재판서 등의 정본·등본 또는 초본의 교부를 청구할 수 있을 뿐이었다(민사소송법 제162조).

◉ 채무자 회생 및 파산에 관한 법률

제28조 (사건기록의 열람 등)

① 이해관계인은 법원에 사건기록(문서 그 밖의 물건을 포함한다)의 열람·복사, 재판서·조서의 정본·등본이나 초본의 교부 또는 사건에 관한 증명서의 교부를 청구할 수 있다.

② 제1항의 규정은 사건기록 중 녹음테이프 또는 비디오테이프(이에 준하는 방법에 의하여 일정한 사항을 기록한 물건을 포함한다. 이하 이 조에서 같다)에 관하여는 적용하지 아니한다. 다만, 이해관계인의 신청이 있는 때에는 법원은 그 복제를 허용할 수 있다.

③ 제1항 및 제2항의 규정에 불구하고 다음 각 호의 자는 당해 각호의 각목에서 정하는 재판의 어느 하나가 있을 때까지는 제1항 및 제2항의 규정에 의한 신청을 할 수 없다. 다만, 그 자가 회생절차개시의 신청인인 때에는 그러하지 아니하다.

1. 채무자 외의 이해관계인
   가. 제43조 제1항의 규정에 의한 보전처분
   나. 제43조 제3항의 규정에 의한 보전관리명령
   다. 제44조 제1항의 규정에 의한 중지명령
   라. 제45조 제1항의 규정에 의한 포괄적 금지명령
   마. 회생절차개시신청에 대한 재판
2. 채무자
   가. 제1호 각목의 재판
   나. 회생절차개시신청에 관한 변론기일의 지정
   다. 채무자를 소환하는 심문기일의 지정

④ 법원은 채무자의 사업유지 또는 회생에 현저한 지장을 초래할 우려가 있거나 채무자의 재산에 현저한 손해를 줄 우려가 있는 때에는 제1항 및 제2항의 규정에 의한 열람·복사, 정본·등본이나 초본의 교부 또는 녹음테이프 또는 비디오테이프의 복제를 허가하지 아니할 수 있다.

⑤ 제4항의 규정에 의한 불허가결정에 대하여는 즉시항고를 할 수 있다.

13. 채무자의 재산조회규정 신설

통합도산법에서는 민사집행법상의 재산조회제도(민사집행법 제74조, 제75조)를 도입하여 관리인 기타 이해관계인의 신청 또는 법원의 직권으로 채무자의 재산 및 신용에 관한 전산망을 관리하는 공공기관, 금융기관, 단체 등에 채무자명의의 재산을 조회할 수 있도록 하는 규정을 신설하였다(제29조).

◉ 채무자 회생 및 파산에 관한 법률

제29조 (채무자의 재산 등에 관한 조회)

① 법원은 필요한 경우 관리인·파산관재인 그 밖의 이해관계인의 신청에 의하거나 직권으로 채무자의 재산 및 신용에 관한 전산망을 관리하는 공공기관·금융기관·단체 등에 채무자명의의 재산에 관하여 조회할 수 있다.

② 면책의 효력을 받을 이해관계인이 제1항의 규정에 의한 신청을 하는 때에는 조회할 공공기관·금융기관 또는 단체를 특정하여야 한다. 이 경우 법원은 조회에 드는 비용을 미리 납부하도록 명하여야 한다.

③ 제1항의 규정에 의한 조회에 관하여는「민사집행법」 제74조(재산조회) 제3항·제4항 및 제75조(재산조회의 결과 등) 제1항의 규정을 준용한다.

④ 제1항 내지 제3항의 규정에 따라 조회를 할 공공기관·금융기관 또는 단체 등의 범위 및 조회절차, 이해관계인이 납부하여야 할 비용, 조회결과의 관리에 관한 사항 등은 대법원규칙으로 정한다.

14. 외국법인·외국인에 대한 상호주의 폐지

종전에는 외국법인이나 외국인에 대하여는 상호주의의 원칙에 따라 한정적으로 그 대상이 되도록 하였으나, 통합도산법에서는 상호주의를 폐지하여 외국법인이나 외국인에 대하여도 내국법인이나 내국인과 동등한 지위를 가지도록 하였다(제2조).

15. 차별적 취급의 금지[10)]

누구든지 통합도산법에 따른 회생절차·파산절차 또는 개인회생절차 중에 있다

---

10) 통합도산법 2006년 3월 24일 개정 및 동년 4월 1일 시행으로 반영된 사항이다.

는 이유로 정당한 사유 없이 취업의 제한 또는 해고 등 불이익한 처우를 받지 아니한다(제32조의2).

16. 법원의 허가를 받아 차입한 자금에 관한 공익채권의 우선적 변제[11)]

종전에는 회생절차 중에 있는 채무자의 신규자금에 대하여 이를 공익채권으로 취급하도록 하였으나 공익채권 사이에 우선순위를 인정하지 아니하고 있어서 채무자의 회생에 필요한 자금의 원활한 조달에 한계가 있었는데, 개정법에서 채무자의 회생에 필요한 운영자금을 원활하게 조달할 수 있도록 회생절차개시 후의 자금차입이나 회생절차개시신청 후 개시 전의 자금차입을 허가함에 있어 법원은 이해관계인의 의견을 듣도록 하되(제179조 제2항 신설), 채무자의 사업을 계속하기 위하여 법원의 허가를 받아 차입한 자금에 관한 공익채권은 다른 공익채권 보다 우선적으로 변제받을 수 있도록 하였다(제180조 제7항 개정).

17. 유한책임신탁에 속하는 재산에 관한 파산제도의 도입에 따른 정비[12)]

신탁법에 따라 설정된 유한책임신탁에 속하는 재산에 관한 파산제도가 도입됨에 따라 그 파산사건에서의 재판관할, 신탁행위의 부인, 환취권 등에 관한 규정을 신설하였고, 이에 따라 관련 규정인 제3조, 제113조의2 및 제406조의2, 제578조의3, 제578조의4, 제578조의6, 제578조의8 및 제578조의9, 제578조의11, 제578조의12, 제578조의16, 제650조제2항 및 제651조제2항, 제653조 및 제658조를 신설 또는 개정하였다.

18. 회생절차를 남용한 회사 경영자의 경영권 회복 배제[13)]

회생절차개시의 원인에 중대한 책임이 있는 회사의 경영자가 회생절차를 통하여 채무를 감면 받고 정상화된 회사를 다시 인수하여 경영권을 회복하는 것을 방지하기 위하여 회생절차를 남용한 경우의 회생계획불인가결정의 근거를 마련할 목

11) 통합도산법 2009년 10월 21일 개정·시행으로 반영된 사항이다.
12) 통합도산법 2013년 5월 28일 개정·시행으로 반영된 사항이다.
13) 통합도산법 2014년 10월 15일 개정, 2015년 1월 16일 시행으로 반영된 사항이다.

적으로 제231조의2, 제243조의2, 제644조의2, 제649조 제4호의2 및 제4호의3을 신설하였다. 이는 2014년 4월 16일 발생한 세월호 사건의 선주인 청해진해운의 경영자가 회생절차를 남용하여 경영권을 회복했던 회생절차남용 사건을 계기로 그 재발방지 차원에서 개정한 것이다.

19. 간이회생제도 도입14)

소액영업소득자의 회생절차에 대한 접근성을 제고하기 위하여 총액 50억원 이하의 범위에서 대통령령으로 정하는 금액 이하(30억원 이하)의 채무를 부담하는 영업소득자를 위한 간이회생절차를 신설하였고, 이에 따라 제50조, 제99조 및 제98조의2, 제238조, 제293조의2~제293조의8을 신설 또는 개정하였다.

◎ 채무자 회생 및 파산에 관한 법률

제293조의2 (용어의 정의) 이 장에서 사용하는 용어의 뜻은 다음과 같다.

1. “영업소득자”란 부동산임대소득·사업소득·농업소득·임업소득, 그 밖에 이와 유사한 수입을 장래에 계속적으로 또는 반복하여 얻을 가능성이 있는 채무자를 말한다.
2. “소액영업소득자”란 회생절차개시의 신청 당시 회생채권 및 회생담보권의 총액이 50억원 이하의 범위에서 대통령령으로 정하는 금액 이하인 채무를 부담하는 영업소득자를 말한다.
3. “간이회생절차”란 이 장의 규정에 따라 소액영업소득자에게 적용되는 회생절차를 말한다.

제293조의3 (적용규정 등)

① 간이회생절차에 관하여는 이 장에서 달리 정한 것을 제외하고는 제2편(회생절차)의 규정을 적용한다.

② 이 법[제2편(회생절차)은 제외한다] 또는 다른 법령에서 회생절차를 인용하고 있는 경우에는 해당 법령에 특별한 규정이 있는 경우를 제외하고는 간이회생절차를 포함한 것으로 보아 해당 법령을 적용한다.

제293조의4 (간이회생절차개시의 신청)

① 소액영업소득자는 법원에 간이회생절차개시의 신청을 할 수 있다. 다만, 개인인 소액영업소득자가 신청일 전 5년 이내에 개인회생절차 또는 파산절차에 의한 면책을 받은 사실이 있는 경우에는 그러하지 아니하다.

---

14) 통합도산법 2014년 12월 30일 개정 및 동년 7월 1일 시행으로 반영된 사항이다.

② 간이회생절차개시의 신청을 한 자는 제1항의 신청을 하는 때에 그 신청이 같은 항의 요건에 해당되지 아니할 경우에 회생절차개시의 신청을 하는 의사가 있는지 여부를 명확히 밝혀야 한다.

③ 간이회생절차개시의 신청은 다음 각 호의 사항을 기재한 서면으로 하여야 한다.

1. 채무자가 개인인 경우에는 채무자의 성명·주민등록번호 및 주소
2. 채무자가 개인이 아닌 경우에는 채무자의 상호, 주된 사무소 또는 영업소의 소재지, 채무자의 대표자의 성명
3. 간이회생절차개시의 신청을 구하는 취지
4. 간이회생절차개시의 원인
5. 채무자의 영업 내용 및 재산 상태
6. 소액영업소득자에 해당하는 채무액 및 그 산정 근거
7. 제2항에 따른 회생절차개시신청의 의사

④ 제3항에 따른 서면에는 다음 각 호의 서류를 첨부하여야 한다.

1. 채권자목록
2. 채무자의 영업 내용에 관한 자료
3. 채무자의 재산 상태에 관한 자료
4. 그 밖에 대법원규칙으로 정하는 서류

제293조의5 (간이회생절차개시의 결정 등)

① 법원은 제293조의4제1항 본문의 신청이 있는 경우에 소액영업소득자인 채무자가 제34조제1항 각 호의 어느 하나에 해당하고, 제42조의 회생절차개시신청의 기각 사유와 제293조의4제1항 단서에 해당하지 아니하는 경우에는 간이회생절차개시의 결정을 하여야 한다.

② 법원은 제293조의4제1항 본문의 신청이 있는 경우에 채무자가 소액영업소득자에 해당하지 아니하는 경우 또는 같은 항 단서에 해당되는 경우에는 다음 각 호의 구분에 따른 결정을 할 수 있다.

1. 채무자가 제293조의4제2항에 따라 회생절차개시의 신청을 하는 의사가 없음을 밝힌 경우: 간이회생절차개시신청의 기각결정
2. 채무자가 제293조의4제2항에 따라 회생절차개시의 신청을 하는 의사가 있음을 밝힌 경우: 간이회생절차개시신청의 기각결정과 다음 각 목의 어느 하나에 해당하는 결정
   가. 회생절차개시결정
   나. 회생절차개시신청의 기각결정

③ 법원은 제1항의 간이회생절차개시의 결정이 있은 후 회생계획인가결정의 확정 전에 다음 각 호의 어느 하나에 해당하는 경우에는 이해관계인의 신청에 의하거나 직권으로 간이회생절차폐지의 결정을 하여야 한다.

1. 채무자가 소액영업소득자에 해당되지 아니함이 밝혀진 경우
2. 제293조의4제1항 단서에 해당됨이 밝혀진 경우

④ 법원은 제3항에 따라 간이회생절차폐지의 결정을 하는 경우에는 채권자 일반의 이익 및 채무자의 회생 가능성을 고려하여 회생절차를 속행할 수 있다. 이 경우 간이회생절차에서 행하여진 제6조제7항 각 호의 어느 하나에 해당하는 자의 처분·행위 등은 그 성질에 반하는 경우가 아니면 회생절차에서도 유효한 것으로 본다.

제293조의6 (관리인의 불선임)

① 간이회생절차에서는 관리인을 선임하지 아니한다. 다만, 제74조제2항 각 호의 어느 하나에 해당한다고 인정하는 경우에는 관리인을 선임할 수 있다.

② 제1항 본문의 경우에는 채무자(개인이 아닌 경우에는 그 대표자를 말한다)는 이 편에 따른 관리인으로 본다.

제293조의7 (간이조사위원 등)

① 간이회생절차에서 법원은 이해관계인의 신청에 의하거나 직권으로 제601조제1항 각 호의 어느 하나에 해당하는 자를 간이조사위원으로 선임할 수 있다. 간이조사위원에 대해서는 제79조, 제81조, 제82조, 제83조제1항 및 제87조를 준용한다.

② 간이조사위원은 제87조에 따른 조사위원의 업무를 대법원규칙으로 정하는 바에 따라 간이한 방법으로 수행할 수 있다.

③ 간이조사위원이 선임된 경우 관리인은 제91조부터 제93조까지의 규정에 따른 관리인의 업무를 대법원규칙으로 정하는 바에 따라 간이한 방법으로 수행할 수 있다.

제293조의8(회생계획안의 가결 요건에 관한 특례) 간이회생절차의 관계인집회에서는 제237조제1호에도 불구하고 다음 각 호의 요건 중 어느 하나를 충족하는 경우에는 회생계획안에 관하여 회생채권자의 조에서 가결된 것으로 본다.

1. 의결권을 행사할 수 있는 회생채권자의 의결권의 총액의 3분의 2 이상에 해당하는 의결권을 가진 자의 동의가 있을 것
2. 의결권을 행사할 수 있는 회생채권자의 의결권의 총액의 2분의 1을 초과하는 의결권을 가진 자의 동의 및 의결권자의 과반수의 동의가 있을 것

20. 최근 개정 법률 내용(2016. 5. 29. 개정, 동년 8. 30.시행)

가. 채무자의 원활한 신규자금 확보 위해 신규자금을 대여한 채권자에 대한 권한 강화

신규자금 대여 채권자에게 회생절차의 주요사항에 대한 의견제시 권한을 명시적으로 부여하고, 신규자금 대여 채권자가 관리인에게 자료를 요청할 수 있도록 권한을 부여하였으며(제22조의2 신설), 신규자금에 사용목적이 정해진 경우

채무자, 관리인, 보전관리인의 법원에 대한 보고사항에 신규자금의 집행사항을 추가하도록 하였다(제39조의2 제2항 제3호 다목). 또한 회생절차에서 조사위원 선임시 의견조회를 해야 할 대상에 채권자협의회를 추가하였으며, 회생절차개시 후 채무자에 자금을 대여하려는 자가 채무자의 업무 및 자산·부채, 그 밖의 재산상태에 관한 자료를 요청하는 경우 그 자금 차입이 채무자의 사업을 계속하는 데에 필요하고 자료 요청에 상당한 이유가 있다고 인정하는 때에는 조사위원에게 그 요청과 관련한 사항을 조사하여 보고하게 한 후 조사결과의 전부 또는 일부를 자금차입에 필요한 범위에서 자료요청자에게 제공할 수 있도록 하였다(제87조 제1항, 제6항).

그리고 회생절차개시신청 후 채무자의 신규자금 차입 허가시 법원이 의견을 들어야 할 대상을 이해관계인에서 채권자협의회로 변경하고, 법원이 신규자금 차입 허가를 함에 있어 채무자와 채권자의 거래상황, 채무자의 재산상태, 이해관계인의 이해 등 모든 사정을 참작하도록 하였다(제179조 제2항).

나. 채무자의 계속적 상거래를 통한 자금 확보 및 영업의 계속성 확보를 위해 상거래채권자에 대한 보호 강화

회생절차개시신청 전 20일 이내에 채무자가 계속적이고 정상적인 영업활동으로 공급받은 물건에 대한 대금청구권을 공익채권으로 하였고(제179조 제1항 제8의2호 신설), 회생계획인가요건인 평등의 원칙 준수와 관련하여 평등의 원칙에 반하지 아니한 사유에 '채무자의 거래상대방인 중소기업자의 회생채권에 대하여 그 사업의 계속에 현저한 지장을 초래할 우려가 있어 다른 회생채권보다 우대하여 변제하는 때'를 추가하였다(제218조 제1항 제3호 신설). 또한 법원이 회생계획인가결정 전 회생채권 변제허가를 할 수 있는 사유 중 채무자의 거래상대방인 중소기업자가 그가 가지는 소액채권을 변제받지 아니하면 '사업의 계속에 현저한 지장을 초래할 우려가 있는 때'를 '사업의 계속에 지장을 초래할 우려가 있는 때'로 변경하였고(제132조제1항), 법원이 회생계획인가결정 전 회생채권 변제허가를 할 수 있는 사유 중 '회생채권을 변제하지 아니하고는 채무자의 회생에 현저한 지장을 초래할 우려가 있다고 인정하는 때'를 '회생채권의 변제가 채무자의 회생을 위하여 필요하다고 인정하는 때'로 변경하였다(제132조제2항).

다. 사전계획안 제출에 의한 회생절차의 활용도 제고를 위해 한국형 프리패키지 제도 도입

채무자의 부채의 2분의 1 이상에 해당하는 채권자 외에 이러한 채권자의 동의를 얻은 채무자도 회생절차개시신청이 있은 때부터 회생절차개시 전까지 사전계획안을 제출할 수 있도록 하였다(제223조제1항). 즉 채무자가 회생절차개시신청 전에 인가에 필요한 채권자의 동의를 확보한 경우에는 사전계획안의 제출자격을 부여함으로써 사전계획안 제출에 의한 회생절차의 신속한 진행을 도모하도록 한 것인데 실무상 이를 프리패키지(pre-package)라고 하며, 사적 구조조정 절차의 장점과 법정 구조조정 절차의 장점을 합친 제도라고 할 수 있다.[15)]

사전계획안을 제출한 채권자 외의 채권자는 법원이 정한 회신기간 초일의 전날까지 그 사전계획안에 동의한다는 의사를 서면으로 법원에 표시할 수 있도록 하였다(제223조제3항). 사전계획안의 제출자는 회생채권자·회생담보권자 목록, 관리인의 조사보고 사항(제92조 제1항 각 호)을 기재한 서면 및 대법원규칙으로 정하는 서면을 회생절차개시 전까지 법원에 제출하도록 하였으며(제223조제4항), 회생채권자·회생담보권자 목록이 제출된 때에는 회생절차개시결정과 동시에 정하여야 하는 관리인의 채권자목록 제출기간을 정하지 아니하도록 하였고(제50조 제1항 제1호), 그 제출된 목록은 제147조(회생채권자·회생담보권자·주주·지분권자의 목록)의 회생채권자·회생담보권자 목록으로 간주되도록 하였다(제223조 제5항).

한편 사전계획안이 제출된 경우에는 회생채권·회생담보권의 신고기간의 시기는 회생절차개시결정일로 하며(제50조 제1항 제2호), 회생계획안의 제출기간의 시기도 회생절차개시결정일로 하였다(제50조 제1항 제4호).

사전계획안을 제출하거나 그 사전계획안에 동의한다는 의사를 표시한 채권자는 결의를 위한 관계인집회에서 그 사전계획안을 가결하는 때에 동의한 것으로 본다(제223조 제7항 본문). 다만 사전계획안의 내용이 그 채권자에게 불리하게 수정되거나, 현저한 사정변경이 있거나 그 밖에 중대한 사유가 있는 때에는 결의를 위한 관계인집회의 기일 전날까지 법원의 허가를 받아 동의를 철회할 수 있도록 하였다(제223조 제7항 단서). 사전계획안을 서면결의에 부친 경우 사전계

15) 2016. 7. 11.자 법률신문, 1면 참고.

획안을 제출하거나 법원이 정한 회신기간 전에 그 사전계획안에 동의한다는 의사를 표시한 채권자는 위 회신기간 안에 동의한 것으로 본다(제223조 제8항 본문, 제240조 제1항, 제2항). 다만 사전계획안의 내용이 그 채권자에게 불리하게 수정되거나, 현저한 사정변경이 있거나 그 밖에 중대한 사유가 있는 때에는 위 회신기간 종료일까지 법원의 허가를 받아 동의를 철회할 수 있다(제223조 제8항 단서). 사전계획안이 제출된 때에는 관리인은 법원의 허가를 받아 회생계획안을 제출하지 아니하거나 제출한 회생계획안을 철회할 수 있다(제223조 제6항).

라. 서면결의를 거친 경우 회생계획의 인가여부 결정에 있어서 이해관계인 등의 의견진술권 보장

서면결의에 의하여 회생계획안이 가결된 때에는 법원은 지체 없이 회생계획의 인가여부에 관하여 결정을 하여야 하는데(제242조의2 제1항), 법원은 이러한 회생계획의 인가여부에 관한 결정에 앞서 서면결의의 결정시 법원이 정한 이해관계인[16]에 대한 회신기간 이후로 기일을 정하여 회생계획 인가여부에 관한 이해관계인의 의견을 들을 수 있도록 하였고(제242조의2 제2항), 이해관계인은 위 기일에서 회생계획의 인가여부에 관하여 의견을 진술할 수 있도록 하였다(제242조의2 제3항). 이때 법원은 상당하다고 인정하는 때에는 관리인의 신청에 의하거나 직권으로 위 기일과 특별조사기일을 병합할 수 있다(제242조의2 제5항).

마. 채권자의 절차 참여권 확대

채무자의 주요 채권자에게 채권자협의회 구성에 관한 의견 제시 권한을 부여하였고(제20조 제4항 신설), 제3자 관리인 선임시 채권자협의회에 관리인 후보자 추천권을 부여하였다(제74조 제7항 신설).

제22조의2 (신규자금대여자의 의견제시권한 및 그에 대한 자료제공)

① 제179조 제1항 제5호 및 제12호에 따라 자금을 대여한 공익채권자는 다음 각 호의 행위를 할 수 있다.

---

16) 여기에서 이해관계인이란 관리인, 조사위원·간이조사위원, 채무자, 목록에 기재되어 있거나 신고한 회생채권자·회생담보권자, 회생을 위하여 채무를 부담하거나 담보를 제공한 자가 있는 때에는 그 자를 말한다(제182조 제1항 각호).

1. 채무자의 영업 또는 사업의 전부 또는 중요한 일부를 양도하는 것에 대한 의견의 제시
2. 회생계획안에 대한 의견의 제시
3. 회생절차의 폐지 또는 종결에 대한 의견의 제시

② 제179조 제1항 제5호 및 제12호에 따라 자금을 대여한 공익채권자는 대법원규칙으로 정하는 바에 따라 관리인에게 필요한 자료의 제공을 청구할 수 있다. 이 경우 관리인은 대법원규칙으로 정하는 바에 따라 자료를 제공하여야 한다.

제223조 (회생계획안의 사전제출)

① 채무자의 부채의 2분의 1이상에 해당하는 채권을 가진 채권자 또는 이러한 채권자의 동의를 얻은 채무자는 회생절차개시의 신청이 있은 때부터 회생절차개시 전까지 회생계획안을 작성하여 법원에 제출할 수 있다.

② 법원은 제1항의 규정에 의하여 제출된 회생계획안(제228조 또는 제229조 제2항의 규정에 의하여 회생계획안을 수정한 때에는 그 수정된 회생계획안을 말한다. 이하 이 조에서 "사전계획안"이라 한다)을 법원에 비치하여 이해관계인에게 열람하게 하여야 한다.

③ 사전계획안을 제출한 채권자 외의 채권자는 회생계획안의 결의를 위한 관계인집회의 기일 전날 또는 제240조 제2항에 따라 법원이 정하는 기간 초일의 전날까지 그 사전계획안에 동의한다는 의사를 서면으로 법원에 표시할 수 있다.

④ 사전계획안을 제출하는 자는 회생절차개시 전까지 회생채권자·회생담보권자·주주·지분권자의 목록(제147조 제2항 각 호의 내용을 포함하여야 한다), 제92조제1항 각 호에 규정된 사항을 기재한 서면 및 그 밖에 대법원규칙으로 정하는 서면을 법원에 제출하여야 한다.

⑤ 제4항의 회생채권자·회생담보권자·주주·지분권자의 목록이 제출된 때에는 이 목록을 제147조제1항의 목록으로 본다.

⑥ 사전계획안이 제출된 때에는 관리인은 법원의 허가를 받아 회생계획안을 제출하지 아니하거나 제출한 회생계획안을 철회할 수 있다.

⑦ 사전계획안을 제출하거나 그 사전계획안에 동의한다는 의사를 표시한 채권자는 결의를 위한 관계인집회에서 그 사전계획안을 가결하는 때에 동의한 것으로 본다. 다만, 사전계획안의 내용이 그 채권자에게 불리하게 수정되거나, 현저한 사정변경이 있거나 그 밖에 중대한 사유가 있는 때에는 결의를 위한 관계인집회의 기일 전날까지 법원의 허가를 받아 동의를 철회할 수 있다.

⑧ 사전계획안을 제240조제1항에 따라 서면결의에 부친 경우 사전계획안을 제출하거나 같은 조 제2항의 회신기간 전에 그 사전계획안에 동의한다는 의사를 표시한 채권자는 위 회신기간 안에 동의한 것으로 본다. 다만, 사전계획안의 내용이 그 채권자에게 불리하게 수정되거나, 현저한 사정변경이 있거나 그 밖에 중대한 사유가 있는 때에는 위 회신기간 종료일까지 법원의 허가를 받아 동의를 철회할 수 있다.

제242조의2 (서면결의를 거친 경우 회생계획의 인가 여부)

① 서면결의에 의하여 회생계획안이 가결된 때에는 법원은 지체 없이 회생계획의 인가 여부에 관하여 결정을 하여야 한다.

② 법원은 제1항에 따른 회생계획의 인가 여부에 관한 결정에 앞서 제240조제2항의 회신기간 이후로 기일을 정하여 회생계획 인가 여부에 관한 이해관계인의 의견을 들을 수 있다.

③ 제242조 제2항 각 호의 어느 하나에 해당하는 자는 제2항에 따른 기일에서 회생계획의 인가 여부에 관하여 의견을 진술할 수 있다.

④ 제2항에 따른 기일을 정하는 결정이 있는 때에는 법원은 이를 공고하고 그 결정서를 제240조 제2항에 따라 회생계획 인가 여부에 관한 의견을 서면으로 회신한 자에게 송달하여야 한다.

⑤ 법원은 상당하다고 인정하는 때에는 관리인의 신청에 의하거나 직권으로 제2항에 따른 기일과 특별조사기일을 병합할 수 있다.

⑥ 법원은 제1항에 따라 회생계획의 인가 또는 불인가의 결정을 한 때에는 제182조 제1항 각 호의 자에게 그 주문 및 이유의 요지를 기재한 서면을 송달하여야 한다.

제2절 통합도산법상 각종 회생제도

〈Ⅰ〉 회생제도 개관

1. 의 의

회생제도란 파탄상태에 직면한 채무자가 파산으로 나아가지 아니하도록 갱생을 도모하기 위한 각종 절차를 말한다. 즉 채무자가 비록 현재는 경제적 파탄상태에 있다고는 하나 이를 당장 청산하는 것보다는 장차 채무자를 회생시켜 사업을 계속할 때의 가치가 크다고 인정될 경우에 채권자 등 이해관계인의 법률관계를 조정하여 채무자를 효율적으로 회생시키고자 하는 제도가 회생제도인 것이다.

도산제도는 연혁적으로 초기에는 파산절차로서 철저히 청산하는 절차에 주목적을 두었는데, 이로 인한 사회적인 영향이나 손실을 고려하여 차츰 파산에서 회생이라는 개념이 도입되기 시작하여 먼저 화의절차가 마련되었고, 이어 채무자의 재건절차로서 회사정리절차가 마련되었었다. 요컨대 도산제도는 크게 채무자의 자산을 처분·환가하여 채권자에게 배분하여 주는 청산형 절차와 채무자의 갱생을 도모하는 재건형 절차로 구분할 수 있는데, 순서적으로 보면 먼저 재건형 절차를 우선적으로 고려한 후 재건형 절차가 불가능하거나 효율적이지 아니한 경우에 청산형 절차를 밟는 것이 원칙일 것이다. 여기에서 청산형 절차인 파산절차를 제외한 종전의 화의절차나 회사정리절차 등이 재건형 절차인 회생제도에 속하는 것이었다.

2. 회생제도를 반영한 통합도산법 등의 제정

새로 제정된 통합도산법에서도 기본적으로는 청산을 목적으로 한 파산절차(제3편)와 종전의 회사정리절차를 기본으로 하고 일부 화의절차의 요소를 가미한 회생절차(제2편)를 규정하면서 재건절차인 회생절차를 청산절차인 파산절차(제3편)보다 우선하여 적용하도록 하고 있다. 즉, 회생절차가 개시되면 진행 중인 파산절차가 중지되고, 새로운 파산신청도 할 수 없도록 규정하고 있는 것이다(제58조 제2항 제1호). 통합도산법상 회생절차는 개인채무자를 배제하고 있지 아니하므로 개인채무자도 이용할 수 있지만 주로 기업의 회생을 염두에 두고 제정된 절차이다. 다만 통합도산법에서는 소액의 개인채무자를 위한 전용제도로서 개인파산절차(제4편)를 별도로 두고 있다.

한편 통합도산법 이외의 회생제도로는 금융기관이 도산한 경우 막대한 사회적인 파장을 고려하여 이의 특례를 마련하고자 제정된 「금융산업의 구조 개선에 관한 법률」과 기업 워크아웃의 근거를 마련하기 위하여 제정된 「기업구조조정촉진법」 등이 있다.

3. 통합도산법상의 회생제도와 일반회생

통합도산법상 제2편 회생절차와 제4편 개인회생절차는 재건형 절차에 해당되고, 제3편 파산절차는 청산형 절차에 해당된다. 위 재건형 절차가 회생제도에 해당되는데, 그중 개인회생절차는 무담보 채무 5억원 이하, 담보부 채무 10억원 이하의 채무를 가지고 있는 소액의 개인채무자를 그 대상으로 하는 절차이고, 회생절차는 채무액의 크기와 상관없이 법인과 모든 개인채무자[17]를 대상으로 하는 절차이다. 이와 같이 회생절차는 법인과 개인 모두가 이용할 수 있는 절차인데, 실무상 이용 주체에 따라 법인인 채무자가 회생절차를 통하여 갱생을 도모하는 것을 법인회생 내지 기업회생이라고 하고, 개인인 채무자가 회생절차를 통하여 갱생하는 것을 일반회생 내지 일반회생절차[18]라고 부르고 있다. 다만 위 회생절차는 원

17) 회생절차는 개인회생절차와 달리 채무액수의 제한에 구애를 받지 아니하고 모든 개인채무자가 이용할 수 있는 절차이다. 다만 개인회생절차가 절차도 간단하고 비용도 적게 들며, 단시간에 회생도 이루어질 수 있기 때문에 개인회생절차를 이용할 수 있는 채무자로서는 굳이 회생절차를 이용할 실익은 없을 것이다. 따라서 실무상 개인채무자로서 회생절차를 이용하는 경우는 개인회생절차를 이용할 수 없는 채무자, 즉 무담보 채무 5억원, 담보부 채무 10억원을 초과한 채무를 부담하고 있는 개인채무자 등일 것이다.

18) 일반회생절차란 법률상의 용어는 아니며 법인회생절차나 개인회생절차와 구분하기 위하여 실무상 사용하는 용어이다. 통합도산법 제2편 「회생절차」는 법인회생절차와 일반회생절차를 모두 규율하는 절차인데, 일반회생절차는 개인채무자가 위 통합도산법 제2편 「회생절차」 중 개인채무자에 해당되는 조항만 적용하여 회생을 도모하는 절차이다. 따라서 본문 중 '회생절차' 또는 '회생'이라는 용어를 사용하는 경우에도 문맥상 '일반회생절차' 또는 '일반회생'을 의미하는 경우가 있으며 이는 용어를 단축하여 간결하게 표현하기 위한 것임을 밝혀 둔다.

칙적으로 법인의 회생을 도모하는 것을 중심으로 하여 규율되어 있으므로 개인채무자에 대한 회생절차에서는 법인만에 관한 규정을 제외한 법인과 개인채무자에게 공통적인 부분만 적용된다고 할 것이다. 본서에서 다룰 내용은 개인채무자가 위 회생절차를 이용하여 회생을 도모하는 절차인 일반회생 내지 일반회생절차에 관한 것이다.

〈2〉
회생절차와 일반회생절차의 관계

1. 두 절차의 구별

통합도산법에서는 회생제도의 하나로서 제2편 회생절차편을 두고 있는데, 위 회생절차는 기본적으로 통합도산법 제정 이전의 기업회생절차에 관한 2개의 법률인 회사정리법[19]과 화의법[20]을 통합하되 대부분 회사정리법상의 회사정리절차를 기본 틀로 일원화시켜 놓은 것이어서 기업의 회생에 초점이 맞추어져 있고 따라서 기업회생 내지 법인회생에 적합한 절차라고 할 수 있다.[21] 그러나 통합도산법 제2편 회생절차는 기업 또는 법인의 전유물이 아니며 그 이용주체에 특별한 제한을 두고 있지 아니하고 개인채무자를 배제하고 있지 아니하므로 개인채무자도 이용할 수 있다. 즉 통합도산법 제2편 회생절차는 법인과 개인 모두 이용할 수 있는 것이다. 여기에 개인이 통합도산법 제2편 회생절차를 이용하여 회생을 도모하는 절차를 법인회생과 구별하여 일반회생이라고 하는 것이다. 요컨대 법인회생이나 일반회생이나 같은 절차인 통합도산법 제2편 회생절차를 이용하여 회생을 도모하는 절차인 것이며 다만 그 이용주체에 따라 용어를 구별하여 사용하는 것일 뿐이라고 본다.

2. 두 절차의 특징

가. 의 의

앞서 본 바와 같이 일반회생절차와 회생절차는 서로 다른 절차에 의하여 규

19) 회사정리법은 파탄에 직면한 주식회사의 재건을 도모하기 위한 법으로서 기존 경영자의 경영권이 배제되었다. 회사정리법은 주식회사 이외의 다른 회사는 이용할 수 없다.
20) 화의법은 파산을 예방하기 위하여 하는 강제화의에 대하여 규정한 법으로서 기존 경영자의 경영권은 보장되나, 주주에 대한 자본감소를 규정하지 아니하고 있어 채권자의 권리만 감축되게 되어 있고, 화의인가 후 바로 화의절차가 종결되어 구주주의 회사지배권 및 구경영진에 대한 감독 및 통제가 곤란하였기 때문에 부실기업의 퇴출에 대한 회피수단으로 악용되고 있었다.
21) 종전의 회사정리법은 주식회사만이 이용할 수 있었으나 통합도산법상의 회생절차(제2편)는 주식회사 이외의 다른 회사나 법인 또는 비법인사단·재단도 이용할 수 있다.

율되는 것이 아니라 회생절차를 이용하는 주체가 개인인 경우에 용어상 일반회생절차라고 하는 것이어서 두 제도의 특색도 기본적으로 공통적인 것이라고 할 수 있다. 다만 일반회생절차는 개인채무자에 대한 회생절차이므로 회생절차의 특색 중에서 법인만에 관련된 특색은 제외되어야 할 것이다.

나. 각 분야별 비교

회생절차는 기본적으로 기존 경영진이 종전과 같이 계속 기업체를 운영할 수 있는 여지가 많고 회생이 주목적이므로 채무자측에서 신청하는 경우가 많을 것이다.[22] 또한 회생절차는 파산적 청산에 비하여 채권자 일반에게 이익이 되고 채권채무관계의 집단적 해결을 통한 사회·경제적 유리함이 전제되어야 하므로 회생절차의 대상은 경제적 파탄자인 채무자가 아니라 최소한 경제성은 존재한 재정적 파탄자인 채무자만이라고 할 수 있다. 즉 회생절차에서는 청산가치의 보장 내지 경제성 판단의 원칙을 채택하여 경제성 있는 채무자만을 선별적으로 회생시키는 제도라고 할 수 있는 것이다.

이러한 기본구조와 원리하에서 회생절차 내지 일반회생절차의 특색을 살펴보면 다음과 같다.

(1) 절차상의 특색

일반회생절차의 절차상의 특징을 살펴보면 ① 회생절차 진행 여부에 있어서의 경제성의 판단(제1조 후단, 제6조, 제285조, 제286조), ② 가압류·가처분·강제집행·담보권의 실행[23] 등 채권자 등의 개별적 권리행사의 제한·금지, ③ 실체

22) 파산절차는 청산을 궁극적인 목적으로 하는 것이므로 파탄에 이른 법인의 존속으로 인하여 누적되는 세금 등의 부담을 없애기 위하여 채무자인 법인측에서 신청한 경우가 주류를 이루고 있으나, 당해 법인측이 신청한 회생절차가 수포로 돌아간 경우에 퇴출을 목적으로 법원의 직권이나 관리인 등의 신청에 의하여 이루어진 경우도 있고(이 경우에는 처음부터 파산절차를 다시 시작하지 아니하고 회생채권신고 등 이미 진행된 절차는 그 효력이 유지됨. 제6조 제4항~제7항), 채무자인 법인의 채권자가 자기 채권의 회수나 부실채권의 정리 또는 임금채권보장법의 적용을 받기 위하여(예, 체당금 지급청구를 위한 근로자의 신청) 또는 채무자인 법인을 압박하기 위한 수단으로 신청한 경우도 많다.

23) 회생절차에서는 담보채권자도 개별적 권리행사가 제한된다는 점에서 개인회생절차나 파산절차에서 담보권자가 별제권자로 인정되어 해당 절차와 무관하게 개별적인 담보권의 실행이 가능한 점과 구별된다.

법상의 권리의 우선순위의 존중(제217조,[24] 제243조 제1항 제2호), ④ 채무자의 업무수행권·재산관리·처분권·소송수행권 등 모든 권리의 관리인에의 이전, ⑤ 개별채권자에 대한 청산가치의 보장(제243조 제1항 제4호), ⑥ 채권자 등의 양보와 이해관계인의 집합적 의사결정에 따른 채무자의 운명 결정과 이를 보완한 강제인가 제도,[25] ⑦ 분배의 원칙과 방법에 있어서 동종 권리간의 '평등의 원칙'(제218조, 제243조 제1항 제2호)과 이종 권리간의 '공정하고 형평에 맞는 차등의 원칙'의 적용(제218조, 제243조 제1항 제2호)[26] 등으로 요약할 수 있다. 그밖에 일반회생절차는 절차가 복잡하고 어려워서 신청서 작성시 법률전문가의 도움이 필요하고 이에 따른 변호사보수 등 비용적 부담이 클 뿐만 아니라 상당한 금액을 법원예납금으로 납부하여야 하며, 절차진행 중의 재산처분 등에 있어서도 법원의 허가를 필요로 하는 등 법원의 감독이 이루어지고, 채권신고와 채권조사확정절차가 필요하며, 회생계획안 인가시까지 장기간이 소요되고, 회생채권자들의 의결절차를 거쳐야 하는 관계상 채권자들의 동의없이는 인가를 받기 곤란한 점 등 여러 가지 어려움이 있을 수 있다.

(2) 효과면의 특색

일반회생절차의 경우에는 회생계획인가결정에 의하여 채권자들의 권리 자체가 실체적으로 변경된다.[27] 따라서 회생채권자들의 권리는 회생계획에 따라 변경된 범위로 제한되고(제251조), 저당권 등 담보권도 회생계획에 따라 권리변경이 가해질 수 있다. 회생계획인가결정 후 회생절차가 중도에 폐지되거나 회생계획을 수행하지 못한 경우에도 이와 같이 회생계획인가에 따른 권리의 감면

---

24) 통합도산법 제217조(공정하고 형평한 차등) "① 회생계획에서는 다음 각호의 규정에 의한 권리의 순위를 고려하여 회생계획의 조건에 공정하고 형평에 맞는 차등을 두어야 한다.
1. 회생담보권
2. 일반의 우선권 있는 회생채권
3. 제2호에 규정된 것 외의 회생채권
4. 잔여재산의 분배에 관하여 우선적 내용이 있는 종류의 주주·지분권자의 권리"

25) 강제인가란 일부 채권자들의 무리한 요구나 불합리한 의사로 인하여 회생절차가 무산될 상황에 놓인 경우에 법원이 직권으로 권리보호조항을 정하여 회생계획을 인가하는 것을 말한다.

26) 공정·형평의 원칙에 대한 실제의 적용방법과 관련해서는 ① 절대우선설, ② 상대우선설, ③ 절충설 등의 견해가 대립되지만, 서울중앙지방법원에서는 상대우선설의 입장에서 실무를 운영하고 있는 것으로 보인다(서울중앙지방법원, 제4판 회생사건실무上, 605p).

27) 여기에서 권리가 변경되는 방법으로는 채무면제, 변제기의 유예에 의한 분할변제 등이 있다.

등 권리변경의 효력은 그대로 존속하는 것이므로 채권자들의 권리행사는 회생계획에 따라 변경된 범위로 제한을 받게 되어 있다. 일반회생절차에서는 목록에 기재되지 아니하거나 신고되지 아니하는 등으로 회생계획에서 존속할 것을 정하지 아니한 권리는 원칙적으로 모두 실권하게 된다.

3. 이용대상자에 따른 명칭상의 구분

가. 회생절차

통합도산법 제2편 회생절차는 법인뿐만 아니라 개인채무자도 이용할 수 있다. 법인의 경우에는 주식회사만 이용이 가능한 회사정리법과는 달리 주식회사 이외의 다른 회사나 법인 또는 비법인사단·재단도 이용할 수 있다. 아래의 일반회생절차는 위 회생절차와 다른 절차가 아니라 같은 절차이며 다만 그 이용주체가 개인인 경우에 용어상 일반회생절차라고 함은 앞서 본 바와 같다.

나. 일반회생절차

통합도산법 제2편 회생절차는 법인과 개인 모두 이용할 수 있고 같은 절차에 의하여 규율되는바, 그중 법인인 채무자가 회생절차를 통하여 갱생을 도모하는 것을 법인회생제도 내지 기업회생이라고 하고, 개인채무자가 회생절차를 통하여 갱생하는 것을 일반회생이라고 한다. 이와 같이 법인인 채무자나 개인채무자 모두 통합도산법 제2편 회생절차라는 동일한 절차를 통하여 회생을 도모한다고 하지만 위 회생절차는 원칙적으로 법인의 회생을 도모하는 것을 중심으로 하여 규율되어 있으므로 개인채무자에 대한 회생절차에서는 법인만에 관한 규정을 제외한 법인과 개인채무자에게 공통적인 부분만 적용된다고 본다. 본서에서 다룰 내용은 개인채무자가 회생절차를 통하여 회생을 도모하는 절차인 일반회생절차 내지 일반회생제도에 관한 것이다.

4. 일반회생절차의 이용 실태

통합도산법상 개인채무자의 회생제도에는 일반회생절차 이외에도 제4편 개인

회생절차가 있지만 개인회생절차는 무담보 채무 5억원 이하, 담보부 채무 10억원 이하의 채무를 가지고 있는 소액의 개인채무자만 이용이 가능하도록 되어 있어서 위 채무액수를 초과한 고액의 개인채무자가 회생을 도모하려면 부득이 제2편 회생절차를 통한 회생, 즉 일반회생절차를 이용하는 수밖에 없다.

따라서 실무상 개인채무자로서 무담보 채무 5억원 초과, 담보부 채무 10억원 초과의 채무를 가지는 경우가 많은 자영업자 등 개인사업자나 의사·약사·한의사, 변호사, 변리사, 기술사, 세무사 등 전문직종 종사자, 부실한 부동산을 소유하고 있는 임대소득자 등이 주로 일반회생절차를 이용하고 있는 것으로 보인다.

또한 개인회생절차에서는 저당권 등 담보권자에 대해서는 별제권자로 인정되어 개인회생절차와 무관하게 담보권을 행사할 수 있게 되지만, 일반회생절차에서는 저당권 등 담보권도 회생계획에 따라 권리변경이 가해질 수 있고 회생절차가 진행하는 동안에는 담보권의 행사가 제한될 수 있으므로 개인회생절차를 이용할 수 있는 개인채무자라도 영업에 필수적인 재산에 저당권 등 담보권이 설정되어 있어서 당해 담보권의 실행을 저지할 필요성이 있는 경우에는 일반회생절차를 이용할 실익이 있다.

한편 통합도산법 제2편 회생절차의 여러 규정들을 보면 대부분 법인이나 영업 또는 사업을 하는 개인채무자를 전제로 하는 경우가 많기 때문에 영업·사업을 하지 아니한 개인채무자가 이용하기에는 적당하지 아니한 점이 많다. 그러나 위 회생절차를 신청할 수 있는 개인채무자의 신청자격에 특별한 제한 규정이 있는 것은 아니므로 영업이나 사업을 하는 개인채무자뿐만 아니라 영업이나 사업을 하지 아니한 개인채무자라도 이를 이용하는데 지장이 없다. 따라서 고액의 보증채무 등을 부담할 가능성이 많은 공무원이나 대기업 회사원, 기업체의 이사·대표이사 등 급여소득자들도 위 회생절차를 통한 일반회생절차에 의하여 회생을 도모할 수 있는 것이다. 다만 비영업자나 비사업자인 개인채무자의 일반회생절차에서는 법인이나 영업자 내지 사업자에 적용될 수 있는 통합도산법상의 회생절차에 대한 규정들에 관하여 개인채무자에게도 적용 가능한지 여부에 대한 합리적인 해석이 필요한 경우가 많을 것이다.

〈3〉
일반회생절차와 개인회생절차 비교

1. 의 의

통합도산법상 개인의 회생을 도모하기 위한 대표적인 절차로 제4편 개인회생절차가 있고 그밖에 고액의 채무자가 제2편 회생절차를 통하여 회생하는 일반회생절차가 있다. 다만 개인채무자가 위 제2편 회생절차를 이용할 수 있는지 여부에 관하여는 논란이 있다. 제2편 회생절차는 주로 법인회생을 대상으로 하여 그에 관한 절차를 규율하고 있기 때문이다. 그러나 제2편 회생절차에서는 회생절차의 신청권자에 개인을 포함시키고 있고(제36조 제2호), 회생절차에 관한 관할 규정에서 개인채무자를 전제로 하는 규정도 두고 있으며(제3조 제1항, 제7항), 회생절차의 관리인으로 개인채무자를 포함한 점(제74조 제2항, 제3항), 개인회생절차가 개시되면 회생절차가 중지된 점(제600조 제1항 제1호) 등에 비추어 개인도 회생절차를 이용할 수 있고, 실무도 마찬가지이다. 개인회생절차와 일반회생절차 모두 개인채무자의 회생을 도모하는 제도라는 점에서는 공통적이나 절차의 전개과정이나 법률적 효과면에서 여러 가지 차이를 보이고 있다.

2. 두 절차의 차이점

가. 이용대상자의 비교[28)]

통합도산법 제2편 회생절차는 법인과 개인채무자 중 개인회생절차를 이용하기 곤란한 채무자가 주된 이용 대상자이다. 여기에서 법인의 회생은 논외로 하고 개인채무자의 회생방법만을 놓고 본다면, 개인회생절차에서는 유치권·질

---

28) 개인회생절차는 비교적 소액의 채무를 부담하고 있는 개인채무자에 대하여 보다 덜 복잡하고 비용도 적게 들며 간이한 절차에 의하여 그 회생을 도모하려는 제도이다. 일반회생절차는 비교적 고액의 채무를 부담하고 있는 개인채무자를 대상으로 하는데, 이런 고액의 채무자에 대해서도 개인회생절차라는 간이한 절차에 의하여 쉽게 면책을 해주기에는 채권자들이 감내해야 할 불이익이 너무 크기 때문에 법인회생과 같은 보다 복잡한 절차를 거쳐 회생을 도모하도록 한 것으로 보인다.

권·저당권·양도담보권·가등기담보권·전세권 또는 우선특권 등으로 담보된 채무는 10억원 이하, ② 그 밖에 위와 같은 담보가 설정되지 아니한 채무는 5억원 이하의 채무를 부담하고 있는 개인채무자만을 대상으로 하고 있고,[29] 여기에 해당되지 아니한 개인채무자는 개인회생절차를 이용할 수 없는바, 회생을 위해서는 부득이 법인회생과 같은 절차인 제2편 회생절차를 통하는 수밖에 없을 것이다. 이와 같이 개인채무자가 제2편 회생절차를 통하여 회생을 도모하는 것을 일반회생이라고 한다. 실무상으로는 주로 자영업자, 임대소득자, 대규모 영농업자 등 개인사업자나, 의사, 약사, 한의사, 변호사, 변리사, 기술사, 세무사 등 전문직종 종사자, 교사, 공무원, 군인 등 그 신분상 개인파산을 이용할 수 없는 고액의 공직채무자, 대기업 회사원 등 고액의 급여소득자, 금융기관에 대한 연대보증채무를 부담하는 경우가 많은 기업체의 이사·대표이사 등이 여기에 해당되는 경우가 많아 이들이 주로 일반회생절차를 이용하고 있는 것으로 보인다.

나. 효과면의 비교

일반회생절차의 경우에는 회생계획인가결정에 의하여 채권자들의 권리의

29) 개인회생절차는 담보부 채무 10억원 이하, 무담보 채무 5억원 이하의 채무를 가진 개인채무자만 이용할 수 있는데, 위 둘 중 어느 하나의 액수라도 초과하면 이용할 수 없다. 예컨대 담보부 채무 9억원 및 무담보 채무 4억원의 채무를 가진 개인채무자는 이용할 수 있으나, 담보부 채무 5억원 및 무담보 채무 6억원을 가진 채무자나 담보부 채무 10억 5천만원 및 무담보 채무 1억원을 가진 채무자, 담보부 채무만 11억을 가진 채무자, 무담보 채무만 6억원을 가진 개인채무자는 이용할 수 없다. 그리고 위 담보부 채무 10억원 이하, 무담보 채무 5억원 이하라는 금액에는 이자나 지연손해금도 포함되는 개념이므로 원금과 이자·지연손해금을 합산한 금액이 위 금액 기준을 초과하면 이용할 수 없다. 또한 여기의 담보부 채무란 실질적으로 담보되는 채무를 말하므로 예컨대 무담보 채무 4억원을 가지는 개인채무자가 5억원의 저당권을 설정하여 형식적으로는 5억원의 담보부 채무를 가진 경우라 하더라도 담보물의 환가액이 3억 5천만원에 불과한 경우에는 담보부 채무는 3억 5천만원에 지나지 아니하고 나머지 1억 5천만원은 무담보 채무인 것이어서 무담보 채무의 합계가 5억 5천만원으로 되어 개인회생절차를 이용할 수 없게 된다. 따라서 담보물의 환가가 중요한데 개인회생절차개시신청시에는 채무자가 적어 낸 담보물의 예상환가액을 기준으로 판단하되, 나중에 회생위원 등에 의한 담보물의 평가가 이루어진 경우 이를 기준으로 하여 채무액의 상한요건을 판단한 후 그 요건을 충족하지 못하면 개시기각결정이나 인가 전 폐지를 하는 것이 실무이다. 한편 위 채무액 한도기준의 적용시점도 중요한데, 이는 개인회생절차개시신청시나 인가결정시가 아니라 개인회생절차개시결정시를 기준으로 한다. 따라서 개인회생절차개시신청시에는 누락채권 등의 발생으로 위 한도금액의 기준을 충족하였지만 나중에 누락채권이 드러나서 개인회생절차개시결정시점을 기준으로 하면 한도금액이 초과된 경우에는 개시기각결정 또는 인가 전 폐지사유가 되는 것이다.

감면 등 권리 자체에 변경이 이루어지므로 회생채권자들의 권리는 회생계획에 따라 변경된 범위로 제한되고(제251조), 저당권 등 담보권에 대해서도 회생계획에 따라 권리변경이 가해질 수 있으며, 회생절차가 진행하는 동안 그 행사가 제한될 수 있다. 회생절차에서는 목록에 기재되지도 아니하고 신고하지도 아니하여 회생계획에서 존속할 것을 정하지 아니한 권리는 원칙적으로 모두 실권하게 되어 있다. 또한 일반회생절차에서는 회생계획인가결정 후 회생절차가 중도에 폐지되거나 회생계획을 수행하지 못한 경우라도 회생계획인가에 따른 권리의 감면 등 권리변경의 효력은 그대로 존속하게 되므로 채권자들의 권리행사도 회생계획에 따라 변경된 범위로 여전히 제한을 받게 된다.

이에 반하여 개인회생절차에서는 개인회생인가결정 후에 당해 회생계획을 모두 수행하고 별도로 면책신청을 통하여 면책이 이루어져야만 비로소 잔여채무에 대한 면책이 이루어지고, 저당권 등 담보권자는 별제권자로서 개인회생절차와는 무관하게 절차 외에서 담보권을 행사할 수 있다. 즉 개인회생절차에서는 일반회생절차와는 달리 변제계획인가결정이 이루어졌다고 하여 곧바로 권리변경의 효력이 생기는 것이 아니며,[30] 변제계획에 따른 권리 변경도 면책결정이 확정되기까지는 생기지 아니하는 것이다(제615조 제1항 단서). 개인회생절차에서는 목록에 기재된 채권자에 대해서만 효력이 생기고 목록에 기재되지 아니한 채권자는 면책의 대상에서 제외되며 따라서 목록에서 제외된 채권자로서는 그의 개별적 강제집행도 가능하게 된다.[31] 또한 개인회생절차에서는 변제계획이 인가된 후에도 면책불허가결정이 확정되거나 인가된 변제계획을 이행할 수 없음이 명백한 때 또는 채무자가 재산 및 소득의 은닉 그 밖의 부정한 방법으로 인가된 변제계획을 수행하지 아니하는 때에는 개인회생절차폐지결정을 할 수 있는데(제621조 제1항), 이 경우에는 회생절차와는 달리 변제계획인가에 권리변경의 효력이 인정되지 아니하므로 개인회생절차폐지결정이 확정되면 변제계

30) 개인회생절차에서의 변제계획은 인가결정에 의하여 그 자체로서 권리변경의 효력을 발생시키는 형성적 효력이 있는 것이 아니며 변제기간 동안 변제를 완료한 후 면책을 받을 수 있다는 취지의 개인회생채권자들에 대한 예고로서의 성격을 가진다고 볼 것이다.

31) 일반회생절차에서는 목록에 기재되지 아니한 채권자의 권리는 원칙적으로 실권되고 따라서 채무자는 면책의 효력을 받게 되지만 개인회생절차에서는 목록에 기재되지 아니한 채권자의 권리는 실권되지 아니하고 따라서 채무자도 면책의 효력을 받지 못하게 된다. 이 점에서도 두 제도는 차이가 있다.

획에서 정한 개인회생채권의 변제기간·변제방법·변제액수는 그 효력이 상실되고 따라서 채권자들은 원래 채권의 내용대로 채권을 행사할 수 있고 집행도 할 수 있게 된다. 요컨대 두 절차의 효력 중 대표적인 것을 비교하여 보면 개인회생절차에 있어서는 담보권이 별제권으로 취급되어 개인회생절차가 진행됨에도 불구하고 담보권실행을 저지할 수 없으나 일반회생절차에 있어서는 담보권자에 대해서도 회생계획에 따라 그 권리에 변경이 가해질 수 있고, 인가결정의 효력면에서도 개인회생절차에 있어서는 채무자가 변제계획을 완료한 후에 면책결정을 받을 수 있을 뿐이지만 일반회생절차에 있어서는 회생계획인가결정에 의하여 권리 자체가 변경되는 효력이 생기는 것이다.

다. 절차면의 비교

일반회생절차는 그 절차가 복잡하고 어려워서 신청서 작성시 법률전문가의 도움이 필요하고 이에 따른 변호사보수 등 비용적 부담이 크며, 상당한 금액을 법원예납금으로 납부하여야 하고, 절차진행 중 재산처분 등에 있어서도 법원의 허가를 필요로 하는 등 법원의 감독이 이루어지며, 채권신고와 채권조사확정절차가 필요하고, 회생계획안 인가시까지 장기간이 소요되며, 회생채권자들의 의결절차를 거쳐야 하는 관계상 채권자들의 동의 없이는 인가를 받기 곤란한 점 등 절차상 여러 어려운 점이 있다. 이에 비하여 개인회생절차는 비교적 절차가 간단하고, 변제계획상의 변제기간도 5년 등으로 단기간이며, 절차 진행 중에도 채무자에게 관리처분권이 계속 유지되어 있고, 채권자들의 의결절차도 거칠 필요가 없는 등 절차상 그리 어려운 점이 없다는데서 일반회생절차와 구별된다.

라. 두 절차 경합시 개인회생절차 우선

일반회생절차와 개인회생절차는 상호 배타적이지는 아니하지만 법은 개인회생절차가 개시되면 일반회생절차를 중지하도록 함으로써 개인회생절차를 우선적인 절차로 하고 있다(제600조 제1항 제1호).

제2장 일반회생절차개시신청 및 개시결정

제1절 일반회생절차 개요

〈 I 〉 일반회생절차의 기본지식

1. 의 의

경제적으로 파탄에 직면한 개인채무자에 대한 법률관계를 규율하는 도산처리절차는 크게 채무자의 재산을 처분하여 이를 채권자들에게 평등하게 배당하여 주는 청산형 절차와 채무자의 사업을 재건하고 그로부터 발생한 수익을 채권자들에게 분배해 주는 재건형 절차가 있는데, 회생절차는 재건형 절차로서 채무자가 비록 현재는 경제적 파탄상태에 있다고는 하나 이를 당장 청산하는 것보다는 장차 채무자를 회생시켜 사업을 계속할 때의 가치가 보다 크다고 인정될 경우에 채권자 등 이해관계인의 법률관계를 조정하여 채무자를 효율적으로 회생시키는 절차이다. 본서에서 다루는 일반회생절차는 개인채무자의 회생절차로서 주로 고액의 개인채무자가 통합도산법 제2편 회생절차를 통하여 회생을 도모하고자 하는 절차를 말한다.

2. 일반회생절차의 이력

일반회생절차의 절차 규정인 통합도산법 제2편 회생절차는 종전에 재건형 기업도산절차가 회사정리법과 화의법으로 이원화되어 있었던 것을 통합하여 일원화시켜놓은 것인데, 통합이라고는 하지만 화의법이 사실상 폐기된 것으로서 거의 대부분 회사정리법상의 회사정리절차를 기본 틀로 하고 있다. 다만, 회사정리법은 주식회사만 이용할 수 있었으나 통합도산법상의 회생절차는 주식회사 이외의 다른 회사나 법인 또는 비법인사단·재단도 이용할 수 있고 개인도 이용가능하는 등 그 이용주체에 특별한 제한을 두고 있지 아니하고, 회생절차의 관리인으로 기존 경영진이 임명될 수 있는 「기존 경영자 관리인 제도」를 도입하는 등 화의절차의 일부 요소가 가미되어 있다. 또한 통합도산법상의 회생절차에서는 종전에 활성화되지 못하였던 채권자협의회의 기능과 권한을 강화하고, 회생절차 폐지시 필수적이었던 파산산고를 임의화하였다.

3. 일반회생절차의 중요 조문 내역

통합도산법상 일반회생절차와 관련된 중요 조문으로는 회생절차개시의 신청(제34조), 가압류·가처분 그 밖의 기각사유(제43조), 다른 절차의 중지명령 등(제44조), 회생채권 또는 회생담보권에 기한 강제집행 등의 포괄적 금지명령(제45조), 회생절차개시의 결정(제49조), 회생절차개시신청에 관한 재판에 대한 즉시항고(제53조), 다른 절차의 중지 등(제58조), 영업 등의 양도(제62조), 환취권(제70조), 관리인의 선임(제74조), 재산가액의 평가(제90조), 제1회 관계인집회(제98조), 부인할 수 있는 행위(제100조), 법인의 이사 등의 재산에 대한 보전처분(제114조), 손해배상청구 등의 조사확정재판(제115조), 이의의 소(제116조), 회생채권(제118조), 회생채권의 변제허가(제132조), 회생담보권자의 권리(제141조), 상계권(제144조), 회생채권자·회생담보권자의 목록(제147조), 회생채권의 신고(제148조), 회생담보권의 신고(제149조), 회생채권자표·회생담보권자표(제158조), 회생채권 및 회생담보권 등의 확정(제166조), 회생채권 및 회생담보권 조사확정의 재판(제170조), 채권조사확정재판에 대한 이의의 소(제171조), 공익채권이 되는 청구권(제179조), 관계인집회 기일의 통지(제182조), 회생계획의 내용(제193조), 회생계획안의 제출(제220조), 회생계획안의 결의의 방법과 회생채권자 등의 분류(제236조), 회생계획의 인가여부(제242조), 회생계획인가의 요건(제243조), 회생계획의 수행(제257조), 회생계획인가 전의 폐지(제286조), 신청에 의한 폐지(제287조), 회생계획인가 후의 폐지(제288조) 등이 있다.

4. 일반회생절차에 대한 법원의 실무운영 방향

일반회생절차에 있어서 법원은 관리인불선임결정에 의하여 기존의 개인채무자로 하여금 관리인으로 간주되도록 하거나, 「기존 경영자 관리인 제도」를 충실히 시행하여 기존 경영권을 보장하고 있고,[32] 회생계획 인가 전 회생절차 폐지시 파산선고를 지양하며, 회생절차의 조기 종결을 도모하는 방향으로 일반회생실무를 운용하고 있다. 또한 채권자협의회의 강화된 기능과 권한 행사를 보장하여 채권자로 하여금 관리인 또는 간주관리인이 된 개인채무자를 견제하고 감시할 수 있도록 운영함으로써 당해 개인채무자와 채권자 사이에 자율적인 협의를 통하여 회생절차가 활성화되도록 하고 있다.

5. 일반회생사건의 추이

일반회생사건의 경우 법원의 접수 건수는 해마다 증가하고 있는데 비하여 회생절차개시결정율이나 회생계획인가율은 감소추세에 있는 것으로 보인다. 최근 5년간의 법원의 일반회생 처리 추이는 아래 표에서 보는 바와 같다.

[표 3] 일반회생 처리 추이(2011~2015년)[33]

년도	접수	개시결정 전				개시 후 인가 전				인가 후			
		인용	기각	기타	계	인가	취소	기타	계	종결	폐지	기타	계
2011	678	527	34	90	651	262	241	4	507	18	7	-	25
2012	727	578	48	103	729	250	257	3	510	92	27	-	119
2013	829	631	53	143	827	278	408	-	686	153	52	-	205
2014	840	598	74	158	830	244	410	1	655	237	109	1	347
2015	858	596	79	182	857	-	-	-	-	-	-	-	-

위 [표 3]에서 '개시결정 전'의 인용건수는 일반회생절차개시결정 건수를 말하고, '개시 후 인가 전'의 인가건수는 회생계획인가결정 건수를 말하며, '인가 후'의

32) 개인채무자의 일반회생절차에서 제3자 관리인을 선임하는 경우는 예외적이다.
33) 대법원 인터넷사이트의 '사법통계' 및 '사법연감' 참조(단 '사법통계'와 '사법연감'의 통계수치가 다른 부분은 '사법통계'의 수치가 신속·정확한 것으로 판단되어 '사법통계'를 따랐고, '사법통계'에 없는 부분은 '사법연감'을 따른 것임).

종결건수는 회생계획에 따른 변제가 이루어져 회생절차가 정상적으로 종료된 건수를 말한다. 위 [표 3]에서 보는 바와 같이 회생절차개시결정율은 2011년 80.1%, 2012년 79.2%, 2013년 76.3%, 2014년 72.0%, 2015년 69.5%로 감소추세에 놓여 있고, 회생계획인가율도 2011년 51.7%, 2012년 49.0%, 2013년 40.5%, 2014년 37.3%로 점차 감소추세에 있는 것이다. 이러한 감소추세는 다른 도산절차와 마찬가지로 요건심사를 강화하고 있는 추세에 따른 영향이라고 보인다.

〈2〉
일반회생절차 조감

1. 일반회생절차의 진행

가. 일반회생절차의 기본구조

일반회생절차는 회생절차개시신청서 접수 및 채권자의 개별적 권리행사 제한·금지, 관리인의 선임, 재산처분권 및 업무수행권의 관리인에의 이전, 채무면제 및 출자전환 등의 채무조정, 인력 감축 및 사업중단 등 사업의 재구축, 회생계획안 작성, 이해관계인의 동의, 회생계획인가, 관리인의 회생계획수행 등의 일련의 과정을 거치게 된다.

나. 통상적인 일반회생절차 진행 방식 개요

일반회생절차는 간이·신속한 개인회생절차와는 달리 법인회생절차와 같은 절차인 통합도산법 제2편 「회생절차」에 의하여 규율된다. 이에 일반회생절차의 개시신청부터 종료에 이르기까지 다음과 같은 일련의 과정, 즉 ① 회생절차개시신청서 작성·제출, ② 보전처분·중지명령·포괄적 금지명령, ③ 예납명령, ④ 수명법관의 대표자심문 및 현장검증(예, 공장검증), ⑤ 회생절차개시결정, ⑥ 관리인 등의 선임, ⑦ 채권·채무의 확정, ⑧ 재산실태조사 및 영업가치평가, ⑨ 채무자의 재산 확보, ⑩ 관리인 보고를 위한 관계인집회(제98조),[34] ⑪ 회생계획안의 작성·제출, ⑫ 특별조사기일 및 회생계획안 심리·회생계획안 결의를 위한 관계인집회(제224조, 제232조), ⑬ 회생계획의 수행, ⑭ 회생절차의 종결·폐지 등의 절차로 진행된다. 그런데 제2편 「회생절차」는 원래 법인의 회생을 염두에 두고 주로 그 위주로 규정된 것이어서 개인채무자가가 이용할 경우에는 법인에만 전적으로 해당되는 규정은 배제하여야 할 것이고 그 밖의 조항들도 개인채

---

34) 이는 2014년 12월 30일 통합도산법 개정 전의 제1회 관계인집회에 해당하는 절차인데, 개정법에서는 그 개최 여부가 임의적인 것으로 되었다(제98조).

무자에 맞게 유추하여 적용하는 일련의 과정이 필요하다.

다. 소액영업소득자에 대한 간이회생절차

간이회생절차란 회생채권 및 회생담보권의 총액이 50억원 이하의 범위에서 대통령령으로 정하는 금액(30억원) 이하의 채무를 부담하는 영업소득자가 회생절차 내지 일반회생절차보다 간소화된 절차인 간이회생절차를 통하여 회생을 도모하는 절차를 말한다. 이러한 간이회생절차는 2014년 12월 30일 통합도산법의 일부 개정으로 신설되어 2015년 7월 1일부터 시행되고 있는 제도인데(제293조의2~제293조의8, 시행령 제15조의3), 종전에는 개인회생절차의 이용대상자가 아닌 개인채무자가 회생을 도모하고자 할 경우에는 모두 회생절차 내지 일반회생절차를 통하는 수밖에 없었으나 앞으로는 소액영업소득자의 경우에는 법인채무자이든 개인채무자이든 신설된 간이회생절차를 통하여 보다 쉽고 적은 비용으로 단시간 내에 회생을 도모할 수 있게 되었다.

간이회생절차에서는 관리인을 선임하지 아니할 수 있고(제293조의6 제1항 본문), 회생위원의 자격이 있는 자를 간이조사위원으로 선임할 수 있으며(제293조의7 제1항 전단), 회생채권자 조에 대한 가결요건을 완화하는 등(제293조의8 제1호, 제2호) 절차와 방법을 간소화함으로써 통상적인 회생절차 내지 일반회생절차에 비하여 소요기간을 3개월 정도 단축하고 조사비용 등 신청비용도 대폭 절감할 수 있도록 하고 있다. 간이회생절차에서 대한 자세한 사항은 별도로 다루기로 한다.

2. 일반회생절차의 과정

가. 회생절차개시의 신청

① 회생절차개시신청서 작성 및 제출
② 회생절차개시 원인의 소명
③ 회생절차비용의 예납
④ 회생절차개시신청의 취하 및 제한

나. 회생절차개시결정 전의 채무자 재산의 산일 방지[35)]

① 가압류·가처분 그 밖의 보전처분
② 중지명령
③ 포괄적 금지명령
④ 보전처분 등의 취하 및 그 제한

다. 회생절차개시의 결정

① 회생절차개시신청에 대한 심문
② 회생절차개시여부 결정
　㉠ 회생절차개시신청의 기각
　㉡ 회생절차개시결정
③ 회생절차개시결정과 동시에 정하여야 할 사항[36)]
　㉠ 관리인의 선임 또는 불선임 결정
　㉡ 관리인이 회생채권자 등의 목록을 작성하여 제출하여야 하는 기간(단, 사전계획안을 제출하는 자가 목록을 제출한 경우는 제외)
　㉢ 회생채권·회생담보권의 신고기간
　㉣ 목록에 기재되어 있거나 신고된 회생채권·회생담보권의 조사기간
　㉤ 회생계획안의 제출기간
　㉥ 관리인이 법원의 허가를 받아야 할 행위의 지정(임의적)
　㉦ 회생절차개시 당시의 재산목록과 대차대조표의 제출기간의 결정
　㉧ 그 밖의 보고서 제출기간
　㉨ 회생절차가 개시된 채무자의 재산을 소지하고 있거나 그에게 채무를 부담하고 있는 자의 관리인에 대한 신고기간(제51조 제1항 제4호)
　㉩ 관리인보수의 결정

35) 회생절차가 개시되면 채무자의 재산에 대한 산일을 방지하기 위하여 가압류·가처분·강제집행·담보권실행 등 채권자의 개별적인 권리행사를 중지시키거나 금지시킨다. 채무자 역시 재산을 처분하거나 채무변제 또는 새로운 채무를 부담하지 못한다. 담보권자도 별제권이 인정되는 파산절차와는 달리 절차적 제약을 받는다. 이는 채무자의 재산을 보전하여 채권자들에게 공평한 분배를 도모하고 채무자 회생에 필수적인 인적·물적 자산을 유지시키기 위한 것이다. 이를 위한 제도로 회생절차개시 전의 보전처분·중지명령 제도 등이 있다.
36) ㉠~㉤은 필수적 결정사항이고(제50조 제1항 제1호~제4호), ㉥~㉪은 임의적 결정사항이다.

㉠ 조사위원 관련사항

④ 회생절차개시의 공고와 송달

⑤ 회생절차개시의 채권자협의회 등에 대한 통지(규칙 제39조)

⑥ 관리인선임증 등의 교부

⑦ 관리인에게 채무자의 관리에 관한 지침 전달

⑧ 회생절차개시신청에 관한 재판에 대한 즉시항고

⑨ 회생절차개시결정의 취소

⑩ 회생절차개시 후 금지되는 채무자의 행위

⑪ 회생절차개시 후의 업무와 재산의 관리

⑫ 관리인의 정보제공 의무

라. 회생절차개시결정으로 인한 다른 절차 및 소송절차의 중단[37]

① 파산·회생절차 신청의 금지 및 파산절차 등 다른 절차의 중지(제58조 제1항, 제2항)

② 강제집행신청 등의 금지 및 절차의 중지(제58조 제1항, 제2항)

③ 체납처분 등의 금지 및 중지(제58조 제1항, 제2항, 제3항)[38]

④ 계속 중인 소송절차의 중단(제59조 제1항)[39]·수계 및 행정청에 계속된 사건의 중단·수계

⑤ 소송의 이송(제60조 제1항, 제2항)

마. 관리인의 선임

회생절차가 개시되어 관리인이 선임되면 채무자의 업무수행권, 재산처분권,

37) 채무자가 개인인 경우에는 개인인 채무자에 대하여 회생절차가 개시되었다 하더라도 개인회생절차를 신청하는 것은 가능하며, 개인회생절차가 개시된 경우에는 오히려 회생절차의 진행이 중지된다(제600조).

38) 다만, 중지되는 것은 회생채권 또는 회생담보권인 조세 등의 청구권에 기한 채무자의 재산에 대한 것이므로 공익채권인 조세 등의 청구권에 기한 처분은 금지 또는 중지의 대상이 되지 아니한다.

39) 회생절차개시결정에 의하여 중단되는 소송은 회생채권이나 회생담보권에 관한 소송뿐만 아니라 환취권이나 공익채권 등 어떠한 채권에 기한 것이라도 채무자의 재산에 관한 소송이면 여기에 해당되어 중단된다. 또한 회생채권자가 채권자취소권에 기하여 제기한 소송 및 파산절차에 의한 부인의 소송이 회생절차개시 당시에 계속되어 있는 경우에는 그 소송절차는 중단되며, 중단된 소송절차는 관리인 또는 상대방이 수계할 수 있다(제113조 제1항, 제2항, 제59조 제2항).

소송수행권 등 채무자의 모든 권리와 권한이 관리인에게 이전된다.

바. 관리인의 채무자 재산의 조사 및 확보

① 채무자의 재산상황의 조사

② 재산확보의 제도적 장치

㉠ 부인권

㉡ 쌍방미이행 쌍무계약에 대한 해제 또는 해지여부 선택권

㉢ 회생채권자·회생담보권자의 상계권 행사 제한

사. 채권신고와 그 조사 및 확정[40][41]

채권채무의 확정은 우선 관리인의 목록제출, 채권자의 권리신고, 관리인의 시·부인이라는 간이한 절차를 통하여 시간과 노력을 절감하고, 여기에서 다툼이 있는 채권에 대하여는 채권조사확정재판, 채권조사확정재판에 대한 이의의 소 등을 통하여 채권의 내용과 범위를 결정하도록 하고 있다. 이러한 채권조사절차가 진행되는 동안에는 통상적인 소송절차는 중단된다. 회생절차비용이나 회생절차개시 후 각종 거래로 발생한 채권, 임금채권 등 공익채권은 회생절차에 의하지 아니하고 수시로 변제되며 회생채권·회생담보권에 우선하여 변제된다(제180조). 회생채권 중 조세채권은 그 성질을 감안하여 특수하게 취급되고 있다(제140조).

① 회생채권자·회생담보권자의 권리

② 관리인의 회생채권자·회생담보권자 목록작성 및 채권자의 권리신고[42]

---

40) 채권채무의 확정절차를 순서대로 요약하면 「관리인의 채권자 목록 제출 → 채권자의 권리신고→ 추후 보완신고(사유종료 후 1월 이내) 및 신고기간 경과 후 발생한 회생채권·회생담보권의 신고 → 관리인, 목록에 기재되거나 신고된 회생채권자·회생담보권자 등 이해관계인의 이의 → 신고기간 후에 신고된 회생채권·회생담보권의 조사를 위한 특별조사기일 → 채권의 확정(권리 내용과 의결권의 액수, 우선권 있는 채권에 관하여는 우선권이 확정되고, 회생채권자표·회생담보권자표에 기재되면 확정판결과 동일한 효력 부여) 또는 조사확정재판에 의한 확정」 등의 절차로 이루어진다.

41) 회생절차의 주된 목적은 채무자의 회생 및 채권자들에의 공평한 가치배분이다. 공평한 가치배분을 위해서는 가치배분의 대상집단의 확정과 채무자의 자산 및 가치의 산정이 필요하며, 전자를 위하여는 채권채무조사확정절차가, 후자를 위하여는 재산실태조사 및 기업가치 평가절차가 있다.

42) 이때 관리인의 목록과 채권자의 신고가 중복되거나 충돌된 경우에는 그 범위에서 목록이 실효되고, 신고하지 않았으나 목록에 기재된 채권의 경우에는 신고가 의제된다.

③ 회생채권·회생담보권 등에 대한 관리인·조사위원의 조사[43] 및 확정

④ 공익채권과 개시후기타채권

아. 관리인 보고를 위한 관계인집회[44](특별조사기일[45]과 병합 가능)

① 관리인의 보고

관리인은 채무자가 회생절차에 이르게 된 사정, 채무자의 업무 및 재산에 관한 사항, 목록에 기재되거나 신고한 회생채권·회생담보권에 대하여 조사한 결과를 보고한다.

② 조사위원의 보고

조사위원은 조사경과, 채무자의 업무 및 재산관리, 회생절차를 계속함이 적정한지 여부 등 조사명령을 받은 사항에 관한 조사결과와 의견을 보고한다.

③ 법원의 의견진술의 기회 부여

법원은 조사위원의 보고가 끝난 후 관리위원에게 의견진술의 기회를 주고, 채권자협의회의 대표채권자 등 이해관계인에게 의견진술의 기회를 부여한다.

자. 회생계획안의 작성·제출[46]

① 회생계획안의 작성

관리인은 조사위원이 제출한 조사보고서를 통해 제시된 채무자의 재산상태와 기업가치에 기초하여 회생계획안을 작성한다. 또한 조사보고서에서 산정된 매출액, 매출원가, 판매관리비, 영업이익, 자산처분대금 등을 기초로 하여 회

43) 채무자의 회생가능성 여부나 회생계획의 수립 방법을 결정하기 위하여는 채무자의 재산상태와 기업가치의 평가가 전제되어야 할 것이며, 이는 관리인과 조사위원에게 그 역할이 주어져 있다. 다만 실무상으로는 거의 대부분 회계전문가인 조사위원이 작성하는 조사보고서에 의하여 판단을 하고 있다.

44) 관계인집회는 종전에는 제1회, 제2회, 제3회 관계인집회가 있었는데, 제1회 관계인집회(관리인 보고를 위한 관례인집회)는 통합도산법 개정 전에는 필수적인 절차이었으나 개정된 통합도산법이 시행되는 2015년 7월 1일부터는 임의적인 절차로 되었다.

45) 특별조사기일은 채권신고기간 후에 추후 보완신고된 회생채권·회생담보권의 조사를 위한 기일로서, 추후 보완신고된 채권이 없으면 이 절차는 생략된다.

46) 채무자가 회생을 하려면 기존 채무의 면제 내지 감축 등 채무조정이 필요한데, 회생절차에서의 채무조정은 회생계획을 통하여 이루어진다. 이러한 회생계획인 인가되면 이에 따라 채권자의 권리가 변경되는 것이다(제252조).

생계획수행 기간 동안의 사업계획서, 추정손익계산서, 추정자금수지표 등 첨부 서류를 작성하여 회생계획안에 첨부한다.

② 회생계획안의 제출

③ 회생계획안 심리를 위한 관계인집회 및 의견청취

④ 회생계획안의 수정

⑤ 회생계획안의 결의를 위한 관계인집회

⑥ 회생계획안의 변경

차. 회생계획안의 심리 및 결의

① 특별조사기일,[47] 회생계획안 심리를 위한 관계인집회, 회생계획안 결의를 위한 관계인집회 또는 서면결의

② 회생계획안의 결의의 방법과 가결요건[48]

③ 가결이 이루어지지 아니한 경우의 속행기일 지정[49]

④ 회생계획안이 가결된 경우의 법인의 존속

카. 회생계획의 인가

① 회생계획인가의 요건

② 회생계획의 인가여부(불인가시 임의적 파산선고)

③ 동의하지 아니하는 조가 있는 경우의 인가(강제인가)

④ 회생계획인가 여부 결정의 선고

⑤ 회생계획인가결정의 효력[50]

---

47) 이는 채권신고기간 후에 추후 보완신고된 회생채권·회생담보권이 있는 경우에 이를 조사하기 위한 기일로서 추후 보완신고된 채권이 없으면 이 절차는 생략된다.

48) 실무상 결의는 조별로 한사람씩 호명하여 찬성, 반대 여부를 묻는 방식으로 진행하는데, 회생담보권자의 조는 의결권 총액의 3/4 이상, 회생채권자의 조는 의결권 총액의 2/3 이상의 동의가 필요하다. 결의가 끝나면 현장에서 바로 그 결과를 공표하고, 인가여부결정도 회생계획안 결의를 위한 관계인집회 당일 선고한다.

49) 회생계획안에 대한 결의가 부결되었으나 추가 협상의 여지가 있는 경우에는 관리인은 속행기일을 지정할 수 있고 이에 대하여 속행여부 결정을 위한 결의(회생담보권자의 조 2/3 이상, 회생채권자의 조 1/2 이상)가 통과되면 속행기일을 지정하게 된다.

50) 회생계획인가의 결정이 있은 때에는 회생절차개시결정으로 중지된 파산절차, 강제집행, 가압류, 가처분, 담보권실행 등을 위한 경매절차는 그 효력을 잃는다(제256조 제1항, 제58조 제2항).

⑥ 회생채권자표 등의 기재의 효력
⑦ 회생계획의 인가 여부의 결정에 대한 즉시항고

타. 회생계획인가 후의 절차

① 회생계획의 수행
② 회생계획의 변경

파. 회생절차의 종결

회생계획에 따른 변제가 시작되면 법원은 관리인이나 회생채권자·회생담보권자의 신청 또는 법원의 직권으로 회생절차종결결정을 하게 된다.

하. 회생절차의 폐지

회생계획인가결정이 있는 후에 회생계획을 수해할 수 없는 것이 명백한 경우 법원은 관리인이나 목록에 기재되어 있거나 신고한 회생채권자·회생담보권자의 신청 또는 직권으로 회생절차폐지결정을 하게 된다. 회생절차폐지결정이 확정된 경우에 법원 당해 채무자에게 파산원인이 있다고 인정하는 때에는 직권으로 파산을 선고하게 된다(제6조).

① 회생계획인가 전의 폐지(임의적 파산선고)
② 신청에 의한 폐지
③ 회생계획인가 후의 폐지(필요적 파산선고)
④ 폐지결정의 공고
⑤ 회생절차폐지결정에 대한 즉시항고
⑥ 회생절차폐지결정의 효력
⑦ 회생절차폐지 등에 따른 파산선고

이 경우 효력을 잃은 파산절차에서의 재단채권(제473조 제2호 및 제9호에 해당하는 것은 제외)은 공익채권으로 한다(제256조 제2항).

거. 각종 등기·등록 등의 촉탁

(1) 등기된 권리에 관한 등기 등의 촉탁

채무자의 재산에 속하는 권리 중에 등기된 것이 있는 상태에서 회생절차개시결정이나 그 보전처분이 이루어진 경우에는 법원사무관등은 회생절차개시등기 또는 보전처분의 등기를 촉탁하여야 한다. 즉 ① 법인이 아닌 채무자에 대하여 회생절차개시의 결정이 있는 경우 그 채무자의 재산에 속하는 권리 중에 등기된 것이 있는 때, ② 처분대상인 채무자의 재산에 속하는 권리로서 등기된 것에 관하여 제43조(가압류·가처분 그 밖의 보전처분) 제1항의 규정에 의한 보전처분이 있는 때, ③ 등기된 권리에 관하여 제114조(법인의 이사등의 재산에 대한 보전처분) 제1항 또는 제3항의 규정에 의한 보전처분이 있는 때에는 법원사무관등은 직권으로 지체 없이 촉탁서에 결정서의 등본 또는 초본을 첨부하여 회생절차개시의 등기 또는 보전처분의 등기를 촉탁하여야 하는 것이다(제24조 제1항 전단). 보전처분이 변경 또는 취소되거나 효력을 상실한 때에도 마찬가지이다(제24조 제1항 후단). 또한 법원은 회생계획의 수행이나 통합도산법의 규정에 의하여 회생절차가 종료되기 전에 등기된 권리의 득실이나 변경이 생긴 경우에도 직권으로 지체 없이 그 등기를 촉탁하여야 한다(제24조 제2항 본문). 다만, 채무자·채권자·담보권자 외의 자를 권리자로 하는 등기의 경우에는 법원의 촉탁에 의하지 아니하며 이때에는 권리자가 등기를 신청하여야 한다(제24조 제2항 단서).

(2) 등기소의 직무 및 등록세 면제

등기소는 등기된 권리에 관한 등기 등의 촉탁을 받은 때에는 지체 없이 그 등기를 하여야 한다(제25조 제1항). 또한 등기소는 회생계획인가의 등기를 하는 경우 채무자에 대하여 파산등기가 있는 때에는 직권으로 그 등기를 말소하여야 하고, 회생계획인가취소의 등기를 하는 경우에는 말소한 파산등기가 있는 때에는 직권으로 그 등기를 회복하여야 한다(제25조 제2항, 제3항). 그리고 이러한 등기들에 관하여는 등록세를 부과하지 아니한다(제25조 제4항).

3. 일반회생절차의 흐름도

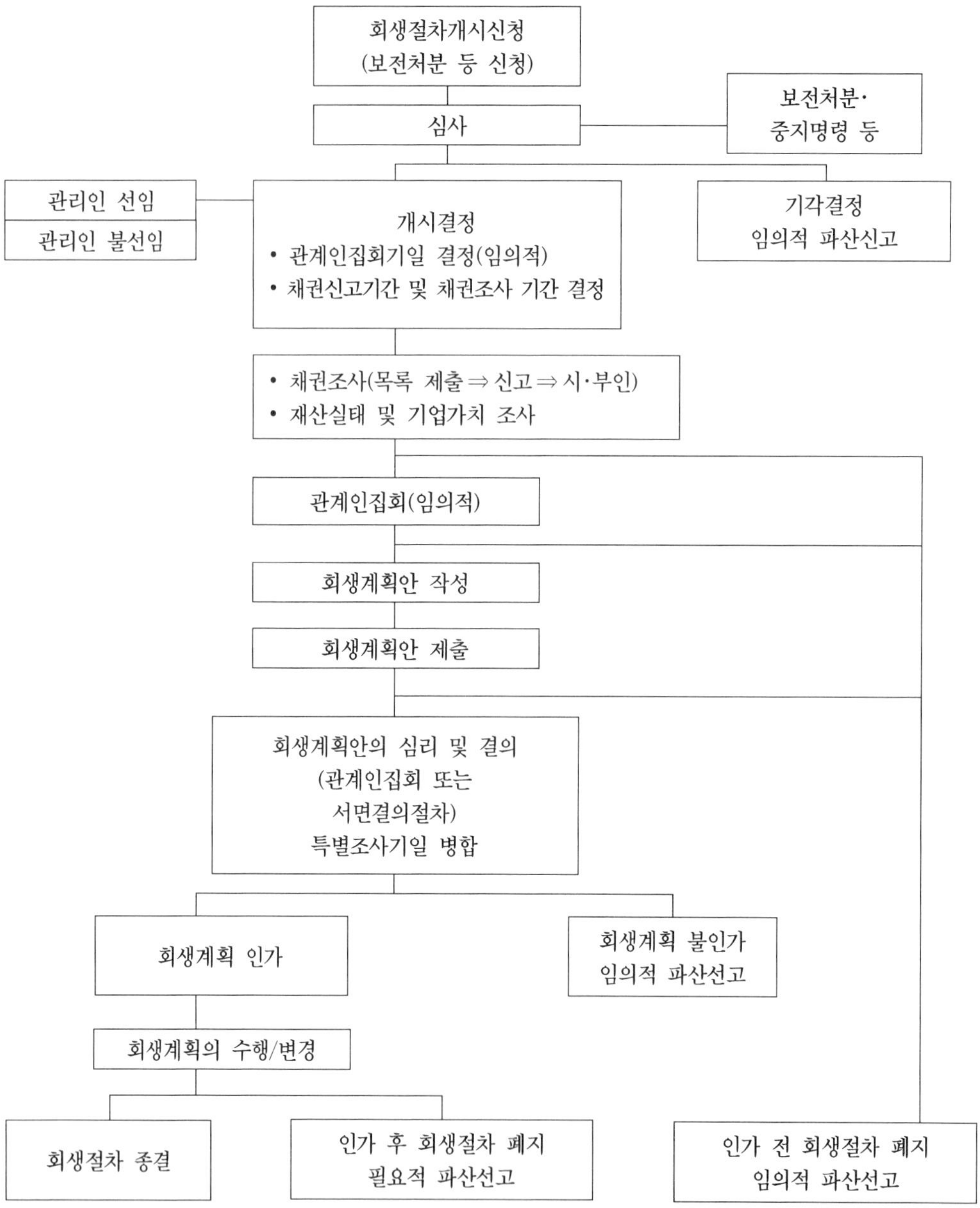

(서울중앙지방법원, 제4판 회생사건실무上, 13p 인용)

[기재례 1] 일반회생절차 진행 일정(대법원 인터넷사이트)

본 사이트에서 제공된 사건정보는 법적인 효력이 없으니 참고자료로만 활용하시기 바랍니다. 보다 상세한 내용은 해당 법원에 문의하시기 바랍니다.

사건일반내용 | 사건진행내용 | » 인쇄하기 | » 나의 사건 검색하기

사건번호 : ○○지방법원 20○○회단○○

기본내용 » 청사배치

사건번호	20○○회단○○	사 건 명	회생
신 청 인	○○○	채 권 자	○○○외○○명
재 판 부	○○단독 (전화 : 02-000-000)		
접 수 일	20○○.05.25	종국결과	20○○.01.17 종결

진행내용

송달결과(20○○. 3. 12 전에는 재판부에서 등록한 내용에, 그 이후에는 우정사업본부로부터 전송받은 내용에 한함)를 조회하고자 할 경우에는 '확인' 항목에 체크하시기 바랍니다.

송달결과는 법적인 효력이 없는 참고사항에 불과하고, 추후 송달이 착오에 말미암은 것이거나 부적법한 경우 변경될 수 있습니다. 송달결과에 '0시 도달'로 나타나는 경우에는 기간 계산시 초일이 산입된다는 점에 유의하시기 바랍니다.

진행내역 제출서류 v 선택

일 자	내 용	결 과
20○○.05.25	신청서 접수	
20○○.05.25	신청인 ○○○ 소송위임장 제출	
20○○.05.25	신청인대리인 ○○ 포괄적금지명령신청 제출	
20○○.05.25	신청인대리인 ○○ 재산보전처분명령신청 제출	
20○○.05.25	심문기일	
20○○.06.09	기타 ○○청장에 기입등기(록)촉탁서 송달	20○○.06.11 도달
20○○.06.09	등기소 ○○지방법원 등기국에게 기입등기(록) 촉탁서 송달	20○○.06.11 도달

20○○.06.09	채권자4 ○○○○신용협동조합에게 의견조회 송달	20○○.06.11 도달
20○○.06.09	채권자5 ○○유통새마을금고에게 의견조회 송달	20○○.06.11 도달
20○○.06.09	채권자6 농협중앙회에게 의견조치 송달	20○○.06.12 도달
20○○.06.09	채권자7 (주)○○은행에게 의견조치 송달	20○○.06.11 도달
20○○.06.09	채권자8 ○○○신용협동조합에게 의견조회 송달	20○○.06.11 도달
20○○.06.09	채권자9 ○○농업협동조합에게 의견조회 송달	20○○.06.11 도달
20○○.06.09	채권자10 한국자산관리공사에게 의견조회 송달	20○○.06.12 도달
20○○.06.09	채권자11 (주)○○상호저축은행에게 의견조회 송달	20○○.06.11 도달
20○○.06.09	채권자13 파산자○○○○신용협동조합의 파산관재인 ○○○에게 의견조회 송달	20○○.06.11 도달
20○○.06.17	채권자 (주)○○은행 의견회신 제출	
20○○.06.18	신청인○○○ 심문사항답변 제출	
20○○.06.18	신청인○○○ 예납금입금증 제출	
20○○.06.18	심문기일(○○지방법원 제○○○호법정 11:00)	종결
20○○.06.29	개시결정	
20○○.07.15	회생절차 개시결정 및 관계인집회 공고	
20○○.07.15	기타○○회계법인에게 개시결정등본/조사위원결정등본/선임증 송달	20○○.07.20 도달
20○○.07.19	채권자1 ○○○에게 통지서 (채권신고서 포함) 송달	20○○.07.20 도달
20○○.07.19	채권자2 ○○○에게 통지서 (채권신고서 포함) 송달	20○○.07.20 도달
20○○.07.19	채권자3 ○○○에게 통지서 (채권신고서 포함) 송달	20○○.07.20 도달
20○○.07.19	채권자4 ○○○○신용협동조합에게 통지서 (채권신고서 포함) 송달	20○○.07.20 도달
20○○.07.19	채권자5○○유통새마을금고에게 통지서 (채권신고서 포함) 송달	20○○.07.20 도달
20○○.07.19	채권자6 농협중앙회에게 통지서 (채권신고서 포함) 송달	20○○.07.20 도달
20○○.07.19	채권자7 (주)○○은행에게 통지서 (채권신고서 포함) 송달	20○○.07.20 도달
20○○.07.19	채권자8 ○○○신용협동조합에게 통지서 (채권신고서 포함) 송달	20○○.07.20 도달
20○○.07.19	채권자9 ○○농업협동조합에게 통지서 (채권신고서 포함) 송달	20○○.07.20 도달
20○○.07.19	채권자10 ○○자산관리공사에게 통지서 (채권신고서 포함) 송달	20○○.07.20 도달
20○○.07.19	채권자11 (주)○○상호저축은행에게 통지서(채권신고서 포함) 송달	20○○.07.20 도달
20○○.07.19	채권자12 ○○○○개발(주)에게 통지서 (채권신고서 포함) 송달	20○○.07.20 도달

20○○.07.19	채권자13 파산자○○○○신용협동조합의 파산관재인○○○에게 통지서(채권신고서 포함) 송달	20○○.07.20 도달
20○○.07.19	채권자14 ○○병원에게 통지서 (채권신고서 포함) 송달	20○○.07.20 도달
20○○.07.19	채권자15 ○○○에게 통지서 (채권신고서 포함) 송달	20○○.07.20 도달
20○○.07.19	채권자16 ○○○에게 통지서 (채권신고서 포함) 송달	20○○.07.20 도달
20○○.07.19	채권자17 ○○○에게 통지서 (채권신고서 포함) 송달	20○○.07.20 도달
20○○.07.19	채권자18 ○○○에게 통지서 (채권신고서 포함) 송달	20○○.07.20 도달
20○○.07.19	채권자19 ○○○에게 통지서 (채권신고서 포함) 송달	20○○.07.20 도달
20○○.07.19	기타 ○○청장에게 기입등기(록) 촉탁서 송달	20○○.07.21 도달
20○○.07.19	등기소 ○○지방법원 등기국에게 기입등기(록)촉탁서 송달	20○○.07.21 도달
20○○.07.19	채권자○○○ 회생채권신고서 제출	
20○○.07.22	채권자 (주)○○상호저축은행 회생채권 신고서 제출	
20○○.07.24	채권자 ○○새마을금고 회생채권신고서 제출	
20○○.07.27	채권자 ○○○ 회생채권신고서 제출	
20○○.07.29	신청인대리인 ○○ 회생담보권자등목록 총괄표 제출	
20○○.07.31	신청인 ○○○ 허가신청 제출	
20○○.07.31	채권자 ○○○○신용협동조합 회생채권 신고서 제출	
20○○.07.31	채권자 ○○○신용협동조합 회생채권 신고서 제출	
20○○.08.05	채권자 ○○○ 회생채권신고서 제출	
20○○.08.10	채권자 ○○○ 회생담보권신고서 제출	
20○○.08.10	채권자 ○○○ 회생채권신고서 제출	
20○○.08.10	채권자 ○○○ 회생채권신고서 제출	
20○○.08.11	채권자 ○○보증보험주식회사 회생채권신고서 제출	
20○○.08.12	신청인 ○○○ 월간보고서 제출	
20○○.08.12	채권자 파산자 ○○○○신용협동조합의 파산관재인 ○○○ 회생채권신고서 제출	
20○○.08.12	채권자 (주)○○은행 회생채권신고서 제출	
20○○.08.19	신청인 ○○○ 시부인명세서 제출	
20○○.08.19	신청인 ○○○ 이의서 제출	
20○○.08.24	기타 ○○○에게 이의통지서 송달	20○○.08.26 이사불명
20○○.08.26	조사위원 ○○회계법인 조사보고서 제출	

20○○.09.08	신청인 ○○○ 월간보고서 제출	
20○○.09.10	신청인 ○○○ 관리인보고서 제출	
20○○.09.14	집회기일(○○지방법원 제○○○호 법정 11:00)	종결
20○○.09.14	신청인대리인 ○○에게 회생계획안제출 결정등본 송달	
20○○.09.14	회생계획안 제출명령 공고	
20○○.09.15	기타 ○○○에게 이의통지서 송달	
20○○.10.05	신청인 ○○○ 회생계획안 제출	
20○○.10.05	신청인 ○○○ 월간보고서 제출	
20○○.10.28	신청인대리인 ○○ 집회기일연기신청 제출	
20○○.10.15	채권자집회기일	
20○○.10.15	기타 ○○회계법인에게 특별조사기일, 관계인집회기일 및 회생계획안요지 통지 송달	20○○.10.16 도달
20○○.10.15	신청인대리인 ○○에게 특별조사기일, 관계인집회기일 및 회생계획안요지통지 송달	20○○.10.16 도달
20○○.10.15	특별조사기일 및 제2, 3회 관계인집회기일공고	
20○○.10.21	채권자1 ○○○에게 관계인집회기일 및 회생계획안요지 통지 송달	20○○.10.22 도달
20○○.10.21	채권자2 ○○○에게 관계인집회기일 및 회생계획안요지 통지 송달	20○○.10.22 도달
20○○.10.21	채권자3 ○○○에게 관계인집회기일 및 회생계획안요지 통지 송달	20○○.10.22 도달
20○○.10.21	채권자4 ○○○○신용협동조합에게 관계인집회기일 및 회생계획안요지 통지 송달	20○○.10.22 도달
20○○.10.21	채권자5 ○○○○을 금고에게 관계인집회기일 및 회생계획안요지 통지 송달	20○○.10.22 도달
20○○.10.21	채권자6 농협중앙회에게 관계인집회기일 및 회생계획안요지 통지 송달	20○○.10.22 도달
20○○.10.21	채권자7 (주)○○은행에게 관계인집회기일 및 회생계획안요지 통지 송달	20○○.10.22 도달
20○○.10.21	채권자8 ○○○신용협동조합에게 관계인집회기일 및 회생계획안요지 통지 송달	20○○.10.22 도달
20○○.10.21	채권자9 ○○농업협동조합에게 관계인집회기일 및 회생계획안요지 통지 송달	20○○.10.22 도달
20○○.10.21	채권자10 ○○자산관리공사에게 관계인집회기일 및 회생계획안요지 통지 송달	20○○.10.22 도달

20○○.10.22	신청인 ○○○ 금원지출허가신청 제출	
20○○.10.22	채권자11 ○○보증보험(주)에게 관계인집회기일 및 회생계획안요지 통지 송달	20○○.10.23 도달
20○○.10.22	채권자12 ○○○○개발(주)에게 관계인집회기일 및 회생계획안요지 통지 송달	20○○.10.23 도달
20○○.10.22	채권자13 파산자 ○○○○신용협동조합의 파산관재인 ○○○에게 관계인집회기일 및 회생계획안요지 통지 송달	20○○.10.23 도달
20○○.10.22	채권자14 ○○병원(○○)에게 관계집회기일 및 회생계획안요지 통지 송달	20○○.10.23 도달
20○○.10.22	채권자15 ○○○에게 관계인집회기일 및 회생계획안요지 통지 송달	20○○.10.23 도달
20○○.10.22	채권자16 ○○○에게 관계인집회기일 및 회생계획안요지 통지 송달	20○○.10.23 도달
20○○.10.22	채권자17 ○○○에게 관계인집회기일 및 회생계획안요지 통지 송달	20○○.10.23 도달
20○○.10.22	채권자18 ○○○에게 관계인집회기일 및 회생계획안요지 통지 송달	20○○.10.23 도달
20○○.10.22	채권자19 ○○○에게 관계인집회기일 및 회생계획안요지 통지 송달	20○○.10.23 도달
20○○.10.22	채권자20 ○○광역시에게 관계인집회기일 및 회생계획안요지 통지 송달	20○○.10.23 도달
20○○.10.22	채권자21 ○○○○구청에게 관계인집회기일 및 회생계획안요지 통지 송달	20○○.10.23 도달
20○○.10.27	신청인 ○○○ 회생계획안수정 허가 신청 제출	
20○○.10.29	조사위원 ○○회계법인 제2차조사보고서 제출	
20○○.10.29	신청인대리인 ○○ 관리인보고서 제출	
20○○.11.02	집회기일(○○지방법원 제○○○호법정 10:30)	종결
20○○.11.02	인가결정	
20○○.11.04	회생계획 인가결정 공고	
20○○.11.05	기타 ○○회계법인에게 인가결정등본/조사위원보수결정 등본 송달	20○○.11.09 도달
20○○.11.05	신청인1 ○○○에게 인가결정등본/조사위원보수결정 등본 송달	20○○.11.09 도달
20○○.11.05	기타 ○○청장에게 기입등기(록)촉탁서 전달	20○○.11.09 도달
20○○.11.05	등기소 ○○지방법원 등기국에게 기입등기(록)촉탁서 송달	20○○.11.09 도달
20○○.11.09	신청인 ○○○ 월간보고서 제출	

20○○.11.09	신청인 ○○○ 인가결정등본교부신청 제출	
20○○.12.09	신청인 ○○○ 부동산매각허가신청 제출	
20○○.12.09	신청인 ○○○ 월간보고서 제출	
20○○.12.14	등기소 ○○지방법원 등기국에게 기입등기(록) 촉탁서 송달	20○○.12.15 도달
20○○.01.11	신청인 ○○○ 채무변제보고서 제출	
20○○.01.11	신청인 ○○○ 월간보고서 제출	
20○○.01.11	신청인 ○○○ 부동산말소 촉탁신청서 제출	
20○○.01.18	등기소 ○○지방법원 등기국에게 등기촉탁서 송달	20○○.01.19 도달
20○○.02.08	신청인 ○○○ 월간보고서 제출	
20○○.03.08	신청인 ○○○ 월간보고서 제출	
20○○.04.09	신청인 ○○○ 월간보고서 제출	
20○○.05.06	신청인 ○○○ 월간보고서 제출	
20○○.06.07	신청인 ○○○ 월간보고서 제출	
20○○.07.14	신청인 ○○○ 월간보고서 제출	
20○○.08.10	신청인 ○○○ 월간보고서 제출	
20○○.09.06	신청인 ○○○ 월간보고서 제출	
20○○.10.06	신청인 ○○○ 월간보고서 제출	
20○○.11.10	신청인 ○○○ 월간보고서 제출	
20○○.12.06	신청인 ○○○ 월간보고서 제출	
20○○.01.06	신청인 ○○○ 월간보고서 제출	
20○○.01.06	신청인 ○○○ 월간보고서 제출	
20○○.02.09	신청인 ○○○ 월간보고서 제출	
20○○.03.08	신청인 ○○○ 월간보고서 제출	
20○○.04.06	신청인 ○○○ 월간보고서 제출	
20○○.05.06	신청인 ○○○ 월간보고서 제출	
20○○.06.08	신청인 ○○○ 월간보고서 제출	
20○○.07.06	신청인 ○○○ 월간보고서 제출	
20○○.08.05	신청인 ○○○ 월간보고서 제출	
20○○.09.05	신청인 ○○○ 월간보고서 제출	
20○○.10.10	신청인 ○○○ 월간보고서 제출	
20○○.11.08	신청인 ○○○ 월간보고서 제출	

20○○.12.05	신청인 ○○○ 월간보고서 제출	
20○○.12.29	채권자 ○○○○○자산관리대부 채권자 계좌번호 신고서 제출	
20○○.01.04	신청인 ○○○ 채무변제 보고서 제출	
20○○.01.04	신청인 ○○○ 월간보고서 제출	
20○○.02.07	신청인 ○○○ 월간보고서 제출	
20○○.03.05	신청인 ○○○ 월간보고서 제출	
20○○.04.05	신청인 ○○○ 월간보고서 제출	
20○○.05.08	신청인 ○○○ 월간보고서 제출	
20○○.06.11	신청인 ○○○ 월간보고서 제출	
20○○.07.06	신청인 ○○○ 월간보고서 제출	
20○○.08.07	신청인 ○○○ 월간보고서 제출	
20○○.09.05	신청인 ○○○ 월간보고서 제출	
20○○.10.04	신청인 ○○○ 월간보고서 제출	
20○○.11.07	신청인 ○○○ 월간보고서 제출	
20○○.12.05	신청인 ○○○ 월간보고서 제출	
2012.12.12	신청인 ○○○ 월간보고서 제출	
2012.12.12	신청인 ○○○ 월간보고서 제출	
20○○.12.20	신청인 ○○○ 월간보고서 제출	
20○○.12.20	신청인 ○○○ 허가신청서 제출	
20○○.12.26	신청인 ○○○ 채무변제보고서 제출	
20○○.12.26	신청인 ○○○ 회생절차 종결신청 제출	
20○○.01.11	신청인 ○○○ 채무변제보고 보정서 제출	
20○○.01.17	회생절차종결 결정 공고	
20○○.01.17	종국 : 종결	20○○.01.22 도달
20○○.01.21	신청인1 ○○○에게 정본 [종결결정] 송달	20○○.02.01 도달

* 송달내용은 법원에서 해당 당사자(대리인)에게 해당 내용의 송달물을 발송한 내용입니다.

〈3〉 일반회생절차의 기관·기구

회생절차개시신청이 이루어지면 회생법원의 감독하에 여러 회생절차의 기관이나 기구가 관여하게 된다. 전국 모든 지방법원 내에 설치되고 지방법원장이 위촉한 관리위원들로 구성된 관리위원회, 회생절차개시신청 직후 관리위원회 또는 법원에 의하여 주요 채권자들로 구성된 채권자협의회, 회생절차개시결정 이후 채무자로부터 그 업무수행권과 재산의 처분관리권을 이전받아 회생절차를 주도적으로 이끌어 나가게 될 관리인, 회생절차개시결정 후 관리인에 의하여 선임되어 채무자 재산의 가액평가, 재산목록과 대차대조표 작성, 회생절차에 이르게 된 사정, 채무자의 업무 및 재산에 관한 사항, 보전처분 또는 조사확정재판 필요 유무, 그밖에 채무자의 회생에 필요한 조사를 담당하게 될 조사위원 등이 그것이다.

1. 관리위원회

가. 관리위원회의 설치

회생절차를 적정·신속하게 진행하기 위하여 대법원규칙이 정하는 지방법원에 관리위원회를 둔다(제15조). 현재는 전국 모든 지방법원에 설치되어 있다.

나. 관리위원회의 구성 및 관리위원의 자격

관리위원회는 위원장 1인 및 부위원장 1인을 포함한 3인 이상 15인 이내의 관리위원으로 구성하고, 관리위원의 임기는 3년으로 한다(제16조 제1항, 제2항, 규칙 제14조 제1항).

관리위원은 ① 변호사 또는 공인회계사의 자격이 있는 자, ② 은행법에 의한 금융기관 그밖에 대통령령이 정하는 법인에서 15년 이상 근무한 경력이 있는 자, ③ 상장기업의 임원으로 재직한 자, ④ 법률학·경영학·경제학 또는 이와 유사한 학문의 석사학위 이상을 취득한 자로서 이와 관련된 분야에서 7년 이상 종사한 자, ⑤ 기타 이에 준하는 자로서 학식과 경험을 갖춘 자 중에서 지방법원장이 위촉한다(제16조 제3항). 다만, ① 피성년후견인·피한정후견인 또는 파산선고를 받은 자로서 복권되지 아니한 자, ② 금고 이상의 실형의 선고를 받고 그 집행이 종료(집행이 종료된 것으로 보는 경우 포함)되거나 집행이 면제된 날부터 5년이 경과되지 아니한 자, ③ 금고 이상의 형의 집행유예선고를 받고 그 유예기간이 만료된 날부터 2년이 경과되지 아니한 자, ④ 금고 이상의 형의 선고유예를 받고 그 유예기간 중에 있는 자, ⑤ 다른 법률 또는 법원의 판결에 의하여 자격이 정지 또는 상실된 자는 관리위원이 될 수 없다(제16조 제4항). 관리위원회의 설치·조직 및 운영, 관리위원의 자격요건·신분보장 및 징계 등에 관하여는 대법원규칙으로 정하고, 관리위원은 형법 그 밖의 법률의 규정에 의한 벌칙의 적용에 있어서는 이를 공무원으로 본다(제16조 제6항, 제7항).

다. 관리위원회의 의결

관리위원회는 재적위원 과반수의 출석과 출석위원 과반수의 찬성으로 의결한다(제16조 제5항).

라. 관리위원회의 업무

① 관리인·보전관리인·조사위원·파산관재인·회생위원 및 국제도산관리인의 선임에 대한 의견의 제시
② 관리인·보전관리인·조사위원·파산관재인 및 회생위원의 업무수행의 적정성에 관한 감독 및 평가
③ 회생계획안·변제계획안에 대한 심사
④ 채권자협의회의 구성과 채권자에 대한 정보의 제공
⑤ 통합도산법의 규정에 의한 절차의 진행상황에 대한 평가
⑥ 관계인집회 및 채권자집회와 관련된 업무
⑦ 그밖에 대법원규칙 또는 법원이 정하는 업무
⑧ 회생절차개시신청의 기각결정에 대한 의견의 제시(제42조)
⑨ 채무자의 재산에 대한 보전처분 또는 보전관리명령 및 그 변경·취소 등에 대한 의견의 제시(제43조 제1항, 제3항, 제4항)
⑩ 회생계획인가 전의 영업 등의 양도의 허가에 대한 의견의 제시(제62조 제2항)

⑪ 법인의 이사 등의 책임에 기한 손해배상청구권 등을 보전하기 위한 보전처분의 변경 또는 취소에 대한 의견의 제시(제114조 제4항)
⑫ 소액채권 등의 변제허가에 대한 의견의 제시(제132조 제3항)

마. 관리위원회의 권한

관리위원회는 그 업무를 효율적으로 수행하기 위하여 관리위원에게 업무의 일부를 위임할 수 있고, 이 경우 관리위원회의 업무를 수행하는 관리위원이 그 업무를 수행하는 것이 적절하지 아니하다고 인정하는 때에는 법원은 관리위원회에 그 업무를 다른 관리위원에게 위임할 것을 요구할 수 있다(제17조 제2항, 제3항). 법원은 법원의 허가를 받아야 하는 행위 중 통상적인 업무에 관한 허가사무 또는 파산절차에 관한 허가사무를 관리위원에게 위임할 수 있고, 이 경우 위임의 범위·절차 등에 관하여 필요한 사항은 대법원규칙으로 정한다(제18조).

바. 관리위원에 대한 이의신청

법원의 위임을 받아 관리위원이 행한 결정 또는 처분에 불복하는 자는 관리위원에게 이의신청서를 제출하여야 한다(제19조 제1항). 이 경우 이의신청이 이유 있다고 인정하는 때에는 관리위원은 지체 없이 그에 따른 상당한 처분을 하고 이를 법원에 통지하여야 하고, 이의신청이 이유 없다고 인정하는 때에는 이의신청서를 제출받은 날부터 3일 이내에 이를 법원에 송부하여야 한다(제19조 제2항, 제3항). 다만, 이러한 이의신청에는 집행정지의 효력이 없다(제19조 제4항). 이의신청서를 송부받은 법원은 이유를 붙여 결정을 하여야 하며, 이의신청이 이유 있다고 인정하는 때에는 관리위원에게 상당한 처분을 명하고 그 뜻을 이의신청인에게 통지하여야 한다(제19조 제5항).

2. 관 리 인

가. 관리인의 의의

관리인은 회생절차개시결정 후 회생절차 종료시까지 채무자의 업무수행권과 재산의 관리처분권을 이전받아 회생절차를 주도적으로 이끌어가는 사람이다.

이와 같이 관리인은 회생절차에 있어서 막중한 업무를 수행해야 하므로 누구를 관리인으로 할 것인지가 중요하다. 그런데 법에서는 회생절차에 있어서 기존 경영자 관리인 제도를 도입하여 일부 예외적인 경우를 제외하고는 원칙적으로 기존 경영자를 관리인으로 선임하도록 하고 있고, 개인채무자나 중소기업 등 일정한 경우에는 관리인 불선임제도를 두어 관리인 선임절차를 생략하고 개인채무자나 법인의 대표자를 관리인으로 간주하도록 하고 있다(제74조). 이때 관리인으로 보게 되는 개인채무자나 법인의 대표자는 성질상 극히 일부 예외적인 규정을 제외하고는 선임된 관리인에게 적용되는 규정이 그대로 적용된다. 기존 경영자 관리인 제도는 제3자를 관리인으로 선임할 경우에 우려되는 회생절차의 기피경향을 피하고 기존 경영자의 노하우(know-how)를 살려서 조기에 회생을 성공할 수 있도록 하기 위하여 도입된 것으로 보인다.

나. 통합도산법상 관리인의 선임과 그 예외

(1) 원칙적 관리인 선임

회생절차에서는 다수의 이해관계인의 존재, 다양한 재산관계, 절차의 복잡 및 난이성 등 때문에 원칙적으로 관리인을 선임하여야 한다.[51] 다만 관리인을 선임할 때에는 일부 예외적인 사유가 있는 경우를 제외하고는 채무자나 채무자의 대표자를 관리인으로 선임하여야 한다(제74조 제2항 본문).[52] 이를 실무상 '기존 경영자 관리인 제도'라고 한다.[53] 여기에서 채무자나 채무자의 대표자를 관리인으로 선임할 수 없는 예외적인 사유란 ① 채무자의 재정적 파탄의 원인이 채무자가 행한 재산의 유용 또는 은닉이나 그에게 중대한 책임이 있는 부실경영에 기인하는 때, ② 채권자협의회의 요청이 있는 경우로서 상당한 이유가 있는

51) 법인도 관리인이 될 수 있다. 이 경우 그 법인은 이사 중에서 관리인의 직무를 행할 자를 지명하고 법원에 신고하여야 한다(제74조 제6항).

52) 다만 기존 경영자에게 경영을 전적으로 맡기기에는 거래나 회계의 투명성 측면에서 불안할 경우에는 기존 경영자와 함께 제3자를 공동관리인으로 선임하는 경우도 있다(서울중앙지방법원, 제4판 회생사건실무上, 225p).

53) 회생의 원칙은 이와 같이 원칙적으로 기존 경영자가 바뀌지 아니하는 독자생존이어야 하고 제3자에게 경영권이 넘어가는 M&A는 예외적이어야 하는데, 법인회생의 경우에 대부분의 성공적 회생사례는 M&A로 종결되고 있는 것이 현실이다(최효종, "기업회생절차 실무의 현황과 개선방안(쌍용자동차 사례를 중심으로)", 「회생과 파산」(한국도산법학회, 2012), 542p).

때, ③ 그밖에 채무자의 회생에 필요한 때를 말하는 것인데, 이러한 경우에는 부득이 제3자를 관리인으로 선임하여야 한다(제74조 제2항 제1호, 제2호, 제3호). 이 때 채권자협의회는 법원에 관리인 후보자를 추천할 수 있다(제74조 제7항).

관리인은 회생절차개시 후 채무자의 재산의 산일을 방지하기 위하여 채무자의 업무수행과 재산관리·처분권을 가지게 되는바, 채무자는 개인 자격에 의하여 이러한 관리인의 권한을 침해하거나 부당하게 그 행사에 관여할 수 없다(제56조 제1항, 제2항). 관리인을 선임할 때에는 급박한 사정이 있는 경우를 제외하고는 채무자를 심문하여야 한다(제74조 제5항).

(2) 일반회생절차에서의 예외적 관리인 불선임 가능

개인채무자나 중소기업 또는 통합도산법 규칙 제51조(관리인을 선임하지 아니할 수 있는 채무자) 각호에 해당하는 자가 회생절차를 신청한 경우에는 관리인을 선임하지 아니할 수 있다(제74조 제3항). 따라서 개인채무자가 회생절차를 이용하여 회생을 도모하는 절차인 일반회생절차에서도 관리인을 선임하지 아니할 수 있고, 실무상으로도 관리인을 거의 선임하고 있지 아니하다.[54] 개인채무자의 경우에는 개인재산과 사업제공 재산이 혼재되어 있어서 그 구분이 곤란할 뿐만 아니라 회생절차의 업무를 수행함에 있어서는 관리인보다 개인채무자가 더 적절하다고 보기 때문이다. 관리인이 선임되지 아니한 경우에는 개인채무자를 관리인으로 보게 된다(제74조 제4항).[55] 다만 개인채무자의 일반회생절차에서도 다수의 영업자의 존재, 개인재산과 사업재산의 명확한 구분 가능, 채무자 재산의 은닉·산일 위험성의 존재, 채무자의 중대한 부실경영책임으로 인한 회생절차개시 등 개인채무자가 관리인으로 되기에 부적당한 경우에는 관리인이 선임될 수 있다(제74조 제3항 단서, 제2항 각호).

---

54) 일본의 민사재생절차의 경우에도 개인채무자에 대한 사건에서는 관리인을 선임할 수 없도록 하고 있다(민사재생법 제64조 제1항).

55) 이와 같이 관리인이 선임되지 아니한 경우에 관리인으로 보게 되는 채무자를 필자는 '간주관리인'이라고 명명하고자 한다. 실무에서는 이러한 간주관리인과 관리인으로 선임된 채무자 등 관리인의 역할을 하는 채무자를 '채무자관리인'으로 불러 종전의 채무자 또는 제3자인 관리인과 구별하고 있다(오수근, 도산법의 이해, 182p).

다. 관리인의 지위

(1) 일종의 공적수탁자에 해당

관리인으로 선임된 채무자나 관리인이 선임되지 아니하여 채무자를 관리인으로 보게 되는 경우의 채무자,[56] 즉 간주관리인은 회생절차 내에서는 채무자로서가 아니라 채무자 및 채권자 등으로 구성되는 이해관계인 단체의 관리자로서 일종의 공적수탁자에 해당하며,[57] 선관주의의 의무를 지는 제3자로서의 독립한 지위를 가진다고 본다.[58] 따라서 이러한 관리인 또는 간주관리인이 그 의무를 게을리하여 이해관계인에게 손해를 끼친 때에는 이를 배상하여야 한다(제82조 제1항, 제2항). 이는 제3자가 관리인으로 선임된 경우에 있어서 그 관리인에게도 마찬가지로 적용된다.

(2) 관리인으로서의 행위와 채무자로서의 행위의 구별 문제

일반적으로 회생절차에서는 관리인을 선임할 경우에도 원칙적으로 채무자나 채무자의 대표자를 관리인으로 선임하여야 하며(제74조 제1항, 제2항), 특히 개인채무자나 중소기업의 회생절차에서는 관리인을 선임하지 아니할 수 있고, 이 경우에는 개인채무자나 채무자의 대표자를 관리인으로 간주하고 있기 때문에(제74조 제3항, 제4항) 채무자의 행위에 대한 통제가 중요하다고 할 수 있다. 이에 법에서는 채무자가 회생절차개시 후 채무자의 재산에 관하여 법률행위를 한 경우에는 회생절차와의 관계에 있어서 그 효력을 주장하지 못하도록 하고 있다(제64조 제1항). 그런데 회생절차에서는 채무자나 채무자의 대표자를 관리인으로 선임하고 있고 관리인이 선임되지 아니한 경우에도 채무자나 채무자의 대표자를 관리인으로 간주하면서 그 관리인이나 간주관리인의 법률행위는 유효로 하고 있다. 요컨대 동일인이면서도 채무자로서의 자격에서 한 행위는 무효로 하면서 관리인이나 간주관리인의 자격에서 한 행위에 대해서는 유효로 하고 있는

56) 이는 관리인이 선임되지 아니한 경우의 채무자 자체를 의미하는 개념인 미국 연방파산법상의 DIP(Debtor In Possession)와 같은 개념인데, DIP는 도산절차 개시 전의 채무자와 구별하기 위하여 도산절차 개시 후 당해 채무자에 대하여 관념적으로 명칭만 새로이 붙이고 여기에 법인격을 부여한 것이다(서울중앙지방법원, 제4판 회생사건실무上, 150p).

57) 대법원 2013.3.28. 선고 2010다63836 판결.

58) 서울중앙지방법원, 제4판 회생사건실무上, 208p.

것이다. 그러나 과연 동일인의 행위를 관리인으로서의 행위와 채무자로서의 행위로 구분할 수 있는지 문제된다.

동일인의 행위를 관리인의 지위에서 한 행위와 채무자의 지위에서 한 행위로 구분할 수 있는지 여부에 대하여는 견해가 대립되는데, ① 동일인의 행위이지만 채무자로서의 행위와 관리인으로서의 행위는 관념적으로 구분된다고 하면서 채무자로서 한 행위라면 회생절차와의 관계에서 그 효력을 주장하지 못한다고 해석하여야 한다는 견해,[59] ② 현실적으로 위 둘의 행위를 구분한다는 것은 불가능하므로 개시결정 후의 채무자의 행위는 일응 관리인으로서 한 행위라고 간주하여 유효로 하는 것이 타당하다는 견해[60]가 그것이다.

생각건대 회생절차가 개시된 후에 채무자의 재산에 관하여 한 채무자의 법률행위를 회생절차와의 관계에서 무효로 하는 것(제64조)은 제3자가 관리인으로 선임된 회생절차에서만 적용되는 규정이라고 보이며, 채무자가 관리인으로 선임되거나 관리인 불선임에 의하여 채무자가 관리인으로 간주되는 회생절차에 있어서는 채무자로서의 행위와 관리인으로서의 행위를 구분하는 문제로 인한 다툼을 방지한다는 차원에서 위 ②설이 타당하다고 보인다.

라. 관리인의 업무

관리인 또는 간주관리인은 채무자의 업무수행권과 재산의 관리·처분권을 가진다(제56조 제1항). 이에 관리인은 채무자의 업무와 재산의 관리(제89조), 재산가액의 평가(제90조), 재산목록과 대차대조표의 작성(제91조), 조사보고서 작성 및 보고(제92조), 그밖에 법원이 명하는 사항에 대한 보고(제93조), 영업용 고정재산의 평가(제94조), '관리인 보고를 위한 관계인집회'에서의 보고(제98조), 관계인설명회의 개최(제98조의2 제2항, 제3항) 등의 업무를 수행하게 된다. 이러한 관리인에 대한 관리·감독은 법원이 한다. 따라서 관리인이 채무자의 영업 또는 재산을 양수하는 행위를 하거나, 채무자에 대하여 자기의 영업 또는 재산을 양도하

---

59) 다만 이 견해에 의할 경우에는 당해 채무자의 행위가 공적 수탁자로서의 행위인지 사적 이익추구의 주체로서의 행위인지 구별하기가 현실적으로 곤란할 수 있으므로 구체적 사안별로 재판장이 당해 행위의 성격, 행위상황, 이익의 귀속주체 등 제반사정을 고려하여 판단하는 작업이 필요할 것이다(서울중앙지방법원, 제4판 회생사건실무上, 151p).

60) 서울중앙지방법원, 제4판 회생사건실무下, 307p.

는 행위, 그 밖에 자기 또는 제3자를 위하여 채무자와 거래하는 행위를 할 때에는 반드시 법원의 허가를 받도록 하고 있고(제61조 제2항), 관리인의 일정한 행위 즉, 재산의 처분, 재산의 양수, 자금의 차입 등 차재, 쌍방미이행 쌍무계약의 해제 또는 해지, 소의 제기, 화해 또는 중재계약, 권리의 포기, 공익채권 또는 환취권의 승인, 그 밖에 법원이 지정하는 행위에 대하여 법원이 필요하다고 인정하는 때에는 법원의 허가를 받도록 할 수 있다(제61조 제1항). 특히 조사보고서는 실무적으로 채무자의 회생 여부를 결정하는 중요한 자료가 될 뿐만 아니라 그 작성 과정에서 청산가치와 존속가치의 계산 방식 등에 있어서 여러 문제점이 있을 수 있으므로 법원의 전문적이고 엄격한 지도·관리가 요구된다고 본다.[61]

마. 관리인의 권한과 의무

(1) 관리인의 권한

관리인은 채무자의 업무를 수행하고 그 재산을 전속적으로 관리하며 처분할 권한과 의무를 가진다. 다만, 관리인은 법원의 허가를 받지 아니하고는 채무자의 영업 또는 재산을 양수하는 행위, 채무자에 대하여 자기의 영업 또는 재산을 양도하는 행위, 그밖에 자기 또는 제3자를 위하여 채무자와 거래하는 행위를 할 수 없고, 이와 같은 행위를 허가를 받지 아니하고 한 경우에는 무효가 된다(제61조 제2항, 제61조 제3항 본문). 그러나 이러한 무효는 선의의 제3자에게 대항하지 못한다(제61조 제3항 단서). 또한 법원은 필요하다고 인정하는 때에는 관리인의 재산의 처분, 재산의 양수, 자금의 차입 등 차재, 계약의 해제 또는 해지(제119조), 소의 제기, 화해 또는 중재계약, 권리의 포기, 공익채권 또는 환취권의 승인, 그밖에 법원이 지정하는 행위에 대하여 법원의 허가를 받도록 할 수 있으며, 이와 같은 행위를 허가를 받지 아니하고 한 경우에도 무효가 되도록 하고 있다(제61조 제1항, 제61조 제3항 본문). 다만 이러한 무효는 선의의 제3자에게는 대항하지 못한다(제61조 제3항 단서).

관리인은 또한 회생계획안을 작성하여 제출하고 회생계획안이 법원의 인가를 받은 경우 그 계획을 수행해 나가는 지위에 있다(제257조 제1항). 관리인이 여럿인 때에는 공동으로 그 직무를 행하고, 이 경우 법원의 허가를 받아 직무를

61) 박승두, 통합도산법 분석, 340p.

분장할 수 있다(제75조 제1항). 이와 같이 관리인이 여럿인 때에는 제3자의 의사표시는 그 1인에 대하여 하면 된다(제75조 제2항).

그리고 관리인은 필요한 때에는 법원의 허가를 받아 법률 또는 경영에 관한 전문가를 고문으로 선임할 수 있다(제77조).

관리인은 채무자의 재산에 관한 소송에서 당사자가 된다(제78조). 부인권의 행사도 마찬가지이다. 관리인은 개인인 채무자나 그 법정대리인, 채무자의 지배인 또는 피용자에 대하여 채무자의 업무와 재산의 상태에 관하여 보고를 요구할 수 있으며, 채무자의 장부·서류·금전 그 밖의 물건을 검사할 수 있고, 필요한 경우 법원의 허가를 받아 감정인을 선임하여 감정을 하게 할 수 있다(제79조 제1항, 제2항). 관리인이 검사를 하는 때에는 법원의 허가를 받아 집행관의 원조를 요구할 수 있다(제79조 제3항).

[표 4] 관리인 등이 허가를 받아야 할 주요 행위

구분	허가 대상 행위의 표시	재판부	관리위원
가	부동산·자동차·중기·특허권 등 등기 또는 등록의 대상이 되는 일체의 재산에 대한 소유권의 양도, 담보권·임차권의 설정 기타 일체의 처분행위	○	
나	등기·등록의 대상이 되지 아니하는 시가 금 ( ) 만원 이상의 재산에 대한 소유권의 양도, 담보권·임차권의 설정 기타 일체의 처분행위 다만, 계속적이고 정상적인 영업활동에 해당하는 상품, 제품, 원재료 등의 처분행위는 예외로 한다.		○
다	금 ( ) 만원 이상의 재산의 양수		○
	제3자의 영업의 양수	○	
라	항목당 금 ( ) 만원을 초과하는 금원지출 다만, 회생담보권 및 회생채권에 대한 변제는 ( ) 만원 미만의 금원지출도 포함하고, 반면 국세, 지방세, 전기료, 수도료, 가스료, 전화료, 국민연금, 장애인 고용분담금, 직업훈련분담금, 개발부담금 등 제세공과금과 건강보험료, 고용보험료, 산재보험료 중 공익채권에 해당하는 금원지출은 제외한다.		○
	회생담보권 및 회생채권의 변제	○	
마	금 ( ) 만원을 초과하는 금원의 지출이 예상되는 증여, 매매, 교환, 소비대차, 임대차, 고용, 도급, 위임, 임치 등 계약의 체결 또는 의무부담행위		○
바	명목이나 방법 여하를 막론한 차재		○

사	어음·수표계좌의 설정, 어음·수표용지의 수령 및 발행행위		○
아	채무자 회생 및 파산에 관한 법률 제119조의 규정에 의한 계약의 해제 또는 해지		○
자	소의 제기, 소송대리인의 선임, 화해 기타 일체의 소송행위 다만, 미수채권회수를 위하여 채무자의 물건 및 채권에 대하여 하는 가압류·가처분 신청행위는 제외하되, 다만 매 3개월분(분기보고서)마다 그 가압류·가처분 상황을 법원에 보고하여야 한다.		○
	단, 소의 취하, 화해, 청구의 포기·인낙, 소송탈퇴	○	
차	과장급 이상의 인사 및 보수결정		○
카	권리의 포기	○	
타	회생담보권, 회생채권 등에 대한 이의의 철회	○	
파	공익채권과 환취권의 승인	○	
하	관리인의 자기 또는 제3자를 위한 채무자와의 거래	○	
거	경영상 이유에 의한 근로자의 해고	○	

(서울중앙지방법원, 제4판 회생사건실무上, 257p 인용)

(2) 관리인의 의무

관리인은 취임 후 즉시 채무자의 업무와 재산의 관리에 착수하여야 하고, 지체 없이 채무자를 참여시켜 채무자에게 속하는 모든 재산의 회생절차개시 당시의 가액을 평가하여야 하며, 회생절차개시 당시 채무자의 재산목록 및 대차대조표[62]를 일반적으로 공정·타당하다고 인정되는 회계 관행에 따라 작성하여 법원에 제출하여야 한다(제89조, 제90조, 제91조). 또한 관리인은 지체 없이 ① 채무자가 회생절차의 개시에 이르게 된 사정, ② 채무자의 업무 및 재산에 관한 사항, ③ 보전처분 또는 조사확정재판을 필요로 하는 사정의 유무, ④ 그밖에 채무자의 회생에 관하여 필요한 사항을 조사하여 법원이 정한 기한까지 법원과 관리위원회에 보고하여야 한다(제92조 제1항 제1호~제4호).[63] 여기에서 법원이 정

62) 법에서는 '대차대조표'라는 명칭을 사용하고 있으나 현재 국제회계기준에서는 '대차대조표'라는 명칭 대신 '재무상태표'라는 명칭을 사용하고 있다. 두 개념은 같은 의미라고 보면 된다.
63) 다만 사전계획안을 제출하려는 자가 위 관리인의 조사보고 사항(제92조 제1항 각호)을 기재한 서면을 법원에 제출한 경우에는 예외이다(제92조 제1항 단서).

하는 기한은 회생절차개시결정일부터 4개월을 넘지 못하되, 특별한 사정이 있는 경우에는 위 기한을 늦출 수 있다(제92조 제2항).

관리인은 그밖에 법원이 정하는 바에 따라 채무자의 업무와 재산의 관리상태 그 밖에 법원이 명하는 사항을 법원에 보고하고, 회생계획인가의 시일 및 법원이 정하는 시기의 채무자의 재산목록 및 대차대조표를 작성하여 그 등본을 법원에 제출하여야 하는데(제93조, 관리인의 조사보고서), 실무상 법원은 거의 예외 없이 회생절차개시결정과 동시에 관리인에게 월간보고서, 분기보고서, 결산보고서 등의 제출을 명하고 있다. 이와 같이 관리인이 제출한 서류는 이해관계인이 열람할 수 있도록 법원에 비치하여야 하며, 이해관계인은 그 서류의 열람·복사를 청구할 수 있다(제96조, 제28조).

관리인이 그 직무를 수행할 때에는 선량한 관리자의 주의로써 수행하여야 하며, 관리인이 이러한 주의를 게을리한 때에는 이해관계인에게 손해를 배상할 책임이 있고(제82조 제1항, 제2항 전단), 이 경우 주의를 게을리한 관리인이 여럿 있는 때에는 연대하여 손해를 배상할 책임이 있다(제82조 제2항 후단).

(3) 관리인의 우편물 관리 및 그 해제

법원은 체신관서·운송인 그 밖의 자에 대하여 채무자에게 보내오는 우편물·전보 그 밖의 운송물을 관리인에게 배달할 것을 촉탁할 수 있고, 이 경우 관리인은 그가 받은 이러한 우편물·전보 그 밖의 운송물을 열어볼 수 있다(제80조 제1항, 제2항). 채무자는 우편물·전보 그 밖의 운송물의 열람을 요구할 수 있으며, 채무자의 재산과 관련이 없는 것의 교부를 요구할 수 있다(제80조 제3항). 그리고 법원은 채무자의 청구에 의하거나 직권으로 관리인의 의견을 들어 이러한 우편물 등의 배달촉탁을 취소 또는 변경할 수 있고, 회생절차가 종료한 때에는 그 촉탁을 취소하여야 한다(제80조 제4항, 제5항).

(4) 관리인대리

관리인은 필요한 때에는 그 직무를 행하게 하기 위하여 자기의 책임으로 법원의 허가를 받아 1인 또는 여럿의 관리인대리를 선임할 수 있다(제76조 제1항, 제2항). 법원이 관리인대리의 선임을 허가하거나, 그 허가를 변경 또는 취소한 때에는 이를 공고하여야 한다(제76조 제3항). 채무자가 법인인 경우에 관리인대리의 선임을 허가하거나 그 허가를 변경 또는 취소한 때에는 법원사무관등은 직권으로 지체 없이 촉탁서에 결정서의 등본을 첨부하여 관리인대리의 선임에 관한 등기를 촉탁하여야 한다(제76조 제4항).

관리인대리는 관리인에 갈음하여 재판상 또는 재판 외의 모든 행위를 할 수 있다(제76조 제5항).

(5) 관리인에 대한 감독

관리인은 법원의 감독을 받으며, 법원은 관리인에게 그 선임을 증명하는 서면을 교부하여야 한다(제81조 제1항, 제2항). 그리고 관리인이 그 직무를 수행하는 경우에 이해관계인의 요구가 있는 때에는 이러한 선임을 증명하는 서면을 제시하여야 한다(제81조 제3항).

(6) 관리인의 사임 및 해임

관리인은 정당한 사유가 있는 때에는 법원의 허가를 받아 사임할 수 있다(제83조 제1항). 법원은 일정한 사유가 있는 때에는 관리인을 해임할 수 있다. 즉 ① 관리인으로 선임된 후 그 관리인에게 채무자의 재산을 유용 또는 은닉하거나 그에게 중대한 책임이 있는 부실경영으로 인하여 채무자의 재정적 파탄의 원인이 관리인에게 있는 것이 발견된 때, ② 관리인이 직무를 수행함에 있어서 선량한 관리자의 주의의무를 위반한 때, ③ 관리인이 경영능력이 부족한 때, ④ 그밖에 상당한 이유가 있는 때에는 이해관계인의 신청에 의하거나 직권으로 관리인을 심문한 후 그를 해임할 수 있다(제83조 제2항). 관리인을 해임한 후 새로운 관리인을 선임하는 때에는 기존 경영자 관리인 제도를 적용하지 아니하고 선임할 수 있다(제83조 제5항, 제74조 제2항).

관리인의 해임결정에 대하여는 즉시항고할 수 있으나, 즉시항고에는 집행정지의 효력이 없다(제83조 제3항, 제4항).

관리인이 사임하거나 해임된 경우에는 제3자를 관리인으로 선임하여야 한다(제83조 제5항). 이 경우에도 관리인으로 선임될 수 있는 자는 자연인에 한하지 아니하고 법인도 관리인이 될 수 있다(제74조 제6항). 이에 관하여는 '관리인 등의 선임·해임·감독기준'(회생실무준칙 제1호)이 마련되어 있다.

3. 채권자협의회

가. 채권자협의회의 의의

회생절차에 있어서 가장 큰 이해관계를 가진 자는 계속기업가치의 평가나 분배방법 등과 관련하여 채권자라고 할 수 있다. 따라서 채권자들은 자신의 권리를 보호하고 회생절차에 참여하기 위하여 그 의사를 결집하고 이를 회생절차에 반영할 수 있는 단체가 필요한데, 이러한 취지의 목적을 달성하기 위하여 도입한 제도가 채권자협의회제도이다.

나. 채권자협의회의 구성

채권자협의회는 원칙적으로 관리위원회가 구성하되, 관리위원회가 설치되어 있지 아니한 때에는 법원이 구성한다. 즉, 관리위원회 또는 법원은 회생절차개시신청이 있은 후 채무자의 주요 채권자를 구성원으로 하는 채권자협의회를 구성하여야 한다(제20조 제1항 본문). 다만, 채무자가 개인 또는 중소기업자인 때에는 채권자협의회를 구성하지 아니할 수 있다(제20조 제1항 단서). 이 때 채무자의 주요채권자는 관리위원회에 채권자협의회 구성에 관한 의견을 제시할 수 있다(제20조 제4항). 채권자협의회는 10인 이내로 구성한다(제20조 제2항). 관리위원회는 필요하다고 인정하는 때에는 소액채권자를 채권자협의회의 구성원으로 참여하게 할 수 있다(제20조 제3항). 채권자협의회는 대표채권자를 지정하여 법원 및 관리위원회에 신고하여야 한다(규칙 제35조 제1항).

다. 채권자협의회의 권한 및 기능강화

① 회생절차에 관한 의견의 제시
② 관리인 및 보전관리인의 선임 또는 해임에 관한 의견의 제시
③ 회생계획인가 후 회사의 경영상태에 관한 실사의 청구
④ 법원이 요구하는 회생절차에 관한 사항
⑤ 그밖에 대통령령이 정하는 행위
⑥ 채권자협의회 비용에 대한 채무자 부담 및 그 비용의 공익채권화(제21조 제3항, 제179조 제13호)
⑦ 제3자 관리인 선임시 관리인후보자추천권(제74조 제7항)

⑧ 기존 경영자가 관리인으로 부적당시 제3자를 관리인으로 선임해 줄 것을 요청할 수 있는 권한(제74조 제2항 제2호)

⑨ 조사위원으로 하여금 채무자의 재산 및 영업상태를 실사하게 할 수 있는 권한(제259조)

⑩ 변호사, 법무법인, 회계사, 회계법인 그 밖의 전문가를 선임하여 조력을 받을 수 있는 권한(규칙 제42조)

라. 채권자협의회의 운영과 의결

채권자협의회의 구성 및 운영에 관하여 필요한 사항은 대법원규칙으로 정한다(제21조 제4항). 채권자협의회의 의사는 출석한 구성원 과반수의 찬성으로 결정한다(제21조 제2항). 법원은 결정으로 채권자협의회의 활동에 필요한 비용을 채무자에게 부담시킬 수 있다(제21조 제3항).

마. 채권자협의회에 대한 자료제공

법원은 회생절차의 신청에 관한 서류·결정서·감사보고서 그밖에 대법원규칙이 정하는 주요 자료의 사본을 채권자협의회에 제공하여야 한다(제22조 제1항). 그리고 관리인은 법원에 대한 보고서류 중 법원이 지정하는 주요서류를 채권자협의회에 분기별로 제출하여야 한다(제22조 제2항). 채권자협의회는 대법원규칙이 정하는 바에 따라 관리인에게 필요한 자료의 제공을 청구할 수 있으며, 자료제공을 요청받은 자는 대법원규칙이 정하는 바에 따라 자료를 제공하여야 한다(제22조 제3항, 제4항). 채권자협의회에 속하지 아니하는 채권자의 요청이 있는 때에는 채권자협의회는 이와 같이 제공받은 자료를 제공하여야 한다(제22조 제5항).

4. 보전관리인

가. 보전관리인의 선임

법원은 회생절차개시의 신청이 있는 때에는 이해관계인의 신청 또는 직권으로 회생절차개시신청에 대한 결정이 있을 때까지 채무자의 업무 및 재산에 관하여 가압류·가처분 그밖에 필요한 보전처분을 명할 수 있고, 이러한 보전처분 외에 필요하다고 인정하는 때에는 관리위원회의 의견을 들어 보전관리인에 의한 관리를 명할 수 있다(보전관리명령, 제43조 제1항, 제3항 전단). 이 경우 법원은 1인 또는 여럿의 보전관리인을 선임하여야 한다(제43조 제3항 후단).

나. 관리인에 관한 규정의 준용

보전관리인에게는 관리인에게 적용되는 제61조(법원의 허가를 받아야 하는 행위), 제74조(관리인의 선임), 제75조(여럿인 관리인의 직무집행), 제78조(당사자 적격), 제79조(관리인의 검사 등), 제80조(우편물의 관리 및 그 해제), 제81조(관리인에 대한 감독), 제82조(관리인의 의무 등), 제83조(관리인의 사임 및 해임), 제84조(임무종료의 경우의 보고의무 등), 제89조(채무자의 업무와 재산의 관리) 등의 규정이 준용되고, 보전관리명령이 있거나 그 효력이 상실한 경우에는 제59조(소송절차의 중단 등)가 준용된다.

5. 조사위원

가. 조사위원의 선임

법원은 필요하다고 인정하는 때에는 관리위원회의 의견을 들어 1인 또는 여럿의 조사위원을 선임할 수 있다(제87조 제1항). 즉, 조사위원은 회생절차의 필수적 기관은 아니며 조사위원의 선임을 생략할 수도 있다. 다만 회생절차에서는 재무·경영분석, 청산가치와 존속가치의 산정, 수행 가능한 변제계획의 작성 등 전문적인 회계·경영·경제적 지식이 요구되므로 실무상 그 중요성과 필요성 때문에 거의 예외없이 조사위원을 선임하고 있다.[64] 이는 개인채무자의 회생절차인 일반회생절차에서도 마찬가지이다.

조사위원은 조사에 필요한 학식과 경험이 있는 자로서 당해 회생절차에 이해관계가 없는 자 중에서 선임하여야 한다(제81조 제2항). 실무상으로는 회계, 재

64) 개인회생절차에서는 회생위원이 채무자의 재산이나 소득에 대하여 조사를 수행하지만 회생절차에서는 관리인이 선임되지 아니할 경우 채무자의 재산이나 소득을 조사할 수 있는 기관이 조사위원밖에 없다. 이에 회생절차에서는 조사위원의 선임이 거의 필수적이며 관리인이 이러한 조사위원의 조사보고서를 토대로 수행가능성 있는 회생계획을 작성하는 것이다.

무, 경영, 경제 등에 전문적인 지식이 있는 공인회계사, 회계법인, 신용평가기관 등으로 선임하되, 필요한 경우 변호사를 공동으로 선임하고 있는데(회생사건의 처리에 관한 예규 제6조 제1항),[65] 대부분 회계법인을 선임하고 있는 것으로 보인다.

조사위원은 통상 회생절차개시결정과 동시에 선임하고 있지만 특별한 사정이 있는 경우에는 개시결정 전에 선임하는 경우도 있다.

나. 조사위원의 업무

조사위원은 관리인이 조사·작성하여야 할 사항에 대하여 제반 사정을 조사하고 회생절차를 계속 진행함이 적정한지 여부에 관한 의견서를 제출하며 기타 필요한 사항을 조사하여 보고하는 업무를 수행한다. 회계나 경영 등에 전문적인 지식이 없는 관리인에 의한 조사보고는 정확성이 떨어진 경우가 많고 채무자의 재정상태에 대하여도 객관성이 결여된 경우가 다수이기 때문에 이를 보완하기 위하여 조사위원의 추가적인 조사가 필요한 것이다.

법원은 선임된 조사위원에게 기간을 정하여 채무자 재산가액의 평가, 재산목록과 대차대조표의 작성, 관리인의 조사보고 사항을 조사하게 하고, 회생절차를 진행함이 적정한지 여부에 관한 의견을 제출하게 할 수 있으며, 필요한 경우 그 밖의 사항, 예컨대 청산가치와 계속기업가치의 산정 등에 대하여 조사·보고하게 할 수 있다(조사위원의 조사보고서, 제81조 제3항, 제4항).[66] 조사보고서의 제출기간에 대하여는 통합도산법상 특별한 규정은 없으나 통상 제1차 조사보고서는 회생절차개시결정 후 2개월 내지 3개월 전후의 범위 내에서 법원이 지정한 일자에 제출하고, 제2차 조사보고서는 '회생계획안 심리를 위한 관계인집회'[67]

65) 조사위원의 선임 실무와 관련하여 법원은 공인회계사회 및 대한변호사협회 등으로부터 조사위원 선정대상자를 추천받아 조사위원 후보자명부를 작성한 후 채무자의 자산·부채 규모, 조사의 난이도 등에 따라 관리위원회의 의견을 들어 적합한 조사위원을 선임하고 있다.

66) 채무자의 재산가액의 평가, 재산목록의 대차대조표의 작성은 회생절차개시결정 당시를 기준으로 작성하도록 하고 있다(제90조).

67) 이러한 '회생계획안 심리를 위한 관계인집회'에 대해서는 2014년 12월 30일 통합도산법 개정 전에는 이를 제2회 관계인집회라고 하였으나, 개정법에서는 종전의 제1회 관계인집회에 해당되는 '관리인 보고를 위한 관계인집회'를 임의절차화함으로써 그 개최 여부에 따라 '회생계획안 심리를 위한 관계인집회'가 제1회 관계인집회가 되기도 하고 제2회 관계인집회가 되기도 한 관계로 이제는 이를 일률적으로 제2회 관계인집회라고 할 수 없게 되었다.

기일의 5일 전까지 제출하도록 하고 있다.[68] 이러한 조사위원의 조사보고서는 채무자의 파탄에 대한 기존 경영자의 중대한 책임유무, 채무자의 재산에 대한 재무경영분석, 청산가치와 계속기업가치의 산정, 수행 가능한 회생계획 및 채무변제계획의 수립을 위한 중요한 기초자료가 된다. 조사보고서는 통상 10부 정도를 법원에 제출하도록 하고 있는데, 이해관계인이 열람·복사할 수 있도록 법원에 비치하여야 하고, 채권자협의회에 1부를 제출하여야 한다(제22조 제1항, 규칙 39조 제19호). 법원은 회생절차개시 후 채무자에 자금을 대여하려는 자가 채무자의 업무 및 자산·부채, 그 밖의 재산상태에 관한 자료를 요청하는 경우 그 자금 차입이 채부자의 사업을 계속하는 데에 필요하고 자료 요청에 상당한 이유가 있다고 인정하는 때에는 조사위원에게 그 요청과 관련한 사항을 조사하여 보고하게 한 후 조사결과의 전부 또는 일부를 자금차입에 필요한 범위에서 자료요청자에게 제공할 수 있다(제87조 제6항).

다. 조사위원의 조사보고서의 내용과 구성[69]

(1) 제1차 조사보고서(개시결정 후 2~3개월 전후의 범위 내 제출)

① 조사결과의 요약 및 조사위원의 의견[70]

② 채무자의 개요(조직, 업무, 재무 등의 현황)

③ 회생절차의 개시에 이르게 된 사정

④ 채무자의 파탄에 관한 기존 경영자의 중대한 책임 유무

⑤ 채무자의 재산상태[71]

⑥ 우발채무(예, 보증채무)의 내역

⑦ 부인대상 행위의 존부 및 범위

⑧ 채무자의 사업을 청산할 때의 가치 산정(청산가치의 산정)

---

68) 서울중앙지방법원, 제4판 회생사건실무上, 285p.

69) 서울중앙지방법원, 제4판 회생사건실무上, 290p. 인용 및 참고.

70) 이는 채무자의 재산가액의 평가, 재산목록과 대차대조표의 작성, 채무자가 회생절차의 개시에 이르게 된 사정, 채무자의 업무 및 재산에 관한 사항, 보전처분 또는 조사확정재판을 필요로 하는 사정의 유무, 그 밖에 채무자의 회생에 관하여 필요한 사항 등에 관한 의견을 붙인 조사결과를 말한다.

71) 채무자의 재산상태의 조사는 회생절차개시결정일을 기준으로 채무자가 제출한 대차대조표와 부속명세서를 기초로 하여 일반적으로 인정되는 회계감사기준과 준칙 등을 적용하여 하게 된다.

⑨ 채무자의 사업의 수익성 분석 및 사업을 계속할 때의 가치 산정(계속기업가치의 산정)

⑩ 채무자상환계획안 및 추정재무제표

(2) 제2차 조사보고서(회생계획안이 제출된 경우 회생계획안 심리를 위한 관계인집회 5일 전까지 제출)

① 회생계획안의 청산가치 보장 여부

㉠ 조사결과의 요약

㉡ 청산배당액[72)]

㉢ 변제액의 현재가치[73)]

㉣ 청산배당액과 변제액의 현재가치의 비교

② 회생계획안의 수행가능성 여부

㉠ 조사결과의 요약

㉡ 변제할 채무내역의 완전성[74)]

㉢ 채무면제액 및 변제할 채무[75)]

㉣ 변제자금의 조달가능성[76)]

라. 조사위원의 보수

조사위원에 대하여는 보수 또는 특별보상금을 지급하여야 하는데, 이 경우 보수 및 특별보상금은 그 직무와 책임에 상응한 것으로서 구체적인 액은 법원

---

72) 이는 회생계획안에 기재된 채권자들에게 청산가치를 배분할 경우 각 채권자들이 분배받은 금액을 말한다.

73) 이는 회생계획안에 따라 채권자들이 변제기간 동안 분할하여 지급받을 미래의 변제액을 적정 할인율로 할인하여 현재시점의 가치로 환산한 금액을 말한다.

74) 이는 채권조사절차를 통하여 확정된 총채무액 중 채무자가 상환해야 할 채무액이 회생계획안에 적절하게 반영·기재되어 있는지 여부를 기재하는 것이다. 특히 보증채무의 현실화 가능성을 염두에 두고 현실화된 보증채무를 변제할 경우 자금부족현상이 발생하지 아니하도록 자금수립계획을 수립할 때 어느 정도 여유를 두는 것이 바람직하다.

75) 이는 각 채권별 변제조건을 기재하고, 변제조건에 의할 경우 각 조별 채무면제액과 변제할 채무를 분류하여 기재한다.

76) 변제자금의 조달은 영업활동을 통한 자금조달, 자산매각을 통한 자금조달, 신규차입을 통한 자금조달로 구분되므로 조사보고서에도 각 항목마다 자금의 조달가능성을 조사하여 기재하여야 한다.

이 정한다(제30조 제1항, 제2항). 조사위원의 보수에 관하여는 '회생사건의 처리에 관한 예규'에 첨부된 별표의 기준에 의하되, 조사내용, 기간, 난이도, 성실성 등을 고려하여 가감할 수 있고, 외부기관에 대한 감정비용이나 출장경비 등 기타 비용도 별도로 지급할 수 있도록 하고 있다. 조사위원의 보수결정은 조사보고서가 모두 제출된 이후에 한다.

[표 5] 조사위원 보수 기준표

조사 당시의 자산 총액	기준 보수
50억원 미만	1,500만원
50억원 이상 80억원 미만	1,800만원
80억원 이상 120억원 미만	2,700만원
120억원 이상 200억원 미만	3,200만원
200억원 이상 300억원 미만	3,900만원
300억원 이상 500억원 미만	4,500만원
500억원 이상 1,000억원 미만	5,000만원
1,000억원 이상 3,000억원 미만	5,700만원
3,000억원 이상 5,000억원 미만	7,700만원
5,000억원 이상 7,000억원 미만	9,200만원
7,000억원 이상 1조원 미만	1억원
1조원 이상 2조원 미만	1억 1,000만원
2조원 이상	1억 2,000만원 (1조원당 1,200만원씩 추가)

(회생사건의 처리에 관한 예규 제8조 제1항 별표)

마. 관리인에 관한 규정의 준용

조사위원에게는 관리인에게 적용되는 제79조(관리인의 검사 등), 제81조(관리인에 대한 감독), 제82조(관리인의 의무 등), 제83조(관리인의 사임 및 해임) 제1항이 준용된다.

따라서 조사위원은 선량한 관리자의 주의의무를 지며 그 의무를 위반한 경우 이해관계인에 대하여 손해배상책임을 부담한다(제88조, 제82조).

법원은 정당한 사유가 있는 때에는 조사위원의 사임을 허가할 수 있고, 상당한 이유가 있는 때에는 이해관계인의 신청 또는 직권으로 조사위원을 심문한 후 해임할 수 있다(제81조 제5항).

6. 관계인집회

가. 관리인 보고를 위한 관계인집회

(1) 의 의

관리인 보고를 위한 관계인집회는 회생절차개시 후 최초로 개최되는 집회로서, 개별적인 권리행사가 금지되어 있는 이해관계인들에게 회생절차에 이르게 된 사정이나 채무자 현황을 보고하고, 이해관계인들이 회생절차의 경과나 계속 진행 여부 등에 대한 의견을 진술할 수 있는 기회를 주기 위하여 마련된 제도이다. 즉 회생절차에서 관리인은 취임 후 지체 없이 채무자가 회생절차개시에 이르게 된 사정, 채무자의 업무 및 재산에 관한 사항, 보전처분(제114조) 또는 조사확정재판을 필요로 하는 사정의 유무(제115조 제1항), 그밖에 채무자의 회생에 관하여 필요한 사항을 조사하여 법원이 정한 기한까지 법원과 관리위원회에 보고하도록 되어 있는데(제92조 제1항 각호), 관리인 보고를 위한 관계인집회는 이와 같이 관리인이 법원에 보고한 사항의 요지를 이해관계인들에게 설명하고(제98조), 법원이 관리인·조사위원, 채무자, 회생채권자·회생담보권자로부터 관리인 및 조사위원의 선임, 채무자의 업무 및 재산의 관리, 회생절차를 계속 진행함이 적정한지의 여부 등에 관한 의견을 듣기 위하여 개최하는 집회를 말한다(제99조). 위 관리인 보고를 위한 관계인집회는 2014년 12월 30일 통합도산법 개정(시행 2015년 7월 1일) 전의 법에서는 회생절차개시 후 최초로 개최되는 집회라는 의미에서 제1회 관계인집회라는 용어를 사용하였다.

(2) 관리인 보고를 위한 관계인집회의 임의절차화

2014년 12월 30일 통합도산법 개정(시행 2015년 7월 1일) 전에는 필수적인 관리인집회로서 제1회 관리인집회를 두었으나, 위 법 개정시 회생절차개시결정과 동시에 정하여야 할 사항 중 제1회 관계인집회기일을 삭제하였고 여기에 해당하는 절차로서 '관리인 보고를 위한 관계인집회'를 두어 임의절차화 하였다(제98조).

(3) 관리인 보고를 위한 관계인집회의 진행

앞서 본 바와 같이 관리인 보고를 위한 관계인집회의 개최 여부는 임의적이지만 법원은 필요하다고 인정하는 경우 관리인으로 하여금 관리인의 조사보고사항(제92조 제1항 각호)에 관하여 보고하게 하기 위하여 위 관리인 보고를 위한 관계인집회를 소집할 수 있다(제98조 제1항). 이 경우 관리인은 제92조 제1항 각 호에 규정된 사항의 요지를 관계인집회에 보고하여야 한다. 이러한 관리인 보고를 위한 관계인집회의 개최가 결정되면 그 기일 전에 법원은 출석현황표를, 관리인은 요약보고서를 미리 준비할 필요가 있고, 관리인 보고를 위한 관계인집회와 특별조사기일을 병합하여 실시하는 경우에는 추후 보완신고된 회생채권 등에 관한 시·부인표도 미리 준비할 필요가 있다. 집회가 개시되면 재판장은 관리인에게 조사보고사항(제92조 각호 사항)을 보고하게 하고, 관리인·조사위원, 채무자, 회생채권자·회생담보권자로부터 관리인 및 조사위원의 선임, 채무자의 업무 및 재산의 관리, 회생절차를 계속 진행함이 적정한지의 여부 등에 관한 의견을 진술할 기회를 주고 그 의견을 듣는다(제99조).

7. 회생계획안 심리를 위한 관계인집회와 회생계획안 결의를 위한 관계인집회

가. 의 의

회생계획안 심리를 위한 관계인집회는 회생계획안의 제출이 있는 경우에 법원이 그 회생계획안을 심리하기 위하여 개최하는 관계인집회를 말한다(제224조 본문). 다만, 회생계획안이 제출되었을 때에도 법원은 상당하다고 인정하는 때에는 회생계획안을 서면에 의한 결의에 부치는 취지의 결정을 할 수 있는데, 이 경우에는 회생계획안 심리를 위한 관계인집회를 개최하지 아니하고 서면결의를 거쳐 회생계획안에 대한 인가여부를 결정하게 된다(제224조 단서, 제245조). 통상 회생계획안은 관리인이 주요 채권자들과 접촉하고 그 의견을 반영하여 작성하는 것이 일반적이나, 모든 이해관계인의 의견이 반영되어 있는 것이 아니므로 회생계획안에 대한 결의를 거치기 전에 그 제출자로 하여금 내용을 설명하게 하고, 이에 대한 이해관계인의 의견을 청취하기 위하여 마련된 제도가 회생계획안 심리를 위한 관계인집회인 것이다.

회생계획안 결의를 위한 관계인집회는 회생계획안 심리를 위한 관계인집회의 심리를 거친 회생계획안에 관하여 법원이 회생계획안에 관한 결의를 하기 위하여 소집한 관계인집회를 말한다(제232조). 회생계획안 결의를 위한 관계인집회에서는 회생계획안의 결의를 위한 조의 분류(제236조), 회생계획안 심리를 위한 관계인집회의 심리를 거친 회생계획안에 대한 이해관계인들의 가부에 대한 결의, 이해관계인의 의결권에 관한 이의에 대한 결정(제188조 제2항), 회생을 위하여 채무를 부담하는 자의 출석 및 진술(제233조), 이해관계인에게 불리한 영향을 주지 아니한 범위 내에서의 회생계획안 변경(제234조), 회생계획안이 가결되지 아니한 경우의 속행기일의 지정(제238조) 등도 이루어진다.

나. 회생계획안 심리를 위한 관계인집회와 회생계획안 결의를 위한 관계인집회의 병합

법원은 상당하다고 인정하는 때에는 관리인의 신청에 의하거나 직권으로 관계인집회기일과 특별조사기일을 병합할 수 있는데(제186조), 실무상 회생계획안 심리를 위한 관계인집회와 회생계획안 결의를 위한 관계인집회, 그리고 특별조사기일[77]을 병합하여 실시하고 있다. 이는 통상 관리인이 회생계획안을 작성·수정하는 과정에서 사전에 이미 주요 채권자들과 접촉하여 그들의 의견을 반영하고 있고, 또한 법원이나 관리위원회의 지도를 받아 작성·수정하는 것이 대부분일 것이므로 회생계획안의 심리를 마친 회생계획안은 그 자체로 이미 결의하기에 충분한 것이기 때문이다. 다만, 예외적으로 회생계획안 심리를 위한 관계인집회와 회생계획안 결의를 위한 관계인집회를 병합하는 것이 부적당하다고 판단될 경우에만 별도로

77) 특별조사기일은 회생채권 등의 조사기간 이후에 추후 보완신고된 회생채권·회생담보권의 조사를 위한 기일이다.

진행하게 되나 실무상 그리 많지 아니하다.

회생계획안 심리를 위한 관계인집회와 회생계획안 결의를 위한 관계인집회를 병합하는 방법은 실무상 각 기일을 따로 지정한 후에 병합하는 것보다는 회생계획안 심리를 위한 관계인집회의 기일을 지정함과 동시에 회생계획안 결의를 위한 관계인집회의 기일을 병합하여 지정하고 있는 방법을 취하고 있다. 그리고 회생채권 등의 조사기간 후에 신고된 회생채권 및 회생담보권의 조사를 위하여 법원은 특별조사기일을 지정하여야 하는데(제162조), 이러한 특별조사기일도 회생계획안 심리를 위한 관계인집회와 병합하여 실시하는 것이 실무이며, 회생계획안 심리를 위한 관계인집회기일을 지정함과 동시에 특별조사기일도 병합하여 지정하고 있다.

특별조사기일과 관계인집회를 병합하여 진행하기 위해서는 관리인은 ① 추후 보완신고된 회생채권 등의 시·부인표, ② 관리인보고서, ③ 회생계획안, ④ 의결권이의명세서, ⑤ 출석현황 및 의결표, ⑥ 회생계획안에 대한 예상동의율표, ⑦ 관계인집회에서의 예상질문 및 답변서 등의 자료를 미리 준비하여야 한다. 회생계획안 심리를 위한 관계인집회와 회생계획안 결의를 위한 관계인집회 및 특별조사기일을 병합하여 진행하는 경우에는 먼저 특별조사기일을 진행하고 그 다음에 회생계획안 심리를 위한 관계인집회, 회생계획안 결의를 위한 관계인집회의 순서로 진행한다.

다. 관계인집회 등의 진행절차

(1) 특별조사기일의 진행절차[78]

① 재판장의 관계인집회의 개최선언

② 특별조사기일과 회생계획안 심리를 위한 관계인집회 및 회생계획안 결의를 위한 관계인집회를 병합한다는 취지의 고지

③ 재판장의 특별조사기일 개최선언

④ 관리인의 추후 보완신고된 회생채권 등의 신고현황과 그 조사결과에 대한 보고

78) 서울중앙지방법원, 제4판 회생사건실무上, 13p. 참고.

⑤ 이해관계인에 대한 의견진술의 기회 부여

⑥ 이의가 진술된 권리자의 구제절차에 대한 재판장의 설명

⑦ 재판장의 특별조사기일 종료 선언

(2) 회생계획안 심리를 위한 관계인집회의 진행절차(회생계획안 설명 및 의견 청취절차)

① 재판장의 회생계획안 심리를 위한 관계인집회의 개최선언

② 관리인의 회생계획안 수정신청에 대한 허가결정 고지

③ 관리인의 회생계획안 설명

④ 이해관계인들에 대한 의견진술의 기회 부여

⑤ 관리인의 보충설명 및 답변

⑥ 이해관계인의 수정명령신청에 대한 법원의 결정 고지

⑦ 재판장의 회생계획안 심리를 위한 관계인집회 종료 선언

(3) 회생계획안 결의를 위한 관계인집회의 진행절차(회생계획안 결의를 위한 절차)

① 재판장의 회생계획안 결의를 위한 관계인집회의 개최선언

② 회생을 위하여 채무를 부담하거나 담보를 제공하는 자의 진술

③ 조 분류의 결정[79)]

④ 의결권이 없거나 의결권을 행사할 수 없는 자가 있는 경우 그 취지의 고지

⑤ 의결권에 대한 이의진술의 기회 부여와 이에 대한 결정

⑥ 가결요건에 대한 설명

⑦ 결의

⑧ 집계

⑨ 집계결과의 발표

⑩ 부결된 경우[80)] 회생절차를 폐지할지 여부에 관한 이해관계인의 의견진술의

79) 회생계획안에 대한 결의는 조별로 나누어 행하여지고, 모든 조에서 가결이 이루어져야 회생계획안이 가결된 것으로 된다(제236조 1항). 기본적인 조의 분류는 법원의 재량에 의하는데, 원칙적으로 ① 회생담보권자의 조, ② 일반의 우선권 있는 채권을 가진 회생채권자의 조, ③ 일반 회생채권자의 조 등으로 분류한다. 회생채권자의 조도 상거래채무와 금융기관채무, 주채무와 보증채무, 특수관계인에 대한 채무 등으로 세분화하기도 한다. 법원의 조 분류에 대한 결정에 대하여는 불복할 수 없다(제13조).

기회 부여

⑪ 속행기일지정 신청이 있는 경우 속행기일지정을 위한 절차 진행

⑫ 속행기일의 지정

⑬ 재판장의 회생계획안 결의를 위한 관계인집회 종료 선언

---

80) 회생계획안 결의를 위한 관계인집회에서 회생계획안이 부결된 경우 법원이 취할 수 있는 방법으로는 ① 기일속행방법, ② 권리보호조항의 적용을 통한 회생계획인가의 방법, ③ 회생절차폐지의 방법이 있다.

제2절 일반회생절차개시신청

〈 I 〉 신청권자

1. 개인채무자 또는 채권자

일반회생절차개시신청은 개인채무자와 일정액 이상 채권을 보유한 채권자 모두 신청이 가능하다. 개인채무자는 다음의 두 경우, 즉 ① 사업의 계속에 현저한 지장을 초래하지 아니하고는 변제기에 있는 채무를 변제할 수 없는 경우나 ② 채무자에게 파산의 원인인 사실이 생길 염려가 있는 경우에 법원에 회생절차개시의 신청을 할 수 있다(제34조 제1항). 다만 변제계획의 수행가능성 등 회생절차의 속성상 소득능력이 없는 개인채무자의 회생신청은 기각될 수 있다. 채권자는 5천만원 이상의 금액에 해당하는 채권을 가진 자[81]에 한하여 신청이 가능하다(제34조 제2항 가목). 채권자이기만 하면 회생채권자이든 회생담보권자이든 묻지 아니하며 개인으로서의 채권자뿐만 아니라 법인이나 비법인사단·재단이라도 당사자적격이 인정된 자이면 신청이 가능하다.

2. 사업자·영업자로 이용대상이 한정되는지 여부

통합도산법상 제2편 「회생절차」의 규정들을 보면 대부분 법인이나 사업을 하는 채무자를 전제로 하고 있고 특히 회생계획의 내용이나 회생계획안과 관련해서는 영업·사업과 관련된 규정이 많은 부분을 차지하고 있는 관계로 사업자인 개인채무자만 신청이 가능하고 비사업자인 채무자는 이용할 수 없는지 논란이 있을 수 있다.

생각건대 통합도산법 제2편 「회생절차」에서는 개인채무자의 신청자격에 관하

81) 1인의 채권자의 채권액이 5천만원 미만이라도 수인의 채권자의 채권액이 5천만원 이상이면 수인의 채권자의 공동에 의한 신청이 가능하다. 이러한 채권자의 자격요건은 회생절차개시신청시뿐만 아니라 회생절차개시결정시에도 유지되고 있어야 한다.

여 특별히 제한을 두고 있지 아니할 뿐더러 사업자에 적용되는 규정들의 비사업자에의 적용여부는 당해 규정들에 대한 합리적인 해석을 통하여 적용여부를 판단하면 될 것이므로 급여소득자 등 비사업자도 이용이 가능하다고 보며,[82] 실무도 마찬가지이다.

82) 서울중앙지방법원, 제4판 회생사건실무下, 296p.

〈2〉 관할법원

1. 원칙적 관할

일반회생·간이회생사건은 채무자의 보통재판적 소재지를 관할하는 지방법원 본원 또는 채무자가 계속하여 근무하는 사무소나 영업소가 있는 곳을 관할하는 지방법원 본원의 단독판사[83]의 관할에 전속한다(제3조 제1항 제1호, 제2호). 다만, 이러한 관할법원이 없는 때에는 채무자의 재산소재지(채권의 경우에는 재판상의 청구를 할 수 있는 곳)를 관할하는 지방법원본원의 단독판사의 관할에 전속한다(제3조 제1항 제3호, 제3조 제5항). 이때 위 회생사건의 관할이 서울동부지방법원·서울남부지방법원·서울북부지방법원 또는 서울서부지방법원의 관할에 속한 경우에는 서울중앙지방법원의 관할에 전속한다(제3조 제9항).

2. 경합적 관할

통합도산법은 일반회생·간이회생절차 이용의 편의를 위하여 원칙적 관할 이외에도 일정한 법원에 대하여 경합적 관할을 인정하고 있다. 즉 ① 일반회생·간이회생은 채무자의 주된 사무소 또는 영업소의 소재지를 관할하는 고등법원 소재지의 지방법원 본원에도 신청할 수 있고(제3조 제2항), ② 법인의 대표자 개인에 대한 일반회생·간이회생은 법인에 대한 회생사건[84] 또는 파산사건이 계속되어 있는 지방법원 본원에도 신청할 수 있으며(제3조 제3항 제2호), ③ 주채무자 및 그 보증인 사이, 채무자 및 그와 함께 동일한 채무를 부담하는 자 사이, 부부 사이에서 각각 어느 하나에 해당하는 자에 대한 회생사건,[85] 파산사건, 개인회생사건이 계속되어

83) 개인채무자의 회생절차의 사물관할은 개인채무자가 영업자이든 비영업자이든 단독판사의 관할에 속한다. 다만 개인채무자가 영업자로서 사업내용이 복잡하고 이해관계인도 많아 사실상 회사나 법인과 같은 경우에는 재정합의결정에 의하여 합의부에서 심리·재판하는 것도 가능하다고 본다.

84) 통합도산법 제3조 제3항 제2호의 법문상으로는 '회생사건'으로 명시되어 있지만 여기에는 '간이회생사건'도 포함된다고 본다.

85) 통합도산법 제3조 제3항 제3호의 법문상으로는 '회생사건'으로 명시되어 있지만 여기에는 '간이회생사건'도 포함된다고 본다.

있는 때에는 그 다른 자에 대한 일반회생·간이회생은 그 회생사건이나 파산사건 또는 개인회생사건이 계속되어 있는 지방법원본원에도 신청할 수 있도록 하고 있는 것이다(제3조 제3항 제3호).

3. 이 송

일반회생의 관할법원이 있음에도 불구하고 법원은 현저한 손해 또는 지연을 피하기 위하여 필요하다고 인정하는 때에는 직권으로 당해 사건을 통합도산법 제4조 각호에서 정한 다른 일정한 지방법원본원으로 이송할 수 있다(제4조 제1호~제4호).[86)]

[표 6] 고등법원·지방법원과 그 지원의 관할구역

〈개정 2014.12.30.〉 [시행일: 2017.3.1] 부산지방법원 서부지원 설치에 관한 사항
[시행일: 2018.3.1] 의정부지방법원 남양주지원 설치에 관한 사항

고등법원·지방법원과 그 지원의 관할구역

고등법원	지방법원	지원	관할구역
서울	서울중앙		서울특별시 종로구·중구·강남구·서초구·관악구·동작구
	서울동부		서울특별시 성동구·광진구·강동구·송파구
	서울남부		서울특별시 영등포구·강서구·양천구·구로구·금천구
	서울북부		서울특별시 동대문구·중랑구·성북구·도봉구·강북구·노원구
	서울서부		서울특별시 서대문구·마포구·은평구·용산구
	의정부		의정부시·동두천시·양주시·연천군·포천시, 강원도 철원군. 다만, 소년보호사건은 앞의 시·군 외에 고양시·파주시·남양주시·구리시·가평군
		고 양	고양시·파주시
		남양주	남양주시·구리시·가평군

86) 제4조(손해나 지연을 피하기 위한 이송) "법원은 현저한 손해 또는 지연을 피하기 위하여 필요하다고 인정하는 때에는 직권으로 회생사건·파산사건 또는 개인회생사건을 다음 각호의 어느 하나에 해당하는 지방법원본원으로 이송할 수 있다.
1. 채무자의 다른 영업소 또는 사무소나 채무자재산의 소재지를 관할하는 지방법원본원
2. 채무자의 주소 또는 거소를 관할하는 지방법원본원
3. 제3조 제2항 또는 제3항에 따른 지방법원본원
4. 제3조 제2항 또는 제3항에 따라 해당지방법원에 회생사건·파산사건 또는 개인회생사건이 계속되어 있는 때에는 제3조 제1항에 따른 지방법원본원"

	인천		인천광역시
		부천	부천시·김포시
	수원		수원시·오산시·용인시·화성시. 다만, 소년보호사건은 앞의 시 외에 성남시·하남시·평택시·이천시·안산시·광명시·시흥시·안성시·광주시·안양시·과천시·의왕시·군포시·여주시·양평군
		성남	성남시·하남시·광주시
		여주	이천시·여주시·양평군
		평택	평택시·안성시
		안산	안산시·광명시·시흥시
		안양	안양시·과천시·의왕시·군포시
	춘천		춘천시·화천군·양구군·인제군·홍천군. 다만, 소년보호사건은 철원군을 제외한 강원도
		강릉	강릉시·동해시·삼척시
		원주	원주시·횡성군
		속초	속초시·양양군·고성군
		영월	태백시·영월군·정선군·평창군
대전	대전		대전광역시·세종특별자치시·금산군
		홍성	보령시·홍성군·예산군·서천군
		공주	공주시·청양군
		논산	논산시·계룡시·부여군
		서산	서산시·당진시·태안군
		천안	천안시·아산시
	청주		청주시·진천군·보은군·괴산군·증평군. 다만, 소년보호사건은 충청북도
		충주	충주시·음성군
		제천	제천시·단양군
		영동	영동군·옥천군
대구	대구		대구광역시 중구·동구·남구·북구·수성구·영천시·경산시·칠곡군·청도군
		서부	대구광역시 서구·달서구·달성군, 성주군·고령군
		안동	안동시·영주시·봉화군
		경주	경주시
		포항	포항시·울릉군
		김천	김천시·구미시
		상주	상주시·문경시·예천군

		의성	의성군·군위군·청송군
		영덕	영덕군·영양군·울진군
부산	부산		부산광역시 중구·동구·영도구·부산진구·동래구·연제구·금정구
		동부	부산광역시 해운대구·남구·수영구·기장군
		서부	부산광역시 서구·북구·사상구·사하구·강서구
	울산		울산광역시·양산시
	창원		창원시 의창구·성산구·진해구, 김해시. 다만, 소년보호사건은 양산시를 제외한 경상남도
		마산	창원시 마산합포구·마산회원구, 함안군·의령군
		통영	통영시·거제시·고성군
		밀양	밀양시·창녕군
		거창	거창군·함양군·합천군
		진주	진주시·사천시·남해군·하동군·산청군
광주	광주		광주광역시·나주시·화순군·장성군·담양군·곡성군·영광군
		목포	목포시·무안군·신안군·함평군·영암군
		장흥	장흥군·강진군
		순천	순천시·여수시·광양시·구례군·고흥군·보성군
		해남	해남군·완도군·진도군
	전주		전주시·김제시·완주군·임실군·진안군·무주군. 다만, 소년보호사건은 전라북도
		군산	군산시·익산시
		정읍	정읍시·부안군·고창군
		남원	남원시·장수군·순창군
	제주		제주시·서귀포시

(각급 법원의 설치와 관할구역에 관한 법률 별표 3)

〈3〉

회생절차개시신청서 작성 및 제출

1. 개시신청서의 작성

가. 작성 실무

일반회생절차개시신청서의 서식은 일반 민사소장과 유사하게 신청인란, 신청취지란, 신청이유란, 소명방법란, 첨부서류란, 신청년월일란, 신청인의 표시란, 관할법원 표시란 등의 순서로 작성하되, 신청이유란에는 채무자 회사의 개요, 채무자의 업무 현황, 채무자의 부채와 자산 그 밖의 재산상태, 파탄에 이르게 된 원인, 회생계획의 이행가망성, 청산가치와 계속기업가치의 비교, 회생의 필요성과 당위성 등을 기재하면 된다. 그런데 여기에서 가장 어려운 과제가 청산가치와 계속기업가치의 비교에 관한 기재 부분이다. 실무상으로는 회생절차개시신청 당시의 채무자에 대한 객관적인 자료를 토대로 하여 청산가치와 계속기업가치를 개략적으로 산정하여 기재하거나, 회계사 또는 회계법인 등 회계전문가에게 맡겨서 산정하게 한 후 기재하는 경우가 많다. 그러나 청산가치와 계속기업가치의 비교에 관한 기재 부분은 법이 요구하는 신청서상의 기재사항이 아닐뿐더러 회생절차개시신청서가 제출되면 어차피 조사위원이 다시 청산가치와 계속기업가치를 산정하게 되므로 이 부분은 기재하지 아니하고 제출하여도 되고, 나중에 법원으로부터 보정명령이 나오면 그 명령에 따라 추후 보정하는 방법을 취하는 것도 가능하다고 본다.[87] 법원의 회생실무에서도 회생절차개시신청서상의 기재사항과 첨부서류 등이 다소 부실하다 하더라도 대표자에 대한 심문기일에서 자세한 사항을 정리하여 답변할 수 있도록 하고 있고, 이때 보완할 사항이 있으면 자료의 추가제출을 명하고 있다.

회생절차개시신청서를 제출할 때에는 통상 채무자의 재산에 대한 보전신청도 함께 하는 경우가 대부분인데, 이 경우 사건번호는 회생절차개시신청 사건에 대하여만 '회단'으로 부여하고(다만 예외적으로 '회합'으로 붙이는 경우도 있음),[88]

87) 서울중앙지방법원, 제4판 회생사건실무上, 72p.

보전처분신청 사건에 대하여는 별도로 사건번호를 부여하지 아니한다.

나. 신청서의 기재사항

회생절차개시신청서에는 아래 사항을 기재하여야 한다(제36조). 즉,

① 신청인 및 그 법정대리인의 성명 및 주소

② 채무자의 성명·주민등록번호(주민등록번호가 없는 사람의 경우에는 외국인등록번호 또는 국내거소번호) 및 주소

③ 신청의 취지

④ 회생절차개시의 원인[89]

⑤ 채무자의 사업목적과 업무의 상황

⑥ 채무자의 자산, 부채 그 밖의 재산상태

⑦ 채무자의 재산에 관한 다른 절차 또는 처분으로서 신청인이 알고 있는 것

⑧ 회생계획에 관하여 신청인에게 의견이 있는 때에는 그 의견

⑨ 채권자가 회생절차개시를 신청하는 때에는 그가 가진 채권의 액과 원인[90]

다. 개시신청서의 첨부서류[91]

(1) 영업자·사업자의 경우

(가) 채무자의 업무현황 및 조직에 관한 서류

① 사업의 연혁표

---

88) 사건부호와 관련하여, 개인채무자의 일반회생절차는 영업자이든 비영업자이든 단독판사의 관할에 속하므로 사건부호는 '회단'으로 붙인다. 다만 영업자로서 사업내용이 복잡하고 채권자 등 이해관계인이 많아서 회사 등 법인과 다름없는 경우에는 재정합의결정에 의하여 합의부의 관할로 할 수 있는데 이러한 경우에는 예외적으로 '회합'으로 붙이게 될 것이다. 법인회생사건은 합의부의 관할에 속하므로 사건부호는 '회합'으로 붙인다. 참고로 사건부호를 붙이는 방법을 더 살펴보면 개인회생사건은 '개회', 개인파산사건은 '하단' 개인파산 면책사건은 '하면', 법인파산사건은 '하합', 회생채권·회생담보권 조사확정사건은 '회확', 파산채권 조사확정사건은 '하확'으로 붙인다.

89) 회생절차개시의 신청을 하는 자는 회생절차개시의 원인인 사실을 소명하여야 한다(제38조 제1항 본문). 이 경우 채무자에 대하여 외국도산절차가 진행되고 있는 때에는 그 채무자에게 파산의 원인인 사실이 있는 것으로 추정한다(제38조 제1항 단서).

90) 채권자가 회생절차개시의 신청을 하는 때에는 그가 가진 채권의 액을 소명하여야 한다(제38조 제2항).

91) 이러한 첨부서류들은 회생절차개시신청서 제출시 함께 제출하는 것이 바람직하지만 필수적인 서류는 아니므로 추후 제출 또는 대표자심문 등으로 보완할 수 있다.

② 영업장 소재지(부동산등기부등본 등 첨부)

③ 종업원 현황

④ 영업장의 기구조직도

(나) 자산 및 부채의 상황에 관한 자료

① 재무상태표 및 손익계산서(단, 가장 최근의 결산보고의 것을 제출하되, 신청시까지 상당한 기간이 경과한 경우에는 최근에 가결산한 것을 제출하고 또한 외부회계감사인이 수정한 사항이 있으면 수정 후의 것을 제출)

② 등기·등록의 대상이 되는 재산목록 및 그 등기·등록부등본

③ 주요 자산 목록

④ 강제집행·경매·가압류·가처분·체납처분을 받고 있는 물건목록 및 해당 채권자의 성명

⑤ 채권자명부(회생채권자와 회생담보권자로 분류하여, 각각 이름·주소·채권금액을 기재하고, 회생담보권자에 대하여는 담보목적물과 피담보채권의 내용을, 회생채권자에 대하여는 채권의 내용을 기재하되 다액채권자의 순으로 기재)

⑥ 채무자명부(이름·주소·채무의 종류·금액 기재)

⑦ 보증채무 내역(물상보증인을 포함하여 보증의 내역 기재)

⑧ 주요 거래처 명부(상호·회사명·주소·소재지·전화번호 등 기재)

(다) 사업의 동향에 관한 서류

① 과거 5년간의 비교재무상태표 및 손익계산서(매출증가율·원가율·각종 수익성 비율 등의 변동추이 등)

② 최근 1년간 월별 자금운용실적표 및 향후 1년간 월별 자금수지계획표

③ 생산실적 및 판매실적표

(라) 경제성에 관한 서류

① 향후 사업계획서

② 추정손익계산서·추정자금수지표

③ 자금조달계획서

(2) 비영영업자의 경우

① 회생채권자 목록
② 회생담보권자 목록
③ 주요 자산 목록
④ 등기·등록 대상이 되는 재산의 목록 및 그 등기·등록부등본
⑤ 강제집행·경매·가압류·가처분·체납처분을 받고 있는 물건목록 및 해당 채권자 성명
⑥ 채무자명부(이름·주소·채무의 종류·금액 기재)
⑦ 보증채무내역(물상보증인을 포함하여 보증의 내역 기재)
⑧ 월별 자금수지표
⑨ 소득 증빙 서류

라. 신청비용

(1) 인지액 및 송달료

회생절차개시신청시에는 인지액 30,000원(보전처분신청서에는 2,000원)과 송달료(비용예납명령 전) 148,000원(40회분, 3,700원/회 × 40회)을 납부하여야 한다.

(2) 비용예납(예납명령에 따른 예납금)[92]

회생절차개시신청서가 제출된 후 법원은 신청자에게 차후 소요비용에 관한 예납 명령을 내리게 된다. 여기에서 소요비용이란 송달료, 공고비용,[93] 조사위원의 보수, 개시결정 전에 파산절차로 이행할 경우(제6조 제2항)에 대비한 파산절차비용 등 회생절차개시결정시까지 필요한 비용을 말한다(제39조 제1항, 제2항).

---

92) 예납금은 법원이 예납명령을 내리면서 명하게 되는데, 여기에는 송달료, 공고료, 조사위원의 보수 등이 포함된다. 예납금의 대부분을 차지하고 있는 조사위원의 기본보수는 "회생사건의 처리에 관한 예규(재민2006-5)" 제8조에 의한 「별표」의 기준에 의하여 산정하되, 조사내용·기간·난이도 및 성실성 등을 고려하여 상당한 범위 내에서 가감할 수 있고 또한 조사를 위하여 한국감정원 등 외부기관의 감정이 필요하거나 그밖에 이에 준하는 경우에는 그에 소요된 비용도 별도로 지급할 수 있다.

93) 공고는 일간신문에 공고할 수도 있지만 비용이 많이 소요되므로 실무상으로는 관보 게재나 인터넷 공고방식을 활용하므로 공고비용은 거의 들지 아니한다(제9조 제1항, 규칙 제6조 제1항).

소요비용 중 조사위원의 보수는 예납명령의 대상이 되는 비용은 아니지만 어차피 채무자의 재산에서 지출되는 비용이고 개시결정과 조사절차의 개시 사이에도 시간적 간격이 별로 없으므로 실무상 이를 포함하여 예납명령을 내리고 있는데, 실제 예납비용의 대부분은 조사위원의 보수가 차지하고 있다. 실무상 예납금액은 개인채무자가 급여소득자인지 사업소득자인지 여부, 사업소득자인 경우 사업규모, 조사업무의 난이도, 조사위원의 업무량 등을 고려하여 법원이 정하고 있는데 실무상 급여소득자에 대한 회생절차의 경우에는 400만원~800만원의 범위 내에서, 사업소득자에 대한 회생절차의 경우에는 600만원~1,400만원의 범위 내에서 급여수준이나 회생절차개시 당시의 자산 및 부채의 규모 등을 참작하여 사건별로 비용예납을 명하고 있다.[94)]

[표 7] 조사위원의 보수 기준표

조사 당시의 자산 총액	기준 보수
50억원 미만	1,500만원
50억원 이상 80억원 미만	1,800만원
80억원 이상 120억원 미만	2,700만원
120억원 이상 200억원 미만	3,200만원
200억원 이상 300억원 미만	3,900만원
300억원 이상 500억원 미만	4,500만원
500억원 이상 1,000억원 미만	5,000만원
1,000억원 이상 3,000억원 미만	5,700만원
3,000억원 이상 5,000억원 미만	7,700만원
5,000억원 이상 7,000억원 미만	9,200만원
7,000억원 이상 1조원 미만	1억원
1조원 이상 2조원 미만	1억 1,000만원
2조원 이상	1억 2,000만원 (1조원당 1,200만원씩 추가)

94) 서울중앙지방법원, 제4판 회생사건실무下, 299p.

2. 개시신청서의 제출

회생절차개시신청서를 작성하였으면 여기에 첨부서류를 붙여 관할법원에 제출하여야 한다. 회생절차개시신청(제36조)과 보전처분신청·중지명령신청·포괄적금지명령신청은 동시에 신청하여도 되고 이시에 신청하여도 된다. 다만, 실무상 개인회생개시신청과 보전처분신청 및 포괄적금지명령신청은 거의 대부분 동시에 신청하고 있는 것으로 보인다.

3. 신청서류의 비치

회생절차개시의 신청에 관한 서류는 이해관계인의 열람을 위하여 법원에 비치하여야 한다(제37조).

4. 일반회생의 재신청 허용 여부

일반회생의 재신청이란 회생절차에 대한 개시신청을 하였으나 개시신청이 기각되거나 회생절차가 중도에 폐지된 경우 또는 회생계획이 불인가된 경우에 개시신청을 다시 하는 것을 말한다. 통합도산법상 일반회생의 재신청을 금지하거나 제한하는 규정은 없으므로 재신청이 가능함은 물론이다. 다만 통합도산법에서는 회생절차개시신청의 기각사유로서 '회생절차개시신청이 성실하지 아니한 경우' 또는 '회생절차에 의함이 채권자 일반의 이익에 적합하지 아니한 경우'를 들고 있고(제42조 제2호, 제3호) 위 개념들이 추상적이기 때문에 어떤 경우에 위 기각사유에 해당되어 재신청이 기각될 수 있는지가 문제된다.

이와 관련하여 판례는 "회생절차의 폐지결정이 확정되거나 회생계획에 대한 불인가결정이 확정되어 채무자에 대한 회생절차가 종료되었음에도 불구하고 그 채무자가 새로운 회생절차개시의 신청을 한 경우, 그 신청이 통합도산법 제42조(회생절차개시신청의 기각사유) 제2호에 정한 '회생절차개시신청이 성실하지 아니한 경우' 또는 같은 조 제3호에 정한 '그밖에 회생절차에 의함이 채권자 일반의 이익에 적합하지 아니한 경우'에 해당하여 회생절차개시신청의 기각사유가 존재하는지 여부를 판단함에 있어서는, 종전 회생절차의 종료 시점과 새로운 회생절차개시신청 사이의 기간, 종전 회생절차의 폐지사유가 소멸하거나 종전 회생계획에 대한 불인가사유가 소멸하는 등 그 사이에 사정변경이 발생하였는지 여부, 채무자의 영업상황이나 재정상황, 채권자들의 의사 등의 여러 사정을 고려하여야 한다."라고 판시하여 그 기준을 제시하고 있다.[95] 생각건대 이 문제는 일반회생절차개시신청의 기각사유인 '회생절차개시신청이 성실하지 아니한 경우' 또는 '회생절차에 의함이 채권자 일반의 이익에 적합하지 아니한 경우'의 해석 문제로 귀착된다고 보는데, 어떠한 경우에 재신청이 여기에 해당되는지에 대해서는 판례가 적절히 그 기준을 제시하고 있지 않나 싶다. 즉 전의 일반회생신청에서 실패하게 된 원인에 대한 보정 없이 재신청하는 것은 기각을 면치 못할 것이므로 재신청의 실익이 없을 것인데, 어느 정도의 차이가 있어야 기각사유에 해당되지 아니하는지는 전후 회생사건 사이의 시간적 간격, 채무자의 경제상황의 개선 정도, 채권자들의 태도 변화, 종전의 회생절차에서의 실패 사유에 대한 보정 등의 사정을 종합하여 실질적인 변경이 발생하는 경우이어야 할 것으로 보이며 그 판단은 결국 법원의 재량에 맡겨져 있다고 본다.

---

95) 대법원 2009.12.24.자 2009마1137 결정.

〈4〉
회생절차개시신청서 제출 직후 법원의 절차

1. 기록조제 및 인지첨부 확인

회생절차개시신청서가 제출되면 법원 파산과에서는 사건번호("회합" 또는 "회단")를 부여한다. 이때 보전처분신청도 함께 이루어진 경우가 대부분인데 보전처분사건에 대하여는 별도로 사긴번호를 부여하지 아니하며, 기록도 별책으로 하지 아니하고 주기록인 회생사건에 합철하게 된다.

2. 법원의 회생절차개시신청서 검토

법원에서는 신청 적격, 관할권 유무, 개시원인의 존부, 개시신청기각사유의 존부, 필요적 기재사항 여부, 첨부서류의 구비여부 등을 검토하게 된다. 법원에서 회생절차개시신청서를 검토할 때 주요 관점은 채무자의 개요, 자산, 부채, 파탄에 이르게 된 원인, 경제성, 기타 특이사항 등이다.

3. 비용예납명령

예납비용은 회생절차개시신청 후 개시결정시까지 필요한 비용을 확보하기 위한 것으로 법원의 명령에 의하여 이루어진다. 여기에는 송달료, 공고비용, 조사위원의 보수 등이 포함되는데, 회생사건의 규모 등을 고려하여 법원이 정하게 된다. 채무자 외의 자가 신청하는 때에는 회생절차개시 후의 비용에 관하여 채무자의 재산에서 지급할 수 있는 금액도 고려하여야 한다(제39조 제2항 후문). 조사위원의 보수는 회생사건의 처리에 관한 예규가 정하는 금액의 범위 내에서 법원이 정하게 되며, 부가가치세도 고려한다. 실무상으로는 회생절차개시신청서를 검토하면서 대표자심문기일결정과 동시에 비용예납명령을 내리고 있다.

4. 대표자심문 및 공장검증

통합도산법에서는 기존 경영자 관리인 제도가 도입되어 있으므로 특별한 사유가 없는 한 회생절차개시의 신청이 있는 때에는 법원은 채무자 또는 그 대표자를 심문하여야 하는데, 실무상 보전처분결정을 한 후 3일 내지 5일 이내에 시행하고 있다. 참고로 보전처분결정은 보전처분신청서 접수일로부터 2일 내지 3일 이내에 이루어진다. 대표자에 대한 심문은 미리 심문사항을 작성한 후 하게 되는데, 심문사항은 주로 회생절차개시신청서를 검토할 때의 주요 관심사항을 대상으로 할 것이다. 대표자심문시에는 일반적으로 경리담당자를 배석시키는 것이 관례이다. 공장검증은 재판부 또는 수명법관으로 지정된 판사가 담당한다.

5. 채권자협의회의 구성

관리위원회[96](단, 관리위원회가 설치되지 아니한 때에는 법원)는 회생절차개시신청이 있은 후 채무자의 주요채권자를 구성원으로 하는 채권자협의회를 구성하여야 한다(제20조 제1항 본문). 다만, 채무자가 개인 또는 중소기업기본법상의 중소기업자인 때에는 채권자협의회를 구성하지 아니할 수 있다(제20조 제1항 단서). 채권자협의회는 10인 이내로 구성한다(제20조 2항). 관리위원회는 필요하다고 인정하는 때에는 소액채권자를 채권자협의회의 구성원으로 참여하게 할 수 있다(제20조 제3항). 채권자협의회의 구성 및 대표채권자의 구성은 회생절차개시 후 7일 이내에 마치는 것이 실무이다.

6. 관리인 선임 및 조사위원 선임 등에 관한 의견조회

통합도산법에서는 「기존 경영자 관리인 제도」를 채택하고 있으므로 법상의 특별한 예외사유가 없는 한 기존 채무자를 관리인으로 선임하거나 관리인불선임결정을 함으로써 기존 채무자를 관리인으로 간주하게 하고 있다.

---

96) 통합도산법에서는 회생사건, 파산사건, 개인회생사건을 적정하고 신속하게 처리하기 위하여 대법원규칙이 정하는 지방법원에 관리위원회를 두도록 하고 있다. 관리위원회는 위원장 1인, 부위원장 1인을 포함한 3인 이상 15인 이내의 관리위원으로 구성하며, 관리위원은 변호사, 공인회계사, 금융기관 등에서 15년 이상 경력자, 상장기업 임원 등 중에서 지방법원장이 임명한다.

이와 같이 회생절차에서는 회생절차개시결정 전까지 통합도산법상의 예외사유(제74조 제2항 단서)가 없는 한 기존 경영자인 채무자가 관리인의 지위에 서게 되므로 법원은 대표자에 대한 심문 직후 지체 없이 관리위원회와 채권자협의회에 대하여 기존 채무자를 관리인으로 선임하거나 관리인불선임 결정을 하는데 대한 의견조회를 실시하고 있다.

의견조회의 회신기간은 통상 5일 내지 7일이다. 또한 관리인 선임 등에 관한 의견조회를 실시하면서 동시에 관리위원회에 조사위원의 선임에 관한 의견조회도 실시하고 있다(제87조 제1항). 만약 기존 경영자에게 관리인이 될 수 없는 법상의 예외사유가 있는 것이 명백한 경우에는 법원은 즉시 제3자 관리인 또는 공동관리인 물색에 착수하여야 한다.

[기재례 2] 비용예납결정

○○ 지 방 법 원
제○ 파 산 부
결 정

사 건 20○○회단○○ 회생
신청인 겸 채무자 ○ ○ ○
○○시 ○○구 ○○동 ○○○
대표이사 ○○○

주 문

신청인은 이 결정을 송달받은 날로부터 5일 이내에 금 10,000,000원을 예납하여야 한다.

이 유

채무자 회생 및 파산에 관한 법률 제39조에 의하여 주문과 같이 결정한다.

20○○. ○. ○.

재판장 판사 ○ ○ ○

[기재례 3] 회생절차개시신청 통지서

○○ 지 방 법 원

제○ 파 산 부

통 지 서

수 신	수신처 참조
사 건	20○○회단○○ 회생
신청인 겸 채무자	○ ○ ○ ○○시 ○○구 ○○동 ○○○
통 지 사 항	신청인으로부터 20○○. ○. ○. 회생절차개시의 신청이 있으므로 채무자 회생 및 파산에 관한 법률 제40조 제1항의 규정에 의하여 통지합니다.
채무자의 개요	1. 주업종 : 자동차정비 및 자동차부품 판매업 등 2. 상장법인 여부 : 비상장 3. 주거래은행 : ○○은행

20○○. ○. ○.

재판장 판사 ○ ○ ○

수신처 : 법무부장관, 기획재정부장관, 고용노동부장관, 산업통상자원부장관, 금융위원회위원장, 국세청장, 관세청장, ○○세무서장, 서울특별시장, ○○구청장. 끝.

[기재례 4] 회생절차개시 및 관리인선임 등에 대한 의견조회서

○○ 지 방 법 원

제○ 파 산 부

20○○.○.○. 발송필

우) 000-000 ○○시 ○○구 ○○동 ○○○ / ☎ 222-1111/팩스 222-3333/주심: ○ ○ ○ 판사

시행일자 20○○. ○. ○.
수 신 ○○○의 채권자협의회(대표채권자 : ○○은행)
참 조 차장 ○○○ (전화 , 팩스)
제 목 회생절차 개시 및 관리인 선임 등에 대한 의견조회

1. 채무자 ○○○에 대한 이 법원 20○○회단○○호 회생사건에 관한 내용입니다.
2. 채무자 회생 및 파산에 관한 법률 제50조 제1항, 제74조 제1항에 의하여 다음 사항에 관한 귀 채권자협의회의 의견을 조회하오니, 20○○. ○. ○.까지 이 법원에 도착할 수 있도록 팩시밀리 전송의 방법으로 회신하여 주시기 바랍니다.

– 다 음 –

가. 채무자의 회생절차개시에 대하여 동의하는지 여부
나. ○○○을 채무자의 관리인으로 선임함에 대한 의견
다. 그 밖에 채무자에 대한 회생절차와 관련된 의견

※ 첨부 : 관리인 후보 ○○○의 이력서. 끝.

재판장 판사 ○ ○ ○

(서울중앙지방법원, 회생사건실무下, 부록서식 인용 및 참고)

[기재례 5] 채권자협의회에 대한 개시결정의 통지

○○ 지 방 법 원
제○ 파 산 부

우) 000-000 ○○시○○구○○동 222-33/ ☎ 111-2222 /팩스 111-3333/주심: ○○○ 판사

시행일자 20○○. ○. ○.
수　　신 ○○○의 채권자협의회(대표채권자 : ○○은행)
참　　조 여신관리부장(전화 : 222-3333, 팩시밀리 : 333-5555)
제　　목 회생절차 개시결정문 송부

---

1. ○○○(주된 사무소 : ○○시 ○○구 ○○동 ○○○, 관리인 : ○○○)에 대한 이 법원 20○○회단○○호 회생사건과 관련된 내용입니다.
2. 이 법원은 위 회사에 대하여 다음과 같이 회생절차 개시결정을 하였으므로 채무자 회생 및 파산에 관한 규칙 제39조 제6호에 의하여 별첨과 같이 회생절차 개시결정문을 송부하오니 업무에 참고하시기 바랍니다.

- 다　　음 -

(1) 회생절차 개시결정 일시 : 20○○. ○. ○. 10:30
(2) 관리인 : ○○○
(3) 회생채권자·회생담보권자의 목록 제출기간 : 20○○. ○. ○.부터 20○○. ○. ○.까지
(4) 회생채권자·회생담보권의 신고기간 및 장소
　① 신고기간 : 20○○. ○. ○.부터 20○○. ○. ○.까지
　② 신고장소 : ○○지방법원 파산과(○○법원 제○○호실)
(5) 회생채권 등에 대한 조사기간 및 이의 제출 장소
　① 조사기간 : 20○○. ○. ○.부터 20○○. ○. ○.까지
　② 이의제출장소 : ○○지방법원 파산과(○○법원 제○○호실)
(6) 제1회 관계인집회기일 및 장소
　① 기일 : 20○○. ○. ○. 15:00

② 장소 : ○○법원 제1호 법정

〈별첨〉 회생절차 개시결정문 등본 1부. 끝.

재판장 판사 ○ ○ ○

(서울중앙지방법원, 회생사건실무下, 부록서식 인용 및 참고)

[기재례 6] 채권자협의회 구성통지

○○ 지 방 법 원
관 리 위 원 회

20○○.○.○. 발송필

우) 000-000 ○○시○○구○○동 111 / ☎ 222-1234 / 팩스 111-1234 / 관리위원 ○○○

시행일자 20○○. ○. ○.

수 신 수신처 참조

제목채권자협의회 구성통지

선결			지시		
접수	일자시간		결재·공람		
	번호				
처리과					
담당자					

1. 귀사의 채무자인 ○○○의○○지방법원 20○○회단○○호 회생사건과 관련된 내용입니다.
2. ○○지방법원 관리위원회는 채무자 회생 및 파산에 관한 법률 제20조, 같은 규칙 제34조에 의하여 귀사를 구성원으로 하는 ○○○의 채권자협의회를 구성하였음을 통지하니, 별지 〈참고사항〉을 참조하여 대표채권자를 지체 없이 지정한 다음, 대표채권자는 20○○. ○. ○.까지 관리위원회에 도착할 수 있도록 팩시밀리 전송의 방법으로 다음 사항을 신고하시기 바랍니다(위 기일 내에 대표채권자의 신고가 없는 경우에는 관리위원회가 대표채권자를 지정할 것입니다).

- 다 음 -

1) 채권자협의회 구성원의 상호, 본점 소재지 및 대표자 성명
2) 채권자협의회 구성원의 채권액, 내용 및 담보권의 내역
3) 대표채권자의 상호 및 대표채권자 소속 임직원으로서 협의회업무를 담당할 사람의 직위·성명 및 전화번호·팩시밀리번호

※ 첨부 : 채권자협의회 참고사항

관리위원회 위원장 ○ ○ ○

수신처 : ○○은행, ○○농협, ○○신협, ○○(주). 끝.

〈참 고 사 항〉

1. 채권자협의회의 업무

- 채권자협의회는 채권자들 사이의 이해관계를 조정하여 법원에 회생절차에 관한 의견을 제시할 수 있고, 법원이 보전관리인·관리인을 선임할 경우, 채무자의 회생채권을 불가피하게 조기 변제할 경우 등 기타 법률이 정하고 있는 사항 또는 법원이나 관리위원회의 요구가 있는 사항에 관하여 의견을 진술할 수 있고, 회생계획인가 후 법원이 감사를 선임한 경우 의견진술, 회사의 경영상태에 관한 실사의 청구 그 밖에 대통령령이 정하는 행위 등을 할 수 있으며 그 활동에 필요한 비용을 법원 허가를 얻어 채무자에게 부담시킬 수 있습니다.
- 채권자협의회는 법원으로부터 회생절차개시신청서류, 각종 결정문, 조사보고서 기타 대법원규칙이 정하는 자료의 사본을 제공받을 수 있습니다.

2. 채권자협의회의 의결 및 의견제시 방법

- 채권자협의회는 출석한 구성원 과반수의 찬성으로 의결합니다(다만, 의결권은 서면 또는 대리인에 의하여 행사할 수 있음).
- 법원 또는 관리위원회로부터 의견을 요청받은 경우에는 의결 결과 및 출석구성원들의 채권액과 의견, 그와 같은 의견에 이르게 된 이유를 모두 기재하여 송부하여야 합니다.
- 법원 또는 관리위원회가 의견 제출기한을 정한 경우에는 기한 연장허가를 받지 아니하는 한 그 기한을 넘겨서는 아니됩니다(의견 제출이 없는 경우 채권자들의 이해관계가 반영되지 않을 수 있음).

3. 대표채권자의 역할

- 대표채권자는 채권자협의회의 의장이 되고 대외적으로 협의회를 대표하여 협의회의 의견을 제시하고 협의회의 소집 및 연락을 담당하여 협의회의 사무를 총괄합니다.
- 대표채권자는 법원 또는 관리위원회로부터 의견을 요청받거나 구성원 1/4 이상의 요구가 있을 때에는 5영업일 이내에 회의를 개최하여야 합니다.
- 법원 또는 관리위원회의 채권자협의회에 대한 의견조회는 대표채권자에 대하여 하고, 채권자협의회의 법원 또는 관리위원회에 대한 의견진술 또한 대표채권자를 통하여 합니다.

4. 채권자협의회 구성원 명단

구 성 원	전화번호	팩 스	비 고
ㅇㅇ은행	02-111-1234	02-111-1234	ㅇㅇㅇ 부장
ㅇㅇ신협	02-222-1234	02-222-1234	ㅇㅇㅇ 차장
ㅇㅇ투신	02-333-1234	02-333-1234	ㅇㅇㅇ 팀장
ㅇㅇ은행	02-444-1234	02-444-1234	ㅇㅇㅇ 과장

(서울중앙지방법원, 회생사건실무下, 부록서식 인용 및 참고)

제4절 회생절차개시결정 전의 긴급조치
- 채무자재산의 산일 방지[97] -

〈 I 〉
보전처분과 보전관리명령

1. 개 요

가. 보전처분의 의의

회생절차개시결정이 이루어진 후에는 관리인에게 채무자의 재산에 대한 관리·처분권이 전속되므로 문제되지 아니하지만 그 전까지, 즉 회생절차개시신청 후 회생절차개시결정 전까지는 채무자에게 여전히 업무수행권과 그 재산에 대한 관리·처분권이 유지되므로 이 기간 중에는 채무자가 재산을 은닉하거나 방만하게 사업을 운영할 수 있는 관리의 공백기간이 생길 수 있다. 따라서 이 기간 중에 채무자의 업무 및 재산에 관하여 가압류·가처분 그밖에 채무자의 재산을 보전하기 위한 조치가 필요한데, 이를 보전처분이라고 한다.

나. 보전처분의 종류

보전처분에는 이해관계인의 신청 또는 법원의 직권에 의하여 채무자의 업무 및 재산에 관하여 행하여지는 가압류·가처분 및 그 밖에 필요한 보전조치, 즉 협의의 보전처분과 위 협의의 보전처분 이외에 법원이 필요하다고 인정하는 때에 관리위원회의 의견을 들어 보전관리인에 의한 관리를 명하는 보전관리명령

97) 회생절차에 있어서 채무자의 재산에 대한 보전조치는 채무자 사업의 계속과 전체 채권자의 이해관계를 총괄적으로 조정하기 위한 전제로서 거의 필수적인 절차라고 할 수 있다. 채무자 재산의 보전을 위한 이러한 보전조치는 채무자에 대해서는 보전처분명령과 보전관리명령을 통해서, 채권자에 대해서는 중지·취소명령과 포괄적 금지명령을 통해서 그 목적을 달성하고 있다.

이 있다(제43조 제1항, 제3항). 협의의 보전처분과 보전관리명령을 합하여 광의의 보전처분이라고 하는데, 통상 보전처분이라고 하면 협의의 보전처분만을 의미한다.[98)]

(1) 협의의 보전처분(채무자의 업무와 재산에 관한 보전처분)

협의의 보전처분이란 채무자의 재산을 보전하기 위하여 채무자의 업무 및 재산에 관하여 행하여지는 보전조치를 말한다. 협의의 보전처분은 관점에 따라서 아래와 같이 구분할 수 있다.

(가) 효력에 의한 구분

① 가압류

② 가처분

③ 그밖에 필요한 보전처분

(나) 업무의 성격에 의한 구분

① 처분금지 보전처분[99)]

② 변제금지 보전처분[100)]

③ 차재금지 보전처분[101)]

④ 임직원 채용금지 보전처분 등[102)]

(2) 보전관리명령

보전관리명령이란 법원이 협의의 보전처분 이외에 필요하다고 인정하는 때

---

98) 따라서 이하에서도 보전처분이라 함은 협의의 보전처분을 의미하며, 광의의 보전처분에 속하는 보전관리명령에 대해서는 별도로 보전관리명령이라고 명시한 경우에 한하는 것이다.

99) 처분금지보전처분은 자동차 또는 토지·건물 등 등기·등록의 대상이 되는 일체의 재산 및 일정 금액 이상의 기타 재산에 대한 소유권의 양도·담보권의 설정·임차권의 설정 기타 일체의 처분행위를 금지하는 보전처분을 말한다. 실무상 처분금지보전처분에서는 사업소득자의 경우 300만원, 급여소득자의 경우 200만원 이상의 재산에 대한 처분금지를 명하고 있다(서울중앙지방법원, 제4판 회생사건실무下, 301p).

100) 변제금지보전처분은 보전처분 시점 이전의 일체의 채무에 대한 변제·담보제공을 금지하는 보전처분을 말한다.

101) 차재금지보전처분은 대부·어음할인 등 일체의 차재를 금지하는 보전처분을 말한다.

102) 임직원 채용금지 보전처분은 노무직이나 생산직을 제외한 임직원의 채용을 금지하는 보전처분을 말한다.

에 보전관리인을 선임하여 채무자로부터 업무수행권과 재산의 관리처분권을 박탈하고 보전관리인에 의한 관리를 명하는 것을 말한다. 법원은 보전처분 이외에 필요하다고 인정하는 때에는 관리위원회의 의견을 들어 보전관리인에 의한 관리를 명할 수 있다(제43조 제3항 전단). 이 경우 법원은 1인 또는 여럿의 보전관리인을 선임하여야 한다(제43조 제3항 후단).

다. 보전처분의 한계

보전처분은 채무자의 재산처분, 임의변제, 담보제공, 자금차입 등의 행위를 막아 채무자의 재산을 보전하기 위하여 필요한 조치를 취하는 것이다. 그런데 보전처분은 채무자의 행위만을 제한할 뿐 채무자의 재산에 대한 회생채권자·회생담보권자의 가압류·가처분, 강제집행, 담보권 실행을 위한 경매절차는 막지 못하므로 이를 막기 위해서는 개별적 강제집행 등의 중지·취소명령이나 포괄적 금지명령이 필요하다. 또한 보전처분은 회생절차개시결정시까지만 그 효력이 유지되는 것이기 때문에 회생절차개시결정 이후의 단계에 있어서의 채무자의 행위를 통제할 방법이 강구되어야 한다. 통상 법인에 대한 회생절차개시결정이 있는 때에는 관리인이 선임되고 당해 관리인에게 채무자의 업무수행과 재산관리 및 처분권한이 전속되기 때문에 큰 염려가 없으나 개인에 대한 회생절차에 있어서는 원칙적으로 관리인이 선임되지 아니한 경우가 많으므로 회생절차개시결정과 동시에 법원의 허가를 받아야 하는 행위를 결정하여 고지하는 등의 조치가 필요할 것이다.

2. 보전처분 신청권자

보전처분은 이해관계인의 신청에 의하거나 직권으로 행하게 되며, 보전처분신청이 있으면 법원은 회생절차개시신청에 대한 결정이 있을 때까지 채무자의 업무 및 재산에 관하여 관리위원회의 의견을 들어 가압류·가처분 그밖에 필요한 보전처분을 명할 수 있다(제43조 제1항). 여기의 이해관계인이란 채무자 외에 회생절차개시신청권이 있는 채권자나 회생절차개시신청권이 없는 소액 채권자도 모두 포함된다고 본다. 다만, 실무상으로는 회생절차개시의 신청을 하는 자가 회생절차개시신청과 동시에 보전처분을 신청하는 경우가 대부분이다. 보전관리명령은 법원이 관리위원회의 의견을 들어 직권으로 명하게 된다(제43조 제3항).

3. 보전처분 절차

보전처분은 이해관계인의 신청이나 직권으로 행하여진다(제43조 제1항). 이해관계인이 보전처분을 신청한 때에는 법원은 신청일로부터 7일 이내에 보전처분 여부를 결정하여야 하고, 보전처분 외에 필요하다고 인정하는 때에는 관리위원회의 의견을 들어 1인 또는 수인의 보전관리인에 의한 관리를 명할 수 있다(제43조 제3항, 제4항). 실무상으로는 보통 대표자에 대한 심문 없이 제출된 서류만으로 심사하여 신청일로부터 2~3일 이내에 보전처분결정을 하고 있다. 보전처분결정문에는 변제 또는 담보제공금지, 처분금지, 차재금지(어음할인 포함), 임직원 채용금지 등을 명하는 내용으로 보전처분을 발하고 있다. 보전관리명령은 법원의 직권으로 이루어진다(제43조 제3항).

4. 보전처분의 효력

보전처분은 채무자에게, 보전관리명령은 채무자와 보전관리인에게 고지된 때에 그 효력을 발생하며, 따라서 법원은 그 결정문을 즉시 송달하여야 한다. 보전관리명령은 공고사항이기도 하다(제43조 제8항).

통합도산법에서는 보전처분에 관하여 가압류·가처분을 예시하고 있는데(제43조 제1항), 이는 민사집행법상의 가압류·가처분과 다른 특수한 보전처분이다.

보전처분은 채무자의 행위만을 제한할 뿐 회생채권자나 회생담보권자들의 채무자의 재산에 대한 강제집행, 가압류·가처분, 담보권실행을 위한 경매를 막을 수 없으므로 이를 위해서는 별도로 개별적 강제집행 등에 대한 중지·취소명령(제44조)을 신청하거나 또는 포괄적금지명령(제45조)을 신청하여야 할 것이다.

보전처분의 효력은 회생절차개시신청에 대한 결정이 있을 때까지만 존속하게 된다(제43조 제1항). 이는 회생절차개시결정이 이루어진 후에는 그 효과로서 회생계획에 의하지 아니하는 한 그 변제가 금지되기 때문이다(제131조).

보전관리명령이 있는 때에는 회생절차개시결정 전까지 채무자의 업무수행, 재산의 관리 및 처분권한이 보전관리인에게 전속하게 된다(제85조).

5. 보전처분에 대한 불복방법

법원은 관리위원회의 의견을 들어 보전처분 또는 보전관리명령을 변경하거나 취소할 수 있으며, 이러한 재판 및 그 신청을 기각하는 재판은 결정으로 하고, 그 결정에 대하여는 즉시항고할 수 있다(제43조 제4항, 제5항, 제6항). 이러한 즉시항고는 집행정지의 효력이 없다(제43조 제7항).

보전처분의 취소·변경의 결정은 채무자에 대한 고지로서 효력이 발생하며, 처분대상인 채무자의 재산에 속하는 권리로서 등기된 것에 관하여는 그 등기를 촉탁하여야 한다(제24조 제1항 단서, 제2호, 제43조 제4항). 법원은 보전관리명령을 변경하거나 취소할 수 있으며, 변경·취소시에는 이를 공고하여야 한다(제43조 제4항, 제8항).

6. 보전처분 등의 취하 및 그 제한

보전처분 또는 보전관리명령에 대한 결정이 있은 후에는 법원의 허가를 받지 아니하면 회생절차개시신청 및 보전처분신청을 취하할 수 없다(제48조 제2항).[103)] 보전처분신청의 취하 허가는 법원에 서면으로 신청하여야 한다. 취하 허가에 대한 재판은 신청인에게 결정을 고지함으로써 그 효력이 발생하며, 이에 대하여는 즉시항고할 수 없다.

103) 보전관리명령은 법원의 직권에 의하여 이루어지는 것이므로 보전처분과 달리 보전관리명령의 취하의 개념은 존재하지 아니한다.

[기재례 7] 보전처분결정

○○ 지 방 법 원
제○ 파 산 부
결 정

사 건	20○○회단○○ 회생
신청인 겸 채무자	○ ○ ○
	○○시 ○○구 ○○동 ○○○
	대리인 법무법인 ○○
	담당변호사 ○○○, ○○○, ○○○, ○○○

주 문

1. 채무자는 20○○. ○. ○. 09:30 이전의 원인으로 생긴 일체의 금전채무에 관하여 그 변제 또는 담보제공을 하여서는 아니된다.
2. 채무자는 부동산, 자동차, 중기, 특허권 등 등기 또는 등록의 대상이 되는 그 소유의 일체의 재산 및 금 10,000,000원 이상의 기타 재산에 관한 소유권의 양도, 담보권·임차권의 설정 기타 일체의 처분행위를 하여서는 아니된다. 그러나 계속적이고 정상적인 영업활동에 해당하는 제품, 원재료 등의 처분행위는 예외로 한다.
3. 채무자는 명목 여하를 막론하고 차재(어음할인을 포함한다)를 하여서는 아니된다.
4. 채무자는 노무직, 생산직을 제외한 임직원을 채용하여서는 아니된다.
5. 위 각 항의 경우에 있어서 미리 이 법원의 허가를 받았을 때에는 그 제한을 받지 아니한다.

이 유

이 사건 신청은 이유 있으므로, 채무자 회생 및 파산에 관한 법률 제43조 제1항에 의하여 주문과 같이 결정한다.

20○○. ○. ○.

재판장 판사 ○ ○ ○

(서울중앙지방법원, 회생사건실무下, 부록서식 인용 및 참고)

[기재례 8] 보전관리명령

○○ 지 방 법 원
제○ 파 산 부
결 정

사 건 20○○회단○○ 회생
신청인 겸 채무자 ○ ○ ○
○○시 ○○구 ○○동 ○○○

주 문

1. 채무자에 대하여 보전관리인에 의한 관리를 명한다.
2. ○○○(주민등록번호 : 123456-1234567, 주소 : ○○시 ○○구 ○○동 ○○○)을 채무자의 보전관리인으로 선임한다.
3. 보전관리인이 다음 행위를 함에는 이 법원의 허가를 받아야 한다.
   가. 20○○. ○. ○. 10:00 이전의 원인으로 인하여 생긴 일체의 금전채무에 대한 변제.
   나. 부동산·자동차·중기·특허권 등 등기 또는 등록의 대상이 되는 일체의 재산에 관한 소유권의 양도, 담보권·임차권의 설정 기타 일체의 처분행위, 그러나 계속적이고 정상적인 영업활동에 해당하는 제품, 원재료 등의 처분행위는 예외로 한다.
   다. 항목당 금 10,000,000원을 초과하는 금원지출. 다만, 국세, 지방세, 전기료, 수도료, 가스료, 전화료, 국민연금, 장애인고용분담금, 직업훈련분담금, 개발부담금 등 제세공과금, 건강보험료, 고용보험료, 산재보험료 중 공익채권에 해당하는 금원지출은 제외한다. 그러나 위 단서에 열거된 금원지출과 금 10,000,000원 이하의 금원지출에 관하여도 다음달 20.까지는 그 지출상황을 보고하여야 한다.
   라. 위 '나'목에 해당하지 아니하는 시가 금 10,000,000원을 초과하는 재산에 관한 소유권의 양도, 담보권·임차권의 설정 기타 일체의 처분행위.
   마. 금 10,000,000원을 초과하는 재산의 양수.

바. 금 10,000,000원을 초과하는 금원 지출이 예상되는 증여, 매매, 교환, 소비대차, 임대차, 고용, 도급, 위임, 임치 등 계약의 체결 기타 의무부담행위.
사. 어음·수표계좌의 설정 및 어음·수표 용지의 수령 및 발행행위.
아. 소의 제기, 소송대리인의 선임, 화해 기타 일체의 소송행위
자. 과장급 이상의 인사 및 보수결정.
차. 권리의 포기.
카. 공익채권과 환취권의 승인.
타. 보전관리인의 자기 또는 제3자를 위한 채무자와의 거래.
파. 경영상 이유에 의한 근로자의 해고.
하. 자본의 감소, 신주나 사채의 발행, 합병, 해산, 회사의 조직변경이나 계속 또는 이익이나 이자의 배당, 기타 회사의 상무에 속하지 아니하는 행위.

4. 보전관리인이 이 법원의 허가를 받아야 할 수 있는 위 각 목의 행위 중 '다'목 내지 '자'목에 대한 허가사무를 이 법원 관리위원회 소속 관리위원에게 위임한다. 다만, 아래의 행위에 대한 허가사무는 위임하지 아니한다.
가. '마'목 중 제3자의 영업의 양수.
나. '아'목 중 소의 취하, 화해, 청구의 포기·인낙, 소송탈퇴.
다. '자'목 중 임원의 인사 및 보수결정

5. 관리위원은 허가위임사무의 처리결과를 매월 이 법원에 보고하여야 한다.

이 유

채무자 회생 및 파산에 관한 법률 제43조 제3항, 제85조, 제61조, 제18조, 같은 규칙 제29조 내지 제31조에 의하여 주문과 같이 결정한다.

20○○. ○. ○.

재판장 판사 ○ ○ ○

(서울중앙지방법원, 회생사건실무下, 부록서식 인용 및 참고)

[기재례 9] 보전관리인 선임 공고

○○○ 보전관리인 선임 공고

사　　　　건　　20○○회단○○ 회생
신청인 겸 채무자　　○ ○ ○
○○시 ○○구 ○○동 ○○○

이 법원은 채무자에 관하여 보전관리인에 의한 관리를 명하였으므로 채무자 회생 및 파산에 관한 법률 제43조 제8항에 의하여 다음과 같이 공고합니다.

- 다　　음 -

1. 채무자에 대하여 보전관리인에 의한 관리를 명한다.
2. ○○○(19○○. ○. ○.생)을 채무자의 보전관리인으로 선임한다.

20○○. ○. ○.

○○지방법원 제○파산부

재판장 판사 ○ ○ ○

〈2〉
강제집행 등의 중지·취소명령

1. 중지명령

가. 의 의

중지명령은 회생절차개시신청 후부터 회생절차개시결정 전까지 채무자의 재산의 산일을 방지하고 그 보전을 위하여 채권자나 담보권자 등 제3자에 의한 강제적인 권리실현행위를 금지하는 것을 말한다.

즉, 법원은 회생절차개시의 신청이 있는 경우 필요하다고 인정하는 때에는 이해관계인의 신청에 의하거나 직권으로 회생절차개시의 신청에 대한 결정이 있을 때까지 ① 채무자에 대한 파산절차, ② 회생채권 등에 기한 강제집행, 가압류, 가처분 또는 담보권실행을 위한 경매절차로서 채무자의 재산에 대하여 이미 행하여지고 있는 것, ③ 채무자의 재산에 관한 소송절차, ④ 채무자의 재산에 관하여 행정청에 계속되어 있는 절차, ⑤ 국세징수법 또는 지방세법에 의한 체납처분, 국세징수의 예에 의한 체납처분 또는 조세채무담보를 위하여 제공된 물건의 처분절차의 중지를 명할 수 있다(제44조 제1항). 포괄적 금지명령이 내려진 경우에도 체납처분은 중지되지 아니하므로 체납처분을 중지시키기 위해서는 이러한 중지명령신청이 필요하다.

나. 보전처분과의 구별

채무자의 재산에 대한 산일을 방지하기 위한 제도로 중지명령 이외에 보전처분도 있다. 그런데 보전처분은 주로 채무자를 상대로 한 것으로 채무자의 일정한 행위를 제한하는데 그 목적이 있는데 반하여 중지명령은 제3자를 대상으로 하여 제3자의 일정한 행위를 제한하는데 주목적이 있다는 점에서 구별된다.

다. 요 건

(가) 법원이 필요하다고 인정하는 때(제44조 제1항 본문)

이는 회생절차개시신청 후 회생절차개시결정시까지 중지명령 등의 조치를 취하여 놓지 아니하면 채무자의 재산이 처분되거나 특정 채권자에 대한 변제 등으로 채권자간의 형평이 침해될 우려가 있는 경우를 말한다.

(나) 회생채권자 또는 회생담보권자에게 부당한 손해를 끼칠 염려가 없을 것(제44조 제1항 단서)

여기에서 부당한 손해란 중지명령에 의하여 채무자가 받은 이익에 비하여 회생채권자나 회생담보권자의 손해가 너무 큰 경우를 말한다.

(다) 중지명령의 대상은 강제집행 등이 회생절차개시신청 전에 이루어졌는지 그 후에 이루어졌는지 여부는 불문

라. 중지할 수 있는 절차[104)]

① 파산절차
② 강제집행절차[105)]
③ 가압류·가처분절차
④ 담보권실행을 위한 경매절차
⑤ 채무자의 재산에 관한 소송절차
⑥ 행정청에 계속되어 있는 사건[106)]
⑦ 체납처분·조세담보물의 처분

---

104) 다만, 환취권에 기한 것이거나 공익채권으로 될 채권에 기한 절차는 중지할 수 없다(서울중앙지방법원, 제4판 회생사건실무上, 105p).
105) 여기에는 개인채무자가 지급받을 급여 등에 대한 채권압류 및 추심명령이 포함된다.
106) 예컨대, 조세에 관한 처분에 대한 불복신청사건, 특허심판사건 등이 여기에 해당될 것이다.

마. 중지명령의 효력

중지명령은 현재 진행 중인 구체적인 절차를 회생절차개시결정 전까지 일시적으로 중지시키는 것이며, 중지명령이 이루어지면 중지명령의 대상이 되는 절차는 현재의 상태에서 중지되어 더 이상 진행할 수 없게 된다. 중지명령은 말 그대로 당해 절차를 더 이상 진행시키지 아니한다는 것에 불과하며 이미 진행된 절차 자체를 무효로 하는 것이 아니다. 즉 중지명령에는 소급효가 인정되지 아니한다.

중지명령정본은 민사집행법상 강제집행의 일시정지를 명한 취지를 적은 재판의 정본(민사집행법 제49조 제2호)에 해당되며, 채무자가 중지명령정본을 집행기관에 제출하면 집행기관은 현재 진행 중인 집행행위를 더 이상 진행하지 아니하고 중지하게 된다. 만약 중지명령이 제출될 당시에 집행이 완료된 경우에는 중지명령은 그 목적을 달성할 수 없게 되어 이미 완료된 집행행위는 그 효력이 유지된다.

중지명령에 반하여 진행된 절차가 있는 경우에는 그 절차는 무효로 된다. 다만, 그 외관을 제거하기 위해서는 이해관계인은 집행방법에 관한 이의신청 또는 즉시항고로 그 취소를 구하는 등의 방법을 거쳐야 한다.

중지명령은 회생절차개시신청에 대한 결정이 있을 때까지만 존속된다. 이는 회생절차개시결정이 이루어진 후에는 그 결정의 효력에 의하여 통합도산법 제58조(다른 절차의 중지 등) 제2항·제3항, 제59조(소송절차의 중단 등)에 따라 강제집행 등의 절차가 중지 또는 중단되기 때문이다.

중지명령은 기왕에 행하여진 강제집행 등의 행위를 무효로 하는 것이 아니므로 이미 발생한 시효중단의 효력은 중지명령 이후에도 계속 유지된다.

중지명령에 대한 결정이 있은 후에는 법원의 허가를 받지 아니하면 회생절차개시신청 및 보전처분신청을 취하할 수 없다(제48조 제2항).

바. 중지명령의 취소·변경

법원은 필요하다고 인정되면 중지명령을 변경하거나 취소할 수 있다(제44조 제3항, 제13조).

2. 취소명령

가. 의 의

회생절차개시결정이 이루어진 후에는 그 결정의 효력에 의하여 통합도산법 제58조(다른 절차의 중지 등) 제2항·제3항, 제59조(소송절차의 중단 등)에 따라 강제집행 등 절차가 당연히 중지 또는 중단될 뿐만 아니라 회생을 위하여 필요하다고 인정하는 때에는 관리인의 신청에 의하거나 직권으로 위 중지한 절차·처분의 취소를 명할 수 있기 때문에(제58조 제4항),[107] 채무자의 재산에 대한 강제집행 등에 의하여 회생절차의 진행이 영향을 받는 것을 방지할 수 있다. 문제는 회생절차개시신청 후부터 회생절차개시결정 전까지의 기간 동안이다. 물론 회생절차개시신청 후에는 중지명령제도나 포괄적금지명령제도가 있기는 하다. 그러나 이러한 제도는 기왕에 개시된 강제집행 등의 효력까지 무력화시키지는 못하므로 예컨대 채무자의 매출채권 등이 가압류되어 있어 채권이 회수되지 못함으로 인하여 운영자금의 확보에 지장이 초래되고 결과적으로 회생절차의 진행에 지장이 초래될 수 있는 상황을 막을 수 없게 된다. 이러한 문제를 해결하기 위한 제도가 강제집행 등의 취소명령제도인 것이다.

즉 법원은 채무자의 회생을 위하여 특히 필요하다고 인정하는 때에는 채무자(보전관리인이 선임되어 있는 때에는 보전관리인)의 신청에 의하거나 직권으로 중지명령에 의하여 중지된 회생채권 등에 기한 강제집행, 가압류·가처분, 담보권실행을 위한 경매절차의 취소를 명할 수 있게 된다(제44조 제4항 전단). 이 경우 법원은 담보를 제공하게 할 수 있다(제44조 제4항 후단).

나. 제도의 실익

강제집행 등의 취소명령의 대상이 되는 강제집행 등은 그것이 회생절차개시신청 전에 이루어졌든 그 후에 이루어졌든 불문한다(제44조 제4항). 또한 앞서 본 바와 같이 회생절차개시결정이 이루어진 후에는 그 결정의 효력에 의하여 강제집행 등의 절차가 당연히 중지 또는 중단되고, 나아가 회생을 위하여 필요

107) 더 나아가 회생계획인가결정이 이루어진 경우에는 기왕의 강제집행 등은 실효될 운명에 처하여지게 된다(제256조 1항).

하다고 인정하는 때에는 위 중지된 절차·처분에 대한 취소도 가능하므로 강제집행 등의 취소명령제도는 회생절차개시신청 후 회생절차개시결정이 이루어지기 전까지 기간 동안에 그 실익이 있다고 할 것이다.

다. 요 건

강제집행 등의 취소명령은 채무자 또는 보전관리인의 신청이나 법원의 직권에 의하여 이루어진다. 강제집행 등의 취소명령을 위하여 먼저 보전처분이나 보전관리명령이 이루어졌을 것을 요하지 아니한다. 취소명령에 의한 취소의 대상이 되는 것은 회생채권·회생담보권에 행하여진 이루어진 강제집행, 가압류·가처분, 담보권실행을 위한 경매절차로서 중지명령에 의하여 중지되어 있는 것이다(제44조 제4항 전단). 즉 강제집행 등의 취소명령을 하기 위해서는 우선 강제집행 등의 중지명령이 신청되어 강제집행 등의 절차가 중지되어 있을 것이 선행되어야 하며, 강제집행 등의 절차를 중지시키지 아니한 채 강제집행 등의 취소명령을 하는 것은 허용되지 아니한다. 조세 등의 청구권에 기한 체납처분은 회생절차개시결정 전에는 취소의 대상이 되지 아니한다(제44조 제4항 전단).[108)]

라. 효 력

강제집행 등의 취소명령이 내려지면 당해 강제집행 등은 소급하여 효력이 상실된다. 취소명령에 대하여는 불복이 인정되지 아니한다(제13조).

---

108) 다만 조세 등의 청구권에 기한 체납처분도 회생절차개시결정 후 회생계획인가결정 전까지는 제58조(다른 절차의 중지 등) 제5항에 의하여 취소가 가능하다. 이 경우 취소의 대상이 되는 체납처분은 회생절차개시결정에 의하여 중지된 체납처분(제58조 제2항 제3호)임은 물론이다.

[기재례 10] 임의경매·강제경매 등의 중지명령

○○ 지 방 법 원
제○ 파 산 부
결 정

사 건 20○○회단○○ 회생
신청인 겸 채무자 ○ ○ ○
○○시 ○○구 ○○동 ○○○

주 문

이 사건에 관하여 회생절차 개시신청에 관한 결정이 있을 때까지 채무자에 대한 ○○지방법원 20○○타경○○호 부동산임의경매 사건의 담보권실행을 위한 경매절차를 중지한다.

이 유

채무자 회생 및 파산에 관한 법률 제44조 제1항을 적용하여 주문과 같이 결정한다.

20○○. ○. ○.

재판장 판사 ○ ○ ○

[기재례 11] 강제집행 등의 취소결정

○○ 지 방 법 원
제○ 파 산 부
결　　　정

사　　　건	20○○회단○○ 회생
신청인 겸 채무자	○ ○ ○
	○○시 ○○구 ○○동 ○○○
상　대　방	주식회사○○은행
	○○시 ○○구 ○○동 ○○○
	송달장소 ○○시 ○○구 ○○동 ○○○(○○지점)
	대표이사 ○○○
	지 배 인 ○○○
제3채무자	별지 목록 기재와 같다.

주　　　문

채무자와 상대방 사이의 이 법원 20○○타채○○호 채권압류 및 추심명령 신청사건에 관하여 이 법원이 20○○. ○. ○. 내린 채권압류 및 추심명령을 취소한다.

이　　　유

이 법원은 20○○. ○. ○. 채무자에 대하여 채무자 회생 및 파산에 관한 법률 제44조 제1항에 의하여, 채무자의 별지 목록 기재 매출대금 채권에 대한 주문 기재 채권압류 및 추심명령 절차에 대하여 중지를 명하였는바, 채무자가 위 채권압류 및 추심명령 대상인 별지 목록 기재 매출대금 채권을 회수하여 채무자의 운영을 위한 자금으로 사용하는 것이 채무자의 회생을 위하여 특히 필요하다고 인정되므로, 신청인의 신청을 받아들여 같은 법 제44조 제4항에 의하여 주문과 같이 결정한다.

20○○. ○. ○.

재판장 판사 ○ ○ ○

《3》
포괄적 금지명령신청

1. 의 의

법원은 회생절차개시의 신청이 있는 경우 개별적 중지명령에 의해서는 회생절차의 목적을 충분히 달성하지 못할 우려가 있다고 인정할 만한 특별한 사정이 있는 때[109]에는 이해관계인의 신청에 의하거나 직권으로 회생절차개시의 신청에 대한 결정이 있을 때까지 모든 회생채권자 등에 대하여 회생채권 등에 기한 강제집행 등의 금지를 명할 수 있다(제45조 제1항). 이를 포괄적 금지명령이라고 한다. 다만 이러한 포괄적 금지명령을 할 수 있는 경우는 채무자의 중요한 재산에 관하여 보전처분 또는 보전관리명령이 이미 행하여졌거나 포괄적 금지명령과 동시에 보전처분 또는 보전관리명령을 행하는 경우에 한한다(제45조 제2항).

2. 제도의 실익

채무자가 다수의 재산을 가지고 있으면서 회생절차개시신청을 한 경우에 각 재산에 관하여 이루어진 집행의 정지를 위하여 다수의 개별적 중지명령이 있게 되면 업무량이 폭증하고 혼란이 발생하여 회생절차의 진행에 지장이 초래될 수 있다. 이러한 상황을 대비하기 위한 것이 포괄적 금지명령제도인 것이다. 따라서 일반회생절차의 실무에서는 중지명령보다는 포괄적 금지명령이 넓게 활용되고 있다.

3. 요 건

가. 직권 또는 이해관계인의 신청

포괄적 금지명령은 이해관계인의 신청에 의하거나 법원의 직권으로 명하여

---

109) 예컨대, 채무자가 다수의 재산을 가지고 있는 경우에 회생절차개시신청 이후 회생절차개시결정시까지 사이에 다수의 개별집행이 이루어져 중지명령신청(제44조)에 의한 중지명령을 하는 것으로는 사무처리의 양이 너무 많게 되어 사업의 계속에 지장이 생기고 따라서 회생절차의 진행이 저해되는 경우가 대표적인 경우일 것이다(서울중앙지방법원, 제4판 회생사건실무上, 111p).

진다(제45조 제1항).

나. 중지명령에 의해서는 회생절차의 목적을 달성하지 못할 특별한 사정의 존재

포괄적 금지명령은 중지명령에 의해서는 회생절차의 목적을 충분히 달성하지 못할 우려가 있다고 인정할 만한 특별한 사정이 있어야 가능하다(제45조 제1항). 예컨대, 채무자가 다수의 재산을 가지고 있는 경우에 회생절차개시신청 이후 회생절차개시결정시까지 사이에 다수의 개별집행이 이루어져 중지명령신청(제44조)에 의한 중지명령을 하는 것으로는 사무처리의 양이 너무 많아 사업의 계속에 지장이 생기고 따라서 회생절차의 진행이 저해되는 경우가 대표적인 경우일 것이다.[110]

다. 채무자의 중요 재산에 관한 보전처분·보전관리명령의 선행 또는 포괄적 금지명령과 동시에 보전처분·보전관리명령을 행하는 경우일 것

포괄적 금지명령을 할 수 있는 경우는 채무자의 주요한 재산에 관하여 보전처분 또는 보전관리명령이 이미 행하여졌거나 포괄적 금지명령과 동시에 위 보전처분 또는 보전관리명령을 행하는 경우에 한하여 가능하다(제45조 제2항).

포괄적 금지명령은 채권자의 권리행사에 대하여 제약을 가하는 것인바, 채무자에 대해서도 어떤 제약이 가해져 있거나 가해져야만 채무자의 행위로 인한 재산의 산일이 방지될 수 있고 이에 의하여 포괄적 금지명령의 실효성이 온전히 담보될 수 있기 때문이다.

4. 포괄적 금지명령의 대상

포괄적 금지명령을 내릴 수 있는 대상은 회생채권 또는 회생담보권에 기한 강제집행, 가압류·가처분, 담보권실행을 위한 경매절차이다(제45조 제1항, 제44조 제1항 제2호). 양도담보권의 실행행위도 포괄적 금지명령의 대상이 된다(대판 2011.5.26. 2009다90146). 그러나 환취권에 기한 절차나 공익채권으로 될 채권에 기한 절차 또

110) 서울중앙지방법원, 제4판 회생사건실무上, 111p.

는 체납처분절차[111]는 포괄적 금지명령의 대상이 되지 아니한다.

5. 공고 및 송달

포괄적 금지명령에 대한 결정이 있는 때에는 법원은 이를 공고하고 그 결정서를 채무자(보전관리인이 선임되어 있는 때에는 보전관리인) 및 신청인에게 송달하여야 하며, 그 결정의 주문을 기재한 서면을 법원이 알고 있는 회생채권자·회생담보권자 및 채무자(보전관리인이 선임되어 있는 때에 한함)에게 송달하여야 한다(제46조 제1항). 포괄적 금지명령에 의하여 중지된 회생채권 등에 기한 강제집행 등의 취소명령과 각종 즉시항고에 대한 재판(포괄적 금지명령을 변경 또는 취소하는 결정을 제외)이 있는 때에도 법원은 그 결정서를 당사자에게 송달하여야 한다(제45조 제5항, 제6항, 제46조 제3항).

6. 포괄적 금지명령의 효력

포괄적 금지명령에 대한 결정은 채무자(보전관리인이 선임되어 있는 때에는 보전관리인)에게 결정서가 송달된 때로부터 그 효력을 발생한다(제46조 제2항).

포괄적 금지명령이 있는 때에는 채무자의 모든 재산에 대하여 회생절차개시신청에 대한 결정이 있을 때까지 회생채권 등에 기한 강제집행, 가압류·가처분, 임의경매 등이 금지되며, 채무자의 재산에 대하여 이미 행하여진 회생채권 등에 기한 강제집행 등도 중지된다(제45조 제1항, 제3항).

포괄적 금지명령에 대한 결정이 있은 후에는 법원의 허가를 받지 아니하면 회생절차개시신청 및 보전처분신청을 취하할 수 없다(제48조 제2항).

법원은 채무자의 사업의 계속을 위하여 특히 필요하다고 인정하는 때에는 채무자(보전관리인이 선임되어 있는 때에는 보전관리인)의 신청에 의하여 포괄적 금지명령에 의하여 중지된 회생채권 등에 기한 강제집행 등의 취소를 명할 수 있다(제45조 제3항, 제5항 본문). 이 경우 법원은 담보를 제공하게 할 수 있다(제45조 제5항 단서).

---

111) 따라서 체납처분절차는 사전에 이를 금지시키는 제도는 없고 사후적으로 개별적 중지명령에 의하여 중지시키는 수밖에 없다.

7. 포괄적 금지명령과 회생채권 등의 시효

포괄적 금지명령이 있는 때에는 그 명령이 효력을 상실한 날의 다음 날부터 2월이 경과하는 날까지 회생채권 등에 대한 시효는 완성되지 아니한다(제45조 제8항).

8. 포괄적 금지명령의 변경·취소

법원은 포괄적 금지명령을 변경하거나 취소할 수 있다(제45조 제4항). 이러한 포괄적 금지명령을 변경 또는 취소하는 결정이 있는 때에는 법원은 이를 공고하고 그 결정서를 채무자(보전관리인이 선임되어 있는 때에는 보전관리인) 및 신청인에게 송달하여야 하며, 그 결정의 주문을 기재한 서면을 법원이 알고 있는 회생채권자·회생담보권자 및 채무자(보전관리인이 선임되어 있는 때에 한함)에게 송달하여야 한다(제46조 제1항). 포괄적 금지명령을 변경 또는 취소하는 결정은 채무자(보전관리인이 선임되어 있는 때에는 보전관리인)에게 결정서가 송달된 때로부터 효력을 발생한다(제46조 제2항).

9. 포괄적 금지명령에 대한 불복(즉시항고)

포괄적 금지명령, 포괄적 금지명령의 변경·취소결정, 포괄적 금지명령에 의하여 중지된 회생채권 등에 기한 강제집행 등의 취소명령에 대하여는 즉시항고할 수 있다(제45조 제6항). 다만 이러한 즉시항고에는 집행정지의 효력이 없다(제45조 제7항).

포괄적 금지명령, 그 변경·취소결정에 대한 즉시항고 기간은 공고가 있은 날부터 14일 이내이고, 포괄적 금지명령에 의하여 중지된 회생채권 등에 기한 강제집행 등의 취소명령에 대하여는 공고를 요하지 아니하므로 즉시항고 기간은 재판이 고지된 날부터 1주일 이내이다(제46조 제1항, 제13조 제2항, 제33조, 민사소송법 제444조). 포괄적 금지명령의 신청을 기각하는 결정은 즉시항고의 대상이 되지 아니한다(제13조 제1항).

10. 포괄적 금지명령의 적용 배제

법원은 포괄적 금지명령이 있는 경우 회생채권 등에 기한 강제집행 등의 신청인인 회생채권자 등에게 부당한 손해를 끼칠 우려가 있다고 인정하는 때에는 그 회생채권자 등의 신청에 의하여 그 회생채권자 등에 대하여 결정으로 포괄적 금지명령의 적용을 배제할 수 있다(제45조 제1항 전단). 이 경우 그 회생채권자 등은 채무자의 재산에 대하여 회생채권 등에 기한 강제집행 등을 할 수 있으며, 포괄적 금지명령이 있기 전에 그 회생채권자 등이 행한 회생채권 등에 기한 강제집행 등의 절차는 속행된다(제47조 제1항 후단). 포괄적 금지명령의 적용 배제신청에 관한 재판에 대하여는 즉시항고할 수 있으되, 즉시항고에는 집행정지의 효력이 없다(제47조 제3항, 제4항).

[기재례 12] 포괄적 금지명령

○○ 지 방 법 원
제○ 파 산 부
결 정

사 건 20○○회단○○ 회생
신청인 겸 채무자 ○ ○ ○
○○시 ○○구 ○○동 ○○○

주 문

이 사건에 관하여 회생절차 개시신청에 대한 결정이 있을 때까지, 모든 회생채권자 및 회생담보권자에 대하여 회생채권 또는 회생담보권에 기한 강제집행, 가압류, 가처분 또는 담보권실행을 위한 경매절차를 금지한다.

이 유

채무자 회생 및 파산에 관한 법률 제45조 제1항을 적용하여 주문과 같이 결정한다.

20○○. ○. ○.

재판장 판사 ○ ○ ○

제2절 일반회생절차개시결정 절차

《 I 》
개시신청 후 개시결정 전의 절차

1. 채무자에 대한 심문

회생절차개시신청이 있는 경우에 법원은 채무자를 심문하여야 한다(제41조 제1항). 다만, 채무자가 외국에 거주하여 채무자에 대한 심문이 절차를 현저히 지체시킬 우려가 있는 때 또는 채무자의 소재를 알 수 없는 때에는 심문하지 아니할 수 있다(제41조 제2항). 채무자에 대한 심문은 실무상 보전처분의 결정이 내려진 후 1~2주 사이에 이루어지는데, 보전처분이 급박하지 아니한 경우에는 통상 채무자 심문기일에 보전처분을 하게 된다. 심문사항은 회생절차에 이르게 된 사정, 자산 및 부채 현황, 영업 및 운전자금 조달 상황, 회생절차개시의 요건, 자구노력 등을 중심으로 이루어진다.

2. 채권자협의회의 구성 여부

관리위원회 또는 법원은 회생절차개시신청이 있은 후 주요 채권자들을 구성원으로 하는 채권자협의회를 구성하여야 한다(제20조 제1항 본문). 다만 채무자가 개인이거나 중소기업자(중소기업기본법 제2조 제1항)인 경우에는 반드시 채권자협의회를 구성하여야 하는 것이 아니고 그 구성여부는 임의적이다(제20조 제1항 단서). 따라서 실무상 개인채무자의 일반회생절차에서는 사업규모가 상당히 크지 아니하는 한 거의 채권자협의회를 구성하지 아니하고 있다.

3. 개시신청기각사유가 있는 때의 기각

통합도산법 제42조(회생절차개시신청의 기각사유)에서는 회생절차개시신청에 대한 기각사유로 3가지를 규정하고 있다. 즉, ① 회생절차비용을 미리 납부하지 아니한 때, ② 회생절차개시신청이 성실하지 아니한 때, ③ 그밖에 회생절차에 의함이 채권자 일반의 이익에 적합하지 아니한 때가 그것이다. 법원은 회생절차개시신청에 이러한 기각사유가 존재한 경우에는 관리위원회의 의견을 들어 회생절차개시신청을 기각하여야 한다(제42조).

4. 회생절차개시신청의 취하 및 그 제한

회생절차개시의 신청을 한 자는 회생절차개시결정 전에 한하여 그 신청을 취하할 수 있다(제48조 제1항). 다만 보전처분(제43조 제1항), 보전관리명령(제43조 제3항), 중지명령(제44조 제1항), 포괄적 금지명령(제45조 제1항)이 있은 후에는 법원의 허가를 받지 아니하면 회생절차개시신청을 취하하지 못한다(제48조 제2항). 회생절차개시신청에 대한 취하 허가는 법원에 서면으로 신청하여야 하며, 취하 허가에 대한 재판은 신청인에게 결정을 고지함으로써 효력이 발생하고, 이에 대하여는 즉시항고할 수 없다.

[서식 1] 채무자심문기일지정결정

○○ 지 방 법 원
제○ 파 산 부
결　　　정

사　　　건　20○○회단○○ 회생
신청인 겸 채무자　○ ○ ○
○○시 ○○구 ○○동 ○○○
대리인 법무법인 ○○
담당변호사 ○○○, ○○○, ○○○, ○○○

위 사건에 관하여 아래와 같이 채무자심문을 시행한다.
채무자심문은 수명법관으로 하여금 하게 한다.

1. 일시 : 20○○. ○. ○. 15:00
2. 장소 : ○○지방법원 ○○-○호

20○○. ○. ○.

재판장 판사 ○ ○ ○

위 수명법관으로 판사 ○○○을 지정한다.

20○○. ○. ○.

재판장 판사 ○ ○ ○

[기재례 13] 채무자심문조서

○○ 지 방 법 원

심문조서

사　　　건	20○○회단○○ 회생	기일 : 20○○. ○. ○. 15:00
수명법관 판사	○○○	장소 : ○○지방법원 ○○-○호
법 원 사 무 관	○○○	공개여부 : 비공개

사건과 당사자를 호명

신청인 겸 채무자 ○○○ 출석

대리인 법무법인 ○○ 담당변호사 ○○○ 출석

관리위원 ○○○ 출석

참고인 ○○은행 여신관리부장 ○○○ 출석

수명법관

별지 조서와 같이 채무자 ○○○를 심문하다.

법원 사무관 ○○○

수명법관 판사 ○○○

〈2〉
회생절차개시결정과 그 효력

1. 개시여부의 결정과 불복

가. 개시여부의 결정과 개시결정

회생절차개시신청이 있는 경우 법원은 개시신청일부터 1월 이내에 회생절차개시의 여부를 결정하여야 한다(제49조 제1항). 이때 기각사유가 존재하지 아니하면 법원은 회생절차개시결정을 하여야 하며, 회생절차개시결정은 필수적이다. 회생절차개시결정서에는 결정의 연·월·일·시를 기재하여야 한다(제49조 제2항).

나. 개시결정과 동시에 정하여야 할 사항

법원은 회생절차개시결정을 함과 동시에 일정한 사항을 정하여야 한다(제50조 제1항). 즉 법원이 회생절차개시결정을 함과 동시에 정하여야 할 사항은 다음과 같다.[112)][113)]

① 관리인 선임 또는 불선임결정(제74조 제1항, 제3항)[114)]

② 조사위원 선임(제87조)[115)]

---

112) 아래에서 ①~⑥항은 필수적 결정사항이고, ⑦~⑬항은 임의적 결정사항이다.

113) 2014년 12월 30일 통합도산법 개정(시행 2015년 7월 1일) 전에는 회생절차개시결정과 동시에 정하여야 할 사항으로 제1회 관계인집회기일이 있었으나 개정법에서 이를 삭제하였고 여기에 해당하는 절차로서 '관리인 보고를 위한 관계인집회'를 두어 임의절차화 하였다(제98조).

114) 실무상 개인채무자에 대하여는 관리인을 선임하지 아니하고 있으며, 이 경우에는 채무자가 관리인으로 간주된다(제74조 제4항). 다만, 개인채무자라도 사업을 경영하여 다수의 채권자가 존재하고, 채무자가 사업이나 재산을 은닉 또는 유용할 가능성이 있는 경우 등 아주 예외적인 경우에는 관리인을 선임하게 된다.

115) 회생절차에서 조사위원은 실무상 거의 필수적으로 선임하고 있다. 조사위원은 통상 회계법인이나 회계사로 선임한다. 다만 비영업자 또는 비사업자인 개인채무자의 회생절차에서는 조사위원을 선임하지 아니한 경우도 많다(조사위원의 선임 및 조사보고 절차 생략). 예납비용의 대부분을 차지하고 있는 조사위원의 보수가 과다하기 때문이다. 이러한 경우에는 관리인의 조사보고서가 대체 서류로서 중요한 작용을 하므로 법원에서는 공인회계사 등 도산전문가의 자문과 도움을 받게 하는 등으로 조사위원의 조사보고서를 대체할 수 있도록 지도하고 있다.

③ 관리인이 회생채권자 등의 목록을 작성·제출하여야 하는 기간[116](단 사전계획안을 제출하려는 자가 목록을 제출한 경우는 제외)(제50조 제1항 제1호)

④ 회생채권·회생담보권 신고기간(제50조 제1항 제2호)

⑤ 목록에 기재되어 있거나 신고된 회생채권·회생담보권의 조사기간(제50조 제1항 제3호)

⑥ 회생계획안의 제출기간[117]

⑦ 관리인이 법원의 허가를 받아야 할 행위의 지정

⑧ 회생절차개시당시의 재산목록과 재무상태표의 제출기간의 결정

⑨ 관리인의 업무와 재산의 관리상태 기타 법원이 명하는 사항에 대한 보고서 제출기간

⑩ 채무부담사실과 재산소지사실에 대한 신고기간

⑪ 관리인 보수의 결정

⑫ 조사위원 관련 사항

⑬ 채무자의 예금계좌 개설 및 월간보고서 제출시 예금계좌 거래내역서의 첨부를 명하는 결정

다. 개시결정의 공고와 송달

회생절차개시결정을 한 때에는 법원은 지체 없이 일정한 사항을 공고하고 공고사항을 기재한 서면을 관리인, 채무자, 알고 있는 회생채권자·회생담보권자, 회생절차가 개시된 채무자의 재산을 소지하고 있거나 그에게 채무를 부담하는 자에게 공고사항을 기재한 서면도 송달하여야 한다(제51조 제1항, 제2항). 회생절차개시결정을 한 경우에 법원이 공고하여야 할 사항은 ① 회생절차개시결정의 주문, ② 관리인의 성명 또는 명칭, ③ 회생절차개시결정과 동시에 정하여야 할 사항에 대하여 그 정한 기간 및 기일, ④ 회생절차가 개시된 채무자의 재산을 소지하고 있거나 그에게 채무를 부담하는 자는 회생절차가 개시된 채무자에

116) 단 위 기간은 회생절차개시결정일부터 2주 이상 2월 이하이어야 한다(제50조 제1항 제1호 후단).

117) 이 경우 제출기간은 조사기간의 말일(사전계획안이 제출된 경우에는 회생절차개시결정일)부터 4개월 이하(채무자가 개인인 경우에는 조사기간의 말일부터 2개월 이하)이어야 한다(제50조 제1항 제4호).

게 그 재산을 교부하여서는 아니된다는 뜻이나 그 채무자에게 그 채무를 변제하여서는 아니된다는 뜻과 회생절차가 개시된 채무자의 재산을 소지하고 있거나 그에게 채무를 부담하고 있다는 사실을 일정한 기간 안에 관리인에게 신고하여야 한다는 뜻의 명령이다(제51조 제1항 각호).

라. 회생절차개시여부 재판에 대한 즉시항고

회생절차개시신청에 대한 재판, 즉 인용결정이나 기각결정에 대하여는 즉시항고할 수 있다(제53조 제1항). 이러한 즉시항고에는 집행정지의 효력이 없다(제53조 제3항). 즉시항고가 있는 경우 법원은 그 절차가 법률에 위반되거나 이유없다고 인정하는 때에는 각하 또는 기각결정을 하여야 하고, 이유 있다고 인정하는 때에는 원심법원의 결정을 취소하고 사건을 원심법원에 환송하여야 한다(제53조 제4항, 제5항).

마. 회생절차개시결정의 취소

회생절차개시결정에 대한 즉시항고 등의 절차에서 법원이 회생절차개시결정을 취소하는 결정을 하고, 그 결정이 확정된 때에는 법원은 즉시 그 주문을 공고하여야 한다(제54조 제1항). 이러한 회생절차개시결정을 취소하는 결정이 확정된 때에는 관리인은 공익채권을 변제하여야 하며, 이의있는 공익채권의 경우에는 그 채권자를 위하여 공탁하여야 한다(제54조 제3항).

2. 회생절차개시결정의 효력

가. 다른 절차의 금지·중지

(1) 금지·중지되는 절차

(가) 강제집행 등의 금지·중지

회생절차개시결정이 있는 때에는 회생절차의 목적을 달성하기 위하여 절차의 진행에 방해되는 일정한 절차를 금지 또는 중지되도록 하고 있다(제58조). 회생절차개시결정에 의하여 금지되는 절차에는 ① 파산 또는 회생절차개시의 신청, ② 회생채권 또는 회생담보권에 기한 강제집행, 가압류·가처분, 담보권실행을 위한 경매 등이 있고(제58조 제1항), 중지되는 절차에는 ① 파산절차, ② 채무자의 재산에 대하여 이미 행하여진 회생채권·회생담보권에 기한 강제집행, 가압류·가처분, 담보권실행을 위한 경매[118] 등이 있다(제58조 제2항).

채무자에 대하여 채무를 부담하는 자에 대한 압류 및 전부명령 또는 압류 및 추심명령[119]도 채무자의 재산에 대한 강제집행이므로 역시 금지·중지의 대상이 된다고 보지만,[120] 압류 및 전부명령에 대해서는 논란이 있다. 금지·중지되는 절차는 회생채권·회생담보권에 기한 강제집행 등에 한하므로 공익채권 또는 환취권에 기한 강제집행 등은 금지·중지의 대상이 아니다. 공유물분할을 위한 경매, 자조매각금의 공탁을 위한 경매 등도 금지·중지의 대상이 아니다. 한편 금지나 중지는 채무자의 재산에 대하여 행하여지는 경우에 한하는 것이므로 보증인이나 연대채무자, 물상보증인 등 채무자 이외의 자에 대한 절차는 금지 또는 중지의 대상이 되지 아니한다.

(나) 체납처분 등[121]의 금지 및 중지

① 금지·중지의 대상이 되는 체납처분[122]

체납처분은 크게 회생채권·회생담보권인 조세 등의 청구권에 기한 체납

118) 여기의 중지명령의 대상이 되는 담보권실행을 위한 경매에 비전형담보권도 포함되느냐 여부와 관련해서는 ① 비전형담보권의 실행행위를 담보물권에 기한 집행절차와 달리 취급할 이유가 없으므로 중지명령의 대상이 된다는 견해, ② 법 규정상 근거가 없으므로 중지명령의 대상이 되지 아니한다는 견해가 있으나, 회생절차에서의 중지명령의 취지를 감안하면 중지명령의 대상이 된다고 보는 것이 타당하다.

119) 대법원 2004.4.23. 선고 2003다6781 판결.

120) 서울중앙지방법원, 도산절차와 소송 및 집행절차, 73p.에서 "강제집행 등의 금지 및 중지는 채무자의 재산에 대하여 행하는 것에 한하므로 연대채무자·보증인·물상보증인 등 제3자의 재산에 대하여 행하는 것은 금지·중지되지 않는다. 다만 채무자에 대하여 채무를 부담하는 자에 대한 압류·전부명령·추심명령은 채무자의 재산에 대한 강제집행이므로 역시 금지·중지된다."라고 하고 있다.

121) 이해의 편의를 위하여 체납처분을 크게 분류하여 보면, ① 회생채권·회생담보권인 조세 등의 청구권에 기한 체납처분, ② 공익채권인 조세 등의 청구권에 기한 체납처분으로 나누어 볼 수 있고, 위 ①항은 다시 회생채권·회생담보권인 조세 등의 청구권의 종류와 체납처분의 방법에 따라 ㉠ 조세채권에 기한 국세징수법 또는 지방세기본법에 의한 체납처분, ㉡ 국세징수의 예에 의하여 징수할 수 있는 청구권으로서 그 징수우선순위가 일반 회생채권보다 우선하는 것에 기한 체납처분, ㉢ 국세징수의 예에 의하여 징수할 수 있는 청구권으로서 그 징수우선순위가 일반 회생채권보다 우선하지 아니한 것에 기한 체납처분으로 나누어 볼 수 있다.

122) 한편 중지명령에 의하여 회생절차개시신청 후 회생절차개시결정시까지 중지가 가능한 체납처분 등은 국세징수법 또는 지방세기본법에 의한 체납처분(즉 조세채권에 기한 체납처분), 국세징수

처분과 공익채권인 조세 등의 청구권에 기한 체납처분으로 구분할 수 있는데,[123] 회생절차개시결정으로 금지·중지의 대상이 되는 체납처분은 전자의 회생채권·회생담보권인 조세 등의 청구권에 기한 체납처분이고, 후자의 공익채권인 조세 등의 청구권에 기한 체납처분은 금지·중지의 대상으로 되지 아니한다.[124]

② 체납처분 등의 금지·중지 기간

위에서 본 바와 같이 체납처분으로서 금지·중지의 대상이 되는 체납처분은 회생채권·회생담보권인 조세 등의 청구권에 기한 체납처분인데, 그 금지·중지의 기간은 회생채권·회생담보권인 조세 등의 청구권에 기한 체납처분의 종류에 따라 회생채권·회생담보권인 조세 등의 청구권에 기한 체납처분 중에서 국세징수의 예에 의하여 징수할 수 있는 청구권으로서 일반 회생채권보다 우선하지 아니한 것에 기한 체납처분은 금지·중지기간의 제한 없이 회생절차종료시까지 줄곧 금지·중지되는 것이고(제58조 제1항 제3호, 제2항 제3호),[125] 나머지의 체납처분은 일정기간 동안만 금지·중지되는 것이다(제58조 제3항).[126] 조세채무담보를 위하여 제공된 물건의 처분도 일정기간 동

의 예(국세 또는 지방세 체납처분의 예를 포함)에 의한 체납처분 또는 조세채무담보를 위하여 제공된 물건의 처분이다(제44조 제1항 제5호). 그런데 체납처분 등에 대해서는 포괄적 금지명령의 대상이 되지 아니하므로 이들 체납처분 등을 사전에 금지시킬 방법은 없으며 위 개별적 중지명령에 의하여 사후적으로 중지시키는 수밖에 없는바, 체납처분 등을 포괄적 금지명령의 대상에서 제외하는 것은 문제라고 보이므로 향후 법 개정시 반영이 필요한 부분이라고 보인다(서울중앙지방법원, 제4판 회생사건실무上, 112p).

123) 조세 등의 청구권이 회생채권에 해당되는지 공익채권에 해당되는지 여부는 회생절차개시 전에 성립된 것인지 여부에 따르며 회생절차개시결정 전에 성립된 것은 원칙적으로 회생채권에 해당되고 회생절차개시결정 후에 성립된 것은 공익채권에 해당된다(즉 회생절차개시결정 후에 성립된 것은 당연히 회생절차개시당시 아직 납부기한이 도래하지 아니하였을 것이므로 제179조 제1항 제9호에 의하여 공익채권에 해당됨). 다만 회생절차개시결정 전에 성립되었지만 회생절차개시당시 아직 납부기한(법정납부기한)이 도래하지 아니한 것으로서 원천징수하는 조세, 부가가치세·개별소비세·주세 및 교통·에너지·환경세, 본세의 부과징수의 예에 따라 부과징수하는 교육세 및 농어촌특별세, 특별징수의무자가 징수하여 납부하여야 하는 지방세는 예외적으로 회생채권이 아닌 공익채권에 해당된다(제179조 제1항 제9호).

124) 서울중앙지방법원, 제4판 회생사건실무上, 166p.

125) 법무부, 채무자 회생 및 파산에 관한 법률 해설, 45p.

126) 일반회생채권을 기준으로 우선하는 것과 그렇지 아니한 것을 구분하여 체납처분 등의 금지·중지 가능 여부를 구분하는 것은 채권자 평등의 원칙을 실현하기 위한 것이다(법무부, 채무자 회생 및 파산에 관한 법률 해설, 101p).

안만 금지·중지되는 대상이 된다(제58조 제3항).

여기에서 나머지의 체납처분이란 회생채권·회생담보권인 조세채권에 기한 국세징수법 또는 지방세기본법에 의한 체납처분과 국세징수의 예에 의하여 징수할 수 있는 청구권으로서 그 징수우선순위가 일반 회생채권보다 우선하는 것에 기한 체납처분을 말하며, 이러한 체납처분과 조세채무담보를 위하여 제공된 물건의 처분은 일정기간, 즉 ① 회생절차개시결정이 있는 날부터 회생계획인가가 있는 날까지, ② 회생절차개시결정이 있는 날부터 회생절차가 종료되는 날까지, ③ 회생절차개시결정이 있는 날부터 2년이 되는 날까지의 기간 중 말일이 먼저 도래하는 기간까지 금지·중지되는 것이다(제58조 제3항 전단). 다만 법원은 필요하다고 인정하는 때에는 관리인의 신청이나 직권으로 1년 이내의 범위에서 금지·정지의 기간을 늘일 수 있다(제58조 제3항 후단). 체납처분 또는 물건의 처분이 금지되거나 중지되는 기간 중에는 시효가 진행되지 아니한다(제58조 제4항).

(2) 절차의 금지·중지의 효력

(가) 금지행위의 무효 및 당연중지

회생절차개시결정에 의하여 금지되어 있는 절차가 신청된 경우에는 부적법 각하되어야 하며, 각하되지 아니하고 개시된 절차는 무효로 된다. 이때 신청금지의 효력이 지속되는 기간은 회생절차종료시까지이다(제292조 제2항). 이미 행하여진 절차의 중지는 법원의 재판을 기다리지 아니하고 당연중지되며, 따라서 집행기관이 회생절차개시결정의 사실을 발견한 때에는 개시결정정본의 제출을 기다릴 필요 없이 직권으로 이미 집행되고 있는 절차를 정지하여야 한다. 집행정지사유가 있음에도 불구하고 집행기관이 집행을 정지하지 아니한 경우에는 집행에 관한 이의신청이나 즉시항고 또는 가압류·가처분결정에 대한 이의신청 등을 통하여 구제받을 수 있다. 중지된 파산절차나 강제집행, 가압류·가처분, 담보권실행 등을 위한 경매절차는 회생계획인가결정이 있으면 그 효력이 상실된다(제256조 제1항).

(나) 중지된 체납처분 등의 회생계획인가 후의 실효 여부

중지된 체납처분 등은 회생계획인가결정이 이루어진 경우 어떻게 되는지 문제된다. 중지된 체납처분 등도 앞서 본 바와 같이 두 가지로 구분할 수 있으므로 경우를 나누어 살펴보자.

먼저 국세징수의 예에 의하여 징수할 수 있는 청구권으로서 그 징수우선순위가 일반 회생채권보다 우선하지 아니한 것에 기한 체납처분에 관하여는 다른 중지된 절차의 실효와 달리 명문의 규정을 두고 있지 아니하므로(제256조 제1항) 회생계획인가결정으로 실효되는지 여부에 관하여는, ① 실효되지 아니한다는 견해,[127] ② 실효된다는 견해로 나누어지는데, 이는 중지 중인 절차의 실효에 관하여 규정한 제256조 제1항[128]과 관련하여 그 본문을 중시하느냐 단서를 중시하느냐에 따르는 문제라고 보인다. 생각건대 채무자의 회생을 목적으로 하는 회생절차의 취지로 보아 징수우선순위가 일반 회생채권보다 우선하지 아니한 것에 기한 체납처분까지 굳이 우대할 이유가 있다고는 보이지 아니하므로 제256조 제1항 단서를 중시하여 실효되는 것으로 보는 것이 합리적이라고 본다. 향후 법 개정시 이 부분에 대한 반영이 필요하다고 본다.

다음으로 회생채권·회생담보권에 기한 채무자의 재산에 대한 국세징수법 또는 지방세기본법에 의한 체납처분과 국세징수의 예에 의하여 징수할 수 있는 청구권으로서 그 징수우선순위가 일반 회생채권보다 우선하는 것에 기한 체납처분 및 조세채무담보를 위하여 제공된 물건의 처분은 법에서 정한 일정기간 동안만 금지·정지될 뿐 그 기간이 경과한 후에는 체납처분을 진행할 수 있는 것이므로(제58조 제3항) 회생계획인가결정이 있어도 실효되지 아니한다고 본다.

---

127) 서울중앙지방법원, 제4판 회생사건실무上, 167p; 서울중앙지방법원, 제4판 회생사건실무下, 108p.

128) 제256조(중지 중의 절차의 실효) "① 회생계획인가의 결정이 있은 때에는 제58조(다른 절차의 중지 등) 제2항의 규정에 의하여 중지한 파산절차, 강제집행, 가압류, 가처분, 담보권실행 등을 위한 경매절차는 그 효력을 잃는다. 다만 같은 조 제5항의 규정에 의하여 속행된 절차 또는 처분은 그러하지 아니한다."

(3) 중지·금지된 절차의 속행명령 또는 취소명령

(가) 의 의

회생절차개시결정으로 중지·금지된 절차에 관하여 법원은 파산절차를 제외하고는 회생에 지장이 없다고 인정할 경우 관리인 등의 신청에 의하거나 법원의 직권으로 속행명령 또는 취소명령을 내릴 수 있다(제58조 제5항). 여기에서 취소명령의 경우 이는 회생절차개시결정 후의 취소명령인 점에서 회생절차개시결정 전의 중지한 절차에 대한 취소명령과 구분된다.[129)]

(나) 속행명령·취소명령의 대상과 신청권자

속행명령의 대상은 파산절차를 제외한 회생절차개시결정으로 중지한 절차 모두가 대상이 되며,[130)131)] 속행명령의 신청권자는 그 중지한 절차가 ① 채무자의 재산에 대하여 이미 행한 회생채권 또는 회생담보권에 기한 강제

---

129) 회생절차개시신청 후 법원은 필요하다고 인정할 경우 이해관계인의 신청 또는 직권으로 회생절차개시결정 전까지 파산절차, 회생채권 또는 회생담보권에 기한 강제집행 등의 절차, 체납처분 등의 절차, 소송절차, 행정청에 계속되어 있는 절차에 대하여 중지명령을 내릴 수 있고(제44조 제1항 본문), 중지명령에 의하여 중지된 절차 중 회생채권 또는 회생담보권에 기한 강제집행 등의 절차에 한해서는 채무자의 신청 또는 직권으로 취소명령을 내려 중지한 절차를 취소할 수 있도록 하고 있다(제44조 제4항). 즉 회생절차개시결정 전에 있어서는 회생채권 또는 회생담보권에 기한 강제집행 등의 절차를 제외한 나머지의 절차 등은 취소명령의 대상이 되지 아니한다(제44조 제4항). 조세 등의 청구권에 기한 체납처분 등을 따로 떼어 살펴보면, 조세 등의 청구권에 기한 체납처분 등 중에서 징수우선순위가 일반 회생채권보다 우선하지 아니한 것에 기한 체납처분을 제외한 나머지의 체납처분 등은 회생절차개시결정 후 회생계획인가결정 전까지는 취소명령의 대상이 되지만(제58조 제5항 본문 후단, 제58조 제3항), 회생절차개시결정 전에는 취소명령의 대상이 되지 아니하고(제44조 제4항), 징수우선순위가 일반 회생채권보다 우선하지 아니한 것에 기한 체납처분은 회생절차개시결정 후에는 회생계획인가 전 뿐만 아니라 인가 후에도 취소명령의 대상이 되지만(제58조 제5항 본문 후단), 역시 회생절차개시결정 전에는 취소명령의 대상이 되지 아니한다(제44조 제4항).

130) 법 제58조(다른 절차의 중지 등) 제5항 본문 전단에서는 속행명령의 대상으로 제2항의 중지절차만을 명시할 뿐 제3항을 명시하고 있지 아니하나 제5항 본문 전단에서 제3항에 해당하는 제140조 제2항을 인용하고 있는 점에 비추어 입법시 제3항을 누락한 것으로 보인다. 향후 법 개정시 반영되어야 할 부분이다(서울중앙지방법원, 제4판 회생사건실무上, 168p). 즉 회생채권 또는 회생담보권에 기한 채무자의 재산에 대한 국세징수법 또는 지방세기본법에 의한 체납처분 또는 국세징수의 예에 의하여 징수할 수 있는 청구권으로서 그 징수우선순위가 일반 회생채권보다 우선하는 것에 기한 체납처분과 조세채무담보를 위하여 제공된 물건의 처분도 속행명령의 대상이 되는 것으로 해석되는 것이다.

131) 조세 등의 청구권에 기한 체납처분 등의 경우에도 그 징수우선순위가 일반 회생채권보다 우선하지 아니한 것에 기한 체납처분을 포함한 모든 체납처분 등이 속행명령의 대상이 된다.

집행, 가압류, 가처분 또는 담보권실행을 위한 경매절차나 또는 국세징수의 예에 의하여 징수할 수 있는 청구권으로서 그 징수우선순위가 일반 회생채권보다 우선하지 아니한 것에 기한 체납처분의 경우에는 관리인이고, ② 국세징수법 또는 지방세기본법에 의하여 징수할 수 있는 청구권이거나 국세징수의 예에 의하여 징수할 수 있는 청구권으로서 징수우선순위가 일반 회생채권보다 우선하는 것에 관하여는 관리인 또는 징수권자이다(제58조 제5항 전단). 한편 취소명령의 대상도 파산절차를 제외한 회생절차개시결정으로 중지한 절차 모두가 대상이 되며,[132][133] 취소명령의 신청권자는 그 중지한 절차에 구분없이 관리인만 해당된다(제58조 제5항 후단). 일반 회생채권자나 회생담보권자에게는 속행명령이나 취소명령 둘 다 신청권이 없다. 속행명령의 경우에는 담보의 제공이 필요하지 아니하나 취소명령의 경우에는 담보를 제공하게 할 수 있다(제58조 제5항 후단). 회생절차개시결정으로 중지한 파산절차에 대한 속행명령·취소명령은 불가하다(제58조 제5항 단서).

(다) 속행명령·취소명령의 효과

중지한 절차 또는 처분의 속행명령에 의하여 속행된 절차·처분과 관련된 채무자에 대한 비용청구권은 공익채권으로 된다(제58조 제6항). 그리고 속행명령·취소명령에 의하여 국세징수법 또는 지방세기본법에 의하여 징수할 수 있는 청구권 또는 국세징수의 예에 의하여 징수할 수 있는 청구권으로서 그 징수우선순위가 일반 회생채권보다 우선하는 것에 기한 체납처분이나 담보물권의 처분이 속행된 경우에는 목적물을 환가하여 받은 금전을 조세 등의 청구권의 만족에 충당할 수 있지만(제131조 단서 제2호),[134] 일반 회생채권 또

132) 법 제58조(다른 절차의 중지 등) 제5항 본문 후단에서는 취소명령의 대상으로 제2항의 중지절차만을 명시할 뿐 제3항을 명시하고 있지 아니하나 취소명령제도의 취지로 보아 제3항을 누락한 것으로 보인다. 즉 회생채권 또는 회생담보권에 기한 채무자의 재산에 대한 국세징수법 또는 지방세기본법에 의한 체납처분 또는 국세징수의 예에 의하여 징수할 수 있는 청구권으로서 그 징수우선순위가 일반 회생채권보다 우선하는 것에 기한 체납처분과 조세채무담보를 위하여 제공된 물건의 처분도 취소명령의 대상이 되는 것으로 해석되는 것이다. 향후 법 개정시 반영되어야 할 부분이다(서울중앙지방법원, 제4판 회생사건실무上, 168p). 다만 이들 체납처분 등은 회생계획인가결정이 이루어진 경우에도 그 효력의 상실대상이 되지 아니하고 당연히 속행되는 것이므로(제58조 제3항 전단), 그 취소명령은 회생계획인가결정이 있기 전까지만 가능할 것이다.

133) 조세 등의 청구권에 기한 체납처분 등의 경우에도 그 징수우선순위가 일반 회생채권보다 우선하지 아니한 것에 기한 체납처분을 포함한 모든 체납처분 등이 취소명령의 대상이 된다.

는 회생담보권에 의한 강제집행 등이 속행되어 얻은 금전은 회생채권 등에 대한 변제의 금지에 따라 법원의 허가가 없는 한 그 채권의 변제에 충당할 수 없다(제131조 본문).[135] 취소명령이 있으면 그 대상이 되었던 절차는 소급하여 효력을 상실하고 압류 등의 효력도 소멸된다. 한편 회생계획인가결정이 있은 때에는 회생절차개시결정으로 중지한 파산절차, 강제집행, 가압류, 가처분, 담보권실행 등을 위한 경매절차는 효력이 상실되지만(제256조 제1항, 제58조 제2항),[136] 그 중지한 절차 또는 처분의 속행명령·취소명령에 의하여 속행된 절차처분은 효력이 상실되지 아니한다(제256조 제1항 단서, 제58조 제5항).

나. 회생채권의 개별적 행사 및 채권소멸행위 금지

(1) 개별적 행사 금지

회생절차개시결정이 이루어지면 회생채권의 개별적 행사는 금지된다. 즉 채무자의 재산에 대한 개별적인 집행절차는 중지되며,[137] 새로운 집행의 신청도 금지된다(제58조 제1항 제2호, 제2항 제2호). 회생채권·회생담보권인 조세 등의 청구권에 기한 체납처분 등의 경우에도 법이 정하는 일정한 기간 동안은 금지·중지된다(제58조 제1항 제3호, 제2항 제3호, 제3항).

(2) 채권소멸행위 금지

회생채권은 특별한 규정이 있는 경우를 제외하고는 회생계획이 규정한 바에 따르지 아니하고는 이를 변제받거나 변제하는 등 소멸하게 하는 행위(면제행위 제외)를 하지 못한다(제131조 본문). 다만 예외적으로 변제가 허용되는 경우가

134) 이러한 조세 등의 청구권의 경우에는 체납처분에 의한 압류를 당한 채무자의 채권(압류의 효력이 미치는 채권 포함)에 관하여 그 체납처분의 중지 중에 제3채무자가 징수권자에게 임의로 이행하는 것에 의한 변제도 가능하다(제131조 단서 제2호).

135) 서울중앙지방법원, 제4판 회생사건실무上, 169p.

136) 회생절차개시결정으로 중지한 조세 등의 청구권에 기한 체납처분 등도 회생계획인가결정으로 그 효력이 상실되는지가 문제되는데, 조세 등의 청구권 중 그 징수우선순위가 일반 회생채권보다 우선하지 아니한 것에 기한 체납처분(제58조 제2항 제3호)은 제256조 제1항 본문에 실효되는 절차로 체납처분이 열거되어 있지 아니한 관계로 상실설, 비상실설의 다툼이 있지만, 그 밖의 조세 등의 청구권에 기한 체납처분 등은 그 효력이 상실되지 아니한다(제256조 제1항의 반대해석).

137) 대법원 2004.4.23. 선고 2003다6781 판결; 대법원 2007.9.21. 선고 2006다9446 판결.

있다. 즉 ① 관리인이 법원의 허가를 받아 변제하는 경우(제131조 단서 전단), ② 체납처분 등의 처분·속행이 허용되는 경우 또는 체납처분에 의한 압류를 당한 채무자의 채권에 관하여 그 체납처분의 중지 중에 제3채무자가 징수권자에게 임의로 이행하는 경우(제131조 단서 후단), ③ 채무자의 거래상대방인 중소기업자가 그가 가지는 소액채권을 변제받지 아니하면 사업의 계속에 현저한 지장을 초래할 우려가 있는 때로서 그 전부 또는 일부의 변제에 대한 법원의 허가를 받은 경우(제132조 제1항) 또는 채무자가 회생채권을 변제하지 아니하고는 채무자의 회생에 현저한 지장을 초래할 우려가 있다고 인정하는 때로서 그 전부 또는 일부의 변제에 대한 법원의 허가를 받은 경우(제132조 제2항)에는 변제가 가능한 것이다.

다. 개시결정이 소송절차에 미치는 영향

(1) 신소의 제기 가능 여부

회생절차개시결정이 있는 경우에 법에서는 채무자의 재산에 관한 소송으로서 이미 제기된 소송절차는 중단되도록 하고 있는 반면(제59조 제1항) 신소의 제기에 대해서는 이를 금지하는 규정을 두고 있지 아니하므로 채무자의 재산에 관한 신소의 제기가 가능한지 문제된다.

공익채권에 기한 소송의 경우에는 공익채권이 회생절차와 무관하게 수시로 변제될 수 있는 관계로(제180조 제1항, 제2항) 그 이행 또는 확인의 소의 제기는 가능하다고 본다.[138] 이때의 피고는 관리인이 될 것이다(제78조).[139]

그러나 회생채권·회생담보권에 기한 소송의 경우에는 개별적 행사가 금지되어 회생절차에 의해서만 변제가 가능하고 그 밖의 소멸행위는 원칙적으로 금지되어 있으므로(제131조 본문, 제141조 제2항) 목록의 기재 또는 채권신고와 채권조사의 결과를 기다리지 아니하고 바로 소를 제기할 수는 없다고 본다.[140] 그럼

138) 서울중앙지방법원, 도산절차와 소송 및 집행절차, 53p.

139) 이 경우의 소는 회생절차개시 후에 제기된 신소이므로 개시결정 당시 계속 중인 소가 아니어서 중단 및 수계의 문제는 발생하지 아니한다고 본다. 즉 회생절차개시 후에 제기된 소는 관리인 등 정당한 당사자를 상대로 제기하였을 것이므로 중단 및 수계의 필요성이 없을 것으로 보이는 것이다.

140) 서울중앙지방법원, 제4판 회생사건실무上, 417p.

에도 불구하고 회생채권·회생담보권에 기한 소송이 제기된 경우에는 법원은 해당 채권을 회생법원에 신고하도록 권유한 후 소를 취하하도록 하거나 소의 이익이 없는 것으로 보아 각하할 것으로 보인다.[141]

그런데 채권자가 제기한 소에서 그 주장하는 채권이 공익채권에 기한 것인지 회생채권·회생담보권에 기한 것인지 불명한 경우가 있다. 이러한 경우에는 법원은 채권자에게 이에 대한 석명을 요구하고 그 결과를 토대로 공익채권으로 판단되는 경우에는 소송절차를 그대로 진행할 것이고,[142] 회생채권·회생담보권으로 판단되는 경우에는 앞서 본 바와 같이 채권신고를 권유한 후 취하를 유도하거나 각하할 것으로 보인다.

(2) 개시결정 당시 계속된 소송절차의 중단과 수계

회생절차개시결정이 있는 때에는 개시결정 당시 법원에 계속 중인 채무자의 재산에 관한 소송절차는 중단된다(제59조 제1항). 중단되는 소송은 그것이 채무자의 재산에 관한 소송인 한 회생채권·회생담보권에 관한 소송이든 환취권이나 공익채권에 관한 소송이든 모두 해당된다.[143] 관리인 불선임 결정에 의하여 관리인으로 보게 되는 채무자가 당사자인 경우에도 소송절차가 중단되는지 문제되는데, 채무자로서의 지위와 관리인으로서의 지위는 구별될 수 있고 이 경우라고 하여 소송절차의 중단의 필요성이 없는 것은 아니므로 마찬가지로 소송절차는 중단된다고 본다.[144] 소송절차의 중단은 채무자의 재산에 관한 소송만 해당되는 것이므로 그 밖의 소송은 중단되지 아니하고 여전히 채무자에게 귀속된다.

소송절차가 중단되면 판결의 선고를 제외하고는 당사자의 행위이든 법원의 행위이든 일체 소송행위를 할 수 없으며 기간의 진행도 정지되고, 소송행위를 한 경우에는 무효로 된다.[145]

위 중단된 소송절차는 어떻게 처리될 것인가? 회생채권·회생담보권과 관계

---

141) 서울중앙지방법원, 도산절차와 소송 및 집행절차, 54p.
142) 서울중앙지방법원, 도산절차와 소송 및 집행절차, 54p.
143) 서울중앙지방법원, 제4판 회생사건실무上, 190p.
144) 서울중앙지방법원, 제4판 회생사건실무上, 191p.
145) 서울중앙지방법원, 도산절차와 소송 및 집행절차, 62p.

없는 소송절차, 즉 환취권이나 공익채권에 관한 소송 등은 관리인 또는 상대방이 즉시 수계할 수 있을 것이다(제59조 제2항 전단). 그러나 회생채권·회생담보권에 관한 소송절차는 이를 즉시 수계하여야 하는 것이 아니고 회생채권 등의 조사절차를 거친 후 이의가 있는 경우에 한하여 회생채권자 등이 권리의 확정을 구하는 것으로 청구취지를 변경함과 아울러 이의자 전원을 상대방으로 하여 소송을 수계하여야 할 것이다(제172조 제1항). 소송절차를 수계하는 대신 새로운 채권조사확정재판을 청구하는 것은 비용과 시간의 낭비를 방지하고 절차의 번잡을 피하기 위한 공익적 목적에 의하여 소송을 수계하도록 한 취지에 비추어 불가하다고 본다.[146)]

이와 같은 소송절차의 중단·수계는 채무자의 재산에 관한 사건으로서 회생절차개시 당시 행정청에 계속되어 있는 사건의 경우에도 마찬가지로 적용된다(제59조 제6항). 회생절차개시 당시 회생채권자가 제기한 사해행위취소소송이나 채권자대위소송[147)] 또는 부인소송이 계속되어 있는 경우에도 소송절차는 중단되며, 관리인 또는 상대방이 이를 수계할 수 있다고 할 것이다(제113조 제1항, 제2항, 제59조 제2항).

(3) 소송의 이송

회생법원은 회생절차개시 당시 채무자의 재산에 관한 소송이 다른 법원에 계속되어 있는 때에는 결정으로 그 소송에 대한 이송을 청구할 수 있다(제60조 제1항 전단). 이는 회생절차개시 후 다른 법원에 계속되어 있게 된 소송의 경우에도 마찬가지이다(제60조 제1항 후단). 이러한 결정에 의하여 이송의 청구를 받은 법원은 소송을 회생법원에 이송하여야 한다(제60조 제2항). 이송은 소송절차의 중단 또는 중지 중에도 할 수 있다(제60조 제3항). 그러나 상소심법원에 계속되어 있는 소송에 관하여는 이송할 수 없다(제60조 제4항). 이송의 효과는 이송받은 법원의 이송결정에 의하여 비로소 발생하는 것이므로 이송의 청구를 받은 후라도 이송결정 전에 행하여진 소송행위는 유효하다.[148)]

---

146) 대법원 2001.6.29. 선고 2001다22765 판결.
147) 제2판 회생정리법(상), 임채홍·백창훈, 425p; 서울중앙지방법원, 도산절차와 소송 및 집행절차, 70p.
148) 제2판 회생정리법(상), 임채홍·백창훈, 427p.

라. 쌍방미이행 쌍무계약의 처리

회생절차개시결정과 관련하여 쌍무계약의 운명이 어떻게 되는지 살펴볼 필요가 있다. 먼저 채무자는 이행을 하였으나 상대방이 미이행인 경우에는 관리인이 이행을 청구하면 될 것이고 그 반대의 경우에는 상대방으로서는 회생담보권 또는 회생채권으로 회생계획에 따라 변제받으면 될 것이므로 어느 일방만 미이행인 경우에는 문제될 것이 없다. 문제는 쌍방 모두 미이행 상태에 있는 경우이다. 이 경우에 관하여 법에서는 관리인에게 계약의 해지·해제 또는 이행의 선택권을 주는 대신에 상대방의 보호를 위한 일정 규정을 두어 채무자의 정리·재건과 양당사자의 형평을 도모하고 있다.[149] 즉 쌍무계약에 관하여 채무자와 그 상대방이 모두 회생절차개시 당시 아직 이행을 완료하지 아니한 경우에는 관리인은 계약을 해제 또는 해지하거나 채무자의 채무를 이행하고 상대방의 채무이행을 청구할 수 있다(제119조 제1항 본문). 이를 관리인의 선택권이라고 한다. 다만 관리인이라도 '회생계획안 심리를 위한 관계인집회'가 끝난 후 또는 서면결의에 부치는 결정이 있은 후에는 계약을 해제 또는 해지가 불가하다(제119조 제1항 단서). 또한 근로계약 등과 같은 단체협약에 의한 경우[150]나 임대인에 대한 회생절차개시사건에 있어서 임차인이 주택임대차보호법이나 상가건물임대차보호법상의 대항요건을 갖춘 경우에도 관리인은 해제권을 행사할 수 없다(제119조 제4항, 제124조 제4항).

한편 상대방은 관리인에 대하여 계약의 해제나 해지 또는 그 이행여부에 대한 확답을 최고할 수 있고, 관리인이 그 최고를 받은 후 30일 이내에 확답을 하지 아니하는 때에는 해제권 또는 해지권을 포기한 것으로 본다(제119조 제2항).[151]

관리인이 해제·해지권을 선택하여 계약이 해제 또는 해지된 때에는 상대방은 손해배상에 관하여 회생채권자로서 그 권리를 행사할 수 있고, 원상회복과 관련하여서는 채무자가 받은 반대급부가 채무자의 재산 중에 현존하는 때에는

---

149) 대법원 2000.4.11. 선고 99다60559 판결.

150) 이와 같이 미이행 쌍무계약 해제에 관한 규정이 단체협약에 적용되지는 아니한다고 하여도 근로기준법상 경영상 이유에 의한 해고의 요건이 갖추어진 경우에는 정리해고는 가능하게 된다는 점을 주의하여야 한다.

151) 파산절차에서는 이와 반대로 파산관재인이 확답을 하지 아니한 때에는 계약을 해제 또는 해지한 것으로 보고 있다(제335조 제2항).

상대방은 그 반환을 청구할 수 있고, 현존하지 아니하는 때에는 가액의 상환에 관하여 공익채권자로서 권리를 행사할 수 있다(제121조 제1항, 제2항). 관리인이 이행을 선택한 때에는 상대방은 공익채권자로서 회생절차에 의하지 아니하고 수시로 변제받을 수 있다(제179조 제1항 제7호). 관리인이 국가를 상대방으로 하는 방위력개선사업 관련 계약을 해제 또는 해지하고자 하는 경우에는 방위사업청장과 협의하여야 한다(제119조 제5항).

마. 근저당권의 피담보채권의 확정과 담보되는 채권의 범위

채무자에 대하여 회생절차개시결정이 이루어진 경우에 채무자의 재산에 설정된 근저당권에 의하여 담보된 피담보채권이 확정되는지 문제된다. 이에 대하여는 ① 확정설, ② 비확정설로 견해가 나누어지는바, 회생절차에서는 거의 대부분 회생절차개시결정의 시점을 기준으로 법률관계의 각 분야에 걸쳐 새로운 단계로 들어가는 것이므로 확정설이 타당하다고 보며, 판례도 마찬가지의 입장이다.[152)]

회생절차개시결정의 시점에서 근저당권의 피담보채권이 확정된다고 할 때 그 시점에서 확정된 원금과 개시결정 전날까지의 이자는 피담보채권의 범위 안에 포함될 것임은 당연하다고 할 것이지만, 개시결정 후에 발생한 이자나 연체이자도 회생담보권의 범위 안에 포함될 것인지 문제된다. 실무상으로는 회생계획안을 작성할 때에 회생담보권에 대한 권리변경과 변제방법을 규정하면서 회생담보권으로 확정된 원금 및 개시결정 전날까지의 이자 이외에 원금에 대한 개시결정일로부터 변제기일까지의 이자, 변제기일까지 변제하지 못할 경우에 발생하는 연체이자 등을 규정해 놓은 후 나중에 회생계획변경절차에서 회생절차개시결정 후에 발생한 이자 및 연체이자 전체를 회생담보권에 포함시켜 일반회생채권보다 우선한 것으로 취급하고 있는 것으로 보인다.[153)]

152) 대법원 2001.6.1. 선고 99다66649 판결.
153) 서울중앙지방법원, 제4판 회생사건실무上, 441p.

[기재례 14] 회생절차 개시결정(기존경영자·관리인 선임결정의 경우)

○○ 지 방 법 원

제○ 파 산 부

결 정

사 건 20○○회단○○ 회생
신청인 겸 채무자 ○ ○ ○
○○시 ○○구 ○○동 ○○○
대리인 법무법인 ○○
담당변호사 ○○○, ○○○, ○○○, ○○○

주 문

1. 채무자에 대하여 회생절차를 개시한다.
2. ○○○(주민등록번호 : 123456-2345678, 주소 : ○○시 ○○구 ○○동 ○○○)를 채무자의 관리인으로 선임한다.
3. 회생채권자, 회생담보권자 및 주주의 목록 제출기간을 20○○. 5. 1.부터 20○○. 5. 22.까지로 한다.
4. 회생채권, 회생담보권 및 주식의 신고기간을 20○○. 5. 23.부터 20○○. 6. 12.까지로 한다.
5. 회생채권, 회생담보권의 조사기간은 20○○. 6. 13.부터 20○○. 7. 3.까지로 한다.

이 유

1. 인정사실

이 사건 기록에 의하면 다음 사실을 인정할 수 있다.

(1) 채무자는 20○○. 11. 15.경 ○○미곡창고로 설립되어 20○○. 2. 1. 현재의 상호로 변경한 이래 지금까지 육상운송업, 해상운송법, 택배업, 유통업 등을 영위하여 오고 있다.

(2) 채무자는 20○○년도에 약 889억원 정도의 손실을 보았으나 20○○년도에는 약 140억원의 순이익을 실현하였고 20○○년도에도 순이익이 예상되

는 상태이다. 또한 채무자는 20○○. 12. 31. 현재 자산이 약 2,227억원이고, 뒤에 보는 보증채무금 약 900억원 정도를 제외한 부채가 약 1,539억원이라는 재산상태를 제시하고 있다.

(3) 그러나 채무자는 20○○. 5.경 ○○주식회사가 기업개선작업 대상기업으로 선정되면서 그 유효 여부를 다투고 있는 연대보증을 하게 되었는데, 20○○. ○. ○. 현재 그 보증채무액이 900억원 정도에 이르게 되었다.

(4) 그런데 ○○주식회사의 채권자들은 20○○. 1.경 ○○주식회사가 기업개선작업 대상기업에서 제외됨에 따라 채무자에 대하여 보증채무의 이행을 청구하면서 채무자의 견질어음을 일시에 교환에 회부하였다. 유동자금에 여력이 없던 채무자는 결국 20○○. ○. ○. 100억원, 다음날 100억원 합계 200억원의 어음금을 결제하지 못하고 최종적으로 부도를 내게 되었다.

2. 판 단

위 인정사실에 의하면, 채무자는 사업의 계속에 현저한 지장을 초래하지 아니하고는 변제기에 있는 채무를 갚을 수 없는 상태에 처해 있어 채무자 회생 및 파산에 관한 법률(이하 '법'이라고 한다) 제34조 제1항 제1호가 정한 회생절차개시사유가 있다고 판단되고, 달리 법 제42조 각 호에 정해진 회생절차 개시신청의 기각사유가 있음을 단정할 만한 자료가 없다.

3. 결 론

그렇다면 이 사건 신청은 이유 있으므로 채무자에 대하여 회생절차를 개시하기로 하고, 법 제50조 제1항, 제74조 제1항·제2항에 따라 채권자협의회, 관리위원회의 의견을 참작하여 채무자 ○○○을 관리인으로 선임하기로 하며, 회생채권자, 회생담보권자 및 주주의 목록의 제출기간, 회생 채권, 회생담보권 및 주식의 신고기간, 회생채권·회생담보권의 조사기간에 관하여는 법 제50조 제1항에 의하여 주문과 같이 결정한다.

20○○. ○. ○. 10 : 00

재판장 판사 ○ ○ ○

판사 ○ ○ ○

판사 ○ ○ ○

(서울중앙지방법원, 회생사건실무下, 부록서식 인용 및 참고)

[기재례 15] 회생절차 개시결정(관리인 불선임 결정의 경우)

○○ 지 방 법 원
제○ 파 산 부
결 정

사 건	20○○회단○○ 회생
신청인 겸 채무자	○ ○ ○
	○○시 ○○구 ○○동 ○○○
	대리인 법무법인 ○○
	담당변호사 ○○○, ○○○, ○○○, ○○○

주 문

1. 채무자에 대하여 회생절차를 개시한다.
2. 채무자에 대하여 관리인을 선임하지 아니하고 채무자를 관리인으로 본다.
3. 회생채권자, 회생담보권자의 목록 제출기간을 20○○. 5. 1.부터 20○○. 5. 22.까지로 한다.
4. 회생채권, 회생담보권의 신고기간을 20○○. 5. 23.부터 20○○. 6. 12.까지로 한다.
5. 회생채권, 회생담보권의 조사기간은 20○○. 6. 13.부터 20○○. 7. 3.까지로 한다.

이 유

1. **인정사실**(생략)

2. **판단**(생략)

3. **결 론**

그렇다면 이 사건 신청은 이유 있으므로 채무자에 대하여 회생절차를 개시하고, 채무자 회생 및 파산에 관한 법률(이하 '법'이라고 한다) 제74조 제3항에 의하여 관리인으로 선임하지 아니하고 같은 조 제4항에 의하여 채무자의 대표이사를 채무자의 관리인으로 본다. 또한 회생채권자, 회생담보권자의 목록의 제출기간, 회생채권, 회생담보권의 신고기간, 회생채권·회생담보권의 조사기간에 관하여는 법 제50조 제1항에 의하여 주문과 같이 결정한다.

20○○. ○. ○. 10 : 00

재판장 판사 ○ ○ ○

(서울중앙지방법원, 회생사건실무下, 부록서식 인용 및 참고)

[기재례 16] 회생절차개시신청 기각결정

○○ 지 방 법 원
제○ 파 산 부
결 정

사 건 20○○회단○○ 회생
신 청 인 ○○○(123456-1234567)
○○시 ○○구 ○○동 ○○○
채 무 자 ○ ○ ○
○○시 ○○구 ○○동 ○○○

주 문

이 사건 회생절차개시의 신청을 기각한다.

이 유

1. 인정사실

이 사건 기록과 채무자, 파산관재인, 신청인, 채권자 ○○○에 대한 심문결과 등을 종합하면 다음 사실을 인정할 수 있다.

가. 채무자는 도심지 재개발 사업 등을 주된 사업목적으로 하여 20○○. 5. 20. ○○ 회사를 설립하여 ○○시 ○○구 ○○동 ○○○-○○의 ○○ 필지 상에 ○○동 제○구역 제○지구 재개발사업(이하 '이 사건 사업'이라 한다)을 시행한 바, 채무자 ○○○이 실 사주이다.

나. 채무자는 20○○. 8. 12. ◇◇보험, ▷▷신탁과 사이에 이 사건 사업에 관한 개발사업약정을 체결하고, 그에 따라 ▷▷신탁과 사이에 이 사건사업 대상토지에 관하여 신탁원본 우선수익자를 ◇◇보험, 신탁원본 및 신탁수익의 수익자를 채무자로 하는 담보신탁계약을 체결한 후 위 대상토지 중 2/3를 초과하는 43필지를 지주들로부터 매수한 다음 ▷▷신탁에 소유권을 이전하였다. 또한

채무자는 위 개발사업약정에 따라 ○○중공업에 위 토지상에 주상복합건물을 신축하도록 공사도급을 준 후 다시 217명의 수분양자들과 위 주상복합건물 중 아파트, 오피스텔에 관한 분양계약을 체결하였다.

다. 그 후 공사대금을 받지 못한 ○○중공업은 20○○. 9. 공사를 중단하고 미완성 건물에 대하여 공사대금채권 484억여원 미지급을 이유로 유치권을 행사하고 있다.

라. 한편, 채권자의 신청에 의하여 이 법원은 20○○. 11. 28. 10:30 채무자에 대하여 파산선고를 하고 파산관재인을 선임하였다.

마. ○○○은 20○○. 6. 15. ○○○ 명의로 파산절차 진행이 어렵다는 이유로 채무자에 대한 이 사건 회생절차개시의 신청을 하였다.

2. 회생절차에 의함이 채권자 일반의 이익에 적합하지 아니한지 여부

가. 채무자 회생 및 파산에 관한 법률은 개인회생절차를 제외한 다른 집단적 채무처리절차 사이에는 진행 중인 회생절차를 우선하는 것을 원칙으로 하고 있으나, 다른 집단적 채무처리절차에 의하는 것이 채권자에게 유리한 경우에는 새삼스럽게 회생절차를 개시하기보다 오히려 그 절차에 의하는 것이 적절하므로 제42조 제3호에 "그 밖에 회생절차에 의함이 채권자 일반의 이익에 적합하지 아니한 경우"를 회생절차개시 신청 기각 사유로 규정하고 있다.

나. 신청인은 이 사건 회생절차가 개시되면 ○○○이 관리인으로서 ◇◇증권으로부터 자금을 조달하여 기존 채무금을 모두 변제하고 이 사건 사업을 계속하여 공사를 완공한 후 이를 매각 내지 영업 양도하는 것을 회생계획의 내용으로 제시하고 있다.

그러나 채무자 회생 및 파산에 관한 법률 제486, 489조에 의하면 파산절차에서도 파산관재인은 법원의 허가 또는 채권자집회의 결의를 통하여 채무자의 영업을 계속할 수 있고, 위와 같은 계획은 파산관재인이나 ◇◇보험, ○○중공업, 수분양자 등 주요 이해관계인들이 현재 계속 중인 파산절차에서 이미 검토하고 있거나 협의 중에 있는 내용과 동일하다. 한편, ◇◇증권은 이 법원의 심문기일에서 파산관재인이 이 사건 사업을 추진한다면 자금지원 할 용의가 있다고 진술하고 있고, 파산관재인 또한 ◇◇보험, ○○중공업, 수분양자 등 주요 이해관계인들간의 이해 조정을 위한 자율적 협의를 종용하여 왔고, 현재 이

사건 사업이 구 도시재개발법 소정의 동의 요건을 구비하고 있어 채무자의 결의만으로도 사업 내용을 변경할 수 있으므로 위 이해관계인들의 동의만 있으면 사업을 계속하여 공사를 완공한 후 환가 내지 영업 양도하는 계획의 추진이 가능하다고 보고 있으며, 아울러 파산선고 이래 몇 군데에서 이 사건 사업장을 인수하겠다는 의사 타진이 있었다고 전술하고 있다. 또한 ◇◇보험, ○○중공업 및 수분양자들의 대리인은 20○○. 6. 20. 파산관재인에게 영업계속을 선택할 것을 요청하였다.

그렇다면 신청인들의 위와 같은 계획은 현재 계속 중인 파산절차에서도 가능한 것이고, 동일한 절차를 회생절차에서 반복하는 것은 시간 및 비용차원에서 무익할 뿐더러 그 반복된 기간만큼 자산가치가 감소되며 변제시기가 늦추어진다고 볼 수 있어 특별한 사정이 없는 한 이는 채권자에게 손해가 발생하는 결과가 될 것이다.

다. 더욱이 이 사건 사업의 계속을 추진할 경우 사업의 원활한 운영을 위해 절대적인 협조가 필요한 최대 채권자들인 ◇◇보험, ○○중공업, ▷▷신탁, 수분양자들 중에 3/4이 이 사건 신청에 반대하고 있고, 채권자협의회의 다수의견 및 이 법원 관리위원회의 의견도 같은 입장이다.

3. 결 론

그렇다면, 이 사건 신청은 회생절차에 의함이 채권자 일반의 이익에 적합하지 아니한 경우에 해당한다 할 것이고, 또한 신청인들은 이 법원이 정한 기간 내에 회생절차의 비용 ○○,○○○,○○○원을 예납하지도 아니하였으므로 채무자 회생 및 파산에 관한 법률 제42조 제1호, 제3호에 의하여 주문과 같이 결정한다.

20○○. ○. ○.

재판장 판사 ○ ○ ○

(서울중앙지방법원, 회생사건실무下, 부록서식 인용 및 참고)

[기재례 17] 회생절차 개시결정 공고

○○○ 회생절차개시결정 및 관계인집회 공고

사　　건　　　20○○회단○○　회생
채 무 자　　　○ ○ ○
　　　　　　　○○시 ○○구 ○○동 ○○○

위 사건에 관하여 이 법원은 회생절차 개시결정을 하였으므로 채무자 회생 및 파산에 관한 법률 제51조 제1항, 제185조에 의하여 다음과 같이 공고합니다.

다　　음

1. 회생절차 개시결정일시 : 20○○. 5. 1. 10:00
2. 관리인 : ○○○(19○○. ○. ○.생)
3. 회생채권자, 회생담보권자의 목록의 제출기간 : 20○○. 5. 1.부터 20○○. 5. 22.까지
4. 회생채권, 회생담보채권의 신고기간과 장소
   ① 신고기간 : 20○○. 5. 23.부터 20○○. 6. 12.까지
   ② 신고장소 : ○○법원종합청사 별관 파산과
5. 회생채권·회생담보권의 조사기간 : 20○○. 6. 13.부터 20○○. 7. 3.까지
6. 관리인 보고를 위한 관계인집회의 일시 및 장소
   ① 일시 : 20○○. 8. 3. 15:00
   ② 장소 : ○○법원종합청사 별관 제1호 법정
   ③ 목적사항 : 관리인의 보고와 이해관계인의 의견진술
7. 유의사항
   ① 회생채권자, 회생담보권자 및 주주의 목록에 기재되지도 아니하고 위 권리신고

기간 내의 권리신고도 없으면 실권될 수 있습니다.

② 회생절차가 개시된 채무자의 재산을 소지하고 있거나 그에게 채무를 부담하는 자는 회생절차가 개시된 채무자에게 그 재산을 교부하거나 그 채무를 변제하여서는 아니되며, 회생절차가 개시된 채무자의 재산을 소지하고 있거나 그에게 채무를 부담하고 있다는 사실을 20○○. 6. 12.까지 관리인에게 신고하여야 합니다.

20○○. ○. ○.

○○지방법원 제1파산부

재판장 판사 ○ ○ ○

(서울중앙지방법원, 회생사건실무下, 부록서식 인용 및 참고)

〈3〉
회생절차개시결정 후의 절차

1. 관리인과 조사위원의 선임

가. 관리인의 선임과 선임의 예외

회생절차에서는 원칙적으로 관리인을 선임하여야 한다. 다만 관리인을 선임할 때에는 일부 예외적인 사유가 있는 경우를 제외하고는 채무자나 채무자의 대표자를 관리인으로 선임하여야 한다(제74조 제2항 본문).[154] 이를 실무상 '기존 경영자 관리인 제도'라고 한다. 그러나 개인채무자나 중소기업 또는 통합도산법 규칙 제51조(관리인을 선임하지 아니할 수 있는 채무자) 각호에 해당하는 자가 회생절차를 신청한 경우에는 관리인을 선임하지 아니할 수 있다(제74조 제3항). 따라서 개인채무자가 회생절차를 이용하여 회생을 도모하는 절차인 일반회생절차에서도 관리인을 선임하지 아니할 수 있고, 실무상으로도 관리인을 거의 선임하고 있지 아니하다. 관리인이 선임되지 아니한 경우에는 개인채무자를 관리인으로 보게 된다(제74조 제4항).

나. 조사위원의 선임

법원은 필요하다고 인정하는 때에는 채권자협의회 및 관리위원회의 의견을 들어 1인 또는 여럿의 조사위원을 선임할 수 있다(제87조 제1항). 즉, 조사위원은 회생절차의 필수적 기관이 아니며 그 선임은 임의적인 것이다. 다만, 회생절차에서는 재무·경영분석, 청산가치와 존속가치의 산정, 수행가능한 변제계획의 작성 등 전문적인 회계·경영·경제적 지식이 요구되므로 실무상 그 중요성과 필요성 때문에 거의 예외없이 조사위원을 선임하고 있다.[155] 조사위원은 조사에

---

154) 다만 기존 경영자에게 경영을 전적으로 맡기기에는 거래나 회계의 투명성 측면에서 불안할 경우에는 기존 경영자와 함께 제3자를 공동관리인으로 선임하는 경우도 있다(서울중앙지방법원, 제4판 회생사건실무上, 225p).

155) 개인회생절차에서는 회생위원이 채무자의 재산이나 소득에 대하여 조사를 수행하지만 회생절차에서는 관리인이 선임되지 아니할 경우 채무자의 재산이나 소득을 조사할 수 있는 기관이

필요한 학식과 경험이 있는 자로서 그 회생절차에 이해관계가 없는 자 중에서 선임하여야 하는데(제81조 제2항), 실무상 대부분 회계법인을 선임하고 있다.

2. 채무자 재산의 조사와 확보

가. 관리인의 재산관리의 착수

관리인은 취임 즉시 채무자의 업무와 재산의 관리에 착수하여야 한다(제89조). 이에 관리인은 취임 후 지체 없이 채무자에 속하는 모든 재산의 가액을 평가하고 재산목록 및 대차대조표를 작성하여 법원에 제출하여야 하며(제90조, 제91조), 채무자가 회생절차개시에 이르게 된 사정, 채무자의 업무 및 재산에 관한 사항, 보전처분 또는 조사확정재판을 필요로 하는 사정의 유무, 그밖에 채무자의 회생에 관하여 필요한 사항을 조사하여 법원이 정하는 기한까지 법원과 관리위원회에 보고하여야 한다(제92조).

나. 채무자의 행위 통제

(1) 채무자의 행위에 대한 감독

개인채무자의 회생절차에서는 관리인을 선임하지 아니한 경우가 많고, 관리인이 선임되지 아니한 경우에는 기존 경영자인 개인채무자를 관리인으로 간주하고 있는데, 이와 같이 관리인을 선임되지 아니한 일반회생절차에서는 개인채무자의 행위에 대한 통제가 중요하다고 할 수 있다. 이와 관련하여 법원에서는 관리인이 선임된 경우와 마찬가지로 회생절차개시결정과 동시에 법원의 허가를 받아야 할 행위를 결정하여 고지할 수 있다고 본다. 통상적으로 볼 때 허가를 받아야 할 사항에 해당되는 것으로는 재산의 처분, 재산의 양수, 자금의 차입 등의 차재, 쌍방미이행 쌍무계약에 관한 선택 규정(제119조)에 의한 계약의 해제 또는 해지, 소의 제기, 화해 또는 중재계약, 권리의 포기, 공익채권 또는 환취권의 승인, 그밖에 법원이 지정하는 행위 등과 채무자의 영업 또는 재산을 양수하는 행위, 채무자에 대하여 자기의 영업 또는 재산을 양도하는 행위, 그

조사위원 밖에 없다. 이에 회생절차에서는 조사위원의 선임이 거의 필수적이며 채무자가 이러한 조사위원의 조사보고서를 토대로 수행가능성 있는 회생계획을 작성하는 것이다.

밖에 자기 또는 제3자를 위하여 채무자와 거래하는 행위 등이 될 것이다(제61조 제1항, 제2항). 다만 법원이 상세한 부분까지 일일이 허가를 할 필요성은 없을 것이므로 허가사항의 상당부분을 관리위원에게 위임하고 있는 것이 실무이다.

(2) 회생절차개시 후의 채무자의 행위의 효력

채무자가 회생절차개시 후 채무자의 재산에 관하여 법률행위를 한 경우에는 회생절차와의 관계에 있어서 그 효력을 주장하지 못한다(제64조 제1항). 그런데 개인채무자의 회생절차에서는 대부분 관리인을 선임하지 아니하고 있고 이 경우에는 개인채무자를 관리인으로 간주하고 있으며 관리인으로 간주된 개인채무자는 법원의 허가를 받아야 하는 일정한 행위를 제외하고는 법률행위를 할 수 있는바, 이는 회생절차개시 후의 채무자의 법률행위는 무효로 하면서도 관리인으로 간주된 개인채무자의 행위는 유효로 하고 있는 결과가 되는 문제가 있다. 이 문제를 어떻게 해석할 것인지에 대하여는 견해가 대립된다. 즉 ① 동일한 개인이지만 채무자로서의 개인과 관리인으로서의 개인은 관념적으로 구분된다고 하면서 채무자로서의 행위인지 관리인으로서의 행위인지 여부를 구분하여 채무자로서 한 행위라면 회생절차와의 관계에서 그 효력을 주장하지 못하는 것으로 해석하는 견해와, ② 현실적으로 위 두 행위를 구분하는 것은 불가능하므로 개시결정 후의 채무자의 행위는 일응 관리인으로서 한 행위라고 간주하는 것이 타당하다는 견해가 그것이다. 생각건대 회생절차개시 이후 채무자의 재산에 관하여 한 채무자의 법률행위를 회생절차와의 관계에 있어서 무효로 하는 것(제64조)은 관리인이 선임된 개인채무자의 회생사건에서만 적용되는 규정이라고 보이며, 또한 관리인의 불선임결정에 의하여 개인채무자가 관리인으로 간주되는 회생사건에 있어서 채무자로서의 행위와 관리인으로서의 행위의 구분 문제로 인한 다툼을 방지한다는 차원에서 ②설이 타당하다고 보인다.[156)]

---

156) 서울중앙지방법원, 제4판 회생사건실무下, 307p.

다. '관리인 보고를 위한 관계인집회' 및 관계인설명회의 소집·개최

(1) '관리인 보고를 위한 관계인집회'의 소집·보고

(가) 의 의

'관리인 보고를 위한 관계인집회'[157]란 회생절차개시 후 최초로 개최되는 집회를 말하며, 관리인이 개별적인 권리행사가 금지되어 있는 이해관계인들에게 관리인의 조사보고사항(제92조 제1항 각호), 즉 채무자가 회생절차의 개시에 이르게 된 사정, 채무자의 업무 및 재산에 관한 사항, 보전처분 또는 채권조사확정재판을 필요로 하는 사정의 유무, 그밖에 채무자의 회생에 관하여 필요한 사항을 보고하고, 이해관계인들이 회생절차의 경과나 계속 진행 여부 등에 대한 의견을 진술할 수 있는 기회를 주기 위하여 마련된 제도이다. '관리인 보고를 위한 관계인집회'는 개정 전 법률에서의 제1회 관계인집회에 해당되는 집회이다.

(나) 법 개정에 따른 개최 여부의 임의화

1) 의 의

'관리인 보고를 위한 관계인집회'를 개최할 것인지 여부는 법원의 재량에 맡겨져 있다. 즉 통합도산법이 2014년 12월 30일 개정되어 2015년 7월 1일 시행되기 전에는 회생절차개시결정과 동시에 정하여야 할 사항(개정전 제50조 제1항 제1호~제4호)으로서 위 '관리인 보고를 위한 관계인집회'에 해당되는 제1회 관계인집회기일이 있었으나(개정 전 제50조 제1항 제1호) 위 개정법에서 제1회 관계인집회기일 부분을 삭제함으로써 필수적으로 개최하도록 되어 있는 제1회 관계인집회 내지 '관리인 보고를 위한 관계인집회'의 개최 여부를 법원의 재량에 맡기도록 한 것이다(제98조 제1항 전단).

---

157) 2014년 12월 30일 통합도산법이 개정되면서 종전에 필수적으로 개최하도록 되어 있던 제1회 관계인집회(개정법상 '관리인 보고를 위한 관계인 집회'가 여기에 해당)의 개최 여부가 재량적인 사항으로 되면서 그 개최 여부에 따라 제1회 관계인집회가 되는지 여부가 결정되게 되었다. 즉 '관리인 보고를 위한 관계인집회'(제98조)가 개최될 경우에는 이를 제1회 관계인집회라고 할 수 있지만 그 개최가 생략될 경우에는 종전의 회생계획안 심리를 위한 관계인집회에 해당되는 '회생계획안 심리를 위한 관계인집회'(제224조)가 제1회 관계인집회가 될 것이기 때문이다.

2) 관계인집회를 개최하지 아니할 경우의 법원의 조치[158]

법원이 '관리인 보고를 위한 관계인집회'의 소집의 필요성이 있다고 인정되지 아니한 경우에는 관리인에 대하여 다음과 같은 3가지의 조치, 즉 ① '회생계획안 심리를 위한 관계인집회'의 개최 또는 서면결의에 부치는 결정 전에 법원이 인정하는 방법으로 관리인의 조사보고사항의 요지를 관계인[159]에게 통지할 것, ② 관계인설명회의 개최, ③ 그밖에 법원이 필요하다고 인정하는 적절한 조치 중 어느 하나 이상의 조치를 취할 것을 명하여야 하고, 이 경우 관리인은 해당 조치를 취한 후 지체 없이 그 결과를 법원에 보고하여야 한다(제98조 제2항). 관리인이 이러한 조치를 취하는 경우에는 관계인에게 관리인의 조사보고사항에 관한 의견을 법원에 서면으로 제출할 수 있다는 뜻을 통지하여야 한다(제98조 제3항).

(다) 기일개최 전의 사전준비

법원이 관계인집회를 개최하기로 결정한 경우에는 관리인, 조사위원·간이조사위원, 채무자, 목록에 기재되어 있거나 신고된 회생채권자·회생담보권자, 회생을 위하여 채무를 부담하거나 담보를 제공한 자가 있는 때에는 그 자에게 관계인집회기일을 통지하여야 한다(제182조 제1항). 다만 의결권을 행사할 수 없는 회생채권자·회생담보권자에게는 기일통지를 하지 아니할 수 있으며, 회생절차개시의 송달을 받은 자에게도 기일통지를 하지 아니할 수 있다(제182조 제2항).

또한 법원은 관계인집회의 기일과 회의의 목적인 사항을 공고하여야 한다(제185조 제1항). 법원은 상당하다고 인정하는 때에는 관리인의 신청에 의하거나 직권으로 관계인집회의 기일과 특별조사기일을 병합할 수 있다(제186조).

한편 관계인집회기일 전에 법원은 출석현황표를, 관리인은 관리인보고서, 목록에 기재되거나 신고된 회생채권 등에 대한 시·부인표, 예상질문 및

158) 통합도산법 2014년 12월 30일 개정법에서 신설된 채무자 또는 관리인의 관계인설명회 제도의 신설(제98조의2)도 '관리인 보고를 위한 관계인집회'를 개최하지 아니할 경우의 보완제도의 일종이라고 할 수 있을 것이다.

159) 여기에서 관계인이란 관리인, 조사위원·간이조사위원, 채무자, 목록에 기재되어 있거나 신고한 회생채권자·회생담보권자, 회생을 위하여 채무를 부담하거나 담보를 제공한 자가 있는 때에는 그 자를 말한다(제182조 제1항 제1호~제5호).

답변서를 미리 준비할 필요가 있고, '관리인 보고를 위한 관계인집회'와 특별조사기일을 병합하여 실시하는 경우에는 추후 보완신고된 회생채권 등에 관한 시·부인표도 준비할 필요가 있다.

(라) 기일의 진행절차

관계인집회는 법원이 지휘한다(제184조). 집회가 개시되면 법원은 관리인에게 조사보고사항(제92조 제1항 각호 사항)을 보고하게 하고, 관리인·조사위원·간이조사위원, 채무자, 회생채권자·회생담보권자로부터 관리인 및 조사위원·간이조사위원의 선임, 채무자의 업무 및 재산의 관리, 회생절차를 계속 진행함이 적정한지의 여부 등에 관한 의견진술의 기회를 주고 그 의견을 들어야 한다(제99조).

(2) 관계인설명회 개최

채무자(보전관리인이 선임되어 있는 경우에는 보전관리인 포함)는 회생절차개시 전에 회생채권자·회생담보권자에게 일정한 사항, 즉 채무자의 업무 및 재산에 관한 현황, 회생절차의 진행 현황, 그밖에 채무자의 회생에 필요한 사항을 설명해 주기 위하여 관계인설명회를 개최할 수 있다(제98조의2 제1항). 관리인도 회생절차개시 후에 관계인에게 관리인의 조사보고사항(제92조 제1항 각호)을 설명해 주기 위하여 관계인설명회를 개최할 수 있다(제98조의2 제2항). 채무자 또는 관리인이 관계인설명회를 개최한 경우에는 그 결과의 요지를 지체 없이 법원에 보고하여야 한다(제98조의2 제3항).

라. 등기·등록의 촉탁

개인채무자에 대하여 회생절차개시결정이 있거나 보전처분이 있는 경우에는 법원사무관등[160]은 그 채무자의 재산에 속하는 권리 중에 등기·등록된 것이 있는 경우에는 직권으로 지체 없이 촉탁서에 결정서의 등본 또는 초본을 첨부하여 회생절차개시등기 또는 그 보전처분의 등기를 촉탁하여야 한다(제24조 제1

160) 여기에서 법원사무관등이란 법원서기관, 법원사무관, 법원주사 또는 법원주사보를 말한다(제8조 제5항).

항 전단). 이는 회생절차개시결정에 대한 취소결정이 확정된 경우나 보전처분이 변경 또는 취소되는 경우에도 마찬가지이다(제24조 제1항 후단, 제5항, 제23조 제1항 제2호). 또한 법원사무관등은 개인채무자에 대하여 회생계획인가결정이 있는 경우, 회생절차의 폐지 또는 회생계획불인가결정이 확정된 경우, 회생절차종결결정이 있는 경우에도 그 채무자의 재산에 속하는 권리 중에 등기·등록된 것이 있는 때에는 직권으로 지체 없이 촉탁서에 결정서의 등본 또는 초본을 첨부하여 등기를 촉탁하여야 한다(제24조 제5항, 제23조 제1항 제2호, 제3호). 법원은 회생계획의 수행이나 통합도산법에 의하여 회생절차가 종료되기 전에 등기된 권리의 늑실이나 변경이 생긴 경우에도 직권으로 지체 없이 그 등기를 촉탁하여야 한다(제24조 제2항).

마. 부인권의 행사

(1) 부인권의 개념

(가) 부인권의 의의

부인권이란 관리인이 회생절차가 개시된 이후에 채무자의 재산 확보를 위하여 채무자가 회생절차개시 전에 회생채권자·회생담보권자를 해하는 것을 알고 한 행위 또는 평등을 해하는 변제나 담보제공 행위 등의 일정한 행위를 부인하고 일탈된 재산을 회복시킬 수 있는 권리를 말한다. 부인권은 일탈된 채무자의 재산을 회복시켜 회생을 용이하게 하고, 한편으로는 채권자간에 공평을 기하기 위한 것이다. 담보권의 실행행위도 부인권의 대상이 된다.[161] 부인권의 법적 성질은 도산절차의 목적을 달성하기 위하여 법이 특별히 인정한 권리라고 본다(통설). 부인권을 인정하는 실무상의 실익은 채무자가 부도에 임박할수록 재산을 처분하거나 변제 등을 가장하여 재산을 빼돌리는 행위를 하는 경향이 많기 때문에 이를 저지하거나 다시 되돌려 놓을 필요성이 크다는데 있다.

(나) 다른 절차상의 부인권과 비교

파산절차상의 부인권과 회생절차상의 부인권은 둘 다 입법목적이나 규정

---

161) 대법원 2003.2.28. 선고 2000다50275 판결.

방법이 거의 동일하다. 다만 파산절차에서는 일탈된 재산의 환가 및 채권자들에 대한 공평·최대한의 배당을 목적으로 한 반면 회생절차에서는 채무자의 수익력 내지 경제적 가치의 회복이 주목적이다. 또한 파산절차에서는 담보권자는 별제권자로서 파산절차 개시 전의 담보권의 실행은 부인의 대상이 되지 아니한 반면 회생절차에서는 담보권의 실행 내지 담보권자에 대한 변제도 부인의 대상이 된다.[162)]

한편 회생절차상의 부인권과 민법상의 채권자취소권은 둘 다 총채권자의 이익을 위하여 채무자로부터 일탈된 재산의 회복을 도모한다는 점에서 취지를 같이하고 있다. 다만 회생절차에서의 부인권은 사해행위뿐만 아니라 편파행위도 그 대상으로 하고 있고, 집단적 채무처리의 특성상 행사권한이 관리인에게 전속되어 있으며, 그 요건 및 행사방법 등이 완화된 강력한 권리임에 반하여 민법상의 채권자취소권은 사행행위만을 그 대상으로 하고 있고, 개별적으로 각 채권자에게 인정된 권리이며, 그 요건 및 행사방법 등이 매우 제한적이라는데 차이가 있다. 따라서 회생절차상의 부인권이 우선하는 관계로 회생절차가 개시되면 채권자취소소송의 제기는 허용되지 아니하며,[163)] 회생절차개시 전에 선행하는 채권자취소소송은 관리인이 부인소송으로 수계하여야 한다. 실무상 법원은 회생절차개시결정 후 관리인으로 하여금 신고된 채권에 대하여 '회생계획안 심리를 위한 관계인집회' 전에 부인권을 행사할지 여부를 검토하도록 하고 있다.

(다) 통합도산법상 부인권 규정의 문제점과 개선 방안

통합도산법에서는 부인권과 관련하여 회생절차 부분(제100조~113조의2조)과 파산절차 부분(제391조~제406조의2조)에서 각각 규정하면서 개인회생절차에서는 파산절차에서의 부인권 규정을 준용하도록 하고 있다(제584조 제1항).[164)]

162) 대법원 2011.11.24. 선고 2009다76362 판결; 대법원 2003.2.28. 선고 2000다50275 판결.

163) 대법원 2010.9.9. 선고 2010다37141 판결.

164) 개인회생절차에서의 부인권과 개인파산절차에서의 부인권이 차이점은 개인회생절차에서는 채무자가 부인권을 행사한다는 점(제584조 제2항), 채권자 또는 회생위원의 신청이나 법원의 직권으로 채무자에 대하여 법원이 부인권행사명령을 할 수 있다는 점(제584조 제3항), 회생위원이 부인권의 행사에 참가할 수 있는 점(제584조 제4항), 부인권의 행사기간은 개인회생절차개시결정이 있은 날부터 1년 이내, 부인대상행위(제391조)를 한 날부터 5년 이내라는 점만 다를 뿐이다(제584조 제5항).

어느 절차든지 부인권을 도입한 취지나 입법 목적이 유사하고 조문의 구조도 유사하므로 회생절차에서의 부인권도 회생절차 고유의 특성에 의하여 차이가 나는 점을 제외하고는 파산절차에서의 부인권과 크게 다르지 아니하다. 따라서 부인권에 관한 규정이 파산절차와 회생절차에서 각각 동일·유사한 조문들이 반복·중복적으로 나열되어 있는 문제가 있으므로 향후 법 개정 시 이를 통합하여 규정하든지 어느 한 절차에서 다른 절차에서의 부인권의 규정을 준용하도록 함으로서 해결하여야 할 것으로 보인다.

(2) 부인유형

부인의 유형은 크게 4가지로 나눌 수 있다(제100조 제1항 제1호~제4호, 제103조, 제104조). 즉 ① 고의부인(채무자가 회생채권자 등을 해할 것을 알면서 한 행위의 부인), ② 위기부인(채무자가 경제적 파탄이 표면화된 시기에 한 행위의 부인), ③ 무상부인(채무자의 무상행위 내지 이와 동일시되는 유상행위의 부인), ④ 그 밖의 특수한 부인으로 구분할 수 있으며, 위 위기부인은 다시 ㉠ 본지행위부인(채무자의 의무에 속한 행위의 부인), ㉡ 비본지행위부인(채무자의 의무에 속하지 아니한 행위의 부인)으로 구분할 수 있고, 그 밖의 특수한 부인도 ㉠ 성립요건 또는 대항요건의 부인, ㉡ 집행행위의 부인으로 구분할 수 있다.

이러한 부인 유형들은 상호 배타적인 것이 아니므로 관리인은 하나의 행위가 각 부인유형에 해당되는 경우에는 어느 것이라도 주장하여 부인할 수 있으며, 부인사유를 선택적 또는 예비적으로 주장하는 것도 가능하고, 법원도 당사자의 부인유형의 주장에 구속됨이 없이 다른 유형의 부인을 인정할 수 있다.

(3) 부인권의 성립요건

(가) 서 언

부인권에는 앞서 본 바와 같이 고의부인, 위기부인, 무상부인, 그 밖의 특수한 부인유형이 있는바, 이에 따라 성립요건도 모든 유형에 공통적인 성립요건과 각 부인유형에 특유한 성립요건이 있다.

(나) 일반적 성립요건

1) 행위의 유해성

부인의 대상이 되려면 대상 행위가 회생채권자 등에게 해를 끼치는 행위이어야 한다. 여기에서 해를 끼친다는 의미는 채무자의 일반재산을 절대적으로 감소시키는 사해행위뿐만 아니라 채권자들간의 평등을 해치는 편파행위도 포함하는 것이다. 다만 부인대상 행위가 회생채권자 등에게 유해하더라도 개별적, 구체적 사정에 따라 사회적으로 상당하거나 불가피하다고 인정되는 예외적인 경우에는 부인권 행사의 대상이 되지 아니한다고 보이며, 여기에 해당되는지 여부는 신의칙과 공평의 이념에 비추어 구체적으로 판단하여야 할 것이로되,[165] 이에 대한 입증책임은 수익자에게 있다고 본다.[166] 한편 부동산의 매각행위는 원칙적으로 행위의 유해성이 인정되어 부인의 대상이 될 것이지만,[167] 적정가격에 의한 부동산의 매각행위에 대해서는 매각의 목적이나 매각대금의 사용처 등을 종합적으로 고려하여 유해성 여부를 판단함으로서 부인의 대상이 되는 여부를 신중히 판단하여야 할 것으로 보인다.[168] 담보권자에 대한 변제가 부인의 대상이 되는지 여부에 대하여는 ㉠ 부인대상 긍정설, ㉡ 부인대상 부정설로 견해가 대립되는데, 회생절차에서는 파산절차와 달리[169] 담보권도 권리변경의 대상이 되어 유동적인 상태에 놓여 있는 것이므로 부인의 대상이 된다고 보는 것이 타당하다. 같은 원리로 담보권의 실행행위도 부인의 대상이 된다고 본다.[170] 담보권의 설정행위도 원칙적으로 부인의 대상이 될 것이지만 신규자금의 차입을 위한 담보권설정행위는 부인의 대상이 아니라고 본다.[171] 어음·수표의 발행·인수·배서행위도 그 강력한 권리추정의 효력 때문에 부인의 대상이 될 수 있다고

---

165) 대법원 2012.6.28. 선고 2012다30427 판결.
166) 대법원 2004.3.26. 선고 2003다65049 판결.
167) 대법원 1994.6.14. 선고 94다2661·2978 판결; 대법원 1964.4.14. 선고 63다827 판결.
168) 서울중앙지방법원, 제4판 회생사건실무上, 319p.
169) 파산절차에서는 담보권자는 별제권자로서 언제든지 그 권리를 행사하여 채권의 변제를 받을 수 있는 지위에 있으므로 담보권자에 대한 변제는 부인의 대상이 되지 아니한다(서울중앙지방법원, 제4판 회생사건실무上, 320p).
170) 서울중앙지방법원, 제4판 회생사건실무上, 322p.
171) 대법원 2002.3.29. 선고 2000다25842 판결.

본다.[172)]

2) 채무자의 행위성

부인권을 행사하려면 채무자의 부인대상 행위가 있어야 한다. 채무자의 행위에는 부동산·동산의 매각, 채권양도, 채무면제 등 법률행위뿐만 아니라 채권양도의 통지 등 준법률행위도 포함되고, 소송법상의 행위인 재판상 자백, 청구의 포기·인낙, 공정증서의 작성 등이나 공법상의 행위도 포함된다. 허위표시 또는 반사회질서의 행위 등 무효인 법률행위나 불법원인급여행위도 포함된다. 시효중단의 해태 등 부작위도 포함된다고 본다.[173)] 그런데 대물변제로 양도·양수할 매출채권의 선택권의 행사나 대물변제예약완결권 행사 등과 같이 채무자의 행위없이 채권자나 제3자의 행위만 있는 경우에도 부인권의 대상이 되는지 문제된다. 이에 대하여 판례는 채무자가 채권자와 통모하여 가공하였거나 기타 특별한 사정으로 채무자의 행위와 동일시할 수 있는 사유가 있을 때에만 부인의 대상이 될 수 있다고 판시하고 있다.[174)] 다만 통합도산법 제104조(집행행위의 부인) 후단 및 제100조(부인할 수 있는 행위) 제1항 제2호에 의하여 집행행위를 부인하는 경우에는 채무자의 행위가 개입될 여지가 없고 위 법 규정에서 행위의 주체에 관하여 아무런 규정이 없다는 점에서 채무자의 행위와 같이 볼 수 있는 특별한 사정이 있어야만 부인권을 행사할 수 있는 것은 아니라고 할 것이다.[175)]

한편 회생절차개시 전의 벌금·과료·형사소송비용·추징금 및 과태료의 청구권과 국세징수법 또는 지방세기본법에 의하여 징수할 수 있는 청구권(국세징수의 예에 의하여 징수할 수 있는 청구권으로서 그 징수우선순위가 일반 회생채권보다 우선하는 것 포함)은 회생채권에 해당되어 부인의 대상이 되어야 할 것이지만 법에서는 정책적으로 그 징수의 권한을 가진 자에 대하여 한 담보의 제공 또는 채무의 소멸에 관한 행위를 부인의 대상에서 제외시키고 있다(제100조 제2항). 국세징수의 예에 의하여 징수할 수 있는 청구권으로서 그 징수우선순위가 일반 회생채권보다 우선하지 아니한 청구권은 부인권 제한의 특

172) 서울중앙지방법원, 제4판 회생사건실무上, 322p.
173) 서울중앙지방법원, 제4판 회생사건실무上, 324p.
174) 대법원 2002.7.9. 선고 99다73159 판결; 대법원 2002.7.9. 선고 2001다46761 판결.
175) 대법원 2011.11.24. 선고 2009다79362 판결.

칙이 적용되지 아니하므로 당연히 부인의 대상이 될 수 있다.

(다) 개별적 성립 요건

1) 고의부인(제100조 제1항 제1호)

채무자가 회생채권자 또는 회생담보권자를 해하는 것을 알고 한 행위는 부인될 수 있다(제100조 제1항 제1호 본문). 즉 채무자의 파산신청 등과 같은 위기시가 아닌 통상적인 상황하에서는 채무자의 행위를 부인하려면 객관적 요건으로서 사해행위와 주관적 요건으로서 사해의사라는 두 가지 요건이 갖추어져야만 가능한 것이다. 이를 고의부인이라고 한다.[176] 여기의 사해행위에는 채무자 재산의 절대적 감소행위 이외에 편파행위가 포함되고 사해의사의 정도는 인식설이 판례[177]의 태도이며, 사해행위 및 사해의사에 대한 입증책임은 모두 관리인이 부담한다. 다만 법에서는 행위의 상대방인 수익자가 선의인 경우에는 부인권을 행사할 수 없도록 하고 있다(제100조 제1항 제1호 단서). 이때 수익자가 선의인 이상 과실이 있어도 마찬가지지만[178] 그에 대한 입증책임은 수익자가 부담한다.

변제기가 도래한 채권을 변제하는 본지변제행위가 고의부인의 대상이 되는지 여부에 관하여는 ① 인정설, ② 부정설의 견해가 대립되지만, 통설,[179] 판례[180]는 인정설의 견해를 취하여 편파행위로서 부인의 대상이 된다고 하고 있다.

2) 위기부인

가) 의 의

위기부인이란 채무자의 위기시, 즉 채무자가 지급정지나 회생절차개시신청 또는 파산신청이 있은 후에 한 일정한 행위[181]에 대해서는 채무자에게 설령 채권자 등을 해하는 사해의사가 없다고 할지라도 사해행위가 존재

176) 대법원 2001.2.9. 선고 2000다63523 판결.
177) 대법원 2006.6.15. 선고 2004다46519 판결.
178) 대법원 2011.5.13. 선고 2009다75291 판결.
179) 서울중앙지방법원, 제4판 회생사건실무上, 319p.
180) 대법원 1999.9.3. 선고 99다6892 판결.
181) 이러한 행위를 부인권과 관련해서는 '지급의 정지 등'이라고 한다(제100조 제1항 제2호).

한 것만으로 부인권을 행사할 수 있도록 하는 것을 말한다. 이와 같이 위기부인은 채무자의 사해의사를 요구하지 아니한다는 점에서 고의부인이나 사해행위취소권과 구별된다. 위기부인은 다시 채무자의 사해행위의 종류에 따라 채무자의 의무에 속하는 행위를 한 경우인 본지행위를 대상으로 부인하는 경우(제100조 제1항 제2호)와 채무자의 의무에 속하지 아니한 행위를 한 경우인 비본지행위를 대상으로 부인하는 경우(제100조 제1항 제3호)로 구분할 수 있다.

나) 위기부인이 구분

① 본지행위에 대한 위기부인(제100조 제1항 제2호)

채무자가 지급의 정지, 회생절차개시의 신청이 있은 후에 한 「회생채권자 또는 회생담보권자를 해하는 행위」[182]와 「담보의 제공 또는 채무의 소멸에 관한 행위」는 부인될 수 있다(제100조 제1항 제2호 본문). 다만 이러한 부인대상 행위로 인한 수익자가 그 행위 당시 지급의 정지 등이 있는 것 또는 회생채권자나 회생담보권자를 해하는 사실을 알고 있는 때에 한하여 부인될 수 있다(제100조 제1항 제2호 단서). 이러한 경우에 행사하는 부인권의 행사를 본지행위에 대한 위기부인라고 한다.[183] 예컨대 변제기가 도래한 채권을 변제하는 본지변제행위도 위기부인의 대상이 될 수 있는 것이다.[184] 본지행위에 대한 위기부인의 요건, 즉 ㉠ 채무자의 위기시라는 것, ㉡ 채무자의 사해행위가 존재한다는 것, ㉢ 수익자의 악의가 인정된다는 것에 대하여는 부인권을 행사하려고 하는 관리인이 입증책임을 부담한다.[185] 여기에서 채무자의 위기시란 변제기가 도래한 채무를 그 변제자력의 결핍으로 인하여 일반적·계속적으로 변제하는 것이 불가능함을 명시적·묵시적으로 외부에 표시하여 지급불능을 추정케 하는 경우인 지급정지[186]의 경우와 회생절차개시신청 또는 파산신청이 있은 후인 경우를 말하고, 채무자의 사해행위가 존재한다는 것은 채무자의 일반재산의 감소를 의미하

182) 이는 채무자의 일반재산을 감소시키는 사해행위를 의미한다.
183) 대법원 2002.11.8. 선고 2002다28746 판결; 대법원 2007.7.13. 선고 2005다71710 판결.
184) 이는 채권자들간의 평등을 해치는 편파행위를 의미한다.
185) 서울중앙지방법원, 제4판 회생사건실무上, 326p.
186) 대법원 2001.6.29. 선고 2000다63554 판결.

는 사해행위나 담보제공 또는 채무소멸, 즉 편파행위가 존재한다는 것을 말하며, 수익자의 악의란 채무자의 행위가 사해행위에 해당된다는 사실을 안다는 것을 말한다.

한편 위 본지행위에 대한 위기부인에서 채무자와의 특수관계인[187]이 수익자인 경우에는 그 행위 당시 지급의 정지 등이 있는 것과 회생채권자 등을 해하는 사실을 알고 있었던 것으로 추정하며(제101조 제1항), 따라서 이러한 경우에는 통상의 경우에 관리인이 부인의 성립요건을 입증해야 하는 경우와 달리 수익자인 특수관계인이 입증책임을 부담하게 된다.[188]

② 비본지행위에 대한 위기부인(제100조 제1항 제3호)

채무자가 지급의 정지 등이 있은 후 또는 그 전 60일 이내(단, 특수관계인을 상대방으로 하는 행위인 때에는 1년)에 한 담보의 제공 또는 채무의 소멸에 관한 행위로서 채무자의 의무에 속하지 아니하거나 그 방법이나 시기가 채무자의 의무에 속하지 아니한 것은 부인될 수 있다(제100조 제1항 제3호 본문, 제101조 제2항 전단). 다만, 채권자가 그 행위 당시 채무자가 다른 회생채권자 또는 회생담보권자와의 평등을 해하게 되는 것을 알지 못하였고 또한 그 행위가 지급의 정지 등이 있은 후에 행한 것인 때에는 지급의 정지 등이 있은 것도 알지 못한 경우에 한하여 부인권을 행사할 수 없다(제100조 제1항 제3호 단서). 이를 비본지행위에 대한 위기부인라고 한다.[189] 요컨대 이러한 비본지행위에 대한 위기부인이 성립하려면 ㉠ 시기적으로는 채무자의 지급정지 등이 있은 후 또는 그 전 60일 내에 한 행위일 것,[190] ㉡ 채무자의 행위는 담보제공 또는 채무소멸 행위, 즉 편파행위일 것,[191] ㉢ 채무자의 행위가 그 의무에 속하지 아니한 행위일 것의 요건을 갖추어야 하며, 그밖에 ㉣ 수익자인 특정 채권자가 채무자와의 행위 당시 채무자가 다른 회생채권

187) 특수관계인의 정의는 통합도산법 시행령 제4조에 규정되어 있다.

188) 서울중앙지방법원, 제4판 회생사건실무上, 332p.

189) 대법원 2001.5.15. 선고 2001다16852 판결; 대법원 2006.6.29. 선고 2004다32503 판결.

190) 비본지행위에 대한 위기부인은 비본지행위를 대상으로 하고 있으므로 본지행위에 대한 위기부인에 비하여 시기적 요건을 완화하고 있다.

191) 비본지행위에 대한 위기부인은 본지행위에 대한 위기부인이 사해행위 및 편파행위 모두를 대상으로 하는 것과 달리 편파행위만을 대상으로 하고 있다.

자 또는 회생담보권자와의 평등을 해한다는 사실을 알지 못한 경우나 그 행위가 지급의 정지 등이 있은 후에 행한 것인 때에는 지급의 정지 등이 있은 것도 알지 못한 경우에는 부인권의 대상에서 제외되므로 위 채권자평등의 침해나 지급의 정지 등에 대한 채무자의 선의가 아닐 것의 요건도 갖추어져야 하는 것이며, 이들에 대한 입증책임과 관련해서는 위 ㉠~㉢에 관하여는 관리인이, ㉣에 대하여는 수익자인 특정 채권자가 부담한다고 본다.[192)]

한편 위 비본지행위에 대한 위기부인에서 채무자와의 행위의 상대방, 즉 수익자가 채무자와 특수관계인인 때에는 그 행위 당시 채무자가 다른 회생채권자 또는 회생담보권자와의 평등을 해하게 되는 것을 알았던 것으로 추정하며(제101조 제2항 후단), 따라서 이 경우에는 수익자인 특수관계인이 입증책임을 부담하게 된다.[193)]

3) 무상부인(제100조 제1항 제4호)

채무자가 지급의 정지 등이 있은 후 또는 그 전 6월 이내(단, 특수관계인을 상대방으로 하는 행위인 때에는 1년)[194)]에 한 무상행위 및 이와 동일시할 수 있는 유상행위는 부인될 수 있다(제100조 제1항 제4호, 제101조 제3항). 이를 무상부인이라고 한다.[195)] 무상행위란 증여나 채무면제 또는 시효이익의 포기 등과 같이 채무자가 대가를 받음이 없이 채무자의 재산을 감소시키거나 채무를 증가시키는 일체의 행위를 말하고, 무상행위와 동일시할 수 있는 유상행위란 채무자의 행위에 대한 반대급부로서 상대방이 출연한 대가가 매우 근소하여 사실상 무상행위로 볼 수밖에 없는 경우를 말한다.[196)] 이와 같이 채

192) 서울중앙지방법원, 제4판 회생사건실무上, 329~339p.

193) 서울중앙지방법원, 제4판 회생사건실무上, 332p; 다만 비본지행위에 대한 위기부인의 경우에는 어차피 수익자가 선의의 입증책임을 지는 것이므로 여기에서 입증책임을 특수관계인이 부담한다는 것은 큰 의미가 있지 아니하다.

194) 다만 여기에서 부인대상 행위의 상대방인 특수관계인이란 채무자의 연대보증행위의 직접 상대방으로서 보증에 관한 권리를 취득하여 이를 행사하는 채권자가 채무자의 특수관계인인 경우를 말하는 것이며, 비록 주채무자가 채무자와 특수관계에 있다고 하더라도 연대보증행위의 상대방인 채권자가 채무자의 특수관계인이 아닌 경우에는 해당되지 아니한다(대법원 2009.2.12. 선고 2008다48117 판결).

195) 대법원 2001.5.8. 선고 99다32875 판결; 대법원 1999.3.26. 선고 97다20755 판결; 대법원 2002.3.26. 선고 2000다67075 판결.

196) 대법원 2003.9.26. 선고 2003다29128 판결.

무자의 무상행위를 부인하는 무상부인에 있어서는 채무자의 무상행위가 채무자의 수익력과 채권자 일반의 이익을 해칠 염려가 현저히 크다는 점을 감안하여 채무자나 수익자의 주관을 고려하지 아니하고 오로지 당해 무상행위의 내용과 시기만을 요건으로 고려하고 있는 특수한 부인유형이라고 할 수 있다.[197] 채무자의 인적 또는 물상보증은 원칙적으로 무상행위에 해당된다.[198]

요컨대 무상부인의 성립에 있어서는 ㉠ 채무자의 무상행위 내지 이와 동일시할 수 있는 유상행위의 존재, ㉡ 지급정지 등이 있은 후 또는 그 전 6개월 이내의 채무자의 행위라는 두 가지 요건만 갖추어져 있으면 되는데, 이러한 성립요건에 관한 입증책임은 관리인에게 있다.[199] 다만 무상부인의 규정에 의하여 부인된 경우에 상대방이 그 행위 당시 지급정지 등을 알지 못한 때에는 이익이 현존하는 한도 안에서 상환하면 된다(제108조 제2항).

4) 그 밖의 특수한 부인

가) 어음지급채무의 예외(제102조)

관리인의 부인권은 채무자로부터 어음[200]의 지급을 받은 자가 그 지급을 받지 아니하면 채무자의 1인 또는 여럿에 대한 어음상의 권리를 상실하게 된 경우에는 인정되지 아니한다(제102조 제1항). 이와 같이 어음금 채무의 변제에 있어서 일정한 요건하에 부인권의 행사를 제한하도록 하는 것은 소구권이라는 어음 고유의 특성과 유통증권인 어음의 거래안전을 도모하기 위한 것으로 보인다. 다만 이 경우에 최종의 상환의무자 또는 어음의 발행을 위탁한 자가 그 발행 당시 지급의 정지 등이 있는 것을 알았거나 과실로 인하여 알지 못한 때에는 관리인은 그로 하여금 채무자가 지급한 금액을 상환하게 할 수 있다(제102조 제2항).

---

197) 대법원 2008.11.27. 선고 2006다50444 판결.
198) 대법원 대법원 2009.2.12. 선고 2008다48117 판결; 대법원 2008.11.27. 선고 2006다50444 판결.
199) 서울중앙지방법원, 제4판 회생사건실무上, 330p.
200) 통설은 어음뿐만 아니라 수표금도 포함된다고 하고 있다.

나) 권리변동의 성립요건 또는 대항요건의 부인(제103조)

지급의 정지 등이 있은 후 권리의 설정·이전 또는 변경을 제3자에게 대항하기 위하여 필요한 행위를 한 경우 그 행위가 권리의 설정·이전 또는 변경이 있은 날부터 15일을 경과한 후에 지급의 정지 등이 있음을 알고 한 것인 때에는 이를 부인할 수 있다(제103조 제1항 본문). 이러한 원리는 권리취득의 효력을 발생하는 등기 또는 등록에 관하여도 마찬가지로 적용된다(제103조 제2항). 이를 권리변동의 성립요건 또는 대항요건의 부인이라고 하는데, 이는 원인행위와 성립요건 또는 대항요건의 구비행위를 분리하여 원인행위를 부인할 수 없는 경우에도 그 성립요건 또는 대항요건의 구비행위 자체를 부인할 수 있도록 한 것으로서 일반 채권자들에게 불측의 손해를 주지 아니하기 위한 취지라고 보인다. 요컨대 성립요건 등에 관한 부인에 있어서는 ㉠ 지급의 정지 등이 있은 후에 권리의 설정·이전 또는 변경에 관한 성립요건 또는 대항요건의 구비행위가 있을 것, ㉡ 그 성립요건 또는 대항요건의 구비행위가 권리의 설정·이전 또는 변경이 있은 날부터 15일[201]을 경과한 후에 한 것일 것, ㉢ 수익자가 지급의 정지 등이 있음을 알고 한 것일 것의 세 가지 요건이 갖추어져야 성립하는 것이다. 그런데 여기에서 제103조(권리변동의 성립요건 또는 대항요건의 부인)와 제100조(부인할 수 있는 행위)의 관계가 문제되는데, 판례는 "제103조가 대항요건 내지 효력발생요건 자체를 독자적인 부인의 대상으로 규정하고 있는 취지는 대항요건 내지 효력발생요건 구비행위도 본래 같은 법 제100조의 일반 규정에 의한 부인의 대상이 되어야 하지만, 권리변동의 원인이 되는 행위를 부인할 수 없는 경우에는 가능한 한 대항요건 내지 효력발생요건을 구비시켜 당사자가 의도한 목적을 달성시키면서 같은 법 제103조 소정의 엄격한 요건을 충족시키는 경우에만 특별히 이를 부인할 수 있도록 한 것이라고 해석되므로, 권리변동의 대항요건을 구비하는 행위는 같은 법 제103조 소정의 엄격한 요건을 충족시키는 경우에만 부인의 대상이 될 뿐이지, 이와 별도로 같은 법 제100조에 의한 부인의 대상이 될 수는 없는 것이다"라고 판시함으로서

201) 여기에서 15일의 기산점은 원인행위시가 아니라 원인행위의 효력발생시를 의미한다(대법원 2004.2.12. 선고 2003다53497 판결).

정리하고 있다.[202] 즉 성립요건이나 대항요건의 구비행위에 대해서는 제103조의 엄격한 요건을 갖춘 경우에만 부인의 대상이 될 수 있는 것이지 제100조의 요건이 갖추어졌다고 하여 제100조에 의하여 부인권을 행사할 수 있는 것은 아니라는 것이다.

한편 가등기[203] 또는 가등록을 한 후 이에 기하여 본등기 또는 본등록을 한 경우에는 이미 채무자로부터의 재산의 일탈 가능성이 공시된 것으로서 일반 채권자들에게 불측의 손해를 줄 염려가 있다고 볼 수 없으므로 부인의 대상이 되지 아니한다(제103조 제1항 단서).

다) 집행행위의 부인(제104조)

부인권은 부인하고자 하는 행위에 관하여 집행력 있는 집행권원이 있는 때 또는 그 행위가 집행행위에 의한 것인 때에도 행사할 수 있다(제104조). 이를 집행행위의 부인이라고 한다. 여기에서 부인의 대상이 되는 집행행위란 집행권원이나 담보권의 실행에 의한 채권의 만족적 실현을 직접적인 목적으로 하는 행위를 의미하고, 담보권의 취득이나 설정을 위한 행위는 여기에 해당하지 아니한다.[204] 구체적으로 살펴보면 집행권원에 대하여 채무의 이행이 이루어지기 전이라면 부인소송으로 채무부존재소송을 제기하여 원인행위에 기한 채무를 부인하거가 청구이의의 소에 의하여 집행권원의 집행력을 배제할 수 있을 것이고,[205] 이미 채무의 이행이 이루어진 후라면 부인소송으로 채무자로부터 받은 급부의 반환을 구하는 소송을 제기할 수 있을 것이다.[206]

채권자가 압류 및 추심명령을 받아 제3채무자로부터 추심하여 변제에 충당한 경우에도 위 규정에 근거하여 부인할 수 있는 것이다.[207] 채권자가 질권을 실행하여 만족을 얻는 행위도 마찬가지이다.[208]

---

202) 대법원 2004.2.12. 선고 2003다53497 판결.
203) 여기의 가등기는 본등기가 가능한 가등기를 말하므로 담보가등기는 그 성질상 해당되지 아니할 것이다.
204) 대법원 2011.11.24. 선고 2009다76362 판결.
205) 정문경, "부인권 행사에 관한 실무상 몇 가지 쟁점", 도산법연구 제2권 제2호, 도산법연구회, 2011, 43~47p.
206) 서울중앙지방법원, 제4판 회생사건실무上, 335p.
207) 대법원 2002.11.8. 선고 2002다28746 판결.

라) 전득자에 대한 부인권

일정한 경우에는 전득자에 대하여도 부인권을 행사할 수 있는데, 법에서는 부인권의 실효성 확보 측면과 거래의 안전 측면을 고려하여 일정한 요건하에 전득자에 대한 부인권을 인정하고 있다. 즉 전득자에 대하여 부인권을 행사할 수 있는 경우는 다음과 같은 3가지의 경우인데, ㉠ 전득자가 전득 당시 각각[209] 그 전자에 대하여 부인의 원인이 있음을 안 때, ㉡ 전득자가 채무자와 특수관계인인 때(다만, 전득 당시 각각 그 전자에 대하여 부인의 원인이 있음을 알지 못한 때에는 제외), ㉢ 전득자가 무상행위 또는 그와 동일시할 수 있는 유상행위로 인하여 전득한 경우 각각 그 전자에 대하여 부인의 원인이 있는 때[210]가 그것이다.

전득자에 대한 부인에 있어서는 전득자를 상대로 하는 것이지만 부인의 대상이 되는 행위는 채무자와 수익자 사이의 행위라는 특성이 있다.[211]

이러한 전득자의 악의에 대한 입증책임은 부인권을 행사하는 관리인이 부담하는 것이 원칙이며,[212] 다만 전득자가 채무자와 특수관계인인 때에는 전득자에게 입증책임이 전환되어 있다(제110조 제1항 제2호).

(4) 부인권 행사의 방법

(가) 부인권 행사의 주체와 그 상대방

일반회생절차에서 부인권은 관리인이 행사할 수 있으며, 관리인이 선임되지 아니한 경우에는 관리인으로 간주되는 개인채무자, 즉 간주관리인이 행사할 수 있다(제105조 제1항, 제74조 제4항). 그런데 이와 같이 기존 경영자가 관리인으로 선임되거나 관리인불선임결정에 의하여 종전의 개인채무자가 관리인으로 간주된 경우에 있어서의 관리인 또는 간주관리인의 부인권의 행사가 동일인에 의한 행사로서 신의칙 위배 내지 권리남용에 해당되는 것이

---

208) 대법원 2011.11.24. 선고 2009다76362 판결.

209) 여기에서 각각이라는 의미는 전득행위의 양당사자, 예컨대 수익자와 전득자 각자를 말하는 것이다.

210) 위 ㉢의 경우에 있어서 상대방이 그 행위 당시 지급정지 등을 알지 못한 때에는 이익이 현존하는 한도 안에서 상환하면 된다(제110조 제2항, 제108조 제2항).

211) 대법원 2004.8.30. 선고 2004다21923 판결; 서울중앙지방법원, 제4판 회생사건실무上, 336p.

212) 대법원 2011.5.13. 선고 2009다75291 판결.

아닌지 문제될 수 있는데, 당해 관리인 또는 간주관리인은 종전의 채무자와는 별개 독립의 제3자적 지위를 가지는 것이므로 부인권의 행사를 인정하더라도 신의칙에 위배되거나 권리남용에 해당되는 것은 아니라고 보인다.[213)]

회생채권자나 회생담보권자는 관리인에게 부인권의 행사를 명할 것을 법원에 신청할 수 있을 뿐이며 부인권의 대위행사도 가능하지 아니하다(제105조 제2항). 다만 보조참가는 할 수 있을 것이다. 법원은 그 직권으로 관리인에 대하여 부인권의 행사를 명할 수 있다(제105조 제2항).

채권조사기간 안에 또는 특별조사기일에 관리인이나 채권자들이 이의를 제기하지 아니함으로써 회생채권 등이 그대로 확정된 경우에는 부인권을 행사할 수 없다고 본다.[214)] 부인권 행사의 상대방은 수익자 또는 전득자의 어느 일방 또는 쌍방이 되며, 쌍방을 상대방으로 하더라도 이는 통상의 공동소송에 해당된다.

(나) 부인권 행사의 절차

1) 서 언

부인권은 관리인이 소나 부인의 청구 또는 항변의 방법으로 행사하며, 이는 회생법원의 관할에 전속한다(제105조 제3항). 어느 수단에 의할지는 관리인의 선택사항이다.

2) 행사방법

가) 부인의 소에 의한 방법

부인권은 소의 방법으로 행사할 수 있다(제105조 제1항). 부인소송의 법적 성질에 관하여는 ① 확인소송설과 ② 이행·확인소송설의 대립이 있고 그 차이점은 주문에 '부인한다'라는 문구를 넣느냐 여부의 문제라고 할 수 있는데, 대법원 판례는 일관되어 있지 아니하지만,[215)] 후자의 이행·확인소송설이 실무의 대체적인 태도이다.[216)] 이행·확인소송설에 의할 때 부인소

---

213) 대법원 1997.3.28. 선고 96다50445 판결.
214) 대법원 2003.5.30. 선고 2003다18685 판결.
215) 대법원 2003.3.11. 선고 2002다71054 판결.(형성소송설); 대법원 2003.2.28. 선고 2000다50275 판결.(이행소송설).
216) 서울중앙지방법원, 제4판 회생사건실무上, 338p.

송의 소송물은 부인권 자체가 아니라 부인권 행사의 효과로서 발생한 권리관계에 기한 이행청구권 또는 확인청구권이다. 따라서 부인권을 행사한다는 주장은 공격방어방법으로서 청구원인에 기재하면 되고, 청구취지에는 부인권의 행사로 인하여 발생하는 법률효과인 금전반환 또는 부인등기절차 이행 등을 구하면 되는 것이다.[217] 요컨대 부인의 주장("부인한다"라는 문구)은 청구취지의 기재사항이 아니고 공격방어방법에 해당되는 것으로서 청구원인에 기재하는 것이라고 보는 것이다. 따라서 부인권을 행사하려는 관리인으로서는 부인의 여러 유형 중 어느 것이라도 청구원인에서 주장하여 부인대상 행위를 부인할 수 있는 것이다. 또한 등기원인이 부인되거나 등기자체가 부인된 경우에는 제26조(부인의 등기) 제1항의 특별 규정에 의하여 이전등기 또는 말소등기가 아닌 부인등기절차를 명하여야 할 것이다.[218] 채권양도 이외에 채권양도통지까지 이루어진 경우에는 제3채무자에게 양도행위를 부인하였다는 통지를 하도록 하여야 하며,[219] 이는 전부명령을 받았으나 제3채무자로부터 아직 지급받지 아니한 경우에도 마찬가지이다.[220] 물론 채권양도행위가 아닌 채권양도통지 자체, 즉 대항요건의 구비행위만 부인한 경우에는 별도의 부인의 통지는 필요하지 아니할 것이다.

부인권 행사에 따른 이행판결에 대해서는 가집행선고가 가능하고, 소송촉진 등에 관한 특례법상의 지연손해금도 적용된다. 사해행위취소소송의 계속 중에 회생절차가 개시된 경우에 부인권과의 관계가 문제된다. 이에 관하여 법에서는 회생절차개시 당시 계속되고 있는 기왕의 사해행위취소소송은 회생절차개시결정으로 중단되고 관리인 또는 상대방이 이를 부인소송

217) 이와 같이 원상회복 또는 가액배상으로 금전의 지급을 명하는 경우의 상대방은 관리인(원고)이 될 것이다.

218) 등기가 아닌 등록된 재산과 관련해서는 부인등록절차가 마련되어 있지 아니하므로 말소등록절차 또는 부인권 행사를 원인으로 한 소유권이전등록절차를 이행하라고 할지 아니면 제26조(부인의 등기)를 준용하여 부인등기절차를 이행하도록 할 것인지 견해가 대립되지만 실무는 전자의 태도를 취하고 있는 것으로 보인다(대법원 2008.1.18. 선고 2007다76634 판결).

219) 이 경우의 주문은 "1. 피고와 채무자 사이의 별지목록 기재 채권에 관하여 20○○.○.○.자 양도행위는 20○○.○.○. 부인되어 무효임을 확인한다. 2. 피고는 제3채무자에게 제1항과 같은 취지의 통지를 하라."와 같이 될 것이다.

220) 이 경우의 주문은 "피고는 제3채무자에게 피고와 채무자 사이의 별지목록 기재 채권에 관한 20○○.○.○.자 양도행위(채권압류 및 전부명령에 기한 채권이전)가 20○○.○.○. 부인되어 그 효력이 상실되었다는 통지를 하라."와 같이 될 것이다.

으로 수계할 수 있도록 하고 있다(제113조 제1항, 제2항, 제59조 제2항). 이때 사해행위취소소송을 제기한 채권자는 보조참가할 수 있게 된다. 한편 관리인은 사해행위취소소송을 수계하지 아니하고 별도로 부인의 소를 제기하거나 부인의 청구를 할 수도 있다. 회생절차개시 후에는 채권자의 개별적인 권리행사가 제한되므로 사해행위취소소송은 제기할 수 없게 된다.[221)]

나) 부인의 청구에 의한 방법

부인권은 부인의 소의 절차에 의하지 아니하고 간이하게 부인청구에 의한 결정절차에 의하여 행사하는 것도 가능하다(제106조). 어느 절차에 의할지는 관리인이 선택하기 나름이기 때문이다. 부인의 청구란 관리인이 부인의 원인된 사실을 소명하여 간이한 결정절차에 의하여 부인의 재판을 하여 달라고 청구하는 절차를 말한다(제106조 제1항). 이러한 부인의 청구에 대하여 법원은 이유를 붙인 결정으로 이를 인용하거나 기각하는 재판을 하여야 하며, 이때 반드시 상대방을 심문하여야 한다(제106조 제2항, 제3항). 결정 주문의 표시 방법은 부인의 소와 같다. 법원이 부인의 청구를 인용하는 결정을 한 때에는 당사자에게 결정서를 송달하여야 하는데(제106조 제4항), 이는 판결이 아니므로 가집행선고를 할 수 없으나, 사건을 완결하는 재판이라는 점에서 소송비용부담의 재판도 가능하고(민사소송법 제104조), 소송촉진 등에 관한 특례법상 지연손해금의 이율도 적용이 가능할 것으로 보인다.[222)]

부인의 청구를 인용하는 결정에 대하여 불복이 있는 자는 그 송달을 받은 날로부터 1월의 불변기간 내에 회생법원에 이의의 소를 제기할 수 있으며(제107조 제1항, 제2항, 제3항), 이의의 소가 제기되면 판결절차에 의하여 재심리가 이루어지게 된다. 이의의 소에 대한 판결에서는 법원은 부인의 청구를 인용하는 결정에 대하여 부적법 각하한 경우를 제외하고는 이를 인가하거나 변경 또는 취소하는 형식으로 판결을 하게 된다(제107조 제4항 본문). 부인의 청구를 인용하는 결정의 전부 또는 일부를 인가하는 판결이 확정된 때에는 그 결정(판결에서 인가된 부분에 한함)은 확정판결과 동일한 효력이 있다(제107조 제5항 전단). 이의의 소가 1월의 불변기간 이내에 제기되지 아니

221) 대법원 2010.9.9. 선고 2010다37141 판결.
222) 서울중앙지방법원 2011.4.20.자 2011하기17 결정.

하거나 취하된 때 또는 각하된 때의 부인의 청구를 인용하는 결정에 관하여도 마찬가지로 확정판결과 동일한 효력이 인정된다(제107조 제5항 후단).

한편 부인의 청구를 기각하는 결정에 대하여는 인용결정과 달리 이의의 소의 대상이 되지 못하므로 별도로 부인의 소를 제기함으로써 다투어야 할 것이다.[223]

3) 부인소송의 계속 중 회생절차종료시의 처리 문제

판례[224]에 의하면 부인권은 회생절차의 진행을 전제로 하므로 회생절차의 종료에 의하여 소멸하고 비록 회생절차진행 중에 부인권이 행사되었다고 하더라도 이에 기하여 재산이 채무자 소유로 회복되기 이전에 회생절차가 종료하여 그 소송의 원고인 관리인의 자격이 소멸하게 되면 당해 소송에 관계된 권리 또한 절대적으로 소멸되어 어느 누구도 승계할 수 없다고 판시하고 있다. 따라서 부인소송의 계속 중 회생절차가 종료되면 법원은 소송종료선언을 하여야 하며, 소송수계신청이 있는 경우에는 이를 기각하여야 하는 것이다. 부인의 항변도 마찬가지의 이유로 이유없는 것이 된다. 다만 최근의 판례에 의하면 회생계획인가가 있은 후 회생절차폐지결정이 확정되더라도 법원의 직권에 의한 파산선고가 이루어져 파산절차로 이행된 때에는 파산관재인은 종전의 회생절차에서 관리인이 수행 중이던 부인권 행사에 기한 소송절차를 수계할 수 있고 이러한 경우에는 부인권 행사에 기한 소송은 종료되지 아니한다고 판시하고 있다.[225]

사해행위취소소송을 부인소송으로 수계한 후에 회생절차가 종료한 경우에도 부인소송절차는 중단되고 회생절차개시 전에 사해행위취소소송을 제기하였던 채권자가 사해행위취소소송절차를 수계하여야 한다(제113조 제2항, 제59조 제3항, 제4항).

223) 서울중앙지방법원, 제4판 회생사건실무上, 343p.
224) 대법원 1995.10.13. 선고 95다30253 판결; 대법원 2004.7.22. 선고 2002다46058 판결; 대법원 2006.10.26. 선고 2005다75880 판결; 대법원 2007.1.26. 선고 2006다53382 판결; 대법원 2007.2.22. 선고 2006다20429 판결.
225) 대법원 2015.5.29. 선고 2012다87751 판결.

(5) 부인권 행사의 기간

부인권은 회생절차개시일로부터 2년이 경과하거나 부인할 수 있는 행위를 한 날로부터 10년이 경과한 때에는 행사할 수 없다(제112조). 한편 지급정지의 사실을 안 것을 이유로 부인하는 경우에는 회생절차개시신청이 있은 날로부터 1년 전에 행하여진 행위에 대해서는 부인하지 못한다(제111조). 다만 이는 '지급정지'의 사실을 안 것을 이유로 하는 부인의 경우에만 적용되는 것이므로 '회생채권자 등을 해하는 사실'을 알고 있음을 이유로 하는 부인의 경우에는 적용되지 아니할 것이다.

(6) 부인권 행사의 효과

(가) 채무자의 재산의 원상회복

부인권의 행사로 채무자의 재산은 채무자의 소유로 원상회복된다(제108조 제1항). 이러한 원상회복은 상대방의 행위를 기다리지 아니하고 물권적으로 채무자에게 당연히 복귀하는 것이지만, 그 효과는 관리인과 부인권 행사의 상대방과의 사이에서만 발생할 뿐 제3자에게는 효력이 미치지 아니한다. 따라서 원상회복되는 권리의 변동에 등기 등의 공시방법이나 통지 등의 대항요건이 필요한 경우에는 관리인은 부인의 등기 등을 하거나 통지 등의 대항요건을 구비하여야 한다. 부인권 행사의 효력발생시기에 관하여는 ① 판결(결정)확정시설, ② 의사표시설(행사시설) 등의 대립이 있으나, 실무는 의사표시설을 취하여 부인권 행사의 효력은 판결이 확정되지 아니하더라도 부인권 행사의 취지가 기재된 부인의 소장 또는 부인의 청구서가 상대방에게 송달된 때 발생한다고 하고 있다.[226)]

관리인이 부인권을 행사할 당시 그 대상이 되는 재산이 처분되거나 멸실·훼손 등으로 현존하지 아니한 경우에는 가액배상을 청구할 수 있다.[227)] 이 때 가액배상액산정의 기준시점이 문제되는데, 이에 대하여는 ① 판결시(변론종결시)설, ② 의사표시설(행사시설), ③ 회생절차개시시설 등의 견해가 대립되나 실무는 부인권 행사의 효력발생시기와 마찬가지로 의사표시설(행사시

226) 서울중앙지방법원, 제4판 회생사건실무上, 345p.
227) 대법원 2003.2.28. 선고 2000다50275 판결.

설)을 취하고 있다.[228] 다만 상대방이 선의인 경우에도 부인권이 인정되는 무상부인에 있어서의 선의자, 즉 그 행위 당시 지급정지 등을 알지 못한 상대방이나 전득자의 경우에는 이익이 현존하는 한도 안에서 상환하면 될 것이다(제108조 제2항, 제110조 제2항).

(나) 상대방의 반대급부의 반환청구

이와 같이 채무자의 행위가 부인된 경우에 있어서 상대방의 권리행사 방법이 문제되는데, 상대방은 그가 제공한 반대급부가 채무자의 재산에 현존하는지 여부에 따라 ① 채무자가 받은 반대급부가 채무자의 재산 중에 현존하는 때에는 그 반대급부의 반환을 청구하는 방법에 의하여, 반대급부가 현존하지 아니한 때에는 반대급부로 생긴 이익의 현존 여부에 따라 ② 채무자가 받은 반대급부에 의하여 생긴 이익의 전부가 채무자의 재산 중에 현존하는 때에는 공익채권자로서 현존이익의 반환을 청구하는 방법에 의하여, ③ 채무자가 받은 반대급부에 의하여 생긴 이익이 채무자의 재산 중에 현존하지 아니하는 때에는 회생채권자로서 반대급부의 가액상환을 청구하는 방법에 의하여, ④ 채무자가 받은 반대급부에 의하여 생긴 이익의 일부가 채무자의 재산 중에 현존하는 때에는 공익채권자로서 그 현존이익의 반환을 청구하는 권리 및 회생채권자로서 반대급부와 현존이익과의 차액의 상환을 청구하는 방법에 의하여 행사할 수 있다(제108조 제3항). 채무자가 반대급부로 금전을 지급받은 경우에는 원칙적으로 반대급부가 현존하는 것으로 보아야 할 것이다.[229]

(다) 상대방 채권의 회복

채무자의 행위가 부인되어 상대방이 그가 받은 급부를 반환하거나 그 가액을 상환한 때에는 상대방의 채권은 원상으로 회복된다(제109조 제1항). 다만 상대방의 채권의 회복을 위해서는 상대방의 선이행을 전제로 하고 있으며 따라서 상대방은 부활할 채권을 자동채권으로 반환채무와 상계할 수 없다.[230] 이와 같이 상대방의 채권이 원상으로 회복되어 부활된다고 할 때 종

228) 서울고등법원 2010.8.27. 선고 2009나55343 판결.
229) 대법원 1987.8.18. 선고 87다카768 판결; 대법원 2003.12.12. 선고 2001다37002 판결.
230) 대법원 2007.7.13. 선고 2005다71710 판결.

전의 연대채무나 보증채무 또는 물상보증 등의 종된 권리도 다시 부활되느냐가 문제되고 이에 관하여는 ① 부활 긍정설, ② 부활 부정설의 대립이 있는데, 상대방의 채권의 부활은 원상회복의 일환으로 이루어지는 것이므로 부활 긍정설이 타당하다고 보인다.

채무자의 행위가 회생계획안 심리를 위한 관계인집회가 끝난 후 또는 서면결의에 부치는 결정이 있은 후에 부인된 때에는 일반적인 추후 보완신고의 경우와 달리 상대방은 부인된 날[231]부터 1월 이내에 신고를 추후 보완할 수 있다(제109조 제2항, 제152조 제3항).

(7) 부인의 등기

(가) 의 의

등기의 원인인 행위가 부인되거나 등기가 부인된 때에는 관리인은 부인의 등기를 신청하여야 한다(제26조 제1항). 이와 같이 부인권의 행사에 의하여 채무자의 재산에 복귀한 것에 관한 등기를 부인의 등기라고 한다. 부인의 등기의 성질에 관하여는 ① 통합도산법이 인정한 특별한 등기라는 특수등기설, ② 예고등기설, ③ 통상적인 등기설 등의 견해가 대립되나, 실무는 판결의 주문을 이전등기 또는 말소등기를 명하는 것과 같은 통상적인 형식이 아니라 부인등기절차를 명하는 형식을 취하고 있어 특수등기설을 따르고 있다고 보인다.[232]

(나) 부인의 등기절차

부인의 등기는 관리인이 단독으로 신청하며, 등기원인을 증명하는 서면으로 부인소송 또는 부인청구를 인용하는 판결서 내지 결정서 등본 및 그 확정증명서를 첨부하여야 한다.[233] 이 경우의 등기에 관해서는 등록세를 부과하지 아니한다(제26조 제2항). 한편 관리인이 부인의 등기가 된 재산을 임의매각한 경우에 그 임의매각을 원인으로 하는 등기가 된 때에는 법원은 이

---

231) 여기에서 부인된 날이란 실무상 부인소송이 확정된 날을 의미한다(서울중앙지방법원, 제4판 회생사건실무上, 350p).

232) 서울중앙지방법원, 제4판 회생사건실무上, 351p.

233) 채무자 회생 및 파산에 관한 법률에 따른 부동산 등의 등기 사무처리지침 제11조 제2항, 제3항.

해관계인의 신청에 의하여 부인의 등기, 부인된 행위를 원인으로 하는 등기, 부인된 등기 및 위 각 등기의 뒤에 되어 있는 등기로서 회생채권자에게 대항할 수 없는 것의 말소를 촉탁하여야 한다(제26조 제4항).

3. 회생채권 등의 권리신고와 조사

가. 의 의

회생채권이란 채무자에 대하여 회생절차개시 전의 원인으로 생긴 재산상의 청구권, 회생절차개시 후의 이자, 회생절차개시 후의 불이행으로 인한 손해배상금 및 위약금, 회생절차참가의 비용을 말하는데, 회생절차가 개시된 후에 있어서는 이러한 회생채권은 법에 특별한 규정이 있는 경우를 제외하고는 회생계획에 규정된 바에 따르지 아니하고는 변제하거나 변제받는 등 이를 소멸하게 하는 행위(면제행위 제외)를 하지 못한다(제118조, 제131조). 다만 회생채권자는 그가 가진 회생채권으로 회생절차에 참가할 수 있는데(제118조, 제133조 제1항), 이 경우 이자없는 기한부채권(제134조), 정기금채권(제135조), 이자없는 불확정기한채권 등(제136조), 비금전채권 등(제137조), 조건부채권과 장래의 청구권(제138조)에 규정된 채권에 관하여는 그 규정에 의하여 산정한 금액에 따라 의결권을 가지게 되고, 그 밖의 채권에 관하여는 그 채권액에 따라 의결권을 가지게 된다(제133조 제2항). 그리고 회생채권이나 회생절차개시 전의 원인으로 생긴 채무자 외의 자에 대한 재산상의 청구권으로서 회생절차개시 당시 채무자의 재산상에 존재하는 유치권·질권·저당권·양도담보권·가등기담보권·전세권 또는 우선특권으로 담보된 범위의 것은 회생담보권으로 하는데,[234] 이러한 회생담보권자도 그가 가진 회생담보권으로 회생절차에 참가할 수 있고(제141조 제1항, 제3항), 그 채권액 중 담보권의 목적의 가액[235]을 초과하는 부분에 관하여는 회생채권자로서 회생절차에 참가할 수 있다(제141조 제4항). 회생담보권자는 그 담보권의 목적의 가액에 비례하여 의결권을 가진다. 다만, 피담보채권액이 담보권의 목

234) 다만, 이자 또는 채무불이행으로 인한 손해배상이나 위약금의 청구권에 관하여는 회생절차개시결정 전 날까지 생긴 것에 한한다(제141조 제1항 단서).

235) 이 경우 선순위의 담보권이 있는 때에는 그 담보권으로 담보된 채권액을 담보권의 목적의 가액으로부터 공제한 금액을 말한다(제141조 제4항).

적의 가액보다 적은 때에는 그 피담보채권액에 비례하여 의결권을 가진다(제141조 제5항).

이러한 회생채권자나 회생담보권자가 회생절차에 참가하고자 하는 경우에는 신고기간 안에 권리신고를 하고 증거서류 또는 그 등본이나 초본을 제출하여야 한다(제148조, 제149조). 채권 등 권리신고 후에는 목록에 기재되거나 신고된 회생채권·회생담보권에 관하여 그 존부, 내용 및 원인, 의결권액 등의 사실여부를 검토·확정하기 위하여 회생채권·회생담보권에 대한 조사가 진행된다(제161조, 제162조).

나. 관리인의 회생채권자 등의 목록 작성

(1) 관리인의 목록작성 등

(가) 목록작성 및 제출 의무

관리인은 회생채권자목록 및 회생담보권자목록을 작성하여 회생절차개시결정과 동시에 법원이 정한 목록제출기간 안에 제출하여야 한다(제147조 제1항, 제50조 제1항 제1호). 목록의 기재대상은 회생채권·회생담보권이며, 회생채권 등의 신고대상과 같다. 공익채권이나 개시후기타채권은 회생채권이 아니므로 목록의 기재대상이 아니다. 목록제출기간은 개시결정일부터 2주 이상 2월 이하의 범위 내에서 법원이 정한다(제147조 제1항, 제50조 제1항 제1호). 관리인이 목록에 기재하지도 아니하고 회생채권자 등도 신고를 하지 아니하여 회생계획에서 인정되지 아니한 회생채권·회생담보권은 원칙적으로 실권된다(제251조).[236]

(나) 목록의 변경·정정

관리인이 제출한 회생채권자 등의 목록에 오류·누락이 있음을 발견한 때에는 회생채권 등의 신고기간(제50조 제1항 제2호)의 말일까지 법원의 허가를 받아 목록에 기재된 사항을 변경 또는 정정할 수 있다(제147조 제4항, 규칙 제53조 제1항).

이 경우 변경할 수 있는 사항으로는 목록에 누락된 회생채권 등을 추가하

236) 다만 예외적으로 추완신고가 허용되는 경우는 있다(대법원 2012.2.13.자 2011그256 결정).

거나 삭제하는 것도 포함된다. 목록의 변경·정정이 가능한 기한인 회생채권 등의 신고기간은 목록의 제출기간의 말일부터 1주 이상 1월 이하의 기간 내로 정하여진다(제50조 제1항 제2호).[237] 목록의 변경·정정 기한이 경과되면 목록의 정정·변경은 불가하며, 오류나 누락은 조사기간 내에 그 제출한 목록에 대한 관리인의 이의절차를 통하여 해결하는 수밖에 없다고 본다.[238]

(2) 목록제출의 효과

관리인이 회생채권자·회생담보권자의 목록을 작성하여 법원에 제출하면 일정한 법적 효과가 생긴다. 즉 목록에 기재된 회생채권 등에 대하여는 시효중단의 효력이 발생하고, 목록에 기재된 회생채권 등은 신고기간 안에 신고된 것으로 간주되며(제151조), 신고된 회생채권 등이 없고[239] 관리인이 제출한 목록에 기재되어 있는 회생채권 등에 대하여 조사기간 안에 또는 특별조사기일에 관리인·회생채권자·회생담보권자의 이의도 없는 경우에는 목록에 기재된 권리의 내용과 의결권의 액수가 확정되고, 우선권 있는 채권에 관하여는 우선권 있는 것이 확정된다(제166조 제2호).

(3) 목록 등에 누락된 채권의 실권[240] 여부의 검토

(가) 관리인의 악의적 목록제출의무 위반과 채권의 실권 여부

목록에 기재되지 아니한 채권이나 신고하지 아니한 회생채권·회생담보권,[241] 목록에 기재되었거나 신고하였지만 회생계획에서 변제의 대상으로

237) 다만 신고기간은 특별한 사정이 있는 때에는 법원에서 그 기간을 늦추거나 늘일 수 있다(제50조 제2항).

238) 서울중앙지방법원, 제4판 회생사건실무上, 491p.

239) 신고된 채권과 목록의 기재가 다른 경우에는 입법취지로 보아 신고가 우선한 것으로 보는 것이 타당하다(제166조 제2호).

240) 여기에서 실권이란 채권 자체가 항구적으로 소멸된다는 의미가 아니라 회생절차 내에서 그 권리를 보장받지 못한다는 것을 의미한다.

241) 여기에서 '목록'이란 관리인이 회생채권자·회생담보권자에 관한 일정한 사항(제147조, 제2항 제1호, 제2호)을 기재한 것으로서 회생절차개시신청일부터 2주 이상 2월 이하의 기간 범위 내에서 정하여진 제출기간(제50조 제1항 제1호) 내에 법원에 제출하여야 하는 것을 말하며(제147조), '신고'란 회생채권자·회생담보권자가 회생절차에 참가하기 위하여 목록의 제출기간의 말일부터 1주 이상 1월 이하의 기간 내에서 정하여진 신고기간(제50조 제1항 제2호) 내에 법원에 그 권리를 신고하는 것을 말한다. 회생채권 등의 신고기간이 만료되면 법원사무관등은 관리인이

되지 아니한 회생채권·회생담보권은 모두 실권되는 것이 원칙이다.[242)]

그런데 통합도산법에서는 관리인의 목록제출의무(147조)를 도입하고 있기 때문에 관리인이 채권의 존재를 알면서도 목록에 기재하지 아니하였고 당해 회생채권자도 회생절차개시의 사실을 알지 못하여 채권신고를 하지 못한 결과 회생계획에서 변제의 대상으로 되지 아니한 경우에도 실권되는지 논란이 있다. 특히 목록에서 누락한 채권이 고액일 경우에 실권되지 아니한다고 하면 누락채권의 변제가 거의 불가능하게 되어 채무자의 회생도 물거품이 될 수 있기 때문에 문제된다. 이에 관하여는 ① 실권설과 ② 비실권설로 견해가 나누어진다.

실권설에 의하면 관리인의 악의적인 목록제출의무 위반의 경우에도 누락채권은 회생계획인가로 실권되고, 다만 관리인에게는 목록제출의무가 있으므로(147조) 관리인 개인은 선관주의의무 위반에 따른 손해배상책임을 부담하고(제82조 제2항), 채무자는 관리인의 업무집행과 관련한 불법행위에 대하여 사용자로서의 책임[243)]을 부담하되, 그 배상액은 당해 회생채권이 실권되지 아니하였다면 회생계획에서 변제받았을 금액이 된다는 것이다. 비실권설은 관리인의 악의적인 목록제출의무 위반으로 당해 채권의 존재사실을 알면서도 채권자목록에 기재하지 아니하였고 채권자도 회생절차의 개시사실을 알지 못하여 채권신고를 하지 못한 경우에는 회생계획이 인가되어도 실권되지 아니한다고 하면서,[244)] 만약 이러한 경우까지 실권된다고 하면 고의로 의무를 위반한 자를 보호하고 상대방의 권리를 박탈하는 것이 되어 부당하고 헌법상의 적법절차의 원리에도 반하며, 통합도산법에서 신설한 관리인의 목록제출제도를 형해화할 수 있다는 것이다.[245)]

생각건대 회생절차가 채무자의 회생을 주목적으로 하는 절차라고 하더라

작성하여 제출한 목록과 회생채권자·회생담보권자가 한 권리신고를 토대로 회생채권자표·회생담보권자표를 작성하여 법원에 비치하고(제160조 제3호), 그 등본을 관리인에게 교부하는 것이다.

242) 다만 관리인이 목록에 기재를 누락하였거나 채권자가 신고하지 못하였다고 하더라도 실무상 회생계획에 반영하여 보호해 주는 경우가 있다. 실무상 임차주택에 입주한 임차인들이 채무자에 대하여 가지는 임대차보증금 반환청구권 등의 경우에 그 예가 많다.

243) 대법원 2005.11.10. 선고 2003다66066 판결.

244) 헌법재판소 1996.1.25.자 93헌바5·58 결정.

245) 대법원 2012.2.13.자 2011그256 결정; 헌법재판소 1996.1.25.자 93헌바5·58 결정.

도 그것은 채권자들에 대한 일정한 보호와의 관계 속에서 이루어져야 정당화될 수 있다고 보이므로 관리인의 악의적인 목록제출의무 위반이 있고 채권자도 개별적인 통지를 받지 못하는 등으로 회생절차에 관하여 알지 못하는 경우까지 채권자의 희생을 강요하는 것은 가혹하다고 보이며, 따라서 비실권설이 타당하다고 본다. 관리인이 악의적으로 채권자목록에 기재하지 아니한 이유는 여러 가지 있을 수 있으나 특히 당해 채권의 존재가 노출될 경우 회생계획의 인가를 받지 못하거나 곤란할 소지가 있을 수 있다는 추정이 가능하다는 것도 비실권설의 근거가 될 수 있을 것이다. 최근의 판례도 비실권설을 취하는 취지로 보이는 바,[246] 회생절차에서 회생채권자가 회생절차의 개시사실 및 회생채권 등의 신고기간 등에 관하여 개별적인 통지를 받지 못하는 등으로 회생절차에 관하여 알지 못함으로써 '회생계획안 심리를 위한 관계인집회'가 끝날 때까지 채권신고를 하지 못하고, 나아가 관리인이 그 회생채권의 존재 또는 그러한 회생채권이 주장되는 사실을 알고 있거나 이를 쉽게 알 수 있었음에도 회생채권자 목록에 기재하지 아니한 경우에는 제251조(회생채권 등의 면책 등)의 규정에 불구하고 회생계획이 인가되더라도 그 회생채권은 실권되지 아니하며, 회생채권자는 '회생계획안 심리를 위한 관계인집회'가 끝난 후에도 회생절차에 관하여 알게 된 날로부터 1개월 이내에 회생채권의 신고를 보완할 수 있다고 판시하고 있다.

따라서 이러한 누락채권자로서는 아직 회생절차가 진행 중이면 회생계획의 경정 등을 통하여, 회생절차가 종결된 때에는 종결 후의 채무자를 상대로 한 이행의 소의 제기 등으로 그 권리를 구제받을 수 있다고 본다.[247] 다만 관리인이 목록에 기재하지 아니하였다고 하더라도 채권자가 회생절차개시결정의 통지를 받는 등 어떠한 경로로든 회생절차개시의 사실을 알게 되었거나 알 수 있어서 추후 보완신고기간 만료 전까지 회생채권을 신고할 기회가 있었던 경우에는 당해 채권은 실권된다고 보며, 그 실권과 관리인의 회생채권자목록에의 기재누락의 잘못 사이에 상당인과관계가 있다고도 볼 수 없으므로 관리인의 불법행위책임도 성립되지 아니하고 따라서 손해배상

246) 대법원 2012.2.13.자 2011그256 결정.
247) 대법원 2008.6.26. 선고 2006다77197 판결.

책임도 묻기 어렵다고 본다.[248]

(나) 목록에 기재되었거나 신고한 채권이 회생계획에서 누락된 경우

관리인이 채권의 존재사실을 알았지만 과실로 채권자목록에 기재하지 아니하거나 채권자가 채권신고를 하였지만 법원사무관등의 과실로 회생채권자표의 기재에서 누락한 경우 또는 채권조사절차나 채권확정소송 등을 통하여 권리가 확정되었으나 관리인 등의 착오 내지 실수에 의하여 회생계획의 권리변경 및 변제대상에서 누락되거나 제외된 경우에 당해 채권은 어떻게 되는지 문제된다.

이러한 경우에 관하여는 ① 실권설, ② 비실권설[249]로 견해가 대립될 수 있다. 판례는 회생채권조사절차나 회생채권확정소송에서 권리가 확정되었으나 관리인의 과실 등으로 회생계획의 권리변경 및 변제대상에 아예 누락되거나 이미 소멸한 것으로 잘못 기재되어 회생계획의 권리변경 및 변제대상에서 제외되기에 이른 경우에는 그 확정된 권리의 존부 및 범위 자체에 관한 당부를 다투어 회생계획인가결정에 대한 불복사유로 삼을 수는 없으되, 아직 회생절차가 진행 중이면 회생계획경정 등으로,[250] 회생절차가 종결된 후라면 채무자를 상대로 하여 이행의 소를 제기할 수 있다고 판시하고 있다.[251]

생각건대 누락과정에 채권자의 과실이 개입되지 아니한 경우까지 실권된다고 하는 것은 채권자에게 가혹한 결과가 되므로 실권되지 아니한다고 보는 것이 타당하다고 본다. 다만 그 처리에 관하여는 회생계획인가결정에 대한 불복이 아니라 아직 회생절차가 진행 중이면 회생계획의 경정 등을 통하여, 회생절차가 종결된 때에는 종결 후의 채무자를 상대로 한 이행의 소의 제기 등으로 권리구제가 이루어져야 할 것으로 보인다.[252]

---

248) 대법원 2014.9.4. 선고 2013다29448 판결; 서울고등법원 2010.9.2. 선고 2008나87893 판결.

249) 임채홍·백창훈, 제2판 회생정리법(하), 301p.에서는 신고는 되었으나 기재만 누락된 경우에는 실권되지 아니하고 화해조서의 경정에 준하여 회생계획의 변경을 할 수 있다고 보아야 한다고 주장하고 있다.

250) 이 경우 회생계획의 인부결정에 대한 항고가 제기되어 항고심에서 권리보호조항을 적용하여 회생계획을 인가하였다면 그 경정은 항고심에서 이루어져야 할 것이다.

251) 대법원 2008.6.26. 선고 2006다77197 판결.

252) 서울중앙지방법원, 도산절차와 소송 및 집행절차, 100p.

다. 회생채권자 등의 권리신고

(1) 신고의 대상과 신고사항

회생절차에 참가하고자 하는 회생채권자나 회생담보권자는 신고기간 안에 일정한 사항을 법원에 신고하고 그 증거서류 또는 등·초본을 제출하여야 한다(제148조, 제149조).[253] 권리신고의 대상이 되는 것은 회생채권과 회생담보권이다(제148조, 제149조).[254] 공익채권이나 개시후기타채권은 회생채권이나 회생담보권에 해당되지 아니하므로 권리신고의 대상이 아니다. 다만 관리인이 작성·제출한 목록에 기재된 회생채권 등은 별도의 신고가 없더라도 신고된 것으로 본다(제151조). 회생채권 등의 신고기간은 목록의 제출기간 말일부터 1주 이상 1월 이하의 기간 내에서 정하여지고, 목록의 제출기간은 회생절차개시결정일부터 2주 이상 2개월 이하의 기간 범위 내에서 정하여진다(제50조 제1항 제1호, 제2호).[255]

(2) 신고의 효과

회생채권·회생담보권을 신고하면 시효중단의 효력이 생기며(제32조 제1호), 주채무자에 대한 신고는 보증채무에 대해서도 시효중단의 효력이 미치게 된다.[256] 한편 회생채권자 등의 목록에 기재되지 아니한 상태에서 그 권리를 신고하지 아니하면 관계인집회에서 의결권을 행사할 수 없고 나아가 회생계획에서 제외된 채 회생계획이 인가된 경우에는 실권을 면치 못하게 되므로 신고는 중요한 의미를 가지고 있는 것이다.

(3) 추후 보완신고

회생채권자 등이 그 책임질 수 없는 사유로 신고기간 안에 신고를 하지 못

---

253) 무권리자에 의한 채권신고일지라도 후일 진정한 권리자로 밝혀진 자에 대한 관계에서는 그 효력이 인정된다(대법원 2003.9.26. 선고 2002다62715 판결).

254) 동산의 소유권유보부매매의 경우에 매도인이 유보한 소유권은 담보권의 실질을 가지고 있으므로 담보 목적의 양도와 마찬가지로 매수인에 대한 회생절차에서 회생담보권으로 취급함이 타당하고, 매도인은 매매목적물인 동산에 대하여 환취권을 행사할 수 없다(대법원 2014.4.10. 선고 2013다61190 판결).

255) 다만 법원은 특별한 사정이 있는 때에는 위 기일을 늦추거나 기간을 늘일 수 있다(제50조 제2항).

256) 대법원 2007.5.31. 선고 2007다11231 판결.

한 때에는 그 사유가 끝난 후 1월의 불변기간 이내에 추후 보완신고를 할 수 있으며(제151조 제1항, 제2항),[257] 회생채권자 등이 책임질 수 없는 사유로 인한 경우에는 신고한 사항에 관하여 다른 회생채권자 등의 이익을 해하는 내용으로 변경하려고 하는 경우에도 추후 보완신고가 가능하다(제152조 제4항). 신고기간이 경과한 후에 회생채권 등이 생긴 경우[258]에도 그 권리가 발생한 후 1월의 불변기간 이내에 추후 보완신고가 가능하다(제153조 제1항).

그러나 '회생계획안 심리를 위한 관계인집회'가 끝난 후이거나 회생계획안을 서면결의에 부친다는 결정이 있은 후에는 추후 보완신고가 불가하다(제151조 제3항, 제153조 제2항).[259] 다만 예외적으로 회생채권자가 회생절차의 개시사실 및 회생채권 등의 신고기간 등에 관하여 개별적인 통지를 받지 못하는 등으로 회생절차에 관하여 알지 못함으로써 '회생계획안 심리를 위한 관계인집회'가 끝날 때까지 채권신고를 하지 못하고, 나아가 관리인이 그 회생채권의 존재 또는 그러한 회생채권이 주장되는 사실을 알고 있거나 이를 쉽게 알 수 있었음에도 회생채권자목록에 기재하지 아니한 경우에는 '회생계획안 심리를 위한 관계인집회'가 끝난 후에도 회생절차에 관하여 알게 된 날로부터 1개월 이내에 회생채권의 추후 보완신고를 할 수 있다고 본다.[260] 회생채권자 등의 책임질 수 없는 사유로 인한 추후 보완신고와 신고기간 경과한 후에 생긴 회생채권 등에 대한 신고가 있는 경우에는 법원은 신고된 회생채권 등을 조사하기 위하여 특별조사기일을 정하여야 하는데(제162조 전단), 실무상 특별조사기일은 비용절감 차원에서 '회생계획안 심리를 위한 관계인집회'와 병합하여 실시하고 있다.

---

257) 실무상으로는 '회생계획안 심리를 위한 관계인집회'가 개최되기 전까지 접수된 추후 보완신고를 받아 주고 있는 것으로 보인다(서울중앙지방법원, 제4판 회생사건실무上, 504p).

258) 예컨대 채무자의 행위가 부인되고 이에 따라 상대방이 받은 급부가 반환되거나 그 가액이 상환됨으로써 상대방의 채권이 원상으로 회복되어 회생채권으로 취급되는 경우(제109조 제1항)가 여기에 해당될 것이다.

259) 다만 '회생계획안 심리를 위한 관계인집회'가 끝난 후 또는 서면결의에 부친다는 결정이 있는 후에 채무자의 행위가 부인된 경우에는 본항(제151조 제3항, 제153조 제2항)에 의해서는 추후 보완신고가 불가할 것이지만 제109조(상대방의 채권의 회복) 제2항에 의하여 상대방은 부인된 날부터 1년 이내에 추후 보완신고를 할 수 있을 것이다(제109조 제2항).

260) 대법원 2012.2.13.자 2011그256 결정; 대법원 2014.9.4. 선고 2013다29448 판결.

(4) 신고명의와 신고내용의 변경

(가) 신고명의의 변경

목록에 기재되거나 신고된 회생채권 또는 회생담보권을 취득한 자는 신고기간이 경과한 후에도 신고명의를 변경할 수 있다(제154조 제1항). 신고명의의 변경이 필요한 경우는 채권양도[261]나 대위변제 또는 상속이 이루어지는 경우 등일 것이다. 다만 신고명의의 변경은 회생계획인가 전까지만 가능하며, 인가 후에는 일반 민사법의 원리에 따라 관리인에 대하여 권리의 이전을 입증하거나 대항요건을 갖추어 권리를 행사할 수밖에 없을 것이다.[262] 신고명의가 변경되면 명의변경된 채권자가 회생절차에 참가할 수 있게 된다.

(나) 신고내용의 변경

신고내용의 변경은 '회생계획안 심리를 위한 관계인집회'가 끝나기 전까지 가능하다고 보며, 회생계획안을 서면결의에 부친다는 결정을 하는 경우에는 그 결정이 있기 전까지 가능하다고 본다. 다만 금액의 증액 등 다른 채권자의 이익을 해하는 내용으로의 변경은 신고한 채권자가 책임질 수 없는 사유가 있는 때에 한하여 그 사유가 끝난 후 1월 내에 변경신고가 가능하다고 본다(제152조 제4항). 다만 실무상으로는 신고내용을 변경하기 보다는 일단 신고를 철회한 후 재신고 또는 추후 보완신고를 하고 있는 것으로 보인다.[263]

라. 회생채권자표 등의 작성과 이해관계인의 이의

법원사무관등은 회생채권 등의 신고기간이 만료되면 회생채권자표·회생담보권자표를 지체 없이 작성하여야 한다(규칙 제60조 제1항). 회생채권자표에는 회생채권자의 성명과 주소, 회생채권의 내용과 원인, 의결권의 액수, 일반의 우선권이 있는 채권[264]이 있는 때에는 그 뜻을, 회생담보권자표에는 회생담보권

261) 채권양도의 통지나 승낙은 관리인에 대하여 또는 관리인에 의하여 이루어져야 하며 채무자에 대한 채권양도의 통지나 채무자에 의한 채권양도의 승낙은 그 효력이 없다.

262) 실무상으로는 변경회생계획안에 채권양수인이나 대위변제자를 기재하거나 병기하고 이에 따라 채권양수인이나 대위변제자가 직접 채무자로부터 변제받을 수 있도록 조치하고 있는 것으로 보인다(서울중앙지방법원, 제4판 회생사건실무上, 511p).

263) 서울중앙지방법원, 제4판 회생사건실무上, 513p.

264) 일반의 우선권 있는 회생채권이란 특정재산에 대해서는 담보권자보다 후순위이지만 채무자의

자의 성명과 주소, 회생담보권의 내용 및 원인, 회생담보권의 목적 및 그 가액, 채무자 외의 자가 채무자인 때에는 그 성명 및 주소, 의결권의 액수를 기재하여야 한다(제158조 제1항). 회생채권자표 등의 기재내용에 명백한 오류나 잘못 계산이 있는 때에는 법원사무관등이 일반문서의 정정방식을 규정한 재판예규(제243호)에 따라서 간이하게 직권으로 정정할 수 있다고 본다.[265] 한편 관리인, 채무자, 목록에 기재되거나 신고한 회생채권자 등은 조사기간 안에 목록에 기재되거나 신고한 회생채권 등에 관하여 서면으로 법원에 이의를 제출할 수 있다(제161조 제1항). 다만 추후 보완신고된 회생채권 등에 대해서는 특별조사기일에 출석하여 구두로 이의하여야 한다.

마. 회생채권 등에 대한 조사

(1) 의 의

회생채권·회생담보권에 대한 조사란 제출한 회생채권자·회생담보권자의 목록에 기재되어 있거나 회생채권자·회생담보권자가 신고된 회생채권·회생담보권에 관하여 그 존부, 내용 및 원인, 의결권액 등의 사실여부를 검토하여 이를 확정하는 절차를 말한다(제161조, 제162조). 흔히 조사절차는 관리인이나 이해관계인이 목록에 기재되거나 신고된 내용을 시인하거나 부인하는 형식으로 이루어지므로 이를 '시·부인' 절차라고도 한다.

(2) 조사방법

회생채권 등을 조사하는 방법은 회생채권 등의 신고기간 내에 신고된 여부를 기준으로 신고기간 내에 신고된 회생채권 등에 대하여는 조사기일을 열지 아니하고 기일 외에서 관리인이나 채무자, 목록에 기재되거나 신고된 회생채권자·회생담보권자 등 이해관계인이 서면으로 법원에 이의를 제기하는 방식으로

일반재산에 대해서는 우선적으로 변제받을 수 있는 채권을 말하며(제217조 제1항 제2호), 여기에는 공익채권에 해당되지 아니한 임금·퇴직금·재해보상금(근로기준법 제38조, 근로자퇴직급여보장법 제12조 제1항), 공익채권에 해당되지 아니한 조세·기타 공과금(국세기본법 제35조 제1항, 지방세기본법 제99조 제1항), 회사사용인의 우선변제권(상법 제468조) 등이 해당될 것이다.

265) 서울중앙지방법원, 제4판 회생사건실무上, 515p.

하고(제161조 제1항), 신고기간이 경과된 후에 추후 보완신고된 회생채권 등에 대하여는 특별조사기일을 열어 조사하는 방식으로 한다(제162조). 특별조사기일에 채무자는 출석하여 의견을 진술하여야 하고, 목록에 기재되거나 신고된 회생채권자·회생담보권자는 출석하여 다른 회생채권 또는 회생담보권에 관하여 이의를 할 수 있다(제164조 제1항, 제2항).

조사기간은 회생절차개시결정과 함께 법원에서 정하는데, 신고기일의 말일부터 1주 이상 1월 이하의 기간 내로 정한다(제50조 제1항 제3호). 특별조사기일은 '회생계획안 심리를 위한 관계인집회'의 기일을 지정하면서 함께 지정하는데, 통상 '회생계획안 심리를 위한 관계인집회'와 병합하여 실시하고 있다.[266] 특별조사기일을 '회생계획안 심리를 위한 관계인집회'와 병합하여 실시하는 경우에는 법원은 관리인에게 '시·부인표'의 작성과 함께 출석현황표도 작성하여 제출하도록 하고 있다.[267]

(3) '시·부인표'의 작성

관리인은 회생채권 등의 신고기간이 종료되면 목록에 기재되거나 신고된 회생채권 또는 회생담보권의 내용 및 의결권에 관하여 '시·부인표'[268]를 작성하여 조사기간 말일까지 법원에 제출하여야 한다(제161조 제1항, 규칙 제63조 제1항). 추후 보완신고된 회생채권·회생담보권이 있는 때에는 그 신고내용 등을 위 '시·부인표'에 추가로 기재하면 된다(규칙 제63조 제2항). 채무자나 다른 회생채권자·회생담보권자 등 이해관계인이 이의를 제기한 경우에도 마찬가지이다.

---

266) 특별조사기일은 '관리인 보고를 위한 관계인집회' 또는 '회생계획안 심리를 위한 관계인집회'와 병합하여 수회 개최할 수도 있으나 비용부담의 경감을 위하여 추후 보완신고의 종기인 '회생계획안 심리를 위한 관계인집회'와 병합하여 일시에 실시하고 있는 것이 실무이다.

267) 다만 '회생계획안 심리를 위한 관계인집회'는 '회생계획안 결의를 위한 관계인집회'와 병합하여 실시하는 것이 일반적이기 때문에 '회생계획안 심리를 위한 관계인집회'에서의 출석현황표는 '회생계획안 결의를 위한 관계인집회'를 위한 '출석현황 및 의결표'로 대체하는 것이 실무이다.

268) '시·부인표'란 관리인이 회생채권 등에 대하여 이를 시인하는지 부인하는지 여부를 기재한 표를 말하는데, ① 표지, ② 목차, ③ 회생담보권·회생채권의 목록·신고 및 시·부인표의 총괄표, ④ 회생담보권 시·부인 명세서(회생담보권 배분 상세명세서 포함), ⑤ 회생채권 시·부인 명세서, ⑥ 조세채권 등 목록·신고명세서, ⑦ 추완 회생담보권 시·부인 명세서(회생담보권 배분 상세명세서 포함), ⑧ 추완 회생채권 시·부인 명세서 등의 순서와 형태로 작성하고 있고, 필요한 경우 각 항목마다 '상세명세서'를 첨부하고 있다(서울중앙지방법원, 제4판 회생실무上, 530p).

(4) 이의의 통지 및 이의의 철회

조사기간 안에 또는 특별조사기일에서 회생채권·회생담보권에 관하여 이의가 있는 때에는 법원은 이를 그 권리자에게 통지하여야 한다(제169조). 이는 부인된 권리에 대하여 조사기간 말일 또는 특별조사기일의 종료 후 1월 이내에 조사확정재판을 신청하지 아니하여 실권되는 위험을 방지하기 위한 것이다. 따라서 이의의 통지는 조사기간의 말일 또는 특별조사기일 종료 후 지체 없이 하여야 한다. 이의를 제기한 관리인이나 이해관계인은 이의의 대상인 권리가 확정될 때까지 이의를 철회할 수 있다. 이때에도 법원은 이의철회의 대상이 된 회생채권 등을 가지고 있는 자에게 그 취지를 통지하여야 한다(규칙 제62조).

(5) 회생채권자표·회생담보권자표에 조사결과의 기재

법원사무관등은 회생채권·회생담보권에 대한 조사결과를 회생채권자표·회생담보권자표에 기재하여야 한다(제167조 제1항 본문). 채무자가 이의를 제출한 때에도 마찬가지이다(제167조 제1항 단서).

4. 회생채권 등의 확정

가. 이의 없는 회생채권 등의 확정

(1) 회생채권 등의 확정과 회생채권자표 등에의 기재

조사기간 안에 또는 특별조사기일에 관리인이나 회생채권자 등의 이의가 없는 때에는 신고된 회생채권 등이 있는 때에는 이를 기준으로, 신고된 회생채권 등이 없는 때에는 관리인이 제출한 목록을 기준으로 그에 기재되어 있는 회생채권·회생담보권의 권리의 내용과 의결권의 액수가 확정되고, 우선권 있는 채권에 관하여는 우선권 있는 것이 확정된다(제166조). 실무상 회생채권자가 아닌 공익채권자들도 채권신고를 하는 경우가 있지만 공익채권은 수시로 변제받는 채권이고 직접 이행소송을 통하여 권리의 만족을 얻을 수 있으므로 공익채권인 것이 명백한 때에는 관리인은 공익채권임을 이유로 채권신고를 부인하는 것이 관행이다. 추심명령의 경우에는 추심채권자만이 채권신고를 하여 회생절차에 참가할 자격을 가지게 되는데, 추심채권자의 집행채권액이 피압류채권액에 미치지 아니한 경우에 있어서 그 압류되지 아니한 부분에 대해서도 추심채무자만이 채권신고 및 회생절차에 참가할 자격이 있다.[269] 전부명령이 있는 경우에는 전부채권자의 채권을 시인하여야 한다.

회생절차개시결정으로 중단된 소송이 회생채권·회생담보권에 관한 것이라도 조사기간 및 특별조사기일에 이의가 없으면 회생채권 등은 확정되고, 법원사무관등이 그 조사결과를 기재한 회생채권자표·회생담보권자표는 확정판결과 동일한 효력이 인정된다. 이 경우 중단된 소송절차의 운명이 어떻게 될 것인지에 대하여는 ① 당연종료설, ② 관리인 수계 후 청구기각판결설, ③ 관리인 수계 후 각하설, ④ 수계가 불가능하므로 중단된 상태에서 각하설 등으로 나누어지는데, 하급심 재판실무는 ④설을 취하고 있다.[270]

회생채권 등이 확정되면 법원사무관등은 이를 회생채권자·회생담보권자표에 기재하여야 한다(제167조 제1항 전단).

(2) 회생채권자표 등의 기재에 대한 불복방법

회생채권 등의 조사결과에 대한 회생채권자표 등의 기재에 명백한 오류 또는 계산 잘못이 있는 경우에 어떻게 처리할 수 있는지 문제되는데, 이에 관하여는 ① 법원사무관등이 오자 정정방식에 의하여 직권으로 정정할 수 있다는 견해, ② 민사소송법(제211조)의 절차에 따라 판결경정에 준하여 법원이 경정결정을 할 수 있다는 견해가 있으나, 확정된 회생채권 등을 회생채권자표 등에 기재한 때에는 확정판결과 동일한 효력이 인정되므로 후자가 타당하다고 본다. 판례도 이미 소멸된 채권이 이의 없음으로 인하여 확정되어 회생채권자표 등에 기재되어 있을지라도 이에 의하여 채권이 존재하는 것으로 확정되는 것이 아니므로 그 기재에 명백한 오류가 있는 경우에는 법원의 경정결정에 의하여 바로잡을 수 있다고 하고 있다.[271]

한편 이러한 명백한 오류 또는 잘못 계산을 초과한 그 밖의 기재에 대하여는 어떻게 처리할지 문제된다. 이는 회생채권자표 등의 기재에 기판력을 인정

---

269) 서울중앙지방법원, 제4판 회생사건실무上, 538p.
270) 서울중앙지방법원 2013.6.14. 선고 2012가합78974 판결; 서울중앙지방법원, 제4판 회생사건실무上, 560p.
271) 대법원 1991.12.10. 선고 91다4096 판결.

할 수 있는지의 여부에 따라 달라지는데, 기판력을 인정한 경우에는 재심에 의하여 다투어야 할 것이고, 기판력을 인정하지 아니한 경우에는 무효확인판결에 의하여도 다툴 수 있기 때문이다. 판례는 후자의 입장을 취하고 있다.[272)]

채권조사기일 당시 유효하게 존재하였던 채권에 대하여 관리인 등으로부터 이의가 없어 회생채권자표 등이 확정되고 그에 대하여 불가쟁의 효력이 발생한 경우에는 관리인으로서는 더 이상 부인권을 행사하여 그 채권의 존재를 다툴 수 없고, 나아가 관리인이 사후에 한 부인권 행사의 적법성을 용인하는 전제에서 회생채권으로 이미 확정된 회생채권자표 등의 기재의 효력을 다투어 그 무효확인을 구하는 것 역시 허용될 수 없다.[273)]

(3) 회생채권자표 등의 기재의 효력

(가) '확정판결과 동일한 효력' 인정

확정된 회생채권 등을 회생채권자표 등에 기재한 때에는 그 기재는 회생채권자 또는 회생담보권자 전원에 대하여 확정판결과 동일한 효력이 인정된다(제168조).[274)]

(나) '확정판결과 동일한 효력'의 의미

'확정판결과 동일한 효력'이 있다는 의미와 관련하여 기판력도 포함되는지 여부에 관하여 논란이 있는데, 기판력이 인정되느냐 여부에 따라 회생채권자표 등의 기재에 대한 청구이의의 소에 있어서 이의사유를 변론종결 후의 사유만으로 제한하여야 하는지 여부나 회생절차 종료 후에 회생채권자들의 채무자의 재산에 대한 개별집행이 경합된 경우 배당이의의 소에서 상호간에 회생채권자표 등의 기재에 구속되는지 여부 등의 결과가 달라진다.

이에 관하여는 ① 기판력 긍정설, ② 기판력 부정설(불가쟁력설), ③ 회생절

---

272) 대법원 2003.5.30. 선고 2003다18685 판결; 대법원 1991.12.10. 선고 91다4096 판결.

273) 대법원 2003.5.30. 선고 2003다18685 판결.

274) 여기에서 확정판결과 동일한 효력이 인정되는 회생채권자표 등은 회생채권과 회생담보권에 대한 것인바, 공익채권은 권리신고의 대상이 되는 것도 아니고 회생채권자표 등에 기재할 사항도 아니므로 공익채권은 회생채권자표 등의 기재에 의하여 확정판결과 동일한 효력이 인정될 수 있는 성질의 채권이 되지 못한다. 공익채권이 확정판결의 효력을 인정받으려면 소의 제기 등을 통하는 수밖에 없을 것이다.

차 내의 기판력설, ④ 제한적 기판력설 등 여러 견해의 대립이 있다.[275] 기판력 부정설이 다수설이고,[276] 판례의 태도이다.[277]

회생채권자표 등의 기재에 '확정판결과 동일한 효력'이 있다고 규정하고 있는 취지는 회생계획인가결정이 확정된 경우 회생채권자표 등에 기재된 회생채권 또는 회생담보권 중 회생계획의 규정에 의하여 인정된 권리를 기준으로 회생계획을 수행하도록 함으로써 신속하고 안정적인 회생계획의 수행을 보장하려는데 있다고 보이므로 '확정판결과 동일한 효력'이 있다는 의미는 기판력이 아닌 회생절차 내부에서의 불가쟁의 효력으로 보는 것이 타당하다고 보이므로 다수설과 판례의 태도를 지지한다.

나. 이의 있는 회생채권 등의 확정

(1) 이의 있는 회생채권 등이 확정되는 4가지 사유

목록에 기재되거나 신고된 회생채권 등에 대하여 이의가 제기된 회생채권·회생담보권은 다음과 같은 경우에 확정된다. 즉 ① 조사기간 안에 또는 특별조사기일에서 이의가 있었으나 후에 이의가 철회된 경우, ② 이의를 진술한 다른 회생채권자 등이 자기의 권리신고를 철회한 경우, ③ 이의를 진술한 관리인 등이 조사확정재판을 신청하지 아니하는 경우, ④ 이의가 있은 후 제기된 회생채권 등의 조사확정재판 및 이에 대한 이의의 소 등의 결과에 의하여 이의가 제거된 경우에 확정되는 것이다. 위 ④항을 '회생채권 등의 확정에 관한 소송'이라고 한다.

(2) '회생채권 등의 확정에 관한 소송'에 의한 확정

(가) 의 의

회생채권 등의 확정에 관한 소송이란 회생채권 등의 조사확정재판, 회생채권 등의 조사확정재판에 대한 이의의 소 등을 포함하여 회생채권 등에 관

275) 박홍우, "정리채권 등의 신고조사확정에 있어서의 문제점" 재판자료 제86집, 259p.

276) 임채홍·백창훈, 제2판 회생정리법(상), 620p; 松田二郎, 1983 會社更生法(新版), 267p; 三ケ月章외 5인, 1998 條解 會社更生法(下), 699p.

277) 대법원 2005.6.10. 선고 2005다15482 판결; 대법원 2003.9.26. 선고 2002다62715 판결; 대법원 2004.8.20. 선고 2004다3512 판결; 대법원 1991.12.10. 선고 91다4096 판결.

한 이의를 해결하기 위한 일체의 소송을 포함하는 것으로[278] 이행권고결정이나 화해권고결정 등과 같이 확정판결과 동일한 효력이 인정되는 것이면 결정절차도 포함된다고 본다.[279]

(나) 확정소송의 종류

1) 회생채권·회생담보권의 조사확정재판

목록에 기재되어 있거나 신고된 회생채권·회생담보권에 대하여 관리인 또는 회생채권자·회생담보권자 등으로부터 이의[280]가 있는 때에는 그 회생채권 또는 회생담보권을 보유한 권리자는 권리의 확정을 위하여 이의자 전원을 상대방으로 하여 조사기간의 말일 또는 특별조사기일부터 1월 이내에 채권조사확정재판을 신청할 수 있다(제170조 제1항, 제2항). 조사확정재판 신청서에는 당사자 수에 1을 더한 부본을 첨부하고, 채권자 수와 무관하게 1,000원의 인지를 첨부하여야 한다. 조사확정재판은 소송절차가 아니어서 변론절차를 거칠 필요가 없는 간이·신속한 결정절차이다. 회생채권 등에 대하여 이의가 있는 경우 조사확정재판과 같이 먼저 결정절차를 거치도록 한 것은 시간·비용을 절감하기 위한 측면이 있으며, 이러한 조사확정재판에 불복이 있는 경우에만 변론절차인 조사확정재판에 대한 이의의 소에 의하도록 하고 있는 것이다. 따라서 목록에 기재되거나 신고된 회생채권·회생담보권에 관하여 이의가 있는 경우에는 먼저 조사확정재판을 거쳐야 하며, 이를 거치지 아니하고 회생채권확정의 소를 구하거나 회생채권 이행의 소를 제기하는 것은 부적법하게 된다.[281] 조사확정재판절차에서는 이의자의 상대방에 대한 심문은 임의적이지만 이의자에 대하여는 필요적으로 심문하여야 하며(제170조 제4항), 회생채권자·회생담보권자는 이의채권의 원인 및 내용에 관하여 회생채권자표 및 회생담보권자표에 기재된 사항만을 주장할 수 있다

278) 서울중앙지방법원, 제4판 회생사건실무上, 578p.

279) 三ケ月章외 5人, 條解 會社更生法(中), 1999, 803p; 園尾隆司 등, 條解 民事再生法(第2版), 2010, 499p.

280) 여기에서 이의의 대상이 되는 것은 회생채권 등의 존부, 금액, 급부의 내용, 우선권 여부 등 실체적 권리를 말하며, 절차적 권리에 불과한 의결권의 존부 및 범위는 그 대상이 되지 아니한다. 이러한 절차적 권리에 대한 이의는 관계인집회에서 관리인이나 이해관계인의 의결권에 대한 이의에 의하도록 하고 있다.

281) 대법원 2011.5.26. 선고 2011다10310 판결.

(제173조). 조사확정재판에서 정할 사항은 신청의 당부가 아니라 이의채권의 존부 및 그 내용이므로 결정에서는 신청의 인용·기각이 아니라 회생채권 등의 존재 및 그 내용을 정하는 방식으로 하여야 한다.

2) 채권조사확정재판에 대한 이의의 소

채권조사확정재판에 불복하는 자는 그 결정서를 송달받은 날부터 1월 이내에 조사확정재판에 대한 이의의 소를 제기할 수 있다(제171조 제1항). 채권조사확정재판에 대하여 불복한 자만이 원고적격이 있으므로 이의채권에 관하여 처음부터 이의를 제기하지 아니한 자는 원고적격이 없다고 본다. 채권조사확정재판에 대한 이의의 소는 회생법원의 관할에 전속하고(제171조 제2항), 변론절차에 의하며, 그 변론은 결정서를 송달받은 날부터 1월이 경과되지 아니하면 개시할 수 없다(제172조 제3항). 소송의 목적의 가액은 회생법원이 아니면 이를 알기 어려우므로 당사자의 신청에 따라 회생법원이 회생계획으로 얻을 이익의 예정액을 표준으로 정한다(제178조). 이의채권의 보유자가 이의의 소를 제기할 때에는 이의자 전원을 필요적으로 공동피고로 하여야 하지만,[282] 이의를 한 자가 이의의 소를 제기할 때에는 각자 이의채권의 보유자를 피고로 하여 이의의 소를 제기하면 된다. 다만 동일한 이의채권에 관하여 여러 개의 소가 계속되어 있는 경우에는 법원은 변론을 병합하여야 한다(제172조 제4항). 법원은 채권조사확정재판에 대한 이의의 소가 부적법하여 각하하는 경우를 제외하고는 채권조사확정재판을 인가하거나 변경하는 판결을 하여야 한다(제172조 제5항). 회생채권자 또는 회생담보권자는 이의의 소송절차에서 이의채권의 원인 및 내용에 관하여 회생채권자표 및 회생담보권자표에 기재된 사항만을 주장할 수 있다(제173조).

3) 이의채권에 관한 소송의 수계

회생절차개시결정이 있는 때에는 채무자의 재산에 관한 소송절차는 중단되며(제59조 제1항), 다만 그 중단한 소송절차 중 회생채권 또는 회생담보권과 관계없는 것은 관리인 또는 상대방이 이를 수계할 수 있다(제59조 제2항). 중단한 소송절차 중 회생채권 또는 회생담보권과 관계있는 것은 어떻게 되

---

282) 園眉降司 등, 條解 民事再生法(第2版), 弘文堂, 485p.

는가? 회생절차개시 당시에 이미 회생채권 또는 회생담보권에 관한 소송이 계속 중인 경우에도 새로이 조사확정재판이나 이에 대한 이의의 소를 제기하도록 하는 것은 비용과 시간의 측면에서 불합리하므로 법에서는 조사기간의 말일 또는 특별조사기일부터 1월 이내에 중단된 소송을 수계하도록 하고 있다(제172조 제1항, 제2항). 즉 회생절차개시 당시 이의채권에 관하여 소송이 계속 중인 경우에 회생채권자 또는 회생담보권자가 그 권리의 확정을 구하고자 하는 때에는 채권조사확정재판이 아니라 이의자 전원을 소송의 상대방으로 하여 조사기간의 말일 또는 특별조사기일부터 1월 이내에 중단된 종전의 소송절차를 수계하여야 하며, 이 소송의 속행에 의하여 권리가 확정된다(제172조 제1항, 제2항, 제170조 제2항). 회생절차개시 당시 이미 소송이 계속 중이어서 수계신청을 하여야 함에도 불구하고 별도의 조사확정재판을 신청하는 것은 부적법하며,[283] 채권조사기간의 말일 전에 또는 특별조사기일로부터 1월이 경과 후에 수계신청을 제기한 것도 부적법하게 된다.[284]

한편 이의채권 중 집행력있는 집행권원 또는 종국판결이 있는 회생채권 등에 관하여는 이의자로서는 채무자가 할 수 있는 소송절차에 의하여서만 이의를 주장할 수 있는바,[285] 회생절차개시 당시 이미 소송이 계속 중인 경우에는 이의자[286]가 당해 회생채권 또는 회생담보권을 보유한 회생채권자 또는 회생담보권자를 상대방으로 하여 조사기간의 말일 또는 특별조사기일로부터 1월 이내에 소송절차를 수계하여야 한다(제174조 제1항, 제2항, 제3항, 제170조 제2항).

회생절차에서의 권리확정소송은 확인소송에 해당되므로 수계 후에는 당해 소송을 확인소송의 성질에 부합하게 수정하거나 반소제기의 절차를 필요로 하므로 채무자가 수계한 경우에는 청구취지를 수정하여야 하고, 채권자가

283) 대법원 1991.12.24. 선고 91다22698·22704 판결.

284) 대법원 2000.2.11. 선고 99다52312 판결; 대법원 2013.5.24. 선고 2012다31789 판결.

285) 구체적인 이의방법으로는 집행력 있는 집행권원에 대하여는 재심의 소 또는 청구이의의 소, 미확정의 종국판결에 대하여는 상소가 될 것이다.

286) 이는 집행력 있는 집행권원 또는 종국판결이 있는 회생채권 등의 경우에는 강제집행에 착수할 수 있는 지위에 있거나 권리의 존재에 관한 고도의 추정력이 있는 재판을 받은 것이라는 점을 반영하여 이의채권의 보유가 아니라 이의자만이 주장할 수 있도록 한 것으로 보인다(제4판 회생사건실무下, 310p).

수계한 경우에는 반소를 제기하여야 등의 절차를 거쳐야 할 것이다.

회생채권자·회생담보권자는 수계 등 소송절차에서 이의채권의 원인 및 내용에 관하여 회생채권자표·회생담보권자표에 기재된 사항만을 주장할 수 있다(제173조, 제174조 제3항).

(다) '회생채권 등의 확정에 관한 소송' 결과의 회생채권자표 등에의 기재

법원사무관등은 회생채권 등의 확정에 관한 소송의 결과를 회생채권자표 등에 기재하여야 하고, 채권조사확정재판에 대한 이의의 소가 제기기간(제171조 제1항) 내에 제기되지 아니하거나 각하된 때에도 그 재판의 내용을 회생채권자표 등에 기재하여야 한다(제175조). 이는 관리인·회생채권자 또는 회생담보권자의 신청이 있을 때에만 기재한다는 점에서 이의 없는 회생채권 등의 조사결과를 당사자의 신청 여부에 불구하고 회생채권자표 등에 기재하여야 하는 것과 구별된다(제167조 제1항). 회생채권자표 등에의 기재는 회생절차가 종결된 후에도 가능하다고 본다.[287]

(라) '회생채권 등의 확정에 관한 소송'의 판결 등의 효력

1) 의 의

회생채권 등의 확정에 관한 소송의 판결 등의 효력과 관련하여 제176조 제1항에서는 "회생채권 등의 확정에 관한 소송에 대한 판결은 회생채권자 또는 회생담보권자 전원에 대하여 그 효력이 있다."라고 규정하고 있고, 제2항에서는 "채권조사확정재판에 대한 이의의 소가 제기기간(171조 제1항) 내에 제기되지 아니하거나 각하된 때에는 그 재판은 회생채권자 또는 회생담보권자 전원에 대하여 확정판결과 동일한 효력이 있다."라고 규정하고 있다. 즉 이의 없이 확정된 회생채권 등이 제168조(기재의 효력)에 의하여 회생채권자표 등에의 기재와 그 회생채권자표 등에 인정된 효력에 의하여 확정판결과 동일한 효력이 인정되는 것과 달리 회생채권 등의 확정에 관한 소송의 판결 등이 확정판결과 동일한 효력을 인정받은 것은 회생채권자표 등에의 기재에 의한 효력에 의해서가 아니라 제176조(회생채권 및 회생담보권의 확정에 관한 소송의 판결 등의 효력) 제1항, 제2항에 의하여 회생채권 등의 확정에 관한 소송

287) 서울중앙지방법원, 제4판 회생사건실무上, 578p.

에 대한 판결 등에 인정된 효력에 의한다는 점에서 구별된다.

그런데 위 제176조 제2항에서는 '확정판결과 동일한 효력'의 문구를 두고 있는 반면 제176조 제1항에서는 이러한 문구를 두고 있지 아니하다. 따라서 제176조 제1항과 제2항의 관계를 살펴볼 필요가 있다.

2) 제176조 제1항과 제2항의 관계 해석

생각건대 제176조 제1항은 회생채권 등의 확정에 관한 소송 중 그 결과가 '판결'로 종료된 사건을 대상으로 하고 있고, 제2항은 결정 등과 같이 '판결' 이외의 결과로 소송이 종료된 사건을 대상으로 한 것이어서 제2항의 경우에 있어서는 명시적으로 확정판결과 동일한 효력을 부여할 필요가 있으므로 '확정판결과 동일한 효력'의 문구를 넣을 필요성이 있을 것이나 제1항의 경우에는 판결의 당연한 결과로서 굳이 이러한 문구를 넣을 필요성이 없어서 넣지 아니한 것으로 보인다.

한편 제1항, 제2항 모두 회생채권자 또는 회생담보권자 전원에 대하여 그 효력을 미치도록 명시함으로써 판결효의 일반원칙에 대한 특칙으로서 판결효의 확장을 인정하고 있는데, 이는 확정판결의 효력은 원칙적으로 당사자 사이에서만 상대적으로 미치게 되는 것이지만 회생절차와 같은 집단적 채무처리절차에서는 채권조사의 대상이 되는 회생채권 등을 모든 이해관계인에 대하여 일률적으로 정할 필요가 있기 때문으로 보인다.[288]

288) 서울중앙지방법원, 제4판 회생사건실무上, 578p; 서울중앙지방법원, 도산절차와 소송 및 집행절차, 98p.

[기재례 18] 회생채권자 등의 목록 작성 및 회생채권 등 신고안내

○○ 지 방 법 원

20○○.○.○. 발송필

제○ 파 산 부

우) 111-222 ○○시 ○○구 ○○동 222-33/ ☎ 111-2222 /팩스 111-3333/주심: ○○○ 판사

시행일자 20○ ○. ○. ○.
수　　신 채무자 ○○○의 관리인 ○○○
제　　목 회생채권자등의 목록 작성철저 및 회생채권자들에 대한 채권신고 안내 절차

---

1. 채무자 ○○○에 대한 이 법원 20○○회단○○ 호 회생사건과 관련된 내용입니다.
2. 법원은 20○○. ○. ○.자로 채무자에 대한 회생절차개시결정을 하고 관리인으로부터 회생채권자등의 목록을 제출받은 후 채권자들로부터 채권신고를 접수받을 예정입니다. 그런데 관리인이 작성하는 회생채권자등의 목록이 부실하거나 채권자가 채무자에 대하여 위와 같은 결정이 내려진 사실을 알지 못하는 경우에는 채권자들이 정해진 기간 안에 채권신고를 하지 못하여 권리를 상실하거나 불이익을 받을 우려가 있습니다.
3. 따라서 관리인으로서는 채권자들이 그러한 불이익을 입지 않도록 상거래상 도의적인 책임을 다할 필요가 있습니다. 관리인은 채권자등의 목록을 작성함에 있어서 회생채권 등이 누락되는 일이 없도록 하여야 하고, 알고 있는 채권자들에 대하여 빠짐없이 다음 사항을 우편 기타 상당한 방법으로 통지하여 채권자들이 그 권리를 보전할 수 있도록 함으로써 채권자 보호에 만전을 기울여 주시기 바랍니다.

- 다　　음 -

(1) 회생절차개시결정일자 : 20○○. ○. ○. 10:00
(2) 회생채권자·회생담보권자의 목록 제출 기간 : 20○○. ○. ○.부터 20○○. ○. ○.까지
(3) 회생채권·회생담보권의 신고기간 및 장소 : 20○○. ○. ○.부터 20○○. ○. ○.까지 ○○지방법원 파산과(○○법원종합청사 별관 제○○ 호실)
(4) 회생채권등에 대한 조사기간 및 이의 제출 장소 : 20○○. ○. ○.부터 20○○. ○. ○.까지 ○○지방법원 파산과(○○법원종합청사 별관 제○ ○ 호실)
(5) 제1회 관계인집회기일 및 장소 : 20○○. ○. ○. 15:00 ○○법원종합청사 별관 제1 호 법정

재판장 판사 ○ ○ ○

(서울중앙지방법원, 회생사건실무下, 부록서식 인용 및 참고)

[기재례 19] 개시결정의 이해관계인 등에 대한 통지서

○○ 지 방 법 원
제○ 파 산 부
통 지 서

수 신 관리인, 채무자, 알고 있는 회생채권자·회생담보권자
사 건 20○○회단○○ 회생
채 무 자 ○○○(주된 사무소 : ○○시 ○○구 ○○동 ○○)
관 리 인 ○○○

위 사건에 관하여 이 법원은 20○○. ○. ○. 10:00 회생절차 개시결정을 하였으므로 채무자 회생 및 파산에 관한 법률 제51조 제2항·제1항의 규정에 의하여 다음 사항을 통지합니다.

1. 회생절차 개시결정의 주문
   가. 채무자 ○○○에 대하여 회생절차를 개시한다.
   나. ○○○(생년월일 : 19○○. ○. ○.생, 주소 : ○○시 ○○구 ○○동 ○○○)를 채무자의 관리인으로 선임한다.
2. 관리인의 회생채권자·회생담보권자의 목록 제출 기간 : 20○○. ○. ○.부터 20○○. ○. ○.까지
3. 회생채권·회생담보권의 신고기간 및 장소 : 20○○. ○. ○.부터 20○○. ○. ○.까지 ○○지방법원 파산과
4. 조사기간 및 이의제출 장소 : 20○○. ○. ○.부터 20○○. ○. ○.까지 ○○지방법원 파산과
5. 제1회 관계인집회기일 및 장소 : 20○○. ○. ○. 15:00 ○○법원 제1호 법정
6. 회생절차가 개시된 채무자의 재산을 소지하고 있거나 그에게 채무를 부담하는 자는 회생절차가 개시된 채무자에게 그 재산을 교부하거나 그 채무를 변제하여서는 아니되며, 회생절차가 개시된 채무자의 재산을 소지하고 있거나 그에게 채무를 부담하고 있다는 사실을 20○○. ○. ○.까지 관리인에게 신고하여야 합니다.

20○○. ○. ○.

재판장 판사 ○ ○ ○

(서울중앙지방법원, 회생사건실무下, 부록서식 인용 및 참고)

[기재례 20] 회생채권·회생담보권 신고 및 이의절차 안내서

○ ○ ○

우)○○○-○○○○○시 ○○구 ○○동 ○○○ / ☎ ○○○-○○ / 팩스 ○○○-○○

문서번호 ○○법무○○호

수 신 채무자 ○○○의 회생채권자·회생담보권자

제 목 회생채권·회생담보권 신고 안내

1. 귀사(하)의 무궁한 발전을 빕니다.
2. 당사는 20○○. ○. ○.자로 ○○지방법원 제1파산부의 결정에 의하여 회생절차가 개시됨에 따라 회생채권·회생담보권·주식 신고에 대하여 아래와 같이 업무가 진행됨을 알려드리오니, 회생절차가 원활히 진행될 수 있도록 협조하여 주시기 바랍니다.

- 아 래 -

1. 채권신고자의 범위 : 당사에 대하여 회생채권·회생담보권의 권리를 가진 자
2. 채권 신고기간 : 20○○. ○. ○. ~ 20○○. ○. ○.
   ※ 집중신고기간 : 20○○. ○. ○. ~ 20○○. ○. ○.
3. 신고접수 업무 담당자 : ○○지방법원 파산과 회생절차 담당자
4. 채권 신고처 : ○○지방법원 파산과(○○법원 제○○호실)
5. 신고 및 이의시 유의사항 : 첨부된 「회생채권·회생담보권 신고 및 이의절차 안내」 참조
6. 사전에 당사와 협의가 요망되는 사항은 당사 전담반 및 거래 지점(부서)으로 문의하여 주시기 바랍니다(☎ ○○○-○○○○).

〈별첨〉		
	1. 관계인집회 통지서	1부
	2. 회생채권·회생담보권 신고 및 이의절차 안내	1부
	3. 회생채권·회생담보권 신고서	각 2부
	4. 회생채권·회생담보권 신고접수증	1부
	5. 위임장	각 2부

채무자 ○○○의 관리인 ○○○

(서울중앙지방법원, 회생사건실무下, 부록서식 인용 및 참고)

[기재례 21] 회생채권 등의 신고서

회생(채권 / 담보권) 신고서

사건 : 20○○회단○○ 회생 (○○○)

20○○년 ○월 ○일 신고

회생 채권자
회생 담보권자의 성명 또는 상호 : (인)

주소 : ( )
전화 : 팩시밀리 :
전자우편 :

위 대리인 성명 : (인)
주소 : ( )
전화 : 팩시밀리 :
전자우편

○○지방법원 귀중

별첨 : 1. 회생채권(회생담보권) 신고 내역서 1부.
2. 신고인의 법인등기부등본 1부
3. 신고 대리인의 위임장
4. 신고서 및 신고내역서 사본 1부. 끝.

접수번호	

[기재례 22] 회생채권 신고내역서

회 생 채 권 신 고 내 역 서

<table>
<tr><td colspan="2">사 건</td><td>20○○회단○○ 회생</td><td>채 무 자</td><td>○○○</td></tr>
<tr><td rowspan="3">회생
채권자</td><td>성명·명칭</td><td colspan="3">○○은행 주식회사</td></tr>
<tr><td>주 소</td><td colspan="3">○○시 ○○구 ○○동 ○○-○○</td></tr>
<tr><td>전화번호</td><td>(02) 222-○○○○</td><td>e-mail</td><td>abc@xxxx.co.kr</td></tr>
<tr><td colspan="2">목 록 번 호</td><td>채권 1-1</td><td>신고번호</td><td>채권 (4)-1</td></tr>
<tr><td colspan="2">회생채권의
원인·내용</td><td colspan="3">(원인) 20○○. 5. 1.자 일반 자금 대출
(내용) · 원금 120,000,000원
· 개시결정 전일까지의 이자 12,000,000원(20○○. ○. ○.부터 연 12%)
· 개시결정일부터 연 15%의 비율에 의한 지연손해금</td></tr>
<tr><td colspan="2">우선권 유무</td><td colspan="3"></td></tr>
<tr><td colspan="2">의 결 권 액</td><td colspan="3">금 132,000,000원</td></tr>
<tr><td colspan="2">목 록 번 호</td><td>채권 1-2</td><td>신고번호</td><td>채권 (4)-2</td></tr>
<tr><td colspan="2">회생채권의 원인·내용</td><td colspan="3">(원인) 20○○. 6. 1.자 지급보증의 구상금
(내용) · 원금 500,000,000원
· 개시결정 전일까지의 이자 65,000,000원(20○○. ○. ○.부터 연 12%)
· 개시결정일부터 연 18%의 비율에 의한 지연손해금</td></tr>
<tr><td colspan="2">우선권 유무</td><td colspan="3"></td></tr>
<tr><td colspan="2">의 결 권 액</td><td colspan="3">금 565,000,000원</td></tr>
<tr><td colspan="2">집행권원·종국판결 유무</td><td colspan="3"></td></tr>
<tr><td colspan="2">소송계속 여부</td><td colspan="3"></td></tr>
<tr><td colspan="2">비 고</td><td colspan="3"></td></tr>
</table>

※ 「신고번호」란 중 ( )부분은 접수 순서에 따라 법원이 기재하는 부분이므로 기재하지 마십시오.

(서울중앙지방법원, 회생사건실무下, 부록서식 인용 및 참고)

[기재례 23] 회생담보권 신고내역서

회 생 담 보 권 신 고 내 역 서

<table>
<tr><td colspan="2">사 건</td><td colspan="2">20○○회단○○ 회생</td><td colspan="2">채 무 자</td><td>○○○</td></tr>
<tr><td rowspan="3">회생
담보
권자</td><td>성명·명칭</td><td colspan="5">△△ 은행 주식회사</td></tr>
<tr><td>주 소</td><td colspan="5">○○시 ○○구 ○○동 ○○</td></tr>
<tr><td>전화번호</td><td colspan="2">(02) 222-○○○○</td><td colspan="2">e-mail</td><td>def1234@xxxx.co.kr</td></tr>
<tr><td colspan="2">목록 번호</td><td colspan="2">담보권 1-1</td><td colspan="2">신고번호</td><td>담보권 ( )-1</td></tr>
<tr><td colspan="2">회생담보권의
원인·내용</td><td colspan="5">1. (원인) 20○○. 5. 1.자 운전자금 대출
(내용) • 원금 200,000,000원
• 개시결정 전일까지의 이자 30,000,000원(20○○. ○. ○.부터 연 10%)
• 개시결정일부터 연 12%의 비율에 의한 지연손해금
2. (원인) 20○○. 8. 1.자 일반 대출
(내용) • 원금 300,000,000원
• 개시결정 전일까지의 이자 40,000,000원(20○○. ○. ○.부터 연10%)
• 개시결정일부터 연 10%의 비율에 의한 지연손해금</td></tr>
<tr><td colspan="2" rowspan="2">회생담보권의
목적·가액</td><td>목적</td><td colspan="4">○○시 ○○구 ○○동 ○○ 대○○○㎡ 및 지상 5층 건물</td></tr>
<tr><td>가액</td><td colspan="4">400,000,000원</td></tr>
<tr><td colspan="2">회생담보권 인정액</td><td colspan="5">금 400,000,000원</td></tr>
<tr><td colspan="2">의 결 권 액</td><td colspan="5">금 400,000,000원</td></tr>
<tr><td colspan="2">목 록 번 호</td><td colspan="2">담보권 1-2</td><td colspan="2">신고번호</td><td>담보권 ( )-2</td></tr>
<tr><td colspan="2">담보권의 내용·원인</td><td colspan="5">20○○. 6. 1.자 전세 보증금 100,000,000원</td></tr>
<tr><td colspan="2" rowspan="2">담보권의 목적·가액</td><td>목적</td><td colspan="4">○○시 ○○구 ○○동 ○○-○○○○아파트 제○동 제○○호</td></tr>
<tr><td>가액</td><td colspan="4">감정가액 150,000,000원</td></tr>
<tr><td colspan="2">회생담보권 인정액</td><td colspan="5">금 100,000,000원</td></tr>
<tr><td colspan="2">의 결 권 액</td><td colspan="5">금 100,000,000원</td></tr>
<tr><td colspan="2" rowspan="2">회생채무자 이외의
채무자(담보권 1-1)</td><td>성명</td><td>홍○○</td><td>주소</td><td colspan="2">인천 ○○구 ○○동 ○○</td></tr>
<tr><td>전화번호</td><td>(000) 400-1111</td><td>e-mail</td><td colspan="2"></td></tr>
<tr><td colspan="2">집행권원·종국판결 유무</td><td colspan="5"></td></tr>
<tr><td colspan="2">소송계속 여부</td><td colspan="5"></td></tr>
<tr><td colspan="2">비 고</td><td colspan="5"></td></tr>
</table>

※ 「신고번호」란 중 ( )부분은 접수 순서에 따라 법원이 기재하는 부분이므로 기재하지 마십시오.

(서울중앙지방법원, 회생사건실무下, 부록서식 인용 및 참고)

[기재례 24] 회생채권자 등의 이의서

회생채권에 대한 이의서

사　　건 : 20○○회단○○ 회생
채 무 자 : ○ ○ ○
이 의 자 : △△주식회사
　　　　　○○시 ○○구 ○○동 ○○
　　　　　대표이사 ○○○

위 사건에 관하여 신고된 다음의 회생채권에 대하여 이의자는 다음과 같이 이의합니다.

다　　　음

1. 이의 대상 회생채권의 내역
   ① 신고한 회생채권자 : □□주식회사
   ② 신고번호 : 채권 ○○번
   ③ 신고된 채권액 : 원금 ○○○원 및 20○○. ○. ○.까지의 이자 ○○○원
2. 이의의 범위 : 신고된 회생채권 전부
3. 이의 사유 :

20○○. ○. ○.

이의자 △△주식회사
대표이사 ○○○

○○지방법원 제○○파산부　귀중

[기재례 25] 회생채권확정신청서

회 생 채 권 확 정 신 청 서

신 청 인 ○○시 ○○구 ○○동 ○○-1
○○설비건설공제조합
이사장 ○○○
위 법률상 대리인 ○○○

송달장소 ○○시 ○구 ○○동 ○-○○○빌딩 ○○층

상 대 방 ○ ○ ○
관리인 ○○○

신 청 취 지

신청인의 상대방인 ○○○에 대한 회생채권은 1,596,351,699원임을 확정한다.

신 청 원 인

1. 채권자의 지위

채권자(신청인, 이하 채권자라 합니다)는 건설산업기본법 제54조에 근거하여 설치된 특별법인으로서 귀 법원 20○○회단○ 회생사건의 채권자이며, 채무자(관리인 ○○○ 포함, 이하 채무자라 합니다) ○○○은 채권자의 조합원으로서 융자·보증 등의 업무거래를 하던 자입니다.

2. 채무자의 의의

채권자는 20○○. 5. 15. 채무자에 대한 담보권 및 채권을 금 1,805, 947,309원으로 신고한 사실이 있으며, 이에 채무자는 회생담보권 208, 000,000원 담보권으로 시인한 바 있으나, 우리조합이 회생채권으로 신고한 각 보증금 [계약보증금 1,331,169,121원, 하자보수보증금 121,182,578원, 선급금보증 144,000,000원, 합계 1,596,351,699]은 미확정채권을 사유로 부인하여 이의하였습니다.

3. 회생채권의 내용

가. 채무자가 미확정채권으로 부인하여 이의제기한 회생채권 ○○-○부터 회생채권 ○○-○○까지의 각 보증금은 채권자와의 거래를 위하여 채무자가 한도거래채무약정서(붙임)에 법인 및 개인으로 기명날인하여 동 약정서 제1조(약정금액)의 보증거래 한도액으로 각 보증서를 채권자로부터 발급받아 채무자의 보증채권자에게 제출한 보증서입니다.

나. 채무자는 미확정 채권을 이유로 위 회생채권을 부인하고 있으나 한도거래용채무약정서 제8조(기한이익의 상실 및 사전구상)에 의거 채무자의 귀책사유가 발생되이 채권자가 재무자의 동 약성서 제4조(배상의무 등)에 의거 채권자에게 즉시 배상하여야 할 채권이며,

다. 또한 우리 조합이 보증하는 보증 채무는 건설산업기본법 제67조 제2항에 따라 보증기간만료일로부터 5년 동안 행사가 가능하며 그 기간 내에 보증사고 발생으로 보증금 청구가 있어 보증금을 지급할 시에는 언제든 채무자에게 구상하여야 할 채권인 것입니다. 따라서 채무자의 회생채권의 부인은 부당합니다.

4. 결 론

위와 같은 사유로 관리인의 이의는 부당하여 받아들일 수 없어 본 신청에 이르렀습니다.

첨 부 서 류

1. 법인등기부등본 1부
2. 한도거래용 채무약정서 사본 1부. 끝.

20○○. ○. ○.

신청인 ○○시 ○○구 ○○동 ○○-1
○○설비건설공제조합
이사장 ○○○
위 법률상 대리인 변호사 ○○○

○○지방법원 귀중

[기재례 26] 회생채권조사확정절차 전체 흐름(대법원 인터넷사이트)

본 사이트에서 제공된 사건정보는 법적인 효력이 없으니 참고자료로만 활용하시기 바랍니다. 보다 상세한 내용은 해당 법원에 문의하시기 바랍니다.

사건일반내용 사건진행내용 ≫ 인쇄하기 ≫ 나의 사건 검색하기

사건번호 : ○○지방법원 20○○회확○○

기본내역 ≫ 청사배치

사건번호	20○○회확○○	사 건 명	회생채권조사확정
신 청 인	대000000000	피신청인	주0000000000000000
재 판 부	제○○ 민사부(다)		
접 수 일	20○○.07.01	종국결과	20○○.09.04 화해
보존여부	기록보존됨		
송달료, 보관금 종결에 따른 잔액조회	≫ 잔액조회		

최근기일내역 ≫ 상세보기

일 자	시 각	기일구분	기일장소	결 과
20○○.08.26	16:30	심문기일	○○지방법원 제401호 법정	기일변경
20○○.09.04	14:20	심문기일	○○지방법원 제354호 법정	종 결

최근 기일 순으로 일부만 보입니다. 반드시 상세보기로 확인하시기 바랍니다.

최근 제출서류 접수내용 ≫ 상세보기

일 자	내 용
20○○.08.18	피신청인 주0000000000000000 답변서 제출

최근 제출서류 순으로 일부만 보입니다. 반드시 상세보기로 확인하시기 바랍니다.

관련 사건내역

법 원	사건번호	구 분
○○지방법원	20○○회단○	회생사건

당사자 내용

구 분	이 름	결정문송달일
신청인	1. 대000000000 이○○	
피신청인	1. 주0000000000000000	

[기재례 27] 답 변 서

답 변 서

사 건 20○○회확○○ 회생채권조사확정
채 무 자 ○ ○ ○
채 권 자 ○○설비건설공제조합

위 채무자는 채권자 ○○설비건설공제조합이 신청한 회생채권조사확정에 대하여 다음과 같이 답변합니다.

다 음

가. 채무자는 채권자인 ○○설비건설공제조합에서 20○○년부터 20○○년까지 수차례에 걸쳐 계약보증, 하자보수보증, 선급금보증에 관한 보증서를 발급받았습니다.

나. 또한 계약보증(1,331,169,121원), 하자보수보증(121,182,578원), 선급금보증(144,000,000원)에 관해 총 1,596,351,699원입니다.

다. 그리고 채무자는 위의 ○○설비건설공제조합이 보증한 보증금에 대해서 20○○. ○. ○.자로 미확정채권이라는 이유로 전액 부인하였습니다.

라. 하지만 채무자는 채권자인 ○○설비건설공제조합의 미확정채권에 대해서 채권자가 주장하는 바와 같이 한도거래용채무약정서 제8조(기한이익의 상실 및 사전구상)에 의거 채무자의 귀책사유가 발생되어 채권자가 채무자의 보증채권자에게 각 보증금을 대위변제한 경우 채무자는 동 약정서 제4조(배상의무 등)에 의거 채권자에게 즉시 배상해야 할 채권이며, 또한 조합이 보증하는 보증채무는 건설산업기본법 제67조 제2항에 따라 보증기간만료일로부터 5년 동안 행사가 가능하며 그 기간 내에 보증사고 발생으로 보증금 청구가 있어 보증금을 지급할 시에는 언제든 채무자에게 구상하여야 할 채권이라는 것을 인정합니다.

마. 이에 채무자는 채권자가 신청한 회생채권조사확정과 관련하여 채권자의 미확정채권에 대해서 채권으로 시인은 하되 미확정채권이기에 의결권을 부여하지 않는

것으로 인정하는 바입니다.

20○○. ○. ○.

채 무 자 ○ ○ ○ (인)

○○지방법원 제○○민사부 귀중

[기재례 28] 조사확정재판에서의 보정명령

○○ 지 방 법 원
제○○ 민 사 부
보 정 명 령

사　　건　20○○회확○○ 회생채권조사확정
신 청 인　○○설비건설공제조합
　　　　　○○시 ○○구 ○○동 ○○-○
　　　　　송달장소 ○○시 ○구 ○○동 ○-○○○ 빌딩○층
　　　　　대 표 자 이사장 ○ ○ ○
피신청인　○ ○ ○
　　　　　○○시 ○구 ○○동 ○○번지

피신청인은 위 사건에 관하여 이 명령을 송달받은 날로부터 5일 이내에 다음 사항에 대하여 보정하시기 바랍니다.

다　　　음

20○○. ○. ○.자 신청서에 대하여 답변서 및 이에 대한 소명자료

20○○. ○. ○.

재판장 판사 ○ ○ ○

[기재례 29] 조사확정재판의 심문기일통지서

○○ 지 방 법 원
심문기일통지서

사 건 20○○회확○○ 회생채권조사확정
신 청 인 ○○설비건설공제조합
피신청인 ○ ○ ○

위 사건 심문기일이 다음과 같이 지정되었으니 출석하시기 바랍니다.

일시 20○○. ○. ○. 16:30
장소 ○○지방법원 제401호 법정

20○○. ○. ○.

법원사무관 ○○○

주의 1. 출석할 때에는 주민등록증과 도장을 가져오시기 바랍니다.
2. 이 사건에 관하여 제출하는 서류에는 사건번호(20○○회확○○)를 기재하시기 바랍니다.

※ 주차시설이 협소하오니 대중교통을 이용하여 주시기 바랍니다.

법 원 소 재 지 : ○○시 ○구 ○○○동 ○○○-○ ○○지방법원
담 당 재 판 부 : 제○○민사부
전 화 번 호 : 02-○○○-○○○

[기재례 30] 조사확정재판의 화해조서

○○ 지 방 법 원
제○○ 민 사 부
화해조서

사　　건	20○○회확○○ 회생채권조사확정
신 청 인	○○설비건설공제조합
(채권자)	○○시 ○○구 ○○동 ○○-○
	송달장소 ○○시 ○구 ○○동 ○-○○○ 빌딩 ○층
	이 사 장 ○○○
	대 리 인 ○○○
피신청인	○ ○ ○
(채무자)	○○시 ○구 ○○동 ○○번지

수명법관판사	○ ○ ○	기일 : 20○○. ○. ○. 14:20
		장소 : ○○지방법원 제354호 소법정
법원 사무관	○ ○ ○	공개 여부 : 공개

사건과 당사자를 호명

신청인(채권자)	○○설비건설공제조합 대리인 ○ ○ ○	출석
피신청인(채무자)	○○○의 관리인 ○ ○ ○	출석

위 당사자는 다음과 같이 화해하였다.

신청의 표시

신청취지 및 신청원인 : 별지 기재와 같다.

화 해 조 항

1. 신청인 ○○설비건설공제조합의 피신청인 ○○○에 대한 회생채권은 금 1,596,351,699

원임을 확정한다.

2. 신청비용은 각자 부담으로 한다.

법원 사무관 ○ ○ ○

수명법관 판사 ○ ○ ○

[기재례 31] 회생채권에 대한 조사확정재판의 결정

○○ 지 방 법 원
제○ 파 산 부
결 정

사 건 20○○회확○○ 회생채권조사확정
신 청 인 주식회사 △△△
○○시 ○○구 ○○동 ○○
대표이사 ○○○
상 대 방 1. 채무자 ○○○의 관리인 ○○○
○○시 ○○구 ○○동 ○○
2. □□ 은행 주식회사
○○시 ○○구 ○○동 ○○
대표이사 ○○○

주 문

신청인의 채무자 ○○○에 대한 회생채권은 금 5,000,000원 및 이에 대한 20○○. 1. 5.부터 완제일까지 연 10%의 비율에 의한 금원임을 확정한다.

신 청 취 지

신청인의 채무자 ○○○에 대한 회생채권은 금 10,000,000원 및 이에 대한 20○○. 1. 5.부터 완제일까지 연 10%의 비율에 의한 금원임을 확정한다.

이 유

1. 신고한 회생채권
20○○. 1. 5.자 대여금 30,000,000원 및 이에 대한 20○○. 1. 5.부터 완제일까지 연 10%의 비율에 의한 이자 및 지연손해금

2. **이의채권의 범위**
신고한 회생채권 중 금 10,000,000원 및 이에 대한 20○○. 1. 5.부터 완제일까지 연 10%의 비율에 의한 이자 및 지연손해금

3. **이의사유**
채무자 ○○○가 20○○. 1. 4.에 한 금 10,000,000원의 변제

4. **이 법원의 판단**
채무자 ○○○가 20○○. 1. 4. 신청인에게 액면 각 금 5,000,000원의 약속어음 2장을 발행하여 그 중 1장에 대하여 지급한 사실은 인정되나, 나아가 나머지 약속어음 1장에 대하여도 지급한 사실은 소명되지 아니한다.

5. **결 론**
따라서 신청인의 채무자 ○○○에 대한 회생채권은 5,000,000원 및 이에 대한 20○○. 1. 5.부터 완제일까지 연 10%의 비율에 의한 금원이라 할 것이므로, 채무자 회생 및 파산에 관한 법률 제170조 제3항에 의하여 주문과 같이 결정한다.

20○○. ○. ○.

재판장 판사 ○ ○ ○

(서울중앙지방법원, 회생사건실무下, 부록서식 인용 및 참고)

[기재례 32] 손해배상청구권 조사확정재판의 결정

○○ 지 방 법 원
제○ 파 산 부
결　　　정

사　　건　　20○○회기○○ 손해배상청구권조사확정
신 청 인　　채무사 ○○○의 관리인 ○○○
　　　　　　○○시 ○○구 ○○동 ○○
상 대 방　　○ ○ ○
　　　　　　○○시 ○○구 ○○동

주　　　문

1. 채무자 ○○○의 상대방에 대한 손해배상청구권을 횡령액 상당 손해 금 ○○억원 및 이에 대한 20○○. ○. ○.부터 다 갚는 날까지 연 5%의 비율에 의한 금원의 청구권으로 확정한다.
2. 신청비용은 상대방의 부담으로 한다.

이　　　유

신청인 및 상대방에 대한 각 심문결과와 신청인 제출의 자료에 의하면, 채무자 ○○○의 영업부장인 상대방은 20○○. ○. ○. 채무자 ○○○가 상대방의 개인사업체인 △△에 자금을 대여한 것처럼 관련 장부를 정리하고 채무자 ○○○의 운영자금 중 ○억원을 임의로 인출하여 이를 상대방 및 위 △△에 대하여 부과된 증여세, 부가가치세, 종합소득세 등의 납부에 임의로 소비하여 횡령한 사실이 소명된다.

위 소명사실에 의하면, 상대방은 채무자 ○○○의 영업부장으로서 회사운영자금을 횡령함으로써 채무자 ○○○에게 위 횡령액 상당의 손해를 가하였다고 할 것이므로 상법 제399조 제1항에 따라 상대방은 채무자 ○○○에게 위 횡령액 ○억원 및 이에 대한 횡령일인 20○○. ○. ○.부터 다 갚는 날까지 민법에서 정한 연 5%의 비율에 의한 지연손해금을 지급할 의무가 있다.

따라서 신청인의 이 사건 손해배상청구권 조사확정의 신청은 이유 있어 이를 인용하기로 하여 주문과 같이 결정한다.

20○○. ○. ○.

재판장 판사 ○ ○ ○

(서울중앙지방법원, 회생사건실무下, 부록서식 인용 및 참고)

[기재례 33] 제2·3회 관계인집회기일 공고

채무자 ○○○ 관계인집회기일 공고

사　　건　　20○○회단○○ 회생
채 무 자　　○○○(○○시 ○○구 ○○동 ○○○)
관 리 인　　○ ○ ○

위 채무자의 회생계획안의 심리 및 결의를 위한 관계인집회와 추완신고된 회생채권 등의 조사를 위한 특별기일의 일시 및 장소를 20○○. ○. ○. 15:00, ○○지방법원종합청사 별관 제1호 법정으로 정하였으므로, 채무자 회생 및 파산에 관한 법률 제185조에 의하여 이를 공고합니다.

20○○. ○. ○.

○○지방법원 제○○파산부

재판장 판사 ○ ○ ○

[기재례 34] 관계인집회기일 및 특별조사기일의 기일지정결정

○○ 지 방 법 원
제○ 파 산 부
결 정

사 건 20○○회단○○ 회생
채 무 자 ○ ○ ○
○○시 ○○구 ○○동 ○○○
관 리 인 ○ ○ ○

주 문

회생계획안의 심리 및 결의를 위한 관계인집회와 추후 보완신고된 회생채권 등의 조사를 위한 특별기일의 일시 및 장소를 20○○. ○. ○.15:00, ○○법원 제1호 법정으로 한다.

이 유

채무자 회생 및 파산에 관한 법률 제224조, 제232조 제1항, 제162조에 의하여 주문과 같이 결정한다.

20○○. ○. ○.

재판장 판사 ○ ○ ○

[서식 2] 부인권행사 명령 신청서

부인권행사 명령 신청서

사건번호 20○○회단○○ 회생
신 청 인 주식회사 ○○은행
○○시 ○○구 ○○동 ○○○
대표이사 ○○○
채 무 자 ○ ○ ○
○○시 ○○구 ○○동 ○○○
관 리 인 ○ ○ ○

신 청 취 지

관리인은 채무자가 20○○. ○. ○. 주식회사 ○○에게 금 ○○,○○○,○○○원을 변제한 행위에 대하여 부인권을 행사하여야 한다.

신 청 원 인

채무자가 20○○. ○. ○. 주식회사 ○○에게 금 ○○,○○○,○○○원을 변제한 행위는 채무자가 지급정지 후에 한 채무의 소멸에 관한 행위로서 채무자 회생 및 파산에 관한 법률 제100조 제1항 제2호 소정의 부인권 행사대상이 된다 할 것이므로, 회생채권자인 신청인은 동법 제105조 제2항에 의하여 관리인에 대한 부인권행사 명령을 신청합니다.

첨부 : 1. 어음거래약정서 사본 1본
2. 거래정지처분 및 거래내역서 사본 1부
3. 신용거래정보 사본 1부

○○지방법원 제○파산부 귀중

제3장 일반회생계획안 작성·제출과 그 인가 및 면책

제1절 회생계획안 작성 및 제출

〈 I 〉 회생계획안의 작성의 기본원칙

1. 의 의

회생계획안은 관리인 등이 회생절차개시결정과 동시에 법원이 정한 회생계획안의 제출기간 내에 작성·제출하여야 한다(제220조 제1항, 제221조). 법원은 회생계획안을 작성할 권한은 없으나 회생계획안의 작성을 지도하고 심사할 의무가 있다. 따라서 실무상 주심판사와 회생관리위원은 관리인이 회생계획안을 작성하여 정식으로 접수하기 전에 초안을 충분히 검토하여 변제할 조의 분류, 변제조건, 변제가능성 등 인가에 필요한 최소한의 요건을 갖추고 있다고 판단된 경우에만 회생계획안을 접수하며 그러하지 못한 경우에는 초안에 대한 수정을 지도한다.[289] 다만 관리인이 아닌 채무자나 회생채권자·회생담보권자가 회생계획안을 직접 작성하여 제출하는 경우에는 이러한 지도가 현실적으로 어려울 것이다.

회생계획안은 처음부터 신경을 잘 써서 작성해야 하며 상당부분 작성된 후에 수정하거나 가감하는 경우에는 원점에서 다시 작성하는 것보다 더 복잡해질 수 있다. 회생계획안을 작성함에 있어서는 몇 가지의 기본원칙을 지키면서 작성해야 한다. 그 기본원칙이란 ① 공평의 원칙, ② 평등의 원칙, ③ 수행가능성의 원칙, ④ 청산

289) 서울중앙지방법원, 제4판 회생사건실무上, 603p.

가치보장의 원칙 등을 말한다. 이하에서 간단히 살펴보기로 한다.

2. 평등의 원칙(제217조)

회생계획의 조건은 같은 성질의 권리를 가진 자 사이에는 상호 평등해야 한다(제217조 제1항). 따라서 같은 성질의 회생채권간 또는 같은 성질의 회생담보권간의 권리에 대한 감면비율이나 변제기를 달리하는 차별은 허용되지 아니한다. 다만 같은 일반 회생채권이더라도 대여금, 어음채권, 매출채권 등 그 성질에 따라 차등을 두는 것은 가능하다. 이와 같이 회생계획의 조건에는 평등의 원칙이 적용되어야 하지만 여기에서의 평등은 형식적 평등이 아니라 실질적 평등을 의미하므로 특별한 사정이 있는 경우에는 합리적인 범위 내에서 차등이 허용된다고 할 것이다.

한편 일정한 경우에는 평등의 원칙이 적용되지 아니하여도 되는 예외가 있다(제218조 제1항 단서). 즉, ① 불이익을 받는 자의 동의가 있는 때, ② 채권이 소액인[290] 회생채권자·회생담보권자, 회생절차개시 후의 이자, 회생절차개시 후의 불이행으로 인한 손해배상금 및 위약금, 회생절차참가 비용(제118조 제2호, 제3호, 제4호)의 청구권을 가지는 자로서 서로 다르게 정하거나 차등을 두어도 형평을 해하지 아니하는 때, ③ 채무자의 거래상대방인 중소기업자의 회생채권에 대하여 그 사업의 계속에 현저한 지장을 초래할 우려가 있어 다른 회생채권보다 우대하여 변제하는 때, ④ 그 밖에 동일한 종류의 권리를 가진 자 사이에 차등을 두어도 형평을 해하지 아니하는 때[291] 중의 어느 하나에 해당하는 경우가 그것이다. 또한 ⑤ 특수관계에 있는 자에 대한 청구권에 대하여 다른 회생채권과 다르게 정하거나 차등을 두어도 형평을 해하지 아니한다고 인정되는 경우에도 다른 회생채권보다 불이익하게 취급할 수 있다(제218조 제2항).[292]

---

290) 어느 정도가 소액인지는 총채무의 규모, 해당채권자 조의 채권 규모 등을 종합적으로 고려하여 판단한다.

291) 예컨대 일반 회생채권에 비하여 상거래 회생채권을 우대한다든지 주채무를 보증채권에 비하여 우대하는 것 등이 여기에 해당될 것이다. 산재사고로 인한 손해배상구권이나 신체사고로 인한 손해배상청구권을 우대하는 것도 여기에 해당될 것이다.

292) 통합도산법 제218조(평등의 원칙) "② 회생계획에서는 다음 각호의 청구권을 다른 회생채권과 다르게 정하거나 차등을 두어도 형평을 해하지 아니한다고 인정되는 경우에는 다른 회생채권보다 불이익하게 취급할 수 있다.

1. 회생절차개시 전에 채무자와 대통령령이 정하는 범위의 특수관계에 있는 자의 채무자에

3. 공정·형평한 차등의 원칙(제217조)

회생계획의 조건은 다른 성질을 가진 권리 간에는 그 우선순위를 고려하여 공정하고 형평한 차등이 이루어지도록 하여야 한다(제217조 제1항). 즉 ① 회생담보권 → ② 일반의 우선권 있는 회생채권 → ③ 일반의 우선권 있는 회생채권 외의 회생채권의 순위를 고려하여 공정하고 형평에 맞는 차등을 두어야 하는 것이다. 따라서 회생계획안은 같은 성질의 권리를 같은 조에 편성하도록 하고 있고, 가결시에도 조별 표결방식을 채택하여 같은 조 내에서는 다수결 원칙을 적용하고 있는 것이다.

공정하고 형평한 차등의 원칙이 지켜지는지 여부의 판단기준에 관하여는 ① 절대우선설과 ② 상대우선설로 견해가 나뉘어진다. 전자는 선순위의 권리자가 모두 만족을 얻은 후에 비로소 다음 순위에게 만족을 주어야 한다는 입장인 반면, 후자는 선순위자에 대한 만족과 후순위자에 대한 만족을 비교하여 선순위자의 만족이 상대적으로 크기만 하면 공정하고 형평한 차등의 원칙이 지켜진 것이라고 보는 입장이다.

법원의 실무는 상대우선설의 입장에 의하여 각 조별로 권리변경 및 변제조건에 적절한 차등이 유지되고 있는지를 판단하고 있는 것으로 보인다. 이를 위하여 법원에서는 관리인에게 각 채권자 그룹별 현가율표를 제출하게 한 다음 이를 토대로 공정하고 형평에 맞는 차등인지 여부를 판단하고 있다.[293]

그러나 법에서는 공정하고 형평한 차등의 원칙과 관련하여 일정한 예외를 두어, 회생절차개시 전의 벌금·과료·형사소송비용·추징금 및 과태료의 청구권이나 국세징수법 또는 지방세기본법에 의하여 징수할 수 있는 청구권(국세징수의 예에 의하여 징수할 수 있는 청구권으로서 그 징수우선순위가 일반 회생채권보다 우선하는 것 포함)에 대하여는 이를 적용하지 아니하도록 하고 있다(제217조 제2항).

대한 금전소비대차로 인한 청구권
2. 회생절차개시 전에 채무자가 대통령령이 정하는 범위의 특수관계에 있는 자를 위하여 무상으로 보증인이 된 경우의 보증채무에 대한 청구권
3. 회생절차개시 전에 채무자와 대통령령이 정하는 범위의 특수관계에 있는 자가 채무자를 위하여 보증인이 된 경우 채무자에 대한 보증채무로 인한 구상권"

293) 서울중앙지방법원, 제4판 회생실무上, 605p.

4. 수행가능성의 원칙

수행가능성이란 채무자가 회생계획대로 변제자금을 조달하여 회생채권을 변제할 수 있는지 여부를 말한다. 이는 자금수급계획과 밀접하게 연관되어 있다. 수행가능성 여부는 회생계획안에 첨부된 추정손익계산서, 추정자금수지표, 보유자산처분계획서 등이 판단 기준이 될 것이다. 법원 실무에서는 수행가능성 여부를 판단하기 위하여 조사위원으로 하여금 회생계획안 심리·의결을 위한 관계인집회 전에 제2차 조사보고서를 제출하도록 하고 있다.

5. 청산가치보장의 원칙(제243조 제1항 제4호)[294)]

가. 의 의

청산가치보장의 원칙이란 채권자가 회생절차를 통하여 변제받을 수 있는 금액이 채무자에 대한 파산절차를 통하여 배당받을 수 있는 금액보다 적어서는 아니된다는 원칙을 말한다. 즉 회생계획안은 회생채권자나 회생담보권자가 채무자에 대한 파산절차에서 받을 수 있는 배당액 이상으로 변제받는 것을 내용으로 작성해야 한다는 것이다(제243조 제1항 제4호 본문). 이때 계속기업가치와 청산가치의 비교시점은 회생절차개시결정 당시를 기준으로 하며(제90조), 채권자별 변제예정금액을 현재가치로 환산한 금액과 채권자별 청산가치 배분액을 비교하여 판단한다. 여기에서 변제예정금액을 현재가치로 환산하는 방법이 문제되는바, 어떤 할인율을 적용하느냐에 따라 채권자들의 이해관계에 큰 영향을 미치며 할인율이 높을수록 채권자들에게 유리하기 때문이다. 실무상으로는 계속기업가치 산정시의 할인율을 상한으로 하여 시장이자율을 적용하고 있는 것으로 보인다.

다만 청산가치보장의 원칙은 채권자가 동의한 경우에는 준수하지 아니하여도 된다(제243조 제1항 제4호 단서). 관리인, 채무자, 목록에 기재되어 있거나 신고한 회생채권자·회생담보권자의 신청으로 법원의 허가를 얻은 경우에는 청산

294) 법원 실무에서 청산가치보장 원칙의 준수여부에 대한 심사방법을 살펴보면 조사위원의 제1차 조사보고서를 토대로 회생계획안이 작성·제출된 경우 법원에서는 당해 제1차 조사보고서상의 청산배당액과 회생계획안상의 연도별 변제예정액의 현재가치의 환산금액을 비교·분석한 제2차 조사보고서를 제출하도록 한 후 이를 토대로 심사하고 있는 것으로 보인다.

을 내용으로 하는 회생계획안을 작성할 수 있는데(제222조), 이때에도 마찬가지로 청산가치보장의 원칙이 적용되지 아니한다.

나. 청산가치보장의 필요성

법원은 회생절차에서 계속기업가치가 청산가치보다 크다고 인정할 경우에만 '사업의 계속을 내용으로 하는' 회생계획안의 제출을 명한다(제220조 제1항). 청산가치가 계속기업가치보다 크다고 인정할 경우에는 사업의 계속을 내용으로 하는 회생계획안의 제출을 명할 수 없고 '청산을 내용으로 하는' 회생계획안의 작성만을 허가할 수 있다(제220조 제1항, 제222조 제1항). 즉 법원이 회생계획에 대한 인가결정을 하기 위해서는 회생계획에 의한 변제방법이 채무자의 사업을 청산할 때에 각 채권자에게 변제하는 것보다 불리하지 아니하게 변제하는 내용일 것, 즉 청산가치가 보장되어야 하는 것이다(제243조 제1항 제4호).[295] 청산가치가 보장되지 아니하면 파산절차 또는 청산형 회생절차로 나아가는 것이 채권자에게 유리할 것이므로 계속기업가치가 청산가치보다 클 때 회생절차(재건형 회생절차)를 밟을 의미가 있게 된다.

따라서 사업의 계속을 목적으로 회생절차를 신청할 경우에는 관리인은 청산가치가 보장되도록 회생계획안을 작성하여 제출하여야 하는 것이다. 이때 조사위원의 제1차 조사보고서가 작성의 기초자료가 된다.

여기에서 청산가치란 채무자가 청산을 통하여 해체·소멸되는 경우에 기업을 구성하는 개별 재산을 분리하여 처분할 때의 가액을 합산한 금액을 말하고, 계속기업가치란 채무자의 재산을 해체·청산함이 없이 이를 기초로 하여 기업 활동을 계속할 때의 가치를 말한다. 청산가치는 채권자 등 이해관계인에게 보장되어야 할 최소한의 몫이고, 계속기업가치는 채무자의 미래가치로서 회생계획안에서 채권자 등 이해관계인에게 분배할 재원이 되는 것이다.

그런데, 회생계획안은 회생계획기간(통상 10년) 동안 채권자들에게 1년 단위로 분할변제하는 내용으로 작성하는 것이 보통이므로, 청산가치가 보장되려면

---

295) 계속기업가치와 청산가치의 우열은 회생절차개시 여부 및 개시된 회생절차의 계속 여부의 결정, 회생계획안에 대하여 사업계속형(재건형)으로 할지 청산형으로 할지 여부의 결정, 회생계획안제출명령을 내릴지 여부의 결정, 제출된 회생계획안에 대하여 관계인집회의 결의에 부칠지 여부의 결정 등에 있어서 그 기준이 되는 것이다.

이러한 채권자별 변제예정금액을 현재가치로 환산한 금액이 채권자별 청산가치 배분액의 이상이 되어야 하는 것이다. 여기에서 회생계획상의 연도별 변제예정금액을 현재가치로 환산하는데 적용되는 할인율을 얼마로 할 것인지가 문제되고 실무상 이러한 현재가치 할인율은 계속기업가치 산정시 적용된 할인율을 상한으로 하여 주거래 은행의 채무자에 대한 담보대출 또는 무담보대출시 적용되는 시장이자율을 기준으로 하고 있음은 앞서 본 바와 같다.[296][297]

다. 청산가치의 산정방법

청산가치의 보장은 모든 채권자에 대한 변제액의 총액뿐만 아니라 각 채권자에 대한 변제액에 있어서도 충족되어야 한다. 청산가치보장의 원칙이 충족되고 있는지 여부를 판단하는 기준시점은 원칙적으로 회생계획인가결정시를 기준으로 판단하여야 할 것이지만 실무상으로는 조사위원의 제1차 조사보고서를 통하여 회생절차개시결정일을 기준으로 판단하고 있다. 실무상 시간이나 비용 관계상 청산가치를 재산정한 사례는 거의 없다.

청산가치는 청산대차대조표상의 개별자산의 가액을 기준으로 하여 산정한다(회생사건의 처리에 관한 예규 제9조 제1항 본문). 즉 채무자의 자산과 부채는 채무자측이 제시한 재산상태표를 기준으로 조사위원이 회계장부, 관련 증빙자료, 회계담당자의 진술, 금융기관 및 거래처 조사, 시가감정 등의 절차를 통하여 산정한다. 이때 유형고정자산은 법원의 부동산입찰 절차의 평균 낙찰률을 적용하여 할인한 가액을 기준으로 산정하되(회생사건의 처리에 관한 예규 제9조 제1항 단서), 경매비용 등 절차진행에 따른 제반 비용은 공제한다. 매출채권, 보증금, 대여금, 미수금, 무형자산 등은 현실적 회수가능성 등을 감안하여 산정한다.

---

296) 인가된 주요회사들의 현재가치 할인율을 살펴보면, 아인텍정보는 회생채권 연 11.36%, 회생담보권 연 5.5%를, 동원개발은 회생채권 7.47%, 회생담보권 연 3%를, 세창은 회생채권, 회생담보권 모두 연 7%를, 웅진텍스텍은 회생채권 연 6.49%, 회생담보권 연 4.99%를, 벨웨이브는 회생채권 연 9.87%, 회생담보권 연 6.94%를 적용하였다(서울중앙지방법원, 제4판 회생사건실무上, 295p. 인용).

297) 시장이자율과 관련하여 종전에는 담보대출과 무담보대출을 구분하였으나 현재의 실무는 거의 대부분 회생담보권자와 회생채권자에 대하여 동일한 시장율을 적용하고 있다.

라. 계속기업가치의 산정방법

「계속기업가치」는 「미래현금흐름의 현재가치」에 「비영업용 자산의 처분대금」을 합산하여 산정한다. 여기에서 「미래현금흐름의 현재가치」는 수익접근법 중 현금흐름할인법에 의하여 산정하는데(회생사건의 처리에 관한 예규 제9조 제2항), 이는 미래에 창출될 것으로 기대되는 현금흐름, 즉 미래현금흐름을 해당기업의 위험도를 반영한 적정 할인율을 적용하여 산정하는 것이다. 이러한 「미래현금흐름의 현재가치」는 「회생절차기간 중의 현금흐름의 현재가치(추정기간 현금흐름의 현재가치-통상 10년간)」[298]와 「회생절차 종료 후의 현금흐름의 현재가치(잔존가치의 현재가치)」를 합산하여 산출한다. 조사위원이 계속기업가치를 산정할 때에는 해당 업종 및 영업의 특수성, 향후 시장 전망, 채무자의 과거의 영업실적, 채무자의 자구계획 등을 참고하고 있다.

「미래현금흐름의 현재가치」의 산정방식과, 이를 산정하는데 필요한 「순영업활동현금흐름」 및 「총영업활동현금흐름」의 산정방식은 아래 표와 같다.

[표 8] 계속기업가치[299]

계속기업가치 = 미래현금흐름의 현재가치 + 비영업용 자산의 처분대금

[표 9] 미래현금흐름의 현재가치[300]

미래현금흐름의 현재가치 = 추정기간 현금흐름의 현재가치 + 잔존가치의 현재가치

$$= \sum_{t=1}^{n} \frac{C_t}{(1+r)^t} + \frac{C_{n+1}}{(1+r)^n (r-g)}$$

n : 추정최종연도

298) 실무상 여기의 「회생절차기간 동안의 현금흐름의 현재가치」는 회생절차개시연도를 준비연도로 하고 이후 허용하는 최대 채무상환유예기간인 10년을 추정기간으로 하여 그 기간 동안의 영업활동으로 인한 기업가치를 기준으로 하여 산정한다.

299) 여기에서 비영업용 자산의 처분대금에 대해서는 현재가치의 산정을 위한 할인율은 적용하지 아니하므로 자산의 처분대금은 청산가치 중 비영업용 자산의 청산가치와 동일한 액이 된다. 따라서 청산가치를 영업용 자산의 청산가치와 비영업용 자산의 청산가치의 합계로 구성된다고 할 때 결국 계속기업가치와 청산가치의 비교란 영업용 자산의 청산가치와 그 영업용 자산을 운용하여 얻을 수 있는 미래수익의 현재가치와 비교한다는 의미가 되는 것이다(서울중앙지방법원, 제4판 회생사건실무上, 301p).

Ct : t기의 순영업활동현금흐름
Cn+1 : n+1 기의 순영업활동현금흐름
r : 할인율
t : 연차수(추정최초연도부터)
g : 고정성장률

[표 9-1] 순 영업활동현금흐름

순 영업활동현금흐름 = 총영업활동현금흐름 − 유형고정자산 투자 − 운전자금투자 − 기타 영업관련투자

[표 9-2] 총 영업활동현금흐름

총 영업활동현금흐름 = 영업이익 − 법인세 등 + 감가상각비 + 기타 영업과 관련하여 자금지출을 수반하지 않는 비용

마. 청산가치보장의 원칙 준수여부 판단 방법

법원에서 청산가치보장의 원칙이 준수되고 있는지 여부를 판단하는 방법은 조사위원의 제1차 보사보고서가 제출된 이후 이를 기초로 회생계획안이 작성·제출되면 조사위원으로 하여금 회생계획안 심리를 위한 관계인집회 또는 서면결의에 부치는 결정을 하기 5일 전까지 제1차 조사보고서상의 청산배당액과 회생계획안에 의한 연도별 변제예정액을 현재가치로 환산한 금액을 비교·분석한 제2차 조사보고서를 제출하도록 함으로써 이를 토대로 판단하고 있다.

300) 미래현금흐름의 현재가치를 산정하기 위한 적정할인율이란 투자자가 투자의 위험을 보상받고자 하는 미래의 기대수익율을 의미하는데, 이는 투자위험이 없는 금융자산에 투자하는 무위험수익율(이자율)에 위험프리미엄을 가산하여 산출한다(적정할인율=무위험수익율+위험프리미엄). 실무상 무위험수익율은 3년만기 국고채 수익률을 적용하고, 위험프리미엄은 2.5%~6.5%의 범위 내에서 조사위원이 결정하고 있는데, 법원의 실무는 위험프리미엄의 최고치인 6.5%를 적용하고 있는 것으로 보인다(서울중앙지방법원, 제4판 회생사건실무上, 299p, 304p). 그리고 고정성장율도 조사위원이 해당산업의 특성이나 경제·물가성장률를 감안하여 정하는데, 대부분의 경우 고정성장율을 0%로 가정하고 있다(서울중앙지방법원, 제4판 회생사건실무上, 300p).

〈2〉 회생계획안의 작성 포인트

1. 의 의

회생계획안이란 채무자의 회생을 위한 장래의 회생계획을 문서화하여 법원에 제출한 것을 말하는 것으로서 관계인집회에서의 심리나 결의의 대상이 되는 것을 말한다. 이러한 회생계획안이 관계인집회에서의 심리 및 결의를 거쳐 법원의 인가 결정을 받으면 회생계획으로 되는 것이다.

2. 회생계획안 작성의 기본지식

가. 회생계획안의 종류

회생계획안에는 ① 재건형 회생계획안과 ② 청산형 회생계획안이 있다. 전자는 계속기업가치가 청산가치보다 크다고 인정할 때 사업의 계속을 목적으로 하는 회생계획안이고(제220조), 후자는 계속기업가치가 청산가치보다 적고 사업의 계속을 내용으로 하는 회생계획안 작성의 곤란함이 명백하게 된 경우에 관리인, 채무자 또는 목록에 기재되어 있거나 신고한 회생채권자·회생담보권자가 법원의 허가를 얻어 청산(영업의 전부 또는 일부의 양도 등 포함)을 내용으로 하여 작성하는 회생계획안을 말한다(제222조 제1항, 제2항). 일반회생절차가 예정하고 있는 회생계획안은 재건형이고, 청산형은 원래 파산절차로 나아가야 할 것을 예외적으로 회생절차로 수용하는 것이므로 실무상 재건형이 대부분이고 청산형은 그 사례가 드물다.[301]

청산형 회생계획안의 인정 실익은 채무자가 회생을 위하여 회생절차개시신

301) 채무자가 영업 일체를 양도하여 그 매각대금을 가지고 채권자에게 분배하는 것을 내용으로 하는 회생계획안이라도 채무자의 존속 내지 사업의 존속을 전제로 하는 경우에는 청산형 회생계획안이 아니다. 이는 계속기업가치를 수년에 걸쳐 분배하는 대신 한번에 분배하는 점만 차이가 날 뿐이기 때문이다. 채무자의 존속 내지 영업(사업)의 존속을 전제로 하지 아니한 경우이어야 청산형 회생계획안이라 할 수 있다.

청을 하였지만 도중에 어떤 사유로 회생계획안을 작성하지 못할 경우가 있고 이때 일반원칙에 의하면 회생절차를 폐지하고 파산절차로 이행하여야 할 것이지만 그 동안의 노력과 비용 등의 면에서 큰 손실이 초래될 수 있으므로 일정한 요건하에 청산을 내용으로 하는 회생계획안의 작성을 허용하고자 하는 데에 있는 것이다.[302] 즉 청산형 회생계획안이 관계인집회의 가결[303]을 통하여 법원의 인가를 받은 후 이를 수행하면 파산절차가 행하여진 것과 같은 결과가 되는 것이다.[304]

또한 채무자의 입장에서 보면 청산이라는 동일한 목적을 달성하기 위한 것이더라도 파산자로 남게 되는 파산절차보다는 파산자의 불이익이 없는 청산형 회생계획절차를 밟는 것이 신분상 보다 더 유리할 것이다. 다만 청산형 회생계획안은 채권자 일반의 이익을 해치지 아니하여야 하므로 파산절차로 이행하는 것과 대비하여 불리해서는 아니되며 결국 청산가치보장의 원칙이 지켜지는 경우에 한하여 회생계획안의 작성이 허가될 수 있을 것이다(제222조 제1항 단서).

청산형 회생계획안의 신청권자는 관리인, 채무자, 목록에 기재되거나 신고한 회생채권자·회생담보권자 등 회생계획안을 제출할 수 있는 자이다. 청산형 회생계획안의 허가신청 기간은 원칙적으로 회생계획안 제출기간 또는 그 연장기간 내이지만, 회생절차폐지결정(제285조) 전까지는 하여야 할 것이다. 또한 재건형 회생계획안을 제출한 후 또는 회생계획안 심리를 위한 관계인집회의 종료

---

302) 청산형 회생계획안은 채무자의 청산절차를 파산절차가 아닌 기존의 회생절차를 통하여 이루어지도록 하는 제도라고 할 수 있다. 따라서 법원에서 청산형 회생계획안을 허가해 주는 여부는 파산절차와 청산형 회생절차 중 어느 절차가 청산을 보다 더 효율적으로 행할 수 있는지 여부에 달려있다고 할 것이다. 두 절차의 근본적인 차이는 파산절차에서는 변제 순위가 별제권, 우선권 있는 파산채권, 일반 파산채권, 후순위 파산채권의 순으로 자동적으로 정해지지만 청산형 회생계획안에서는 이러한 순위를 고려하되 이를 절대적으로 지킬 필요는 없고 공정하고 형평에 맞는 차등을 두기만 하면 된다는 데에 있다.

303) 청산형 회생계획안의 경우 회생담보권자에 대한 관계인집회에서의 가결은 의결권을 행사할 수 있는 회생담보권자의 의결권의 총액의 5분의 4이상에 해당하는 의결권을 가진 자의 동의가 있어야 하므로 재건형에 비하여 그 요건이 강화되어 있다(제237조 제2호 나목).

304) 청산을 파산절차를 통해서 하느냐 청산형 회생계획을 통해서 하느냐 여부는 이해관계인에게 밀접한 영향을 미치게 된다. 즉 파산절차에서는 별제권, 우선권 있는 파산채권, 일반 파산채권, 후순위 파산채권의 순서에 의하여 순위가 정하여지고 선순위자가 전부 만족을 얻지 못하면 후순위자에게 변제가 이루어지지 아니하지만 청산형 회생계획에서는 회생담보권자, 회생채권자 등의 순위를 고려하여 변제조건이 공정하고 형평에 맞는 차등을 두기만 하면 되기 때문에 파산절차와 같은 엄격한 순위가 지켜질 필요가 없는 것이다.

후에도 청산형 회생계획안의 허가와 그 제출기간을 정하여 줄 것을 요구할 수 있다.[305)]

청산형 회생계획안신청에 대하여 법원은 결정의 방식으로 허부결정을 할 수 있으며, 이에 대하여는 불복할 수 없다(제13조). 청산형 회생계획안도 관계인집회에서의 심리·가결 절차를 거치게 되며,[306)] 법원의 인가에 의하여 그 효력을 발생한다. 청산형 회생계획의 수행은 별도의 청산인 선임없이 관리인이 하게 된다(제257조 제1항).

실무상 청산형 회생계획안을 활용하는 사례는 거의 없으므로 이하에서는 재건형 회생계획안에 대해서만 설명하기로 한다.

나. 회생계획안의 작성 시기 및 제출 과정

회생계획안은 회생절차개시결정과 동시에 법원이 정한 회생계획안 제출기간 또는 그 연장기간 내에 제출하여야 한다(제220조 제1항, 제222조). 여기에서 회생계획안 제출기간은 채권조사기간의 말일(사전 회생계획안이 제출된 경우에는 회생절차개시결정일)부터 4개월 이하(채무자가 개인인 경우에는 조사기간의 말일부터 2개월 이하)의 범위 내에서 정하여지고, 연장기간은 2개월(단 채무자가 개인이거나 중소기업자인 경우에는 1개월)의 범위 내에서 정하여진다. 따라서 회생절차개시신청을 하려는 자는 이러한 회생계획안의 제출기간을 고려하여 사전준비를 충분히 한 다음 회생절차개시신청을 하여야 한다. 위와 같은 회생계획안의 제출기간 내지 그 연장기간 내에 회생계획안이 제출되지 아니할 경우에는 회생절차의 폐지사유가 되기 때문이다(제286조 제1항 제1호).

한편 채무자의 부채의 2분의 1 이상에 해당하는 채권을 가진 채권자 또는 이러한 채권자의 동의를 얻은 채무자는 회생질차개시신청이 있은 때부터 회생절차개시결정 전까지 회생계획안에 대한 사전제출이 허용된다(제223조 제1항).

305) 서울중앙지방법원, 제4판 회생사건실무上, 787p.

306) 청산형 회생계획안에 대한 가결은 회생채권자의 조의 경우에는 재건형과 동일하고, 회생담보권자의 조의 경우에만 회생담보권자 의결권 총액의 4/5 이상의 동의를 요구하고 있다(제237조 제2호 나목).

다. 회생계획안에 대한 작성 실무

회생계획안은 분량이 많고 첨부자료도 방대하기 때문에 '장'으로 구분하여 작성한다. 예컨대 제1장 채무자의 현황 및 회생절차의 경과, 제2장 권리변경의 요지, 제3장 회생계획안의 내용 및 조항 등의 순서로 작성하되, 제1장에서는 제1절 채무자의 개요, 제2절 회생절차개시신청에 이르게 된 사정, 제3절 회생절차개시신청 후의 경과를, 제2장에서는 제1절 회생계획안 입안의 기초, 제2절 자산 및 부채의 현황, 제3절 청산시 예상배당률, 제4절 변제할 채권의 내역, 제5절 권리변경과 변제방법의 요지, 제6절 결언을, 제3장에서는 제1절 총칙, 제2절 회생채권에 대한 권리변경과 변제방법, 제3절 미확정 회생채권 및 부인권 행사로 부활될 회생채권, 제4절 장래의 구상권, 제5절 기타 필요적 규정(공익채권의 변제에 관한 조항, 채무의 변제자금의 조달 방법, 사채의 발행, 회생계획에서 예상된 액을 넘는 수익금의 용도에 관한 조항, 분쟁의 해결방법, 회생절차의 종결, 회생절차의 폐지신청, 기타 사항)을 기재하고 관련된 자료를 첨부하면 된다. 이러한 일반회생계획안의 작성은 전문적인 회계지식이 필요하고 작성절차도 난이·복잡하기 때문에 실무상 관리인 등이 독자적으로 직접 작성하기보다는 조사위원의 조사보고서를 토대로 회계법인 등의 도움을 받아 작성·제출하는 것이 대부분이다.

3. 작성·제출권자

가. 관리인·채무자·회생채권자 등

관리인은 법원이 정한 제출기간 내에 회생계획안을 작성하여 법원에 제출하여야 한다(제220조 제1항). 관리인 이외에도 채무자 또는 목록에 기재되어 있거나 신고한 회생채권자·회생담보권자도 위 기간 내에 회생계획안을 제출할 수 있으며(제221조 제1항), 채권신고를 하였으나 채권조사절차에서 관리인으로부터 부인당한 회생채권자·회생담보권자도 회생계획안을 제출할 수 있다. 그런데 실무상 회생계획안을 작성함에 있어서는 전문적인 회계지식이 필요하고 작성절차도 난이·복잡하므로 회생채권자 등이 직접 작성하여 제출하는 경우는 드물고 관리인이 조사위원의 조사보고서를 토대로 회계법인 등의 도움을 받아 작성·제출하는 것이 일반적이다.[307)]

나. 복수의 회생계획안이 제출된 경우의 처리 문제

회생계획안의 작성권자는 앞서 본 바와 같이 다수이므로 복수의 회생계획안이 제출될 수 있는데, 이때 그 처리방법이 문제된다. 법에서는 이와 관련된 규정을 특별히 두고 있지 아니하므로 해석에 의존할 수밖에 없는데, 실무상으로는 ① 제출자의 자발적인 회생계획안 철회, ② 제출자 상호간의 협의에 의한 회생계획안 병합, ③ 법원에 의한 일부 회생계획안 배제, ④ 관계인집회에서의 선택 등이 논의되고 있는바,[308] 법원에서는 사안별로 검토하여 가장 적합하다고 판단되는 하나 또는 둘 이상의 방안에 의하여 종국적으로 하나의 회생계획안이 되도록 할 것으로 보인다. 그럼에도 불구하고 두 개 이상의 회생계획안이 모두 가결되었을 때에는 법원에서는 회생채권자·회생담보권자가 가장 선호하는 안이 무엇인지 등을 고려하여 그 중 1개의 안을 인가하게 될 것으로 보인다.[309]

4. 작성방법

가. 변제기간

회생계획에 의하여 채무를 부담하거나 채무의 기한을 유예하는 경우 그 채무의 기한은 담보가 있는 때에는 담보물의 존속기간을 넘지 못하고, 담보가 없거나 담보물의 존속기간을 판정할 수 없는 때에는 10년을 넘지 못한다(제195조 본문). 따라서 회생계획안은 보통 10년의 변제기간을 정하여 작성하는 것이 실무이다. 다만 단기간에 채무 전부를 변제할 수 있는 회생계획안이거나 권리변경에 대하여 채권자들로부터 동의를 얻을 수 있는 회생계획안의 경우에는 10년보다 단기로 하는 것도 가능하고, 채무자가 고령이어서 10년을 기준으로 하는 회생계획안의 작성이 곤란한 경우에는 채무자의 연령, 수입활동의 계획 등을 토대로 합리적인 기간을 정하여 회생계획안을 작성하는 것도 가능할 것이다.[310]

---

307) 법무부, 채무자 회생 및 파산에 관한 법률 해설, 57p; 서울중앙지방법원, 도산절차와 소송 및 집행절차, 21p.

308) 서울중앙지방법원, 제4판 회생사건실무上, 791p.

309) 서울중앙지방법원, 제4판 회생사건실무上, 794p.

310) 실무상 만 69세의 급여생활자에 대하여 취업규칙상 3년 후에는 계속 근무하는 것이 곤란하다고 보아 변제기간을 준비연도를 제외하고 3년의 단기로 정하여 조사위원으로 하여금 조사보고서를 작성하도록 하고, 이를 토대로 변제기간을 3년의 단기로 정한 회생계획안의 작성을 허가한

나. 변제할 금액

회생계획안을 작성할 경우에는 청산가치를 보장하여야 하는데, 개인채무자에 있어서 청산가치란 사업자든 비사업자든 결국 채무자 소유의 재산을 매각할 경우의 가치로 평가될 것이며, 그 이상의 변제를 전제로 채무자의 장래의 자금수지를 예측하여 자금흐름을 산정하고 이를 토대로 적절한 변제금액을 산정하여야 할 것이다. 즉 영업소득자의 경우에는 장래의 자금수지를 예측하여 영업소득에서 제세공과금 등을 공제한 순수입에서 생계비를 제외한 금액을 변제금액의 기준으로 하여야 하고, 급여소득자의 경우에는 급여액에서 제세공과금 등을 공제한 순수입에서 역시 생계비를 제외한 금액을 변제금액의 기준으로 하여야 한다. 다만 그 구체적인 변제금액은 채권자들과의 협상을 통하여 결정될 것으로 보인다.

다. 회생계획의 내용

회생계획에는 필수적으로 포함되어야 하는 사항과 포함되는 여부가 임의적인 사항이 있는데, 전자에 해당되는 것으로는 ① 회생채권자·회생담보권자의 권리의 전부 또는 일부의 변경, ② 공익채권의 변제, ③ 변제자금의 조달방법, ④ 회생계획에서 예상된 액을 넘는 수익금의 용도, ⑤ 알고 있는 개시후기타채권이 있는 때에는 그 내용 등이 있고, 후자에 해당되는 것으로는 ① 영업·재산의 양도 또는 출자나 임대, 경영(영업)의 위임, ② 그밖에 회생을 위하여 필요한 사항 등이 있다(제193조 제1항, 제2항). 회생채권자·회생담보권자의 권리를 변경하는 때에는 회생계획에 그 변경되는 권리를 명시하고 변경 후의 권리의 내용을 정하여야 하며, 회생채권자·회생담보권자로서 회생계획에 의하여 그 권리에 영향을 받지 아니하는 자가 있는 때에는 그 권리를 명시하여야 한다(제194조).

여기에서 회생절차개시결정일부터 4월을 넘지 못한 기간 내에서 법원이 정한 관리인의 조사보고 기한(제92조 제1항)까지 전부 또는 일부의 채권자들 사이에 그들이 가진 채권의 변제순위에 관하여 합의가 이루어져 있는 때에는 회생계획안 중 다른 채권자를 해하지 아니하는 범위 안에서 변제의 순위에 관한 합

경우도 있다.

의가 되어 있는 채권에 관한 한 그에 반하는 규정을 정하여서는 아니된다(제193조 제3항 전단). 이 경우 채권자들은 합의를 증명하는 자료를 법원이 정한 관리인의 조사보고사항의 보고기한까지 법원에 제출하여야 한다(제193조 제3항 후단). 회생채권자·회생담보권자의 권리를 변경하는 때에는 회생계획에 변경되는 권리를 명시하고, 변경 후의 권리의 내용을 정하여야 하며, 회생채권자·회생담보권자로서 회생계획에 의하여 그 권리에 영향을 받지 아니하는 자가 있는 때에는 그 자의 권리를 명시하여야 한다(제194조). 공익채권에 관하여는 회생계획상 이미 변제한 것에 대해서는 이를 명시하고 장래 변제할 것에 관하여 정하여야 한다(제199조). 그밖에 회생계획에는 영업 또는 재산의 양도(제200조) 등의 사항이 있으면 이를 기재할 수 있다.

라. 회생계획안작성시 고려사항[311)]

회생계획안을 적성할 때에는 실무상 몇 가지 유의할 점이 있다. 즉 ① 현실적으로 수행가능한 회생계획안을 작성할 것, ② 자금수급계획을 먼저 수립하고 그 범위 내에서 권리변경계획을 수립할 것,[312)] ③ 자금조달계획은 제1차 조사보고서의 내용 범위 내에서 작성할 것, ④ 신규차입은 회생계획기간의 마지막 단계에서 적정차입금 규모를 감안할 것, ⑤ 권리변경계획은 조세 등 청구권·회생담보권·상거래 정리채권·나머지 회생채권의 순으로 수립할 것,[313)] ⑥ 변제조

311) 서울중앙지방법원, 제4판 회생사건실무上, 623p.

312) 자금수급계획은 ①자금조달계획과 ② 자금운용계획으로 나누어 볼 수 있는데, 먼저 자금조달계획은 영업활동을 통한 자금의 조달, 자산매각을 통한 자금의 조달, 신규차입을 통한 자금의 조달 등 각종 자금조달방법에 따라 작성하면 되고, 다음으로 자금운용계획의 수립은 채무상환계획의 수립(조세채권→회생담보권→상거래 회생채권→금융기관 회생채권의 순으로 작성), 매출채권투자·유형자산투자 등 기타 자금운용계획의 수립으로 나누어 수립하는 것이 현명하다.

313) 즉, 회생담보권자·회생채권자의 권리를 변경하는 조항은 법에서 정하는 순위 즉, 회생담보권, 일반의 우선권 있는 회생채권, 일반 회생채권의 순위를 고려하여 회생계획의 조건에 '공정하고 형평에 맞는 차등'을 두어야 한다(제217조 제1항). 다만, 여기에서 '공정하고 형평에 맞는 차등'의 개념이 무엇인지에 관하여는 ① 절대우선설(선순위 권리자가 완전한 보상을 받지 아니하는 한 후순위 권리자에게는 배당이 이루어지지 아니함), ② 상대우선설(선순위 권리자에게 완전한 보상이 이루어지지 아니할 수 있으며 후순위 권리자에게도 공정하고 형평에 맞는 차등의 원칙에 따라 배당이 이루어질 수 있음) 등의 대립이 있는바, 실무에서는 상대우선설의 입장에서 각 조별로 권리변경 및 변제조건에 적절한 차등이 유지되고 있는지를 검토하고 있다(서울중앙지방법원, 제4판 회생사건실무上, 605p). 그리고 회생계획의 조건은, 법 제218조(평등의 원칙) 제1항 단서 및 제2항에서 정한 예외적인 경우가 아닌 한, 같은 성질의 권리를 가진 자 간에는

건에 차등을 둘 경우에는 합리적인 이유가 있을 것, ⑦ 각 이해관계인들에게 돌아갈 변제의 현재가치가 청산가치 이상이 되도록 할 것 등이 그것이다.

특히 회생계획안은 각 조별로 회생채권자 등의 동의가 있어야만 인가를 받을 수 있는 것이므로 이들의 동의를 받을 수 있도록 회생계획안을 작성하여야 한다. 즉 각 조별로 회생채권자의 조에서는 의결권 총액의 2/3 이상(간이회생절차의 경우에는 의결권 총액의 1/2 초과 및 의결권자 과반수의 동의로도 가능), 회생담보권자 조에서는 의결권 총액의 3/4 이상(청산 또는 영업양도 등을 내용으로 하는 회생계획안의 경우에는 의결권 총액의 4/5 이상), 주주·지분권자 조에서는 의결권 총수의 1/2 이상의 동의를 얻어야 하므로(제237조, 제293조의8) 이들과 사전에 충분히 접촉하고 타협함으로서 이들의 동의를 받을 수 있도록 회생계획안을 작성·수정하는 사전 절차가 중요한 요소가 될 수 있는 것이다.

평등하여야 한다(제218조 제1항 본문).

〈3〉
회생계획안의 구체적 작성 방법

1. 회생계획안의 구성 방법

회생계획안은 기재 내용이나 첨부자료 등 그 분량이 방대하기 때문에 통상 '장'으로 구분하여 작성한다(예, 제1장, 제2장, 제3장 등). 회생계획안은 크게 채무자의 개요 부분(회생계획안 제출에 이르기까지의 경과와 현황), 본문 부분, 별첨자료 부분으로 구분할 수 있으나 획일화되어 있지는 아니하며 회생계획안의 필수적 기재사항이 들어가 있으면 된다. 회생계획안의 구체적인 구성내용을 살펴보면 아래와 같다.

[표 10] 회생계획안의 구성

「회생계획안의 구성」

제1장 회생계획안 제출에 이르기까지의 경과와 현황

제1절 채무자의 개요

이 부분에는 ① 사업목적, ② 연혁, ③ 본사 및 공장, ④ 주요 생산제품 현황, ⑤ 기구조직 및 인원 현황 등을, 비영업자인 경우에는 ① 인적사항, ② 이력 및 경과 사항 등을 기재하면 된다.

제2절 회생절차개시신청에 이르게 된 사정

이 부분에는 조사위원의 조사보고서나 관리인보고서 등을 참고하여 채무자가 경제적 파탄에 이르게 된 사정을 구체적으로 기재하면 된다.

제3절 회생절차개시신청 후의 경과

이 부분에는 ① 회생절차개시신청 후의 절차진행 상황, ② 관리인이 경영정상화를 위하여 취한 조치 및 향후 사업방침 등을 기재하면 된다.

제2장 권리변경의 요지

제1절 회생계획안 입안의 기초

이 부분에는 ① 채무자의 자산과 부채현황 소개, ② 향후 채무자의 사업계획

설명, ③ 채권자들의 권리에 대하여 변경을 가하게 되는 점에 대한 양해를 구하는 내용 등을 기재하면 된다.

제2절 자산 및 부채의 현황

제3절 청산시 예상배당율

제4절 변제할 채권의 내역

이 부분에는 ① 채권조사의 결과에 따라 권리가 확정된 채권의 내역[314] 및 주요 변동사항[315]을 총괄적으로 기재하고, ② 채무자가 회생계획기간 동안 변제하여야 할 채무내역을 소개하면 된다.

제5절 권리변경과 번세방법의 요지

이 부분에는 ① 회생담보권의 권리변경과 변제방법, ② 회생채권의 권리변경과 변제방법(주채무 회생채권/보증채무 회생채권/미확정 회생채권/조세 및 벌금), ③ 신고되지 아니한 채권의 처리, ④ 장래의 구상권, ⑤ 소송 중인 채권 등을 기재하면 된다.

제6절 결언

제3장 회생계획안의 내용 및 조항

제1절 용어의 정의

이 부분에는 ① 준비연도,[316] ② 회생계획기간,[317] ③ 제1차 연도, ④ 개시전 이자·개시후 이자,[318] ⑤ 금융기관·특수관계인·상거래채권의 정의,[319] ⑥ 대여금 채무·구상금 채무, ⑦ 기타 필요한 사항의 정의 등을 기재하면 된다.

제2절 일반규정

이 부분에는 ① 변제기일,[320] ② 변제장소, 회생담보권·회생채권 변제시 채권자 확인방법, ③ 변제충당순서(변제자금 부족시 변제의 우선순위), ④ 채권양도의 특례, ⑤ 변제 미이행시의 처리(지연손해금에 관한 규정), ⑥ 기한의 이익 상실, ⑦ 외화표시채권의 원화 환산 기준, ⑧ 변제금액의 확정, ⑨ 회계연도 등을 기재히면 된다.

제4장 회생담보권 및 회생채권에 대한 권리변경과 변제방법

제1절 회생담보권에 대한 권리변경과 변제방법

이 부분에는 ① 회생담보권의 내역,[321] ② 권리변경과 변제방법,[322]③ 권리변경 및 변제방법에 따른 채권자별 내역, ④ 담보권의 존속 및 소멸과 담보목적물의 처분[323] 등에 관한 규정 등을 기재하면 된다.

제2절 회생채권에 대한 권리변경과 변제방법

이 부분에는 ① 주채무로 부담하는 회생채권에 대한 권리변경과 변제방법, ② 보증채무로 부담하는 회생채권에 대한 권리변경과 변제방법,[324] ③ 미확정 회생채권에 대한 권리변경과 변제방법, ④ 조세 및 벌금채권에 대한 권리변경과 변제방법,[325] ⑤ 신고되지 아니한 채권의 처리, ⑥ 장래의 구상권에 대한 권리변경과 변제방법,[326] ⑦ 미확정 회생채권[327] 및 부인권 행사로 부활될 회생채권[328]에 대한 권리변경과 변제방법, ⑧ 그 밖의 회생채권에 대한 권리변경과 변제방법 등의 내용으로 기재하면 된다. 위 ①, ②에 대하여는 다시 ㉮ 금융기관 회생채권에 대한 권리변경과 변제방법,[329] ㉯ 상거래 회생채권에 대한 권리변경과 변제방법,[330] ㉰ 특수관계인 등의 회생채권에 대한 권리변경과 변제방법, ㉱ 임대차보증금[331]·영업보증금·회원보증금 등의 반환채권에 대한 권리변경과 변제방법 등으로 구분하여 기재하여도 된다.

제5장 공익채권의 변제에 관한 규정[332]

제6장 변제자금 등의 조달방법과 자구노력의 추진

이 부분에는 변제자금 및 운영자금의 조달방법과 채무자가 향후 추진할 자구노력에 대하여 기재하면 된다.

제7장 사채의 발행[333]

제8장 예상초과수익금 등의 처리방법

제1절 예상초과수익금의 처리방법[334]

제2절 예상수익금 부족시 처리방법

제9장 개시후기타채권의 내용

제10장 분쟁이 해결되지 아니한 권리(또는 분쟁의 해결방법)

제11장 회생절차의 조기종결

제12장 회생절차의 폐지신청

제13장 기타사항

〈붙 임〉 별첨자료

① 채무상태표 및 손익계산서

② 추후 보완신고 채권의 시·부인 명세서

③ 이의철회 내역
④ 목록기재 또는 신고철회 내역
⑤ 소멸한 채권의 내역
⑥ 회생담보권·회생채권의 변동 및 권리변경 총괄표와 상세내역
⑦ 회생담보권·회생채권의 변제계획 총괄표와 상세내역
⑧ 담보물건 명세서
⑨ 사원명부
⑩ 사업계획서
⑪ 기타(미확정채권의 내역, 회생채권 등의 양수도 내역 등)

---

314) 실무상 전체 현황을 표로써 기재한다.

315) 주요 변동사항은 회생채권과 회생담보권별로 추후 보완신고된 채권, 이의를 철회하거나 회생채권 또는 회생담보권의 확정에 관한 소송 등을 통하여 확정된 채권, 목록기재 또는 신고가 철회된 채권, 법원의 허가를 얻어 변제한 채권 등을 기재하는데, 실무상 내용이 많은 경우에는 별첨자료에 의하여 기재하고 있다.

316) 준비연도란 회생절차개시결정일부터 회생계획인가결정일이 속한 회계연도 말일까지의 기간을 말한다. 용어의 정의를 기재할 때에는 예컨대 "'준비연도'란 회생절차개시결정일(2015년 5월 3일 부터 2015년 12월 31일까지를 말한다."라고 기재한다.

317) 회생계획기간이란 회생계획인가결정 후 회생계획을 수행해 나가는 기간을 말한다. 회생계획기간은 사채를 발행하는 경우를 제외하고는 원칙적으로 10년을 넘지 못한다(제195조 단서). 용어를 기재할 때에는 예컨대 "'회생계획기간'이란 준비연도(2015년)와 그 다음 연도인 2016년부터 10년간의 기간으로 하고, 2025년 12월 31일 종료하는 것으로 한다."라고 기재한다.

318) 회생절차개시결정 후의 이자, 손해배상금, 위약금도 개시 전의 것과 마찬가지로 모두 회생채권에 해당된다(제118조). 다만 실무상으로는 변제계획에 있어서 개시 후의 것을 우대하고 있다.

319) 실무상 같은 회생채권이라도 상거래채권을 금융거래채권보다 우대하고, 특수관계인 사이의 채권보다 일반채권을 우대하는 것이 관행이며, 특수관계인에 대한 열등적 취급은 법에도 반영되어 있다(제218조 2항).

320) 변제기일은 통상 회계연도결산일에 가까운 날로 정한다. 용어의 정의에서는 "본 회생계획안에 의하여 매년 변제할 원금 및 이자는 해당연도 12월 30일(단 공휴일인 경우에는 그 직전 영업일)에 변제하며, 위 변제기일 전이라도 법원의 허가를 얻은 경우에는 수시로 변제할 수 있다."라고 기재한다.

321) 일반회생절차에서는 파산절차나 개인회생절차와는 달리 담보권자에 대하여도 권리변경이 가능하다.

322) 다만 청산가치보장의 원칙에 의하여 회생담보권자의 권리를 변경할 때에는 담보권을 실행하였을 경우에 얻을 수 있는 이익 이상을 분배받을 수 있도록 회생계획안을 작성하여야 한다. 따라서 실무에서는 법상 우대할 권리의 순위에 따라 권리변경과 변제방법을 정하는 원칙에 따라 조세채권자에 대한 변제방법을 정한 다음 가장 먼저 회생담보권자에 대한 권리변경과 변제방법을 고려하게 된다. 통상 회생담보권자에 대하여는 분할변제(개시후 이자의 전부 또는 일부 포함)와 담보물건의 처분을 통한 우선 변제를 혼합한 형태의 조항으로 규정하고 있다(서울중앙지방법원, 제4판 회생사건실무上, 652p). 동일한 목적물에 수개의 회생담보권이 존재하거나 1개의 담보권

이라도 전액 변제가능한 부분과 그렇지 못한 부분이 함께 존재하는 경우에 전액 변제가능한 부분과 그렇지 못한 부분 사이에 변제조건에 있어서 차등을 둔다 하더라도 평등의 원칙에 위배되지 아니한다(대법원 2008.6.17.자 2005그147 결정). 회생담보권에 대한 분할변제 등 기한의 유예는 당해 담보목적물의 존속기간(담보가치가 유지되는 기간)을 넘지 못하고 그 존속기간을 판정할 수 없는 때에는 10년을 넘지 못한다.

323) 실무상 회생담보권에 대한 권리변경은 분할변제와 담보목적물의 처분에 의한 우선변제의 혼합형으로 규정하고 있는 경우가 많다. 따라서 회생담보권을 피담보채권으로 하는 담보권은 그대로 존속시키는 경우가 대부분이고, 담보목적물을 처분할 경우에 그 처리방법에 대하여도 따로 규정을 두고 있다. 즉 ① 담보목적물 처분시 기존 담보권의 소멸에 관한 규정, ② 담보목적물 처분 대금의 사용방법에 관한 규정, ③ 담보목적물의 매가위임에 관한 규정들이 그것이다(서울중앙지방법원, 제4판 회생사건실무上, 658p).

324) 주채무와 보증채무의 차등은 일반적 관행으로서 보증채무보다 주채무에 대한 조건을 우대해 왔고, 판례도 이를 인정하고 있다(대법원 2000.1.5.자 99그35 결정).

325) 회생절차개시 전의 벌금·과료·형사소송비용·추징금 및 과태료 등 형사법상의 청구권에 관하여는 회생계획에서 감면 그 밖의 권리에 영향을 미치는 내용을 정하지 못한다(제140조 제1항). 조세채권 즉 회생계획에서 국세징수법 또는 지방세기본법에 의하여 징수할 수 있는 청구권(국세징수의 예에 의하여 징수할 수 있는 청구권으로서 그 징수우선순위가 일반 회생채권보다 우선하는 것, 즉 건강보험료, 국민연금보험료, 산업재해보상보험료 등 포함)은 회생담보권 등 다른 권리보다 가장 먼저 고려해야 할 사항으로서 전액 변제 등으로 다른 권리보다 우월하게 대우하여야 하며, 3년 이하의 기간 동안 징수를 유예하거나 체납처분에 의한 재산의 환가를 유예하는 내용을 정하는 때에는 징수권자의 의견을 들어야 하고, 3년을 초과하는 기간 동안 징수를 유예하거나 체납처분에 의한 재산의 환가를 유예하는 내용을 정하거나, 채무의 승계, 조세의 감면 또는 그 밖에 권리에 영향을 미치는 내용을 정하는 때에는 징수권자의 동의를 얻어야 한다(제140조 제2항, 제3항). 국세징수의 예에 의하여 징수할 수 있는 청구권으로서 그 징수우선순위가 일반회생채권보다 우선하지 아니한 것, 즉 과태료·국유재산법상의 사용료·대부료·변상금채권 등은 일반 회생채권자와 동일하게 취급하여 일반 회생채권자 조에 편성하고 일반회생채권자와 동일한 조건으로 권리변경을 하면 된다.

326) 장래의 구상권도 회생채권에 해당하므로 회생계획안에서 그 처리방법을 정해 놓지 아니하면 회생계획인가결정에 의하여 면책의 효력이 발생하므로 장래의 구상권에 대한 권리변경과 변제방법도 정해 놓아야 한다. 대위변제자의 대위권 행사와 관련하여 일부대위의 경우에는 채권자우선설이 판례의 입장인바(대법원 1988.9.27. 선고 88다카1797 판결), 따라서 장래의 구상권자도 그 전액에 관하여 회생절차에 참가할 수 있으나 이는 채권자가 참가하지 아니할 때를 말하며 일부만 대위변제한 경우에는 채권자만이 그 채권 전액을 가지고 회생절차에 참가할 수 있고 구상권자는 일부라도 참가하지 못한다. 즉 구상권자가 참가하려면 채권자가 회생절차에 참가하지 아니하든가 그가 변제한 금액과 다른 공동채무자가 변제한 금액의 합계가 채권 전액의 변제에 해당하든지 해야 하는 것이다.

327) 이의있는 회생채권 또는 회생담보권으로서 그 확정절차가 종결되지 아니한 것이 있는 때에는 그 권리확정의 가능성을 고려하여 회생계획에 이에 대한 적당한 조치를 정하여야 하며, 이러한 조치를 취하지 아니하면 부적법하게 된다.

328) 부인권의 행사에 의하여 부활될 채권에 대비하여 회생계획안에 적당한 조치를 정하여야 하며(제197조 2항), 이는 미확정 회생채권의 취급에 준하여 처리하면 된다.

329) 금융기관의 회생채권도 주채무와 보증채무, 대여금 채무와 구상금 채무 등이 포함된 경우가 대부분이므로 각 채무들의 성격에 따라 권리변경과 변제방법을 달리 규정하는 경우가 많다.

330) 실무상 상거래 회생채권을 금융기관 회생채권에 비하여 우대하는 것이 관행이다(서울중앙지방법원, 제4판 회생사건실무上, 670p). 이는 상거래 회생채권자들은 소액의 다수 채권인 경우가 대부분이고 채무자의 회생을 위해서는 이들과의 거래관계를 원만히 유지하는 것이 필요하다는 현실을 반영한 때문이 아닌가 싶다.

331) 임대차보증금반환채권과 관련한 권리변경 및 변제방법의 기재방법에 대하여는 실무상 일관되어 있지 아니하다. 우선 임차보증금반환채권을 담보하기 위하여 전세권설정등기를 한 경우에는 회생담보권으로 분류 및 변제되어야 할 것이다. 그 외의 임차보증금반환채권을 분류해 보면 주택임대차보호법 또는 상가건물임대차보호법상 우선변제권 있는 임차보증금과 그렇지 못한 임차보증금반환채권으로 나누어 볼 수 있다. 이 중 전자의 경우에는 이를 회생담보권으로 분류 및 변제해야 한다는 견해도 있지만 실무상으로는 회생채권으로 분류한 다음 전액변제하는 것으로 회생계획안을 작성함으로써 사실상 회생담보권으로 취급하고 있다. 후자의 경우에는 회생채권으로 분류하기는 하되 사안에 따라서 어떤 경우에는 일부만 변제하고 인도를 요구할 경우 임차인의 인도의무불이행으로 인하여 재임대나, 매각 등의 회생절차의 진행에 차질이 생길 것을 우려해 전액 변제하는 권리변경 방법을 취하는 경우도 있고, 어떤 경우에는 전액 변제하는 권리변경 방법은 다른 회생채권자보다 우대하는 것으로 평등의 원칙에 반한다고 하여 일부만을 변제하는 권리변경의 방법을 취하는 경우도 있다.

332) 공익채권의 변제는 공익채권자들과의 변제기 유예의 합의나 변제기 미도래 등의 사유가 없는 한 원칙적으로 준비연도 또는 제1차 연도에 전액 변제하는 것으로 작성하여야 한다.

333) 사채의 발행은 회사의 경우에 해당되는 규정이므로 개인채무자의 일반회생절차에서는 이에 관한 규정을 두지 아니하여도 된다.

334) 회생계획안에서 채무변제계획은 채무자의 자금수급계획을 토대로 작성하는데, 당초에 예상했던 자금수급계획보다 초과하여 수익을 얻게 되었을 때 그 초과수익을 어디에 사용할 것인지에 대하여 정할 필요가 있는 것이다.

[기재례 35] 임대차보증금에 대한 회생계획조항(회생담보권으로 분류되는 임차보증금 반환채권에 대한 권리변경 및 변제방법)

회생담보권 임대차보증금 반환채무

① 임대차 계약기간이 만료되거나 중도에 적법하게 해지됨으로써 그 반환사유가 발생하고 임차인이 임대 목적물을 인도하는 경우에는 해당 목적물을 제3자에게 임대하여 받는 임대차보증금으로 종전 임대차보증금을 반환한다. 만약, 임대 목적물이 재임대되지 않거나 제3자로부터 받는 임대차보증금이 종전의 임대차보증금에 미치지 못하는 경우에는 그 미반환 임대차보증금은 임대 목적물의 인도와 동시에 전액 변제한다.

② 임대차 계약기간이 만료되어 종전 임차인과 재계약을 하는데 새로운 임대차보증금이 종전 임대차보증금에 미치지 못하는 경우에는 종전 임대차보증금과 새로운 임대차보증금의 차액은 종전 임대차 기간의 종료일로부터 3개월 이내에 전액 변제한다.

③ 해당 임대목적물을 매각하는 경우에는 매수인으로 하여금 임대차보증금 채무를 인수하도록 하거나 매수인이 임대차보증금 채무를 인수하지 않거나 임차인이 인수에 대해 이의를 제기한 경우에는 매각대금으로 임대차보증금을 즉시 변제한다. 매각으로 임대차보증금을 변제하지 못하는 경우에는 임대 목적물의 인도와 동시에 미변제 임대차보증금을 전액 변제한다.

④ 개시후 이자는 전액 면제한다.

(서울중앙지방법원, 제4판 회생사건실무上, 673~674p 인용)

[기재례 36] 임대차보증금에 대한 회생계획조항(대항력 및 확정일자 구비여부에 관계없이 전액 변제하는 것으로 정하는 방법)

회생채권 임대차보증금 반환채무

① 시인된 임대차보증금(이하 '종전 임대차보증금' 이라 한다)은 임대차 계약기간이 만료되거나 중도에 적법하게 해지되어 그 반환사유가 발생하고, 임차인이 임대목적물을 인도하는 경우에는 해당 목적물을 제3자에게 임대하여 받는 임대차보증금으로 종전 임대차보증금을 반환하는 것으로 한다. 만약, 임대 목적물이 재임대되지 않거나 제3자로부터 받는 임대차보증금이 종전 임대차보증금에 미치지 못하는 경우에는 그 미반환 임대차보증금은 임대목적물의 인도가 완료되는 날로부터 3개월 이내에 현금으로 변제한다.

② 임대차 계약기간이 만료되어 종전 임차인과 재계약을 하는데 새로운 임대차보증금이 종전 임대차보증금에 미치지 못하는 경우에는 종전 임대차보증금과 새로운 임대차보증금의 차액은 종전 임대차 기간의 종료일로부터 3개월 이내에 전액 변제한다.

③ 해당 임대 목적물을 매각하는 경우에는 매수인으로 하여금 임대차보증금을 인수하도록 하되 매수인이 임대차보증금을 인수하지 않거나 임차인이 인수에 대해 이의를 제기한 경우에는 종전 임대차보증금을 매각대금 정산일에 전액 변제한다. 매각대금으로 종전 임대차보증금을 변제하지 못하는 경우에는 임대 목적물의 인도 후 3개월 이내에 미변제 임대차보증금을 변제한다.

④ 개시후 이자는 전액 면제한다.

(서울중앙지방법원, 제4판 회생사건실무上, 674p 인용)

[기재례 37] 임대차보증금에 대한 회생계획조항(대항력 및 확정일자 구비여부에 따라 권리변경 방법을 달리 정하는 방법)

임대차보증금 반환채무

1. 우선변제 임대차보증금 반환채무

① 시인된 우선변제 임대차보증금(이하 '종전 임대차보증금'이라 함)은 임대차 계약기간이 만료되거나 중도에 적법하게 해지되어 그 반환사유가 발생하고 임차인이 임대목적물을 인도하는 경우에는 해당 목적물을 제3자에게 임대하여 받는 임대차보증금으로 종전 임대차보증금을 반환한다. 만약, 임대목적물이 재임대되지 않거나 제3자로부터 받는 임대차보증금이 종전 임대차보증금에 미치지 못하는 경우에는 그 미반환 임대차보증금은 목적물 인도와 동시에 변제한다.

② 임대차 계약기간이 만료되어 종전 임차인과 재계약을 하는데 새로운 임대차보증금이 종전 임대차보증금에 미치지 못하는 경우에는 종전 임대차보증금과 새로운 임대차보증금의 차액은 종전 임대차 기간의 종료일로부터 3개월 이내에 전액 변제한다.

③ 해당 임대목적물을 매각하는 경우에는 매수인으로 하여금 임대차보증금 채무를 인수하도록 하거나 매수인이 임대차보증금 채무를 인수하지 않거나 임차인이 인수에 대해 이의를 제기한 경우에는 매각대금으로 종전 임대차보증금을 즉시 변제한다. 매각으로 종전 임대차보증금을 변제하지 못하는 경우에는 임대목적물의 인도와 동시에 미변제 임대차보증금을 전액 변제한다.

④ 개시후 이자는 전액 면제한다.

2. 일반 임대차보증금 반환채무

① 임대차 계약기간이 만료되거나 중도에 적법하게 해지되어 그 반환사유가 발생하고 임차인이 임대목적물을 인도하는 경우에는 ○○%를 출자 전환하고, ○○%를 현금 변제하되, 현금변제할 금액은 임대 목적물의 인도와 동시에 전액 변제한다.

② 출자전환 채무는 회생계획안에 의하여 채무자가 신규로 발행하는 주식의 효력 발생일에 당해채권의 변제에 갈음한다.

③ 개시후 이자는 전액 면제한다.

(서울중앙지방법원, 제4판 회생사건실무上, 675~676p 인용)

[기재례 38] 임대차보증금에 대한 회생계획조항(임대아파트 임차인의 회생채권 임대차보증금 반환채권에 대한 권리변경 및 변제방법)

회생채권 임대차보증금(임대아파트)

1. 원금 및 개시전 이자

① 임차인에게 분양전환되는 경우 제1차 연도(20○○년)에 ○○ 소재 임대아파트(이하 '임대목적물'이라 한다) 처분대금에서 전액 현금으로 우선 변제한다. 매각대금으로 임대차보증금을 변제하지 못하는 경우에는 임차목적물 인도와 동시에 미변제 임대차보증금에 대하여 시인된 총채권 금액 및 개시전 이자에서 미수 임대료 및 기타 공과금을 포함한 관리비 등을 차감한 후의 금액을 전액 현금 면제한다. 다만 당해 임대목적물이 준비연도에 처분되거나 제2차연도(20○○년) 이후에 처분이 되는 경우에는 실제 처분일이 속하는 연도의 변제기일에 변제한다.

② 임대차 계약기간이 만료되거나 중도에 적법하게 해지됨으로서 그 반환 사유가 발생하여 임차인이 임대목적물을 인도하는 경우에는 해당 목적물을 제3자에게 임대하여 받는 임대차보증금으로 종전 임대차보증금에서 미수 임대료 및 기타 공과금을 포함한 관리비 등을 차감한 후의 금액을 반환한다. 만약 임대목적물이 재임대되지 않거나 제3자로부터 받는 임대차보증금이 종전의 임대차보증금에 미치지 못하는 경우에는 그 미반환 임대차보증금은 목적물 인도와 동시에 시인된 총채권 원금 및 개시 전 이자에서 미수 임대료 및 기타 공과금을 포함한 관리비 등을 차감한 후의 금액을 변제기일에 전액 현금 변제한다.

③ 임대차 계약기간이 만료되어 종전 임차인과 재계약을 할 경우 새로운 임대차보증금이 종전 임대차보증금에 미치지 못하는 때에는 종전 임대차보증금과 새로운 임대차보증금의 차액은 종전 임대차계약 종료일에 시인된 총채권 원금 및 개시 전 이자에서 미수 임대료 및 기타 공과금을 포함한 관리비 등을 차감한 후의 금액을 전액 현금 변제한다.

2. 개시후 이자

전액 면제한다.

(서울중앙지방법원, 제4판 회생사건실무上, 676p 인용)

2. 회생계획안 작성 요령

가. 회생계획안 작성 순서[335)]

① 현실적으로 수행가능한 회생계획안을 작성할 것

② 자금수급계획을 먼저 수립하고,[336)] 그 범위 내에서 권리변경계획을 수립할 것

③ 자금조달계획은 제1차 조사보고서의 내용 범위 내에서 작성할 것

④ 신규차입은 회생계획기간의 마지막 단계에서 적정차입금 규모를 감안할 것

⑤ 가급적 조기에 자본잠식을 해소하도록 하되, 그러하지 못할 경우에는 사업계획작성에 이로 인한 영업력의 감소를 반영할 것

⑥ 권리변경계획은 조세 등 청구권·회생담보권·상거래채권·나머지 회생채권의 순으로 수립할 것[337)]

⑦ 채무를 면제하는 내용의 권리변경을 정할 때에는 채무면제이익의 발생에 따른 조세부담을 고려할 것

⑧ 변제조건에 차등을 둘 경우에는 합리적인 이유가 있을 것

⑨ 각 이해관계인들에게 돌아갈 가치의 현재가치가 청산가치 이상이 되도록 할 것

---

335) 서울중앙지방법원, 제4판 회생사건실무上, 623p 참고.

336) 자금수급계획은 자금조달계획과 자금운용계획으로 나누어 볼 수 있는데, ① 자금조달계획은 영업활동을 통한 자금의 조달, 자산매각을 통한 자금의 조달, 신규차입을 통한 자금의 조달 등 각종 자금조달방법에 따라 작성하면 되고, ② 자금운용계획의 수립은 채무상환계획의 수립(조세채권 → 회생담보권 → 상거래회생채권 → 금융기관 회생채권의 순으로 작성), 매출채권투자·유형자산투자 등 기타 자금운용계획의 수립으로 나누어 수립하는 것이 현명하다.

337) 즉, 회생채권자 및 회생담보권자의 권리를 변경하는 조항은 통합도산법 제217조(공정하고 형평한 차등)에서 정하는 순위 즉, 회생담보권, 일반의 우선권 있는 회생채권, 일반 회생채권의 순위를 고려하여 회생계획의 조건에 공정하고 형평에 맞는 차등을 두어야 한다(제217조 제1항, 공정·형평의 원칙). 다만, 여기에서 '공정하고 형평에 맞는 차등'의 개념에 대해서는 절대우선설(선순위 권리자가 완전한 보상을 받지 아니하는 한 후순위 권리자에게는 배당이 이루어지지 아니함)과 상대우선설(선순위 권리자에게 완전한 보상이 이루어지지 아니하고 후순위 권리자에게도 공정하고 형평에 맞는 차등이 있을 수 있음) 등의 대립이 있는바, 실무에서는 상대우선설의 입장에서 각 조별로 권리변경 및 변제조건에 적절한 차등이 유지되고 있는지를 검토하고 있다(서울중앙지방법원, 제4판 회생사건실무上, 605p). 그리고 회생계획의 조건은, 통합도산법 제218조(평등의 원칙) 1항 단서 및 제2항에서 정한 예외적인 경우가 아닌 한, 같은 성질의 권리를 가진 자 사이에는 평등하여야 한다(제218조 제1항 본문, 평등의 원칙).

나. 법원의 지도와 검토

일반회생절차개시신청서가 제출되면 절차의 신속한 진행을 위하여 회생사건의 주심판사가 지도하게 된다. 따라서 신청인이 시행착오를 겪지 않기 위해서는 채권자 그룹의 분류나 변제방법에 관한 초안을 작성하여 사전에 법원의 검토를 받는 것이 현명하다. 실무상 법원에서는 조사위원이 제출한 조사보고서에서 제시한 추정손익계산서 및 추정자금수지계획표를 기초로 하여 회생계획안의 작성을 지도하고 있고, 회생계획안의 심리를 위한 관계인집회 또는 서면결의에 부치는 결정의 5일 전까지 조사위원으로 하여금 청산가치보장 및 수행가능성 여부에 관한 제2차 조사보고서를 제출하도록 하여 이를 근거로 판단을 내리고 있는 것으로 보인다.[338)]

---

338) 서울중앙지방법원, 제4판 회생사건실무上, 597p.

《4》
회생계획안의 제출

1. 회생계획안 제출기간

회생계획안의 제출기간은 법원이 회생절차개시결정과 동시에 정하게 된다(제50조 제1항 제4호). 법원에서 회생계획안의 제출기간을 정할 때에는 회생채권 등의 조사기간 말일부터 2개월 이하의 기간으로 정하게 되는데, 다만 이해관계인의 신청에 의하거나 법원의 직권으로 1개월 이내의 범위 내에서 제출기간을 늘일 수 있다(제220조 제1항, 제50조 제1항 제4호, 제3항). 관리인이 제출기간 안에 회생계획안을 작성할 수 없는 때에는 그 사실을 제출기간 내에 법원에 보고하여야 한다(제220조 제2항). 회생계획안이 제출기간 내에 제출되지 아니한 때에는 회생절차폐지사유가 된다(제286조 제1항 제1호).

2. 회생계획안의 사전제출제도

가. 의 의

회생계획안은 원칙적으로 법원이 회생절차개시결정과 동시에 정한 제출기간 내에 작성하여 제출하는 것이 원칙인데(제220조 제1항 제4호, 제3항), 총부채의 일정한 지분(즉, 총부채액의 2분의 1) 이상을 가진 채권자 또는 이러한 채권자의 동의를 얻은 채무자에 대해서는 회생절차개시신청시부터 회생절차개시 전까지 회생계획안[339]을 사전에 제출할 수 있도록 하여 회생계획안의 제출의무를 면제 또는 철회할 수 있도록 하고 있고(제223조 제1항, 제223조 제6항), 결의를 위한 관계인집회에서 당해 채권자는 가결에 동의한 것으로 간주(제223조 제7항)하는 등의 효과를 부여하여 회생계획인가결정에 소요되는 시간을 단축하고 있다. 이와 같이 회생계획안의 제출을 그 원칙적인 제출기간 전인 회생절차개시신청시

339) 여기의 회생계획안에는 회생계획의 수정(제228조)이나 회생계획안의 수정명령(제229조 제1항)에 의하여 수정된 회생계획안을 포함한다(제223조 제2항, 제6항 단서).

부터 회생절차개시 전까지 사전제출을 허용하는 것을 회생계획안의 사전제출 제도라고 한다. 이는 회생절차의 지연을 막고 절차를 간소화함으로써 경제적 효율을 높인다는 차원에서 통합도산법을 제정할 때 도입된 제도이다.

나. 제출권자

통상 회생계획안은 채무자, 목록에 기재되거나 신고한 회생채권자·회생담보권자가 제출하는 것이지만 사전계획안은 채무자의 총부채의 1/2 이상에 해당하는 채권을 가진 채권자 또는 이러한 채권자의 동의를 얻은 채무자가 제출할 수 있다. 종전에는 채무자의 총부채의 1/2 이상에 해당하는 채권을 가진 채권자만이 제출할 수 있었지만 2016년 5월 29일 통합도산법 개정으로 채무자의 총부채의 1/2 이상에 해당하는 채권을 가진 채권자의 동의를 얻은 채무자도 제출할 수 있게 되었다.

총부채액의 1/2 이상에 해당하는지 여부는 조사위원의 조사보고서를 기준으로 판단하며 조사보고서가 제출되기 전이라면 채무자의 대차대조표나 기타 회계장부를 기준으로 판단하게 된다.

다. 사전계획안 제출절차

사전계획안은 회생절차개시의 신청이 있은 때부터 회생절차개시 전까지 법원에 제출하여야 한다(제223조 제1항). 사전계획안을 제출하는 자는 회생절차개시 전까지 회생채권자·회생담보권자의 목록(제147조 제2항 각 호의 내용 포함 필요), 관리인의 조사보고사항(제92조 제1항 각호)을 기재한 서면 및 그 밖에 대법원규칙으로 정하는 서면을 법원에 제출하여야 하는데(제223조 제4항), 이에 따라 사전계획안 제출자가 회생채권자·회생담보권자의 목록을 제출한 때에는 그 목록은 관리인이 제출한 목록(제147조 제1항)의 목록으로 간주된다(제223조 제5항).

라. 회생계획안 사전제출의 효과

사전계획안이 제출된 경우에는 관리인은 법원의 허가를 얻어 회생계획안을 제출하지 아니하거나, 제출된 회생계획안을 철회할 수 있다(제223조 제6항). 사전계획안을 제출한 채권자 외의 채권자는 '회생계획안 결의를 위한 관계인집회'

의 기일 전날 또는 서면결의 결정시 법원이 정하는 기간(제240조 제2항) 초일의 전날까지 그 사전계획안에 동의한다는 의사를 서면으로 법원에 표시할 수 있다(제223조 제3항). 또한 통상의 회생절차에서는 회생계획안에 대한 동의는 반드시 '회생계획안 심리를 위한 관계인집회'의 기일에 출석하여 행하여야 하지만 사전계획안을 제출하거나 그 사전계획안에 동의한다는 의사를 서면으로 표시한 채권자는 결의를 위한 관계인집회에서 그 사전계획안을 가결하는 때에 동의한 것으로 간주한다(제223조 제6항 본문). 다만, 사전계획안의 내용이 그 채권자에게 불리하게 수정되거나, 현저한 사정변경이 있거나 그 밖에 중대한 사유가 있는 때에는 결의를 위한 관계인집회의 기일 전날까지 법원의 허가를 받아 동의를 철회할 수 있다(제223조 제6항 단서).

한편 사전계획안을 서면결의에 부친 경우(제240조 제1항)에 사전계획안을 제출하거나 서면결의 결정시 법원이 정한 회신기간(제240조 제2항) 전에 그 사전계획안에 동의한다는 의사를 표시한 채권자는 위 회신기간 안에 사전계획안에 대하여 동의한 것으로 본다(제240조 제8항 본문). 다만, 사전계획안의 내용이 그 채권자에게 불리하게 수정되거나, 현저한 사정변경이 있거나 그 밖에 중대한 사유가 있는 때에는 위 회신기간 종료일까지 법원의 허가를 받아 동의를 철회할 수 있음은 관계인집회에서의 결의에 의한 경우와 같다(제240조 제8항 단서).

사전계획안 또는 수정된 사전계획안은 법원에 비치하여 이해관계인에게 열람하게 하여야 한다(제223조 제2항).

3. 회생계획안의 수정·변경·배제

가. 의 의

회생계획안을 법원에 제출한 후 그 내용을 변경할 수 있는 제도로는 회생계획안의 수정과 회생계획안의 변경이 있다. '수정'과 '변경'은 회생계획안의 내용을 변경한다는 점에서는 같으나,[340] 실무상 그 시점과 변경의 범위를 기준으로 두 개념을 구분하고 있다. 즉 회생계획안의 수정은 '회생계획안 심리를 위한 관

340) 이에 입법론상으로는 '수정'과 '변경'의 용어를 구분하지 말고 '변경'으로 통일하는 것이 타당하다는 견해도 있다(임채홍·백창훈, 제2판 회생정리법(하), 126p).

계인집회' 기일의 종료 전까지 회생계획안을 변경하는 것으로서 그 범위는 이해관계인에게 불리한 영향을 주는 내용의 변경까지 가능한 것을 말하고, 회생계획안의 변경은 '회생계획안 심리를 위한 관계인집회' 기일이 종료한 후부터 회생계획안에 대한 결의시까지 회생계획안을 변경하는 것으로서 그 범위는 이해관계인에게 불리한 영향을 주지 아니하는 내용만 변경이 가능한 것을 말하는 것이다. 한편 법원은 회생계획안이 법률의 규정을 위반하는 경우 등 일정한 경우에는 회생계획안을 관계인집회의 심리 또는 결의에 부치지 아니할 수 있는데, 이를 회생계획안의 배제라고 한다(제231조).

나. 회생계획안의 수정(제228조·제229조)

회생계획안의 수정은 ① 제출자에 의한 수정(제228조)과 ② 법원의 수정명령에 의한 수정(제229조)이 있다. 회생계획안의 제출자는 '회생계획안 심리를 위한 관계인집회'의 기일 또는 서면결의에 부치는 결정이 있는 날까지 법원의 허가를 받아 회생계획안을 수정할 수 있다(제228조). 여기에서 관계인집회의 기일이란 '회생계획안 심리를 위한 관계인집회'가 종료될 때까지로 해석되므로,[341] 이 때까지 제출자에 의한 수정이 가능하다고 본다.[342] 제출자가 수정하려면 '회생계획안 심리를 위한 관계인집회'에서 구술로 신청하는 것도 가능하지만 실무상 서면에 의하여 회생계획안의 수정허가를 신청하고 있다. 수정허가신청에 대한 허가 또는 불허가결정에 대하여는 불복할 수 없다(제13조). 한편 법원도 관리인, 채무자, 목록에 기재되어 있거나 신고한 회생채권자·회생담보권자 등 이해관계인의 신청에 의하거나 직권으로 회생계획안의 제출자에 대하여 회생계획안의 수정을 명할 수 있고, 이러한 법원의 명령이 있는 때에는 회생계획안의 제출자는 법원이 정하는 기한 내에 회생계획안을 수정하여야 한다(제229조). 이를 수정명령에 의한 수정이라고 한다. 수정명령을 받은 제출자가 수정명령에 따르지 아니한 경우에는 법원은 회생계획안을 배제하는 결정을 하거나(제231조), 회생계획안에 대한 불인가결정을 할 수 있다(제243조). 수정명령에 의한 수정은 제출자에 의한 자발적인 수정이 허용되지 아니한 '회생계획안 심리를 위한 관계

341) 제2판 회생정리법(하), 임채홍·백창훈, 128p; ヶ月章외 5人, 條解 會社更生法(下), 224p.
342) 서울중앙지방법원, 제4판 회생사건실무上, 769p.

인집회' 종료 후에 회생계획안을 수정하려는 경우에 그 기능을 발휘한다. 수정명령에 의한 수정은 '회생계획안 결의를 위한 관계인집회'가 열릴 때까지 할 수 있다고 해석되고, '회생계획안 결의를 위한 관계인집회'가 시작된 후에는 수정할 수 없다고 본다.[343] '회생계획안 심리를 위한 관계인집회'와 '회생계획안 결의를 위한 관계인집회'가 병합되어 실시되는 경우에도 '회생계획안 결의를 위한 관계인집회'가 시작된 후에는 수정명령을 할 수 없다. '회생계획안 심리를 위한 관계인집회'의 기일 후에 수정명령에 의한 수정이 있는 때에는 법원은 그 수정안을 심리하기 위하여 다시 관계인집회기일을 정하여 소집할 수 있다(제230조). 회생계획안의 수정은 이해관계인에게 불리한 영향을 미치는 여부를 불문하고 수정이 가능하지만, 당초의 회생계획안과 본질적으로 다른 회생계획안으로의 수정은 현저한 사정변경이 있지 아니하는 한 허용되지 아니한다고 본다. 예컨대 존속형 회생계획안을 청산형 회생계획안으로 수정하려면 법원의 허가가 있어야 한다(제222조).

다. 회생계획안의 변경(제234조)

(1) 의 의

회생계획안의 변경이란 법원에 제출한 회생계획안에 대하여 '회생계획안 심리를 위한 관계인집회'의 기일이 종료한 후부터 회생계획안에 대한 결의시까지 이해관계인에게 불리한 영향을 주지 아니한 범위 내에서 회생계획안의 내용을 변경하는 것을 말한다. 이는 회생계획안 제출 후 '회생계획안 심리를 위한 관계인집회'의 기일의 종료 전까지 이해관계인에게 불리한 영향을 주는 내용의 변경까지 가능한 회생계획안의 수정과 구별된다.

(2) 변경절차

회생계획안의 변경은 회생계획안의 제출자에 한하여 그 신청이 가능하다. 즉 회생계획안의 제출자는 회생채권자·회생담보권자에게 불리한 영향을 주지 아니하는 때에 한하여 '회생계획안 결의를 위한 관계인집회'에서 법원의 허가를 받아 회생계획안을 변경할 수 있다(제234조). 회생계획안이 가결된 후에는 회생

343) 서울중앙지방법원, 제4판 회생사건실무上, 769p.

계획안의 변경이 허용되지 아니한다. 회생계획안의 변경신청은 서면 또는 말로 할 수 있지만(제33조, 민사소송법 161조), 실무상으로는 관리인이 '회생계획안 결의를 위한 관계인집회' 전에 서면으로 회생계획안의 변경을 신청하고 관계인집회에서 관리인의 변경신청의 진술과 법원의 허가의 형식을 취하고 있다. 회생계획안의 변경신청에 대하여는 법원은 허부결정을 하여야 하고 이에 대하여는 불복신청할 수 없다(제13조).

라. 회생계획안의 배제(제231조)

회생계획안이 법률의 규정에 위반된 경우 또는 불공정하거나 형평에 맞지 아니한 경우, 그 수행이 불가능한 경우에는 법원은 회생계획안을 관계인집회의 심리 또는 결의에 부치지 아니할 수 있다(제231조). 이를 회생계획안의 배제라고 한다. 회생계획안의 배제는 어차피 인가될 수 없는 회생계획안을 회생절차의 최종단계에서 이루어지는 회생계획안의 인가단계까지 장기간 회생절차가 진행되는 것을 사전에 방지하기 위한 조치이다. 회생계획안의 배제 시기는 회생계획안의 제출 후부터 '회생계획안 결의를 위한 관계인집회'가 열릴 때까지 언제라도 가능하며, 회생계획안의 배제는 결정의 형식으로 하며 배제여부는 법원의 재량이다(제231조). 회생계획안이 배제되면 회생계획안에 대하여는 그 후의 절차가 진행되지 아니하며, 관계인집회의 심리 또는 결의에 부쳐질 회생계획안이 전혀 없게 되어 결국 회생절차가 폐지될 것이다(제286조 제1항 제1호). 한편 2014년 4월의 세월호 침몰 사건의 경험에서 2014년 10월 15일 통합도산법을 개정하여 회생절차개시에 중대한 책임이 있거나 해악을 끼친 채무자의 경영자나 그 특수관계인 등이 회생절차를 남용하여 거액의 채무를 감면받고 다시 정상화된 기업을 인수하여 경영권을 회복하는 악의적인 행위를 방지하기 위하여 일정한 경우 법원이 회생계획안을 임의적 또는 필요적으로 관계인집회의 심리나 결의에 부치지 아니하도록 하는 내용의 회생계획안의 배제에 대한 특칙(제231조의2)을 신설하여 2015년 1월 16일부터 시행하고 있다.

[기재례 39] 회생계획안 정정허가신청

주 식 회 사 ○ ○

우) 000-000 ○○시 ○○구 ○○동 ○○○ / ☎ 222-1111 / 팩스 02)○○○-○○○

문서번호 제○○○호 담당 ○○팀 ○○○ (02-222-333)
시행일자 20○○. 6. 25
사 건 20○○회합○○ 회생
수 신 ○○지방법원 제○○민사부
제 목 회생계획안 정정 허가신청의 건

---

1. 귀원의 일익 번창을 기원하옵고, 당사는 20○○. 1. 15. 회생절차개시결정을 받았습니다.
2. 당 회사는 20○○. 5. 27. 제출한 회생계획안의 단순오기의 정정을 판사님과 협의 후 제출하오니 허가하여 주시기 바랍니다.

- 아 래 -

정정전 페이지	정 정 내 용	비 고
목 차	번호수정: 제1,2,3,4장	
본문1	회생담보권 원금 및 개시 전 이자	
본문5	4. 변제기일 : 목차 제5장 2로 정정	
본문15	회생담보권명세서의 변동금액	
본문20	회생담보권 원금	
본문25	변동금액 정정	
본문30	변동금액 정정	
본문31	변동금액 정정	

▣ 첨 부: 정정한 회생계획안 1부(생략). 끝. 등본수령인(인)

재판부의 허가서도 생략

접수인 날인(20○○. 6. 25. 문서건명부의 접수번호 기재)

주 식 회 사 ○○

관리인 ○ ○ ○ (인)

[기재례 40] 수정회생계획안의 요지 통지

즉시 시행

○○ 지 방 법 원
제○○민 사 부

20○○. 2. . 발송필

우) 000-000 ○○시 ○○구 ○○동 ○○○ / ☎ 222-1111 / 팩스 02)○○○-○○○

문서번호	제○○○호 담당 ○○팀○○○ (02-222-3333)
시행일자	20○○. 06. 25
사 건	20○○회합○○ 회생
수 신	○○지방법원 제○○민사부
제 목	수정회생계획안의 요지 통지의 건

1. 채무자 주식회사 ○○에 대한 이 법원 20○○개회○○호 회생신청사건과 관련된 내용입니다.
2. 채무자가 20○○. 05. 18. 회생계획안을 제출한 후 20○○. 06. 25. 및 20○○. 07. 01. 수정된 회생계획안을 제출하였고, 이 법원은 20○○. 07. 01. 위 회생계획안의 수정을 허가하였으므로 채무자 회생 및 파산에 관한 법률 제232조에 의하여 별첨 기재와 같은 수정회생계획안의 요지를 통지합니다.

▣ 첨부: 수정회생계획안의 요지 1부. 끝.

재판부의 허가서와 송달보고서(법원사무관등이 확인 후 기명날인)도 생략

접수인 날인(20○○. 07. 01. 문서건명부의 접수번호 기재)

재판장 판사 ○ ○ ○ (인)

[기재례 41] 회생계획변경결정

○○ 지 방 법 원

제○○ 민 사 부

결　　정

사　　건　　20○○회단○○ 회생
채 무 자　　○ ○ ○
　　　　　　○○시 ○○구 ○○동 ○○-○
관 리 인　　○ ○ ○

주　　문

이 사건 회생계획을 별지와 같이 변경한다.

이　　유

위 사건에 관하여 20○○. 05. 27. 관리인으로부터 별지와 같은 내용의 회생계획의 변경 신청이 있는바, 별지와 같은 회생계획변경은 회생채권자, 회생담보권자, 주주 등 이해관계인에게 불리한 영향을 미치지 아니하는 것으로서 채무자 회생 및 파산에 관한 법률 제282조 제1항, 제243조 제1항에서 정한 요건을 구비하였다고 인정되므로 주문과 같이 결정한다.

20○○. ○. ○.

재판장 판사 ○ ○ ○
판사 ○ ○ ○
판사 ○ ○ ○

[기재례 42] 변경회생계획인가결정

○○ 지 방 법 원
제○○ 민 사 부
결 정

사 건 20○○회단○○ 회생
채 무 자 ○ ○ ○
○○시 ○○구 ○○동 ○○-○
관 리 인 ○ ○ ○

주 문

별지 회생계획을 인가한다.

이 유

위 사건에 관하여 20○○. 05. 27. 관리인으로부터 최초로 회생계획안이 제출되고, 20○○. 07. 25. 수정허가된 별지 변경회생계획안은 20○○. 07. 10. 변경회생계획안의 결의를 위한 관계인집회에서 가결되었고, 채무자 회생 및 파산에 관한 법률 제282조 제2항, 제243조에 정한 요건을 구비하였다고 인정되므로 주문과 같이 결정한다.

20○○. ○. ○.

재판장 판사 ○ ○ ○

제2절 회생계획안의 인가와 그 효력

〈 I 〉
회생계획안의 인가절차

1. 의 의

제출된 회생계획안은 관계인집회에서의 결의나 서면결의에 의하여 가결되어야 비로소 회생계획으로 성립하고, 법원의 인부결정의 대상이 되며, 이후 법원의 인가결정으로 그 효력이 발생한다. 회생계획안의 심리·결의를 위한 관계인집회는 각각의 절차를 위하여 두고 있는데, 회생계획안의 심리를 하기 위한 집회로서 '회생계획안 심리를 위한 관인집회'와 회생계획안 결의를 위한 것으로서 '회생계획안 결의를 위한 관계인집회'가 그것이다. 결의의 대상은 회생계획안의 전체이고 회생계획안의 개개의 조항에 대한 의사표시로 하는 것은 아니다.

2. 회생계획안에 대한 결의

가. 서면결의와 관계인집회를 통한 결의

제출된 회생계획안은 관계인집회에서의 결의나 서면결의에 의하여 가결되어야 비로소 회생계획으로 성립하고, 법원의 인부결정의 대상이 되며, 이후 법원의 인가결정에 의하여 그 효력이 발생된다. 회생계획안에 대한 결의는 회생채권 등의 조사기간 종료 전에는 부치지 못하는데(제235조), 이때 결의를 관계인집회를 통해서 할지 서면결의로 할지 여부는 법원의 재량이다.

서면결의에 의할 경우에는 회생계획안의 심리·결의를 위한 관계인집회를 소집하지 아니한다. 서면결의는 채권자들로부터 개별적인 동의를 얻기에 유리하다고 판단될 때 취할 수 있는 방법이지만 가결이 이루어지지 못할 경우에는 다시 속행집회를 열어야 하는 관계로 절차가 복잡하고 지연되는 문제가 있어서 실무상으로는 잘 이용되고 있지 아니하다.

회생계획안의 심리·결의을 위한 관계인집회에는 회생계획안 심리를 위한 것으로서 '회생계획안 심리를 위한 관계인집회'와 회생계획안 결의를 위한 것으로서 '회생계획안 결의를 위한 관계인집회'가 있다. 결의는 반드시 관계인집회기일에 출석하거나 대리인을 출석시켜서 하여야 하며, 투표, 기립, 거수 등 그 형식에는 제한이 없으나 실무에서는 조별로 의결권자 개개인을 호명하여 출석 및 찬반을 확인하고, 이를 '출석현황 및 의결표'에 기재하는 방식으로 하고 있다.

결의는 회생계획안 전체를 대상으로 하는 것이며 회생계획안의 개개의 조항에 대한 의사표시로 하는 것이 아니다. 관계인집회에 의한 결의든, 서면결의에 의한 결의든, 그 결의는 일정한 조별로 분류하여 결의되어야 한다. 즉 회생담보권자(제236조 제1호), 일반의 우선권 있는 채권을 가진 회생채권자(제236조 제2호), 일반 회생채권자(제236조 제3호) 등으로 분류된 조별로 결의를 하여야 하는데, 이러한 조의 분류는 법원의 재량으로 정한다. 실무상 개인채무자의 일반회생절차에서는 회생담보권자 조, 회생채권자 조의 두 부분으로만 분류하고 있다.

나. 가결의 요건

(1) 서면결의에 의한 결의

법원은 회생계획안이 제출된 경우 상당하다고 인정하는 때에는 회생계획안을 서면결의에 부치는 취지의 결정을 할 수 있고, 이때 법원은 그 뜻을 공고하여야 한다(제240조 제1항). 서면결의는 이해관계인의 수가 너무 많아 집회가 곤란하거나 이해관계인이 너무 적어 집회의 형식을 취할 필요가 없는 경우에 행하여진다. 개인채무자의 일반회생절차에서는 급여소득자나 소규모 자영업자 등이 대부분을 차지하고 있으므로 실무상 서면결의에 의하는 경우도 적지 아니하다. 서면결의에 부친다는 결정을 한 후에는 회생채권 등의 추후보완 신고를 할 수 없고(제152조 제3항), 회생계획안의 제출자도 회생계획안을 수정할 수 없게 된다(제228조).

서면결의를 결정한 때에는 법원은 관리인, 조사위원, 채무자, 목록에 기재되어 있거나 신고한 회생채권자·회생담보권자, 회생을 위하여 채무를 부담하거나 담보를 제공한 자가 있는 때에는 그 자에게 회생계획안의 사본 또는 그 요지를 송달함과 동시에 의결권자에 대하여는 회생계획안에 동의하는지 여부와 인가여부에 관한 의견, 회생계획안이 가결되지 아니한 경우 속행기일의 지정에 동의하는지 여부(단, 사전계획안이 제출된 때에는 속행기일의 지정에 동의하는지 여부는 묻지 아니함)를 법원이 정하는 회신기일, 즉 서면결의 결정일부터 2월이 넘지 아니한 회신기간 안에 서면으로 회신하여야 한다는 뜻을 기재한 서면을 송달하여야 한다(제240조 제2항). 서면결의의 송달은 서류를 우편으로 발송하여 할 수 있고, 회생계획안을 송달한 때에는 '회생계획안 심리를 위한 관계인집회'가 완료된 것으로 본다(제240조 제3항, 제4항). 서면결의도 조별로 결의를 하여야 하므로 법원은 미리 조분류 결정을 하고 이해관계인에게 관련서류와 함께 송달하여야 할 것이다(제236조 제6항). 회신기간 안에 회생계획안에 동의한다는 뜻을 서면으로 회신하여 법원에 도달한 의결권자의 동의가 가결요건을 충족하는 때에는 그 회생계획안은 가결된 것으로 본다(제240조 제5항). 서면결의가 부결될 때에는 일정 요건이 충족된 경우에 속행기일을 지정할 수 있으나 이 경우에는 관계인집회를 통한 결의에 의하여야 하며 또다시 서면결의에 의할 수는 없다(제240조 7항). 서면결의에 의하여 회생계획안이 가결된 때에는 법원은 지체 없이 회생계획의 인가여부를 결정하여야 한다(제242조 제4항).

(2) 관계인집회를 통한 결의의 경우

회생계획안에 관하여 관계인집회를 통한 결의를 하기 위해서는 법원은 기일을 정하여 관계인집회를 소집하여야 한다. 이를 위하여 법원은 미리 관리인, 채무자, 목록에 기재되어 있거나 신고한 회생채권자·회생담보권자(의결권을 행사할 수 없는 자는 제외), 회생을 위하여 채무를 부담하거나 담보를 제공하는 자에게 회생계획안의 사본 또는 그 요지를 송달하여야 한다(제232조 제1항, 제2항).

회생을 위하여 채무를 부담하거나 담보를 제공하는 자는 관계인집회기일에 출석하여 그 뜻을 진술하여야 하여야 하며(제233조 제1항 본문), 다만 정당한 사유가 있는 때에는 대리인을 출석하게 할 수 있다(제233조 제1항 단서).

관계인집회를 통한 결의방식을 채택할 경우 회생계획안의 가결요건은 각 조별로 다른데, ① 회생채권자의 조는 의결권을 행사할 수 있는 회생채권자의 의결권의 총액의 2/3 이상에 해당하는 의결권을 가진 자의 동의로, ② 회생담보권자의 조는 일반 회생계획안(재건형 회생계획안)에 관하여는 의결권을 행사할 수 있는 회생담보권자의 의결권의 총액의 3/4 이상에 해당하는 의결권을 가진 자의 동의로, 청산·영업양도 등을 내용으로 하는 회생계획안(청산형 회생계획안)에 관하여는 의결권을 행사할 수 있는 회생담보권자의 의결권의 총액의 4/5 이상에 해당하는 의결권을 가진 자의 동의로 가결한다(제237조). 주의할 점은 회생계획안은 분류된 모든 조에서 가결되어야 되며 한 개의 조라도 가결되지 못하면 부결된 것으로 처리된다는 것이다. 회생계획안의 가결은 '회생계획안 결의를 위한 관계인집회'의 제1기일부터 2월 이내에 하여야 하며, 필요하다고 인정하는 때에는 회생계획안제출자의 신청 또는 법원의 직권에 의하여 위 기간을 늘일 수 있으되 그 기간은 1월을 넘지 못한다(제239조 제1항, 제2항). 또한 가결의 종기와 관련하여 회생계획안의 가결은 회생절차개시일부터 1년 이내에 하여야 하며, 다만 불가피한 사유가 있는 때에는 법원은 6월의 범위 안에서 그 기간을 늘일 수 있다(제239조 제3항). 관계인집회에서 회생계획안을 가결한 때에는 법원은 그 기일에 또는 즉시로 선고한 기일에 회생계획의 인가여부에 관한 결정을 하여야 한다(제242조 제1항).

다. 가결이 이루어지지 아니한 경우의 처리방법

'회생계획안 결의를 위한 관계인집회'에서 회생계획안이 가결되지 못한 경우에 법원이 취할 수 있는 방법으로는 ① 회생절차를 폐지하는 방법(제286조 제1항 제2호), ② 속행기일을 지정하는 방법(제238조), ③ 권리보호조항을 적용하여 회생계획안을 인가하는 방법(제244조) 등이 있다. 실무상 가장 많이 취하고 있는 방법은 속행기일을 지정하는 방법인데, 이는 각 조별로 회생채권자 조는 의결권 총액의 1/3 이상의 자가, 회생담보권자 조는 의결권 총액의 1/2 이상의 자가 기일의 속행에 동의하는 것을 전제로 법원이 관리인이나 채무자 또는 의결권을 행사할 수 있는 회생채권자·회생담보권자의 신청이나 직권에 의하여 속행기일을 정하는 것이다(제238조). 속행기일은 관리인에게 2회에 걸쳐 기회를 부여하는 것을 원칙으로 하지만 실무에서는 속행기일을 계속 허용할 경우 채권자들이 무리하게 변제율을 높여달라고 요구할 수 있고 만약 이를 수용할 경우에는 회생계획안의 수행가능성이 없어질 위험이 있기 때문에 거의 1회로 제한하고 있다.[344] 속행기일을 지정하는 때에는 이해관계인들의 동의를 얻어내기 위하여 통상 회생계획안제출자에 의한 회생계획안의 변경신청이 수반되는 경우가 많다. 속행기일에서는 모든 조에 대하여 다시 결의를 하여야 한다.

한편 회생계획안에 대하여 동의를 얻지 못한 조가 있는 경우에는 법원은 회생계획안을 변경하여 동의를 얻지 못한 조의 회생채권자·회생담보권자를 위하여 권리보호조항을 정하고 인가결정을 할 수 있다(제244조). 이를 강제인가라고 한다. 다만 회생계획안 결의를 위한 조분류에서 모든 조가 회생계획안을 부결시킨 때에는 강제인가를 할 수 없고 결국 회생절차를 폐지하여야 한다.

서면결의에 의하여 회생계획안이 가결되지 못하고 속행기일의 지정요건도 갖추지 못한 경우 또는 속행기일이 지정되었으나 속행기일에서 가결되지 못한 경우에는 법원은 권리보호조항을 정하여 회생계획을 인가하지 아니하는 한 직권으로 회생절차를 폐지하여야 한다(제286조 제1항 제4호).

3. 법원의 인부절차

가. 인가의 요건

관계인집회에서 회생계획안을 가결한 때에는 법원은 그 기일에 또는 즉시로 선고한 기일에 회생계획의 인가여부에 관한 결정을 하여야 하는데(제242조 제1항),[345] 회생계획안이 인가되려면 인부결정시를 기준으로 일정한 요건을 갖추어야 한다(제243조 제1항, 제243조의2조). 즉 회생계획안이 법원의 인가를 받으려면 ① 회생절차 또는 회생계획이 법률의 규정에 적합하여야 하고(제243조 제1항 제1호), ② 회생계획이 공정하고 형평에 맞으며 수행이 가능하여야 하며(제243조 제1항 제2호),[346] ③ 회생계획에 대한 결의를 성실·공정한 방법으로 하였어야 하

344) 서울중앙지방법원, 제4판 회생사건실무下, 39p.

345) 법문 중 '회생계획안'이라는 용어와 '회생계획'이라는 용어가 함께 사용되고 있어서 혼란이 생길 수 있는데, '회생계획'이라는 용어는 '회생계획안'상의 장래의 '회생계획'을 말하는 경우도 있고, 법원의 인가를 받은 '회생계획안'을 의미하는 경우도 있다. 용어 사용상의 혼동을 피하기 위해서는 향후 법 개정시 회생계획안이 법원의 인가를 받기 전까지는 '회생계획안'으로, 인가를 받은 후에는 '회생계획'으로 용어를 통일하는 것이 바람직하다고 본다.

346) 회생계획안은 조사위원의 제1차 조사보고서를 토대로 작성하는데, 작성된 회생계획안이 제출되면 법원은 '회생계획안 심리를 위한 관계인집회'와 '회생계획안 결의를 위한 관계인집회'의 기일을 지정하고, '회생계획안 심리를 위한 관계인집회'의 5일 전까지 조사위원으로 하여금 제2차 조사보고서를 제출하도록 하여 회생계획의 수행가능성 등을 판단하고 있다.

고(제243조 제1항 제3호), ④ 채권자가 동의하지 아니하는 한[347] 회생계획에 의한 변제방법이 채무자의 사업을 청산할 때에 각 채권자에게 변제하는 것보다 불리하지 아니하게 변제하는 내용이어야 하는 것이며(제243조 제1항 제4호),[348] 나아가 ⑤ 회생계획상 행정청의 허가·인가·면허 그 밖의 처분을 요하는 사항에 대해서는 행정청의 의견과 중요한 점에서 차이가 없어야 하고(제243조 제1항 제6호), ⑥ 회생절차개시에 중대한 책임이 있거나 해악을 끼친 채무자의 경영자나 그 특수관계인 등이 다시 경영권을 회복하기 위하여 회생절차를 남용하는 등의 경우가 아니어야 하는 등(제243조의2 제1항, 제2항)의 요건을 갖추어야 하는 것이다. 회생계획인가여부에 대한 판단자료로는 조사위원의 제1차·제2차 조사보고서, 관리인의 보고서, 채무자의 재산 및 영업에 관한 보고자료, 이해관계인의 의견 등이 있다.

한편 회생계획인가여부의 결정에 이르기까지의 절차가 법률의 규정에 위반되는 경우에도 위반의 정도, 채무자의 현황, 그 밖의 모든 사정을 고려하여 법원은 회생계획인가결정을 할 수 있다(제243조 제2항). 이는 경미한 절차적 하자 때문에 회생계획이 수포로 돌아가는 것을 방지하기 위하여 인가에 대하여 법원의 재량권을 인정한 것이다.

나. 인가여부의 절차

(1) 인가여부의 결정 시기

회생계획안에 대한 결의는 관계인집회에서 하는 경우와 서면결의에 의한 경우가 있으며 따라서 인가결정의 시기도 그 결의방법에 따라 다르다. 먼저 관계인집회에서 회생계획안을 가결한 때에는 법원은 그 기일에 또는 즉시로 선고한 기일에 회생계획의 인가여부에 관한 결정을 하여야 한다(제242조 제1항). 이 기일에서는 관리인, 조사위원, 채무자, 목록에 기재되어 있거나 신고한 회생채권자·회생담보권자, 회생을 위하여 채무를 부담하거나 담보를 제공한 자가 있

347) 채권자가 동의한 경우에 청산가치보장의 예외를 허용하는 것은 채권자가 채무자와 특수관계에 있는 경우와 같이 청산가치를 보장하지 아니한 것이 오히려 형평성에 부합하는 경우도 있을 수 있기 때문으로 보인다(박승두, 통합도산법 분석, 163p).

348) 회생계획의 인가요건의 하나인 청산가치보장의 원칙은 구법인 회사정리법에서는 없었던 것인데 통합도산법에서 추가한 것이다(법무부, 채무자 회생 및 파산에 관한 법률 해설, 133p).

는 때에는 그 자는 회생계획의 인가여부에 관하여 의견을 진술할 수 있다(제242조 제2항).

서면결의에 의하여 회생계획안이 가결된 때에는 법원은 지체 없이 회생계획 인가여부에 관한 결정을 하여야 한다(제242조의2 제1항).

(2) 서면결의를 거친 회생계획의 인가여부에서 이해관계인에 대한 의견청취기일 신설

서면결의에 의하여 회생계획안이 가결된 때에는 법원은 회생계획의 인가여부에 관한 결정에 앞서 서면결의 결정시 법원이 정한 회신기간(제240조 제2항) 이후로 기일을 정하여 회생계획 인가여부에 관한 이해관계인의 의견을 들을 수 있다(제242조의2 제2항). 위 이해관계인에 대한 의견청취기일에서 관리인, 조사위원·간이조사위원, 채무자, 목록에 기재되어 있거나 신고한 회생채권자·회생담보권자, 회생을 위하여 채무를 부담하거나 담보를 제공한 자가 있는 때에는 그 자 및 채무자의 업무를 감독하는 행정청·법무부장관 및 금융위원회는 회생계획의 인가여부에 관하여 의견을 진술할 수 있다(제242조의2 제3항). 법원이 이해관계인에 대한 의견청취기일을 정하는 결정이 있는 때에는 이를 공고하고 그 결정서를 위 의견진술권자로서 회생계획 인가여부에 관한 의견을 서면으로 회신한 자에게 송달하여야 한다(제242조의2 제4항).

법원은 상당하다고 인정하는 때에는 관리인의 신청에 의하거나 직권으로 이해관계인에 대한 의견청취기일과 특별조사기일을 병합할 수 있다(제242조의2 제5항).

다. 인가여부의 결정과 공고

(1) 통상적인 인부결정

회생계획안이 관계인집회나 서면결의에 의하여 가결된 때에는 법원은 회생계획의 인가여부에 대한 결정을 선고하고, 그 주문 및 이유의 요지와 회생계획 또는 그 요지를 공고하여야 한다(제245조 제1항 전단). 송달 여부와 관련해서는 관계인집회를 거친 것에 관한 회생계획인가여부의 결정인 때에는 송달을 하지 아니할 수 있지만(제245조 제1항 후단), 서면결의를 거친 것에 관한 것인 때에는 관리인, 조사위원, 채무자, 목록에 기재되어 있거나 신고한 회생채권자·회생담보권자, 회생을 위하여 채무를 부담하거나 담보를 제공한 자에 대하여 송달하여야 한다(제245조 제3항, 제242조의2 제6항). 위와 같은 공고·송달 여부는 회생계획의 불인가결정이 이루어진 경우에도 마찬가지로 적용된다(제245조 제1항, 제3항). 회생계획에 대한 인가결정이 있거나 불인가결정이 확정된 경우에는 등기·등록의 대상이 되는 채무자의 재산에 대하여 등기·등록을 촉탁하여야 한다(제24조 제1항, 제5항, 제23조 제1항 제2호, 제3호, 제27조).

(2) 동의하지 아니한 조가 있는 경우의 강제인가(권리보호조항 제도)

(가) 권리보호조항 제도의 의의

회생계획안에 관하여 관계인집회에서 결의하거나 서면결의에 부치는 경우에는 권리의 성질에 따라 분류된 각 조별로 결의를 하여야 하는데, 이때 법정의 액 또는 수 이상의 의결권을 가진 자의 동의를 얻지 못한 조가 있는 경우에는 원칙적으로 당해 회생계획안이 부결된 것으로 처리하여야 할 것이지만 법원은 회생계획안을 변경하여 그 조의 회생채권자·회생담보권자를 위하여 일정한 방법에 의하여 권리를 보호하는 조항을 정하고 회생계획의 인가를 결정할 수 있다(제244조 제1항). 이를 권리보호조항 제도 또는 강제인가라고 한다. 권리보호조항을 정하여 회생계획을 인가할 것인지 여부는 법원의 재량이다.[349] 이러한 권리보호조항 제도는 일부 이해관계인들의 무리한 요구로 회생계획안이 부결되어 회생가치가 있는 채무자에 대한 회생절차가 폐지되는 것을 방지하기 위한 것이다.

(나) 권리보호조항의 설정 요건

권리보호조항을 두어 회생계획을 인가할 것인지 여부는 법원의 재량이며, 권리보호조항의 설정은 법원이 직권으로 한다. 다만 이러한 강제인가가 이루어지기 위해서는 분류한 조가 2개 이상이고 그 중에서 적어도 1개 이상의 조에서 가결요건이 충족되어야 한다. 따라서 모든 조에서 부결된 때에는 회생절차를 반드시 폐지하여야 한다(제286조 제1항 제2호).

349) 三ヶ月章외 5人, 條解 會社更生法(下), 642p.

(다) 권리보호조항을 정하는 방법

권리보호조항을 정하는 방법으로는 4가지가 있다. 즉 ① 회생담보권자에 관하여 그 담보권의 목적인 재산을 그 권리가 존속되도록 하면서 타인에게 양도하거나 채무자에게 유보하는 방법, ② 회생담보권자에 관하여는 그 권리의 목적인 재산을, 회생채권자에 관하여는 그 채권의 변제에 충당될 채무자의 재산을 법원이 정하는 공정한 거래가격(담보권의 목적인 재산에 관하여는 그 권리로 인한 부담이 없는 것으로 평가) 이상의 가액으로 매각하고 그 매각대금에서 매각비용을 공제한 잔금으로 변제·분배하거나 공탁하는 방법, ③ 법원이 정하는 그 권리의 공정한 거래가액을 권리자에게 지급하는 방법, ④ 그 밖에 위 ①~③의 방법에 준하여 공정하고 형평에 맞게 권리자를 보호하는 방법 중의 어느 하나의 방법으로 한다(제244조 제1항). 만약 회생계획안의 가결요건을 충족하는데 필요한 동의를 얻지 못할 것이 명백한 조가 있는 때에는 법원은 회생계획안 작성자의 신청에 의하여 미리 그 조의 회생채권자·회생담보권자를 위하여 권리보호조항을 정하고 회생계획안을 작성할 것을 허가할 수 있다(제244조 제2항). 다만 이 경우 법원은 신청인과 동의를 얻지 못할 것이 명백한 조의 권리자 1인 이상의 의견을 들어야 하며(제244조 제3항), 권리보호조항의 적용을 받는 조의 권리자는 의결권을 행사할 수 없다(제191조 제5호).

라. 인부결정에 대한 불복(즉시항고)

(1) 즉시항고권자

목록에 기재되거나 신고한 회생채권자·회생담보권자는 회생계획에 대한 인가여부의 결정에 대하여 즉시항고할 수 있다(제247조 제1항 본문). 권리가 미확정이거나 의결권 없는 회생채권자·회생담보권자도 즉시항고할 수 있다(제247조 제2항).

채무자도 회생계획의 인부결정에 의하여 중대한 이해관계를 가지므로 즉시항고할 수 있다고 본다.[350] 관리인도 즉시항고할 수 있느냐 여부에 대하여는

350) 임채홍·백창훈, 제2판 회생정리법(하), 292p; 松田二郎, 1983 會社更生法(新版), 402p.

① 긍정설,[351] ② 부정설[352]의 대립이 있으나, 관리인은 단순히 채무자의 대표자가 아니라 회생절차상의 이해관계인 전체를 위한 공적수탁자로서[353] 선관주의 의무를 지는 독립한 제3자의 지위에 있다고 보이므로 긍정설이 타당하다고 본다. 목록에 기재되지 아니하고 신고도 하지 아니한 회생채권자·회생담보권자는 즉시항고할 수 없다고 본다(제247조 제1항 단서).[354] 공익채권자도 즉시항고권자가 되지 못한다고 본다.[355]

(2) 즉시항고절차

회생계획인부결정에 대한 즉시항고는 항고장을 회생법원에 제출함으로써 하고, 2,000원의 인지를 붙여야 한다(제33조, 민사소송법 제445조, 민사소송등 인지법 제11조 제2항). 회생계획인부결정에 대한 즉시항고는 인부결정의 공고가 있은 날부터 14일의 불변기간 내에 하여야 한다(제13조 제2항, 제245조, 제33조, 민사소송법 제444조 제2항). 즉시항고의 사유는 회생계획인부결정의 위법이다. 그러나 권리보호조항을 정하여 인가하는 여부는 법원의 재량이므로 권리보호조항을 정하여 인가하였다거나 이를 정하지 아니하고 인가하였다는 것은 항고사유가 되지 못한다.[356] 회생계획인가결정에 대한 항고는 회생계획의 수행에 영향을 미치지 아니한다(제247조 제3항 본문). 다만, 항고법원 또는 회생법원은 항고가 이유 있다고 인정되고 회생계획의 수행으로 생길 회복할 수 없는 손해를 예방하기 위하여 긴급한 필요가 있음을 소명한 때에는 신청에 의하여 항고에 관한 결정이 있을 때까지 담보를 제공하게 하거나 담보를 제공하게 하지 아니하고 회생계획의 전부나 일부의 수행을 정지하거나 그밖에 필요한 처분을 할 수 있

351) 임채홍·백창훈, 제2판 회생정리법(하), 292p.

352) 三ヶ月章외 5人, 條解 會社更生法(下), 676p.

353) 대법원 2013.3.28. 선고 2010다63836 판결.

354) 다만 이들도 회생절차가 법률의 규정에 위반되어 목록에서 누락되었고 채권신고의 기회도 상실된 경우라면 인가결정에 대하여 항고할 수 있다고 본다(三ヶ月章외 5人, 條解 會社更生法(下), 674p; 서울중앙지방법원, 제4판 회생실무사건下, 117p).

355) 회생계획인부결정에 대하여는 법률상 이해관계를 가지는 자, 즉 회생계획의 효력발생 여부에 따라 자기의 이익이 침해되는 자만이 즉시항고할 수 있는데, 공익채권자는 회생회사와 합의하여 그 내용을 회생계획에 기재한 경우가 아닌 한 회생계획에 의하여 권리변동의 효력을 받지 아니하므로 공익채권자의 회생계획인부결정에 대한 즉시항고는 원칙적으로 부적법하다(대법원 2006.1.20.자 2005그60 결정; 대법원 2006.3.29.자 2005그57 결정).

356) 대법원 2008.1.24.자 2007그18 결정.

다(제247조 제3항 단서). 이를 수행정지 등의 가처분이라고 하는데, 이는 민사소송법상의 통상의 가처분이 아닌 특수한 가처분이라고 할 수 있다.[357] 회생계획불인가결정에 대한 항고가 있는 때에는 법원은 기간을 정하여 항고인에게 보증으로 대법원규칙이 정하는 범위 안에서 금전 또는 법원이 인정하는 유가증권을 공탁하게 할 수 있고,[358] 법원이 정하는 기간 안에 보증을 제공하지 아니하는 때에는 결정으로 항고장을 각하한다.[359] 보증이 제공된 후 항고가 기각되고 채무자에 대하여 파산선고가 있거나 파산절차가 속행되는 때에는 보증으로 제공한 금전 또는 유가증권은 파산재단에 속하게 되지만(제247조 제4항, 제5항, 제6항), 파산선고가 없고 파산절차도 속행되지 아니한 경우에는 공탁자의 공탁물회수청구가 가능하다. 즉시항고에 대하여 법원은 항고가 부적법하다고 판단되는 경우에는 항고각하결정을, 항고가 이유 없다고 하는 때에는 항고기각결정을, 항고심 결정시를 기준으로 항고가 이유 있다고 판단되면 원결정을 취소하는 결정을 하여야 한다. 다만 원심법원의 결정에 부분적인 위법이 있다고 하더라도 그것이 권리보호조항을 정하여 치유될 수 있는 정도라면 권리보호조항을 정하여 회생계획을 인가할 수 있다.[360] 즉시항고에 대한 재판의 불복은 민사소송법상의 재항고의 규정에 의한다(제247조 제7항, 민사소송법 제442조).

4. 인부결정의 효력발생과 그 확정

가. 인부결정의 효력발생시기

결의를 거친 회생계획안이 인가요건을 갖추고 있다고 판단되는 경우에는 법원은 회생계획에 대한 인가결정을 하는데, 회생계획에 대한 인가결정이 있는

357) 서울중앙지방법원, 제4판 회생사건실무下, 126p.

358) 항고인에게 보증으로 공탁하게 할 금액은 회생채권자와 회생담보권자의 확정된 의결권액(그 액이 확정되지 않은 경우에는 목록에 기재되거나 신고된 의결권액)의 총액의 20분의 1에 해당하는 금액의 범위 내에서 정하되, 그 금액을 정함에 있어서는 채무자의 자산·부채의 규모 및 재산상태, 항고인의 지위 및 항고에 이르게 된 경위, 향후 사정변경의 가능성, 그 동안의 절차 진행경과 및 그 밖의 여러 사정을 고려하여야 한다(규칙 제71조 제2항, 제3항).

359) 이러한 항고장 각하결정에 대하여는 즉시항고할 수 있다는 규정이 없으므로 특별항고로 불복하여야 한다(대법원 2011.2.21.자 2010마1689 결정).

360) 회생계획에 부분적인 위법이 있더라도 회생계획인가결정을 취소할 것이 아니라 통합도산법 제244조(동의하지 아니하는 조가 있는 경우의 인가) 제1항을 준용하여 그 결정을 변경·인가하는 것이 바람직하다(대법원 2000.1.5.자 99그35 결정).

때에는 그 확정 전이라도 효력이 발생한다(제246조). 여기에서 효력발생시기인 인가결정이 있는 때란 회생계획의 효력을 받을 자 전원에 대하여 인가결정이 고지된 때를 말한다.[361] 구체적으로는 관계인집회의 결의를 통하여 회생계획인가결정이 선고된 경우에는 그 선고시부터, 기일 외에서 공고방식으로 권리보호조항을 정하여 선고한 경우 또는 서면결의를 통하여 회생계획인가결정이 선고된 경우에는 인가결정의 공고가 있은 날의 다음날부터 효력이 발생하는 것이다(제9조).

회생계획이 확정되기 전에 그 효력이 발생하도록 한 것은 인가결정시에 이미 법원에서 그 요건을 심사한 관계로 후에 인가결정이 취소되는 사례가 적을 뿐만 아니라 그 확정을 기다려서는 장기간의 지체로 채무자의 회생이라는 주목적이 달성될 수 없게 되는 우려를 반영한 때문으로 보인다.[362] 회생계획에 대한 불인가결정은 그 확정한 때부터 효력이 발생한다고 본다(제248조, 제291조, 제292조).

나. 인부결정의 확정

(1) 인부결정의 확정시기

회생계획에 대한 인부결정은 즉시항고기간의 도과, 즉시항고에 대한 각하·기각결정의 확정, 재항고기간의 도과, 재항고에 대한 각하·기각결정에 의하여 확정되며, 회생계획인가결정이 확정되면 법원사무관등은 회생계획에서 인정된 권리를 회생채권자표·회생담보권자표에 기재하여야 하는바, 그 기재는 확정판결과 동일한 효력을 가지며, 회생절차종결 후[363]에는 채무자와 회생을 위하여 채무를 부담한 자에 대하여 회생채권자표·회생담보권자표에 기하여 강제집행을 할 수 있다(제249조, 제255조).

361) 임채홍·백창훈, 제2판 회생정리법(하), 290p.
362) 서울중앙지방법원, 제4판 회생사건실무下, 95p.
363) 통합도산법 제255조(회생채권자표 등의 기재의 효력) 제2항에서는 '회생절차종결 후' 강제집행을 할 수 있다고 되어 있지만 그 내용상 폐지의 경우를 포함하는 '회생절차종료 후'를 의미한 것으로 해석된다(서울중앙지방법원, 제4판 회생사건실무下, 113p).

(2) 인부결정 확정의 효력

(가) 인가결정 확정의 효력

인가결정이 확정되면 법원사무관등은 회생계획에서 인정된 권리를 회생채권자표 등에 기재하여야 하는데, 그 기재는 확정판결과 동일한 효력을 가지며, 회생절차종결 후[364]에는 채무자와 회생을 위하여 채무를 부담한 자에 대하여 회생채권자표 등에 기하여 강제집행을 할 수 있다(제249조, 제255조). 한편 인가결정이 확정되면 그 후에는 누구도 인가요건의 흠결을 주장할 수 없게 되어 인가결정시에 발생한 효력이 확정되는 것이다.[365] 즉 회생계획안의 가결에 필요한 법정의 다수 요건의 흠결이나 그 내용의 공정·형평의 원칙에 대한 위반 또는 평등원칙에 대한 위반이 있더라도 그 하자를 주장하여 회생계획의 효력을 다툴 수 없는 것이다.[366]

(나) 불인가결정 확정의 효력

회생계획에 대한 불인가결정이 확정되면 회생절차는 종료되며, 이에 따라 관리인에게 전속되었던 채무자의 업무수행권과 재산의 관리·처분권도 채무자에게 회복된다.[367] 다만 회생절차 중에 생긴 기왕의 법률효과는 원칙적으로 유효하며 따라서 회생절차 중에 확정된 회생채권·회생담보권 중 채무자가 이의하지 아니한 것에 관한 회생채권자표·회생담보권자표의 기재는 채무자에 대하여 확정판결과 동일한 효력이 인정되고, 이는 집행권원이 되기도 한다(제248조, 제292조). 또한 회생계획에 대한 불인가결정이 확정된 때에는 파산선고를 하여야 하는 경우(제6조 제1항)를 제외하고는 관리인은 채무자의 재산으로 공익채권을 변제하고 이의있는 것에 관하여는 그 채권자를 위하여 공탁하여야 한다(제248조, 제291조).

---

364) 통합도산법 제255조(회생채권자표 등의 기재의 효력) 제2항에서는 '회생절차종결 후' 강제집행을 할 수 있다고 되어 있지만 그 내용상 폐지의 경우를 포함하는 '회생절차종료 후'를 의미한 것으로 해석된다(서울중앙지방법원, 제4판 회생사건실무下, 113p).

365) 임채홍·백창훈, 제2판 회생정리법(하), 300p.

366) 대법원 2005.6.10. 선고 2005다15482 판결.

367) 다만 관리인에게는 공익채권에 대한 변제의 범위 내에서 그 권한과 의무가 유지된다.

[서식 3] 서면결의에 부치는 결정

○○ 지 방 법 원

제○ 파 산 부

결 정

사 건 20○○회단○○ 회생
채 무 자 ○ ○ ○
○○시 ○○구 ○○동 ○○○
관 리 인 ○ ○ ○

주 문

1. 위 사건에 관하여 별지 회생계획안을 서면결의에 부친다.
2. 회신기간을 20○○. ○. ○.(목요일)까지로 정한다.

이 유

위 사건에 관하여 관리인이 20○○. ○. ○. 제출한 별지 회생계획안을 서면결의에 부치기로 하여 채무자 회생 및 파산에 관한 법률 제240조 제1항, 제2항에 의하여 주문과 같이 결정한다.

20○○. ○. ○.

재판장 판사 ○ ○ ○

[서식 4] 서면결의시 조 분류 결정

○○ 지 방 법 원
제○ 파 산 부
결 정

사 건 20○○회단○○ 회생
채 무 자 ○ ○ ○
○○시 ○○구 ○○동 ○○○
관 리 인 ○ ○ ○

주 문

위 사건에 관하여 관리인이 제출한 별지 회생계획안의 결의를 위하여 회생담보권자의 조, 회생채권자의 조의 2개의 조로 분류한다.

이 유

위 사건에 관하여 관리인이 20○○. ○. ○. 제출한 별지 회생계획안의 결의를 위하여 의결권을 행사할 조를 회생담보권자의 조, 회생채권자의 조의 2개의 조로 분류하기로 하고, 채무자 회생 및 파산에 관한 법률 제236조에 의하여 주문과 같이 결정한다.

20○○. ○. ○.

재판장 판사 ○ ○ ○

(서울중앙지방법원, 회생사건실무下, 부록서식 인용 및 참고)

[서식 5] 회생계획 인가결정(관계인집회 결의의 경우)

채무자 ○○○ 회생계획 인가결정 공고

사　　건　　20○○회단○○　회생
채 무 자　　○ ○ ○
관 리 인　　○ ○ ○

이 법원은 20○○. ○. ○. 위 채무자의 회생계획을 인가하였으므로 채무자 회생 및 파산에 관한 법률 제245조에 의하여 다음과 같이 공고합니다.

다　　　음

1. 주　문
   회생계획을 인가한다.
2. 이유의 요지
   관리인이 제출한 이 사건 회생계획안이 20○○. ○. ○. 회생계획안 결의를 위한 관리인집회에서 가결되었고, 이는 채무자 회생 및 파산에 관한 법률 제243조 제1항에서 정한 요건을 구비하였다고 인정되므로 주문과 같이 결정한다.
3. 회생계획의 요지(권리변경 및 변제계획의 주요 내용)
   가. 회생담보권, 리스채권

(이하생략)

20○○. ○. ○.

○○지방법원 제○파산부

재판장 판사 ○ ○ ○

(서울중앙지방법원, 회생사건실무下, 부록서식 인용 및 참고)

[기재례 43] 권리보호조항을 정한 회생계획 인가결정

○○ 지 방 법 원

제○ 파 산 부

결 정

사 건 20○○회단○○ 회생

채 무 자 ○ ○ ○

○○시 ○○구 ○○동 ○○○

관 리 인 ○ ○ ○

주 문

회생채권자를 위하여 별지 권리보호조항을 정하고 별지 회생계획을 인가한다.

이 유

관리인으로부터 20○○. ○. ○. 제출되고, 20○○. ○. ○. 수정허가된 별지 회생계획안은 채무자 회생 및 파산에 관한 법률 제243조 제1항의 요건을 구비하였다. 그런데 위 회생계획안의 결의를 위하여 20○○. ○. ○. 열린 관계인집회에서(또는 회신기간이 끝난 서면결의 결과) 회생담보권자의 조에서는 의결권 총액 ○○○,○○○,○○○원 중 80.5%인 ○○○,○○○,○○○원에 해당하는 의결권자의 동의를 얻어 법정요건인 4분의 3 이상의 동의를 얻었으나, 회생채권자의 조에서는 의결권 총액 ○○○,○○○,○○○원 중 60.5%인 ○○○,○○○,○○○원에 해당하는 의결권자의 동의를 얻는데 그쳐 법정요건인 3분의 2 이상의 동의를 얻지 못하였다.

이에 채무자의 회생채권자, 근로자, 주주 및 기타 모든 이해관계인의 이익을 고려하여 위 회생계획의 인가 여부를 심사하건데, 채무자에 대한 회생계획안이 인가되지 못하여 회생절차가 폐지되는 경우에는 채무자는 파산의 원인인 사실이 있으므로 파산적 청산을 하여야 할 수밖에 없는바, 채무자가 파산적 청산을 하게 되면 회생채권자에 대한 예상 배당률은 원금 및 개시결정 전 이자의 약 10.8%에 불과하고, 만약 보증채권인 회생채권이 현실화되면 그 배당률은 약 6%로 더욱 내려가는 점, 위 배당률은 원금의 40%를 변제받게 되는 위 회생계획보다 현저히 낮은 수치이므로, 회생채권자로서는 채무자가 파산하여 파산적 청산에 의한 배당을 받는 것보다는 조금씩 고통을 분담하여 채무자에게 계속 영업을 할 기회를 부여함으로써 그 영업수익 등으로 채무를 변제받는 편이 보다 많은 금액을 변제받을 수 있을 것으로 보이는 점, 회생채권자의 조의 과반수가 넘는 60.5%가 회생계획안에 대하여 동의하고 있는 점 등을 고려하면, 비록 위 회생계획안이 법정 다수의 동의를 얻지 못하여 가결되지 못하였다 하더라도, 채무자 회생 및 파산에 관한 법률 제244조 제1항 제4호에 의하여 부동의한 회생채권자의 조를 위하여 별지와 같은 권리보호조항을 정하고 이를 인가함이 회생채권자, 근로자, 주주 및 기타 모든 이해관계인의 이익에 부합된다고 판단된다.
그렇다면 위 회생계획은 별지와 같은 권리보호조항을 정하고 이를 인가함이 상당하므로 주문과 같이 결정한다.

20○○. ○. ○.

재판장 판사 ○ ○ ○

[별 지]

별 지

회생채권자를 위하여 이 사건 회생계획안 중 아래 각 문항 중의 '60.0%'를 '70.0%'로 각 변경하고, 구체적인 변제계획안 각 해당 '별표'의 변제금액을 위 비율에 맞게 수정한다.

아 래

1. 제2장 제3절 금융기관 회생채권의 권리변경과 변제방법 2.의 (2)와 3.의 (1) [27쪽]
2. 제2장 제4절 일반 회생채권의 권리변경과 변제방법 2. (2)의 5), 6)과 3.의 (1) [28쪽]
3. 제2장 제5절 기타 회생채권의 권리변경과 변제방법 2.의 [29쪽]

- 끝 -

(서울중앙지방법원, 회생사건실무下, 부록서식 인용 및 참고)

〈2〉 회생계획안 인가의 효력

1. 서 언

가. 의 의

일반회생의 목적은 궁극적으로 채무자의 회생에 있고, 채무자의 회생은 일정부분 채권자의 희생과 채무자의 자구노력의 결과에 의하여 이루어진다고 할 수 있다. 여기에서 채권자의 희생이란 회생채권·회생담보권에 대한 권리의 변경이라는 실체적인 권리의 축소와 채무자에 대한 책임면제의 형태로 나타난다. 즉 회생계획에 대한 인가결정이 있는 때에는 회생계획이나 통합도산법의 규정에 의하여 인정된 권리를 제외하고는 채무자는 원칙적으로 모든 회생채권·회생담보권에 관하여 그 책임을 면하며(제251조 본문), 회생채권자·회생담보권자의 권리는 회생계획에 따라 변경되는 것이다(제252조 제1항). 따라서 회생계획에 대한 인가결정의 효력과 관련하여 논의할 점은 면책의 대상이 무엇인지와 관련된 회생채권·회생담보권 부분, 면책의 내용이 무엇인지에 대한 권리변경 부분, 면책의 효력이 미치는 범위가 어떻게 되는지와 관련된 면책의 효력 범위 및 인적 범위 부분 등이 될 것이고, 나아가 채권자목록에 기재하지 아니한 경우의 채권의 실권 여부, 이와 관련된 관리인의 목록제출의무 등이 논의 대상이 될 수 있다.

나. 제251조 본문과 제252조 제1항의 관계에 대한 해석

통합도산법에서는 회생계획에 대한 인가결정이 이루어지는 경우 회생계획이나 법의 규정에 의하여 인정된 권리를 제외하고는 채무자는 모든 회생채권 등에 관하여 그 책임을 면하도록 하는 한편(제251조 본문), 회생채권자 등의 권리는 회생계획에 따라 실체적으로 변경되도록 하고 있다(제252조 제1항). 여기에서 전자의 면책과 후자의 권리변경이 어떻게 구별되는지 문제된다. 즉 전자의 면책의 의미에 관하여는 나중에 보는 바와 같이 책임소멸설이 다수설[368] 및 판례[369]의 입장이고, 후자의 권리변경의 의미에 관하여는 실체적 변경설이 판례의 태도인데,[370] 이에 의하면 면책이란 채무 자체는 존속하지만 그 이행을 강제할 수 없다는 의미가 되고, 실체적 변경이란 회생절차의 특성상 채무의 실체적 축소와 나머지 채무의 소멸을 의미하게 되는바, 다수설 및 판례의 입장을 취할 경우에 면책을 규정한 제251조(회생채권 등의 면책 등) 본문과 권리변경을 규정한 제252조(권리의 변경) 제1항이 구체적으로 어떤 의미를 가지는지 또는 상호 적용관계가 어떻게 되는지에 관하여는 해석상 어려운 점이 있어서 실무상 이에 대한 명확한 설명이 필요하다고 본다.[371]

생각건대 회생계획에서 인정된 권리는 제252조 제1항에 의하여 규율되고, 그밖에 회생세획이나 동합도산법의 규성에 의하여 인정되고 있지 아니한 권리는 제251조 본문에 의하여 규율된다고 본다. 즉 회생채권·회생담보권 중에서 회생계획에 권리변경의 형태로 반영되어 있는 경우에는 제252조(권리의 변경) 제1항이 적용되어 회생계획에 따라 종전의 회생채권·회생담보권 등의 권리 자체가 실체적으로 변경됨으로써 감축된 권리부분[372]에 대해서는 책임만이 소멸되는 것이 아니라 감축된 권리 부분 자체가 소멸된다고 보이고, 회생채권·회생담보권 중에서 회생계획 자체에 반영되어 있지 아니한 회생채권·회생담보권의 경우, 예컨대 목록에도 기재되지 아니하였고 권리신고도 하지 아니하여 회생계획 자체에서 누락된 경우 또는 목록에 기재되었거나 권리신고가 있었지만 회생계획에 반영할 필요가 없어서 제외된 회생채권·회생담보권의 경우에는 제251조(회생채권 등의 면책 등) 본문만 적용되어 회생채권·회생담보권 등 권리 자체의 변경은 없고 그 책임만 면제된 형태로 존속하는 것이라고 해석하는 것이 타당하다고 본다. 요컨대 판례의 입장을 전제로 할 때, 회생계획에 반영되어 있는 회생채권 등은 제252조 제1항이 적용되어 채무의 전부 또는 일부의 면제 등 실체적인 변경이 이루어지는 권리가 되는 반면, 회생계획에 반영되어 있지 아니한

368) 임채홍·백창훈, 제2판 회생정리법(하), 303p. 등.

369) 대법원 2001.7.24. 선고 2001다3122 판결.

370) 대법원 2003.3.14. 선고 2002다20964 판결.

371) 면책을 규정한 제251조(회생채권 등의 면책 등) 본문은 채무자의 입장에서, 권리변경을 규정한 제252조(권리의 변경) 제1항은 채권자의 입장에서 따로 따로 해석이 가능하지만, 두 조항을 동시에 바라볼 때는 이해가 가지 아니한 면이 있는데, 이 부분에 대하여 견해를 밝히거나 논의한 논문·저술은 아직까지 없는 것으로 보인다.

372) 여기에서 감축된 부분이란 권리 자체가 실체적으로 변경이 이루어진 경우에 변경 전의 권리와 변경 후의 권리를 비교하였을 때 감축되어 없어진 부분을 의미한다.

회생채권 등은 제251조 본문에 의하여 채무 자체의 실체적인 변경 없이 그 책임만 소멸되는 것이라고 보이는 것이다. 물론 법에서 별도의 규정을 두고 있는 경우에는 그 정하는 바에 따라 권리가 인정될 것이다.

2. 채무 면책

가. 의 의

(1) 면책의 의미

회생계획인가의 결정이 있는 때에는 회생계획이나 법의 규정에 의하여 인정된 권리를 제외하고는 채무자는 모든 회생채권·회생담보권에 관하여 그 책임을 면한다(251조 1항 본문). 이는 회생계획의 전제가 되어 있는 면책된 권리가 나중에 주장된다고 한다면 회생계획의 전제가 무너짐으로써 채무자의 회생이라는 목적이 실효를 거둘 수 없게 되기 때문이다.[373] 여기에서 책임을 면하다는 의미가 무엇인지 문제된다.

면책의 의미에 관하여는 ① 채무소멸설, ② 자연채무설(책임소멸설),[374] ③ 주체소멸설[375], ④ 채무소멸외관설[376] 등의 대립이 있다. 채무소멸설은 회생계획의 인가로 채무 자체가 절대적으로 소멸된다는 견해이고, 자연채무설은 채무 자체는 소멸되지 아니하고 존속하지만 채무자에 대하여 그 이행을 강제할 수 없는 자연채무 상태라는 견해이며, 주체소멸설은 채권채무의 주체가 소멸된다는 견해이고, 채무소멸외관설은 종국적으로는 책임만의 소멸이지만 회생절차 중에는 채권의 효력이 정지되어 마치 채권 자체가 소멸된 것과 같이 보아야 한다는 견해이다. 이 중에서 중요한 견해는 채무소멸설과 자연채무설인데, 판례[377]와 다수설[378]은 자연채무설의 입장을 취하고 있다.

생각건대 회생절차의 주목적이 채무자로 하여금 그 채무로부터 완전히 벗어

373) 임채홍·백창훈, 제2판 회생정리법(하), 301p; 박승두, 도산법총론, 226p.
374) 임채홍·백창훈, 제2판 회생정리법(하), 303p; 松田二郎, 會社更生法(新版), 405p.
375) 中島弘雅, 體系倒産法 Ⅰ(破産·特別清算), 中央經濟社, 2007, 512p.
376) 三ヶ月章외 5인, 條解 會社更生法(下), 736p; 宮脇幸彦 등, 注解 會社更生法, 890p.
377) 대법원 2001.7.24. 선고 2001다3122 판결.
378) 임채홍·백창훈, 제2판 회생정리법(하), 303p; 松田二郎, 會社更生法(新版), 405p.

나 경제활동에 원만히 복귀시키는 것이라고 본다면 책임소멸설보다는 채무소멸설이 타당하다고 보아야 한다.

(2) 면책의 대상과 제외 대상

면책의 대상이 되는 권리는 채무자에 대한 회생채권·회생담보권으로서 회생계획에 존속규정이 없거나 법의 규정에 의하여 인정되지 못한 권리이다(제251조 본문 전단).[379] 따라서 목록에 기재되지 아니하고 신고도 하지 아니한 회생채권·회생담보권[380]이나 목록에 기재되거나 신고하여 확정되었지만 회생계획상 변제의 대상으로 되어 있지 아니한 것은 원칙적으로 면책의 대상이 된다.[381] 조세채권도 회생채권에 해당되면 면책의 대상이 된다.[382] 회생계획인가결정에 의하여 채무자의 재산상에 있던 모든 담보권도 소멸한다(제251조 본문 후단). 다만 회생채권이라도 법에서 특별히 규정을 두어 면책의 대상이 되지 아니하도록 한 것은 면책의 대상이 되지 아니한다. 회생절차개시 전의 벌금·과료·형사소송비용·추징금 및 과태료의 청구권이 그것이다(제251조 단서, 제140조 제1항).

나. 면책의 대상이 되는 권리

(1) 회생채권

(가) 회생채권의 의의

회생채권이란 채무자에 대하여 회생절차개시 전의 원인으로 생긴 재산상의 청구권과 회생절차개시 후에 생긴 재산상 청구권으로서 법이 정한 일정한 채권을 합한 것을 말하는데,[383] 구체적으로는 ① 회생절차개시 전의 원인으로 생긴 재산상의 청구권, ② 회생절차개시 후의 이자, ③ 회생절차개시 후의 불이행으로 인한 손해배상금 및 위약금, ④ 회생절차참가 비용 등

379) 공익채권(제179조)이나 환취권(제70조)은 회생채권에 해당되지 아니하므로 면책의 대상이 되지 아니한다.

380) 대법원 2008.6.13.자 2007마249 결정.

381) 박승두, 도산법총론, 226p.

382) 대법원 2007.9.6. 선고 2005다43883 판결.

383) 회생채권과 구별되는 채권으로서 공익채권이 있는데 회생채권이 주로 회생절차개시 전의 원인으로 생긴 채권인데 비하여 공익채권은 대부분 회생절차개시결정 후의 원인으로 발생한 채권으로 이루어져 있다(제179조).

이 회생채권에 포함된다(제118조 각호). 회생절차는 채무자의 채무를 조정하여 회생을 도모하고자 하는 것인데, 이때 조정의 대상으로 되는 것의 대부분이 바로 회생채권인 것이다. 회생채권은 회생절차개시 전의 원인으로 생긴 청구권을 말하므로 채권발생의 원인이 회생절차개시 전에 발생한 것이면 회생절차개시 후에 이르러 변제기가 도래하거나 구체적인 내용이 확정되더라도 회생채권에 해당된다.[384)]

회생채권은 채무자의 일반재산에 대한 채권적 청구권이어야 하므로 특정재산에 대한 물권적 청구권은 회생채권에 해당되지 아니한다.[385)] 또한 회생채권은 채무자의 재산상에 물적 담보를 가지지 아니한 청구권에 한하는 것이므로 저당권, 질권, 유치권 등에 의하여 담보된 범위 내의 채권은 회생담보권이지 회생채권에 해당되는 것이 아니다. 다만 그 담보된 범위를 초과한 부분은 회생채권에 해당된다(제141조 제4항).

회생채권은 사법상의 채권이든 공법상의 채권이든 구분하지 아니하므로 회생절차개시 전의 벌금·과료·형사소송비용·추징금 및 과태료의 청구권이나 국세징수법·지방세기본법에 의하여 징수할 수 있는 청구권(국세징수의 예에 의하여 징수할 수 있는 청구권으로서 그 징수우선순위가 일반 회생채권보다 우선하는 것 포함)도 회생채권에 해당된다(제140조 제1항, 제2항, 제58조 제1항 제3호). 다만 이들 회생채권은 회생계획에서 '공정하고 형평한 차등의 원칙'(제217조 제1항)의 적용이 배제되어(제217조 제2항) 전자에 대해서는 회생계획에서 감면 그 밖의 권리에 영향을 미치는 내용을 정하지 못하게 되고(제140조 제1항), 후자에 대해서는 회생계획에서 회생담보권이나 다른 회생채권보다 우선하는 조건으로 취급될 수 있게 된다(제217조 제2항).

(나) 회생채권의 구분과 순위

회생채권은 내부적으로 4종으로 구분할 수 있는데, ① 우선권 있는 회생채권, ② 일반의 회생채권,[386)] ③ 후순위 회생채권,[387)] ④ 조세 등의 청구권

---

384) 대법원 2002.12.10. 선고 202다57102 판결.

385) 대법원 1994.8.12. 선고 94다25155 판결.

386) 일반의 회생채권은 회생채권 중 일반의 우선권 있는 회생채권과 후순위 회생채권을 제외한 것을 말하며 회생채권의 대부분을 차지하고 있다. 특히 통합도산법에서는 법정 후순위 회생채권의 개념을 폐지함으로써 구법(회사정리법)에서 후순위 회생채권으로 규정되었던 것이 모두

이 그것이다. 다만 이 중 후순위 회생채권은 구법(회사정리법)상으로는 법정의 개념이었으나 통합도산법에서는 법정의 후순위 회생채권을 두고 있지 아니하므로 약정에 의한 후순위 회생채권만이 성립할 수 있을 뿐이다. 이러한 회생채권의 분류와 순위는 회생계획 작성시 '공정하고 형평한 차등'(제217조)의 원칙의 적용과 회생계획안의 작성 및 결의를 위한 조분류(제236조)를 위하여 필요한 것이다. 다만 조세 등의 청구권에 대해서는 법에서 이를 독립의 항목으로 규정함으로써 다른 권리와의 관계에서 순위관계로 규정하고 있지 아니하고 있으며(제217조 제1항, 제2항), 회생계획안의 작성 및 결의를 위한 조분류에 있어서도 그 대상에서 제외하고 있다는 점에서(제236조) 다른 회생채권과 구별된다.

(다) 회생채권의 지위

1) 회생채권의 개별적 행사 및 채권소멸행위 금지

회생절차개시결정이 이루어지면 회생채권의 개별적 행사는 금지된다. 즉 회생절차개시 당시에 계속 중인 소송은 중단되고,[388] 채무자의 재산에 대한 개별적인 집행절차도 중지되며,[389] 새로이 집행을 신청하는 것도 금지된다(제58조 제1항 제2호, 제2항 제2호). 회생절차개시 후에는 회생채권에 관한 새로운 소의 제기도 일정기간 제한되는바,[390] 목록기재 또는 채권신고와 이에

일반의 회생채권으로 되었다. 다만 이들은 다른 일반의 회생채권에 비하여 열등한 취급을 받을 수 있다(제191조 제3호, 제218조 제1항 제2호).

387) 통합도산법이 제정되면서 구법(회사정리법)에서 규정하고 있었던 법정 후순위 회생채권은 거의 대부분 일반 회생채권이나 개시후기타채권(제181조)으로 편입하면서 법상의 후순위 회생채권의 개념은 사라지게 되었다. 다만 당사자 사이의 약정에 의하여 후순위 회생채권이 성립될 수 있다. 즉 변제순위에 있어서 일반채권보다 후순위로 변제받기로 한 후순위특약이 존재하거나, 회생절차에서 일반의 회생채권에 비하여 후순위로 취급받을 것을 사전에 동의한 경우에는 이러한 후순위 회생채권이 성립할 수 있는 것이다(제193조 제3항, 제218조 제1항).

388) 중단한 소송절차 중 회생채권 또는 회생담보권과 관계없는 것은 관리인 또는 상대방이 이를 수계할 수 있지만(제59조 제2항), 회생채권 또는 회생담보권과 관계있는 것에 관하여 회생채권자 또는 회생담보권자가 그 권리의 확정을 구하고자 하는 때에는 채권조사기간의 말일 또는 특별조사기일로부터 1월 이내에 이의자 전원을 그 소송의 상대방으로 하여 소송절차를 수계하는 '이의채권에 관한 소송의 수계(제172조)'절차에 의하여야 한다(제172조 제2항, 제170조 제2항). 조사기간말일 이전의 수계신청이나 특별조사기일로부터 1월의 기간이 경과한 후의 수계신청은 부적법하다(대법원 2000.2.11. 선고 99다52312 판결; 대법원 2013.5.24. 선고 2012다31789 판결).

389) 대법원 2004.4.23. 선고 2003다6781 판결; 대법원 2007.9.21. 선고 2006다9446 판결.

대한 채권조사의 결과를 기다려 채권조사확정재판이나 채권조사확정재판에 대한 이의의 소에 의하여 채권을 확정하여야 한다(제170조, 제171조). 회생채권인 조세 등의 청구권에 기한 체납처분도 법이 정한 일정기간 동안 금지·중지된다(제58조 제1항 제3호, 제2항 제3호, 제3항). 또한 회생채권은 법에 특별한 규정이 있는 경우를 제외하고는 회생계획이 규정한 바에 따르지 아니하고는 이를 변제받거나 변제하는 등 이를 소멸하게 하는 행위(면제행위 제외)를 하지 못한다(제131조 본문).

다만 국세징수법 또는 지방세기본법에 의하여 징수할 수 있는 청구권(국세징수의 예에 의하여 징수할 수 있는 청구권으로서 그 징수우선순위가 일반 회생채권보다 우선하는 것 포함)으로서 그 체납처분이나 담보물권의 처분 또는 그 속행이 허용되는 경우이거나 체납처분에 의한 압류를 당한 채무자의 채권(압류의 효력이 미치는 채권 포함)에 관하여 그 체납처분의 중지 중에 제3채무자가 징수의 권한을 가진 자에게 임의로 이행하는 경우는 변제금지의 대상이 아니다(제131조 단서 제1호, 제2호). 또한 채무자의 거래상대방인 중소기업자가 그가 가지는 소액채권을 변제받지 아니하면 사업의 계속에 지장을 초래할 우려가 있는 때에는 법원은 회생계획인가결정 전이라도 관리인·보전관리인 또는 채무자의 신청에 의하여 그 전부 또는 일부의 변제를 허가할 수 있고(제132조 제1항), 회생채권의 변제가 채무자의 회생을 위하여 필요하다고 인정하는 때에는 회생계획인가결정 전이라도 관리인·보전관리인 또는 채무자의 신청에 의하여 그 전부 또는 일부의 변제를 허가할 수 있는데(제132조 제2항), 이 때 법원이 위 허가를 함에 있어서는 관리위원회 및 채권자협의회의 의견을 들어야 하며, 채무자와 채권자의 거래상황, 채무자의 자산상태, 이해관계인의 이해 등 모든 사정을 참작하여야 한다(제132조 제3항).

2) 회생절차의 참가

회생채권자는 그가 가진 회생채권으로 회생절차에 참가할 수 있다(제118조, 제133조 제1항). 이때 회생채권자는 이자없는 기한부채권(제134조), 정기금채권(제135조), 이자없는 불확정기한채권(제136조), 비금전채권(제137조), 조건부채권과 장래의 청구권(제138조)에 규정된 채권에 관하여는 그 규정에 의하

390) 서울중앙지방법원, 제4판 회생사건실무上, 417p.

여 산정한 금액에 따른 의결권을 가지며, 그 밖의 채권에 관하여는 그 채권액에 따른 의결권을 가지게 된다(제133조 제2항).

(라) 회생계획인가로 인한 면책

채무자에 대한 회생채권으로서 회생계획에 존속규정이 없거나 법의 규정에 의하여 인정되지 못한 권리는 회생계획의 인가에 의하여 면책된다(제251조 본문). 따라서 목록에 기재되지 아니하고 신고도 하지 아니한 회생채권이나 목록에 기재되거나 신고하여 확정되었지만 회생계획상 변제의 대상으로 되어 있지 아니한 것은 원칙적으로 면책의 대상이 되는 것이다.[391] 조세채권도 회생채권에 해당되면 면책의 대상이 된다.[392] 조세채권에 대하여는 별도로 논하기로 한다.

한편 회생채권이라도 법에서 특별히 규정을 두어 면책의 대상이 되지 아니하도록 한 것은 면책의 대상으로 되지 아니한다. 회생절차개시 전의 벌금·과료·형사소송비용·추징금 및 과태료의 청구권이 그것이다(제251조 단서, 제140조 제1항).

(2) 조세 등의 청구권의 특칙

(가) 면책의 대상이 되는 조세 등의 청구권

조세 등의 청구권은 이를 크게 회생채권에 해당하는 경우와 공익채권에 해당하는 경우로 구분할 수 있다. 회생채권과 공익채권의 구분은 그 성립시기가 회생절차개시결정 전에 성립되었느냐 그 후에 성립되었느냐에 따르게 되며 개시 전에 성립된 채권만이 회생채권에 해당되고(제118조 제1호),[393] 개시 후에 성립된 채권은 주로 공익채권이 된다(제179조 제1항 제2호).[394] 여기에서 조세 등의 청구권의 성립이란 법률이 정한 과세요건을 모두 충족하여 납부의무가 추상적으로 발생하는 것을 말하므로,[395] 회생절차개시결정 전

391) 박승두, 도산법총론, 226p.
392) 대법원 2007.9.6. 선고 2005다43883 판결.
393) 대법원 2003.9.4. 선고 2001두7268 판결.
394) 회생절차개시 후에 생긴 조세 등의 청구권이 공익채권에 해당되지 아니한다면 개시후기타채권에 해당될 것이다.
395) 대법원 2012.3.22. 선고 2010두27523 판결.

에 법률에 의한 과세요건이 충족되어 있다면 부과처분이 회생절차개시결정 후에 있는 경우에도 회생채권으로 된다.[396] 다만 회생절차개시결정 전에 성립된 조세 등의 청구권이라도 회생절차개시 당시 아직 납부기한이 도래하지 아니한 것으로서 원천징수하는 조세, 부가가치세·특별소비세·주세·교통세, 본세의 부과·징수의 예에 따라 부과·징수하는 교육세·농어촌특별세, 특별징수의무자가 징수하여 납부하여야 하는 지방세에 대하여는 법에서 특별히 규정을 두어 공익채권이 되도록 하고 있다(제179조 제9호). 회생채권에 해당되는 조세 등의 청구권은 다시 조세채권인 경우와 조세채권은 아니지만 공공의 이익을 중시하여 조세채권과 같은 방식으로 징수할 수 있도록 한 것으로 구분할 수 있고, 후자는 또한 그 징수의 순위가 일반 회생채권보다 우선하는 것[397]과 우선하지 아니한 것[398]으로 구분할 수 있다. 요컨대 회생절차에서 조세 등의 청구권은 그것이 조세채권이든 국세징수의 예에 의하여 징수할 수 있는 청구권이든, 징수우선순위가 일반 회생채권보다 우선하든 우선하지 아니하든 회생절차개시결정 전에 성립된 것은 법에서 정책적인 사유에 의하여 공익채권으로 한 일부를 제외하고는(제179조 제9호) 모두 회생채권으로 되어[399] 원칙적으로 일반의 회생채권과 동등하게 취급되고, 다만 그 특수성을 감안하여 여러 가지 특칙[400]을 두고 있을 뿐이다. 따라서 조세 등의

---

396) 대법원 2002.9.4. 선고 2001두7268 판결.

397) 여기에 해당하는 것으로는 국민건강보험법상의 건강보험료, 국민연금보험법상의 연금보험료, 고용보험 및 산업재해보상보험의 보험료징수 등에 관한 법률상의 고용·산재보험료 등이 있다. 이러한 청구권은 회생절차에서 조세채권과 동등하게 취급하고 있다.

398) 여기에 해당되는 것으로는 국유재산법상의 사용료·대부료·변상금 채권, 과태료 등이 있다. 이러한 청구권은 단순히 징수의 편의를 위하여 국세징수의 예에 의하여 징수할 수 있도록 한 것으로 회생절차에서는 조세채권과 달리 취급하고 있다. 즉 이러한 청구권은 통합도산법상 조세 등의 청구권에 관한 규정 중 제44조(다른 절차의 중지명령 등) 제1항 제5호, 제156조(벌금·조세 등의 신고), 제157조(회생절차개시 전의 벌금 등에 대한 불복) 등 일부 예외적인 규정만 적용될 뿐이며 회생절차에서는 조세채권이 아닌 일반 회생채권과 동일하게 취급하고 있고 권리변경의 대상도 되는 것이다.

399) 주의할 것은 여기의 조세 등의 청구권과 관련하여 국세징수의 예에 의하여 징수할 수 있는 청구권으로서 그 징수우선순위가 일반 회생채권보다 우선하지 아니한 것은 회생절차에서 일부 예외적인 규정을 제외하고는 조세채권에 관한 여러 특칙들이 적용되지 아니하므로 통상 조세 등의 청구권이라 하면 조세채권과 국세징수의 예에 의하여 징수할 수 있는 청구권으로서 그 징수우선순위가 일반채권보다 우선하는 것만을 말하는 경우가 많다.

400) 이러한 특칙으로는 ① 회생절차개시신청의 통지 및 의견진술에 관한 특칙(제40조 제1항, 제2항, 제3항), ② 중지명령·포괄적 금지명령에 관한 특칙(제44조 제1항 제5호 단서, 제45조), ③

청구권도 회생채권에 해당되는 것은 다른 회생채권과 마찬가지로 목록에 기재하거나 신고를 요하며, 회생계획에 의해서만 변제를 받을 수 있고, 권리의 감면도 가능하게 되며(제156조 제1항, 제131조 본문, 제140조 제3항),[401] 그 신고가 없거나 목록에 기재되지 아니하면 실권될 수 있는 것이다(제251조).[402] 다만 일반 회생채권과 달리 조세 등의 청구권에 관하여 징수권자에 대하여 한 담보제공 또는 채무소멸행위는 부인권의 대상이 되지 아니하도록 하고 있다(제100조 제2항, 제140조 제2항).[403]

(나) 회생계획인가와 체납처분 등의 실효 여부에 관한 검토

1) 의 의

회생채권에 해당하는 조세 등의 청구권에 기한 체납처분 등이 이루어진 상태에서 회생계획인가결정이 있는 경우에 그 체납처분 등이 실효되는지 문제된다.[404] 이는 조세 등의 청구권의 종류에 따라 ① 국세징수법 또는 지방

개시결정에 따른 중지·금지 관련 특칙(제58조 제3항, 제5항, 256조 제1항 단서), ④ 변제에 관한 특칙(제131조 단서), ⑤ 채권신고 및 채권조사에 관한 특칙(제156조 제1항, 제157조), ⑥ 권리변경 등에 관한 특칙(제140조 제2항, 제3항), ⑦ 회생계획안 작성 원칙에 관한 특칙(제140조 제2항, 제3항), ⑧ 관계인집회에서의 결의절차 참가에 관한 특칙(제236조 제2항 단서, 제191조 제2호), ⑨ 부인권 행사 제한에 관한 특칙(제100조 제2항) 등이 있다.

401) 물론 조세 등의 청구권은 일반 회생채권과 달리 권리변경을 위해서는 징수권자의 의견을 듣거나 동의를 얻어야 하는 특칙이 있고(제140조 제2항, 제3항), 회생계획에 있어서도 '공정하고 형평한 차등의 원칙(제217조)이 적용되지 아니하며, 회생계획안에 대한 결의시 어느 조에도 속하지 아니하는 차이점이 있다(제236조 제2항 단서). 다만 국세징수의 예에 의하여 징수할 수 있는 청구권으로서 일반 회생채권보다 우선하지 아니한 청구권은 다른 조세 등 청구권과 달리 권리변경에 있어서 징수권자의 의견이나 동의를 얻을 필요가 없고, 권리의 우선순위도 일반 회생채권과 동순위로서 회생채권과 동일한 정도의 권리변경이 가능하며, 회생계획안의 결의에 있어서도 일반 회생채권에 속하는 것으로의 조분류도 가능하다(제217조 제1항 제3호).

402) 대법원 2007.9.6. 선고 2005다43883 판결.

403) 물론 조세 등의 청구권 중 국세징수의 에에 의하여 징수할 수 있는 청구권으로서 일반 회생채권보다 우선하지 아니한 청구권에 대하여 한 담보제공이나 채무소멸행위는 부인권의 대상이 될 것이다.

404) 회생계획인가결정으로 조세 등의 청구권에 기한 체납처분 등이 실효되는지 문제와 체납처분 등의 절차까지 나아가지 아니한 조세 등의 청구권이 실효되는지 문제는 구별되어야 한다. 조세 등의 청구권도 회생절차개시결정 전에 성립한 것은 회생채권에 해당하므로 목록에 기재되거나 신고를 요하는 것이며(제156조), 신고나 조사에 관한 특칙(제156조 제1항, 제157조)이 적용되기는 하지만 회생채권자표의 기재사항이기도 하고(제156조 제1항), 목록에 기재되지 아니하거나 신고가 없으면 실권될 수 있다(대법원 2007.9.6. 선고 2005다43883 판결; 대법원 2002.9.4. 선고 2001두7268 판결; 대법원 1994.3.25. 선고 93누14417 판결).

세기본법에 의한 체납처분(즉 조세채권에 기한 체납처분)과 국세징수의 예에 의하여 징수할 수 있는 청구권으로서 그 징수우선순위가 일반 회생채권보다 우선하는 것과 ② 국세징수의 예에 의하여 징수할 수 있는 청구권으로서 징수우선순위가 일반 회생채권보다 우선하지 아니한 것으로 나누어 살펴볼 필요가 있다.

2) 구체적 검토

가) 조세채권 및 징수우선순위가 일반 회생채권보다 우선하는 것에 기한 체납처분의 실효 여부

조세 등의 청구권 중 국세징수법 또는 지방세기본법에 의한 체납처분과 국세징수의 예에 의하여 징수할 수 있는 청구권으로서 그 징수우선순위가 일반 회생채권보다 우선하는 것에 기한 체납처분 및 조세채무담보를 위하여 제공된 물건의 처분은 회생계획에 대한 인가결정이 이루어졌다고 하더라도 실효되지 아니하며(제256조 제1항의 반대해석), 오히려 회생절차개시결정으로 인하여 일정기간 동안 중지·금지되었던 제한에서도 벗어나게 된다(제58조 제3항의 반대해석). 따라서 회생계획인가결정이 이루어진 경우에는 이들 조세 등의 청구권에 기한 체납처분 등은 회생계획에서 징수 또는 환가의 유예를 정하였거나 중지·금지기간의 연장결정(제58조 제3항 후단)을 하지 아니하는 한 그 중단된 체납처분 또는 조세담보물의 처분을 속행할 수 있게 되며, 새로운 체납처분이나 조세담보물의 처분도 개시할 수 있게 되는 것이다.[405]

나) 징수우선순위가 일반회생채권보다 우선하지 아니한 것에 기한 체납처분의 실효

조세 등의 청구권 중 국세징수의 예에 의하여 징수할 수 있는 청구권으로서 그 징수우선순위가 일반 회생채권보다 우선하지 아니한 것에 기한 체납처분이 회생계획인가결정으로 실효되는지 여부에 관하여는 ① 실효되지 아니한다는 견해,[406] ② 실효된다는 견해로 나누어진다. 전자의 견해는 제

405) 대법원 2012.7.12. 선고 2012다23252 판결; 대법원 1971.9.17. 선고 71그6 결정.

406) 서울중앙지방법원, 제4판 회생사건실무上, 167·404p; 서울중앙지방법원, 제4판 회생사건실무

256조(중지 중의 절차의 실효) 제1항 본문에 의거, 법에서 회생계획인가결정이 있는 경우에 실효되는 것으로 규정하고 있는 것은 회생절차개시결정으로 중지된 '파산절차, 강제집행, 가압류, 가처분, 담보권실행 등을 위한 경매절차'만을 들고 있을 뿐이라는 점을 근거로 실효되지 아니한다고 주장하는 것이며, 후자의 견해는 제256조(중지 중의 절차의 실효) 제1항 단서에 의거, 회생절차개시결정에 의하여 중지된 절차 중 회생계획인가결정이 있어도 실효되지 아니한 것으로 법에서 규정하고 있는 것은 중지된 절차 중 속행된 절차·처분만을 규정하고 있다는 것을 근거로 이러한 예외적인 경우를 제외하고는 원칙적으로 중지된 절차는 모두 실효된다고 주장하고 있다. 본 문제는 회생계획인가결정이 이루어진 경우에 회생절차개시결정에 의하여 중지된 종전의 절차의 실효 여부에 관한 규정인 제256조(중지 중의 절차의 실효)의 적용에 있어서 그 본문을 중시하느냐 단서를 중시하느냐의 문제라고 보인다. 생각건대 회생절차의 주목적이 채무자의 회생에 방점이 찍혀져 있다고 본다면 일반 회생채권보다 우선하지 아니한 것에 기한 체납처분에 대해서까지 실효되지 아니한 것으로 보아야 할 정당성이 있다고 보이지는 아니하므로 실효된다고 보는 후자의 견해가 합리적이라고 본다. 향후 법 개정시 논란을 피하기 위하여는 제256조(중지 중의 절차의 실효) 제1항 본문에 실효되는 절차로 그 기재에서 누락된 '체납처분'을 추가적으로 명시하든지, 그러할 의도가 아니었다면 이 부분을 명확히 표시해 주는 것이 타당하다고 본다.

(3) 회생담보권

(가) 회생담보권의 의미

회생담보권이란 회생채권 또는 회생절차개시 전의 원인으로 생긴 채무자 외의 자에 대한 재산상의 청구권으로서 회생절차개시 당시 채무자의 재산상에 존재하는 유치권·질권·저당권·양도담보권·가등기담보권·「동산·채권 등의 담보에 관한 법률」에 따른 담보권·전세권 또는 우선특권에 의하여 담보된 범위의 채권 또는 청구권을 말한다(제141조 제1항). 따라서 회생담보권이란

下, 108p.

엄격히 말하면 담보물권이 아니라 담보권이 설정된 회생채권 또는 재산상의 청구권을 말하는 것인바,[407] 여기에서 담보권이 설정된 회생채권이란 채무자가 담보권설정자인 경우를 말하고, 담보권이 설정된 채무자 외의 자에 대한 재산상의 청구권이란 채무자가 물상보증인이 되는 경우를 말한다. 회생담보권은 주로 채무자에 대하여 회생절차개시 전의 원인으로 생긴 재산상의 청구권을 말하는 것이므로 회생절차개시 후의 원인에 기한 담보권이나 회생절차개시 후에 설정된 담보권 또는 회생절차개시 후 채무자가 담보권 있는 재산을 양수한 경우에는 회생담보권으로 취급되지 아니한다. 이자 또는 채무불이행으로 인한 손해배상이나 위약금의 청구권에 관하여는 회생절차개시결정 전날까지 생긴 것에 한하여 회생담보권으로 된다(제141조 제1항 단서).

(나) 회생담보권자의 지위

1) 회생채권자의 지위 준용

회생담보권에 관하여도 회생채권의 변지금지에 관한 조항(제131조), 회생채권자의 의결권에 관한 조항(제133조 제2항, 제134조~제138조), 다수당사자의 회생채권에 관한 조항(제126조~130조) 등이 준용된다(제141조 제2항, 제6항). 따라서 회생담보권도 회생절차개시 후에는 법에서 특별히 규정을 두고 있지 아니하는 한 회생계획에서 정하는 바에 따르지 아니하고는 변제받거나 변제하는 등 이를 소멸하게 하는 행위를 하지 못한다(제141조 제2항, 제131조 제1항).

2) 회생절차의 참가

회생담보권자는 그가 가진 회생담보권으로 회생절차에 참가할 수 있다(제141조 제1항, 제3항). 이때 회생담보권자가 담보권자로서 회생절차에 참가할 수 있는 부분은 그 채권액 중 담보권의 목적의 가액을 한도로 하며,[408] 이를 초과한 부분은 회생채권자로서만 참가할 수 있다(제141조 제4항). 회생담보권자는 그 담보권의 목적의 가액에 비례하여 의결권을 가지되, 피담보채권액이 담보권의 목적의 가액보다 적은 때에는 그 피담보채권액에 비례하

407) 서울중앙지방법원, 제4판 회생사건실무上, 422p.

408) 만약 선순위의 담보권이 있는 때에는 여기의 담보권의 목적의 가액이란 담보권의 목적의 가액으로부터 그 선순위의 담보권으로 담보된 채권액을 공제한 금액을 말한다.

여 의결권을 가진다(제141조 제5항).

(다) 회생담보권에 대한 면책

회생계획에 대한 인가결정이 이루어지면 회생계획이나 법의 규정에 의하여 인정된 권리를 제외하고는 채무자는 모든 회생담보권에 관하여 그 책임을 면하게 된다(제251조 전단).

다. 비면책 대상 권리

(1) 벌금 등

회생절차개시 전의 벌금·과료·형사소송비용·추징금 및 과태료의 청구권은 조세채권에 해당되지 아니하며 본질적으로는 일반 회생채권에 해당한다. 그러나 이들 회생채권은 형사처벌이나 행정벌로서 부과되는 특성상 법에서는 정책적인 사유로 특별규정을 두어 회생계획인가결정에 의하여 면책되지 아니하도록 하고 있고(제251조 단서), 회생계획에서도 감면 그 밖의 권리에 영향을 미치는 내용을 정하지 못하도록 하고 있다(제140조 제1항). 여기에서 면책의 예외로서 규정하고 있는 벌금, 과료, 형사소송비용, 추징금, 과태료는 한정적 열거사항에 해당된다고 보이므로 여기에서 규정하고 있지 아니한 과징금 청구권 등은 면책의 대상으로 되는 것이다.[409)]

(2) 공익채권

(가) 공익채권의 의미

공익채권이란 회생절차에 의하지 아니하고 회생채권이나 회생담보권에 우선하여 수시로 변제받을 수 있는 채권으로서 법에서 공익채권이라고 규정해 놓은 채권을 말하는데,[410)] 주로 회생절차의 진행 등 공통적 비용의 지출로 인하여 생긴 채무자에 대한 청구권 등과 같이 원칙적으로 회생절차개시 후의 원인에 의하여 생긴 청구권을 대상으로 하지만,[411)] 회생절차개시 전의

409) 대법원 2013.6.27. 선고 2013두5159 판결.

410) 오수근, 도산법의 이해, 213p.

411) 회생절차상의 채권은 크게 회생채권과 공익채권으로 구분할 수 있는데, 전자는 주로 회생절차개시결정 전의 원인으로 생긴 재산상의 청구권이고(제118조 제1호), 후자는 주로 회생절차개시결

원인에 기하여 발생한 청구권도 형평의 관념이나 정책적 배려에 의하여 우선지급이 필요한 청구권 등을 공익채권으로 규정해 놓은 경우도 있다.[412)]

공익채권의 범주에 어떤 채권을 포함시킬 것인지는 입법정책의 문제이다.[413)] 통합도산법상 공익채권에 해당되는 채권에 대해서는 법문상 '공익채권'이라는 용어로 표시해 주고 있다.[414)] 일반 회생채권과 구별되는 공익채권을 규정한 이유는 회생절차개시 후에 채무자와 거래할 채권자로 하여금 일반 회생채권과 같은 제약을 받지 아니하고 채무자의 회생에 필요한 각종 거래를 원활히 하도록 함으로써 채무자의 회생에 도움을 주기 위한 것으로 보인다.

(나) 공익채권의 종류

통합도산법상 공익채권에는 공익채권에 관한 일반규정(제179조)에서 공익채권으로 직접 규정한 공익채권이 있고, 각 개별규정에서 공익채권으로 인정한 공익채권이 있다. 먼저 일반규정(제179조)에서 공익채권으로 규정하고 있는 채권으로는 ① 회생채권자·회생담보권자의 공동의 이익을 위하여 한 재판상 비용청구권(제1호), ② 회생절차개시 후의 채무자의 업무 및 재산의 관리와 처분에 관한 비용청구권(제2호), ③ 회생계획의 수행을 위한 비용청구권 중 회생절차종료 후에 생긴 것은 제외한 것(제3호), ④ 관리인, 관리인대리, 보전관리인, 조사위원, 회생채권자·회생담보권 및 그 대리위원·대리인 등의 보수·비용·보상금 및 특별보상금청구권(제4호), ⑤ 채무자의 업무 및 재산에 관하여 관리인이 회생절차개시 후에 한 자금의 차입 그 밖의 매매·임대차·고용 등의 행위로 인하여 생긴 청구권(제5호),[415)] ⑥ 사무관리 또는

정 후의 원인에 기하여 생긴 청구권이다.

412) 법무부, 채무자 회생 및 파산에 관한 법률 해설, 56p.

413) 법무부, 채무자 회생 및 파산에 관한 법률 해설, 125p.

414) 회생절차개시 후의 원인에 기하여 발생한 재산상의 청구권으로서 공익채권이라고 명시되어 있지 아니하고 회생채권 또는 회생담보권에도 해당되지 아니한 청구권은 이를 개시후기타채권이라고 한다(제181조).

415) 이때 자금의 차입을 허가함에 있어 법원은 채권자협의회의 의견을 들어야 하며, 채무자와 채권자의 거래상황, 채무자의 재산상태, 이해관계인의 이해 등 모든 사정을 참작하여야 한다(제179조 제2항). 이 경우 자금을 대여한 공익채권자는 ㉠ 채무자의 영업 또는 사업의 전부 또는 중요한 일부를 양도하는 것에 대한 의견의 제시, ㉡ 회생계획안에 대한 의견의 제시, ㉢ 회생절차의 폐지 또는 종결에 대한 의견의 제시, ㉣ 관리인에게 필요한 자료의 제공 청구 등의 행위를

부당이득으로 인하여 회생절차개시 이후 채무자에 대하여 생긴 청구권(제6호), ⑦ 쌍방미이행 쌍무계약의 선택규정(제119조 제1항)에 따라 관리인이 채무의 이행을 선택한 경우에 상대방이 가지는 청구권(제7호), ⑧ 계속적 공급의무를 부담하는 쌍무계약의 상대방이 회생절차개시신청 후 회생절차개시 전까지 사이에 한 공급으로 생긴 청구권(제8호), ⑧-2 회생절차개시신청 전 20일 이내에 채무자가 계속적이고 정상적인 영업활동으로 공급받은 물건에 대한 대금청구권(제8의2호), ⑨ 원천징수하는 조세,[416] 부가가치세·개별소비세 및 주세, 본세의 부과징수의 예에 따라 부과징수하는 교육세 및 농어촌특별세, 특별징수의무자가 징수하여 납부하여야 하는 지방세로서 회생절차개시 당시 아직 납부기한[417]이 도래하지 아니한 것(제9호),[418] ⑩ 채무자의 근로자의 임금·퇴직금 및 재해보상금(제10호),[419] ⑪ 회생절차개시 전의 원인으로 생긴 채무자의 근로자의 임치금 및 신원보증금의 반환청구권(제11호), ⑫ 채무자 또는 보전관리인이 회생절차개시신청 후 그 개시 전에 법원의 허가를 받아 행한 자금의 차입, 자재의 구입 그밖에 채무자의 사업을 계속하는 데에 불가결한 행위로 인하여 생긴 청구권(제12호),[420] ⑬ 법원이 결정한 채

할 수 있다(제222조의2 제1항, 제2항).

416) 다만, 법인세법 제67조(소득처분)의 규정에 의하여 대표자에게 귀속된 것으로 보는 상여(즉, 인정상여)에 대한 조세에 대하여는 원천징수된 것에 한하여 공익채권으로 된다(제179조 제1항 제9호 가목 단서).

417) 여기에서 '납부기한'의 의미에 관하여는 ① 법정납부기한설, ② 지정납부기한설로 견해가 대립되는데, 판례는 회생절차의 특성상 공익채권은 객관적으로 명확한 기준에 의하여 구분되어야 할 것이므로 납부기한의 의미는 과세관청의 의사에 따라 결정되는 지정납부기한이 아니라 개별 세법이 객관적이고 명확하게 규정하고 있는 법정납부기한을 말한다고 판시함으로써 법정납부기한설을 취하고 있다(대법원 2012.1.26. 선고 2009두14439 판결).

418) 원래 회생절차개시결정 전에 성립된 조세채권은 모두 회생채권에 해당할 것이지만 여기에 일부 예외를 두어 회생절차개시 전에 성립하였더라도 회생절차개시 당시 아직 납부기한이 도래하지 아니한 것 중 일정한 조세채권에 대해서는 특별규정(제179조 제1항 제9호)을 두어 공익채권으로 한 것이다. 이는 이들의 조세채권이 법적인 납세의무자 외에 실질적인 담세자가 별도로 존재하고 있는 것들이고 한편 국가의 세수 확보라는 요청과 조세채권 모두를 공익채권으로 할 경우 회생절차를 통한 채무자의 재건이라는 목적 달성에의 지장 초래 등의 사정을 고려하여 조세채권의 납부기한을 기준으로 공익채권 해당 여부를 합리적으로 제한하고 있는 것이다(대법원 2012.3.22. 선고 2010두27523 전원합의체판결).

419) 임금은 발생기기를 불문하고 공익채권이 되며, 휴업수당청구권도 공익채권에 해당된다(대법원 2013.10.11. 선고 2012다12870 판결).

420) 이때 자금의 차입을 허가함에 있어 법원은 채권자협의회의 의견을 들어야 하며, 채무자와 채권자의 거래상황, 채무자의 재산상태, 이해관계인의 이해 등 모든 사정을 참작하여야 한다(제

권자협의회의 활동에 필요한 비용(제13호), ⑭ 채무자 및 그 부양을 받는 자의 부양료(제14호), ⑮ 그밖에 채무자를 위하여 지출하여야 하는 부득이한 비용(제15호)이 있고, 통합도산법의 각 개별적인 규정에서 공익채권으로 인정된 청구권으로는 ① 채무자 이외의 자가 회생절차개시를 신청하여 회생절차개시결정이 있는 때 그 신청인의 비용상환청구권(제39조 제4항), ② 회생절차개시결정에 의하여 중지한 강제집행·체납처분 등의 속행을 명한 경우 속행된 절차 또는 처분에 관한 채무자에 대한 비용상환청구권(제58조 제6항), ③ 회생절차개시결정에 의하여 중단한 회생채권이나 회생담보권과 관계없는 소송을 관계인 또는 상대방이 수계한 경우의 채무자에 대한 소송비용청구권(제59조 제2항), ④ 채무자의 행위가 부인된 경우에 채무자가 받은 반대급부에 의하여 발생한 이익의 전부나 일부가 채무자의 재산 중에 현존하는 때에 그 현존이익의 반환을 청구하는 권리(제108조 제3항 제2호, 제4호), ⑤ 쌍방미이행의 상무계약을 관리인이 해제·해지한 경우에 채무자가 받은 반대급부에 대하여 상대방이 가지는 현존이익의 반환 또는 그 가액의 상환청구권(제121조 제2항), ⑥ 채무자의 재산이 회생채권 또는 회생담보권의 확정에 관한 소송으로 이익을 받은 경우에 있어서 이의를 주장한 회생채권자 등이 그 이익의 한도에서 가지는 소송비용상환청구권(제177조), ⑦ 회생절차개시결정에 의하여 중지되었다가 회생계획인가결정에 의하여 실효된 파산절차에서의 재단채권(제256조 제2항) 등이 있다. 한편 도급인에 대하여 회생절차가 개시된 경우 회생절차개시 이전의 기성고에 대한 상대방의 공사대금청구권이 회생채권인지 공익채권인지 문제된다. 먼저 도급인이 채무자의 관리인이 쌍방미이행 공사계약의 이행을 선택(제119조)한 경우에 관하여 판례는 회생절차개시 이전의 기성고에 대한 공사대금청구권을 포함한 공사대금청구권 전부를 공익채권으로 취급하고 있고,[421] 다음으로 도급인인 채무자의 관리인이 해제를 선택한 경우에 관하여 실무는 기성고에 대한 공사대금청

179조 제2항). 이 경우 자금을 대여한 공익채권자는 ㉠ 채무자의 영업 또는 사업의 전부 또는 중요한 일부를 양도하는 것에 대한 의견의 제시, ㉡ 회생계획안에 대한 의견의 제시, ㉢ 회생절차의 폐지 또는 종결에 대한 의견의 제시, ㉣ 관리인에게 필요한 자료의 제공 청구 등의 행위를 할 수 있다(제222조의2 제1항, 제2항).

421) 대법원 2004.8.20. 선고 2004다3512·3529 판결.

구권을 회생채권으로 취급하고 있다.[422)]

(다) 공익채권의 신고와 회생채권으로 신고한 경우의 처리

공익채권자는 자신의 채권을 공익채권으로 신고하여야 한다. 그런데 실무상 공익채권자가 자신의 채권이 공익채권에 해당되는지 여부에 대한 판단이 힘들어 일단 회생채권으로 신고해 놓은 경우가 있다. 회생채권은 신고하지 아니하면 실권되는 것이므로 자칫 공익채권이라고 생각한 자신의 채권이 회생채권에 해당되는 것으로 판명되어 실권될 것을 우려한 때문이다. 이와 같이 공익채권을 회생채권으로 신고한 경우에 그 처리가 문제된다. 판례는 공익채권을 단순히 회생채권으로 신고하여 회생채권자표 등에 기재되어 있다고 하더라도 공익채권의 성질이 회생채권으로 변경된다고 볼 수 없고, 또한 공익채권자가 자신의 채권이 공익채권인지 회생채권인지 여부에 대한 정확한 판단이 어려워 나중에 공익채권으로 인정받지 못하게 되면 회생채권으로도 인정받지 못하게 되는 불상사를 대비하여 일단 회생채권으로 신고할 수 있는데, 이 경우에 공익채권자가 자신의 채권을 회생채권으로 신고한 것만 가지고 바로 공익채권자가 자신의 채권을 회생채권으로 취급하는 것에 대하여 명시적으로 동의를 하였다거나 공익채권자의 지위를 포기한 것으로 볼 수는 없다고 판시하고 있다.[423)] 생각건대 공익채권인지 회생채권인지 여부는 채권의 객관적 성질에 의하여 결정되는 것이지 채권자가 신고한 바에 따라 결정되는 것은 아니므로 판례의 태도를 지지한다.

(라) 공익채권의 지위와 효력

1) 공익채권에 대한 변제 원칙

가) 수시변제 및 회생채권 등에 대한 우선변제

① 원 칙

공익채권은 채무자의 회생 자체를 수행하기 위한 비용이거나 여러 가지 정책적인 이유로 특별히 보호할 필요가 있는 채권이어서 법에서는 그 행사를 회생채권 또는 회생담보권의 행사와는 전혀 다른 원칙에 의하도록

---

422) 서울중앙지방법원, 제4판 회생사건실무上, 468p.
423) 대법원 2007.11.30. 선고 2005다52900 판결.

하고 있다.[424] 즉 공익채권은 회생절차에 의하지 아니하고 수시로 변제되며,[425] 회생채권과 회생담보권에 우선하여 변제하도록 하고 있는 것이다(제180조 제1항, 제2항). 이 점에서 회생채권이나 회생담보권이 원칙적으로 회생절차에 의하지 아니하고는 변제받을 수 없는 것과 구별되는 것이다(제131조, 제141조 제2항).

② 회생채권 등에 대한 공익채권의 '우선변제'의 의미

공익채권은 회생채권과 회생담보권에 우선하여 변제받도록 되어 있는데(제180조 제2항), 선순위의 회생담보권이 설정된 경우에 그 특정재산으로부터의 변제도 우선변제의 원칙이 적용되는지 논란이 있다. 판례는 공익채권의 우선변제의 원칙은 채무자의 일반 재산으로부터 변제받는 경우에 우선한다는 것이지 담보권이 설정된 특정 재산으로부터 우선하여 변제받는 것은 아니라고 하여 부정적으로 보고 있다.[426] 또한 판례는 국세의 우선권이 보장되는 체납처분에 의한 환가도 특정 재산에 대한 것이라고 보이고 공익채권의 우선변제는 채무자의 일반 재산으로부터 우선변제를 받는다는 것을 의미하므로 체납처분에 의한 환가에서는 회생채권인 조세채권이라 할지라도 공익채권보다 우선하여 변제받게 되는 것이라고 판시하고 있다.[427]

이러한 판례의 입장에 의한다면 회생담보권이 설정된 특정재산이 경매되거나 체납처분에 의한 환가가 이루어진 경우에는 근로기준법 등 특별법상 최우선변제권이 인정되는 최종 3개월분의 임금 및 최종 3년분의 퇴직금 등도 공익채권에 해당되는 것이어서(제179조 제1항 제10호) 통합도산법상 파산절차와 같은 임금채권의 우선변제권 규정(제415조의2)을 두고 있지 아니하는 한 회생담보권이나 회생채권인 조세채권이 위 특별법상 최우선변제권 있는 임금채권보다 우선하게 되어 근로자의 생계가 위협받을 소지가 있을 수 있다. 따라서 향후 법 개정시 근로자에 대하여 최소한도의 생계를 보장

424) 박승두, "채무자회생법과 노동법의 관계", 노동법학(제35호), 2010, 209p.

425) 물론 회생계획에는 공익채권의 변제에 관한 사항을 기재하여야 하지만 공익채권자의 권리변경에 관한 사항은 규정할 수 없으며 설령 권리변경에 관한 사항을 규정하였다고 하더라도 그 효력은 공익채권자에게 미치지 아니한다(대법원 2010.1.28. 선고 2009다40349 판결; 대법원 2006.3.29.자 2005그57 결정).

426) 대법원 1993.4.9. 선고 92다56216 판결.

427) 대법원 2012.7.12. 선고 2012다23252 판결.

해 준다는 차원에서 회생절차에서도 파산절차상의 제415조의2와 같은 규정을 두거나 이를 준용하는 규정을 둘 필요가 있다고 보인다.

나) 채무자의 재산이 공익채권 총액의 변제에 부족한 경우의 변제 방법

① 채권액의 비율에 따른 변제

채무자의 재산[428]이 공익채권의 총액을 변제하기에 부족한 것이 명백한 때에는 관리인은 즉시 공익채권의 변제를 정지하고 공익채권 중 채무자의 사업을 계속하기 위하여 법원의 허가를 받아 차입한 자금에 관한 채권(제179조 제1항 제5호, 제12호)을 우선적으로 변제하고 그 밖의 공익채권 상호간에는 '법령'[429]에서 정하는 우선권에 불구하고 아직 변제하지 아니한 채권액의 비율에 따라 변제하여야 한다(제180조 제7항 본문).[430] 즉 변제비율에 있어서는 채권액만이 유일한 기준이 되는 것으로서 법령상의 우선권은 고려되지 아니하며, 통합도산법상으로도 공익채권 사이의 우열의 순위를 인정한 규정을 두고 있지 아니한 것이다.[431] 다만 재단부족의 경우의 이러한 변제의 원칙은 공익채권을 위한 유치권·질권·저당권·「동산채권 등의 담보에 관한 법률」에 따른 담보권·전세권 및 우선특권의 효력에는 그 영향을

428) 여기의 채무자의 재산이란 채무자의 일반 재산을 말하는 것으로서 회생담보권의 목적이 되는 재산은 포함되지 아니한다(서울중앙지방법원, 제4판 회생사건실무上, 472p).

429) 여기의 '법령'에 통합도산법도 포함되는지 문제되는데, 실무에서는 제477조 제2항과 같은 우열의 순위나 조세 등 청구권의 다른 채권에 대한 우선권은 인정되지 아니한다고 하고 있어(서울중앙지방법원, 제4판 회생사건실무上, 472p) 통합도산법도 포함되는 것으로 보고 있는 듯하다.

430) 이와 관련하여 근로자의 보호를 위하여 공익채권에 해당하는 임금채권의 우선변제를 보장하도록 본 규정을 개정하여야 한다는 견해가 있다(엄주천, "통합도산법상 임금채권의 보호", 노동법논총 제29집, 2013, 410p). 다만 모든 임금채권의 우선변제를 보장한다는 것은 다른 재단채권자에 비하여 임금채권자를 과도하게 보호하는 문제가 생길 수 있으므로 최우선변제권이 있는 임금채권 부분(예, 제415조의2)만 우선변제를 보장하는 것으로 제한하는 것이 타당하다고 본다.

431) 이와 같이 회생절차에서는 '법령'이 정하는 우선권을 고려하지 아니하도록 하고 있고 통합도산법상으로도 공익채권 사이에 우열의 순위를 인정한 규정도 두고 있지 아니하므로 조세 등의 청구권이나 채무자의 근로자의 임금·퇴직금 및 재해보상금 등도 우선권이 인정되지 아니하고 그 채권액에 비례하여 동등하게 변제가 이루어져야 할 것이지만, 파산절차에서는 재단부족의 경우의 재단채권의 변제와 관련하여 '다른 법령'이 규정하는 우선권은 고려하지 아니하도록 하면서도(제477조 제1항) 통합도산법에서 제477조 제2항을 두어 재단채권 중 우선적으로 변제되어야 하는 공익채권을 규정함으로써 재단채권 사이의 우열의 순위를 정하여 놓고 있는 바, 이에 의하면 재단채권 중 조세 등의 청구권이나 채무자의 근로자의 임금·퇴직금 및 재해보상금 등을 다른 재단채권보다 우선하여 변제받게 되어 있는 것이다.

미치지 아니하도록 하고 있다(제180조 제7항 단서). 이와 같이 재단부족의 경우에 공익채권에 대한 수시변제의 예외를 인정하는 것은 이러한 상황속에서도 공익채권에 대한 수시변제를 허용할 경우에는 공익채권자간에 불공평이 초래될 수 있기 때문이다.[432]

② 비율적 변제 후 변제받지 못한 잔여 공익채권에 대한 변제의 문제

채무자의 재산이 공익채권의 총액을 변제하기에 부족한 것이 명백한 때에는 채무자의 재산으로 아직 변제하지 아니한 공익채권의 채권액에 비례하여 변제한다고 하였는데(제180조 제7항 전단), 그렇다면 그 비율적 변제 후에 변제받지 못한 잔여 공익채권은 어떻게 되는가? 생각건대 위 비율적 변제의 원리는 채무자의 재산이 있으나 그것이 공익채권의 전부를 변제하기에 부족한 것이 명백한 때에 회생절차 내에서 공익채권자들에게 어떻게 분배할 것이냐의 문제에 지나지 아니한 것인바, 공익채권은 면책이나 권리변경의 대상이 되는 것은 아니므로[433] 공익채권의 분배 후에도 변제받지 못한 부분에 대해서는 소의 제기 등을 통하여 별도로 채무자에게 청구할 수 있을 것으로 보이며, 이는 회생절차가 종료된 후에 있어서도 마찬가지라고 보인다.

2) 공익채권에 기한 강제집행·가압류의 중지·취소 등

공익채권에 기한 채무자의 재산에 대한 강제집행 또는 가압류는 원칙적으로 허용된다.[434] 다만 강제집행 또는 가압류가 회생에 현저하게 지장을 초래하고 채무자에게 환가하기 쉬운 다른 재산이 있는 경우 또는 채무자의 재산이 공익채권의 총액을 변제하기에 부족한 것이 명백한 때에는 법원은 관리인의 신청 또는 직권으로 담보를 제공하게 하거나 담보를 제공하게 하지 아니하고 공익채권에 기하여 채무자의 재산에 대하여 한 강제집행 또는 가압류의 중지나 취소를 명할 수 있다(제180조 제3항). 법원은 위와 같이 발령한 중지명령을 변경하거나 취소할 수 있다(제180조 제4항). 이해관계인은 위

432) 서울중앙지방법원, 제4판 회생사건실무上, 472p.
433) 대법원 2010.1.28. 선고 2009다40349 판결; 대법원 2006.1.20.자 2005그60 결정; 1991.3.12. 선고 90누2833 판결.
434) 서울중앙지방법원, 제4판 회생사건실무上, 164p.

강제집행·가압류에 대한 법원의 중지·취소명령 또는 그 중지명령에 대한 변경·취소결정에 대하여 즉시항고할 수 있으되(제180조 제5항), 즉시항고에는 집행정지의 효력이 인정되지 아니한다(제180조 제6항).

(3) 공익담보권

(가) 공익담보권의 의미

공익담보권이란 채무자의 재산에 의하여 담보되어 있는 공익채권을 말한다.[435] 이러한 공익담보권은 법률의 규정 또는 약정에 의하여 발생할 수 있다.[436] 예컨대 관리인이 신규자금을 차입할 때 법원의 허가를 얻어 채무자의 재산에 대하여 저당권이나 질권을 설정한 경우가 그것이다.

(나) 공익담보권의 지위와 효력

1) 재단 부족의 경우의 공익채권과 공익담보권의 우선 관계

채무자의 재산이 공익채권의 총액을 변제하기에 부족한 것이 명백한 때에는 법원의 허가를 받아 차입한 자금에 관한 채권(제179조 제1항 제5호, 제12호)을 우선적으로 변제하고 그 밖의 공익채권 상호간에는 법령에서 정하는 우선권에 불구하고 아직 변제하지 아니한 채권액의 비율에 따라 변제하게 되어 있는데, 이때에도 공익담보권, 즉 공익채권을 위한 유치권·질권·저당권·「동산채권 등의 담보에 관한 법률」에 따른 담보권·전세권 및 우선특권의 효력에는 그 영향을 미치지 아니하도록 하고 있어서(제180조 제7항 본문, 제180조 제7항 단서) 공익담보권의 우선변제권이 보장되고 있다.[437]

2) 회생담보권이 설정된 재산에 공익담보권이 설정된 경우의 우선 관계

채무자의 재산 위에 회생담보권이 설정된 재산에 대하여 공익담보권이 설정된 경우에 선순위의 회생담보권과 후순위의 공익담보권 간의 우선순위가 문제되는데, 판례는 회생담보권이 우선한다고 판시하고 있다.[438]

---

435) 오수근, 도산법의 이해, 214p.
436) 오수근, 도산법의 이해, 214p.
437) 서울중앙지방법원, 제4판 회생사건실무上, 474p.
438) 대법원 1993.4.9. 선고 92다56216 판결.

(4) 개시후기타채권

개시후기타채권이란 통합도산법에서 새로 설정한 개념으로 회생절차개시 후의 원인에 기하여 발생한 재산상의 청구권으로서 공익채권에도 해당되지 아니하고 회생채권·회생담보권도 아닌 청구권을 말한다.[439] 예컨대 채무자가 회생절차개시 후에 채무자의 재산에 관하여 한 법률행위에 의하여 손해를 끼친 경우에 그 상대방이 가지는 손해배상청구권(제64조) 등이 여기에 해당된다.[440]

개시후기타채권에 관하여는 회생절차가 개시된 후부터 회생계획으로 정하여진 변제기간이 만료되는 시점까지[441] 변제를 하거나 변제를 받는 행위 그밖에 이를 소멸시키는 행위(면제 제외)를 할 수 없다(제181조 제1항). 위 시점 이후에는 개시후기타채권이라도 변제받을 수 있다.[442] 즉 개시후기타채권은 회생채권도 공익채권도 아닌 회생절차 밖의 채권이어서 권리변경의 대상에서 제외되어 있고(제252조), 회생계획인가여부와 무관하게 그대로 존속하는 채권인 것이다.[443] 다만 회생계획의 당부를 판단하고 이해관계인에 대한 충분한 정보제공 등의 목적에 의하여 회생계획상으로는 필요적 기재사항으로 되어 있다(제193조 제1항 제5호). 개시후기타채권에 기한 채무자의 재산에 대한 강제집행, 가압류·가처분 또는 담보권 실행을 위한 경매는 회생계획으로 정하여진 변제기간이 만료되는 시점까지는 신청할 수 없다(제181조 제2항).

(5) 환 취 권

(가) 의 의

환취권이란 제3자가 채무자에게 속하지 아니하는 재산을 채무자로부터 환취하는 권리를 말한다. 회생절차의 개시는 채무자에게 속하지 아니하는 재산을 채무자로부터 환취하는 권리에는 영향을 미치지 아니한다(제70조).

---

439) 법무부, 채무자 회생 및 파산에 관한 법률 해설, 126p.

440) 그러나 회생절차개시 후의 원인에 기하여 생긴 채권은 거의 공익채권에 해당될 것이므로 실무상 기타후개시채권이 발생하는 예는 거의 없다(오수근, 도산법의 이해, 201p).

441) 다만 여기의 시점과 관련하여 회생계획인가결정 전에 회생절차가 종료된 경우에는 회생절차가 종료된 때를 말하고, 그 기간만료 전에 회생계획에 기한 변제가 완료된 경우에는 변제가 완료된 때를 말한다.

442) 서울중앙지방법원, 제4판 회생사건실무上, 476p.

443) 서울중앙지방법원, 제4판 회생사건실무上, 476p.

예컨대 채무자의 재산 중 채무자가 임차한 물건 등 채무자 이외의 자의 소유에 속하는 물건이 있는 상태에서 채무자에 대한 회생절차가 개시된 경우에도 그 소유자는 채무자로부터 자기의 물건을 환취할 수 있는 것이다. 이런 점에서 회생계획인가결정이 이루어졌다고 하여 환취권을 배제할 수 있는 효력까지 인정되는 것은 아니다.

(나) 환취권의 기초되는 권리

환취권의 기초가 되는 권리는 소유권이 원칙이지만, 반드시 이에 한하지 아니하며 점유권이나 채권적 청구권도 환취권의 기초로 될 수 있다. 양도담보설정자도 채무를 변제한 경우에는 소유권에 기한 환취권의 행사가 가능하다.[444] 반면 양도담보설정자에 대하여 회생절차가 개시된 경우에는 양도담보권자나 가등기담보권자는 환취권을 행사할 수 없으며 회생절차에서 회생담보권자로서 취급될 뿐이다(제141조).

(다) 환취권의 행사

환취권은 회생절차에 의하는 것이 아니라 소유자가 관리인을 상대로 재판상 또는 재판 외에서 행사하여야 하는 것이다. 환취권을 행사하는 시기에 대하여는 제한이 없다. 다만 관리인이 손쉽게 재산을 인도하는 것을 방지하기 위하여 관리인이 환취권을 승인함에는 법원의 허가를 받도록 하고 있다(제61조 제1항 제8호).

(라) 운송 중인 매도물의 환취

매도인이 매매의 목적인 물건을 매수인에게 발송하였으나 매수인이 그 대금의 전액을 변제하지 아니하고 도달지에서 그 물건을 수령하지 아니한 상태에서 매수인에 관하여 회생절차가 개시된 경우에 있어서는 매도인은 그 물건을 환취할 수 있다(제71조 제1항 전단). 이 경우 관리인은 법원의 허가를 받아 대금 전액을 지급하고 그 물건의 인도를 청구할 수 있다(제71조 제1항 후단). 운송 중인 매도물의 환취권에도 쌍방미이행 쌍무계약에 관한 선택에 관한 규정(제119조)이 준용된다(제71조 제2항).

444) 서울중앙지방법원, 제4판 회생사건실무上, 367p.

(마) 위탁매매인의 환취권

물건매수의 위탁을 받은 위탁매매인이 그 물건을 위탁자에게 발송하였으나 위탁자가 그 대금의 전액을 변제하지 아니하고, 도달지에서 그 물건을 수령하지 아니한 상태에서 위탁자에 관하여 회생절차가 개시된 때에는 위탁매매인은 그 물건을 환취할 수 있다(제72조, 제71조 제1항 전단). 이 경우 관리인은 법원의 허가를 받아 대금 전액을 지급하고 그 물건의 인도를 청구할 수 있다(제72조, 제71조 제1항 후단).

(바) 대체적 환취권

채무자가 회생절차개시 전에 환취권의 목적인 재산을 양도한 때에는 환취권자는 반대급부의 이행청구권의 이전을 청구할 수 있는데, 이는 관리인이 환취권의 목적인 재산을 양도한 때에도 마찬가지이다(제73조 제1항). 이 경우 관리인이 반대급부의 이행을 받은 때에는 환취권자는 관리인이 반대급부로 받은 재산의 반환을 청구할 수 있다(제73조 제2항).

3. 담보권의 소멸

가. 의 의

회생계획인가결정이 있는 때에는 회생계획이나 법의 규정에 의하여 인정된 권리를 제외하고는 채무자의 재산상에 있던 모든 담보권은 소멸한다(제251조 본문). 따라서 목록에 기재되지 아니하거나 신고하지 아니한 담보권 또는 목록에 기재되었거나 신고하였지만 회생계획에서 존속규정을 두지 아니한 담보권은 회생계획의 인가로 모두 소멸하게 된다. 소멸의 대상이 되는 담보권은 회생채권자 또는 회생담보권자가 채무자의 재산상에 가지고 있던 담보권이다. 담보권인 한 전형담보이든 담보가등기권이나 양도담보 등 변태담보이든 불문한다.[445]

나. 피담보채권의 소멸 여부

담보권의 미신고 등으로 회생계획에 담보권이 반영되지 아니한 채 그에 대

445) 임채홍·백창훈, 제2판 회생정리법(하), 302p.

한 인가결정이 이루어져 담보권이 소멸한 경우에 그 피담보채권도 함께 소멸되는지 문제된다.

생각건대 회생담보권이나 피담보채권 등의 권리를 전혀 신고하지 아니하고 회생계획에도 기재되어 있지 아니하다면 피담보채권과 담보권이 함께 실권될 것이로되,[446] 피담보채권만 회생채권으로 신고하고 담보권은 신고하지 아니하여 회생계획에 담보권의 정함이 기재되어 있지 아니하다면 담보권만 소멸하게 될 것으로 보인다.[447]

다. 담보권의 소멸과 말소등기 촉탁

회생계획인가결정으로 부동산 위에 설정된 담보권이 소멸한 때에는 법원은 직권으로 말소등기를 촉탁하여야 한다(제24조 제2항). 다만 실무상으로는 담보권 말소절차의 신중을 기하기 위하여 관리인의 담보권등기말소허가신청과 이에 대한 법원의 허가 후 다시 관리인으로부터 담보권말소등기촉탁신청을 받아 말소등기를 촉탁하고 있는 것으로 보인다.[448] 양도담보등기의 경우에는 단순히 매매계약을 원인으로 한 소유권이전등기만 되어 있어서 말소등기촉탁이 가능한지 문제되는데, 이에 대하여는 ① 긍정설, ② 부정설[449]의 대립이 있는바, 등기 이외의 사정까지 종합적으로 고려할 때 담보권으로 인정될 경우라면 말소등기의 촉탁이 가능하다고 본다.[450]

4. 회생채권자·회생담보권자의 권리변경

가. 서 언

(1) 의 의

회생계획에 대한 인가결정이 있는 때에는 회생채권자·회생담보권자에 대한 효과로서 회생채권자·회생담보권자의 권리는 회생계획에 따라 변경된다(제

446) 다만 이 경우에도 피담보채권이 제3자에 대한 것인 때에는 담보권만 실권될 것이다.
447) 임채홍·백창훈, 제2판 회생정리법(하), 302p.
448) 서울중앙지방법원, 제4판 회생사건실무上, 101p.
449) 1998 條解 會社更生法(下), 三ケ月章외 5인, 738p.
450) 임채홍·백창훈, 제2판 회생정리법(하), 304p.

252조 제1항).

(2) 권리변경의 의미

(가) 권리 자체의 실체적 변경

회생계획인가결정에 의하여 회생채권자 등의 권리가 회생계획에 따라 변경된다는 의미는 회생채권자 또는 회생담보권자의 권리 자체가 회생계획의 내용에 따라 실체적으로 변경된다는 것을 의미한다.[451] 실체적으로 변경된다는 것은 채무의 실체적 축소와 나머지 채무의 소멸을 의미한다.[452] 한편 회생계획에서 정하여진 회생채권자·회생담보권자의 권리가 실체적으로 변경됨에 따라 채무자도 실체적으로 그 효과를 받게 되는 것이므로 회생계획에서 정하여진 회생채권자·회생담보권자의 권리에 대해서는 면책의 효력이 미치지 아니하게 된다는 점은 당연하다고 할 것이다.

(나) 제251조 본문과 구별

제251조 본문과 제252조 제1항은 회생계획인가결정의 효력과 관련된 규정인데, 제251조 본문에서는 회생계획인가결정이 있는 경우에 채무자는 '회생계획이나 법의 규정에 의하여 인정된 권리를 제외하고는' 모든 회생채권자 또는 회생담보권자에 대하여 그 책임을 면한다고 규정하고 있고, 제252조 제1항은 권리변경에 관하여 규정하고 있는바, 두 규정의 관계가 문제된다. 제252조 제1항은 제251조 본문이 적용되지 아니한 부분, 즉 '회생계획에서 인정된 권리' 부분에 대한 효력에 관한 것이라고 본다.

나. 권리변경의 대상

권리변경의 대상이 되는 권리는 회생채권과 회생담보권[453]이다(제252조). 즉

451) 대법원 2003.3.14. 선고 2002다20964 판결; 전병서, 제2판 도산법, 475p.

452) 이 점은 개인회생절차에서 변제계획의 인가와 변제완료 후의 면책결정에 의하여 채무자의 책임만 면제될 뿐 채권자 등의 권리는 소멸되지 아니한 것과 구별된다(통설·판례).

453) 개인회생절차에 있어서는 담보권이 별제권으로 취급되어 개인회생절차가 진행됨에도 불구하고 담보권의 실행을 저지할 수 없으나, 일반회생절차에 있어서는 담보권자도 회생계획에 따라 그 권리에 변경이 가해질 수 있고 담보권 실행을 제한할 수 있으며, 인가결정의 효력면에 있어서도 개인회생절차에 있어서는 채무자가 변제계획을 완료한 후에 면책결정을 받을 수

회생계획인가결정이 있는 때에는 회생채권자·회생담보권자의 권리만 회생계획에 따라 변경되는 것이며, 공익채권은 면책·소멸의 대상도 아니고 원칙적으로 권리변경의 대상도 아니다. 공익채권은 회생절차에 의하지 아니하고 수시로 변제하도록 되어 있고, 회생계획상 공익채권에 관해서는 장래에 변제할 금액에 관한 합리적인 규정을 정하여야 하기는 하지만 그 변제기의 유예 또는 채권의 감면 등 공익채권자의 권리에 영향을 미치는 규정을 정할 수 없으며, 설령 회생계획에서 그와 같은 규정을 두었다고 하더라도 그 권리변경의 효력은 공익채권자에게 미치지 아니하는 것이다.[454] 다만 공익채권자의 동의하에 변제기를 연장하는 등 권리변경에 관한 사항을 정하고 그 취지를 회생계획에 기재한 때에는 당해 공익채권자도 구속을 받게 될 것이다.[455]

다. 권리변경의 내용

(1) 권리변경의 형태

권리변경의 형태는 회생계획의 조항에 따라 원금 또는 이자의 감면, 변제기의 유예 또는 채무기한의 연장, 채권의 형태의 변경, 주식 등 지분적 청구권으로의 전환 등이 될 것이다.[456] 즉 회생계획에 반영된 회생채권자 등의 권리는 회생계획의 조항에 따라 채무의 전부 또는 일부가 실체적으로 소멸되는 효과가 생기며 기한유예의 정함이 있으면 그에 따라 채무의 기한이 연장되는 것으로서(제252조 제1항),[457] 그 형태는 권리변경의 조항에 따라 각각 다르며 일률적으로 결정되는 것은 아니다.[458] 비금전채권을 금전채권으로 전환하는 등 채무의 경개조항을 둔 회생계획의 경우에도 인가결정에 의하여 그 효력이 발생하는데, 이 경우 구채권을 위하여 채무자의 재산상에 존재한 물적 담보가 신채권을 위해서도 존속하는지 여부는 회생계획에서 정하는 바에 의하여 결정된다고

있을 뿐이지만 일반회생절차에 있어서는 인가결정에 의하여 권리 자체가 변경되는 효력이 발생하는 것이다.

454) 대법원 2010.1.28. 선고 2009다40349 판결; 대법원 2006.1.20.자 2005그60 결정; 1991.3.12. 선고 90누2833 판결.

455) 대법원 2010.1.28. 선고 2009다40349 판결.

456) 오수근, 도산법의 이해, 58p.

457) 대법원 2003.3.14. 선고 2002다20964 판결.

458) 박승두, 도산법총론, 228p.

본다.[459] 채무자의 재산상에 존재하는 회생담보권자의 담보권에 대하여는 회생계획에서 그 담보권의 존속·변경·해제에 관한 정함이 있으면 그에 따라 효력이 생기게 될 것이지만 회생계획에서 아무런 정함을 두고 있지 아니한 경우에는 소멸될 것이다(제251조 본문). 다만 회생계획에 대한 인가가 있더라도 회생채권자·회생담보권자가 가지고 있던 인적 담보나 제3자의 재산상에 존재하는 물적 담보에 대하여는 영향을 미치지 아니한다(제250조 제2항).

(2) 채무면제의 효력발생시기를 별도로 정하는 것이 가능한지 여부

회생계획 중 권리변경에 관한 조항에는 채무면제의 효력발생시기를 '회생계획인가시'가 아니라 '회생계획에 따른 변제가 완료된 날의 다음날'로 정하는 별도의 규정을 두고 있는 경우가 많다. 이와 같이 회생계획에서 채무면제의 효력발생시기를 별도로 정하는 것이 가능한지 문제된다.

이에 대하여는 ① 긍정설, ② 부정설의 대립이 있을 수 있다. 실무에서는 긍정설을 취하고 있는 것으로 보이는데, 이는 ㉠ 채무면제의 시기를 변제완료 시점으로 정함으로써 채무자의 성실한 회생계획의 수행을 유도할 수 있다는 점, ㉡ 회생채권자 등의 권리는 회생계획에 따라 변경되는 것이므로 회생계획에서 채무면제의 효력발생시기를 따로 정하는 것도 가능하다는 점, ㉢ 개인채무자의 경우 회생절차폐지 후 파산절차로 이행하게 되면 파산절차에서 면책절차가 별도로 예정되어 있다는 점 등을 근거로 하고 있는바,[460] 타당한 견해라고 사료된다.

5. 인가결정의 효력이 미치는 인적 범위

가. 채 무 자

회생계획은 채무자에 대하여 그 효력이 미친다(제250조 제1항 제1호). 회생계획의 주된 목적이 채무자의 회생에 있는 만큼 회생계획인가의 효력이 채무자에게 미치게 됨은 당연하다고 할 것이다.

---

459) 임채홍·백창훈, 제2판 회생정리법(하), 305p.
460) 서울중앙지방법원, 제4판 회생사건실무下, 305p.

나. 회생채권자 및 회생담보권자

회생계획은 회생채권자 및 회생담보권자에 대하여 그 효력이 미친다(제250조 제1항 제2호, 제3호). 따라서 회생계획이 인가된 후에 회생계획이나 법의 규정에 의하여 인정되지 아니한 회생채권 등에 기하여 소를 제기하거나[461] 회생계획에서 인정된 회생채권 등을 변제하지 아니한다고 하여 그 이행이나 확인을 구하는 소의 제기 또는 강제집행은 허용되지 아니한다.[462] 즉 회생절차가 진행 중인 동안에는 회생계획에서 정하여진 바에 따라 회생채권 등을 변제받을 수 있을 뿐이며 그 채권의 이행이나 확인을 청구하는 별도의 소송이나 강제집행은 할 수 없는 것이다. 다만 회생계획에 의하여 정하여진 회생채권자·회생담보권자의 권리는 확정된 회생채권·회생담보권을 가진 자에 대해서만 인정되는 것이므로 인가결정 당시 권리확정소송이 계속 중인 경우에는 바로 회생계획의 효력이 미치는 것이 아니고 당해 권리가 확정된 후에야 인가결정시로 소급하여 회생계획상의 권리가 인정되는 것이다(제253조).

다. 보증인 등에 대한 효력 여부

(1) 서 언

회생계획은 회생채권자·회생담보권자가 보증인이나 연대보증인 등 채무자와 함께 채무를 부담하는 자에 대하여 가지는 권리와 채무자 외의 제3자가 회생채권자·회생담보권자를 위하여 제공한 담보[463]에는 영향을 미치지 아니한다(제250조 제2항). 즉 회생계획에 의하여 주채무자에 대한 채무감면이나 권리변경이 이루어진다 하더라도 보증인이나 물상보증인 등의 채무는 면책되거나 감면되는 것이 아니며,[464] 따라서 회생채권자 등은 이들에 대하여 회생절차와 무관

---

461) 회생채권이나 회생담보권에 대해서는 회생채권자표 등의 기재에 확정판결과 동일한 효력이 인정되고 있기 때문에 소의 이익이 없기도 하다. 다만 공익채권에 기한 소송은 가능할 것이다.

462) 대법원 1991.4.9. 선고 91다63 판결.

463) 여기에서 담보란 회생채권자 또는 회생담보권자의 채무자에 대한 채권을 피담보채권으로 하여 이를 담보하기 위하여 제3자의 재산상에 설정한 담보물권을 말한다.

464) 다만 예외적으로 채권자가 신용보증기금, 중소기업진흥공단, 기술신용보증기금인 경우에는 회생계획에서 주채무자에 대한 권리변경이 이루어질 경우 연대보증채무도 동일한 비율로 감경 또는 면제되도록 하고 있다(신용보증기금법 제30조의3, 중소기업진흥에 관한 법률 제74조의2, 기술신용보증기금법 제37조의3).

하게 언제든지 그 권리의 전부를 행사할 수 있는 것이다.[465] 이는 회생절차가 채무자의 회생을 위한 것이기는 하지만 회생계획안의 가결이 채권자의 의사에 반한 경우도 많고 가결되었다고 하더라도 채권자의 희생은 최소화되어야 하기 때문에 원래 민사법의 기본원칙에 따르면 부종성의 원리에 의하여 주채무자에 대한 채무의 감면은 보증인 등에게도 절대적 효력을 미쳐야 할 것이지만(민법 제430조) 부종성을 인정하게 되면 채권자에게 일방적으로 희생을 강요하는 것이 되어 가혹하다고 보아 회생절차에서는 보증인 등에게 그 효력을 미치지 아니하도록 특별규정을 둔 취지로 보이며,[466] 판례도 이러한 특별규정이 헌법상 평등의 원칙에 위반되지 아니한다고 판시하고 있다.[467] 다만 본 특별규정은 강행규정이 아니라 임의규정이라고 보이므로 이와 반대되는 특약을 하는 것은 무방할 것이다.[468] 이와 같이 회생계획에 의한 권리변경은 보증채무에 영향을 주지 아니하지만 주채무자의 회생계획에 따른 변제에 의하든 제3자의 변제에 의하든 채권자가 변제를 받아 실질적으로 만족을 얻게 되면 보증인의 책임도 그만큼 줄어든다고 보는 것이 타당하다고 본다.[469] 따라서 제3자가 주채무를 면책적으로 인수한 경우에는 채권에 대한 실질적인 만족이 있는 것으로 볼 수 없어 보증책임이 소멸되지 아니하지만,[470] 회생계획에 따라 변제에 갈음하여 신주를 인수하는 경우에는 주채무가 실질적으로 만족을 얻는 것으로 보아 보증채무도 소멸하게 된다고 볼 것이다.[471]

(2) 인가의 효력이 미치지 아니한 보증인 등의 범위

회생계획인가결정의 효력이 미치지 아니한 '채무자의 보증인 그밖에 회생절차가 개시된 채무자와 함께 채무를 부담하는 자'(제250조 제2항 제1호)란 채무

465) 다만 채권자라 하여도 자기의 채권액 이상으로 만족을 얻는 것은 형평에 맞지 아니하므로 보증인 등에 대해서는 그 채권액 중 회생계획에 따라 채무자로부터 변제받은 금액을 공제한 잔액에 대해서만 청구할 수 있다고 보는 것이 타당하다고 본다.

466) 오수근, 도산법의 이해, 230p.

467) 대법원 1995.10.13. 선고 94다57800

468) 三ヶ月章외 5인, 條解 會社更生法(下), 713p.

469) 오수근, 도산법의 이해, 231p; 우세나, "개인도산에 관한 연구", 고려대학교대학원 박사학위논문, 2004, 197p.

470) 대법원 2005.10.28. 선고 2005다28273 판결.

471) 대법원 2003.1.10. 선고 2002다12703·12710 판결.

자와 공동의무자로서 민법상 채무자의 채무가 감면되는 경우 그의 채무도 감면되는 자를 말하는 것으로서 보증인, 연대보증인, 연대채무자, 합동채무자, 중첩적 채무인수인, 국세징수법상의 제2차 납세의무자 등이 포함된다고 본다.[472] 다만 불가분채무자나 부진정연대채무자는 포함되지 아니한다고 본다.[473] 그리고 회생계획인가결정의 효력이 미치지 아니한 '채무자 외의 자가 회생채권자 또는 회생담보권자를 위하여 제공한 담보'(제250조 제2항 제2호)에는 회생채권자 등이 물상보증인에 대하여 가지는 권리뿐만 아니라 채무자의 재산의 제3취득자에 대하여 가지는 회생채권자 등의 권리를 포함한다고 본다.[474]

(3) 채권자가 실권된 경우에 있어서의 보증인 등에 대한 청구 가능 여부

회생채권자 등의 권리가 목록상 기재되지 아니하거나 신고되지 아니하는 등의 사유로 실권되는 경우에도 회생채권자 등은 보증인이나 물상보증인에 대하여 그 권리를 행사할 수 있는지 문제된다.

회생절차에 있어서 채권자의 희생은 최소화되어야 한다는 취지 등으로 볼 때 회생채권자 등이 적시에 신고하지 아니하는 등으로 실권된 경우에도 보증인 등에 대한 청구가 시효로 소멸되는 등의 다른 사정이 없다면[475] 실권되지 아니하고 행사할 수 있다고 본다.[476] 판례도 마찬가지의 입장이다.[477]

(4) 보증인의 책임을 면제하는 내용의 회생계획 여부

채무자의 채무를 보증한 보증인의 책임을 면제하는 것과 같은 내용은 회생계획으로 정할 수 있는 성질의 것이 아니어서 설령 그와 같은 내용을 회생계획에서 규정했다고 하더라도 그 부분은 회생계획으로서의 효력이 없다.[478]

또한 회생채권자 등이 회생계획안에 대하여 동의 또는 부동의하였다고 하더

472) 서울중앙지방법원, 제4판 회생사건실무下, 104p.

473) 임채홍·백창훈, 제2판 회생정리법(하), 310p.

474) 임채홍·백창훈, 제2판 회생정리법(하), 311p.

475) 주채무가 회생채권의 경우에는 보증채무만이 시효로 소멸하는 경우도 있다(박승두, 도산법총론, 234p).

476) 임채홍·백창훈, 제2판 회생정리법(하), 311p.

477) 대법원 2005.11.10. 선고 2005다48482 판결; 대법원 2001.6.12. 선고 99다1949 판결; 대법원 2003.5.30. 선고 2003다18685 판결.

478) 대법원 2005.11.10. 선고 2005다48482 판결.

라도 특별한 사정이 없는 한 일반적으로 회생계획안에 기재된 개개의 내용에 대하여 사법상 법률효과의 발생을 의도하는 의사표시를 한 것으로 볼 수 없기 때문에 회생채권자 등이 관계인집회에서 보증면제조항이 포함된 회생계획안에 대하여 동의하였다는 사정만으로는 보증인에 대하여 보증채무를 면제한다는 개별적인 의사표시를 하였다고 할 수 없는 것이다.[479] 그리고 회생절차에서 제3자가 주채무를 면책적으로 인수하는 내용의 회생계획이 인가·확정되었다고 하더라도, 그 채무인수에 의하여 채권에 대한 실질적인 만족을 얻은 것으로는 볼 수 없는 것이므로 보증인의 책임 범위에는 아무런 영향이 없다고 할 것이고, 이 경우 면책적 채무인수에 있어서 보증책임의 소멸을 규정하고 있는 민법 제459조(채무인수와 보증, 담보의 소멸)는 그 적용이 배제된다고 할 것이다.[480]

6. 중지된 절차의 실효

가. 서 언

회생계획인가의 결정이 있은 때에는 회생절차개시결정으로 인하여 중지된 절차는 존속시킬 필요가 없으므로 법에서는 회생절차개시결정으로 중지된 파산절차나 회생채권 등에 기한 강제집행·가압류·가처분, 담보권실행 등을 위한 경매절차는 그 효력을 상실하도록 하고 있다(제256조 제1항 본문, 제58조 제2항 제1호, 제2호). 회생계획에 따라 변제가 이루어질 경우 채무자는 파산상태에서 벗어나게 될 것이고 회생채권 등도 회생계획에 따라 실체적으로 그 내용이 변경되어 변제가 이루어지는 것이므로 이러한 절차를 유지할 실익이 없기 때문이다. 여기에서 효력이 상실된다는 의미는 별도의 재판절차 없이 소급하여 그 절차가 효력을 잃게 된다는 것을 말한다.

나. 실효되는 절차

(1) 강제집행 등

회생계획인가결정으로 실효되는 절차는 회생절차개시결정으로 중지된 파

479) 대법원 2005.11.10. 선고 2005다48482 판결.
480) 대법원 2005.10.28. 선고 2005다28273 판결.

산절차, 회생채권 등에 기한 강제집행·가압류·가처분, 담보권실행 등을 위한 경매절차이다(제256조 제1항 본문, 제58조 제2항 제1호, 제2호). 다만 회생에 지장이 없다고 인정하여 그 중지된 절차·처분에 대한 법원의 속행명령 또는 취소명령에 의하여 속행된 절차나 처분은 그 효력이 상실되지 아니한다(제256조 제1항 단서, 제58조 제2항). 그런데 회생계획인가결정으로 강제집행 등의 절차가 실효된다고 하더라도 그 외형까지 자동적으로 말소되는 것이 아니므로 강제집행, 가압류·가처분, 담보권실행을 위한 경매절차 등의 외형을 제거하는 형식적인 절차가 필요한데, 실무상 회생법원의 집행법원에 대한 말소촉탁 또는 관리인의 집행법원에 대한 말소촉탁신청의 방법이 이용되고 있다.[481]

(2) 체납처분 등의 실효 여부 검토

회생절차개시결정으로 중지된 조세 등의 청구권에 기한 체납처분 등도 회생계획인가결정에 의하여 실효되는지 문제된다.

먼저 회생채권 등에 기한 채무자의 재산에 대한 체납처분과 국세징수의 예에 의하여 징수할 수 있는 청구권으로서 그 징수우선순위가 일반 회생채권보다 우선하는 것에 기한 체납처분 및 조세채무담보를 위하여 제공된 물건의 처분은 회생계획인가결정시까지 등 일정기간 동안만 금지·정지될 뿐 그 기간이 경과된 후에는 체납처분 등을 진행할 수 있으므로 회생계획인가결정에 의하여 실효되지 아니한다. 다만 회생계획에는 이러한 조세 등의 청구권에 대한 권리변경과 변제방법을 정하기 때문에 그 변제기가 도래할 때까지는 현실적으로 종전의 체납처분절차 등을 진행할 수 없게 될 것이고 변제기가 도래한 후 이행을 하지 아니할 경우에만 그 중지된 절차를 속행할 수 있을 것이다.[482] 다음으로 국세징수의 예에 의하여 징수할 수 있는 청구권으로서 그 징수우선순위가 일반 회생채권보다 우선하지 아니한 것에 기한 체납처분에 관하여는 명문의 규정을 두고 있지 아니하므로(제256조 제1항, 제58조 제2항 제3호) 회생계획인가결정으로 실효되는지 여부가 문제되는바, 이에 대하여는 ① 실효된다는 견해, ② 실효되지

481) 회생절차인가결정이 후에 취소된 경우에는 종전에 실효된 파산절차는 회복되지만 그렇다고 하여 다른 절차까지 당연히 회복되지는 않으므로 채권자는 다시 새로운 절차를 신청해야 한다고 본다.

482) 서울중앙지방법원, 제4판 회생사건실무下, 108p;三ヶ月章외 5인, 條解 會社更生法(下), 789p.

아니한다는 견해[483]로 나누어지는데, 제256조(중지 중의 절차의 실효) 제1항 단서와의 관계에서 보아 실효되는 것으로 보는 것이 합리적이라고 보인다.

다. 실효의 효과

회생계획인가결정으로 효력을 성실한다는 의미는 향후의 속행만 허용하지 아니한다는 것이 아니라 소급하여 그 절차가 효력을 잃게 된다는 것을 말한다.[484] 회생계획인가에 의하여 효력을 잃게 되는 파산절차에서의 재단채권은 공익채권으로 된다(제256조 제2항).

한편 실효의 효과는 인가결정과 동시에 발생하는데(제246조), 나중에 인가결정이 취소된 경우에 그 인가로 실효된 절차가 다시 회복되는지 문제된다. 파산절차는 당연히 회복될 것이지만 나머지의 절차는 그 효력이 회복되지 못한다고 보이므로 채권자로서는 다시 새로운 신청을 통하여 절차를 밟아야 해당 절차상의 목적을 달성할 수 있을 것으로 보인다.[485]

7. 회생계획상 인정된 권리의 회생채권자표 등에의 기재와 그 효력

가. 회생계획상 인정된 권리의 회생채권자표 등에의 기재

회생계획에 대한 인가결정이 확정된 때에는 회생계획수행의 기준이 되는 회생채권 등의 권리변경의 내역을 명확히 하기 위하여 법원사무관등은 회생계획에서 인정된 권리를 회생채권자표 또는 회생담보권자표의 '회생계획조항'란에 기재하여야 한다(제249조). 기재하는 방법은 회생계획에서 인정된 개개의 권리를 기재하는 것이 바람직하지만 기재분량이 방대할 것이므로 실무에서는 기재란에 '별지 회생계획의 조항과 같음'이라고 표시한 후 확정된 회생계획을 등본하여 첨부하고 있다.

483) 서울중앙지방법원, 제4판 회생사건실무上, 167·404p; 서울중앙지방법원, 제4판 회생사건실무下, 108p.
484) 임채홍·백창훈, 제2판 회생정리법(하), 378p.
485) 서울중앙지방법원, 제4판 회생사건실무下, 109p; 임채홍·백창훈, 제2판 회생정리법(하), 380p.

나. 회생계획상 인정된 권리의 회생채권자표 등에의 기재의 효력

(1) 확정판결과 동일한 효력

회생계획에 의하여 인정된 권리에 관한 회생채권자표 등에의 기재는 회생계획인가결정이 확정된 경우 채무자, 회생채권자, 회생담보권자, 회생을 위하여 채무를 부담하거나 또는 담보를 제공하는 자에 대하여 확정판결과 동일한 효력이 인정된다(제255조 제1항). 여기에서 확정판결과 동일한 효력이 있다는 의미에 관하여는 기판력이 포함되는지 여부와 관련하여 기판력 인정설, 기판력 부정설(불가쟁력설) 등 여러 견해가 있으나[486] 다수설[487] 및 판례[488]는 기판력 부정설을 취하고 있다. 이에 의하면 회생채권자표 등의 기재에 확정판결과 동일한 효력이 있다고 규정하고 있는 취지는 회생계획인가결정이 확정된 경우 회생채권자표 등에 기재된 회생채권 또는 회생담보권 중 회생계획의 규정에 의하여 인정된 권리를 기준으로 회생계획을 수행하도록 함으로써 신속하고 안정적인 회생계획의 수행을 보장하는데 있고 이와 같은 의미에서 확정판결과 동일한 효력이 있다는 의미는 기판력이 아닌 회생절차 내부에서의 불가쟁의 효력으로 보아야 한다는 것이다.

(2) 회생채권자표 등의 기재의 효력이 미치는 대상자의 범위

회생계획에 의하여 인정된 권리에 관한 회생채권자표 등의 기재는 채무자, 회생채권자, 회생담보권자, 회생을 위하여 채무를 부담하거나 또는 담보를 제공하는 자에 대하여 확정판결과 동일한 효력이 미치게 된다(제255조 제1항). 또한 이들의 승계인에게도 효력이 미친다고 보며(민사소송법 제218조), 법에는 명시하고 있지 아니하지만 관리인에게도 미친다고 본다.[489]

확정판결과 동일한 효력이 미치는 것은 회생채권자표 등에 기재된 회생계획 조항이다. 그런데 벌금이나 조세 등 공법상의 청구권은 관리인이 그 청구권에

486) 박홍우, "정리채권 등의 신고조사확정에 있어서의 문제점" 재판자료 제86집, 259p.
487) 임채홍·백창훈, 제2판 회생정리법(상), 620p; 松田二郎, 1983 會社更生法(新版), 267p; 三ヶ月章외 5인, 1998 條解 會社更生法(下), 699p.
488) 대법원 2005.6.10. 선고 2005다15482 판결; 대법원 2003.9.26. 선고 2002다62715 판결.
489) 서울중앙지방법원, 제4판 회생사건실무下, 112p.

관하여 채무자가 할 수 있는 방법으로 불복신청을 할 수 있는 것이므로 회생채권자표 등에 기재되어 있다고 하더라도 확정판결의 효력이 미치지 아니하며(제156조 제2항, 제167조 제1항, 제157조 제1항),[490] 따라서 집행력도 인정되지 아니한다.[491]

회생채권자표 등의 기재에 확정판결과 동일한 효력이 발생하는 기준시점은 이미 확정된 회생채권 등에 대해서는 회생계획인가결정시이고, 인가결정시 권리확정소송이 계속 중인 경우에는 그 권리확정소송에 대한 판결의 기판력 발생시이다.[492]

(3) 회생채권자표 등에 기한 강제집행 가능

회생계획에 의하여 인정된 권리가 금전의 지급 그 밖의 이행의 청구를 내용으로 하는 때에는 권리자는 회생절차종료 후[493] 채무자와 회생을 위하여 채무를 부담한 자에 대하여 회생채권자표 또는 회생담보권자표에 기하여 강제집행을 할 수 있다(제255조 제2항 전단). 이 경우 보증인은 최고·검색의 항변을 할 수 있다(제255조 제2항 후단). 이때의 집행권원은 회생채권자표·회생담보권자표의 기재이다.

여기에서 회생채권자표 등에 기재된 회생채권 등에 관하여 이미 집행권원이 존재한 경우에 양 집행권원의 병존이 가능한지 문제된다. 이에 대하여는 ① 병존 긍정설,[494] ② 병존 부정설의 대립이 있지만, 회생계획인가결정의 확정으로 회생채권자표 등의 기재에 확정판결과 동일한 효력이 인정되고 이때 모든 권리가 확정된다고 보이므로 회생채권자표 등의 기재만이 집행권원이 된다고 본다.[495]

---

490) 대법원 2000.12.22. 선고 99두11349 판결.

491) 서울중앙지방법원, 제4판 회생사건실무下, 114p.

492) 서울중앙지방법원, 제4판 회생사건실무下, 109p; 임채홍·백창훈, 제2판 회생정리법(하), 380p.

493) 법 조문(제255조 제2항 전단)상으로는 '회생절차종결 후'에 강제집행을 할 수 있다고 표시되어 있지만 회생절차가 폐지된 경우에도 강제집행을 할 수 있음에 비추어 '회생절차종결 후'는 '회생절차종료 후'로 해석하는 것이 타당하다고 본다. 향후 법 개정시 반영되어야 할 부분이다.

494) 박승두, 도산법총론, 236p; 三ヶ月章외 5인, 1999 條解 會社更生法(下), 783p. 이 견해는 양 집행권원이 병존한다고 보고 만약 채권자가 종래의 집행권원에 의하여 집행을 한 경우 채무자는 회생계획에 의하여 실체적으로 변경된 한도 내에서 집행력의 배제를 구하는 청구이의의 소를 제기하여야 한다고 한다.

한편 회생채권자표 등의 기재에 기한 강제집행은 회생절차종료 후에 한하여 허용되는 것이므로 회생절차가 진행 중인 경우에는 비록 회생계획에 정하여진 변제기에 변제가 이루어지지 아니한 경우라 하더라도 허용되지 아니한다.[496] 회생채권자표 등의 기재에 의한 강제집행은 집행문을 붙인 정본에 기하여야 한다(제255조 제3항, 민사집행법 제28조).[497]

(4) 소멸시효기간 연장의 효력

회생계획에 의하여 인정된 권리에 관한 회생채권자표 등의 기재에는 확정판결과 동일한 효력이 인정되므로 당해 회생채권이나 회생담보권에 대한 소멸시효기간은 10년으로 된다.[498] 다만 공법상의 청구권은 회생채권자표 등에 기재되어 있다고 하더라도 확정판결과 동일한 효력이 인정되는 것은 아니므로 소멸시효기간도 10년으로 연장되지 아니하고 당해 공법상 청구권의 시효에 따르게 된다.[499]

(5) 제255조 제1항과 제168조 및 제292조 제1항과의 관계

통합도산법에서 회생채권자표 등의 기재에 확정판결과 동일한 효력이 있음을 규정한 부분은 제255조(회생채권자표 등의 기재의 효력) 제1항[500] 이외에도 제

---

495) 서울중앙지방법원, 제4판 회생사건실무下, 112p.

496) 회생절차종결 전의 단계, 즉 회생절차가 진행 중인 경우에는 채무자가 회생계획인가결정이 확정된 바에 따라 회생채권을 변제하지 아니하더라도 채권자는 채무자에 대하여 회생채권자표·회생담보권자표의 기재에 의한 강제집행 뿐만 아니라 다른 집행권원에 기하여도 강제집행을 할 수 없음은 물론 그 채권의 이행이나 확인을 청구하는 소송도 제기할 수 없다(대법원 1991.4.9. 선고 91다63 판결). 다만 보증인이나 물상보증인에 대하여는 회생채권자표나 회생담보권자표의 기재에 의한 강제집행은 하지 못한다고 하더라도 회생절차 밖에서 다른 집행권원이나 담보물권에 기하여 강제집행을 하거나 담보권실행을 하는 것은 가능할 것이고(제250조 제2항), 또한 조세채권이나 국세징수의 예에 의하여 징수할 수 있는 청구권으로서 그 징수우선순위가 일반회생채권보다 우선하는 것은 회생계획에 정하여진 변제기에 변제가 이루어지지 아니할 경우에는 회생절차가 진행 중이더라도 체납처분 등을 할 수 있을 것이다.

497) 실무상 회생채권자의 집행문부여신청이 있는 경우 법원사무관등은 당해 채권자의 회생채권자표에 회생계획 관련 조항을 첨부하여 정본을 만들고 그 마지막 장에 집행문을 부기하여 교부하고 있다.

498) 임채홍·백창훈, 제2판 회생정리법(하), 385p.

499) 대법원 2000.12.22. 선고 99두11349 판결.

500) 제255조(회생채권자표 등의 기재의 효력) "① 회생채권 또는 회생담보권에 기하여 회생계획에 의하여 인정된 권리에 관한 회생채권자표 또는 회생담보권자표의 기재는 회생계획인가의 결정

168조(회생채권자 등의 기재의 효력)[501]와 제292조(회생채권자표 등의 기재의 효력) 제1항[502]이 있다.

제255조 제1항은 회생계획인가결정의 확정에 따라 회생계획에서 인정된 권리에 관한 회생채권자표 등의 기재에 확정판결과 동일한 효력을 인정하는 것인데 비하여, 제168조는 목록에 기재되거나 신고된 회생채권 등에 관한 조사결과 확정된 회생채권 등을 회생채권자표 등에 기재한 경우에 그 기재에 확정판결과 동일한 효력을 인정하는 것인 점에서, 제292조 제1항은 회생계획에 대한 인가결정이 이루어지지 못한 채 중도에 회생절차가 폐지되거나 신청에 의하여 회생절차가 폐지된 경우에 그 확정된 회생채권 등에 관한 회생채권자표 등의 기재에 확정판결과 동일한 효력을 인정하는 것인 점에서 구별된다.

또한 제255조 제1항은 채무자가 조사절차에서 이의하였는지 여부에 불문하고 채무자에 대하여 그 효력이 인정되는 것인데 비하여 제292조 제1항은 채무자가 회생채권 등의 조사기간 또는 특별조사기일에 그 권리에 대하여 이의를 하지 아니한 경우에 한하여 채무자에 대하여 그 효력이 인정되는 것과도 구별된다(제292조 제1항 단서). 한편 확정판결의 의미에 관하여는 판례는 모두 기판력이 아닌 확인적 효력을 가지고 회생절차 내부에서 불가쟁의 효력을 가지고 있는데 지나지 아니한다고 하고 있는바,[503] 이 점은 공통되는 부분이다.

이 확정된 때에 다음 각호의 자에 대하여 확정판결과 동일한 효력이 있다."

501) 제168조(기재의 효력) "확정된 회생채권 및 회생담보권을 회생채권자표 및 회생담보권자표에 기재한 때에는 그 기재는 회생채권자·회생담보권자·주주·지분권자 전원에 대하여 확정판결과 동일한 효력이 있다."

502) 제292조(회생채권자표 등의 기재의 효력) "① 제286조(회생계획인가 전의 폐지)또는 제287조(신청에 의한 폐지)의 규정에 의한 회생절차폐지의 결정이 확정된 때에는 확정된 회생채권 또는 회생담보권에 관하여는 회생채권자표 또는 회생담보권자표의 기재는 채무자에 대하여 확정판결과 동일한 효력이 있다. 다만 채무자가 회생채권과 회생담보권의 조사기간 또는 특별조사기일에 그 권리에 대하여 이의를 하지 아니한 경우에 한한다."

503) 대법원 2003.5.30. 선고 2003다18685 판결; 대법원 2005.6.10. 선고 2005다15482 판결.

〈3〉 회생계획의 변경

1. 의 의

회생계획에 대한 인가결정이 이루어진 후에도 부득이한 사유[504]로 회생계획에서 정한 사항을 변경할 필요가 생긴 때에는 법원은 회생절차가 종결되기 전까지 관리인, 채무자 또는 목록에 기재되어 있거나 신고한 회생채권자·회생담보권자의 신청에 의하여 회생계획을 변경할 수 있다(제282조 제1항). 이를 회생계획의 변경이라고 한다. 회생계획의 변경은 회생계획인가결정 후의 변경이라는 점에서 회생계획의 성립과정에 있어서의 회생계획안의 수정(제228조, 제229조)이나 회생계획안의 변경(제234조)과 구별된다. 회생계획 변경제도는 현재의 상태대로 회생계획을 유지하면 회생계획의 전부 또는 일부의 수행이 불가능하거나 현저히 곤란하여 회생절차를 폐지할 수밖에 없는 경우에 회생계획의 변경을 통하여 채무자의 회생을 도모하도록 하는데 그 취지가 있다.

2. 변경절차

회생계획의 변경은 신청권자의 신청이 있어야 가능하며 법원의 직권으로는 행하지 못한다(제282조 제1항). 회생계획의 변경은 회생계획인가결정 후 회생절차 종료 전에 한하여 허용되며, '변경회생계획안"이라는 서면을 제출함으로써 신청한다. 회생계획의 변경신청이 있고 그 신청요건에 흠결이 없는 경우에는 법원은 다음의 절차로서 회생계획변경의 내용을 심리하게 되는데, 이때는 그 변경내용이 회생채권자·회생담보권자에게 불리한 영향을 미치는지 여부에 따라 절차가 달라진다. 즉 회생계획의 변경신청이 회생채권자·회생담보권자에게 불리한 영향을 미칠 것으로

504) 여기에서 부득이한 사유란 인가 후 경제상황의 급변 또는 법령의 개폐와 같은 일반적인 사정변경, 행정청으로부터 인·허가를 예정대로 받지 못하였거나 취소된 경우(제243조 1항 6호) 등의 외부적인 사유뿐만 아니라 종업원의 장기파업, 의외의 영업부진과 같은 내부적 사유도 회생계획 인가 당시 예상할 수 없었던 경우에는 여기에 해당된다(서울중앙지방법원, 제4판 회생사건실무 下, 161p).

인정되는 경우에는 관계인집회의 결의 또는 서면결의 등 당초 회생계획안의 제출이 있는 경우와 같은 절차를 밟아야 하는 것이고, 그 절차를 밟은 결과 인가요건이 구비된 경우에는 법원은 '변경회생계획인가결정'을 선고하고, 그 주문 및 요지 등을 공고하여야 한다(제245조 제1항). 이 경우 종전의 회생계획에 동의한 자가 변경회생계획안에 관하여 결의를 하기 위한 관계인집회에 출석하지 아니하거나 변경회생계획안에 대한 서면결의 절차에서 회신하지 아니한 경우에는 변경회생계획안에 동의한 것으로 본다(제282조 제2항, 제4항). 반면 회생계획의 변경신청이 회생채권자·회생담보권자에게 불리한 영향을 미치지 아니한 것으로 인정된 경우에는 관계인집회 등의 결의절차 없이 법원의 결정만으로 회생계획의 변경이 가능한 것이며, 이때 인가요건이 갖추어졌다고 인정하면 '회생계획변경결정'을 하되, 이 경우에는 선고 및 공고에 관한 규정이 준용되지 아니하므로[505] 선고나 공고를 요하지 아니하고 신청인이나 관리인 등에 대하여 송달만 하면 된다(제8조 제1항).

3. 회생계획변경신청에 대한 결정

회생계획변경신청에 대하여 법원은 그 요건 중 신청권자, 신청방식, 신청시기에 흠결이 있는 경우에는 회생계획변경신청각하를, 변경의 필요성에 관한 요건에 흠결이 있는 경우에는 회생계획변경불허가를, 이해관계인에게 불리한 영향을 미치는 회생계획변경신청이 관계인집회의 결의 또는 서면결의에서 가결되지 못한 경우에는 회생계획변경불허가를, 이해관계인에게 불리한 영향을 미치지 아니한 회생계획변경신청이 인가의 요건을 구비하지 못한 경우에는 회생계획변경불허가를 각각 결정하게 되는데 이들에 대하여는 불복신청할 수 없다(제13조 제1항). 이해관계인에게 불리한 영향을 미치는 회생계획변경신청이 관계인집회의 결의 또는 서면결의에서 가결되었으나 인가의 요건을 구비하지 못한 경우에는 단순히 변경불허가결정이라고 하기보다는 변경회생계획불인가결정이라고 표시하는 것이 타당하다.[506] 그러나 이에 대하여도 즉시항고는 허용되지 아니한다고 본다.[507] 한편 회생계획변경

505) 三ヶ月章외 5인, 條解 會社更生法(下), 970p.

506) 서울중앙지방법원, 제4판 회생사건실무下, 170p.

507) 통합도산법 제282조(회생계획의 변경) 제3항에서 회생계획변경의 결정이 있는 경우에 제247조(항고)가 준용된다고 하고 있으므로 그 반대해석상 변경회생계획불인가결정에 대하여 즉시항고가 허용되지 아니한다고 보는 것이다(서울중앙지방법원, 제4판 회생사건실무下, 174p).

신청이 신청요건에 흠결이 없고 인가의 요건을 구비한 경우에는 그 변경이 이해관계인에게 영향을 미치는지 여부에 따라 법원은 영향이 있는 경우에는 변경회생계획인가결정을, 영향이 없는 경우에는 회생계획변경결정을 하게 된다.

4. 회생계획변경의 효과

변경회생계획인가결정 또는 회생계획변경결정이 이루어지면 그 때부터 회생계획변경의 효력이 생기며, 회생계획 중 변경회생계획에 저촉되는 부분은 장래에 향하여 그 효력이 상실된다(제282조 제3항, 제246조). 변경회생계획인가결정이나 회생계획변경결정에 대하여는 즉시항고할 수 있으며, 항고기간은 공고가 이루어지는 변경회생인가결정은 공고일부터 14일 이내이고, 공고를 요하지 아니한 회생계획변경결정은 송달을 기준으로 하여 1주일 이내이다(제13조 제2항, 제245조 제1항, 제33조, 민사소송법 제444조 제1항). 이러한 즉시항고에 대한 불복은 재항고에 의하여야 한다(민사소송법 제442조).

[기재례 44] 회생계획변경결정

○○ 지 방 법 원
제○ 파 산 부
결 정

사 건 20○○회단○○ 회생
채 무 자 ○ ○ ○
○○시 ○○구 ○○동 ○○○
관 리 인 ○ ○ ○

주 문

이 사건 회생계획을 별지와 같이 변경한다.

이 유

위 사건에 관하여 20○○. ○. ○. 관리인으로부터 별지와 같은 내용의 회생계획의 변경신청이 있는바, 별지와 같은 회생계획변경은 회생채권자, 회생담보권자, 주주 등 이해관계인에게 불리한 영향을 미치지 아니하는 것으로서 채무자 회생 및 파산에 관한 법률 제282조 제1항, 제243조 제1항에서 정한 요건을 구비하였다고 인정되므로 주문과 같이 결정한다.

20○○. ○. ○.

재판장 판사 ○ ○ ○

(별지생략)

[서식 6] 변경회생계획 인가결정

○○ 지 방 법 원

제○ 파 산 부

결　　　정

사　　건　　20○○회단○○　회생

재 무 자　　○ ○ ○

　　　　　　○○시 ○○구 ○○동 ○○○

관 리 인　　○ ○ ○

주　　　문

별지 변경회생계획을 인가한다.

이　　　유

이 사건에 관하여 관리인으로부터 20○○. ○. ○. 제출되고, 20○○. ○. ○. 수정허가된 별지 변경회생계획안은 20○○. ○. ○. 변경회생계획안의 결의를 위한 관계인집회에서 가결되었고, 채무자 회생 및 파산에 관한 법률 제282조 제2항, 제243조에 정해진 요건을 구비하였다고 인정되므로 주문과 같이 결정한다.

20○○. ○. ○.

재판장 판사 ○ ○ ○

제4장 일반회생계획인가 후의 절차

제1절 회생계획의 수행과 회생절차의 종결

《 I 》
회생계획의 수행과 감독

1. 회생계획의 수행

회생계획에 대한 인가결정이 있는 때에는 관리인은 채무자의 업무수행권과 재산의 관리처분권을 가지고 회생계획을 수행한다(제257조 제1항). 개인채무자의 회생절차인 일반회생절차에서는 거의 채무자가 관리인으로 선임되거나 관리인불선임 결정에 의하여 관리인으로 간주되는 지위에 있으므로 결과적으로 채무자가 회생계획을 수행하게 된다.

2. 회생계획 수행에 대한 감독

관리인의 회생계획 수행에 대하여는 법원이 관리인에 대한 선임·해임, 각종 행위에 대한 허가[508]의 권한 등에 의하여 감독권한을 가지고 있고(제81조 제1항, 제50조, 제74조, 제83조 제2항, 제61조), 관리위원회는 법원의 지휘를 받아 법원의 감독업

508) 법원은 회생절차개시결정과 동시에 관리인의 일정한 행위에 대하여 법원의 허가를 얻어야 하는 사항을 정할 수 있는데, 이는 회생계획의 인가 후에도 계속 이어진다. 법원의 허가를 필요로 하는 사항은 자산의 매각, 회생채권의 변제, 신규투자, 소송행위 등 대부분 채무자의 중요한 결정사항이거나 일정 규모 이상의 자금지출이 수반되는 법률행위인데, 실무에서는 채무자의 금원 지출을 수반하는 행위 중 법원의 허가를 받아야 할 금액의 범위를 정하는 기준으로서 '채무자의 지출행위 중 법원의 허가를 요하는 금액의 기준(회생실무준칙 제6호)'을 제정하여 운용하고 있다. 법원의 허가대상 행위를 법원의 허가없이 행하면 무효로 된다(제61조 제3항 본문). 다만 이는 선의의 제3자에게 대항하지 못한다(제61조 제3항 단서).

무를 보좌하고 있다(제17조, 제18조, 제74조, 제257조, 제287조 제3항, 제288조 제2항). 채권자협의회도 채무자의 재산 및 영업상태에 대한 실사를 법원에 청구할 수 있으므로 일종의 감독기관에 해당된다(제21조 제1항 제4호, 제259조). 법원과 관리위원회는 회생계획 수행업무를 감독하기 위하여 정기적으로 회생계획에 대한 수행 상황을 확인·점검하여야 하며, 수시로 관리인에게 채무자의 업무나 재산상황 등에 대하여 보고하도록 하여야 한다. 실무상으로는 관리인에게 정기적인 보고서, 즉 월간보고서, 분기보고서, 채무자 현황 및 연간보고서를 제출하도록 하고 있고, 당해 보고서의 작성 편의를 위하여 '보고서 작성요령(회생실무준칙 제9호)을 제정하여 시행하고 있다. 특히 매월 단위로 변제하는 개인회생절차와는 달리 일반회생절차에서는 1년 단위로 변제가 이루어지므로,[509] 관리인의 회생계획 수행 여부를 확인하는 절차가 문제되는데, 실무상으로는 관리위원회나 법원이 회생절차개시결정 당시 신고한 채무자의 계좌에 변제금원을 적립하고 있는지 여부를 각종 보고서 등을 통하여 확인하는 방식으로 감독하고 있다. 한편 법원은 직권으로 채무자, 회생채권자·회생담보권자, 회생을 위하여 채무를 부담하거나 담보를 제공하는 자 또는 관리인에 대하여 회생계획의 수행에 필요한 명령을 내릴 수 있다(제258조 제1항). 이를 회생계획 수행명령이라고 하는데, 수행명령에 대하여는 불복할 수 없으며, 수행명령에 위반한 자는 일정한 과태료에 처하여질 수 있다(제13조 제1항, 제660조 제2항).

509) 개인회생절차에서는 채무자가 매월 단위로 변제계획상의 일정 금액을 회생위원에게 임치하고, 위 금원이 채권자들에게 자동이체로 지급이 이루어진다.

《2》 회생절차의 종결

1. 의 의

회생절차의 종결이란 회생계획의 수행이 완료되었거나 향후 회생계획의 수행에 지장이 없어 회생절차의 목적을 달성할 수 있다고 판단되어 법원이 관리인 또는 이해관계인의 신청 또는 직권으로 회생절차를 종료[510]시키는 것을 말한다. 이와 같이 회생절차의 종결은 회생절차의 목적을 달성함으로써 회생절차에서 벗어나는 것이라는 점에서 회생절차의 폐지가 회생절차개시 후 그 목적을 달성하지 못한 채 중도에 종료되는 절차라는 것과 구별된다. 실무상 채무자의 신속한 회생을 촉진하기 위하여 '회생절차의 조기종결에 관한 준칙(회생실무준칙 제14호)'을 제정하여 시행하고 있다.

2. 회생절차종결의 요건과 결정절차

회생계획에 따른 변제가 시작되면, 회생계획의 수행에 지장이 있다고 인정되는 경우를 제외하고는, 법원은 관리인 등의 신청에 의하거나 직권으로 회생절차종결결정을 하게 된다(제283조 제1항). 또한 회생계획이 수행완료된 경우에도 마찬가지이다. 회생절차종결의 결정을 한 때에는 그 주문 및 이유의 요지를 공고하여야 하며, 이 경우 송달은 하지 아니할 수 있다(제283조 제2항). 회생절차종결결정은 관리인, 목록에 기재되어 있거나 신고한 회생채권자 또는 회생담보권자의 신청이나 법원의 직권에 의하여 이루어진다(제283조 제1항). 다만 실무상으로는 채무자와 채권

510) 회생절차의 종결은 회생절차의 종료와 구별된다. 즉, 회생절차의 종료는 ① 회생절차의 종결결정(제283조), ② 회생절차의 폐지결정의 확정, ③ 법원에 의한 회생계획 불인가결정의 확정(제242조), ④ 항고법원·재항고법원에서의 회생계획인가결정에 대한 취소결정 및 불인가결정의 확정(제247조), ⑤ 회생절차개시결정의 취소결정 및 회생절차개시신청 기각결정의 확정(제54조, 제42조) 등의 사유로 종료되는데, 이 중 회생절차의 종결이란 회생절차의 종결결정(제283조)에 의한 종료의 경우를 말하는 것으로서 회생계획이 이미 수행되었거나 향후 회생계획의 수행에 지장이 없어 회생절차의 목적을 달성할 수 있다고 판단되는 경우에 법원이 관리인 또는 이해관계인의 신청이나 직권으로 회생절차를 종료시키는 경우를 말한다.

자협의회간에 회생절차종결에 따른 업무협약서 체결과 관리위원회·채권자협의회에 대한 의견조회절차를 거친 후 회생절차종결결정을 하고 있다.

3. 회생절차종결결정의 효과

회생절차종결은 관보에 게재된 날의 다음 날 또는 대법원규칙이 정하는 방법에 의한 공고가 있은 날의 다음 날에 그 효력이 발생하고, 즉시항고가 허용되지 아니하므로 효력발생과 동시에 확정된다(제9조 제2항, 제13조). 회생절차의 종결결정이 확정되면 관리인의 임무가 종료되므로 관리인은 지체 없이 법원에 계산의 보고를 하여야 한다(제84조). 회생절차가 종결되면 회생절차가 종료되는 것이므로 이해관계인 등은 회생절차에서 벗어나게 되고 통상적인 채권·채무의 상태로 된다. 다만 기왕의 회생절차에서 인정된 효력은 그대로 존속하는 것이므로 회생계획인가결정에 의하여 이미 실권되거나 회생계획에서 보호되지 아니한 회생채권자 등의 권리는 부활하지 아니한다. 따라서 회생절차가 종결되면 채무자는 법원의 감독에서 벗어나 종전에 관리인이 수행하고 있었던 채무자의 업무수행권과 재산의 처분관리권의 권한이 회복된다.[511] 다만 기왕의 회생절차의 효력에 의하여 채무자는 회생계획에서 정한 바에 따라 채무를 변제하는 등 회생계획을 계속하여 수행할 의무를 부담한다. 회생절차가 종결되면 회생채권자 등은 회생계획에서 정한 바에 따라 변제받되, 회생계획상 변제기한이 도래한 회생채권 등에 대하여는 회생채권자표 등에 기하여 채무자 및 회생을 위하여 채무를 부담하거나 담보를 제공한 자에 대하여 개별적으로 보전처분을 하거나 강제집행을 하는 등 그 권리를 행사할 수 있다(제255조 제2항).[512] 회생절차가 종결될 경우 부인권은 어떻게 되는지 문제된다. 이에 대하여 판례[513]는 "부인권은 회생절차개시결정 이전에 부당하게 처분된 채무자의 재산을 회복함으로써 채무자의 사업을 유지·갱생시키고자 인정된 통합도산법

511) 따라서 회생절차종결결정 이후에는 소송의 원·피고는 당연히 법인등기부상의 대표자가 될 것이다.

512) 회생절차가 종료(종결 또는 폐지)되지 아니하고 진행 중인 경우에는 회생채권자·회생담보권자는 회생절차에 의하지 아니하고는 채무자로부터 변제받을 수 없으며, 이는 회생계획상 변제기에 채무의 이행이 되지 아니하더라도 마찬가지로서 강제집행이나 임의경매 등 채무자에 대한 개별적인 집행이 불가하다(제131조, 제141조 제2항; 서울중앙지방법원, 제4판 회생사건실무下, 108p).

513) 대법원 2007.2.22. 선고 2006다20429 판결.

상의 특유한 제도로서 회생절차의 진행을 전제로 관리인만이 행사할 수 있는 권리이므로 회생절차의 종결에 의하여 소멸하고, 비록 회생절차 진행 중에 부인권이 행사되었다고 하더라도 이에 기하여 채무자에게로 재산이 회복되기 이전에 회생절차가 종료한 때에는 부인권 행사의 효과로서 상대방에 대하여 재산의 반환을 구하거나 또는 그 가액의 상환을 구하는 권리 또한 소멸한다고 보아야 할 것이므로, 부인의 소 또는 부인권의 행사에 기한 청구의 계속 중에 회생절차종결결정이 확정된 경우에는 관리인의 자격이 소멸함과 동시에 당해 소송에 관계된 권리 또한 절대적으로 소멸하고 어느 누구도 이를 승계할 수 없다."라고 판시함으로써 부인권도 소멸한다고 하고 있다.

회생절차종결결정이 있으면 법원사무관등은 직권으로 지체 없이 등기·등록의 대상이 되는 채무자의 재산에 대하여 회생절차종결결정의 기입등기·등록과 재산보전처분결정, 회생절차개시결정, 회생계획인가결정의 각 기입등기의 각 말소등기·등록을 촉탁하여야 한다(제24조 제1항, 제5항, 제23조 제1항 제3호, 제27조).

4. 회생절차종결결정에 대한 불복

회생절차종결결정에 대하여는 즉시항고가 허용되지 아니한다. 따라서 회생절차종결결정은 관보에 게재한 날의 다음날 또는 대법원규칙이 정하는 방법에 의한 공고가 있은 날의 다음날에 그 효력이 발생함과 동시에(제9조 제2항), 확정되는 것이다(제13조). 이와 같이 회생절차종결결정에 대한 즉시항고가 허용되지 아니한다고 하더라도 재판에 영향을 미친 헌법 또는 법률의 위반이 있는 경우에만 이를 이유로 대법원에 공고일부터 1주일 이내에 특별항고할 수 있다(제33조, 민사소송법 제449조).

[서식 7] 회생절차 종결결정

○○ 지 방 법 원
제○ 파 산 부
결 정

사 건 20○○회단○○ 회생
채 무 자 ○ ○ ○
○○시 ○○구 ○○동 ○○○
관 리 인 ○ ○ ○

주 문

이 사건 회생절차를 종결한다.

이 유

1. 이 사건 기록 및 관리인이 이 법원에 보고한 각종 보고서 등에 의하면 다음 사실이 소명된다.

가. 채무자는 의류제조업체로서, 20○○. 3. 16. 이 법원으로부터 회생절차개시결정을, 20○○. 11. 29. 회생계획인가결정을 받고, 20○○. 12. 30. 인가된 회생계획에 따라 회생담보권 및 회생채권 합계 약 8억 3,400만원을 변제하였다.

나. 한편, 20○○. 12. 31. 현재 채무자는 약 94억원의 매출채권과 약 10억원의 현금 및 현금등가물을 보유하고 있어 운전자금의 조달에 어려움이 없으며, 회생절차개시의 신청 이전과 동일한 수준의 영업망을 유지하고 있는 등 향후 정상기업으로서 존속하는 데에 별다른 지장이 없다고 보인다.

다. 이 법원 관리위원회 및 채권자협의회에 채무자의 회생절차 종결 여부에 대한 의견을 조회한 결과, 이 법원 관리위원회는 채무자에 대한 회생절차를 조기종결함이 상당하다고 회신하고 있고, 채권자협의회 구성원 대부분이 채무자의 회생절차 종결에 대하여 동의하고 있다.

2. 위 소명 사실에 의하면, 채무자는 회생계획에 따른 변제를 시작하였고 회생계획의 수행에 지장이 있다고 인정되지 아니하므로, 채무자 회생 및 파산에 관한 법률 제283조 제1항에 의하여 채무자에 대한 회생절차를 종결하기로 하여 주문과 같이 결정한다.

20○○. ○. ○.

재판장 판사 ○ ○ ○

(서울중앙지방법원, 회생사건실무下, 부록서식 인용 및 참고)

[서식 8] 개인채무자에 대한 회생절차종결결정 기입등기·등록 및 회생절차개시결정 기입등기·등록 등의 말소촉탁서

○○ 지 방 법 원
등기(등록) 촉탁서

수 신　　수신처 참조
사 건　　20○○회단○○ 회생
채 무 자　　○ ○ ○ (000000-0000000)
　　○○시 ○○구 ○○동 ○○○

위 사건에 관하여 다음과 같이 회생절차종결결정의 기입등기 및 재산보전처분결정, 회생절차개시결정, 회생계획인가결정의 각 말소등기를 촉탁합니다.

등기(등록)원인과 그 연월일 : 20○○. ○. ○. 회생절차종결결정
등기(등록)의 목적 : 절차개시결정, 회생계획인가결정의 각 말소등기 별지 기재 권리에 대하여 한 회생절차종결결정의 기입등기 및 재산보전처분결정, 회생
등록세 : 면제

첨부　1. 회생절차종결결정 등본 1통
　　2. 촉탁서 부본 1통

20○○. ○. ○.

법원사무관 ○ ○ ○

수신 ○○ 등기소장, ○○ 구청장

제2절 회생절차의 폐지

《 I 》
회생절차폐지 개요

1. 의 의

회생절차의 폐지란 회생절차가 개시된 후에 당해 회생절차가 그 목적을 달성하지 못한 채 법원이 중도에 회생절차를 종료시키는 것을 말한다. 이 점에서 회생절차의 폐지는 회생절차의 종결과 함께 회생절차종료사유의 하나이지만 회생절차의 목적을 성공적으로 달성함으로써 회생절차에서 벗어나게 되는 회생절차의 종결과 구별된다. 회생절차의 폐지는 회생계획인가 전의 폐지(제286조)와 신청에 의한 폐지(제287조), 회생계획인가 후의 폐지(제288조)로 구분할 수 있다.[514)]

2. 회생절차의 폐지 구분

가. 회생계획인가 전의 폐지(제286조)

회생계획인가 전의 폐지란 회생계획인가결정 전에 일정한 폐지사유의 발생에 의하여 회생절차의 목적을 달성하지 못한 채 회생절차를 종료시키는 것을 말한다. 회생계획인가 전의 폐지사유는 크게 필수적 폐지사유(제286조 제1항)와 임의적 폐지사유(제286조 제2항)로 구분할 수 있다. 필수적 폐지사유(제286조 제1항)에 해당되는 것으로는 ① 법원이 정한 기간 또는 연장한 기간 안에 회생계획안의 제출이 없거나 그 기간 안에 제출된 모든 회생계획안이 관계인집회의 심리 또는 결의에 부칠 만한 것이 못되는 때(제1호), ② 회생계획안이 부결되거나 결의를 위한 관계인집회의 제1기일부터 2월 이내 또는 연장한 기간 안에 가결

514) 종전에는 회생계획안 제출명령 전의 폐지(개정 전 제285조)도 있었으나 개정법(2014년 12월 30일 개정, 2015년 7월 1일 시행)에서 종전의 회생계획안 제출명령 제도(개정 전 제220조)를 폐지함에 따라 회생계획안 제출명령 전의 폐지도 삭제되었다.

되지 아니하는 때(제2호), ③ 회생계획안이 회생절차개시일부터 1년 이내[515]에 가결되지 아니한 때(제3호, 제239조 제3항), ④ 서면결의에 부치는 결정이 있은 때에 그 서면결의에 의하여 회생계획안이 가결되지 아니한 때(제4호, 제240조 제1항)의 경우이다.[516] 다음으로 임의적 폐지사유(제286조 제2항)에 해당되는 것은 회생계획안의 제출 전 또는 그 후에 채무자의 사업을 청산할 때의 가치가 채무자의 사업을 계속할 때의 가치보다 크다는 것이 명백하게 밝혀진 경우를 말하는데,[517] 이 경우에는 법원은 회생계획인가결정 전까지 관리인의 신청에 의하거나 직권으로 회생절차폐지결정을 할 수 있는 것이다.

나. 회생계획인가 후의 폐지(제288조)

회생계획인가 후의 폐지란 회생계획인가결정이 있은 후 회생계획을 수행할 수 없는 것이 명백하게 된 때에 법원이 관리인 또는 목록에 기재되어 있거나 신고한 회생채권자·회생담보권자의 신청 또는 직권으로 폐지결정을 하는 것을 말한다(제288조). 회생계획인가 후의 폐지는 시기적으로는 회생계획인가결정이 확정된 후에 할 수 있는 것이 원칙이다.[518] 법원은 폐지결정을 하기 전에 기일을 열어 관리위원회, 채권자협의회 및 이해관계인의 의견을 들을 수 있고, 기일을 열지 아니하는 때에는 기한을 정하여 관리위원회, 채권자협의회 및 이해관계인에게 의견을 제출할 기회를 부여하여야 한다(제288조 제2항). 의견제출기일이나 기한을 정하는 결정은 공고하여야 하고, 확정된 회생채권 또는 회생담보권에 기하여 회생계획에 의하여 인정된 권리를 가진 자 중에서 알고 있는 자에 대하여는 송달도 하여야 한다(제288조 제3항). 회생계획인가 후에 회생절차가 폐지된 경우에는 회생계획의 수행과 통합도산법의 규정에 의하여 생긴 효력에 그 영향을 미치지 아니한다(제288조 제4항).

---

515) 다만, 불가피한 사유가 있는 때에는 법원은 6월의 범위 안에서 그 기간을 늘일 수 있다(제239조 제3항 단서).

516) 다만, 서면결의에서 가결되지 아니한 회생계획안에 대하여 속행기일(제238조)이 지정된 때에는 그 속행기일에서 가결되지 아니한 때를 말한다(제286조 제1항 제4호 단서).

517) 다만, 이 경우라도 법원이 청산 등을 내용으로 하는 회생계획안의 작성을 허가하는 경우(제222조)에는 폐지사유가 되지 아니한다(제286조 제2항 단서).

518) 서울중앙지방법원, 제4판 회생사건실무下, 262p.

다. 신청에 의한 폐지

신청에 의한 폐지란 채무자가 그 채무를 완제할 수 있을 정도로 능력이 있음이 밝혀져 더 이상 회생절차를 유지할 필요성이 없어서 이해관계인 등의 신청에 의하여 회생절차를 폐지하는 것을 말한다. 즉 채무자가 목록에 기재되어 있거나 신고한 회생채권자와 회생담보권자에 대한 채무를 완제할 수 있음이 명백해진 경우에는 관리인, 채무자, 목록에 기재되어 있거나 신고한 회생채권자 또는 회생담보권자의 신청이 있는 경우 법원은 회생절차를 폐지하는 결정을 하여야 한다(제287조 제1항).[519] 신청에 의한 폐지는 반드시 신청이 있어야 가능하며 법원의 직권으로는 폐지할 수 없다. 신청에 의한 폐지결정의 시점에 대하여는 법문상 그 제한이 없지만 이는 채무를 완제할 수 있음이 명백한 경우에 하는 것이므로 회생계획인가 후에는 회생절차종결결정에 의하여 회생절차를 종료하면 될 것이고 따라서 굳이 본 규정에 의하여 회생절차를 폐지할 이유는 없는 것이어서 신청에 의한 폐지는 회생계획인가 전까지 할 수 있다고 본다. 회생계획인가 전에 신청에 의한 폐지가 이루어진 경우에는 목록에 기재되어 있지도 아니하고 신고도 되지 아니한 채권이라도 실권되지는 아니한다.

신청에 의한 폐지의 신청이 있는 때에는 법원은 채무자, 관리위원회, 채권자협의회 및 목록에 기재되어 있거나 신고한 회생채권자와 회생담보권자에 대하여 그 뜻과 의견이 있으면 법원에 제출할 것을 통지하여야 하며, 그 통지를 발송한 후 1월 이상이 경과하지 아니하면 회생절차폐지의 결정을 하지 못한다(제287조 제3항, 제4항).

3. 회생절차폐지결정과 불복

가. 회생절차폐지결정과 공고

법원이 회생절차폐지의 결정을 한 때에는 그 주문과 이유의 요지를 공고하여야 한다(제289조 본문). 이 경우 송달은 하지 아니할 수 있다(제289조 단서). 다만 실무상으로는 관리인 및 채권자협의회에게 폐지결정문을 송달하고 있다.

---

519) 실무상 이러한 사유로 인하여 회생절차가 폐지되는 사례는 없다(서울중앙지방법원, 제4판 회생사건실무下, 260p).

나. 회생절차폐지결정에 대한 불복

회생절차폐지결정 여부의 결정에 대하여는 즉시항고할 수 있다(제290조, 제247조 제1항 본문).[520] 항고권자는 인가 전의 폐지의 경우에는 관리인, 공익채권자, 회생계획에 의하여 권리가 인정된 회생채권자·회생담보권자, 채무자 등이고, 인가 후의 폐지의 경우에는 관리인, 공익채권자, 목록에 기재되어 있거나 신고한 회생채권자·회생담보권자, 채무자 등이다. 신청인에 의한 폐지신청에 의하여 회생절차폐지결정이 내려진 경우에 있어서의 당해 신청인은 즉시항고할 수 없다고 본다.[521]

즉시항고기간은 폐지결정의 공고가 있은 날부터 14일 이내이다(제13조 제2항). 즉시항고의 제기는 회생법원에 항고장을 제출함으로써 하며, 2,000원의 인지를 첨부하여야 한다(제33조, 민사소송법 제445조). 회생절차폐지결정에 대한 즉시항고에는 집행정지의 효력이 인정된다(제13조 제3항).

---

520) 이와 달리 회절차종결결정에 대하여는 불복할 수 없다.

521) 제2판 회생정리법(하), 임채홍·백창훈, 292p; 서울중앙지방법원, 제4판 회생사건실무下, 269p.

[서식 9] 인가 전 회생절차폐지결정

○○ 지 방 법 원
제○ 파 산 부
결 정

사 건 20○○회단○○ 회생
채 무 자 ○ ○ ○
○○시 ○○구 ○○동 ○○○
관 리 인 ○ ○ ○

주 문

이 사건 회생절차를 폐지한다.

이 유

1. 회생절차에 이르기까지의 경과

채무자는 20○○. 1. 1. ○○회사를 설립해서 이동전화단말기의 제조 및 판매업을 주업종으로 하여 통신기계기구와 부속품의 제조가공 및 판매업을 영위하고 있다. 채무자는 20○○. 12. 미국의 ○○사와 PDA 단말기에 대한 기술라이센스 계약을 체결하여 PDA 단말기를 개발완료한 후 이를 OEM 방식(주문자의 상표를 부착하여 생산하는 방식)이나 OEM 방식(기술력을 갖춘 회사가 유통업체가 요구하는 기술을 자체 개발하여 제품을 생산한 후 유통업체에 판매하는 방식)으로 납품하여 20○○년에 ○○○억원, 20○○년에 ○○○억원의 매출실적을 달성하였다. 채무자는 매출을 증대시키기 위하여 20○○년부터 중국시장에 적극적으로 진출하면서 그 해에 개발비로 ○○○억원을, 20○○년에 개발비로 ○○○억원을 투입하였는데, 20○○년 들어 중국정부에서 채무자의 주력제품인 PDA 완제품에 대한 수입제한조치를 실시한데다가 신제품 개발이 시기적으로 지연되거나 실패하여 개발비 투자가 회사의 직접적인 매출로 연결되지 못하였으며 중소 단말기 제조업체들에 대한 금융기관의 기존대출 회수 및 신규대출 중단 조치로 채무자의 자금사정이 상당히 악화되어, 결국 채무자의 보유 자산이나 장래 영업활동에서 창출할 수 있는 현금흐름으로는 채무상환이 불가능한 상태에 놓이게 되었다.

이에 채무자는 20○○. ○. ○. 이 법원에 회생절차개시신청을 하여 같은 해 12. 10. 이 법원으로부터 회생절차개시결정을 받았다.

2. 채무자의 청산가치와 계속기업가치의 비교

채무자 회생 및 파산에 관한 법률 제286조 제2항은 채무자의 사업을 청산할 때의 가치가 채무자의 사업을 계속할 때의 가치보다 명백히 크다고 인정되는 때에는 회생절차를 폐지할 수 있도록 규정하고 있다.

그런데 이 법원이 선임한 조사위원의 조사보고서 및 관리인의 보고서에 의하면, 채무자의 청산가치는 190억원인 반면 계속기업가치는 100억원으로서 채무자의 청산가치가 계속기업가치보다 90억 정도 큰 것으로 나타나고 있다. 조사위원이 위 각 가치를 산정함에 있어 취한 방법이나 채택한 자료는 적당하다고 보이고, 특히 계속기업가치의 산출을 위하여 전제한 채무자 업종의 사업전망과 수익성은 현재의 여건 및 상황을 적절히 반영하여 합리적으로 평가한 것으로 인정되며, 현재가치 산정을 위해 적용한 ○○%의 할인율 역시 이 법원 관리위원회가 정한 기본할인율과 위험프리미엄의 범위 안에서 향후 위험가능성을 적절히 반영한 비율이라고 인정된다.

3. 결 론

그렇다면, 이 사건 회생절차는 채무자 회생 및 파산에 관한 법률 제286조 제2항에서 정한 폐지사유가 발생하였다 할 것이므로, 채무자에 대한 이 사건 희생절차를 폐지하기로 하여, 주문과 같이 결정한다.

20○○. ○. ○.

재판장 판사 ○ ○ ○

(서울중앙지방법원, 회생사건실무下, 부록서식 인용 및 참고)

[서식 10] 인가 후 회생절차폐지결정

○○ 지 방 법 원
제○ 파 산 부
결 정

사 건 20○○회단○○ 회생
채 무 자 ○ ○ ○
○○시 ○○구 ○○동 ○○○
관 리 인 ○ ○ ○

주 문

이 사건 회생절차를 폐지한다.

이 유

1. 인정 사실

이 사건 기록에 의하면, 다음 사실을 인정할 수 있다.

(1) (가) 채무자는 20○○. 5. 10.경 ○○○○회사를 설립한 이래 산업용 포장재를 제조·판매하여 왔는데, 20○○. 이후 자금난과 원가부담을 이기지 못하고 20○○. 5. 18. 이 법원 회생절차 개시신청을 하였다. 이 법원은 20○○. 3. 12. 관계인집회에서 회생계획이 가결되자 같은 날 인가를 하였는데, 회생계획 수행기간은 20○○년과 20○○년을 준비연도로 하고 20○○년도부터 20○○년까지 10년간으로 예정하였다.

(나) 회생계획인가 당시 권리가 변경되어 확정된 회생채무의 내역은 회생담보권 약 150억원, 회생채권 약 240억원이었고, 공익채권도 약 37억원이 발생되어 있었다. 채무자는 그와 같은 회생채무는 물론 회사의 운영자금을 조달하기 위한 주된 수입원을 매출을 통한 영업수익금으로 계획하였는데, 당시 채무자가 예상한 구체적인 매출 등의 영업수지 중 20○○년도부터 20○○년 9월까지의 내역은 "별지 손익계산서"의 "추정"란 기재와 같다.

(2) (가) 채무자는 회생계획이 인가됨에 따라 그 수행에 들어갔는데, 우리나라 유화업계가 과잉설비에 따른 수익성 악화로 감산경영을 함에 따라 유화업체를 주된 거래처로 삼고 있던 채무자로서는 내수시장의 침체라는 예상치 않은 상황을 맞이하게 되었고, 이로 인하여 채무자의 영업실적은 20○○년부터 20○○년 9월까지 "별지 손익계산서"의 "실적"란 기재와 같이 회생계획상의 예정치를 훨씬 밑도는 매출 등의 영업수지를 보이고 있다.

(나) 채무자의 영업상황 중 가장 중요한 자금유입원인 매출의 경우 회생계획 대비 실적 비율이 20○○년 73.34%, 20○○년 46.74%, 20○○년 9월 현재 35.46%로서 점점 예정치 달성 비율이 낮아지고 있고, 매출액의 절대규모 역시 지속적인 하향추세를 보이고 있다. 영업수지 역시 20○○년도에 약 2억 5천만원의 영업이익을 실현해야 되나 약 1억 4천만원에 그쳤고, 20○○년도에는 예정하였던 영업이익 약 12억 7천만원에 현저하게 미달하는 약 10억 7천만원의 영업손실을 냈으며, 20○○년도 9월까지 영업수지 역시 약 10억 4천만원을 예정하고 있음에도 오히려 6억 5천만원의 영업손실을 보는 등 영업수지가 개선될 기미를 보이고 있지 않은 실정이다.

(3) (가) 채무자는 위와 같은 영업부진 등으로 자금조달이 제대로 이루어지지 않음에 따라 20○○. 11. 30.자로 이미 변제기가 경과한 회생채무 약 33억원 중 회생담보권 약 13억원, 회생채권 약 6억원의 지급을 지체하고 있다. 또한 채무자는 20○○. 11. 30.자로 변제기가 도래하는 회생담보권 약 10억원, 회생채권 약 7억 7천만원 합계 약 18억원의 채무를 추가로 이행해야 한다.

(나) 채무자는 위와 같은 부진한 영업상황을 개선하고 극심한 자금사정을 타개하기 위하여 20○○년부터 계속하여 M&A 등을 통한 새로운 투자자의 확보에 노력을 기울였으나 현재까지 별다른 성과를 보지 못하였고, 채무자의 그 동안의 영업상황, 유화업계의 경기동향 등에 비추어 그 결과 또한 회의적이다.

(4) 한편, 채권자 중 회생담보권의 96%와 회생채권의 26%를 보유하고 있는 ○○유한회사는 채무자에 대한 회생절차 폐지 여부를 묻는 이 법원의 의견조회에 대하여 위와 같은 채무자의 전반적인 영업상황 등을 이유로 회생절차의 폐지를 요청하고 있다.

2. 판 단

위 인정사실과 같이 채무자가 회생계획과는 달리 매출이 현저히 부진을 면치 못함에 따라 영업이익 등이 큰 폭으로 적자를 내는 등 수입을 거의 창출하지 못하고 있는 점, 회생계획에 따른 채무를 이미 19억원 정도 변제하지 못하고 있고 올해 변제기가 도래하는 18억원의 채무 역시 그 이행을 기대할 수 없는 점, 채무자가 추진하는 신규자본 등의 유치도 구체적인 성과가 없고, 달리 금융기관으로부터의 지원도 기대할 수 없는 사정, 최대 채권자가 회생절차의 폐지를 요청하고 있는 사정, 그 밖에 이 사건 기록에 나타난 제반 사정에 비추어 볼 때, 채무자가 향후 회생계획기간 안에 회생계획에 따라 영업활동으로 자금을 조달하여 회생채무를 변제하고 회생의 바탕을 마련할 수 있는 것으로는 보이지 않는다.

3. 결 론

그렇다면 채무자는 회생계획을 제대로 수행하지 못하고 있을 뿐만 아니라, 향후 회생계획을 수행할 가망이 없음이 명백하다고 판단되므로 채무자 회생 및 파산에 관한 법률 제288조 제1항에 따라 이 사건 회생절차를 폐지하기로 하여 주문과 같이 결정한다.

20○○. ○. ○.

재판장 판사 ○ ○ ○

(별지생략)

(서울중앙지방법원, 회생사건실무下, 부록서식 인용 및 참고)

[서식 11] 회생계획안이 부결된 경우의 회생절차폐지결정

○○ 지 방 법 원
제○ 파 산 부
결 정

사 건 20○○회단○○ 회생
채 무 자 ○ ○ ○
○○시 ○○구 ○○동 ○○○
관 리 인 ○ ○ ○

주 문

위 사건 회생절차를 폐지한다.

이 유

위 사건에 관하여 관리인이 20○○. ○. ○. 제출하고, 20○○. ○. ○. 수정허가된 별지 회생계획안은 20○○. ○. ○. 개최된 회생계획안의 결의를 위한 관계인집회에서(20○○. ○. ○. 회신기간이 끝난 서면결의 결과) 채무자 회생 및 파산에 관한 법률 제237조의 가결요건에 해당하는 동의를 얻지 못하여 부결되었으므로, 이 법원은 채무자 회생 및 파산에 관한 법률 제286조 제1항 제2호(제4호)에 의하여 주문과 같이 결정한다.

20○○. ○. ○.

재판장 판사 ○ ○ ○

[기재례 45] 회생절차폐지결정(청산가치가 계속기업가치보다 큰 경우)

○○ 지 방 법 원
제○○ 민 사 부
결 정

사 건 20○○회단○ 회생
채무자 ○ ○ ○
○○시 ○구 ○○동 ○○번지
관리인 ○ ○ ○

주 문

이 사건 회생절차를 폐지한다.

이 유

1. 회생절차에 이르기까지의 경과

가. 채무자는 20○○. ○. ○. ○○회사를 설립하여 부동산 매매업, 건축설비업, 주택 임대업 등을 영위한바, ○○○○아파트 설비공사를 비롯하여 총 ○○건의 아파트 신축공사 및 오피스 신축공사의 설비공사를 하도급받아 시행하였다.

나. 채무자의 매출은 20○○년 18억원에서 20○○년 87억 5,200만원으로 매년 계속적으로 증가되었으나, 유가 및 원자재값 상승으로 수익구조가 악화되었을 뿐만 아니라 공사대금결재가 지연되어 자금운영의 어려움을 겪게 되었다. 특히 주식회사 ○○건설과 ○○건설 등이 채무자에게 설비공사에 대한 기성금의 지급을 미루게 되면서, 채무자는 하청업체들에게 발행한 어음을 결재하지 못하여 부도에 이르게 되었다. 채무자 회사는 부도 이후 자금조달이 어려워지고 매출채권 회수도 저조해져 자금사정이 급속히 악화되었고, 결국 채무자의 보유 자산이나 장래 영업활동에서 창출할 수 있는 현금흐름으로는 채무상환이 불가능한 상태에 놓이게 되었다.

다. 이에 채무자는 20○○. ○. ○. 이 법원에 회생절차 개시신청을 하여 같은 해 ○. ○. 이 법원으로부터 회생절차개시결정을 받았다.

2. 채무자의 청산가치와 계속기업가치의 비교

가. 채무자의 회생 및 파산에 관한 법률 제286조 제2항은 채무자의 사업을 청산할 때의 가치가 채무자의 사업을 계속할 때의 가치보다 명백히 크다고 인정되는 때에는 회생계획안의 제출을 명하지 아니하고 회생절차를 폐지할 수 있도록 규정하고 있다.

나. 그런데 이 법원이 선임한 조사위원의 조사보고서에 의하면, 채무자의 청산가치는 금 598,000,000원인 반면 채무자의 계속기업가치는 금 472,000,000원으로서, 채무자의 청산가치가 계속기업가치를 126,000,000원 초과하고 있다. 조사위원이 청산가치와 계속기업가치를 산정함에 있어서 취한 방법이나 채택한 자료가 적정한 것으로 보이고, 계속기업가치의 산출을 위하여 전제한 채무자 업종의 사업전망과 수익성은 현재의 여건 및 상황을 적절히 반영하여 합리적으로 평가한 것으로 인정되며, 현재가치 산정을 위해 적용한 연 11.45%의 할인율 역시 향후의 위험가능성을 적절히 반영한 비율이라고 인정된다.

3. 결 론

그렇다면, 이 사건 회생절차는 채무자 회생 및 파산에 관한 법률 제286조 제2항에서 정한 폐지사유가 발생하였다 할 것이므로, 채무자에 대한 이 사건 회생절차를 폐지하기로 하여 주문과 같이 결정한다.

20○○. ○. ○.

재판장 판사 ○ ○ ○

(서울중앙지방법원, 회생사건실무下, 부록서식 인용 및 참고)

[서식 12] 회생절차폐지결정에 대한 즉시항고장

즉 시 항 고 장

항고인 겸 채무자　　○ ○ ○
　　　　　　　　　　○○시 ○구 ○○동 ○○번지
관 리 인　　　　　　○ ○ ○ (010-0000-0000)

○○지방법원 20○○회단○ 회생 사건에 관하여 동 법원이 20○○. ○. ○.자로 회생절차폐지결정을 하였으나 이에 불복하므로 항고를 제기합니다.

원결정의 표시

이 사건 회생절차를 폐지한다.

항 고 취 지

1. 원 결정을 취소한다.

라는 결정을 구합니다.

항 고 이 유

1. 회생절차의 경과와 폐지결정

가. 회생절차의 경과

항고인 겸 채무자(이하 "채무자"라 한다.)에 대한 회생절차는 다음과 같이 진행되었습니다.

20○○. ○. ○. 회사재산보전처분결정

20○○. ○. ○. 회생절차개시결정

나. 폐지결정

그 뒤 채무자의 청산가치가 계속기업가치를 초과하고 있다는 조사위원의 조사보고서에 의하여, 채무자에 대한 이 사건 회생절차를 20○○. ○. ○. 폐지하기에 이릅니다.

2. **폐지결정의 부당성**

원 결정은 부당한 바, 그 이유는 조사위원의 조사보고서에 계속기업가치를 산정함에 있어서 취한 방법이나 채택한 자료가 적정하지 않고, 계속기업가치의 산출을 위하여 전제한 채무자 업종의 사업전망과 수익성에 대하여 합리적으로 평가했다고 보기 어려우며, 현재가치 산정을 위해 적용한 연 11.45%의 할인율 역시 적절히 반영되었다고 보기 어렵습니다.

(항고이유에 대하여 항고이유서를 별도로 제출하겠습니다.)

3. **결 론**

채무자는 회생절차 폐지결정을 취소받고자 이 사건 항고를 제기하기에 이른 것입니다.

20○○. ○. ○.

항고인 겸 채무자 ○○○

관리인 ○○○

○○지방법원 귀중

[서식 13] 항고이유서

항 고 이 유 서

사 건 20○○. ○. ○. 회생
항고인 겸 채무자 ○ ○ ○
○○시 ○구 ○○동 ○○번지
관리인 ○ ○ ○ (010-0000-0000)
상 대 방 주식회사 ○○산업 외 ○○

위 사건에 관하여, 항고인은 아래와 같이 항고이유를 진술합니다.

아 래

1. 항고이유의 요지

가. 원심은 20○○. ○. ○. 조사위원의 조사보고서에 의하여 채무자의 청산가치(598,000,000)가 계속기업가치(472,000,000원)를 초과하고 있다는 이유로, 채무자에 대한 이 사건 회생절차를 폐지하였습니다.

나. 그러나 조사위원의 조사보고서에는 계속기업가치를 평가함에 있어 채무자의 비영업용 자산의 처분대금(매각가능자산의 현재가치인 269,409,357원) 등이 반영되지 아니한 오류(잘못)가 있고, 이로 인하여 계속기업가치가 잘못 평가되기에 이르렀습니다. 이하에서는, 계속기업가치의 평가 오류에 관하여 살펴보고 청산가치가 계속기업가치를 초과하는지 여부도 살펴보겠습니다.

2. 회생절차의 목적

가. 청산가치의 의의

청산가치란 채무자가 파산적 청산을 통하여 해체·소멸되는 경우에 기업을 구성하는 개별 재산을 분리하여 처분할 때의 가액을 합산한 금액을 말합니다(회생실무준칙 제2호, 조사위원 선정, 보수기준 및 조사·보고 사항).

나. 계속기업가치의 의의

계속기업가치란 채무자의 재산을 해체·청산함이 없이 이를 기초로 하여 기업활동을 계속할 경우의 가치를 말합니다. 계속기업가치는 기업의 미래 수익흐름을 현재가치로 할인하는 현금흐름할인법에 의하여 산정합니다(회생실무준칙 제2호, 조사위원 선정, 보수기준 및 조사·보고 사항).

다. 채무자의 청산가치와 계속기업가치의 비교

채무자 회생 및 파산에 관한 법률의 목적이 재정적 궁핍으로 파탄에 직면하였으나 경제적으로 갱생의 가치가 있는 채무자에 관하여 그 사업의 정리재건을 도모하는 것인바, 구체적으로는 채무자가 파산적 청산을 통하여 보유 자산이 해체되어 개별 매각되는 것을 전제로 할 경우의 청산가치와 기초재산을 보유하면서 가용소득으로 변제재원을 마련하여 채무를 변제할 경우의 계속가치(순현금흐름의 현재가치 즉, 변제재원의 현재가치)를 비교하여 계속기업가치가 청산가치에 비하여 큰 경우 경제적으로 갱생의 가치가 있는 것으로 판단하고 있습니다.

3. 조사보고서상 계속기업가치 평가의 오류

가. 채무자의 비영업용 자산의 처분대금을 반영하지 않았습니다.

(1) 계속기업가치는 채무자의 미래현금흐름의 현재가치(회생계획기간 동안의 현금 흐름의 현재가치+회생계획기간 종료 후의 현금흐름의 현재가치)외에 비영업용 자산의 처분대금까지 포함하고 있습니다.

(2) 그런데 채무자가 가지고 있는 매각 가능한 비영업용 자산은 269,409,357원입니다. 이 금원은 조사위원이 산정한 청산가치를 기준으로 한 것으로 현재가치환산을 위한 할인율이 적용되지 아니한 금액입니다. 그럼에도 불구하고 조사보고서에 의하면, 아래 도표에서와 같이 계속기업가치를 평가함에 있어서 채무자의 비영업용 자산에 대한 가치를 반영하지 않고, 현금흐름의 현재가치만을 반영하였습니다.

※ 회사의 계속기업가치 평가 결과

(단위 : 백만원)

구 분	회사제시	조사위원
순영업현금흐름의 현재가치(A) 매각가능자산 현재가치(B)	3,981 -	472 -
계속기업가치 평가액 {(A)+(B)}	3,981 -	472 -

(3) 따라서 이 사건에 있어서 채무자 회사의 계속기업가치는 조사위원이 제시한 472,000,000원에다가 비영업용 자산의 청산가치 매각가능자산 현재가치인 269,409,357원을 더한 741,409,357원이라고 할 것입니다. 그렇다면, 이 사건에서는 채무자의 계속기업가치가 741,409,357원으로서 청산가치인 598,000,000원을 143,409, 357원을 초과하고 있다고 할 것입니다.

나. 매출액의 추정 부분

(1) 조사위원의 조사보고서에 의하면 2000년 매출액을 공사계약잔액과 추가공사계약을 예상하여 40억원을 인정하면서도 보수적인 입장에서 20% 감액·조정하여 32억원으로 추정하였습니다.

(2) 그러나 20%의 감액·조정한 것이 객관적인 기준에 의한 것이 아니고 자의적인 성격이 강하다고 할 것이고, 이러한 감액·조정이 없었다면 20백만원 정도의 계속기업가치의 증가가 있었을 것입니다.

다. 매출원가의 추정부분

(1) 조사위원의 조사보고서에는 매출원가율로 채무자 회사의 과거 5개년 평균비율인 87.42%를 적용하였는바, 건설업의 업종평균비율(86.46%)과 비교하여 어느 것이 더 타당한 비율이냐는 판단이 어려운 부분이라 할 것이고, 따라서 업종평균매출원가율보다 0.96%가 높은 5개년 평균매출원가율을 적용한 것에도 오류가 있다고 할 것입니다.

(2) 왜냐하면 채무자가 현 상황에서 비업무용 자산 매각대금을 통한 자재를 현금으로 구입하고 자재구입처 다변화와 현장 원가절감 등의 노력을 통하여 매출원가율을 채무자의 평균비율 87.42%의 1%에 해당되는 0.8742% 정도는 줄일 수 있기 때문입니다(이로 인하여 채무자의 계속기업가치는 221백만원 증가하게 됩니다). 이는 위 평균비율(86.55% = 87.42% - 0.8742%)이 건설업의 업종평균비율(86.46%)보다 높은 수준이기 때문에 수용 가능한 비율입니다.

라. 일반경비의 추정 부분

(1) 조사위원의 조사보고서에는 일반경비율로 채무자 회사의 과거 5개년 평균비율인 11.43%를 적용하였는바, 건설업의 업종평균비율(7.13%)과 비교하여 어느 것이 더 타당한 비율이냐는 매출원가의 경우와 같이 판단이 어려운 부분이라 할 것입니다.

(2) 만일 채무자가 현 상황에서 관리인원(구조조정 및 관리인의 현장근무)의 인건비와 기타경비의 절감 등의 노력을 통하여 회사의 평균비율 11.43%의 5%

인 0.57%만 줄이더라도 회사의 계속기업가치는 148백만원 증가하게 됩니다. 이는 위 평균비율(10.86% = 11.43% - 0.57%)이 건설업의 업종평균비율(7.13 %)보다 상당히 높은 수준이기 때문에 수용 가능한 비율입니다.

4. 결 어

이상에서 본 바와 같이 채무자의 비업무용 자산(매각가능한 자산)의 처분대금(현재가치)만을 반영하여도 계속기업가치가 청산가치를 초과한다고 할 것입니다. 따라서 여러 가지 상황을 참작하시여 새로운 조사위원으로 하여금 조사보고서(보완서)를 제출하게 하여 회생절차 진행 여부를 판단하여 주시기를 바랍니다.

참 고 자 료

1. 회생사건실무(상) 표지 및 내용 1통

20○○. ○. ○.

항고인 겸 채무자의 소송대리인 법무법인 ○○
담당변호사 ○○○

○○고등법원 민사○부 귀중

[기재례 46] 즉시항고인에 대한 공탁명령

○○ 지 방 법 원
제○○ 민 사 부
결 정

사 건	20○○회단○ 회생
항고인 겸 채무자	○ ○ ○
	○○시 ○구 ○○동 ○○번지
관 리 인	○ ○ ○

주 문

항고인은 보증으로 이 결정을 송달받은 날로부터 10일 이내에 금 10,000,000원을 공탁하여야 한다.

이 유

채무자 회생 및 파산에 관한 법률 제290조 제1항, 제247조 제4항에 의하여 주문과 같이 결정한다.

20○○. ○. ○.

재판장 판사 ○ ○ ○

[기재례 47] 일반회생 항고절차의 흐름(대법원 인터넷사이트)

본 사이트에서 제공된 사건정보는 법적인 효력이 없으니 참고자료로만 활용하시기 바랍니다. 보다 상세한 내용은 해당 법원에 문의하시기 바랍니다.

사건일반내용 사건진행내용 » 인쇄하기 » 나의 사건 검색하기

사건번호 : ○○고등법원 20○○라○○○

기본내용 » 청사배치

사건번호	20○○라○○○	사건명	회생
항고인	○○○	상대방	(주)○○산업 외○○명
재판부		민사○부 다	
접수일	20○○.07.28	종국결과	20○○.05.18 [(재)항고]인용
수리구분	제소	병합구분	없음
기록송부일		재항고인	
재항고일		재항고결과	
보존여부		기록보존됨	
송달료, 보관금 종결에 따른 잔액조회	» 잔액조회		

심급내역

법 원	사건번호	결 과
○○지방법원	20○○회단○	20○○.07.02 (회생)

최근기일내역 » 상세보기

일 자	시 각	기일구분	기일장소	결 과
20○○.04.13	16:00	심문기일	고등○○○호 소법정	속행
20○○.04.27	14:00	심문기일	고등○○○호 소법정	종결

최근 기일 순으로 일부만 보입니다. 반드시 상세보기로 확인하시기 바랍니다.

최근 제출서류 접수내용 » 상세보기

일 자	내 용
20○○.03.24	항고인대리인 법무법인 ○○ 기일지정신청서 제출
20○○.04.20	항고인대리인 법무법인 ○○ 증거신청 제출
20○○.04.20	항고인대리인 법무법인 ○○ 참고자료 제출
20○○.05.12	기타 ○○회계법인 주식회사○○기업 수정 회보서 제출

최근 제출서류 순으로 일부만 보입니다. 반드시 상세보기로 확인하시기 바랍니다.

당사자 내역

구 분	이 름	종국결과	판결송달일
항고인	1. 주식회사○○기업		
상대방	1. (주)○○산업		
상대방	2. ○○○		
상대방	3. ○○기공(주)		
상대방	4. (주)○○○○은행		
상대방	5. (주)○○○○저축은행		
상대방	6. (주)○○은행		
상대방	7. (주)○○은행		
상대방	8. (주)○○텔레콤		
상대방	9. (주)○○알미늄		
상대방	10. ○○○		
상대방	11. ○○○		
상대방	12. ○○카드(주)		
상대방	13. ○○○		
상대방	14. ○○○		
상대방	15. ○○○		
상대방	16. ○○○		

대리인내역

일 자	내 용
항고인	법무법인 ○○ (담당변호사 : ○○○, ○○○, ○○○, ○○○)

소송관계인내용

구 분	이 름
항고인 증인	○○○

[서식 14] 항고이유 보충 위한 사실조회신청

사 실 조 회 신 청

사 건 20○○. ○. ○. 회생
항고인 겸 채무자 ○ ○ ○
○○시 ○구 ○○동 ○○-○○○ 오피스텔
관리인 ○ ○ ○

위 사건에 관한 귀원 20○○. ○. ○.회생 항고사건의 항고이유를 보충하고자 귀원에서 지정하는 회계사로 하여금 다음 사항에 대한 조회를 명하여 주시기를 신청합니다.

－ 다 음 －

1. 조회대상
채 무 자 ○ ○ ○
○○시 ○구 ○○동 ○○번지
관리인 ○ ○ ○

2. 조회할 사항
가. 계속기업가치는 채무자의 미래현금흐름의 현재가치(회생계획기간 동안의 현금흐름의 현재가치+회생계획기간 종료 후의 현금흐름의 현재가치)외에 비영업용 자산의 처분대금까지 포함하고 있는데(서울지방법원·파산부실무연구회, 박영사, 서울중앙지방법원, 제4판 회생사건실무(상) 300면 참조), 첨부된 조사보고서에 의하면, 계속기업가치를 평가함에 있어서 채무자의 비영업용 자산에 대한 가치를 반영하지 않고, 현금흐름의 현재가치만을 반영하여 472,000,000원으로 평가하였습니다(조사보고서 38쪽, 회사의 계속기업가치 평가 결과, 매각가능자산 현재가치(B)부분 참조).
(1) 별지 1목록 기재 부동산(이는 위 조사보고서 44쪽 기재 투자부동산 평가내역란의 부동산과 동일)중 비업무용 자산으로 분류할 수 있는 것이 있는지 여부
(2) 위 8개 부동산 중 회사 사무실로 사용 중에 있는 3, 4번 목록 부동산

을 제외한 나머지 부동산이 비업무용 자산으로 분류된다면 조회 대상 회사가 가지고 있는 매각가능한 비영업용 자산이 269,409,357원으로 평가될 수 있는지 여부(조사보고서 44쪽, 이는 투자부동산 평가내역 합계 393,724,757원에서 조회 대상 회사의 사무실로 사용하고 있는 목록 3번 58,642,650원 및 4번 65,672,750원을 제외한 나머지 금액입니다.)

(3) 조회 대상 회사의 계속기업가치는 조사위원이 제시한 472,000,000원에다가 비영업용 자산의 청산가치 매각가능자산 현재가치인 269,409,357원을 더한 741,409,357원이라고 할 것인지 여부

(4) 결국 조회 대상 회사의 계속적기업가치가 741,409,357원으로서 청산가치인 598,000,000원을 143,409,357원을 초과하고 있다고 할 것인지 여부

나. 별지 2 목록 기재 부동산의 실제 소유자는 채무자 회사임에도(채무자 회사가 20○○. 7. 18. 대물로 받은 부동산이고, 등기부상 공동담보물로 기재되어 있는 ○○○동 ○○○호도 대물변제 받았으나, 최근 1억원에 매각되어 근저당권자인 ○○은행에게 지급되었습니다.) 소유권이전등기절차를 밟지 아니한 상태임

(1) 별지 2 목록의 채무자 소유의 부동산 중 비영업용 자산으로 분류할 수 있는 것이 있는지 여부

(2) 비영업용 자산으로 분류된다면 채무자의 계속기업가치에 반영할 수 있는지 여부

(3) 채무자 소유의 부동산 중에 계속기업가치에 반영될 수 있는 부동산의 평가액이 얼마 정도인지 여부

3. 조회의 목적

본 신청에 있어서 비영업용 자산의 처분대금이 계속기업가치에 포함되는지 여부, 계속기업가치(채무자의 사업을 계속할 때의 가치)가 청산가치(채무자의 사업을 청산할 때의 가치)보다 큰지 여부를 알아보기 위하여.

4. 조회기관

가. ○○회계법인

○○시 ○구 ○○동 ○○번지(○○빌딩 ○층)

연락처 : 02)○○○-○○○○ 팩스 : 02)○○○-○○○○

나. ○○회계법인

○○시 ○구 ○동 ○○○-○○(○○○빌딩 ○층)

첨 부 서 류

1. 법인등기부등본 1통
1. 조사보고서 1부
1. 부동산등기부등본 10통
1. 분양계획서 2부

20○○. ○. ○.

항고인 겸 채무자의 소송대리인 법무법인 ○○
담당변호사 ○○○

○○고등법원 민사○부 귀중

[기재례 48] 항고심 결정문

○○ 고 등 법 원
제 3 민 사 부
결　　　정

사　　건	20○○라○○ 회생
채무자, 항고인	○ ○ ○ ○○시 ○구 ○○동 ○○번지 소송대리인 법무법인 ○○ 담당변호사 ○○○
관 리 인	○ ○ ○
제1심결정	○○지방법원 20○○. ○. ○.자 20○○회단○ 결정

주　　　문

제1심 결정을 취소한다.

항 고 취 지

주문과 같다.

이　　　유

1. 기초사실

기록과 이 법원의 심문결과에 의하면 다음과 같은 사실이 인정된다.

가. 채무자는 20○○. ○. ○. 부동산 매매업, 건축설비업, 부동산 임대업 등을 목적으로 설립되어 ○○○아파트 설비공사를 비롯하여 총 39건의 아파트 설비공사 등을 하였다. 채무자의 매출액은 20○○년 1,800,000,000원에서 20○○년 8,752,000,000원으로 매년 증가하였으나 유가 및 원자재값 상승으로 수익구조가 악화되고, 공사대금결제가 지연되어 자금운영에 어려움을 겪게 되었다. 특히, 주식회사 ○○건설 등이 채무자에게 설비공사에 대한 기성금의 지급을

지체하였고, 이로 인하여 채무자는 하청업체들에게 발행한 어음을 지급하지 못하게 되었다. 그 이후에도 자금조달이 어렵게 되고 매출채권 회수도 저조해져 자금사정은 급속히 악화되었으며, 결국 채무자의 보유자산이나 장래 영업활동에서 창출할 수 있는 현금흐름으로는 채무상환이 불가능한 상태에 빠지게 되었다.

나. 그리하여 채무자는 20○○. ○. ○. ○○지방법원에 회생절차 개시신청을 하였고, 위 법원은 20○○. ○. ○. 채무자에 대하여 회생절차개시결정을 하였다.

다. 조사위원 ○○회계법인이 작성한 조사보고서에 따르면, 채무자의 청산가치는 598,316,501원인 반면, 계속기업가치는 427,000,000원으로 채무자의 청산가치가 계속기업가치를 126,316,501원 초과하고 있었다.

라. 그런데 채무자의 계속기업가치를 427,000,000원으로 평가한 위 조사보고서는 채무자의 비영업용 자산의 처분대금 158,093,845원을 계속기업가치에서 누락시킨 잘못이 있었다.

2. 채무자의 주장과 판단

채무자는 채무자의 청산가치가 계속기업가치가 보다 크다는 이유로 채무자 회생 및 파산에 관한 법률 제258조에 따라 채무자에 대한 회생절차를 폐지한 제1심 결정이, 채무자의 계속기업가치를 평가함에 있어 비영업용 자산의 처분대금을 포함시키지 않은 잘못이 있음에도 이를 간과하여 부당하다고 주장한다.

보건대, 제1심 결정의 판단의 근거로 삼은 조사위원 ○○회계법인의 조사보고서에는 비영업용 자산 처분대금 158,093,845원을 채무자의 계속기업가치에 포함시키지 않은 오류가 있었다는 점은 앞서 인정한 바와 같다.

따라서 위 평가오류로 인하여 채무자의 계속기업가치는 비영업용 자산 처분대금인 158,093,845원 만큼 적게 평가되었다고 할 것이고, 위 비업무용 자산의 처분대금 158,093,845원을 포함시킨다면 채무자의 계속기업가치는 630,093,845원(=427,000,000원 + 158,093,845원)이며, 이는 채무자의 청산가치 598,316,501원을 31,777,344원 초과하는 것이다.

그렇다면 계속기업가치에 대한 잘못된 평가를 근거로 채무자에 대하여 회생절차를 폐지한 제1심 결정은 부당하다고 판단된다.

3. 결 론

그렇다면 이 사건 항고는 이유 있으므로 제1심 결정을 취소하기로 하여 주문과 같이 결정한다.

20○○. ○. ○.

재판장 판사 ○ ○ ○

〈2〉 회생절차폐지결정의 효력

1. 회생절차의 종료와 그 효과의 불소급성

회생절차폐지결정이 확정되면 회생절차는 종료되며 채무자나 이해관계인 등은 회생절차로부터 벗어나게 된다. 따라서 관리인 또는 관리인으로 간주되는 채무자의 권한은 소멸하여 채무자의 업무수행권 및 관리처분권은 채무자에게 회복되고, 회생채권자도 개별적으로 소구하거나 보전처분 또는 강제집행을 할 수 있게 된다(제255조 제2항, 제292조 제2항).[522][523] 다만 회생절차가 폐지된다 하더라도 회생절차개시결정이 취소된 경우와는 달리 원칙적으로 기왕의 효과까지 소급하여 소멸시키지는 아니한다. 따라서 회생계획인가 후에 폐지된 경우에는 그 동안의 회생계획의 수행과 법률의 규정에 의하여 생긴 효력에 그 영향을 미치지 아니하여 회생계획의 인가로 이미 실권된 채권이나 회생계획에서 보호되지 아니한 권리는 부활하지 아니하며,[524] 면책의 효력과 권리변경의 효력도 그대로 유지된다. 회생계획인가 전의 폐지의 경우에도 그 효력이 소급하지 아니한 관계로 관리인이 행한 행위의 효과나 회생채권 등의 확정의 효과 등도 소멸하지 아니하므로 기왕의 회생채권자 등의 목록 제출의 효과, 회생채권의 신고로 인한 시효중단의 효력(제32조 제1호), 회생채권 등의 조사결과를 기재한 회생채권자표 등의 효력 등도 그대로 유지된다. 다만 회생계획인가 전의 폐지는 아직 회생계획인가결정이 이루어지기 전의 폐지이

522) 따라서 회생절차폐지결정이 이루어진 경우에는 채무자의 부동산 등에 대한 경매가 바로 이루어질 수 있기 때문에 회생절차에 참가하고 있었던 종전의 회생채권자 등도 경매 내지 배당에 참가하는 것을 게을리해서는 아니되며 방심하면 배당요구종기를 놓치는 경우가 실무상 왕왕 있으니 주의하여야 한다.

523) 다만 회생절차가 폐지되더라도 견련파산(제6조)이 이루어져 파산절차로 이행한 경우에는 권리자들의 개별적인 강제집행이 불가하고, 그 이행한 파산절차에 의하여 구제를 받아야 할 것이다.

524) 즉 신고하지 아니한 회생채권은 회생계획인가결정이 있는 때에는 실권되고, 이와 같이 실권된 회생채권은 그 후 회생절차가 폐지되더라도 부활하지 아니한다. 다만 회생계획인가 전에 회생절차가 폐지된 경우에는 이와 같이 신고하지 아니한 회생채권이라도 실권되지 아니하며, 그 후부터는 통상의 소송을 제기하거나 계속 중인 회생채권확정의 소를 통상의 소송으로 변경할 수 있다고 할 것이다(대법원 1998.8.21. 선고 98다20202 판결).

므로 회생계획인가로 인한 실권이나 권리변경 등의 실질적인 권리변경은 없을 것이다.[525] 신청에 의한 폐지(제287조)의 경우에는 인가 후의 폐지냐 인가 전의 폐지냐에 따라서 인가 전의 폐지나 인가 후의 폐지의 효력에 따를 것이다.

한편 회생절차의 진행을 전제로 관리인만이 행사할 수 있는 부인권은 회생절차의 폐지에 따른 회생절차의 종결로 원칙적으로 소멸한다.[526][527] 다만 채무자에 대하여 회생계획인가가 있은 후 회생절차폐지의 결정이 확정되더라도 법원의 직권에 의한 파산선고에 의하여 파산절차로 이행된 때에는 파산관재인이 종전의 회생절차에서 관리인이 수행 중이던 부인권 행사에 기한 소송절차를 수계할 수 있고 따라서 이러한 경우에는 부인권 행사에 기한 소송은 종료되지 아니한다고 할 것이다.[528]

2. 회생채권자표 등의 기재에 확정판결과 동일한 효력 인정과 강제집행

회생채권·회생담보권에 기하여 회생계획에 의하여 인정된 권리에 관한 회생채권자표 또는 회생담보권자표에의 기재는 회생계획인가결정이 확정된 경우에는 채무자, 회생채권자, 회생담보권자, 회생을 위하여 채무를 부담하거나 또는 담보를 제공하는 자에 대하여 확정판결과 동일한 효력이 있고(제255조), 회생계획인가 후의 폐지(제288조)는 회생계획의 수행과 법률의 규정에 의하여 생긴 효력에 영향을 미치지 아니하므로(제288조 제4항) 회생절차가 폐지된 경우에는 집행권원이 된다.[529] 다만 회생계획인가 후의 회생절차폐지시에 채무자에게 파산의 원인이 되는 사실이

525) 대법원 1998.8.21. 선고 98다20202 판결.

526) 대법원 1995.10.13. 선고 95다30253 판결.

527) 회생절차의 폐지로 견련파산(제6조)이 이루어져 파산절차로 이행한 경우에는 종전에 회생절차의 관리인이 수행하고 있었던 부인의 소나 부인권행사에 기한 청구는 파산관재인이 수계함으로써 부인권을 계속 행사할 수 있을 것이다(서울중앙지방법원, 제4판 회생사건실무下, 273p).

528) 대법원 2015.5.29. 선고 2012다87751 판결.

529) 통합도산법 제255조(회생채권자표 등의 기재의 효력) 제2항에 근거하여 회생채권자표 또는 회생담보권자표에 기한 강제집행이 가능한 경우는 회생계획인가결정이 확정된 후 회생절차가 폐지된 경우이므로 회생계획인가 후 그 확정 전에 회생계획인가결정이 폐지된 경우에는 어떠한지 문제된다. 회생계획인가 전의 폐지의 경우에도 제292조(회생채권자표 등의 기재의 효력) 제2항에 의하여 강제집행이 가능할 뿐만 아니라 회생계획은 인가결정이 확정되기 전이라도 인가결정이 있으면 그 효력이 발생함에 비추어 이 경우에도 제255조 제2항에 의하여 강제집행이 가능하다고 본다. 입법적으로 보완이 필요한 부분이라고 보인다.

있다고 인정하는 때에는 필수적으로 파산선고를 하여야 하므로(제6조 제1항) 이 경우에는 강제집행이 불가할 것이다(제292조 제2항).

회생계획인가 전의 폐지(제286조)나 신청에 의한 폐지(제287조)의 경우에도 회생절차폐지결정이 확정된 때에는 채무자가 회생채권과 회생담보권의 조사기간 또는 특별조사기일에 그 권리에 대하여 이의를 제기하지 아니하는 한 확정된 회생채권 또는 회생담보권에 관한 회생채권자표 또는 회생담보권자표의 기재는 채무자에 대하여 확정판결과 동일한 효력이 있고(제292조 제1항), 회생채권자 또는 회생담보권자는 회생절차종료 후 파산선고를 하는 경우(제6조 제2항)를 제외하고는 채무자에 대하여 회생채권자표 또는 회생담보권자표에 기하여 강제집행을 할 수 있다(제292조 제2항).

회생절차폐지결정이 확정된 때에는 관리인은 회생계획인가 후의 폐지로서 필요적으로 파산선고를 하여야 하는 경우(제6조 제1항)를 제외하고는 채무자의 재산으로 공익채권을 변제하고 이의 있는 것에 관하여는 그 채권자를 위하여 공탁하여야 한다(제291조).

3. 채무자의 재산에 대한 등기·등록의 촉탁

회생절차폐지결정이 확정되면 법원사무관등은 직권에 의하여 지체 없이 등기·등록의 대상이 되는 채무자의 재산에 대하여 회생절차폐지결정의 기입등기·등록과 재산보전처분결정, 회생절차개시결정, 회생계획인가결정의 각 기입등기의 각 말소등기·등록을 촉탁하여야 한다(제24조 제1항 제1호, 제2호, 제5항, 제27조).

4. 회생절차의 폐지가 계속 중인 절차에 미치는 영향

가. 중지된 절차에 미치는 영향

회생절차개시결정이 이루어지면 종전에 진행되고 있던 일정한 절차가 중지된다(제58조 제2항, 제3항). 그 중지되는 절차로는 ① 파산절차, ② 채무자의 재산에 대하여 이미 행한 회생채권·회생담보권에 기한 강제집행·가압류·가처분·담보권실행경매, ③ 국세징수의 예에 의하여 징수할 수 있는 청구권으로서 그 징수우선순위가 일반 회생채권보다 우선하지 아니한 것에 기한 체납처분과(제58

조 제2항 제1호~제3호), 일정기간 동안[530]만 정지되는 ④ 회생채권·회생담보권에 기한 채무자의 재산에 대한 국세징수법 또는 지방세기본법에 의한 체납처분, 국세징수의 예에 의하여 징수할 수 있는 청구권으로서 그 징수우선순위가 일반 회생채권보다 우선하는 것에 기한 체납처분과 조세채무담보를 위하여 제공된 물건의 처분이 있다(제58조 제3항). 이와 같이 중지된 절차는 회생계획인가 전에 회생절차가 폐지된 경우에는 속행될 것이지만, 회생계획인가결정이 이루어진 후에는 그 중지된 파산절차, 강제집행, 가압류, 가처분, 담보권실행 등을 위한 경매절차는 그 효력을 상실한다(제256조 제1항 본문). 회생계획인가결정이 이루어지더라도 위 ④의 체납처분 등의 절차는 실효되지 아니하며. 위 ③의 체납처분 절차는 제256조(중지 중의 절차의 실효)에 명기되지 아니한 관계로 그 실효 여부에 관하여 실효설과 비실효설의 다툼이 있다. 회생계획인가결정 후에 회생절차가 폐지된 경우에 있어서는 회생계획인가결정으로 실효된 절차가 부활되는 것이 아니므로 파산절차, 강제집행, 가압류, 가처분, 담보권실행 등을 위한 경매절차 등을 진행시키려면 새로이 신청하여야 할 것이다.[531]

나. 조사확정재판에 미치는 영향

(1) 회생절차폐지 후 파산이 선고되지 아니한 경우

조사확정재판은 간이·신속한 결정절차로서 변론절차에 의하지 아니하며, 조사확정재판에 불복이 있는 경우에만 소송절차인 조사확정재판에 대한 이의의 소에 의하게 된다. 조사확정재판의 계속 중에 회생절차가 폐지되었지만 채무자에게 파산의 원인이 되는 사실이 있다고 인정되지 아니하는 등으로 파산선고가 이루어지지 아니한 경우에 조사확정재판의 운명이 어떻게 되는지 문제된다. 인가 전에 폐지된 경우에는 조사확정재판은 종료되어야 할 것이고, 인가 후에 폐지된 경우에는 그 폐지에 불구하고 인가의 효력에 의하여 면책이나 권

---

530) 이는 ① 회생절차개시결정이 있는 날부터 회생계획인가가 있는 날까지, ② 회생절차개시결정이 있는 날부터 회생절차가 종료되는 날까지, ③ 회생절차개시결정이 있는 날부터 2년이 되는 날까지의 각 기간 중 말일이 먼저 도래하는 기간 동안을 말하며, 법원은 필요하다고 인정하는 때에는 관리인의 신청에 의하거나 직권으로 1년 이내의 범위에서 그 기간을 늘일 수 있다(제58조 제3항).

531) 서울중앙지방법원, 제4판 회생사건실무下, 275p.

리변경의 효력이 여전히 존속하고 그에 대한 권리확정의 필요성도 있으므로 조사확정재판은 유지된다고 보아야 한다. 이때 관리인이 당사자인 경우에는 절차중단 후 채무자가 수계하여야 하고, 회생채권자·회생담보권자가 당사자인 경우에는 재판은 중단없이 계속 진행하게 될 것이다.[532)]

(2) 회생절차폐지 후 파산이 선고된 경우

조사확정재판의 계속 중에 회생절차가 폐지되고 채무자에게 파산의 원인이 되는 사실이 있다고 인정하여 파산선고가 이루어진 경우에 있어서 조사확정재판의 운명이 어떻게 되는지 문제된다. 경우를 나누어서 먼저 인가 전의 회생절차폐지의 경우에는 법원에서 파산선고를 할 것인지 여부가 임의적인 것이므로(제6조 제2항), 파산선고도 회생절차폐지결정확정 후 채무자 또는 관리인의 신청 또는 법원의 직권으로 이른바 견련파산이 이루어지는 경우도 있고(제6조 제2항), 이와 별개의 새로운 파산신청에 의하여 이루어지는 경우도 있을 수 있다. 이때 전자의 견련파산(제6조 제2항)의 경우에는 법률에서 회생채권의 신고, 이의와 조사 또는 확정을 파산절차에서 행하여진 파산채권의 신고, 이의와 조사 또는 확정으로 간주하고 있으므로(제6조 제5항) 조사확정재판은 그대로 유지된다고 할 것이고, 이때 관리인이 당사자인 경우는 파산관재인 또는 상대방이 이를 수계하여 파산채권조사확정재판으로 신청취지를 변경하면 될 것이다(제6조 제6항). 그런데 후자의 새로운 파산신청에 의한 파산절차의 경우에는 종전의 회생절차와 견련성이 없을 것이므로 조사확정재판도 종료된다고 할 것이다.

다음으로 인가 후에 회생절차가 폐지된 경우에는 파산선고가 필요적인 것이지만(제6조 제1항), 인가 전의 폐지와는 달리 법률에서 회생채권의 신고, 이의와 조사 또는 확정을 파산절차에서 행하여진 파산채권의 신고, 이의와 조사 또는 확정으로 간주하고 있지 아니하므로(제6조 제5항), 그 이행된 파산절차에서는 새로이 파산채권의 신고, 이의와 조사 또는 확정절차가 이루어져야 할 것이고 따라서 종전의 채권조사확정재판은 종료하게 된다.[533)]

532) 서울중앙지방법원, 제4판 회생사건실무下, 277p.
533) 서울중앙지방법원, 제4판 회생사건실무下, 278p.

다. 조사확정재판에 대한 이의의 소에 미치는 영향

(1) 회생절차폐지 후 파산이 선고되지 아니한 경우

조사확정재판에 대한 이의의 소의 계속 중에 회생절차가 폐지되었지만 채무자에게 파산의 원인이 되는 사실이 있다고 인정되지 아니하는 등으로 파산선고가 이루어지지 아니한 경우에 있어서 당해 이의의 소의 운명이 어떻게 되는지 문제된다. 경우를 나누어서, 먼저 인가 전의 폐지의 경우에는 당사자가 누구이냐에 따라 ① 회생채권·회생담보권자가 관리인을 상대로 제기한 경우에는 소송경제상 일반 민사소송으로 변경하여 유지된다고 보아 소송절차의 중단 및 기존 채무자로의 수계절차가 이루어지고 청구취지도 이행 내지 확인을 구하는 것으로 변경되어야 할 것이고, ② 회생채권·회생담보권자가 다른 회생채권·회생담보권자를 상대로 제기한 경우에는 기판력이 채무자에게 미치지 아니한 관계로 소송절차는 종료되어야 할 것이며, ③ 회생채권·회생담보권가 관리인 및 다른 회생채권·회생담보권자 등 수인을 상대로 제기한 경우에는 관리인에 대한 소송부분은 절차중단 및 채무자로의 수계절차가 이루어질 것이로되, 나머지의 소송부분은 종료된다고 보아야 한다.[534] 다음으로 인가 후에 폐지되는 경우에는 그 폐지에도 불구하고 인가의 효력에 의하여 종전의 면책이나 권리변경의 효력이 여전히 존속되고 그에 대한 권리확정의 필요성도 있으므로 이의소송도 유지된다고 보아야 한다.[535] 이때 관리인이 당사자인 경우에는 절차중단 후 채무자로의 수계가 이루어져야 할 것이고, 회생채권자·회생담보권자가 당사자인 경우에는 중단없이 계속 진행된다고 본다.

(2) 회생절차폐지 후 파산이 선고된 경우

조사확정재판에 대한 이의의 소의 계속 중에 회생절차가 폐지되고 채무자에게 파산의 원인이 되는 사실이 있다고 인정하여 파산선고가 이루어진 경우에 있어서 당해 이의의 소의 운명이 어떻게 되는지 문제된다. 이 경우에는 인가 전의 폐지든 인가 후의 폐지든 모두 종전의 소송은 그대로 유지되며, 이때 관

534) 서울중앙지방법원, 제4판 회생사건실무下, 276p.
535) 서울중앙지방법원, 제4판 회생사건실무下, 277p.

리인이 당사자인 경우에는 절차중단 및 채무자로의 수계절차가 이루어져야 하고, 관리인이 당사자가 아닌 경우에는 절차의 중단 없이 계속 진행된다고 본다(제6조 제1항, 제2항, 제6항). 채무자로의 수계가 이루어지든 중단 없이 계속 진행되든 청구취지는 파산절차에 맞게 변경되어야 할 것이다.[536]

5. 회생절차폐지에 따른 파산절차 등으로의 이행

가. 의 의

회생절차가 그 진행 도중에 실패하여 회생절차[537]가 폐지되고 채무자에게 파산의 원인이 되는 사실이 있다고 인정하는 때에는 법원의 직권에 의하여 필요적으로 또는 채무자·관리인의 신청이나 법원의 직권에 의하여 임의적으로 파산을 선고하는 것을 견련파산이라고 한다(제6조 제1항, 제2항).[538] 이는 도산절차에 있어서 재건형을 우선적으로 진행하되 재건형이 실패할 경우에는 소송경제 차원에서 청산형으로 이행하는데 있어서 원활한 연계가 이루어지도록 하는 기능을 하고 있다. 회생절차가 폐지된 경우 종전의 구법(회사정리법)에서는 거의 대부분 필요적으로 파선선고를 하도록 하였으나 통합도산법에서는 필요적 파산선고가 회생절차를 기피하게 되는 원인이 되고 사적 청산을 통한 비용절감의 기회도 박탈한다는 비판이 있어서 회생계획인가 후 폐지결정이 확정된 경우에만 필요적으로 파산선고를 하도록 하고, 나머지의 사유로 회생절차가 종료된 경우에는 임의적인 것으로 하였다.

나. 필요적 파산선고와 임의적 파산선고

(1) 필요적 파산선고

파산선고를 받지 아니한 채무자에 대하여 회생계획인가 후에 회생절차폐지 또는 간이회생절차폐지의 결정이 확정된 경우에 그 채무자에게 파산의 원인되

536) 서울중앙지방법원, 제4판 회생사건실무下, 278p.
537) 간이회생절차가 폐지된 경우에도 마찬가지이며, 이하 동일하다.
538) 견련파산의 사유로는 회생절차의 폐지 이외에도 회생절차개시신청 또는 간이회생절차개시신청의 기각결정, 회생계획불인가결정 등이 있다(제6조 제2항 제1호, 제3호).

는 사실이 있다고 인정하는 때에는 법원은 직권으로 파산을 선고하여야 한다(제6조 제1항). 또한 파산선고를 받은 채무자에 대한 회생계획인가결정으로 파산절차가 효력을 잃은 후 당해 회생절차폐지결정 또는 간이회생절차폐지결정이 확정된 경우에도 마찬가지로 법원은 직권으로 파산을 선고하여야 한다(제6조 제8항). 이를 필요적 견련파산이라고 한다. 회생계획인가 후 회생절차폐지결정 또는 간이회생절차폐지결정이 확정된 경우에 필요적으로 파산선고를 하도록 한 것은 회생계획이 인가되었음에도 불구하고 이후 채무자의 영업환경이나 자금사정이 극도로 악화되어 더 이상 회생가능성이 없는 관계로 회생절차를 폐지한 것이므로 파산절차로 나아갈 수밖에 없기 때문이 아닌가 싶다. 이때 전자와 같이 파산선고를 받지 아니한 채무자에 대한 필수적 파산선고의 경우에 있어서 그 파산선고 전에 지급의 정지 또는 파산의 신청이 없는 때에는 회생절차개시 또는 간이회생절차개시의 신청을 지급의 정지 또는 파산의 신청으로 보며(제6조 제1항, 제4항),[539] 후자와 같이 파산선고를 받은 채무자에 대한 필수적 파산선고의 경우에 있어서는 회생계획인가결정으로 효력을 잃은 파산절차에서의 파산신청이 있은 때를 파산신청이 있는 것으로 본다(제6조 제8항). 그리고 이와 같은 필수적 견련파산절차에서는 회생절차에서의 공익채권이 재단채권으로 취급된다(제6조 제4항, 제8항). 또한 관리인 또는 보전관리인이 수행하는 소송절차는 중단하되, 파산관재인 또는 그 상대방이 이를 수계할 수 있으며(제6조 제6항), 회생절차에서 행하여진 법원, 관리인·보전관리인·조사위원·간이조사위원·관리위원회·관리위원·채권자협의회, 채권자, 그 밖의 이해관계인의 처분·행위 등은 그 성질에 반하지 아니하는 한 파산절차에서도 유효한 것으로 본다(제6조 제7항). 회생계획인가 후의 회생절차폐지결정 또는 간이회생절차폐지결정의 확정에 의하여 파산절차로 이행한 이러한 필수적 견련파산절차에서는 회생계획인가 전의 회생절차폐지결정 또는 간이회생절차폐지결정의 확정으로 임의적 파산선고가 이루어진 경우와는 달리 회생절차에 의한 회생채권의 신고, 이의와 조사 또는 확정이 파산절차에서 행하여진 파산채권의 신고, 이의와 조사 또는 확정으

539) 다만 파산선고를 받은 채무자에 대한 회생계획인가결정으로 파산절차가 효력을 잃은 후 회생절차폐지결정 또는 간이회생절차폐지결정이 확정되어 법원이 직권으로 필수적 파산선고 한 경우에는 회생계획인가결정으로 효력을 잃은 파산절차에서의 파산신청이 있은 때에 파산신청이 있은 것으로 본다(제6조 제8항).

로 간주되지 아니한다(제6조 제5항).

(2) 임의적 파산선고

파산선고를 받지 아니한 채무자에 대하여 회생계획인가 전 회생절차폐지결정 또는 간이회생절차폐지결정이 확정된 경우에 당해 채무자에게 파산의 원인되는 사실이 있다고 인정하는 때에는 법원은 채무자 또는 관리인의 신청에 의하거나 직권으로 파산을 선고할 수 있다(제6조 제2항). 이를 임의적 견련파산이라고 한다. 이 경우 파산선고 전에 지급의 정지 또는 파산의 신청이 없는 때에는 회생절차개시 또는 간이회생절차개시의 신청을 지급의 정지 또는 파산의 신청으로 보며, 회생절차에서의 공익채권은 파산절차에서 재단채권으로 취급된다(제6조 제2항, 제4항).[540] 또한 회생절차에 의한 회생채권의 신고, 이의와 조사 또는 확정은 파산절차에서 행하여진 파산채권의 신고, 이의와 조사 또는 확정으로 보고(제6조 제5항), 관리인 또는 보전관리인이 수행하는 소송절차는 중단하되, 파산관재인 또는 그 상대방이 이를 수계할 수 있으며(제6조 제6항), 회생절차에서 행하여진 법원, 관리인·보전관리인·조사위원·간이조사위원·관리위원회·관리위원·채권자협의회, 채권자, 그 밖의 이해관계인의 처분·행위 등은 그 성질에 반하지 아니하는 한 파산절차에서도 유효한 것으로 본다(제6조 제7항).

다. 이행한 파산절차에서 별도의 면책신청 필요 여부

회생절차폐지 후 파산절차로 이행한 견련파산의 경우에 개인채무자가 면책을 받기 위하여 별도의 면책신청이 필요한지 문제된다. 생각건대 통합도산법상 견련파산선고가 있는 경우에는 기존에 한 회생절차개시신청을 파산신청으로 보고 있고, 개인채무자가 파산신청을 한 경우에는 반대의 의사표시가 없는 한 당해 신청과 동시에 면책신청을 한 것으로 보고 있으므로(제556조 제3항) 회생절차개시신청시에 면책신청도 함께 한 것으로 보는 것이 타당하다고 본다.[541]

540) 회생절차종료 후 채무자나 관리인의 신청이 아닌 채권자의 신청에 의하여 파산선고가 이루어진 경우에는 견련파산이 아니어서 절차의 연속성이 없으므로 회생절차에서의 공익채권은 파산절차에서 재단채권으로 취급받지 못하고 파산채권으로 될 뿐이다.

541) 서울중앙지방법원, 제4판 회생사건실무下, 316p.

라. 등기·등록의 촉탁

회생절차가 종료되고 신청 또는 직권으로 견련파산이 이루어진 경우에는 회생절차종료에 따른 등기·등록의 촉탁과 동시에 파산의 등기·등록도 촉탁하여야 한다(제23조, 제24조, 제27조, 제6조 제3항).

[서식 15] 회생절차폐지에 따른 파산선고결정(임의적 파산선고의 경우)

○○ 지 방 법 원
제○ 파 산 부
결 정

사 건 20○○하단○○(20○○회단○○) 파산선고
채 무 자 ○ ○ ○
○○시 ○○구 ○○동 ○○○

주 문

1. 채무자 ○○○에 대하여 파산을 선고한다.
2. 변호사 ○○○(123456-1234567, 사무실 주소 : ○○시 ○○구 ○○동 ○○○)을 파산관재인으로 선임한다.
3. 채권신고기간을 20○○. ○. ○.까지로 한다.
4. 관리인 보고를 위한 채권자집회와 채권조사의 기일 및 장소를 20○○. ○. ○. 15:00 ○○법원 제1호 법정(제111호)으로 한다.

이 유

1. 이 사건 기록에 의하면, 다음 사실을 인정할 수 있다.
  (1) 채무자는 20○○. 8. 21. ○○○○회사를 설립하여, 토목건축업, 기술용역업(플랜트, 엔지니어링 용역업) 등을 주업종으로 하여 온, 납입자본금 724억 6,500만원인 회사를 운영하고 있다.
  (2) 채무자는 ○○주식회사에 대한 거액의 투자, 국내외 건설경기의 장기침체, 국가외환위기 이후 금융기관의 대출금 회수에 따라 재정적 파탄에 봉착하게 되었다. 이에 채무자는 20○○. 7. 31. 당원에 회생절차 개시신청을 하여 같은 해 8. 21. 당원으로부터 회생절차개시결정을 받았다.
  (3) 그러나 이 법원의 채무자에 대한 경제성 조사 결과, 채무자의 청산가치가 사업계속가치보다 큰 것으로 나타나, 이 법원은 20○○. 11. 1. 채무자 회생 및 파산

에 관한 법률 제285조에 따라 채무자에 대한 회생절차를 폐지한다는 결정을 하였고, 그 폐지결정은 20○○. 11. 17. 확정되었다.

(4) 20○○. 6. 30. 현재 채무자의 총 자산은 1,792억 8,800만원이고, 총 부채는 2,889억 2,900만원으로서 채무초과상태이다.

2. 위 인정사실에 의하면 채무자는 현재 지급불능 내지 채무초과의 파산원인 사실이 있다고 판단되므로 채무자 회생 및 파산에 관한 법률 제6조 제2항 제2호, 제305조, 제306조를 적용하여 채무자에 대하여 직권으로(또는 관리인의 신청에 의하여) 파산을 선고하기로 하고, 파산관재인은 위 법 제355조를 적용하여 변호사 ○○○을 선임하며, 채권신고기간, 관리인 보고를 위한 채권자집회 기일 및 채권조사의 기일에 관하여는 위 법 제312조를 각 적용하여 주문과 같이 결정한다.

20○○. ○. ○. 10 : 00

재판장 판사 ○ ○ ○

(서울중앙지방법원, 회생사건실무下, 부록서식 인용 및 참고)

[서식 16] 회생절차폐지에 따른 법원의 직권에 의한 파산선고결정 (필요적 파산선고의 경우)

○○ 지 방 법 원
제○ 파 산 부
결　　정

사　　건　　20○○하단○○(20○○회단○○)　　파산선고
채 무 자　　○ ○ ○
　　　　　　○○시 ○○구 ○○동 ○○○

주　　문

1. 채무자 ○○○에 대하여 파산을 선고한다.
2. 변호사 ○○○(123456-1234567, 사무실 주소 : ○○시 ○○구 ○○동 ○○○)을 파산관재인으로 선임한다.
3. 채권신고기간을 20○○. ○. ○.까지로 한다.
4. 제1회 채권자집회와 채권조사의 기일 및 장소를 20○○. ○. ○. 15:00 ○○법원종합청사 별관(구○○연수원) 제1호 법정(제209호)으로 한다.

이　　유

1. 인정 사실

이 사건 기록에 의하면, 다음 사실을 인정할 수 있다.

가. 채무자는 20○○. ○. ○. ○○회사를 설립한 이래 폴리에틸렌 피복강관, 알루미늄 불소수지코팅 원판, 알루미늄 압출재의 생산·판매업 등을 주요 사업으로 영위하여 오고 있다.

나. 채무자는 20○○년경 이후 주요 매출처의 도산으로 인하여 부실채권이 증가한 데다가 ○○주식회사에 대하여 자금을 지원하고 지급보증을 하였으나 위 회사의 도산으로 인하여 막대한 손실을 입었고, ○○군에 알루미늄 압출재 등을 생산하는 제3공장을 준공하면서 약 170억원의 자금을 투입하였으나 그 자금의 대

부분을 차입금에 의존하여 조달함으로써 결국 자금난을 이기지 못하고 20○○. ○. ○. 이 법원에 회생절차 개시신청을 하였다. 이에 이 법원은 20○○. ○. ○. 채무자에 대하여 회생절차 개시결정을 하였고, 20○○. ○. ○. 관계인집회에서 회생계획이 가결되자 같은 날 회생계획을 인가하였다.

다. 위 회생계획에 의하면, 회생계획 수행기간은 20○○년을 준비연도로 하고 20○○년부터 20○○년까지 10년간으로 예정되었는데, 회생계획 인가 당시 권리가 변경되어 확정된 회생채무의 내역은 회생담보권 약 435억원, 금융기관 회생채권 약 237억원, 상거래 회생채권 약 60억원 합계 약 732억원이었다.

라. 채무자는 위와 같은 회생채무는 물론 운영자금을 조달하기 위한 주된 수입원을 매출을 통한 영업수익금으로 계획하였는데, 20○○년 이후 경기불황에 따른 시장의 위축과 업계의 과당경쟁 등으로 인하여 매출이 부진하게 되었고, 이에 따라 채무자의 영업실적은 20○○년까지 영업이익이 연속적인 적자를 보이는 등 회생계획에서 예정된 사업계획의 수준에 현저히 미달하였고, 이와 같이 부진한 영업실적은 변제자금의 부족으로 이어졌다. 그리하여 채무자는 회생계획상 제4차연도(20○○년도) 변제예정분 이후 회생채무의 변제를 지체하여 제5차연도(20○○년도) 변제예정분까지 약 140억원의 회생채무가 연체되었으며, 제6차연도(20○○년도)에 변제기가 도래하는 회생담보권 약 85억원, 회생채권 약 52억원 합계 약 137억원을 변제하기가 지극히 어려운 실정이다.

마. 이에 이 법원은 채무자가 회생계획을 제대로 수행하지 못하고 있고, 향후 회생계획을 수행할 수 없는 것이 명백하게 되었다고 판단하여 20○○. ○. ○. 채무자 회생 및 파산에 관한 법률 제288조 제1항에 의하여 채무자에 대한 회생절차를 폐지한다는 결정을 하였고, 위 폐지결정은 20○○. ○. ○. 확정되었다.

바. 20○○. 12. 31. 현재 채무자의 총자산은 약 142억원, 총 부채는 약 536억원으로서 부채가 자산을 394억원 정도 초과하고 있다.

2. 결 론

위 인정사실에 의하면 채무자는 현재 지급불능 내지 채무초과의 파산원인사실이 있다고 인정되므로, 채무자 회생 및 파산에 관한 법률 제6조 제1항, 제305조, 제306조에 의하여 채무자에 대하여 직권으로 파산을 선고하기로 하고, 파산관재인에 관하여는 위 법 제355조에 의하여 변호사 ○○○를 선임하며,

채권신고기간, 관리인 보고를 위한 채권자집회기일 및 채권조사의 기일에 관하여는 위 법 제312조를 각 적용하여 주문과 같이 결정한다.

20○○. ○. ○. 10 : 00

재판장 판사 ○ ○ ○

(서울중앙지방법원, 회생사건실무下, 부록서식 인용 및 참고)

제5장 간이회생절차

제1절 간이회생절차의 개요

〈 I 〉
간이회생절차의 도입과 한계

1. 간이회생절차[542]의 의미

간이회생절차란 회생채권 및 회생담보권의 총액이 50억원 이하의 범위에서 대통령령으로 정하는 금액, 즉 30억원 이하의 채무를 부담하는 '소액영업소득자'에 대하여 통상적인 일반회생절차 보다 절차를 간소화하여 회생을 도모할 수 있도록 하는 제도를 말하며(제293조의2 제3호, 시행령 제15조의3), 2014년 12월 30일 통합도산법의 일부 개정으로 도입되어 2015년 7월 1일부터 시행되고 있는 제도이다. 간이회생절차는 영업소득자만을 그 대상으로 하므로 영업소득자 이외의 급여소득자는 간이회생절차를 이용할 수 없는 한계가 있다. 간이회생절차는 채무자가 영업소득자인 한 법인채무자이든 개인채무자이든 모두 이용이 가능하다. 개인채무자가 회생채권 및 회생담보권의 총액 30억원을 초과하여 채무를 부담하는 경우는 거의 없을 것이므로 향후 개인채무자가 회생절차를 이용할 경우에는 거의 간이회생절차에 의할 것으로 보인다.

542) 간이회생절차는 최근 통합도산법의 개정으로 도입되어 시행 초기 단계에 있는 제도이므로 본 논문에서는 법 조문을 중심으로 비교적 상세히 다루고자 한다.

2. 도입배경과 그 실익 및 한계

가. 간이회생절차의 도입배경

채무자가 회생절차를 이용하여 회생을 도모하려면 통합도산법 제2편 「회생절차」를 통하여 회생하여야 하는데, 위 제2편 「회생절차」는 주로 법인, 특히 대기업의 회생을 염두에 두고 만들어진 절차이어서 복잡하고 비용도 많이 들며 회생계획인가시까지 시일도 오래 소요되기 마련이다. 따라서 중소 규모의 법인이나 자영업자 등 소상공인이 이러한 회생절차를 이용하여 회생을 도모하기에는 많은 어려움이 따랐고 이들을 위한 별도의 재건절차의 필요성이 줄곧 제기되어 왔다. 이에 최근 통합도산법의 개정을 통하여 소규모의 채무를 부담하고 있는 영업소득자에 대해서는 통상적인 회생절차 중 몇 가지의 절차를 생략하고 보완함으로써 간단하고 빠르게[543] 회생절차를 진행하여 회생절차에 대한 접근성을 제고하고자 간이회생절차를 도입한 것이다. 간이회생절차는 통상적인 회생절차와 독립한 별개의 절차가 아니라 제2편 「회생절차」 내에 제9장을 신설하여 규율하도록 한 제도로서 기본적으로는 회생절차에 해당되며 다만 회생절차를 일부 간소화한 절차라고 할 수 있을 것이다.

나. 간이회생절차의 실익 및 그 한계

(1) 간이한 절차에 의한 회생 도모

간이회생절차의 도입으로 소규모의 채무를 부담하고 있는 영업소득자로서는 종전에 비하여 보다 적은 비용 및 시간과 간편한 절차에 의하여 쉽게 회생을 도모할 수 있게 되었다.

---

543) 서울중앙지방법원에서는 간이회생절차가 시행된 2015년 7월 1일 첫날 접수된 사건에 대하여 첫 번째 인가가 2015년 8월 23일 나왔는데, 접수부터 인가까지 84일 소요된 것이다. 종전에는 인가까지 1년이 넘게 걸렸던 것이 3개월 정도로 단축된 것이다. 기간이 단축된 가장 큰 이유는 종전에는 주로 회계법인이 담당했던 조사업무를 간이조사위원에게 조사방법에 대한 선택권을 부여함으로써 재량권을 준 점 때문으로 보인다. 서울중앙지방법원에 간이회생절차가 접수된 건수는 2015년 10월 7일까지 43건에 달한다. 절차비용도 종전에는 약 2천만원 정도를 납부했지만 간이회생절차에서는 300만원 안팎 정도만 납부하고 있어서 대폭 절감된 것이다(법률신문, 2015.10.12.자 3면). 다만 이것이 시행 초기에만 반짝이는 현상이어서는 아니되며 소요기간 단축 및 절차간소화 실무 등의 지속성이 간이회생절차의 안착과 성공의 관건이라고 보인다.

(2) 이용대상 범위 제한의 한계

간이회생절차는 채무액의 제한 없이 모든 중소기업자나 영업소득자인 개인 채무자가 이용할 수 있는 것이 아니고 시행령에서 정하는 일정 규모 이하의 채무자만 이용할 수 있는 것이므로 얼마의 채무까지 그 이용한도를 정하느냐가 중요하다고 본다. 현재는 소액영업소득자의 범위를 30억원 이하[544]의 채무자로 하고 있다(시행령 제15조의3). 또한 간이회생절차는 영업소득자에 한하여 이용이 가능하므로 급여소득자는 이용할 수 없는 한계가 있다.[545]

통합도산법에서는 간이회생절차를 50억원 이하의 채무자가 이용할 수 있도록 하고 있음에도 불구하고 시행령에서 30억원 이하의 채무자로 그 대상자를 제한하고 있는데, 50억원 이하의 채무자로 대상 범위를 높인다고 해서 채무의 성질이나 채권자의 수에 큰 차이가 있을 것으로 보이지 아니하므로 향후 50억원 이하의 채무자로 그 대상 범위를 확대할 필요가 있다고 본다.

또한 급여소득자라고 하여 간이회생절차를 이용할 필요성이 없는 것은 아니며 간이회생절차에서 급여소득자를 제외할 하등의 이유가 있다고는 보이지 아니한다. 특히 중소기업의 대표이사는 회사의 채무에 대하여 보증을 선 경우가 많고 그 액수도 개인회생의 이용 범위를 초과한 경우가 대부분인데 중소기업에 대해서는 간이회생절차를 이용할 수 있도록 하고 있음에도 불구하고 정작 그 대표이사는 이용할 수 없다고 하는 것은 문제가 있다고 보인다. 따라서 향후 법 개정시 급여소득자도 간이회생절차를 이용할 수 있도록 반영할 필요가 있다고 볼 것이다.

---

544) 여기의 30억원에는 회생채권 및 회생담보권의 경우에는 원금 및 이자와 지연손해금도 포함되고, 보증채무나 물상보증채무(단, 담보가치를 한도로 함) 또는 연대채무도 포함되지만 회생채권이나 회생담보권이 아닌 공익채권은 포함되지 아니할 것이다.

545) 급여소득자도 제293조의2 제1호 상의 "그밖에 이와 유사한 수입"을 가진 자에 포함시켜 간이회생절차를 이용할 수 있도록 하자는 견해도 있을 수 있지만(창원지방법원 「간이회생제도 및 회생컨설팅 업무 설명회」 발표 자료(차동경 판사), 2015, 18p) 위 규정에서 신청권자로 나열한 부동산임대소득자, 사업소득자, 농업소득자, 임업소득자가 모두 영업소득자에 해당되는 것이므로 그와 다소 거리가 먼 급여소득자를 여기에 포함시키는 것은 무리 있는 해석이 아닌가 싶다.

〈2〉
간이회생절차의 특색

1. 절차의 간소화

가. 관리인의 불선임

간이회생절차에서는 원칙적으로 관리인을 선임하지 아니하며(제293조의6 제1항 본문), 관리인이 선임되지 아니할 경우에는 채무자(개인이 아닌 경우에는 그 대표자)를 관리인으로 보게 된다(제293조의6 제2항). 다만 간이회생절차에서도 예외적으로 관리인이 선임되는 경우가 있다(제293조의6 제1항 단서). 즉 ① 채무자의 재정적 파탄의 원인이 개인인 채무자, 개인이 아닌 채무자의 이사, 채무자의 지배인 중 어느 하나에 해당하는 자의 재산의 유용 또는 은닉이나 그에게 중대한 책임이 있는 부실경영에 기인하는 때, ② 채권자협의회의 요청이 있는 경우로서 상당한 이유가 있는 때, ③ 그밖에 채무자의 회생에 필요한 때의 어느 하나에 해당한다고 인정하는 경우에는 관리인이 선임될 수 있는 것이다(제293조의6조 제1항 본문).

나. 간이조사위원 등의 선임

통상적인 회생절차에서는 조사위원 제도가 있으나(제87조 제1항) 간이회생절차에서는 간이조사위원 제도를 두고 있다. 즉 간이회생절차에서는 법원은 이해관계인의 신청이나 직권으로 간이조사위원을 선임할 수 있는 것이다(제293조의7 제1항 전단). 이때 간이조사위원으로 선임될 수 있는 자는 ① 관리위원회의 관리위원, ② 법원사무관등,[546] ③ 변호사·공인회계사 또는 법무사의 자격이 있는

546) 간이조사위원으로 보수를 따로 지급할 필요가 없는 법원사무관등이 선임될 경우에는 종전에 회계법인 등이 조사위원으로 선임됨으로써 개인채무자의 회생사건에서는 500만원, 중소기업의 회생사건에서는 1,500만원 가량 소요되는 조사위원의 보수가 절감될 수 있게 된 것이고(법률신문, 2015.6.18.자), 변호사 등이 간이조사위원으로 선임될 경우에도 종전의 예납금에 비하여 그 1/5 정도로 줄어들 것으로 보인다(법률신문, 2015.7.6.자 2면). 실무상으로는 개인채무자의 간이회생절차에서는 법원사무관등이, 소규모 법인의 간이회생절차에서는 회계법인·변호사·공

자, ④ 법원주사보·검찰주사보 이상의 직에 근무한 경력이 있는 자, ⑤ 은행법에 의한 은행에서 근무한 경력이 있는 사람으로서 회생위원의 직무수행에 적합한 자, ⑥ 채무자를 상대로 신용관리교육·상담 및 신용회복을 위한 채무조정업무 등을 수행하는 기관 또는 단체에 근무 중이거나 근무한 경력이 있는 사람으로서 회생위원의 직무수행에 적합한 자, ⑦ 위 ①~⑥항에 규정된 자에 준하는 자로서 회생위원의 직무수행에 적합한 자이다(제601조 제1항).

간이조사위원에 대해서는 통상적인 회생절차에서의 관리인 및 조사위원에 관한 규정 중 제79조(관리인의 검사 등), 제81조(관리인에 대한 감독), 제82조(관리인의 의무 등), 제83조(관리인의 사임 및 해임) 제1항 및 제87조(조사위원)의 규정이 준용된다(제293조의7 제1항 후단).

한편 간이조사위원은 통상적인 회생절차에서의 조사위원의 업무를 규칙(제71조의3 제1항)이 정하는 바에 따라 간이한 방법으로 수행할 수 있으며(제293조의7 제2항), 관리인도 간이조사위원이 선임되어 있는 경우에는 재산목록과 대차대조표의 작성(제91조), 관리인의 조사보고(제92조), 그 밖의 보고 등(제93조) 관리인의 업무를 규칙(제71조의3 제2항)이 정하는 바에 따라 간이한 방법으로 수행할 수 있다(제293조의7 제3항).

2. 회생계획안의 가결 요건에 관한 특례

간이회생절차의 관계인집회에서는 회생채권자 조에 대한 가결요건이 완화되어 있다. 즉 통상적인 회생절차에서는 회생채권자 조의 가결요건이 의결권을 행사할 수 있는 회생채권자의 의결권의 총액의 2/3 이상에 해당하는 의결권을 가진 자의 동의가 필요한데(제237조 제1호), 간이회생절차에서는 이러한 기존의 요건 외에도 회생채권자의 의결권의 총액의 1/2을 초과하는 의결권을 가진 자의 동의 및 의결권자의 과반수의 동의를 얻은 경우에는 회생계획안에 관하여 회생채권자 조에서 가결된 것으로 보고 있는 것이다(제293조의8 제1호, 제2호).

회생담보권자 조에 있어서는 특례규정을 두고 있지 아니하므로 일반 회생절차에서의 가결요건이 그대로 적용된다.

인회계사·법무사 등이, 채권·채무 관계가 다소 복잡한 간이회생사건의 경우에는 주로 회계법인이 간이조사위원으로 선임될 것으로 보인다.

3. 통상적인 회생절차 규정의 준용

간이회생절차에 관하여는 통합도산법에서 간이회생절차와 관련하여 특별히 규정하고 있는 것을 제외하고는 제2편 「회생절차」, 즉 통상적인 회생절차의 규정을 적용하도록 하고 있다(제293조의3 제1항). 그리고 통합도산법(제2편「회생절차」제외)이나 다른 법령에서 회생절차를 인용하고 있는 경우에는 해당 법령에 특별한 규정이 있는 경우를 제외하고는 간이회생절차를 포함한 것으로 보아 해당 법령을 적용하게 된다(제293조의3 제2항).

제2절 간이회생절차개시신청과 개시결정

〈 I 〉
간이회생절차개시신청 절차

1. 신청권자

간이회생절차를 이용할 수 있는 채무자는 '영업소득자'로서 회생채권 및 회생담보권의 총액이 일정 금액 이하인 '소액'의 채무자만 신청이 가능하다. 여기에서 '영업소득자'란 부동산임대소득·사업소득·농업소득·임업소득, 그밖에 이와 유사한 수입을 장래에 계속적으로 또는 반복하여 얻을 가능성이 있는 채무자를 말하며, '소액'의 채무자란 회생절차개시신청 당시 회생채권 및 회생담보권의 총액이 30억원 이하인 영업소득자를 말한다(제293조의2 제1호, 제2호, 시행령 제15조의3). 이러한 간이회생절차는 영업소득자인 한 법인채무자이든 개인채무자이든 모두 이용이 가능하다.[547] 다만 개인인 소액영업소득자에 대해서는 신청일 전 5년 이내에 개인회생면책 또는 파산면책을 받은 사실이 없는 경우에 한하여 신청이 가능하다(제293조의4 제1항 단서).

이와 같이 간이회생절차에 있어서는 신청권자에 일정한 제한을 두고 있기 때문에 간이회생절차개시를 신청하였지만 그 요건에 해당되지 아니한 경우도 있을 수 있는데, 간이회생절차개시의 요건에 해당하지 아니한 사건 중에는 통상적인 회생절차의 요건에는 해당되는 경우가 있을 수 있다. 이에 법에서는 간이회생절차개시신청을 한 자로 하여금 그 신청시에 간이회생절차개시의 요건에 해당되지 아니할 경우에는 회생절차개시신청을 하는 의사가 있는지 여부에 대하여 명확히 밝히도록 하고 있다(제293조의4 제2항).

547) 여기에서 채무자가 법인인 경우에 채권자에 의한 신청이 가능한지 여부와 관련하여 회생절차는 일정한 채권자에 의한 신청도 가능하지만(제34조 제2항) 간이회생절차는 채무자에 의한 신청만 가능할 뿐 채권자에 의한 신청은 불가하다고 본다(제293조의4 제1항 본문).

2. 신청절차

가. 관할법원

간이회생절차개시의 신청을 하려면 개시신청서를 작성하여 관할법원에 제출하여야 한다. 관할법원은 통상의 회생절차의 관할법원과 같다(제3조 제1항). 따라서 간이회생사건은 채무자의 보통재판적 소재지를 관할하는 지방법원본원 또는 채무자가 계속하여 근무하는 사무소나 영업소가 있는 곳을 관할하는 지방법원 본원의 단독판사[548]의 관할에 전속하며(제3조 제1항 단서, 제1호), 이러한 관할법원이 없는 때에는 채무자의 재산소재지(채권의 경우에는 재판상의 청구를 할 수 있는 곳)를 관할하는 지방법원본원의 단독판사의 관할에 전속한다(제3조 제1항 제3호). 이때 위 회생사건의 관할이 서울동부지방법원·서울남부지방법원·서울북부지방법원 또는 서울서부지방법원의 관할에 속한 경우에는 서울중앙지방법원의 관할에 전속한다(제3조 제8항). 이러한 원칙적 관할 이외에 경합관할과 관련해서는 법인의 대표자 개인에 대한 일반회생·간이회생은 법인에 대한 회생사건[549] 이나 파산사건이 계속되어 있는 지방법원 본원에도 신청할 수 있고(제3조 제3항 제2호), 주채무자 및 그 보증인 사이, 채무자 및 그와 함께 동일한 채무를 부담하는 자 사이, 부부 사이에서 각각 어느 하나에 해당하는 자에 대한 회생사건,[550] 파산사건, 개인회생사건이 계속되어 있는 때에는 그 다른 자에 대한 일반회생·간이회생은 그 회생사건이나 파산사건 또는 개인회생사건이 계속되어 있는 지방법원본원에도 신청할 수 있는 것이다(제3조 제3항 제3호). 한편 경합관할과 관련하여 통합도산법 제3조 제2항에서 간이회생사건을 명시하고 있지 아니한 관계로 채무자의 주된 사무소 또는 영업소의 소재지를 관할하는 고등법원의 소재지의 지방법원 본원에도 신청할 수 있는지 문제되는데, 제293조의3

548) 개인채무자의 회생절차의 사물관할은 개인채무자가 영업자이든 비영업자이든 단독판사의 관할에 속한다. 다만 개인채무자가 영업자로서 사업내용이 복잡하고 이해관계인도 많아 사실상 회사나 법인과 같은 경우에는 재정합의결정에 의하여 합의부에서 심리·재판하는 것도 가능하다고 본다.

549) 통합도산법 제3조 제3항 제2호의 법문상으로는 '회생사건'으로 명시되어 있지만 여기에는 '간이회생사건'도 포함된다고 본다.

550) 통합도산법 제3조 제3항 제3호의 법문상으로는 '회생사건'으로 명시되어 있지만 여기에는 '간이회생사건'도 포함된다고 본다.

(적용규정 등)에 근거하여 간이회생사건도 포함되는 것으로 보아 신청이 가능하다고 보는 것이 타당하다고 본다.

나. 신청서의 기재사항과 첨부서류

간이회생절차개시신청서에는 법에서 정한 필수적 기재사항을 기재하고, 이를 뒷받침할 수 있는 서류를 첨부하여야 한다.

간이회생절차개시신청서에 기재할 사항으로는 ① 채무자가 개인인 경우에는 채무자의 성명·주민등록번호 및 주소, 채무자가 개인이 아닌 경우에는 채무자의 상호, 주된 사무소 또는 영업소의 소재지, 채무자의 대표자의 성명, ② 간이회생절차개시의 신청을 구하는 취지, ③ 간이회생절차개시의 원인, ④ 채무자의 영업 내용 및 재산 상태, ⑤ 소액영업소득자에 해당하는 채무액 및 그 산정 근거, ⑥ 간이회생절차개시신청이 그 요건에 해당되지 아니할 경우에는 회생절차개시의 신청을 하는 의사가 있는지 여부 등이다(제293조의4 제3항). 간이회생절차개시신청서에 첨부할 서류로는 ① 채권자목록, ② 채무자의 영업 내용에 관한 자료, ③ 채무자의 재산 상태에 관한 자료, ④ 그밖에 대법원규칙으로 정하는 서류 등이다(제293조의4 제4항).

〈2〉 간이회생절차개시결정과 폐지

1. 간이회생절차개시 여부의 결정

가. 개시결정

간이회생절차개시신청에 대하여 법원은 회생절차개시신청의 요건에 해당되고, 그 기각사유가 없으면 간이회생절차개시의 결정을 하여야 한다(제293조의5 제1항). 개시결정은 필요적이다. 여기에서 회생절차개시신청의 요건이나 그 기각사유란 통상적인 회생절차의 경우와 같다. 즉 회생절차개시신청의 요건이란 채무자가 사업의 계속에 현저한 지장을 초래하지 아니하고는 변제기에 있는 채무를 변제할 수 없는 경우 또는 채무자에게 파산의 원인인 사실이 생길 염려가 있는 경우를 말하며(제34조 제1항 각호), 회생절차개시신청기각사유란 회생절차의 비용을 미리 납부하지 아니하거나 회생절차개시신청이 성실하지 아니한 경우 또는 그밖에 회생절차에 의함이 채권자 일반의 이익에 적합하지 아니한 경우를 말한다(제42조). 다만 신청자가 개인인 경우로서 신청일 전 5년 이내에 개인파산면책을 받았거나 개인회생면책을 받은 사실이 있는 경우에는 간이회생절차의 개시가 불가하다(제293조의5 제1항).

나. 개시신청기각결정과 이에 이은 회생절차개시결정 또는 기각결정

간이회생절차개시신청을 하였지만 채무자가 '소액영업소득자'에 해당되지 아니하거나 개인인 '소액영업소득자'가 신청일 전 5년 이내에 개인파산면책 또는 개인회생면책을 받은 사실이 있는 등 간이회생절차개시의 요건을 충족하지 못한 경우에는 간이회생절차개시신청이 기각될 수 있는바, 이때 그 기각결정을 받은 채무자가 회생을 도모하려면 처음부터 다시 통상적인 회생절차를 밟아야 하는 것이 원칙이지만 그리되면 간이회생절차개시신청을 위하여 그 동안 들인 노력과 시간, 절차비용 등이 무익하게 될 수 있어서 채무자에게는 큰 고통으로 작용할 수 있을 것이다. 이에 법에서는 간이회생절차로부터 통상적인 회생절차로의 이행이 가능하도록 하는 제도를 마련해 놓고 있다. 즉 채무자가 간이회생절차개시신청을 할 때에 그 신청이 간이회생절차개시의 요건에 해당되지 아니할 경우에는 통상적인 회생절차개시의 신청을 하는 의사가 있는지 여부를 명확히 밝히도록 함으로써 통상적인 회생절차로 이행할 것인지 아니면 간이회생절차개시신청기각결정 등으로 종결할 것인지 여부를 결정할 수 있도록 한 것이다. 이에 법원에서는 간이회생절차개시신청에 대한 기각결정을 하여야 할 경우에 채무자가 통상적인 회생절차개시신청의 의사를 밝힌 여부와 통상적인 회생절차개시의 요건이 갖추어져 있는지 여부에 따라서 다음 세 가지 중에서 어느 하나의 결정을 할 수 있는 것이다. 즉 ① 채무자가 간이회생절차개시신청을 할 때에 향후 간이회생절차개시의 요건에 해당되지 아니하여 기각결정이 이루어질지라도 통상적인 회생절차개시신청을 하는 의사가 없다고 밝힌 경우에는 '간이회생절차개시신청기각결정'(제293조의5 제2항 제1호)을, ② 채무자가 간이회생절차개시신청을 할 때에 통상적인 회생절차개시신청을 하는 의사가 있다고 밝혔고 아울러 통상적인 회생절차개시결정의 요건도 충족되어 있다고 판단하는 경우에는 '간이회생절차개시신청기각결정 및 회생절차개시결정'(제293조의5 제2항 제2호 가목)을, ③ 채무자가 간이회생절차개시신청을 할 때에 통상적인 회생절차개시신청을 하는 의사가 있다고 밝혔지만 통상적인 회생절차개시의 요건이 충족되어 있지 아니하다고 판단하는 경우에는 '간이회생절차개시신청기각결정 및 회생절차개시신청기각결정'(제293조의5 제2항 제2호 가목)을 할 수 있는 것이다.

2. 간이회생절차의 폐지

간이회생절차개시결정 후 회생계획인가결정의 확정 전에 채무자가 '소액영업소득자'에 해당되지 아니함이 밝혀지거나 개인인 '소액영업소득자'가 신청일 전 5년 이내에 개인파산면책 또는 개인회생면책을 받은 사실이 밝혀진 경우에는 법원은 이해관계인의 신청이나 직권으로 간이회생절차를 폐지하는 결정을 하여야 한다(제293조의5 제3항). 다만 법원은 이와 같은 사유로 간이회생절차를 폐지하는 결정을 하는 경우에도 채권자 일반의 이익 및 채무자의 회생가능성을 고려하여 통상적인 회생절차로 이행하여 속행할 수 있다(제293조의5 제4항 전단). 이때 그 속행한 통상적인 회생절차에서는 간이회생절차에서 행하여진 법원, 관리인·보전관리인·조사위원·관리위원회·관리위원·채권자협의회, 채권자·담보권자, 그 밖의 이해관계인 등의 처분 또는 행위 등은 그 성질에 반하지 아니하는 한 유효한 것으로 본다(제293조의5 제4항 후단).

제2편

일반회생신청서 작성사례

제1장 일반회생절차 개시신청서 및 일반회생계획안 작성사례

[사례 1] 일반회생 – 회사원, 과다한 보증채무

일반회생신청서 일람표

회생절차개시신청서

- 회생절차개시명령신청서(표지)
- 회생절차개시명령신청서(본문)
- 회생담보권자의 목록총괄표
- 회생채권자의 목록총괄표
- 회생담보권·회생채권 시·부인 명세서
- 회생담보권, 회생채권 시·부인 총괄표
- 회생담보권자·회생채권자목록 총괄표 (재제출)

회생계획안

- 회생계획안(표지)
- 회생계획안(본문)
- 채무자의 현황 및 회생절차의 경과
- 권리변경의 요지
- 회생계획안의 내용 및 조항
- 자산 및 부채의 현황
- 청산시 예상배당률
- 변제할 채권의 내역
- 권리변경과 변제방법의 요지
- 회생계획안의 내용 및 조항
- 회생채권에 대한 권리변경과 변제방법
- 미확정 회생채권 및 부인권 행사로 부활될 회생채권
- 장래의 구상권
- 회생절차의 종결
- 회생절차의 폐지 신청
- 기타 사항

[서식 1] 일반회생절차 개시신청서(표지)

회생절차 개시신청서

사 건 번 호	
배당순위번호	
재 판 부	제부(단독)

신청인 ○ ○ ○

제 출 자 : ○○○
관 계 : 사 무 원

(○○○법무법인 변호사 ○○○)

주 민 등 록 번 호 :
전 화 번 호 : 02-○○○-○○○
팩 스 번 호 : 02-○○○-○○○
제출자의 신분확인 :

[서식 2] 회생절차 개시명령신청서

회생절차 개시명령신청서

신청인 겸 채무자	○ ○ ○ (123456-1234567) (주소 및 영업소), ☎ 000-000-0000
주민등록상 주 소	서울 ○○구 ○○동 ○○-○○○
현주소	위와 같음
위 신청대리인	○○○법무법인 변호사 ○○○ ○○시 ○구 ○○동 ○○○-○(○층) (전화번호 : 000-000-0000, 전송번호 : 000-000-0000, E-mail : kkkk@naver.com)

신 청 취 지

채무자에 대하여 회생절차를 개시한다.
라는 결정을 구합니다.

신 청 이 유

1. 채무자의 업무의 현황

채무자는 19○○. 경기도 ○○군 ○○면 ○○리 ○○-○○번지에서 태어나 19○○년 ○○○○대학교를 졸업하고 19○○. 02. 03.자로 ○○(주)에 취직하였습니다. 그리고 19○○. 02.에 지금의 배우자인 ○○○을 만나 1년간 교제를 하고 19○○. 04.에 결혼하여 행복한 둥지를 만들었습니다.

그러나 신혼의 행복도 그리 오래 가지 못했습니다. 이러한 이유는 사촌형(○○○)이 약 10년간 공무원 생활을 하시고 퇴직하셔서 19○○년부터 ○○생명에서 보험설계사로 근무하고 계시면서 세탁사업을 하는데 채무자에게 보증을 서달라고 집에 자주 왕래하셨습니다. 그래서 가족이라 거절하지 못하고 한 두 번은 보증을 서주었는데 나중에도 자꾸 와서 울며불며 보증을 서달라고 부탁하였고 근무하는 회사까지 찾아와 통사정을 하여 냉정하게 거절하지 못하고 보증을 서주게 되었습니다.

또한 당시에는 금융전산망이 전국적으로 연결이 되지 않아서 ○○은행에서 대출을 받고도 또 그날 다시 ○○은행에서 대출을 할 수 있었으며 사촌형께서 ○○은행 지점장을 잘 알고 있어서 다른데서 대출을 받는데 ○○은행 지점장이 도와줬던 걸로 알고 있습니다. 그리고 당시에는 본인이 아니어도 대출이나 카드 만드는 것이 쉬워서 사촌형(○○○)께서는 채무자의 도장을 만들어 여러 군데에서 대출이나 카드를 만들어 사용하다 보니 채무자는 최근까지도 어디에 얼마의 채무가 있었는지 몰랐으며 이 사건 신청을 하면서 비로소 알게 되었습니다.

채무자가 10년 동안에 채권자의 시달림을 받게 된 결정적인 이유는 19○○년 08월 03일 채무자가 보증을 서주었던 사촌형(○○○)이 교통사고로 세상을 떠나고 난 후 보증을 서주었던 채권자에서 보증채무로 인해 급여에 압류를 해왔고, 이로 인하여 채무자와 배우자는 신용불량자로 등록되어 고통이 시작되었습니다.

이날부터 우리 가정은 쑥대밭이 되고 말았습니다. 사촌형이 돌아가시고 난 3일 후부터 급여에 압류가 계속 들어오고, 집으로 찾아오는 사람들 그리고 매일 하루도 거르지 않고 날아오는 독촉장 또한 강제집행하겠다는 등기 우편에 누가 누르는 벨소리가 나면 집에 있기가 불안하였습니다.

집안은 발칵 뒤집어지고 난리가 났습니다. 저희 친·인척뿐만 아니라 주위의 다른 사람들도 피해가 많았습니다. 이 많은 돈으로 무엇을 했을까 아직까지도 미스터리로 남아 우리를 지금까지 괴롭히고 있습니다. 신청인이 조금이라도 사용하고 이렇게 되었더라면 억울할 게 없겠지만 한 푼도 써보지 못하고 이렇게 된 상황에 처하게 된 게 답답할 따름입니다.

신청인은 지금까지 살아온 게 너무나도 힘들었습니다. 조금씩이라도 해결하려고 했지만 하루살이 인생처럼 그달 벌어서 겨우 돈에 맞추어 사는 것이라 엄두도 내지 못하고 살았습니다. 평생 목숨이 끝날 때까지 갚지 못하고 눈덩이처럼 불어나는 이자로 끝이 보이지 않을 뿐더러 채무는 자식에게 물려주게 된다니 정말 마음이 아팠습니다. 재산상속은 못해주더라도 빚을 자식에게 남기고 가면 세상 살아가기도 힘들 텐데 살면서 얼마나 부모를 원망할까 생각하니 가슴이 찢어졌습니다. 또한 채무에서 벗어나고 싶은 사람은 가족들인데 여기저기에서 전화독촉하면 갚겠다는 말만 되풀이하며 언제인지는 모르지만 통사정만 하였습니다.

그리고 사촌형님의 보증을 섰던 처제부부(○○○, ○○)도 서울에서 파산 및 면책을 신청하여 20○○년 02월에 면책을 받다보니 도움은 되지 못하지만 회생이라는 게 있다며 법률자문을 받아보라고 하여 용기를 내어 신청하게 되었습니다.

채무자의 나이 40세가 넘어서 사촌형님의 보증채무로 급여에 압류가 들어온 지도 벌써 10년이 되어갑니다. 그리고 20여년 동안을 ○○(주)에 입사하여 희망을 가지고 나름대로 힘내어 열심히 생활하였습니다. 집안에 있었던 어떤 불상사도 이겨내면서 말입니다.
현재 배우자도 채무자와 똑같은 신용불량자로 막막하지만 서로가 단 한 번도 다툼을 하지 않았습니다. 서로에게 힘과 용기를 주었고 그때마다 항상 고마웠습니다. 이렇게 힘든 시절이 지나면 행복이 오지 않겠냐는 희망이 있어서 말입니다. 배우자도 예전에는 신용불량자라 취업은 꿈도 꾸지 못하고 새벽에 일어나 우유배달이나 아르바이트 등 안 해본 일이 없이 해왔지만 일하는 만큼 월급을 못 받다 보니 모두 그만 두었고, 지금은 20○○년부터 서울 ○○구 ○○동 ○○에서 ○○아르바이트를 하고 있으며 한 달에 평균 ○○○,○○○원의 급여를 받고 있습니다. 비록 적은 소득이지만 배우자도 이 기회에 개인회생을 신청 중에 있습니다.
배우자도 힘들어 혼자 우는 모습을 몰래 지켜보며 채무자도 배우자와 아이들에게 미안한 마음에 울던 때를 기억하면 가슴이 찡해집니다.
(소갑제 1호증의 6 채무증대 경위서 참조)

2. <u>채무자의 자산, 부채 그 밖의 재산상태</u>

가. 채무자의 자산 현황

채무자의 재산은 다음과 같습니다. 상세한 내역은 재산목록에 기재되어 있습니다.**(소갑제 3호증의 1 재산목록 참조)**

(단위 : 원)

구 분	금 액	비 고
예 금	○,○○○,○○○	1건 통장잔액(〈주〉○○은행, ○○○-○○○-○○-○○○)
자동차	○○○,○○○	소나타 19○○년식(○○서○○○○)
부동산	○○,○○○,○○○	소재지 : ○○시 ○○읍 ○○리 ○○○-○ (774㎡) ○○시 ○○읍 ○○리 산○○ (7,835㎡) <u>〈이상 2건의 부동산 중 채무자의 지분 1/5를 재산으로 인정〉</u>
예상퇴직금	○○,○○○,○○○	근무처 : ○○(주) ○○공장 19○○. 02. 03.부터 현재까지 예상퇴직금적립액 125,000,000원 (압류할 수 없는 퇴직금 57,750,000원 제외)

압류적립금	○○○,○○○,○○○	
합 계	○○○,○○○,○○○	

나. 채무자의 부채 현황

채무자의 부채 현황은 다음과 같습니다. 상세한 내역은 소갑제 5호증의 6 채권자일람표, 소갑제 2호증의 1 회생채권자의 목록 총괄표 및 회생채권자의 목록에 자세히 기재되어 있습니다.

(단위 : 원)

구 분	거래처	금 액	비 고
회생채권자 (주채무, 보증채무)	18	1,097,430,364	
총 채무금액	**18**	**1,097,430,364**	

다. 소 결 론

이상과 같이 채무자의 총 부채는 총 자산을 약 8억 9천만원가량 초과한 상태에 있습니다.

3. 파탄에 이르게 된 원인

채무자는 19○○. 경기도 ○○군 ○○면 ○○리 ○○-○○번지에서 태어나 19○○년 ○○○○대학교를 졸업하고 19○○. 02. 03.자로 ○○(주)에 취직하였습니다. 그리고 19○○. 02.에 지금의 배우자인 ○○○을 만나 1년간 교제를 하고 19○○. 04.에 결혼하여 행복한 둥지를 만들었습니다.

그러나 신혼의 행복도 그리 오래 가지 못했습니다. 이러한 이유는 사촌형(○○○)이 약 ○○년간 공무원생활을 하시고 퇴직하셔서 19○○년부터 ○○생명에서 보험설계사로 근무하고 계시면서 세탁사업을 하는데 채무자에게 보증을 서달라고 집에 자주 왕래하셨습니다. 그래서 가족이라 거절하지 못하고 한 두 번은 보증을 서주었는데 나중에도 자꾸 와서 울며불며 보증을 서달라고 부탁하였고 근무하는 회사까지 찾아와 통사정을 하여 냉정하게 거절하지 못하고 보증을 서주게 되었습니다.

또한 당시에는 금융전산망이 전국적으로 연결이 되지 않아서 ○○은행에서 대출을 받고도 또 그날 다시 ○○은행에서 대출을 할 수 있었으며 사촌형께서 ○○은행 지점장을 잘 알고 있어서 다른데서 대출을 받는데 ○○은행 지점장이 도와줬던 걸로 알고 있습니다. 그리고 당시에는 본인이 아니어도 대출이나 카드 만드는 것이 쉬워서 사촌형(○○○)께서는 채무자의 도장을 만들어 여러 군데에서 대출이나 카드를 만들어 사용하다 보니 채무자는 최근까지도 어디에 얼마의 채무가 있었는지 몰랐으며 이 사건 신청을 하면서 비로소 알게 되었습니다.
채무자가 10년 동안에 채권자의 시달림을 받게 된 결정적인 이유는 19○○년 08월 03일 채무자가 보증을 서주었던 사촌형(○○○)이 교통사고로 세상을 떠나고 난 후 보증을 서주었던 채권자들이 보증채무로 인해 급여에 압류를 해왔고, 이로 인하여 채무자와 배우자는 신용불량자로 등록되어 고통이 시작되었습니다.
이날부터 우리 가정은 쑥대밭이 되고 말았습니다. 사촌형이 돌아가시고 난 3일 후부터 급여에 압류가 계속 들어오고, 집으로 찾아오는 사람들 그리고 매일 하루도 거르지 않고 날아오는 독촉장 또한 강제집행하겠다는 등기 우편에 누가 누르는 벨소리가 나면 집에 있기가 불안하였습니다.
집안은 발칵 뒤집어지고 난리가 났습니다. 저희 친·인척뿐만 아니라 주위의 다른 사람들도 피해가 많았습니다. 이 많은 돈으로 무엇을 했을까 아직까지도 미스터리로 남아 우리를 지금까지 괴롭히고 있습니다. 신청인이 조금이라도 사용하고 이렇게 되었더라면 억울할 게 없겠지만 한 푼도 써보지 못하고 이렇게 된 상황에 처하게 된 게 답답할 따름입니다.
신청인은 지금까지 살아온 게 너무나도 힘들었습니다. 조금씩이라도 해결하려고 했지만 하루살이 인생처럼 그달 벌어서 겨우 돈에 맞추어 사는 것이라 엄두도 내지 못하고 살았습니다. 평생 목숨이 끝날 때까지 갚지 못하고 눈덩이처럼 불어나는 이자로 끝이 보이지 않을 뿐더러 채무는 자식에게 물려주게 된다니 정말 마음이 아팠습니다. 재산상속은 못해주더라도 빚을 자식에게 남기고 가면 세상 살아가기도 힘들 텐데 살면서 얼마나 부모를 원망할까 생각하니 가슴이 찢어졌습니다.
또한 채무에서 벗어나고 싶은 사람은 가족들인데 여기저기에서 전화독촉하면 갚겠다는 말만 되풀이하며 언제인지는 모르지만 통사정만 하였습니다.
그리고 사촌형님의 보증을 섰던 처제부부(○○○, ○○)도 서울에서 파산 및 면책을 신청하여 20○○년 02월에 면책을 받다보니 도움은 되지 못하지만 회생이라는 게 있다며 법률자문을 받아보라고 하여 용기를 내어 신청하게 되었습니다.
채무자의 나이 40세가 넘어서 사촌형님의 보증채무로 급여에 압류가 들어온 지도 벌써 10년이 되어갑니다. 그리고 ○○여 년 동안을 ○○(주)에 입사하여 희망을 가지고 나름대로 힘내어 열심히 생활하였습니다. 집안에 있었던 어떤 불상사도 이겨내면서 말입니다.
현재 배우자도 채무자와 똑같은 신용불량자로 막막하지만 서로가 단 한 번도 다툼을 하지 않았습니다. 서로에게 힘과 용기를 주었고 그때마다 항상 고마웠습니다. 이렇게 힘든 시절이 지나면 행복이 오지 않겠냐는 희망이 있어서 말입니다. 배우자도 예전에는 신용불량자라 취업은 꿈도 꾸지 못하고 새벽에 일어나 우유배달이나 아르바이트 등 안 해본 일이 없이 해왔지만 일하는 만큼 월급을 못 받다 보니 모두 그만 두었고, 지금은 20○○년부터 서울 ○○구 ○○동 ○○에서 ○○아르바이트를 하고 있으며 한 달에 평균 ○○○,○○○원의 급여를 받고 있습니다. 비록 적은 소득이지만 배우자도 이 기회에 개인회생을 신청 중에 있습니다.
배우자도 힘들어 혼자 우는 모습을 몰래 지켜보며 채무자도 배우자와 아이들에게 미안한 마음에 울던 때를 기억하면 가슴이 찡해집니다.
(소갑제 1호증의 6 채무증대 경위서 참조)

4. <u>회생계획의 이행의 가망성</u>
 가. 채무자의 소득
  채무자의 재정 상태는 비록 파탄에 이르렀으나, 채무자가 19○○년 02월 03일부터 ○○(주) ○○공장에서 사원으로 재직하고 있어 현재의 소득을 유지하면 앞으로 8년간 약 531백만원의 소득을 얻을 수 있을 것으로 예상됩니다.**(소갑제 4호증의 6 추정소득 참조)**
  이중에서 가족의 최저 생계비 약 185만원을 공제하면 8년간 약 315백만원을 회생채권의 변제에 제공할 수 있을 것으로 예상됩니다.
  (소갑제 6호증의 2 채무상환계획표 참조)
 나. 부채상환계획
  채무자는 위 장래소득으로 다음과 같이 회생채권을 변제할 수 있습니다.
  - 회생채권자(주채무, 보증채무)는 1차년도(20○○년)부터 8차년도(20○○년)까지 원금의 26%를 변제하고 나머지 74%는 면제받음.
  - 회생채권(주채무, 보증채무) 이자 0%

  이에 대한 연도별 부채상환계획은 별첨 채무상환계획표 기재와 같습니다.
  (소갑제 6호증의 2 채무상환계획표 참조)
 다. 변제조건(회생계획안)
  위와 같은 부채상환계획에 의거하여 작성한 회생계획안은 별첨된 바와 같습니다.

5. 청산가치와 계속기업가치의 비교

채무자가 파산적 청산을 통하여 채무자 소유의 개별 재산을 분리하여 처분할 때의 가치(이하 "청산가치")와 채무자가 재산을 유지한 채 계속하여 급여를 창출할 때의 가치(이하 "현재가치")를 비교하면 다음과 같습니다.

가. 청산가치의 계산

채무자의 현재 평가된 자산총액은 다음과 같습니다.

(소갑제 3호증의 15 자산가치평가조서 참조)

(단위 : 원)

구 분	금 액	감 액	평가내역	비 고
예 금	1987,189	-	1,987,189	1건의 통장잔액
자동차	400,000	200,000	200,000	경락률 50%
부동산	34,953,189	10,485,957	24,467,232	2건의 부동산(상속재산)
예상퇴직금	62,500,000	-	62,500,000	
압류적립금	105,491,000	-	105,491,000	
합 계	205,331,378	10,685,957	194,645,421	

나. 계속기업가치의 계산 및 청산가치와 비교

채무자의 계속기업 가치는 채무자의 미래 수익흐름을 현재가치로 할인하는 현금흐름할인법에 의할 경우 연도별 할인율을 8%[551]라고 가정할 경우 약 374백만원으로서 채무자의 계속기업가치가 청산가치보다 약 179백만원을 초과하고 있습니다.

(소갑제 4호증의 7 청산가치와 계속적 기업가치의 비교 참조).

이와 같이 채무자가 현재의 직장에서 계속하여 소득을 창출하면 부채상환에 이용할 수 있지만 채무자가 파산에 이르게 된다면 회생채권의 경우 17.73%밖에 변제하지 못하는 불행한 결과가 초래될 수밖에 없을 것입니다.

(소갑제 3호증의 15 자산가치평가조서, 소갑제 6호증의 1 채무자의 파산선고시 채권배당예상표 참조)

6. 회생의 필요성과 당위성

채무자는 위에서 살펴본 바와 같은 사유로 인하여 재정적인 파탄에 이르게 되었으나, 만일 채무자가 이 시점에서 회생되지 아니하고 파산에 이르게 된다면 현재 근무하는 직장에서 20여년간 쌓아온 기술이 사장될 뿐만 아니라 채무자의 가족도 국가에 경제적 지원을 요청해야 하는 사태가 발생하는 등 사회·경제적으로 불행한 사태가 발생하게 됩니다.

7. 결 론

채무자는 지금까지 10년을 변제해 왔습니다. 앞으로 8년간 최저생계비로 생활하면서 채무의 일부라도 변제하고자 합니다. 이상과 같은 사정을 고려하시어 채무자가 갱생할 수 있도록 회생절차 개시결정을 내려주시기 바랍니다.

소 명 방 법

1. 소갑제 1호증 내지 소갑제 6호증
1. 기타 필요에 따라 제출하겠습니다.

첨 부 서 류

1. 위 소명방법 각 1부
1. 위임장 1부

20○○. ○. ○.

위 신청인 ○○○

위 신청대리인 ○○○ 법무법인

변호사 ○○○

서울중앙지방법원 귀중

551) 할인율은 3년만기 국공채의 이자율(약 5%)에 위험프리미엄(3%)을 가산하여 산정하였음.

[붙임 1] 위 임 장

위　　임　　장

변 호 사　　　○ ○ ○
서울 ○○구 ○○동 ○○○-○ (○층)
☎ 02-000-00000

상기인은 위임인의 대리인으로 정하고 다음 사항을 위임함.

- 다　　　음 -

1. 법원의 명칭 : 서울중앙지방법원
2. 사건명 : 회생절차
3. 위임사항 : 위 사건에 관한 신청서 작성 및 제출대리

20○○. ○. ○.

위임인 ○ ○ ○ (인)

주소 서울 ○○구 ○○동 ○○-○○○

서울중앙지방법원 귀중

[붙임 2] 소갑호증목록

(○○○)

소갑호증목록

1. 소갑제1호증의
   1. 주민등록등본
   2. 기본증명서
   3. 가족관계증명서
   4. 혼인관계증명서
   5. 재직증명서
   6. 채무증대경위서

1. 소갑제2호증의
   1. 회생채권자의 목록 총괄표 및 회생채권자의 목록
   2. 부채증명원 (채권번호 1-1~1-11)
   3. 부채증명서 (채권번호 2-1~2-3)
   4. 부채증명서 (채권번호 3)
   5. 부채증명원 (채권번호 4-1)
   6. 부채증명원 (채권번호 4-2)
   7. 부채증명원 (채권번호 4-3)
   8. 부채잔액증명서 (채권번호 5-1~5-3)
   9. 특수채권채무확인서 (채권번호 6-1~6-3)
   10. (보증)채무확인서 (채권번호 7-1~7-3)
   11. 부채증명원 (채권번호 8)
   12. 부채증명서 (채권번호 9)
   13. 채무잔액확인서 (채권번호 10-1~3)
   14. 부채증명서 (채권번호 11)
   15. 부채확인증명서 (채권번호 12)
   16. 채무잔액증명서 (채권번호 13)
   17. 부채증명원 (채권번호 14)
   18. 부채잔액증명서 (채권번호 15)

19. 자료송부청구서 (채권번호 16)
20. 자료송부청구서 (채권번호 17)
21. 채무확인서 (채권번호 18)

1. 소갑제3호증의
1. 재산목록
2. 주민등록초본
3. 세목별과세증명서(20○○~20○○)-채무자
4. 세목별과세증명서(20○○~20○○)-배우자
5. 예금통장거래내역서(○○은행○○○-○○○-○○-○○○)
6. 자동차등록원부(갑) 및 시세확인서
7. 세목별과세(납세)증명서(20○○~20○○)-망,○○○(아버지)
8. 부동산등기부등본
9. 제적등본
10. 부동산시가확인서 2부
11. 부동산등기부등본 / 토지이용계획원 / 일반건축물대장
12. 부동산등기부등본 / 토지이용계획원
13. 확인서(급여압류적립금)
14. 예상퇴직금확인서
15. 자산가치평가조서

1. 소갑제4호증의
1. 수입 및 지출에 관한 목록
2. 최근 1년 급여명세표
3. 급여명세서(20○○.01~20○○.12)
4. 근로소득원천징수영수증(20○○~20○○)
5. 소득관련진술서(배우자)
6. 추정소득
7. 청산가치와 계속적기업가치의 비교

1. 소갑제5호증의
1. 진술서
2. 거주에 대한 진술서
3. 부동산등기부등본
4. 일반건축물대장

	5. 채권가압류 / 채권압류및전부명령 / 채권압류및추심명령결정문
	6. 채권자일람표
	7. 채권자주소록 / 전화번호 / 팩스번호
1. 소갑제6호증의	1. 채무자의 파산선고시 채권배당예상표
	2. 채무상환계획표

[붙임 3] 회생계획안

회 생 계 획 안

1. 용어의 정의

본 회생계획에서 사용하는 용어의 정의는 다음과 같다.

가. "개시 전 이자"라 함은 회생절차 개시결정일 전일까지 회생담보권 및 회생채권에 대하여 발생한 이자·연체이자·지연손해금 등으로 조사기간 안에 또는 특별조사기일에 시인되어 확정된 것을 말한다.

나. "개시 후 이자"라 함은 회생기시결정일부터 회생담보권 및 회생채권에 대한 원금변제가 완료되는 시점까지 미변제 원금에 대하여 발생하는 이자 및 지연손해금을 말한다.

다. "금융기관"이라 함은 은행, 상호저축은행, 할부금융회사, 보증보험회사, 파이낸스사, 신용보증기금, 카드사, 증권회사, 보험회사, 렌탈회사, 투자신탁회사, 창업투자회사, 농협을 말한다.

라. "준비연도"라 함은 회생절차 개시결정일부터 20○○년 12월 31일까지를 말한다.

마. "제1차 연도"라 함은 20○○년 01월 01일부터 20○○년 12월 31일까지를 말하며, 제2차 연도 이후의 각 차연도는 순차적으로 매년 1월 1일부터 같은 해 12월 31일까지로 한다.

바. "우선권 있는 회생채권"이라 함은 채무자에 대한 조세 및 국민연금에 관한 회생채권을 의미하며, "회생채권(일반)"이라 함은 채무자에 대한 회생채권 중 우선권 있는 회생채권을 제외한 나머지 회생채권을 의미한다.

사. 변제일이 정해지지 않은 원금, 개시 전 이자 및 개시 후 이자에 대한 변제일은 변제 당해 연도의 12월 30일로 한다. 다만, 동 변제기일이 금융기관 영업일이 아닌 경우에는 그 직전 영업일을 변제일로 한다.

2. 회생채권자(주채무, 보증채무)에 대한 변제조건

가. 원금 및 개시 전 이자

원금 중 26%는 제1차년도(20○○년)부터 제8차년도(20○○년도)까지 8년간 균등하게 분할 변제하며, 잔여원금 74%는 면제받는다.

나. 개시 후 이자

전액을 면제받는다.

3. 공익채권의 변제방법

공익채권은 채무자의 소득과 기타 재원으로 법원의 허가를 얻어 수시로 변제한다.

4. 장래 구상권자의 권리변경 및 변제방법

가. 회생절차 개시결정 이후 채무자를 위한 보증인, 물상보증인(담보목적물의 제3취득자를 포함한다), 기타 제3자가 자기의 출재로 인하여 회생담보권자 또는 회생채권자에게 변제한 경우에는 채무자에 대하여 구상권을 취득한다.

나. 구상권자는 채권자의 권리변경 전의 채권이 회생절차에 의하거나 회생절차에 의하지 아니하고 모두 소멸된 경우에 한하여 자기의 구상권을 행사할 수 있으며, 채무자는 회생계획에 의하여 변제하여야 할 회생담보권 또는 회생채권의 잔액 범위 내에서 구상권자의 구상권 비율에 따라 변제한다.

5. 변제자금의 조달방법

가. 급여소득

변제자금은 채무자가 받은 급여소득으로 충당함을 원칙으로 한다.

나. 차입금 등

급여소득으로 변제자금이 부족할 때에는 필요에 따라 법원의 허가를 얻어 차입금 등으로 변제자금을 충당할 수 있다.

다. 기타 수익금

기타 수시로 발생하는 수익이 있는 경우 법원의 허가를 얻어 변제자금에 충당할 수 있다.

6. 예상수익금의 초과시 처리방법

예상을 초과하는 수익금이 발생할 때에는 법원의 허가를 얻어 공익채권의 변제 및 회생채권의 변제 등으로 사용한다. (이상)

[붙임 4] 채무증대경위서

채무증대 경위서

채무자는 19○○. ○. ○. ○○도 ○○군 ○○면 ○○리 ○○○번지에서 태어나 19○○년 ○○○○대학교를 졸업하고 19○○. ○. ○.자로 ○○주식회사 ○○공장에 취직하였습니다. 그리고 19○○. ○.에 지금의 배우자인 ○○○을 만나 1년간 교제를 하고 19○○. ○.에 결혼하여 행복한 둥지를 만들었습니다. 그러나 신혼의 행복도 그리 오래 가지 못했습니다.

이러한 이유는 처형(○○○)이 약 10년간 공무원 생활을 하시고 퇴직하셔서 19○○년부터 ○○생명에서 보험설계사로 근무하고 계셨는데 세탁사업을 하는데 채무자에게 보증을 서달라고 집에 자주 왕래하셨습니다. 그래서 채무자는 가족이라 거절하지 못하고 한두 번은 그래요 하고 서주었는데 자꾸 와서 울며불며 서달라고 부탁하였고 근무하는 회사까지 찾아와서 통사정을 하면 냉정하게 거절하지 못하고 보증을 서주게 되었습니다. 또한 당시에는 금융전산망이 전국적으로 연결이 되지 않아서 ○○은행에서 대출을 받고도 또 그날 다시 ○○은행에서 대출을 할 수 있었으며 처형께서 ○○은행 지점장을 잘 알고 있어서 다른데서 대출을 받는데 ○○은행 지점장이 도와줬던 걸로 알고 있습니다. 그리고 당시에는 본인이 아니어도 대출이나 카드 만드는 것이 쉬워서 처형(○○○)께서는 채무자의 도장을 만들어 여러 군데에서 대출카드를 만들어 사용하다보니 채무자는 최근까지도 어디에 얼마의 채무가 있는지 몰랐으며 이 사건 신청을 하면서 알게 되었습니다.

채무자가 10년 동안에 채권자의 시달림을 받게 된 결정적인 이유는 19○○년 ○월 ○일 채무자가 보증을 서주었던 처형(○○○)이 교통사고로 세상을 떠나고 난 후 보증을 서주었던 채권사들이 보증채무로 인해 급여에 압류를 해왔고, 이로 인하여 채무자와 배우자는 신용불량자로 등록되어 고통은 시작되었습니다.(첨부자료 참조). 이날부터 우리 가정은 쑥대밭이 되고 말았습니다. 처형이 돌아가시고 난 3일후부터 급여에 압류가 계속 들어오고 집으로 찾아오는 사람들 그리고 매일 하루도 거르지 않고 날아오는 독촉장 또한 강제집행하겠다는 등기우편에 누가 누르는 벨소리가 나면 집에 있기가 불안하고 나 혼자라면 죽어버리고 싶었지만 가족이란 테두리를 벗어나지 못했습니다. 집안 발칵 뒤집어지고 난리가 났습니다. 저희 친·인척뿐만 아니라 주위 다른 사람들도 피해가 많습니다. 이 많은 돈으로 무엇을 했을까 아직까지도 미스터리로 남아 우리를 지금까지 괴롭히고 있습니다. 채무자가 조금이라도 사용하고 이렇게 됐더라면 억울한 게 없었지만 한 푼도 써보지도 못하고 이렇게 된 상황에 처하게 된 게 답답할 따름입니다.

채무자는 지금까지 살아오는 게 너무나도 힘들었습니다. 조금씩이라도 해결하려고 했지만 하루살이 인생처럼 그달 벌어서 겨우 돈에 맞추어 사는 것이라 엄두도 내지 못하고 살았습니다. 평생 목숨이 끝날 때까지 갚지 못하고 눈덩이처럼 불어나는 이자로 끝이 보이지 않을 뿐더러 채무는 자식에게 물려주게 된다니 정말 마음이 아팠습니다. 재산상속은 못해주더라도 빚을 자식에게 남기고 가면 세상 살아가기도 힘들텐데 살면서 얼마나 부모를 원망할까 생각하니 가슴이 찢어졌습니다. 또한 채무에서 벗어나고 싶은 사람은 가족들인데 여기저기에서 전화 독촉하면 갚겠다는 말만 되풀이하며 언제인지는 모르지만 통사정만 하였습니다.

그리고 처형의 보증을 섰던 처제부부(○○○, ○○)도 서울에서 파산 및 면책을 신청하여 20○○년 ○월에 면책을 받다보니 도움은 되지 못하지만 회생이라는 게 있다며 법률자문을 받아보라고 하여 용기를 내어 신청하게 되었습니다. 채무자의 나이 40세가 넘어서 처형의 보증채무로 급여에 압류가 들어온 지도 벌써 10년이 되어갑니다. 그리고 20여년 동안 ○○주식회사에 입사하여 희망을 가지고 나름대로 힘내어 열심히 생활하였습니다. 집안에 있었던 그 어떤 불상사도 이겨내면서 말입니다.

현재 배우자도 채무자와 똑같은 신용불량자로 막막하지만 서로가 단 한 번도 타박을 하지 않았습니다. 서로에게 힘과 용기를 주었고 그때 마다 항상 고마웠습니다. 이렇게 힘든 시절이 지나면 행복이 오지 않겠냐는 희망이 있어서 말입니다. 배우자도 예전에는 신용불량자라 취업은 꿈도 꾸지 못하고 새벽에 일어나 우유배달이나 아르바이트 등 안 해본 일이 없이 해왔지만 일하는 만큼 월급을 받지 못하다 보니 모두 그만두었고 지금은 20○○년부터 ○○시 ○○구에 있는 ○○에서 아르바이트를 하고 있으며 한 달에 평균 750,000원의 급여를 받고 있습니다. 비록 적은 소득이지만 배우자도 이 기회에 개인회생을 귀원에 신청 중에 있습니다. 배우자도 힘들어 혼자 우는 모습을 몰래 지켜보며 채무자도 배우자와 아이들에게 미안한 마음에 울던 때를 기억하면 가슴이 찡해집니다.

존경하는 재판장님!

채무자가 세상을 너무 몰랐고 인정이 많아 거절하지 못하는 성격 탓에 이 지경까지 온 것에 후회가 됩니다. 지나버린 과거이지만 그러면서도 열심히 살면 앞날은 밝겠지 언젠가는 좋은 날이 오겠지 하면서 위안을 삼았습니다. 그리고 다시금 채무자에게 회생을 통해 기회를 주신다면 채무를 잘 변제할 것이며 앞으로 과거를 반성하며 사회에 봉사하는 마음으로 열심히 살겠습니다.

제발 선처를 부탁드립니다.

첨부서류 : 사망진단서 1부

위 진술인 ○ ○ ○ (인)

[붙임 5] 회생채권자의 목록 총괄표

회생채권자의 목록 총괄표

채무자 : ○○○ (단위 : 원)

목록 번호	채권자	주소	채권내용	채권액	의결권 인정액	우선권	비고
〈주채무 / 보증채무〉							
채권 1-1	○○자산 관리공사	○○시 ○○구 ○○동 ○○○	주채무 1.원금: 9,196,000 2.이자: 24,775,873	33,971,873	33,971,873		
채권 1-2			주채무 1.원금: 5,640 2.이자: 0	5,640	5,640		
채권 1-3			주채무 1.원금: 1,185,221 2.이자: 2,375,862	3,561,083	3,561,083		
채권 1-4			주채무 1.원금: 10,601,881 2.이자: 37,030,754	47,632,635	47,632,635		
채권 1-5			주채무 1.원금: 3,920,732 2.이자: 6,220,351	10,141,083	10,141,083		
채권 1-6			주채무 1.원금: 2,248,022 2.이자: 14,634,095	16,882,117	16,882,117		
채권 1-7			주채무 1.원금: 4,130,600 2.이자: 10,336,623	14,467,223	14,467,223		

채권 16	○○○	○○시 ○구 ○○동 ○○○○○아파트 ○○○-○○○○	주채무 1.원금: 40,867,940 2.이자: 0	40,867,940	40,867,940		
채권 17	○○○	○○○○시 ○○동 ○○○○ ○○○○아파트 ○○○-○○○○	주채무 1.원금: 18,087,400 2.이자: 0	18,087,400	18,087,400		
채권 18	○○○	○○시 ○○구 ○○○동 ○○○○	주채무 1.원금: 63,363,967 2.이자: 1,680,573	65,044,540	65,044,540		
소 계				**1,097,430,364**	**1,097,430,364**		
합 계				**1,097,430,364**	**1,097,430,364**		

[붙임 6] 회생채권자의 목록

회생채권자의 목록

<table>
<tr><td colspan="2">사 건</td><td>20○○회단○○</td><td>채무자</td><td>○○○</td></tr>
<tr><td rowspan="3">회생
채권자
(주채무/
보증채무)</td><td>성명·명칭</td><td colspan="3">○○자산관리공사</td></tr>
<tr><td>주소</td><td colspan="3">○○시 ○○구 ○○동 ○○○</td></tr>
<tr><td>전화번호</td><td>02-0000-0000</td><td>e-mail</td><td></td></tr>
<tr><td colspan="2">목록번호</td><td>채권 1-1</td><td>신고번호</td><td></td></tr>
<tr><td colspan="2">회생채권의
내용·원인</td><td colspan="3">(원인) 19○○. 09. 25.자○○은행(주택) 대출금에 대한 양수금
(내용) - 원금 9,196,000원
- 개시결정 전일까지 이자 24,775,873원
- 개시결정일부터 약정 또는 법정이율에 의한 금원</td></tr>
<tr><td colspan="2">우선권 유무</td><td colspan="3"></td></tr>
<tr><td colspan="2">의결권의 액</td><td colspan="3">금 33,971,873원</td></tr>
<tr><td colspan="2">목록번호</td><td>채권 1-2</td><td>신고번호</td><td></td></tr>
<tr><td colspan="2">회생채권의
내용·원인</td><td colspan="3">(원인) ○○은행 대출금에 대한 양수금
(내용) - 원금 5,640원
- 개시결정 전일까지 이자 0원
- 개시결정일부터 약정 또는 법정이율에 의한 금원</td></tr>
<tr><td colspan="2">우선권 유무</td><td colspan="3"></td></tr>
<tr><td colspan="2">의결권의 액</td><td colspan="3">금 5,640원</td></tr>
<tr><td colspan="2">목록번호</td><td>채권 1-3</td><td>신고번호</td><td></td></tr>
<tr><td colspan="2">회생채권의
내용·원인</td><td colspan="3">(원인) ○○은행 대출금에 대한 양수금
(내용) - 원금 1,185,221원
- 개시결정 전일까지 이자 2,375,862원
- 개시결정일부터 약정 또는 법정이율에 의한 금원</td></tr>
<tr><td colspan="2">우선권 유무</td><td colspan="3"></td></tr>
<tr><td colspan="2">의결권의 액</td><td colspan="3">금 3,561,083원</td></tr>
<tr><td rowspan="3">회생
채권자
(주채무)</td><td>성명·명칭</td><td colspan="3">○○○</td></tr>
<tr><td>주 소</td><td colspan="3">○○시 ○○동 ○○○○아파트 ○○○-○○○○</td></tr>
<tr><td>전화번호</td><td></td><td>e-mail</td><td></td></tr>
</table>

<table>
<tr><td colspan="2">목록번호</td><td>채권 17</td><td>신고번호</td><td></td></tr>
<tr><td colspan="2">회생채권의
내용·원인</td><td colspan="3">(원인) 19○○.경 차용금 18,000,000원
(내용) - 원금 18,087,400원
- 개시결정 전일까지 이자 0원
- 개시결정일부터 약정 또는 법정이율에 의한 금원</td></tr>
<tr><td colspan="2">우선권 유무</td><td colspan="3"></td></tr>
<tr><td colspan="2">의결권의 액</td><td colspan="3">금 18,087,400원</td></tr>
<tr><td rowspan="3">회생
채권자
(주채무)</td><td>성명·명칭</td><td colspan="3">○○카드(주)</td></tr>
<tr><td>주 소</td><td colspan="3">○○시 ○○구 ○○○동 ○○○○</td></tr>
<tr><td>전화번호</td><td>1588-0000</td><td>e-mail</td><td></td></tr>
<tr><td colspan="2">목록번호</td><td>채권 18</td><td>신고번호</td><td></td></tr>
<tr><td colspan="2">회생채권의
내용·원인</td><td colspan="3">(원인) 19○○. 11. 29. / 19○○. 12. 06.자 카드론대출
(내용) - 원금 63,363,967원
- 개시결정 전일까지 이자 1,680,573원
- 개시결정일부터 약정 또는 법정이율에 의한 금원</td></tr>
<tr><td colspan="2">우선권 유무</td><td colspan="3"></td></tr>
<tr><td colspan="2">의결권의 액</td><td colspan="3">금 65,044,540원</td></tr>
</table>

[붙임 7] 부채증명서 (1)

(발급번호 : ○○지사 -○○ -○○○○○)

부 채 증 명 서

○ 성　　　명 : ○ ○ ○
○ 주민등록번호 : 000000-0000000
○ 주　　　소 : (우.○○○-○○○) ○○시 ○○구 ○○동 ○○○-○○○

채무금 : 금 사천삼백사십일만구천칠백오십칠원정(₩43,419,757)

(단위 : 원)

최초대출처 계좌번호	채무자명 대출과목	대출일자 대출기한	채권이전일 채무구분	대출잔액	이 자 가지급금	합 계
○○상호 신용금고 1111111	○○○ 상각채권	19○○.08.14. 19○○.08.14	20○○.08.25. 주채무	14,673,277	28,451,210 295,270	43,419,757
			- 이하 여백 -			

위 금액과 같이 20○○년 ○월 ○일 현재 당사에 대한 귀하 명의의 부채가 있음을 증명합니다.

20○○년 ○월 ○일

위 채권자 ㈜○○○○공사 (인)

(발급자 : ○○○, 전화번호 : (02)000-0000)

송달주소 : ○○시 ○○구 ○○동 ○○-○○○ 신용정보(주) ○○지사

[붙임 8] 부채증명서 (2)

부 채 증 명 원

성 명 : ○ ○ ○
주민등록번호 : 000000-0000000
주 소 : ○○시 ○○구 ○○동 ○○-○○

20○○년 05월 06일 현재 ○○○○유동화전문(유)에 대한 귀하의 부채가 아래와 같이 있음을 증명합니다.

아 래

금 58,070,315(원리금 기준)

기관명	주채무자	대출일자	대출잔액	가지급금	소 계	미수이자	합 계	채무자와의 관계	보증인유무
	대출과목	대출기한							보증인성명
○○ 카드	○○		16,794,418	0	16,794,418	41,275,897	58,070,315	보증인	무
	신용카드								
합계			16,794,418	0	16,794,418	41,275,897	58,070,315		

* 개인회생신고시 대출잔액과 가지급의 합계액을 신고하여 주시기 바랍니다.

상기 채무에 대하여 채무자 ○○○을 대리한 ○○○는 20○○년 05월 06일 채무승인을 하였습니다.

담당자 ○○○

20○○년 05월 06일

서울 ○○구 ○○동 ○○○
○○○유동화전문유한회사
대표이사 ○○○

[붙임 9] 자료송부청구서

자 료 송 부 청 구 서

청구인(채무자) : ○○○

주민 등록번호 : 000000-0000000

주 소 : ○○시 ○○구 ○○동 ○○-○

채무자는 금번 채무자의 사정에 의하여 회생절차를 신청하게 되었으므로 채권자에게 채무자에 대하여 가진 아래 차용금 내역에 대하여 사실 확인을 요청하오니 사실과 다를 경우 아래 서식에 의해 새로이 작성하여 신속한 답변을 요청합니다.

(단위 : 원)

차 용 일	차 용 금	변 제 액	미변제액 원금	미수이자	합 계	비 고
19○○.경	40,000,000	0	40,000,000	867,940	40,867,940	

〈서 식〉

(단위 : 원)

차 용 일	차 용 금	변 제 액	미변제액 원금	미수이자	합 계	비 고

채무자는 채무자 회생 및 파산에 관한 규칙 제82조에 기하여 채권자에게 채무자에 대하여 가진 개인회생채권의 존부 및 액수, 피담보채권액 및 피담보목적물의 가액, 담보부족전망액 등에 관한 자료의 송부를 청구합니다.

※ 위 요청에 대하여 송달 받은 날로부터 1주일 이내에 답변이 없을시 상기 금액을 채권으로 신고하겠으니 착오 없으시길 바랍니다.

20○○. ○. ○.

채 무 자 ○○○ (인)

발 신 주 소 (채무자)	○○○	전 화	000-000-0000
	○○시 ○○구 ○○동 ○○-○	팩 스	02-000-0000

수 신 주 소 (채권자)	○○○	전 화	000-000-0000
	○○시 ○○구 ○○동 ○○-○	팩 스	02-000-0000

[서식 3] 회생담보권·회생채권 시·부인 명세서

회생담보권, 회생채권 시·부인 명세서

채무자 ○ ○ ○

제 출 자: ○○○
관 계: 사 무 원
(○○○ 변호사)
주민등록번호: 000000-0000000
전 화 번 호: 02-000-0000
팩 스 번 호: 02-000-0000
제출자의 신분확인:

서울중앙지방법원 민사ㅇㅇ단독 귀중

회생담보권, 회생채권 시·부인 총괄표

채무자 : ○○○ (단위 : 원)

구 분	건수	신고액·목록기재액	시인액	부인액	비 고
회생담보권 (추완)	-	-	-	-	
소계	-	-	-	-	
회생채권 (추완)	18	1,037,404,653	1,009,381,415	28,023,238	
소계	18	1,037,404,653	1,009,381,415	28,023,238	
회생담보권 중 회생채권 시인액	-	-	-	-	
합 계	18	1,037,404,653	1,009,381,415	28,023,238	

조세·벌금 등	-	-	-	-	시부인 대상 아님

회생채권 시·부인 명세서

채무자 : ○○○

(단위 : 원)

신고번호	목록번호	채 권 자	주소	채권 내용	목록기재액·신고액	시인액	부인액	의결권 인정액	시부인 사유	우선권	비 고
2	채권1-1	○○자산 관리공사	○○시○○구 ○○동○○○	19○○.09.25.자 ○○은행 (주택) 대출금에 대한 양수금 〈주채무〉 1.원금: 9,081,000 2.이자: 25,037,405 3.개시후이자: 연 17%	34,118,405	34,118,405	-	34,118,405			
2	채권1-2			○○은행 대출금에 대한 양수금 〈주채무〉 1.원금: 5,640 2.이자: 0 3.개시후이자 : 0%	5,640	5,640	-	5,640			
2	채권1-3			○○은행 대출금에 대한 양수금 〈주채무〉 1.원금: 1,140,221 2.이자: 2,409,164 3.개시후이자: 연 17%	3,549,385	3,549,385	-	3,549,385			
2	채권1-4			19○○.11.20.자 ○○은행 (○○) 대출금에 대한 양수금 〈주채무〉 1.원금: 10,450,881 2.이자: 37,365,519 3.개시후이자: 연 17%	47,816,400	47,816,400	-	47,816,400			
2	채권1-5			19○○.12.09.자 ○○금융공사 채권에 대한 양수금 〈주채무〉 1.원금: 3,805,732	10,136,728	10,136,728	-	10,136,728			

				2.이자: 6,330,996 3.개시후이자 : 연 17%							
2	채권1-6			19○○.07.09.자 ○○은행 (서울) 대출금에 대한 양수금 〈주채무〉 1.원금: 2,140,022 2.이자: 14,700,483 3.개시후이자: 연 17%	16,840,505	16,840,505	-	16,840,505			
2	채권1-7			19○○.05.15.자 ○○은행 (서울) 대출금에 대한 양수금 〈주채무〉 1.원금: 3,946,600 2.이자: 10,458,789 3.개시후이자: 연 17%	14,405,389	14,405,389	-	14,405,389			
2	채권1-8			19○○.04.21.자 주채무자 ○○ ○○○○○수협 대출금의 양수금의 채권에 대한 연대보증 〈보증채무〉 1.원금: 6,127,950 2.이자: 18,795,302 3.개시후이자 : 연 17%	24,923,252	24,923,252	-	24,923,252			〈주채무자〉 ○○
2	채권1-9			19○○.12.26.자 주채무자 ○○○○○○○○수협 대출금의 양수금 채권에 대한 연대보증 〈보증채무〉 1.원금: 5,739,759 2.이자: 8,608,065 3.개시후이자: 연 17%	14,347,824	14,347,824	-	14,347,824			〈주채무자〉 ○○○
2	채권1-10			주채무자 ○○○○○○○○수협 가지급금의 양수금 채권에 대한 연대보증 〈보증채무〉 1.원금: 187,100	187,100	187,100	-	187,100			〈주채무자〉 ○○○

				2.이자: 0 3.개시후이자: 0%							
2	채권1-1 1			주채무자 ○○○○○수협 대출금의 양수금 채권에 대한 연대보증 〈보증채무〉 1.원금: 10,225,438 2.이자: 35,987,221 3.개시후이자 : 연 17%	46,212,659	46,212,659	-	46,212,659			〈주채무자〉 ○○○
6	채권2-1	(주)○○ 은행	○○시○○구 ○○동○○○ ○○빌딩 16층	19○○.04.17.자 발급받은 ○○카드 사용대금 〈주채무〉 1.원금: 590,328 2.이자: 565,663 3.개시후이자: 연 25%	1,155,991	1,155,991	-	1,155,991			
6	채권2-2			19○○.03.26.자 대출금 〈주채무〉 1.원금: 14,319,696 2.이자: 21,177,064 3.개시후이자: 연 19%	35,496,760	35,496,760	-				〈보증인〉 ○○○
6	채권2-3			19○○.11.22.자 대출금 〈주채무〉 1.원금: 16,273,523 2.이자: 15,593,601 3.개시후이자 : 연 25%	31,867,124	31,867,124	-				〈보증인〉 ○○○
6	채권2-4			가지급금 〈주채무〉 1.원금: 218,855 2.이자: 0 3.개시후이자: 0%	218,855	218,855	-	218,855			
	채권3	(주)○○ 금융공사	서울○구○동○○ 3층	19○○.08.14.자 ○○상호신용금고 대출금에 대한 양수금	43,419,757	43,419,757	-	43,419,757			

				〈주채무〉 1.원금: 14,968,547 2.이자: 28,451,210 3.개시후이자: 6%							
	채권4-1	○○자산 관리(주)	서울○○구○○동 ○○○ ○○빌딩 3층	19○○.01.17.자 대출금에 대한 양수금 〈주채무〉 1.원금: 19,911,709 2.이자: 39,440,460 3.개시후이자 : 6%	59,352,169	59,352,169	-	59,352,169			
	채권4-2			19○○.05.29.자 주채무자 ○○○ 대출금의 양수금 채권에 대한 연대보증 〈보증채무〉 1.원금: 15,100,700 2.이자: 30,437,443 3.개시후이자: 연 6%	45,538,143	45,538,143	-	45,538,143			〈주채무자〉 ○○○
	채권4-3			19○○.12.24.자 주채무자 ○○ 대출금의 양수금 채권에 대한 연대보증 〈보증채무〉 1.원금: 18,906,313 2.이자: 39,082,350 3.개시후이자: 연6%	57,988,663	57,988,663	-	57,988,663			〈주채무자〉 ○○
	채권5-1	(주)○○○상호 저축은행	서울○구○동 ○○○-○	20○○.09.30.자로 매입한 ○○은행 채권의 양수금 〈주채무〉 1.원금: 14,172,326 2.이자: 37,000,360 3.개시후이자 : 25%	51,172,686	51,172,686	-	51,172,686			〈보증인〉 ○○○
	채권5-2			20○○.09.30.자로 매입한 ○○은행 채권의 양수금 〈주채무〉 1.원금: 8,747,934 2.이자: 19,275,304	28,023,238	-	28,023,238	-	채권번호 5-1번으로 합하여 시인하였으므로 부인		

	채권5-3			20○○.01.31.자로 매입한 ○○카드 사용대금에 대한 양수금 〈주채무〉 1.원금: 2,178,440 2.이자: 23,688,899 3.개시후이자: 연 18%	25,867,339	25,867,339	-	25,867,339			
	채권6-1	○○○농업협동조합	서울○구○○○동 ○○○○-○	19○○.06.27.자 대출금 〈주채무〉 1.원금: 0 2.이자: 5,663,715 3.개시후이자 : 연 6%	5,663,715	5,663,715	-	5,663,715			
	채권6-2			19○○.06.20.자 대출금 〈주채무〉 1.원금: 10,636,640 2.이자: 20,647,783 3.개시후이자: 연6%	31,284,423	31,284,423	-	31,284,423			
	채권6-3			19○○.12.12.자 주채무자 ○○○ 대출금의 양수금 채권에 대한 연대보증 〈보증채무〉 1.원금: 17,222,170 2.이자: 35,598,218 3.개시후이자: 연 6%	52,820,388	52,820,388	-	52,820,388			〈주채무자〉 ○○○
	채권7-1	(주)○○상호저축은행	서울○○구○○동 ○○-○	19○○.01.24.자 ○○은행 대출금에 대한 양수금 〈주채무〉 1.원금: 5,000,000 2.이자: 6,039,054 3.개시후이자 : 연 6%	11,039,054	11,039,054	-	11,039,054			
	채권7-2			19○○.09.07.자 주채무자 ○○○○○은행 대출금의 양수금 채권에 대한 연대보증 〈보증채무〉	33,308,488	33,308,488	-	33,308,488			〈주채무자〉 ○○○

				1.원금: 7,954,470 2.이자: 25,354,018 3.개시후이자: 연 6%							
	채권7-3			19○○.07.19.자 주채무자 ○○○○○은행 대출금의 양수금 채권에 대한 연대보증 〈보증채무〉 1.원금: 5,849,000 2.이자: 10,044,277 3.개시후이자: 연 6%	15,893,277	15,893,277	-	15,893,277			〈주채무자〉 ○○○
	채권8	○○○○ 유동화전문(유)	서울○○구○○동 ○○○	주채무자 ○○○○카드 사용대금에 대한 양수금 채권의 연대보증 〈보증채무〉 1.원금: 16,794,418 2.이자: 41,275,897 3.개시후이자 : 연 6%	58,070,315	58,070,315	-	58,070,315			〈주채무자〉 ○○
	채권9	○○생명 보험(주)	서울 ○구○○로○가○ ○○	19○○.12.02.자 일반가계 자금대출금 〈주채무〉 1.원금: 5,000,000 2.이자: 1,539,878 3.개시후이자: 연 19%	6,539,878	6,539,878	-	6,539,878			
	채권10-1	○○보증 보험(주)	서울 ○○구○○동○○ ○-○○	○○생명보험(주) 대출금의 대위변제금 〈주채무〉 1.원금: 2,316,816 2.이자: 9,859,164 3.개시후이자: 연 14.5%	12,175,980	12,175,980	-	12,175,980			
	채권10-2			○○생명보험(주) 대출금의 대위변제금 〈주채무〉 1.원금: 260,940 2.이자: 8,153,670 3.개시후이자 : 연 14.5%	9,414,610	9,414,610	-	9,414,610			

	채권10-3			주채무자 ○○○○○생명보험(주) 대출금 대위변제금의 양수금 채권에 대한 연대보증 〈주채무〉 1.원금: 619,972 2.이자: 4,153,228 3.개시후이자: 연 14%	4,773,200	4,773,200	-	4,773,200			〈주채무자〉 ○○○
1	채권11	(주)○○은행	○○시○구○○로○가○○○	19○○.11.08.자 특수채권 〈주채무〉 1.원금: 0 2.이자: 7,513,342 3.개시후이자: 연 21%	7,513,342	7,513,342	-	7,513,342			
	채권12	○○생명보험(주)	○○시○구○○로○가○○○ ○○빌딩	19○○.02.14. ~ 20○○.02.13.까지 일반신용 대출금 〈주채무〉 1.원금: 2,583,000 2.이자: 11,088,494 3.개시후이자 : 연 6%	13,671,494	13,671,494	-	13,671,494			
	채권13	(주)○○2상호저축은행	○○시 ○구 ○○동 ○○○-○	○○○○은행 대출금에 대한 양수금 〈주채무〉 1.원금: 10,066,768 2.이자: 19,948,858 3.개시후이자: 연 6%	30,015,626	30,015,626	-	30,015,626			
	채권14	○○수산업협동조합	○○시 ○○동○○-○	대출금에 대한 특수채권 〈주채무〉 1.원금: 15,298,330 2.이자: 24,822,864 3.개시후이자: 연 6%	40,121,194	40,121,194	-	40,121,194			〈보증인〉 ○○○ ○○○
	채권15	○○상호저축은행(주)	○○시 ○○구 ○○동 ○○○-○○	20○○.02.14.자 매입한 ○○제3차유동화전문(유)채무금 〈주채무〉	30,632,815	30,632,815	-	30,632,815			

				1.원금: 9,898,648 2.이자: 20,734,167 3.개시후이자 : 연 6%							
	채권16	○○○	○○시○구 ○○동○○○ ○○아파트 ○○○-○○○	19○○.경 주채무자 ○○○의 차용금에 대한 연대보증 〈보증채무〉 1.원금: 40,867,940 2.이자: 0 3.개시후이자: 연 6%	40,867,940	40,867,940	-	40,867,940			〈주채무자〉 ○○○
	채권17	○○○	○○시○○구 ○○동○○○ ○○아파트 ○○○-○○○	19○○.경 차용금 〈주채무〉 1.원금: 18,087,400 2.이자: 0 3.개시후이자: 연 6%	18,087,400	18,087,400	-	18,087,400			
	채권18	○○ 카드(주)	서울○○구 ○○동○○-○	19○○.11.29. / 19○○.12.06.자 카드론 대출 〈주채무〉 1.원금: 63,363,967 2.이자: 1,680,573 3.개시후이자 : 연 6%	65,044,540	65,044,540	-	65,044,540			
소 계					1,037,404,653	1,009,381,415	28,023,238	1,009,381,415			
합 계					1,037,404,653	1,009,381,415	28,023,238	1,009,381,415			

[서식 4] 회생담보권자·회생채권자목록 총괄표(재제출)(표지)

회생담보권자, 회생채권자 목록 총괄표

채무자 ○ ○ ○

제 출 자: ○○○
관 계: 사 무 원
(○○○ 변호사)
주민등록번호: 000000-0000000
전 화 번 호: 02-000-0000
팩 스 번 호: 02-000-0000
제출자의 신분확인:

서울중앙지방법원 민사○○단독 귀중

[서식 5] 회생담보권자·회생채권자목록 총괄표(재제출)

회생담보권자, 회생채권자 목록 총괄표

채무자 : ○○○ (단위 : 원)

구 분		건 수	금 액	비 고
회생담보권		-	-	
회생채권	회생채권	18	1,097,668,665	
	담보권 중 회생채권 인정액	-	-	
	소 계	18	1,097,668,665	
합 계		18	1,097,668,665	
조세채권		-	-	조사대상 아님

[붙임] 회생담보권자·회생채권자목록 총괄표(세부내역)

회생채권자의 목록 총괄표

채무자 : ○○○ (단위 : 원)

목록번호	채 권 자	주소	채권내용	채권액	의결권 인정액	우선권	비 고
〈주채무 / 보증채무〉							
채권 1-1			주채무 1.원금: 9,196,000 2.이자: 24,775,873	33,971,873	33,971,873		
채권 1-2			주채무 1.원금: 5,640 2.이자: 0	5,640	5,640		
채권 1-3			주채무 1.원금: 1,185,221 2.이자: 2,375,862	3,561,083	3,561,083		
채권 1-4	○○자산관리공사	○○시 ○○구 ○○동 ○○○	주채무 1.원금: 10,601,881 2.이자: 37,030,754	47,632,635	47,632,635		
채권 1-5			주채무 1.원금: 3,920,732 2.이자: 6,220,351	10,141,083	10,141,083		
채권 1-6			주채무 1.원금: 2,248,022 2.이자: 14,634,095	16,882,117	16,882,117		
채권 1-7			주채무 1.원금: 4,130,600 2.이자: 10,336,623	14,467,223	14,467,223		

채권 1-8			보증채무 1.원금: 6,382,950 2.이자: 18,621,023	25,003,973	25,003,973		〈주채무자〉 ○○
채권 1-9			보증채무 1.원금: 5,739,759 2.이자: 8,448,453	14,188,212	14,188,212		〈주채무자〉 ○○○
채권 1-10			보증채무 1.원금: 187,100 2.이자: 0	187,100	187,100		〈주채무자〉 ○○○
채권 1-11			보증채무 1.원금: 10,652,438 2.이자: 35,688,078	46,340,516	46,340,516		〈주채무자〉 ○○○
채권 2-1	(주)○○은행	○○시 ○○구 ○○동 ○○○ ○○빌딩 16층	주채무 1.원금: 590,328 2.이자: 1,838,418	2,428,746	2,428,746		
채권 2-2			주채무 1.원금: 14,319,696 2.이자: 32,709,216	47,028,912	47,028,912		〈보증인〉 ○○○
채권 2-3			주채무 1.원금: 16,273,520 2.이자: 48,906,652	65,180,172	65,180,172		〈보증인〉 ○○○
채권 3	(주)○○금융공사	서울○구○동○○ 3층	주채무 1.원금: 14,968,547 2.이자: 28,451,210	43,419,757	43,419,757		
채권 4-1	○○자산관리(주)	서울○○구○○동○○○ ○○빌딩 3층	주채무 1.원금: 19,911,709 2.이자: 39,440,460	59,352,169	59,352,169		
채권 4-2			보증채무 1.원금: 15,100,700	45,538,143	45,538,143		〈주채무자〉 ○○○

			2.이자: 30,437,443				
채권 4-3			보증채무 1.원금: 18,906,313 2.이자: 39,082,350	57,988,663	57,988,663		〈주채무자〉 ○○
채권 5-1			주채무 1.원금: 5,696,392 2.이자: 17,344,221	23,040,613	23,040,613		
채권 5-2	㈜○○○상호저축은행	서울 ○구 ○동 ○○○-○	주채무 1.원금: 8,747,934 2.이자: 19,275,304	28,023,238	28,023,238		
채권 5-3			주채무 1.원금: 2,304,440 2.이자: 23,626,638	25,931,078	25,931,078		
채권 6-1			주채무 1.원금: 0 2.이자: 5,663,715	5,663,715	5,663,715		
채권 6-2	○○○농업협동조합	서울 ○구 ○○○동 ○○○○-○	주채무 1.원금: 10,636,640 2.이자: 20,647,783	31,284,423	31,284,423		
채권 6-3			보증채무 1.원금: 17,222,170 2.이자: 35,598,218	52,820,388	52,820,388		〈주채무자〉 ○○○
채권 7-1			주채무 1.원금: 5,164,920 2.이자: 5,874,134	11,039,054	11,039,054		
채권 7-2	(주)○○상호저축은행	서울 ○○구 ○○동 ○○-○	보증채무 1.원금: 8,145,860 2.이자: 25,162,628	33,308,488	33,308,488		〈주채무자〉 ○○○
채권 7-3			보증채무	15,893,277	15,893,277		〈주채무자〉

			1.원금: 5,849,000 2.이자: 10,044,277				○○○
채권 8	○○○○ 유동화전문(유)	서울 ○○구 ○○동 ○○○	보증채무 1.원금: 16,794,418 2.이자: 41,275,897	58,070,315	58,070,315		〈주채무자〉 ○○
채권 9	○○생명보험(주)	서울 ○구 ○○로○가 ○○○	주채무 1.원금: 5,000,000 2.이자: 1,679,878	6,679,878	6,679,878		
채권 10-1			주채무 1.원금: 2,408,816 2.이자: 9,787,694	12,196,510	12,196,510		
채권 10-2	○보증보험(주)	서울 ○○구 ○○동 ○○○-○○	주채무 1.원금: 461,940 2.이자: 9,142,480	9,604,420	9,604,420		〈보증인〉 ○○○
채권 10-3			보증채무 1.원금: 655,972 2.이자: 4,133,928	4,789,900	4,789,900		〈주채무자〉 ○○○
채권 11	(주)○○은행	○○시 ○구 ○○로○가 ○○○	주채무 1.원금: 0 2.이자: 7,564,342	7,564,342	7,564,342		
채권 12	○○생명보험(주)	○○시 ○구 ○○로 ○가 ○○○ ○○빌딩	주채무 1.원금: 2,583,000 2.이자: 11,088,494	13,671,494	13,671,494		
채권 13	(주)○○상호저축은행	○○시 ○구 ○○동○○○-○	주채무 1.원금: 10,066,768 2.이자: 19,948,858	30,015,626	30,015,626		
채권 14	○○수산업협동조합	○○시 ○○동 ○○-○	주채무 1.원금: 15,298,330 2.이자: 24,822,864	40,121,194	40,121,194		〈보증인〉 ○○○ ○○○

채권 15	○○상호저축은행(주)	○○시 ○○구 ○○동 ○○○-○○	주채무 1.원금: 9,898,648 2.이자: 20,734,167	30,632,815	30,632,815		
채권 16	○○○	○○시 ○구 ○○동 ○○○ ○○아파트 ○○○-○○○	보증채무 1.원금: 40,867,940 2.이자: 0	40,867,940	40,867,940		
채권 17	○○○	○○시 ○○구 ○○동 ○○○ ○○아파트 ○○○-○○○	주채무 1.원금: 18,087,400 2.이자: 0	18,087,400	18,087,400		
채권 18	○○카드(주)	서울 ○○구 ○○동 ○○-○	주채무 1.원금: 63,363,967 2.이자: 1,680,573	65,044,540	65,044,540		
소 계				1,097,668,665	1,097,668,665		
합 계				1,097,668,665	1,097,668,665		

[붙임] 회생채권자의 목록

회 생 채 권 자 의 목 록

사건		20○○회단○ 회생	채무자	반 정 승
회생채권자 (주채무 / 보증채무)	성명·명칭	○○자산관리공사		
	주 소	서울 ○○구 ○○동 ○○○		
	전화번호	02-0000-0000	e-mail	
목록 번호		채권 1-1	신고번호	
회생채권의 내용·원인		(원인) 19○○. 09. 25.자 ○○은행(주택) 대출금에 대한 양수금 (내용) - 원금 9,196,000원 - 개시결정 전일까지 이자 24,775,873원 - 개시결정일부터 약정 또는 법정이율에 의한 금원		
우선권 유무				
의결권의 액		금 33,971,873원		
목록 번호		채권 1-2	신고번호	
회생채권의 내용·원인		(원인) ○○은행 대출금에 대한 양수금 (내용) - 원금 5,640원 - 개시결정 전일까지 이자 0원 - 개시결정일부터 약정 또는 법정이율에 의한 금원		
우선권 유무				
의결권의 액		금 5,640원		
목록 번호		채권 1-3	신고번호	
회생채권의 내용·원인		(원인) ○○은행 대출금에 대한 양수금 (내용) - 원금 1,185,221원 - 개시결정 전일까지 이자 2,375,862원 - 개시결정일부터 약정 또는 법정이율에 의한 금원		
우선권 유무				
의결권의 액		금 3,561,083원		
목록번호		채권 1-4	신고번호	
회생채권의 내용·원인		(원인) 19○○. 11. 20.자 ○○은행(○○) 대출금에 대한 양수금 (내용) - 원금 10,601,881원 - 개시결정 전일까지 이자 37,030,754원 - 개시결정일부터 약정 또는 법정이율에 의한 금원		
우선권 유무				
의결권의 액		금 47,632,635원		
목록 번호		채권 1-5	신고번호	
회생채권의 내용·원인		(원인) 19○○. 12. 09.자 ○○금융공사 채권에 대한 양수금 (내용) - 원금 3,920,732원		

<table>
<tr><td></td><td colspan="3">- 개시결정 전일까지 이자 6,220,351원
- 개시결정일부터 약정 또는 법정이율에 의한 금원</td></tr>
<tr><td>우선권 유무</td><td colspan="3"></td></tr>
<tr><td>의결권의 액</td><td colspan="3">금 101,141,083원</td></tr>
<tr><td>목록 번호</td><td>채권 1-6</td><td>신고번호</td><td></td></tr>
<tr><td>회생채권의
내용·원인</td><td colspan="3">(원인) 19○○. 07. 09.자 ○○은행(서울) 대출금에 대한 양수금
(내용) - 원금 2,248,022원
- 개시결정 전일까지 이자 14,634,095원
- 개시결정일부터 약정 또는 법정이율에 의한 금원</td></tr>
<tr><td>우선권 유무</td><td colspan="3"></td></tr>
<tr><td>의결권의 액</td><td colspan="3">금 16,882,117원</td></tr>
<tr><td>목록 번호</td><td>채권 1-7</td><td>신고번호</td><td></td></tr>
<tr><td>회생채권의
내용·원인</td><td colspan="3">(원인) 19○○. 05. 15.자 ○○은행(서울) 대출금에 대한 양수금
(내용) - 원금 4,130,600원
- 개시결정 전일까지 이자 10,336,623원
- 개시결정일부터 약정 또는 법정이율에 의한 금원</td></tr>
<tr><td>우선권 유무</td><td colspan="3"></td></tr>
<tr><td>의결권의 액</td><td colspan="3">금 14,467,223원</td></tr>
<tr><td>목록번호</td><td>채권 1-8</td><td>신고번호</td><td></td></tr>
<tr><td>회생채권의
내용·원인</td><td colspan="3">(원인) 19○○. 04. 21.자 주채무자 ○○○○○○○수협 대출금의 양수금 채권에 대한 연대보증
(내용) - 원금 6,382,950원
- 개시결정 전일까지 이자 18,621,023원
- 개시결정일부터 약정 또는 법정이율에 의한 금원</td></tr>
<tr><td>우선권 유무</td><td colspan="3"></td></tr>
<tr><td>의결권의 액</td><td colspan="3">금 25,003,973원</td></tr>
<tr><td>목록 번호</td><td>채권 1-9</td><td>신고번호</td><td></td></tr>
<tr><td>회생채권의
내용·원인</td><td colspan="3">(원인) 19○○. 12. 26.자 주채무자 ○○○○○○○○수협 대출금의 양수금 채권에 대한 연대보증
(내용) - 원금 5,739,759원
- 개시결정 전일까지 이자 8,448,453원
- 개시결정일부터 약정 또는 법정이율에 의한 금원</td></tr>
<tr><td>우선권 유무</td><td colspan="3"></td></tr>
<tr><td>의결권의 액</td><td colspan="3">금 14,188,212원</td></tr>
<tr><td>목록 번호</td><td>채권 1-10</td><td>신고번호</td><td></td></tr>
<tr><td>회생채권의
내용·원인</td><td colspan="3">(원인) 주채무자 ○○○○○○○○수협 가지급금의 양수금 채권에 대한 연대보증
(내용) - 원금 187,100원
- 개시결정 전일까지 이자 0원
- 개시결정일부터 약정 또는 법정이율에 의한 금원</td></tr>
<tr><td>우선권 유무</td><td colspan="3"></td></tr>
</table>

<table>
<tr><td colspan="2">의결권의 액</td><td colspan="3">금 187,100원</td></tr>
<tr><td colspan="2">목록 번호</td><td>채권 1-11</td><td>신고번호</td><td></td></tr>
<tr><td colspan="2">회생채권의
내용·원인</td><td colspan="3">(원인) 주채무자 ○○○○○수협 대출금의 양수금 채권에 대한 연대보증
(내용) - 원금 10,652,438원
- 개시결정 전일까지 이자 35,688,078원
- 개시결정일부터 약정 또는 법정이율에 의한 금원</td></tr>
<tr><td colspan="2">우선권 유무</td><td colspan="3"></td></tr>
<tr><td colspan="2">의결권의 액</td><td colspan="3">금 46,340,516원</td></tr>
<tr><td rowspan="3">회생채권자
(주채무)</td><td>성명·명칭</td><td colspan="3">(주)○○은행</td></tr>
<tr><td>주 소</td><td colspan="3">○○시 ○○구 ○○동 ○○○○○빌딩 16층</td></tr>
<tr><td>전화번호</td><td>02-0000-0000</td><td>e-mail</td><td></td></tr>
<tr><td colspan="2">목록 번호</td><td>채권 2-1</td><td>신고번호</td><td></td></tr>
<tr><td colspan="2">회생채권의
내용·원인</td><td colspan="3">(원인) 19○○. 04. 17.자 발급받은○○카드 사용대금
(내용) - 원금 590,328원
- 개시결정 전일까지 이자 1,838,418원
- 개시결정일부터 약정 또는 법정이율에 의한 금원</td></tr>
<tr><td colspan="2">우선권 유무</td><td colspan="3"></td></tr>
<tr><td colspan="2">의결권의 액</td><td colspan="3">금 2,428,746원</td></tr>
<tr><td colspan="2">목록 번호</td><td>채권 2-2</td><td>신고번호</td><td></td></tr>
<tr><td colspan="2">회생채권의
내용·원인</td><td colspan="3">(원인) 19○○. 03. 26.자 대출금 15,000,000원
(내용) - 원금 14,319,696원
- 개시결정 전일까지 이자 32,709,216원
- 개시결정일부터 연 25%의 비율에 의한 금원</td></tr>
<tr><td colspan="2">우선권 유무</td><td colspan="3"></td></tr>
<tr><td colspan="2">의결권의 액</td><td colspan="3">금 47,028,912원</td></tr>
<tr><td colspan="2">목록 번호</td><td>채권 2-3</td><td>신고번호</td><td></td></tr>
<tr><td colspan="2">회생채권의
내용·원인</td><td colspan="3">(원인) 19○○. 11. 22.자 대출금 20,000,000원
(내용) - 원금 16,273,520원
- 개시결정 전일까지 이자 48,906,652원
- 개시결정일부터 연 25%의 비율에 의한 금원</td></tr>
<tr><td colspan="2">우선권 유무</td><td colspan="3"></td></tr>
<tr><td colspan="2">의결권의 액</td><td colspan="3">금 65,180,172원</td></tr>
<tr><td rowspan="3">회생채권자
(주채무)</td><td>성명·명칭</td><td colspan="3">(주)○○금융공사</td></tr>
<tr><td>주 소</td><td colspan="3">서울 ○구 ○동 ○○ 3층</td></tr>
<tr><td>전화번호</td><td>02-000-0000</td><td>e-mail</td><td></td></tr>
<tr><td colspan="2">목록 번호</td><td>채권 3</td><td>신고번호</td><td></td></tr>
<tr><td colspan="2">회생채권의
내용·원인</td><td colspan="3">(원인) 19○○. 08. 14.자 ○○상호신용금고 대출금에 대한 양수금
(내용) - 원금 14,968,547원
- 개시결정 전일까지 이자 28,451,210원
- 개시결정일부터 약정 또는 법정이율에 의한 금원</td></tr>
</table>

우선권 유무				
의결권의 액		금 43,419,757원		
회생채권자 (주채무 / 보증채무)	성명·명칭	○○자산관리(주)		
	주 소	서울 ○○구 ○○동○○○ ○○빌딩 3층		
	전화번호	02-0000-0000	e-mail	
목록 번호		채권 4-1	신고번호	
회생채권의 내용·원인		(원인) 19○○. 01. 17.자 대출금에 대한 양수금 (내용) - 원금 19,911,709원 - 개시결정 전일까지 이자 39,440,460원 - 개시결정일부터 약정 또는 법정이율에 의한 금원		
우선권 유무				
의결권의 액		금 58,352,169원		
목록 번호		채권 4-2	신고번호	
회생채권의 내용·원인		(원인) 19○○. 05. 29.자 주채무자 ○○○ 대출금의 양수금 채권에 대한 연대보증 (내용) - 원금 15,100,700원 - 개시결정 전일까지 이자 30,437,443원 - 개시결정일부터 약정 또는 법정이율에 의한 금원		
우선권 유무				
의결권의 액		금 45,538,143원		
목록 번호		채권 4-3	신고번호	
회생채권의 내용·원인		(원인) 19○○. 12. 24.자 주채무자 ○○ 대출금의 양수금 채권에 대한 연대보증 (내용) - 원금 18,906,313원 - 개시결정 전일까지 이자 39,082,350원 - 개시결정일부터 약정 또는 법정이율에 의한 금원		
우선권 유무				
의결권의 액		금 57,988,663원		
회생채권자 (주채무)	성명·명칭	(주)○○○상호저축은행		
	주 소	서울○구○동○○○-○		
	전화번호	02-0000-0000	e-mail	
목록 번호		채권 5-1	신고번호	
회생채권의 내용·원인		(원인) 20○○. 09. 30.자로 매입한 ○○은행 채권의 양수금 (내용) - 원금 5,696,392원 - 개시결정 전일까지 이자 17,344,221원 - 개시결정일부터 연 17%의 비율에 의한 금원		
우선권 유무				
의결권의 액		금 23,040,613원		
목록 번호		채권 5-2	신고번호	
회생채권의 내용·원인		(원인) 20○○. 09. 30.자로 매입한 ○○은행 채권의 양수금 (내용) - 원금 8,747,934원		

		- 개시결정 전일까지 이자 19,275,304원 - 개시결정일부터 연 17%의 비율에 의한 금원		
우선권 유무				
의결권의 액		금 28,023,238원		
목록 번호		채권 5-3	신고번호	
회생채권의 내용·원인		(원인) 20ㅇㅇ. 01. 31.자로 매입한 ㅇㅇ카드 사용대금에 대한 양수금 (내용) - 원금 2,304,440원 - 개시결정 전일까지 이자 23,626,638원 - 개시결정일부터 연 18%의 비율에 의한 금원		
우선권 유무				
의결권의 액		금 25,931,078원		
회생채권자 (주채무/ 보증채무)	성명·명칭	ㅇㅇㅇ농업협동조합		
	주 소	서울 ㅇ구 ㅇㅇㅇ동 ㅇㅇㅇㅇ-ㅇ		
	전화번호	02-000-0000	e-mail	
목록 번호		채권 6-1	신고번호	
회생채권의 내용·원인		(원인) 19ㅇㅇ. 06. 27.자 대출금 10,000,000원 (내용) - 원금 0원 - 개시결정 전일까지 이자 5,663,715원 - 개시결정일부터 약정 또는 법정이율에 의한 금원		
우선권 유무				
의결권의 액		금 5,663,715원		
목록 번호		채권 6-2	신고번호	
회생채권의 내용·원인		(원인) 19ㅇㅇ. 06. 20.자 대출금 10,000,000원 (내용) - 원금 10,636,640원 - 개시결정 전일까지 이자 20,647,783원 - 개시결정일부터 약정 또는 법정이율에 의한 금원		
우선권 유무				
의결권의 액		금 31,284,423원		
목록 번호		채권 6-3	신고번호	
회생채권의 내용·원인		(원인) 19ㅇㅇ. 12. 12.자 주채무자 ㅇㅇㅇ 대출금의 양수금 채권에 대한 연대보증 (내용) - 원금 17,222,170원 - 개시결정 전일까지 이자 35,598,218원 - 개시결정일부터 약정 또는 법정이율에 의한 금원		
우선권 유무				
의결권의 액		금 52,820,388원		
회생채권자 (주채무/ 보증채무)	성명·명칭	(주)ㅇㅇ상호저축은행		
	주 소	서울 ㅇㅇ구 ㅇㅇ동 ㅇㅇ-ㅇ		
	전화번호	02-000-0000	e-mail	
목록 번호		채권 7-1	신고번호	

<table>
<tr><td colspan="2">회생채권의
내용·원인</td><td colspan="3">(원인) 19○○. 01. 24.자 ○○은행 대출금 5,000,000원에 대한 양수금
(내용) - 원금 5,164,920원
- 개시결정 전일까지 이자 5,874,134원
- 개시결정일부터 약정 또는 법정이율에 의한 금원</td></tr>
<tr><td colspan="2">우선권 유무</td><td colspan="3"></td></tr>
<tr><td colspan="2">의결권의 액</td><td colspan="3">금 11,039,054원</td></tr>
<tr><td colspan="2">목록 번호</td><td>채권 7-2</td><td>신고번호</td><td></td></tr>
<tr><td colspan="2">회생채권의
내용·원인</td><td colspan="3">(원인) 19○○. 09. 07.자 주채무자 ○○○○○은행 대출금의 양수금 채권에 대한 연대보증
(내용) - 원금 8,145,860원
- 개시결정 전일까지 이자 25,162,628원
개시결정일부터 약정 또는 법정이율에 의한 금원</td></tr>
<tr><td colspan="2">우선권 유무</td><td colspan="3"></td></tr>
<tr><td colspan="2">의결권의 액</td><td colspan="3">금 33,308,488원</td></tr>
<tr><td colspan="2">목록 번호</td><td>채권 7-3</td><td>신고번호</td><td></td></tr>
<tr><td colspan="2">회생채권의
내용·원인</td><td colspan="3">(원인) 19○○. 07. 19.자 주채무자 ○○○○○은행 대출금의 양수금 채권에 대한 연대보증
(내용) - 원금 5,849,000원
- 개시결정 전일까지 이자 10,044,277원
- 개시결정일부터 약정 또는 법정이율에 의한 금원</td></tr>
<tr><td colspan="2">우선권 유무</td><td colspan="3"></td></tr>
<tr><td colspan="2">의결권의 액</td><td colspan="3">금 15,893,277원</td></tr>
<tr><td rowspan="3">회생채권자
(보증채무)</td><td>성명·명칭</td><td colspan="3">○○○○유동화전문(유)</td></tr>
<tr><td>주 소</td><td colspan="3">서울 ○○구 ○○동 ○○○</td></tr>
<tr><td>전화번호</td><td>0000-0000</td><td>e-mail</td><td></td></tr>
<tr><td colspan="2">목록 번호</td><td>채권 8</td><td>신고번호</td><td></td></tr>
<tr><td colspan="2">회생채권의
내용·원인</td><td colspan="3">(원인) 주채무자 ○○○○카드 사용대금에 대한 양수금 채권의 연대보증
(내용) - 원금 16,794,418원
- 개시결정 전일까지 이자 41,275,897원
- 개시결정일부터 약정 또는 법정이율에 의한 금원</td></tr>
<tr><td colspan="2">우선권 유무</td><td colspan="3"></td></tr>
<tr><td colspan="2">의결권의 액</td><td colspan="3">금 58,070,315원</td></tr>
<tr><td rowspan="3">회생채권자
(보증채무)</td><td>성명·명칭</td><td colspan="3">○○생명보험(주)</td></tr>
<tr><td>주 소</td><td colspan="3">서울 ○구 ○○로○가 ○○○</td></tr>
<tr><td>전화번호</td><td>0000-0000</td><td>e-mail</td><td></td></tr>
<tr><td colspan="2">목록 번호</td><td>채권 9</td><td>신고번호</td><td></td></tr>
<tr><td colspan="2">회생채권의
내용·원인</td><td colspan="3">(원인) 19○○. 12. 02.자 일반가계자금대출금 5,000,000원
(내용) - 원금 5,000,000원
- 개시결정 전일까지 이자 1,679,878원
- 개시결정일부터 연 19%의 비율에 의한 금원</td></tr>
</table>

<table>
<tr><td colspan="2">우선권 유무</td><td colspan="3"></td></tr>
<tr><td colspan="2">의결권의 액</td><td colspan="3">금 6,679,878원</td></tr>
<tr><td rowspan="3">회생채권자
(주채무 /
보증채무)</td><td>성명·명칭</td><td colspan="3">ㅇㅇ보증보험(주)</td></tr>
<tr><td>주 소</td><td colspan="3">서울 ㅇㅇ구 ㅇㅇ동 ㅇㅇㅇ-ㅇㅇ</td></tr>
<tr><td>전화번호</td><td>02-0000-0000</td><td>e-mail</td><td></td></tr>
<tr><td colspan="2">목록 번호</td><td>채권 10-1</td><td>신고번호</td><td></td></tr>
<tr><td colspan="2">회생채권의
내용·원인</td><td colspan="3">(원인)ㅇㅇ생명보험(주) 대출금의 대위변제금
(내용) - 원금 2,408,816원
- 개시결정 전일까지 이자 9,787,694원
- 개시결정일부터 약정 또는 법정이율에 의한 금원</td></tr>
<tr><td colspan="2">우선권 유무</td><td colspan="3"></td></tr>
<tr><td colspan="2">의결권의 액</td><td colspan="3">금 12,196,510원</td></tr>
<tr><td colspan="2">목록 번호</td><td>채권 10-2</td><td>신고번호</td><td></td></tr>
<tr><td colspan="2">회생채권의
내용·원인</td><td colspan="3">(원인)ㅇㅇ생명보험(주) 대출금의 대위변제금
(내용) - 원금 461,940원
- 개시결정 전일까지 이자 9,142,480원
- 개시결정일부터 약정 또는 법정이율에 의한 금원</td></tr>
<tr><td colspan="2">우선권 유무</td><td colspan="3"></td></tr>
<tr><td colspan="2">의결권의 액</td><td colspan="3">금 9,604,420원</td></tr>
<tr><td colspan="2">목록 번호</td><td>채권 10-3</td><td>신고번호</td><td></td></tr>
<tr><td colspan="2">회생채권의
내용·원인</td><td colspan="3">(원인) 주채무자 ㅇㅇㅇㅇㅇ생명보험(주) 대출금 대위변제금의 양수금 채권에 대한 연대보증
(내용) - 원금 655,972원
- 개시결정 전일까지 이자 4,133,928원
- 개시결정일부터 약정 또는 법정이율에 의한 금원</td></tr>
<tr><td colspan="2">우선권 유무</td><td colspan="3"></td></tr>
<tr><td colspan="2">의결권의 액</td><td colspan="3">금 4,789,900원</td></tr>
<tr><td rowspan="3">회생채권자
(주채무)</td><td>성명·명칭</td><td colspan="3">(주)ㅇㅇ은행</td></tr>
<tr><td>주 소</td><td colspan="3">ㅇㅇ시 ㅇ구 ㅇㅇ로ㅇ가 ㅇㅇㅇ</td></tr>
<tr><td>전화번호</td><td>02-0000-0000</td><td>e-mail</td><td></td></tr>
<tr><td colspan="2">목록 번호</td><td>채권 11</td><td>신고번호</td><td></td></tr>
<tr><td colspan="2">회생채권의
내용·원인</td><td colspan="3">(원인) 19ㅇㅇ. 11. 08.자 특수채권
(내용) - 원금 0원
- 개시결정 전일까지 이자 7,564,342원
- 개시결정일부터 연 21%의 비율에 의한 금원</td></tr>
<tr><td colspan="2">우선권 유무</td><td colspan="3"></td></tr>
<tr><td colspan="2">의결권의 액</td><td colspan="3">금 7,564,342원</td></tr>
<tr><td rowspan="2">회생채권자
(주채무)</td><td>성명·명칭</td><td colspan="3">ㅇㅇ생명보험(주)</td></tr>
<tr><td>주 소</td><td colspan="3">ㅇㅇ시 ㅇ구 ㅇㅇ로ㅇ가 ㅇㅇㅇ ㅇㅇ빌딩</td></tr>
</table>

	전화번호	0000-0000	e-mail	
목록 번호		채권 12	신고번호	
회생채권의 내용·원인		(원인) 19○○. 02. 14. ~ 20○○. 02. 13.까지 일반신용대출금 (내용) - 원금 2,583,000원 - 개시결정 전일까지 이자 11,088,494원 - 개시결정일부터 약정 또는 법정이율에 의한 금원		
우선권 유무				
의결권의 액		금 13,671,494원		
회생채권자 (주채무)	성명·명칭	(주)○○2상호저축은행		
	주 소	○○시 ○구 ○○동 ○○○-○		
	전화번호	000-000-0000	e-mail	
목록 번호		채권 13	신고번호	
회생채권의 내용·원인		(원인) ○○○○은행 대출금에 대한 양수금 (내용) - 원금 10,066,768원 - 개시결정 전일까지 이자 19,948,858원 - 개시결정일부터 약정 또는 법정이율에 의한 금원		
우선권 유무				
의결권의 액		금 30,015,626원		
회생채권자 (주채무)	성명·명칭	○○수산업협동조합		
	주 소	○○시 ○○동○○-○		
	전화번호	000-000-0000	e-mail	
목록 번호		채권 14	신고번호	
회생채권의 내용·원인		(원인) 대출금에 대한 특수채권 (내용) - 원금 15,298,330원 - 개시결정 전일까지 이자 24,822,864원 - 개시결정일부터 약정 또는 법정이율에 의한 금원		
우선권 유무				
의결권의 액		금 40,121,194원		
회생채권자 (주채무)	성명·명칭	○○상호저축은행(주)		
	주 소	○○시 ○○구 ○○동 ○○○-○○		
	전화번호	02-0000-0000	e-mail	
목록 번호		채권 15	신고번호	
회생채권의 내용·원인		(원인) 20○○. 02. 14.자 매입한 ○○제3차유동화전문(유) 채무금 (내용) - 원금 9,898,648원 - 개시결정 전일까지 이자 20,734,167원 - 개시결정일부터 약정 또는 법정이율에 의한 금원		
우선권 유무				
의결권의 액		금 30,632,815원		

<table>
<tr><td rowspan="3">회생채권자
(보증채무)</td><td>성명·명칭</td><td colspan="3">○○○</td></tr>
<tr><td>주 소</td><td colspan="3">○○시 ○구 ○○동 ○○○ ○○아파트 ○○○-○○○</td></tr>
<tr><td>전화번호</td><td></td><td>e-mail</td><td></td></tr>
<tr><td colspan="2">목록 번호</td><td>채권 16</td><td>신고번호</td><td></td></tr>
<tr><td colspan="2">회생채권의
내용·원인</td><td colspan="3">(원인) 19○○.경 주채무자 ○○○의 차용금 40,000,000원에 대한 연대보증
(내용) - 원금 40,867,940원
- 개시결정 전일까지 이자 0원
- 개시결정일부터 약정 또는 법정이율에 의한 금원</td></tr>
<tr><td colspan="2">우선권 유무</td><td colspan="3"></td></tr>
<tr><td colspan="2">의결권의 액</td><td colspan="3">금 40,867,940원</td></tr>
<tr><td rowspan="3">회생채권자
(주채무)</td><td>성명·명칭</td><td colspan="3">○○○</td></tr>
<tr><td>주 소</td><td colspan="3">○○시 ○○구 ○○동 ○○○○○아파트○○○-○○○</td></tr>
<tr><td>전화번호</td><td></td><td>e-mail</td><td></td></tr>
<tr><td colspan="2">목록 번호</td><td>채권 17</td><td>신고번호</td><td></td></tr>
<tr><td colspan="2">회생채권의
내용·원인</td><td colspan="3">(원인) 19○○.경 차용금 18,000,000원
(내용) - 원금 18,087,400원
- 개시결정 전일까지 이자 0원
- 개시결정일부터 약정 또는 법정이율에 의한 금원</td></tr>
<tr><td colspan="2">우선권 유무</td><td colspan="3"></td></tr>
<tr><td colspan="2">의결권의 액</td><td colspan="3">금 18,087,400원</td></tr>
<tr><td rowspan="3">회생채권자
(보증채무)</td><td>성명·명칭</td><td colspan="3">○○카드(주)</td></tr>
<tr><td>주 소</td><td colspan="3">서울○○구○○동○○-○</td></tr>
<tr><td>전화번호</td><td>0000-0000</td><td>e-mail</td><td></td></tr>
<tr><td colspan="2">목록 번호</td><td>채권 18</td><td>신고번호</td><td></td></tr>
<tr><td colspan="2">회생채권의
내용·원인</td><td colspan="3">(원인) 19○○. 11. 29. / 19○○. 12. 06.자 카드론대출
(내용) - 원금 63,363,967원
- 개시결정 전일까지 이자 1,680,573원
- 개시결정일부터 약정 또는 법정이율에 의한 금원</td></tr>
<tr><td colspan="2">우선권 유무</td><td colspan="3"></td></tr>
<tr><td colspan="2">의결권의 액</td><td colspan="3">금 65,044,540원</td></tr>
</table>

[서식 6] 일반회생계획안(표지)

회 생 계 획 안

채무자(관리인) ○ ○ ○

서울중앙지방법원 민사○○단독 귀중

[서식 7] 일반회생계획안

사건 : 20○○회단○○ 회생

회 생 계 획 안

20○○. ○. ○.

관리인 ○ ○ ○

서울중앙지방법원 민사○○단독 귀중

목 차

제2절 회생채권에 대한 권리변경과 변제방법

1. 주채무, 보증채무

제3절 미확정 회생채권 및 부인권 행사로 부활될 회생채권

제4절 장래의 구상권

제5절 기타 필요적 규정

1. 공익채권의 변제에 관한 조항
2. 채무의 변제자금의 조달 방법
3. 사채의 발행
4. 회생계획에서 예상된 액을 넘는 수익금의 용도에 관한 조항
5. 분쟁의 해결방법
6. 회생절차의 종결
7. 회생절차의 폐지 신청
8. 기타 사항

제1장 채무자의 현황 및 회생절차의 경과

제1절 채무자의 개요

1. 인적사항
   -. 성명 : ○○○
   -. 주소 : 서울 ○○구 ○○동 ○○-○○○
   -. 직장 : ○○(주) ○○공장
   -. 직장소재지 : ○○시 ○구 ○○동 ○○○
   -. 직위 : 사 원

2. 경 력

   채무자는 19○○년 02월 03일 ○○(주) ○○공장에 입사하여 현재까지도 사원으로 근무하고 있습니다.

제2절 회생절차 개시신청에 이르게 된 사정

1. 사촌형이 채무자의 명의로의 대출 및 타인의 보증채무

   채무자는 19○○년 서울 ○○구 ○○동 ○○○번지에서 태어나 19○○년 ○○○○대학교를 중퇴하고 19○○년 02월 03일자로 ○○(주) ○○공장에 입사하였습니다. 그리고 19○○년 02월 배우자 ○○○을 만나 1년간 교제를 하고 19○○년 04월에 결혼하여 행복한 둥지를 만들었습니다.

   19○○년부터 사촌형(○○○)이 당시 ○○생명에서 보험설계사로 재직 중이셨는데 세탁사업을 하는데 채무자에게 보증을 서달라고 하셔서 보증을 서주게 되었으며 또한 채무자의 도장을 만들어 당시 알고 있던 ○○은행 지점장을 통해서 여러 군데에서 대출이나 카드를 만들어 사용하게 되었습니다.

   19○○년 08월 03일 사촌형(○○○)이 교통사고로 세상을 떠나다 보니 보증 채무며 채무자의 이름으로 받았던 주채무들을 모두 떠안게 되었습니다. 채무자는 그때부터 주채무와 보증채무로 인하여 10년간을 급여압류가 되어 급여의 절반을 채무변제에 이용되어 왔습니다.

   이러한 어려운 여건을 개선해 보고자 채무자는 부득이 회생절차를 통하여 채권자들의 협조를 구하고자 본 신청에 이르게 되었습니다.

제3절 회생절차개시 신청 후의 경과

1. 회생절차 개시 신청 후의 주요 경과

채무자 ○○○은 20○○년 05월 30일자로 ○○지방법원에 회생개시신청을 하여 20○○년 07월 04일에 회생절차 개시결정을 받았습니다.

또한, 회생절차 개시결정 이후 법원으로부터 선임된 관리인(채무자)이 채무자의 재산 및 업무를 관리하면서 정상적인 급여활동을 수행하고 있습니다.

2. 회생절차 개시 후의 경과

-. 20○○년 07월 04일 회생절차 개시결정

-. 20○○년 07월 04일 관리인 선임

-. 20○○년 07월 18일부터 20○○년 08월 07일까지 회생채권 및 회생담보권의 신고기간

-. 20○○년 08월 22일 관리인의 회생담보권·회생채권 시·부인표(수정) 제출

-. 20○○년 09월 01일 제1회 관계인집회 개최

제2장 권리변경의 요지

제1절 회생계획안 입안의 기초

본 회생계획안은 채무자 회생 및 파산에 관한 법률에 따라 채권자 등 이해관계인들간에 공평성과 형평성을 기함과 동시에 채무자의 청산시 회생채권의 예상청산배당률보다 높은 수준의 채권회수율이 확보되도록 하며 궁극적으로는 채무자의 회생이 가능하도록 작성하였습니다.

채무자의 재무 상태와 수익성으로 보아 경영이익을 극대화 하더라도 채무금액이 과다하여 전액변제가 곤란하므로 변제 가능한 범위 내에서 그 권리를 변경하고자 합니다.

채무자의 상환능력을 고려할 때 약정이자율을 적용할 경우에는 채무상환이 거의 불가능하게 되어 채무자의 회생채권(주채무, 보증채무)의 경우는 원금과 개시 전 이자에 대해서는 33%를 지급하기로 하였습니다.

채무자의 근무연수를 감안하면 향후 8년간은 꾸준히 변제해 나갈 것으로 예상하고 있습니다. 또한 관리인이 조사하여 예상한 향후 현금흐름 수준이 유지된다면 본 회생계획안을 성실히 수행할 수 있을 것으로 자신하고 있습니다.

회생채권자 및 이해관계자 여러분의 적극적인 지원과 배려가 수반된다면 본 채무자는 정상적인 근무생활로 사회적 책임을 다하고 충분히 갱생할 수 있으리라 판단하여 이에 관리인은 본 회생계획안을 입안하기에 이른 것입니다.

제2절 자산 및 부채의 현황

관리인의 20○○년 09월 01일 현재의 자산·부채 조사결과는 다음과 같습니다.

-. 채무자의 총자산은 205,860,378원 이지만 청산가치 기준은 195,183, 421원입니다.

-. 채무자의 총 부채는 1,116,069,662원입니다. 이중 회생채권(주채무, 보증채부)액이 1,116,069,662원입니다.

(20○○. 08. 22.자 회생담보권·회생채권 시·부인 총괄표(수정본)에서 회생채권의 총 시인금액이 1,051,558,453원이었지만 추완 8번(채권번호 19번)으로 신고된 ○○○○○○○○○○○유동화전문(유)의 62,064,611원과 채권번호 20번 (유)○○의 2,446,598원 총 64,511,209원이 추가되어 20○○. 08.22.자 제출한 시·부인 명세서(수정본)와 차이가 있습니다)

제3절 청산시 예상배당률

관리인의 20○○년 09월 01일 현재의 경제적 개념에 따른 채권구분에 의하여 청산시 채권자조별 배당액과 배당률은 다음과 같습니다.

(단위 : 원)

채권구분	채권금액	배 당 액	배 당 률
회생채권 (주채무, 보증채무)	1,116,069,662	195,183,421	17.50%
합계	1,116,069,662	195,183,421	17.50%

(*) 청산가치 기준 채권자별 변제액에 대한 자세한 내역은 별표 1을 참조.

상기 결과에서 보듯이 채무자가 청산되는 경우 회생채권자(주채무, 보증채무)의 경우 17.50%의 배당이 이루어집니다.

제4절 변제할 채권의 내역

변제가능액을 산정함에 있어 채무자의 청산시 회생채권의 예상청산배당률보다 높은 수준의 채권회수율이 확보되도록 하여 채권자에 대한 최선의 이익을 도모하는 한편 채무자의 회생을 전제로 하여 공정성과 형평성의 이념에 입각하여 권리변경과 변제방법의 기준을 마련하였습니다.

구체적으로 회생절차 개시결정 이후 채권조사기일(20○○년 08월 22일자 관리인의 회생담보권·회생채권 시·부인표〈수정〉)에서 시인한 채권액의 회생계획안 작성대상 확정채권의 내역은 다음과 같습니다.

- 다 음 -

(단위 : 원)

구 분	시인된 채권액 (20○○. 08. 22. 기준)			변 동 액	변제대상 채권액
	원 금	개시 전 이자	합 계		
회생채권 (주채무·보증채무)	421,614,222	694,455,440	1,116,069,662	747,766,674	368,302,988
합 계	**421,614,222**	**694,455,440**	**1,116,069,662**	**747,766,674**	**368,302,988**

(*) 회생변제계획안 총괄표(별표 2) 참조.

제5절 권리변경과 변제방법의 요지

1. 회생채권의 권리변경과 변제방법

가. 主채무·보증채무

1) 원금 및 개시 전 이자

개시 전 이자는 원금과 가산하는 것으로 하였습니다.

채무자가 주채무자와 보증채무자에 대하여는 원금(개시 전 이자 포함) 중 33%를 변제하고 67%는 채권자별로 본 회생절차 인가시에 면제되는 것으로 하였습니다.

회생채권의 지급은 제1차년도(20○○년)부터 제8차년도(20○○년)까지 총 262,811,988원을 제1회(20○○. 01. 25)부터 제96회(20○○. 12. 25)까지 3개월마다 1회씩 동액 동률로 나누어 지급하는 것으로 하였습니다.

지급 시기는 3개월마다 25일에 원금에 비례하여 채권자별로 변제하는 것으로 하였습니다. 3개월마다 25일이 공휴일인 경우 직전 영업일을 변제기일로 하였습니다.

2) 개시 후 이자

전액을 면제합니다.

3) 압류적립금

개시 전 발생한 압류적립금(105,491,000원)에 대해서는 인가되는 날의 3개월 후 25일까지 변제에 투입하는 것으로 하였습니다.

2. 신고되지 아니한 채권의 처리

회생채권자의 목록에 기재되지 않고 신고되지 아니한 회생채권은 그 권리가 소멸되는 것으로 하였습니다.

3. 장래의 구상권

회생절차 개시결정 이후 혹시라도 채무자를 위한 보증인이나 물상보증인(담보목적물의 제3취득자를 포함한다.) 또는 기타 제3자가 자기의 출재로 인하여 회생담보권 또는 회생채권자에게 변제한 경우에는 채무자에 대하여 구상권을 취득하는 것으로 하였습니다.

또한, 구상권자는 채권자의 권리변경 전에 채권이 회생절차 또는 기타의 사유로 인하여 모두 소멸된 경우에 한하여 자기의 구상권을 행사할 수 있으며, 채무자는 회생계획에 의하여 변제하여야 할 회생담보권 및 회생채권액의 잔액 범위 내에서 구상권자의 구상권 비율에 따라 변제하는 것으로 하였습니다.

4. 소송 중인 채권

회생계획안 제출일 현재 소송 중인 채권에 대하여는 소송결과 채무자의 채무로 확정되는 경우 회생채권에 준하여 변제할 예정입니다.

제6절 결 언

본 회생계획안은 채권자 및 기타 이해관계인의 이익을 최대한 보호하고, 채무자의 회생을 도모하여 채권자들에게 공정하고 형평에 맞는 회생계획을 수립하려고 노력하였습니다.

현재 채무자의 재무구조로는 금리부담이 가중되어 예정된 기간 내에 회생할 가망이 없어 회생채권액의 이자는 산입하지 않았습니다. 그리고 회생채권(주채무, 보증채무)의 경우 원금과 개시 전 이자에 대해서는 합산하여 33%를 지급하도록 하였습니다. 이 점 양해 바랍니다.

채무자의 현 상황은 재정적인 궁핍상황에 처해 있습니다. 그러므로 곧바로 회생절차에 진입하더라도 충실한 변제를 할 수 없는 실정이므로 회생준비년도인 20○○년은 영업정상화를 위해 노력하고, 20○○년을 제1차회계년도로 하여 그 변제를 시작하는 것으로 계획을 수립하였습니다.

채무자의 재정적 파탄으로 인하여 회생채권에 대한 일부 권리변경 및 변제기간을 유예할 수밖에 없었던 점에 대하여 송구스럽게 생각하고 있으며, 본 회생계획안의 원만한 수행을 위해서는 채권자 여러분의 희생과 인내를 전제로 하고 있다는 사실을 깊이 인식하고 회생계획안 인가를 계기로 채무자는 새로운 결의로써 회생계획 수행에 필요한 최대한의 노력을 기울이고자 합니다.

제3장 회생계획안의 내용 및 조항

제1절 총 칙

1. 용어의 정의

가. 개시 전 이자

"개시 전 이자"라 함은 회생절차 개시결정일 전일(20○○년 07월 03일)까지 회생담보권 및 회생채권에 대하여 발생한 이자, 연체이자, 지연손해금 등으로 조사기간 안에 또는 특별조사기일에 시인되어 확정된 것을 말한다.

나. 개시 후 이자

"개시 후 이자"라 함은 회생절차 개시결정일(20○○년 07월 04일)부터 회생담보권 및 회생채권에 대한 원금변제가 완료되는 시점까지 미변제 원금에 대하여 발생하는 이자 및 지연손해금을 말한다.

다. 준비연도

"준비연도"라 함은 회생절차 개시결정일(20○○년 07월 04일)부터 20○○년 12월 31일까지를 말한다.

라. 회생계획기간

"회생계획기간"이라 함은 준비연도(20○○년)와 그 다음 연도인 20○○년부터 8년간의 기간으로 하고, 20○○년 12월 31일에 종료하는 것으로 한다.

마. 제1차 연도

"제1차 연도"라 함은 준비연도의 다음 연도인 20○○년 1월 1일부터 같은 해 12월 31일까지를 말하며, 제2차 연도 이후의 각 연도는 순차적으로 매년 1월 1일부터 같은 해 12월 31일까지로 한다.

바. 인 가 일

"인가일"이라 함은 본 회생계획안이 법원으로부터 인가된 날을 말한다.

사. 금융기관

"금융기관"이라 함은 은행, 상호저축은행, 할부금융회사, 보증보험회사, 파이낸스사, 신용보증기금, 카드사, 증권회사, 보험회사, 렌탈회사, 투자신탁회사, 창업투자회사, 농협을 말한다.

아. 대여채무

"대여채무"라 함은 채무자가 금융기관 등으로부터 대출 등에 의하여 금융을 제공받음으로써 부담하는 채무를 말한다.

자. 보증채무

"보증채무"라 함은 채무자가 타인을 위하여 한 보증으로 인하여 부담하는 채무를 말한다.

차. 기 타

기타 본 회생계획안의 용어 및 문구 해석에 이의가 있을 경우 채무자 회생 및 파산에 관한 법률의 취지에 따라 해석하되 다툼이 있는 경우에는 회생사건을 담당하는 법원의 해석에 따른다.

2. 일반규정

가. 변제기일

본 회생계획안에 의하여 매년 변제할 원금 및 이자는 3개월마다 25일(단, 공휴일인 경우에는 그 직전 영업일)에 변제하며, 위 변제기일 전이라도 법원의 허가를 얻은 경우에는 수시로 변제할 수 있다.

관리인은 법원의 허가를 얻어 분할변제액의 전부 또는 일부에 관하여 할인율 6.5%에 의하여 계산된 조기 변제일에 있어서의 현재가치 상당액을 회생채권자의 전부에 대하여 조기 변제할 수 있다. 이 경우 법원의 허가를 얻은 날부터 1개월 이내의 날을 조기 변제일로 정하여야 한다.

나. 변제장소, 회생채권·회생담보권 변제시 채권자 확인방법

회생담보권·회생채권의 변제는 채무자의 본점 소재지(또는 채무자의 주된 영업소·주소지)에서 한다. 단, 금융기관에 대해서는 해당 금융기관의 본·지점으로 할 수 있다.

회생담보권 및 회생채권의 변제시 법인은 법인등기부등본·법인인감증명서를, 개인은 신분증·인감증명서를, 채권자의 대리인은 채권자 본인의 위임장을 제시하여야 하며, 채무자는 회생담보권자 및 회생채권자가 제시한 서류로 채권자 본인임을 확인한 후 변제한다. 다만, 회생담보권자 및 회생채권자

가 미리 지정한 금융기관의 계좌로 입금하는 방식으로 변제할 수 있으며, 회생담보권자 및 회생채권자가 금융기관인 경우 위와 같은 채권자 확인절차를 거치지 아니하고 해당 금융기관이 발생한 상환 확인서 또는 상환 영수증으로 이에 갈음할 수 있다.

다. 변제충당순서

1) 본 회생계획안 인가일 이후의 회생담보권 및 회생채권의 변제충당 순서는 원금·개시 전 이자·개시 후 이자의 순으로 한다.

2) 변제재원의 부족으로 변제계획에 따라 당해 연도 회생채권을 전액 변제할 수 없는 경우에는 회생담보권 원금·회생채권 원금의 순으로 당해 연도 변제예정 금액에 비례하여 변제하며, 나머지가 있을 경우에 회생담보권 이자·회생채권의 이자 순으로 당해 연도 변제예정금액에 비례하여 변제하되 당해 연도 변제예정액 중 미변제분은 다음 연도 변제기일에 우선하여 변제한다.

3) 금융기관 회생담보권 및 회생채권에 대한 대출과목별 변제충당순서는 회생담보권 및 회생채권별 변제금액의 범위 내에서 해당 금융기관이 정하는 바에 따른다.

라. 채권양도·대위변제의 특례

회생담보권자 또는 회생채권자에 관하여 개시결정일 이후 채권양도·대위변제 등의 원인으로 채권자가 변경되었다 하더라도 채권이 승계취득자에 대하여 개시결정일 당시의 채권자 및 채권액을 기준으로 하여 본 회생계획안의 권리변경과 변제방법을 적용한다. 채권자의 변경으로 인하여 종전의 회생담보권 또는 회생채권에 관하여 수인의 채권자가 있게 된 경우에는 각 채권자들의 채권액 비율에 따라 배분하여 권리변경 및 변제방법을 적용한다.

마. 변제 미이행시 처리

본 회생계획안에 따른 채무의 변제기일에 이행하지 못할 경우에는 미변제금액에 대하여 변제기일 다음 날부터 실제 변제일까지 실제 변제일 당일 주식회사 ○○은행의 일반자금대출 연체 이자율을 적용하여 변제한다. 연체이자율이 없는 채권자에 대해서도 주식회사 ○○은행의 일반자금대출 연체이자율을 적용하여 변제한다.

바. 기한의 이익 상실

회생절차가 폐지되는 경우에는 회생담보권 및 회생채권에 관하여 본 회생계획안에 정한 변제기일에도 불구하고 그 변제기가 도래하는 것으로 본다.

사. 외화표시채권의 원화환산기준

외화표시채권은 외화로 변제하거나 변제 당일에 ○○은행이 최초로 고시하는 대고객전신환매도율로 환산한 원화로 변제한다. 단, 외화표시 채권을 원화로 대위변제한 구상금채권자에 대하여는 대위변제한 시점의 결제 은행 대고객전신환매도율을 적용하여 환산한 원화로 변제한다.

아. 변제금액의 확정

회생계획안의 채권별 변제방법에 의해 산정된 금액 및 변제일이 별첨 채권별 변제계획의 금액 및 변제일과 상이한 경우에는 회생계획안 본문에서 정한 변제방법에 의해 산정된 변제금액 및 변제일을 기준으로 변제한다.

자. 회계연도

본 회생계획안의 회계연도 표시는 매년 1월 1일부터 12월 31일까지로 한다.

제2절 회생채권에 대한 권리변경과 변제방법

1. 주채무, 보증채무

가. 회생채권의 내역

(단위 : 원)

신고번호 (목록번호)	채 권 자	시인된 채권액 (20ㅇㅇ. 08. 22. 기준)		
		원 금	개시 전 이자	합 계
2 (채권 1-1)	ㅇㅇ자산관리공사	9,081,000	25,037,405	34,118,405
2 (채권 1-2)	ㅇㅇ자산관리공사	5,640	0	5,640
2 (채권 1-3)	ㅇㅇ자산관리공사	1,140,221	2,409,164	3,549,385
2 (채권 1-4)	ㅇㅇ자산관리공사	10,450,881	37,365,519	47,816,400
2 (채권 1-5)	ㅇㅇ자산관리공사	3,805,732	6,330,996	10,136,728
2 (채권 1-6)	ㅇㅇ자산관리공사	2,140,022	14,700,483	16,840,505
2 (채권 1-7)	ㅇㅇ자산관리공사	3,946,600	10,458,789	14,405,389

2 (채권 1-8)	ㅇㅇ자산관리공사	6,127,950	18,795,302	24,923,252
2 (채권 1-9)	ㅇㅇ자산관리공사	5,739,759	8,608,065	14,347,824
2 (채권 1-10)	ㅇㅇ자산관리공사	187,100	0	187,100
2 (채권 1-11)	ㅇㅇ자산관리공사	10,225,438	35,987,221	46,212,659
6 (채권 2-1)	(주)ㅇㅇ은행	590,328	565,663	1,155,991
6 (채권 2-2)	(주)ㅇㅇ은행	14,319,696	21,177,064	35,496,760
6 (채권 2-3)	(주)ㅇㅇ은행	16,273,523	15,593,601	31,867,124
6 (채권 2-4)	(주)ㅇㅇ은행	218,855	0	218,855
(채권 3)	(주)ㅇㅇ금융공사	14,968,547	28,451,210	43,419,757
(채권 4-1)	ㅇㅇ자산관리(주)	19,911,709	39,440,460	59,352,169
(채권 4-2)	ㅇㅇ자산관리(주)	15,100,700	30,437,443	45,538,143
(채권 4-3)	ㅇㅇ자산관리(주)	18,906,313	39,082,350	57,988,663
7 (채권 5-1)	㈜ㅇㅇㅇ상호저축 은행	14,172,326	37,000,360	51,172,686
7 (채권 5-3)	㈜ㅇㅇㅇ상호저축 은행	2,178,440	23,688,899	25,867,339
(채권 6-1)	ㅇㅇㅇㅇㅇ협동조합	0	5,663,715	5,663,715
(채권 6-2)	ㅇㅇㅇㅇㅇ협동조합	10,636,640	20,647,783	31,284,423
(채권 6-3)	ㅇㅇㅇㅇㅇ협동조합	17,222,170	35,598,218	52,820,388
4 (채권 7-1)	(주)ㅇㅇ상호저축 은행	5,000,000	6,039,054	11,039,054
4 (채권 7-2)	(주)ㅇㅇ상호저축 은행	7,954,470	25,354,018	33,308,488
4	(주)ㅇㅇ상호저축	5,849,000	10,044,277	15,893,277

(채권 7-3)	은행			
(채권 8)	ㅇㅇㅇㅇ 유동화전문(유)	16,794,418	41,275,897	58,070,315
3 (채권 9)	ㅇㅇ생명보험(주)	5,000,000	1,539,878	6,539,878
5 (채권 10-1)	ㅇㅇ보증보험(주)	2,316,816	9,859,164	12,175,980
5 (채권 10-2)	ㅇㅇ보증보험(주)	260,940	9,153,670	9,414,610
5 (채권 10-3)	ㅇㅇ보증보험(주)	619,972	4,153,228	4,773,200
1 (채권 11)	(주)ㅇㅇ은행	0	7,513,342	7,513,342
(채권 12)	ㅇㅇ생명보험(주)	2,583,000	11,088,494	13,671,494
(채권 13)	(주)ㅇㅇ2상호저축 은행	10,066,768	19,948,858	30,015,626
(채권 14)	ㅇㅇㅇㅇㅇ협동조합	15,298,330	24,822,864	40,121,194
(채권 15)	ㅇㅇㅇㅇ저축은행(주)	9,898,648	20,734,167	30,632,815
(채권 16)	ㅇㅇㅇ	40,867,940	0	40,867,940
(채권 17)	ㅇㅇㅇ	18,087,400	0	18,087,400
(채권 18)	ㅇㅇ카드(주)	63,363,967	1,680,573	65,044,540
추완 8 (채권 19)	ㅇㅇㅇㅇㅇㅇㅇ ㅇㅇㅇ유동화전문(유)	19,677,453	42,387,158	62,064,611
(채권 20)	(유)ㅇㅇ	625,510	1,821,088	2,446,598
합 계		**421,614,222**	**694,455,440**	**1,116,069,662**

나. 권리변경 및 변제방법

1) 원금 및 개시 전 이자

개시 전 이자는 원금과 가산하는 것으로 하였습니다.

채무자가 주채무자와 보증채무자에 대하여는 원금(개시 전 이자 포함) 중 33%를 변제하고 67%는 채권자별로 본 회생절차 인가시에 면제되는 것으로 하였습니다.

회생채권의 지급은 제1차년도(20○○년)부터 제8차년도(20○○년)까지 총 262,811,988원을 제1회(20○○. 01. 25)부터 제96회(20○○. 12. 25)까지 3

개월마다 1회씩 동액 동률로 나누어 지급하는 것으로 하였습니다.

지급 시기는 3개월마다 25일에 원금에 비례하여 채권자별로 변제하는 것으로 하였습니다. 3개월마다 25일이 공휴일인 경우 직전 영업일을 변제기일로 하였습니다.

2) 개시 후 이자

전액을 면제합니다.

3) 압류적립금

개시 전·후 발생한 압류적립금(105,491,000원)에 대해서는 인가되는 날의 3개월 후 25일까지 변제에 투입하는 것으로 하였습니다.

다. 권리변경 및 변제방법에 따른 채권자별 내역

(단위 : 원)

신고번호 (목록번호)	채 권 자	시인된 채권액 (20ㅇㅇ. 08. 22. 기준)			면제액	변제대상 금액
		원 금	개시 전 이자	합 계		
2 (채권 1-1)	ㅇㅇ자산관리공사	9,081,000	25,037,405	34,118,405	26,084,206	8,034,199
2 (채권 1-2)	ㅇㅇ자산관리공사	5,640	0	5,640	4,415	1,225
2 (채권 1-3)	ㅇㅇ자산관리공사	1,140,221	2,409,164	3,549,385	2,713,576	835,809
2 (채권 1-4)	ㅇㅇ자산관리공사	10,450,881	37,365,519	47,816,400	36,556,598	11,259,802
2 (채권 1-5)	ㅇㅇ자산관리공사	3,805,732	6,330,996	10,136,728	7,749,732	2,386,996
2 (채권 1-6)	ㅇㅇ자산관리공사	2,140,022	14,700,483	16,840,505	12,874,904	3,965,601
2 (채권 1-7)	ㅇㅇ자산관리공사	3,946,600	10,458,789	14,405,389	11,013,209	3,392,180
2 (채권 1-8)	ㅇㅇ자산관리공사	6,127,950	18,795,302	24,923,252	19,054,327	5,868,925
2 (채권 1-9)	ㅇㅇ자산관리공사	5,739,759	8,608,065	14,347,824	10,969,200	3,378,624
2 (채권 1-10)	ㅇㅇ자산관리공사	187,100	0	187,100	143,042	44,058
2	ㅇㅇ자산관리공사	10,225,438	35,987,221	46,212,659	35,330,506	10,882,153

(채권 1-11)						
6 (채권 2-1)	(주)○○은행	590,328	565,663	1,155,991	883,778	272,213
6 (채권 2-2)	(주)○○은행	14,319,696	21,177,064	35,496,760	27,137,986	8,358,774
6 (채권 2-3)	(주)○○은행	16,273,523	15,593,601	31,867,124	24,363,056	7,504,068
6 (채권 2-4)	(주)○○은행	218,855	0	218,855	167,319	51,536
(채권 3)	(주)○○금융공사	14,968,547	28,451,210	43,419,757	33,195,276	10,224,481
(채권 4-1)	○○자산관리(주)	19,911,709	39,440,460	59,352,169	45,375,925	13,976,244
(채권 4-2)	○○자산관리(주)	15,100,700	30,437,443	45,538,143	34,814,825	10,723,318
(채권 4-3)	○○자산관리(주)	18,906,313	39,082,350	57,988,663	44,988,663	13,655,165
7 (채권 5-1)	㈜○○○상호저축은행	14,172,326	37,000,360	51,172,686	39,122,546	12,050,140
7 (채권 5-3)	㈜○○○상호저축은행	2,178,440	23,688,899	25,867,339	19,776,100	6,091,239
(채권 6-1)	○○○○○협동조합	0	5,663,715	5,663,715	4,330,024	1,333,691
(채권 6-2)	○○○○○협동조합	10,636,640	20,647,783	31,284,423	23,917,570	7,366,853
(채권 6-3)	○○○○○협동조합	17,222,170	35,598,218	52,820,388	40,382,248	12,438,140
4 (채권 7-1)	(주)○○상호저축은행	5,000,000	6,039,054	11,039,054	8,439,579	2,599,475
4 (채권 7-2)	(주)○○상호저축은행	7,954,470	25,354,018	33,308,488	25,465,008	7,843,480
4 (채권 7-3)	(주)○○상호저축은행	5,849,000	10,044,277	15,893,277	12,150,729	3,742,548
(채권 8)	○○○○ 유동화전문(유)	16,794,418	41,275,897	58,070,315	44,395,922	13,674,393
3 (채권 9)	○○생명보험(주)	5,000,000	1,539,878	6,539,878	4,999,868	1,540,010
5 (채권 10-1)	○○보증보험(주)	2,316,816	9,859,164	12,175,980	9,308,781	2,867,199
5 (채권 10-2)	○○보증보험(주)	260,940	9,153,670	9,414,610	7,197,658	2,216,952
5 (채권 10-3)	○○보증보험(주)	619,972	4,153,228	4,773,200	3,649,207	1,123,993

1 (채권 11)	(주)ㅇㅇ은행	0	7,513,342	7,513,342	5,744,101	1,769,241
(채권 12)	ㅇㅇ생명보험(주)	2,583,000	11,088,494	13,671,494	10,452,132	3,219,362
(채권 13)	(주)ㅇㅇ2상호저축은행	10,066,768	19,948,858	30,015,626	22,947,549	7,068,077
(채권 14)	ㅇㅇㅇㅇㅇ협동조합	15,298,330	24,822,864	40,121,194	30,673,459	9,447,735
(채권 15)	ㅇㅇ상호저축은행(주)	9,898,648	20,734,167	30,632,815	23,419,402	7,213,413
(채권 16)	ㅇㅇㅇ	40,867,940	0	40,867,940	31,244,361	9,623,579
(채권 17)	ㅇㅇㅇ	18,087,400	0	18,087,400	13,828,181	4,259,219
(채권 18)	ㅇㅇ카드(주)	63,363,967	1,680,573	65,044,540	49,727,857	15,316,683
추완 8 (채권 19)	ㅇㅇㅇㅇㅇ 유동화전문(유)	19,677,453	42,387,158	62,064,611	47,449,642	14,614,969
(채권 20)	(유)ㅇㅇ	625,510	1,821,088	2,446,598	1,870,473	576,125
합 계		**421,614,222**	**694,455,440**	**1,116,069,662**	**853,257,674**	**262,811,988**

-. 권리변경 후 원금의 구체적인 변제계획은 별표 (3)와 같다.

제3절 미확정회생채권 및 부인권 행사로 부활될 회생채권

1. 신고기간 만료 전 부인의 소 또는 부인의 청구 등이 계속된 경우 아래 각 해당 채권에 관한 부인의 소, 부인의 청구 등의 재판이 확정된 후 1개월 내에 상대방이 신고를 추후 보완하고, 그 상대방이 받은 이행을 반환하거나 그 가액을 상환한 경우, 그 추후 보완된 신고가 시인되거나 그에 관한 채권조사확정재판 등이 확정되면 그 채권에 관하여 각 해당 권리변경 및 변제방법을 적용한다.

2. 신고기간 만료 후 부인의 소 또는 부인의 청구 등이 제기된 경우
   가. 신고기간 만료 후 관리인이 부인의 소 또는 부인의 청구를 제기하여 그에 관한 재판이 확정된 후 1개월 내에 상대방이 신고를 추후 보완하고 그 상대방이 받은 이행을 반환하거나 그 가액을 상환한 경우, 그 추후 보완된 신고가 시인되거나 그에 관한 채권조사확정재판 등이 확정되면 그 권리의 성질 및 내용에 비추어 가장 유사한 회생채권 또는 회생담보권의 권리변경 및 변제방법을 적용한다.

   나. 위 가. 항에 따라 가장 유사한 권리변경 및 변제방법을 적용하는 것에 관하여 다툼이 있는 경우에는 관리인의 신청에 의하여 회생법원이 이를 결정한다.

제4절 장래의 구상권

1. 회생절차 개시결정 이후 채무자를 위한 보증인·물상보증인(담보목적물의 제3취득자를 포함한다.) 기타 제3자가 자기의 출재로 인하여 회생채권자 또는 회생담보권자에게 변제한 경우에는 채무자에 대하여 구상권을 취득한다. 대위변제로 발생한 구상채권에 대하여 주채무자에 대한 대위변제 금액 중 원채권의 원금을 기준으로 하여 개시결정 후 이자를 변제한다.

2. 다만, 구상권자는 채권자의 권리변경 전의 채권이 회생절차에 의하여 또는 회생절차에 의하지 아니하고 모두 소멸된 경우에 한하여 자기의 구상권을 행사할 수 있으며, 채무자는 이 회생계획안에 의하여 변제하여야 할 회생채권 및 회생담보권의 잔액 범위 내에서 구상권자의 구상권 비율에 따라 변제한다.

제5절 기타 필요적 규정

1. 공익채권의 변제에 관한 조항

회생개시일 현재 채무자의 공익채권에 대한 채무는 존재하지 아니합니다. 그러나 추후보완신고에 의하여 공익채권이 인정된다면, 임금채권의 경우 회생계획안에 반영하여 법원의 허가를 얻어 수시 변제하며, 조세채권은 제1차년도인 20○○년부터 제3차년도인 20○○년까지 3년간 균등분할 변제한다. 회생계획안 이후 발생하는 공익채권에 대해서는 영업수익금과 기타의 재원으로 법원의 허가를 얻어 수시로 변제한다.

2. 채무의 변제자금의 조달 방법

첨부된 추정소득(별표 4) 참조.

3. 사채의 발행

채무자는 회생계획 인가일부터 회생절차가 종료될 때까지 관련 법규 및 채무자의 자금사정과 형편에 따라 사채를 분할하여 발행할 수 있다. 다만, 사채의 발행규모와 발행시기 및 발행방법 등 구체적인 사항은 관리인이 법원의 허가를 얻어 정한다.

4. 회생계획에서 예상된 액을 넘는 수익금의 용도에 관한 조항

가. 예상을 초과하는 급여소득 또는 자산매각대금이 발생한 경우 관리인은 법원의 허가를 얻어 공익채권의 변제, 운전자금의 사용, 회생채권의 변제 등으로

사용한다.

나. 예상수익금이 예상보다 적을 경우에는 회생담보권의 채권을 우선 변제하고, 그 후 잔여액으로 각 회생채권자의 당해연도 변제액에 따라 안분한 비율로 변제하며 미변제 채권액은 차기년도에 우선하여 변제한다.

5. 분쟁의 해결방법

관리인은 회생절차 진행 중 분쟁이 발생하여 화해, 조정의 수락 또는 소송의 수행을 하기 위해서는 회생법원의 허가를 얻어 이를 시행한다.

6. 회생절차의 종결

회생담보권 및 회생채권에 대한 변제를 완료하면, 관리인은 지체 없이 회생절차 종결을 신청하여야 한다. 다만, 관리인은 변제 완료 전이라도 법원의 허가를 얻어 채권자들과 회생절차 조기 종결 후의 채권자 등의 회생계획 수행감독 방안에 관하여 협약을 체결한 후 법원에 조기종결을 신청할 수 있다.

7. 회생절차의 폐지 신청

다음 각 경우에 관리인은 회생절차의 폐지를 신청하여야 한다.

가. 채무자가 회생계획에 따른 변제를 제대로 이행하지 못하고 앞으로도 변제의 지체가 계속될 것으로 예상되는 경우

나. 영업실적이 회생계획상 예정된 영업계획 수준에 비하여 현저히 미달하고, 가까운 장래에 회복될 전망이 보이지 않는 경우

다. 회생계획에서 정한 자산매각계획을 실현하지 못하여 향후 자금 수급계획에 현저한 지장을 초래할 우려가 있는 경우

라. 공익채권이 과다하게 증가하여 향후 회생계획 수행에 지장을 초래할 우려가 있는 경우

마. 이해관계인들의 불합리하고 과다한 간섭 등이 계속되어 회생절차의 진행에 심각한 차질이 발생한 경우

8. 기타 사항

본 회생계획안에 언급되지 않은 사항은 채무자 회생 및 파산에 관한 법률에 근거하여 회생법원의 허가를 득하여 시행하며 회생법원의 결정에 따른다.

〈 별첨자료 〉

1. 청산가치 기준 변제계획서 상세내역(주채무, 보증채무).
2. 회생변제계획안 총괄표.
3. 회생채권(주채무, 보증채무) 변제계획 상세내역.
4. 추정소득.

[별첨 1] 청산가치기준 변제계획서 상세내역(주채무, 보증채무)

신고번호 (목록번호)	채 권 자	시인된 채권액(20○○. 08. 22. 기준)			면제액	변제대상 금액
		원 금	이자	합 계		
2 (채권 1-1)	○○자산관리공사	9,081,000	25,037,405	34,118,405	28,151,620	5,966,785
2 (채권 1-2)	○○자산관리공사	5,640	-	5,640	4,653	987
2 (채권 1-3)	○○자산관리공사	1,140,221	2,409,164	3,549,385	2,928,652	620,733
2 (채권 1-4)	○○자산관리공사	10,450,881	37,365,519	47,816,400	39,454,046	8,362,354
2 (채권 1-5)	○○자산관리공사	3,805,732	6,330,996	10,136,728	8,363,970	1,772,758
2 (채권 1-6)	○○자산관리공사	2,140,022	14,700,483	16,840,505	13,895,359	2,945,146
2 (채권 1-7)	○○자산관리공사	3,946,600	10,458,789	14,405,389	11,886,107	2,519,282
2 (채권 1-8)	○○자산관리공사	6,127,950	18,795,302	24,923,252	20,564,558	4,358,694
2 (채권 1-9)	○○자산관리공사	5,739,759	8,608,065	14,347,824	11,838,610	2,509,214
2 (채권 1-10)	○○자산관리공사	187,100	-	187,100	154,379	32,721
2 (채권 1-11)	○○자산관리공사	10,225,438	35,987,221	46,212,659	38,130,775	8,081,884

6 (채권 2-1)	(주)○○은행	590,328	565,663	1,155,991	953,825	202,166
6 (채권 2-2)	(주)○○은행	14,319,696	21,177,064	35,496,760	29,288,922	6,207,838
2 (채권 2-3)	(주)○○은행	16,273,523	15,593,601	31,867,124	26,294,054	5,573,070
2 (채권 2-4)	(주)○○은행	218,855	-	218,855	180,580	38,275
(채권 3)	(주)○○금융공사	14,968,547	28,451,210	43,419,757	35,826,309	7,593,448
(채권 4-1)	○○자산관리(주)	19,911,709	39,440,460	59,352,169	48,972,387	10,379,782
(채권 4-2)	○○자산관리(주)	15,100,700	30,437,443	45,538,143	37,574,222	7,963,921
(채권 4-3)	○○자산관리(주)	18,906,313	39,082,350	57,988,663	47,847,337	10,141,326
7 (채권 5-1)	(주)○○○ 상호저축은행	14,172,326	37,000,360	51,172,686	42,223,370	8,949,316
7 (채권 5-3)	(주)○○○ 상호저축은행	2,178,440	23,688,899	25,867,339	21,343,539	4,523,800
(채권 6-1)	○○○○○ 협동조합	-	5,663,715	5,663,715	4,673,218	990,497
(채권 6-2)	○○○○○ 협동조합	10,636,640	20,647,783	31,284,423	25,813,258	5,471,165
(채권 6-3)	○○○○○ 협동조합	17,222,170	35,598,218	52,820,388	43,582,914	9,237,474
4 (채권 7-1)	(주)○○상호 저축은행	5,000,000	6,039,054	11,039,054	9,108,493	1,930,561
4 (채권 7-2)	(주)○○상호 저축은행	7,954,470	25,354,018	33,308,488	27,483,345	5,825,143
4 (채권 7-3)	(주)○○상호 저축은행	5,849,000	10,044,277	15,893,277	13,113,787	2,779,490
(채권 8)	○○○○ 유동화전문(주)	16,794,418	41,275,897	58,070,315	47,914,709	10,155,606
3 (채권 9)	○○생명보험(주)	5,000,000	1,539,878	6,539,878	5,396,153	1,143,725
5 (채권 10-1)	○○보증보험(주)	2,316,816	9,859,164	12,175,980	10,046,588	2,129,392
5 (채권 10-2)	○○보증보험(주)	260,940	9,153,670	9,414,610	7,768,139	1,646,471

5 (채권 10-3)	ㅇㅇ보증보험(주)	619,972	4,153,228	4,773,200	3,938,440	834,760
1 (채권 11)	(주)ㅇㅇ은행	-	7,513,342	7,513,342	6,199,374	1,313,968
(채권 12)	ㅇㅇ생명보험(주)	2,583,000	11,088,494	13,671,494	11,280,559	2,390,935
(채권 13)	(주)ㅇㅇ2상호저축 은행	10,066,768	19,948,858	30,015,626	24,766,354	5,249,272
(채권 14)	ㅇㅇㅇㅇㅇ 협동조합	15,298,330	24,822,864	40,121,194	33,104,614	7,016,580
(채권 15)	ㅇㅇ상호저축은행	9,898,648	20,734,167	30,632,815	25,275,606	5,357,209
(채권 16)	ㅇㅇㅇ	40,867,940	-	40,867,940	33,720,765	7,147,175
(채권 17)	ㅇㅇㅇ	18,087,400	-	18,087,400	14,924,191	3,163,209
(채권 18)	ㅇㅇ카드(주)	63,363,967	1,680,573	65,044,540	53,669,250	11,375,290
추완 8 (채권 19)	ㅇㅇㅇㅇㅇㅇㅇㅇ ㅇㅇ유동화전문(유)	19,677,453	42,387,158	62,064,611	51,210,464	10,854,147
(채권 20)	(유)ㅇㅇ	625,510	1,821,088	2,446,598	2,018,725	427,873
합 계		421,614,222	694,455,440	1,116,069,662	920,886,241	195,183,421

[별첨 2] 회생변제계획안 총괄표

(단위 : 원)

〈주채무·보증채무〉

구 분	20○○년 (준비년도)	20○○년 (1차년도)	20○○년 (2차년도)	20○○년 (3차년도)	20○○년 (4차년도)	20○○년 (5차년도)	20○○년 (6차년도)	20○○년 (7차년도)	20○○년 (8차년도)	20○○년 (9차년도)	20○○년 (10차년도)	변제율
원 금	105,491,000	32,851,499	32,851,499	32,851,499	32,851,499	32,851,499	32,851,499	32,851,499	32,851,499	368,302,988	1,116,069,662	33%
이 자	-	-	-	-	-	-	-	-	-	-		
소 계	105,491,000	32,851,499	32,851,499	32,851,499	32,851,499	32,851,499	32,851,499	32,851,499	32,851,499	368,302,988		
누 계	105,491,000	32,851,499	32,851,499	32,851,499	32,851,499	32,851,499	32,851,499	32,851,499	32,851,499			
										총 합 계	**368,302,988**	

[별첨 3] 회생채권(주채무, 보증채무) 변제계획 상세내역

1) 압류적립금에 대한 변제(인가일로부터 3개월 이내)

(단위 : 원)

신고 번호	목록 번호	채 권 자	회생채권액	일시변제액	총 변제액
2	1-1	ㅇㅇ자산관리공사	34,118,405	3,224,875	3,224,875
2	1-2	ㅇㅇ자산관리공사	5,640	533	533
2	1-3	ㅇㅇ자산관리공사	3,549,385	335,488	335,488
2	1-4	ㅇㅇ자산관리공사	47,816,400	4,519,610	4,519,610
2	1-5	ㅇㅇ자산관리공사	10,136,728	958,124	958,124
2	1-6	ㅇㅇ자산관리공사	16,840,505	1,591,766	1,591,766
2	1-7	ㅇㅇ자산관리공사	14,405,389	1,361,599	1,361,599
2	1-8	ㅇㅇ자산관리공사	24,923,252	2,355,748	2,355,748
2	1-9	ㅇㅇ자산관리공사	14,347,824	1,356,158	1,356,158
2	1-10	ㅇㅇ자산관리공사	187,100	17,685	17,685
2	1-11	ㅇㅇ자산관리공사	46,212,659	4,368,025	4,368,025
6	2-1	㈜ㅇㅇ은행	1,155,991	109,264	109,264
6	2-2	㈜ㅇㅇ은행	35,496,760	3,355,157	3,355,157
6	2-3	㈜ㅇㅇ은행	31,867,124	3,012,083	3,012,083
6	2-4	㈜ㅇㅇ은행	218,855	20,686	20,686
	3	㈜ㅇㅇ금융공사	43,419,757	4,104,039	4,104,039
	4-1	ㅇㅇ자산관리㈜	59,352,169	5,609,972	5,609,972
	4-2	ㅇㅇ자산관리㈜	45,538,143	4,304,269	4,304,269
	4-3	ㅇㅇ자산관리㈜	57,988,663	5,481,093	5,481,093
7	5-1	㈜ㅇㅇㅇ상호저축은행	51,172,686	4,836,847	4,836,847
7	5-3	㈜ㅇㅇㅇ상호저축은행	25,867,339	2,444,983	2,444,983
	6-1	ㅇㅇㅇㅇㅇ협동조합	5,663,715	535,335	535,335
	6-2	ㅇㅇㅇㅇㅇ협동조합	31,284,423	2,957,006	2,957,006
	6-3	ㅇㅇㅇㅇㅇ협동조합	52,820,388	4,992,588	4,992,588
4	7-1	㈜ㅇㅇ상호저축은행	11,039,054	1,043,412	1,043,412

4	7-2	㈜○○상호저축은행	33,308,488	3,148,321	3,148,321
4	7-3	㈜○○상호저축은행	15,893,277	1,502,234	1,502,234
	8	○○○○유동화전문(유)	58,070,315	5,488,811	5,488,811
3	9	○○생명보험㈜	6,539,878	618,150	618,150
5	10-1	○○보증보험㈜	12,175,980	1,150,875	1,150,875
5	10-2	○○보증보험㈜	9,414,610	889,870	889,870
5	10-3	○○보증보험㈜	4,773,200	451,163	451,163
1	11	㈜○○은행	7,513,342	710,162	710,162
	12	○○생명보험㈜	13,671,494	1,292,231	1,292,231
	13	㈜○○2상호저축은행	30,015,626	2,837,080	2,837,080
	14	○○○○○협동조합	40,121,194	3,792,259	3,792,259
	15	○○상호저축은행㈜	30,632,815	2,895,416	2,895,416
	16	○○○	40,867,940	3,862,841	3,862,841
	17	○○○	18,087,400	1,709,623	1,709,623
	18	○○카드㈜	65,044,540	6,148,016	6,148,016
추완 8	19	○○○○○○○ ○○○유동화전문(유)	62,064,611	5,866,352	5,866,352
	20	(유)○○	2,446,598	231,253	231,253
합 계			**1,116,069,662**	**105,491,000**	**105,491,000**
총 계			**1,116,069,662**	**105,491,000**	**105,491,000**

2) 변제기간 : 제1회(20○○.01.25.)~제96회(20○○.12.25.) - 3개월에 1회씩 변제

(단위 : 원)

신고 번호	목록 번호	채 권 자	회생채권액	3개월 변제액	총 변제액
2	1-1	ㅇㅇ자산관리공사	34,118,405	251,069	8,034,199
2	1-2	ㅇㅇ자산관리공사	5,640	42	1,328
2	1-3	ㅇㅇ자산관리공사	3,549,385	26,119	835,809
2	1-4	ㅇㅇ자산관리공사	47,816,400	351,869	11,259,802
2	1-5	ㅇㅇ자산관리공사	10,136,728	74,594	2,386,996
2	1-6	ㅇㅇ자산관리공사	16,840,505	123,925	3,965,601
2	1-7	ㅇㅇ자산관리공사	14,405,389	106,006	3,392,180
2	1-8	ㅇㅇ자산관리공사	24,923,252	183,404	5,868,925
2	1-9	ㅇㅇ자산관리공사	14,347,824	105,582	3,378,624
2	1-10	ㅇㅇ자산관리공사	187,100	1,377	44,058
2	1-11	ㅇㅇ자산관리공사	46,212,659	340,067	10,882,153
6	2-1	㈜ㅇㅇ은행	1,155,991	8,507	272,213
6	2-2	㈜ㅇㅇ은행	35,496,760	261,212	8,358,774
6	2-3	㈜ㅇㅇ은행	31,867,124	234,502	7,504,068
6	2-4	㈜ㅇㅇ은행	218,855	1,610	51,536
	3	㈜ㅇㅇ금융공사	43,419,757	319,515	10,224,481
	4-1	ㅇㅇ자산관리㈜	59,352,169	436,758	13,976,244
	4-2	ㅇㅇ자산관리㈜	45,538,143	335,104	10,723,318
	4-3	ㅇㅇ자산관리㈜	57,988,663	426,724	13,655,165
7	5-1	㈜ㅇㅇㅇ상호저축은행	51,172,686	376,567	12,050,140
7	5-3	㈜ㅇㅇㅇ상호저축은행	25,867,339	190,351	6,091,239
	6-1	ㅇㅇㅇㅇㅇ협동조합	5,663,715	41,678	1,333,691
	6-2	ㅇㅇㅇㅇㅇ협동조합	31,284,423	230,214	7,366,853
	6-3	ㅇㅇㅇㅇㅇ협동조합	52,820,388	388,692	12,438,140
4	7-1	㈜ㅇㅇ상호저축은행	11,039,054	81,234	2,599,475
4	7-2	㈜ㅇㅇ상호저축은행	33,308,488	245,109	7,843,480

4	7-3	㈜ㅇㅇ상호저축은행	15,893,277	116,955	3,742,548
	8	ㅇㅇㅇㅇ유동화전문(유)	58,070,315	427,325	13,674,393
3	9	ㅇㅇ생명보험㈜	6,539,878	48,125	1,540,010
5	10-1	ㅇㅇ보증보험㈜	12,175,980	89,600	2,867,199
5	10-2	ㅇㅇ보증보험㈜	9,414,610	69,280	2,216,952
5	10-3	ㅇㅇ보증보험㈜	4,773,200	35,125	1,123,993
1	11	㈜ㅇㅇ은행	7,513,342	55,289	1,769,241
	12	ㅇㅇ생명보험㈜	13,671,494	100,605	3,219,362
	13	㈜ㅇㅇ2상호저축은행	30,015,626	220,877	7,068,077
	14	ㅇㅇㅇㅇㅇ협동조합	40,121,194	295,242	9,447,735
	15	ㅇㅇ상호저축은행㈜	30,632,815	225,419	7,213,413
	16	ㅇㅇㅇ	40,867,940	300,737	9,623,579
	17	ㅇㅇㅇ	18,087,400	133,101	4,259,219
	18	ㅇㅇ카드㈜	65,044,540	478,646	15,316,683
추완 8	19	ㅇㅇㅇㅇㅇㅇㅇ ㅇㅇㅇ유동화전문(유)	62,064,611	456,718	14,614,969
	20	(유)ㅇㅇ	2,446,598	18,004	576,125
합 계			**1,116,069,662**	**8,212,875**	**262,811,988**
총 계			**1,116,069,662**	**8,212,875**	**262,811,988**

[별첨 4] 추정소득

(단위 : 원)

구 분	20○○년 (준비년도)	20○○년 (1차년도)	20○○년 (2차년도)	20○○년 (3차년도)	20○○년 (4차년도)	20○○년 (5차년도)	20○○년 (6차년도)	20○○년 (7차년도)	20○○년 (8차년도)	합 계
	금 액	금 액	금 액	금 액	금 액	금 액	금 액	금 액	금 액	
급여소득	54,480,000	55,569,600	56,680,992	57,814,612	58,970,904	60,150,322	61,353,329	62,580,395	63,832,003	531,432,157
(증가율)		2%	2%	2%	2%	2%	2%	2%	2%	
생계비	22,200,000	22,644,000	23,096,880	23,558,818	24,029,994	24,510,594	25,000,806	25,500,822	26,010,838	216,552,751
(증가율)		2%	2%	2%	2%	2%	2%	2%	2%	
가용소득	32,280,000	32,925,600	33,584,112	34,255,794	34,940,910	35,639,728	36,352,523	37,079,573	37,821,165	282,599,406

[사례 2] 일반회생 - 병원사업자, 사업실패

일반회생신청서 일람표

회생절차개시신청서

- 회생절차개시명령신청서(표지)
- 회생절차개시명령신청서(본문)
- 회생담보권자의 목록 총괄표
- 회생채권자의 목록 총괄표
- 벌금·조세 등의 목록 총괄표
- 임금 등의 목록 총괄표
- 재산목록
- 감정평가서
- 수입 및 지출에 관한 목록
- 소득에 관한 진술서
- 재무제표확인
- 채권자일람표
- 추정소득
- 채무상환계획표
- 청산가치와 계속기업가치의 비교
- 재산보전처분명령신청서
- 부인의 청구
- 포괄적금지명령신청서

회생계획안

- 회생계획안(표지)
- 회생계획안(본문)
- 채무자의 현황 및 회생절차의 경과
- 권리변경의 요지
- 회생계획안의 내용 및 조항
- 회생담보권에 대한 권리변경과 변제방법
- 회생채권에 대한 권리변경과 변제방법
- 공익채권의 변제에 관한 조항
- 변제자금 등의 조달방법과 자구노력의 추진
- 사채의 발행
- 예상초과수익금 등의 처리방법
- 분쟁이 해결되지 아니한 권리
- 회생절차의 종결
- 회생절차의 폐지 신청
- 기타 사항

[서식 1] 일반회생절차 개시신청서(표지)

회생절차 개시신청서

사 건 번 호	
배당순위번호	
재 판 부	제부(단독)

신청인 ○ ○ ○

제 출 자 : ○○○
관 계 : 사 무 원
(○○○법무법인 변호사 ○○○)
주 민 등 록 번 호 :
전 화 번 호 : 02-○○○-○○○
팩 스 번 호 : 02-○○○-○○○
제출자의 신분확인 :

○○지방법원 귀중

[서식 2] 회생절차 개시명령신청서

회 생 절 차 개 시 명 령 신 청 서

신청인 겸 채무자 ○ ○ ○ (000000-0000000)
☎ 000-0000-0000

(주소 및 영업소)
주민등록상 주소 ○○시 ○○구 ○○동 ○○○-○

현 주소(송달주소) ○○시 ○○구 ○○동 ○○○-○ ○○요양병원

위 신청대리인 변호사 ○○○
○○시 ○○구 ○○동 ○○○-○(○층)
☎ 000-0000-0000

신 청 취 지

채무자에 대하여 회생절차를 개시한다.
라는 결정을 바랍니다.

신 청 이 유

1. 채무자의 업무의 현황

가. 채무자의 개요

1) 인적사항

-. 성명 : ○○○ (○○요양병원 원장)
-. 주민등록번호 : 000000-0000000
-. 현주소 : ○○시 ○○구 ○○동 ○○○-○
-. 영업장주소 : ○○시 ○○구 ○○동 ○○○-○
-. 업종 : 의 료 업

2). 과거 주요경력

-. 19○. 02. ○○○○고등학교 졸업

-. 19○○. 02. ○○대학교 의과대학 졸업

-. 19○○. 03. ○○○○병원 입사

-. 19○○. 02. ○○○○병원 퇴사

-. 19○○. 05. ○○○내과의원 개원 (○○시○○구○○동 소재)

-. 19○○. 05. ○○내과의원 개원 (○○시○○구○○동 소재)

-. 20○○. 10. 26 ~ 현재까지 ○○요양병원 원장

나. 채무자의 업무의 현황

채무자는 19○○년 02일자로 ○○대학교 의과대학을 졸업하고 의사 면허증을 취득하여 20○○년 10월 26일자로 ○○시 ○○구 ○○동 ○○○-○번지 소재에○○요양병원을 개원하여 현재까지 원장으로 근무 중에 있습니다.

2. 채무자의 자산, 부채 그 밖의 재산상태

가. 채무자의 자산 현황

채무자의 재산은 다음과 같습니다. 상세한 내역은 재산목록에 기재되어 있습니다.

(소갑제6호증의 1 재산목록 참조)

(단위 : 원)

구 분	금 액	비 고
예 금	8,295,183	-. 총 10건의 통장잔액
보 험	8,575,581	-. 총 5건의 보험해약환급금
자 동 차	62,500,000	-. 총 3대의 자동차
부 동 산	4,408,260,050	
영업용자산	251,000,000	
기 타 (골프장 회원증)	31,250,000	-.ㅇㅇㅇ컨트리클럽(회원번호: K00000000)
기 타 (리조트 회원증)	40,000,000	-.ㅇㅇㅇㅇ스파&리조트(ㅇㅇ레이크 CC), 회원번호: 00-0000-00
합 계	4,809,880,814	

나. 채무자의 부채 현황

채무자의 부채 현황은 다음과 같습니다. 상세한 내역은 소갑제9호증의 1 채권자일람표, 소갑제2호증의 1 회생담보권자의 목록 총괄표, 소갑제3호증의 1 회생채권자의 목록 총괄표, 소갑제4호증의 1 벌금·조세등의 목록총괄표, 소갑제5호증의 1 임금등의 목록 총괄표에 자세히 기재되어 있습니다.

(단위 : 원)

구 분	거래처	금 액	비 고
회생담보권자	7	4,509,860,450	
회생채권자 (조세 등)	6	64,581,090	
회생채권자 (상거래, 금융기관)	45	2,041,561,121	(담보권 중 담보가액을 초과하여 회생채권으로 전환된 1,119,000,753원이 포함된 금액임)
공익채권 (임금 및 퇴직금)	86	319,313,722	
총 채무금액	144	6,935,316,383	

다. 소 결 론

이상과 같이 채무자의 총 부채는 총 자산을 약 21억 2천만원 가량 초과한 상태에 있습니다.

3. 파탄에 이르게 된 원인

신청인 겸 채무자(이하 채무자라고 합니다)는 ○○대학교 의과대학을 19○○년 졸업하여 ○○○○병원에서 인턴 및 레지던트 과정을 수료한 의학박사, 내과전문의로서 19○○. 10. 19. 교사로 재직하고 있는 ○○○와 혼인하여 슬하에 2남을 둔 가장으로서 성실하게 살아왔습니다. 채무자가 이렇다 할 어려움 없이 생활하다가 경제적 파탄에 이르러 회생절차를 신청하게 된 경위를 소상하게 진술하겠습니다. 채무자는 9년 전 ○○요양병원을 인수하여 개원하게 되었습니다. 개원 당시 인수하는 비용은 따로 필요 없이 기존 병원의 부채 5억원을 떠안는 조건으로 인수하였습니다. 채무자는 오로지 환자들에게 정성을 드리고, 섬기는 과정에서 병원은 크게 성장하게 되었습니다. 환자 숫자에 비하여 병상도 부족하고, 요즘 고객들이 쾌적하며 청결한 병원을 선호하는 관계로 새로운 병원을 신축할 계획을 세웠습니다.

가. 병원 준공지연으로 인한 유동성 위기 및 공사비 증가

어느 정도 재정적인 안정을 찾자 20○○. 08.에 ○○시 ○○구 ○○동 ○○○-○번지 대지 408평, 건평 1,200평의 병원을 신축하게 되었습니다. 신축공사는 채무자와 절친한 후배 ○○○이 중간에서 신축공사의 전 과정을 맡아서 진행했습니다. ○○○은 병원을 신축할 계획을 세울 때부터 채무자와 거의 24시간 동안 같이 행동을 했고 시공사 선정도 결국 ○○○의 뜻대로 ○○건설에서 맡게 되었습니다. 그런데 공사를 시작하는 과정에서부터 ○○○과 ○○건설의 이해관계에 얽힌 계속된 마찰로 몇 번 공사가 중단되고 재개하는 과정을 되풀이 하였습니다. 20○○. 02.에 공사가 끝나 입주하기로 되어 있던 공사가 지연이 되어 6월 초에야 겨우 입주하게 되었습니다. ○○건설은 채무자가 보낸 공사대금을 하도급업체에게 지불하지 않고 개인용도로 유용하고서도 그들 업체에게는 건축주가 지급을 하지 않았다고 거짓말을 하여 공사가 중단되었고 공사를 계속해야 되는 채무자는 나중에 그 사실을 알고 채무자가 직접 업체를 만나 공사비를 지불해 주면서 공사를 재개시킬 수밖에 없었습니다. 시공사는 공사가 지연이 되면 지연에 따른 손해배상을 하기로 계약되어 있었으나, 준공이 몇 달 동안 늦어져 손해액이 수억원에 이르자 손해배상을 하지 않을 목적으로 시간과 돈에 쫓기는 채무자의 약점을 이용해 시공사에 유리하게 계약조건을 바꾸는 등 말로 다 할 수 없는 횡포를 부렸습니다. 설계대로 자재를 사용하지도 않았으면서도 금액을 부풀려 과다청구를 했고 부실한 공사로 인해 건물 여기저기에 균열이 생겼으며 마감도 제대로 하지 않았습니다. 지하실을 비롯해 6층, 7층 천장에 물이 새는 등 누가 봐도 총체적인 부실공사였습니다. 그런데 ○○건설은 시공사의 기본인 하자보증서도 끊어주지 않고 준공 후 2개월 뒤 지급하기로 한 완불대금을 준공 전에 지급하라고 마지막까지 횡포를 부린 것입니다. 이로 인하여 공사비가 5억원 추가되었습니다.

채무자로서는 어떻게든 병원을 준공해서 병원운영을 해야 되는 상황이었기 때문에 할 수 있는 만큼 노력했으나 결국 법적인 소송에 들어가게 되었습니다.(이 사건은 현재 재판이 진행 중이며 ○○건설 사장인 ○○○은 채무자병원 신축공사 때 하도급업체였던 □□건설과 소송을 해 무고죄로 실형을 받아 교도소에 구속 수감 중입니다.) ○○건설은 병원 건물과 통장에 가압류를 하였고, 이 가압류로 인하여 중소기업에서 대출받은 5억원의 기업자금을 만기 연장하지

못하고 상환해야 하는 상황이 발생했습니다. 채무자는 어떻게든 연장을 받으려 백방으로 노력했지만 은행의 반응은 너무도 싸늘했습니다. 매달 지급 청구하는 보험진료비 청구채권이 압류되어 3개월 넘게 한 푼도 들어오지 않은데다 ○○○○은행의 강제 상환으로 채무자의 병원은 순식간에 나락으로 떨어졌습니다. 게다가 국가에서 요양병원을 포괄수가제로 전환하면서 여러 가지 상황으로 정신이 없었던 채무자는 의사와 간호사 등 정원을 맞추지 못해 3개월 동안 전체금액의 40%, 그 후 3개월 동안은 20%를 삭감당하는 어려움까지 겪게 되었습니다.

나. 유동성 위기를 극복하는 과정에서 새로운 채무 발생

설상가상으로 어려운 상황을 빙자해 다른 융자를 알선해주겠다며 접근한 채무자와 절친했던 친구 성형외과 의사인 ○○○에게 2억여원의 사기까지 당하게 되었습니다(○○○○경찰서 사건번호 20○○-○○○○, ○○○○지검 사건번호 20○○-형제○○○○○○호). 이 과정에서 임금이 체불되었고 공과금 및 세금이 연체가 되었으며 납품업체도 결재를 할 수 없는 상황이 되었습니다. 가족과 친척, 친구 등 지인을 통해서 차입을 하는 것도 한계가 있었습니다. 결국 은행에 이자에 대한 연체가 발생하여 제1금융권을 이용할 수 없었고 어떻게든 병원을 살려보려 했던 채무자는 캐피탈과 사채까지 얻어 병원을 유지하는 상황에 이르게 되었습니다. 이 과정에서, 이미 사채나 캐피탈마저 한계에 이르자 배우자 이름으로 3군데의 캐피탈에서 1억 2천 5백만원을 대출받았고, 배우자를 보증 세워 캐피탈에서 6,500만원을 차용하게 되었습니다. ○○건설 때문에 일어난 피해는 이것뿐이 아니었습니다. 병원을 신축하는 과정에서 시공사와의 문제로 계속 시끄러우니까 임대보증금까지 위협을 느낀 장례식장 ○○○ 사장의 요구로 보증금 2억 5천만원을 빼 주어야 하는 상황이 되었습니다.

그 동안 병원 운영비가 부족할 때마다 부족한 돈을 계속해서 마련해야 했기 때문에 가진 돈이 없었던 채무자는 배우자를 통하여 20○○. 06. 08. 같은 날에 ○○○○○○○연금관리공단에서 7,000만원, 신용협동조합에서 4,500만원, ○○공제회에서 7,200만원, 농협에서 6,000만원을 대출받아 ○○○ 사장의 보증금을 반환하여 주었습니다. 그리고 20○○. 02. ○○건설이 채무자의 병원 건물뿐만 아니라 ○○보험관리공단에서 지급되는 진료비 청구통장에까지 가압류를 넣어 도저히 경영을 할 수 없는 상태가 되었기 때문에 이 통장만이라도 해제를 해주라는 조건으로 2억 3천만원을 ○○건설에 주기로 하고 합의를 하였습니다. 채무자로서는 병원경영도 할 수 없는 어려운 상황이었지만 어떻게

든 빠른 시간 안에 2억 3천만원을 마련해야 했습니다. 그래서 전세보증금을 보장할 수 있는 방법을 제시하면 입주하겠다는 현 장례식장 사장의 요구대로 ○○동 어머니 집을 근저당 설정해 주고, 교사로 재직하고 있는 배우자를 연대보증 세워 겨우 2억원을 마련할 수 있었습니다.

채무자는 병원 준공이 늦어지면서 무엇엔가 쫓기는 듯한 기분으로 항상 불안한 마음으로 살아왔습니다. 유동성 위기가 본격화될 무렵보다는 모든 신경을 자금 융통하는 데만 신경을 써야 하는 처지였습니다. 막상 모든 것을 포기한다고 생각하니 한편으로는 해방된 듯하였습니다. 그러나 채무자가 모든 상황을 포기하기엔 주위 많은 분들에게 평생 고통을 안겨드릴 것 같아 염치불고하고 회생절차를 통하여 갱생하고자 합니다. 새로운 각오로, 늘 새롭고 감사하면서, 주위에 봉사하면서 살고자 합니다(소갑제 1호증의 10 채무증대 경위서 참조).

4. 회생계획의 이행의 가망성

가. 채무자의 소득

채무자의 재정상태는 비록 파탄에 이르렀으나, 채무자의 전문적인 지식을 이용하여 현재의 소득을 유지하면 앞으로 11년간(준비년도 포함) 약 32,409백만원의 소득을 얻을 수 있을 것으로 예상됩니다(소갑제10호증의 1 추정소득 참조).

채무자가 운영하는 요양병원의 매출 증가율과 채무자의 나이를 감안하여 20○○년부터 소득이 매년 2%씩 증가하는 것을 전제로 장래 소득을 예측 하였습니다.

이 중에서 병원의 판매비과 관리비, 가족의 최저 생계비 및 20○○년, 20○○년, 20○○년, 20○○년의 시설투자비용을 제외하면 11년간(준비년도 포함) 약 6,558백만원을 회생담보권 및 회생채권의 변제에 제공할 수 있을 것으로 예상됩니다. 보다 상세한 내역은 별첨 추정소득과 같습니다(소갑제10호증의 1 추정소득, 소갑제10호증의 2 채무상환계획표 참조).

나. 부채상환계획

채무자는 위 장래소득으로 다음과 같이 회생채권 및 회생담보권을 변제할 수 있습니다.

-. 회생담보권 : 원금의 100%변제, -. 회생담보권이자 : 5%

-. 회생(조세 등)채권은 준비년도(20○○년)에 전액변제.

-. 공익(임금 등〈퇴직자의 최종 3개월치 임금〉)채권은 준비년도(20○○년)에

전액변제.

-. 회생채권자(금융기관, 상거래)는 총 채권액 2,041,561,121원 중 34%에 해당되는 694,130,781원을 매년 69,413,078원씩을 동액 동률로 매년 12월 말일에 채권자별로 동액 동률로 변제하는 것으로 하였으며 나머지는 면제 받음.

-. 회생채권(주채무, 보증채무) 이자 0%. 이에 대한 연도별 부채상환계획은 별첨 채무상환계획표 기재와 같습니다(소갑제10호증의 2 채무상환계획표 참조).

다. 변제조건(회생계획안)

위와 같은 부채상환계획에 의거하여 작성한 회생계획안은 「별첨」한 바와 같습니다.

5. 청산가치와 계속기업가치의 비교

채무자가 파산적 청산을 통하여 채무자 소유의 개별 재산을 분리하여 처분할 때의 가치(이하 "청산가치") 와 채무자가 재산을 유지한 채 계속하여 급여를 창출할 때의 가치(이하 "현재가치")를 비교하면 다음과 같습니다.

가. 청산가치의 계산

채무자의 현재 평가된 자산총액은 다음과 같습니다.

(소갑제11호증의 1 자산가치평가조서 참조)

(단위 : 원)

구 분	금 액	감 액	평가내역	비 고
예 금	8,295,183	-	8,295,183	-. 총 10건의 통장잔액
보 험	8,575,581	-	8,575,581	-. 총 5건의 보험해약환급금
자 동 차	62,500,000	31,250,000	31,250,000	-. 총 3대의 자동차
부 동 산	4,408,260,050	1,322,478,015	3,085,782,035	-. 경락율 70%
영업용재산	251,000,000	175,700,000	75,300,000	-. 경락율 30%
기 타 (골프장 회원증)	31,250,000	6,250,000	25,000,000	-. 경락율 80%
기 타 (리조트 회원증)	40,000,000	8,000,000	32,000,000	-. 경락율 80%
합 계	4,809,880,814	1,543,678,015	3,266,202,799	

나. 계속기업가치의 계산 및 청산가치와 비교

채무자의 계속기업 가치는 채무자의 미래 수익흐름을 현재가치로 할인하는 현금흐름할인법에 의할 경우 연도별 할인율을 8%라고 가정할 경우 약 7,508백만원으로 채무자의 계속기업가치가 청산가치보다 약 4,242백만원을 초과하고 있습니다(소갑제11호증의 3 청산가치와 계속적 기업가치의 비교 참조).

이와 같이 채무자가 현재 운영하고 있는 병원에서 계속하여 소득을 창출하면 부채상환에 이용할 수 있지만 채무자가 파산에 이르게 된다면 회생채권(조세, 임금 등)은 100%, 회생담보권의 경우 70%, 회생채권의 경우 전액 변제하지 못하는 불행한 결과가 초래될 수밖에 없을 것입니다(소갑제11호증의 1 자산가치평가조서, 소갑제11호증의 2 채무자의 파산선고시 채권배당예상표 참조).

6. <u>회생의 필요성과 당위성</u>

채무자는 위에서 살펴본 바와 같은 사유로 인하여 재정적인 파탄에 이르게 되었으나, 만일 채무자가 이 시점에서 회생되지 아니하고 파산에 이르게 된다면 지금까지 채무자가 연마해 온 전문지식이 사장될 뿐만 아니라 채무자의 가족도 국가에 경제적 지원을 요청해야 하는 사태가 발생하는 등 사회·경제적으로 불행한 사태가 발생하게 됩니다.

7. <u>결 론</u>

이상과 같은 사정을 고려하시어 채무자가 갱생할 수 있도록 회생절차 개시결정을 내려주시기 바랍니다.

소 명 방 법

1. 소갑제 1호증 내지 소갑제11호증

기타 필요에 따라 제출하겠습니다.

첨 부 서 류

1. 위 소명방법 각 1부.
1. 위임장 1부.

20○○. ○. ○.

위 신청인 ○ ○ ○ (인)

○○지방법원 귀중

[별첨] 회생계획안

1. 용어의 정의

본 회생계획에서 사용하는 용어의 정의는 다음과 같다.

가. "개시 전 이자"라 함은 회생절차 개시결정일 전일까지 회생담보권 및 회생채권에 대하여 발생한 이자·연체이자·지연손해금 등으로 조사기간 안에 또는 특별조사기일에 시인되어 확정된 것을 말한다.

나. "개시 후 이자" 라 함은 회생개시결정일부터 회생담보권 및 회생채권에 대한 원금변제가 완료되는 시점까지 미변제 원금에 대하여 발생하는 이자 및 지연손해금을 말한다.

다. "금융기관"이라 함은 은행, 상호저축은행, 할부금융회사, 보증보험회사, 파이낸스사, 신용보증기금, 카드사, 증권회사, 보험회사, 렌탈회사, 투자신탁회사, 창업투자회사, 농협을 말한다.

라. "준비년도"라 함은 회생절차개시결정일부터 20○○년 12월 31일까지를 말한다.

마. "제1차연도"라 함은 20○○년 01월 01일부터 20○○년 12월 31일까지를 말하며, 제2차연도 이후의 각 차 연도는 순차적으로 매년 1월 1일부터 같은 해 12월 31일까지로 한다.

바. "회생채권(조세등)"이라 함은 채무자에 대한 조세 및 국민연금에 관한 회생채권을 의미하며, "회생채권(상거래, 금융기관)"이라 함은 채무자에 대한 회생채권 중 우선권 있는 회생채권을 제외한 나머지 회생채권을 의미한다.

사. 변제일이 정해지지 않은 원금, 개시 전 이자 및 개시 후 이자에 대한 변제일은 변제 당해 연도의 12월 30일로 한다. 다만, 동 변제기일이 금융기관 영업일이 아닌 경우에는 그 직전 영업일을 변제일로 한다.

2. 회생담보권자에 대한 변제조건

가. 원금 및 개시 전 이자

회생담보권의 지급은 원금(개시 전 이자 포함)을 전액 변제하는 것으로 하였으며 제1차년도(20○○년)부터 제10차년도(20○○년)까지 동액동률로 나누어 매년 12월 말일에 원금에 비례하여 채권자별로 변제하는 것으로 하였습니다.

나. 개시 후 이자

이자율을 5%로 재조정하여 제1차년도(20○○년)부터 제10차년도(20○○년)까지 매년 12월 말일에 변제하는 것으로 하였으며 회생절차 개시결정일로부터 준비년도까지의 이자에 대하여는 면제하는 것으로 하였습니다.

3. 회생채권(금융기관, 상거래)자에 대한 변제조건

가. 원금 및 개시 전 이자

채무자가 부담하는 상거래, 금융기관 채무에 대해서 원금(개시 전 이자 포함) 34%를 변제하고 66%는 채권자별로 본 회생절차 인가시에 면제되는 것으로 하였습니다. 회생채권의 지급은 제1차년도(20○○년)부터 제10차년도(20○○년)까지 총 694,130,781원을 매년 69,413,078원씩 동액동률로 나누어 매년 12월 말일에 채권자별로 채권액에 비례하여 변제하는 것으로 하였습니다. 매년 12월 말일이 공휴일인 경우 직전 영업일을 변제기일로 하였습니다.

나. 개시 후 이자

전액을 면제 받는다.

4. 조세 및 벌금채권에 대한 변제조건

가. 원 금

조세 및 벌금채권은 우선 지급하여야 할 채권이므로 준비년도(20○○년)에 전액 변제하는 것으로 하였습니다.

나. 가산금 및 중가산금

인가일 이전까지 발생한 가산금 및 중가산금은 원금과 동일하게 변제합니다.

5. 공익(임금)채권의 변제방법

퇴직자 중 최종 3개월분의 임금에 대해서는 준비년도(20○○년)에 전액변제하는 것으로 하였으며, 그 외 재직자들의 임금 및 퇴직금, 퇴직자들의 퇴직금에 대해서는 제1차년도(20○○년)부터 제10차년도(20○○년)까지 법원의 허가를 얻어 수시로 변제하는 것으로 하였습니다.

6. 신고되지 아니한 채권의 처리

회생채권자의 목록에 기재되지 않고 신고되지 아니한 회생채권은 그 권리가 소멸되는 것으로 하였습니다.

7. **장래 구상권자의 권리변경 및 변제방법**

가. 회생절차 개시결정 이후 채무자를 위한 보증인, 물상보증인(담보목적물의 제3취득자를 포함한다), 기타 제3자가 자기의 출재로 인하여 회생담보권자 또는 회생채권자에게 변제한 경우에는 채무자에 대하여 구상권을 취득한다.

나. 구상권자는 채권자의 권리변경 전의 채권이 회생절차에 의하거나 회생절차에 의하지 아니하고 모두 소멸된 경우에 한하여 자기의 구상권을 행사할 수 있으며, 채무자는 회생계획에 의하여 변제하여야 할 회생담보권 또는 회생채권의 잔액 범위 내에서 구상권자의 구상권 비율에 따라 변제한다.

8. **변제자금의 조달방법**

가. 영업소득

변제자금은 채무자가 ○○요양병원을 운영하면서 얻은 영업소득으로 충당함을 원칙으로 한다.

나. 차입금 등

영업소득으로 변제자금이 부족할 때에는 필요에 따라 법원의 허가를 얻어 차입금 등으로 변제자금을 충당할 수 있다.

다. 기타 수익금

기타 수시로 발생하는 수익이 있는 경우 법원의 허가를 얻어 변제자금에 충당할 수 있다.

9. **예상수익금의 초과시 처리 방법**

예상을 초과하는 수익금이 발생할 때에는 법원의 허가를 얻어 공익채권의 변제 및 회생채권의 변제 등으로 사용한다. (이상)

[소명방법]

소갑호증 목록

1. 소갑제1호증의 1. 주민등록등본
   2. 기본증명서
   3. 가족관계증명서
   4. 혼인관계증명서
   5. 사업자등록증
   6. 직원명부
   7. 이력서
   8. 의사면허증
   9. 조직도
   10. 채무증대경위서

1. 소갑제2호증의 1. 회생담보권자의 목록 총괄표
   2. 부채잔액증명서(채권번호-회생담보권 1)
   3. 부동산임대차계약서(채권번호-회생담보권 2)
   4. 장례식장임대차계약서(채권번호-회생담보권 3)
   5. 자료송부청구서(채권번호-회생담보권 4)
   6. 금융거래확인서(채권번호-회생담보권 5)
   7. 부채증명서(채권번호-회생담보권 6)
   8. 납입내역확인서(채권번호-회생담보권 7)

1. 소갑제3호증의 1. 회생채권자의 목록 총괄표
   2. 부채증명서(채권번호-회생채권 1)
   8. 예금통장거래내역서(○○은행 000-000-000000)
   9. 예금통장거래내역서(○○은행 000000-00-000000)
   10. 예금통장거래내역서(○○○ 000000-00-000000)
   11. 예금통장거래내역서(○○은행 000-000-000000)
   12. 예금통장거래내역서(○○은행 000-000-000000)
   13. 예금통장거래내역서(○○은행 000-000-000000)

14. 예금통장거래내역서(○○ 000000-00-000000)
15. 계약내용확인서
16. 해약환급금 증명서
17. 자동차등록원부(갑) 및 시세내역(00부0000)
18. 자동차등록원부(갑)(을) 및 시세내역(00부0000)
19. 자동차등록원부(갑) 및 시세내역(○○ 00가0000)
20. 감정평가서 및 부동산등기부등본 2통
21. 부동산등기부등본 1통
22. 의료장비 현황
23. 골프장회원내역 및 골프장회원증
24. 리조트 회원증

1. 소갑제7호증의 1. 수입 및 지출에 관한 목록
2. 소득에 관한 진술서
3. 재직증명서-배우자
4. 최근 1년 급여명세서-배우자
5. 근로소득원천징수영수증(20○○분)-배우자

1. 소갑제8호증의 1. 진술서
2. 부동산등기부등본 2통
3. 부채증명원(채권번호-회생채권 2)
4. 부채잔액증명서(채권번호-회생채권 3)
5. 채무확인서(채권번호-회생채권 4)
6. 부채확인서(채권번호-회생채권 5)
7. 부채증명서(채권번호-회생채권 6)
8. 거래처채무내역(채권번호-회생채권 7~43)
9. 전화요금 미납현황(채권번호-회생채권 44)
10. 환경개선부담금총괄표(채권번호-회생채권 45)

1. 소갑제4호증의 1. 벌금·조세등의 목록 총괄표
2. 체납내역총괄현황(채권번호-채권 1)
3. 징수내역 조회(채권번호-채권 2)
4. 최고서(채권번호-채권 3)

	5. 납부고지서(채권번호-채권 4)
	6. 체납고지서(채권번호-채권 5)
	7. 납세고지서(채권번호-채권 6)
1. 소갑제5호증의	1. 임금등의 목록 총괄표
	2. 채무내역(임금채권)(채권번호-임금채권 1~86)
1. 소갑제6호증의	1. 재산목록
	2. 주민등록초본
	3. 세목별과세(납세)증명서〈채무자〉-(20○○.~20○○.)
	4. 세목별과세(납세)증명서〈배우자〉-(20○○.~20○○.)
	5. 예금통장거래내역서(○○은행 000-000-000000)
	6. 예금통장거래내역서(○○은행 000-000-000000)
	7. 예금통장거래내역서(○○은행 000-000-000000)
	3. 채권압류 및 추심명령결정문(○○지방법원 20○○타채○○○○)
	4. 채권압류 및 추심명령결정문(○○지방법원 20○○타채○○○○)
	5. 채권가압류결정문(○○지방법원 20○○카단○○○○)
	6. 채권가압류결정문(○○지방법원 20○○카단○○○○)
1. 소갑제9호증의	1. 채권자일람표
	2. 채권자주소록/전화번호/팩스
1. 소갑제10호증의	1. 추정소득
	2. 채무상환계획표
1. 소갑제11호증의	1. 자산가치평가조서
	2. 파산선고시 채권배당예상표
	3. 청산가치와 계속기업가치 비교

[신청서 첨부 1] 조직도(소갑제1호증의 9)

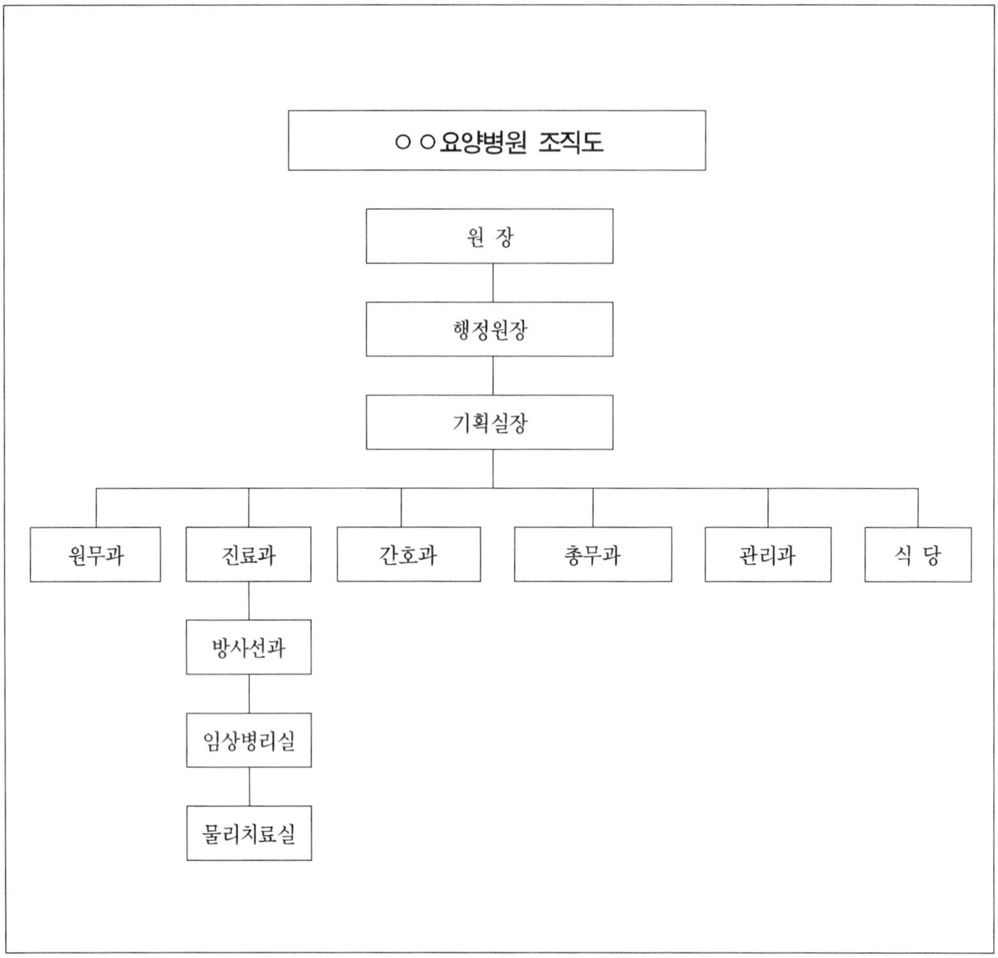

[신청서 첨부 2] 채무증대경위서(소갑제1호증의 10)

채 무 증 대 경 위 서

성명 : ○○○
주소 : ○○시 ○○구 ○○동 ○○○-○

신청인 겸 채무자(이하 채무자라고 합니다)는 ○○대학교 의과대학을 19○○년 졸업하고 ○○○○병원에서 인턴 및 레지던트 과정을 수료한 의학박사, 내과전문의로 19○○. 10. 19. 교사로 재직하고 있는 ○○○와 혼인하여 슬하에 2남을 둔 가장으로서 성실하게 살아왔습니다.

채무자가 이렇다 할 어려움 없이 생활하다가 경제적 파탄에 이르러 회생절차를 신청하게 된 경위를 소상하게 진술하겠습니다. 채무자는 9년 전 ○○요양병원을 인수하여 개원하게 되었습니다. 개원 당시 인수하는 비용은 따로 필요 없이, 기존 병원의 부채 5억원을 떠안는 조건으로 인수하였습니다. 채무자는 오로지 환자들에게 정성을 드리고, 섬기는 과정에서 병원은 크게 성장하게 되었습니다. 환자 숫자에 비하여 병상도 부족하고, 요즘 고객들이 쾌적하며 청결한 병원을 선호하는 관계로 새로운 병원을 신축할 계획을 세웠습니다.

1. <u>병원 준공지연으로 인한 유동성 위기 및 공사비 증가</u>
   어느 정도 재정적인 안정을 찾자 20○○. 08.에 ○○시 ○○구 ○○동 ○○○-○번지 대지 408평, 건평 1,200평의 병원을 신축하게 되었습니다. 신축공사는 채무자와 절친한 후배 ○○○이 중간에서 신축공사의 전 과정을 맡아서 진행했습니다. ○○○은 병원을 신축할 계획을 세울 때부터 채무자와 거의 24시간 동안 같이 행동을 했고 시공사 선정도 결국 ○○○의 뜻대로 ○○건설에서 맡게 되었습니다. 그런데 공사를 시작하는 과정에서부터 ○○○과 ○○건설의 이해관계에 얽힌 계속된 마찰로 몇 번 공사가 중단되고 재개하는 과정을 되풀이하였습니다. 20○○. 02.에 공사가 끝나 입주하기로 되어 있던 공사가 지연이 되어 6월초에야 겨우 입주하게 되었습니다. ○○건설은 채무자가 보낸 공사대금을 하도급업체에 지불하지 않고 개인용도로 유용하고서도 그들 업체에게는 건축주가 지급을 하지 않았다고 거짓말을 하여 공사가 중단되었고 채무자는 나중에 그 사실을 알고 채무자가 직접 업체를 만나 공사비를 지불해 주면서 공사를 재개시킬 수밖에 없었습니다. 시공사는 공사가 지연이 되면 지연에 따른 손해배상을 하기로 계약되어 있었으나, 준공이 몇 달 동안 늦어져 손해액이 수억원에 이르자 손해배상을 하지 않을 목적으로 시간과 돈에 쫓기는 채무자의 약점을 이용해 시공사에 유리하게 계약조건을 바꾸는 등 말로 다 할 수 없는 횡포를 부렸습니다. 설계대로 자재를 사용하지도 않았으면서도 금액을 부풀려 과다청구를 했고 부실한 공사로 인해 건물 여기저기에 균열이 생겼으며 마감도 제대로 하지 않았습니다. 지하실을 비롯해 6층, 7층 천장에 물이 새는 등 누가 봐도 총체적인 부실공사였습니다. 그런데 ○○건설은 시공사의 기본인 하자보증서도 끊어주지 않고 준공 후 2개월 뒤 지급하기로 한 완불대금을 준공 전에 지급하라고 마지막까지 횡포를 부린 것입니다. 이로 인하여 공사비가 5억원 추가되었습니다.

채무자로서는 어떻게든 병원을 준공해서 병원운영을 해야 되는 상황이었기 때문에 할 수 있는 만큼 노력했으나 결국 법적인 소송에 들어가게 되었습니다.(이 사건은 현재 재판이 진행 중이며 ○○건설 사장인 ○○○은 채무자병원 신축공사 때 하도급업체였던 □□건설과 소송을 해 무고죄로 실형을 받아 교도소에 구속 수감중입니다.) ○○건설은 병원 건물과 통장에 가압류를 하였고, 이 가압류로 인하여 중소기업에서 대출 받은 5억원의 기업자금을 만기연장하지 못하고 상환해야하는 상황이 발생했습니다. 채무자는 어떻게든 연장을 받으려 백방으로 노력했지만 은행의 반응은 너무도 싸늘했습니다. 매달 지급 청구하는 보험진료비 청구채권이 압류되어 3개월 넘게 한 푼도 들어오지 않는데다 ○○○○은행의 강제 상환으로 채무자 병원은 순식간에 나락으로 떨어졌습니다. 게다가 국가에서 요양병원을 포괄수가제로 전환하면서 여러 가지 상황으로 정신이 없었던 채무자는 의사와 간호사 등 정원을 맞추지 못해 3개월 동안 전체금액의 40%, 그 후 3개월 동안은 20%를 삭감당하는 어려움까지 겪게 되었습니다.

2. <u>유동성 위기를 극복하는 과정에서 새로운 채무 발생</u>

설상가상으로 어려운 상황을 빙자해 다른 융자를 알선해주겠다며 접근한 채무자와 절친했던 친구 성형외과 의사인 ○○○에게 2억여원의 사기까지 당하게 되었습니다.(○○○○경찰서 사건번호 20○○-○○○○, ○○○○지검 사건번호 20○○-형제○○○○○호) 이 과정에서 임금이 체불되었고 공과금 및 세금이 연체가 되었으며 납품업체도 결재를 할 수 없는 상황이 되었습니다. 가족과 친척, 친구 등 지인을 통해서 차입을 하는 것도 한계가 있습니다. 결국 은행에 이자에 대한 연체가 발생하여 제1금융권을 이용할 수 없었고 어떻게든 병원을 살려보려 했던 채무자는 캐피탈과 사채까지 얻어 병원을 유지하는 상황에 이르게 되었습니다. 이 과정에서, 이미 사채나 캐피탈마저 한계에 이르자 배우자 이름으로 3군데의 캐피탈에서 1억 2천 5백만원을 대출받았고, 배우자를 보증 세워 캐피탈에서 6,500만원을 차용하게 되었습니다. ○○건설 때문에 일어난 피해는 이것뿐만이 아니었습니다. 병원을 신축하는 과정에서 시공사와의 문제로 계속 시끄러우니까 임대보증금까지 위협을 느낀 장례식장 ○○○ 사장의 요구로 보증금 2억 5천만원을 빼주어야 하는 상황이 되었습니다.

그동안 병원 운영비가 부족할 때마다 부족한 돈을 계속해서 마련해야 했기 때문에 가진 돈이 없었던 채무자는 배우자를 통하여 20○○. 06. 08. 같은 날에 ○○○○○○○연금관리공단에서 7,000만원, 신용협동조합에서 4,500만원, ○○공제회에서 7,200만원, 농협에서 6,000만원을 대출받아 ○○○ 사장의 보증금을 반환하여 주었습니다. 그리고 20○○. 02. ○○건설이 저희 병원 건물 뿐 아니라 ○○보험관리공단에서 지급되는 진료비 청구 통장에까지 가압류를 넣어 도저히 경영을 할 수 없는 상태가 되었기 때문에 이 통장만이라도 해제를 해주라는 조건으로 2억 3천만원을 ○○건설에 주기로 하고 합의를 하였습니다. 채무자로서는 병원경영도 할 수 없는 어려운 상황이었지만 어떻게든 빠른 시간 안에 2억 3천만원을 마련해야 했습니다. 그래서 전세보증금을 보장할 수 있는 방법을 제시하면 입주하겠다는 현 장례식장 사장의 요구대로 ○○동 어머니 집을 근저당 설정해 주고, 교사로 재직하고 있는 배우자를 연대보증을 세워 겨우 2억원을 마련할 수 있었습니다.

채무자는 병원 준공이 늦어지면서부터 무엇엔가 쫓기는 듯한 기분으로 항상 불안한 마음으로 살아왔습니다. 유동성위기가 본격화될 무렵부터는 모든 신경을 자금융통하는 데만 신경을 써야 하는 처지였습니다. 막상 모든 것을 포기한다고 생각하니 한편으로는 해방된 듯 하였습니다. 그러나 채무자가 모든 상황을 포기하기엔 주위 많은 분들에게 평생 고통을 안겨드릴 것 같아 염치불고하고 회생절차를 통하여 갱생하고자 합니다. 새로운 각오로 늘 새롭고 감사하면서 주위에 봉사하면서 살고자 합니다.

존경하는 재판장님!

부디 채무자에게 회생의 기회를 주어 저와 약 70여명의 직원이 다른 걱정 없이 환자를 돌보며 병원운영에만 전념할 수 있도록 선처하여 주시기를 부탁드립니다.

20○○. ○. ○.

위 진술인 ○ ○ ○ (인)

[신청서 첨부 3] 회생담보권자의 목록 총괄표(소갑제2호증의 1)

회생담보권자의 목록 총괄표

채무자 : ○○○

(단위 : 원)

목록 번호	담보권자	주 소	담보권 종류 및 목적물	가치평가 및 배분	채권내용	담보권 인정액	의결권 인정액	회생채권 인정액	우선권	비 고
회생 담보권1	(주)○○ 은행	부산 ○구 ○○동 ○-○○	〈근저당권〉 -.부산○○구○○동 ○○○-○(토지) ①채권최고액: 1,560,000,000 설정순위: 1순위 (설정일: 20○○6.05.08.) ②채권최고액: 3,600,000,000 설정순위: 2순위 (설정일: 20○○.08.21.) ③채권최고액: 228,000,000 설정순위: 3순위 (설정일: 20○○.07.24.) -.부산○○구○○동 ○○○-○(건물) ①채권최고액: 3,600,000,000 설정순위 : 1순위 (설정일: 20○○.06.11.) ②채권최고액: 228,000,000 설정순위 : 2순위 (설정일: 20○○.07.24.) 채권현재액: 4,751,705,935	총 평가액 4,408,260,050 선순위 배분액 0 당 배분액 4,408,260,050 배분 후 잔액 0	〈주채무〉 ①20○○.04.20.자 기타기시 1.원금: 123,321,000 2.이자: 0 ②20○○.05.09.자 기시일대 1.원금: 1,300,000,000 2.이자: 0 ③20○○.07.31.자 가계일대 1.원금: 29,000,000 2.이자: 0 ④20○○.08.21.자 기시일대 1.원금: 3,000,000,000 2.이자: 0 ⑤20○○.12.16.자 기업일대 1.원금: 290,000,000 2.이자: 0 ⑥신용카드사용대금, 할부대출 1.원금: 9,384,935 2.이자: 0	4,408,260,050	4,408,260,050	343,445,885		② 〈보증서〉 신용보증 기금 (90%)
소 계						4,408,260,050	4,408,260,050	343,445,885		

회생 담보권2	○○○	부산 ○○구 ○○동 ○○○-○	〈상가임차보증금〉 -.부산 ○○구 ○○동 ○○○-○(토지,건물) 채권최고액: 100,000,000 임대차계약일: 20○○.06.07	<u>총 평가액</u> <u>4,408,260,050</u> 선순위 배분액 4,408,260,050 당 배분액 0 배분 후 잔액 0	〈주채무〉 ①20○○.06.07.자 임대차계약상 상가임차보증금 반환채권 1.원금: 100,000,000 2.이자: 0	-	-	100,000,000		
소 계						-	-	100,000,000		
회생 담보권3	○○○	부산 ○구 ○○동 ○○○○아파트 ○○○-○○○	〈상가임차보증금〉 -.부산 ○○구 ○○동 ○○○-○(토지,건물) 채권최고액: 200,000,000 임대차계약일: 20○○.02.12	<u>총 평가액</u> <u>4,408,260,050</u> 선순위 배분액 0 당 배분액 0 배분후 잔액 0	〈주채무〉 20○○.02.12.자 임대차계약상 상가임차보증금 반환채권 1.원금: 200,000,000 2.이자: 0	-	-	200,000,000		〈보증인〉 ○○○
소 계						-	-	200,000,000		
회생 담보권4	○○○	부산 ○○구 ○○동 ○○○ ○○아파트 ○○○-○○○○	〈근저당권〉 -.부산○○구○○동 ○○○-○(토지) ①채권최고액: 520,000,000 설정순위: 4순위 (설정일: 20○○.04.24.) ②채권채고액: 260,000,000 설정순위: 5순위 (설정일: 20○○.08.25.) -.부산 ○○구 ○○동 ○○○-○(건물) ①채권채고액: 520,000,000	<u>총 평가액</u> <u>4,408,260,050</u> 선순위 배분액 4,408,260,050 당 배분액 0 배분 후 잔액 0	〈주채무〉 차용금 1.원금: 450,000,000 2.이자: 0	-	-	450,000,000		

			설정순위: 3순위 (설정일: 20ㅇㅇ.04.24.) ②채권최고액: 260,000,000 설정순위: 4순위 (설정일: 20ㅇㅇ.08.25.) 채권현재액: 450,000,000							
소 계						-	-	450,000,000		
회생 담보권5	㈜ㅇㅇ ㅇㅇ은행	ㅇㅇ시 ㅇ구 ㅇㅇㅇㅇ가 ㅇㅇㅇ	〈질권〉 -.골프장회원권 채권현재액: 50,000,000	총 평가액 31,250,000 선순위 배분액 0 당 배분액 31,250,000 배분 후 잔액 0	〈주채무〉 ①20ㅇㅇ.05.23.자 가계일반자금대출(일시상환) 1.원금: 30,000,000 2.이자: 0 ②20ㅇㅇ.05.25.자 가계일반자금대출(일시상환) 1.원금: 20,000,000 2.이자: 0	31,250,000	31,250,000	18,750,000		
소 계						31,250,000	31,250,000	18,750,000		
회생 담보권6	ㅇㅇ 카드(주)	ㅇㅇ시 ㅇ구 ㅇㅇ로ㅇ가 ㅇㅇㅇㅇㅇ	〈저당권〉 ㅇㅇㅇ777LI(00부0000, 20ㅇㅇ년식) 채권가액: 65,000,000 설정일: 20ㅇㅇ.06.13. 채권현재액: 55,804,868	총 평가액 49,000,000 선순위 배분액 0 당 배분액 0 배분후 잔액 0	〈주채무〉 20ㅇㅇ.06.13.자 할부금융 1.원금: 53,257,346 2.이자: 2,547,522	49,000,000	49,000,000	6,804,868		〈보증인〉 ㅇㅇㅇ
소 계						49,000,000	49,000,000	6,804,868		
회생 담보권7	ㅇㅇ 캐피탈 코리아 (주)	ㅇㅇ시 ㅇㅇㅇ구 ㅇㅇ로ㅇ가 ㅇㅇㅇ	〈리스채권〉 1.식도경(Esophagoscope) 2.위경(Gastro(fiber)scope) 3.십이지장경	총 평가액 135,000,000 선순위 배분액 0	〈주채무〉 20ㅇㅇ.04.30.자 리스계약 1.원금: 21,350,400 2.이자: 0	21,350,400	21,350,400	-		

			(Duodenoscope) 4.X-Ray촬영.투시장치 5.인공호흡기(Volume) 6.인공호흡기(Pressure) 7.Defibrillator 채권가액: 90,000,000 설정일: 20ㅇㅇ.04.030 채권현재액: 21,350,400	당 배분액 21,350,400 배분 후 잔액 113,649,600						
소 계						21,350,400	21,350,400	-		
합 계						4,509,860,450	4,509,860,450	1,119,000,753		

[신청서 첨부 4] 부채잔액증명서(소갑제2호증의 2)

부 채 잔 액 증 명 서

금 사십칠억사천이백삼십이만일천원정(4,742,321,000원)

사 용 용 도
법원제출용

대출과목	대출일자	대출기한	취급(한도)액	대출잔액	미결제 타점권	자금용도
기타기시	20ㅇㅇ-04-20	20ㅇㅇ-04-12	200,000,000	123,321,000	0	기계기구설비자금
가시일대	20ㅇㅇ-05-09	20ㅇㅇ-05-03	1,300,000,000	1,300,000,000	0	토지, 부지구입자금
가계일대	20ㅇㅇ-07-31	20ㅇㅇ-07-31	29,000,000	29,000,000	0	생활안정자금
기시일대	20ㅇㅇ-08-21	20ㅇㅇ-06-25	3,000,000,000	3,000,000,000	0	건물신축증축개보수
기업일대	20ㅇㅇ-12-16	20ㅇㅇ-06-13	290,000,000	290,000,000	0	기타운영자금
합 계			4,819,000,000	4,742,321,000	0	

(주의 : 마이너스대출, 당좌대출 등 한도거래대출 계좌는 부채잔액증명 발급 당일은 출금이 되지 않으니 참고 하시기 바랍니다.)

위 금액은 20○○년 ○월 ○일 현재 당행에 대한 귀하 명의의 부채잔액임을 증명합니다.

20○○년 ○월 ○일

고 객 명 : ○ ○ ○ 주식회사 ○○은행 ○○ 지점

주 소 : ○○시 ○○구 ○○동 ○○○-○ 취급자명 : ○○○

[신청서 첨부 5] 자료송부청구서(소갑제2호증의 5)

자 료 송 부 청 구 서

청구인(채무자) : ○ ○ ○

주민등록번호 : 000000-0000000

주 소 : ○○시 ○○구 ○○동 ○○○ ○○아파트 ○○○-○○○○

채무자는 금번 채무자의 사정에 의하여 회생절차를 신청하게 되었으므로 채권자에게 채무자에 대하여 가진 아래 차용금 내역에 대하여 사실 확인을 요청하오니 사실과 다를 경우 아래 서식에 의해 새로이 작성하여 신속한 답변을 요청합니다.

(단위 : 원)

차 용 일	차 용 금	변 제 액 (이자)	미변제액 원금	미수이자	합 계	비 고
20ㅇㅇ.04.24. 20ㅇㅇ.08.25.	600,000,000	176,770,000	450,000,000		450,000,000	

〈서 식〉

(단위 : 원)

차 용 일	차 용 금	변 제 액 (이자)	미변제액 원금	미수이자	합 계	비 고

채무자는 채무자 회생 및 파산에 관한 규칙 제82조에 기하여 채권자에게 채무자에 대하여 가진 회생채권의 존부 및 액수, 피담보채권액 및 피담보목적물의 가액, 담보부족전망액 등에 관한 자료의 송부를 청구합니다.

※ 위 요청에 대하여 송달 받은 날로부터 1주일 이내에 답변이 없을시 상기 금액을 채권으로 신고하겠으니 착오 없으시길 바랍니다.

20○○. ○. ○.

채무자 ○ ○ ○ (서명 또는 날인)

발신 주소 (채무자)	○○○	전 화	
	부산 ○○구 ○○동 ○○○-○	팩 스	000-000-0000

발신 주소 (채무자)	○○○	전 화	000-0000-0000
	○○시 ○○구 ○○동 ○○○ ○○아파트 ○○○-○○○○	팩 스	

[신청서 첨부 6] 회생채권자의 목록 총괄표(소갑제3호증의 1)

회생채권자의 목록 총괄표

채무자 : ○○○

(단위 : 원)

목록 번호	채권자	주 소	채권내용	채권액	의결권 인정액	우선권	비 고
회생 채권1	(주)ㅇㅇ은행	ㅇㅇ시 ㅇ구 ㅇㅇ동 ㅇㅇㅇ-ㅇㅇ	20ㅇㅇ.05.23.자 대출거래약정, 20ㅇㅇ.06.18.자 대출거래약정, 20ㅇㅇ.06.14.자 ㅇㅇ기업카드 발급, 20ㅇㅇ.09.09.자 ㅇㅇ카드발급, 〈주채무〉 1.원금: 325,330,246 2.이자: 8,782,442	334,112,688	334,112,688		
소 계				334,112,688	334,112,688		
회생 채권2	ㅇㅇ ㅇㅇ협동조합	ㅇㅇ시 ㅇ구 ㅇㅇ동 ㅇㅇㅇ-ㅇㅇ	20ㅇㅇ.04.18.자 종합통장대출, 신용카드사용대금 〈주채무〉 1.원금: 114,099,906 2.이자: 1,345,060	115,444,966	115,444,966		
소 계				115,444,966	115,444,966		
회생 채권3	㈜ㅇㅇㅇㅇ은행	ㅇㅇ시ㅇㅇ구ㅇㅇ동 ㅇㅇ-ㅇ	20ㅇㅇ.02.26.자 대출금 신용카드대금(ㅇㅇㅇㅇㅇㅇ) 신용카드대금(ㅇㅇㅇ) 〈주채무〉 1.원금: 106,110,666 2.이자: 1,678,406	107,789,072	107,789,072		
소 계				107,789,072	107,789,072		

회생 채권4	ㅇㅇ카드(주)	ㅇㅇ시ㅇㅇ구ㅇㅇ동 ㅇ-ㅇ	19ㅇㅇ.01.10.자 발급한 카드론, 할부대출금 〈주채무〉 1.원금: 45,863,358 2.이자: 1,051,586	46,914,944	46,914,944		
소 계				46,914,944	46,914,944		
회생 채권5	ㅇㅇ캐피탈(주)	ㅇㅇ시ㅇㅇㅇ구ㅇㅇㅇ동 ㅇㅇ-ㅇㅇ	20ㅇㅇ.06.21.자 오토할부 2 20ㅇㅇ.07.03.자 오토할부 2 〈주채무〉 1.원금: 21,814,987 2.이자: 134,560	21,949,547	21,949,547		
소 계				21,949,547	21,949,547		
회생 채권6	ㅇㅇ카드(주)	ㅇㅇ시ㅇ구ㅇㅇ로ㅇ가 ㅇㅇ	19ㅇㅇ.05.25.자 (구)ㅇㅇ카드 사용대금 〈주채무〉 1.원금: 301,300 2.이자: 342	301,642	301,642		
소 계				301,642	301,642		
회생 채권7	(주)ㅇㅇ약품	ㅇㅇ시ㅇ구ㅇㅇ동 ㅇㅇㅇ-ㅇㅇ	물품대금 〈주채무〉 1.원금: 109,052,609 2.이자: 0	109,052,609	109,052,609		
소 계				109,052,609	109,052,609		
회생 채권8	(주)ㅇㅇㅇ	ㅇㅇ시ㅇ구ㅇㅇ동 ㅇ-ㅇ	물품대금 〈주채무〉 1.원금: 7,403,307 2.이자: 0	7,403,307	7,403,307		
소 계				7,403,307	7,403,307		
회생	(주)ㅇㅇㅇㅇ	ㅇㅇ시 ㅇ구 ㅇㅇ동 ㅇㅇㅇ-ㅇㅇ	물품대금	821,616	821,616		

채권9			〈주채무〉 1.원금: 821,616 2.이자: 0				
소 계				821,616	821,616		
회생 채권10	(재)○○○	○○시 ○구 ○○동 ○○○-○○	물품대금 〈주채무〉 1.원금: 806,715 2.이자: 0	806,715	806,715		
소 계				806,715	806,715		
회생 채권11	(주)○○메딕스	○○시 ○구 ○○동 ○○○-○○	물품대금 〈주채무〉 1.원금: 1,302,000 2.이자: 0	1,302,000	1,302,000		
소 계				1,302,000	1,302,000		
회생 채권12	○○○ (○○가스)	○○시 ○구 ○○동 ○○○-○○	가스비 미납액 〈주채무〉 1.원금: 1,604,000 2.이자: 0	1,604,000	1,604,000		
소 계				1,604,000	1,604,000		
회생 채권13	(주)○○○○	○○시 ○구 ○○동 ○○○-○○	물품대금 〈주채무〉 1.원금: 1,072,000 2.이자: 0	1,072,000	1,072,000		
소 계				1,072,000	1,072,000		
회생 채권14	○○○ (○○)	○○시 ○구 ○○동 ○○○-○○	물품대금 〈주채무〉 1.원금: 498,600 2.이자: 0	498,600	498,600		

소 계				498,600	498,600		
회생 채권15	(주)ㅇㅇ메디칼	ㅇㅇ시 ㅇ구 ㅇㅇ동 ㅇㅇㅇ-ㅇㅇ	물품대금 〈주채무〉 1.원금: 46,709,042 2.이자: 0	46,709,042	46,709,042		
소 계				46,709,042	46,709,042		
회생 채권16	(주)ㅇㅇ약품	ㅇㅇ시 ㅇ구 ㅇㅇ동 ㅇㅇㅇ-ㅇㅇ	물품대금 〈주채무〉 1.원금: 3,897,080 2.이자: 0	3,897,080	3,897,080		
소 계				3,897,080	3,897,080		
회생 채권17	(주)ㅇㅇ메디칼	ㅇㅇ시 ㅇ구 ㅇㅇ동 ㅇㅇㅇ-ㅇㅇ	물품대금 〈주채무〉 1.원금: 11,144,000 2.이자: 0	11,144,000	11,144,000		
소 계				11,144,000	11,144,000		
회생 채권18	ㅇㅇ약품(주)	ㅇㅇ시 ㅇ구 ㅇㅇ동 ㅇㅇㅇ-ㅇㅇ	물품대금 〈주채무〉 1.원금: 863,920 2.이자: 0	863,920	863,920		
소 계				863,920	863,920		
회생 채권19	(주)ㅇㅇㅇㅇ	ㅇㅇ시 ㅇ구 ㅇㅇ동 ㅇㅇㅇ-ㅇㅇ	물품대금 〈주채무〉 1.원금: 1,560,000 2.이자: 0	1,560,000	1,560,000		
소 계				1,560,000	1,560,000		
회생 채권20	ㅇㅇㅇ (ㅇㅇ문화사)	ㅇㅇ시 ㅇ구 ㅇㅇ동 ㅇㅇㅇ-ㅇㅇ	물품대금 〈주채무〉	2,876,500	2,876,500		

			1.원금: 2,876,500 2.이자: 0				
소 계				2,876,500	2,876,500		
회생 채권21	○○○ (○○모드)	○○시 ○구 ○○동 ○○○-○○	물품대금 〈주채무〉 1.원금: 1,599,500 2.이자: 0	1,599,500	1,599,500		
소 계				1,599,500	1,599,500		
회생 채권22	○○○ (○○문화사)	○○시 ○구 ○○동 ○○○-○○	물품대금 〈주채무〉 1.원금: 520,000 2.이자: 0	520,000	520,000		
소 계				520,000	520,000		
회생 채권23	○○○ (○○실업)	○○시 ○구 ○○동 ○○○-○○	물품대금 〈주채무〉 1.원금: 12,000,000 2.이자: 0	12,000,000	12,000,000		
소 계				12,000,000	12,000,000		
회생 채권24	○○○ (○○○○공사)	○○시 ○구 ○○동 ○○○-○○	공사대금 미납액 〈주채무〉 1.원금: 2,264,500 2.이자: 0	2,264,500	2,264,500		
소 계				2,264,500	2,264,500		
회생 채권25	(주)○○칩	○○시 ○구 ○○동 ○○○-○○	물품대금 〈주채무〉 1.원금: 62,706,640 2.이자: 0	62,706,640	62,706,640		
소 계				62,706,640	62,706,640		

회생 채권26	(주)ㅇㅇ통산	ㅇㅇ시 ㅇ구 ㅇㅇ동 ㅇㅇㅇ-ㅇㅇ	물품대금 〈주채무〉 1.원금: 430,000 2.이자: 0	430,000	430,000		
소 계				430,000	430,000		
회생 채권27	ㅇㅇㅇ외8 (ㅇㅇㅇㅇ 안전공사)	ㅇㅇ시 ㅇ구 ㅇㅇ동 ㅇㅇㅇ-ㅇㅇ	〈주채무〉 1.원금: 650,000 2.이자: 0	650,000	650,000		
소 계				650,000	650,000		
회생 채권28	ㅇㅇㅇ (ㅇㅇ산업)	ㅇㅇ시 ㅇ구 ㅇㅇ동 ㅇㅇㅇ-ㅇㅇ	〈주채무〉 1.원금: 90,000 2.이자: 0	90,000	90,000		
소 계				90,000	90,000		
회생 채권29	ㅇㅇㅇ (ㅇㅇ수산)	ㅇㅇ시 ㅇ구 ㅇㅇ동 ㅇㅇㅇ-ㅇㅇ	식자재 미납액 〈주채무〉 1.원금: 1,060,000 2.이자: 0	1,060,000	1,060,000		
소 계				1,060,000	1,060,000		
회생 채권30	ㅇㅇㅇㅇ 협동조합	ㅇㅇ시 ㅇ구 ㅇㅇ동 ㅇㅇㅇ-ㅇㅇ	식자재 미납액 〈주채무〉 1.원금: 9,180,000 2.이자: 0	9,180,000	9,180,000		
소 계				9,180,000	9,180,000		
회생 채권31	ㅇㅇㅇ (ㅇㅇㅇ회계 사무소)	ㅇㅇ시 ㅇ구 ㅇㅇ동 ㅇㅇㅇ-ㅇㅇ	기장료 미납액 〈주채무〉 1.원금: 2,175,000 2.이자: 0	2,175,000	2,175,000		
소 계				2,175,000	2,175,000		

회생 채권32	(주)○○환경	○○시 ○구 ○○동 ○○○-○○	〈주채무〉 1.원금: 3,000,000 2.이자: 0	3,000,000	3,000,000		
소 계				3,000,000	3,000,000		
회생 채권33	○○○ (○○가스)	○○시 ○구 ○○동 ○○○-○○	가스비 미납액 〈주채무〉 1.원금: 1,744,000 2.이자: 0	1,744,000	1,744,000		
소 계				1,744,000	1,744,000		
회생 채권34	(주)○○테크노	○○시 ○구 ○○동 ○○○-○○	물품대금 〈주채무〉 1.원금: 209,000 2.이자: 0	209,000	209,000		
소 계				209,000	209,000		
회생 채권35	㈜○○○○○○○	○○시 ○구 ○○동 ○○○-○○	물품대금 〈주채무〉 1.원금: 297,000 2.이자: 0	297,000	297,000		
소 계				297,000	297,000		
회생 채권36	(주)○○제약	○○시 ○구 ○○동 ○○○-○○	물품대금 〈주채무〉 1.원금: 1,874,400 2.이자: 0	1,874,000	1,874,000		
소 계				1,874,000	1,874,000		
회생 채권37	○○○ (○○콩나물)	○○시 ○구 ○○동 ○○○-○○	식자재 미납액 〈주채무〉 1.원금: 268,600 2.이자: 0	268,600	268,600		

소 계				268,600	268,600		
회생 채권38	ㅇㅇ산업 안전관리원	ㅇㅇ시 ㅇ구 ㅇㅇ동 ㅇㅇㅇ-ㅇㅇ	〈주채무〉 1.원금: 495,000 2.이자;0	495,000	495,000		
소 계				495,000	495,000		
회생 채권39	ㅇㅇㅇ (ㅇㅇㅇ유통)	ㅇㅇ시 ㅇ구 ㅇㅇ동 ㅇㅇㅇ-ㅇㅇ	세제비용 미납액 〈주채무〉 1.원금: 461,000 2.이자: 0	461,000	461,000		
소 계				461,000	461,000		
회생 채권40	ㅇㅇㅇ (ㅇㅇ환경)	ㅇㅇ시 ㅇ구 ㅇㅇ동 ㅇㅇㅇ-ㅇㅇ	방역소독비용 미납액 〈주채무〉 1.원금: 640,000 2.이자: 0	640,000	640,000		
소 계				640,000	640,000		
회생 채권41	(주)ㅇㅇ 엘리베이터	ㅇㅇ시 ㅇ구 ㅇㅇ동 ㅇㅇㅇ-ㅇㅇ	〈주채무〉 1.원금: 320,000 2.이자: 0	320,000	320,000		
소 계				320,000	320,000		
회생 채권42	(주)ㅇㅇ	ㅇㅇ시 ㅇ구 ㅇㅇ동 ㅇㅇㅇ-ㅇㅇ	식자재 미납액 〈주채무〉 1.원금: 360,000 2.이자: 0	360,000	360,000		
소 계				360,000	360,000		
회생 채권43	ㅇㅇㅇ (ㅇㅇ떡방앗간)	ㅇㅇ시 ㅇ구 ㅇㅇ동 ㅇㅇㅇ-ㅇㅇ	식자재 미납액 〈주채무〉 1.원금: 221,000 2.이자: 0	221,000	221,000		

소 계				221,000	221,000		
회생 채권44	(주)○○○	○○시 ○구 ○○동 ○○○-○○	전화요금 미납액 〈주채무〉 1.원금: 3,690,110 2.이자: 0	3,690,110	3,690,110		
소 계				3,690,110	3,690,110		
회생 채권45	○○○○시 ○○구	○○시 ○구 ○○동 ○○○-○○	환경개선부담금(자동차) 〈주채무〉 1.원금: 174,650 2.이자: 8,720	180,370	180,370		
소 계				180,370	180,370		
합 계				922,560,368	922,560,368		

[신청서 첨부 7] 거래처 채무내역(소갑제3호증의 8)

거래처 채무 내역

채무자 : ○○○ (단위 : 원)

NO	업 체 명	연 락 처	미지급금	주 소
1	(주)ㅇㅇ약품	000)000-0000	109,052,609	ㅇㅇ시 ㅇ구 ㅇㅇ동 ㅇㅇㅇ-ㅇㅇ
2	(주)ㅇㅇㅇ	000)000-0000	7,403,307	ㅇㅇ시 ㅇ구 ㅇㅇ동 ㅇㅇㅇ-ㅇㅇ
3	(주)ㅇㅇㅇㅇ	000)000-0000	821,616	ㅇㅇ시 ㅇ구 ㅇㅇ동 ㅇㅇㅇ-ㅇㅇ
4	(재)ㅇㅇㅇ	000)000-0000	806,715	ㅇㅇ시 ㅇ구 ㅇㅇ동 ㅇㅇㅇ-ㅇㅇ
5	(주)ㅇㅇㅇㅇㅇ	000)000-0000	1,302,000	ㅇㅇ시 ㅇ구 ㅇㅇ동 ㅇㅇㅇ-ㅇㅇ
6	ㅇㅇㅇ(ㅇㅇ가스)	000)000-0000	1,604,000	ㅇㅇ시 ㅇ구 ㅇㅇ동 ㅇㅇㅇ-ㅇㅇ
7	(주)ㅇㅇㅇㅇ	000)000-0000	1,072,000	ㅇㅇ시 ㅇ구 ㅇㅇ동 ㅇㅇㅇ-ㅇㅇ
8	ㅇㅇㅇ(ㅇㅇ)	000)000-0000	498,600	ㅇㅇ시 ㅇ구 ㅇㅇ동 ㅇㅇㅇ-ㅇㅇ
9	(주)ㅇㅇ메디칼	000)000-0000	46,709,042	ㅇㅇ시 ㅇ구 ㅇㅇ동 ㅇㅇㅇ-ㅇㅇ
10	(주)ㅇㅇ약품	000)000-0000	3,897,080	ㅇㅇ시 ㅇ구 ㅇㅇ동 ㅇㅇㅇ-ㅇㅇ
11	(주)ㅇㅇ메디칼	000)000-0000	11,144,000	ㅇㅇ시 ㅇ구 ㅇㅇ동 ㅇㅇㅇ-ㅇㅇ
12	ㅇㅇ약품(주)	000)000-0000	863,920	ㅇㅇ시 ㅇ구 ㅇㅇ동 ㅇㅇㅇ-ㅇㅇ
13	(주)ㅇㅇㅇㅇ	000)000-0000	1,560,000	ㅇㅇ시 ㅇ구 ㅇㅇ동 ㅇㅇㅇ-ㅇㅇ
14	ㅇㅇㅇ(ㅇㅇ문화사)	000)000-0000	2,876,500	ㅇㅇ시 ㅇ구 ㅇㅇ동 ㅇㅇㅇ-ㅇㅇ
15	ㅇㅇㅇ(ㅇㅇ모드)	000)000-0000	1,599,500	ㅇㅇ시 ㅇ구 ㅇㅇ동 ㅇㅇㅇ-ㅇㅇ
16	ㅇㅇㅇ(ㅇㅇ문화사)	000)000-0000	520,000	ㅇㅇ시 ㅇ구 ㅇㅇ동 ㅇㅇㅇ-ㅇㅇ
17	ㅇㅇㅇ(ㅇㅇ실업)	000)000-0000	12,000,000	ㅇㅇ시 ㅇ구 ㅇㅇ동 ㅇㅇㅇ-ㅇㅇ
18	ㅇㅇㅇ(ㅇㅇ위생공사)	000)000-0000	2,264,500	ㅇㅇ시 ㅇ구 ㅇㅇ동 ㅇㅇㅇ-ㅇㅇ
19	(주)ㅇㅇ칩	000)000-0000	62,706,640	ㅇㅇ시 ㅇ구 ㅇㅇ동 ㅇㅇㅇ-ㅇㅇ
20	(주)ㅇㅇ통상	000)000-0000	430,000	ㅇㅇ시 ㅇ구 ㅇㅇ동 ㅇㅇㅇ-ㅇㅇ
21	ㅇㅇㅇ외8(ㅇㅇㅇㅇ안전공사)	000)000-0000	650,000	ㅇㅇ시 ㅇ구 ㅇㅇ동 ㅇㅇㅇ-ㅇㅇ
22	ㅇㅇㅇ(ㅇㅇ산업)	000)000-0000	90,000	ㅇㅇ시 ㅇ구 ㅇㅇ동 ㅇㅇㅇ-ㅇㅇ
23	ㅇㅇㅇ(ㅇㅇ수산)	000)000-0000	1,060,000	ㅇㅇ시 ㅇ구 ㅇㅇ동 ㅇㅇㅇ-ㅇㅇ
24	ㅇㅇㅇㅇ협동조합	000)000-0000	9,180,000	ㅇㅇ시 ㅇ구 ㅇㅇ동 ㅇㅇㅇ-ㅇㅇ
25	ㅇㅇㅇ(ㅇㅇㅇ회계사무소)	000)000-0000	2,175,000	ㅇㅇ시 ㅇ구 ㅇㅇ동 ㅇㅇㅇ-ㅇㅇ

26	(주)ㅇㅇ환경	000)000-0000	3,000,000	ㅇㅇ시 ㅇ구 ㅇㅇ동 ㅇㅇㅇ-ㅇㅇ
27	ㅇㅇㅇ(ㅇㅇ가스)	000)000-0000	1,744,000	ㅇㅇ시 ㅇ구 ㅇㅇ동 ㅇㅇㅇ-ㅇㅇ
28	(주)ㅇㅇ테크노	000)000-0000	209,000	ㅇㅇ시 ㅇ구 ㅇㅇ동 ㅇㅇㅇ-ㅇㅇ
29	(주)ㅇㅇㅇㅇㅇㅇㅇ	000)000-0000	297,000	ㅇㅇ시 ㅇ구 ㅇㅇ동 ㅇㅇㅇ-ㅇㅇ
30	(주)ㅇㅇ제약	000)000-0000	1,874,400	ㅇㅇ시 ㅇ구 ㅇㅇ동 ㅇㅇㅇ-ㅇㅇ
31	ㅇㅇㅇ(ㅇㅇ콩나물)	000)000-0000	268,600	ㅇㅇ시 ㅇ구 ㅇㅇ동 ㅇㅇㅇ-ㅇㅇ
32	ㅇㅇ산업안전관리원	000)000-0000	495,000	ㅇㅇ시 ㅇ구 ㅇㅇ동 ㅇㅇㅇ-ㅇㅇ
33	ㅇㅇㅇ(ㅇㅇㅇ유통)	000)000-0000	461,000	ㅇㅇ시 ㅇ구 ㅇㅇ동 ㅇㅇㅇ-ㅇㅇ
34	ㅇㅇㅇ(ㅇㅇ환경)	000)000-0000	640,000	ㅇㅇ시 ㅇ구 ㅇㅇ동 ㅇㅇㅇ-ㅇㅇ
35	(주)ㅇㅇ엘리베이터	000)000-0000	320,000	ㅇㅇ시 ㅇ구 ㅇㅇ동 ㅇㅇㅇ-ㅇㅇ
36	(주)ㅇㅇ	000)000-0000	360,000	ㅇㅇ시 ㅇ구 ㅇㅇ동 ㅇㅇㅇ-ㅇㅇ
37	ㅇㅇㅇ(ㅇㅇ떡방앗간)	000)000-0000	221,000	ㅇㅇ시 ㅇ구 ㅇㅇ동 ㅇㅇㅇ-ㅇㅇ

[신청서 첨부 8] 벌금·조세 등의 목록 총괄표(소갑제4호증의 1)

벌금·조세 등의 목록 총괄표

채무자 : ○○○

신고번호	목록번호	채 권 자	주 소	채권내용	액 수	비 고
채권 1		건강보험공단 (부산ㅇㅇ부지사)	부산 ㅇㅇ구 ㅇㅇ동 ㅇㅇ-ㅇㅇ	미납된 건강보험료 1.보험료: 17,307,920 2.연체금: 402,660	17,710,580	
소 계					17,710,580	
채권 2		국민연금공단 (부산지사)	부산 ㅇㅇ구 ㅇㅇ동 ㅇㅇ-ㅇㅇ	미납된 연금보험료 1.보험료: 17,249,460 2.연체금: 414,160	17,663,620	
소 계					17,663,620	
채권 3		한국전력공사 (ㅇㅇ지점)	부산 ㅇㅇ구 ㅇㅇ동 ㅇㅇ-ㅇㅇ	미납된 전기사용료 1.보험료: 18,120,130 2.연체금: 0	18,120,130	
소 계					18,120,130	
채권 4		근로복지공단 (ㅇㅇ지사)	부산 ㅇㅇ구 ㅇㅇ동 ㅇㅇ-ㅇㅇ	미납된 고용.산재보험료 1.보험료: 5,977,620 2.연체금: 0	5,977,620	
소 계					5,977,620	
채권 5		부산광역시 ㅇㅇ구	부산 ㅇㅇ구 ㅇㅇ동 ㅇㅇ-ㅇㅇ	미납된 자동차세, 지방교육세, 주민세, 교통유발부담금 1.본세: 4,306,650 2.가산금: 0	4,306,650	
소 계					4,306,650	
채권 6		대한민국 (ㅇㅇㅇ세무서)	부산 ㅇㅇ구 ㅇㅇ동 ㅇㅇ-ㅇㅇ	미납된 부가가치세 1.본세: 802,490 2.가산금: 0	802,490	
소 계					802,490	
합 계					64,581,090	

[신청서 첨부 9] 임금 등의 목록 총괄표(소갑제5호증의 1)

임금 등의 목록 총괄표

채무자 : ○○○ (단위 : 원)

신고번호	목록번호	채권자	주소	채권내용		액수	비고
				급여	퇴직금		
임금채권 1		○○○	○○시 ○○구 ○○동 ○○○-○○	2,259,497	-	2,259,497	〈재직〉
임금채권 2		○○○	○○시 ○○구 ○○동 ○○○-○○	2,083,360	-	2,083,360	〈재직〉
임금채권 3		○○○	○○시 ○○구 ○○동 ○○○-○○	2,272,858	-	2,272,858	〈재직〉
임금채권 4		○○○	○○시 ○○구 ○○동 ○○○-○○	2,825,548	-	2,825,548	〈재직〉
임금채권 5		○○○	○○시 ○○구 ○○동 ○○○-○○	4,261,319	2,308,373	6,569,692	〈재직〉
임금채권 6		○○○	○○시 ○○구 ○○동 ○○○-○○	5,952,322	3,120,597	9,072,919	〈재직〉
임금채권 7		○○○	○○시 ○○구 ○○동 ○○○-○○	526,667	1,921,945	2,448,612	〈재직〉
임금채권 26		○○○	○○시 ○○구 ○○동 ○○○-○○	3,626,982	-	3,626,982	〈재직〉
임금채권 27		○○○	○○시 ○○구 ○○동 ○○○-○○	9,189,380	-	9,189,380	〈재직〉
임금채권 28		○○○	○○시 ○○구 ○○동 ○○○-○○	2,874,497	1,765,874	4,640,371	〈재직〉
임금채권 29		○○○	○○시 ○○구 ○○동 ○○○-○○	2,794,497	1,718,651	4,513,148	〈재직〉
임금채권 30		○○○	○○시 ○○구 ○○동 ○○○-○○	256,667	-	256,667	〈재직〉
임금채권 31		○○○	○○시 ○○구 ○○동 ○○○-○○	3,890,002	2,214,723	6,104,725	〈재직〉
임금채권 32		○○○	○○시 ○○구 ○○동 ○○○-○○	785,668	1,839,779	2,625,447	〈재직〉
임금채권 33		○○○	○○시 ○○구 ○○동 ○○○-○○	2,260,958	-	2,260,958	〈재직〉
임금채권 34		○○○	○○시 ○○구 ○○동 ○○○-○○	2,239497	-	2,239497	〈재직〉
임금채권 35		○○○	○○시 ○○구 ○○동 ○○○-○○	4,903,322	2,735,735	7,639,057	〈재직〉
임금채권 36		○○○	○○시 ○○구 ○○동 ○○○-○○	2,674,497	1,659,624	4,334,121	〈재직〉
임금채권 37		○○○	○○시 ○○구 ○○동 ○○○-○○	526,667	1,921,945	2,448,612	〈재직〉
임금채권 38		○○○	○○시 ○○구 ○○동 ○○○-○○	1,184,248	-	1,184,248	〈재직〉
임금채권 39		○○○	○○시 ○○구 ○○동 ○○○-○○	563,334	1,836,945	2,400,279	〈재직〉
임금채권 40		○○○	○○시 ○○구 ○○동 ○○○-○○	3,071,002	1,853,945	4,924,947	〈재직〉
임금채권 41		○○○	○○시 ○○구 ○○동 ○○○-○○	467,220	-	467,220	〈재직〉
임금채권 42		○○○	○○시 ○○구 ○○동 ○○○-○○	10,511,140	7,444,952	17,956,092	〈재직〉
임금채권 43		○○○	○○시 ○○구 ○○동 ○○○-○○	2,969,030	1,768,014	4,737,044	〈재직〉

임금채권 44	○○○	○○시 ○○구 ○○동 ○○○-○○	626,667	2,063,612	2,690,279	〈재직〉
임금채권 45	○○○	○○시 ○○구 ○○동 ○○○-○○	2,464,497	1,565,179	4,029,676	〈재직〉
임금채권 46	○○○	○○시 ○○구 ○○동 ○○○-○○	1,340,668	-	1,340,668	〈재직〉
임금채권 47	○○○	○○시 ○○구 ○○동 ○○○-○○	7,615,001	3,416,698	11,031,699	〈재직〉
임금채권 48	○○○	○○시 ○○구 ○○동 ○○○-○○	3,448,910	1,994,624	5,443,534	〈재직〉
임금채권 49	○○○	○○시 ○○구 ○○동 ○○○-○○	356,667	-	356,667	〈재직〉
임금채권 50	○○○	○○시 ○○구 ○○동 ○○○-○○	1,315,990	-	1,315,990	〈재직〉
임금채권 51	○○○	○○시 ○○구 ○○동 ○○○-○○	2,576,002	1,721,723	4,297,725	〈재직〉
임금채권 52	○○○	○○시 ○○구 ○○동 ○○○-○○	2,260,958	-	2,260,958	〈재직〉
임금채권 53	○○○	○○시 ○○구 ○○동 ○○○-○○	7,200,001	3,706,945	10,906,946	〈재직〉
임금채권 54	○○○	○○시 ○○구 ○○동 ○○○-○○	1,415,668	-	1,415,668	〈재직〉
임금채권 55	○○○	○○시 ○○구 ○○동 ○○○-○○	2,484,497	1,588,790	4,073,287	〈재직〉
임금채권 56	○○○	○○시 ○○구 ○○동 ○○○-○○	700,000	-	700,000	〈재직〉
임금채권 57	○○○	○○시 ○○구 ○○동 ○○○-○○	1,998,034	2,000,645	3,998,679	〈재직〉
임금채권 58	○○○	○○시 ○○구 ○○동 ○○○-○○	3,440,002	2,006,945	5,446,947	〈재직〉
임금채권 59	○○○	○○시 ○○구 ○○동 ○○○-○○	3,420,502	1,525,515	4,946,017	〈재직〉
임금채권 60	○○○	○○시 ○○구 ○○동 ○○○-○○	1,347,964	-	1,347,964	〈재직〉
임금채권 61	○○○	○○시 ○○구 ○○동 ○○○-○○	2,811,002	1,750,057	4,561,059	〈재직〉
임금채권 62	○○○	○○시 ○○구 ○○동 ○○○-○○	2,290,002	1,463,890	3,753,892	〈재직〉
임금채권 63	○○○	○○시 ○○구 ○○동 ○○○-○○	2,044,497	1,619,485	3,663,982	〈재직〉
임금채권 64	○○○	○○시 ○○구 ○○동 ○○○-○○	2,269,497	-	2,269,497	〈퇴사〉
임금채권 65	○○○	○○시 ○○구 ○○동 ○○○-○○	3,673,317	-	3,673,317	〈퇴사〉
임금채권 66	○○○	○○시 ○○구 ○○동 ○○○-○○	1,550,000	-	1,550,000	〈퇴사〉
임금채권 67	○○○	○○시 ○○구 ○○동 ○○○-○○	66,499	-	66,499	〈퇴사〉
임금채권 68	○○○	○○시 ○○구 ○○동 ○○○-○○	2,659,000	1,724,083	4,383,083	〈퇴사〉
임금채권 69	○○○	○○시 ○○구 ○○동 ○○○-○○	3,901,002	1,759,501	5,660,503	〈퇴사〉
임금채권 70	○○○	○○시 ○○구 ○○동 ○○○-○○	3,034,464	-	3,034,464	〈퇴사〉
임금채권 71	○○○	○○시 ○○구 ○○동 ○○○-○○	1,574,439	-	1,574,439	〈퇴사〉
임금채권 72	○○○	○○시 ○○구 ○○동 ○○○-○○	3,416,852	-	3,416,852	〈퇴사〉
임금채권 73	○○○	○○시 ○○구 ○○동 ○○○-○○	2,214,646	-	2,214,646	〈퇴사〉
임금채권 74	○○○	○○시 ○○구 ○○동 ○○○-○○	3,284,497	-	3,284,497	〈퇴사〉

임금채권 75	○○○	○○시 ○○구 ○○동 ○○○-○○	451,339	-	451,339	〈퇴사〉
임금채권 76	○○○	○○시 ○○구 ○○동 ○○○-○○	1,300,000	-	1,300,000	〈퇴사〉
임금채권 77	○○○	○○시 ○○구 ○○동 ○○○-○○	1,839,130	-	1,839,130	〈퇴사〉
임금채권 78	○○○	○○시 ○○구 ○○동 ○○○-○○	607,710	-	607,710	〈퇴사〉
임금채권 79	○○○	○○시 ○○구 ○○동 ○○○-○○	1,923,900	-	1,923,900	〈퇴사〉
임금채권 80	○○○	○○시 ○○구 ○○동 ○○○-○○	2,860,950	-	2,860,950	〈퇴사〉
임금채권 81	○○○	○○시 ○○구 ○○동 ○○○-○○	675,000	-	675,000	〈퇴사〉
임금채권 82	○○○	○○시 ○○구 ○○동 ○○○-○○	1,709,439	-	1,709,439	〈퇴사〉
임금채권 83	○○○	○○시 ○○구 ○○동 ○○○-○○	504,959	-	504,959	〈퇴사〉
임금채권 84	○○○	○○시 ○○구 ○○동 ○○○-○○	816,499	-	816,499	〈퇴사〉
임금채권 85	○○○	○○시 ○○구 ○○동 ○○○-○○	88,964	-	88,964	〈퇴사〉
임금채권 86	○○○	○○시 ○○구 ○○동 ○○○-○○	448,140	-	448,140	〈퇴사〉
소 계					○○○	
합 계					○○○	

[신청서 첨부 10] 재산목록(소갑제6호증의 1)

재 산 목 록

〈○○○〉 (단위 : 원)

<table>
<tr><th>명 칭</th><th>금액 또는 시가
(단위 : 원)</th><th>압류등
유무</th><th colspan="2">비 고</th></tr>
<tr><td>현 금</td><td></td><td></td><td colspan="2"></td></tr>
<tr><td rowspan="3">예 금</td><td rowspan="3">8,295,183</td><td rowspan="3">무</td><td>금융기관명</td><td rowspan="3">〈별지 1, 참조〉</td></tr>
<tr><td>계좌번호</td></tr>
<tr><td>잔고</td></tr>
<tr><td rowspan="3">보 험</td><td rowspan="3">8,575,581</td><td rowspan="3">무</td><td>보험회사명</td><td rowspan="3">〈별지 2, 참조〉</td></tr>
<tr><td>증권번호</td></tr>
<tr><td>해약반환금</td></tr>
<tr><td>자동차
(오토바이 포함)</td><td>62,500,000</td><td>유</td><td colspan="2">①○○○스타렉스(00더0000), 20○○년식,
환가예상액: 12,400,000원
②○○○777LI(00부0000), 20○○년식,
환가예상액: 49,000,000원
③○○○○○○일반구급차(부산00가0000), 20○○년식,
환가예상액: 1,100,000원</td></tr>
<tr><td rowspan="3">임차보증금
(반환받을 금액을 금액란에 적는다)</td><td rowspan="3"></td><td rowspan="3"></td><td>임차물건</td><td></td></tr>
<tr><td>보증금 및 월세</td><td></td></tr>
<tr><td>차이 나는 사유</td><td></td></tr>
<tr><td rowspan="4">부동산
(환가예상액에서 피담보채권을 뺀 금액을 금액란에 적는다)</td><td rowspan="4">4,408,260,050</td><td rowspan="4">유</td><td>소재지, 면적</td><td>부산 ○○구 ○○동 ○○○-○</td></tr>
<tr><td>부동산의 종류</td><td>토지(0), 건물(0), 집합건물(0)</td></tr>
<tr><td>권리의 종류</td><td>소유권</td></tr>
<tr><td>환가예상액</td><td>4,408,260,050원</td></tr>
<tr><td rowspan="3">사업용, 설비, 재고품, 비품 등</td><td rowspan="3">251,000,000</td><td rowspan="3">무</td><td>품목, 개수</td><td rowspan="3">〈별지 3, 의료장비 현황표 참조〉</td></tr>
<tr><td>구입시기</td></tr>
<tr><td>평가액</td></tr>
<tr><td rowspan="2">대여금 채권</td><td rowspan="2"></td><td rowspan="2"></td><td colspan="2">상대방 채무자 1: □ 소명자료 별첨</td></tr>
<tr><td colspan="2">상대방 채무자 2: □ 소명자료 별첨</td></tr>
<tr><td rowspan="2">매출금 채권</td><td rowspan="2"></td><td rowspan="2"></td><td colspan="2">상대방 채무자 1: □ 소명자료 별첨</td></tr>
<tr><td colspan="2">상대방 채무자 2: □ 소명자료 별첨</td></tr>
<tr><td>예상 퇴직금</td><td></td><td>무</td><td colspan="2">근무처: (압류할 수 없는 퇴직금 원 제외)</td></tr>
<tr><td>기 타
(골프장 회원증)</td><td>31,250,000</td><td>무</td><td colspan="2">-. ○○○컨트리클럽 (회원번호: K11111111)</td></tr>
<tr><td>기 타
(리조트 회원증)</td><td>40,000,000</td><td>무</td><td colspan="2">-. ○○○○스파 & 리조트(○○○○○CC)
〈회원번호: 11-1111-11〉</td></tr>
<tr><td>합 계</td><td>4,809,880,814</td><td></td><td colspan="2"></td></tr>
</table>

[신청서 첨부 11] 감정평가서(소갑제6호증의 2)

감 정 평 가 서

건　　명	○○시 ○○구 ○○동 ○○○-○
의 뢰 인	○ ○ ○
번　　호	○○ 20○○○○○○-○○○

○○감정평가사사무소

(토지·건물) 감정평가표

본 감정평가서는 "부동산 가격공시 및 감정평가에 관한 법률 등" 에 따라 성실·공정하게 감정평가 하였음

감 정 평 가 사 ○ ○ ○ (인)

<table>
<tr><td>감정평가액</td><td colspan="6">金 사십사억팔백이십육만오십원정(4,408,260,050.-)</td></tr>
<tr><td>평가의뢰인</td><td colspan="2">○ ○ ○</td><td colspan="2">평가
목적</td><td colspan="2">법원업무참조</td></tr>
<tr><td>채무자명</td><td colspan="2">-</td><td colspan="2">제 출 처</td><td colspan="2">○○지방법원</td></tr>
<tr><td>소유자 또는
대상업체명</td><td colspan="2">○ ○ ○</td><td colspan="2">평가
조건</td><td colspan="2">-</td></tr>
<tr><td rowspan="2">물건목록
표시근거</td><td colspan="2" rowspan="2">토지등기부등본,
건물등기부등본,
토지대장, 건축물대장</td><td colspan="2">가 격 시 점</td><td>조 사 기 간</td><td>작 성 일 자</td></tr>
<tr><td colspan="2">20○○. 04. 10</td><td>20○○. 04. 09 -
20○○. 04. 10</td><td>20○○. 04. 10</td></tr>
<tr><td rowspan="8">평
가
내
용</td><td colspan="2">공부 (의뢰)</td><td colspan="2">사 정</td><td colspan="2">감 정 가 액</td></tr>
<tr><td>종 별</td><td>면적또는수량(㎡)</td><td>종 별</td><td>면적또는수량(㎡)</td><td>단 가</td><td>금액</td></tr>
<tr><td>대</td><td>1,350.8</td><td>대</td><td>1,350.8</td><td>1,100,000</td><td>1,485,880,000</td></tr>
<tr><td>건 물</td><td>3,943.05</td><td>건물</td><td>3,943.05</td><td>741,000</td><td>2,921,800,050</td></tr>
<tr><td>(제시외건물)</td><td>(20)</td><td>제시외건물</td><td>20</td><td>29,000</td><td>580,000</td></tr>
<tr><td>합 계</td><td></td><td></td><td></td><td></td><td>4,408,260,050</td></tr>
<tr><td></td><td>이</td><td>하</td><td>여</td><td>백</td><td></td></tr>
</table>

평가가액 산출근거 및 그 결정에 관한 의견

- 별 첨 -

[별첨] 평가의견 및 가격산출근거

평가의견 및 가격산출근거

1. 본건은 ○○시 ○○구 ○○동 소재 ○○마트 ○측 근거리에 위치한 의료시설(○○요양병원)에 대한 법원업무 참조 목적의 감정평가 건임.

2. 본건 토지는 당해 토지와 유사한 이용 가치를 지닌 인근지역 내 표준지의 공시지가를 기준으로 공시기준일부터 가격시점까지의 지가변동추이 및 당해 토지의 위치·형상·환경 등 토지의 객관적 가치에 영향을 미치는 제 요인과 인근지가수준 등을 종합 참작하여 평가하였습니다.

3. 본건 평가에 적용할 공시지가, 지가변동률 및 제요인 비교는 다음과 같음.

가. 공시지가(20○○. 01. 01일 기준)

소 재 지	지 목	면적 (㎡)	이용 상황	용도 지역	도로 교통	형상 지세	공시지가 (㎡/원)	비 고
○○구○○동 ○○○-○	대	1,801.3	상업용	중심 상업	광대 소각	세장형 평지	1,090,000	

나. 지가변동률

기 간	○○구 상업지역	비 고
20○○. 01. 01 ~ 20○○. 02. 28	-0.389%	
20○○. 03. 01 ~ 20○○. 04. 10	-0.201% (-0.137×41/28)	직전월 추정
20○○. 01. 01 ~ 20○○. 04. 10 합 계	-0.589%	

다. 지역요인 및 개별요인 비교

본건은 표준지와 지역요인은 동일하며, 개별요인의 경우 표준지와 비교시 가로조건, 접근조건 등이 대체로 유사함.

라. 기타요인

본건 및 인근 유사지역의 거래가능가격과 인근표준지 공시지가의 격차를 기타

요인으로 보정함.

4. 토지가격의 결정
상기 제반사항을 종합 참작하여 1,100,000원/㎡ 가격을 산정하였음.

5. 건물의견
본건 건물은 구조, 용도, 용재, 현상, 시공 및 관리상태 등을 참작 원가방식으로 평가하되, 관찰감가법을 병용하였음.

6. 기 타
① 본건 기호(1)지상의 제시외건물(1등)은 개략적인 실측면적에 의하여 구조, 재질, 시공 및 관리상태 등을 참작 관찰감가법에 의한 원가방식으로 평가하였음.

[신청서 첨부 12] 수입 및 지출에 관한 목록(소갑제7호증의 1)

수입 및 지출에 관한 목록

Ⅰ. 현재의 수입목록

(단위 : 원)

수입상황	자영(상호)	○○요양병원	고용(직장명)	
	업종	의료업	직 위	
	종사경력	8년 5개월	근무기간	년 월부터 현재까지
명 목	기간구분	금 액	연간환산금액	압류, 가압류 등 유무
매출액	20○○. 01. ~ 20○○. 12.	221,940,606원	2,663,287,272원	유
판매비와 관리비	〃	170,548,673원	2,046,584,070원	
생계비	〃	1,000,000원	12,000,000원	
연 수입			6,041,703,202원	월 평균 수입 (50,400,000원)

Ⅱ. 가족관계

관계	성 명	연령	동거여부 및 기간	직 업	월 수입	재산총액	부양 유무
처	○○○	50	동거 / 13년	공무원	3,800,000원	채무초과 (개인회생 신청중)	부양 무
자	○○○	10	동거 / 10년	초등학생	0	0	부양 무
자	○○○	7	동거 / 7년	유치원생	0	0	부양 무

[신청서 첨부 13] 소득에 관한 진술서(소갑제7호증의 2)

소득에 관한 진술서

신청인 ○○○의 소득에 관하여 다음과 같이 진술하는 바입니다.

신청인은 19○○년 02월 ○○대학교 의과대학을 졸업하고 의사면허증을 취득하여 여러 병원을 거쳐 경험을 쌓은 후 20○○년 10월 26일자로 ○○시 ○○구 ○○동 ○○○-○번지 소재에 ○○요양병원을 개원하여 현재까지 운영하고 있습니다. 그리고 병원을 운영하면서 매출내역과 지출에 관한 내역은 다음과 같습니다.

1. 신청인 병원의 업무내용
   가) 노인요양
   나) 내과
   다) 가정의학과

2. 수입 및 지출 세부내역

(단위 : 원)

연간수입내역 (20○○. 01월부터 20○○. 12월 까지)		연간지출내역 (20○○. 01월부터 20○○년 12월까지)		
항 목	수입액	항 목	내 용	지출액
본인부담금 (외래환자 및 입원 환자)	416,600,000	전기세	월 5,000,000원	60,000,000
		수도세	월 500,000원	6,000,000
		직장의료보험료	월 3,600,000원	43,200,000
		전화세, 인터넷사용료	월 1,500,000원	18,000,000
자동차보험 수입	12,872,462	회계 기장료	월 165,000원	1,980,000
		미화용역비	월 3,500,000원	42,000,000
		식당가스 충전비	월 600,000원	7,200,000
		유류대(병실환자목욕등)	월 1,200,000원	14,400,000
		직장국민연금보험	월 3,000,000원	36,000,000
산재수입금	29,131,830	고용보험/산재보험	월 883,673원	10,604,070
		세탁관리비 및	월 3,500,000원	42,000,000

		오염물 처리			
		약품결재		월 24,000,000원	288,000,000
		전기·엘리베이터등 점검료		월 600,000원	7,200,000
		차량유지비		월 800,000원	9,600,000
장애등수입금	5,700,000	TV수신료		월 100,000원	1,200,000
		사무용품		월 500,000원	6,000,000
		식당거래처		월 14,000,000원	168,000,000
		직원 퇴직연금분할금		월 5,000,000원	60,000,000
기타공제조합 등 수입금	3,700,000	직원 급여	의사(4명)	월 5,150,000원×4=20,600,000원	247,200,000
			간호과장(1명)	월 2,200,000원×1=2,200,000원	26,400,000
			간호사(8명)	월 1,600,000×8=12,800,000원	153,600,000
			영양사(2명)	월 1,350,000원×2=2,700,000원	32,400,000
			조리사·원(6명)	월 1,300,000원×6=7,800,000원	93,600,000
			간호조무사(16명)	월 1,200,000원×16=19,200,000원	230,400,000
			원무과직원(4명)	월 2,025,000원×4=8,100,000원	97,200,000
국민건강보험 공단청구금액 (의료보험 및 수급자)	2,183,327,980		총무과직원(1명)	월 1,400,000원×1=1,400,000원	16,800,000
			방사선직원(1명)	월 1,500,000원×1=1,500,000원	18,000,000
			물리치료과직원(2명)	월 1,400,000원×2=2,800,000원	33,600,000
			간병사(17명)	월 1,100,000원×17=18,700,000원	224,400,000
임대소득 (장례식장) 〈월 1,000,000원〉	12,000,000		임상병리사(1명)	월 1,200,000×1=1,200,000원	14,400,000
			관리과(2명)	월 1,200,000×2=2,400,000원	28,800,000
			경비(1명)	월 700,000×1=700,000원	8,400,000
합 계	2,663,287,272	합 계			2,046,584,070

연간 매출액 : 약 2,663,287,272원

연간 지출액 : 약 2,046,584,070원

연간 순수익액 : 연매출액(2,663,287,272원) - 연 지출액(2,046,584,070원) = 약 616,703,202원 (월 환산금액 : 51,400,000원)

이와 같이 신청인의 월평균 소득액은 약 51,400,000원입니다.

첨 부 자 료

1. 거주자의 사업소득 지급조서사본(○○○화재해상보험) 1부.
2. 자동차보험금 지급처별 지급내역사본(○○○○손해보험) 1부.
3. 지급처별 보험금명세사본(○○화재) 1부.
4. 보험금명세사본(○○○○화재보험) 1부.
5. 보험금 지급내역안내사본(○○손해보험) 1부.
6. 자동차보험 보험금 지급안내사본(○○화재해상보험) 1부.
7. 보험금지급내역서사본(○○○○화재해상보험) 1부.
8. 보험금 지급내역명세서사본(○○손해보험) 1부.
9. 진료비 지급현황 내역 1부.(산재진료청구현황)
10. 접수증 수신내역 12부.(20○○년 01월~12월 진료분)
11. 요양급여(의료보험)비용 연간지급내역 통보서 1부.
12. 의료급여(수급자)비용 연간지급내역 통보서 1부.
13. 소득금액증명 2부.(20○○년~20○○년)
14. 부가가치세면세사업자수입금액증명 1부.(20○○년)
15. 재무제표확인 4부.(20○○년~20○○년)

20○○. ○. ○.

진술인(신청인) ○ ○ ○ (인)

○○지방법원 귀중

[붙임 1] 소득금액증명

<table>
<tr><td>발급번호</td><td rowspan="2" colspan="2">소 득 금 액 증 명
■ 종합소득세 신고자용
□ 연말정산한 근로소득(사업소득)자용</td><td>처리기간</td></tr>
<tr><td>1111-111-1111-111</td><td>즉 시</td></tr>
<tr><td>주 소</td><td colspan="3">부산시 ㅇㅇ구 ㅇㅇ동 ㅇㅇㅇ-ㅇ</td></tr>
<tr><td>성 명</td><td>ㅇㅇㅇ</td><td>주민등록번호</td><td>000000-0000000</td></tr>
<tr><td colspan="4">(단위 : 원)</td></tr>
<tr><td>소 득 구 분</td><td>원천징수의무자</td><td rowspan="3">소 득 금 액
(과세대상급여액)</td><td rowspan="3">총결정세액</td></tr>
<tr><td rowspan="2">귀 속 연 도</td><td>법 인 명(상호)</td></tr>
<tr><td>사업자등록번호</td></tr>
<tr><td>종합소득세</td><td></td><td rowspan="2">194,175,501</td><td rowspan="2">49,086,405</td></tr>
<tr><td>20ㅇㅇ</td><td></td></tr>
<tr><td>종합소득세</td><td></td><td rowspan="2">274,041,252</td><td rowspan="2">76,656,107</td></tr>
<tr><td>20ㅇㅇ</td><td></td></tr>
<tr><td>종합소득세</td><td></td><td rowspan="2">243,685,055</td><td rowspan="2">63,572,141</td></tr>
<tr><td>20ㅇㅇ</td><td></td></tr>
<tr><td>종합소득세</td><td></td><td rowspan="2">282,645,696</td><td rowspan="2">75,812,394</td></tr>
<tr><td>20ㅇㅇ</td><td></td></tr>
<tr><td colspan="4">위와 같이 증명합니다.
20ㅇㅇ년 04월 08일
ㅇㅇㅇ 세 무 서 장 (인)</td></tr>
</table>

<table>
<tr><td>담당부서</td><td>민원봉사실</td><td rowspan="3">ㅇ소득금액증명
- 종합소득세 신고자 : 종합소득금액(결정소득금액)
- 연말정산 근로소득자 : 과세대상급여액
- 연말정산 사업소득자 : 당해연도 소득금액(사업소득금액)</td></tr>
<tr><td>담 당 자</td><td>ㅇㅇㅇ</td></tr>
<tr><td>연 락 처</td><td>000)000-0000</td></tr>
</table>

[붙임 2] 재무제표확인

<table>
<tr><td colspan="2">발 급 번 호</td><td colspan="4" rowspan="2">재 무 제 표 확 인</td><td>처리기간</td></tr>
<tr><td colspan="2">174</td><td>즉 시</td></tr>
<tr><td rowspan="6">납
세
자</td><td>①주소 또는 거소
(법인은 본점소재지)</td><td colspan="5">○○시 ○○구 ○○동 ○○○-○</td></tr>
<tr><td>②사업장 소재지</td><td colspan="3">○○시 ○○구 ○○동 ○○○-○</td><td>③전화번호</td><td>000)000-0000</td></tr>
<tr><td>④상 호(법인명)</td><td colspan="3">○○요양병원</td><td>⑤사업자등록번호</td><td>111-11-11111</td></tr>
<tr><td>⑥성 명(대표자)</td><td colspan="3">○○○</td><td>⑦주민(법인)등록번호</td><td>000000-000000</td></tr>
<tr><td>⑧사업의 종류</td><td>업태</td><td colspan="2">의료</td><td>종목</td><td>요양병원</td></tr>
<tr><td>⑨용도</td><td colspan="3">금융기관</td><td>⑩수량</td><td>1</td></tr>
<tr><td colspan="2"></td><td colspan="2">과 세 연 도
(사 업 연 도)</td><td colspan="3">재무제표명칭</td></tr>
<tr><td colspan="2">⑫확인받고자 하는
재무제표 (별도첨부)</td><td colspan="2">20○○년 01월 01일
~
20○○년 12월 31일</td><td colspan="3">대차대조표
손익계산서
합계잔액시산표</td></tr>
<tr><td colspan="7">별첨한 재무제표는 기업회계기준을 준용하여 작성된 재무제표로서 전자신고시 세무서에 제출한 표준재무제표의 기초가 되는 재무제표임을 확인하여 주시기 바랍니다.
20○○년 03월 31일
○○요양병원
신청인 ○ ○ ○ (서명인)
세무사 ○ ○ ○ 귀하</td></tr>
<tr><td colspan="7">첨부서류 : 확인받고자 하는 재무제표</td></tr>
<tr><td>세무사</td><td>주소</td><td colspan="3">○○시 ○○구 ○○동 ○○-○</td><td>전화번호</td><td>000)000-0000</td></tr>
<tr><td colspan="7">첨부한 재무제표는 기업회계기준을 준용하여 작성된 재무제표로서 전자신고시 세무서에 제출한 표준재무제표의 기초가 되는 재무제표임을 확인합니다.
20○○년 03월 31일
세무사 ○ ○ ○ (인)</td></tr>
<tr><td colspan="7">※ 본 재무제표확인은 세무서에 신고된 표준재무제표의 근거가 되는 재무제표임을 확인하는 것이며, 재무제표상의 계정과목의 구체적인 사실을 확인하는 것이 아님을 참고하시기 바랍니다.</td></tr>
</table>

[붙임 3] 대차대조표

대 차 대 조 표

제○기 20○○년 12월 31일 현재
제○○기 20○○년 12월 31일 현재

회사명 : ○○요양병원 (단위 : 원)

과 목	제 8(당)기		제 7(전)기	
	금 액		금 액	
자 산				
I. 유동자산		1,060,414,958		535,900,088
(1) 당좌자산		1,060,414,958		530,459,828
현금 및 현금등가물		428,916,958		71,524,758
미수금		631,498,000		458,935,070
(2) 재고자산		0		5,440,260
소모품		0		5,440,260
II. 비유동자산		5,149,042,720		4,081,709,652
(1) 투자자산		0		1,680,000,000
기타투자자산		0		1,680,000,000
(2) 유형자산		5,149,042,720		2,201,709,652
토지		1,359,800,000		1,359,800,000
건물		3,606,664,083		0
기계 장치	503,570,350		503,570,350	
감가상각누계액	490,550,350	13,020,000	490,550,350	13,020,000
차량운반구	116,615,050		90,755,050	
감가상각누계액	96,583,480	20,031,570	87,426,973	3,328,077
비품	222,240,000		108,480,000	
감가상각누계액	136,506,846	85,733,154	106,976,791	1,503,209
건설중인자산		0		823,297,231
의료 기구	64,014,770		24,524,770	
감가상각누계액	35,187,524	28,827,246	23,763,635	761,135
시설 장치	50,000,000		0	
감가상각누계액	15,033,333	34,966,667	0	0
(3) 무형자산		0		0
(4) 기타 비유동 자산		0		200,000,000
임차보증금		0		200,000,000
자산총계		6,209,457,678		4,617,609,740
부 채				
I. 유동부채		759,910,568		1,281,779,206
단기차입금		759,910,568		1,281,779,206

II. 비유동부채		5,043,805,360		3,150,000,000
장기차입금		5,043,805,360		3,150,000,000
부채총계		5,803,715,928		4,431,779,206
자　　본				
I. 자본금		405,741,750		185,830,534
자본금		405,741,750		185,830,534
(당기순이익) 당기 : 219,911,216원 전기 : 180,538,961원				
자본 총계		405,741,750		185,830,534
부채와 자본 총계		6,209,457,678		4,617,609,740

손 익 계 산 서

제○기 20○○년 01월 01일부터 20○○년 12월 31일 까지
제○기 20○○년 01월 01일부터 20○○년 12월 31일 까지

회사명 : ○○요양병원 (단위 : 원)

과 목	제 8(당)기		제 7(전)기	
	금 액		금 액	
Ⅰ. 매출액		2,048,155,000		1,624,218,020
의료 수입	1,256,809,150		648,813,140	
의료 보호	658,187,520		825,298,400	
산재 보험	65,358,080		57,614,590	
자동차보험	27,050,490		4,921,820	
일반 수입	4,554,040		8,759,980	
환자 식대	36,195,720		78,810,090	
Ⅱ. 매출 원가		17,085,379		37,194,729
상품매출원가		17,085,379		37,194,729
기초상품재고액	0		0	
당기상품매입액	17,085,379		37,194,729	
기말상품재고액	0		0	
Ⅲ. 매출총이익		2,031,069,621		1,587,023,291
Ⅳ. 판매비와관리비		1,504,464,321		1,206,858,266
직원급여	489,490,000		420,343,000	
잡급	0		51,797,000	
퇴직급여	0		16,745,893	
복리후생비	61,829,310		60,243,630	
여비교통비	16,054,167		6,374,840	
접대비	15,806,801		14,964,809	
통신비	16,282,808		15,796,990	
수도광열비	61,438,540		52,132,946	
전력비	17,953,480		24,466,243	
세금과 공과금	35,333,075		21,632,355	
감가상각비	65,143,784		8,046,803	
지급임차료	33,935,000		66,440,000	
수선비	7,396,600		10,627,500	
보험료	15,080,900		8,608,350	
차량유지비	25,780,347		23,904,419	
운반비	1,024,000		4,710,000	
교육훈련비	1,430,000		5,448,000	
도서인쇄비	4,829,300		8,274,300	

소모품비	143,535,398		87,691,140	
지급수수료	113,687,621		36,731,866	
광고선전비	5,316,000		5,097,000	
의약품비	347,039,669		252,967,542	
잡비	4,027,521		3,813,640	
외주용역비	22,050,000		0	
Ⅴ. 영업이익		526,605,300		380,165,025
Ⅵ. 영업외수익		0		0
Ⅶ. 영업외비용		243,959,604		139,607,984
이자 비용	243,959,604		139,607,984	
Ⅷ. 소득세 차감전 이익		282,645,696		240,557,041
Ⅸ. 소득세등		62,734,480		60,018,080
소득세등	62,734,480		60,018,080	
Ⅹ. 당기순이익		219,911,216		180,538,961

[붙임 4] 합계시산액표

합 계 잔 액 시 산 표

회사명 : ○○요양병원 (단위 : 원)

차 변		계정과목명	대 변	
잔 액	합 계		합 계	잔 액
1,060,414,958	6,306,212,630	유 동 자 산	5,245,797,672	
1,060,414,958	6,283,686,991	〈 당 좌 자 산 〉	5,223,272,033	
428,916,958	5,361,146,411	현금 및 현금등가물	4,932,229,453	
631,498,000	922,540,580	미 수 금	291,042,580	
	22,525,639	〈 재 고 자 산 〉	22,525,639	
	17,085,379	상 품	17,085,379	
	5,440,260	소 모 품	5,440,260	
5,922,904,253	11,378,387,896	비 유 동 자 산	6,229,345,176	773,861,533
	1,680,000,000	〈 투 자 자 산 〉	1,680,000,000	
	1,680,000,000	기 타 투 자 자 산	1,680,000,000	
5,922,904,253	9,498,387,896	〈 유 형 자 산 〉	4,349,345,176	773,861,533
1,359,800,000	1,359,800,000	토 지		
3,606,664,083	3,606,664,083	건 물		
503,570,350	503,570,350	기 계 장 치		
		감 가 상 각 누 계 액	490,550,350	490,550,350
116,615,050	116,615,050	차 량 운 반 구		
		감 가 상 각 누 계 액	96,583,480	96,583,480
222,240,000	222,240,000	비 품		
		감 가 상 각 누 계 액	136,506,846	136,506,846
	3,575,483,643	건 설 중 인자 산	3,575,483,643	
64,014,770	64,014,770	의 료 기 구		
		감 가 상 각 누 계 액	35,187,524	35,187,524
50,000,000	50,000,000	시 설 장 치		
		감 가 상 각 누 계 액	15,033,333	15,033,333
	200,000,000	〈기타 비유동 자산〉	200,000,000	
	200,000,000	임 차 보 증 금	200,000,000	
	562,020,516	〈 유 동 부 채 〉	1,321,931,084	759,910,568
	31,283,085	예 수 금	31,283,085	
	530,737,431	단 기 타 입 금	1,290,647,999	759,910,568
		〈비 유 동 부 채〉	5,043,805,360	5,043,805,360
		장 기 차 입 금	5,043,805,360	5,043,805,360
		〈 자 본 금 〉	405,741,750	405,741,750
		자 본 금	405,741,750	405,741,750
	2,048,155,000	〈 손 익 〉	2,048,155,000	
	2,048,155,000	손 익	2,048,155,000	
	2,048,155,000	〈 매 출 〉	2,048,155,000	
	17,085,379	〈 매 출 원 가 〉	17,085,379	
	1,504,518,321	〈판 매 비 와 관 리 비〉	1,504,518,321	
	243,959,604	〈영 업 외 비 용〉	243,959,604	
	62,734,480	〈 소 득 세 등 〉	62,734,480	
6,983,319,211	24,171,228,826	합 계	24,171,228,826	6,983,319,211

[신청서 첨부 14] 진술서(소갑제8호증의 1)

진　술　서

Ⅰ. 경 력

1. 최종학력

19○○년 02월 일 ○○대학교 의과대학 (중퇴, 졸업)

2. 과거 경력 (최근 경력부터 기재하여 주십시오)

기간	20○○년 10월 26일부터		현재까지 (자영, 근무)		
업종	의료업	직장명	○○요양병원	직위	원 장
기간	19○○년 05월 일부터		20○○년 10월 일까지 (자영, 근무)		
업종	보건업	직장명	○○내과의원	직위	원 장
기간	19○○년 05월 일부터		19○○년 04월 일까지 (자영, 근무)		
업종	보건업	직장명	○○○내과의원	직위	원 장

3. 과거 결혼, 이혼 경력

19○○년 10월 31일 ○○○와 (결혼, 이혼)

년 월 일 와 (결혼, 이혼)

Ⅱ. 현재 주거현황

거주를 시작한 시점 (20○○년 04월 16일)

거주관계(해당란에 표시)	상세한 내역
㉠ 신청인 소유의 주택	부산 ○○구 ○○동 ○○○-○
㉡ 사택 또는 기숙사 ㉢ 임차(전·월세) 주택	임대보증금 (원) 임대료 (월원), 연체액 (원) 임차인 성명 ( )
㉣ 친족 소유 주택에 무상 거주 ㉤ 친족외 소유 주택에 무상 거주	소유자 성명 ( ) 신청인과의 관계 ( )
㉥ 기타( )	

☆ ㉠ 또는 ㉣항을 선택한 분은 주택의 등기부등본을 첨부하여 주십시오.

☆ ㉡ 또는 ㉢항을 선택한 분은 임대차계약서(전월세 계약서)또는 사용허가서 사본을 첨부하여

주시기 바랍니다.

☆ ㉣ 또는 ㉤항을 선택한 분은 소유자 작성의 거주 증명서를 첨부하여 주십시오.

Ⅲ. 부채 상황

1. 채권자로부터 소송 ·전부명령·압류·가압류 등을 받은 경험 (있음, 없음)

내역	채 권 자	관할법원	사건번호
채권압류 및 추심명령	ㅇㅇ건설 주식회사	부산지방법원	20ㅇㅇ타채ㅇㅇㅇㅇ
채권압류 및 추심명령	ㅇㅇㅇ	부산지방법원	20ㅇㅇ타채ㅇㅇㅇㅇ
채권가압류	(선정당자사) ㅇㅇㅇ	부산지방법원	20ㅇㅇ카단ㅇㅇㅇㅇ
채권가압류	주식회사 ㅇㅇㅇㅇ	부산지방법원	20ㅇㅇ카단ㅇㅇㅇㅇ

☆ 위 내역란에는 소송, 지급명령, 압류 등으로 그 내용을 기재합니다.

☆ 위 기재사항에 해당하는 소장·지급명령·전부명령·압류 및 가압류결정의 각 사본을 첨부하여 주십시오.

2. 회생절차에 이르게 된 사정(여러 항목 중복 선택 가능)

( ) 생활비 부족 ( ) 병원비 과다지출

( ) 교육비 과다 지출 ( ) 음식, 음주, 여행, 도박 또는 취미 생활

( ) 점포 운영의 실패 ( ) 타인 채무의 보증

( ) 주식투자 실패 ( ) 사기 피해

(0) 기타 (병원준공지연으로 인한 유동성 위기 및 공사비 증가)

3. 채무자가 많은 채무를 부담하게 된 사정 및 회생절차 개시의 신청에 이르게 된 사정에 관하여 구체적으로 기재하여 주십시오(추가기재시에는 별지를 이용하시면 됩니다.)

(소갑 제 1호증의 10 채무증대경위서 참조)

Ⅳ. 과거 면책절차 등의 이용 상황

절차	법원 또는 기관	신청시기	현재까지 진행상황
□ 파산·면책절차 □ 화의·회생·개인회생절차			
□ 신용회복위원회 워크아웃 □ 배드뱅크			(　　　) 회 (　　　) 원 변제

☆ 과거에 면책절차 등을 이용하였다면 해당란에 □표시 후 기재합니다.

☆ 신청일 전 10년 내에 회생사건·파산사건 또는 개인회생사건을 신청한 사실이 있는 때에는 그 관련서류 1통을 제출하여야 합니다.

[신청서 첨부 15] 채권자일람표(소갑제9호증의 1)

채 권 자 일 람 표

(20○○년 04월 20일 현재)

〈채무자 : ○○○〉 (단위 : 원)

구 분	거래처수	부채금액	예적금등	예대 상계 후 금액	비 고
회생담보권자	7	4,509,860,450	0	4,509,860,450	
회생채권자 (조세등)	6	64,581,090	0	64,581,090	
회생채권자 (금융기관, 상거래)	45	2,041,561,121	0	2,041,561,121	(담보권 중 담보가액을 초과하여 회생채권으로 전환된 1,119,000,753원이 포함된 금액임)
공익채권 (재직 및 퇴직자의 임금 및 퇴직금)	86	319,313,722	0	319,313,722	
총 채무 금액	144	6,935,316,383	0	6,935,316,383	

[신청서 첨부 16] 채권자 주소록 등(소갑제9호증의 2)

채권자 주소록/ 전화번호 / 팩스번호

〈20○○년 04월 20일 현재〉

〈채무자 : ○○○〉 (단위 : 원)

구분	채권자 명칭	채권금액	TEL	FAX	주 소	비 고
〈 회생담보권자 〉						
1	(주)ㅇㅇ은행	4,751,705,935	000)000-0000		ㅇㅇ시 ㅇㅇ구 ㅇㅇ동 ㅇㅇ-ㅇ	
2	ㅇㅇㅇ	100,000,000			ㅇㅇ시 ㅇㅇ구 ㅇㅇ동 ㅇㅇ-ㅇ	
3	ㅇㅇㅇ	200,000,000			ㅇㅇ시 ㅇㅇ구 ㅇㅇ동 ㅇㅇ-ㅇ	
4	ㅇㅇㅇ	450,000,000			ㅇㅇ시 ㅇㅇ구 ㅇㅇ동 ㅇㅇ-ㅇ	
5	(주)ㅇㅇㅇㅇ은행	50,000,000	000)000-0000		ㅇㅇ시 ㅇㅇ구 ㅇㅇ동 ㅇㅇ-ㅇ	
6	ㅇㅇ카드(주)	55,804,868			ㅇㅇ시 ㅇㅇ구 ㅇㅇ동 ㅇㅇ-ㅇ	
	소 계	5,607,510,803				

구분	채권자 명칭	채권금액	TEL	FAX	주 소	비 고
〈 회생채권자(상거래, 금융기관) 〉						
1	(주)ㅇㅇ은행	334,112,688			ㅇㅇ시 ㅇㅇ구 ㅇㅇ동 ㅇㅇ-ㅇ	
2	ㅇㅇㅇㅇ협동조합	115,444,966			ㅇㅇ시 ㅇㅇ구 ㅇㅇ동 ㅇㅇ-ㅇ	
3	(주)ㅇㅇㅇㅇ은행	107,789,072			ㅇㅇ시 ㅇㅇ구 ㅇㅇ동 ㅇㅇ-ㅇ	
4	ㅇㅇ카드(주)	46,914,944			ㅇㅇ시 ㅇㅇ구 ㅇㅇ동 ㅇㅇ-ㅇ	
5	ㅇㅇ캐피탈(주)	21,949,547			ㅇㅇ시 ㅇㅇ구 ㅇㅇ동 ㅇㅇ-ㅇ	
6	ㅇㅇ카드(주)	301,642			ㅇㅇ시 ㅇㅇ구 ㅇㅇ동 ㅇㅇ-ㅇ	
7	(주)ㅇㅇ약품	109,052,609			ㅇㅇ시 ㅇㅇ구 ㅇㅇ동 ㅇㅇ-ㅇ	
8	(주)ㅇㅇㅇ	7,403,307			ㅇㅇ시 ㅇㅇ구 ㅇㅇ동 ㅇㅇ-ㅇ	
9	(주)ㅇㅇㅇㅇ	821,616			ㅇㅇ시 ㅇㅇ구 ㅇㅇ동 ㅇㅇ-ㅇ	
10	(재)ㅇㅇㅇ	806,715			ㅇㅇ시 ㅇㅇ구 ㅇㅇ동 ㅇㅇ-ㅇ	
11	(주)ㅇㅇㅇㅇㅇ	1,302,000			ㅇㅇ시 ㅇㅇ구 ㅇㅇ동 ㅇㅇ-ㅇ	
12	ㅇㅇㅇ (ㅇㅇ가스)	1,604,000			ㅇㅇ시 ㅇㅇ구 ㅇㅇ동 ㅇㅇ-ㅇ	
13	(주)ㅇㅇㅇㅇ	1,072,000			ㅇㅇ시 ㅇㅇ구 ㅇㅇ동 ㅇㅇ-ㅇ	
14	ㅇㅇㅇ (ㅇㅇ)	498,600			ㅇㅇ시 ㅇㅇ구 ㅇㅇ동 ㅇㅇ-ㅇ	
15	(주)ㅇㅇ메디칼	46,709,042			ㅇㅇ시 ㅇㅇ구 ㅇㅇ동 ㅇㅇ-ㅇ	

16	(주)ㅇㅇ약품	3,897,080			ㅇㅇ시 ㅇㅇ구 ㅇㅇ동 ㅇㅇ-ㅇ	
17	(주)ㅇㅇ메디칼	11,144,000			ㅇㅇ시 ㅇㅇ구 ㅇㅇ동 ㅇㅇ-ㅇ	
18	ㅇㅇ약품(주)	863,920			ㅇㅇ시 ㅇㅇ구 ㅇㅇ동 ㅇㅇ-ㅇ	
19	(주)ㅇㅇㅇㅇ	1,560,000			ㅇㅇ시 ㅇㅇ구 ㅇㅇ동 ㅇㅇ-ㅇ	
20	ㅇㅇㅇ(ㅇㅇ문화사)	2,876,500			ㅇㅇ시 ㅇㅇ구 ㅇㅇ동 ㅇㅇ-ㅇ	
21	ㅇㅇㅇ(ㅇㅇ모드)	1,599,500			ㅇㅇ시 ㅇㅇ구 ㅇㅇ동 ㅇㅇ-ㅇ	
22	ㅇㅇㅇ(ㅇㅇ문화사)	520,000			ㅇㅇ시 ㅇㅇ구 ㅇㅇ동 ㅇㅇ-ㅇ	
23	ㅇㅇㅇ(ㅇㅇ실업)	12,000,000			ㅇㅇ시 ㅇㅇ구 ㅇㅇ동 ㅇㅇ-ㅇ	
24	ㅇㅇㅇ (ㅇㅇ위생공사)	2,264,500			ㅇㅇ시 ㅇㅇ구 ㅇㅇ동 ㅇㅇ-ㅇ	
25	(주)ㅇㅇ칩	62,706,640			ㅇㅇ시 ㅇㅇ구 ㅇㅇ동 ㅇㅇ-ㅇ	
26	(주)ㅇㅇ통산	430,000			ㅇㅇ시 ㅇㅇ구 ㅇㅇ동 ㅇㅇ-ㅇ	
27	ㅇㅇㅇ외8 (ㅇㅇ전기안전공사)	650,000			ㅇㅇ시 ㅇㅇ구 ㅇㅇ동 ㅇㅇ-ㅇ	
28	ㅇㅇㅇ(ㅇㅇ산업)	90,000			ㅇㅇ시 ㅇㅇ구 ㅇㅇ동 ㅇㅇ-ㅇ	
29	ㅇㅇㅇ(ㅇㅇ수산)	1,060,000			ㅇㅇ시 ㅇㅇ구 ㅇㅇ동 ㅇㅇ-ㅇ	
30	ㅇㅇㅇㅇ협동조합	9,180,000			ㅇㅇ시 ㅇㅇ구 ㅇㅇ동 ㅇㅇ-ㅇ	
31	ㅇㅇㅇ (ㅇㅇㅇ회계사무소)	2,175,000			ㅇㅇ시 ㅇㅇ구 ㅇㅇ동 ㅇㅇ-ㅇ	
32	(주)ㅇㅇ환경	3,000,000			ㅇㅇ시 ㅇㅇ구 ㅇㅇ동 ㅇㅇ-ㅇ	
33	ㅇㅇㅇ(ㅇㅇ가스)	1,744,000			ㅇㅇ시 ㅇㅇ구 ㅇㅇ동 ㅇㅇ-ㅇ	
34	(주)ㅇㅇ테크노	209,000			ㅇㅇ시 ㅇㅇ구 ㅇㅇ동 ㅇㅇ-ㅇ	
35	(주)ㅇㅇㅇㅇㅇㅇㅇ	297,000			ㅇㅇ시 ㅇㅇ구 ㅇㅇ동 ㅇㅇ-ㅇ	
36	(주)ㅇㅇ제약	1,874,400			ㅇㅇ시 ㅇㅇ구 ㅇㅇ동 ㅇㅇ-ㅇ	
37	ㅇㅇㅇ(ㅇㅇ콩나물)	268,600			ㅇㅇ시 ㅇㅇ구 ㅇㅇ동 ㅇㅇ-ㅇ	
38	ㅇㅇ산업안전관리원	495,000			ㅇㅇ시 ㅇㅇ구 ㅇㅇ동 ㅇㅇ-ㅇ	
39	ㅇㅇㅇ(ㅇㅇㅇ유통)	461,000			ㅇㅇ시 ㅇㅇ구 ㅇㅇ동 ㅇㅇ-ㅇ	
40	ㅇㅇㅇ(ㅇㅇ환경)	640,000			ㅇㅇ시 ㅇㅇ구 ㅇㅇ동 ㅇㅇ-ㅇ	
41	(주)ㅇㅇ엘리베이터	320,000			ㅇㅇ시 ㅇㅇ구 ㅇㅇ동 ㅇㅇ-ㅇ	
42	(주)ㅇㅇ	360,000			ㅇㅇ시 ㅇㅇ구 ㅇㅇ동 ㅇㅇ-ㅇ	
43	ㅇㅇㅇ(ㅇㅇ떡방앗간)	221,000			ㅇㅇ시 ㅇㅇ구 ㅇㅇ동 ㅇㅇ-ㅇ	
44	(주)ㅇㅇㅇ	3,690,110			ㅇㅇ시 ㅇㅇ구 ㅇㅇ동 ㅇㅇ-ㅇ	
45	부산광역시 ㅇㅇ구	180,370			ㅇㅇ시 ㅇㅇ구 ㅇㅇ동 ㅇㅇ-ㅇ	
소 계		922,560,368				

구분	채권자 명칭	채권금액	TEL	FAX	주 소	비 고
〈 회생채권자(조세등) 〉						
1	국민건강보험공단 (부산ㅇㅇ지사)	17,710,580			ㅇㅇ시 ㅇㅇ구 ㅇㅇ동 ㅇㅇ-ㅇ	
2	국민연금공단 (부산지사)	17,663,620			ㅇㅇ시 ㅇㅇ구 ㅇㅇ동 ㅇㅇ-ㅇ	
3	한국전력공사 (ㅇㅇ지점)	18,120,130			ㅇㅇ시 ㅇㅇ구 ㅇㅇ동 ㅇㅇ-ㅇ	
4	근로복지공단 (ㅇㅇ지사)	5,977,620			ㅇㅇ시 ㅇㅇ구 ㅇㅇ동 ㅇㅇ-ㅇ	
5	부산광역시 ㅇㅇ구	4,306,650			ㅇㅇ시 ㅇㅇ구 ㅇㅇ동 ㅇㅇ-ㅇ	
6	대한민국 (ㅇㅇㅇ세무서)	802,490			ㅇㅇ시 ㅇㅇ구 ㅇㅇ동 ㅇㅇ-ㅇ	
소 계		64,581,090				

구분	채권자 명칭	채권금액	TEL	FAX	주 소	비 고
〈 장래구상권자 〉						
1	ㅇㅇ보증기금				ㅇㅇ시 ㅇㅇ구 ㅇㅇ동 ㅇㅇ-ㅇ	
2	ㅇㅇㅇ				ㅇㅇ시 ㅇㅇ구 ㅇㅇ동 ㅇㅇ-ㅇ	
소 계						

[신청서 첨부 17] 추정소득(소갑제10호증의 1)

추 정 소 득

〈○○○〉

(단위 : 원)

구 분	20○○년 (준비년도)	20○○년 (1차년도)	20○○년 (2차년도)	20○○년 (3차년도)	20○○년 (4차년도)	20○○년 (5차년도)	20○○년 (6차년도)	20○○년 (7차년도)	20○○년 (8차년도)	20○○년 (9차년도)	20○○년 (10차년도)	합계
	금액	금 액	금 액	금 액	금 액	금 액	금 액	금 액	금 액	금 액	금 액	
매출액	2,663,287,272	2,716,553,017	2,770,884,078	2,826,301,759	2,882,827,795	2,940,484,350	2,999,294,037	3,059,279,918	3,120,465,517	3,182,874,827	3,246,532,323	32,408,784,894
(증가율)		2.0%	2.0%	2.0%	2.0%	2.0%	2.0%	2.0%	2.0%	2.0%	2.0%	
판매비와 관리비	2,046,584,070	2,087,515,751	2,129,266,066	2,171,851,388	2,215,288,416	2,259,594,184	2,304,786,067	2,350,881,789	2,397,899,425	2,445,857,413	2,494,774,561	24,904,299,130
(증가율)		2.0%	2.0%	2.0%	2.0%	2.0%	2.0%	2.0%	2.0%	2.0%	2.0%	
생계비	12,000,000	12,240,000	12,484,800	12,734,496	12,989,186	13,248,970	13,513,949	13,784,228	14,059,913	14,341,111	14,627,933	146,024,585
(증가율)		2.0%	2.0%	2.0%	2.0%	2.0%	2.0%	2.0%	2.0%	2.0%	2.0%	
시설 투자비용	-	-	-	200,000,000	200,000,000	-	-	-	200,000,000	200,000,000	-	800,000,000
가용소득	604,703,202	616,797,266	629,133,211	441,715,876	454,550,193	667,641,197	680,994,021	694,613,901	508,506,179	522,676,303	737,129,829	6,558,461,179

* 준비년도 (20○○년)의 매출은 20○○. 01.부터 12.까지의 소득으로 산정하였음.

* 제3차년도 (20○○년), 제4차년도 (20○○년), 제8차년도 (20○○년), 제9차년도 (20○○년)에 각각 200,000,000원을 투자하여 사용년수가 도래한 의료기기와 병원의 일부보수를 위한 시설투자비용에 사용하는 것으로 하였음.

[신청서 첨부 18] 채무상환계획표(소갑제10호증의 2)

채 무 상 환 계 획 표

- 회생담보권은 제1차년도(20○○년)부터 제10차년도(20○○년)까지 원금(개시 전 이자 포함)을 전액변제함.
- 회생채권(금융기관, 상거래)은 제1차년도(20○○년)부터 제10차년도(20○○년)까지 원금(개시 전 이자 포함)의 34%를 변제하고 나머지는 면제받음.
- 회생담보권 이자 5%
- 회생채권(상거래, 금융기관) 이자 0%
- 회생채권(조세등)은 준비년도(20○○년)에 전액을 변제함.

(단위 : 원)

구 분		20○○년 (준비년도)	20○○년 (1차년도)	20○○년 (2차년도)	20○○년 (3차년도)	20○○년 (4차년도)	20○○년 (5차년도)	20○○년 (6차년도)	20○○년 (7차년도)	20○○년 (8차년도)	20○○년 (9차년도)	20○○년 (10차년도)	총 계	채권액	변제율
		금액	금 액	금 액	금 액	금 액	금 액	금 액	금 액	금 액	금 액	금 액			
원천	가용소득	604,703,202	616,797,266	629,133,211	441,715,876	454,550,193	667,641,197	680,994,021	694,613,901	508,506,179	522,676,303	737,129,829	6,558,461,179	-	
	부동산매각	-	-	-	-	-	-	-	-	-	-	-	-	-	
합 계		604,703,202	616,797,266	629,133,211	441,715,876	454,550,193	667,641,197	680,994,021	694,613,901	508,506,179	522,676,303	737,129,829	6,558,461,179	-	
상환	공익(임금) 채권	40,870,243	-	-	-	-	-	-	-	-	-	-	40,870,243	40,873,243	100%
	회생채권 (조세등)	64,581,090	-	-	-	-	-	-	-	-	-	-	64,581,090	64,581,090	100%
	회생담보권	-	450,986,045	450,986,045	450,986,045	450,986,045	450,986,045	450,986,045	450,986,045	450,986,045	450,986,045	450,986,045	4,509,860,450	4,509,860,450	100%
	회생담보권 이자	-	225,493,023	202,943,720	180,394,418	157,845,116	135,295,814	112,746,511	90,197,209	67,647,907	45,098,605	22,549,302	1,240,211,624	1,240,211,624	100%
	회생채권 (상거래, 금융기관)		69,413,078	69,413,078	69,413,078	69,413,078	69,413,078	69,413,078	69,413,078	69,413,078	69,413,078	69,413,078	694,130,781	2,041,561,121	34%

합 계	105,451,333	745,892,146	723,342,843	700,793,541	678,244,239	655,694,937	633,145,634	610,596,332	588,047,030	565,497,728	542,948,425	6,540,654,188	7,897,084,528	
이월자금(당기)	499,251,869	-129,094,880	-94,209,632	-259,077,666	-223,694,046	11,946,260	47,848,387	84,017,569	-79,540,851	-42,821,425	194,181,404			
이월자금(누계)	499,251,869	370,156,989	275,947,357	16,869,692	-206,824,354	-194,878,094	-147,029,707	-63,012,138	-142,552,988	-185,374,413	8,806,991			
미상환채권 잔액	6,444,202,855	5,698,310,709	4,974,967,866	4,274,174,325	3,595,930,086	2,940,235,149	2,307,089,515	1,696,493,183	1,108,446,153	542,948,425	-			

* 공익(임금)채권은 퇴직자중에 최종 3개월의 임금에 대한 변제이며, 재직 중인 직원들의 임금 및 퇴직금과 퇴직자들의 퇴직금은 1차년도부터 3차년도까지 수시로 법원의 허가를 얻어 변제하는 것으로 하였습니다.

[신청서 첨부 19] 자산가치평가조서(소갑제11호증의 1)

자 산 가 치 평 가 조 서

(20○○년 04월 20일 현재)

〈○○○〉 (단위 : 원)

과 목	금 액	조정가 금액		수정 후 금액	평가내역
		가 액	감 액		
예 금	8,295,183	-	-	8,295,183	-. 총 10건의 통장잔액
보 험	8,575,581	-	-	8,575,581	-. 총 5건의 보험해약환급금
자동차	62,500,000	-	31,250,000	31,250,000	-. 총 3대의 자동차
부동산	4,408,260,050	-	1,322,478,015	3,085,782,035	-. 경락율 70%
영업용재산	251,000,000	-	175,700,000	75,300,000	-. 경락율 30%
기 타 (골프장 회원증)	31,250,000	-	6,250,000	25,000,000	-. 경락율 80%
기 타 (리조트 회원증)	40,000,000	-	8,000,000	32,000,000	-.경 락율 80%
자산 총액	4,809,880,814	-	1,543,678,015	3,266,202,799	

[신청서 첨부 20] 채무자의 파산선고시 채권배당 예상표(소갑제11호증의 2)

채무자의 파산선고시 채권배당 예상표

〈채무자 : ○○○〉 (단위 : 원)

순위	채 권 자별	자산 가치 평가금액	부채금액	상환금액	상환비율
1	회생채권자 (퇴직자 중 최종 3개월의 임금)	40,870,243	40,870,243	40,870,243	100%
2	회생채권자 (조세등)	64,581,090	64,581,090	64,581,090	100%
3	회생담보권	3,160,751,466	4,488,510,050	3,160,751,466	70%
4	회생채권 (금융기관, 상거래)	-	2,019,611,574	-	0%
	합 계	3,266,202,799	6,613,572,957	3,266,202,799	49%

[신청서 첨부 21] 청산가치와 계속기업가치의 비교(소갑제11호증의 3)

청산가치와 계속기업가치의 비교

현금흐름할인법 - 할인율 8.0%

〈○○○〉

(단위 : 원)

구 분		20○○년 (준비년도)	20○○년 (1차년도)	20○○년 (2차년도)	20○○년 (3차년도)	20○○년 (4차년도)	20○○년 (5차년도)	20○○년 (6차년도)	20○○년 (7차년도)	20○○년 (8차년도)	20○○년 (9차년도)	20○○년 (10차년도)	잔존가치
		금액	금 액	금 액	금 액	금 액	금 액	금 액	금 액	금 액	금 액	금 액	
원천	영업소득	616,703,202	629,037,266	641,618,011	654,450,372	667,539,379	680,890,167	694,507,970	708,398,129	722,566,092	737,017,414	751,757,762	
조달현금(a)		616,703,202	629,037,266	641,618,011	654,450,372	667,539,379	680,890,167	694,507,970	708,398,129	722,566,092	737,017,414	751,757,762	
운용	생계비	12,000,000	12,240,000	12,484,800	12,734,496	12,989,186	13,248,970	13,513,949	13,784,228	14,059,913	14,341,111	14,627,933	
	시설투자비용	-	-	-	200,000,000	200,000,000	-	-	-	200,000,000	200,000,000	-	
지출현금(b)		12,000,000	12,240,000	12,484,800	212,734,496	212,989,186	13,248,970	13,513,949	13,784,228	214,059,913	214,341,111	14,627,933	
순현금흐름(c)=(a)-(b)		604,703,202	616,797,266	629,133,211	441,715,876	454,550,193	667,641,197	680,994,021	694,613,901	508,506,179	522,676,303	737,129,829	6,558,461,179
	이자율	8.00%	8.00%	8.00%	8.00%	8.00%	8.00%	8.00%	8.00%	8.00%	8.00%	8.00%	
	할일율(d)	0.9259	0.8573	0.7938	0.7350	0.6806	0.6302	0.5835	0.5403	0.5002	0.4632	0.4289	0.5002
현재가치(c)×(d)		559,894,695	528,780,296	499,405,943	324,661,169	309,366,861	420,747,482	397,360,011	375,299,891	254,354,791	242,103,664	316,154,984	3,280,542,282
계속기업가치의 누계(A)		559,894,695	1,088,674,991	1,588,080,934	1,912,742,103	2,222,108,964	2,642,856,446	3,040,216,458	3,415,516,348	3,669,871,139	3,911,974,787	4,228,129,787	7,508,672,068
파산시 청산가치(B) - 20○○. 04. 20. 기준													3,266,202,799
계속기업가치의 청산가치초과분 (A) - (B)													4,242,469,269

[서식 3] 재산보전처분명령신청서(표지)

재산보전처분명령신청서

신청인 겸 채무자 ○ ○ ○

○○지방법원 귀중

[서식 4] 재산보전처분명령신청서

재산보전처분명령신청서

신청인 겸 채무자 ○ ○ ○ (000000-0000000)
☎ 000-0000-0000

(주소 및 영업소)
주민등록상 주소 ○○시 ○○구 ○○동 ○○○-○
현 주소(송달주소) ○○시 ○○구 ○○동 ○○○-○ ○○요양병원

위 신청대리인 변호사 ○ ○ ○
○○시 ○○구 ○○동 ○○○-○(○층)
☎ 000-0000-0000

신 청 취 지

1. 채무자는 보전처분명령일 이전의 원인으로 인하여 생긴 일체의 금전채무에 관하여 그 변제 또는 담보제공을 하여서는 아니된다.
2. 채무자는 등기 또는 등록의 대상이 되는 그 소유의 일체의 재산 및 기타재산에 관한 소유권의 양도, 담보권·임차권의 설정, 기타 일체의 처분행위를 하여서는 아니된다.
3. 채무자는 명목여하를 막론하고 차재(어음할인을 포함한다)를 하여서는 아니된다.
4. 위 각 항의 경우에 있어서 미리 법원의 허가를 받았을 때에는 그 제한을 받지 아니한다.

라는 결정을 바랍니다.

신 청 이 유

1. 채무자의 업무의 현황

가. 채무자의 개요

1) 인적사항

-. 성명 : ○○○(○○요양병원 원장)

-. 주민등록번호 : 000000-0000000
-. 현주소 : ○○시 ○○구 ○○동 ○○○-○
-. 영업장 주 소 : ○○시 ○○구 ○○동 ○○○-○
-. 업종 : 의료업

2) 과거 주요경력
-. 19○○. 02. ○○○○고등학교 졸업
-. 19○○. 02. ○○대학교 의과대학 졸업
-. 19○○. 03. ○○○○병원 입사
-. 19○○. 02. ○○○○병원 퇴사
-. 19○○. 05. ○○○내과의원 개원 (○○시 ○○구 소재)
-. 19○○. 05. ○○내과의원 개원 (○○시 ○○구 소재)
-. 20○○. 10. 26. ~ 현재까지 ○○요양병원 원장

나. 채무자의 업무의 현황
채무자는 19○○년 02일자로 ○○대학교 의과대학을 졸업하고 의사면허증을 취득하여 20○○년 10월 26일자로 ○○시 ○○구 ○○동 ○○○-○번지 소재에 ○○요양병원을 개원하여 현재까지 원장으로 근무 중에 있습니다.

2. 채무자의 자산, 부채 그 밖의 재산상태

가. 채무자의 자산 현황
채무자의 재산은 다음과 같습니다. 상세한 내역은 재산목록에 기재되어 있습니다.(소갑제6호증의 1 재산목록 참조)

(단위 : 원)

구 분	금 액	비고
예 금	8,295,183	-. 총 10건의 통장잔액
보 험	8,575,581	-. 총 5건의 보험해약환급금
자 동 차	62,500,000	-. 총 3대의 자동차
부 동 산	4,408,260,050	
영업용자산	251,000,000	
기 타 (골프장 회원증)	31,250,000	-. ㅇㅇㅇ컨트리클럽(회원번호: K11111111)

기 타 (리조트 회원증)	40,000,000	-. ○○○○스파&리조트(○○○○○ CC), 회원번호: 11-1111-11
합 계	4,809,880,814	

나. 채무자의 부채 현황

채무자의 부채 현황은 다음과 같습니다. 상세한 내역은 소갑제9호증의 1 채권장일람표, 소갑제2호증의 1 회생담보권자의 목록 총괄표, 소갑제3호증의 1 회생채권자의 목록 총괄표, 소갑제4호증의 1 벌금·조세등의 목록 총괄표, 소갑제5호증의 1 임금등의 목록 총괄표에 자세히 기재되어 있습니다.

(단위 : 원)

구 분	거래처	금 액	
회생담보권자	7	4,509,860,450	
회생채권자 (조세등)	6	64,581,090	
회생채권자 (상거래, 금융기관)	45	2,041,561,121	(담보권 중 담보가액을 초과하여 회생채권으로 전환된 1,119,000,753원이 포함된 금액임)
공익채권 (임금 및 퇴직금)	86	319,313,722	
총 채무금액	144	6,935,316,383	

다. 소 결 론

이상과 같이 채무자의 총 부채는 총 자산을 약 21억 2천만원 가량 초과한 상태에 있습니다.

3. 파탄에 이르게 된 원인

신청인 겸 채무자(이하 채무자라고 합니다)는 ○○대학교 의과대학을 19○○년 졸업하고 ○○○○병원에서 인턴 및 레지던트 과정을 수료한 의학박사, 내과 전문의로 19○○. 10. 19. 교사로 재직하고 있는 ○○○와 혼인하여 슬하에 2남을 둔 가장으로서 성실하게 살아왔습니다. 채무자가 이렇다 할 어려움 없이 생활하다가 경제적 파탄에 이르러 회생절차를 신청하게 된 경위를 소상하게 진술하겠습니다. 채무자는 9년 전 ○○요양병원을 인수하여 개원하게 되었습니다. 개원 당시

인수하는 비용은 따로 필요 없이, 기존 병원의 부채 5억원을 떠안는 조건으로 인수하였습니다. 채무자는 오로지 환자들에게 정성을 드리고, 섬기는 과정에서 병원은 크게 성장하게 되었습니다. 환자 숫자에 비하여 병상도 부족하고, 요즘 고객들이 쾌적하며 청결한 병원을 선호하는 관계로 새로운 병원을 신축할 계획을 세웠습니다.

가. 병원 준공지연으로 인한 유동성 위기 및 공사비 증가

어느 정도 재정적인 안정을 찾자 20○○. 08. ○○시 ○○구 ○○동 ○○○-○번지 대지 408평, 건평 1,200평의 병원을 신축하게 되었습니다. 신축공사는 채무자와 절친한 후배 ○○○이 중간에서 신축공사의 전 과정을 맡아서 진행했습니다. ○○○은 병원을 신축할 계획을 세울 때부터 채무자와 거의 24시간 동안 같이 행동을 했고 시공사 선정도 결국 ○○○의 뜻대로 ○○건설에서 맡게 되었습니다.

그런데 공사를 시작하는 과정에서부터 ○○○과 ○○건설의 이해관계에 얽힌 계속된 마찰로 몇 번 공사가 중단되고 재개하는 과정을 되풀이 하였습니다. 20○○. 02. 에 공사가 끝나 입주하기로 되어 있던 공사가 지연이 되어 6월 초에야 겨우 입주하게 되었습니다. ○○건설은 채무자가 보낸 공사대금을 하도급업체에게 지불하지 않고 개인용도로 유용하고서도 그들 업체에게는 건축주가 지급을 하지 않았다고 거짓말을 하여 공사가 중단되었고 공사를 계속해야 되는 채무자는 나중에 그 사실을 알고 직접 업체를 만나 공사비를 지불해주면서 공사를 재개시킬 수밖에 없었습니다. 시공사는 공사가 지연이 되면 지연에 따른 손해배상을 하기로 계약되어 있었으나, 준공이 몇 달 동안 늦어져 손해액이 수억원에 이르자 손해배상을 하지 않을 목적으로 시간과 돈에 쫓기는 채무자의 약점을 이용해 시공사에 유리하게 계약조건을 바꾸는 등 말로 다할 수 없는 횡포를 부렸습니다. 설계대로 자재를 사용하지도 않았으면서도 금액을 부풀려 과다청구를 했고 부실한 공사로 인해 건물 여기저기에 균열이 생겼으며 마감도 제대로 하지 않았습니다. 지하실을 비롯해 6층, 7층 천장에 물이 새는 등 누가 봐도 총체적인 부실공사였습니다. 그런데 ○○건설은 시공사의 기본인 하자보증서도 끊어주지 않고 준공 후 2개월 뒤 지급하기로 한 완불대금을 준공 전에 지급하라고 마지막까지 횡포를 부린 것입니다. 이로 인하여 공사비가 5억원 추가되었습니다. 채무자로서는 어떻게든 병원을 준공해서 병원운영을 해야 되는 상황이었기 때문에 할 수 있는 만큼 노력했으나 결국 법적인 소송에 들어

가게 되었습니다(이 사건은 현재 재판이 진행 중이며 ○○건설 사장인 ○○○은 채무자병원 신축공사 때 하도급업체였던 □□건설과 소송을 해 무고죄로 실형을 받아 교도소에 구속 수감 중입니다). ○○건설은 병원 건물과 통장에 가압류를 하였고, 이 가압류로 인하여 중소기업에서 대출받은 5억원의 기업자금을 만기 연장하지 못하고 상환해야 하는 상황이 발생했습니다. 채무자는 어떻게든 연장을 받으려 백방으로 노력했지만 은행의 반응은 너무도 싸늘했습니다. 매달 지급 청구하는 보험진료비 청구채권이 압류되어 3개월 넘게 한 푼도 들어오지 않는데다 ○○○○은행의 강제 상환으로 채무자의 병원은 순식간에 나락으로 떨어졌습니다. 게다가 국가에서 요양병원을 포괄수가제로 전환하면서 여러 가지 상황으로 정신이 없었던 채무자는 의사와 간호사 등 정원을 맞추지 못해 3개월 동안 전체금액의 40%, 그 후 3개월 동안은 20%를 삭감당하는 어려움까지 겪게 되었습니다.

나. 유동성 위기를 극복하는 과정에서 새로운 채무 발생

설상가상으로 어려운 상황을 빙자해 다른 융자를 알선해주겠다며 접근한 채무자와 절친했던 친구 성형외과의사인 ○○○에게 2억여원의 사기까지 당하게 되었습니다(○○○○경찰서 사건번호 20○○-○○○○, ○○지검 사건번호 20○○-형제○○○○○호). 이 과정에서 임금이 체불되었고 공과금 및 세금이 연체가 되었으며 납품업체도 결재를 할 수 없는 상황이 되었습니다. 가족과 친척, 친구 등 지인을 통해서 차입을 하는 것도 한계가 있었습니다. 결국 은행에 이자에 대한 연체가 발생하여 제1금융권을 이용할 수 없었고 어떻게든 병원을 살려보려 했던 채무자는 캐피탈과 사채까지 얻어 병원을 유지하는 상황에 이르게 되었습니다. 이 과정에서, 이미 사채나 캐피탈마저 한계에 이르자 배우자 이름으로 3군데의 캐피탈에서 1억 2천 5백을 대출받았고, 배우자를 보증 세워 캐피탈에서 6,500만원을 차용하게 되었습니다. ○○건설 때문에 일어난 피해는 이것뿐만이 아니었습니다. 병원을 신축하는 과정에서 시공사와의 문제로 계속 시끄러우니까 임대보증금까지 위협을 느낀 장례식장 ○○○ 사장의 요구로 보증금 2억 5천만원을 빼주어야 하는 상황이 되었습니다. 그동안 병원 운영비가 부족할 때마다 부족한 돈을 계속해서 마련해야 했기 때문에 가진 돈이 없었던 채무자는 배우자를 통하여 20○○. 06. 08. 같은 날에 ○○○○○○○공단에서 7,000만원, ○○협동조합에서 4,500만원, ○○공제회에서 7,200만원, 농협에서 6,000만원을 대출받아 ○○○ 사장의 보증금을 반환하여 주었습니

다. 그리고 20○○. 02. ○○건설이 채무자의 병원 건물뿐 아니라 ○○보험관리공단에서 지급되는 진료비 청구통장에까지 가압류를 넣어 도저히 경영을 할 수 없는 상태가 되었기 때문에 이 통장만이라도 해제를 해주라는 조건으로 2억 3천만원을 ○○건설에 주기로 하고 합의를 하였습니다. 채무자로서는 병원경영도 할 수 없는 어려운 상황이었지만 어떻게든 빠른 시간 안에 2억 3천만원을 마련해야 했습니다. 그래서 전세보증금을 보장할 수 있는 방법을 제시하면 입주하겠다는 현 장례식장 사장의 요구대로 ○○동 모친의 집을 근저당 설정해주고, 교사로 재직하고 있는 배우자를 연대보증을 세워 겨우 2억을 마련할 수 있었습니다. 채무자는 병원 준공이 늦어지면서부터 무엇엔가 쫓기는 듯한 기분으로 항상 불안한 마음으로 살아왔습니다. 유동성위기가 본격화될 무렵부터는 모든 신경을 자금 융통하는 데만 신경을 써야 하는 처지였습니다. 막상 모든 것을 포기한다고 생각하니 한편으로는 해방된 듯하였습니다. 그러나 채무자가 모든 상황을 포기하기엔 주위 많은 분들에게 평생 고통을 안겨드릴 것 같아 염치불고하고 회생절차를 통하여 갱생하고자 합니다. 새로운 각오로, 늘 새롭고 감사하면서, 주위에 봉사하면서 살고자 합니다(소갑제 1호증의 10 채무증대 경위서 참조).

4. 회생계획의 이행의 가망성

가. 채무자의 소득

채무자의 재정 상태는 비록 파탄에 이르렀으나, 채무자의 전문적인 지식을 이용하여 현재의 소득을 유지하면 앞으로 11년간(준비년도 포함) 약 32,409백만원의 소득을 얻을 수 있을 것으로 예상됩니다(소갑제10호증의1 추정소득 참조). 채무자가 운영하는 요양병원의 매출 증가율과 채무자의 나이를 감안하여 20○○년부터 소득이 매년 2%씩 증가하는 것을 전제로 장래 소득을 예측하였습니다.

이 중에서 병원의 판매비와 관리비, 가족의 최저 생계비 및 20○○년, 20○○년, 20○○년, 20○○년의 시설투자비용을 제외하면 11년간(준비년도 포함) 약 6,558백만원을 회생담보권 및 회생채권의 변제에 제공할 수 있을 것으로 예상됩니다. 보다 상세한 내역은 별첨 추정소득과 같습니다(소갑 제10호증의 1 추정소득, 소갑제10호증의 2 채무상환계획표 참조).

(단위 : 원)

구 분	금 액	감 액	평가내역	비 고
예 금	8,295,183	-	8,295,183	-.총 10건의 통장잔액
보 험	8,575,581	-	8,575,581	-.총 5건의 보험해약환급금
자 동 차	62,500,000	31,250,000	31,250,000	-.총 3대의 자동차
부 동 산	4,408,260,050	1,322,478,015	3,085,782,035	-.경락율 70%
영업용재산	251,000,000	175,700,000	75,300,000	-.경락율 30%
기 타 (골프장 회원증)	31,250,000	6,250,000	25,000,000	-.경락율 80%
기 타 (리조트 회원증)	40,000,000	8,000,000	32,000,000	-.경락율 80%
합 계	4,809,880,814	1,543,678,015	3,266,202,799	

나. 계속기업가치의 계산 및 청산가치와 비교

채무자의 계속기업 가치는 채무자의 미래 수익흐름을 현재가치로 할인하는 현금흐름할인법에 의할 경우 연도별 할인율을 80% 라고 가정하면 약 7,508백만원으로서 채무자의 계속기업가치가 청산가치보다 약 4,242백만원을 초과하고 있습니다(소갑제11호증의 3 청산가치와 계속적 기업가치의 비교 참조).

이와 같이 채무자가 현재 운영하고 있는 병원에서 계속하여 소득을 창출하면 부채상환에 이용할 수 있지만 채무자가 파산에 이르게 된다면 회생채권(조세, 임금 등)은 100%, 회생담보권의 경우 70%, 회생채권의 경우 전액 변제하지 못하는 불행한 결과가 초래될 수밖에 없을 것입니다(소갑제11호증의 1 자산가치평가조서, 소갑제11호증의 2 채무자의 파산선고시 채권배당예상표 참조).

5. 회생의 필요성과 당위성

채무자는 위에서 살펴본 바와 같은 사유로 인하여 재정적인 파탄에 이르게 되었으나, 만일 채무자가 이 시점에서 회생되지 아니하고 파산에 이르게 된다면 지금까지 채무자가 연마해 온 전문지식이 사장될 뿐만 아니라 채무자의 가족도 국가에 경제적 지원을 요청해야 하는 사태가 발생하는 등 사회·경제적으로 불행한 사태가 발생하게 됩니다.

6. **결론(보전의 필요성)**

채무자는 귀원에 회생절차개시명령신청을 하여 심리 중에 있습니다. 이에 채무자는 채무자의 재산보전을 위하여 채무자의 재산관련 업무를 신중·공정한 태도로 처리할 예정이나, 채무자가 회생절차개시명령신청을 한 사실이 일반에 알려짐에 따라 일부 채권자의 책동에 의한 불공정한 결과가 발생할 가능성을 배제할 수 없을 뿐만 아니라 채무자가 임의로 채무지급, 재산처분 등을 행하였을 때 다른 채권자로부터 불공평하다는 비난을 받을 수 있을 것이며 또한 법원의 허가를 받지 아니하고 신규차입을 하는 것도 채무자의 현황으로서는 부적당하다고 사료되므로 신청인은 위에서 자세히 보는 바와 같은 이유로 신청취지와 같은 결정을 구하고자 이 신청에 이르게 된 것입니다.

소 명 방 법

1. 소갑제 1호증 내지 소갑제11호증

기타 필요에 따라 제출하겠습니다.

첨 부 서 류

1. 위 소명방법 각 1부
1. 위임장 1부

20○○. ○. ○.

위 신청인 ○ ○ ○

신청대리인 변호사 ○ ○ ○ (인)

○○지방법원 귀중

[서식 5] 부인의 청구

부 인 의 청 구

사 건 20○○회단○○ 회생
관리인 겸 청구인 ○ ○ ○
○○시 ○○구 ○○동 ○○○-○ ○○요양병원 8층

위 소송대리인 변호사 ○○○
○○시 ○○구 ○○동 ○○○-○(○층)

채권자 겸 상대방 유한회사 ◇◇
○○시 ○○구 ○○동 ○○○-○○
대표이사 ○○○

청 구 취 지

1. 관리인 겸 청구인은 신청외 채무자 ◎◎◎와 신청외 채권자 주식회사 ○○종합건설 사이에 20○○. 2. 19. 공증인가 ○○시 ○○합동법률사무소에 촉탁하여 20○○년 제○○○호로 작성된 공정증서상 채무자 ○○○가 위 ◎◎◎의 채무를 연대보증한 행위로 인하여 발생한 채무는 부인한다.
2. 관리인 겸 청구인은 채무자 ○○○가 20○○. 2. 19. 신청외 채무자 ◎◎◎의 채무를 연대보증한 행위로 인하여 발생한 채권자 겸 상대방 유한회사 ◇◇의 채권(신고번호 추완7)을 부인한다.
3. 청구비용은 채권자 겸 상대방이 부담한다.

라는 재판을 구합니다.

청 구 원 인

1. 당사자들의 관계

채무자 ○○○는 ○○○○여자고등학교 교사로 재직해 오다가, 20○○. 7. 3. 11:00 ○○지방법원으로부터 회생절차개시결정을 받았습니다(소갑 제1호증, 회생절차개시결정). 또한 채무자 ○○○는 같은 날 관리인으로 선임되어 재산에 대한 관리처분권을 가지게 되었습니다(소갑 제2호증, 증명서). 여기에서 채무자 ○○○와 관리인은 동일인이지만 그 지위는 별개로서 관리인은 제3자적 지위를 가지는 자라고 할 것이며, 청구인은 위 관리인의 자격에서 부인권을 행사하는 것입니다.
채권자 겸 상대방 유한회사 ◇◇은 신청외 채무자 ◎◎◎와 신청외 채권자 주식회사 ○○종합건설 사이에 20○○. 2. 19. 공증인가 ○○시 ○○합동법률사무소에 촉탁하여 20○○년 제○○○호로 작성된 공정증서상 채무자 ◎◎◎가 신청외 채무자 ◎◎◎의 채무를 연대보증(이하, "이 사건 연대보증"이라고 한다)한 채권을 양수한 □□□을 통하여 재양수받은 자입니다. 이를 권원으로 하여 회생채권으로 추완신고(신고번호 추완7)를 하였습니다.(소갑 제3호증, 공정증서 / 소갑 제4호증, 회생채권신고서 / 소갑 제5호증1-2, 채권양도계약서 및 통지서)

2. 부인 청구 대상행위

채무자 ○○○는 20○○. 2. 19. 신청외 채권자 ○○종합건설과 신청외 채무자 ◎◎◎ 사이에 공사대금 지급에 관하여 약정서를 작성하는 과정에서 이 약정서상 금원에 대하여 연대보증을 하였습니다. 이 약정서를 공증인가 ○○시 ○○합동법률사무소에 촉탁하여 증서 20○○년 제○○○로 공정증서가 작성되었습니다.
위 채권은 □□□에게 양도되었고, □□□은 다시 유한회사 ◇◇에 20○○. 6. 11. 양도하였습니다. 유한회사 ◇◇은 이를 권원으로 하여 회생채권신고를 하였습니다.

3. 부인권의 행사

청구인은 채무자 ○○○가 신청외 채권자 ○○종합건설과 신청외 채무자 ◎◎◎ 사이에 20○○. 2. 19. 작성한 약정서에 연대보증한 행위는 ① 채무자의 의무에 속하지 않는 행위이고, ② 시기적으로 채무자가 지급정지 등이 있은 후 또는 그 전 60일 내에 한 행위로서 부인하고, 양보하더라도 채무자의 행위가 ① 무상행위 또는 이와 동일시할 수 있는 유상행위이고, ② 시기적으로 채무자가 지급정지 등이 있은 후 또는 그 전 6개월 내에 한 행위로서 부인합니다(채무자 회생 및 파산에 관한 법률 제100조 제1항 제3호, 제4호).
채무자 ○○○는 이 사건 연대보증 이전에 이미 채무액이 684,859,300원에 달하여 지급정지 상태에 이르렀고, 채무자 ○○○가 비록 신청외 채무자 ◎◎◎의 배우자라고는 하나 연대보증하는 행위는 본인의 의무에 속한다고 볼 수 없고, 무상행위이므로 "채무자 회생 및 파산에 관한 법률"에서 정한 부인 대상행위에 해당함이 명백합니다(소갑 제6호증, 회생담보권, 회생채권 시 · 부인 명세서).

이에 관리인 겸 청구인은 채무자 회생 및 파산에 관한 법률 제100조 제1항 제3호, 제4호에 따라 채무자 ○○○에 대한 회생법원인 귀 법원에 청구취지와 같은 부인의 청구를 하게 된 것입니다.

소 명 방 법

1. 소갑 제1호증 회생절차개시결정
2. 소갑 제2호증 증명서
1. 소갑 제3호증 공정증서
1. 소갑 제4호증 회생채권신고서
1. 소갑 제5호증 1 채권양도계약서
   2 채권양도통지서
1. 소갑 제6호증 1 회생담보권, 회생채권, 시·부인 명세서
   2 추후 보완신고 회생채권 시·부인 명세서

첨 부 서 류

1. 위 소명방법 각 1부
2. 등기사항전부증명서 1부
3. 제출위임장 1부

20○○. ○. ○.

위 관리인 겸 청구인 ○ ○ ○

소송대리인 변호사 ○ ○ ○ (인)

○○지방법원 귀중

[서식 6] 포괄적 금지명령신청서

포 괄 적 금 지 명 령 신 청 서

신청인 겸 채무자 ○ ○ ○ (000000-0000000)
☎ 000-0000-0000

(주소 및 영업소)
주민등록상 주소 ○○시 ○○구 ○○동 ○○○-○
현 주소(송달주소) ○○시 ○○구 ○○동 ○○○-○ ○○요양병원

위 신청대리인 변호사 ○ ○ ○
○○시 ○○구 ○○동 ○○○-○(○층)
☎ 000-0000-0000

신 청 취 지

채무자에 대한 이 법원 20○○회단 회생절차 사건에 관하여 회생절차의 개시신청에 대한 결정이 있을 때까지, 모든 회생채권자에 대하여 회생채권에 기한 강제집행, 가압류 또는 가처분을 금지한다.
라는 결정을 바랍니다.

신 청 이 유

1. 채무자는 현재 귀원에 회생절차개시신청을 하여 현재 신청의 당부에 관하여 조사심리가 계속 중에 있습니다.

2. 채무자는 현재 ○○시 ○○구 ○○동 ○○○-○번지에서 ○○요양병원을 운영하고 있습니다. 회생채권들이 채무자의 소득, 영업기구 및 유체동산 등에 관하여 가압류, 가처분 등을 행하는 경우 채무자는 정상적인 영업생활을 하기 힘들 뿐만 아니라 채무자의 소득에 대한 강제집행, 가압류 또는 가처분으로 인하여 채무자가 필요한 생계비를 조달하지 못함으로써 회생절차의 수행에 막대한 지장을 초래

함은 물론, 채무자의 채권자들 사이에 공평을 해하는 결과를 가져올 수밖에 없습니다.

3. 그러므로 채권자들이 회생채권에 기하여 채무자의 소득 등 일체의 재산에 대하여 강제집행, 가압류 또는 가처분을 포괄적으로 금지하는 것이 채무자의 회생을 위하여 필요하다고 판단하여 '채무자 회생 및 파산에 관한 법률' 제45조 제1항에 의하여 회생절차개시의 신청에 대한 결정이 있을 때까지 모든 회생채권자에 대하여 회생채권에 기한 강제집행, 가압류 또는 가처분의 금지를 구하고자 이 신청에 이르렀습니다.

20○○. ○. ○.

위 신청인 ○ ○ ○

신청대리인 ○ ○ ○ (인)

○○지방법원 귀중

[서식 7] 일반회생계획안

○○지방법원 민사○○단독
사건번호 : 20○○회단○○ 회생

회 생 계 획 안

(수정안 : 20○○.10.21)

(1차 수정안 : 20○○.10.14)

(종전안 : 20○○.09.09)

채무자 겸 관리인 ○ ○ ○

〈목 차〉

2. 일반규정

제4장 회생담보권 및 회생채권에 대한 권리변경과 변제방법

제1절 회생담보권에 대한 권리변경과 변제방법

1. 회생담보권의 내역
2. 권리변경과 변제방법
3. 권리변경 및 변제방법에 따른 채권자별 내역
4. 담보권의 존속에 관한 규정
   가. 담보권의 존속
   나. 담보권의 해지
   다. 보험사고 발생시의 처리방법에 관한 규정
5. 담보권자의 물상대위권 행사와 관련한 처리방법에 관한 규정
6. 담보목적물 매각위임에 관한 규정
7. 담보물건 매각대금의 처리

제2절 회생채권에 대한 권리변경과 변제방법

1. 금융기관 회생채권에 대한 권리변경과 변제방법
   가. 채권의 내역
   나. 권리변경과 변제방법
   다. 권리변경 및 변제방법에 따른 채권자별 내역
2. 상거래 및 대여금 회생채권에 대한 권리변경과 변제방법
   가. 채권의 내역
   나. 권리변경과 변제방법
   다. 권리변경 및 변제방법에 따른 채권자별 내역
3. 회생채권(임대보증금)에 대한 권리변경과 변제방법
   가. 채권의 내역
   나. 권리변경과 변제방법
4. 미확정 회생채권에 대한 권리변경과 변제방법
   가. 권리변경과 변제방법
5. 조세 및 벌금에 대한 권리변경과 변제방법
   가. 채권의 내역
   나. 권리변경과 변제방법

다. 권리변경 및 변제방법에 따른 채권자별 내역

6. 신고되지 아니한 채권의 처리

7. 장래의 구상권

8. 미확정회생채권 및 부인권 행사로 부활될 회생채권

제5장 공익채권의 변제에 관한 규정

제6장 변제자금 등의 조달방법과 자구노력의 추진

제1절 변제자금과 운영자금의 조달방법

제7장 사채의 발행

제8장 예상초과수익금 등의 처리방법

제1절 예상초과수익금의 처리방법

제2절 예상수익금의 부족시 처리방법

제9장 분쟁이 해결되지 아니한 권리

제10장 회생절차의 조기종결

제11장 회생절차의 폐지신청

제12장 기타사항

〈별 첨 자 료〉

제 1 장

채무자의 현황 및 회생절차의 경과

제1장 채무자의 현황 및 회생절차의 경과

제1절 채무자의 개요

1. 인적사항

-. 성명 : ○○○

-. 주소 : ○○시 ○○구 ○○동 ○○○-○

-. 직업 : 자영업(○○요양병원)

-. 병원 소재지 : ○○시 ○○구 ○○동 ○○○-○

2. 이력 및 경과사항

-. 19○○.02. ○○○○고등학교 졸업

-. 19○○.02. ○○대학교 의과대학 졸업

-. 19○○.03. ○○○○병원 입사

-. 19○○.02. ○○○○병원 퇴사

-. 19○○.05. ○○○ 내과의원 개원 (○○시 ○○구 소재)

-. 19○○.05. ○○내과의원 개원 (○○시 ○○구 소재)

-. 20○○.10.26. ~ 현재까지 ○○요양병원 원장

-. 20○○.04.21. 회생절차개시 및 재산보전처분, 포괄적 금지명령 신청

제2절 회생절차 개시신청에 이르게 된 사정

채무자가 회생절차 개시에 이르게 된 원인은 20○○년 06월에 ○○시 ○○구 ○○동 ○○○-○번지의 신축 병원으로 이전하는 과정에서 병원 준공지연으로 인한 유동성 위기 및 신축공사와 관련하여 건설회사와의 다툼 등으로 신축공사비가 증가되어 외부 차입금이 증가하였으며, 유동성 위기를 극복하는 과정에서 새로운 채무의 발생으로 정상적인 병원의 운영이 어렵게 되어 회생절차의 개시에 이르게 되었습니다.

제3절 회생절차개시 신청 후의 경과

1. 회생절차개시 신청 후의 주요 경과

채무자 ○○○은 20○○년 04월 21일자로 ○○지방법원에 회생개시신청을 하여 20○○년 05월 15일에 회생절차 개시결정을 받았습니다.

또한, 회생절차 개시결정 이후 법원으로부터 선임된 관리인(채무자)이 채무자의 재산 및 업무를 관리하면서 정상적인 영업활동을 수행하고 있습니다.

2. 회생절차 개시 후의 경과

-. 20○○년 05월 15일 회생절차 개시결정

-. 20○○년 05월 15일 관리인 선임

-. 20○○년 06월 05일부터 20○○년 06월 25일까지 회생채권 및 회생담보권의 신고기간

-. 20○○년 07월 07일 관리인의 회생담보권, 회생채권 시·부인 명세서 제출

-. 20○○년 08월 06일 조사위원 ○○회계법인 조사보고서 제출

-. 20○○년 08월 19일 관계인설명회 개최

제 2 장

권리변경의 요지

제2장 권리변경의 요지

제1절 회생계획안 입안의 기초

본 회생계획안은 채무자 회생 및 파산에 관한 법률에 따라 채권자 등 이해관계인들간에 공정·형평성을 기함과 동시에 조사위원인 ○○회계법인이 산정한 채무자의 청산시 회생채권의 예상청산배당율보다 높은 수준의 채권회수율이 확보되도록 하며 궁극적으로는 채무자의 회생이 가능하도록 작성하였습니다.

채무자의 재무 상태와 수익성으로 보아 경영이익을 극대화하더라도 채무금액이 과다하여 전액변제가 곤란하므로 변제 가능한 범위 내에서 그 권리를 변경하고자 합니다.

채무자의 상환능력을 고려할 때 약정이자율을 적용할 경우에는 채무상환이 거의 불가능하게 되어 채무자의 회생담보권은 원금(개시 전 이자 포함)을 전액변제 하는 것으로 하였으며, 개시 후 이자는 비교적 낮은 비율을 준비년도(20○○년)부터 제1차년도(20○○년)까지는 연 1.0%를, 제2차년도(20○○년)부터 제9차년도(20○○년)까지는 연 3.0%를 적용하여 변제하는 것으로 하였습니다. 또한 회생채권(금융기관, 상거래, 대여금)의 경우는 원금과 개시 전 이자에 대해서는 60%를 현금 변제하는 것으로 하였으며, 나머지 40%에 대해서는 인가시에 전액 면제받는 것으로 하였습니다. 개시 후 이자도 마찬가지로 인가시에 전액 면제받는 것으로 하였습니다. 그리고 회생채권(임대보증금)의 경우 임대차계약이 만료되거나 중도에 적법하게 해지되어 그 반환사유가 발생한 경우(임대목적물의 명도)에는 해당 임대목적물을 제3자에게 임대하여 받는 임대보증금으로 또는 신규 임대차보증금으로 종전 임대차보증금을 반환하는 것으로 하였습니다. 임대목적물이 매각되는 경우에는 임대차계약이 승계되지 않는 채권자의 경우 매각대금으로 법률에 정해진 순위에 따라 변제하는 것으로 하였으며, 변제방법에 의하여 변제받지 못한 금액이 원금의 60% 미만인 경우에는 변제받지 못한 금액과 원금의 60%의 차액을 제10차년도말에 변제하는 것으로 하였습니다. 마지막으로 조세 및 벌금 채권은 우선 지급해야 하는 채권이기에 원금과 인가일 이전까지 발생한 가산금 및 중가산금에 대해서 준비년도(20○○년)에 전액 변제하는 것으로 하였습니다.

채무자의 재정 상태는 비록 파탄에 이르렀으나 채무자가 운영하고 있는 요양병원의 진료에 대한 질을 높이며 꾸준한 투자가 수반된다면 향후 10년간은 정상적으로 채무를 변제해 나갈 것으로 예상하고 있습니다. 또한 조사위원인 ○○회계법인이 조사하여 예상한 향후기간의 현금흐름 수준 또는 관리인이 조사하여 예상한 향후 현금흐름 수준이 유지된다면 본 회생계획안을 성실히 수행할 수 있을 것으로 자신하고 있습니다.

회생담보권자를 비롯한 회생채권자 및 이해관계자 여러분의 적극적인 지원과 배려가 수반된다면 본 채무자는 정상적인 근무생활로 사회적 책임을 다하고 충분히 갱생할 수 있으리라 판단하여 이에 관리인은 본 회생계획안을 입안하기에 이른 것입니다.

제2절 자산 및 부채의 현황

조사위원인 ○○회계법인의 20○○년 05월 14일 현재의 자산·부채 조사결과에 따라 자산 및 부채는 다음과 같습니다.

-. 채무자의 총자산은 5,515,883,367원 이지만 청산가치 기준은 3,681,775,094원입니다.
-. 채무자의 총 부채는 7,865,095,661원입니다. 이 중 회생담보권 시인액이 4,786,082,024원이고, 회생채권액 시인액이 2,853,090,973원이며, 조세 및 벌금채권이 128,062,440원이고, 공익(임금)채권이 97,860,224원입니다.

제3절 청산시 예상배당률

조사위원 ○○회계법인의 20○○년 05월 14일 현재의 경제적 개념에 따른 채권구분에 의하여 청산시 채권자 조별 배당액과 배당률은 다음과 같습니다.

(단위 : 원)

채권구분	채권금액	배당액	배당률(%)
임금채권	97,860,224	97,860,224	100.00
조세 및 벌금채권	128,062,440	128,062,440	100.00
회생담보권	4,786,082,024	3,296,059,648	68.87
(*)회생채권(금융기관)	966,534,192	54,132,584	5.60

회생채권(상거래, 대여금)	1,886,556,781	105,660,198	5.60
합 계	7,865,095,661	3,681,775,094	46.81

(*) ㅇㅇ보증보험(주)의 미확정채권 1,168,947원이 청산시에는 포함된 금액임.

상기 결과에서 보듯이 채무자가 청산하는 경우 채권액 대비 회생담보권자의 경우 68.87%, 회생채권자의 경우 채권액 대비 5.60%의 배당이 이루어지며 전체적인 청산 배당률은 46.81%입니다.

제4절 변제할 채권의 내역

변제가능액을 산정함에 있어 채무자의 청산시 무담보 회생채권의 예상청산배당율보다 높은 수준의 채권회수율이 확보되도록 하여 채권자에 대한 최선의 이익을 도모하는 한편 채무자의 회생을 전제로 하여 공정성과 형평성의 이념에 입각하여 권리변경과 변제방법의 기준을 마련하였습니다.

구체적으로 회생절차 개시결정 이후 채권조사기일(20○○년 07월 07일자 관리인의 채권시·부인표)에서 시인한 채권액의 회생계획안 작성대상 확정채권의 내역은 다음과 같습니다.

- 구체적인 회생변제계획안 총괄표는 별표 1과 같다.

- 다 음 -

(단위 : 원)

구분	시인된 채권액			면제금액	현금변제 금액
	원 금	개시 전 이자	합 계		
(*)임금채권	97,860,224	0	97,860,224	0	97,860,224
조세 및 벌금채권	106,940,380	21,122,060	128,062,440	0	128,062,440
회생담보권	4,622,199,217	163,882,807	4,786,082,024	0	4,786,082,024
회생채권(금융기관)	923,218,823	42,146,422	965,365,245	386,146,098	579,219,147
회생채권(상거래, 대여금)	1,566,901,868	19,654,913	1,586,556,781	634,622,712	951,934,069
회생채권(임대보증금)	300,000,000	0	300,000,000	-. 임대차 계약이 만료되거나 중도에 적법하게 해지되는 경우 제3자에게 임대하여 받는 임대차보증금 또는 신규임대차보증금으로 종전 임대차보증금을 반환	

				-. 임대목적물이 매각되는 경우 법률에 정해진 순서에 따라 변제. 만약, 법률에 정해진 순서에 따라 변제받을 때 원금의 60%미만인 경우 원금의 60%의 차액을 제10차년도말에 변제.	
합 계	7,617,120,512	246,806,202	7,863,926,714	1,020,768,810	6,543,157,904

(*) 임금채권은 재직 중인 직원들의 퇴직금입니다.

제5절 권리변경과 변제방법의 요지

1. 회생담보권의 권리변경과 변제방법

가. 원금 및 개시 전 이자

개시 전 이자는 원금과 가산하여 변제하는 것으로 하며, 회생담보채권의 4,786,082,024원에 대해 전액 변제한다. 회생담보권의 지급은 준비년도(20○○년)에 회생담보권 1번 (주)○○은행(채권액: 29,623,668원 / 담보목적물: ○○○○스파&리조트(콘도)회원권 / 회원권가격: 49,000,000원)의 담보목적물과 회생담보권 5번 (주)○○○○은행(채권액: 52,009,647원 / 담보목적물: (주)클럽 ○○○, 골프장회원권(회원번호 K11111111) / 회원권가격: 62,000,000원)의 담보목적물을 12월 말일까지 일시에 처분하여 변제한다. 그리고 나머지 회생담보채권 4,704,448,709원에 대해서 제1차년도(20○○년)부터 제6차년도(20○○년)까지는 각 10%를, 제7차년도(20○○년)부터 제8차년도(20○○년)까지는 각 15%를, 제9차년도(20○○년)에는 10%를 현금 변제한다.

나. 개시 후 이자

개시 후 이자율은 준비년도(20○○년)부터 제1차년도(20○○년)까지는 연 1.0%를, 제2차년도(20○○년)부터 제9차년도(20○○년)까지는 연 3.0%의 이율을 적용한다. 개시 후 이자는 발생연도 변제기일에 현금 변제한다.

2. 회생채권의 권리변경과 변제방법

가. 금융기관

① 금융기관 회생채권의 개시 전 이자는 원금과 가산하여 변제하는 것으로 하였으며, 원금의 40%는 면제하며, 나머지 원금 60%에 대해서 제1차년도(20○○

년)부터 제4차년도(20○○년)까지 각 6%를, 제5차년도(20○○년)에는 4%를, 제6차년도(20○○년)에는 8%를, 제7차년도(20○○년)부터 제9차년도(20○○년)에는 각 6%를, 제10차년도(20○○년)에는 46%를 현금 변제한다.

② 개시 후 이자는 전액을 면제한다.

나. 상거래, 대여금

① 상거래, 대여금 회생채권의 개시 전 이자는 원금과 가산하여 변제하는 것으로 하였으며, 원금의 40%는 면제하고, 나머지 원금 60%에 대해서는 채권금액이 5백만원 미만인 채권은 제1차년도(20○○년)에 전액 변제하며, 채권금액이 5백만원 이상인 채권은 제1차년도(20○○년)부터 제7차년도(20○○년)까지 각 1%를, 제8차년도(20○○년)부터 제10차년도(20○○년)까지 각 31%를 현금 변제한다.

② 개시 후 이자는 전액을 면제한다.

다. 임대보증금

① 임대차계약이 만료되거나 중도에 적법하게 해지되어 그 반환사유가 발생한 경우(임대목적물의 명도)에는 해당 임대목적물을 제3자에게 임대하여 받는 임대보증금으로 또는 신규임대차보증금으로 종전 임대차보증금을 반환한다.

② 임대목적물이 매각되는 경우에는 임대차계약이 승계되지 않은 채권자의 경우 매각대금으로 법률에 정해진 순위에 따라 변제한다.

③ 위 변제방법에 의하여 변제받지 못한 금액이 원금의 60%미만인 경우에는 변제받지 못한 금액과 원금의 60%의 차액을 제10차년도말에 변제한다.

라. 미확정 회생채권

권리가 확정되면 각 해당 채권에 관하여 회생계획안에서 규정한 금융기관 회생채권에 대한 권리변경 및 변제방법을 적용한다. 목록에 포함되지 아니한 우발채무는 법원의 허가를 얻어 권리변경과 변제방법을 정하여 변제한다.

마. 조세 및 벌금채권

① 원금은 우선 지급해야 할 채권이므로 준비년도(20○○년)에 전액 변제한다.

② 인가일 이전까지 발생한 가산금 및 중가산금에 대해서는 원금과 동일하게 변제한다.

3. 신고되지 아니한 채권의 처리

회생담보권자 및 회생채권자의 목록에 기재되지 않고 신고되지 아니한 회생담보권 및 회생채권은 그 권리가 소멸되는 것으로 하였습니다.

4. 장래의 구상권

회생절차 개시결정 이후 혹시라도 채무자를 위한 보증인이나 물상보증인(담보 목적물의 제3취득자를 포함한다.) 또는 기타 제3자가 자기의 출재로 인하여 회생담보권 또는 회생채권자에게 변제한 경우에는 채무자에 대하여 구상권을 취득하는 것으로 하였습니다.

또한, 구상권자는 채권자의 권리변경 전에 채권이 회생절차 또는 기타의 사유로 인하여 모두 소멸된 경우에 한하여 자기의 구상권을 행사할 수 있으며, 채무자는 회생계획에 의하여 변제하여야 할 회생담보권 및 회생채권액의 잔액 범위 내에서 구상권자의 구상권 비율에 따라 변제하는 것으로 하였습니다.

5. 소송 중인 채권

회생계획안 제출일 현재 소송 중인 채권에 대하여는 소송결과 채무자의 채무로 확정되는 경우 회생채권에 준하여 변제할 예정입니다.

제6절 결 언

본 회생계획안은 채권자 및 기타 이해관계인의 이익을 최대한 보호하고, 채무자의 회생을 도모하여 채권자들에게 공정하고 형평에 맞는 회생계획을 수립하려고 노력하였습니다.

현재 채무자의 재무구조로는 금리부담이 가중되어 예정된 기간 내에 회생할 가망이 없어 회생담보권의 경우 원금 전액을 변제하며, 개시 후 이자와 관련하여 비교적 낮은 비율을 준비년도(20○○년)부터 제1차년도(20○○년)까지는 연 1.0%를, 제2차년도(20○○년)부터 제9차년도(20○○년)까지는 연 3.0%를 적용하여 변제하는 것으로 하였습니다. 또한 회생채권(금융기관, 상거래, 대여금)의 경우는 원금과 개시 전 이자에 대해서는 60%를 현금 변제하는 것으로 하였으며, 개시 후 이자는 인가시에 전액 면제받는 것으로 하였습니다. 그리고 회생채권(임대보증금)의 경우 임대차계약이 만료되거나 중도에 적법하게 해지되어 그 반환사유가 발생한 경우(임대목적물의 명도)에는 해당 임대목적물을 제3자에게 임대하여 받는 임대보증금으로 또는 신규임대차보증금으로 종전 임대차보증금을 반환하는 것으로 하였습니다. 임대목적물이 매각되는 경우에는 임대차계약이 승계되지 않는 채권자의 경우 매각대금으로 법률에 정해진 순위에 따라 변제하는 것으로 하였으며, 변제방법에 의하여 변제받지 못한 금액이 원금의 60%미만인 경우에는 변제받지 못한 금액과 원금의 60%의 차액을 제10차년도말에 변제하는 것으로 하였습니다. 마지막으로 조세 및 벌금 채권은 우선 지급해야 하는 채권이기에 원금과 인가일 이전까지 발생한 가산금 및 중가산금에 대해서 준비년도(20○○년)에 전액 변제하는 것으로 하였습니다. 이 점 양해 바랍니다.

채무자의 현 상황은 재정적인 궁핍상황에 처해 있습니다. 그러므로 곧바로 회생절차를 진입하더라도 충실한 변제를 할 수 없는 실정이므로 회생준비년도인 20○○년은 영업정상화를 위해 노력하고, 20○○년을 제1차회계년도로 하여 그 변제를 시작하는 것으로 계획을 수립하였습니다.

채무자의 재정적 파탄으로 인하여 회생담보권 및 회생채권에 대한 일부 권리변경 및 변제기간을 유예할 수밖에 없었던 점에 대하여 송구스럽게 생각하고 있으며, 본 회생계획안의 원만한 수행을 위해서는 채권자 여러분의 희생과 인내를 전제로 하고 있다는 사실을 깊이 인식하고 회생계획안 인가를 계기로 채무자는 새로운 결의로써 회생계획 수행에 필요한 최대한의 노력을 기울이고자 합니다.

제 3 장

회생계획안의 내용 및 조항

제3장 회생계획안의 내용 및 조항

제1절 총 칙

1. 용어의 정의

가. 개시 전 이자

"개시 전 이자"라 함은 회생절차 개시결정일 전일(20○○년 05월 14일)까지 회생담보권 및 회생채권에 대하여 발생한 이자, 연체이자, 지연손해금 등으로 조사기간 안에 또는 특별조사기일에 시인되어 확정된 것을 말한다.

나. 개시 후 이자

"개시 후 이자"라 함은 회생절차 개시결정일(20○○년 05월 15일)부터 회생담보권 및 회생채권에 대한 원금변제가 완료되는 시점까지 미변제 원금에 대하여 발생하는 이자 및 지연손해금을 말한다.

다. 준비연도

"준비연도"라 함은 회생절차 개시결정일(20○○년 05월 15일)부터 20○○년 12월 31일까지를 말한다.

라. 회생계획기간

"회생계획기간"이라 함은 준비연도(20○○년)와 그 다음연도인 20○○년부터 10년간의 기간으로 하고, 20○○년 12월 31일에 종료하는 것으로 한다.

마. 제1차 연도

"제1차 연도"라 함은 준비연도의 다음 연도인 20○○년 01월 01일부터 같은 해 12월 31일까지를 말하며, 제2차 연도 이후의 각 연도는 순차적으로 매년 1월 1일부터 같은 해 12월 31일까지로 한다.

바. 인 가 일

"인가일"이라 함은 본 회생계획안이 법원으로부터 인가된 날을 말한다.

사. 금융기관

"금융기관"이라 함은 ㈜○○은행, ○○○○협동조합, ㈜○○씨티은행, ○○

카드(주), ○○캐피탈(주), ○○카드(주), ○○카드(주), ○○카드(주), ○○○○○은행, ㈜○○은행, ○○카드(주), ○○보증기금을 말한다.

아. 대여채무

"대여채무"라 함은 채무자가 금융기관 등으로부터 대출 등에 의하여 금융을 제공받음으로써 부담하는 채무를 말한다.

자. 상거래채무

"상거래채무"라 함은 채무자가 병원을 운영하기 위해 거래하고 있는 업체들에게 부담하는 채무를 말한다.

차. 기 타

기타 본 회생계획안의 용어 및 문구 해석에 이의가 있을 경우 채무자 회생 및 파산에 관한 법률의 취지에 따라 해석하되 다툼이 있는 경우에는 회생사건을 담당하는 법원의 해석에 따른다.

2. 일반규정

가. 변제기일

본 회생계획안에 의하여 매년 변제할 원금 및 이자는 해당 연도 12월 30일(단, 공휴일인 경우에는 그 직전 영업일)에 변제하며, 위 변제기일 전이라도 법원의 허가를 얻은 경우에는 수시로 변제할 수 있다.

관리인은 법원의 허가를 얻어 분할변제액의 전부 또는 일부에 관하여 할인율 6.65%에 의하여 계산된 조기 변제일에 있어서의 현재가치 상당액을 회생채권자의 전부에 대하여 조기변제 할 수 있다. 이 경우 법원의 허가를 얻은 날부터 1개월 이내의 날을 조기 변제일로 정하여야 한다.

나. 변제장소, 회생채권·회생담보권 변제시 채권자 확인방법

회생담보권·회생채권의 변제는 채무자의 본점 소재지(또는 채무자의 주된 영업소·주소지)에서 한다. 단, 금융기관에 대해서는 해당 금융기관의 본·지점으로 할 수 있다.

회생담보권 및 회생채권의 변제시 법인은 법인등기부등본·법인인감증명서를, 개인은 신분증·인감증명서를, 채권자의 대리인은 채권자 본인의 위임장을 제

시하여야 하며, 채무자는 회생담보권자 및 회생채권자가 제시한 서류로 채권자 본인임을 확인한 후 변제한다. 다만, 회생담보권자 및 회생채권자가 미리 지정한 금융기관의 계좌로 입금하는 방식으로 변제할 수 있으며, 회생담보권자 및 회생채권자가 금융기관인 경우 위와 같은 채권자 확인절차를 거치지 아니하고 해당 금융기관이 발생한 상환확인서 또는 상환영수증으로 이에 갈음할 수 있다.

다. 변제충당순서

1) 본 회생계획안 인가일 이후의 회생담보권 및 회생채권의 변제충당 순서는 원금·개시 전 이자·개시 후 이자의 순으로 한다.
2) 변제재원의 부족으로 변제계획에 따라 당해 연도 회생채권을 전액 변제할 수 없는 경우에는 회생담보권 원금·회생채권 원금의 순으로 당해연도 변제예정금액에 비례하여 변제하며, 나머지가 있을 경우에 회생담보권 이자·회생채권의 이자 순으로 당해 연도 변제예정금액에 비례하여 변제하되 당해 연도 변제예정액 중 미변제분은 다음 연도 변제기일에 우선하여 변제한다.
3) 금융기관 회생담보권 및 회생채권에 대한 대출과목별 변제충당순서는 회생담보권 및 회생채권별 변제금액의 범위 내에서 해당 금융기관이 정하는 바에 따른다.

라. 채권양도·대위변제의 특례

회생담보권자 또는 회생채권자에 관하여 개시결정일 이후 채권양도·대위변제 등의 원인으로 채권자가 변경되었다 하더라도 채권이 승계취득자에 대하여 개시결정일 당시의 채권자 및 채권액을 기준으로 하여 본 회생계획안의 권리변경과 변제방법을 적용한다. 채권자의 변경으로 인하여 종전의 회생담보권 또는 회생채권에 관하여 수인의 채권자가 있게 된 경우에는 각 채권자들의 채권액 비율에 따라 배분하여 권리변경 및 변제방법을 적용한다.

마. 변제 미이행시 처리

본 회생계획안에 따른 채무의 변제기일에 이행하지 못할 경우에는 미변제 금액에 대하여 변제기일 다음 날부터 실제 변제일까지 실제 변제일 당일 해당은행의 일반자금대출 연체 이자율을 적용하여 변제한다. 연체이자율이 없는 채권자에 대해서는 (주)○○은행의 일반자금대출 연체이자율을 적용하여 변제한다.

바. 기한의 이익 상실

회생절차가 폐지되는 경우에는 회생담보권 및 회생채권에 관하여 본 회생계획안에 정한 변제기일에도 불구하고 그 변제기가 도래하는 것으로 본다.

사. 외화표시채권의 원화환산기준

외화표시채권은 외화로 변제하거나 변제 당일에 ○○은행이 최초로 고시하는 대고객 전신환매도율로 환산한 원화로 변제한다. 단, 외화표시 채권을 원화로 대위변제한 구상금채권자에 대하여는 대위변제한 시점의 결제 은행 대고객전신환매도율을 적용하여 환산한 원화로 변제한다.

아. 변제금액의 확정

회생계획안의 채권별 변제방법에 의해 산정된 금액 및 변제일이 별첨 채권별 변제계획의 금액 및 변제일과 상이한 경우에는 회생계획안 본문에서 정한 변제방법에 의해 산정된 변제금액 및 변제일을 기준으로 변제한다.

자. 회계연도

본 회생계획안의 회계연도 표시는 매년 1월 1일부터 12월 31일까지로 한다.

제 4 장

회생담보권 및 회생채권에 대한 권리변경과 변제방법

제4장 회생담보권 및 회생채권에 대한 권리변경과 변제방법

제1절 회생담보권에 대한 권리변경과 변제방법

1. 회생담보권의 내역

채무자가 변제하여야 할 회생담보권의 내역은 다음과 같습니다.

(단위 : 원)

신고번호 (목록번호)	채권자	설정 순위	시인된 채권액		
			원 금	개시 전 이자	합 계
28 (회생담보권 1)	(주)ㅇㅇ은행	1	3,222,181,158	126,940,920	3,349,122,078
11 (회생담보권 5)	(주)ㅇㅇㅇㅇ은행	1	50,000,000	2,009,647	52,009,647
5 (회생담보권 7)	ㅇㅇ캐피탈코리아(주)	1	36,018,059	0	36,018,059
30 (회생담보권 8)	ㅇㅇ보증기금(ㅇㅇ지점)	2	1,314,000,000	34,932,240	1,348,932,240
합 계			**4,622,199,217**	**163,882,807**	**4,786,082,024**

2. 권리변경과 변제방법

가. 원금 및 개시 전 이자

개시 전 이자는 원금과 가산하여 변제하는 것으로 하며, 회생담보채권의 4,786,082,024원에 대해 전액 변제한다. 회생담보권의 지급은 준비년도(20○○년)에 회생담보권 1번 (주)○○은행(채권액: 29,623,668원 / 담보목적물: ○○○○스파&리조트(콘도)회원권 / 회원권가격: 49,000,000원)의 담보목적물과 회생담보권 5번 (주)○○○○은행(채권액: 52,009,647원 / 담보목적물: (주)클럽 ○○○, 골프장회원권(회원번호 K111111111) / 회원권가격: 62,000,000원)의 담보목적물을 12월 말일까지 일시에 처분하여 변제한다. 그리고 나머지 회생담보채권 4,704,448,709원에 대해서 제1차년도(20○○년)부터 제6차년도(20○○년)까지는 각 10%를, 제7차년도(20○○년)부터 제8차년도(20○○년)까지는 각 15%를, 제9차년도(20○○년)에는 10%를 현금 변제한다.

나. 개시 후 이자

개시 후 이자율은 준비년도(20○○년)부터 제1차년도(20○○년)까지는 연

1.0%를, 제2차년도(20○○년)부터 제9차년도(20○○년)까지는 연 3.0%의 이율을 적용한다. 개시 후 이자는 발생연도 변제 기일에 현금 변제한다.

3. 권리변경 및 변제방법에 따른 채권자별 내역

가. 채무자가 변제해야 할 회생담보권의 권리변경과 변제방법에 따른 채권자별 내역

－. 구체적인 변제 계획의 상세내역은 별표 2와 같다.

(단위 : 원)

신고번호 (목록번호)	채 권 자	설정 순위	시인된 채권액			면제 금액	현금변제 금액
			원 금	개시 전 이자	합 계		
28 (회생담보권 1)	(주)○○은행	1	3,222,181,158	126,940,920	3,349,122,078	0	3,349,122,078
11 (회생담보권 5)	(주)○○ ○○은행	1	50,000,000	2,009,647	52,009,647	0	52,009,647
5 (회생담보권 7)	○○캐피탈 코리아(주)	1	36,018,059	0	36,018,059	0	36,018,059
30 (회생담보권 8)	○○보증기금 (○○지점)	2	1,314,000,000	34,932,240	1,348,932,240	0	1,348,932,240
합 계			4,622,199,217	163,882,807	4,786,082,024	0	4,786,082,024

4. 담보권의 존속에 관한 규정

가. 담보권의 존속

회생담보권자의 담보권은 본 회생계획안에 의하여 권리 변경된 회생담보권을 피담보하는 담보권으로서 종전의 순위에 따라 존속한다. 그러나 회생담보권으로 인정되지 아니한 담보권과 담보목적의 지상권 등은 소멸한다.

나. 담보권의 해지

채무자가 담보물건을 매각할 경우, 매매계약이 완료된 후 소유권 이전 등기 등을 할 경우 법원은 해당물건에 관한 회생담보권의 담보권 말소 촉탁을 할 수 있다.

본 회생계획안에 따라 채무자가 회생담보권 중 변제할 금액에 해당하는 채무를 변제하는 경우에는 채무자의 재산상에 있는 모든 담보권(담보권자가 채무자에게 가지고 있는 근저당권, 양도담보권, 질권 등)은 소멸되며, 담보권자는 소멸 즉시 근저당권의 경우 근저당권 등기의 말소, 양도담보의 경우 동산의 인도, 견질 및 담보조로 제공한 유가증권의 변환 등 담보권의 소멸 및 그에

따른 처리에 필요한 제반절차를 즉시 이행하여야 한다. 담보권자가 즉시 위 필요서류를 제출하지 않았을 때에는 담보권의 말소에 필요한 서류를 청구하여 말소하거나 법원에 촉탁에 의하여 말소한다.

다. 보험사고 발생시의 처리방법에 관한 규정

1) 관리인은 보험계약이 만료된 때에는 계속하여 보험계약을 체결한다.

2) 관리인이 위와 같은 담보목적물에 대한 보험가입의무를 이행하지 않을 경우 회생담보권자는 보험료를 지불하여 보험계약을 체결할 수 있으며, 보험료로 지출된 금액은 채무자에 대한 공익채권으로 본다. 채무자는 이를 우선적으로 변제하여야 하며, 그 원금에 대하여 보험료 지급일부터 은행의 일반대출 연체이율에 따른 지연손해금(또는 본 회생계획안에 따른 회생담보권의 개시 후 이자율에 따른 이자)을 지급하여야 한다.

3) 보험에 가입되어 있는 담보목적물에 대하여 보험사고가 발생한 경우, 관리인은 법원의 허가를 얻어 해당 보험금을 이재물건의 복구에 사용하여야 하며, 복구된 물건에 대하여는 잔존 회생담보권을 피담보채권으로 하여 종전의 순위에 따라 담보권을 설정하여야 한다.

4) 관리인이 보험금으로 이재물건을 복구하지 아니할 경우에는 당해 이재물건에 설정되어 있는 담보권의 순위에 따라 본 회생계획안에 의하여 변제하여야 할 회생담보권의 범위 내에서 조기 변제하되 당해 담보목적물의 회생담보권의 원금·개시 전 이자·개시 후 이자 순으로 변제하고, 남는 것이 있으면 같은 방법으로 다음 연도 회생담보권을 변제한다.

5) 관리인이 이재물건의 복구나 채권 변제에 사용하고 남는 보험금은 법원의 허가를 얻어 채무자의 운영자금으로 사용할 수 있다.

라. 담보권자의 물상대위권 행사와 관련한 처리방법에 관한 규정

1) 회생담보권자의 담보목적물이 훼손된 경우 당해 담보목적물의 복구가 가능한 경우에는 관리인은 법원의 허가를 얻어 해당 담보목적물의 멸실·훼손·공용징수로 인하여 지급되는 손해배당금이나 보상금을 수령하여 담보목적물의 복구에 사용하여야 하며, 복구된 물건에 대하여는 잔존 회생담보권을 피담보채권으로 하여 종전의 순위에 따라 담보권을 설정하여야 한다.

2) 회생담보권자의 담보목적물이 멸실·공용징수되거나 또는 훼손된 경우, 관리인이 손해배상금이나 보상금을 수령하여 담보목적물을 복구하지 아니하는 때에는 그 담보목적물에 설정되어 있는 담보권의 순위에 따라 본 회생계획안에

의하여 변제하여야 할 회생담보권의 범위 내에서(6.5%의 현가율을 적용하여) 조기변제 하되 당해 담보목적물의 회생담보권을 모두 변제하기에 부족한 경우에는 변제기일이 먼저 도래하는 회생담보권의 원금·개시 전 이자·개시 후 이자 순으로 변제하고, 남는 것이 있으면 같은 방법으로 다음 연도 회생담보권을 변제한다.

3) 관리인이 담보목적물의 복구나 회생담보권의 변제에 사용하고 남는 금원은 법원이 허가를 얻어 채무자의 운영자금으로 사용할 수 있다.

마. 담보목적물 매각위임에 관한 규정

담보목적물이 본 회생계획안의 매각예정연도 내에 매각되지 않을 경우, 관리인은 회생담보권자들이 요청하는 바에 따라 법원의 허가를 얻어 당해 담보목적물에 관한 최우선 순위 회생담보권자에게 그 매각을 위임할 수 있다. 이 경우 최우선 순위 회생담보권자는 담보목적물을 매각함에 있어 그 매각 조건에 관하여 관리인을 통하여 법원을 허가를 얻어야 하며, 매각 위임일 다음날부터 실제 변제일까지는 그 담보목적물의 처분으로 인한 변제 예상금액에 대한 연체이자는 발생하지 않는다.

바. 담보물건 매각대금의 처리

채무자가 담보물건을 매각할 경우에는 매각대금에서 그 처분으로 인하여 발생하는 제세금 및 매각관련 기타 비용을 공제할 실입금액으로 시인된 담보평가액 범위 내에서 조기 변제하되, 당해 담보목적물의 회생담보권을 모두 변제하기에 부족한 경우에는 그 회생담보권의 변제는 원금·개시 전 이자·개시 후 이자 순으로 변제하고, 같은 순위의 것 중에서는 변제기일이 먼저 도래하는 순서에 따르며, 잔여 회생담보채권은 본 회생계획안에 의한 회생채권 변제방법에 따라 변제한다. 담보목적물에 대한 회생담보권자가 복수일 경우에는 회생담보권자의 담보권 순위에 따라 순차적으로 변제하고, 동순위 회생담보권자가 있을 경우에는 그 회생담보권자의 채권액 비율에 비례하여 변제한다. 회생담보권을 변제한 후 남는 처분대금은 법원의 허가를 받아 해당 담보권자 중 채권액이 담보권을 초과하여 회생채권으로 시인된 채권을 이 회생계획안에서 정하는 조기 변제시의 할인율을 적용하여 조기 변제할 수 있다. 그 후 초과액은 법원의 허가를 받아 채무자의 공익채권 변제, 운전자금, 회생채권 변제자금으로 사용한다.

제2절 회생채권에 대한 권리변경과 변제방법

1. 금융기관 회생채권에 대한 권리변경과 변제방법

가. 채권의 내역

1) 채무자가 금융기관 채무자(금융기관 채권)로서 변제해야 할 일반회생채권의 내역은 다음과 같다.

(단위 : 원)

신고번호 (목록번호)	채 권 자	시인된 채권액		
		원 금	개시 전 이자	합 계
26 (회생채권 1)	(주)ㅇㅇ은행	325,330,246	16,725,106	342,055,352
33,34 (회생채권 2)	ㅇㅇㅇㅇ협동조합	113,406,646	3,931,337	117,337,983
23 (회생채권 3)	(주)ㅇㅇ씨티은행	106,110,666	3,621,768	109,732,434
(회생채권 4)	ㅇㅇ카드(주)	45,863,358	1,051,586	46,914,944
25 (회생채권 5)	ㅇㅇ캐피탈(주)	22,040,047	347,881	22,387,928
14 (회생채권 6)	ㅇㅇ카드(주)	301,300	1,605	302,905
추완 46 (회생채권 7)	ㅇㅇ카드(주)	252,772	0	252,772
(회생채권 8)	ㅇㅇ카드(주)	7,010,321	287,078	7,297,399
추완 38 (회생채권 9)	ㅇㅇㅇㅇㅇ은행(ㅇㅇ지점)	61,702,120	1,598,813	63,300,933
28 (회생담보권 1)	(주)ㅇㅇ은행	215,362,181	0	215,362,181
14 (회생담보권 6)	ㅇㅇ카드(주)	25,839,166	3,705,308	29,544,474
30 (회생담보권 8)	ㅇㅇ보증기금(ㅇㅇ지점)	0	10,875,940	10,875,940
합 계		**923,218,823**	**42,146,422**	**965,365,245**

나. 권리변경 및 변제방법

1) 채무자가 금융기관 채무자(금융기관 채권)로서 변제해야 할 일반회생채권의 권리변경과 변제방법

① 금융기관 회생채권의 개시 전 이자는 원금과 가산하여 변제하는 것으로 하였으며, 원금의 40%는 면제하며, 나머지 원금 60%에 대해서 제1차년도(20○○년)부터 제4차년도(20○○년)까지 각 6%를, 제5차년도(20○○년)에는 4%를, 제6차년도(20○○년)에는 8%를, 제7차년도(20○○년)부터 제9차년도(20○○년)에는 각 6%를, 제10차년도(20○○년)에는 46%를 현금 변제한다.

② 개시 후 이자는 전액을 면제한다.

다. 권리변경 및 변제방법에 따른 채권자별 내역

1) 채무자가 금융기관 채무자(금융기관 채권)로서 변제해야 할 일반회생채권의 권리변경과 변제방법에 따른 채권자별 내역

-. 구체적인 변제 계획의 상세내역은 별표 3과 같다.

(단위 : 원)

신고번호 (목록번호)	채 권 자	시인된 채권액			면제금액	현금변제 금액
		원 금	개시 전 이자	합 계		
26 (회생채권 1)	(주)ㅇㅇ은행	325,330,246	16,725,106	342,055,352	136,822,141	20,523,3211
33,34 (회생채권 2)	ㅇㅇㅇㅇ협동조합	113,406,646	3,931,337	117,337,983	46,935,193	70,402,790
23 (회생채권 3)	㈜ㅇㅇㅇㅇ은행	106,110,666	3,621,768	109,732,434	43,892,974	65,839,460
(회생채권 4)	ㅇㅇ카드(주)	45,863,358	1,051,586	46,914,944	18,765,978	28,148,966
25 (회생채권 5)	ㅇㅇ캐피탈(주)	22,040,047	347,881	22,387,928	8,955,171	13,432,757
14 (회생채권 6)	ㅇㅇ카드(주)	301,300	1,605	302,905	121,162	181,743
추완 46 (회생채권 7)	ㅇㅇ카드(주)	252,772	0	252,772	101,109	151,663
(회생채권 8)	ㅇㅇ카드(주)	7,010,321	287,078	7,297,399	2,918,960	4,378,439
추완 38 (회생채권 9)	ㅇㅇㅇㅇㅇ은행 (ㅇㅇ지점)	61,702,120	1,598,813	63,300,933	25,320,373	37,980,560
28 (회생담보권 1)	(주)ㅇㅇ은행	215,362,181	0	215,362,181	86,144,872	129,217,309
14 (회생담보권 6)	ㅇㅇ카드(주)	25,839,166	3,705,308	29,544,474	11,817,790	17,726,684

30 (회생담보권 8)	ㅇㅇ보증기금 (ㅇㅇ지점)	0	10,875,940	10,875,940	4,350,376	6,525,564
합 계		923,218,823	42,146,422	965,365,245	386,146,098	579,219,147

2. 상거래 및 대여금 회생채권에 대한 권리변경과 변제방법

가. 채권의 내역

1) 채무자가 상거래 및 대여금채무자(상거래 및 대여금 채권)로서 변제해야 할 일반회생채권의 내역은 다음과 같다.

(단위 : 원)

신고번호 (목록번호)	채 권 자	시인된 채권액		
		원 금	개시 전 이자	합 계
(회생채권 11)	(주)ㅇㅇ약품	145,052,609	0	145,052,609
(회생채권 12)	(주)ㅇㅇㅇ	7,403,307	0	7,403,307
(회생채권 13)	(주)ㅇㅇㅇㅇ (구, (주)ㅇ제약)	821,616	0	821,616
추완 40 (회생채권 14)	(재)ㅇㅇㅇ의학연구소	1,047,238	0	1,047,238
(회생채권 15)	(주)ㅇㅇㅇㅇㅇ	1,302,000	0	1,302,000
(회생채권 16)	ㅇㅇㅇ (ㅇㅇ가스)	2,073,600	0	2,073,600
18 (회생채권 17)	ㅇㅇㅇ (ㅇㅇㅇㅇㅇㅇ지사)	1,072,000	0	1,072,000
(회생채권 18)	ㅇㅇㅇ (ㅇㅇ)	564,600	0	564,600
7 (회생채권 19)	(주)ㅇㅇ메디칼	47,156,092	0	47,156,092
21 (회생채권 20)	ㅇㅇ약품(주)	3,888,255	0	3,888,255
15 (회생채권 21)	(주)ㅇㅇ메디칼	13,143,990	0	13,143,990
2 (회생채권 22)	ㅇㅇ약품(주)	5,694,236	0	5,694,236
(회생채권 23)	(주)ㅇㅇㅇㅇ	1,560,000	0	1,560,000

8 (회생채권 24)	○○○ (○○문화사)	2,876,500	0	2,876,500
27 (회생채권 25)	○○○ (○○모드)	1,599,500	0	1,599,500
(회생채권 26)	○○○ (○○문화사)	520,000	0	520,000
20 (회생채권 27)	○○실업(주)	14,000,000	0	14,000,000
9 (회생채권 28)	○○○ (○○위생공사)	2,622,500	0	2,622,500
(회생채권 29)	(주)○○칩	66,236,840	0	66,236,840
1 (회생채권 31)	○○○외 8명 (○○전기 안전관리공사)	1,200,000	0	1,200,000
(회생채권 32)	○○○ (○○산업)	114,000	0	114,000
4 (회생채권 33)	(주)○○수산	2,049,900	0	2,049,900
32 (회생채권 34)	○○○○협동조합	9,840,000	0	9,840,000
36 (회생채권 35)	○○○ (○○○세무사무소)	4,310,000	0	4,310,000
12 (회생채권 36)	(주)○○환경	3,000,000	0	3,000,000
(회생채권 37)	○○○ (○○가스)	1,788,400	0	1,788,400
31 (회생채권 38)	(주)○○테크노	209,000	0	209,000
(회생채권 39)	(주)○○○○○○○	297,000	0	297,000
추완 37 (회생채권 40)	○○제약(주)	5,388,900	0	5,388,900
(회생채권 42)	○○산업 안전관리원	660,000	0	660,000
(회생채권 44)	○○○ (○○환경)	800,000	0	800,000
(회생채권 45)	(주)○○엘리베이터	480,000	0	480,000

(회생채권 46)	(주)ㅇㅇ	432,000	0	432,000
(회생채권 51)	ㅇㅇㅇ (ㅇㅇㅇㅇ시스템)	715,000	0	715,000
(회생채권 60)	ㅇㅇㅇ	130,000,000	0	130,000,000
(회생채권 61)	ㅇㅇㅇ	265,000,000	0	265,000,000
35 (회생채권 62)	ㅇㅇ건설(주)	62,821,917	0	62,821,917
(회생채권 63)	ㅇㅇㅇ	20,000,000	0	20,000,000
(회생채권 64)	ㅇㅇㅇ	42,000,000	0	42,000,000
3 (회생채권 65)	ㅇㅇㅇ (ㅇㅇㅇㅇ)	432,000	0	432,000
16 (회생채권 66)	ㅇㅇㅇ	35,000,000	10,969,862	45,969,862
19 (회생채권 67)	(주)ㅇㅇㅇ	52,924,547	5,420,241	58,344,788
추완 43 (회생채권 69)	ㅇㅇㅇ	45,000,000	0	45,000,000
추완 42 (회생채권 70)	ㅇㅇ건설(주)	66,798,204	3,264,810	70,063,014
추완 39 (회생채권 71)	(주)ㅇㅇ건설	47,006,117	0	47,006,117
(회생담보권 4)	ㅇㅇㅇ	450,000,000	0	450,000,000
합 계		**1,566,901,868**	**19,654,913**	**1,586,556,781**

나. 권리변경 및 변제방법

1) 채무자가 상거래 및 대여금채무자(상거래 및 대여금 채권)로서 변제해야 할 일반회생채권의 권리변경과 변제방법

① 상거래, 대여금 회생채권의 개시 전 이자는 원금과 가산하여 변제하는 것으로 하였고, 원금의 40%는 면제하며, 나머지 원금 60%에 대해서는 채권금액이 5백만원 미만인 채권은 제1차년도(20○○년)에 전액 변제하고, 채권금액이 5백만원 이상인 채권은 제1차년도(20○○년)부터 제7차년도(20○○년)까

지는 각 1%를, 제8차년도(20○○년)부터 제10차년도(20○○년)까지 각 31%를 현금 변제한다.

② 개시 후 이자는 전액을 면제한다.

다. 권리변경 및 변제방법에 따른 채권자별 내역

1) 채무자가 상거래 및 대여금채무자(상거래 및 대여금 채권)로서 변제해야 할 일반회생채권의 권리변경과 변제방법에 따른 채권자별 내역

-. 구체적인 변제 계획의 상세내역은 별표 3과 같다.

(단위 : 원)

신고번호 (목록번호)	채 권 자	시인된 채권액			면제금액	현금변제 금액
		원 금	개시 전 이자	합 계		
(회생채권 11)	(주)○○약품	145,052,609	0	145,052,609	58,021,044	87,031,565
(회생채권 12)	(주)○○○	7,403,307	0	7,403,307	2,961,323	4,441,984
(회생채권 13)	(주)○○○○ (구, (주)○제약)	821,616	0	821,616	328,646	492,970
추완 40 (회생채권 14)	(재)○○○의학연구소	1,047,238	0	1,047,238	418,895	628,343
(회생채권 15)	(주)○○○○○	1,302,000	0	1,302,000	520,800	781,200
(회생채권 16)	○○○ (○○가스)	2,073,600	0	2,073,600	829,440	1,244,160
18 (회생채권 17)	○○○ (○○○○○○지사)	1,072,000	0	1,072,000	428,800	643,200
(회생채권 18)	○○○ (○○)	564,600	0	564,600	225,840	338,760
7 (회생채권 19)	(주)○○메디칼	47,156,092	0	47,156,092	18,862,437	28,293,655
21 (회생채권 20)	○○약품(주)	3,888,255	0	3,888,255	1,555,302	2,332,953
15 (회생채권 21)	(주)○○메디칼	13,143,990	0	13,143,990	5,257,596	7,886,394
2 (회생채권 22)	○○약품(주)	5,694,236	0	5,694,236	2,277,694	3,416,542
(회생채권 23)	(주)○○○○	1,560,000	0	1,560,000	624,000	936,000

8 (회생채권 24)	ㅇㅇㅇ (ㅇㅇ문화사)	2,876,500	0	2,876,500	1,150,600	1,725,900
27 (회생채권 25)	ㅇㅇㅇ (ㅇㅇ모드)	1,599,500	0	1,599,500	639,800	959,700
(회생채권 26)	ㅇㅇㅇ (ㅇㅇ문화사)	520,000	0	520,000	208,000	312,000
20 (회생채권 27)	ㅇㅇ실업(주)	14,000,000	0	14,000,000	5,600,000	8,400,000
9 (회생채권 28)	ㅇㅇㅇ (ㅇㅇ위생공사)	2,622,500	0	2,622,500	1,049,000	1,573,500
(회생채권 29)	(주)ㅇㅇ칩	66,236,840	0	66,236,840	26,494,736	39,742,104
1 (회생채권 31)	ㅇㅇㅇ외 8명 (ㅇㅇ전기 안전관리공사)	1,200,000	0	1,200,000	480,000	720,000
(회생채권 32)	ㅇㅇㅇ (ㅇㅇ산업)	114,000	0	114,000	45,600	68,400
4 (회생채권 33)	(주)ㅇㅇ수산	2,049,900	0	2,049,900	819,960	1,229,940
32 (회생채권 34)	ㅇㅇㅇㅇ협동조합	9,840,000	0	9,840,000	3,936,000	5,904,000
36 (회생채권 35)	ㅇㅇㅇ (ㅇㅇㅇ세무사무소)	4,310,000	0	4,310,000	1,724,000	2,586,000
12 (회생채권 36)	(주)ㅇㅇ환경	3,000,000	0	3,000,000	1,200,000	1,800,000
(회생채권 37)	ㅇㅇㅇ (ㅇㅇ가스)	1,788,400	0	1,788,400	715,360	1,073,040
31 (회생채권 38)	(주)ㅇㅇ테크노	209,000	0	209,000	83,600	125,400
(회생채권 39)	(주)ㅇㅇㅇㅇㅇㅇㅇ	297,000	0	297,000	118,800	178,200
추완 37 (회생채권 40)	ㅇㅇ제약(주)	5,388,900	0	5,388,900	2,155,560	3,233,340
(회생채권 42)	ㅇㅇ산업 안전관리원	660,000	0	660,000	264,000	396,000
(회생채권 44)	ㅇㅇㅇ (ㅇㅇ환경)	800,000	0	800,000	320,000	480,000
(회생채권 45)	(주)ㅇㅇ엘리베이터	480,000	0	480,000	192,000	288,000

(회생채권 46)	(주)○○	432,000	0	432,000	172,800	259,200
(회생채권 51)	○○○ (○○○○시스템)	715,000	0	715,000	286,000	429,000
(회생채권 60)	○○○	130,000,000	0	130,000,000	52,000,000	78,000,000
(회생채권 61)	○○○	265,000,000	0	265,000,000	106,000,000	159,000,000
35 (회생채권 62)	○○건설(주)	62,821,917	0	62,821,917	25,128,767	37,693,150
(회생채권 63)	○○○	20,000,000	0	20,000,000	8,000,000	12,000,000
(회생채권 64)	○○○	42,000,000	0	42,000,000	16,800,000	25,200,000
3 (회생채권 65)	○○○ (○○○○)	432,000	0	432,000	172,800	259,200
16 (회생채권 66)	○○○	35,000,000	10,969,862	45,969,862	18,387,945	27,581,917
19 (회생채권 67)	(주)○○○	52,924,547	5,420,241	58,344,788	23,337,915	35,006,873
추완 43 (회생채권 69)	○○○	45,000,000	0	45,000,000	18,000,000	27,000,000
추완 42 (회생채권 70)	○○건설(주)	66,798,204	3,264,810	70,063,014	28,025,206	42,037,808
추완 39 (회생채권 71)	(주)○○건설	47,006,117		47,006,117	18,802,447	28,203,670
(회생담보권 4)	○○○	450,000,000	0	450,000,000	180,000,000	270,000,000
합 계		1,566,901,868	19,654,913	1,586,556,781	634,622,712	951,934,069

3. 회생채권(임대보증금)에 대한 권리변경과 변제방법

가. 채권의 내역

1) 채무자가 임대보증채무자로서 변제해야 할 회생채권의 내역은 다음과 같다.

(단위 : 원)

신고번호 (목록번호)	채 권 자	시인된 채권액		
		원 금	개시 전 이자	합 계
(회생담보권 2)	○○○	100,000,000	0	100,000,000

17 (회생담보권 3)	○○○	200,000,000	0	200,000,000
합 계		**300,000,000**	**0**	**300,000,000**

나. 권리변경 및 변제방법

① 임대차계약이 만료되거나 중도에 적법하게 해지되어 그 반환사유가 발생한 경우(임대목적물의 명도)에는 해당 임대목적물을 제3자에게 임대하여 받는 임대차보증금으로 또는 신규임대차보증금으로 종전 임대차보증금을 반환한다.

② 임대목적물이 매각되는 경우에는 임대차계약이 승계되지 않는 채권자의 경우 매각대금으로 법률에 정해진 순서에 따라 변제한다.

③ 위 변제방법에 의하여 변제받지 못한 금액이 원금의 60% 미만인 경우에는 변제받지 못한 금액과 원금의 60%의 차액을 제10차년도(20○○년)말에 변제한다.

4. 미확정 회생채권에 대한 권리변경과 변제방법

가. 권리변경과 변제방법

권리가 확정되면 각 해당 채권에 관하여 회생계획안에서 규정한 금융기관 회생채권에 대한 권리변경 및 변제방법을 적용한다. 목록에 포함되지 아니한 우발채무는 법원의 허가를 얻어 권리변경과 변제방법을 정하여 변제한다.

1) 미확정 회생채권의 내역

(단위 : 원)

신고번호	목록번호	채 권 자명	채권내용	금 액
29번	회생채권 68번	○○보증보험(주)	지급보증	1,168,947

5. 조세 및 벌금에 대한 권리변경과 변제방법

가. 채권의 내역

(단위 : 원)

신고번호 (목록번호)	채 권 자	시인된 금액		
		원 금	가산금 및 중가산금	합 계
(채권 1)	○○건강보험공단(○○○○지사)	23,746,640	1,057,980	24,804,620

10 (채권 2)	ㅇㅇ연금공단(ㅇㅇ지사)	27,176,800	2,445,780	29,622,580
(채권 3)	ㅇㅇ전력공사(ㅇㅇ지점)	19,912,210	0	19,912,210
6 (채권 4)	근로복지공단(ㅇㅇ지사)	11,818,580	533,650	12,352,230
13,21 (채권 5)	ㅇㅇ광역시 ㅇㅇ구	1,554,580	36,520	1,591,100
추완 41 (채권 6)	대한민국(ㅇㅇㅇ세무서)	22,731,570	17,048,130	39,779,700
합 계		106,940,380	21,122,060	128,062,440

나. 권리변경과 변제방법

1) 채무자가 조세 및 벌금채무자로서 변제해야 할 우선권 있는 회생채권의 권리변경 및 변제방법

① 원금은 우선 지급해야 할 채권이므로 준비년도(20○○년)에 전액 변제한다.

② 인가일 이전까지 발생한 가산금 및 중가산금에 대해서는 원금과 동일하게 변제한다.

다. 권리변경 및 변제방법에 따른 채권자별 내역

1) 채무자가 조세 및 벌금채무자로서 변제해야 할 회생채권의 권리변경과 변제방법에 따른 채권자별 내역은 다음과 같다.

- 구체적인 변제 계획의 상세내역은 별표 4와 같다.

(단위 : 원)

신고번호 (목록번호)	채 권 자	시인된 금액	면제금액	현금변제
(채권 1)	ㅇㅇ건강보험공단(ㅇㅇㅇㅇ지사)	24,804,620	0	24,804,620
10 (채권 2)	ㅇㅇ연금공단(ㅇㅇ지사)	29,622,580	0	29,622,580
(채권 3)	ㅇㅇ전력공사(ㅇㅇ지점)	19,912,210	0	19,912,210
6 (채권 4)	근로복지공단(ㅇㅇ지사)	12,352,230	0	12,352,230
13,21 (채권 5)	ㅇㅇ광역시 ㅇㅇ구	1,591,100	0	1,591,100

추완 41 (채권 6)	대한민국 (○○○세무서)	39,779,700	0	39,779,700
합 계		**128,062,440**	**0**	**128,062,440**

6. 신고되지 아니한 채권의 처리

회생담보권의 목록 및 회생채권자의 목록에 기재되지 않고 신고되지 아니한 회생 담보권, 회생채권은 그 권리가 소멸된다.

7. 장래의 구상권

가. 회생절차개시결정 이후 채무자를 위한 보증인, 물상보증인(담보목적물의 제3취득자를 포함한다) 또는 기타 제3자가 자기의 출재로 인하여 회생채권자 또는 회생담보권에게 변제한 경우에는 채무자에 대하여 구상권을 취득하는 것으로 하였습니다.

나. 다만, 구상권자는 채권자의 권리변경 전에 채권이 회생절차에 의하여 또는 회생절차에 의하지 아니하고 모두 소멸된 경우에 한하여 자기의 구상권을 행사할 수 있으며, 채무자는 이 회생계획안에 의하여 변제하여야 할 회생채권 및 회생담보권의 잔액 범위 내에서 구상권자의 구상권 비율에 따라 변제하는 것으로 하였습니다.

8. 미확정회생채권 및 부인권 행사로 부활될 회생채권

가. 신고기간 만료 전 부인의 소 또는 부인의 청구 등이 계속된 경우 아래 각 해당 채권에 관한 부인의 소, 부인의 청구 등이 재판이 확정된 후 1개월 내에 상대방이 신고를 추후 보완하고, 그 상대방이 받은 이행을 반환하거나 그 가액을 상환한 경우, 그 추후 보완된 신고가 시인되거나 그에 관한 채권조사확정재판 등이 확정되면 그 채권에 관하여 각 해당 권리변경 및 변제방법을 적용한다.

나. 신고기간 만료 후 부인의 소 또는 부인의 청구 등이 제기된 경우

1) 신고기간 만료 후 관리인이 부인의 소 또는 부인의 청구를 제기하여 그에 관한 재판이 확정된 후 1개월 내에 상대방이 신고를 추후 보완하고 그 상대방이 받은 이행을 반환하거나 그 가액을 상환한 경우, 그 추후 보완된 신고가 시인되거나 그에 관한 채권조사확정재판등이 확정되면 그 권리의 성질 및 내용에 비추어 가장 유사한 회생채권 또는 회생담보권의 권리변경 및 변제방법을 적

용한다.

2) 위 "가" 항에 따라 가장 유사한 권리변경 및 변제방법을 적용하는 것에 관하여 다툼이 있는 경우에는 관리인의 신청에 의하여 회생법원이 이를 결정한다.

제 5 장

공익채권의 변제에 관한 규정

제5장 공익채권의 변제에 관한 규정

1. 임금채무

가. 채무자가 공익채권으로 시인한 임금채무와 그 내역은 다음과 같다.

(단위 : 원)

신고번호	목록번호	채 권 자	채권 신고액	변 동	변동 후 변제예상 채권액	
					현금변제	합 계
추완 44	임금채권 74	근로복지공단 (ㅇㅇ지역본부)	33,003,520	-	33,003,520	33,003,520
합 계			33,003,520	-	33,003,520	33,003,520

나. 변제방법

공익채권은 의료수익금과 기타 재원으로 수시로 법원의 허가를 얻어 변제할 수 있다.

2. 기타 공익채무

가. 회생계획안 작성기준일 이후 발생하는 공익채권은 본 회생절차 종료시까지 의료수익금과 기타 재원으로 수시로 변제한다.

나. 기타 필요한 사항은 관리인이 법원의 허가를 받아 행한다.

제 6 장

변제자금 등의 조달방법과 자구노력의 추진

제6장 변제자금 등의 조달방법과 자구노력의 추진

제1절 변제자금과 운영자금의 조달방법

1. 변제자금과 운영자금의 조달은 의료 활동 수익금으로 충당함을 원칙으로 하며, 20○○년 5억원을, 20○○년에 3억원, 총 8억원을 차입하여 변제자금에 충당한다. 위 차입으로도 변제자금이 부족할시 법원의 허가를 얻어 추가 차입하여 변제자금을 조달한다.

2. 의료 활동 수입금이 부족할 때에는 필요시마다 법원의 허가를 받아 차입금 유치 등을 통하여 조달할 수 있다.

3. 본 회생계획안상 회사의 재무 상태를 검증한 후 미상환 채무금에 상당하는 금원을 대여 채권자로부터 차입하여 대체 변제함으로써 회생절차를 조기에 종결할 수 있다.

제 7 장

사채의 발행

제7장 사채의 발행

채무자는 회생계획 인가일부터 회생절차가 종료될 때까지 관련 법규 및 채무자의 자금사정과 형편에 따라 사채를 분할하여 발행할 수 있다. 다만, 사채의 발행규모와 발행 시기 및 발행방법 등 구체적인 사항은 관리인이 법원의 허가를 얻어 정한다.

제 8 장

예상초과수익금 등의 처리방법

제8장 예상초과수익금 등의 처리방법

제1절 예상초과수익금의 처리방법

예상을 초과하는 의료수익금 또는 자산매각대금이 발생한 경우 관리인은 법원의 허가를 얻어 공익채권의 변제, 운전자금의 사용, 회생담보권·회생채권 변제 등으로 사용한다.

제2절 예상수익금의 부족시 처리방법

예상수익금이 예상보다 적을 경우에는 회생담보권의 채권을 우선 변제하고, 그 후 잔여액으로 각 회생채권자의 당해 연도 변제액에 따라 안분한 비율로 변제하며 미변제 채권액은 차기년도에 우선하여 변제한다.

제 9 장

분쟁이 해결되지 아니한 권리

제9장 분쟁이 해결되지 아니한 권리

회생절차 진행 중 채무자에게 속하는 권리로서 분쟁이 발생하여 화해, 조정의 수락 또는 소송의 수행을 함에 있어서 관리인은 법원의 허가를 얻어 한다.

제 10 장

회생절차의 조기종결

제10장 회생절차의 조기종결

회생담보권 및 회생채권에 대한 변제를 완료하면, 관리인은 지체 없이 회생절차 종결을 신청하여야 한다. 다만, 관리인은 변제 완료 전이라도 법원의 허가를 얻어 채권자들과 회생절차 조기 종결 후의 채권자 등의 회생계획 수행감독 방안에 관하여 협약을 체결한 후 법원에 조기종결을 신청할 수 있다.

채무자 회생 및 파산에 관한 법률 제283조(회생절차의 종결) 및 회생실무준칙 제14호에 정한 바에 따라 본 회생계획안의 수행가능성과 관련하여 아래의 사항을 고려한 결과, 채무자회사의 회생계획 수행과정을 면밀히 주시하여 향후 회생계획의 수행가능성 여부가 명백하게 드러났고 회생계획의 수행에 지장이 없다고 인정되는 때에는 회생법원은 관리위원회, 채권자협의회 및 이해관계자의 의견을 들어 특별한 사정이 없는 한 직권으로 회생절차를 조기에 종결한다.

1. **수행가능성 판단시 고려해야 할 긍정적인 요소**

가. 회생계획안상 주요 부분의 변제가 차질 없이 이행되고 있는 경우

나. 채무자의 총 자산이 총 부채를 안정적으로 초과하고 있는 경우

다. 채무자가 회생계획안상 예정된 의료수익 수준을 대폭 초과 달성하거나 수년간 계속하여 상당한 정도로 초과 달성하고 있고 앞으로도 그 수준을 유지할 가능성이 높은 경우

제 11 장

회생절차의 폐지신청

제11장 회생절차의 폐지신청

다음의 경우에 관리인은 회생절차의 폐지신청을 하여야 한다.

1. 회생계획에 따른 담보권자 변제를 제대로 이행하지 못하고, 앞으로도 변제의 지체가 계속될 것으로 예상되는 경우
2. 의료수익이 회생계획상 예정된 계획의 수준에 비하여 현저히 미달되고, 가까운 장래에 회복될 전망이 보이지 않는 경우
3. 회생계획에서 정한 자산매각계획을 실현하지 못하여 향후 자금수급계획에 현저한 지장을 초래할 우려가 있는 경우
4. 공익채권이 과다하게 증가하여 향후 회생계획의 수행에 지장을 초래할 우려가 있는 경우

제 12 장

기타 사항

제12장 기타사항

1. 이 회생계획안에 언급하지 않은 사항은 채무자 회생 및 파산에 관한 법률에 근거하여 법원의 허가를 받아 시행한다.

2. 본 회생계획안 인가 후 외부자금 유입 등 특별한 사유로 인하여 회생계획 수행에 변동사항이 발생할 경우 관리인은 법원에 회생계획의 변경을 신청하여야 한다.

별 첨 자 료

1. 회생변제계획안 총괄표
2. 회생담보권 변제계획 상세내역
3. 회생채권 변제계획 상세내역
   가. 금융기관
   나. 상거래, 대여금
4. 조세 및 벌금채권 변제계획 상세내역
5. 추정 영업활동현금흐름표
6. 추정 자금수지계획표

[기재례 1] 조사위원의 제1차 조사보고서

○○지방법원
20○○회단○○ 회생

채무자 ○○○(○○요양병원)
회생절차 개시 사건에 대한

조 사 보 고 서

조사위원 ○○회계법인

조 사 보 고 서

사 건 : 20○○회단○○ 회생
신청인 겸 채무자 : ○○○

위 사건에 관하여 조사위원은 채무자 회생 및 파산에 관한 법률 제90조 내지 제92조의 사항에 대하여 조사하고 회생절차를 계속 진행함이 적정한지의 여부에 대한 의견과 함께 그 조사결과를 다음과 같이 보고합니다.

20○○년 ○월 ○일

○○시 ○○구 ○○동 ○○번지
○○회계법인
대표이사 ○○○
담당 공인회계사 ○○○

○○지방법원 귀중

목 차

Ⅰ. 조사위원의 의견 및 조사결과 요약

1. 조사의 개요

본 조사는 ○○○(이하 "채무자"라 한다)의 회생절차 개시에 이르게 된 원인 등과 회생절차의 타당성을 조사하기 위한 것으로서 20○○년 5월 14일을 조사기준일로 하여 ○○회계법인이 20○○년 6월 26일부터 20○○년 7월 16일까지의 기간에 걸쳐 조사를 실시하였습니다.

2. 채무자의 개요

채무자는 19○○. 2. ○○대학교 의과대학을 졸업하고 그 때부터 19○○. 2.까지 국립경찰병원에서 근무한 후 19○○. 2.부터 19○○. 4.까지 의무장교로 복무하였으며, 19○○. 5.부터 19○○. 5.까지 ○○시 ○○구에서 '○○○내과의원'을, 19○○. 5.부터 20○○. 10.까지 ○○시 ○○구에서 '○○내과의원'을 운영하였습니다. 그 후 채무자는 20○○. 10. 26. ○○시 ○○구 ○○동 ○○○○-○에서 ○○요양병원을 신규 개업하여 20○○. 6.경까지 운영하다가, 20○○. 6.에 ○○시 ○○구 ○○동 ○○○-○에 신축한 건물로 병원을 이전하여 현재까지 병원을 운영하여 왔습니다.

3. 회생절차의 개시에 이르게 된 사정

채무자가 회생절차의 개시에 이르게 된 원인은 20○○. 6.에 ○○시 ○○구 ○○동 ○○○-○의 신축병원으로 이전하는 과정에서 병원 준공지연으로 인한 유동성 위기 및 신축공사와 관련하여 건설회사와의 다툼 등으로 신축공사비가 증가항여 외부 차입금이 증가하였으며, 유동성 위기를 극복하는 과정에서 새로운 채무의 발생으로 정상적인 병원의 운영이 어렵게 되어 회생절차의 개시에 이르게 되었습니다.

4. 채무자의 중대한 책임있는 행위로 회생절차개시의 원인이 발생하였는지 여부

채무자가 회생절차의 개시에 이르게 된 원인은 20○○. 6. 현 ○○요양병원을 개업하면서 초기 시설 투자와 관련하여 병원준공 지연으로 인한 건축비의 증가와 신축 자금을 외부차입금으로 조달하였으며, 또한 신축 병원의 개업이 지연됨으로서 금융비용의 증가와 일시적인 유동성의 위기로 인하여 개인 사채의 사용 등 계속적으로 채무가 증가하였습니다. 따라서 채무자는 병원운영으로 인한 상당한 소득이 발생되었으나, 소득을 초과하는 채무의 상환 및 금융비용으로 인하여 회생절차의 개시에 이르게 되었습니다. 이는 재산의 유용 또는 은닉과 같은 중대한 책임이 있는 행위로 인하여 회생절차의 원인이 발생하였다고 판단되지 않습니다.

5. 채무자의 재산상태

채무자가 20○○년 5월 14일 현재 제시한 재산상태에 대해 조사위원이 조사기준일 현재 자산·부채의 적정성을 검토한 후의 금액은 다음과 같습니다.

(단위 : 원)

구 분	채무자 제시금액	수정금액	수정후 재산상태
자산총계	6,079,727,355	△563,743,988	5,515,883,367
부채총계	7,750,211,628	156,159,205	7,906,370,833
순자산가액	△1,670,484,273		△2,390,487,466

상기의 조사결과에 의하면 채무자는 부채가 자산을 상당히 초과하고 있으므로 현 상태에서는 소득창출을 통한 재산상태의 개선을 기대할 수 없는 것으로 판단됩니다.

6. 채무현황

조사기준일(20○○년 5월 14일) 현재 채무자가 상환하여야 할 것으로 판단되는 채무자에 대한 채권금액을 요약 분류하면 다음과 같습니다.

(단위 : 원)

채권의 구분		채 권 금 액	비율(%)
회생담보권	대여채권	4,835,082,024	61.15%
회생채권	금융기관대여채권	942,793,014	11.92%
	비금융기관대여채권	1,753,470,681	22.18%
	보증채권	-	-
	회생채권 계	2,696,263,695	34.10%
준조세채권	국민연금등	89,085,230	1.13%
공익채권	임금채권	285,939,884	3.62%
합 계		7,906,370,833	100.00

7. 채무자의 부채에 산입되지 아니한 채무자의 제3자에 대한 보증채무의 금액, 내용 및 보증책임의 발생가능성

채무자의 면담 등을 통하여 확인한 결과 채무자의 부채액에 산입되지 아니한 채무는 ○○보증보험(주)에 대한 미확정구상채무 1,168,947원과 병원 공사비와 관련하여 (주)○○에 대한 보증채무 78,000,000원이 있습니다.

8. 부인대상의 존부 및 범위

채무자의 면담 등을 통하여 검토한 결과 부인의 대상이 될 가능성이 있는 행위는 없는 것으로 파악되었습니다.

9. 계속가치와 청산가치의 비교

9.1. 계속가치의 평가

가. 회생기간 동안 사업소득의 현금흐름추정

채무자는 현재 ○○요양병원 원장으로 병원을 운영하고 있으며 미래사업소득은 향후 계속적으로 발생할 것으로 예상되나 다만 "채무자회생법 제195조" 채무의 기한은 10년을 넘지 못하는 것이 원칙이다 라는 취지하에 회생기간 종료년도인 20○○년까지의 채무자 현금흐름을 추정하였습니다.

나. 현재가치 할인율

채무자는 현재 ○○요양병원 원장으로서 주거래은행인 ○○은행의 평균대출금리인 6.65%를 적용하였습니다.

다. 사업소득의 계속가치

회생기간동안 현금흐름은 매년 12월 31일 발생하는 것으로 가정하여 현재가치할인율 6.65%로 할인한 사업소득의 계속가치는 4,466,300천원입니다.

9.2. 청산가치의 평가

채무자가 파산적 청산하는 경우 개별자산을 분리하여 처분할 때의 가액은 다음과 같습니다.

(단위 : 원)

재산상태조사액	청산조정	청산가액
5,515,883,367	△1,834,108,273	3,681,775,094

9.3. 계속가치와 청산가치의 평가

계속가치가 청산가치를 초과하고 있습니다.

10. 소득 및 자금수지 전망

10.1 향후소득 추정요인의 검토

가. 소득추정 대상기간

채무자는 현재 ○○요양병원을 운영하고 있으며 미래사업소득은 향후 계속적으로 발생할 것으로 예상되나 다만 "채무자회생법 제195조" 채무의 기한은 10년을 넘지 못하는 것이 원칙이다 라는 취지하에 회생기간 종료년도인 20○○년까지의 채무자 현금흐름을 추정하였습니다.

나. 소득추정대상(소득세 납부 후 추정소득)

채무자는 현재 ○○요양병원 원장으로 병원을 운영하고 있으며, 그 외의 다른 직업은 가지고 있지 않습니다. 따라서 채무자가 병원운영으로 인한 사업소득을 소득추정대상으로 하였으며, 국세청에 신고한 20○○ 회계연도 ○○요양병원의 재무제표 및 종합소득세 신고자료와 20○○년 4월까지의 영업자료를 기초로 준비년도인 20○○년부터 20○○년까지 소득을 추정하였습니다.

다. 자본적 지출

회생기간 종료시점 20○○년까지 병원을 운영하기 위해서 필요한 의료기기 설비 기자재 및 병원건물의 자본적 지출액은 20○○년부터 매년 80,000천원으로 하였으며, 투자금액은 전액 병원 운영소득으로 조달하는 것으로 하였습니다.

라. 생계비 등의 추정

채무자 생계비의 타당성을 검토하였으며, 생계비는 채무자의 배우자가 소득이 있는 관계로 2인가족 법정최저생계비(*1)를 기준으로 산정하였으며, 20○○년 이후 생계비 등 지출액은 20○○년을 기준으로 물가지수 상승률(*2)을 고려하여 매년 동일하게 증가되는 것으로 추정하였습니다.

(*1) 20○○년 보건복지부 공표 2인가족 최저생계비 : 월 836,000원

법원 인정 개인회생 법정최저생계비 : 보건복지부 발표 최저생계비의 1.5배

(*2) 통계청 발표 20○○년 연평균 물가상승률 4.7%

마. 계속가치의 추정(변제가능금액)

회생기간 동안 병원운영으로 인한 추정소득에서 병원운영에 필요한 자본적 지출액 및 채무자 가계의 최저생계비를 제외한 금액을 변제가능금액으로 하였으며, 이를 적절한 할인율로 계산하여 채무자의 계속가치로 산정하였습니다.

11. 회생절차를 계속 진행함이 적정한지 여부에 관한 의견

조사결과 채무자의 계속가치는 4,466,300천원, 청산가치는 3,681,775천원으로 평가되어 계속가치가 청산가치보다 높은 것으로 산정되었습니다. 따라서 경제성 측면에서 채무자를 존속시키는 것이 청산하는 것보다 유리하므로 회생절차를 유지하는 것이 적정할 것으로 사료됩니다.

Ⅱ. 조사의 개요

1. 본 조사는 20○○년 6월 26일부터 20○○년 7월 16일까지의 기간에 실시하였습니다.

2. 20○○년 5월 15일자로 조사위원으로 선임된 본 조사인은 신청인 겸 채무자 ○○○(이하 "채무자"라 한다)의 회생절차 개시사건에 관하여 다음 사항을 조사하였습니다.

   가. 채무자 및 채무자의 재산에 관한 사항
   나. 회생절차 개시에 이르게 된 사정
   다. 채무자의 중대한 책임있는 행위로 인하여 회생절차개시의 원인이 발생하였는지 여부
   라. 채무자의 재산상태 및 채무의 내역
   마. 부인대상 행위의 존부 및 범위
   바. 채무자의 경제성(청산가치 및 계속가치 산정) 검토
   사. 기타 회생절차의 개시에 필요한 사항

3. 채무자가 제시한 20○○년 5월 14일 현재의 재산 상태를 기초로 조사하였으며, 조사결과 발견한 정리사항을 적절히 수정하였습니다.

4. 채무자의 경제성을 검토함에 있어서 채무자가 제시한 자료와 채무자가 처해 있

는 현재의 현실적인 여건 등을 고려하였습니다.

5. 이 보고서에서 사용한 주요 용어의 정의는 다음과 같습니다.
   가. 조사대상 「신청인 겸 채무자」인 「○○○」을 「채무자」로 표현하였습니다.
   나. 재산상태의 조사에 있어서 「정리손익」이라 함은 채무자가 제시한 회생개시 신청일 현재의 재산상태를 기준으로 자산, 부채의 적정성을 조사하여 실제와 일치하지 아니한 내용을 실제와 일치하도록 가감한 것을 의미합니다.
   다. 본 조사에 있어서 「조사기준일」은 20○○년 5월 14일 현재를 말하고 「조사일」은 조사보고일 현재를 의미합니다.

Ⅲ. 채무자의 개요

1. 인적사항

가. 채무자 성명 : ○○○(○○요양병원)
나. 주소 : ○○시 ○○구 ○○동 ○○○-○

2. 경 력

채무자는 19○○. 2. ○○대학교 의과대학을 졸업하고 그 때부터 19○○. 2.까지 ○○○○병원에서 근무한 후 19○○. 2.부터 19○○. 4.까지 의무장교로 복무하였으며, 19○○. 5.부터 19○○. 5.까지 ○○시 ○○구에서 '○○○내과의원'을, 19○○. 5.부터 20○○. 10.까지 ○○시 ○○구에서 '○○내과의원'을 운영하였습니다. 그 후 채무자는 20○○. 10. 26. ○○시 ○○구 ○○동 ○○○○-○에서 ○○요양병원을 신규개업하여 20○○. 6.경까지 운영하다가, 20○○. 6.에 ○○시 ○○구 ○○동 ○○○-○에 신축한 건물로 병원을 이전하여 현재까지 병원을 운영하여 왔습니다.

Ⅳ. 회생절차의 개시에 이르게 된 사정

채무자가 회생절차의 개시에 이르게 된 원인은 20○○. 6.에 ○○시 ○○구 ○○동 ○○○-○의 신축병원으로 이전하는 과정에서 병원 준공지연으로 인한 유동성 위기 및 신축공사와 관련하여 건설회사와의 다툼 등으로 신축공사비가 증가하여 외부 차입금이 증가하였으며, 유동성 위기를 극복하는 과정에서 새로운 채무의 발생으로 정상적인 병원의 운영이 어렵게 되어 회생절차의 개시에 이르게 되었습니다.

V. 채무자의 중대한 책임있는 행위로 회생절차개시의 원인이 발생하였는지 여부

채무자가 회생절차의 개시에 이르게 된 원인은 20○○. 6. 현 ○○요양병원을 개업하면서 초기 시설 투자와 관련하여 병원준공 지연으로 인한 건축비의 증가와 신축 자금을 외부차입금으로 조달하였으며, 또한 신축 병원의 개업이 지연됨으로서 금융비용의 증가와 일시적인 유동성의 위기로 인하여 개인 사채의 사용 등 계속적으로 채무가 증가하였습니다.

따라서 채무자는 병원운영으로 인한 상당한 소득이 발생되었으나, 소득을 초과하는 채무의 상환 및 금융비용으로 인하여 회생절차의 개시에 이르게 되었습니다. 이는 재산의 유용 또는 은닉과 같은 중대한 책임이 있는 행위로 인하여 회생절차의 원인이 발생하였다고 판단되지 않습니다.

VI. 채무자의 재산상태

1. 재산상태에 조사에 적용한 주요방법

본 조사위원이 조사기준일 현재 재산상태를 조사하기 위하여 적용한 방법은 다음과 같습니다.

1.1. 자 산

가. 미수금은 국민건강보험공단 보험 청구금으로 조회확인을 통하여 재산상태를 확인하였습니다.

나. 토지, 건물, 차량운반구 등은 부동산 권리증서 및 등록원부에 의해 소유권과 실재성을 확인하였으며, 의료기기 및 비품 등은 실사에 의해 실재성을 확인하였습니다. 유형자산 중 토지 및 건물은 감정평가액, 기타 유형자산은 한국의 일반적으로 인정된 회계처리기준에 따라 산정한 장부가액으로 평가하였습니다. 이를 위하여 취득원가 및 감가상각비의 적정성을 확인하였습니다.

1.2. 부 채

가. 차입금은 채권신고서에 근거한 채권목록을 통하여 확인하였습니다.

나. 지급보증내역에 대하여는 채권신고내역 및 관련증빙서류를 확인하고, 채무자의 진술을 토대로 대지급의무 발생가능성에 대하여 검토하였습니다.

다. 채무자의 면담으로 중요한 약정사항 및 우발채무를 검토하였으며 중요한 소송 사건의 유무를 확인하였습니다.

2. 재산상태 조사 결과

채무자가 제시한 조사기준일 현재의 재산상태를 본 조사위원이 자산·부채의 적정성을 검토하여 수정한 후의 재산현황은 다음과 같습니다.

2.1. 재산현황(20○○년 5월 14일)

(단위 : 원)

자산내역	평가금액	비 고
의료미수금	369,132,340	건강보험관리공단 의료비청구액
토지·건물	4,668,430,650	감정평가금액
차량운반구	62,500,000	중고차시세로 평가
의료기기	251,000,000	중고매매가기준으로 평가
기타 유형자산	53,820,377	장부가액
회원권	111,000,000	기준시가로 평가
자산합계	5,515,883,367	

주 1) 토지·건물은 20○○. 7. 2.일자 ○○○○감정평가법인에서 평가한 가액이며 기타유형자산은 기업회계기준에 의한 감가상각비를 공제한 금액입니다.

2.2. 부채현황

(단위 : 원)

계정과목	평가금액	비 고
차입금	6,353,390,509	금융기관, 개인포함
미지급금	877,955,210	물품대 및 공사대금미지급액
미지급비용	375,025,114	조세, 급여등 미지급액
임대보증금	300,000,000	한의원 장례식장보증금
계	7,906,370,833	

Ⅶ. 채무현황

1. 채무현황

조사기준일(20○○년 5월 14일) 현재 채무자가 상환하여야 할 것으로 판단되는 채무자에 대한 채권금액은 채무자 회생 및 파산에 관한 법률상의 권리에 따라 다음과 같이 요약 분류할 수 있습니다.

(단위 : 원)

채권의 구분		채 권 금 액	비율(%)
회생담보권	대여채권	4,835,082,024	61.15%
회생채권	금융기관대여채권	942,793,014	11.92%
	비금융기관대여채권	1,753,470,681	22.18%
	보증채권	-	-
	회생채권 계	2,696,263,695	34.10%
준조세채권	국민연금등	89,085,230	1.13%
공익채권	임금채권	285,939,884	3.62%
합 계		7,906,370,833	100.00

2. 채무의 구분

2.1 회생담보권 금융기관 등 차입금

가. 회생담보권 내역

(단위 : 원)

No.	담 보 권 자	적 요	금 액	담보물건
담보1	(주)○○은행	주채무	3,349,122,078	토지·건물,○○○○스파회원권
담보5	(주)○○○○은행	주채무	52,009,647	클럽○○○회원권
담보6	○○카드(주)	주채무	49,000,000	○○○승용차
담보7	○○캐피탈코리아(주)	주채무	36,018,059	식도경, 위경등 의료장비
담보8	○○보증기금	보증채무	1,348,932,240	토지·건물
	계		4,835,082,024	

주1) 회생담보권자의 총채권금액 중 담보물건의 평가액에 해당하는 금액은 회생담보권으로, 평가액을 초과하는 금액은 회생채권으로 분류하였습니다.

나. 회생담보권과 회생채권의 분류

총채권액이 담보물건의 평가액을 초과하는 금액은 회생채권으로 분류하였는바, 그 내역은 다음과 같습니다.

(단위 : 원)

No.	채 권 자	총채권액	담보설정액	회생담보권	회생채권
담보1	(주)○○은행	3,564,484,259	3,564,484,259	3,349,122,078	215,362,181
담보2	○○○	100,000,000	100,000,000	-	100,000,000

담보3	○○○	200,000,000	200,000,000	-	200,000,000
담보4	○○○	450,000,000	520,000,000	-	450,000,000
담보5	(주)○○○○은행	52,009,647	52,009,647	52,009,647	
담보6	○○카드(주)	56,962,654	56,962,654	49,000,000	7,962,654
담보7	○○캐피탈코리아(주)	36,018,059	36,018,059	36,018,059	-
담보8	○○보증기금	1,359,808,180	1,348,932,240	1,348,932,240	10,875,940
	계	5,819,282,799	5,878,406,859	4,835,082,024	984,200,775

다. 담보자산의 평가내역

토지·건물은 20○○. 7. 2.일자 감정평가법인의 감정평가액을 담보평가액으로 하였으며, 기타자산은 현재의 시가를 고려하여 담보물건을 평가하였습니다.

(단위 : 원)

종 류	담보물건	순위	담보권자	담보설정액	담보평가액
부동산	토지, 건물	1	(주)○○은행	3,534,860,591	3,349,122,078
회원권	○○○○스파회원권	1	(주)○○은행	29,623,668	49,000,000
부동산	토지, 건물	2	○○보증기금	1,348,932,240	1,348,932,240
회원권	클럽○○○회원권	1	(주)○○○○은행	52,009,647	62,000,000
승용차	○○○ 00부0000	1	○○카드(주)	56,962,654	49,000,000
의료기기	식도경외6	1	○○캐피탈코리아(주)	36,018,059	135,000,000
합 계				5,058,406,859	4,993,054,318

2.2 회생채권

(단위 : 원)

No.	채 권 자명	적 요	금 액	비 고
1	(주)○○은행	주채무	215,362,181	담보권초과액
2	○○○	〃	100,000,000	〃
3	○○○	〃	200,000,000	〃
4	○○○	〃	450,000,000	〃
5	○○카드(주)	〃	7,962,654	〃
6	○○보증기금	〃	10,875,940	〃
7	(주)○○은행	〃	342,055,352	회생채권
8	○○○○협동조합	〃	117,337,983	〃
9	(주)○○○○은행	〃	109,732,434	〃
10	○○카드(주)	〃	46,914,944	〃

11	ㅇㅇ캐피탈(주)	〃	22,387,928	〃
12	ㅇㅇ카드(주)	〃	302,905	〃
13	ㅇㅇ카드(주)	〃	65,348	〃
14	ㅇㅇ카드(주)	〃	7,297,399	〃
15	ㅇㅇㅇㅇㅇ은행	〃	62,497,946	〃
16	(주)ㅇㅇ	〃	31,332,254	〃
17	(주)ㅇㅇ약품	〃	145,052,609	〃
18	(주)ㅇㅇㅇ	〃	7,403,307	〃
19	(주)ㅇㅇㅇㅇ	〃	821,616	〃
20	(재)ㅇㅇㅇ	〃	806,715	〃
21	(주)ㅇㅇㅇㅇㅇ	〃	1,302,000	〃
22	ㅇㅇ가스(ㅇㅇㅇ)	〃	2,073,600	〃
23	ㅇㅇㅇㅇ(ㅇㅇㅇ)	〃	1,072,000	〃
24	ㅇㅇㅇ	〃	564,600	〃
25	(주)ㅇㅇ메디칼	〃	47,156,092	〃
26	ㅇㅇ약품(주)	〃	3,888,255	〃
27	(주)ㅇㅇ메디칼	〃	13,143,990	〃
28	ㅇㅇ약품(주)	〃	5,694,236	〃
29	(주)ㅇㅇㅇㅇ	〃	1,560,000	〃
30	ㅇㅇㅇ(ㅇㅇ문화사)	〃	2,876,500	〃
소 계			1,957,540,788	

(단위 : 원)

No.	채 권 자명	적 요	금 액	비 고
31	ㅇㅇㅇ(ㅇㅇ모드)	주채무	1,599,500	
32	ㅇㅇㅇ(ㅇㅇ문화사)	〃	520,000	
33	ㅇㅇ실업(주)	〃	14,000,000	
34	ㅇㅇㅇ(ㅇㅇ위생공사)	〃	2,622,500	
35	(주)ㅇㅇ칩	〃	66,236,840	
36	ㅇㅇㅇ외8(ㅇㅇ전기안전공사)	〃	1,200,000	
37	ㅇㅇㅇ(ㅇㅇ산업)	〃	114,000	
38	(주)ㅇㅇ수산	〃	2,049,900	
39	ㅇㅇㅇㅇ협동조합	〃	9,840,000	
40	ㅇㅇㅇ(세무사무소)	〃	4,310,000	
41	(주)ㅇㅇ환경	〃	3,000,000	
42	ㅇㅇㅇ(ㅇㅇ가스)	〃	1,788,400	

43	(주)ㅇㅇ테크노	〃	209,000	
44	(주)ㅇㅇㅇㅇㅇㅇㅇ	〃	297,000	
45	ㅇㅇ제약(주)	〃	3,280,200	
46	ㅇㅇ산업안전관리원	〃	660,000	
47	ㅇㅇㅇ(ㅇㅇ환경)	〃	800,000	
48	(주)ㅇㅇ엘리베이터	〃	480,000	
49	(주)ㅇㅇ	〃	432,000	
50	ㅇㅇㅇ(ㅇㅇㅇㅇ시스템)	〃	715,000	
51	ㅇㅇㅇ	〃	130,000,000	
52	ㅇㅇㅇ	〃	265,000,000	
53	ㅇㅇ건설(주)	〃	62,821,917	
54	ㅇㅇㅇ	〃	20,000,000	
55	ㅇㅇㅇ	〃	42,000,000	
56	ㅇㅇㅇ(ㅇㅇㅇㅇ)	〃	432,000	
57	ㅇㅇㅇ	〃	45,969,862	
58	(주)ㅇㅇㅇ	〃	58,344,788	
소 계			738,722,907	
합 계			2,696,263,695	

Ⅷ. 채무자의 부채에 산입되지 아니한 채무자의 제3자에 대한 보증채무의 금액, 내용 및 보증책임의 발생가능성

채무자의 면담 등을 통하여 확인한 결과 채무자의 부채액에 산입되지 아니한 채무는 ○○보증보험(주)에 대한 미확정구상채무 1,168,947원과 병원 공사비와 관련하여 ○○에 대한 보증채무 78,000,000원이 있습니다.

Ⅸ. 부인대상의 존부 및 범위

1. 법 규정

다음의 행위는 회생절차개시 이후 채무자의 재산을 위하여 부인할 수 있습니다.

가. 채무자가 회생채권자 또는 회생담보권자(이하, "회생채권자"라 한다)를 해치는 것을 알고 한 행위. 다만, 이로 인하여 이익을 받는 자가 그 행위 당시 회생채권자등을 해하게 되는 사실을 알지 못한 때에는 제외

나. 채무자가 지급정지, 회생절차개시의 신청 또는 파산의 신청(이하, "지급의 정

지등"이라 한다) 이 있는 후에 한 회생채권자등을 해하는 행위와 담보의 제공 또는 채무의 소멸에 관한 행위로서 이로 인하여 이익을 받는 자가 그 행위 당시 지급의 정지 등이 있는 것 또는 회생채권자등을 해하게 되는 사실을 알고 있는 때(다만, 이익을 받는 자가 특수관계자인 때에는 그 특수관계인이 그 행위 당시 지급의 정지 등이 있는 것과 회생채권자 또는 회생담보권자를 해하는 사실을 알고 있었던 것으로 추정)

다. 채무자가 지급의 정지등이 있는 후 또는 그 전 60일(특수관계인을 상대방으로 하는 행위인 때에는 1년) 이내에 한 담보의 제공 또는 채무의 소멸에 관한 행위로서 채무자의 의무에 속하지 아니하거나 그 방법 또는 시기가 채무자의 의무에 속하지 아니하는 것. 다만, 채권자가 그 행위 당시 채무자가 다른 회생채권자등과 평등을 해하게 되는 것을 알고 한 사실을 알지 못한 경우(그 행위가 지급의 정지등이 있는 후에 행한 것인 때에는 지급의 정지등이 있는 것도 알지 못한 경우에 한함)에는 제외하되, 특수관계인을 상대방으로 하는 행위인 때에는 그 특수관계인이 그 행위 당시 채무자가 다른 회생채권자등과의 평등을 해하게 되는 것을 알았던 것으로 추정.

라. 채무자가 지급의 정지등이 있는 후 또는 그 전 6월(특수관계인을 상대방으로 하는 행위인 때에는 1년) 이내에 한 무상행위와 이와 동일시 할 수 있는 유상행위

마. 지급의 정지등이 있는 후 권리의 설정, 이전 또는 변경을 제3자에게 대항하기 위하여 필요한 행위를 한 경우 그 행위가 권리의 설정, 이전 또는 변경이 있는 날로부터 15일을 경과한 후에 지급의 정지등이 있음을 알고 한 때. 다만, 가등기 또는 가등록을 한 후 이에 의하여 본등기 또는 본등록을 한 때에는 제외

2. 부인대상이 될 수 있는 행위 내용

채무자와의 면담 및 조사 등을 통하여 검토한 결과 부인의 대상이 될 가능성이 있는 행위는 없는 것으로 파악되었습니다.

X. 계속가치와 청산가치의 비교

1. 계속가치의 평가

1.1 계속가치 평가를 위한 전제

계속가치는 채무자가 현 병원에서 계속적으로 병원을 운영한다는 가정하에

향후 유입될 것으로 기대되는 순현금유입액을 적절한 할인율로 할인하여 평가하였으며, 계산구조는 다음과 같습니다.

순현금흐름 = 종합소득금액 - 자본적지출 - 생계비
순현금흐름의 현재가치 = 순현금흐름액 × 할인율(현재가치 조정계수)
계속가치 = 추정기간 현금흐름의 현재가치
(현금흐름은 매년 12월 31일 발생하는 것으로 가정)

가. 종합소득금액
채무자가 의료수입에서 비용을 차감한 소득에서 소득공제 및 종합소득세 납부 후 금액입니다.

나. 자본적 지출
채무자가 계속적으로 병원을 운영하기 위한 건물 및 의료기기 설비 재투자액입니다.

다. 생 계 비
채무자가 회생기간동안 생계를 위해 지출하여야 할 최소한의 법정생계비 지출액입니다.

라. 회생기간 동안 소득의 현금흐름 추정
채무자는 현재 ○○요양병원 원장으로 병원을 운영하고 있으며 미래사업소득은 향후 병원을 운영하는 동안 계속적으로 발행할 것으로 예상되나, 다만 "채무자회생법 제195조" 채무의 기한은 10년을 넘지 못하는 것이 원칙이다 라는 취지하에 회생기간 종료년도인 20○○년까지의 채무자 현금흐름을 추정하였습니다.

마. 현재가치할인율
채무자는 ○○요양병원을 운영하는 개업의사로서 회생신청당시 주거래은행인 ○○은행의 평균대출금리 6.65%을 현재가치할인율로 적용하였습니다.

1.2 계속가치 평가

채무자의 병원운영을 통한 준비년도 포함 회생기간 동안의 계속가치는 다음과 같습니다.

(단위 : 천원)

구 분	FY20○○ (준비년도)	FY20○○	FY20○○	FY20○○	FY20○○	FY20○○	FY20○○	FY20○○	FY20○○	FY20○○	FY20○○	합 계
의료수익	1,609,337	3,039,600	3,100,392	3,162,400	3,225,648	3,290,161	3,355,964	3,423,084	3,491,545	3,561,376	3,632,604	
의료비용	1,191,547	2,304,731	2,364,242	2,424,623	2,461,704	2,523,878	2,586,975	2,635,015	2,684,015	2,733,995	2,784,975	
종합소득금액	417,791	734,869	736,150	727,777	763,944	766,283	768,989	788,069	807,530	827,381	847,629	
소득공제	8,000	8,000	8,000	8,000	8,000	8,000	8,000	8,000	8,000	8,000	8,000	
종합소득과세표준	409,790	726,869	728,150	721,777	753,944	752,283	770,989	800,069	819,530	829,381	849,629	
산출세액	127,585	236,929	237,371	237,932	246,956	247,763	248,696	255,275	261,987	268,832	275,815	
세후종합소득금액	290,206	497,939	498,779	499,844	516,988	518,520	520,293	532,793	545,543	558,549	571,814	
(-)자본적지출			80,000	80,000	80,000	80,000	80,000	80,000	80,000	80,000	80,000	
(+)감가상각비	129,195	129,195	145,195	161,195	153,007	169,007	185,007	185,007	185,007	185,007	185,007	
(-)순운전자본		23,960	6,079	6,201	6,325	6,451	6,580	6,712	6,846	6,983	7,123	
(-)최저생계비	9,405	12,564	13,155	13,773	14,420	15,098	15,807	16,550	17,328	18,143	18,995	
변제가능금액	409,996	590,610	544,740	561,066	569,250	585,978	602,913	614,538	626,376	638,430	650,703	
현재가치계수	93.76%	87.92%	82.44%	77.30%	72.48%	67.96%	63.72%	59.74%	56.02%	52.53%	49.25%	
현재가치	384,431	519,253	449,062	433,681	412,571	398,214	384,174	367,166	350,903	335,355	320,489	4,355,300
비영업자산매각가치												111,000
계속가치												4,466,300

* 1. 준비년도의 추정은 7.5개월분만 고려함.

가. 의료수익의 추정

채무자가 국세청에 소득신고된 FY20○○ 의료수익이 2,792,842천원으로, 진료과목, 병원규모, 종업원수 등을 고려하였으며, 또한 20○○년부터는 현재입원병상수보다 10개의 병상을 증설예정이므로 이를 고려하여 의료수익을 추정하였습니다. 따라서 회생기간동안의 의료수익은 병상수의 증가외에는 큰 변동이 없는 것으로 가정하였으며 의료수가는 준비년도를 기준으로 매년 2%씩 인상되는 것으로 추정하였습니다.

나. 의료비용의 추정(인건비, 감가상각비 제외)

채무자는 국세청에 소득신고된 FY20○○ 의료비용이 1,966,933천원이며, 채무자가 향후 경영개선 및 병상수의 증가에 따른 의료비용을 합리적으로 추정하여 회생기간동안 의료비용으로 추정하였습니다.

다. 인건비 추정

회생기간 의료수익을 달성하기 위해 필요한 인원에 대한 인건비(퇴직금 포함)를 계상하였으며 준비년도를 기준으로 회생기간동안 매년 2%의 급여인상율을 적용하였습니다.

라. 감가상각비 및 자본적지출

감가상가비는 미상각잔액에 대해 잔여 내용년수 동안에 상각하였으며, 향후 회생기간 지출될 자본적 지출액에 대해 5년간 정액법으로 상각하였습니다. 또한 자본적 지출로 FY20○○년도부터 매년 8천만원 정도 노후화에 대해 주요 의료기기의 교체 및 구입 건물병원의 자본적 지출로 하였습니다.

2. 청산가치의 평가

2.1 청산가치 평가에 적용한 주요 방법

청산가치란 채무자가 파산하는 경우에 채무자의 재산을 분리하여 처분할 때의 가액을 합산한 금액을 말합니다.

가. 평가의 전제

채무자가 조사기준일(20○○년 5월 14일) 현재 시점에 파산한다고 가정하였을 때 재산평가액을 청산가치로 추정하였습니다. 채무자의 청산과정에서 발생될 법적 절차비용 등의 청산비용은 청산가액의 2%를 고려하였습니다.

나. 청산가치 평가시 적용한 기본원칙

본 조사위원은 채무자의 청산가능한 자산을 그 성격별로 구분하여 다음과 같은 관점에서 청산가치를 평가하였습니다.

첫째, 해당자산의 시장가치가 형성되는 객관적인 시장이 존재할 경우 동 시장에서 형성되는 객관적인 시가를 청산가치 산정의 기초로 평가하였습니다.

둘째, 해당자산의 성격상 거래되는 시장이 형성되지 아니하거나 불완전한 경우에는 원칙적으로 본 조사위원이 채무자 재산상태의 조사결과 평가한 재산상태조사액을 청산가치 산정의 기초로 평가하였습니다.

다. 자산별 청산가치 산정방법

미수금은 국민건강보험공단에 대한 의료 미수금으로 전액 회수할 수 있으므로 재산상태액을 청산가치로 하였습니다.

토지 및 건물은 재산상태평가액(감정평가액)에 ○○지방법원 본원의 20○○년 6월의 근린시설의 평균 낙찰률인 67.63%를 곱한 금액을 청산가치로 산정하였습니다.

차량운반구와 회원권은 재산평가액의 80%를 청산가치로 평가하였습니다. 의료기기와 기타유형자산은 조사위원의 전문가적 판단으로 재산평가액의 30%를 청산가치로 산정하였습니다.

2. 청산가치의 평가결과

조사기준일 현재 채무자재산을 청산가치로 평가한 결과는 다음과 같습니다.

(단위 : 원)

계정과목	재산상태조사액	청산조정	청산금액
미 수 금	369,132,340	-	369,132,340
토지·건물	4,668,430,650	△1,511,171,002	3,157,259,648
차량운반구	62,500,000	△12,500,000	50,000,000
의료기기	251,000,000	△175,700,000	75,300,000
기타유형자산	53,820,377	△37,674,264	16,146,113
회원권	111,000,000	△22,200,000	88,800,000
차감 : 청산비용		△74,863,007	△74,863,007
청산가치 계	5,515,883,367	△1,834,108,273	3,681,775,094

XI. 회생절차를 계속 진행함이 적정한지 여부에 관한 의견

조사결과 채무자의 계속가치는 4,466,300천원, 청산가치는 3,681,775천원으로 평가되어 계속가치가 청산가치보다 높은 것으로 산정되었습니다. 따라서 경제성 측면에서 채무자를 존속시키는 것이 청산하는 것보다 유리하므로 회생절차를 유지하는 것이 적정할 것으로 사료됩니다.

[기재례 2] 조사위원의 제2차 조사보고서

○○지방법원
20○○회단○○ 회생

○○○ (○○요양병원)

회생절차 개시 사건에 대한

제 2 차 조 사 보 고 서 (수 정)

조사위원 ○○회계법인

조 사 보 고 서

사 건 20○○회단○○ 회생
신청인 겸 채무자 ○ ○ ○
○○시 ○○구 ○○동 ○○○-○

위 사건에 관하여 20○○년 ○월 ○일 귀원으로부터 조사위원으로 선임되어 「채무자 회생 및 파산에 관한 법률」 제243조 제1항 제2호 및 제4호에서 규정하고 있는 사항들로서 '회생계획안에 의한 변제방법이 채무자의 사업을 청산할 때, 각 채권자에게 변제하는 것보다 불리하지 아니하게 변제하는 내용인지 여부' 및 '회생계획안의 수행이 가능한지 여부'에 대하여 조사하고 그 조사결과를 다음과 같이 보고합니다.

20○○년 ○월 ○일

○○시 ○○구 ○○동 ○○번지
○○ 회계법인
대표이사 ○○○

○○지방법원 귀중

목 차

〈조사결과의 요약 및 조사위원의 의견〉

〈조사결과의 요약 및 조사위원의 의견〉

I. 조사의 개요

채무자 ○○○(이하 "채무자"라 한다)은 수정회생계획안을 ○○지방법원에 20○○년 11월 16일 최종 제출하였는바, 본 조사의 목적은 채무자가 제출한 회생계획안에 의한 변제방법이 채무자의 사업을 청산할 때, 각 채권자에게 변제하는 것보다 불리하지 아니하게 변제하는 내용인지 여부 및 회생계획안의 수행이 가능한지 여부를 조사하는데 있습니다.

Ⅱ. 회생계획안의 청산가치 보장 여부

본 조사위원의 조사결과에 따르면(1차 조사보고서 20○○. 8. 6) 채무자의 청산가치는 3,642,575천원으로 회생계획안에 기재된 채권자들에게 파산비용을 제외한 청산가치를 배분할 경우 회생담보권자에게 3,280,463천원, 회생채권자에게 0천원이 배당됩니다.

회생계획안에 따라 채권자들이 변제기간 동안 분할하여 지급받는 변제액의 현재가치는 회생담보권자 3,791,249천원, 회생채권자 1,144,958천원으로 채권자가 회생계획안에 의하여 변제받을 경우 청산시 배당금액 이상을 변제받도록 되어 있습니다.

Ⅲ. 회생계획안의 수행이 가능한지 여부

채무자가 회생계획안에 따라 회생계획을 수행할 경우, 변제계획 기간 동안 병원 운영 소득 및 자금조달액은 총 7,225,600천원이며, 동 기간 동안 변제하여야 할 채무액은 7,140,047천원으로 채무자의 회생계획안은 수행이 가능하다고 판단됩니다.

Ⅰ. 조사의 개요

채무자 ○○○(○○시 ○○구 ○○동 ○○○-○, 이하 '채무자'라 한다)은 20○○년 4월 21일 회생절차개시신청을 하였고, 20○○년 5월 15일 회생절차개시 결정을 받은 채무자로서 본 조사위원은 채무자에 대해 회생절차개시에 이르게 된 사정, 채무자의 재산상태, 회생절차를 진행함이 적정한지의 여부를 조사하기 위하여 20○○년 5월 15일을 기준일로 하여 20○○년 6월 26일부터 20○○년 7월 16일까지 제1차 조사를 하였습니다.

채무자는 20○○년 11월 16일 ○○지방법원에 수정회생계획안을 제출하였습니다. 본 조사는 채무자가 최종 제출한 회생계획안에 의한 변제방법이 채무자의 재산을 청산할 때, 각 채권자에게 변제하는 것보다 불리하지 아니하게 변제하는 내용인지 여부와 회생계획안의 수행이 가능한지 여부에 대하여 20○○년 11월 16일부터 20○○년 11월 18일까지 제2차 조사를 하였습니다. 이를 위하여 본 조사위원은 채무자가 작성·제출한 회생계획안을 다음과 같은 관점에서 조사하였습니다.

(1) 회생계획안의 청산가치 보장 여부에 대한 조사
  청산배당액과 배당률의 검토
  회생계획안에 따른 변제액의 현재가치와 변제율의 검토
  청산시 청산배당액과 회생계획안에 따른 변제액의 현재가치의 비교

(2) 회생계획의 수행가능성 여부에 대한 조사
  변제할 채무의 완전성 검토
  채무변제액, 권리변동액 및 변제할 채무 검토
  변제자금의 조달가능성 검토

Ⅱ. 회생계획안의 청산가치 보장여부

1. 조사결과의 요약

회생계획안에 의한 변제액의 현재가치가 청산시 청산배당액보다 크므로 회생계획안에 의한 변제계획이 청산가치를 보장하고 있다고 판단됩니다.

2. 청산배당액

제1차 조사보고서에 보고된 청산시 배당액(3,681,774천원)에서 매각 완료되어 채

무 상환된 금액을 제외하고 추가 보완된 채권을 고려하여 산정한 청산 배당금액은 다음과 같습니다.

(단위 : 천원, %)

채권의 구분	과 목	채권금액(A)	배당금액(B)	배당률(B/A)
회생담보권	대여채권	4,786,082	3,280,463	68.54
회생채권	금융기관대여채권	965,365	45,863	4.75
	비금융기관대여채권	1,601,279	76,074	4.75
	임대보증금	300,000	14,252	4.75
	국민연금등	128,062	128,062	100.00
	회생채권 계	7,780,788	3,544,714	8.82
임 금 채 권		97,860	97,860	100.00
합 계		7,878,648	3,642,575	46.23

청산이 이루어질 경우, 회생담보권자는 68.54%, 회생채권자는 8.82%를 배당받을 수 있으며, 전체적으로는 채권액 대비 46.23%를 회수할 수 있을 것으로 판단됩니다.

3. 변제액의 현재가치

회생계획안에 의한 변제액의 현재가치는 연도별 변제액을 현재가치할인율로 할인하여 산정하였습니다. 회생담보권 및 회생채권의 현재가치할인율은 회생신청 당시 주거래은행인 ○○은행의 평균 대출금리 6.65%를 적용하였습니다.

회생계획안에 의한 변제액의 현재가치(원금+인가후 이자)와 그 변제율은 다음과 같습니다.

(단위 : 천원, %)

채권의 구분	과 목	채권금액(A)	변제액의현재가치(B)	변제율(B/A)
회생담보권	대여채권	4,786,082	3,791,249	79.21
회생채권	금융기관대여채권	965,365	377,857	39.14
	비금융기관대여채권	1,601,279	639,039	39.91
	임대보증금	300,000	-	-
	국민연금등	128,062	128,062	100.00
	회생채권 계	7,780,788	4,936,207	38.23
임 금 채 권		97,860	97,860	100.00
합 계		7,878,648	5,034,067	63.90

회생계획안에 의한 변제방법 및 연도별 변제금액은 별첨을 참고하시기 바랍니다.

4. 청산시 배당액과 변제계획의 현재가치의 비교

채권자별 청산배당액과 변제계획의 현재가치를 비교하면 다음과 같습니다.

(단위 : 천원, %)

채권의 구분	과목	채권금액(A)	변제계획 현가(B)	청산시 배당액(C)	변제액의 현가율(B/A)	청산시 배당률(C/A)
회생담보권	대여채권	4,786,082	3,791,249	3,280,463	79.21	68.54
회생채권	금융기관대여채권	965,365	377,857	45,863	39.14	4.75
	비금융기관대여채권	1,601,279	639,039	76,074	39.91	4.75
	임대보증금	300,000	-	14,252	-	4.75
	국민연금등	128,062	128,062	128,062	100.00	100.00
	회생채권 계	7,780,788	4,936,207	3,544,714	38.23	8.82
임 금 채 권		97,860	97,860	97,860	100.00	100.00
합 계		7,878,648	5,034,067	3,642,575	63.90	46.23

채무자가 청산하는 것보다 회생변제계획안에 의하여 변제하는 것이 채권자에게 유리하며 현재가치로 평가했을 경우 1,391,492천원이 많습니다.

Ⅲ. 회생계획안의 수행이 가능한지 여부

1. 조사결과의 요약

회생계획안의 변제대상채무는 채무자가 변제하여야 할 채무를 모두 포함하고 있으며, 채무의 변제에 필요한 자금의 조달은 의료수익과 외부자금차입으로 이루어지고 제6차년도 자금의 차입은 가능하다고 추정되므로 채무자는 회생계획안을 수행할 수 있을 것으로 판단됩니다.

2. 변제할 채무내역

회생절차 개시결정 이후 채권조사기일에 시인한 채권액과 채무자가 이의를 철회한 채권액, 법원의 회생채권확정의 소 등으로 인정된 채권액을 합산하여 회생담보권 및 회생채권 등으로 확인된 채권액 중 기변제하여 소멸된 채권을 차감시키고, 권리와 금액을 변경한 후의 회생계획안 작성대상 확정채권의 내역은 다음과 같습니다.

(단위 : 천원)

채권의 구분	과 목	원 금	개 시 전 이 자	시인된 총채권액	변동/ 권리변경	변 제 할 채 권 액
회생담보권	대여채권	4,622,199	163,883	4,786,082	-	4,786,082
회생채권	금융기관대여채권	923,219	42,146	965,365	386,146	579,219
	비금융기관대여채권	1,581,624	19,655	1,601,279	640,511	960,768
	임대보증금	300,000	-	300,000	-	300,000
	국민연금등	106,940	21,122	128,062	-	128,062
	회생채권 계	7,533,982	246,806	7,780,788	1,026,657	6,754,131
임 금 채 권		97,860	-	97,860	-	97,860
합 계		7,631,842	246,806	7,878,648	1,667,168	6,851,991

주) 각 채권자별 변제계획은 회생계획안 및 별첨 1~5를 참고하시기 바랍니다.

3. 권리변경 및 변제방법

회생담보권자 및 회생채권자에 대한 권리변경 및 변제방법을 요약하면 다음과 같습니다. 구체적인 내역은 회생변제계획안을 참고하시기 바랍니다.

3.1 회생담보권(대여채권)

가. 원 금

개시 전 이자는 원금과 가산하여 변제하는 것으로 하며, 회생담보채권의 4,786,082,024원에 대해 전액 변제한다. 회생담보권의 지급은 준비년도(20○○년)에 (주)○○은행(채권액: 29,623,668원 / 담보목적물: ○○○○스파&리조트(콘도)회원권 / 회원권가격: 49,000,000원)의 담보목적물과 (주)○○○○은행(채권액: 52,009,647원 / 담보목적물: (주)클럽○○○, 골프장회원권(회원번호 K11111111) / 회원권가격: 62,000,000원)의 담보목적물을 12월 말일까지 일시에 처분하여 변제한다. 그리고 나머지 회생담보채권 4,704,448,709원에 대해서 제1차년도(20○○년)부터 제5차년도(20○○년)까지는 각 10%를, 제6차년도(20○○년)에 나머지 50%를 현금 변제한다.

나. 개시 후 이자

개시 후 이자율은 준비년도(20○○년)부터 제1차년도(20○○년)까지는 연 1.0%를, 제2차년도(20○○년)부터 제6차년도(20○○년)까지는 연 3.0%의 이율을 적용한다. 개시 후 이자는 발생연도 변제기일에 현금 변제한다.

3.2 회생채권(금융기관대여채권)

가. 원금(개시 전 이자 포함)

금융기관 회생채권의 개시 전 이자는 원금과 가산하여 변제하는 것으로 하였고, 원금의 40%는 면제하며, 나머지 원금 60%에 대해서 제1차년도(20○○년)부터 제4차년도(20○○년)까지 각 6%를, 제 5차년도(20○○년)에는 4%를, 제 6차년도(20○○년)에는 8%를, 제7차년도(20○○년)부터 제9차년도(20○○년)에는 각 6%를, 제10차년도(20○○년)에는 46%를 현금 변제한다.

나. 개시 후 이자는 전액을 면제한다.

3.3 회생채권(비금융기관대여채권)

가. 원금(개시 전 이자 포함)

상거래, 대여금 회생채권의 개시 전 이자는 원금과 가산하여 변제하는 것으로 하였으며, 원금의 40%는 면제하며, 나머지 원금 60%에 대해서는 채권금액이 5백만원 미만인 채권은 제1차년도(20○○년)에 전액 변제하고, 채권금액이 5백만원 이상인 채권은 제1차년도(20○○년)부터 제7차년도(20○○년)까지는 각 1%를, 제8차년도(20○○년)부터 제10차년도(20○○년)까지 각 31%를 현금 변제한다.

나. 개시 후 이자는 전액을 면제합니다.

3.4 회생채권(임대보증금)에 대한 권리변경과 변제방법

가. 원 금

① 임대차계약이 만료되거나 중도에 적법하게 해지되어 그 반환사유가 발생한 경우(임대목적물의 명도)에는 해당 임대목적물을 제3자에게 임대하여 받는 임대차보증금으로 또는 신규임대차보증금으로 종전 임대차보증금을 반환한다.

② 임대목적물이 매각되는 경우에는 임대차계약이 승계되지 않는 채권자의 경우 매각대금으로 법률에 정해진 순서에 따라 변제한다.

③ 위 변제방법에 의하여 변제받지 못한 금액이 원금의 60% 미만인 경우에는 변제받지 못한 금액과 원금의 60%의 차액을 제10차년도(20○○년)말에 변제한다.

나. 개시 후 이자는 전액을 면제합니다.

3.5 회생채권(국민연금관리공단)

가. 원 금

① 원금은 우선 지급해야 할 채권이므로 준비년도(20○○년)에 전액 변제한다.

② 인가일 이전까지 발생한 가산금 및 중가산금에 대해서는 원금과 동일하게 변제한다.

나. 개시 후 이자는 전액을 면제합니다.

3.6 미확정 회생채권에 대한 권리변경과 변제방법

권리가 확정되면 각 해당 채권에 관하여 회생계획안에서 규정한 금융기관 회생채권에 대한 권리변경 및 변제방법을 적용한다. 목록에 포함되지 아니한 우발채무는 법원의 허가를 얻어 권리변경과 변제방법을 정하여 변제한다.

3.7 신고되지 아니한 채권의 처리

회생담보권의 목록 및 회생채권자의 목록에 기재되지 않고 신고되지 아니한 회생담보권, 회생채권은 그 권리가 소멸된다.

3.8 장래의 구상권

가. 회생절차개시결정 이후 채무자를 위한 보증인, 물상보증인(담보목적물의 제3취득자를 포함한다.) 또는 기타 제3자가 자기의 출재로 인하여 회생채권자 또는 회생담보권에게 변제한 경우에는 채무자에 대하여 구상권을 취득하는 것으로 하였습니다.

나. 다만, 구상권자는 채권자의 권리변경 전에 채권이 회생절차에 의하여 또는 회생절차에 의하지 아니하고 모두 소멸된 경우에 한하여 자기의 구상권을 행사할 수 있으며, 채무자는 이 회생계획안에 의하여 변제하여야 할 회생채권 및 회생담보권의 잔액 범위 내에서 구상권자의 구상권 비율에 따라 변제하는 것으로 하였습니다.

3.9 미확정회생채권 및 부인권 행사로 부활될 회생채권

가. 신고기간 만료 전 부인의 소 또는 부인의 청구 등이 계속된 경우 아래 각 해당 채권에 관한 부인의 소, 부인의 청구 등의 재판이 확정된 후 1개월 내에 상대방이 신고를 추후 보완하고, 그 상대방이 받은 이행을 반환하거나 그 가액을 상환한 경우, 그 추후 보완된 신고가 시인되거나 그에 관한 채권조사확정재판 등이 확정되면 그 채권에 관하여각 해당 권리변경 및 변제방법을 적용한다.

나. 신고기간 만료 후 부인의 소 또는 부인의 청구 등이 제기된 경우

① 신고기간 만료 후 관리인이 부인의 소 또는 부인의 청구를 제기하여 그에 관한 재판이 확정된 후 1개월 내에 상대방이 신고를 추후 보완하고 그 상대방이 받은 이행을 반환하거나 그 가액을 상환한 경우, 그 추후 보완된 신고가 시인되거나 그에 관한 채권조사확정재판 등이 확정되면 그 권리의 성질 및 내용에 비추어 가장 유사한 회생채권 또는 회생담보권의 권리변경 및 변제방법을 적용한다.

② 위 "가" 항에 따라 가장 유사한 권리변경 및 변제방법을 적용하는 것에 관하여 다툼이 있는 경우에는 관리인의 신청에 의하여 회생법원이 이를 결정한다.

4. 변제자금의 조달가능성

4.1 변제자금의 조달방법

현재 채무자는 변제자금 조달은 의료사업 소득, 비영업자산의 매각과 외부차입금 1,870,000천원으로 조달한다고 회생계획안을 작성하였습니다.

4.2 추정소득금액계산서

추정대상기간인 20○○년(준비년도)부터 20○○년까지 의료사업소득의 변제가능금액의 추정결과는 다음과 같습니다.

(단위 : 천원)

구 분	FY20○○	FY20○○	FY20○○	FY20○○	FY20○○	FY20○○
종합소득금액	417,791	734,869	736,150	737,776	763,944	766,283
산출세액	127,585	236,929	237,371	237,932	246,956	247,763
세후종합소득금액	290,206	497,939	498,779	499,844	516,988	518,520
(-)자본적지출	-	-	80,000	80,000	80,000	80,000

(+)감가상각비	129,195	129,195	145,195	161,195	153,007	169,007
(-)순운전자본	-	23,960	6,079	6,201	6,325	6,451
(-)최저생계비	9,405	12,564	13,155	13,773	14,420	15,098
변제가능금액	409,996	590,610	544,740	561,066	569,250	585,978

(단위 : 천원)

구 분	FY20○○	FY20○○	FY20○○	FY20○○	FY20○○	합 계
종합소득금액	768,989	788,069	807,530	827,381	847,629	8,196,410
산출세액	248,696	255,275	261,987	268,832	275,815	2,645,141
세후종합소득금액	520,293	532,793	545,543	558,549	571,814	5,551,269
(-)자본적지출	80,000	80,000	80,000	80,000	80,000	720,000
(+)감가상각비	185,007	185,007	185,007	185,007	185,007	1,811,830
(-)순운전자본	6,580	6,712	6,846	6,983	7,123	83,261
(-)최저생계비	15,807	16,550	17,328	18,143	18,995	165,238
변제가능금액	602,913	614,538	626,376	638,430	650,703	6,394,600

4.3 외부자금차입의 조달가능성

채무자는 제6차년도(20○○년)에 1,870백만원의 자금을 차입하여 채무를 변제하는 것으로 회생변제계획안을 작성하고 있습니다. 제6차년도에 채무자는 회생담보권을 전액 상환하므로 채무자 소유의 부동산을 담보로 이용한 자금조달은 가능할 것으로 판단되며 차입예상 금액(1,870백만원)이 토지·건물의 감정가액 4,668,439천원(1차조사기준일 현재)의 40.05%에 해당되며, 또한 차입이후 매년 의료수익발생액으로 차입금의 상환과 이자지급이 가능할 것으로 판단되어 제6차년도에 외부자금차입은 가능하다고 판단됩니다.

4.4 자금수지계획 요약

변제기간동안의 자금수지계획 요약표는 다음과 같습니다.

(단위 : 천원)

구 분	FY20○○	FY20○○	FY20○○	FY20○○	FY20○○	FY20○○
Ⅰ. 기초자금잔액	-	264,256	268,172	171,337	104,941	60,843
Ⅱ. 추정소득금액	409,996	590,610	544,740	561,066	569,250	585,978
Ⅲ. 비영업자산매각	111,000	-	-	-	-	-
Ⅳ. 자금의 차입	-	-	-	-	-	-
Ⅴ. 채무의 변제금액	256,740	586,694	641,575	627,462	613,348	587,650

VI. 기말자금잔액	264,256	268,172	171,337	104,941	60,843	59,171

(단위: 천원)

구 분	FY20○○	FY20○○	FY20○○	FY20○○	FY20○○	합 계
I. 기초자금 잔액	59,171	53,599	324,027	325,591	289,209	-
II. 추정소득금액	602,913	614,538	626,376	638,430	650,703	6,394,600
III. 비영업자산 매각	-	-	-	-	-	111,000
IV. 자금의 차입	1,870,000	(300,000)	(300,000)	(350,000)	(200,000)	720,000
V. 채무의 변제금액	2,478,485	44,110	324,812	324,812	654,359	7,140,047
VI. 기말자금잔액	53,599	324,027	325,591	289,209	85,553	85,553

자금수지계획의 세부내역은 별표 10을 참조하시기 바랍니다.

4.5 결 론

채무자의 회생계획안에 의한 변제기간 동안 의료사업 소득과 비영업자산의 매각 자금의 외부차입으로 인한 자금조달금액은 7,225,600천원이며, 변제기간 동안 변제하여야 할 채무액은 7,140,047천원으로 순자금유입이 85,553천원입니다. 따라서 회생계획안의 변제계획은 수행가능하다고 판단됩니다.

IV. 종합의견

이상의 검토결과를 요약하면

첫째, 각 채권자들의 회생계획안의 채무변제율이 청산시 배당률보다 높고

둘째, 회생기간 동안 조달될 자금은 의료수익금액과 외부자금차입으로 자금조달이 가능하며 변제대상 채무를 변제할 수 있을 것으로 판단됩니다.

따라서, 채무자가 작성·제출한 회생계획안에 의한 변제방법이 채무자가 청산할 때, 각 채권자에게 변제하는 것보다 불리하지 아니하게 변제하는 내용이며, 동 회생계획안의 수행이 가능하다고 판단됩니다.

〈별 첨〉

별첨 1 : 회생계획변제안 총괄표

별첨 2 : 회생담보권 변제계획 상세내역

별첨 3 : 회생채권(금융기관)변제계획 상세내역
별첨 4 : 회생채권(비금융기관)변제계획 상세내역
별첨 5 : 회생채권(국민연금등)변제계획 상세내역
별첨 6 : 회생담보권 및 회생채권 권리변경 총괄표
별첨 7 : 회생담보권 현가율계산표
별첨 8 : 회생채권(금융기관) 현가계산표
별첨 9 : 회생채권(비금융기관) 현가계산표
별첨10 : 추정자금수지계획표

[사례 3] 일반회생 - 의사, 병원운영 실패

일반회생신청서 일람표

회생절차개시신청서

- 회생절차개시명령신청서(표지)
- 회생절차개시명령신청서(본문)
- 금지명령신청서
- 재산보전처분명령신청서
- 회생채권자·회생담보권자 목록
- 회생채권 조사기간 시·부인표
- 관리인조사보고서
- 관리인보고서

회생계획안

- 회생계획안(표지)
- 회생계획안 목차
- 회생계획안 본문
- 별표(자금수지 계획표)
- 별표(회생채권 채무의 변제계획 총괄표)
- 별표(채권자별 현가율 계산명세서)
- 별표(변제율과 배당률 비교표)

[서식 1] 일반회생절차 개시신청서(표지)

회생절차 개시신청서

사 건 번 호	
배당순위번호	
재 판 부	제부(단독)

* 인 지 : 30,000원
* 송달료 : 3,700 × 40 = 148,000원

신청인 ○ ○ ○

위 대리인 변호사 ○ ○ ○

○○지방법원 귀중

[서식 2] 일반회생절차 개시신청서

회생절차개시신청서

(채무자 회생 및 파산에 관한 법률 제34조 제1항에 의한)

신청인(채무자) ○○○(000000-0000000)
○○시 ○○구 ○○동 ○○○-○○○
대 리 인 변호사 ○○○
○○시 ○○구 ○○동 ○○○-○○
(전화 : 031-0000-0000, 팩스 : 031-0000-0000)

신 청 취 지

채무자에 대하여 회생절차를 개시한다.
라는 결정을 바랍니다.

신 청 이 유

1. 채무자의 약력

19ㅇㅇ년		ㅇㅇ대학교 의과대학 졸업
19ㅇㅇ년		ㅇㅇ시 ㅇㅇㅇㅇ병원 소아과 레지던트 수료
19ㅇㅇ년	4월	ㅇㅇ시 ㅇㅇㅇㅇ병원 소아과 과장
19ㅇㅇ년	4월	ㅇㅇ시 ㅇㅇㅇ소아과의원 개원
20ㅇㅇ년	3월	ㅇㅇ시 ㅇㅇㅇ소아과의원 폐업
20ㅇㅇ년	8월	ㅇㅇ시 ㅇㅇㅇㅇ의원 개원
20ㅇㅇ년	8월	ㅇㅇ시 ㅇㅇㅇㅇ의원 폐업
20ㅇㅇ년	9월	ㅇㅇ시 ㅇㅇㅇㅇ병원 소아과 근무의사

2. 채무가 증대된 경위

19○○년 부채가 1억원 정도(개업자금 5,000만원과 일부사채 5,000만원)로 개업을 했습니다. 몇 년간 벌어서 부채를 갚고 약간의 돈이 모여 부동산 투자를 하였으나 실패를 보아 돈이 없는 상태에서 19○○년경부터 자녀들을 외국 유학을 보냈습니

다. 대략 19○○년까지 병원수입으로 생활과 자녀들의 유학비를 충당하기에 부족하지 않았습니다. 하지만 그 이후로 주위에 병원도 많이 생기고 소아과 환자가 자꾸 감소하여 유학비를 감당하기 위하여 처음 19○○년쯤 ○○은행에 1억원 대출을 받아서 부족한 부분을 채워나갔습니다. 가끔씩 사채를 쓰다 보니 이자도 많고 20○○년부터는 소아과 환자가 급감하여 생활은 더욱 어려워지고, 20○○년 ○○은행에서 3억원 대출을 받아서 일부 사채를 갚고 유학비 및 이자 등을 내는데 사용하게 되었습니다. 그리고 20○○년 ○○은행에서 4,200만원, 20○○년 ○○○○○은행에서 4,800만원, 20○○년 ○○은행에서 3,000만원, 20○○년 ○○카드에서 2,000만원을 빌려서 생활비와 아이들 유학비를 충당하게 되었습니다. 그리고 15년 전에 친척 ○○○에게 땅을 팔았으나 땅값이 오르지 않았다고 보상을 요구하여 20○○년쯤에 1억원의 차용증을 써 주었습니다.

20○○년 3월13일 ○○시에서 폐업을 하고 다시 재기할 목적으로 20○○년 8월 8일 성남에서 개업을 하였으나 하루 환자수가 15명 정도로 병원운영하기에는 턱없이 부족하였습니다. 손실이 너무 심하여 투자한 금액 약 3,000만원도 회수하지 못한 채 손해를 보고 다시 폐업을 하게 되었고, 지금은 근무의사로 진료를 하고 있습니다.

3. 채무자의 소득현황 및 생계비

가. 소득현황

(1) 월평균급여 (세후급여) : 금 420만원 (연봉 6,000만원)

나. 생 계 비

비 목	지출예상 최저생계비	추가지출 사유
생계비		
식료품비	500,000	
광열수도비	100,000	
가구집기비		
피복신발비	100,000	
교양오락비		
교통비	100,000	
통신비	150,000	
보험비		

주거비		
의료비		
양육비	500,000	
기타 생활비/대외관계비	550,000	
계	2,000,000	추가비율 : %

4. 채무자의 자산, 부채, 기타의 재산상태

가. 채무자의 자산 현황 : 매월 받는 급여 외에는 없습니다.

나. 채무자의 부채 현황 :

부채의 상황은 별지 채권자일람표 기재와 같이 원금 581,455,559원, 이자 20,622,455원, 총 602,078,014원 정도입니다.

5. 파산의 원인에 대한 진술과 회생가능성에 대한 주장

위에서 본 바와 같이, 채무자는 매월 받는 급여의 수입으로 현재 발생한 이자를 갚지 못하는 상황으로서 파산의 원인인 사실은 이미 생겼다고 할 것이므로 채무자 회생 및 파산에 관한 법률 제34조 제1항에 정한 회생절차를 신청할 수 있는 요건을 충족하고 있다고 할 것입니다.

나아가 회생가능성에 관하여 보건대, 일부 채권이 실현가능한 것을 제외하고는 대부분의 채권을 만족할 가능성은 없는 반면에, 채무자는 ○○세의 의사로서 특히 질병이 생기지 아니하는 이상 꾸준히 현금의 흐름을 낼 수 있는 능력이 있습니다. 이와 같이 책임 재산은 전혀 없고 채무만이 있는 반면에 채무자 자신의 인적 능력은 계속 발휘될 수 있는 상황이라면, 채무자가 앞으로 일정 기간의 봉사로써 기존에 발생한 채권의 일부라도 변제한다면 채권자로서는 아예 그 가치를 실현하지 못하는 것보다는 훨씬 나을 것입니다.

6. 관리인, 보전관리인의 선임과 회생계획에 관한 의견

금액이 많을 뿐 채무자는 개인회생의 전형적인 대상이 되는 채무자들과 본질적으로 같습니다. 따라서 특히 관리인, 보전관리인을 제3자로 선임하시기 보다는 채무자가 관리인이 되던가, 개인회생위원에 준하여 관리인을 선임하여 주시기 바랍니다.

7. **결 론**

이상의 이유로 채무자는 채무자 회생 및 파산에 관한 법률 제34조 제1항에 의한 회생절차의 개시를 신청하오니 결정을 하여 주시기 바랍니다.

소 명 방 법

1. 가족관계증명서 및 주민등록등본
2. 재산세납세증명서
3. 소득금액증명(20○○년, 20○○년)
4. 근로계약서(연봉제)
5. 회생채권자목록 및 부채를 증명하는 자료 : 채무확인서

기타 필요에 따라 제출하겠습니다.

첨 부 서 류

1. 위 소명방법	각 1부
1. 위임장	1부
1. 송달료납부서	1부

20○○. ○. ○.

위 신청인 ○○○의
소송대리인 변호사 ○○○ (인)

○○지방법원 귀중

[붙임 1] 회생채권자목록

회생채권자목록

순번	채 권 자명	차용 또는 구입일자	발생원인	최초 채권액	사용처	보증인	잔존 채권액	
							잔존원금	잔존이자, 지연손해금
1	㈜ㅇㅇㅇㅇ은행	20ㅇㅇ-02-27	1		병원운영 채무변제		28,877,133	1,086,194
		20ㅇㅇ-04-04	1		병원운영 채무변제		274,856,051	4,864,575
2	㈜ㅇㅇ은행	20ㅇㅇ-04-28	1	100,000,000	병원운영 채무변제		100,000,000	8,168,520
3	ㅇㅇㅇㅇㅇ은행	20ㅇㅇ-04-27	1	48,000,000	병원운영 채무변제		30,399,325	2,873,567
4	ㅇㅇ카드㈜	20ㅇㅇ-08-08	1.2		병원운영 채무변제		20,123,080	1,348,062
5	ㅇㅇ파이낸셜㈜	20ㅇㅇ-08-09	1	30,000,000	병원운영 채무변제		27,199,970	2,281,537
	소 계						481,455,559	20,622,455

* 채권의 '발생원인'란에는 아래 해당번호를 기재함 ① 금원차용(은행대출,사채 포함) ②물품구입(신용카드에 의한 구입 포함) ③ 보증(피보증인 기재) ④ 기타	합계	잔존원금	잔존이자, 지연손해금
	502,078,014	481,455,559	20,622,455

[붙임 2] 벌금·조세등의 목록

벌금·조세등의 목록

순번	채 권 자명	차용 또는 구입일자	발생 원인	최초 채권액	사용처	보증인	잔존 채권액	
							잔존원금	잔존이자, 지연손해금
1	ㅇㅇ세무서		4		종합소득세		1,914,910	
			4		증권거래서		235,570	
	소계(조세)						2,150,480	0

* 채권의 '발생원인'란에는 아래 해당번호를 기재함
① 금원차용(은행대출,사채 포함) ② 물품구입(신용카드에 의한 구입 포함) ③ 보증(피보증인 기재) ④ 기타

합 계	잔존원금	잔존이자, 지연손해금
2,150,480	2,150,480	0

[붙임 3] 채권자의 주소

채권자의 주소

1. 채권자의 주소는 최근 주소로 번지까지 정확하게 기재하고, 채무자를 위하여 보증을 해준 사람이 있으면 그 보증인도 채권자로서 주소까지 정확히 기재하여야 합니다.
2. 채권자가 금융기관이나 기타 법인인 경우에는 본점 소재지 또는 거래지점의 소재지를 정확하게 기재하여야 합니다.

회생채권자 주소

순번	채 권 자명	주 소	전화번호	팩 스	비 고 (우편번호)
1	㈜ㅇㅇㅇㅇ은행	ㅇㅇ시 ㅇㅇ구 ㅇㅇ동 ㅇㅇㅇ	000-0000-0000		000-000
2	㈜ㅇㅇ은행	ㅇㅇ시 ㅇㅇ구 ㅇㅇ동 ㅇㅇㅇ	000-0000-0000		000-000
3	ㅇㅇㅇㅇㅇ은행	ㅇㅇ시 ㅇㅇ구 ㅇㅇ동 ㅇㅇㅇ	000-0000-0000		000-000
4	ㅇㅇ카드㈜	ㅇㅇ시 ㅇㅇ구 ㅇㅇ동 ㅇㅇㅇ	000-0000-0000		000-000
5	ㅇㅇ파이낸셜㈜	ㅇㅇ시 ㅇㅇ구 ㅇㅇ동 ㅇㅇㅇ	000-0000-0000		000-000

[서식 3] 금지명령신청서(표지)

금지명령신청서

(채무자 회생 및 파산에 관한 법률 제45조 제1항에 의한)

신청인 ○○○
위 소송대리인 변호사 ○○○

* 인 지 : 2,000원

사 건 번 호	20○○회단○
해 당 순 위 번 호	
재 판 부	제부 (단독)
주 심	

○○지방법원 파산과 귀중

[서식 4] 금지명령신청서

(채무자 회생 및 파산에 관한 법률 제45조 제1항에 의한)

금 지 명 령 신 청 서

사　　　건　　20○○회단○ 회생
신청인(채무자)　○○○ (000000-0000000)
　　　　　　　　○○시 ○○구 ○○동 ○○○-○○○
대　리　인　　변호사 ○○○
　　　　　　　　○○시 ○○구 ○○동 ○○-○○○

신 청 취 지

채무자에 대한 이 법원 20○○회단○ 회생사건에 관하여 회생절차의 개시신청에 대한 결정이 있을 때까지 다음의 각 절차 또는 행위를 금지한다.

1. 모든 회생담보권자 및 회생채권자에 대하여 회생채권 또는 회생담보권에 기한 신청인 소유의 유체동산과 신청인의 ○○○○병원 소아과 의원에서 발생하는 급여소득 및 퇴직급여에 대하여 하는 강제집행·가압류 또는 가처분
2. 회생담보권 및 회생채권을 변제받거나 변제를 요구하는 일체의 행위

다만, 소송행위를 제외한다.
라는 결정을 구합니다.

신 청 원 인

1. 신청인은 귀원 20○○회단○ 회생사건의 신청 채무자입니다.

2. 현재 신청인 소유의 유체동산과 신청인의 ○○○○병원 소아과 의원에서 발생하는 급여소득 및 퇴직급여에 대하여는 아직 가압류 또는 압류의 집행이 없는바, 채권자들이 신청인 소유의 유체동산이나 신청인의 급여소득 등에 대하여 강제집행·가압류 또는 가처분을 하게 되면 신청인의 회생절차에 큰 어려움이 생길 것입니다.

3. 또한, 채권자들이 신청인으로부터 회생채권을 변제받거나 변제를 요구하는 행위를

할 경우 채권자간의 형평을 해하게 되며, 신청인의 정상적인 생활에도 지장을 초래하게 될 것입니다.

4. 따라서 신청인은 신청인 소유의 유체동산과 신청인의 ○○○○병원 소아과에서 발생하는 급여소득 및 퇴직급여에 대한 강제집행·가압류 또는 가처분과 회생채권의 변제요구행위를 금지시켜야 할 필요가 있으므로, 채무자 회생 및 파산에 관한 법률 제45조 제1항에 의하여 이 신청에 이르게 되었습니다.

20○○. ○. ○.

위 신청인 ○○○의

소송대리인 변호사 ○ ○ ○

○○지방법원 파산과 귀중

[서식 5] 재산보전처분명령신청서(표지)

재산보전처분명령신청서

(채무자 회생 및 파산에 관한 법률 제45조 제1항에 의한)

신청인 ○○○
위 소송대리인 변호사 ○○○

* 인 지 : 2,000원

사 건 번 호	20○○회단○
해 당 순 위 번 호	
재 판 부	제부 (단독)
주 심	

○○지방법원 파산과 귀중

[서식 6] 재산보전처분명령신청서

(채무자 회생 및 파산에 관한 법률 제45조 제1항에 의한)

재산보전처분명령신청서

사 건 20○○회단○ 회생

신청인(채무자) ○○○ (000000-0000000)
○○시 ○○구 ○○동 ○○○-○○○

대 리 인 변호사 ○○○
○○시 ○○구 ○○동 ○○-○○○

신 청 취 지

1. 채무자는 보전처분명령일 이전의 원인으로 인하여 생긴 일체의 금전채무에 관하여 그 변제 또는 담보제공을 하여서는 아니된다.
2. 채무자는 부동산·자동차·중기·특허권 등 등기 또는 등록의 대상이 되는 일체의 재산 및 금 10,000,000원 이상의 기타 재산에 관한 소유권의 양도, 담보권·임차권의 설정 기타 일체의 처분행위를 하여서는 아니된다. 다만, 계속적이고 정상적인 영업활동에 해당하는 제품이나 원재료 등의 처분행위는 예외로 한다.
3. 채무자는 명목 여하를 불문하고 차재(어음할인을 포함한다)를 하여서는 아니된다.
4. 채무자는 노무직 및 생산직을 제외한 임직원을 채용하여서는 아니된다.
5. 위 각 항의 경우에 있어서 미리 이 법원의 허가를 받았을 때에는 그 제한을 받지 아니한다.

신 청 이 유

보천처분명령 신청서의 신청 이유에 관하여는 회생절차개시신청서상의 신청 이유와 동일하므로 이를 원용합니다.

20○○. ○. ○.

위 신청인 ○○○의
소송대리인 변호사 ○○○

○○지방법원 귀중

[서식 7] 회생채권자 등의 목록 제출

재 판 장

○ ○ ○

법원용

주소 : 000-000. ○○시 ○○구 ○○동 ○○○. 전화 000-0000-0000, 팩스 000-0000-0000

문서번호 : ○○○ 회생 제20○○-○○○○호
사 건 : 20○○회단○ 회생
수 신 : ○○지방법원 신청○○단독
참 조 : ○○○ 판사님
제 목 : 회생채권자등의 목록제출

1. 귀원의 사건번호 20○○회단○호 회생 관련입니다. (회생개시결정일 20○○. ○. ○.)

2. 위 사건에 관하여 관리인은 별첨과 같이 회생채권자등의 목록을 제출합니다.

20○○. ○. ○.

관리인 ○ ○ ○

[별첨] 회생채권자 등의 목록

○○지방법원 20○○회단○ 회생
회생채무자 ○○○

회생채권자·회생담보권자 목록

(20○○년 ○월 ○일)

관리인 ○ ○ ○

회생담보권자, 회생채권자, 벌금·조세채권자 목록 총괄표

채무자 : ○○○ (단위 : 원, 주)

<table>
<tr><th colspan="2">구 분</th><th>건 수</th><th>금 액</th><th>비 고</th></tr>
<tr><td colspan="2">회생담보권자</td><td></td><td></td><td></td></tr>
<tr><td rowspan="3">회생채권</td><td>회생채권</td><td>5</td><td>812,875,227</td><td></td></tr>
<tr><td>담보권 중 회생채권 인정액</td><td></td><td></td><td></td></tr>
<tr><td>소 계</td><td>5</td><td>812,875,227</td><td></td></tr>
<tr><td colspan="2">합 계</td><td>5</td><td>812,875,227</td><td></td></tr>
</table>

조세채권			
주식·출자지분			

회생채권자의 목록 총괄표

채무자 : ○○○

(단위 : 원)

목록번호	채권자	주 소	채권내용	채권액	의결권 인정액	우선권	비 고
1-1	㈜○○○○은행 은행장 ○○○	○○시 ○○구 ○○동 ○○○	주채무 : 일반/직장인신용대출 1. 원금 2. 20○○.10.17.까지의 이자	28,877,133 1,086,194	29,963,327		
1-2			주채무 : 일반 닥터론 1. 원금 2. 20○○.10.17.까지의 이자	274,856,051 4,864,575	279,720,626		
			소계 1. 원금 2. 20○○.10.17.까지의 이자	303,733,184 5,950,769	309,683,953		
2	㈜○○은행 은행장 ○○○	○○시 ○○구 ○○동 ○○○	주채무 : 일반대출 1. 원금 2. 20○○.10.16.까지의 이자	100,000,000 8,168,520	108,168,520		
3	한국○○○○은행 은행장 ○○○	○○시 ○○구 ○○동 ○○○	주채무 : 무담보신용대출 1. 원금 2. 개시 전일까지의 이자	30,399,325 3,986,827	34,386,152		이자계산내역 20○○.3.28 ~ 20○○.5.28 : 연 7.95% 20○○.5.29 ~ 20○○.6.27 : 연 8.95% 20○○.6.28 ~ 20○○.12.14 : 연 22.95%
4	○○카드㈜ 대표이사 ○○○	○○시 ○○구 ○○동 ○○○	주채무 : 신용카드대금 및 카드론 1. 원금 2. 20○○.10.20.까지의 이자	20,123,080 1,348,062	21,471,142		
5	○○파이낸셜㈜ 대표이사 ○○○	○○시 ○○구 ○○동 ○○○	주채무 : 일반대출 1. 원금 2. 20○○.10.20.까지의 이자	27,199,970 2,281,537	29,481,507		
소 계			1. 원금 2. 이자	785,188,743 27,686,484	812,875,227		
합 계				812,875,227	812,875,227		

회생채권자의 목록

<table>
<tr><td colspan="2">사 건</td><td>20○○회단○ 회생</td><td>채무자</td><td>○○○</td></tr>
<tr><td rowspan="3">회생
채 권 자</td><td>성명 · 명칭</td><td colspan="3">㈜○○○○은행</td></tr>
<tr><td>주 소</td><td colspan="3">○○시 ○○구 ○○동 ○○</td></tr>
<tr><td>전화번호</td><td>000-0000-0000</td><td>e-mail</td><td></td></tr>
<tr><td colspan="2">목록 번호</td><td>채권 1-1</td><td>신고 번호</td><td></td></tr>
<tr><td colspan="2">회생채권의
내용 · 원인</td><td colspan="3">1. (원인) 20○○.02.27.자 일반/직장인신용대출
(내용) 원금 28,877,133원
20○○.10.17.일까지의 이자 1,086,194원</td></tr>
<tr><td colspan="2">우선권 유무</td><td colspan="3"></td></tr>
<tr><td colspan="2">의결권의 액</td><td colspan="3">금 29,963,327원</td></tr>
<tr><td colspan="2">목록 번호</td><td>채권 1 2</td><td>신고 번호</td><td></td></tr>
<tr><td colspan="2">회생채권의
내용 · 원인</td><td colspan="3">1. (원인) 20○○.04.04.자 일반/닥터론
(내용) 원금 274,856,051원
20○○.10.17.일까지의 이자 4,864,575원</td></tr>
<tr><td colspan="2">우선권 유무</td><td colspan="3"></td></tr>
<tr><td colspan="2">의결권의 액</td><td colspan="3">금 279,720,626원</td></tr>
<tr><td colspan="2">집행권원 · 종국판결 유무</td><td colspan="3"></td></tr>
<tr><td colspan="2">소송 계속 여부</td><td colspan="3"></td></tr>
<tr><td colspan="2">비 고</td><td colspan="3"></td></tr>
<tr><td colspan="2"></td><td colspan="3">원금 303,733,184원
이자 5,950,769원 합계 309,683,953원</td></tr>
</table>

회생채권자의 목록

<table>
<tr><td colspan="2">사 건</td><td>20ㅇㅇ회단ㅇ 회생</td><td>채 무 자</td><td>ㅇㅇㅇ</td></tr>
<tr><td rowspan="3">회생
채 권 자</td><td>성명 · 명칭</td><td colspan="3">㈜ㅇㅇ은행</td></tr>
<tr><td>주 소</td><td colspan="3">ㅇㅇ시 ㅇㅇ구 ㅇㅇ동 ㅇㅇ</td></tr>
<tr><td>전화번호</td><td>000-0000-0000</td><td>e-mail</td><td></td></tr>
<tr><td colspan="2">목록 번호</td><td>채권 2</td><td>신고 번호</td><td></td></tr>
<tr><td colspan="2">회생채권의
내용 · 원인</td><td colspan="3">1. (원인) 20ㅇㅇ.04.28.자 대출
(내용) 원금 100,000,000원
20ㅇㅇ.10.16.일까지의 이자 8,168,520원</td></tr>
<tr><td colspan="2">우선권 유무</td><td colspan="3"></td></tr>
<tr><td colspan="2">의결권의 액</td><td colspan="3">금 108,168,520원</td></tr>
<tr><td colspan="2">목록 번호</td><td></td><td>신고 번호</td><td></td></tr>
<tr><td colspan="2">회생채권의
내용 · 원인</td><td colspan="3">1. (원인)
(내용)</td></tr>
<tr><td colspan="2">우선권 유무</td><td colspan="3"></td></tr>
<tr><td colspan="2">의결권의 액</td><td colspan="3">금 원</td></tr>
<tr><td colspan="2">집행권원 · 종국판결 유무</td><td colspan="3"></td></tr>
<tr><td colspan="2">소송 계속 여부</td><td colspan="3"></td></tr>
<tr><td colspan="2">비 고</td><td colspan="3"></td></tr>
<tr><td colspan="2"></td><td colspan="3">원금 원
이자 원 합계 원</td></tr>
</table>

회생채권자의 목록

<table>
<tr><td colspan="2">사 건</td><td>20ㅇㅇ회단ㅇ 회생</td><td>채 무 자</td><td>ㅇㅇㅇ</td></tr>
<tr><td rowspan="3">회생
채 권 자</td><td>성명 · 명칭</td><td colspan="3">한국ㅇㅇㅇㅇ은행</td></tr>
<tr><td>주 소</td><td colspan="3">ㅇㅇ시 ㅇㅇ구 ㅇㅇ동 ㅇㅇ</td></tr>
<tr><td>전화번호</td><td>000-0000-0000</td><td>e-mail</td><td></td></tr>
<tr><td colspan="2">목록 번호</td><td>채권 3</td><td>신고 번호</td><td></td></tr>
<tr><td colspan="2">회생채권의
내용 · 원인</td><td colspan="3">1. (원인) 20ㅇㅇ.04.27.자 무담보신용대출
(내용) 원금 30,399,325원
개시결정 전일까지의 이자 3,986,827원
20ㅇㅇ.3.28~20ㅇㅇ.5.28: 연 7.95%
20ㅇㅇ.5.29~20ㅇㅇ.6.27: 연 8.95%
20ㅇㅇ.6.28~20ㅇㅇ.12.14 : 연 22.95%</td></tr>
<tr><td colspan="2">우선권 유무</td><td colspan="3"></td></tr>
<tr><td colspan="2">의결권의 액</td><td colspan="3">금 34,386,152원</td></tr>
<tr><td colspan="2">목록 번호</td><td></td><td>신고 번호</td><td></td></tr>
<tr><td colspan="2">회생채권의
내용 · 원인</td><td colspan="3">1. (원인)
(내용)</td></tr>
<tr><td colspan="2">우선권 유무</td><td colspan="3"></td></tr>
<tr><td colspan="2">의결권의 액</td><td colspan="3">금 원</td></tr>
<tr><td colspan="2">집행권원 · 종국판결 유무</td><td colspan="3"></td></tr>
<tr><td colspan="2">소송 계속 여부</td><td colspan="3"></td></tr>
<tr><td colspan="2">비 고</td><td colspan="3"></td></tr>
<tr><td colspan="2"></td><td colspan="3">원금 원
이자 원 합계 원</td></tr>
</table>

회생채권자의 목록

사 건		20○○회단○ 회생	채무자	○○○
회생 채권자	성명 · 명칭	○○카드㈜		
	주 소	○○시 ○○구 ○○동 ○○		
	전화번호	000-0000-0000	e-mail	
목록 번호		채권 4	신고 번호	
회생채권의 내용 · 원인		1. (원인) 20○○.08.08.자 발급 받은 신용카드사용대금 및 카드론 (내용) 원금 20,123,080원 20○○.10.17.까지의 이자 1,348,062원		
우선권 유무				
의결권의 액		금 21,471,142원		
목록 번호			신고 번호	
회생채권의 내용 · 원인		1. (원인) (내용)		
우선권 유무				
의결권의 액		금 원		
집행권원 · 종국판결 유무				
소송 계속 여부				
비 고				
		원금 원 이자 원 합계 원		

회생채권자의 목록

<table>
<tr><td colspan="2">사 건</td><td>20ㅇㅇ회단ㅇ 회생</td><td>채 무 자</td><td>ㅇㅇㅇ</td></tr>
<tr><td rowspan="3">회생
채 권 자</td><td>성명 · 명칭</td><td colspan="3">ㅇㅇ파이낸셜㈜</td></tr>
<tr><td>주 소</td><td colspan="3">ㅇㅇ시 ㅇㅇ구 ㅇㅇ동 ㅇㅇ</td></tr>
<tr><td>전화번호</td><td>000-0000-0000</td><td>e-mail</td><td></td></tr>
<tr><td colspan="2">목록 번호</td><td>채권 5</td><td>신고 번호</td><td></td></tr>
<tr><td colspan="2">회생채권의
내용 · 원인</td><td colspan="3">1. (원인) 20ㅇㅇ.08.09.자 일반대출
(내용) 원금 27,199,970원
20ㅇㅇ.10.20.까지의 이자 2,281,537원</td></tr>
<tr><td colspan="2">우선권 유무</td><td colspan="3"></td></tr>
<tr><td colspan="2">의결권의 액</td><td colspan="3">금 29,481,507원</td></tr>
<tr><td colspan="2">목록 번호</td><td></td><td>신고 번호</td><td></td></tr>
<tr><td colspan="2">회생채권의
내용 · 원인</td><td colspan="3">1. (원인)
(내용)</td></tr>
<tr><td colspan="2">우선권 유무</td><td colspan="3"></td></tr>
<tr><td colspan="2">의결권의 액</td><td colspan="3">금 원</td></tr>
<tr><td colspan="2">집행권원 · 종국판결 유무</td><td colspan="3"></td></tr>
<tr><td colspan="2">소송 계속 여부</td><td colspan="3"></td></tr>
<tr><td colspan="2">비 고</td><td colspan="3"></td></tr>
<tr><td colspan="2"></td><td colspan="3">원금 원
이자 원 합계 원</td></tr>
</table>

[서식 8] 회생채권 조사기간 시·부인표 제출

재 판 장

○ ○ ○

법원용

주소 : 000-000. ○○시 ○○구 ○○동 ○○○. 전화 000-0000-0000, 팩스 000-0000-0000

문서번호 : ○○○ 회생 제20○○-○○○○호
사　　건 : 20○○회단○ 회생
수　　신 : ○○지방법원 신청○○단독
참　　조 : ○○○ 판사님
제　　목 : 회생채권 조사기간 시·부인표 제출

1. 귀원의 사건번호 20○○회단○호 회생 관련입니다. (회생개시결정일 20○○. ○. ○.)

2. 위 사건에 관하여 관리인은 별첨과 같이 회생채권 조사기간 시·부인표 제출합니다.

20○○. ○. ○.

관리인 ○ ○ ○

[붙임] 회생채권 조사기간 시·부인표

○○지방법원 20○○회단○ 회생
회생채무자 ○○○

회생채권 조사기간 시·부인표

(20○○년 ○월 ○일)

관리인 ○ ○ ○

회생담보권, 회생채권, 조세채권자 목록·신고 및 시·부인 총괄표

채무자 : ○○○

(단위 : 원, 주)

구 분	건수	신고액 · 목록기재액	시 인 액	부 인 액	의결권 인정액	회생채권시인액	회생채권 의결권 인정액	비 고
회생담보권								
소 계								
회생채권	5	515,726,236	515,726,236	-	515,726,236			
회생담보권 중 회생채권 시인액								
소 계	5	515,726,236	515,726,236	-	515,726,236			
합 계		515,726,236	515,726,236	-	515,726,236	-	-	

조세 · 벌금등								시부인 대상 아님
주식 · 출자지분								시부인 대상 아님

회생채권 시·부인 명세서

채무자 : ○○○ (단위 : 원)

<table>
<tr><th>신고번호</th><th>목록번호</th><th>채권자</th><th>주 소</th><th>채권내용</th><th>목록기재액·신고액</th><th>시인액</th><th>부인액</th><th>의결권 인정액</th><th>시부인 사유</th><th>우선권</th><th>비 고</th></tr>
<tr><td rowspan="2">1</td><td rowspan="2">3</td><td rowspan="2">한국○○○○은행
대표자 ○○○</td><td rowspan="2">○○시 ○○구 ○○동 ○○○
전화: 000-000-0000
팩스: 000-000-0000</td><td>주채무 : 개인신용대출
1. 원금
2. 개시전일까지의 이자
3. 개시 후 이자</td><td>
30,399,325
3,986,827
365,625</td><td>
30,399,325
3,986,827
365,625</td><td rowspan="2"></td><td rowspan="2">34,751,777</td><td rowspan="2"></td><td rowspan="2"></td><td rowspan="2">20○○.01.08.자 신고, 회생채권목록 실효
이자계산내역
20○○.02.28~20○○.12.14 : 3,311,580원(연 8.95%)
20○○.03.28~20○○.12.14 : 675,247원(연 13%)
20○○.12.15~20○○.01.04 : 149,082원(연 8.95%)
20○○.12.15~20○○.01.04 : 216,543원(연 13%)</td></tr>
<tr><td>소 계</td><td>34,751,777</td><td>34,751,777</td></tr>
<tr><td rowspan="5">2</td><td rowspan="2">1-1</td><td rowspan="4">㈜○○○○은행
대표이사 ○○○</td><td rowspan="4">○○시 ○○구 ○○동 ○○○
전화: 000-000-0000
팩스: 000-000-0000</td><td>주채무 : 2004.02.27.자 신용대출금
1. 원금
2. 개시전일까지의 이자</td><td>

28,877,133
1,419,542</td><td>

28,877,133
1,419,542</td><td rowspan="2"></td><td rowspan="2">30,296,675</td><td rowspan="2"></td><td rowspan="2"></td><td rowspan="2">(목록1-1)
20○○.01.12.자 신고, 회생채권목록 실효
1-1 이자계산내역
20○○.08.28~20○○.01.27 : 622,059원(연 13%)
20○○.10.28~20○○.12.14 : 797,483원(연 21%)</td></tr>
<tr><td>소 계</td><td>30,296,675</td><td>30,296,675</td></tr>
<tr><td rowspan="2">1-2</td><td>주채무 : 2002.04.04.자 기업의대출금
1. 원금
2. 개시전일까지의 이자</td><td>

274,856,051
13,306,044</td><td>

274,856,051
13,306,044</td><td rowspan="2"></td><td rowspan="2">288,162,095</td><td rowspan="2"></td><td rowspan="2"></td><td rowspan="2">(목록1-1)
20○○.01.12.자 신고, 회생채권목록 실효
1-2 이자계산내역
20○○.09.14~20○○.12.14 : 13,306,044원(연 19%)</td></tr>
<tr><td>소 계</td><td>288,162,095</td><td>288,162,095</td></tr>
<tr><td colspan="3">㈜○○○○은행 소계</td><td>1. 원금
2. 개시전일까지의 이자</td><td>303,733,184
14,725,586</td><td>303,733,184
14,725,586</td><td></td><td>318,458,770</td><td></td><td></td><td></td></tr>
<tr><td rowspan="3">3</td><td rowspan="2">2</td><td rowspan="2">㈜○○은행
대표이사 ○○○</td><td rowspan="2">○○시 ○○구 ○○동 ○○○
전화: 000-000-0000
팩스: 000-000-0000</td><td>주채무 : 2005.04.28.자 기업일반자금대출
1. 원금
2. 개시전일까지의 이자
3. 개시 후 이자</td><td>

100,000,000
11,563,040
연 21%</td><td>

100,000,000
11,563,040
연 21%</td><td rowspan="2"></td><td rowspan="2">111,563,040</td><td rowspan="2"></td><td rowspan="2"></td><td rowspan="2">20○○.01.17.자 신고, 회생채권목록 실효</td></tr>
<tr><td>소 계</td><td>111,563,040</td><td>111,563,040</td></tr>
<tr><td>4</td><td>○○카드㈜
대표이사 ○○○</td><td>○○시 ○○구 ○○동 ○○○</td><td>주채무 : 신용카드대금 및 카드론</td><td></td><td></td><td></td><td>21,471,142</td><td></td><td></td><td></td></tr>
</table>

			전화: 000-000-0000 팩스: 000-000-0000	1. 원금 2. 2006.10.17.까지의 이자	20,123,080 1,348,062	20,123,080 1,348,062					
				소 계	21,471,142	21,471,142					
	5	○○파이낸셜㈜ 대표이사 ○○○	○○시 ○○구 ○○동 ○○○ 전화: 000-000-0000 팩스: 000-000-0000	주채무 : 2005.08.09.자 일반대출 1. 원금 2. 2006.10.20.까지의 이자	27,199,970 2,281,537	27,199,970 2,281,537		29,481,507			
				소 계	29,481,507	29,481,507					
소 계				1. 원금 2. 개시 전 이자 3. 개시 후 이자	481,455,559 33,905,052 365,625	481,455,559 33,905,052 365,625	-	515,726,236			
합 계					515,726,236	515,726,236		515,726,236			

[서식 9] 보정서(채권자목록수정)

보 정 서

사　　건　　20○○회단○ 회생
채 무 자　　○ ○ ○ (000000-0000000)
대 리 인　　변호사 ○ ○ ○

위 사건에 관하여 신청인(채무자)은 다음과 같이 보정합니다.

다 음

1. 채권번호 6. ○○○의 채권에 대하여 20○○. 11. 23.자 채권포기각서를 받았으므로 별첨과 같이 회생채권자목록을 수정합니다.

20○○. ○. ○.

위 채무자 ○○○의
소송대리인 변호사 ○○○

○○지방법원 귀중

[별첨 1] 회생채권자목록

회생채권자목록

순번	채 권 자명	차용 또는 구입일자	발생 원인	최초 채권액	사용처	보증인	잔존 채권액	
							잔존원금	잔존이자, 지연손해금
1	㈜ㅇㅇㅇㅇ은행	20ㅇㅇ-02-27	1		병원운영 채무변제		28,877,133	1,086,194
		20ㅇㅇ-04-04	1		병원운영 채무변제		274,856,051	4,864,575
2	㈜ㅇㅇ은행	20ㅇㅇ-04-28	1	100,000,000	병원운영 채무변제		100,000,000	8,168,520
3	ㅇㅇㅇㅇㅇ은행	20ㅇㅇ-04-27	1	48,000,000	병원운영 채무변제		30,399,325	2,873,567
4	ㅇㅇ카드㈜	20ㅇㅇ-08-08	1.2		병원운영 채무변제		20,123,080	1,348,062
5	ㅇㅇ파이낸셜㈜	20ㅇㅇ-08-09	1	30,000,000	병원운영 채무변제		27,199,970	2,281,537
	소 계						481,455,559	20,622,455

* 채권의 '발생원인'란에는 아래 해당번호를 기재함 ① 금원차용(은행대출, 사채 포함) ②물품구입(신용카드에 의한 구입 포함) ③ 보증(피보증인 기재) ④ 기타	합계	잔존원금	잔존이자, 지연손해금
	502,078,014	481,455,559	20,622,455

[별첨 2] 채권자의 주소

채권자의 주소

1. 채권자의 주소는 최근 주소로 번지까지 정확하게 기재하고, 채무자를 위하여 보증을 해 준 사람이 있으면 그 보증인도 채권자로서 주소까지 정확히 기재하여야 합니다.
2. 채권자가 금융기관이나 기타 법인인 경우에는 본점 소재지 또는 거래지점의 소재지를 정확하게 기재하여야 합니다.

회생채권자 주소

순번	채 권 자명	주 소	전화번호	팩 스	비 고 (우편번호)
1	㈜ㅇㅇㅇㅇ은행	ㅇㅇ시 ㅇㅇ구 ㅇㅇ동 ㅇㅇㅇ	000-0000-0000		000-000
2	㈜ㅇㅇ은행	ㅇㅇ시 ㅇㅇ구 ㅇㅇ동 ㅇㅇㅇ	000-0000-0000		000-000
3	ㅇㅇㅇㅇㅇ은행	ㅇㅇ시 ㅇㅇ구 ㅇㅇ동 ㅇㅇㅇ	000-0000-0000		000-000
4	ㅇㅇ카드㈜	ㅇㅇ시 ㅇㅇ구 ㅇㅇ동 ㅇㅇㅇ	000-0000-0000		000-000
5	ㅇㅇ파이낸셜㈜	ㅇㅇ시 ㅇㅇ구 ㅇㅇ동 ㅇㅇㅇ	000-0000-0000		000-000

[기재례 1] 관리인조사보고서(표지)

○○지방법원 파산○○단독

20○○회단○ 회생

○○○ 회생절차 개시 사건에 대한

관 리 인 조 사 보 고 서

관 리 인 ○ ○ ○

[기재례 2] 관리인조사보고서

관 리 인 조 사 보 고 서

사　　　　　　　건 : 20○○회단○ 회생

신 청 인 겸 채무자 : ○ ○ ○
○○시 ○○구 ○○동 ○○○-○○○

위 사건에 관하여 관리인은 채무자 회생 및 파산에 관한 법률 제90조 내지 제92조의 사항에 대하여 조사하고 회생절차를 계속 진행함이 적정한지의 여부에 대한 의견과 함께 그 조사결과를 다음과 같이 보고합니다.

20○○년 ○월 ○일

관 리 인 ○ ○ ○

○○지방법원 파산○○단독 귀중

목 차

2. 향후 가용소득의 추정

3. 연도별 자금수지의 추정

Ⅹ. 채권자별 배당률 및 변제율

1. 회생절차가 유지되는 경우

2. 청산하는 경우

3. 배당률과 변제율의 비교

Ⅺ. 회생절차를 계속 진행함이 적절한지 여부에 관한 의견

1. 관리인의 의견

Ⅻ. 기타참고사항

〈별 첨 자 료〉

〈별첨 1〉 계속사업가치

〈별첨 2〉 변제가능예상액

〈별첨 3〉 채무자별 월별 상황예상액

〈별첨 4〉 변제가능예상액의 현재가치

Ⅰ. 조사의 개요

1. 본 조사는 20○○년 1월 19일부터 20○○년 2월 9일까지의 기간 중에 실시하였습니다.

2. 20○○년 11월 23일자로 귀원으로부터 선임된 본 관리인은 신청인 겸 채무자인 개인 ○○○의 회생절차개시사건에 관하여 다음 사항을 조사하였습니다.

   (1) 채무자의 업무 및 재무 등의 현황
   (2) 회생절차 개시에 이르게 된 사정
   (3) 채무자의 재산상태 및 채무의 내역
   (4) 부인대상 행위의 존부 및 범위
   (5) 채무자의 가용소득(청산가치 및 계속사업가치 산정) 및 자금수지의 추정
   (6) 기타 회생절차의 개시에 필요한 상황

3. 채무자의 재산상태는 채무자가 제시한 20○○년 12월 15일 현재의 재산상태를 기초로 조사하였으며, 조사결과 발견한 정리사항을 적절히 수정하였습니다.

4. 채무자의 가용소득 및 자금수지를 검토함에 있어서 채무자가 제시한 재산상태 등과 채무자가 처해 있는 현재의 현실적인 여건 등을 고려하였습니다.

5. 이 보고서에서 인용되는 용어의 내용은 다음과 같습니다.

   (1) 조사대상 「신청인 겸 사건본인」인 「개인 ○○○」를 「채무자」로 표현하였습니다.
   (2) 재산상태의 조사에 있어서 「정리손익」이라 함은 채무자가 제시한 20○○년 12월 15일 현재의 재산상태를 기준으로 자산 및 부채의 적정성을 조사하여 실제와 일치하지 아니한 내용을 실제와 일치하도록 가감한 것을 의미합니다.
   (3) 「청산가치」란 채무자의 자산을 청산하는 경우에 채권자를 비롯한 이해관계인에게 배당될 수 있는 회사의 모든 개별자산을 분리하여 처분할 때의 가액을 합산한 금액을 의미합니다.
   (4) 「계속사업가치」란 채무자의 재산을 해체·청산함이 없이 이를 기초로 하여 근로활동을 계속할 경우의 가치로 이는 채무자의 미래 현금흐름을 현재가치로

할인하는 현금흐름할인법에 의하여 산정된 금액을 의미합니다.

(5) 본 조사에 있어서 「조사기준일」은 20○○년 12월 15일 현재를 말하고, 「조사일」은 조사보고일 현재를 의미합니다.

Ⅱ. 채무자의 개요

1. 채무자의 현황

(1) 채 무 자 명 : ○○○

(2) 주 소 지 : ○○시 ○○구 ○○동 ○○○-○○○

(3) 자격증취득일 : 19○○년 ○월 ○일

(4) 업 종 : 소아과전문의

(5) 현 근 무 지 : ○○시 ○○구 ○○동 ○○○

2. 채무자의 약력

년	월	연 혁
19ㅇㅇ년		
19ㅇㅇ년		ㅇㅇ시 ㅇㅇㅇㅇ병원 소아과 레지던트 수료
19ㅇㅇ년	4월	ㅇㅇ시 ㅇㅇㅇㅇ병원 소아과 과장
19ㅇㅇ년	4월	ㅇㅇ시 ㅇㅇㅇ소아과의원 개원
20ㅇㅇ년	3월	ㅇㅇ시 ㅇㅇㅇ소아과의원 폐업
20ㅇㅇ년	8월	ㅇㅇ시 ㅇㅇㅇㅇ의원 개원
20ㅇㅇ년	8월	ㅇㅇ시 ㅇㅇㅇㅇ의원 폐업
20ㅇㅇ년	9월	ㅇㅇ시 ㅇㅇㅇㅇ병원 소아과 근무의사

3. 주요거래 금융기관

- 주거래은행 : ㈜○○○○은행
- 기타 : ○○은행, ○○○○○은행, ○○카드㈜ 및 ○○파인낸셜㈜

4. 채무자의 영업현황

채무자는 과거 ○○시 ○○동에서 소아과 개업의사로 의료업을 하였으며 조사기준일 현재 ○○시 ○○읍 ○○ ○○병원에서 관리의사로 근무 중에 있습니다. 채무자의 개업의사로 활동시 연도별 매출현황은 다음과 같습니다.

(단위 : 천원)

업 종	과 목	20○○년	20○○년	20○○년
의료업	의료수입	149,102	195,895	182,501

주 : 위 연도별 매출액 자료는 채무자 제시 자료임.

Ⅲ. 회생절차의 개시에 이르게 된 사정

1. 개 요

이 건 회생절차 개시사건의 채무자인 ○○○는 19○○년 소아과 전문의 자격을 취득한 수 19○○년부터 개업의사로 의료업을 수행하였습니다.

채무자는 개업 후 지속적으로 안정적인 수입을 유지하여 왔으나 19○○년 이후 환자수의 감소에 따라 병원 소득만으로는 생활비 및 자녀들의 유학비를 감당할 수 없어 부족분을 은행차입금으로 조달하여 오다가 계속되는 병원의 채산성 악화로 폐업을 하게 되었습니다. 채무자는 20○○년 10월 개인회생절차 개시신청을 하여 20○○년 12월 15일자로 회생절차 개시결정을 받았습니다.

2. 채무자가 현재의 상태에 이르게 된 주요 원인

채무자가 이러한 파탄에 이르게 된 원인은 다음과 같습니다. 채무자는 19○○년 자기자본과 차입금 1억원 정도로 개업을 했습니다. 개업 후 일정기간 동안 안정적인 수입으로 부채를 상환한 후 약간의 자금이 모여 부동산 투자를 하였으나 실패를 하였습니다.

부동산 투자 실패로 자금사정이 호전되지는 않았지만 채무자는 19○○년까지 병원수입으로 생활비와 자녀들의 유학비를 충당하기에 부족하지는 않았습니다. 하지만 그 후로 소아과 환자의 감소로 병원 채산성이 악화됨에 따라 부족한 생활비 및 자녀 유학비를 은행차입금을 통하여 채워 나갔습니다. 20○○년부터는 소아과 환자가 급감하여 생활은 더욱 어려워지고, 20○○년 은행을 통하여 추가로 차입을 하여 유학비 및 이자 등을 내는데 사용하게 되었습니다. 그러나 계속되는 환자수의 감소로 병원의 정상적 운영이 불가능해짐에 따라 채무자는 20○○년 3월 13일 ○○시에서 의료업 폐업을 하였습니다. 채무자는 그 이후 다시 재기할 목적으로 20○○년 8월 8일 성남에서 개업을 하였으나 저조한 수입은 병원 운영비 지출 및 차입금 이자를 충당하기에 턱없이 부족함에 따라 더 이상 정상적으로 채무를 상환할 수 없는 실정이 되어 회생절차 개시신청을 하게 되었습니다.

Ⅳ. 채무자의 재산상태

1. 재산상태 조사에 적용한 주요방법

본 관리인이 조사기준일 현재의 재산상태를 조사하기 위하여 적용한 방법은 다음과 같습니다. 채무자는 법인이 아닌 개인으로서 일반적인 회계감사기준에서 요구하고 있는 방법으로 채무자의 재산상태를 조사하기에는 불가능하였으므로 대체적인 방법으로 주로 자산에 대하여는 채무자에 대한 질문 및 지방세 납세증명확인, 부채에 대하여는 채권신고내역을 근거로 금융기관에 대한 전화확인 및 미지급이자 계산내역을 검토 확인하였습니다. 이와 같은 방법으로 조사한 결과 채무자의 재산 상태는 다음과 같습니다.

2. 채무자의 재산상태 조사결과

2-1 채무자가 제시한 조사기준일 현재의 자산·부채와 본 관리인이 자산·부채의 적정성을 검토하여 수정한 후의 재산상태는 다음과 같습니다.

재 산 상 태

(단위 : 원)

구 분	채무자 지시금액	수정금액	수정 후 금액
현금 및 현금등가물	-	6,930	6,930
기타자산	-	-	-
자산총계	-	6,930	6,930
금융기관차입금	481,459,559	-	481,459,559
미지급비용(주1)	20,622,455	14,307,249	34,929,704
부채총계	502,078,014	14,307,249	516,385,263

(주1) 등 수정금액은 개시결정일 전일까지의 추가 이자비용 산정액입니다.

Ⅴ. 채무현황(회생채권)

조사기준일 현재 채무자의 회생채권 현황은 다음과 같습니다.

(단위 : 천원)

업 종	과 목	20○○년	20○○년	20○○년
1	㈜○○○○○은행	차 입 금 등	318,459	
2	○○은행	차 입 금 등	111,563	

3	○○○○○은행	차 입 금 등	34,386	
4	○○카드 ㈜	차 입 금 등	21,471	
5	○○파이낸셜 ㈜	차 입 금 등	30,506	
합 계			516,385	

Ⅵ. 부인대상의 존부 및 범위

(채무자 회생 및 파산에 관한 법률 제100조 내지 제104조)

1. 법 규 정

다음의 행위는 회생절차개시 이후 채무자의 재산을 위하여 부인할 수 있습니다.

가. 채무자가 회생채권자 또는 회생담보권자(이하 "회생채권자 등")를 해하는 것을 알고 한 행위. 다만, 이로 인하여 이익을 받은 자가 그 행위 당시 회생채권자 등을 해하게 되는 사실을 알지 못한 때에는 제외

나. 채무자가 지급의 정지, 회생절차개시의 신청 또는 파산의 신청(이하, "지급의 정지등")이 있은 후에 한 회생채권자 등을 해하는 행위와 담보의 제공 또는 채무의 관한 행위로서 이로 인한 이익을 받은 자가 그 행위 당시 지급의 정지 등이 있는 것 또는 회생채권자 등을 해하게 되는 사실을 알고 있는 때(다만, 받은 자가 특수관계인일 때에는 그 특수관계인이 그 행위 당시 지급의 정지 등이 있은 것과 회생채권자 또는 회생담보권자를 해하는 사실을 알고 있었던 것으로 추정)

다. 채무자가 지급의 정지 등이 있은 후 또는 그 전 60일(특수관계인을 상대방으로 하는 행위인 때에는 1년) 이내에 한 담보의 제공 또는 채무의 소멸에 관한 행위로서 회사의 의무에 속하지 아니하거나 그 방법 또는 시기가 회사의 의무에 속하지 아니하는 것. 다만, 채권자가 그 행위 당시 회사가 다른 회생채권자등과의 평등을 해하게 되는 것을 알고 한 사실을 알지 못한 경우(그 행위가 지급의 정지 등이 있은 후에 행한 것인 때에는 지급의 정지 등이 있은 것도 알지 못한 경우에 한함)에는 제외하되, 특수관계인을 상대방으로 하는 행위인 때에는 그 특수관계인이 그 행위 당시 회사가 다른 회생채권자등과의 평등을 해하게 되는 것을 알았던 것으로 추정

라. 채무자가 지급의 정지 등이 있은 후 또는 그 전 6월(특수관계인을 상대방으로

하는 행위인 때에는 1년) 이내에 한 무상행위와 이와 동일시할 수 있는 유상행위

마. 지급의 정지 등이 있은 후 권리의 설정·이전 또는 변경을 제3자에게 대항하기 위하여 필요한 행위를 한 경우 그 행위가 권리의 설정·이전 또는 변경이 있은 날로부터 15일을 경과한 후에 지급의 정지 등이 있음을 알고 한 때. 다만, 가등기 또는 가등록을 한 후 이에 의하여 본등기 또는 본등록을 한 때에는 제외

2. 부인대상이 될 수 있는 행위 내용

본 관리인의 조사결과 발견된 부인의 대상이 될 가능성이 있는 행위는 발견되지 아니하였습니다.

Ⅶ. 채무자의 사업을 계속할 때의 가치와 청산시 가치의 비교

1. 계속사업가치의 평가

계속사업가치는 정상적인 근로활동이 지속된다는 가정하에 향후 유입될 것으로 기대되는 순현금흐름을 적절한 할인율로 할인하여 평가하였으며, 계산구조는 다음과 같습니다.

회생가치 = 추정기간 현금흐름의 현재가치 + 잔존가치의 현재가치 + 비영업자산의 가액

(*) 현금흐름은 연말에 이루어지는 것으로 가정

가. 근로소득

20○○년 1월 중에 이루어진 근로계약서에 의거하여 근로소득을 산정하였습니다.

나. 생 계 비

생계비는 통계청이 발표한 20○○년 4분기의 사무직 가구의 월평균 가계소비지출 자료를 참고하여 생계비의 발생 성격 및 채무자의 직업적 특성 등을 감안하여 산정하였습니다.

다. 소득세 등

소득세 등은 근로계약이 소득세 및 4대 보험을 공제한 실수령액으로 이루어졌으므로 고려하지 아니하였습니다.

라. 회생기간이후의 현금흐름

회생기간 이후의 현금흐름은 없는 것으로 가정하였습니다.

마. 현재가치할인율

현재가치할인율은 본 회생절차가 금액의 차이가 있을 뿐 개인회생의 대상과 본질적으로 동일하다고 판단되어 현재 개인회생절차에 사용되는 할인율인 연 5%를 적용하였습니다.

바. 비영업자산의 처분가치

관리인의 조사결과 처분가능한 비영업자산은 없는 것으로 파악되었습니다.

사. 계속사업가치의 산정

계속사업가치는 별첨 1에서 보는 바와 같이 247,764,522원으로 연도별로 추정된 가용소득을 적절한 할인율로 할인하여 평가하였습니다.

2. 청산가치의 평가

회사가 파산적 청산을 통하여 해체·소멸되는 경우 개별자산을 분리하여 처분할 때의 가액은 다음과 같습니다.

재산상태 조사액	조정금액	청산가치
-	6,930원	6,930원

3. 계속기업가치와 청산가치의 비교

채무자의 계속사업가치가 청산가치를 247,757,592원 만큼 초과하고 있습니다.

Ⅷ. 청산가치의 평가

1. 청산가치 평가에 적용한 주요방법

청산가치란 도산한 채무자가 파산적 청산을 통하여 해체·소멸되는 경우에 채무자의 개별 자산을 분리하여 처분할 때의 가액을 합산한 금액을 말합니다.

가. 평가의 전제

채무자가 조사기준일(20○○년 12월 15일) 현재시점에서 청산한다고 가정하였을 때 채무자 재산을 매각하는 경우의 청산가치를 추정하였습니다.

나. 청산가치 평가시 적용한 기본원칙

본 관리인은 채무자의 청산 가능한 자산을 그 성격별로 구분하여 다음과 같은 관점에서 청산가치를 평가하였습니다.

첫째, 해당자산의 시장가치가 형성되는 객관적인 시장이 존재할 경우 등 시장에서 형성되는 객관적인 시가를 청산가치 산정의 기초로 삼았습니다.

둘째, 해당자산의 성격상 거래되는 시장이 형성되지 아니하거나 불완전한 경우에는 원칙적으로 본 관리인이 채무자의 재산상태의 조사결과 평가한 재산상태 조사액을 청산가치 산정의 기초로 삼았습니다.

2. 청산가치 평가결과

조사기준일 현재 채무자의 재산은 현금 및 현금등가물만 존재하는 것으로 파악되었으며 자산의 성격상 파산적 청산이라는 특수상황에도 불구하고 전액 회수할 수 있다고 판단되므로 재산상태 조사액 6천원을 청산가치로 하였습니다.

Ⅸ. 가용소득 및 자금수지의 추정

1. 영업환경 및 채무자의 현황

과거 의사라는 전문직은 정년이 없고 고소득과 사회적 존경을 받는 직업이었으나 최근에는 과학의 발달과 의료환경의 변화로 인하여 최첨단 의료장비와 다수의 의사를 보유한 대형병원과 특정전문분야의 의원 외에는 경영난을 이기지 못해 폐업하는 사례가 늘어나고 있는 추세입니다.

채무자는 소아과 전문의로서 의료업계에의 영업환경과 현재의 재산상태 등을 고려할 때 근무의사로서 진료하는 것이 가장 현실적인 대안으로 판단됩니다.

2. 향후 가용소득의 추정

가. 가용소득의 추정 대상기간

채무자가 회생절차 인가결정을 받기 위하여 소요되는 기간을 감안하여 회생기간을 20○○년 4월까지를 준비기간으로 하며 20○○년 5월부터 20○○년까지 5월까지 10년 동안을 대상기간으로 하여 가용소득을 추정하였습니다.

나. 근로소득의 추정

채무자의 소득은 제시된 근로계약서에 의한 20○○년 소득을 기초로 하여 현실적인 급여 상승률을 고려하여 추정하였습니다.

채무자가 제시한 근로계약서는 세후 월 4,200천원입니다.

노동부가 발표한 5인 이상 사업자의 과거 3년간의 평균임금 상승률은 약 5%

이나 채무자의 현실적인 상황을 고려하여 평균상승률의 50%인 2.5%를 임금 상승률로 추정하였습니다.
또한 채무자의 연령이 60세가 된 이후로는 급여 상승의 유인이 없다고 판단되어 60세 이후로는 급여가 증가되지 않는 것으로 가정하였습니다.

상기의 가정하에 추정된 연도별 근로소득은 다음과 같습니다.

(단위 : 원)

구 분	20○○년 5월부터	20○○년	20○○년	20○○년	20○○년	20○○년
근로소득	29,400,000	51,660,000	52,951,500	54,275,288	55,632,170	55,632,170

구 분	20○○년	20○○년	20○○년	20○○년	20○○년 5월까지	계
근로소득	55,632,170	55,632,170	55,632,170	55,632,170	23,180,071	545,259,876

다. 채무자 생계비의 추정

생계비는 통계청이 발표한 20○○년 4분기의 사무직 가구의 월평균 가계소비지출 자료를 참고로 하여 발생비용의 성격 및 채무자의 직업적 특성 등을 감안하여 산정하였습니다.

(가) 식료품비

- 발생비용의 성격 등을 감안하여 1가구당 평균발생비용의 50%로 산정하였습니다.
- 20○○년 이후의 식료품비는 20○○년까지 발표된 통계청의 과거 3년간의 평균증가율(“이하” 과거 3년 평균증가율)인 5.33%씩 증가된다고 가정하였습니다.

상기와 같은 가정하에 식료품비의 연도별 발생 예상액은 다음과 같습니다.

(단위 : 원)

구 분	20○○년 5월부터	20○○년	20○○년	20○○년	20○○년	20○○년
근로소득	2,332,078	4,210,933	4,435,3786	4,671,782	4,920,788	5,183,066

구 분	20○○년	20○○년	20○○년	20○○년	20○○년 5월까지	계
근로소득	5,459,323	5,750,305	6,056,796	6,379,623	2,799,857	52,199,926

(나) 공공요금

- 수도광열비는 발생비용의 성격 등을 고려하여 1가구당 평균발생비용의 75%로 산정하였습니다.
- 통신비와 통신비는 전문직 의사의 특성과 발생비용의 성격 등을 고려하여 1인당 평균지출액의 150%로 산정하였습니다.
- 20○○년 이후의 공공요금은 과거 3년간의 평균증가율인 1.30%씩 증가된다고 가정하였습니다.

상기와 같은 가정하에 공공요금의 연도별 발생 예상액은 다음과 같습니다.

(단위 : 원)

구 분	20○○년 5월부터	20○○년	20○○년	20○○년	20○○년	20○○년
수도광열비	515,018	894,366	905,992	917,770	929,701	941,787
교통비	1,073,058	1,863,442	1,887,667	1,912,206	1,937,065	1,962,247
통신비	430,115	746,925	756,635	766,472	776,436	786,530
계	2,018,191	3,504,733	3,550,294	3,596,448	3,643,202	3,690,564

구 분	20○○년	20○○년	20○○년	20○○년	20○○년 5월까지	계
수도광열비	954,031	966,433	978,997	991,724	418,590	9,414,408
교통비	1,987,756	2,013,597	2,039,774	2,066,291	872,147	19,615,248
통신비	796,754	807,112	817,605	828,234	349,584	7,862,401
계	3,738,541	3,787,142	3,836,375	3,886,248	1,640,320	36,892,058

(다) 기타 생계비용 등

- 가구집기비는 발생비용의 성격 등을 고려하여 1가구당 평균발생비용의 50%로 산정하였습니다.
- 피복·신발비는 전문직 의사의 특성 등을 고려하여 1인당 평균지출액의 150%로 산정하였습니다.

- 주거비는 발생비용의 성격 등을 고려하여 1가구당 평균발생비용의 75% 산정하였습니다.
- 보건의료비와 교양오락비는 직업의 특성과 회생절차의 특성을 고려하여 산정하지 않았습니다.
- 교육비는 전문직 의사의 특성 등을 감안하여 교재비와 연수비 등을 포함하여 월 60,000원을 산정하였습니다.
- 기타 생계비는 사회통념상 인정되는 전문직 의사의 최소한의 품위유지 및 세대당 부수적으로 발생되는 부대비용 등을 고려하여 월 450,000원을 산정하였습니다.
- 양육비는 채무자의 자녀가 교육 중이며 소득이 없는 상태이므로 자녀에 대한 최소한의 지원금액을 500,000원으로 추정하였으며 자녀가 성장함에 따라 일정액을 감안하였습니다.
- 20○○년 이후의 기타 생계비용 등은 과거 3년 평균증가율인 2,87%씩 증가된다고 가정하였습니다.

상기와 같은 가정하에 기타 생계비용 등의 연도별 발생 예상액은 다음과 같습니다.

(단위 : 원)

구 분	20○○년 5월부터	20○○년	20○○년	20○○년	20○○년	20○○년
가구집기비	516,110	908,227	934,293	961,107	988,691	1,017,066
피복신발비	546,301	963,394	991,043	1,019,486	1,048,746	1,078,845
주거비	464,562	819,248	842,761	866,948	891,830	917,425
교육비	420,000	740,664	761,921	783,788	806,283	829,423
기타생계비	3,150,000	5,554,980	5,714,408	5,878,411	6,047,122	6,220,674
양육비	3,500,000	6,172,200	3,265,788	3,359,516	3,455,934	3,555,120
계	8,596,973	15,158,713	12,510,214	12,869,257	13,238,605	13,618,553

구 분	20○○년	20○○년	20○○년	20○○년	20○○년 5월까지	계
가구집기비	1,046,256	1,076,284	1,107,173	1,138,949	488,182	10,182,339
피복신발비	1,109,807	1,141,659	1,174,425	1,208,131	517,835	10,799,671

주거비	943,755	970,841	998,704	1,027,367	440,355	9,183,796
교육비	853,228	877,715	902,906	928,819	398,115	8,302,862
기타생계비	6,399,208	6,582,865	6,771,793	6,966,144	2,985,863	62,271,468
양육비	-	-	-	-	-	23,308,558
계	10,352,254	10,649,364	10,955,001	11,269,409	4,830,350	124,048,694

(라) 채무자의 연도별 총 생계비 발생 예상액은 다음과 같습니다.

(단위 : 원)

구 분	20○○년 5월부터	20○○년	20○○년	20○○년	20○○년	20○○년
식료품비	2,332,078	4,210,933	4,435,376	4,671,782	4,920,788	5,183,066
공공요금	2,018,191	3,504,733	3,550,294	3,596,448	3,643,202	3,690,564
기타생계비	8,596,973	15,158,713	12,510,214	12,869,257	13,238,605	13,618,553
계	12,947,242	22,874,379	20,495,885	21,137,487	21,802,595	22,492,182

구 분	20○○년	20○○년	20○○년	20○○년	20○○년 5월까지	계
식료품비	5,459,323	5,750,305	6,056,796	6,379,623	2,799,857	52,199,926
공공요금	3,738,541	3,787,142	3,836,375	3,886,248	1,640,320	36,892,058
기타생계비	10,352,254	10,649,364	10,955,001	11,269,409	4,830,350	124,048,694
계	26,660,349	27,501,105	28,372,386	29,275,440	12,588,154	213,140,678

라. 가용소득의 추정

채무자의 근로소득에서 생계비를 차감한 연도별 가용소득 예상액은 다음과 같습니다.

(단위 : 원)

구분	20○○년 5월부터	20○○년	20○○년	20○○년	20○○년	20○○년
근로소득	29,400,000	51,660,000	52,951,500	54,275,288	55,632,170	55,632,170
총생계비	12,947,242	22874,379	20,495,885	21,137,487	21,802,595	22,492,182
가용소득	16,452,758	28,785,621	32,455,615	33,137,800	33,829,575	33,139,987

구 분	20○○년	20○○년	20○○년	20○○년	20○○년 5월까지	계
근로소득	55,632,170	55,632,170	55,632,170	55,632,170	23,180,071	545,259,876
총생계비	19,550,118	20,186,811	20,848,171	21,535,280	9,270,528	213,140,678
가용소득	36,082,052	35,445,359	34,783,998	34,096,890	13,909,543	332,119,198

3. 연도별 자금수지의 추정

가. 준비기간의 현금유보액

금액적 중요성과 추정의 단순화를 위하여 20○○년 5월까지의 현금유보액은 회생절차개시결정일로부터 변함이 없는 것으로 가정하였습니다.

나. 차입금 상환

조사기준일 현재 별도의 채무상환계획안이 제시되지 않아 가용소득 범위내에서 회생채권비율에 따라 매월 일정액씩 상환하는 것으로 가정하였습니다. 〈별첨 2, 3 참조〉

다. 상기 가정에 따라 추정된 연도별 자금수지 추정액은 다음과 같습니다.

(단위 : 원)

구 분	20○○년 5월부터	20○○년	20○○년	20○○년	20○○년	20○○년
월상환예상액	2,300,000	2,400,000	2,700,000	2,700,000	2,800,000	2,800,000
기초현금	6,930	359,688	345,309	400,924	1,138,724	1,368,299
가용소득	16,452,758	28,785,621	32,455,615	33,137,800	33,829,575	33,139,987
차입금상환	16,100,000	28,800,000	32,400,000	32,400,000	33,600,000	33,600,000
기말현금	359,688	345,309	400,924	1,138,724	1,368,299	908,287

구 분	20○○년	20○○년	20○○년	20○○년	20○○년 5월까지	계
월상환예상액	3,000,000	3,000,000	2,900,000	2,800,000	2,800,000	
기초현금	908,287	990,338	435,697	419,696	916,585	
가용소득	36,082,052	35,445,359	34,783,998	34,096,890	13,909,543	332,119,198
차입금상환	36,000,000	36,000,000	34,800,000	33,600,000	14,000,000	331,300,000
기말현금	990,338	435,697	419,696	916,585	826,128	

X. 회생절차를 계속 진행함이 적정한지 여부에 관한 의견

1. 관리인의 의견

본 관리인이 조사한 바에 의하면 채무자의 경우에 독립적으로 사업을 수행할 수 있는 채무자 보유자산이나 사업계획을 가지고 있지 아니합니다.

그러나, 채무자가 전문직 의사로서 사회에 공헌하는 바가 크고 경제성 측면에서 계속사업가치가 청산가치를 247,757,592원 초과하고 있으며 채무 변제율이 47.8% 만큼 높게 나와 회생절차를 유지하는 것이 채권자에게 보다 유리하다고 판단됩니다.

XI. 기타 참고사항

본 관리인은 채무자가 법인이 아닌 개인으로 부채의 완전성 및 실재성을 확인할 수 있는 장부 및 관련증빙을 갖추지 못하고 있는 현실적인 한계로 인하여 채무자의 부채액에 산입되지 아니한 채무자의 제3자에 대한 보증채무의 금액 내용 및 보증책임의 발생 가능성에 대하여는 확인할 수 없었습니다.

[기재례 3] 관리인조사보고서(관리인 보고를 위한 관계인집회)

○○지방법원 제○○단독
사건 20○○회단○ 회생
신청인 겸 채무자 ○○○

관 리 인 보 고 서

(관리인 보고를 위한 관계인집회)

20○○년 ○월 ○일

관 리 인 ○ ○ ○

채권자 여러분 안녕하십니까?

저는 채무자 겸 관리인 ○○○입니다.

오늘 관계인 집회를 위하여 이 자리에 참석하여 주신 채권자 및 이해관계인 여러분께 죄송스러운 말씀과 아울러 그동안 많은 어려움이 있었음에도 불구하고 깊은 배려와 격려를 아끼지 않고 보여주신 관심에 대하여 이 자리를 빌려 진심으로 머리 숙여 감사의 말씀을 드립니다.

그러면, 제가 회생개시 신청에 이르게 된 경위 및 소득상황을 보고하고, 조사기간까지 신고되거나 목록에 기재된 회생채권의 시·부인 결과를 말씀드리겠습니다.

1. 회생개시절차에 이르게 된 경위

채무자는 19○○년 자기자본과 차입금 1억원 정도로 개업을 했습니다. 개업 후 일정기간 동안 안정적인 수입으로 부채를 상환한 후 약간의 자금이 모여 부동산 투자를 하였으나 실패를 하였습니다.

부동산 투자 실패로 자금사정이 호전되지는 않았지만 채무자는 19○○년까지 병원수입으로 생활비와 자녀들의 유학비를 충당하기에 부족하지는 않았습니다. 하지만 그 후에 소아과 환자의 감소로 병원 채산성이 악화됨에 따라 부족한 생활비 및 자녀 유학비를 은행차입금을 통하여 채워 나갔습니다.

20○○년부터는 소아과 환자가 급감하여 생활은 더욱 어려워지고, 20○○년 은행을 통하여 추가로 차입을 하여 유학비 및 이자 등을 내는데 사용하게 되었습니다.

그러나, 계속되는 환자수의 감소로 병원의 정상적 운영이 불가능해짐에 따라 채무자는 20○○년 3월 13일 ○○시에서 의료업 폐업을 하였습니다. 채무자는 그 이후 다시 재기할 목적으로 20○○년 8월 8일 성남에서 개업을 하였으나 저조한 수입은 병원 운영비 지출 및 차입금 이자를 충당하기에 턱없이 부족함에 따라 더 이상 정상적으로 채무를 상환할 수 없는 실정이 되어 이에 20○○년 10월 27일에 회생절차 개시신청을 하고, 동년 12월 15일 회생절차 개시결정을 받았습니다.

2. 채무자의 개요

가. 채무자의 업무현황

채무자는 19○○년 ○월 ○일 의사면허 취득 이후 과거 ○○시 ○○동에서 소아과 개업의사로 의료업을 하였으며, 현재 ○○시 ○○읍 ○○○○의원에서 관리의사로 근무 중에 있으며, 월 세후급여는 420만원입니다.

월평균 지출목록은 아래 표와 같습니다.

구 분	금 액	지출사유
식료품비 등 생계비	950,000	
양육비	500,000	자녀 2명의 양육비로 지급
대외관계비	550,000	품위유지비, 세미나 등
총생계비	2,000,000	

본인은 본인의 직위나 나이에 비추어 볼 때 현재의 소득을 유지하기가 어려울 수도 있지만, 향후 10년 동안 열심히 자기관리를 성실히 할 것이며 현재의 소득을 유지할 수 있을 것으로 확신합니다.

나. 채무자의 재산상태

채무자의 현재 재산은 매월 지급 받는 급여 외에는 없습니다.

한편 채무자의 목록기재 및 신고 채권액은 회생채권 총 5건으로 금 515,726,236원이며, 현재 시인한 채권은 금 515,726,236원이고, 추완 신고된 채권은 없습니다.

존경하는 채권자 여러분!

채무자의 경영부실로 인하여 부득이하게 많은 손실을 입게 되신 점 머리 숙여 사죄의 말씀드립니다.

아울러 제가 최선을 다하여 급여소득을 창출하여 조금이나마 채권자들에게 변제를 하는 것이 채권자 여러분께 보답하는 길이라 생각하며, 본인의 소득에서 소득창출 및 생활에 필요한 부득이한 비용을 제외한 나머지 금액을 채권자 여러분의 채권에 우선 상환하고자 하오니 부디 회생을 통한 재기의 길을 열어 주시기를 간곡히 부탁드립니다.

감사합니다.

[기재례 4] 관리인조사보고서(회생계획안 심리를 위한 관계인집회)

○○지방법원 파산○○단독
사건번호20○○회단○ 회생
신청인 겸 채무자 ○○○

관 리 인 보 고 서

(회생계획안 심리를 위한 관계인집회)

20○○년 ○월 ○일

관 리 인 ○ ○ ○

채권자 여러분 안녕하십니까?

저는 채무자 겸 관리인 ○○○입니다.

오늘 바쁘신 중에도 본 관계인집회에 참석해 주신 채권단 및 기타 이해관계인 여러분께 진심으로 감사드립니다.

본인은 금번 회생계획안을 수립함에 있어 무엇보다도 우선 채무자의 회생이라는 목표를 대전제로 하고 채권자 여러분의 권익을 도모하면서 형평과 공정의 원칙하에 작성하였으며, 현재의 여러 가지 어려운 경제상황 아래에서 본 회생계획안을 수립하는데 현실적으로 어려움이 많았다는 점을 혜량하여 주시기 바랍니다.

그럼 지금부터 본 회생계획안의 요지를 간략히 말씀드리겠습니다.

먼저 특별조사기일까지 목록에 기재되거나 신고되어 시·부인한 결과 확정된 채무자에 대한 채권액은 회생채권(5건) 515,360,611원입니다.

다음은 회생채권(금융기관)의 권리변경 및 변제방법에 대하여 말씀드리겠습니다.

(1) 원금 및 개시 전 이자

① 원금 및 개시 전 이자의 64.24%를 변제하되, 변제대상 금원의 4.86%를 20○○년(준비년도)에 변제하고, 변제대상 금원의 8.70%를 20○○년(제1차년도)에 변제하며, 변제대상 금원의 19.57%를 20○○년(제2차년도)부터 20○○년(제2차년도)까지 2년간 변제하고, 변제대상 금원의 20.30%를 20○○년(제4차년도)부터 20○○년(제5차년도)까지 2년간 변제하며, 변제대상 금원의 21.74%를 20○○년(제6차년도)부터 20○○년(제7차년도)까지 2년간 변제하고, 변제대상 금원의 20.30%를 20○○년(제8차년도)부터 20○○년(제9차년도)까지 2년간 변제하며, 변제대상 금원의 4.53%를 20○○년(제10차년도)에 변제하는 것으로 하였습니다.

② 채권자별로 위 ①에 의한 채권의 변제가 완료되는 다음날에 원금 및 개시 전 이자의 35.76%를 각 면제하는 것으로 하였습니다.

(2) 개시 후 이자

개시 후 이자는 모두 면제합니다.

참석하여 주신 채권자 및 이해관계인 여러분!

지금까지 본 회생계획안에 대한 간략한 보고를 드렸습니다만, 현재의 어려운 경제 상황과 채무자의 회생을 전제로 작성된 본 회생계획안이 채무자의 사정으로 채권자 여러분께 만족할 만한 수준의 회생계획안을 제시하지 못한 점 송구스럽게 생각합니다.

그러나 현재의 경기동향 및 조기 재정 정상화에 대한 본인의 의지 등을 고려하여 수립된 본 회생계획안이 예정대로 확정되고 수행될 경우 채무자는 반드시 회생할 수 있을 것으로 확신합니다.

아울러 저는 조기에 채무변제를 완료하는 것만이 채권자 여러분께 보답하는 길이라 생각하며, 생활에 필요한 최소한의 자금을 제외하고는 채권자 여러분의 채권을 우선 상환하여 채권회수율 증가와 채권회수의 불확실성 제거에 최선을 다해 노력하려 하오니 부디 회생을 통한 재기의 길을 열어 주시기를 간곡히 부탁드립니다.

감사합니다.

[서식 10] 회생계획안제출(공문)

○ ○ ○

주소 : 000-000. ○○시 ○○구 ○○동 ○○○. 전화 000-0000-0000, 팩스 000-0000-0000

문서번호 : ○○○ 회생 제20○○-○○○○호
사　　건 : 20○○회단○ 회생
수　　신 : ○○지방법원 신청○○단독
참　　조 : ○○○ 판사님
제　　목 : 회생계획안 제출

---

1. 귀원의 사건번호 20○○회단○호 회생 관련입니다.(회생개시결정일 20○○. ○. ○.)
2. 위 사건에 관하여 관리인은 별첨과 같이 회생계획안을 제출합니다.

20○○. ○. ○.

관 리 인 ○ ○ ○

[서식 11] 회생계획안

○○지방법원 파산○○단독
20○○회단○ 회생

회 생 계 획 안

20○○. ○. ○.

채무자 겸 관리인 ○ ○ ○

목 차

8. 회생절차 폐지시 기한의 이익 상실
9. 회생채권 변제시 확인방법
10. 변제금액의 확정처리
11. 회계연도

제2절 회생채권의 권리변경과 변제방법

1. 변제할 채권액의 내역
2. 권리의 변경 및 변제방법
3. 권리변경 후 채무자가 변제할 회생채권
4. 세부적인 권리변경 내역

제3절 장래 구상권자의 권리변경 및 변제방법

제4장 공익채권의 변제 방법

제5장 변제자금의 조달 방법

제6장 예상초과 수익금의 처리방법

제7장 예상수익금 부족시의 처리방법

제8장 분쟁해결의 방법

제9장 운영자금의 조달방법

제10장 회생절차의 종결

제11장 기타 사항

〈별표목록〉

1. 자금수지 계획표
2. 회생채권 변제계획 총괄표
3. 채권자별 현가율 계산명세서
4. 변제율과 배당률 비교표

제1장 회생계획안 제출에 이르기까지의 경과와 현황

제1절 회생절차 개시신청에 이르기까지의 경과

1. 채무자에 대한 일반사항

가. 일반사항

채무자는 ○○대학교 의과대학을 19○○년에 졸업하였으며, 19○○년 ○○시 ○○동에서 소아과 개업의사로 의료업을 하였으며 현재 ○○시 ○○읍 ○○○○병원에서 관리의사로 근무 중에 있습니다.

채무자가 제시한 일반사항은 다음과 같습니다.

- 주소지 : ○○시 ○○구 ○○동 ○○○-○○○
- 주민등록번호 : 000000-0000000
- 현재의 직업(직장) : ○○○○병원 관리의사
- 월평균수입 : 약 4,200,000원
- 생계가족 : 2인(아들, 딸)

나. 채무자의 이력사항

채무자가 제시한 주요 이력을 요약하면 다음과 같습니다.

19○○년	2월	○○대학교 의과대학 졸업
19○○년	2월	○○시 ○○○○병원 소아과 레지던트 수료
19○○년	4월	○○시 ○○○○병원 소아과 과장
19○○년	4월	○○시 ○○○소아과의원 개업
20○○년	3월	○○시 ○○○소아과의원 폐업
20○○년	8월	○○시 ○○○○의원 개업
20○○년	8월	○○시 ○○○○의원 폐업
20○○년	9월	○○시 ○○○○병원 소아과의원 내 소아과 관리의사

다. 가족관계

채무자가 제시한 가족관계는 다음과 같습니다.

성명	관계	연령	동거여부	직업	월수입	재산	부양유무
○○○	딸	27	별거	학생	무	무	부양
○○○	아들	21	별거	학생	무	무	부양

라. 생활상황

채무자의 현재 수입은 다음과 같습니다.

(단위 : 원)

구 분	월급여액	연환산	압류, 가압류등 유무
수입목록			
급여(세후)	4,200,000	50,400,000	무

마. 채무자의 직장

- ○○시 ○○읍 ○○○-○ 소재 ○○○○병원은 20○○년도 설립한 개인병원으로써 현재 Bed 50EA, 원장 및 관리의사 2명으로 구성되어 있습니다.

2. 회생절차의 개시에 이르게 된 사정

채무자는 19○○년 자기자본과 차입금 1억원 정도로 개업을 했습니다. 개업 후 일정기간 동안 안정적인 수입으로 부채를 상환한 후 약간의 자금이 모여 부동산 투자를 하였으나 실패를 하였습니다.

부동산 투자 실패로 자금사정이 호전되지는 않았지만 채무자는 19○○년까지 병원수입으로 생활비와 자녀들의 유학비를 충당하기에 부족하지는 않았습니다. 하지만 그 후로 소아과 환자의 감소로 병원 채산성이 악화됨에 따라 부족한 생활비 및 자녀 유학비를 은행차입금을 통하여 채워 나갔습니다.

20○○년부터는 소아과 환자가 급감하여 생활은 더욱 어려워지고, 20○○년 은행을 통하여 추가로 차입을 하여 유학비 및 이자 등을 내는데 사용하게 되었습니다.

그러나, 계속되는 환자수의 감소로 병원의 정상적 운영이 불가능해짐에 따라 채무자는 20○○년 ○월 ○일 ○○에서 의료업 폐업을 하였습니다. 채무자는 그 이후 다시 재기할 목적으로 20○○년 ○월 ○일 성남에서 개업을 하였으나 저조한 수입은 병원 운영비 지출 및 차입금 이자를 충당하기에 턱없이 부족함에 따라 더 이상 정상적으로 채무를 상환할 수 없는 실정이 되어 회생절차 개시신청을 하게 되었습니다.

제2절 회생절차 개시신청 후의 경과

1. 회생절차 개시 신청 후 개시결정에 이르기까지의 경과

채무자는 20○○. 09. 20. ○○지방법원에 회생절차개시결정 및 중지명령을

신청하여 20○○. 09. 26. 중지명령결정을, 20○○. 10. 17. 회생절차개시결정을 받았으며, 채무자 겸 관리인으로 선임되어 채무자의 재산 및 업무의 관리와 운영을 계속하여 왔습니다.

2. 회생절차 개시 후의 경과
회생절차개시결정 후의 주요 경과사항은 다음과 같습니다.

- 20○○. 12. 15 : 회생절차 개시결정 및 관리인 선임
- 20○○. 12. 28 : 회생채권자 및 회생담보권자의 목록제출
- 20○○. 12. 29 ~ 20○○. 1. 18. : 회생채권, 회생담보권의 신고
- 20○○.2.9 : 관리인의 시·부인표 제출
- 20○○.3. 19. 16:30 : 관리인 보고를 위한 관계인집회 개최
- 20○○.4. 27 : 회생계획안 법원 제출

3. 회생절차개시 신청 후의 개선노력
채무자는 회생절차개시결정 후 계속적인 소득창출을 위한 급여소득자로서의 업무뿐만 아니라 관리인으로서의 업무에 충실하면서 생계비를 아껴서 월 변제액을 높이도록 최선을 다하고 있습니다.

제2장 회생계획안의 요지

제1절 회생계획안 입안의 기초

본 회생계획안은 채무자 회생 및 파산에 관한 법률에 따라 채권자 등 이해관계인들간에 공정성과 형평성을 기하면서 채무자의 회생이 가능하도록 작성하였습니다.
20○○. 2. 16. 조사기준일 현재 채무자의 재무상태는 총자산 6,930원, 총부채 515,360,611원으로 부채가 약 515,353,681원 많습니다.
채무자의 재정적 파탄의 원인은 채무자의 부동산 투자 실패 및 소아과 환자 급감으로 인한 생활비 및 자녀 교육비, 대출 이자 등을 은행을 통하여 추가 차입으로 충당하면서 채무를 감당할 수 없는 상황에 처하였기 때문입니다.
채무자의 재정상태는 비록 파탄에 이르렀으나, 채무자의 전문적인 지식을 이용하여 현재의 소득을 유지하면 본 회생계획안을 성실히 수행할 수 있을 것으로 확신하고 있습니다.

제2절 변제대상 채권액의 내역

채권의 일반조사기간에 시인한 채권에 기초한 변제대상 회생채권의 내역은 다음과 같습니다.

변제대상 회생채권

(단위 : 원)

구분	채 권 자	시인한 채권액			변동	변제대상 채권액	비고
		원 금	개시 전 이자	계			
금융기관	(주)ㅇㅇㅇㅇㅇ은행	30,399,325	3,986,827	34,386,152		34,386,152	
	(주)ㅇㅇㅇㅇ은행	303,733,184	14,725,586	318,458,770		318,458,770	
	(주)ㅇㅇ은행	100,000,000	11,563,040	111,563,040		111,563,040	
	ㅇㅇ카드(주)	20,123,080	1,348,062	21,471,142		21,471,142	
	ㅇㅇ파이낸셜(주)	27,199,970	2,281,537	29,481,507		29,481,507	
합 계		481,455,559	33,905,052	515,360,611		515,360,611	

제3절 권리변경과 변제방법의 요지

채무자는 채권자에 대한 최선의 이익을 도모하는 한편 채무자의 회생을 전제로 하여 공정성과 형평성의 이념에 입각하여 권리변경과 변제방법의 기준을 마련하였으며 변제할 채권액은 다음과 같습니다.

(단위 : 원)

구 분		변제대상 채권액	권리변경(면제)			변제할 채권액
			원 금	개시전 이자	계	
금융기관	(주)ㅇㅇㅇㅇㅇ은행	34,386,152	10,868,891	1,425,439	12,294,330	22,091,822
	(주)ㅇㅇㅇㅇ은행	318,458,770	108,595,925	5,264,945	113,860,870	204,597,900
	(주)ㅇㅇ은행	111,563,040	35,753,724	4,134,217	39,887,941	71,675,099
	ㅇㅇ카드(주)	21,471,142	7,194,751	481,982	7,676,733	13,794,409
	ㅇㅇ파이낸셜(주)	29,481,507	9,725,002	815,734	10,540,736	18,940,770
합 계		515,360,611	172,138,293	12,122,317	184,260,610	331,100,000

1. 회생채권의 권리변경과 변제방법

가. 원금 및 개시 전 이자

① 원금 및 개시 전 이자의 64.24%를 변제하되, 변제대상 금원의 4.86%를 20○

○년(준비년도)에 변제하고, 변제대상 금원의 8.70%를 20○○년(제1차년도)에 변제하며, 변제대상 금원의 19.57%를 20○○년(제2차년도)부터 20○○년(제3차년도)까지 2년간 변제하고, 변제대상 금원의 20.30%를 20○○년(제4차년도)부터 20○○년(제5차년도)까지 2년간 변제하며, 변제대상 금원의 21.74%를 20○○년(제6차년도)부터 20○○년(제7차년도)까지 2년간 변제하고, 변제대상 금원의 20.30%를 20○○년(제8차년도)부터 20○○년(제9차년도)까지 2년간 변제하며, 변제대상 금원의 4.53%를 20○○년(제10차년도)에 변제하는 것으로 하였습니다.

② 채권자별로 위 ①에 의한 채권의 변제가 완료되는 다음날에 원금 및 개시전 이자의 35.76%를 각 면제하는 것으로 하였습니다.

나. 개시 후 이자

회생채권자에 대한 개시 후 이자는 전액 면제하는 것으로 하였습니다.

2. 장래 구상권

가. 회생절차 개시결정 이후 채무자를 위한 보증인, 물상보증인(담보목적물의 제3취득자를 포함한다), 기타 제3자가 자기의 출재로 인하여 회생담보권자 또는 회생채권자에게 변제한 경우에는 채무자에 대하여 구상권을 취득하는 것으로 하였습니다.

나. 구상권자는 채권자의 권리변경 전의 채권이 회생절차에 의하거나 회생절차에 의하지 아니하고 모두 소멸된 경우에 한하여 자기의 구상권을 행사할 수 있으며, 채무자는 회생계획에 의하여 변제하여야 할 회생담보권 또는 회생채권의 잔액 범위 내에서 구상권자의 구상권 비율에 따라 변제하는 것으로 하였습니다.

제4절 결 언

본 회생계획안은 채권자의 이익을 최대한 보호하고, 채무자의 회생을 조기에 달성하는 균형점을 찾아 채권자들에게 공정하고 형평에 맞는 회생계획을 수립하고자 노력하였습니다.

채무자가 회생채권 및 회생담보권에 대한 일부 권리변경 및 변제기간을 유예할 수밖에 없었던 점에 대하여 송구스럽게 생각하고 있습니다.

본 회생계획의 원만한 수행을 위해서는 채권자 여러분들의 희생과 인내를 전제로 하고 있다는 사실을 깊이 인식하고 회생계획안 인가를 계기로 채무자는 새로운 결의로써 회생계획의 수행에 최대한 노력을 기울이고자 합니다.
끝으로 본 회생계획안을 채권자 여러분에게 제시하게 됨은 그 동안 채권자 여러분을 비롯한 이해관계인 및 법원, 그리고 조사위원 등의 지도 편달에 의해 성안되었음을 깊이 감사드리는 바입니다.

앞으로도 이해관계인 여러분의 끊임없는 지도편달과 협조를 부탁드립니다.

제3장 회생담보권 및 회생채권의 권리변경과 변제방법

제1절 총 칙

1. 용어의 정의

본 회생계획안에서 사용하는 용어의 정의는 다음과 같다.

가. "개시 전 이자"라 함은 회생절차개시결정일 (20○○. 12. 15.) 전일까지 발생한 이자를 말한다.

나. "개시 후 이자"라 함은 회생절차개시결정일 (20○○. 12. 15.)로부터 변제가 완료되는 기일까지의 미변제금액에 대하여 발생하는 이자를 말한다.

다. "금융기관"이라 함은 (주)○○○○은행, (주)○○은행, (주)○○○○○은행, ○○카드(주), ○○파이낸셜(주)를 말한다.

라. "약정이율"이라 함은 채권의 발생원인이 된 계약에서 채무자 또는 주채무자와 채권자 사이에 정한 이율로서 연체이율은 포함하지 아니한 이율을 말한다.

마. "준비년도"라 함은 회생절차 개시결정일(20○○. 12. 15.)이후 인가결정일로부터 20○○. 12. 31.까지를 말한다.

바. "제1차년도"라 함은 20○○. 01. 01.부터 20○○. 12. 31. 까지를 말하며, 제2차연도 이후의 각 차연도는 순차적으로 매년 1월 1일부터 같은 해 12월 31일까지로 한다.

사. "회생계획기간"이라 함은 준비년도와 제1차연도(20○○년)부터 10년간으로 하고, 제10차연도(20○○년 5월 31일)에 종료하는 것으로 한다.

아. "구상채무"이라 함은 타인이 채무자의 채무를 인수하거나 대위변제를 함으로

써 채무자가 보증기관 및 타인 등에 대하여 부담하는 채무를 말한다.

자. 기타 본 회생계획안의 용어 및 해석에 이의가 있을 경우 채무자 회생 및 파산에 관한 법률의 취지에 따라 해석하되 다툼이 있는 경우에는 ○○지방법원 파산부의 해석에 따른다.

2. 변제기일

변제일이 정해지지 않은 원금, 개시 전 이자 및 개시 후 이자에 대한 변제일은 변제 당해 연도의 12월 30일로 한다. 다만, 동 변제기일이 금융기관 영업일이 아닌 경우에는 그 직전 영업일을 변제일로 하며, 위 변제기일 전이라도 법원의 허가를 받은 때에는 수시로 변제할 수 있다.

3. 변제장소

본 회생계획안에서 정하는 변제는 채무자의 주소지나 채무자가 지정하여 통지하는 장소에서 행한다. 단, 금융기관에 대하여는 해당 금융기관의 본점과 지점으로 할 수 있다.

4. 변제충당순서

가. 본 회생계획안 인가일 이후의 회생채권의 변제순서는 원금, 개시 전 이자, 개시 후 이자의 순으로 한다.

나. 변제재원의 부족으로 회생계획에 따라 전액 변제할 수 없는 경우에는 회생채권 원금을 당해 연도 변제예정금액에 비례하여 변제하며, 나머지가 있을 경우에는 회생채권이자를 당해 연도 변제예정금액에 비례하여 변제하되 당해 연도 변제예정액 중 미변제분은 다음 연도 변제기일에 우선하여 변제한다.

다. 금융기관 회생채권에 대한 대출과목별 변제충당순서는 회생채권별 변제금액의 범위 내에서 해당 금융기관이 정하는 바에 따른다.

5. 채권양도의 특례

회생채권자에 관하여 개시결정일 이후 채권양도 등의 원인으로 채권자가 변경되었다고 하더라도 채권의 승계취득자에 대하여 개시결정일 당시의 채권자 및 채권액을 기준으로 하여 본 회생계획안의 권리변경과 변제방법을 적용하며, 일부 면제의 정함이 있는 경우에는 면제를 적용한다.

채권자의 변경으로 인하여 종전의 회생채권에 대하여 수인의 채권자가 있게 된 경우에는 각 채권자들의 채권액 비율에 따라 배분하여 권리변경 및 변제방법을 적용한다.

6. 변제 미이행시의 처리

본 회생계획안에 따른 채무의 변제를 변제기일에 이행하지 못할 경우에는 미변제금액에 대하여 변제기일 다음 날부터 실제 변제일까지 실제 변제일 당일 (주)○○○○은행의 일반 자금대출 연체이자율을 적용하여 변제한다.

7. 신고하지 않은 채권의 실권처리

목록에 기재되지 않고, 신고도 되지 아니한 채권의 경우에는 그 권리가 상실된다.

8. 회생절차 폐지시 기한의 이익 상실

회생절차가 폐지되는 경우에는 회생채권에 관하여 본 회생계획안에 정한 변제기일에도 불구하고 그 기한이 도래하는 것으로 한다.

9. 회생채권 변제시 확인방법

회생채권의 변제시 법인은 법인등기부등본, 법인인감증명서를, 개인은 신분증, 인감증명서를, 채권자의 대리인은 채권자 본인의 위임장 및 인감증명서(법인은 법인등기부등본도 제시)와 대리인의 신분증을 제시하여야 하며, 채무자는 채권자가 제시한 서류로 채권자 본인임을 확인한 후 변제하되, 채권자가 미리 지정한 금융기관의 계좌로 입금하는 방식으로도 변제할 수 있다. 단, 채권자가 금융기관인 경우에는 해당 금융기관이 발행한 상환확인서 또는 상환영수증으로 변제확인에 갈음할 수 있다.

10. 변제금액의 확정처리

본 회생계획안상 채권자별 변제방법에 관하여, 본문에 따라 실제로 산정된 각 변제기의 금액이 별첨 변제계획표상 각 변제기의 금액과 상이한 경우 회생계획안 본문에서 정한 방법에 따라 변제한다.

11. 회계연도

본 회생계획안의 회계연도의 표시는 매년 1월 1일부터 같은 해 12월 31일까지로 한다.

제2절 회생채권의 권리변경과 변제방법

1. 변제할 채권액의 내역

시인된 회생채권의 내역은 다음과 같다.

(단위 : 원)

구분	신고번호	목록번호	채 권 자	시인된 채권액			변동액	변제대상 채권액
				원 금	개시 전 이자	합 계		
금융기관	1	3	(주)○○○○○은행	30,399,325	3,986,827	34,386,152	0	34,386,152
	2	1	(주)○○○○은행	303,733,184	14,725,586	318,458,770	0	318,458,770
	3	2	(주)○○은행	100,000,000	11,563,040	111,563,040	0	111,563,040
		4	○○카드(주)	20,123,080	1,348,062	21,471,142	0	21,471,142
		5	○○파이낸셜(주)	27,199,970	2,281,537	29,481,507	0	29,481,507
	소 계			481,455,559	33,905,052	515,360,611	0	515,360,611
합 계				481,455,559	33,905,052	515,360,611	0	515,360,611

2. 권리의 변경 및 변제방법

가. 원금 및 개시 전 이자

① 원금 및 개시 전 이자의 64.24%를 변제하되, 변제대상 금원의 4.86%를 20○○년(준비년도)에 변제하고, 변제대상 금원의 8.70%를 20○○년(제1차년도)에 변제하며, 변제대상 금원의 19.57%를 20○○년(제2차년도)부터 20○○년(제3차년도)까지 2년간 변제하고, 변제대상 금원의 20.30%를 20○○년(제4차년도)부터 20○○년(제5차년도)까지 2년간 변제하며, 변제대상 금원의 21.74%를 20○○년(제6차년도)부터 20○○년(제7차년도)까지 2년간 변제하고, 변제대상 금원의 20.30%를 20○○년(제8차년도)부터 20○○년(제9차년도)까지 2년간 변제하며, 변제대상 금원의 4.53%를 20○○년(제10차년도)에 변제하는 것으로 한다.

② 채권자별로 위 ①에 의한 채권의 변제가 완료되는 다음날에 원금 및 개시 전 이자의 35.76%를 각 면제하는 것으로 한다.

나. 개시 후 이자

개시 후 이자는 모두 면제한다.

3. 권리변경 후 채무자가 변제할 회생채권

권리변경 후 채무자가 변제할 회생채권 채무의 변동 내역은 다음과 같다.

(단위 : 원)

구분	채 권 자	변제대상 채권액	권리변경(면제)		변제할 채권액		
			원 금	개시 전 이자	원 금	개시 전 이자	합 계
금융기관	(주)○○○○○은행	34,386,152	10,868,891	1,425,439	19,530,434	2,561,388	22,091,822
	(주)○○○○은행	318,458,770	108,595,925	5,264,945	195,137,259	9,460,641	204,597,900
	(주)○○은행	111,563,040	35,753,724	4,134,217	64,246,276	7,428,823	71,675,099
	○○카드(주)	21,471,142	7,194,751	481,982	12,928,329	866,080	13,794,409
	○○파이낸셜(주)	29,481,507	9,725,002	815,734	17,474,968	1,465,803	18,940,770
	소 계	515,360,611	172,138,293	12,122,317	309,317,267	21,782,733	331,100,000
합 계		515,360,611	172,138,293	12,122,317	309,317,267	21,782,733	331,100,000

4. 세부적인 권리변경 내역

권리변경 후 원금 및 이자의 변제계획은 〈별표 2〉과 같다.

제3절 장래 구상권자의 권리변경 및 변제방법

1. 회생절차 개시결정 이후 채무자를 위한 보증인, 물상보증인(담보목적물의 제3취득자를 포함한다), 기타 제3자가 자기의 출재로 인하여 회생채권자에게 변제한 경우에는 채무자에 대하여 구상권을 취득한다.

2. 구상권자는 채권자의 권리변경 전의 채권이 회생절차에 의하거나 회생절차에 의하지 아니하고 모두 소멸된 경우에 한하여 자기의 구상권을 행사할 수 있으며, 채무자는 회생계획에 의하여 변제하여야 할 회생채권의 잔액 범위 내에서 구상권자의 구상권 비율에 따라 변제한다.

제4장 공익채권의 변제방법

본 회생계획안 작성 기준일 현재의 공익채권과 본 회생절차 종료시까지 발생하는 공익채권은 급여와 기타의 재원으로 법원의 허가를 받아 수시로 변제한다.

제5장 변제자금의 조달방법

변제자금은 채무자가 얻는 급여로 충당함을 원칙으로 한다. 단, 급여로 변제자금이 부족할 때에는 필요에 따라 법원의 허가를 얻어 차입금 등으로 변제자금을 충당할 수 있다.

제6장 예상초과수익금의 처리방법

예상을 초과하는 수익금 또는 자산매각 대금이 발생한 때에는 그 초과수익금은 공익채권의 변제에 우선 사용하고 회생법원의 허가를 얻어 회생채권의 변제에 사용할 수 있다.

제7장 예상수익금 부족시의 처리방법

예상수익금이 예상보다 적어 본 회생계획안상의 변제금액을 변제할 수 없을 때에는 다음 순서에 따라 변제한다.

1. 회생채권의 원금을 당해 연도 변제금액에 비례하여 우선 변제한다.
2. 회생채권에 대한 변제 후 남은 금액이 있을 경우에는 회생채권의 이자를 당해 연도 변제금액에 비례하여 변제한다.
3. 당해 연도 미변제액은 다음 연도에 우선 변제한다.

제8장 분쟁해결의 방법

회생절차와 관련하여 분쟁발생시 화해, 조정의 수락 또는 소송을 수행함에 있어 회생법원의 결정에 따라 시행한다.

제9장 운영자금의 조달방법

운영자금의 조달방법은 급여 등 수익금으로 충당하되 예측하지 못한 원인 등 기타사유로 자금수요 발생시에는 법원의 허가를 받아 금융기관 등에 의한 차입에 의하여 조달할 수 있다.

제10장 회생절차의 종결

회생채권에 대한 변제를 완료되면, 관리인은 지체 없이 회생절차 종결을 신청하여야 한다. 다만, 관리인은 변제 완료 전이라도 법원의 허가를 얻어 채권자들과 회생절차 조기종결 후의 채권자들의 회생계획 수행감독 방안에 관하여 협약을 체결한 후 법원에 조기종결을 신청할 수 있다.

제11장 기타사항

본 회생계획안에 언급되지 않은 사항은 채무자 회생 및 파산에 관한 법률에 근거하여 법원의 허가를 득하여 시행하며 법원의 결정에 따른다.

[별표 1] 자금수지계획표

자금수지계획표

채무자 : ○○○

(단위 : 원)

구분		준비년도	1차연도	2차연도	3차연도	4차연도	5차연도	6차연도	7차연도	8차연도	9차연도	10차연도	총계	채권액	변제율
		20○○.05.~ 20○○.12.	20○○	20○○	20○○	20○○	20○○	20○○	20○○	20○○	20○○	20○○.05. 까지			
원천	전기이월자금		352,758	338,379	393,994	1,131,795	1,361,370	901,358	983,410	428,769	1,612,768	2,109,658			
	총소득(세후급여)	29,400,000	51,660,000	52,951,500	54,275,288	55,632,170	55,632,170	55,632,170	55,632,170	55,632,170	55,632,170	23,180,071	545,259,789		
	증가율	-	0	2.5%	2.5%	2.5%	0.0%	0.0%	0.0%	0.0%	0.0%				
	(-)기초생계비	12,947,242	22,874,379	20,495,885	21,137,487	21,802,595	22,492,182	19,550,118	20,186,811	20,848,171	21,535,280	9,270,528	213,140,678		
	가용소득	16,452,758	29,138,379	32,793,994	33,531,795	34,961,370	34,501,358	36,983,410	36,428,769	35,212,768	35,709,658	16,019,201	- 341,733,460		
상환	회생채권 (금융기관 : 원금)	15,040,797	26,905,277	30,268,437	30,268,437	31,389,490	31,389,490	33,631,597	33,631,597	31,389,490	31,389,490	14,013,165	309,317,267	481,455,559	64%
	회생채권 (개시 전 이자)	1,059,203	1,894,723	2,131,563	2,131,563	2,210,510	2,210,510	2,368,403	2,368,403	2,210,510	2,210,510	986,835	21,782,733	33,905,052	64%
	합계	16,100,000	28,800,000	32,400,000	32,400,000	33,600,000	33,600,000	33,600,000	33,600,000	33,600,000	33,600,000	15,000,000	311,100,000	515,360,611	64%
이월자금(당기)		352,758	338,379	393,994	1,131,795	1,361,370	901,358	983,410	428,769	1,612,768	2,109,658	1,019,201			
미상환채권잔액		499,260,611	470,460,611	438,060,611	405,660,611	372,060,611	338,460,611	302,460,611	266,460,611	232,860,611	199,260,611	184,260,611			

* 가용소득은 조사위원의 조사보고서상의 자료를 기초로 하였습니다.
* 회생채권 중 개시 후 이자는 면제하는 것으로 하였습니다.

[별표 2] 회생채권 채무의 변제계획 총괄표

회생채권 채무의 변제계획 총괄표

채무자 : ○○○

(단위 : 원)

접수번호	채권자	구분	시인한 회생채권	변제대상금액	준비년도	1차연도	2차연도	3차연도	4차연도	5차연도	6차연도	7차연도	8차연도	9차연도	10차연도
					20○○.05. 부터	20○○	20○○	20○○	20○○	20○○	20○○	20○○	20○○	20○○	20○○.05. 까지
1	㈜○○○○○ 은행	원금	30,399,325	19,530,434	949,683	1,698,812	1,911,163	1,911,163	1,981,947	1,981,947	2,123,514	2,123,514	1,981,947	1,981,947	884,798
		개시전이자	3,986,827	2,561,388	124,550	222,796,65	250,646	250,646	259,929	259,929	278,496	278,496	259,929	259,929	116,040
		개시후이자	0	0	0	0	0	0	0	0	0	0	0	0	0
		소 계	34,386,152	22,091,822	1,074,232	1,921,608	2,161,809	2,161,809	2,241,876	2,241,786	2,402,010	2,402,010	2,241,876	2,241,876	1,000,838
		변제후잔액		22,091,822	21,017,590	19,095,982	16,934,172	14,772,363	12,530,487	10,288,611	7,886,600	5,484,590	3,242,714	1,000,838	2,241,876
2	㈜○○○○ 은행	원금	303,733,184	1958,137,259	9,488,704	16,973,582	19,095,280	19,095,280	19,802,513	19,802,513	21,216,978	21,216,978	19,802,513	19,802,513	8,840,407
		개시전이자	14,725,586	9,460,641	460,031	822,912,86	925,777	925,777	960,065	960,065	1,028,641	1,028,641	860,065	960,065	428,600
		개시후이자	0	0	0	0	0	0	0	0	0	0	0	0	0
		소 계	318,458,770	204,597,900	9,948,735	17,796,495	20,021,057	20,021,057	20,762,578	20,762,578	22,245,619	22,245,619	20,762,578	20,762,578	9,269,008
		변제후잔액		204,597,900	194,649,165	176,852,670	156,831,613	136,810,556	116,047,978	95,285,401	73,039,782	50,794,163	30,031,585	9,269,008	20,762,578
3	㈜○○은행	원금	100,000,000	64,246,276	3,124,026	5,588,320	6,286,860	6,286,860	6,519,707	6,519,707	6,985,400	6,985,400	6,519,707	6,519,707	2,910,583
		개시전이자	11,563,040	7,428,823	361,232	646,179,67	726,952	726,952	753,876	753,876	807,725	807,725	753,876	753,876	336,552
		개시후이자	0	0	0	0	0	0	0	0	0	0	0	0	0
		소 계	111,563,040	71,675,099	3,485,258	6,234,500	7,013,812	7,013,812	7,273,583	7,273,583	7,793,125	7,793,125	7,273,583	7,273,583	3,247,135
		변제후잔액		71,675,099	68,189,841	61,955,341	54,941,529	47,927,717	40,654,134	33,380,551	25,587,426	17,794,302	10,520,179	3,247,136	7,273,583
4	○○카드㈜	원금	20,123,080	12,928,329	628,650	1,124,542	1,265,110	1,265,110	1,311,966	1,311,966	1,405,678	1,405,678	1,311,966	1,311,966	585,699
		개시전이자	1,348,062	866,080	42,114	75,334,02	84,751	84,751	87,890	87,890	94,168	94,168	87,890	87,890	39,236
		개시후이자	0	0	0	0	0	0	0	0	0	0	0	0	0
		소 계	21,471,142	13,794,409	670,764	1,199,876	1,349,861	1,349,861	1,399,855	1,399,855	1,499,845	1,499,845	1,399,855	1,399,855	624,935
		변제후잔액		13,794,409	13,123,645	11,923,769	10,573,908	9,224,048	7,824,192	6,424,337	4,924,492	3,424,646	2,024,791	624,935	1,399,855

5	○○파이프산업㈜	원금	27,199,970	17,474,968	849,734	1,520,021	1,710,024	1,710,024	1,773,358	1,773,358	1,900,027	1,900,027	1,773,358	1,773,358	791,678
		개시전이자	2,281,537	1,465,803	71,276	127,499,59	143,437	143,437	148,750	148,750	159,374	159,374,49	148,750	148,750	66,406
		개시후이자	0	0	0	0	0	0	0	0	0	0	0	0	0
		소 계	29,481,507	18,940,770	921,010	1,647,521	1,853,461	1,853,461	1,922,108	1,922,108	2,059,401	2,059,401	1,922,108	1,922,108	858,084
		변제후잔액		18,940,770	18,019,760	16,372,239	14,518,778	12,665,317	10,743,210	8,821,102	6,761,701	4,702,299	2,780,192	858,084	1,922,108
	합 계	원금	481,455,559	309,317,267	15,040,797	26,905,277	30,268,437	30,268,437	31,389,490	31,389,490	33,631,597	33,631,597	31,389,490	31,389,490	14,013,165
		개시전이자	33,905,052	21,782,733	1,059,203	1,894,723	2,131,563	2,131,563	2,210,510	2,210,510	2,368,403	2,368,403	2,210,510	2,210,510	986,835
		개시후이자	0	0	0	0	0	0	0	0	0	0	0	0	0
		소 계	515,360,611	331,100,000	16,100,000	28,800,000	32,400,000	32,400,000	33,600,000	33,600,000	36,000,000	36,000,000	33,600,000	33,600,000	15,000,000
		변제후잔액		331,100,000	315,000,000	286,200,000	253,800,000	221,400,000	187,800,000	154,200,000	118,200,000	118,200,000	48,600,000	15,000,000	-

적용금리(개시후이자) 0.00%

[별표 3] 채권자별 현가율 계산명세서

채권자별 현가율 계산명세서

현가계수 0.96 0.91 0.87 0.82 0.78 0.74 0.7 0.67 0.63 0.6 0.57

회생채권

㈜○○○○○은행 (단위 : 천원)

구분	20○○년	20○○년	20○○년	20○○년	20○○년	20○○년	20○○년	20○○년	20○○년	20○○년	20○○년 5월까지	계	시인액	총채권액의 현가변제율	명목상 변제율
원금	949,683	1,698,812	1,911,163	1,911,163	1,981,947	1,981,947	2,123,514	2,123,514	1,981,947	1,981,947	884,798	19,530,434	30,399,325	47.87%	64.25%
현가환산	911,696	1,545,919	1,622,712	1,567,154	1,545,919	1,466,641	1,486,460	1,422,755	1,248,626	1,189,168	504,335	14,551,383			
개시전이자	124,550	222,797	250,646	250,646	259,929	259,929	278,496	278,496	259,929	259,929	116,040	2,561,388	3,986,827		
현가환산	119,568	202,745	218,062	205,530	202,745	192,348	194,974	186,592	163,756	155,958	66,143	1,908,393			
현가환산계	1,031,263	1,748,663	1,880,774	1,772,684	1,748,663	1,658,988	1,681,407	1,609,347	1,412,382	1,345,126	570,477	16,459,775	34,386,152		

㈜○○○○은행

구분	20○○년	20○○년	20○○년	20○○년	20○○년	20○○년	20○○년	20○○년	20○○년	20○○년	20○○년 5월까지	계	시인액	총채권액의 현가변제율	명목상 변제율
원금	9,488,704	16,973,582	19,095,280	19,095,280	19,802,513	19,802,513	21,216,978	21,216,978	19,802,513	19,802,513	8,840,407	195,137,259	303,733,184	47.87%	64.25%
현가환산	9,109,156	15,445,960	16,612,894	15,658,130	15,445,960	14,653,859	14,851,884	14,215,375	12,475,583	11,881,508	5,039,032	145,389,340			
개시전이자	460,031	822,913	925,777	925,777	960,065	960,065	1,028,641	1,028,641	960,065	960,065	428,600	9,460,641	14,725,586		
현가환산	441,630	748,851	805,426	759,137	748,851	710,448	720,049	689,190	604,841	576,039	244,302	7,048,763			
현가환산계	9,550,786	16,194,811	17,418,20	16,417,267	16,194,811	15,364,307	15,571,933	14,904,565	13,080,424	12,457,547	5,283,334	152,438,103	318,458,770		

㈜○○은행

구분	20○○년	20○○년	20○○년	20○○년	20○○년	20○○년	20○○년	20○○년	20○○년	20○○년	20○○년 5월까지	계	시인액	총채권액의 현가변제율	명목상 변제율
원금	3,124,026	5,588,320	6,286,860	6,286,860	6,519,707	6,519,707	6,985,400	6,985,400	6,519,707	6,519,707	2,910,583	64,246,276	100,000,000		
현가환산	2,999,065	5,085,371	5,469,568	5,155,225	5,085,371	4,824,583	4,889,780	4,680,218	4,107,415	3,911,824	1,659,032	47,867,453			
개시전이자	361,232	646,180	726,952	726,952	753,876	753,876	807,725	807,725	753,876	753,876	336,552	7,428,823	11,563,040	47.87%	64.25%
현가환산	346,783	588,024	632,448	596,101	588,024	557,868	565,407	541,175	474,942	452,326	191,835	5,534,933			
현가환산계	3,345,848	5,673,395	6,102,017	5,751,326	5,673,395	5,382,451	5,455,187	5,221,3963	4,582,357	4,364,150	1,850,867	53,402,386	111,563,040		

○○카드㈜

구분	20○○년	20○○년	20○○년	20○○년	20○○년	20○○년	20○○년	20○○년	20○○년	20○○년	20○○년 5월까지	계	시인액	총채권액의 현가변제율	명목상 변제율
원금	628,650	1,124,542	1,265,110	1,265,110	1,311,966	1,311,966	1,405,678	1,405,678	1,311,966	1,311,966	585,699	12,928,329	20,123,080		
현가환산	603,504	1,023,333	1,100,646	1,037,390	1,023,333	970,855	983,974	941,804	826,538	787,179	333,848	9,632,406			
개시전이자	42,114	75,334	84,751	84,751	87,890	87,890	94,168	94,168	87,890	87,890	39,236	866,080	1,348,062	47.87%	64.25%
현가환산	40,429	68,554	73,733	69,496	68,554	65,038	65,917	63,092	55,371	52,734	22,365	645,283			
현가환산계	643,934	1,091,887	1,174,379	1,106,886	1,091,887	1,035,893	1,049,8952	1,004,896	881,909	839,913	356,213	10,277,689	21,471,142		

○○파이낸셜㈜

구분	20○○년	20○○년	20○○년	20○○년	20○○년	20○○년	20○○년	20○○년	20○○년	20○○년	20○○년 5월까지	계	시인액	총채권액의 현가변제율	명목상 변제율
원금	849,734	1,520,021	1,710,024	1,710,024	1,773,358	1,773,358	1,900,027	1,900,027	1,773,358	1,773,358	791,678	17,474,968	27,199,970		
현가환산	815,745	1,383,219	1,487,721	1,402,220	1,383,219	1,312,285	1,330,019	1,273,018	1,117,216	1,064,015	451,256	13,019,933			
개시전이자	71,276	127,500	143,437	143,437	148,750	148,750	159,374	159,374	148,750	148,750	66,406	1,465,803	2,281,537	47.87%	64.25%
현가환산	68,425	116,025	124,790	117,618	116,025	110,075	111,562	106,781	93,712	89,250	37,851	1,092,114			
현가환산계	884,170	1,499,244	1,612,511	1,519,838	1,499,244	1,422,360	1,441,581	1,379,799	1,210,928	1,153,265	489,108	14,112,047	29,481,507		

[별표 4] 변제율과 배당률 비교표

변제율과 배당률 비교표

채무자 : ○○○

구분		시인된 채권액			변제대상금액				변제율			청산시 배당률
		원금(A)	개시전 이자	계(B)	원금(C)	개시전 이자	계	명목원금 변제율 (C/A)	변제대상액 현가액(D)	현가원금 변제율 (D/A)	총채권액의 변제율 (D/B)	
회생채권	㈜○○○○은행	303,733,184	14,725,586	318,458,770	195,137,259	9,460,641	204,597,900	64.25%	152,438,103	50.19%	47.87%	0.00%
	㈜○○은행	110,000,000	11,563,040	111,563,040	64,46,276	7,428,823	71,675,098	64.25%	53,402,386	53.40%	47.87%	0.00%
	㈜○○○○○ 은행	30,399,325	3,986,827	34,386,152	19,530,434	2,561,388	22,091,822	64.25%	16,459,775	54.15%	47.87%	0.00%
	○○카드㈜	20,123,080	1,348,062	21,471,142	12,928,329	866,080	13,794,409	64.25%	10,277,689	51.07%	47.87%	0.00%
	○○파이낸셜㈜	27,199,970	2,281,537	29,481,507	17,474,968	1,465,803	18,940,770	64.25%	14,112,047	51.88%	47.87%	0.00%
	소계	481,455,559	33,905,052	515,360,611	309,317,267	21,782,733	331,100,000	64.25%	246,690,000	51.24%	47.87%	0.00%
합계		481,455,559	33,905,052	515,360,611	309,317,267	21,782,733	331,100,000	64.25%	246,690,000	51.24%	47.87%	0.00%

비고

청산시배당률

구분	채권액	청산시배당금	배당률
		1차배당	
1. 회사 청산가치		6,930	0.00%
2. 회생채권 배당	515,360,611	6,930	0.00%
㈜○○○○은행	318,458,770	4,282	0.00%
㈜○○은행	111,563,040	1,500	0.00%
㈜○○○○○은행	34,386,152	462	0.00%
○○카드㈜	21,471,142	289	0.00%
○○파이낸셜㈜	29,481,507	396	0.00%
3. 회생채권 차감후 잔액	-		

주) 1. 현가율 5%

2. 변제대상액 현가액 : 변제대상액 (원금 + 개시 전 이자) × 현가율

[서식 12] 회생계획안 요약 제출(공문)

○ ○ ○

주소 : 000-000. 수원시 ○○구 ○○동 ○○○. 전화 000-0000-0000, 팩스 000-0000-0000

문서번호 : ○○○ 회생 제20○○-○○○○호
사　　건 : 20○○회단○ 회생
수　　신 : ○○지방법원 신청○○단독
참　　조 : ○○○ 판사님
제　　목 : 회생계획안 요약 제출

---

1. 귀원의 사건번호 20○○회단○호 회생 관련입니다.(회생개시결정일 20○○. ○. ○.)

2. 위 사건에 관하여 관리인은 별첨과 같이 회생계획안 요약을 제출합니다.

20○○. ○. ○.

관 리 인 ○ ○ ○

[서식 13] 회생계획안 요약

수원지방법원 파산○○단독
20○○회단○ 회생

회 생 계 획 안 (요 약)

20○○. ○. ○.

채무자 겸 관리인 ○○○

Ⅰ. 회생계획안제출에 이르기까지의 경과와 현황

1. 채무자에 대한 일반사항

가. 일반사항

채무자는 ○○대학교 의과대학을 19○○년에 졸업하였으며, 19○○년 수원시 ○○동에서 소아과 개업의사로 의료업을 하였으며 현재 성남시 ○○읍 ○○○-○ 소재 ○○○○병원에서 관리의사로 근무 중에 있습니다.

채무자가 제시한 일반사항은 다음과 같습니다.

- 주소지 : 수원시 ○○구 ○○동 ○○○-○○○
- 주민등록번호 : 000000-0000000
- 현재의 직업(직장) : ○○○○병원 관리의사
- 월평균수입 : 약 4,200,000원
- 생계가족 : 2인(아들, 딸)

나. 채무자의 이력사항

채무자가 제시한 주요 이력을 요약하면 다음과 같습니다.

19○○년	2월	○○대학교 의과대학 졸업
19○○년	2월	수원 ○○○○병원 소아과 레지던트 수료
19○○년	4월	수원 ○○○○병원 소아과 과장
19○○년	4월	수원 ○○○소아과의원 개업
20○○년	3월	수원 ○○○소아과의원 폐업
20○○년	8월	성남 ○○○○의원 개업
20○○년	8월	성남 ○○○○의원 폐업
20○○년	9월	성남 ○○○○병원 소아과의원내 소아과 관리의사

다. 가족관계

채무자가 제시한 가족관계는 다음과 같습니다.

성명	관계	연령	동거여부	직업	월수입	재산	부양유무
○○○	딸	27	별거	학생	무	무	부양
○○○	아들	21	별거	학생	무	무	부양

라. 생활상황

채무자의 현재 수입은 다음과 같습니다.

(단위 : 원)

구 분	월급여액	연환산	압류, 가압류등 유무
수입목록			
급여(세후)	4,200,000	50,400,000	무

마. 채무자의 직장

- 성남시 ○○읍 ○○○-○ 소재 ○○ ○○병원은 20○○년도 설립한 개인병원으로써 현재 Bed 50EA, 원장 및 관리의사 2명으로 구성되어 있습니다.

2. **회생절차의 개시에 이르게 된 사정**

채무자는 19○○년 자기자본과 차입금 1억원 정도로 개업을 했습니다. 개업 후 일정기간 동안 안정적인 수입으로 부채를 상환한 후 약간의 자금이 모여 부동산 투자를 하였으나 실패를 하였습니다.

부동산 투자 실패로 자금사정이 호전되지는 않았지만 채무자는 19○○년까지 병원수입으로 생활비와 자녀들의 유학비를 충당하기에 부족하지는 않았습니다. 하지만 그 후로 소아과 환자의 감소로 병원 채산성이 악화됨에 따라 부족한 생활비 및 자녀 유학비를 은행차입금을 통하여 채워 나갔습니다.

20○○년부터는 소아과 환자가 급감하여 생활은 더욱 어려워지고, 20○○년 은행을 통하여 추가로 차입을 하여 유학비 및 이자 등을 내는데 사용하게 되었습니다.

그러나, 계속되는 환자수의 감소로 병원의 정상적 운영이 불가능해짐에 따라 채무자는 20○○년 ○월 ○일 ○○시에서 의료업 폐업을 하였습니다. 채무자는 그 이후 다시 재기할 목적으로 20○○년 ○월 ○일 성남에서 개업을 하였으나 저조한 수입은 병원 운영비 지출 및 차입금 이자를 충당하기에 턱없이 부족함에 따라 더 이상 정상적으로 채무를 상환할 수 없는 실정이 되어 회생절차 개시신청을 하게 되었습니다.

제2절 회생절차 개시신청 후의 경과

1. 회생절차 개시 신청 후 개시결정에 이르기까지의 경과

채무자는 20○○. 09. 20. ○○지방법원에 회생절차개시결정 및 중지명령을 신청하여 20○○. 09. 26. 중지명령결정을, 20○○. 10. 17. 회생절차개시결정을 받았으며, 채무자 겸 관리인으로 선임되어 채무자의 재산 및 업무의 관리와 운영을 계속하여 왔습니다.

2. 회생절차 개시 후의 경과

회생절차개시결정 후의 주요 경과사항은 다음과 같습니다.

- 20○○. 12. 15 : 회생절차 개시결정 및 관리인 선임
- 20○○. 12. 28 : 회생채권자 및 회생담보권자의 목록제출
- 20○○. 12. 29 ~ 20○○. 1. 18. : 회생채권, 회생담보권의 신고
- 20○○.2.9 : 관리인의 시·부인표 제출
- 20○○.3. 19. 16:30 : 관리인 보고를 위한 관계인집회 개최
- 20○○.4. 27 : 회생계획안 법원 제출

3. 회생절차 개시 신청 후의 개선노력

채무자는 회생절차개시결정 후 계속적인 소득창출을 위한 급여소득자로서의 업무뿐만 아니라 관리인으로서의 업무에 충실하면서 생계비를 아껴서 월 변제액을 높이도록 최선을 다하고 있습니다.

제2장 회생계획안의 요지

제1절 회생계획안 입안의 기초

본 회생계획안은 채무자 회생 및 파산에 관한 법률에 따라 채권자 등 이해관계인들간에 공정성과 형평성을 기하면서 채무자의 회생이 가능하도록 작성하였습니다.

20○○. 2. 16. 조사기준일 현재 채무자의 재무상태는 총자산 6,930원, 총부채 515,360,611원으로 부채가 약 515,353,681원 많습니다.

채무자의 재정적 파탄의 원인은 채무자의 부동산 투자 실패 및 소아과 환자 급감으로 인한 생활비 및 자녀 교육비, 대출 이자 등을 은행을 통하여 추가 차입으로 충당하면서 채무를 감당할 수 없는 상황에 처하였기 때문입니다.

채무자의 재정상태는 비록 파탄에 이르렀으나, 채무자의 전문적인 지식을 이용하여 현재의 소득을 유지하면 본 회생계획안을 성실히 수행할 수 있을 것으로 확신하고 있습니다.

2. 회생채권의 권리변경과 변제방법

가. 변제대상 채권액의 내역

시인된 회생채권의 내역은 다음과 같습니다.

(단위 : 원)

구분	신고번호	목록번호	채 권 자	시인한 채권액			변동액	변제대상 채권액
				원 금	개시 전 이자	계		
금융기관	1	1	(주)○○○○○은행	30,399,325	3,986,827	34,386,152	0	34,386,152
	2	2	(주)○○○○은행	303,733,184	14,725,586	318,458,770	0	318,458,770
	3	3	(주)○○은행	100,000,000	11,563,040	111,563,040	0	111,563,040
		4	○○카드(주)	20,123,080	1,348,062	21,471,142	0	21,471,142
		5	○○파이낸셜(주)	27,199,970	2,281,537	29,481,507	0	29,481,507
	소 계			481,455,559	33,905,052	515,360,611	0	515,360,611
합 계				481,455,559	33,905,052	515,360,611	0	515,360,611

나. 권리의 변경 및 변제방법

(1) 원금 및 개시 전 이자

① 원금 및 개시 전 이자의 64.24%를 변제하되, 변제대상 금원의 4.86%를 20○○년(준비년도)에 변제하고, 변제대상 금원의 8.70%를 20○○년(제1차년도)에 변제하며, 변제대상 금원의 19.57%를 20○○년(제2차년도)부터 20○○년(제3차년도)까지 2년간 변제하고, 변제대상 금원의 20.30%를 20○○년(제4차년도)부터 20○○년(제5차년도)까지 2년간 변제하며, 변제대상 금원의 21.74%를 20○○년(제6차년도)부터 20○○년(제7차년도)까지 2년간 변제하고, 변제대상 금원의 20.30%를 20○○년(제8차년도)부터 20○○년(제9차년도)까지 2년간 변제하며, 변제대상 금원의 4.53%를 20○○년(제10차년도)에 변제하는 것으로 하였습니다.

② 채권자별로 위 ①에 의한 채권의 변제가 완료되는 다음날에 원금 및 개시 전 이자의 35.76%를 각 면제하는 것으로 하였습니다.

(2) 개시 후 이자

개시 후 이자는 모두 면제합니다.

3. 권리변경 후 채무자가 변제할 회생채권

권리변경 후 채무자가 변제할 회생채권 채무의 변동 내역은 다음과 같습니다.

(단위 : 원)

구분	채 권 자	변제대상 채권액	권리변경(면제)		변제할 채권액		
			원 금	개시전이자	원 금	개시전이자	합 계
금융기관	(주)○○○○○은행	34,386,152	10,868,891	1,425,439	19,530,434	2,561,388	22,091,822
	(주)○○○○은행	318,458,770	108,595,925	5,264,945	195,137,259	9,460,641	204,597,900
	(주)○○은행	111,563,040	35,753,724	4,134,217	64,246,276	7,428,823	71,675,099
	○○카드(주)	21,471,142	7,194,751	481,982	12,928,329	866,080	13,794,409
	○○파이낸셜(주)	29,481,507	9,725,002	815,734	17,474,968	1,465,803	18,940,770
	소 계	515,360,611	172,138,293	12,122,317	309,317,267	21,782,733	331,100,000
합 계		515,360,611	172,138,293	12,122,317	309,317,267	21,782,733	331,100,000

4. 세부적인 권리변경 내역

권리변경 후 원금 및 이자의 변제계획은 〈별표 2〉과 같습니다.

제4절 결 언

본 회생계획안은 채권자의 이익을 최대한 보호하고, 채무자의 회생을 조기에 달성하는 균형점을 찾아 채권자들에게 공정하고 형평에 맞는 회생계획을 수립하고자 노력하였습니다.

채무자가 회생채권 및 회생담보권에 대한 일부 권리변경 및 변제기간을 유예할 수밖에 없었던 점에 대하여 송구스럽게 생각하고 있습니다.

본 회생계획의 원만한 수행을 위해서는 채권자 여러분들의 희생과 인내를 전제로 하고 있다는 사실을 깊이 인식하고 회생계획안 인가를 계기로 채무자는 새로운 결의로써 회생계획의 수행에 최대한 노력을 기울이고자 합니다.

끝으로 본 회생계획안을 채권자 여러분에게 제시하게 됨은 그 동안 채권자 여러분을 비롯한 이해관계인 및 법원, 그리고 조사위원 등의 지도 편달에 의해 성안되었음을 깊이 감사드리는 바입니다.

앞으로도 이해관계인 여러분의 끊임없는 지도편달과 협조를 부탁드립니다.

[별표 1] 자금수지계획표

자금수지계획표

채무자 : ○○○ (단위 : 원)

구분		준비년도	1차연도	2차연도	3차연도	4차연도	5차연도	6차연도	7차연도	8차연도	9차연도	10차연도	총계	채권액	변제율
		20○○.05~20○○.12.	20○○	20○○	20○○	20○○	20○○	20○○	20○○	20○○	20○○	20○○.05.까지			
원천	전기이월자금		352,758	338,379	393,994	1,131,795	1,361,370	901,358	983,410	428,769	1,612,768	2,109,658			
	총소득(세후급여)	29,400,000	51,660,000	52,951,500	54,275,288	55,632,170	55,632,170	55,632,170	55,632,170	55,632,170	55,632,170	23,180,071	545,259,789		
	증가율	-	0	2.5%	2.5%	2.5%	0.0%	0.0%	0.0%	0.0%	0.0%				
	(-)기초생계비	12,947,242	22,874,379	20,495,885	21,137,487	21,802,595	22,492,182	19,550,118	20,186,811	20,848,171	21,535,280	9,270,528	213,140,678		
	가용소득	16,452,758	29,138,379	32,793,994	33,531,795	34,961,370	34,501,358	36,983,410	36,428,769	35,212,768	35,709,658	16,019,201	341,733,460		
상환	회생채권(금융기관 : 원금)	15,040,797	26,905,277	30,268,437	30,268,437	31,389,490	31,389,490	33,631,597	33,631,597	31,389,490	31,389,490	14,013,165	309,317,267	481,455,559	64%
	회생채권(개시 전 이자)	1,059,203	1,894,723	2,131,563	2,131,563	2,210,510	2,210,510	2,368,403	2,368,403	2,210,510	2,210,510	986,835	21,782,733	33,905,052	64%
	합계	16,100,000	28,800,000	32,400,000	32,400,000	33,600,000	33,600,000	33,600,000	33,600,000	33,600,000	33,600,000	15,000,000	311,100,000	515,360,611	64%
이월자금(당기)		352,758	338,379	393,994	1,131,795	1,361,370	901,358	983,410	428,769	1,612,768	2,109,658	1,019,201			
미상환채권잔액		499,260,611	470,460,611	438,060,611	405,660,611	372,060,611	338,460,611	302,460,611	266,460,611	232,860,611	199,260,611	184,260,611			

* 가용소득은 조사위원의 조사보고서상의 자료를 기초로 하였습니다.
* 회생채권 중 개시 후 이자는 면제하는 것으로 하였습니다.

[별표 2] 회생채권 채무의 변제계획 총괄표

회생채권 채무의 변제계획 총괄표

채무자 : ○○○

(단위 : 원)

접수번호	채권자	구분	시인한 회생채권	변제대상금액	준비년도	1차연도	2차연도	3차연도	4차연도	5차연도	6차연도	7차연도	8차연도	9차연도	10차연도
					20○○.05. 부터	20○○	20○○	20○○	20○○	20○○	20○○	20○○	20○○	20○○	20○○.05. 까지
1	㈜○○○○○ 은행	원금	30,399,325	19,530,434	949,683	1,698,812	1,911,163	1,911,163	1,981,947	1,981,947	2,123,514	2,123,514	1,981,947	1,981,947	884,798
		개시전이자	3,986,827	2,561,388	124,550	222,796,65	250,646	250,646	259,929	259,929	278,496	278,496	259,929	259,929	116,040
		개시후이자	0	0	0	0	0	0	0	0	0	0	0	0	0
		소 계	34,386,152	22,091,822	1,074,232	1,921,608	2,161,809	2,161,809	2,241,876	2,241,786	2,402,010	2,402,010	2,241,876	2,241,876	1,000,838
		변제후잔액		22,091,822	21,017,590	19,095,982	16,934,172	14,772,363	12,530,487	10,288,611	7,886,600	5,484,590	3,242,714	1,000,838	2,241,876
2	㈜○○○○ 은행	원금	303,733,184	1958,137,259	9,488,704	16,973,582	19,095,280	19,095,280	19,802,513	19,802,513	21,216,978	21,216,978	19,802,513	19,802,513	8,840,407
		개시전이자	14,725,586	9,460,641	460,031	822,912,86	925,777	925,777	960,065	960,065	1,028,641	1,028,641	860,065	960,065	428,600
		개시후이자	0	0	0	0	0	0	0	0	0	0	0	0	0
		소 계	318,458,770	204,597,900	9,948,735	17,796,495	20,021,057	20,021,057	20,762,578	20,762,578	22,245,619	22,245,619	20,762,578	20,762,578	9,269,008
		변제후잔액		204,597,900	194,649,165	176,852,670	156,831,613	136,810,556	116,047,978	95,285,401	73,039,782	50,794,163	30,031,585	9,269,008	20,762,578
3	㈜○○은행	원금	100,000,000	64,246,276	3,124,026	5,588,320	6,286,860	6,286,860	6,519,707	6,519,707	6,985,400	6,985,400	6,519,707	6,519,707	2,910,583
		개시전이자	11,563,040	7,428,823	361,232	646,179,67	726,952	726,952	753,876	753,876	807,725	807,725	753,876	753,876	336,552
		개시후이자	0	0	0	0	0	0	0	0	0	0	0	0	0
		소 계	111,563,040	71,675,099	3,485,258	6,234,500	7,013,812	7,013,812	7,273,583	7,273,583	7,793,125	7,793,125	7,273,583	7,273,583	3,247,135
		변제후잔액		71,675,099	68,189,841	61,955,341	54,941,529	47,927,717	40,654,134	33,380,551	25,587,426	17,794,302	10,520,179	3,247,136	7,273,583
4	○○카드㈜	원금	20,123,080	12,928,329	628,650	1,124,542	1,265,110	1,265,110	1,311,966	1,311,966	1,405,678	1,405,678	1,311,966	1,311,966	585,699
		개시전이자	1,348,062	866,080	42,114	75,334,02	84,751	84,751	87,890	87,890	94,168	94,168	87,890	87,890	39,236
		개시후이자	0	0	0	0	0	0	0	0	0	0	0	0	0
		소 계	21,471,142	13,794,409	670,764	1,199,876	1,349,861	1,349,861	1,399,855	1,399,855	1,499,845	1,499,845	1,399,855	1,399,855	624,935
		변제후잔액		13,794,409	13,123,645	11,923,769	10,573,908	9,224,048	7,824,192	6,424,337	4,924,492	3,424,646	2,024,791	624,935	1,399,855

5	○○파이낸셜㈜	원금	27,199,970	17,474,968	849,734	1,520,021	1,710,024	1,710,024	1,773,358	1,773,358	1,900,027	1,900,027	1,773,358	1,773,358	791,678
		개시전이자	2,281,537	1,465,803	71,276	127,499,59	143,437	143,437	148,750	148,750	159,374	159,374,49	148,750	148,750	66,406
		개시후이자	0	0	0	0	0	0	0	0	0	0	0	0	0
		소 계	29,481,507	18,940,770	921,010	1,647,521	1,853,461	1,853,461	1,922,108	1,922,108	2,059,401	2,059,401	1,922,108	1,922,108	858,084
		변제후잔액		18,940,770	18,019,760	16,372,239	14,518,778	12,665,317	10,743,210	8,821,102	6,761,701	4,702,299	2,780,192	858,084	1,922,108
합 계		원금	481,455,559	309,317,267	15,040,797	26,905,277	30,268,437	30,268,437	31,389,490	31,389,490	33,631,597	33,631,597	31,389,490	31,389,490	14,013,165
		개시전이자	33,905,052	21,782,733	1,059,203	1,894,723	2,131,563	2,131,563	2,210,510	2,210,510	2,368,403	2,368,403	2,210,510	2,210,510	986,835
		개시후이자	0	0	0	0	0	0	0	0	0	0	0	0	0
		소 계	515,360,611	331,100,000	16,100,000	28,800,000	32,400,000	32,400,000	33,600,000	33,600,000	36,000,000	36,000,000	33,600,000	33,600,000	15,000,000
		변제후잔액		331,100,000	315,000,000	286,200,000	253,800,000	221,400,000	187,800,000	154,200,000	118,200,000	118,200,000	48,600,000	15,000,000	-

적용금리(개시후이자) 0.00%

[별표 3] 채권자별 현가율 계산명세서

채권자별 현가율 계산명세서

현가계수 0.96 0.91 0.87 0.82 0.78 0.74 0.7 0.67 0.63 0.6 0.57

회생채권

㈜○○○○○은행 (단위 : 천원)

구분	20○○년	20○○년	20○○년	20○○년	20○○년	20○○년	20○○년	20○○년	20○○년	20○○년	20○○년 5월까지	계	시인액	총채권액의 현가변제율	명목상 변제율
원금	949,683	1,698,812	1,911,163	1,911,163	1,981,947	1,981,947	2,123,514	2,123,514	1,981,947	1,981,947	884,798	19,530,434	30,399,325	47.87%	64.25%
현가환산	911,696	1,545,919	1,622,712	1,567,154	1,545,919	1,466,641	1,486,460	1,422,755	1,248,626	1,189,168	504,335	14,551,383			
개시전이자	124,550	222,797	250,646	250,646	259,929	259,929	278,496	278,496	259,929	259,929	116,040	2,561,388	3,986,827		
현가환산	119,568	202,745	218,062	205,530	202,745	192,348	194,974	186,592	163,756	155,958	66,143	1,908,393			
현가환산계	1,031,263	1,748,663	1,880,774	1,772,684	1,748,663	1,658,988	1,681,407	1,609,347	1,412,382	1,345,126	570,477	16,459,775	34,386,152		

㈜○○○○은행

구분	20○○년	20○○년	20○○년	20○○년	20○○년	20○○년	20○○년	20○○년	20○○년	20○○년	20○○년 5월까지	계	시인액	총채권액의 현가변제율	명목상 변제율
원금	9,488,704	16,973,582	19,095,280	19,095,280	19,802,513	19,802,513	21,216,978	21,216,978	19,802,513	19,802,513	8,840,407	195,137,259	303,733,184	47.87%	64.25%
현가환산	9,109,156	15,445,960	16,612,894	15,658,130	15,445,960	14,653,859	14,851,884	14,215,375	12,475,583	11,881,508	5,039,032	145,389,340			
개시전이자	460,031	822,913	925,777	925,777	960,065	960,065	1,028,641	1,028,641	960,065	960,065	428,600	9,460,641	14,725,586		
현가환산	441,630	748,851	805,426	759,137	748,851	710,448	720,049	689,190	604,841	576,039	244,302	7,048,763			
현가환산계	9,550,786	16,194,811	17,418,20	16,417,267	16,194,811	15,364,307	15,571,933	14,904,565	13,080,424	12,457,547	5,283,334	152,438,103	318,458,770		

㈜○○은행

구분	20○○년	20○○년	20○○년	20○○년	20○○년	20○○년	20○○년	20○○년	20○○년	20○○년	20○○년 5월까지	계	시인액	총채권액의 현가변제율	명목상 변제율
원금	3,124,026	5,588,320	6,286,860	6,286,860	6,519,707	6,519,707	6,985,400	6,985,400	6,519,707	6,519,707	2,910,583	64,246,276	100,000,000	47.87%	64.25%
현가환산	2,999,065	5,085,371	5,469,568	5,155,225	5,085,371	4,824,583	4,889,780	4,680,218	4,107,415	3,911,824	1,659,032	47,867,453			
개시전이자	361,232	646,180	726,952	726,952	753,876	753,876	807,725	807,725	753,876	753,876	336,552	7,428,823	11,563,040		
현가환산	346,783	588,024	632,448	596,101	588,024	557,868	565,407	541,175	474,942	452,326	191,835	5,534,933			
현가환산계	3,345,848	5,673,395	6,102,017	5,751,326	5,673,395	5,382,451	5,455,187	5,221,3963	4,582,357	4,364,150	1,850,867	53,402,386	111,563,040		

○○카드㈜

구분	20○○년	20○○년	20○○년	20○○년	20○○년	20○○년	20○○년	20○○년	20○○년	20○○년	20○○년 5월까지	계	시인액	총채권액의 현가변제율	명목상 변제율
원금	628,650	1,124,542	1,265,110	1,265,110	1,311,966	1,311,966	1,405,678	1,405,678	1,311,966	1,311,966	585,699	12,928,329	20,123,080	47.87%	64.25%
현가환산	603,504	1,023,333	1,100,646	1,037,390	1,023,333	970,855	983,974	941,804	826,538	787,179	333,848	9,632,406			
개시전이자	42,114	75,334	84,751	84,751	87,890	87,890	94,168	94,168	87,890	87,890	39,236	866,080	1,348,062		
현가환산	40,429	68,554	73,733	69,496	68,554	65,038	65,917	63,092	55,371	52,734	22,365	645,283			
현가환산계	643,934	1,091,887	1,174,379	1,106,886	1,091,887	1,035,893	1,049,8952	1,004,896	881,909	839,913	356,213	10,277,689	21,471,142		

○○파이낸셜㈜

구분	20○○년	20○○년	20○○년	20○○년	20○○년	20○○년	20○○년	20○○년	20○○년	20○○년	20○○년 5월까지	계	시인액	총채권액의 현가변제율	명목상 변제율
원금	849,734	1,520,021	1,710,024	1,710,024	1,773,358	1,773,358	1,900,027	1,900,027	1,773,358	1,773,358	791,678	17,474,968	27,199,970	47.87%	64.25%
현가환산	815,745	1,383,219	1,487,721	1,402,220	1,383,219	1,312,285	1,330,019	1,273,018	1,117,216	1,064,015	451,256	13,019,933			
개시전이자	71,276	127,500	143,437	143,437	148,750	148,750	159,374	159,374	148,750	148,750	66,406	1,465,803	2,281,537		
현가환산	68,425	116,025	124,790	117,618	116,025	110,075	111,562	106,781	93,712	89,250	37,851	1,092,114			
현가환산계	884,170	1,499,244	1,612,511	1,519,838	1,499,244	1,422,360	1,441,581	1,379,799	1,210,928	1,153,265	489,108	14,112,047	29,481,507		

[별표 4] 변제율과 배당률 비교표

변제율과 배당률 비교표

채무자 : ○○○

구분		시인된 채권액			변제대상금액			명목원금 변제율 (C/A)	변제율			청산시 배당률
		원금(A)	개시전 이자	계(B)	원금(C)	개시전 이자	계		변제대상액 현가액(D)	현가원금 변제율 (D/A)	총채권액의 변제율 (D/B)	
회생채권	㈜○○○○은행	303,733,184	14,725,586	318,458,770	195,137,259	9,460,641	204,597,900	64.25%	152,438,103	50.19%	47.87%	0.00%
	㈜○○은행	110,000,000	11,563,040	111,563,040	64,46,276	7,428,823	71,675,098	64.25%	53,402,386	53.40%	47.87%	0.00%
	㈜○○○○○ 은행	30,399,325	3,986,827	34,386,152	19,530,434	2,561,388	22,091,822	64.25%	16,459,775	54.15%	47.87%	0.00%
	○○카드㈜	20,123,080	1,348,062	21,471,142	12,928,329	866,080	13,794,409	64.25%	10,277,689	51.07%	47.87%	0.00%
	○○파이낸셜㈜	27,199,970	2,281,537	29,481,507	17,474,968	1,465,803	18,940,770	64.25%	14,112,047	51.88%	47.87%	0.00%
	소계	481,455,559	33,905,052	515,360,611	309,317,267	21,782,733	331,100,000	64.25%	246,690,000	51.24%	47.87%	0.00%
합계		481,455,559	33,905,052	515,360,611	309,317,267	21,782,733	331,100,000	64.25%	246,690,000	51.24%	47.87%	0.00%

비고

청산시배당률

구분	채권액	청산시배당금	배당률
		1차배당	
1. 회사 청산가치		6,930	0.00%
2. 회생채권 배당	515,360,611	6,930	0.00%
㈜○○○○은행	318,458,770	4,282	0.00%
㈜○○은행	111,563,040	1,500	0.00%
㈜○○○○○은행	34,386,152	462	0.00%
○○카드㈜	21,471,142	289	0.00%
○○파이낸셜㈜	29,481,507	396	0.00%
3. 회생채권 차감후 잔액		-	

주) 1. 현가율 5%

2. 변제대상액 현가액 : 변제대상액 (원금 + 개시 전 이자) × 현가율

제2장 일반회생절차 개시신청서 작성사례

[사례 1] 일반회생 – 개인사업자, 무리한 사업확장

일반회생신청서 일람표

회생절차개시신청서	회생계획안
• 회생절차개시명령신청서(표지) • 회생절차개시명령신청서(본문) • 보전처분신청서(표지) • 포괄적금지명령신청서 • 회생절차개시결정 통지 • 회생채권·회생담보권 신고 및 이의절차 안내서 • 회생채권 등의 신고서 • 회생채권·회생담보권 신고 안내서 • 회생절차개시결정 후 원재료 구매 및 대금 지급허가신청서 • 제1회 관계인집회 관리인보고서	

[서식 1] 일반회생절차 개시신청서(표지)

회생절차 개시신청서

사 건 번 호	
배당순위번호	
재 판 부	제부(단독)

신청인 ○ ○ ○

제 출 자	: ○○○
관 계	: 사 무 원
(○○○법무법인 변호사 ○○○)	
주 민 등 록 번 호	:
전 화 번 호	: 02-○○○-○○○
팩 스 번 호	: 02-○○○-○○○
제출자의 신분확인	:

○○지방법원 귀중

[서식 2] 일반회생절차 개시신청서

회생절차개시명령신청서

신청인 겸 채무자 ○ ○ ○
강원도 ○○군 ○○면 ○○○ ○○○길○○
연락처 : 000-0000-0000

신청대리인 법률사무소 ○○○○ 담당변호사 ○○○
○○시 ○○구 ○○동 ○○○○-○○○빌딩 ○층
연락처 : 000) 000-0000
팩 스 : 000) 000-0000
이메일 : kkkkkk@naver.com

신 청 취 지

채무자에 대하여 회생절차를 개시한다.
라는 결정을 바랍니다.

신 청 이 유

Ⅰ. 채무자 및 사업체의 개요

1. 채무자 및 사업체의 개요

- 이 름 : ○○○
- 주민등록번호 : 000000-0000000
- 등록기준지 : 강원도 ○○군 ○○읍 ○○리 ○○○번지
- 현 주 소 : 강원도 ○○군 ○○면 ○○○ ○○○길○○

채무자(신청인, 이하 '채무자'라 합니다)는 19○○년 ○○유지공업사를 설립하고 ○○○(쌀겨에서 추출한 기름)를 생산한 경험을 바탕으로 19○○년 ○○농공단지 내에 소재한 현재의 사업장에서 '○○유지(구.○○유지. 20○○년 상호 변경)'

라는 상호로 사업을 영위하고 있으며, 동, 식물성 유지 및 식용유 등의 생산 및 제조 등을 주업으로 하고 있습니다(소갑 제1호증 주민등록표등본, 소갑 제2호증 기본증명서, 소갑 제4호증 사업자등록증 참조).

가. 채무자 경력 및 대외활동 내역

채무자 및 채무자 사업체의 주요 연혁 및 상훈 내역은 아래와 같습니다(소갑 제5호증 이력서 및 제6호증 연혁표 참조).

〔학력 및 경력 사항〕

년	월	학력 및 경력 사항
19○○	3	○○초등학교 졸업
19○○	1	곡물 도매상 경영(19○○~19○○년)
19○○	7	○○유지공업사 창설하여 ○○○ 생산
19○○	7	대지 ○○○평, 건물 ○○○평으로 확장
19○○	8	○○유지 설립(○○유지를 농공단지로 이전), ○○유 생산
19○○	8	○○유지로 상호 변경
19○○	5	옥수수배아 원유 생산개시
19○○	10	○○원유 정제시설 신축
19○○	12	폐수정화처리장 신축
19○○	9	건물 ○○○평으로 확장
19○○	10	국소배기장치 시설 완료
20○○	12	CLEAN사업장 인정서 발급(노동부)
20○○	9	옥수수식용유 탈취시설로 생산개시(1일 20톤)
20○○	9	상호 ○○유지 개사

〔상훈 및 대외활동 내역〕

년	월	상훈 및 대외활동 내역
19○○	4	제○회 노동사업 강조기간 우수사업체 표창
19○○	5	모범중소기사업체 표창장
19○○	1	우수납세자 표창
19○○	3	○○기업유공인사 무궁화장 수상
19○○	10	경찰행정 발전기여 감사패
19○○	4	○○세무서 1일 서장
19○○	1	○○군 체육회 재정이사

19○○	10	경찰지원 감사패
20○○	5	○○군청 자문위원
20○○	1	○○지방법원 조정위원
20○○	10	군민의장 산업부문 산업장
20○○	2	○○지방검찰청 범죄예방위원
20○○	1	성실납세로 국세청장 표창장
20○○	12	성실납세로 강원도지사 감사패

2. 가족관계

채무자의 배우자 ○○○(000000-0000000, 사망)과 19○○년 02월 02일 혼인하였고, 슬하에 딸 세명(○○○, ○○○, ○○○)과 아들 다섯(○○○, ○○○, ○○○, ○○○, ○○○)이 있습니다(소갑 제3호증 가족관계증명서 참조).

3. 채무자 사업체의 업무현황

가. 임직원 및 조직

채무자 업체는 총 12명의 임직원(대표 ○○○ 1명, 총무부장 ○○○외 사원 11명)으로 구성되어 있습니다. 위 ○○유지의 조직도 및 부서별 업무 내역(사원명부)은 아래와 같습니다(소갑 제7호증 조직도, 소갑 제8호증 사원명부 참조).

(1) 조 직 도

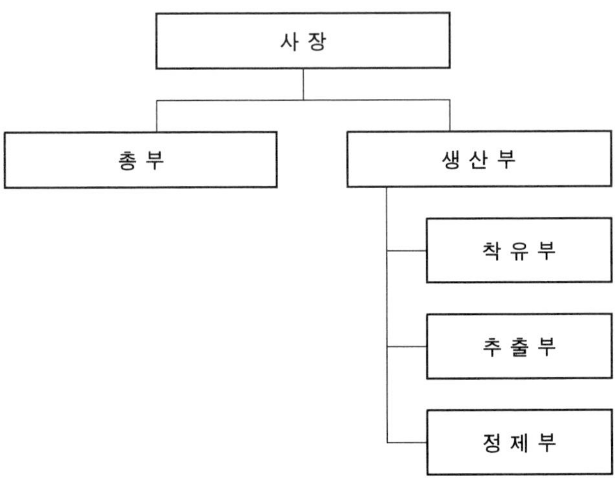

(2) 사원명부

(단위 : 원)

순번	성명	입사일	부서	직책	주 소	급여(월)
1	○○○	20○○.○.○	총무부	총무부장	강원도○○군○○면○○길○○	2,600,000
2	○○○	20○○.○.○	총무부	대리	강원도○○군○○면○○길○○	1,300,000
3	○○○	20○○.○.○	생산부	부장	강원도○○군○○면○○길○○	2,000,000
4	○○○	20○○.○.○	생산부	과장	강원도○○군○○면○○길○○	1,900,000
5	○○○	20○○.○.○	생산부	사원	강원도○○군○○면○○길○○	1,650,000
6	○○○	20○○.○.○	생산부	사원	강원도○○군○○면○○길○○	1,140,000
7	○○○	20○○.○.○	생산부	사원	강원도○○군○○면○○길○○	1,600,000
8	○○○	20○○.○.○	생산부	사원	강원도○○군○○면○○길○○	1,600,000
9	○○○	20○○.○.○	생산부	사원	강원도○○군○○면○○길○○	1,450,000
10	○○○	20○○.○.○	생산부	사원	강원도○○군○○면○○길○○	1,450,000
11	○○○	20○○.○.○	야간경비	사원	강원도○○군○○면○○길○○	800,000
12	○○○	20○○.○.○	화물운전	사원	강원도○○군○○면○○길○○	2,500,000
합 계						19,990,000

나. 사업현황 등

(1) 주요 영업 종목

채무자 사업체는 유지 생산 및 제조업을 주사업 목적으로 하고 있으며, 이 중 주된 영업종목은 동, 식물성 유지, 식용유의 제조 판매업입니다.

(2) 거 래 처

채무자 사업체의 주요 매입·매출 거래처는 아래와 같습니다(소갑 제9호증의 1. 매입거래처명부, 2. 매출거래처명부 참조).

(가) 매입 거래처

순번	거래처 명	대표자	주 소	전화번호
1	(주)○○제넥스	○○○	강원도○○군○○면○○길○○	000-000-0000
2	○○주식회사	○○○	강원도○○군○○면○○길○○	000-000-0000
3	(주)○○이앤씨	○○○	강원도○○군○○면○○길○○	000-000-0000

(나) 매출 거래처

순번	거래처 명	대표자	주 소	전화번호
1	ㅇ푸드	ㅇㅇㅇ	강원도 ㅇㅇ군 ㅇㅇ면 ㅇㅇ길ㅇㅇ	000-000-0000
2	(주)ㅇㅇㅇㅇ에프	ㅇㅇㅇ	강원도 ㅇㅇ군 ㅇㅇ면 ㅇㅇ길ㅇㅇ	000-000-0000
3	(주)ㅇㅇㅇ에프	ㅇㅇㅇ	강원도 ㅇㅇ군 ㅇㅇ면 ㅇㅇ길ㅇㅇ	000-000-0000

(3) 주거래 은행

채무자 사업체의 주거래 은행은 ○○○○은행입니다.

4. 사업장의 현황

가. 사무소의 현황

채무자 사업체는 '○○군 ○○면 ○○리 ○○' 에 위치하고 있습니다. 본점의 상세한 내역은 아래 표와 같습니다(소갑 제4호증의 사업자등록증 참조).

구 분	소 재 지	점유형태	용 도
사업장	ㅇㅇ군 ㅇㅇ면 ㅇㅇ리 ㅇㅇ	소유권	사무실 및 공장

Ⅱ. 재무 현황

20○○. 12. 30. 기준 채무자 사업체의 자산, 부채 및 자본의 현황은 아래와 같습니다(소갑 제11호증 재무제표 참조). 신청일 기준 재무현황은 가결산 후 조속히 제출토록 하겠습니다.

1. 자 산

(단위 : 원)

과 목			금 액
자 산	유동자산	당좌자산	2,871,716,482
		재고자산	349,269,452
		소계	3,220,985,934
	비유동자산	투자자산	-
		유형자산	1,293,399,047
		무형자산	-
		기 타	-
		소 계	1,293,399,047
	자산 총계		4,514,384,981

2. 부채 및 자본

(단위 : 원)

과 목		금 액
부 채	유동부채	336,363,270
	비유동부채	2,980,026,019
	부채 총계	3,316,389,289
자 본	자 본 금	1,197,995,692
	자본잉여금	-
	자본조정	-
	포괄손익 누계액	-
	이익잉여금	-
	자본 총계	1,197,995,692

3. 자산, 부채 및 자본의 변동내역

가. 자산의 변동내역

채무자 사업체의 최근 5년간의 자산의 변동내역은 아래와 같습니다(소갑 제11호증 재무제표 참조).

내 역	20○○년 (18기)	20○○년 (19기)	20○○년 (20기)	20○○년 (21기)	20○○년 (22기)
당좌자산	2,477,316,349	3,442,633,269	3,062,913,677	3,375,785,374	2,871,716,482
재고자산	30,023,060	31,563,469	32,459,760	46,314,966	349,269,452
유동자산	2,507,339,409	3,474,196,738	3,095,373,437	3,422,100,340	3,220,985,934
투자자산	15,552,466	15,760,631	15,760,631	687,928	-
유형자산	1,426,226,583	1,234,682,006	1,878,979,065	1,517,241,946	1,293,399,047
무형자산	-	-	-	-	-
기 타	-	-	280,700,000	-	-
비유동자산	1,441,779,049	1,250,442,637	2,175,439,696	1,517,929,874	1,293,399,047
자산 합계	3,949,118,458	4,724,639,375	5,270,813,133	4,940,030,214	4,514,384,981

(1) 당좌자산

20○○. 12. 30. 기준 채무자 사업체의 당좌자산 총액은 2,871,716,482원 상당이고, 이는 현금, 보통예금, 정기예적금, 단기투자자산, 외상매출금, 단기대여금, 선급금, 선급비용 등으로 구성되며, 그중 가장 큰 비중을 차지하고 있는 것은 외상매출금으로 1,284,605,025원입니다.

(2) 재고자산

20○○. 12. 30. 기준 채무자 사업체의 재고자산 총액은 349,269,452원 상당이고, 이는 상품과 제품, 원재료, 저장품으로 구성되며, 이 중 가장 큰 비중을 가지고 있는 것은 상품으로 150,245,000원입니다.

(3) 투자자산

20○○. 12. 30. 기준 채무자 사업체의 투자자산은 없으며, 이는 퇴직보험 예치금으로 구성되어 있습니다.

(4) 유형자산

20○○. 12. 30. 기준 채무자 사업체의 유형자산 총액은 1,293,399,047원이고, 이는 토지 및 건물, 구축물, 기계장치, 차량운반구, 공구와 기구, 비품, 시설장치 등으로 구성되며, 그중 가장 큰 비중을 차지하는 것은 기계장치 감가상각누계액으로 558,738,645원입니다. 채무자 사업체의 주요 자산인 부동산 및 차량의 내역은 아래와 같습니다(소갑 제12호증 부동산목록, 소갑 제13호증 기계장치 목록 소갑 제14호증의 1 차량운반구목록, 소갑 제14호증의 2 내지 12 각 자동차등록증, 차량등록원부 참조).

(5) 무형자산

20○○. 12. 30. 기준 채무자 사업체의 무형자산은 없습니다.

(6) 기타 비유동자산

20○○. 12. 30. 기준 채무자 사업체의 기타 비유동자산은 없습니다.

부동산 목록

순번	구분	소 재 지	지번	비고
1	토지	강원도 ㅇㅇ군 ㅇㅇ면 ㅇㅇ리	ㅇㅇ-ㅇㅇ	
2		강원도 ㅇㅇ군 ㅇㅇ면 ㅇㅇ리	ㅇㅇ-ㅇㅇ	
3		강원도 ㅇㅇ군 ㅇㅇ면 ㅇㅇ리	ㅇㅇ-ㅇㅇ	
4		강원도 ㅇㅇ군 ㅇㅇ면 ㅇㅇ리	ㅇㅇ-ㅇㅇ	
5		강원도 ㅇㅇ군 ㅇㅇ면 ㅇㅇ리	ㅇㅇ-ㅇㅇ	
6		강원도 ㅇㅇ군 ㅇㅇ면 ㅇㅇ리	ㅇㅇ-ㅇㅇ	
7		강원도 ㅇㅇ군 ㅇㅇ면 ㅇㅇ리	ㅇㅇ-ㅇㅇ	
8		강원도 ㅇㅇ군 ㅇㅇ면 ㅇㅇ리	ㅇㅇ-ㅇㅇ	

9		강원도 ㅇㅇ군 ㅇㅇ면 ㅇㅇ리	ㅇㅇ-ㅇㅇ	
10		강원도 ㅇㅇ군 ㅇㅇ면 ㅇㅇ리	ㅇㅇ-ㅇㅇ	
11		강원도 ㅇㅇ군 ㅇㅇ면 ㅇㅇ리	ㅇㅇ-ㅇㅇ	
12		강원도 ㅇㅇ군 ㅇㅇ면 ㅇㅇ리	ㅇㅇ-ㅇㅇ	
13		강원도 ㅇㅇ군 ㅇㅇ면 ㅇㅇ리	ㅇㅇ-ㅇㅇ	
14		강원도 ㅇㅇ군 ㅇㅇ면 ㅇㅇ리	ㅇㅇ-ㅇㅇ	
15		강원도 ㅇㅇ군 ㅇㅇ면 ㅇㅇ리	ㅇㅇ-ㅇㅇ	
16		강원도 ㅇㅇ군 ㅇㅇ면 ㅇㅇ리	ㅇㅇ-ㅇㅇ	
17		강원도 ㅇㅇ군 ㅇㅇ면 ㅇㅇ리	ㅇㅇ-ㅇㅇ	
18		강원도 ㅇㅇ군 ㅇㅇ면 ㅇㅇ리	ㅇㅇ-ㅇㅇ	
19		강원도 ㅇㅇ군 ㅇㅇ면 ㅇㅇ리	ㅇㅇ-ㅇㅇ	
20		강원도 ㅇㅇ군 ㅇㅇ면 ㅇㅇ리	ㅇㅇ-ㅇㅇ	
21		강원도 ㅇㅇ군 ㅇㅇ면 ㅇㅇ리	ㅇㅇ-ㅇㅇ	
22		강원도 ㅇㅇ군 ㅇㅇ면 ㅇㅇ리	ㅇㅇ-ㅇㅇ	
23	건물	강원도 ㅇㅇ군 ㅇㅇ면 ㅇㅇ리	ㅇㅇ-ㅇㅇ	
24		강원도 ㅇㅇ군 ㅇㅇ면 ㅇㅇ리	ㅇㅇ-ㅇㅇ	

차량 및 운반구 목록

순번	차량번호 / 차량명	취득일	등록청	소유자	비 고
1	00두0000(스포티지)	20ㅇㅇ년 05월 14일	ㅇㅇ군	ㅇㅇㅇ	ㅇㅇ캐피탈(주) 근저당설정
2	00다0000(공사자재수송차)	20ㅇㅇ년 05월 02일	ㅇㅇ군	ㅇㅇㅇ	-
3	00마0000(4.5톤초장축트럭)	20ㅇㅇ년 03월 26일	ㅇㅇ군	ㅇㅇㅇ	ㅇㅇ캐피탈(주) 근저당설정
4	강원00나0000(지게차)	20ㅇㅇ년 01월 07일	ㅇㅇ군	ㅇㅇㅇ	ㅇㅇ중공업(주) 근저당설정
5	강원00사0000(지게차)	20ㅇㅇ년 11월 17일	ㅇㅇ군	ㅇㅇㅇ	ㅇㅇㅇㅇㅇ(주) 근저당설정
6	00노0000(그랜저)	20ㅇㅇ년 07월 20일	ㅇㅇ군	ㅇㅇ캐피탈 (리스차량)	ㅇㅇ캐피탈(리스차량)

나. 부채의 변동 내역

채무자 사업체의 최근5년간의 부채의 변동내역은 아래와 같습니다(소갑 제11호증 재무제표 참조).

(단위 : 원)

내 역	20○○년 (18기)	20○○년 (19기)	20○○년 (20기)	20○○년 (21기)	20○○년 (22기)
유동부채	708,145,189	754,988,774	726,132,682	354,991,033	336,363,270
비유동부채	2,296,980,000	2,813,100,000	3,021,440,000	3,154,910,000	2,980,026,019
부채 합계	3,005,125,189	3,568,088,774	3,747,572,682	3,509,901,033	3,316,389,289

(1) 유동부채

20○○. 12. 30. 기준 채무자 사업체의 유동부채 총액은 336,363,270원이고, 이는 외상매입금, 지급어음, 미지급금, 예수금, 부가세예수금, 당좌차월, 선수금, 미지급세금 등으로 구성되며, 이 중 가장 큰 비중을 차지하고 있는 것은 당좌차월 199,715,140원입니다.

(2) 비유동부채

20○○. 12 .30. 기준 채무자 사업체의 비유동부채 총액은 2,980,026,019원으로 이는 장기차입금, 퇴직급여충당금, 퇴직보험예치금으로 구성되며, 이 중 가장 큰 비중을 차지하고 있는 것은 장기차입금 2,969,950,000원입니다.

다. 자본의 변동 내역

채무자 사업체의 최근 5년간 자본의 변동내역은 아래와 같습니다(소갑 제11호 증 재무제표 참조).

(단위 : 원)

내 역	20○○년 (18기)	20○○년 (19기)	20○○년 (20기)	20○○년 (21기)	20○○년 (22기)
자본금	943,993,269	1,156,550,601	1,○○3,240,451	1,430,129,181	1,197,995,692
자본잉여금	-	-	-	-	-
자본 합계	943,993,269	1,156,550,601	1,○○3,240,451	1,430,129,181	1,197,995,692

Ⅲ. 매출 및 손익현황

채무자 사업체의 최근 5년간 매출 및 손익 현황은 아래 표와 같습니다(소갑 제11호 증 재무제표 중 손익계산서 참조).

(단위 : 원)

내 역	20○○년 (18기)	20○○년 (19기)	20○○년 (20기)	20○○년 (21기)	20○○년 (22기)
매출액	7,956,311,978	8,884,022,904	7,984,943,199	8,135,278,447	6,2○○,655,244
매출원가	6,836,284,389	7,642,712,889	6,158,122,946	6,656,855,581	5,338,565,012
매출총이익	1,120,027,589	1,241,310,015	1,826,820,253	1,478,422,866	914,090,232
판관비	498,087,378	542,682,903	1,156,366,746	789,123,572	330,621,875
영업이익	621,940,211	698,627,112	670,453,507	689,299,294	583,468,357
영업외수익	2,376,635	6,233,705	34,861,866	6,902,943	1,717,162
영업외비용	177,967,746	203,511,163	258,158,553	224,297,444	208,487,851
법인세비용 차감전순이익	446,349,100	501,349,654	447,156,820	471,904,793	376,697,668
법인세비용	54,480,878	60,833,380	54,921,600	27,524,910	21,153,747
당기순이익	391,868,222	440,516,274	392,235,220	444,379,883	355,543,921

Ⅳ. 이 사건 신청에 이르게 된 경위(회생절차개시의 원인)

1. 파탄에 이르게 된 경위

채무자는 19○○년경 작은 곡물 도매상을 시작으로 사업에 뛰어들었고, 19○○년 ○○유지공업사를 설립하여 ○○○(쌀겨에서 추출한 기름)를 생산·판매하기 시작하였습니다. 이후 19○○년 현재의 사업장이 소재한 강원도 ○○군 ○○면 ○○리 소재 고수농공단지로 공장 및 사업장을 이전하면서 '○○유지'를 설립하고, ○○○ 대신 ○○유(옥수수 배아에서 추출한 기름)를 생산 판매하기 시작하였습니다. 당시까지만 해도 위 채무자 운영의 위 '○○유지'는 이렇다 할 경쟁업체도 없이 지역 상권을 독점하다시피 하면서 발전을 거듭하였고, 채무자 역시도 지역사회에 대한 봉사와 헌신을 다함으로서 지역의 유지로서의 입지를 다져 나갔습니다. 그러던 채무자가 현재와 같은 어려움에 처하게 된 경위는 아래 각 항의 기재와 같습니다.

가. 화재 및 자연재해 등으로 인한 손실

이와 같이 지역사회에서의 입지를 탄탄히 다지면서 발전을 거듭하던 채무자에게 시련이 닥치기 시작한 것은 공장에 화재가 발생한 20○○년경부터라 하겠습니다. 지난 20○○. 08. 14. 공장에 원인불상의 화재가 발생하여 직원 2명이 사망하고 공장이 전소하는 등의 피해를 입었고, 이로 인하여 채무자는 수억원에 달하는 금전적 손실뿐만 아니라, 상당기간 정신적 고통을 겪어야만 했습니다. 이후 1년여에 걸친 노력으로 겨우 재기의 발판을 마련할 수 있었는데, 다음 해인

20○○. 08. 31. 전국을 강타한 태풍 '○○○'로 인하여 공장의 지붕이 무너지는 등의 재해(피해액 1억 2천만원 상당)를 당하였고, 이로 인해 채무자는 또다시 막대한 금전적·정신적 피해를 입어야만 했습니다.

나. 사업 확장 등의 실패
채무자는 20○○년 공장 화재 이후, 약 11억원 상당을 들여 사업장 인근에 부지 및 공장을 매입하고 참깨 및 들깨 등을 생산하는 시설을 갖추는 등 사업 확장을 추진하였으나, 결국 막대한 손실만 입은 채 실패로 끝이 났습니다. 또한 20○○. 08.경에는 미얀마로부터 1억 5천만원어치 상당의 ○○를 수입하여 가공 후 판매를 하였으나, 중개 판매업자의 농간 등으로 이 역시 수억원의 손실만 입은 채 실패로 끝이 났습니다. 채무자는 이와 같이 두 차례에 걸쳐 사업 확장을 시도하였다가 실패를 함으로서 막대한 금전적 손실을 입어야만 했고, 이는 곧 채무자가 현재와 같은 어려움에 처하는 주요 요인 중 하나가 되었습니다.

다. 금융기관의 대출금 회수로 인한 자금사정 악화
채무자가 현재와 같은 어려움에 처하게 된 가장 결정적인 이유는 금융기관의 대출금 회수로 인한 것이라 하겠습니다. 채무자는 20○○년 화재 등으로 인하여 금융기관으로부터 시설 및 운영자금을 대출 받을 수밖에 없었는데, 금융기관에서는 20○○년 이후부터 현재에 이르기까지 일체의 대출 연장 없이 과거 대출금을 포함한 20○○년 발생분 대출자금을 회수하기에 급급하였고, 이로 인하여 채무자의 자금 사정은 하루가 다르게 악화될 수밖에 없었습니다. 채무자는 자금 유동성을 개선해보려고 20○○년 말경부터 보유하고 있던 비업무용 개인 부동산을 처분하여 대출금 상환자금 및 운영자금을 조달하기도 하였으나 역부족이었고, 결국 현재와 같은 지급불능의 상황에까지 놓이게 된 것입니다.

라. 원자재 가격의 상승으로 인한 매출이익 감소
채무자 운영의 ○○유지는 ○○○ 주식회사, ○○ 주식회사 등 대기업으로부터 옥수수 배아를 구입하여 이를 착유 및 추출 공정을 거쳐 원유를 생산하고 다시 생산한 원유를 정제하여 업소용 식용유를 생산·판매하는 것을 주업으로 하고 있습니다. 그런데 ○○ 위기를 기점으로 시작된 곡물 및 원자재 가격의 상승으로 인하여 대기업으로부터 공급받는 배아의 가격이 급등하였고, 이는 결국 위 ○○유지의 수익성 악화로 이어졌습니다.

마. 소 결

상기 진술과 같이 채무자는 20○○. 08.에 있었던 사업장의 대형 화재 이후 자연재해, 금융기관의 무리한 대출금 회수, 사업확장 실패, 원자재 가격의 상승 등 계속된 악재로 인하여 소유 부동산 처분을 통한 운전자금 투입 등 자구노력에도 불구하고 결국 현재와 같은 파탄의 상태에 이르게 되었으며, 현 상황으로서는 이 건 회생절차가 아니고서는 당면한 어려움을 극복할 수 있는 방법이 요원한 실정입니다.

2. 회생절차 개시신청의 원인 발생

가. 채무초과상태

20○○. 12. 30. 기준 채무자 사업체의 자산은 4,514,384,981원이고 부채는 3,316,389,289원으로서 재무제표상으로 보면 채무초과 상태는 아닙니다. 그러나 신청일 기준 부외 부채 및 보증채무를 포함하는 부채는 10,610,807,810원이고, 채무자 사업체의 실질적 청산가치는 1,579,138,595원에 불과한바, 사실상 부채가 자산을 9,031,669,215원 초과하고 있다고 하겠습니다. 따라서 채무자 사업체의 현 상황은 채무자 회생 및 파산에 관한 법률 제34조 제1항 제2호 "채무자에게 파산의 원인이 사실이 생길 염려가 있는 경우"에 해당한다 하겠습니다.

나. 채무의 변제불능

채무자는 20○○. 11. 25. ○○보증보험으로부터 ○○ 주식회사에 대한 5억원 상당의 물품대금에 대한 보증서 발급을 거절당하였을 뿐만 아니라, 같은 해 12. 초경 지급기일이 도래하는 수억원에 달하는 어음금, 12월을 전후하여 금융기관 대출금의 변제기가 도래하는데, 현재 채무자의 자금사정으로서는 위 금원을 변제할 방법이 요원한 형편입니다. 따라서 채무자의 현 상황은 동법 제34조 제1항 제1호 "사업의 계속에 현저한 지장을 초래하지 아니하고는 변제기에 있는 채무를 변제할 수 없는 경우"에 해당한다 하겠습니다.

Ⅴ. 채권자 현황

1. 채권자 현황

신청일 기준 채무자에 대한 채권자로는 금융기관 및 상거래, 그리고 보증채무 관련 채권자들로서, 상세한 내역을 첨부한 소갑 제15호증의 1. 회생담보권 및 회생채권 목록(총괄), 2. 회생담보권자 목록(보증채무 포함), 3. 회생채권자(금융기관대여채무)목록, 4. 회생채권자(일반대여채무)목록, 5. 회생채권자(상거래치무)목록, 6. 회생채권자(특수관계인채무)목록, 7. 조세채권자 목록을 참조하여 주시기 바랍니다.

(단위 : 원)

구 분		채 권 자 수	금 액	비 고
회생담보권		7	5,100,767,843	
회생채권	금융기관 대여채무	14	3,299,616,739	
	일반대여채무	6	365,000,000	
	상거래채무	17	1,314,111,348	
	특수관계인채무	4	397,000,000	
조세채무		3	134,311,880	
합 계		51	10,610,807,810	

2. **보전처분 및 강제집행, 소송 진행 현황**

신청일 현재 분쟁이 있거나 진행 중인 강제집행 및 소송 사건은 없습니다.

Ⅵ. 회생 가능성

1. 채무자의 청산가치 및 계속기업가치

가. 청산가치

(1) 청산가치 평가의 기준

청산가치란 채무자가 파산적 청산을 통하여 채무자 소유의 개별자산을 분리하여 처분할 때의 가액을 합산한 금액을 말합니다. 청산가치는 채무자의 소유재단을 단기간 내에 처분할 경우 회수할 수 있는 자산의 가치를 산정한 것이며, 정상적인 사업운영을 통하여 자산을 처분 또는 회수하는 것이 아니기 때문에 실질 가치에 비하여 상당한 감액이 이루어지므로 결국 최소한의 회수 가능한 가치를 의미합니다. 한편, 채무자 소유 자산의 청산을 위해서는 청산인의 보수, 전문가의 자문료, 법적 절차 비용 등 제비용이 추가될 것을 예상되나 비용의 추정이 곤란하고 금액적 중요성이 낮으므로 이들 비용은 청산가치 산정시 고려하지 아니하였습니다.

(2) 청산가치 평가결과(20○○. 09. 30. 현재)

(단위 : 원)

과 목	실사가치	청산조정	청산가치
보통예금	20,020,706		20,020,706
정기예적금	8,571,967		8,571,967
단기투자자산	144,700,000		144,700,000
외상매출금	350,876,080	70,175,216	280,700,864
제품	175,695,980	87,847,990	87,847,990
원재료	172,338,521	86,169,261	86,169,260
퇴직보험예치금	15,702,364	15,702,364	
토지	400,852,170	110,590,626	290,261,544
건물	381,512,741	124,487,607	257,025,134
구축물	6,876,809	2,243,903	4,632,906
기계장치	451,130,789	147,203,976	303,926,813
차량운반구	28,057,125	5,611,425	22,445,700
공구과기구	516,117	412,894	103,223
비품	5,486,401	4,937,761	548,640
시설장치	107,145,390	34,961,541	72,183,849
자산 총계	2,269,483,159	690,344,564	1,579,138,595

(3) 계정과목별 청산가치 산정내역

(가) 보통예금, 정기예적금, 단기투자자산

자산의 성격상 파산적 청산이라는 특수상황에도 불구하고 전액 회수 가능하다고 판단되므로 실사가치를 청산가치로 평가하였습니다.

(나) 외상매출금

외상매출금은 추정회수비용 20%를 차감하여 평가하였습니다.

(다) 제 품

제품은 추정회수비용 50%를 차감하여 평가하였습니다.

(라) 원 재 료

원재료는 추정회수비용 50%를 차감하여 평가하였습니다.

(마) 퇴직보험예치금

퇴직보험예치금은 임직원의 퇴직금으로 회사의 자산이라고 볼 수 없고 청산시에도 회수되지 않는 것으로 파악되어 전액 청산조정 하였습니다.

(바) 토 지

토지는 하우스인포(www.houseinfo.co.kr)의 경매통계 자료 중 춘천지방법원의 용도별 낙찰가율을 지번별로 각각 적용하여 청산가치를 평가하였습니다.

(사) 건물, 구축물, 기계장치

건물, 구축물, 기계장치는 하우스인포(www.houseinfo.co.kr)의 경매통계 자료 중 춘천지방법원의 공장 낙찰가율을 적용하여 청산가치를 평가하였습니다.

(아) 차량운반구

차량운반구는 추정회수비용 20%를 차감하여 평가하였습니다.

(자) 공구와 기구

공구와 기구는 자산의 성격상 회수가능성이 거의 없을 것으로 판단되어 추정회수비용으로 평가하였습니다.

(차) 비 품

비품은 자산의 성격상 회수가능성이 거의 없을 것으로 판단되어 추정회수비용 90%를 차감하여 평가하였습니다.

(카) 시설장치

시설장치는 하우스인포(www.houseinfo.co.kr)의 경매통계 자료 중 춘천지방법원의 공장 낙찰가율을 적용하여 청산가치를 평가하였습니다.

나. 계속기업가치

(1) 계속기업가치의 평가

계속기업가치란 정상적인 영업활동이 지속된다는 가정하에 향후 유입될 것으로 기대되는 순영업현금흐름을 적절한 할인율로 할인한 가치, 즉 채무자의 사업을 계속 운영함으로서 얻을 수 있는 이익을 말하는 것으로서, 계산구조는 다음과 같습니다.

영업현금흐름[552] = 영업이익 - 법인세등 + 감가상각비 - 운전자본투자액

영업현금흐름의 현재가치 = 영업현금흐름 ÷ 할인율(현재가치 조정계수)

계속기업가치 = 영업현금흐름의 현재가치 + 비영업자산의 가액

위 평가기준을 바탕으로 한 20○○년 09월 30일을 기준 채무자의 계속기업가치는 약 2,974,216,061원으로 그 내용을 요약하면 다음과 같습니다.

(단위 : 원)

구 분	금 액	비 율
회생기간동안의 현금흐름 가치	2,824,254,428	94.96%
비영업용자산의 청산가치	149,961,633	5.04%
합 계	2,974,216,061	100.00%

(2) 회생기간동안의 현금흐름 가치

회생기간동안의 현금흐름 가치의 연도별 세부 계산내역은 다음과 같습니다.

(단위 : 원)

구 분	준비연도	1차연도	2차연도	3차연도
	20○○년	20○○년	20○○년	20○○년
영업이익	276,548,635	824,101,801	858,005,959	892,927,243
공제액	65,154,858	48,539,596	50,536,551	52,593,415
소득세 등	61,445,595	297,267,998	310,605,205	324,342,535
세후순이익	149,948,182	478,294,207	496,864,203	515,991,293
생계비 등	6,007,764	6,187,997	6,373,637	6,564,846
비현금비용	39,164,268	156,657,072	156,657,072	156,657,072
운전자본투자액	▲726,755	▲201,418,058	▲21,357,260	▲21,997,978
영업현금흐름	182,377,931	427,345,224	625,790,378	644,085,541
자본할인율	9.32%	9.32%	9.32%	9.32%
현재가치계수	0.9147	0.8368	0.7654	0.7002
영업현금흐름의 현가	166,821,093	357,602,483	478,979,955	450,988,696

구 분	4차연도	5차연도	6차연도	합 계
	2017년	2018년	2019년	
영업이익	928,896,165	965,944,153	1,004,102,882	5,750,526,838
공제액	54,711,984	56,894,111	59,141,660	387,572,175
소득세 등	338,491,979	353,065,916	368,076,784	2,053,296,012
세후순이익	535,692,202	555,984,126	576,884,438	3,309,658,651
생계비 등	6,761,791	6,964,645	7,173,584	46,034,264
비현금비용	156,657,072	156,657,072	156,657,777	979,107,405

운전자본투자액	▲22,657,916	▲23,337,655	291,495,622	
영업현금흐름	662,929,567	682,338,898	1,017,864,253	4,242,731,792
자본할인율	9.32%	9.32%	9.32%	
현재가치계수	0.6405	0.5859	0.5359	
영업현금흐름의 현가	424,606,388	399,782,360	545,473,453	2,824,254,428

(3) 비영업용자산의 청산가치

비영업용자산은 공장의 토지 건물을 제외한 나머지 토지를 의미하며 그 내역은 다음과 같습니다.

(단위 : 원)

소 재 지	면적(㎡)	실사가치	청산가치
○○면 ○○리 ○○○-○○	180	775,800	582,626
○○면 ○○리 ○○○-○○	1,567	8,054,380	6,048,839
○○면 ○○리 ○○○-○○	1,783	8,843,680	7,723,186
○○면 ○○리 ○○○-○○	148	956,080	718,016
○○면 ○○리 ○○○-○○	552	2,693,760	2,023,014
○○면 ○○리 ○○○-○○	615	2,121,750	1,852,924
○○면 ○○리 ○○○-○○	337	1,469,320	1,283,157
○○면 ○○리 ○○○-○○	684	1,210,680	1,057,287
○○면 ○○리 ○○○-○○	208	391,040	341,495
○○면 ○○리 ○○○-○○	3,358	16,756,420	12,584,071
○○면 ○○리 ○○○-○○	112	210,560	183,882
○○면 ○○리 ○○○-○○	149	704,770	615,476
○○면 ○○리 ○○○-○○	169	691,210	603,634
○○면 ○○리 ○○○-○○	1,058	3,501,980	3,058,279
○○면 ○○리 ○○○-○○	4,128	22,084,800	18,456,583
○○면 ○○리 ○○○-○○	813	4,178,820	3,649,364
○○면 ○○리 ○○○-○○	1,180	6,065,200	4,554,965
○○면 ○○리 ○○○-○○	1,369	7,036,660	5,880,637
○○면 ○○리 ○○○-○○	14,590	75,868,000	56,976,868
○○면 ○○리 ○○○-○○	5,256	27,015,840	20,288,896
○○면 ○○리 ○○○-○○	383	1,968,620	1,478,434
합 계	38,639	192,599,370	149,961,633

2. 자구노력 및 회생가능성

채무자는 현재 조만간 지급 기일이 도래하는 어음 및 대출금을 변제할 방법이 요원한 상황으로서, 그야말로 풍전등화와 같은 처지에 놓여 있는 것이 사실입니다. 그러나 이 같은 채무자의 현실을 채무자가 운영하고 있는 '○○유지'의 사업성의 문제라기보다는 수년간 계속된 악재에 기인한 바 크다 하겠습니다. 또한 전항에서 진술한 바와 같이 채무자의 경우 청산가치보다 계속기업가치가 월등히 큽니다. 따라서 채무자가 이 건 회생절차를 통해 사업의 계속을 보장받은 상태에서 아래 각 항의 기재와 같은 지구노력을 계속해 나간다면 회생은 물론 조기정상화도 충분히 가능하다 할 것인바, 그리되면 채무자는 물론이거니와 각 채권자를 포함한 여러 이해관계자 모두의 이익에도 부합하는 것이라 하겠습니다. 채무자의 회생 및 조기 정상화를 위한 자구노력 방안은 아래 각항의 기재와 같습니다.

가. 매출 구조의 전환을 통한 수익 증대

채무자 운영의 위 ○○유지는 크게 두 가지 생산 구조를 가지고 있습니다. 하나는 대기업으로부터 옥수수배아를 구매하여 착유▶추출▶정제 공정을 거쳐 판매를 하는 방식이고, 다른 하나는 원유생산 업자로부터 원유를 구입하여 정제 공정을 거쳐 판매를 하는 방식입니다. 과거 원유생산업자가 거의 없고 수입도 이루어지지 않았을 당시에는 전자의 매출방식이 수익 면에서 월등히 좋았으나, ○○위기 이후부터는 원유의 구입이 쉬워지면서 상황이 180도로 달라졌습니다. 원자재 가격 및 인건비 상승 등으로 인하여 전자에 비해 후자의 방식, 즉 원유를 구입하여 정제를 하여 판매하는 방식의 수익률이 월등히 높은 것입니다. 따라서 채무자는 향후 위 ○○유지의 생산 방식을 100% 후자의 방식으로 전환함으로써 매출이익을 극대화해 나갈 것입니다.

나. 구조조정을 통한 비용절감

위 '가'항에서와 같은 방식으로 생산구조를 전환하게 되면 관리직원을 포함하여 4~5명의 직원으로도 충분히 운영이 가능한바, 현재 12명에 달하는 직원 중 7~8명 정도는 감원할 수 있다 할 것이고, 이 같은 구조조정을 통해 매년 수억원의 비용을 절감해 나갈 수 있습니다.

다. 비업무용 자산의 처분을 통한 변제 및 운전자금의 확보

한편, 채무자가 이 건 회생절차개시신청에까지 이른 것은 채무자의 회생보다는

채권자들을 포함한 이해관계인들의 피해를 최소화하는데 더 큰 이유가 있습니다. 현 시점에서 채무자가 파탄을 하게 되면 모든 부동산은 경매처분될 것이고, 사업이 중단될 것이 자명합니다. 그리되면, 부동산은 헐 값에 경매 처분되어 일부 선순위 담보권자를 제외한 대다수 채권자들은 한 푼의 변제도 받지 못할 것이고, 채무자의 매출 거래처들 역시 물품 수급에 차질을 빚게 됨으로서 적지 않은 손실을 입을 것이 분명합니다. 이에 채권자는 정제 시설 및 운영시설(사무실) 제외한 모든 비업무용 부동산과 자산을 조기에 매각하여 변제자금에 사용할 것이며, ○○유지의 운영을 통해 발생하는 이익을 극대화하여 그 수익의 대부분을 변제자금 및 운전자금에 충당할 계획입니다.

라. 거래처와의 유대관계 강화를 통한 매출 증대

채무자는 지난 19○○년 '○○유지공업사'를 시작으로 현재까지 45년 이상을(업소용) 식용유 생산업계에 종사해 온 자로서, 위 기간 동안 지역사회에 대해서도 크고 작은 봉사를 계속하였습니다. 이를 통해 채무자는 지역사회와 동종업계 내에서는 나름 신뢰를 다져왔고, 우호관계를 가진 수많은 거래처를 보유하고 있다 자부합니다. 채무자는 향후 이 같은 우호적인 거래처와의 우호관계를 더욱 공고히 하며, 새로운 거래처를 개척하고 유대관계를 강화해 나감으로서 안정적인 매출확보를 넘어 매출을 극대화해 나가고자 합니다.

Ⅷ. 결 어

몇 년 전까지만 하더라도 채무자는 근 50년에 가까운 세월 동안 꾸준히 한 길을 걸어오면서 나름 작은 성공을 이루었다고 자부하여 살아온 것이 사실입니다. 그러나 20○○년 뜻하지 않은 대형 화재와 무리한 사업 확장, 자연재해 등의 악재를 연달아 겪으면서 결국 현재와 같은 어려움에 이르게 되었고, 채무자로 인하여 채권자분들을 비롯한 이해관계인 모두에게 크나 큰 피해와 걱정을 끼쳐 드리게 된 점 너무나 죄스럽고 또 죄스러운 심정이나, 채무자는 이 건 회생절차를 통하지 아니하고는 작금의 현실을 타계할 방법이 요원한 실정입니다. 그러나 채무자가 이 건 회생절차를 결심하게 된 것은 비단 채무자 개인의 영리나 채무조정을 통한 갱생을 위한 것만은 아닙니다. 이제 곧 여든을 바라보는 채무자가 무슨 욕심이 있어 회생절차를 통해 재기를 꿈꾸겠으며, 영리를 바라는 것 또한 만무합니다. 채무자가 이 건 회생에 이르게 된 이유는 오로지 채권자분들을 포함한 이해관계인들의 피해를 최소화하고자 하는데 있으며, 채무자는 이를 위해 모든 것을 희생하고 포기할 준비가 되어 있습니다. 채무자가 확신하는 단 하나는 채무자가 조금이라도 더 위 ○○유지를 유지·운영해 가면서 수익을 창출해 나간다면 현 상태에서 채무자가 파산의 길을 걷는 것보다는 채권자분들과 이해관계인 모두에게 조금이나마 이익을 더 가져 다 줄 수 있다는 것입니다. 채무자의 나이를 이유로 들어 채무자가 회생절차를 진행하는 것에 대해 우려의 목소리를 내는 이해관계인들도 있겠지만, 채무자는 현재 누구 보다는 건강한 상태이고 향후 10년 이상은 현재의 건강을 유지하면서 사업을 해 나갈 자신이 있습니다. 이 점 헤아리시어 부디 채무자가 회생절차를 진행할 수 있도록 하여 선처해 주시기 바랍니다.

소 명 방 법

1. 소갑 제1호증	주민등록표등본
1. 소갑 제2호증	기본증명서
1. 소갑 제3호증	가족관계증명서
1. 소갑 제4호증	사업자등록증
1. 소갑 제5호증	이력서
1. 소갑 제6호증	연혁표
1. 소갑 제7호증	조직도
1. 소갑 제8호증	사원명부
1. 소갑 제9호증 1	매입거래처 명부
2	매출거래처 명부
1. 소갑 제10호증의 1 내지 24	각 부동산등기부등본
1. 소갑 제11호증의 1 내지 5	재무제표
1. 소갑 제12호증	부동산 목록
1. 소갑 제13호증	기계장치 목록
1. 소갑 제14호증의 1	차량운반구 목록
2 내지 7	각 자동차등록 및 건설기계등록증
8 재지 12	각 차량등록원부 및 건설기계등록원부
1. 소갑 제15호증의 1	회생담보권 및 회생채권 목록(총괄)
2	회생담보권자 목록
3	회생채권자(금융기관대여채무) 목록

4	회생채권자(일반대여채무) 목록
5	회생채권자(상거래채무) 목록
6	회생채권자(특수관계인채무) 목록
7	회생채권자(조세) 목록
1. 소갑 제16호증	실사 및 청산가치 평가내역
1. 소갑 제17호증	계속기업가치 평가내역
1. 소갑 제18호증	추정손익계산서
1. 소갑 제19호증	추정자금수지표
1. 소갑 제20호증	계속기업가치계산서

첨 부 서 류

1. 위 신청서 부본	4부
1. 위 소명방법	4부
1. 송달료 납부서	1부
1. 소송위임장	1부

20○○. ○. ○.

위 신청인 겸 채무자의 대리인
법률사무소 ○○○○
담당변호사 ○ ○ ○ (인)

○○지방법원 귀중

552) 현금흐름은 연도말에 이루어지는 것으로 가정함.

[서식 3] 보전처분신청서(표지)

사건회생
신청인 겸 채무자 ○○○

보 전 처 분 신 청 서

20○○. ○. ○.

위 신청인 겸 채무자의 대리인
법률사무소 ○○○○
담당변호사 ○○○

○○지방법원 귀중

[서식 4] 보전처분신청서

보 전 처 분 신 청 서

신청인 겸 채무자 ○ ○ ○
○○도 ○○군 ○○면 ○○○ ○○○길○○
연락처 : 000-0000-0000

신청대리인 법률사무소 ○○○○ 담당변호사 ○○○
○○시 ○○구 ○○동 ○○○○-○ ○○빌딩 ○층
연락처 : 000) 000-0000
팩　스 : 000) 000-0000
이메일 : kkkkkk@naver.com

신 청 취 지

1. 채무자는 보전처분명령일 이전의 원인에 기하여 생긴 일체의 금전채무(약속어음금 채무 포함)에 관하여 그 변제 또는 담보제공을 하여서는 아니된다. 다만, 고용관계로 인한 임금채무, 조세 기타 국세징수법상의 예에 의하여 징수되는 채무, 전기료, 수도료, 전화료, 가스료는 예외로 한다.
2. 채무자는 부동산, 자동차, 중기, 특허권 등 등기 또는 등록의 대상이 되는 그 소유의 일체의 재산 및 금 10,000,000원 이상의 기타 재산에 관한 소유권의 양도, 담보권, 임차권의 설정 기타 일체의 처분행위를 하여서는 아니된다. 다만, 계속적이고 정상적인 영업활동에 해당하는 제품, 원재료 등의 처분행위는 예외로 한다.
3. 채무자는 명목이나 방법 여하를 막론하고 차재(어음할인을 포함한다)를 하여서는 아니된다.
4. 채무자는 노무직, 생산직을 제외한 임직원을 채용하여서는 아니된다.
5. 위 각항의 경우에 있어서 미리 이 법원의 허가를 받았을 때에는 그 제한을 받지 아니한다.

라는 결정을 구합니다.

신 청 원 인

보천처분명령 신청서의 신청 원인에 관하여는 회생절차개시신청서상의 신청 이유와 동일하므로 이를 원용합니다.

소 명 방 법

1. 소갑 제1호증	주민등록표등본
1. 소갑 제2호증	기본증명서
1. 소갑 제3호증	가족관계증명서
1. 소갑 제4호증	사업자등록증
1. 소갑 제5호증	이력서
1. 소갑 제6호증	연혁표
1. 소갑 제7호증	조직도
1. 소갑 제8호증	사원명부
1. 소갑 제9호증 1	매입거래처 명부
2	매출거래처 명부
1. 소갑 제10호증의 1 내 24	각 부동산등기부등본
1. 소갑 제11호증의 1 내지 5	재무제표
1. 소갑 제12호증	부동산 목록
1. 소갑 제13호증	기계장치 목록
1. 소갑 제14호증의 1	차량운반구 목록
2 내지 7	각 자동차등록 및 건설기계등록증
8 내지 12	각 차량등록원부 및 건설기계등록원부
1. 소갑 제15호증의 1	회생담보권 및 회생채권 목록(총괄)
2	회생담보권자 목록
3	회생채권자(금융기관대여채무) 목록
4	회생채권자(일반대여채무) 목록
5	회생채권자(상거래채무) 목록
6	회생채권자(특수관계인채무) 목록
7	회생채권자(조세) 목록
1. 소갑 제16호증	실사 및 청산가치 평가내역

1. 소갑 제17호증	계속기업가치 평가내역
1. 소갑 제18호증	추정손익계산서
1. 소갑 제19호증	추정자금수지표
1. 소갑 제20호증	계속기업가치계산서

첨 부 서 류

1. 위 신청서 부본	4부
1. 위 소명방법	4부
1. 송달료 납부서	1부
1. 소송위임장	1부

20○○. ○. ○.

위 신청인 겸 채무자의 대리인
법률사무소 ○○○○
담당변호사 ○ ○ ○ (인)

○○지방법원 귀중

[서식 5] 포괄적 금지명령신청서(표지)

사 건 회생
신청인 겸 채무자 ○ ○ ○

포 괄 적 금 지 명 령 신 청 서

위 신청인 겸 채무자 대리인
법률사무소 ○○○○
변호사 ○ ○ ○

○○지방법원 귀중

[서식 6] 포괄적 금지명령신청서

포 괄 적 금 지 명 령 신 청 서

신청인 겸 채무자 ○ ○ ○
○○도 ○○군 ○○면 ○○○ ○○○길○○
연락처 : 000-0000-0000

신 청 대 리 인 법률사무소 ○○○○ 담당변호사 ○○○
○○시 ○○구 ○○동 ○○○○-○ ○○빌딩 ○층
연락처 : 000) 000-0000
팩 스 : 000) 000-0000
이메일 : kkkkkk@naver.com

신 청 취 지

채무자에 대한 이 법원 20○○회단○○○○ 회생사건에 관하여 회생절차 개시신청에 대한 결정이 있을 때까지 모든 회생채권자 및 회생담보권자에 대하여 회생채권 또는 회생담보권에 기한 강제집행, 가압류, 가처분 또는 담보권실행을 위한 경매절차를 금지한다.
라는 결정을 구합니다.

신 청 원 인

1. 채무자 회사는 현재 귀원에 회생절차 개시신청을 하여 현재 신청의 당부에 관하여 조사 심리가 계속 중에 있습니다.

2. 채무자가 현재 소유하고 있는 영업용 재산은 약간의 현금성 자산과 거래처로부터의 물품대금, 그리고 사업장이 소재한 부동산 등으로서, 향후 채무자의 회생절차 수행에 반드시 필요한 재산입니다. 그런데 만약, 채무자가 소유하고 있는 위 재산에 대하여 강제집행, 가압류, 가처분 또는 담보권실행을 위한 경매절차가 이루어짐으로 인하여 채무자의 영업용 재산이 이 회생계획인가 결정이 있기까지 묶이게 된

다면, 향후 채무자가 회생절차를 수행하는데 큰 어려움이 생길 것임은 물론, 채권자 사이에 공평을 해하는 결과를 가져올 수밖에 없습니다. 따라서 채무자가 향후 회생절차 수행을 위한 안정적인 운영자금을 확보하고 회생을 이루기 위해서는 현재 회사가 보유하고 위 재산을 보존하여 운용하는 것이 꼭 필요합니다.(신청일 현재 원료 공급 업체인 '○○ 주식회사'를 포함한 일부 채권자들이 강제집행을 준비중인 것으로 확인되었습니다.)

3. 그러므로 채권자들이 회생채권 또는 회생담보권에 기하여 채무자 회사의 영업용자산(예금 및 매출채권 등)을 비롯한 일체의 재산에 대하여 강제집행, 가압류, 가처분 또는 담보권실행을 위한 경매절차를 하는 것을 포괄적으로 금지하는 것이 채무자 회사의 회생을 위하여 필요하다고 사료되는바, '채무자 회생 및 파산에 관한 법률' 제45조 제1항에 의하여 회생절차개시의 신청에 대한 결정이 있을 때까지 모든 회생채권자 및 회생담보권자에 대하여 회생채권 또는 회생담보권에 기한 강제집행, 가압류, 또는 담보권실행을 위한 경매절차의 금지를 구하고자 이 신청에 이르렀습니다.

20○○. ○. ○.

위 신청인 겸 채무자의 대리인
법률사무소 ○○○○
담당변호사 ○ ○ ○ (인)

○○지방법원 귀중

[기재례 1] 보전처분신청에 대한 결정문

○ ○ 지 방 법 원

제 1 민 사 부

결 정

사 건	20○○회단○○○○ 회생
신청인 겸 채 무 자	주식회사 ○○○ ○○도 ○○군 ○○면 ○○○ ○○○길 ○○ 송달장소 ○○시 ○○구 ○○동 ○○○○-○ ○○빌딩 ○층 대표자 ○ ○ ○ 신청대리인 변호사 ○ ○ ○

주 문

이 사건에 관하여 회생절차 개시신청에 대한 결정이 있을 때까지, 모든 회생채권자 및 회생담보권자에 대하여 회생채권 또는 회생담보권에 기한 강제집행, 가압류, 가처분 또는 담보권실행을 위한 경매절차를 금지한다.

이 유

채무자 회생 및 파산에 관한 법률 제45조 제1항을 적용하여 주문과 같이 결정한다.

20○○. ○. ○.

재판장 판사 ○ ○ ○ (인)
판사 ○ ○ ○ (인)
판사 ○ ○ ○ (인)

정 본 입 니 다.

20○○. ○. ○.

○○지방법원

법원주사보 ○ ○ ○ (인)

※ 각 법원 민원실에 설치된 사건검색 컴퓨터의 발급번호조회 메뉴를 이용하거나, 담당 재판부에 대한 문의를 통하여 이 문서 하단에 표시된 발급번호를 조회하시면, 문서의 위, 변조 여부를 확인하실 수 있습니다.

[기재례 2] 포괄적 금지명령신청에 대한 결정문

○ ○ 지 방 법 원
제 1 민 사 부

포 괄 적 금 지 명 령
통 지 서

사 건 20○○회단○○○○ 회생

신청인 겸 주식회사 ○○○
채 무 자 ○○도 ○○군 ○○면 ○○○ ○○○길 ○○
송달장소 ○○시 ○○구 ○○동 ○○○○-○ ○○빌딩 ○층
대표자 ○ ○ ○
신청대리인 변호사 ○ ○ ○

이 법원은 채무자에 관하여 20○○. 08. 01. 포괄적 금지명령을 하였으므로, 채무자 회생 및 파산에 관한 법률 제46조 제1항에 의하여 이를 통지합니다.

주 문

이 사건에 관하여 회생절차의 개시신청에 대한 결정이 있을 때까지, 모든 회생채권자 및 회생담보권자에 대하여 회생채권 또는 회생담보권에 기한 강제집행, 가압류, 가처분 또는 담보권실행을 위한 경매절차를 구합니다.

20○○. ○. ○.

재판장 판사 ○ ○ ○ (인)

정 본 입 니 다.

20○○. ○. ○.

○○지방법원

법원주사보 ○ ○ ○ (인)

※ 각 법원 민원실에 설치된 사건검색 컴퓨터의 발급번호조회 메뉴를 이용하거나, 담당 재판부에 대한 문의를 통하여 이 문서 하단에 표시된 발급번호를 조회하시면, 문서의 위, 변조 여부를 확인하실 수 있습니다.

[서식 7] 예납금 납부 보고서

보 고 서

사　　건 20○○회단○○ 회생

신 청 인 ○ ○ ○

위 사건에 관하여 신청인의 대리인은 예납금 800만원을 납부하였으므로 다음과 같이 보고합니다.

다　　음

첨부 1. 영수증　　　　1통.

20○○. ○. ○.

위 신청인(채무자)의 대리인 법률사무소 ○○○
변호사 ○○○

○○지방법원 민사○단독 귀중

[기재례 3] 회생절차개시결정 통지

통 지 서

사 건 20○○회단○○○○ 회생

채무자 ○○○(000000-0000000

(법률상관리인) 강원도 ○○군 ○○면 ○○○ ○○○길○○

대리인 변호사 ○○○

위 사건에 관하여 이 법원은 20○○. 04. 28. 11:30 회생절차 개시결정을 하였으므로, 채무자 회생 및 파산에 관한 법률 제51조 제2항, 제1항의 규정에 의하여 다음 사항을 통지합니다.

다 음

1. 회생절차개시결정의 주문
   가. 채무자에 대하여 회생절차를 개시한다.
   나. 채무자에 대하여 관리인을 선임하지 아니하고 채무자를 관리인으로 본다.
2. 관리인의 회생채권자·회생담보권자의 목록제출기간: 20○○. 04. 28.부터 20○○. 05. 19. 까지
3. 회생채권, 회생담보권의 신고기간과 장소: 20○○. 05. 19.부터 20○○. 06. 02.까지 ○○지방법원 민사신청과
4. 조사기간 및 이의제출 장소: 20○○. 06. 02.부터 20○○. 06. 23. 까지 ○○지방법원 민사신청과
5. 회생절차가 개시된 채무자의 재산을 소지하고 있거나 그에게 채무를 부담하는 자는 회생절차가 개시된 채무자의 재산을 소지하고 있거나 그에게 채무를 부담하고 있다는 사실을 20○○. 06. 02.까지 관리인에게 신고하여야 한다.

20○○. ○. ○.

판사 ○ ○ ○ (인)

[기재례 4] 회생채권·회생담보권 신고 안내서

○ ○ ○

우) 000-000. ○○도 ○○군 ○○면 ○○○ ○○○길○○ / 전화(000) 000-0000

문서번호 20○○회단○○○○ 제20○○ -○호
수　　신 채무자 ○○○의 회생채권자·회생담보권자
제　　목 회생채권·회생담보권 신고 안내

---

1. 귀사(하)의 무궁한 발전을 빕니다.
2. 당사는 20○○년 ○월 ○일자로 ○○지방법원 민사○단독 결정에 의하여 회생절차가 개시됨에 따라 회생채권·회생담보권신고에 대하여 아래와 같이 업무가 진행됨을 알려드리오니, 회생절차가 원활히 진행될 수 있도록 협조하여 주시기 바랍니다.

회생채권 등을 신고하기 전에 채무자가 제출한 회생채권 등의 목록을 확인 및 채권신고방법 안내받으시기 바라며 (당사 전담반 ☎ 000-000-0000~0, 000-000-0000로 전화요망), 회생채권 신고서 등의 양식은 서울중앙지방법원 홈페이지(양식 - 자주 사용하는 양식 모음)에서 다운로드 할 수 있습니다(http://seoul.scourt.go.kr). 회생절차개시결정문 등 채권자가 알아야 할 사항은 대법원 홈페이지 상단 '공고란'에 공고되어 있으니 참조하시기 바랍니다.

- 아　　래 -

1. 채권신고자의 범위: 회생채권·회생담보권을 가진 자
2. 채권 신고기간 : 20○○년 ○월 ○일 ~ 20○○년 ○월 ○일 (09:00~18:00 / 12시~13시 점심시간) 공휴일에는 신고접수받지 않으니 유의하시기 바랍니다.
3. 채권 신고처 : ○○지방법원 민사신청과
   - 우편제출시 주소는 ○○도 ○○시 ○○로 284(○○2동 356) (우편번호 000-000)
   - 접수증 동봉시는 반송용 봉투(예: 회송용, 민원우편)를 첨부하시기 바랍니다.(우표

첨부)

4. 신고 및 이의시 유의사항 : 첨부된「회생채권·회생담보권 신고 및 이의절차 안내」 참조

5. 채권신고방법 및 사전에 당사와 협의가 요망되는 사항은 당사 전담반 및 거래 지점(부서)으로 문의하여 주시기 바랍니다. (☎ 000-000-0000~0, 000-000-0000)

※ 많은 채권자로 인해 절차진행에 애로사항이 있사오니, 채권신고 및 채권내용에 대해서는 당사 전담반으로 먼저 전화하시기 바라며, 법원담당자에는 당사 전담반에서 해소되지 않은 의문점에 대해 문의하시면 대단히 감사하겠습니다.

※ 채권신고기간이 도과하더라고 회생계획안 심리·결의를 위한 관계인집회까지는 채권신고가 가능하지만 신고기간 내에 신고한 채권자에 대해 시·부인을 먼저 하오니 가능한 한 신고기간 내에 하시기 바랍니다.

(별첨) 1. 관계인집회 통지서 1부.
2. 회생채권·회생담보권 신고 및 이의절차 안내 1부.
3. 회생채권·회생담보권 신고서 각 2부.
4. 회생채권·회생담보권 신고 접수증 1부.
5. 위임장 각 2부.

채무자 법률상 관리인 ○ ○ ○

[기재례 5] 관계인집회기일 지정 통지서

통 지 서

사 건 20○○회단○○○○ 회생

채 무 자 ○ ○ ○
○○도 ○○군 ○○면 ○○○ ○○○길 ○○

법률상 관리인 ○ ○ ○

위 사건에 관하여 이 법원은 20○○. ○. ○. 11:30 회생절차 개시결정을 하였고, 또한 다음과 같이 관계인집회기일이 지정되었음을 통지합니다.

1. 관리인 보고를 위한 관계인집회 기일 : 20○○. ○. ○. 15:00
2. 장소 : ○○지방법원 제5호 법정

20○○. ○. ○.

채무자 법률상 관리인 ○ ○ ○

〈 유 의 사 항 〉

1. 이 사건에 관하여 제출하는 서면에는 사건번호(20○○회단○○○○)를 기재하여야 합니다.
2. 본인이 출석할 때에는 신분증을 지참하여야 합니다.
3. 대리인이 출석할 때에는 채권자 본인의 위임장, 본인의 인감증명서 및 대리인의 신분증을 반드시 지참하여야 합니다.
4. 관리인 보고를 위한 관계인집회시 출석 확인을 위하여 혼잡이 예상되오니 집회 시작 30분 전까지 출석하여 주시기 바랍니다.
5. 주차시설이 협소하오니 대중교통을 이용하시기 바랍니다.

[기재례 6] 회생채권·회생담보권 신고 및 이의절차 안내서

회생채권·회생담보권 신고 및 이의절차 안내

○○지방법원 민사○단독은 회생절차가 개시된 채무자 회사에 관하여 회생채권·회생담보권에 대하여 신고를 받고 있습니다. 회생절차 개시결정에서 정해진 기간 안에 권리를 신고하지 않으면 권리를 상실하거나 불이익을 받을 수 있으므로, 대법원 홈페이지(http://www.scourt.go.kr)의 공고 내용과 아래의 내용을 참고하시어 빠짐없이 신고를 하시기 바랍니다.

– 아 래 –

1. 채권신고자의 범위 : 채무자 회사에 대하여 회생채권·회생담보권을 가진 자

2. 채권신고기간 : 20○○. ○. ○. ~ 20○○. ○. ○.(09:00 ~ 18:00 / 12시~13시는 점심시간이오니 그 외 시간에 접수하시기 바랍니다. 또한 공휴일에는 접수하지 않으니 참조하시기 바랍니다.)

3. 신고서류의 종류 : 회생채권·회생담보권 신고서 2부
증빙서류 및 위임장(대리인 신고시 작성) 2부
회생채권·회생담보권 신고 접수증 1부

4. 신고서 작성요령

※ 모든 신고서류와 증거서류는 각 2부씩(법원용 1부, 채무자 회사용 1부)을 작성, 제출하여야 합니다.

1) 회생채권·회생담보권 신고서 : 소정 양식에 의거하여 2부 작성.
- 거래명판 및 인감을 날인하고, 대리인란에도 날인하시기 바랍니다.
- 채권신고는 채권자의 채권금액 전부를 신고하시고 아래의 구분에 따라 신고서를 작성하시기 바랍니다.

채권의 금액	· 채무자 회사를 상대로 권리를 행사할 수 있는 채권금액 전부 · 약정이자의 계산은 개시결정 전일까지의 것과 개시결정일 이후의 것을 구분하여 작성하세요.

의결권의 액	· 의결권 행사금액을 기재 (통상 채권의 금액과 같음)
채권자의 주소/성명/전화번호 /전자우편주소	· 주민등록상의 주소나 법인등기부상의 본점 소재지(우편번호포함), 전화번호(팩시밀리 번호 포함) 및 전자우편주소 기재
채권의 내용	· 채무자 회사와의 거래에서 발생한 채권내용을 구체적으로 기재 · 회생채권 : 채권발생의 시기, 발생원인, 이자의 약정 유무, 이자율, 변제기 등
집행권원·종국판결이 있는 경우	· 회생채권 등에 관하여 회생절차 개시 당시 집행력 있는 집행권원 또는 종국판결이 있는 경우 법원, 당사자, 사건번호, 사건명, 선고일자, 확정여부를 기재
소송 계속의 경우	· 회생채권 등에 대하여 회생절차개시 당시 소송이 계속 중인 경우 관할법원, 소송 당사자, 사건번호, 사건명을 기재
보관하고 있는 증거서류의 표시	· 채권이 있음을 소명할 수 있는 자료로서 채권 신고시 첨부한 증빙서류 일체를 빠짐없이 기재

2) 증빙서류 및 위임장, 신고접수증의 종류 및 작성요령

종류	내용	부수	비고
채권에 대한 증빙서류(계약서 등)	차입증서, 계약서, 세금계산서, 어음(전자어음보유확인서)의 '원본확인필' 한 사본 2부 - 어음의 경우 최종소지자만 채권시고 가능 - 물품납품계약의 경우 거래명세표 및 인수증사본 첨부할 것 - 채권 양도양수의 경우에는 양도계약서 및 채권양도통지서 사본 첨부할 것 - 전부명령의 경우 법원결정문 사본 첨부할 것	각 2부	기타 경우는 채무자 회사에 문의
인감증명서	채권자가 개인이면 개인인감증명서 법인이면 법인인감증명서(사용인감을 날인한 경우에는 사용인감계)	각 2부	
소명자료 (등기, 등록증)	개인사업자인 경우 사업자등록증사본 법인인 경우 법인등기부등본 제출	각 2부	
제출자 자료 (신분증, 위임장)	채권자 본인 직접 신고시 신분증사본 대리인이 신고시 위임장(인감날인) 제출	각 2부	
신고접수증	대리인이 신청시 대리인란에 대리인 성명을 반드시 기재	1부	반송용우편 동봉시 송달

5. 제출신고서류의 순서

1) 법인의 경우 ① 채권신고접수즈	2) 개인(또는 개인사업자)인 경우 ① 채권신고접수증

② 회생채권 등 신고서 ③ 회생채권 등 신고내역서(예시참조) ④ 채권 증빙서류(계약서 등 사본) ⑤ 법인인감증명서(사용인감계) ⑥ 법인등기부등본 ⑦ 위임장(대리인 신고시 필요)	② 회생채권 등 신고서 ③ 회생채권 등 신고내역서(예시참조) ④ 채권 증빙서류(계약서 등 사본) ⑤ 개인인감증명서 ⑥ 사업자등록증(개인사업자인 경우) ⑦ 위임장(대리인 신고시 필요) 또는 신분증 사본(본인 신고시)

※ 증빙서류는 '원본확인필'된 사본을 제출하세요. (원본제출하지 마세요.)

6. 협조 및 유의사항

1) 채권신고기간 내에 회생절차 개시결정에 의한 회생채권 등의 신고를 하지 않을 경우 채무자 회생 및 파산에 관한 법률에 의하여 실권될 수 있으므로 유의하시기 바랍니다. 다만, 관리인이 제출하는 회생채권자 등의 목록에 기재되어 있는 경우에는 그러하지 않습니다.

2) 회생채권 등을 신고하는 경우에는 관리인이 작성하여 제출하는 회생채권자등의 목록을 사전에 확인하여 신고하는 회생채권 등이 위 목록에 기재되어 있는지 여부를 확인하시고, 만일 회생채권자등의 목록에 기재된 내용이나 금액이 일치하면 별도의 신고가 필요없지만, 금액·내용이 다른 경우 보유하고 있는 권리 전부를 신고하시기 바랍니다. 회생채권자등의 목록은 관리인에 의하여 신고기간 이전에 법원에 제출될 예정이므로, 이해관계인은 채권신고기간 동안 이를 열람할 수 있습니다.

7. 채권신고서류 배부처 : (당사 전담반 ☎ 000-000-0000~0, 000-000-0000로 전화요망)

8. 채권신고 장소 안내

1) 신고방법 : ○○지방법원 민사신청과 (○○지방법원 별관 2층 민사신청과 분실)

2) 주 소 : [000-000] ○○도 ○○시 ○○로 284(○○2동 356)

3) 교통편 :

- 법원, 검찰청 : ◆ 시외(고속)버스 이용시 : ○○터미널에서 도보 30분 소요
  ◆ 기차이용시 : ○○○역에서 하차 도보 15분 소요
  ◆ 청사 내 주차장이 협소하므로 대중교통을 이용하시는 것이 편리

합니다.

9. 조사기간 및 이의절차 안내
   1) 조사기간 : 대법원 홈페이지의 공고란 중 '회생(회단·회합)' 부분의 공고 내용을 참고하시기 바랍니다.
   2) 이의절차 : 목록에 기재되거나 신고된 회생채권자·회생담보권자는 조사기간 안에 목록에 기재되거나 신고된 회생채권 및 회생담보권에 관하여 서면으로 법원에 이의를 제출할 수 있습니다. 만약 이의가 있는 때에는 그 회생채권 또는 회생담보권을 보유한 권리자는 그 권리의 확정을 위하여 이의자 전원을 상대방으로 하여 법원에 채권조사확정의 재판을 신청할 수 있습니다. 다만 이의 대상인 채권에 관하여 이미 소송이 계속 중인 때에는 소송절차를 수계하여야 하고, 이의 대상인 채권이 집행력 있는 집행권원 또는 종국판결이 있는 것인 경우에는 이의자는 채무자가 할 수 있는 소송절차에 의하여서만 이의를 주장할 수 있습니다.

[서식 8] 회생채권 등의 신고서

법 원 용

채 권
회 생 신고서
담 보 권

사건 : (20○○)회단 (○○○○) 회생 (○○○)

20○○년 월 일 신고

회생 채권자
회생 담보권자의 성명 또는 상호 (인)
주소 : ( )
전화 : 팩시밀리 :
전자우편 :
* 송달받을 주소, 핸드폰번호, 전자우편주소를 반드시 기재하세요.

위 대 리 인 성명 : (인)
주소 : ( )
전화 : 팩시밀리 :
전자우편 :

○○지방법원 귀중

별첨 : 1. 회생채권(회생담보권)신고 내역서서 1부. 끝.
2. 신고인의 법인등기부등본 1부
3. 신고 대리인의 위임장
4. 신고서 및 신고내역서 사본 1부. 끝.

[붙임 1] 회생채권 신고내역서

접수번호	

회 생 채 권 신 고 내 역 서

사건		20○○회단○○○○ 회생	채무자	○○○
회생 채 권 자	성명·명칭			
	주소			
	전화번호		e-mail	
목록 번호		채권	신고 번호	채권(　) -1
회생채권의 원인·내용		(원인) (내용)		
우선권 유무				
의결권 액				
목록 번호		채권	신고 번호	채권(　) -2
회생채권의 원인·내용		(원인) (내용)		
우선권 유무				
의결권 액				
집행권원·종국판결 유무				
소송계속 여부				
비 고				

※ 「목록번호」와 「신고번호」는 법원이 기재하는 부분이므로 기재하지 마십시오.

[붙임 2] 회생담보권 신고내역서

회 생 담 보 권 신 고 내 역 서

<table>
<tr><td colspan="2">사건</td><td>20○○회단○○○○ 회생</td><td>채무자</td><td colspan="2">○○○</td></tr>
<tr><td rowspan="3">회생
담보
권자</td><td>성명·명칭</td><td colspan="4"></td></tr>
<tr><td>주소</td><td colspan="4"></td></tr>
<tr><td>전화번호</td><td></td><td>e-mail</td><td colspan="2"></td></tr>
<tr><td colspan="2">목록 번호</td><td>담보권</td><td>신고 번호</td><td colspan="2">담보권 (　) -1</td></tr>
<tr><td colspan="2">회생담보권의 원인·내용</td><td colspan="4">(원인)
(내용)</td></tr>
<tr><td colspan="2" rowspan="2">회생담보권의
목적·가액</td><td>목 적</td><td colspan="3"></td></tr>
<tr><td>가 액</td><td colspan="3"></td></tr>
<tr><td colspan="2">회생담보권
인정액</td><td colspan="4"></td></tr>
<tr><td colspan="2">의결권 액</td><td colspan="4"></td></tr>
<tr><td colspan="2">목록 번호</td><td>담보권</td><td>신고 번호</td><td colspan="2">담보권 (　) -1</td></tr>
<tr><td colspan="2">담보권의 원인·내용</td><td colspan="4"></td></tr>
<tr><td colspan="2" rowspan="2">담보권의 목적·가액</td><td>목 적</td><td colspan="3"></td></tr>
<tr><td>가 액</td><td colspan="3"></td></tr>
<tr><td colspan="2">회생담보권
인정액</td><td colspan="4"></td></tr>
<tr><td colspan="2">의결권 액</td><td colspan="4"></td></tr>
<tr><td colspan="2" rowspan="2">회생채무자 이외의
채무자(담보권1-1)</td><td>목 적</td><td></td><td>주 소</td><td></td></tr>
<tr><td>가 액</td><td></td><td>e-mail</td><td></td></tr>
<tr><td colspan="2">집행권원·종국판결 유무</td><td colspan="4"></td></tr>
<tr><td colspan="2">소송 계속 여부</td><td colspan="4"></td></tr>
<tr><td colspan="2">비 고</td><td colspan="4"></td></tr>
</table>

※ 「목록번호」와 「신고번호」는 법원이 기재하는 부분이므로 기재하지 마십시오.

[서식 9] 회생채권 등 신고, 이의, 제1회 관계인집회 관련 위임장

위 임 장

사건번호 : (20○○) 회합(○○○○) 회생

채 무 자 : (○ ○ ○)

법률상관리인 : (○ ○ ○)

수임자의 성명 : ( )

주소 : ( )

위 사건에 관하여 회생채권자·회생담보권자의 목록의 열람, 회생채권·회생담보권의 신고, 회생채권·회생담보권등에 대한 이의서의 제출, 관계인집회의 출석 및 의견진술에 관한 일체의 권리를 수임자에게 위임합니다.

작성일자 (20○○년 월 일)

위 임 자

주소 :

성명 : (인)

채권신고번호 : (번)

※ 신고위임 받은 대리인이 신고접수증을 지참하지 않거나, 다른 대리인이 집회 참석시 위 위임장과 인감증명서를 지참하여 참석하시기 바랍니다.

※ 별 첨 : 채권자 본인의 인감증명서 1부

○○지방법원 제 민사○단독 귀중

[기재례 7] 회생채권(회생담보권) 신고 접수증

채 권
회생신고 접수증
담 보 권

사 건 번 호	(20○○) 회생(○○○○) 회생
채 무 자	(○○○)
신고 권리의 종류	채권
접 수 번 호	
채권자 성명	○○○
위 대리인	
채 권 액	일금 21,000,000원

※ 우편접수시 반송봉투(우표첨부)를 첨부하시면 송부하여 드립니다.

20○○년 월 일

○○지방법원

[기재례 8] 회생절차개시결정 후 원재료 구매 및 대금 지급허가신청서

채무자 ○○○

우) 000-000. ○○도 ○○군 ○○면 ○○○ ○○○길○○ / 전화(000) 000-0000

문서번호 : 20○○-6호
시행일자 : 20○○. 6.
수 신 : ○○지방법원 민사○단독
사 건 : 20○○회단○○○○호 회생
제 목 : 원재료 구매 및 대금 지급허가 신청

---

1. 상기 채무자는 귀원으로부터 20○○. 04. 28.자로 회생절차 개시결정을 받은 채무자입니다.

2. 채무자는 판매 및 생산계획에 따라 20○○년 6월분 생산용 원재료 구매계획을 아래와 같이 수립하여 원재료 구매 및 구매대금 총 247,500,000원을 지급하고자 하오니 허가하여 주시기 바랍니다.

-아 래-

가. 구매내역

(단위 : 원)

구매예정일	거 래 처	품목	수량	단위	단가	공급가액	부 가 세	합 계
20○○.06.16	○○(주)	배아 Bulk	150,000	kg	450	67,500,000	6,750,000	74,250,000
20○○.06.20			150,000			67,500,000	6,750,000	74,250,000
20○○.06.25			200,000			90,000,000	9,000,000	99,000,000
합 계			500,000	kg	450	225,000,000	22,500,000	247,500,000

나. 통장잔액 (20○○.06.05. 현재) : 3,230원

구 분	보유자금	입금예정금액	보유예정금액	지급금액	지급 후 보유자금	비고
우체국 예금 계좌번호 (401539-02-039199)	3,230원	275,145,000원	275,148,230원	247,500,000원	27,648,230원	
합 계	3,230원	275,145,000원	275,148,230원	247,500,000원	27,648,230원	

주1) 채무자는 완제품(옥베정제유)의 매출처인 ○○○○○○부터 20○○.06.13.경 전후로 제품 대금 총275,145,000원을 선지급 받아 본 건 원재료 대금을 지급할 예정입니다.

다. 지급예정일 : 법원의 허가 후

※ 첨부서류

1. 견적서{대상(주)} 1부.
2. 전자세금계산서 2부.
3. 통장잔액내역서 1부. 끝.

20○○년 ○월 ○일

채무자(법률상 관리인) ○ ○ ○

[기재례 9] 원재료 구매원재료 구매 및 대금 지급허가신청에 대한 결정문

○ ○ 지 방 법 원

사　　건　20○○회단○○○○ 회생

채 무 자　○ ○ ○

제　　목　원재료 구매 및 대금 지급허가 신청
(문서번호 : 20○○-○호)

위 신청을 허가합니다.

20○○년 ○월 ○일

재판장 판사 ○ ○ ○

[기재례 10] 조사위원보수 결정문

○ ○ 지 방 법 원

결 정

사 건 20○○회단○○○○ 회생
채 무 자 ○○○ (000000-0000000)
(법률상대리인 ○○도 ○○군 ○○면 ○○○ ○○○길○○

조 사 위 원 ○○회계법인 (대표이사 : ○○○, 주사무소: ○○시 ○○구 ○○○로 ○○길 ○○)
담 당 공인회계사 ○○○

주 문

조사위원의 보수를 금 4,000,000원(부가가치세 포함)으로 한다.

이 유

채무자 회생 및 파산에 관한 법률 제30조에 의하여 주문과 같이 결정한다.

20○○. ○. ○.

판사 ○ ○ ○

[기재례 11] 관리인 보고를 위한 관계인집회 관련 안내문

관리인 보고를 위한 관계인집회 관련 안내

사건번호 : 20○○회단○○ 회생

관리인 보고를 위한 관계인집회는 관리인이 이미 법원에 보고한 채무자 회생 및 파산에 관한 법률 제92조 각호에 규정된 사항의 요지를 이해관계인들에게 보고하고, 관리인, 조사위원 기타 이해관계인들로부터 관리인 및 조사위원의 선임, 채무자의 업무 및 재산의 관리·회생절차를 계속 진행함이 적정한지의 여부 등에 관한 의견을 듣기 위하여 개최되는 집회입니다. 관리인 보고를 위한 관계인집회는 회생절차개시 후 최초로 열리는 기일로서 회생절차개시에 의하여 개별적인 권리행사가 금지되어 있는 이해관계인에게 채무자가 회생절차에 이르게 된 사정이나 채무자의 현황을 보고하고, 나아가 이해관계인들로부터 회생절차의 경과 및 계속 진행 여부 등에 관하여 의견을 진술할 기회를 준다는 점에서 중요한 의미를 가집니다. 또 관리인 보고를 위한 관계인집회에서는 관리인에게 채무자의 사업을 계속하는 내용의 회생계획안을 제출할 것을 명하고 있습니다.

- 아　　래 -

1. 관계인집회 참석시 유의사항

가. 본인출석시 : 신분증 지참

※ 채권자가 법인인 경우 법인등기부등본을 지참하시기 바랍니다. (대표자 본인 확인용)

나. 대리인이 출석시 : 채권신고접수증 또는 위임장, 대리인 신분증 지참

※ 채권신고접수증을 지참하시기 바랍니다. 만약 채권신고 당시에 위임을 받지 않은 다른 대리인이 출석하는 경우나 채권신고접수증이 없는 경우에는 별첨 위임장에 인감증명서를 첨부하여 집회 당일에 제출하여야 한다.

기타 자세한 사항은 (000-000-0000~0)으로 연락주시기 바랍니다.

채무자 법률상 관리인 ○ ○ ○

[기재례 12] 관리인 보고를 위한 관계인집회 자료 제출

재 판 장

채무자 ○ ○ ○

재판부 보고사항
법원용

우) 000-000. ○○도 ○○군 ○○면 ○○○ ○○○길○○ / 전화(000) 000-0000

문서번호 : 20○○-8호
시행일자 : 20○○. ○. ○.
사　　건 : 20○○회단○○○○ 회생
순　　신 : ○○지방법원 민사○단독(회단)
제　　목 : 관리인 보고를 위한 관계인집회자료 제출

---

1. 상기 채무자는 귀원으로부터 20○○. ○. ○. 자로 회생절차개시결정을 받은 채무자입니다.

2. 아래의 서류를 제출합니다.

- 아　　래 -

1. 관리인 보고를 위한 관계인집회 관리인보고서　　3부. 끝.

20○○. ○. ○.

채무자(법률상관리인) ○ ○ ○

[기재례 13] 관리인 보고를 위한 관계인집회 관리인보고서(표지)

○○지방법원 민사 제○단독
사건번호 20○○회단○○○○ 회생

관리인 보고를 위한 관계인집회
관 리 인 보 고 서

20○○. ○. ○.

채무자(법률상관리인) ○ ○ ○

[기재례 14] 관리인 보고를 위한 관계인집회 관리인보고서

안녕하십니까?

저는 20○○. ○. ○. ○○지방법원 민사○단독으로부터 회생절차개시결정을 받은 채무자 ○○○의 법률상관리인 ○○○입니다.

먼저 오늘 관리인 보고를 위한 관계인집회를 위하여 어려운 걸음을 해주신 채권자 및 이해관계인 여러분께 죄송스런 말씀과 아울러 그동안 많은 어려움이 있었음에도 불구하고, 깊은 배려와 격려를 아끼지 않고 보여주신 관심에 대하여 이 자리를 빌려 진심으로 머리 숙여 감사의 말씀을 드립니다.

그러면, 채무자가 회생절차 개시에 이르게 된 원인에 대해 말씀드리겠습니다.

채무자는 19○○년경 소규모 곡물 도매상을 시작으로 19○○년 ○○유지공업사를 개업하여 ○○○(쌀겨에서 추출한 기름)을 생산·판매 하였고, 오랜 유지업계에서의 신용을 바탕으로 20○○년경에는 연간 80억원 내외의 매출액 달성하는 등의 매출성과를 얻었습니다. 그러나 채무자가 현재와 같은 어려움에 처하게 된 경위는 다음과 같습니다.

채무자는 20○○. 08.경 공장의 화재로 인하여 막대한 재산상의 피해를 입게 되었고, 복구과정에서 채무자는 사업장 인근 부지를 매입하여 공장시설을 확충하는 등의 사업확장을 하였으나, 수익을 창출하지는 못하였습니다. 그 후, 20○○. 08.경 대체사업으로 ○○를 ○○○으로부터 수입하여 가공판매하였으나, 사업파트너의 불법으로 인하여 이마저 수익을 창출하지 못하였습니다. 그런데 설상가상으로 20○○. 08. 태풍 '○○○'으로 인해 공장의 지붕이 무너지는 등의 재해를 입게 되어 약 1억 2천만원 상당의 재산적 피해를 입어 채무자의 유동성 위기 및 운전자금 부족의 중대한 원인이 되었습니다.

채무자는 위와 같은 재해로 인하여 시설복구를 위한 자금을 차입하였으나, 잇따른 사업실패와 원자재 가격 상승으로 인한 매출이익 감소로 대출금 상환이 불가능하게 되었으며, 결국 현재와 같은 지급불능의 상황에 놓여 본 건 회생절차에 이르게 되었습니다.

다음은 채무자의 현재 재산내역에 대해서 보고 드리겠습니다.

20○○. ○. 04.자 조사보고서에 의하면 20○○. ○. 28. 기준 채무자의 총자산은

1,817백만원이고, 부채 총계는 7,946백만원으로 총부채가 총자산을 6,128백만원 만큼 초과하는 것으로 확인되었습니다. 또한 채무자의 계속기업가치는 -61백만원이고 청산가치는 1,410백만원으로서, 비교한 결과 청산가치가 계속기업가치에 비하여 1,470백만원 만큼 상회하고 있습니다.

끝으로 목록에 기재되거나 신고된 회생담보권, 회생채권에 대하여 조사한 결과에 대해서 말씀드리겠습니다.

목록에 기재되거나 채권신고기일까지 신고된 회생담보권은 총 10건으로 3,619백원이며 이 중 1,732백만원은 회생담보권으로 시인하였고, 나머지 1,887백만원은 부인하였으며 부인한 금액 중 1,727백만원은 회생채권으로 시인하였습니다. 같은 기간 목록 기재되거나 신고된 회생채권은 총 41건으로 7,059백만원이며, 이 중 4,602백만원은 시인하였고, 나머지 2,457백만원은 부인하였습니다.

시·부인 대상은 아니나, 같은 기간 목록에 기재되거나 신고된 벌금·조세 등은 3건으로 214백만원입니다.

이에 대한 자세한 사항은 첨부된 회생담보권, 회생채권, 조세채권 등의 목록 신고 및 시·부인표를 참조하여 주시기 바라며, 채권신고기일 이후, 신고된 회생담보권 및 회생채권은 추후 특별조사기일에 시·부인 하도록 하겠습니다.

존경하는 채권자 여러분!

그동안 채무자가 채권자 여러분께 경제적인 손실을 끼쳐 많은 고통을 드리고 심려를 끼쳐드렸음에도 불구하고, 채무자의 회생을 위하여 인내심을 가지고 성원을 보내주신 여러분의 따뜻한 가르침과 격려에 대하여 다시 한 번 진심으로 감사드립니다.

여러분의 회사와 가정에 늘 행운이 가득하시길 기원하며, 간략하나마 이것으로 관리인의 보고를 모두 마치겠습니다. 감사합니다.

20○○. ○. ○.

채무자(법률상관리인) ○○○

[사례 2] 일반회생 – 치과의사, 무리한 투자

일반회생신청서 일람표

회생절차개시신청서	회생계획안

- 회생절차개시명령신청서(표지)
- 회생절차개시명령신청서(본문)
- 포괄적금지명령신청서
- 금지명령에 대한 결정서
- 회생결정문
- 예납명령서
- 채무자 심문조서
- 회생절차개시결정문
- 관리인의 행위 제한에 관한 법원의 결정서
- 회생절차개시의 이해관계인에 대한 통지서
- 회생절차개시결정의 기입등록 촉탁서

[서식 1] 일반회생절차 개시신청서(표지)

회생절차 개시신청서

사 건 번 호	
배당순위번호	
재　판　부	제부(단독)

* 송달료 : 금 157,000원
* 인지대 : 금30,000원

신청인 겸 채무자 ○○○

제　　출　　자	: ○○○
관　　　　　계	: 사 무 원
(○○○법무법인 변호사 ○○○)	
주 민 등 록 번 호	:
전　화　번　호	: 02-○○○-○○○
팩　스　번　호	: 02-○○○-○○○
제출자의 신분확인	:

○○지방법원 귀중

[서식 2] 일반회생절차개시신청서

회생절차개시신청서

신청인 겸 채무자 ○ ○ ○
　　　　　　　　　○○시 ○구 ○○동 ○○-○
신청인의 대리인 변호사 ○○○
　　　　○○시 ○구 ○○동 ○○-○○
　　　　전화 000) 000-0000 팩스 000) 000-0000

신 청 취 지

채무자에 대하여 회생절차를 개시한다.
라는 결정을 구합니다.

신 청 이 유

1. 채무자의 개요

가. 채무자의 의료기관 개설, 운영

1) 채무자는 치과의사로서, 19○○. ○. ○. ○○시 ○구 ○○동 ○○-○에서 ○○치과의원(이하 '신청인 의원'이라 합니다)을 개설하여, 현재까지 운영하고 있는 자입니다.(소갑제1호증 사업자등록증, 소갑제2호증 의료기관개설신고필증).

2) 신청인은 치과의사로서 의료법에 의하여 의료기관(치과의원)인 신청인의 의원을 개설하였으며, 개인사업자로서 신청인 의원을 운영하여 치과의료업을 영위하고 있습니다.

나. 신청인 의원의 현황

1) 신청인 의원에서 근무하는 인력과 관련하여, 치과의사는 신청인 1명이며, 직원은 4명입니다(소갑제3증 사업자별 고지대상자 현황).

2) 신청인 의원은 ○○시 ○구 ○○동 ○○-○에 소재하고 있으며(소갑제1호증 사업자등록증), 영업소의 넓이는 237.33m²입니다(소갑제4호증 부동산 임대차 계

약서).

2. 신청인 의원과 관련된 자산과 부채 현황

신청인이 영위하는 신청인 의원과 관련된 자산과 부채의 현황은 아래와 같습니다.

가. 자산 현황

신청인 의원의 자산현황의 상세한 내역은 20○○. 12. 31. 현재의 대차대조표와 같은바(소갑제5호증의 1 20○○년도 대차대조표) 이를 요약하면 다음과 같습니다.

1) 유동자산 : 42,260,381원

20○○. 12. 31. 현재 당좌자산은 11,166,714원으로 이 중 현금이 311,744원이고 미수금이 10,854,970원입니다. 재고자산으로 상품 31,093,667원이 있습니다.

2) 비유동자산 : 512,382,601원

유형자산 492,122,601원, 무형자산 9,900,000원, 기타 비유동자산 10,360,000원입니다.

3) 총자산 : 554,642,982원

위 자산을 모두 합하면 신청인 의원의 20○○. 12. 31. 현재의 대차대조표상 총 자산은 554,642,982원 상당입니다.

나. 부채현황

신청인 의원의 부채현황의 상세한 내역은 20○○. 12. 31. 현재의 대차대조표와 같은바(소갑제5호증의 1 20○○년도 대차대조표), 이를 요약하면 다음과 같습니다.

1) 유동부채 : 50,076,819원

매입채무 3,255,241원, 미지급금 29,906,938원, 예수금 1,157,360원, 미지급 세금 15,757,280원입니다.

2) 비유동부채 : 6,759,998원

퇴직급여충당금 6,759,998원입니다.

3) 총부채 : 56,836,817원

위 부채를 모두 합하면 신청인 의원의 20○○. 12. 31. 현재의 대차대조표상 총 부채는 554,642,982원 상당입니다.

다. 자산과 부채의 변동내역

1) 자산의 변동내역(소갑제5호증의 1-5)

구 분	20○○	20○○	20○○	20○○	20○○
유동자산	**22,642,284**	**42,758,757**	**27,481,641**	**22,630,057**	**42,260,381**
1) 당좌자산	22,642,184	14,514,237	21,167,161	22,245,457	11,166,714
2) 재고자산		28,244,520	6,314,480	384,600	31,093,667
비유동자산	**225,002,316**	**238,531,316**	**517,036,316**	**521,536,316**	**512,382,601**
1) 투자자산	5,360,000	5,360,000	5,360,000	5,360,000	0
2) 유형자산	209,742,316	223,271,316	501,776,316	506,276,316	492,122,601
3) 무형자산	9,900,000	9,900,000	9,900,000	9,900,000	9,900,000
4) 기타비유동자산	-	-	-	-	10,360,000
자산 총계	**247,644,600**	**281,290,073**	**544,517,957**	**544,166,373**	**544,642,982**

치과의원의 특성상 유닛체어를 다수 보유하고, 고가의 진단장비인 방사선 발생장치, 각종 의료기기 등을 보유하고 있어야 하므로 유형자산의 비중이 높습니다(소갑제6호증 유형자산감가상각비명세서 참조).

2) 부채의 변동내역(소갑제5호증의 1-5)

구 분	20○○	20○○	20○○	20○○	20○○
유동부채	53,370,460	27,233,634	263,905,571	181,001,864	50,076,819
비유동부채	6,759,998	6,759,998	6,759,998	6,759,998	6,759,998
부채 총계	**60,130,458**	**33,993,632**	**270,665,569**	**187,761,862**	**56,836,819**

부채가 매년 감소한 것은 ○○건물이 경매에 붙여지면서 신청인의 재정 상태가 악화되자 리스채권자인 ○○캐피탈이 채권을 회수하기 신청인의 국민건강보험에 대한 의료비 청구권에 대해 강제집행을 하여 채권을 회수하면서 부채가 급격히 감소하게 되었습니다(소갑제7호증 리스실행통지, 소갑제8호증 결정문).

3. 사업외 부채 및 자산의 현황

가. 부채 발생의 원인

1) 신청인은 ○○시 ○○구 ○○동 ○○○-○○ 대 384.9m²중 20분지 19를 소유하고 있었고(신청인의 형 ○○○가 20분지 1 소유) 신청인의 형수 신청외 ○○○은 위 지상 건물을 소유하고 있었는데, 위 두 사람은 20○○. 5. 18. 위 대지와

건물을 매각하고(소각제9호증의 1, 2 각 등기부등본) 위 매각대금과 금융기관 및 지인으로부터 차용한 자금으로 다른 건물을 구입하기로 하였습니다. 신청인은 본인의 이름으로 구입하지 아니하고 자신의 처인 신청외 ○○○ 명의로 구입하기로 하고 위 신청인의 형수인 신청외 ○○○과 공동으로 20○○. 9. ○○도 ○○군 ○○읍 ○○리 ○○○-○ 건물(이하 '○○상가건물'이라고 합니다)에 관한 부동산강제경매에 입찰하여 46억원에 낙찰받았습니다(소갑제9호증의 1, 2 각 등기부등본).

2) 이 건물을 구입하기 위해 위 신청인의 처와 형수인 신청외 ○○○과 ○○○은 ○○○저축은행으로부터 각각 15억원을 대출을 받았는데 신청인이 위 각 대출에 대해 연대보증하였으며(소갑제10호증의 1, 2 각 여신거래약정서, 소갑제11호증의 1, 2 각 고객종합조회명세서), 신청인의 처인 신청외 ○○○이 신청외 ○○○으로부터 3억, 신청외 ○○○으로부터 1억 3천만원을 차용할 당시 지급을 보증하였고(소갑제12호증의 1-2 각 합의각서, 소갑제13호증의 1-2 각 합의각서), 신청외 ○○○로부터 1억원을 차용하였습니다(소갑제14호증 공정증서 참조). 이외에 ○○도 ○○동 부동산 판매 대금 5억원을 투입하였고, ○○상호저축은행으로부터 1억 5천만원(변제 완료), 형 ○○○으로부터 1억 4천만원, 장모 ○○○으로부터 1억 5천만원을 차용하였으며, 본인 개인재산 1억 3천만원을 투입하였고, ○○은행으로부터 3억원을 대출받은바 있습니다(소갑제15호증 부채증명서 참조).

3) ○○상가건물 구입 당시 계획은 상가점포를 분양하고, 2, 3층은 찜질방을 임대하여 3개월 내에 정상화시킬 계획이었으나 상가점포의 분양이 제대로 이뤄지지 않았고, 또한 찜질방 운영이 잘되지 않아 세입자들이 임대료를 제대로 납부하지 않아 ○○○저축은행의 이자(연 12%로 월 3,000만원)를 납부하지 못하게 되었습니다. 이에 ○○○저축은행이 ○○상가건물에 대해 20○○. 12. 임의경매를 신청하여 33억원에 낙찰되었고, 낙찰대금 33억원은 임금채권자, ○○군, ○○○저축은행에 배당되었는데, 당시 ○○○저축은행에 대한 이자를 포함 채권금액이 4,124,181,992원(연체이자가 연 25%였습니다)으로 위 낙찰대금은 ○○○저축은행에 대한 채무를 변제하기에도 부족하였습니다(소갑제16호증의 1 배당표 참조). 결국 신청인은 투자목적으로 처 ○○○ 명의로 ○○상가건물을 구입했다가 오히려 15억원 이상의 빚만 지게 되었습니다.

4) 이외에 신청인은 의료기기 구입 등 의원 운영을 위해 ○○캐피탈로부터 272,800,000원을 리스자금으로 대출받았으며(소갑제17호증 시설대여(리스)계약서), ○○협동조합중앙회로부터 가계일반자금 2천만원(소갑제18호증 금융거래확인서), ○○기업은행으로부터 중소기업시설자금 9천만원(소갑제19호증 부채증명원)을 대출받았으며, ○○○로부터 1억원을 차용하였습니다.

나. 부채 내역

1) ○○상가건물 구입자금 차입으로 인한 부채

가) ○○○저축은행

신청인의 처와 형수인 ○○○와 ○○○은 20○○. 9. 29. ○○○저축은행으로부터 각각 15억원을 만기 20○○. 9. 29. 연이율 12% 대출받았는데 신청인이 위 대출에 대해 연대보증하였습니다(소갑제10호증의 1, 2 각 여신거래약정서, 소갑제11호증의 1, 2 각 고객종합조회명세서). ○○○저축은행은 20○○. 3. 5. ○○도 ○○군 ○○읍 ○○리 ○○○-○ 건물 경매 당시 3,139,704,096원을 배당받았고 20○○. 3. 12. ○○도 ○○군 ○○면 ○○리 ○○○-○○ 잡종지 1,030m²외 5 필지에 대한 경매시 경매대금으로부터 25,919,438원을 배당받았으며(소갑제16호증의 1, 2 각 배당표) 20○○. 6. 17 현재 원금과 이자 합계 712,066,342원의 채무가 남아 있습니다(소갑제20호증 보증채무잔액증명서).

나) ○○은행

○○상가건물을 구입하기 위해 매각한 목동 건물을 구입하기 위해 ○○은행으로부터 3억원을 대출받았는데 20○○. 4. 만기가 도래하여 5천만원을 변제하면서 대출기간을 연장하여 지난 20○○. 4.까지 매월 500만원을 변제하여 왔습니다. 현재 원금 205,838,717원과 이자 4,553,258원의 채무가 남아 있습니다(소갑제14호증 부채잔액증명서).

다) 신청외 ○○○

20○○. 2. 10. ○○상가건물 구입을 위해 신청외 ○○○ 명의로 3억원을 차용할 당시 보증하였습니다(소갑제12호증의 2 각서). 20○○. 5. 27. 양자 합의하에 위 금액을 감액하여 금 2억 2천만원만 변제하기로 합의하였습니다(소갑제12호증의 1 합의각서).

라) 신청외 ○○○

20○○. 2. 10. ○○상가건물 구입을 위해 신청외 ○○○ 명의로 1억 3천만

원을 차용할 당시 보증하였습니다(소갑제13호증의 2 각서). 20○○. 5. 27. 양자 합의하에 위 금액을 감액하여 1억 1천만원만 변제하기로 합의하였습니다(소갑제13호증의 1 합의각서).

마) 신청외 ○○○

20○○. 5. ○○상가건물 구입을 위해 1억원을 차용하였습니다(소갑제15호증 공정증서 참조).

바) 신청외 ○○○, 신청외 ○○○, 신청외 ○○○

(1) 신청외 ○○○, 신청외 ○○○, 신청외 ○○○는 ○○상가건물의 세입자들로 임대보증금이 신청외 ○○○ 2억 2천만원, 신청외 ○○○ 2천만원, 신청외 ○○○ 4천만원, 합계 2억 8천만원이었습니다.

(2) ○○상가건물의 명의상 소유주는 신청외 ○○○이었으나 신청인이 실질적인 건물주이다 보니 위 세입자들의 신청인 의원에 찾아와 계속 요구하여 20○○. 3. 31. 위 임대보증금을 2분의 1로 감액하여(위 세입자 ○○○ 1억 1천만원, ○○○ 1천만원, ○○○ 2천만원) 지급하기로 합의하였습니다(소갑제21호증 합의각서). 합의 당시 신청외 ○○○으로부터 2천만원, 신청외 ○○○으로부터 1천만원을 차용하여 위 세입자 ○○○에게 2천만원, ○○○에게 1천만원을 변제하였으며, 그 후 ○○○에게 3천 7백만원을 추가로 변제하여 향후 ○○○에게는 5천 3백만원, ○○○에게 2천만원이 남아 있습니다.

사) 신청외 ○○○

20○○. 4. 경. ○○상가건물 세입자에 대한 합의금 지급을 위해 2천만원을 차용하였습니다(소갑제22호증 차용증).

아) 신청외 ○○○

20○○. 4.경 ○○상가건물 세입자에 대한 합의금 지급을 위해 1천만원을 차용하였습니다(소갑제23호증 차용증).

자) 신청외 ○○○

20○○. 5.경 ○○은행에 대한 5천만원을 변제를 위해 2천만원을 차용하였습니다(소갑제24호증 차용증).

2) 신청인 의원 운영으로 인한 부채

가) ○○협동조합중앙회

의원 운영을 위해 2천만원을 빌렸으며 현재 대출잔액이 19,931천원입니다(소갑제18호증 금융거래확인서).

나) ○○기업은행

20○○. 12. 엑스레이를 구입하기 위해 9천만원을 대출받아 현재 대출잔액이 39,725,992원입니다(소갑제19호증 부채증명원).

다) 신청외 ○○○

20○○. 1. 신청인 의원 운영을 위해 운영자금으로 1억원을 차용하였습니다(소갑제15호증 공정증서).

3) 구상채권

가) 주식회사 ○○○○○

○○은행으로부터 대출시 보증하였습니다(소갑제25호증 개원자금대출회원계약서 참조).

나) 주식회사 ○○

○○기업은행으로부터 대출받을 때 보증하였습니다.

다. 자산현황

1) 신청인 의원 임차보증금 : 1천만원(소갑제4호증 부동산임대차계약서)

2) 신청인 거주 아파트 임차보증금 : 1천만원[소갑제26호증 아파트임대차(월세)계약서]

3) 자동차(○○○, 19○○년식) : 잔존가액 110만원(소갑제27호증 자동차등록증)

4) ○○생명 종신보험 : 33,984,000원(소갑제28호증 보험료납입증명서)

4. 사업현황

가. 사업소의 규모

영업소의 넓이는 237.33m²이고(소갑제4호증 임대차 계약서), 근무하는 인력으로는 치과의사인 신청인 1명, 직원 4명입니다(소갑제3호증 사업자별 고지대상자 현황).

나. 매 출 액

신청인 의원의 최근 3년간 매출액 현황을 요약하면 다음과 같습니다(소갑제29

호증의 1-5 손익계산서).

구 분	20○○	20○○	20○○	20○○	20○○
매출액(원)	406,048,720	320,847,330	353,835,300	366,230,000	334,906,840
매출액 증가율(%)	-	-21	+10.3	+3.5	-8.6

20○○년 매출액이 406,048,720원으로 최대치를 기록하였으나, 20○○년부터 20○○년까지는 연평균 3억 4천 5백만원 정도의 안정적인 매출을 기록했습니다.

다. 손익현황

최근 3년간 신청인 의원의 당기손이익 현황을 요약하면 다음과 같습니다(소갑제29호증의 1-5 각 손익계산서).

구 분	20○○	20○○	20○○	20○○	20○○
당기순이익(원)	65,610,603	121,175,729	114,073,597	133,552,123	96,401,654
당기순이익 증가율(%)	-	+84.7	-5.9	+17.1	-27.8

20○○년도를 제외한 4년간의 연평균 당기순이익은 116,300천원으로 비교적 안정적인 수익이 발생하고 있습니다. 다만, 20○○년도에는 당기순이익이 27.8% 감소하였는데 이는 매출액이 8.6% 감소하고, 또한 인건비와 지급임차료가 148,000원에서 19,360,000원으로 증가하였기 때문입니다.

5. 회생절차 개시원인

가. 부채의 과도함

〈부채내역〉

(단위 : 원)

구 분	채 권 자	내 역	금 액	
			원 금	이 자
무담보 금융기관	○○○저축은행	○○상가건물 구입자금	0	712,066,342
	○○은행	상동	205,838,717	4,553,258
채권자	○○협동조합중앙회	의원 운영자금	19,931,000	
	○○기업은행	의료기기 구입자금	39,725,992	
	합 계		**265,495,709**	**716,619,600**
무담보 금융기관 이외 채권자	○○○	○○상가건물 구입자금	220,000,000	
	○○○	상동	110,000,000	

	○○○	○○상가건물 임차보증금	53,000,000	
	○○○	상동	20,000,000	
	○○○	○○상가건물 세입자 합의금	20,000,000	
	○○○	상동	10,000,000	
	○○○	○○은행 변제	20,000,000	
	○○○	○○상가건물 구입자금 등	200,000,000	
	합 계		**653,000,000**	
구상 채권자	(주)○○○○○	○○은행 대출채권 보증	205,838,717	4,553,258
	(주)○○	○○은행 대출채권 보증	39,725,992	
총 계			**918,495,709** (구상채권 제외)	**716,619,600** (구상채권 제외)

나. 채권자들의 부동산강제집행, 채무변제 요구로 인한 정상적 운영 불가능

1) ○○건물이 경매에 붙여지자 ○○캐피탈이 채권을 회수하기 위해 강제집행을 하여 20○○. 11. 9. 신청인의 국민건강보험공단에 대한 진료비 청구채권에 대해 채권전부명령을 결정받았습니다(소갑제8호증 결정문).

2) 또한 ○○시 ○○구 ○동 ○○○-○○ 매각으로 인한 양도소득세 84,547,910원 및 20○○년도 종합소득세 28,964,720원 체납으로 20○○. 9. 25. 신청인의 카드사에 대한 신용카드 매출채권에 대해 채권압류처분이 되어 20○○년 3월까지 집행되었습니다(소갑제20호증의 1=9 각 채권압류통지서, 소갑제31호증 압류해제통지서).

3) ○○은행의 경우 매월 500만원, ○○은행에 대해 매월 340만원 정도 변제하여 오다가 직원 월급조차 지급할 수 없는 형편이 되어 지난 5월부터 위 은행들에 대한 변제를 중지하고 우선 직원 급여 및 재료구입 비용 등 의원 운영에 필수적인 자금에 선지급하고 있습니다.

4) 신청인 의원의 당기순이익이 20○○년 114,073,597원, 20○○년 133,552,123원, 20○○년 96,401,654원으로 매년 평균 1억원 이상의 순이익이 발생하고 있어 신청인 의원의 운영으로 인한 부채는 변제할 수 있으나, ○○상가건물 구입으로 인한 부채의 경우는 변제하기 어려운 상황입니다.

다. 가처분 소득이 없어 기초적 생활 영위 불가능

1) 위에서 살펴본 바와 같이 진료비 수입이 전액 채권변제에 충당되는 관계로 최소한의 기초생활비조차 없어 장모님으로부터 생활비를 지원받고 있는 형편으

로 이마저 끊길 상황입니다.

2) 만약 현재와 같은 상황이 지속될 경우 신청인으로서는 더 이상 의원을 운영할 수 없으므로 폐업을 고려할 수밖에 없는 상황입니다.

6. 회생가능성

신청인은 비록 현재는 과다한 부채로 인해 파탄에 직면하여 있으나, 아래에서 보는 바와 같이 귀원에서 회생개시결정을 한다면 회생의 가망성이 충분히 있습니다.

가. 파탄원인의 제거

1) 현재 신청인의 채권자가 일시에 신청인 의원의 진료비 수입에 대해 강제집행을 하게 되면 직원들의 인건비조차 지급할 수 없게 되고 향후 의원 운영에 필요한 최소한의 비품, 재료 및 의료기기를 구입할 수 없게 되어 의원의 계속적 영업이 불가능하게 될 것이고 이는 결국 채권자들의 불이익으로 돌아갈 것입니다.

2) 그런데 귀원에 의하여 회생절차개시결정이 되면 파탄원인의 상당 부분은 제거될 수 있어 신청인 의원 운영이 가능해져 채권의 상당부분을 변제할 수 있게 됩니다.

나. 신청인 의원의 안정적인 수익 발생

1) 신청인 의원의 당기순이익은 20○○년 114,073,597원, 20○○년 133,552,123원, 20○○년 96,401,654원으로 매년 평균 1억원 내외의 순이익이 발생하고 있어 신청인의 부채의 상당부분을 변제할 수 있습니다.

다. 관계인의 동의

1) 신청인의 채권자들도 신청인이 ○○상가건물 구입으로 인한 과도한 부채를 부담하고 있어 의원 수입만으로는 전체 채무를 변제하기 불가능한 사정을 잘 파악하고 있어 신청인에게 해결방안을 문의하고 있으며, 의원의 폐업보다는 회생절차를 통해 계속적인 영업을 유지하여 채무의 일부라도 변제하기를 원하는 상황입니다.

2) 신청외 ○○○는 신청인의 대학친구인데 카드회사에 대한 신청인의 카드대금청구채권에 대해 압류 및 전부명령을 신청하였으나 신청인의 어려운 사정을 알고 신청인이 회생절차를 인정받는데 협조하기 위해 위 압류 및 전부명령을 취하한 바 있습니다(소갑제32호증 결정문, 소갑제33호증 대법원 나의 사건 검색화면).

3) 신청인은 ○○상가건물 구입을 위해 형 ○○○로부터 1억 4천만원, 장모님으로부터 1억 5천만원을 차용하였는데 위 채권자들은 신청인이 회생절차를 인정받는데 협조하기 위해 채권을 포기하였습니다.

7. 청산가치와 계속기업가치의 비교

신청인 의원이 청산을 통해 해체 소멸되는 경우 신청인 의원의 개별재산을 분리하여 처분할 때의 가치(이하 '청산가치'라 함)와 신청인 의원의 재산을 해체 청산하지 아니하고 이를 기초로 영업활동을 계속할 때의 가치(이하 '계속기업가치'라고 함)을 비교하면 다음과 같습니다.

가. 청산가치

신청인 의원의 20○○. 12. 31 현재의 자산총액은 554,643,982원으로(소갑제5호증의 1 대차대조표) 당좌자산은 11,166,714원으로 대부분 미수금이고, 재고자산과 유형자산이 대부분을 차지합니다. 그러나 이는 장부상의 가액에 불과하고 감정가는 이보다는 낮을 것으로 추정되고, 경매과정에서 감정가액보다 훨씬 낮은 가격에 낙찰되는 것을 감안하며 만일 신청인 의원의 회생절차개시 신청이 기각되어 파산되는 경우에는 신청인 의원의 청산가치는 감정가보다도 더 낮아질 것입니다.

나. 계속기업가치의 계산과 청산가치와의 비교

신청인 의원의 계속기업가치는 신청인 의원의 미래수익흐름을 현재가치로 할인하는 현금흐름할인법에 의할 경우 연도별 할인율을 현재의 10년 만기 국공채수익율 5.3%로 가정할 때 약 1,210,518,417억원으로(소갑제34호증 계속기업가치의 산정) 신청인 의원의 20○○. 12. 31. 현재의 자산총액 554,642,982원(실제 청산가치를 훨씬 상회하는 금액)보다 약 655,875,435원이 더 큽니다.

〈계속기업가치의 계산〉

(단위 : 천원)

Ⅰ. 총영업현금흐름												
	20○○	20○○	20○○	20○○	20○○	20○○	20○○	20○○	20○○	소계	20○○년 이후	총 계
1. 영업이익	142,717	137,351	131,814	126,101	120,203	114,118	107,837	101,355	94,666	1,076,165		
2. 소득세비용	16,819	16,186	15,534	14,860	14,165	13,448	12,708	11,944	11,156	126,821		
3. 당기순이익	125,899	121,166	116,281	111,240	106,038	100,669	95,128	89,411	83,510	949,344		

4. 감가상각비	123,910	123,910	123,910	123,910	123,910	123,910	123,910	123,910	123,910	123,910		
소 계	248,809	245,076	240,191	235,150	229,948	224,579	219,039	213,321	207,420			
II. 영업관련투자액												
1. 유형자산투자	123,910	123,910	123,910	123,910	123,910	123,910	123,910	123,910	123,910	123,910		
III. 순영업현금흐름	125,899	121,166	166,281	111,240	106,038	100,669	95,128	89,411	83,510	949,344		
IV. 할인율	5%	5%	5%	5%	5%	5%	5%	5%	5%	5%		
V. 현재가치계수	0.9524	0.9070	0.8638	0.8227	0.7835	0.7462	0.7107	0.6768	0.6446			
VI. 현금흐름의순현가	119,904	109,901	100,448	91,518	83,084	75,121	67,606	60,517	58,832		436,457	1,198,387

* 민사법정이율 5%로 미해현금흐름을 할인함

* 신청인이 치과의사를 65세까지 영위할 수 있는 것으로 가정하여 계산

8. 부채상환계획에 대한 의견

가. 향후 10년간의 손익추정

최근 5년간의 의원의 운영상태를 전제로 신청인 의원의 향후 8년간의 추정손익 계산서는 아래와 같습니다(소갑제35호증 추정손익계산서).

〈향후 8년간 추정손익계산서〉

(단위 : 천원)

구 분	20○○	20○○	20○○	20○○	20○○	20○○	20○○	20○○	20○○	소계
	기초 및 준비연도	1차 연도	2차 연도	3차 연도	4차 연도	5차 연도	6차 연도	7차 연도	8차 연도	
매출액	349,914	349,914	349,914	349,914	349,914	349,914	349,914	349,914	349,914	3,149,222
매출원가	39,528	39,528	39,528	39,528	39,528	39,528	39,528	39,528	39,528	355,749
매출총이익	310,386	310,386	310,386	310,386	310,386	310,386	310,386	310,386	310,386	2,793,473
매출이익율	89%	89%	89%	89%	89%	89%	89%	89%	89%	
판매비와 관리비	167,669	173,034	178,571	184,285	190,182	196,268	202,549	209,030	215,719	1,717,309
영업이익	142,717	137,351	131,814	126,101	120,203	114,118	107,837	101,355	94,666	1,076,165
영업이익율	40.8%	39.3%	37.7%	36.0%	34.4%	32.6%	30.8%	29.0%	27.1%	
영업외수익	-	-	-	-	-	-	-	-	-	-
영업외비용	-	-	-	-	-	-	-	-	-	-
소득세차감전이익	142,717	137,352	131,815	126,101	120,203	114,118	107,837	101,355	94,666	1,076,165
소득세비용	16,819	16,186	15,534	14,860	14,165	13,448	12,708	11,944	11,156	126,821
당기순이익	125,898	121,166	116,281	111,240	106,038	100,669	95,128	89,411	83,510	949,344

* 준비년도 매출액 : 20○○년부터 소급하여 5년전까지의 자료를 5:4:3:2:1로 가중평균한 금액이 발생한다고 가정

* 매출증가 : 현재의 의료시장 상황이나 신청인의 연령(46세)을 고려할 때 향후 수입증가를 기대하기 어려우므로 기준년도 매출액 수준을 유지한다고 가정

* 매출원가율 : 20○○년부터 소급하여 5년 전까지의 자료를 5:4:3:2:1로 가중평균한 금액을 준비년도 매출원

가로 하고 기준년도 매출원가율을 적용

* 판매비와 관리비 : 20○○년부터 소급하여 5년 전까지의 자료를 5:4:3:2:1로 가중평균한 금액을 준비년도 판매비와 관리비로 하고 최근 10년간 소비자물가상승률만큼 증가한다고 가정
* 소득세비용 : 20○○년부터 소급하여 5년 전까지의 자료를 5:4:3:2:1로 가중평균한 금액을 준비년도 소득세비용으로 기준년도 소득세차 감전 이익 대비 기준년도 소득세비용 비율을 적용
* 감가상각비 : 차량을 제외한 20○○년도 유형자산 기말잔액을 5년간 정액법으로 감가상각한다고 가정
* 유형자산 : 감가상각액 만큼 투자하는 것으로 가정
* 할인율은 민사법정이율 5%를 적용

나. 부채상환계획에 대한 의견

만일 신청인에 대하여 회생절차개시결정이 된다면 아래 부채상환계획표에 기재한 바처럼 현재 채무중 원금의 40-60% 상당을 10년 이내에 상환할 수 있을 것으로 봅니다.

〈부채상환계획표〉

(단위 : 원)

구 분	채 권 자	채권금액		감면율	감면후금액	상환조건	이자율
무담보 금융기관채권자	○○○저축은행	원금	0	100%	0	8년 분할	5%
		이자	712,066,342	85%	106,809,951		
	○○은행	원금	205,838,717	40%	123,503,230	8년 분할	
		이자	-	100%	0		
	○○협동조합중앙회	원금	19,931,000	40%	11,958,600	8년 분할	
		이자	-	100%	0		
	○○기업은행	원금	39,725,992	40%	23,835,595	8년 분할	
		이자	-	100%	0		
무담보 금융기관 이외의 채권자	○○○	원금	220,000,000	60%	88,000,000	8년 분할	
		이자	-	100%	0		
	○○○	원금	110,000,000	60%	44,000,000	8년 분할	
		이자	-	100%	0		
	○○○	원금	73,000,000	60%	29,200,000	8년 분할	
		이자	-	100%	0		
	○○○	원금	20,000,000	60%	8,000,000	8년 분할	
		○○○	-	100%	0		
	○○○	원금	20,000,000	40%	12,000,000	8년 분할	
		이자	-	100%	0		

	○○○	원금	10,000,000	40%	6,000,000	8년 분할	
		○○○	-	100%	0		
	○○○	원금	20,000,000	40%	12,000,000	8년 분할	
		이자	-	100%	0		
	○○○	원금	200,000,000	40%	120,000,000	8년 분할	
		이자	-	100%	0		
구상채권자	(주)○○○○○	원금		40%		8년 분할	
		이자		100%			
	(주)○○	원금		40%		8년 분할	
		이자		100%			

9. 결 론

그러므로 채무자에 대하여 회생절차개시결정이 있기를 바라는바, 이 신청에 이르렀습니다.

소 명 방 법

1. 소갑제1호증 사업자등록증
1. 소갑제2호증 의료기관개설신고필증
1. 소갑제3호증 사업장별 고지대상자 현황
1. 소갑제4호증 부동산임대차계약서
1. 소갑제5호증의 1-5 각 대차대조표
1. 소갑제6호증 유형자산감가상각비명세서
1. 소갑제7호증 리스실행통지서
1. 소갑제8호증 채권전부명령결정문(20○○타채○○○○○)
1. 소갑제9호증의 1,2 각 등기부등본
1. 소갑제10호증의 1,2 각 여신거래 약정서(○○2상호저축은행)
1. 소갑제11호증의 1,2 각 고객종합조회명세서(○○2상호저축은행)
1. 소갑제12호증의 1,2 각 합의각서
1. 소갑제13호증의 1,2 각 합의각서
1. 소갑제14호증 부채증명서(○○○○은행)
1. 소갑제15호증 공정증서
1. 소갑제16호증의 1 배당표(20○○타경○○○○○)

2 배당표(20○○타경○○○○)
1. 소갑제17호증 시설대여(리스)계약서
1. 소갑제18호증 금융거래확인서(○○협동조합중앙회)
1. 소갑제19호증 부채증명원(○○기업은행)
1. 소갑제20호증 보증채무잔액증명서(○○○상호저축은행)
1. 소갑제21호증 합의각서
1. 소갑제22호증 차용증(○○○)
1. 소갑제23호증 차용증(○○○)
1. 소갑제24호증 차용증(○○○)
1. 소갑제25호증 개원자금대출회원 계약서
1. 소갑제26호증 아파트임대차(월세)계약서
1. 소갑제27호증 자동차등록증
1. 소갑제28호증 보험료 납입증명서
1. 소갑제29호증의 1-5 각 손익계산서
1. 소갑제30호증의 1-8 각 채권압류통지서
1. 소갑제31호증 압류해제통지서
1. 소갑제32호증 채권압류및추심명령결정문(20○○타채○○○)
1. 소갑제33호증 대법원나의사건검색화면(20○○타채○○○○)
1. 소갑제34호증 계속기업가치의 산정
1. 소갑제35호증 추정손익계산서

첨 부 서 류

1. 위 소명방법 각 2부
1. 위임장 1부

20○○. ○. ○.

신청인 겸 채무자의 대리인
변호사 ○ ○ ○ (인)

○○지방법원 귀중

[서식 3] 포괄적 금지명령신청서

포괄적금지명령신청서

사　　　　　건 20○○회단○○ 회생
신청인 겸 채무자 ○ ○ ○
○○시 북구○○동 ○○-○

신청인의 대리인 변호사 ○○○
○○시 ○구 ○○동 ○○-○○
전화 000) 000-0000팩스 000) 000-0000

신 청 취 지

이 사건에 관하여 회생절차 개시신청에 대한 결정이 있을 때까지 모든 회생채권자 및 회생담보권자에 대하여 회생채권 또는 회생담보권에 기한 강제집행, 가압류, 가처분 또는 담보권실행을 위한 경매절차를 금지한다.
라는 결정을 구합니다.

신 청 이 유

1. 회생절차의 개시신청과 재산보전처분의 신청
채무자는 20○○. 6. 24. 귀원에 회생절차개시신청을 하였고(20○○회단○○), 20○○. 6. 30. 귀원에서 재산보전처분명령을 하였습니다(소갑제1호증 결정문).

2. 포괄적 금지명령의 필요성
가. 채무자는 채무자 의원을 청산할 경우 오히려 채권자에게 이익이 되고, 또한 지역주민에게 지속적인 의료서비스를 제공할 수 있으므로 신청인 의원을 살리기 위해 귀원에 회생절차개시신청을 하여 심리 중에 있습니다.

나. 만약 회생절차개시결정이 있기 전에 채권자 중 일부가 채무자의 국민건강보험공단에 대한 진료비청구권과 카드회사에 대한 카드대금청구권 등에 채권자가 강제집행, 예컨대 채권압류 및 전부명령을 할 경우 채권자간의 형평을 해하게 되어

채무자의 회생에 결정적인 장애가 될 가능성이 크며, 경우에 따라서는 회생절차 개시신청이 의미가 없게 될 가능성이 있습니다.

3. 결 론

그러므로 채무자는 채무자 회생 및 파산에 관한 법률 제45조 제1항의 규정에 따라 신청취지와 같은 결정을 구하고자 이 신청을 하기에 이르렀습니다.

첨 부 서 류

1. 소갑제1호증 결정문 1통

20○○. ○. ○.

신청인 겸 채무자의 대리인
변호사 ○○○(인)

○○지방법원 회생○단독 귀중

[기재례 1] 포괄적 금지명령

○ ○ 지 방 법 원
결　　　정

사　　　　건　20○○회단○○ 회생
신청인 겸 채무자　○ ○ ○ (000000-0000000)
　　　　　　　　○○시 ○구 ○○동 ○○-○
　　　　　　　　대리인 변호사 ○○○

주　　　문

1. 채무자는 20○○. 7. 1. 10:00 이전의 원인으로 생긴 일체의 금전채무에 관하여 그 변제 또는 담보제공을 하여서는 아니된다.
2. 채무자는 부동산, 자동차, 중기, 공업소유권 등 등기 또는 등록의 대상이 되는 그 소유의 일체의 재산 및 금 1,000,000원 이상의 기타 재산에 관한 소유권의 양도, 담보권·임차권의 설정 기타 일체의 처분행위를 하여서는 아니된다.
3. 채무자는 명목 여하를 막론하고 차재(신용카드를 이용한 일체의 현금 융통, 어음할인을 포함한다)를 하여서는 아니된다.
4. 채무자는 직원을 채용하여서는 아니된다.
5. 위 각 항의 경우에 있어서 미리 이 법원의 허가를 받았을 때에는 그 제한을 받지 아니한다.

이　　　유

채무자 회생 및 파산에 관한 법률 제43조에 의하여 주문과 같이 결정한다.

20○○. ○. ○.

판 사 ○ ○ ○

[기재례 2] 채무자심문기일결정

○ ○ 지 방 법 원

결 정

사 건 20○○회단○○ 회생
신청인 겸 채무자 ○ ○ ○ (000000-0000000)
○○시 ○구 ○○동 ○○-○
대리인 변호사 ○○○

위 사건에 관하여 아래와 같이 채무자를 심문한다.

1. 일시 : 20○○. ○. ○. 10:00
2. 장소 : ○○지방법원청사 별관 남관 ○○○호실

20○○. ○. ○.

판사 ○ ○ ○

[기재례 3] 비용예납명령

○ ○ 지 방 법 원

결 정

사 건 20○○회단○○ 회생
신청인 겸 채무자 ○ ○ ○ (000000-0000000)
○○시 ○구 ○○동 ○○-○
대리인 변호사 ○○○

주 문

신청인은 이 결정을 송달받은 날로부터 7일 이내에 금 7,000,000원을 예납하여야 한다.

이 유

채무자 회생 및 파산에 관한 법률 제39조에 의하여 주문과 같이 결정한다.

20○○. ○. ○.

판사 ○ ○ ○

[기재례 4] 회생절차개시결정

○ ○ 지 방 법 원
결　　　정

사　　　　건　20○○회단○○ 회생
신청인 겸 채무자　○ ○ ○ (000000-0000000)
○○시 ○구 ○○동 ○○-○
대리인 변호사 ○○○

주　　　문

1. 채무자에 대하여 회생절차를 개시한다.
2. 채무자에 대하여 관리인을 선임하지 아니하고, 채무자를 관리인으로 본다.
3. 회생채권자, 회생담보권자의 목록 제출기간을 20○○. 7. 18.부터 20○○. 8. 1.까지로 한다.
4. 회생채권, 회생담보권의 신고기간을 20○○. 8. 2.부터 20○○. 8. 14.까지로 한다.
5. 회생채권, 회생담보권의 조사기간은 20○○. 8. 15.부터 20○○. 8. 25.까지로 한다.

이　　　유

1. 인정사실

이 사건 기록에 의하면 다음 사실을 인정할 수 있다.

가. 채무자는 19○○년 ○○대학교 치과대학을 졸업하고, 약 2년 동안 개인 치과의원에 고용되어 근무하여 오다가 19○○. 4.부터 ○○에서 치과를 개업하여 현재까지 운영해 오고 있다.

나. 위 개업 당시 채무자는 약 3,000만원 정도를 투자하였고, 20○○년경에는 최신 의료기기를 구입하느라 3억원 상당을 투자하였으며, 이를 바탕으로 채무자는 지난 5년간(20○○년 ~ 20○○년) 위 치과를 운영하면서 매년 3억 2,000만원 내지 4억원 상당의 매출을 올려 왔다.

다. 그런데, 20○○. 9.경 ○○도 ○○군에 있는 ○○상가건물을 경매절차를 통하여 46억원에 낙찰받으면서 금융기관으로부터 31억 5,000만원, 지인들에게서 8억원 상당을 차용하게 되었는바, 당초에는 위 건물의 낙찰가가 시세보다 훨씬 낮았으며, 일단 낙찰받은 후 상가를 개별로 임대하여 얻을 수 있는 수익과 채무자의 형이 상가 내에 있는 찜질방을 운영하는 수입으로 대출금을 갚아 나갈 수 있을 것으로 예상하였으나, 유치권자가 상가건물을 점거하는 사태가 발생하여 임대가 잘되지 않고 찜질방마저 운영이 잘되지 않아 대출금에 대한 이자를 갚지 못하게 되자, 금융기관으로부터 위 상가건물에 경매신청이 들어오고, 채권자들이 국민건강보험공단으로부터 채무자가 받을 진료비채권에 대해 채권압류 또는 전부명령을 받아 집행하게 됨으로써, 채무자는 자금난에 봉착하게 되었고 위 치과의원을 정상적으로 운영하는 것도 힘들게 되었다.

라. 이에 채무자는 의료장비 중 일부를 20○○년 말에 팔아 일부 부채를 갚기도 하였으나, 카드대금채권이나 진료비채권에 대한 회수가 채권자들로부터 제기된 강제집행 때문에 지연되면서 치과의 직원들에 대한 급여도 제대로 주지 못하는 상황까지 처하게 되었다.

마. 한편, 20○○. 5.말 현재 채무자의 자산은 치과의원 및 자신의 주거용 아파트에 관한 임대차보증금 합계 2,000만원, 현금 1,300만원, ○○생명종신보험에 가입한 후 낸 보험료 3,400만원과 현재 남아 있는 의료장비 및 의원설비 합계 554,642,982원이고, 부채는 무담보 채무로서 금융기관 채무, 지인들에 대한 채무 포함하여 약 16억 5,000만원 상당에 이른다.

2. 판 단

위 인정사실에 의하면, 채무자는 부채가 자산을 초과하여 파산의 원인인 사실이 생겼다고 할 것이므로 채무자 회생 및 파산에 관한 법률 제34조 제1항 제2호가 정한 회생절차 개시사유가 있다고 판단되고, 달리 채무자 회생 및 파산에 관한 법률 제42조 각 호에 정해진 회생절차 개시신청의 기각사유가 있음을 단정할 만한 자료가 없다.

3. 결 론

따라서, 이 사건 신청은 이유 있으므로 채무자에 대하여 회생절차를 개시하고, 채무자 회생 및 파산에 관한 법률 제74조 제3항에 의하여 관리인을 선임하지 아니하고 같은 조 제4항에 의하여 채무자를 관리인으로 본다. 또한 회생채권자, 회생담보권자의 목록의 제출기간, 회생채권·회생담보권의 신고기간, 회생채권·회생담보권의 조사기간에 관하여는 채무자 회생 및 파산에 관한 법률 제50조 제1항에 의하여 주문과 같이 결정한다.

20○○. ○. ○. 10:00

판사 ○ ○ ○

[기재례 5] 관리인의 행위에 대한 법원의 제한 결정

○ ○ 지 방 법 원
결 정

사 건 20○○회단○○ 회생
신청인 겸 채무자 ○ ○ ○ (000000-0000000)
○○시 ○구 ○○동 ○○-○

주 문

1. 관리인이 다음의 각 행위를 함에는 이 법원의 허가를 얻어야 한다.
 가. 부동산·자동차·중기·특허권 등 등기 또는 등록의 대상이 되는 일체의 재산에 대한 소유권의 양도, 담보권·임차권의 설정 기타 일체의 처분행위.
 나. 등기·등록의 대상이 되지 아니하는 시가 100만원 이상의 재산에 대한 소유권의 양도, 담보권·임차권의 설정 기타 일체의 처분행위.
 다. 금 100만원 이상의 재산의 양수.
 라. 항목당 금 100만원 이상의 금원 지출. 다만, 회생담보권 및 회생채권에 대한 변제는 100만원 이하의 금원 지출도 포함하고, 반면 국세, 지방세, 전기료, 수도료, 가스료, 전화료, 국민연금 등 제세공과금과 건강보험료, 고용보험료, 산재보험료 중 공익채권에 해당하는 금원 지출은 제외한다. 그러나 단서에서 제외된 금원 지출에 관하여도 매월(월간보고서)마다 그 지출 상황을 보고하여야 한다.
 마. 금 100만원 이상의 금원의 지출이 예상되는 증여, 매매, 교환, 소비대차, 임대차, 고용, 도급, 위임, 임치 등 계약의 체결 또는 의무부담행위.
 바. 명목이나 방법 여하를 막론한 차재.
 사. 어음·수표계좌의 설정, 어음·수표용지의 수령 및 발행행위.
 아. 채무자 회생 및 파산에 관한 법률 제119조의 규정에 의한 계약의 해제 또는 해지.
 자. 소의 제기, 소송대리인의 선임, 화해 기타 일체의 소송행위. 다만, 미수채권회수를 위하여 채무자의 물건 및 채권에 대하여 하는 가압류·가처분 신청행위는 제외하되, 다만 매 3개월(분기보고서)마다 그 가압류·가처분 상황을 법원에 보고하여야 한다.

차. 권리의 포기.
카. 회생담보권, 회생채권 등에 대한 이의의 철회.
타. 공익채권과 환취권의 승인.
파. 기타 상무에 속하지 아니하는 행위.

2. 관리인이 이 법원의 허가를 얻어야 할 수 있는 위 각 목의 행위 중 "나"목 내지 "자"목에 대한 허가사무를 이 법원 관리위원회 소속 ○○○ 관리위원에게 위임한다. 다만 아래의 행위에 대한 허가사무는 위임하지 아니한다.
가. "다"목 중 제3자의 영업의 양수.
나. "라"목 중 회생담보권 및 회생채권의 변제.
다. "자"목 중 소의 취하, 화해, 청구의 포기·인낙, 소송탈퇴.

3. 위 관리위원은 허가위임사무의 처리결과를 매월 이 법원에 보고하여야 한다.

4. 채무자 회생 및 파산에 관한 법률 제91조의 규정에 의한 재산목록과 대차대조표의 제출기간, 같은 법 제92조의 규정에 의한 조사보고서의 제출기간을 각 20○○. 8. 29.까지로 한다.

5. 관리인은 회생절차 개시결정일부터 매월 채무자의 업무 및 재산의 관리상태 기타 부수사항에 관한 보고서(월간보고서)를 작성하여 다음 달 20.까지 이 법원에 제출하여야 한다.
6. 관리인은 회생절차 개시결정일부터 매년 결산보고서를 작성하여 회계연도 종료 후 1월 이내에 이 법원에 제출하여야 한다.

이 유

채무자 회생 및 파산에 관한 법률 제61조, 제18조, 제91조, 제92조, 제93조, 같은 규칙 제29조 제1항, 제30조 제1항, 제2항을 각 적용하여 주문과 같이 결정한다.

20○○. ○. ○.

판사 ○ ○ ○

[기재례 6] 관리인에 대한 법원의 명령

○ ○ 지 방 법 원

결 정

사 건 20○○회단○○ 회생
신청인 겸 채무자 ○ ○ ○ (000000-0000000)
○○시 ○구 ○○동 ○○-○

주 문

1. 관리인은 회생절차 개시결정일부터 7일 이내에 관리인 명의의 예금구좌를 개설한 후 그 내용을 법원에 보고하여야 한다.
2. 관리인은 회생절차 개시결정일 이후의 모든 수입 및 지출내역이 위 예금구좌의 거래내역으로 확인될 수 있도록 하여야 한다.
3. 관리인이 월간보고서를 법원에 제출할 때 보고기간에 해당하는 위 예금구좌의 거래 내역서 또는 통장사본을 첨부하여야 한다.
4. 관리인이 제1항의 예금구좌를 변경하고자 하는 경우에는 이 법원의 허가를 얻어야 한다.

이 유

채무자 회생 및 파산에 관한 법률 제61조, 제93조를 각 적용하여 주문과 같이 결정한다.

20○○. ○. ○.

판사 ○ ○ ○

[기재례 7] 송달의 공고에 의한 갈음 결정

○ ○ 지 방 법 원
결 정

사 건 20○○회단○○ 회생
신청인 겸 채무자 ○ ○ ○ (000000-0000000)
○○시 ○구 ○○동 ○○-○

주 문

관리인, 채무자, 알고 있는 회생채권자·회생담보권자 이외의 자에 대한 채무자 회생 및 파산에 관한 법률 제51조에 의한 송달은 공고로써 갈음한다.

이 유

채무자 회생 및 파산에 관한 법률 제10조 제1항을 적용하여 주문과 같이 결정한다.

20○○. ○. ○.

판사 ○ ○ ○

[기재례 8] 회생절차개시결정의 이해관계인에 대한 통지

○ ○ 지 방 법 원

결　　　정

수　　신　　관리인, 채무자, 알고 있는 회생채권자·회생담보권자
사　　건　　20○○회단○○ 회생
신청인 겸 관리인　○○○ (000000-0000000)
　　　　　　　　○○시 ○구 ○○동 ○○-○

위 사건에 관하여 이 법원은 20○○. 7. 18. 10:00 회생절차개시결정을 하였으므로, 채무자 회생 및 파산에 관한 법률 제51조 제2항, 제1항의 규정에 의하여 다음 사항을 통지합니다.

다　　　음

1. 회생절차개시결정의 주문
 가. 채무자에 대하여 회생절차를 개시한다.
 나. 채무자에 대하여 관리인을 선임하지 아니하고, 채무자를 관리인으로 본다.
2. 관리인의 회생채권자·회생담보권자의 목록제출기간 : 20○○. 7. 18.부터 20○○. 8. 1.까지
3. 회생채권, 회생담보권의 신고기간과 장소 : 20○○. 8. 2.부터 20○○. 8. 14.까지 ○○법원종합청사 별관 파산과 1층
4. 조사기간 및 이의제출 장소 : 20○○. 8. 15.부터 20○○. 8. 25.까지 ○○지방법원청사 별관 파산과 1층
5. 회생절차가 개시된 채무자의 재산을 소지하고 있거나 그에게 채무를 부담하는 자는 그러한 20○○. 8. 14.까지 관리인에게 신고하여야 한다.

20○○. ○. ○.

판사 ○ ○ ○

[기재례 9] 회생채권자 등에 대한 채권신고안내

○ ○ 지 방 법 원

우) 000-000 ○○시 ○구 ○○동 ○○-○ / ☎ 000-0000 / 팩스 000-0000

시행일자 20○○. 7. 18.
수 신 채무자 겸 관리인 ○○○
제 목 회생채권자 등의 목록 작성철저 및 채권자들에 대한 채권신고 안내 철저

1. 채무자 ○○○에 대한 이 법원 20○○회단○○ 회생사건과 관련된 내용입니다.
2. 법원은 20○○. 7. 18.자로 채무자에 대한 회생절차개시결정을 하고 관리인으로부터 회생채권자 등의 목록을 제출받은 후 채권자들로부터 채권신고를 접수받을 예정입니다. 그런데 관리인이 작성하는 회생채권자 등의 목록이 부실하거나 채권자가 채무자에 대하여 위와 같은 결정이 내려진 사실을 알지 못하는 경우에는 채권자들이 정해진 기간 안에 채권신고를 하지 못하여 권리를 상실하거나 불이익을 받을 우려가 있습니다.
3. 따라서 관리인으로서는 채권자들이 그러한 불이익을 입지 않도록 도의적인 책임을 다 할 필요가 있습니다. 관리인은 채권자 등의 목록을 작성함에 있어서 회생채권 등이 누락되는 일이 없도록 하여야 하고, 알고 있는 채권자들에 대하여 빠짐없이 다음 사항을 우편 기타 상당한 방법으로 통지하여 채권자들이 그 권리를 보전할 수 있도록 함으로써 채권자 보호에 만전을 기울여 주시기 바랍니다.

다 음

1. 회생절차개시결정일자 : 20○○. 7. 18. 10:00
2. 회생채권자·회생담보권자의 목록 제출 기간 : 20○○. 7. 18.부터 20○○. 8. 1.까지
3. 회생채권·회생담보권의 신고기간 및 장소 : 20○○. 8. 2.부터 20○○. 8. 14.까지

○○지방법원 파산과(○○지방법원청사 별관 남관) 1층

4. 회생채권 등에 대한 조사기간 및 이의제출 장소 : 20○○. 8. 15.부터 20○○. 8. 25.까지 ○○지방법원 파산과(○○지방법원청사 별관 남관) 1층

판사 ○ ○ ○

[기재례 10] 회생절차개시결정의 기입등록촉탁

○ ○ 지 방 법 원
회 생 ○ 단 독
등 록 촉 탁 서

○○시장(참조 : 차량등록담당자) 귀하

사 건 20○○ 회단○○ 회생

채 무 자 ○ ○ ○ (000000-0000000)
○○시 ○구 ○○동 ○○-○

위 사건에 관하여 다음과 같이 회생절차 개시결정 기입등록을 촉탁합니다.

자동차의 표시 별지기재와 같음

등록원인과 그 연월일 20○○. 7. 18. 10:00 회생절차 개시결정

등록목적 별지기재 자동차에 대한 회생절차 개시결정 기입등록

등 록 세 채무자 회생 및 파산에 관한 법률 제27조, 제25조 제1항 및 제4항, 제24조 제1항 제2호에 의하여 면제

첨 부 1. 결정 등본, 경정결정정본 1통
2. 촉탁서 부본 1통

20○○. ○. ○.

법원주사 ○ ○ ○

제3장 일반회생계획안 작성사례

[사례 1] 일반회생 – 회사의 대표이사, 연대보증채무

일반회생신청서 일람표

회생절차개시신청서	회생계획안
	• 회생계획안(표지) • 회생계획안(본문) • 채무자의 현황 및 회생절차의 경과 • 권리변경의 요지 • 회생계획안의 내용 및 조항 • 자산 및 부채의 현황 • 청산시 예상배당율 • 변제할 채권의 내역 • 회생담보권의 권리변경과 변경방법 • 회생채권의 권리변경과 변경방법 • 공익채권의 변제에 관한 조항 • 채무의 변제자금의 조달방법 • 회생절차의 종결 • 회생절차의 폐지신청 • 기타 사항

[서식 1] 회생계획안

사건 : 20○○회단○○ 회생

회 생 계 획 안

20○○. ○. ○.

관리인(채무자) ○ ○ ○

○○지방법원 민사○○단독 귀중

〈목 차〉

1. 용어의 정의
2. 일반규정

제2절 회생담보권에 대한 권리변경과 변제방법
1. 회생담보권의 내역
2. 권리변경과 변제방법
3. 권리변경 및 변제방법에 따른 채권자별 내역
4. 담보권의 존속에 관한 규정

제3절 회생채권에 대한 권리변경과 변제방법
가. 주채무
나. 보증채무

제4절 미확정 회생채권 및 부인권 행사로 부활될 회생채권

제5절 장래의 구상권

제6절 기타 필요적 규정
1. 공익채권의 변제에 관한 조항
2. 채무의 변제자금의 조달 방법
3. 사채의 발행
4. 회생계획에서 예상된 액을 넘는 수익금의 용도에 관한 조항
5. 분쟁의 해결방법
6. 회생절차의 종결
7. 회생절차의 폐지 신청
8. 기타 사항

제 1 장

채무자의 현황 및 회생절차의 경과

제1장 채무자의 현황 및 회생절차의 경과

제1절 채무자의 개요

1. 인적사항

-. 성명 : ○○○

-. 주민등록번호 : 000000-0000000

-. 주소 : ○○시 ○구 ○○동 ○○○-○○ ○○마을 ○○○-○○○○

-. 직장 : 주식회사○○○○○○

-. 직장소재지 : ○○시 ○구 ○○동○○○○-○○

-. 직위 : 대표이사(겸 관리인)

2. 이력 및 경과사항

-. 19○○. 01. 26.출생

-. 19○○. 02. ○○고등학교 졸업

-. 19○○. 02. ○○대학교 ○○○○○○대학 졸업

-. 19○○. 09. 23. 결혼(배우자 ○○○)

-. 19○○. 01. ~ 19○○. 05. ○○건설(주) 근무 〈신규사업 개발팀〉

-. 19○○. 05. ~ 19○○. 05. ○○○○ 정보통신(주) 근무 〈인터넷사업 개발팀〉

-. 19○○. 02. ~ 20○○. 01. ○○○○○운영 〈대표자〉

-. 20○○. 02. ~ 20○○. 12. (주)○○텔레콤 근무 〈영업이사〉

-. 20○○. 09. ~ 현재까지 (주)○○○○○○ 근무 〈대표이사 겸 관리인〉

-. 20○○. 09. 18. (주)○○○○○○ 회생절차 개시신청

-. 20○○. 10. 17. (주)○○○○○○ 회생절차 개시결정

-. 20○○. 11. 25.채무자의 회생절차개시 및 재산보전처분, 포괄적 금지명령 신청

제2절 회생절차 개시신청에 이르게 된 사정

1. 대표이사 겸 관리인으로 재직 중인 ㈜○○○○○○의 연대보증

채무자는 채무자가 설립한 회사가 (주)○○○와 공동으로 운영하는 ○○○교실 사업에 약 61억원에 이르는 투자를 하였으나 경쟁업체의 시장참여로 인한 수익

성 악화를 우려하여 (주)○○○가 운영참여를 포기하게 되었습니다.

채무자가 설립한 회사는 ○○○교실사업의 운영비를 주로 (주)○○○에 의존하였으나 (주)○○○의 운영참여 포기로 인한 운영비 지원의 중단으로 운영자금이 부족하게 되었습니다.

채무자가 설립한 회사는 ○○○○○○대학교 ○○캠퍼스를 언어습득 및 글로벌 마인드 영어교육사업을 위한 ○○국제교육원으로 활용하기 위하여 시설비 등으로 약 23억원 정도를 투자하였으나 수익의 발생이 점진적으로 이루어짐에 따라 자금의 회수가 지연되게 되었습니다.

채무자는 채무자가 설립한 회사가 상기 사유로 유동성이 부족하게 되자 이를 극복하기 위하여 채무자 본인 소유와 배우자 소유 주택을 담보로 차입하고, 카드론을 대출받아 조달한 자금을 회사에 제공하였으며, 또한 회사의 대규모 차입에 연대 입보를 제공하였으나, 회사는 유동성 부족을 극복하지 못하고 20○○년 9월 회생절차개시신청에 이르게 되었습니다.

채무자가 설립한 회사는 20○○년 10월 17일 ○○지방법원으로부터 회생절차개시결정을 받아 채무자는 관리인으로 선임되었고, 20○○년 1월 19일 현재 회생절차를 진행하고 있습니다.

채무자 역시 상기의 담보차입과 카드론 차입 및 회사차입에 대한 연대입보 등으로 약 87억원에 이르는 거액의 채무를 부담하게 되었고, 채무자가 현재 보유한 155백만원의 재산과 월 2백만원의 관리인 급여로는 거액의 채무를 감당할 수 없어 회생절차개시신청에 이르게 되었습니다.

제3절 회생절차개시 신청 후의 경과

1. 회생절차개시 신청 후의 주요 경과

채무자 ○○○는 20○○년 11월 25일자로 ○○지방법원에 회생개시신청을 하여 20○○년 01월 08일에 회생절차개시결정을 받았습니다.

또한, 회생절차개시결정 이후 법원으로부터 선임된 관리인(채무자)이 채무자의 재산 및 업무를 관리하면서 정상적인 영업활동을 수행하고 있습니다.

2. 회생절차 개시 후의 경과

-. 20○○년 01월 08일 회생절차 개시결정

-. 20○○년 01월 08일 관리인 선임

-. 20○○년 01월 29일부터 20○○년 02월 18일까지 회생채권 및 회생담보권의 신고기간

-. 20○○년 03월 02일 관리인의 회생담보권, 회생채권 시·부인 명세서 제출

-. 20○○년 03월 27일 회생담보권, 회생채권 시·부인 명세서 수정허가 신청제출

-. 20○○년 04월 02일 조사위원 ○○회계법인 조사보고서 제출

-. 20○○년 04월 08일 관리인 보고를 위한 관계인집회 개최

제 2 장

권리변경의 요지

제2장 권리변경의 요지

제1절 회생계획안 입안의 기초

본 회생계획안은 채무자 회생 및 파산에 관한 법률에 따라 채권자 등 이해관계인들 간에 공평성과 형평성을 기함과 동시에 조사위원인 ○○회계법인이 산정한 채무자의 청산시 회생채권의 예상청산배당율보다 높은 수준의 채권회수율이 확보되도록 하며 궁극적으로는 채무자의 회생이 가능하도록 작성하였습니다.

채무자의 재무 상태와 수익성으로 보아 경영이익을 극대화 하더라도 채무금액이 과다하여 전액변제가 곤란하므로 변제 가능한 범위 내에서 그 권리를 변경하고자 합니다.

채무자의 상환능력을 고려할 때 약정이자율을 적용할 경우에는 채무상환이 거의 불가능하게 되어 채무자의 회생담보권은 원금(개시 전 이자 포함)을 전액변제하는 것으로 하였으며, 개시 후 이자는 면제받는 것으로 하였습니다. 또한 회생채권(주채무, 보증채무)의 원금과 개시 전 이자에 대해서 주채무 100%를, 보증채무 0.70%를 지급하기로 하였습니다.

채무자가 관리인으로 재직 중인 회사의 회생기간을 감안하면 향후 10년간은 꾸준히 변제해 나갈 것으로 예상하고 있습니다. 또한 조사위원인 ○○회계법인이 조사하여 예상한 향후기간의 현금흐름 수준 또는 관리인이 조사하여 예상한 향후 현금흐름 수준이 유지된다면 본 회생계획안을 성실히 수행할 수 있을 것으로 자신하고 있습니다.

회생채권자 및 이해관계자 여러분의 적극적인 지원과 배려가 수반된다면 본 채무자는 정상적인 근무생활로 사회적 책임을 다하고 충분히 갱생할 수 있으리라 판단하여 이에 관리인은 본 회생계획안을 입안하기에 이른 것입니다.

제2절 자산 및 부채의 현황

조사위원인 ○○회계법인의 20○○년 01월 07일 현재의 자산·부채 조사결과에 따라 다음과 같습니다.

-. 채무자의 총자산은 155,478,200원 이지만 청산가치 기준은 85,433,482원입니다.

-. 채무자의 총 부채는 9,115,021,333원입니다. 이 중 회생담보권 시인액이 120,606,000원이고, 회생채권액 시인액이 8,994,415,333원입니다.

제3절 청산시 예상배당률

조사위원 ○○회계법인의 20○○년 01월 07일 현재의 경제적 개념에 따른 채권구분에 의하여 청산시 채권자 조별 배당액과 배당률은 다음과 같습니다.

(단위 : 원)

구 분	배당가능자산	계	회생담보권	회생채권 (주채무, 보증채무)
변제전금액	85,433,482	8,711,124,115	120,606,000	8,590,518,115
회생담보권변제		(-)85,429,282	(-)85,429,282	-
변제후금액		8,625,694,833	35,176,718	8,590,518,115
회생채권변제		(-)4,200	-	(-)4,200
변제후금액		8,625,690,633	35,176,718	8,590,513,915
배당액		85,433,482	85,429,282	4,200
배당률(%)		0.98%	70.83%	0%

(*) 청산가치 기준 채권자별 변제액에 대한 자세한 내역(별표 1, 2)을 참조.

상기 결과에서 보듯이 채무자가 청산하는 경우 채권액 대비 회생담보권자의 경우 70.83%, 회생채권자의 경우 채권액 대비 전혀 배당이 이루어지지 않으며 전체적인 청산 배당률은 0.98%입니다.

제4절 변제할 채권의 내역

변제가능액을 산정함에 있어 채무자의 청산시 무담보 회생채권의 예상청산배당율보다 높은 수준의 채권회수율이 확보되도록 하여 채권자에 대한 최선의 이익을 도모하는 한편 채무자의 회생을 전제로 하여 공정성과 형평성의 이념에 입각하여 권리변경과 변제방법의 기준을 마련하였습니다.

구체적으로 회생절차 개시결정 이후 채권조사기일(20○○년 03월 02일자 관리인의 채권시·부인표)에서 시인한 채권액의 회생계획안 작성대상 확정채권의 내역은 다음과 같습니다.

－ 다　　　음 －

(단위 : 원)

구 분	시인된 채권액 (20○○. 03. 02. 기준)			변제대상 채권액	면제금액
	원 금	개시 전 이자	합 계		
회생담보채권	117,671,607	2,934,393	120,606,000	120,606,000	0
회생채권 (주채무·보증채무)	8,219,541,182	371,026,933	8,590,518,115	117,987,219	8,472,530,896
합　계	8,337,212,789	373,961,326	8,711,124,115	238,593,219	8,472,530,896

(*) 회생변제계획안 총괄표(별표 3) 참조.

(*) 20○○. 03. 02.자 제출한 회생담보권, 회생채권 시·부인명세서에서 20○○. 03. 27.자로 제출한 시·부인명세서 수정허가 신청서와 같이 회생채권 3번 오기재된 부분 200,000원이 추가되었고, 20○○. 03. 06.자로 추완 신고한 회생채권 11-1,11-2번 ○○캐피탈(주)의 개시 전 이자 147,570원을 추가하였습니다.

(*) 회생채권(보증채무)중에 개시 후 이자에 관련하여 회생채권 2-2번(14,259,789원), 2-3번(5,447,113원), 2-5번(9,496,116원) ○○신용보증기금(○○기술평가센터), 7번 ○○기업진흥공단(4,122,400원) 총 33,325,418원의 경우 채무자 회생 및 파산에 관한 법률 제191조 3호에 의하여 시·부인명세서에서는 개시 후 이자에 대해서 채권으로 시인하였지만 회생계획(의결권)에서는 포함하지 않아 차이가 있습니다.

제5절 권리변경과 변제방법의 요지

1. 회생담보채권의 권리변경과 변제방법

1) 원금 및 개시 전 이자

회생담보채권에 대하여는 원금(개시 전 이자 포함)을 전액 변제하는 것으로 하였습니다.

회생담보채권의 지급은 총 금액 120,606,000원에 대해서 준비년도(20○○년)에는 채무자 소유의 부동산(○○시 ○○구 ○○동 ○○-○〈토지〉, 재산평가액: 37,706,000원)을 담보순위 1순위 회생담보권자인 (주)○○은행(37,706,000원), 을 일시에 전액 변제하는 것으로 하였으며, 제1차년도(20○○년)에는 채무자 소유의 부동산(○○시 ○구 ○○동 ○○ ○○마을아파트 ○○○-○○○〈아파트〉, 재산평가액: 83,000,000원)을 담보순위 1, 2순위 회생담보권자인

(주)○○은행(72,800,000원)을 일시에 전액 변제하는 것으로 하였습니다. 그리고 제1차년도(20○○년)부터 제2차년도(20○○년)까지는 나머지 회생담보권자인 회생담보권 2번 ○○○에게는 제1회(20○○. 01. 25)부터 제24회(20○○. 12. 25)까지 매년 3개월(3월, 6월, 9월, 12월)에 1회씩 동액 동률로 나누어 지급하는 것으로 하였습니다.

지급시기에 대해서는 준비년도(20○○년)는 12월 말일, 제1차년도(20○○년)는 6월 말일까지 일시에 변제하는 것으로 하였으며, 제1차년도(20○○년)부터 제2차년도(20○○년)까지 변제하는 나머지 회생담보권자의 경우는 매년 3개월(3월, 6월, 9월, 12월)마다 25일에 원금에 비례하여 채권자별로 변제하는 것으로 하였습니다. 준비년도(20○○년)의 12월 말일, 제1차년도(20○○년) 6월 말일과 제1차년도(20○○년)부터 제2차년도(20○○년)의 변제기일 3개월(3월, 6월, 9월, 12월)마다 25일이 공유일인 경우 직전 영업일을 변제기일로 하였습니다.

2) 개시 후 이자

전액을 면제합니다.

2. 회생채권의 권리변경과 변제방법

가. 주 채 무

1) 원금 및 개시 전 이자

회생채권(주채무)에 대하여는 원금(개시 전 이자 포함)을 전액 변제하는 것으로 하였습니다.

회생채권(주채무)의 지급은 제1차년도(20○○년)부터 제10차년도(20○○년)까지 총 58,261,422원을 제1회(20○○. 01. 25)부터 제120회(20○○. 12. 25)까지 매년 3개월(3월, 6월, 9월, 12월)에 1회씩 동액 동률로 나누어 지급하는 것으로 하였습니다.

지급 시기는 3개월(3월, 6월, 9월, 12월)마다 25일에 원금에 비례하여 채권자별로 변제하는 것으로 하였습니다. 3개월(3월, 6월, 9월, 12월)마다 25일이 공휴일인 경우 직전 영업일을 변제기일로 하였습니다.

2) 개시 후 이자

전액을 면제합니다.

나. 보증채무

1) 원금 및 개시 전 이자

채무자가 보증채무에 대하여는 원금(개시 전 이자 포함) 0.70%를 변제하고 99.30%는 채권자별로 본 회생절차 인가시에 면제되는 것으로 하였습니다.

회생채권(보증채무)의 지급은 제1차년도(20○○년)부터 제10차년도(20○○년)까지 총 59,725,797원을 제1회(20○○. 01. 25)부터 제120회(20○○. 12. 25)까지 매년 3개월(3월, 6월, 9월, 12월)에 1회씩 동액 동률로 나누어 지급하는 것으로 하였습니다.

지급 시기는 3개월(3월, 6월, 9월, 12월)마다 25일에 원금에 비례하여 채권자별로 변제하는 것으로 하였습니다. 3개월(3월, 6월, 9월, 12월)마다 25일이 공휴일인 경우 직전 영업일을 변제기일로 하였습니다.

2) 개시 후 이자

전액을 면제합니다.

3. 신고되지 아니한 채권의 처리

회생담보권자 및 회생채권자의 목록에 기재되지 않고 신고되지 아니한 회생담보권 및 회생채권은 그 권리가 소멸되는 것으로 하였습니다.

4. 장래의 구상권

회생절차 개시결정 이후 혹시라도 채무자를 위한 보증인이나 물상보증인(담보목적물의 제3취득자를 포함한다.) 또는 기타 제3자가 자기의 출재로 인하여 회생담보권 또는 회생채권자에게 변제한 경우에는 채무자에 대하여 구상권을 취득하는 것으로 하였습니다.

또한, 구상권자는 채권자의 권리변경 전에 채권이 회생절차 또는 기타의 사유로 인하여 모두 소멸된 경우에 한하여 자기의 구상권을 행사할 수 있으며, 채무자는 회생계획에 의하여 변제하여야 할 회생담보권 및 회생채권액의 잔액 범위 내에서 구상권자의 구상권 비율에 따라 변제하는 것으로 하였습니다.

5. 소송 중인 채권

회생계획안 제출일 현재 소송 중인 채권에 대하여는 소송결과 채무자의 채무로 확정되는 경우 회생채권에 준하여 변제할 예정입니다.

제6절 결 언

본 회생계획안은 채권자 및 기타 이해관계인의 이익을 최대한 보호하고, 채무자의 회생을 도모하여 채권자들에게 공정하고 형평에 맞는 회생계획을 수립하려고 노력하였습니다.

현재 채무자의 재무구조로는 금리부담이 가중되어 예정된 기간 내에 회생할 가망이 없어 개시 후 이자와 관련하여 회생담보권의 경우 원금 전액을 변제하는 대신 면제받는 것으로 하였으며 회생채권액의 이자도 산입하지 않았습니다. 그리고 회생채권(주채무, 보증채무)의 경우 원금과 개시 전 이자에 대해서는 합산하여 주채무 100%, 보증채무 0.70%를 지급하도록 하였습니다. 이 점 양해 바랍니다.

채무자의 현 상황은 재정적인 궁핍상황에 처해 있습니다. 그러므로 곧바로 회생절차를 진입하더라도 충실한 변제를 할 수 없는 실정이므로 회생준비년도인 20○○년은 영업정상화를 위해 노력하고, 20○○년을 제1차회계년도로 하여 그 변제를 시작하는 것으로 계획을 수립하였습니다.

채무자의 재정적 파탄으로 인하여 회생담보권 및 회생채권에 대한 일부 권리변경 및 변제기간을 유예할 수밖에 없었던 점에 대하여 송구스럽게 생각하고 있으며, 본 회생계획안의 원만한 수행을 위해서는 채권자 여러분의 희생과 인내를 전제로 하고 있다는 사실을 깊이 인식하고 회생계획안 인가를 계기로 채무자는 새로운 결의로써 회생계획 수행에 필요한 최대한의 노력을 기울이고자 합니다.

제 3 장

회생계획안의 내용 및 조항

제3장 회생계획안의 내용 및 조항

제1절 총 칙

1. 용어의 정의

가. 개시 전 이자

"개시 전 이자"라 함은 회생절차 개시결정일 전일(20○○년 01월 07일)까지 회생담보권 및 회생채권에 대하여 발생한 이자, 연체이자, 지연손해금 등으로 조사기간 안에 또는 특별조사기일에 시인되어 확정된 것을 말한다.

나. 개시 후 이자

"개시 후 이자"라 함은 회생절차 개시결정일(20○○년 01월 08일)부터 회생담보권 및 회생채권에 대한 원금변제가 완료되는 시점까지 미변제 원금에 대하여 발생하는 이자 및 지연손해금을 말한다.

다. 준비연도

"준비연도"라 함은 회생절차 개시결정일(20○○년 01월 08일)부터 20○○년 12월 31일까지를 말한다.

라. 회생계획기간

"회생계획기간"이라 함은 준비연도(20○○년)와 그 다음연도인 20○○년부터 10년간의 기간으로 하고, 20○○년 12월 31일에 종료하는 것으로 한다.

마. 제1차 연도

"제1차 연도"라 함은 준비연도의 다음 연도인 20○○년 01월 01일부터 같은 해 12월 31일까지를 말하며, 제2차 연도 이후의 각 연도는 순차적으로 매년 1월 1일부터 같은 해 12월 31일까지로 한다.

바. 인 가 일

"인가일"이라 함은 본 회생계획안이 법원으로부터 인가된 날을 말한다.

사. 금융기관

"금융기관"이라 함은 은행, 상호저축은행, 할부금융회사, 보증보험회사, 파이낸스사, 신용보증기금, 카드사, 증권회사, 보험회사, 렌탈회사, 투자신탁회사, 창업투자회사, 농협을 말한다.

아. 주 채 무

"주채무"라 함은 채무자가 금융기관 등으로부터 대출 등에 의하여 금융을 제공받음으로써 부담하는 채무를 말한다.

자. 보증채무

"보증채무"라 함은 채무자가 타인을 위하여 한 보증으로 인하여 부담하는 채무를 말한다.

차. 기 타

기타 본 회생계획안의 용어 및 문구 해석에 이의가 있을 경우 채무자 회생 및 파산에 관한 법률의 취지에 따라 해석하되 다툼이 있는 경우에는 회생사건을 담당하는 법원의 해석에 따른다.

2. 일반규정

가. 변제기일

본 회생계획안에 의하여 매년 변제할 원금 및 이자는 20○○년(준비년도) 12월 30일, 20○○년(제1차년도) 6월 30일과 20○○년(제1차년도)부터 20○○년(제10차년도)까지 매년 3개월(3월, 6월, 9월, 12월)의 25일(단, 공휴일인 경우에는 그 직전 영업일)에 변제하며, 위 변제기일 전이라도 법원의 허가를 얻은 경우에는 수시로 변제할 수 있다.

관리인은 법원의 허가를 얻어 분할변제액의 전부 또는 일부에 관하여 할인율 6.5%에 의하여 계산된 조기 변제일에 있어서의 현재가치 상당액을 회생채권자의 전부에 대하여 조기 변제할 수 있다. 이 경우 법원의 허가를 얻은 날부터 1개월 이내의 날을 조기 변제일로 정하여야 한다.

나. 변제장소, 회생채권·회생담보권 변제시 채권자 확인방법

회생담보권·회생채권의 변제는 채무자의 본점 소재지(또는 채무자의 주된 영업소·주소지)에서 한다. 단, 금융기관에 대해서는 해당 금융기관의 본·지점으로 할 수 있다.

회생담보권 및 회생채권의 변제시 법인은 법인등기부등본·법인인감증명서를,

개인은 신분증·인감증명서를, 채권자의 대리인은 채권자 본인의 위임장을 제시하여야 하며, 채무자는 회생담보권자 및 회생채권자가 제시한 서류로 채권자 본인임을 확인한 후 변제한다. 다만, 회생담보권자 및 회생채권자가 미리 지정한 금융기관의 계좌로 입금하는 방식으로 변제할 수 있으며, 회생담보권자 및 회생채권자가 금융기관인 경우 위와 같은 채권자 확인절차를 거치지 아니하고 해당 금융기관이 발생한 상환확인서 또는 상환영수증으로 이에 갈음할 수 있다.

다. 변제충당순서

1) 본 회생계획안 인가일 이후의 회생담보권 및 회생채권의 변제충당 순서는 원금·개시전 이자·개시 후 이자의 순으로 한다.
2) 변제재원의 부족으로 변제계획에 따라 당해 연도 회생채권을 전액 변제할 수 없는 경우에는 회생담보권 원금·회생채권 원금의 순으로 당해연도 변제예정금액에 비례하여 변제하며, 나머지가 있을 경우에 회생담보권 이자·회생채권의 이자 순으로 당해 연도 변제예정금액에 비례하여 변제하되 당해 연도 변제예정액 중 미변제분은 다음 연도 변제기일에 우선하여 변제한다.
3) 금융기관 회생담보권 및 회생채권에 대한 대출과목별 변제충당순서는 회생담보권 및 회생채권별 변제금액의 범위 내에서 해당 금융기관이 정하는 바에 따른다.

라. 채권양도·대위변제의 특례

회생담보권자 또는 회생채권자에 관하여 개시결정일 이후 채권양도·대위변제 등의 원인으로 채권자가 변경되었다 하더라도 채권이 승계취득자에 대하여 개시결정일 당시의 채권자 및 채권액을 기준으로 하여 본 회생계획안의 권리변경과 변제방법을 적용한다. 채권자의 변경으로 인하여 종전의 회생담보권 또는 회생채권에 관하여 수인의 채권자가 있게 된 경우에는 각 채권자들의 채권액 비율에 따라 배분하여 권리변경 및 변제방법을 적용한다.

마. 변제 미이행시 처리

본 회생계획안에 따른 채무의 변제기일에 이행하지 못할 경우에는 미변제 금액에 대하여 변제기일 다음 날부터 실제 변제일까지 실제 변제일 당일 (주) ◇◇은행의 일반자금대출 연체 이자율을 적용하여 변제한다. 연체이자율이 없는 채권자에 대해서도 (주) ◇◇은행의 일반자금대출 연체이자율을 적용하여 변제한다.

바. 기한의 이익 상실
회생절차가 폐지되는 경우에는 회생담보권 및 회생채권에 관하여 본 회생계획안에 정한 변제기일에도 불구하고 그 변제기가 도래하는 것으로 본다.

사. 외화표시채권의 원화환산기준
외화표시채권은 외화로 변제하거나 변제 당일에 ○○은행이 최초로 고시하는 대고객 전신환매도율로 환산한 원화로 변제한다. 단, 외화표시 채권을 원화로 대위변제한 구상금채권자에 대하여는 대위변제한 시점의 결제 은행 대고객전신환매도율을 적용하여 환산한 원화로 변제한다.

아. 변제금액의 확정
회생계획안의 채권별 변제방법에 의해 산정된 금액 및 변제일이 별첨 채권별 변제계획의 금액 및 변제일과 상이한 경우에는 회생계획안 본문에서 정한 변제방법에 의해 산정된 변제금액 및 변제일을 기준으로 변제한다.

자. 회계연도
본 회생계획안의 회계연도 표시는 매년 1월 1일부터 12월 31일까지로 한다.

제2절 회생담보권에 대한 권리변경과 변제방법

1. 회생담보권의 내역

채무자가 변제하여야 할 회생담보권의 내역은 다음과 같습니다.

(단위 : 원)

신고번호 (목록번호)	채 권 자	설정순위	시인된 채권액 (20○○. 03. 02. 기준)		
			원 금	개시 전 이자	합 계
9 (회생담보권 1-1)	(주)◇◇은행	1	25,182,218	817,782	26,000,000
9 (회생담보권 2-1)	(주)◇◇은행	2	44,683,389	2,116,611	46,800,000
8 (회생담보권 1-3)	(주)◇◇은행	1	37,706,000	0	37,706,000
1 (회생담보권 2)	○○○	3	10,100,000	0	10,100,000
합 계			117,671,607	2,934,393	120,606,000

2. 권리변경과 변제방법

가. 원금 및 개시 전 이자

회생담보채권에 대하여는 원금(개시 전 이자 포함)을 전액 변제하는 것으로 하였습니다.

회생담보채권의 지급은 총 금액 120,606,000원에 대해서 준비년도(20○○년)에는 채무자 소유의 부동산(○○시 ○○구 ○○동 ○○-○〈토지〉, 재산평가액: 37,706,000원)을 담보순위 1순위 회생담보권자인 (주)◇◇은행(37,706,000원)을 일시에 전액 변제하는 것으로 하였으며, 제1차년도(20○○년)에는 채무자 소유의 부동산(○○시 ○구 ○○동 ○○ ○○마을아파트 ○○○-○○○〈아파트〉, 재산평가액: 83,000,000원)을 담보순위 1, 2순위 회생담보권자인 (주)◇◇은행(72,800,000원)을 일시에 전액 변제하는 것으로 하였습니다. 그리고 제1차년도(20○○년)부터 제2차년도(20○○년)까지는 나머지 회생담보권자인 회생담보권 2번 ○○○에게는 제1회(20○○. 01. 25)부터 제24회(20○○. 12. 25)까지 매년 3개월(3월, 6월, 9월, 12월)에 1회씩 동액 동률로 나누어 지급하는 것으로 하였습니다.

지급시기에 대해서는 준비년도(20○○년)는 12월 말일, 제1차년도(20○○년)는 6월 말일까지 일시에 변제하는 것으로 하였으며, 제2차년도(20○○년)부터 제2차년도(20○○년)까지 변제하는 나머지 회생담보권자의 경우는 매년 3개월(3월, 6월, 9월, 12월)마다 25일에 원금에 비례하여 채권자별로 변제하는 것으로 하였습니다. 준비년도(20○○년)의 12월 말일, 제1차년도(20○○년) 6월 말일과 제1차년도(20○○년)부터 제2차년도(20○○년)의 변제기일 3개월(3월, 6월, 9월, 12월)마다 25일이 공유일인 경우 직전 영업일을 변제기일로 하였습니다.

2) 개시 후 이자

전액을 면제합니다.

3. 권리변경 및 변제방법에 따른 채권자별 내역

(단위 : 원)

신고번호 (목록번호)	채 권 자	설정 순위	시인된 채권액 (20○○. 03. 02. 기준)			변제대상 금액	면제금액
			원 금	개시 전 이자	합 계		
9	(주)◇◇은행	1	25,182,218	817,782	26,000,000	26,000,000	0

(회생담보권 1-1)							
9 (회생담보권 2-1)	(주)◇◇은행	2	44,683,389	2,116,611	46,800,000	46,800,000	0
8 (회생담보권 1-3)	(주)◇◇은행	1	37,706,000	0	37,706,000	37,706,000	0
1 (회생담보권 2)	○○○	3	10,100,000	0	10,100,000	10,100,000	0
합 계			117,671,607	2,934,393	120,606,000	120,606,000	0

-. 권리변경 후 원금의 구체적인 변제계획은 별표 (4)와 같다.

4. 담보권의 존속에 관한 규정

가. 담보권의 존속

회생담보권자의 담보권은 본 회생계획안에 의하여 권리 변경된 회생담보권을 피담보하는 담보권으로서 종전의 순위에 따라 존속한다. 그러나 회생담보권으로 인정되지 아니한 담보권과 담보목적의 지상권 등은 소멸한다.

나. 담보권의 해지

채무자가 담보물건을 매각할 경우, 매매계약이 완료된 후 소유권 이전 등기 등을 할 경우 법원은 해당물건에 관한 회생담보권의 담보권 말소 촉탁을 할 수 있다.

본 회생계획안에 따라 채무자가 회생담보권 중 변제할 금액에 해당하는 채무를 변제하는 경우에는 채무자의 재산상에 있는 모든 담보권(담보권자가 채무자에게 가지고 있는 근저당권, 양도담보권, 질권 등)은 소멸되며, 담보권자는 소멸 즉시 근저당권의 경우 근저당권 등기의 말소, 양도담보의 경우 동산의 인도, 견질 및 담보조로 제공한 유가증권의 변환 등 담보권의 소멸 및 그에 따른 처리에 필요한 제반절차를 즉시 이행하여야 한다. 담보권자가 즉시 위 필요서류를 제출하지 않았을 때에는 담보권의 말소에 필요한 서류를 청구하여 말소하거나 법원에 촉탁에 의하여 말소한다.

다. 보험사고 발생시의 처리방법에 관한 규정

1) 관리인은 보험계약이 만료된 때에는 계속하여 보험계약을 체결한다.
2) 관리인이 위와 같은 담보목적물에 대한 보험가입의무를 이행하지 않을 경우 회생담보권자는 보험료를 지불하여 보험계약을 체결할 수 있으며, 보험료로

지출된 금액은 채무자에 대한 공익채권으로 본다. 채무자는 이를 우선적으로 변제하여야 하며, 그 원금에 대하여 보험료 지급일부터 은행의 일반대출 연체이율에 따른 지연손해금(또는 본 회생계획안에 따른 회생담보권의 개시 후 이자율에 따른 이자)을 지급하여야 한다.

3) 보험에 가입되어 있는 담보목적물에 대하여 보험사고가 발생한 경우, 관리인은 법원의 허가를 얻어 해당 보험금을 이재물건의 복구에 사용하여야 하며, 복구된 물건에 대하여는 잔존 회생담보권을 피담보채권으로 하여 종전의 순위에 따라 담보권을 설정하여야 한다.

4) 관리인이 보험금으로 이재물건을 복구하지 아니할 경우에는 당해 이재물건에 설정되어 있는 담보권의 순위에 따라 본 회생계획안에 의하여 변제하여야 할 회생담보권의 범위 내에서(6.5%의 현가율을 적용하여) 조기 변제하되 당해 담보목적물의 회생담보권의 원금·개시 전 이자·개시 후 이자 순으로 변제하고, 남는 것이 있으면 같은 방법으로 다음 연도 회생담보권을 변제한다.

5) 관리인이 이재물건의 복구나 채권 변제에 사용하고 남는 보험금은 법원의 허가를 얻어 채무자의 운영자금으로 사용할 수 있다.

라. 담보권자의 물상대위권 행사와 관련한 처리방법에 관한 규정

1) 회생담보권자의 담보목적물이 훼손된 경우 당해 담보목적물의 복구가 가능한 경우에는 관리인은 법원의 허가를 얻어 해당 담보목적물의 멸실·훼손·공용징수로 인하여 지급되는 손해배당금이나 보상금을 수령하여 담보목적물의 복구에 사용하여야 하며, 복구된 물건에 대하여는 잔존 회생담보권을 피담보채권으로 하여 종전의 순위에 따라 담보권을 설정하여야 한다.

2) 회생담보권자의 담보목적물이 멸실·공용징수되거나 또는 훼손된 경우, 관리인이 손해배상금이나 보상금을 수령하여 담보목적물을 복구하지 아니하는 때에는 그 담보목적물에 설정되어 있는 담보권의 순위에 따라 본 회생계획안에 의하여 변제하여야 할 회생담보권의 범위 내에서(6.5%의 현가율을 적용하여) 조기 변제하되 당해 담보목적물의 회생담보권을 모두 변제하기에 부족한 경우에는 변제기일이 먼저 도래하는 회생담보권의 원금·개시 전 이자·개시 후 이자 순으로 변제하고, 남는 것이 있으면 같은 방법으로 다음 연도 회생담보권을 변제한다.

3) 관리인이 담보목적물의 복구나 회생담보권의 변제에 사용하고 남는 금원은 법원이 허가를 얻어 채무자의 운영자금으로 사용할 수 있다.

마. 담보목적물 매각위임에 관한 규정

담보목적물이 본 회생계획안의 매각예정연도 내에 매각되지 않을 경우, 관리인은 회생담보권자들이 요청하는 바에 따라 법원의 허가를 얻어 당해 담보목적물에 관한 최우선 순위 회생담보권자에게 그 매각을 위임할 수 있다. 이 경우 최우선 순위 회생담보권자는 담보목적물을 매각함에 있어 그 매각 조건에 관하여 관리인을 통하여 법원을 허가를 얻어야 하며, 매각 위임일 다음날부터 실제 변제일까지는 그 담보목적물의 처분으로 인한 변제 예상금액에 대한 연체이자는 발생하지 않는다.

바. 담보물건 매각대금의 처리

채무자가 담보물건을 매각할 경우에는 매각대금에서 그 처분으로 인하여 발생하는 제세금 및 매각관련 기타 비용을 공제할 실입금액으로 시인된 담보평가액 범위 내에서 조기 변제하되, 당해 담보목적물의 회생담보권을 모두 변제하기에 부족한 경우에는 그 회생담보권의 변제는 원금·개시 전 이자·개시 후 이자 순으로 변제하고, 같은 순위의 것 중에서는 변제기일이 먼저 도래하는 순서에 따르며, 잔여 회생담보채권은 본 회생계획안에 의한 회생담보권 변제방법에 따라 변제한다. 담보목적물에 대한 회생담보권자가 복수일 경우에는 회생담보권자의 담보권 순위에 따라 순차적으로 변제하고, 동순위 회생담보권자가 있을 경우에는 그 회생담보권자의 채권액 비율에 비례하여 변제한다. 회생담보권을 변제한 후 남는 처분대금은 법원의 허가를 받아 해당 담보권자 중 채권액이 담보권을 초과하여 회생채권으로 시인된 채권을 이 회생계획안에서 정하는 조기 변제시의 할인율(6.5%)을 적용하여 조기 변제할 수 있다. 그 후 초과액은 법원의 허가를 받아 채무자의 공익채권 변제, 운전자금, 회생채권 변제자금으로 사용한다.

제3절 회생채권에 대한 권리변경과 변제방법

1. 회생채권의 내역

가. 주 채 무

(단위 : 원)

신고번호 (목록번호)	채 권 자	시인된 채권액 (20○○. 03. 02. 기준)		
		원 금	개시 전 이자	합 계
8	(주)◇◇은행	0	164,972	164,972

(회생채권 1-2)				
5 (회생채권 4-1)	○○○○은행	2,623,630	241,517	2,865,147
7 (회생채권 5-1)	(주)○○은행	5,000,000	303,491	5,303,491
3 (회생채권 6-1)	(주)□□은행	26,561,055	2,781,154	29,342,209
11 (회생채권 11-3)	○○캐피탈(주)	12,170,885	1,500,013	13,670,898
추완 13 (회생채권 13)	○○주택 금융공사	6,685,069	229,636	6,914,705
합 계		53,040,639	5,220,783	58,261,422

나. 보증채무

(단위 : 원)

신고번호 (목록번호)	채 권 자	시인된 채권액 (20○○. 03. 02. 기준)		
		원 금	개시 전 이자	합 계
8 (회생채권 1-4)	(주)◇◇은행	444,855,804	29,285,366	474,141,170
8 (회생채권 1-5)	(주)◇◇은행	135,438,439	32,923,988	168,362,427
8 (회생채권 1-6)	(주)◇◇은행	1,499,999,999	59,598,917	1,559,598,916
(회생채권 1-7)	(주)◇◇은행	14,842,801	650,156	15,492,957
2 (회생채권 2-1)	○○신용보증기금 (○○기술평가센터)	4,450,430	0	4,450,430
2 (회생채권 2-2)	○○신용보증기금 (○○기술평가센터)	864,588,561	18,902,511	883,491,072
2 (회생채권 2-3)	○○신용보증기금 (○○기술평가센터)	331,366,109	7,117,561	338,483,670
2 (회생채권 2-5)	○○신용보증기금 (○○기술평가센터)	579,612,449	12,227,440	591,839,889
(회생채권 3)	AMERICAN BOND FUND Ⅲ Limited (자산관리자: ○○○자산운영㈜)	1,026,491,400	24,350,657	1,050,842,057

5 (회생채권 4-2)	○○○○은행	481,626,121	29,931,681	511,557,802
7 (회생채권 5-2)	(주)○○은행	12,498,000	2,559,156	15,057,156
7 (회생채권 5-3)	(주)○○은행	221,654,000	13,802,891	235,456,891
7 (회생채권 5-4)	(주)○○은행	37,504,210	4,637,809	42,142,019
7 (회생채권 5-6)	(주)○○은행	2,447,955	237,957	2,685,912
3 (회생채권 6-1)	(주)□□은행	800,311,971	59,499,663	859,811,634
10 (회생채권 7)	○○○○ 진흥공단	300,000,000	11,409,680	311,409,680
4 (회생채권 8)	(주)○○○	100,000,000	0	100,000,000
(회생채권 9)	□ □ □	180,000,000	0	180,000,000
(회생채권 10)	◇ ◇ ◇	140,000,000	0	140,000,000
추완 12 (회생채권 11-1)	○○캐피탈(주)	2,152,937	0	2,152,937
추완 12 (회생채권 11-2)	○○캐피탈(주)	2,152,937	0	2,152,937
6 (회생채권 12)	○○보증보험(주)	28,312,420	0	28,312,420
8 (회생담보권 1-3)	(주)◇◇은행	902,294,000	58,620,717	960,914,717
1 (회생담보권 2)	○○○	53,900,000	0	53,900,000
합 계		8,166,500,543	365,756,150	8,532,256,693

다. 권리변경 및 변제방법

1) 주 채 무

가) 원금 및 개시 전 이자

회생채권(주채무)에 대하여는 원금(개시 전 이자 포함)을 전액 변제하는 것으로 하였습니다.

회생채권(주채무)의 지급은 제1차년도(20○○년)부터 제10차년도(20○○년)까지 총 58,261,422원을 제1회(20○○. 01. 25)부터 제120회(20○○. 12. 25)까지 매년 3개월(3월, 6월, 9월, 12월)에 1회씩 동액 동률로 나누어 지급하는 것으로 하였습니다.

지급 시기는 3개월(3월, 6월, 9월, 12월)마다 25일에 원금에 비례하여 채권자별로 변제하는 것으로 하였습니다. 3개월(3월, 6월, 9월, 12월)마다 25일이 공휴일인 경우 직전 영업일을 변제기일로 하였습니다.

2) 개시 후 이자

전액을 면제합니다.

3) 보증채무

가) 원금 및 개시 전 이자

채무자가 보증채무에 대하여는 원금(개시 전 이자 포함) 0.70%를 변제하고 99.30%는 채권자별로 본 회생절차 인가시에 면제되는 것으로 하였습니다.

회생채권(보증채무)의 지급은 제1차년도(20○○년)부터 제10차년도(20○○년)까지 총 59,725,797원을 제1회(20○○. 01. 25)부터 제120회(20○○. 12. 25)까지 매년 3개월(3월, 6월, 9월, 12월)에 1회씩 동액 동률로 나누어 지급하는 것으로 하였습니다.

지급 시기는 3개월(3월, 6월, 9월, 12월)마다 25일에 원금에 비례하여 채권자별로 변제하는 것으로 하였습니다. 3개월(3월, 6월, 9월, 12월)마다 25일이 공휴일인 경우 직전 영업일을 변제기일로 하였습니다.

나) 개시 후 이자

전액을 면제합니다.

라. 권리변경 및 변제방법에 따른 채권자별 내역

1) 주 채 무

(단위 : 원)

신고번호 (목록번호)	채 권 자	시인된 채권액 (20○○. 03. 02. 기준)			변제대상 금액	면제금액
		원 금	개시 전 이자	합 계		
8 (회생채권 1-2)	(주)◇◇은행	0	164,972	164,972	164,972	0
5	○○○○은행	2,623,630	241,517	2,865,147	2,865,147	0

(회생채권 4-1)						
7 (회생채권 5-1)	(주)○○은행	5,000,000	303,491	5,303,491	5,303,491	0
3 (회생채권 6-1)	(주)□□은행	26,561,055	2,781,154	29,342,209	29,342,209	0
11 (회생채권 11-3)	○○캐피탈(주)	12,170,885	1,500,013	13,670,898	13,670,898	0
추완 13 (회생채권 13)	○○주택 금융공사	6,685,069	229,636	6,914,705	6,914,705	0
합 계		53,040,639	5,220,783	58,261,422	58,261,422	0

-. 권리변경 후 원금의 구체적인 변제계획은 별표 (5)과 같다.

2) 보증채무

신고번호 (목록번호)	채 권 자	시인된 채권액 (20○○. 03. 02. 기준)			변제대상 금액	면제금액
		원 금	개시 전 이자	합 계		
8 (회생채권 1-4)	(주)◇◇은행	444,855,804	29,285,366	474,141,170	3,318,988	470,822,182
8 (회생채권 1-5)	(주)◇◇은행	135,438,439	32,923,988	168,362,427	1,178,537	167,183,890
8 (회생채권 1-6)	(주)◇◇은행	1,499,999,999	59,598,917	1,559,598,916	10,917,192	1,548,681,724
(회생채권 1-7)	(주)◇◇은행	14,842,801	650,156	15,492,957	108,451	15,384,506
2 (회생채권 2-1)	○○신용보증기금 (○○기술평가센터)	4,450,430	0	4,450,430	31,153	4,419,277
2 (회생채권 2-2)	○○신용보증기금 (○○기술평가센터)	864,588,561	18,902,511	883,491,072	6,184,438	877,306,634
2 (회생채권 2-3)	○○신용보증기금 (○○기술평가센터)	331,366,109	7,117,561	338,483,670	2,369,386	336,114,284
2 (회생채권 2-5)	○○신용보증기금 (○○기술평가센터)	579,612,449	12,227,440	591,839,889	4,142,879	587,697,010
(회생채권 3)	AMERICAN BOND FUND III Limited (자산관리자: KTB자산운영(주))	1,026,491,400	24,350,657	1,050,842,057	7,355,894	1,043,486,163
5 (회생채권 4-2)	○○○○은행	481,626,121	29,931,681	511,557,802	3,580,905	507,976,897

7 (회생채권 5-2)	(주)ㅇㅇ은행	12,498,000	2,559,156	15,057,156	105,400	14,951,756
7 (회생채권 5-3)	(주)ㅇㅇ은행	221,654,000	13,802,891	235,456,891	1,648,198	233,808,693
7 (회생채권 5-4)	(주)ㅇㅇ은행	37,504,210	4,637,809	42,142,019	294,994	41,847,025
7 (회생채권 5-6)	(주)ㅇㅇ은행	2,447,955	237,957	2,685,912	18,801	2,667,111
3 (회생채권 6-1)	(주)ㅁㅁ은행	800,311,971	59,499,663	859,811,634	6,018,681	853,792,953
10 (회생채권 7)	ㅇㅇㅇㅇ 진흥공단	300,000,000	11,409,680	311,409,680	2,179,868	309,229,812
4 (회생채권 8)	(주)ㅇㅇㅇ	100,000,000	0	100,000,000	700,000	99,300,000
(회생채권 9)	ㅁ ㅁ ㅁ	180,000,000	0	180,000,000	1,260,000	178,740,000
(회생채권 10)	◇ ◇ ◇	140,000,000	0	140,000,000	980,000	139,020,000
추완 12 (회생채권 11-1)	ㅇㅇ캐피탈(주)	2,152,937	0	2,152,937	15,071	2,137,866
추완 12 (회생채권 11-2)	ㅇㅇ캐피탈(주)	2,152,937	0	2,152,937	15,071	2,137,866
6 (회생채권 12)	ㅇㅇ보증보험(주)	28,312,420	0	28,312,420	198,187	28,114,233
8 (회생담보권 1-3)	(주)◇◇은행	902,294,000	58,620,717	960,914,717	6,726,403	954,188,314
1 (회생담보권 2)	ㅇㅇㅇ	53,900,000	0	53,900,000	377,300	53,522,700
합 계		8,166,500,543	365,756,150	8,532,256,693	59,725,797	8,472,530,896

-. 권리변경 후 원금의 구체적인 변제계획은 별표 (5)과 같다.

제4절 미확정회생채권 및 부인권 행사로 부활될 회생채권

1. 신고기간 만료 전 부인의 소 또는 부인의 청구 등이 계속된 경우 아래 각 해당 채권에 관한 부인의 소, 부인의 청구 등의 재판이 확정된 후 1개월 내에 상대방이 신고를 추후 보완하고, 그 상대방이 받은 이행을 반환하거나 그 가액을 상환한 경우, 그 추후 보완된 신고가 시인되거나 그에 관한 채권조사확정재판 등이 확정되면 그 채권에 관하여 각 해당 권리변경 및 변제방법을 적용한다.

2. 신고기간 만료 후 부인의 소 또는 부인의 청구 등이 제기된 경우

가. 신고기간 만료 후 관리인이 부인의 소 또는 부인의 청구를 제기하여 그에 관한 재판이 확정된 후 1개월 내에 상대방이 신고를 추후 보완하고 그 상대방이 받은 이행을 반환하거나 그 가액을 상환한 경우, 그 추후 보완된 신고가 시인되거나 그에 관한 채권조사 확정재판 등이 확정되면 그 권리의 성질 및 내용에 비추어 가장 유사한 회생채권 또는 회생담보권의 권리변경 및 변제방법을 적용한다.

나. 위 가. 항에 따라 가장 유사한 권리변경 및 변제방법을 적용하는 것에 관하여 다툼이 있는 경우에는 관리인의 신청에 의하여 회생법원이 이를 결정한다.

제5절 장래의 구상권

1. 회생절차 개시결정 이후 채무자를 위한 보증인·물상보증인(담보목적물의 제3취득자를 포함한다.) 기타 제3자가 자기의 출재로 인하여 회생채권자 또는 회생담보권자에게 변제한 경우에는 채무자에 대하여 구상권을 취득한다. 대위변제로 발생한 구상채권에 대하여 주채무자에 대한 대위변제 금액 중 원채권의 원금을 기준으로 하여 개시결정 후 이자를 변제한다.

2. 다만, 구상권자는 채권자의 권리변경 전의 채권이 회생절차에 의하여 또는 회생절차에 의하지 아니하고 모두 소멸된 경우에 한하여 자기의 구상권을 행사할 수 있으며, 채무자는 이 회생계획안에 의하여 변제하여야 할 회생채권 및 회생담보권의 잔액 범위 내에서 구상권자의 구상권 비율에 따라 변제한다.

제6절 기타 필요적 규정

1. 공익채권의 변제에 관한 조항

회생개시일 현재 채무자의 공익채권에 대한 채무는 존재하지 아니한다. 그러나 추후 보완신고에 의하여 공익채권이 인정된다면, 조세채권은 제1차년도인 20○○년부터 제3차년도인 20○○까지 3년간 균등분할 변제한다. 회생계획안 이후 발생하는 공익채권에 대해서는 영업수익금과 기타의 재원으로 법원의 허가를 얻어 수시로 변제한다.

2. 채무의 변제자금의 조달 방법

첨부된 추정소득 및 추정자금수지계획표(별표 6) 참조.

3. 사채의 발행

채무자는 회생계획 인가일부터 회생절차가 종료될 때까지 관련 법규 및 채무자의 자금사정과 형편에 따라 사채를 분할하여 발행할 수 있다. 다만, 사채의 발행규모와 발행시기 및 발행방법 등 구체적인 사항은 관리인이 법원의 허가를 얻어 정한다.

4. 회생계획에서 예상된 액을 넘는 수익금의 용도에 관한 조항

가. 예상을 초과하는 영업수익금 또는 자산매각대금이 발생한 경우 관리인은 법원의 허가를 얻어 공익채권의 변제, 운전자금의 사용, 회생채권의 변제 등으로 사용한다.

나. 예상수익금이 예상보다 적을 경우에는 회생담보권의 채권을 우선 변제하고, 그 후 잔여액으로 각 회생채권자의 당해 연도 변제액에 따라 안분한 비율로 변제하면 미변제 채권액을 차기년도에 우선하여 변제한다.

5. 분쟁의 해결방법

관리인은 회생절차 진행 중 분쟁이 발생하여 화해, 조정의 수락 또는 소송의 수행을 하기 위해서는 회생법원의 허가를 얻어 이를 시행한다.

6. 회생절차의 종결

회생담보권 및 회생채권에 대한 변제를 완료하면, 관리인은 지체 없이 회생절차 종결을 신청하여야 한다. 다만, 관리인은 변제 완료 전이라도 법원의 허가를 얻어 채권자들과 회생절차 조기 종결 후의 채권자 등의 회생계획 수행감독 방안에 관하여 협약을 체결한 후 법원에 조기종결을 신청할 수 있다.

7. 회생절차의 폐지 신청

다음 각 경우에 관리인은 회생절차의 폐지를 신청하여야 한다.

가. 채무자가 회생계획에 따른 변제를 제대로 이행하지 못하고 앞으로도 변제의 지체가 계속될 것으로 예상되는 경우

나. 영업실적이 회생계획상 예정된 영업계획 수준에 비하여 현저히 미달하고, 가까운 장래에 회복될 전망이 보이지 않는 경우

다. 회생계획에서 정한 자산매각계획을 실현하지 못하여 향후 자금수급계획에 현저한 지장을 초래할 우려가 있는 경우

라. 공익채권이 과다하게 증가하여 향후 회생계획 수행에 지장을 초래할 우려가 있는 경우

마. 이해관계인들의 불합리하고 과다한 간섭 등이 계속되어 회생절차의 진행에 심각한 차질이 발생한 경우

8. 기타 사항

본 회생계획안에 언급되지 않은 사항은 채무자 회생 및 파산에 관한 법률에 근거하여 회생법원의 허가를 득하여 시행하며 회생법원의 결정에 따른다.

별 첨 자 료

1. 청산가치 기준 변제계획서 상세내역(회생담보권)
2. 청산가치 기준 변제계획서 상세내역(회생채권〈주채무, 보증채무〉)
3. 회생변제계획안 총괄표
4. 회생담보권 변제계획 상세내역
5. 회생채권(주채무, 보증채무) 변제계획 상세내역
6. 추정소득 및 추정자금수지계획표

[사례 2] 일반회생 – 교사·교감·교장, 사업자에 대한 연대보증

일반회생신청서 일람표

회생절차개시신청서	회생계획안

- 회생계획안(표지)
- 회생계획안(본문)
- 채무자의 현황 및 회생절차의 경과
- 권리변경의 요지
- 회생계획안의 내용 및 조항
- 자산 및 부채의 현황
- 청산시 예상배당률
- 변제할 채권의 내역
- 권리변경과 변제방법의 요지
- 회생계획안의 내용 및 조항
- 회생채권에 대한 권리변경과 변제방법
- 미확정 회생채권 및 부인권 행사로 부활될 회생채권
- 장래의 구상권
- 회생절차의 종결
- 회생절차의 폐지 신청
- 기타 사항

[서식 1] 일반회생계획안(변경안)

사건 : 20○○회단○○ 회생

회 생 계 획 안

(○차 변경안)

20○○. ○. ○.

관리인(채무자) ○ ○ ○

○○지방법원 민사○○단독 귀중

〈목 차〉

제2절 회생담보권에 대한 권리변경과 변제방법
1. 회생담보권의 내역
2. 권리변경과 변제방법
3. 권리변경 및 변제방법에 따른 채권자별 내역
4. 담보권의 존속에 관한 규정
제3절 회생채권에 대한 권리변경과 변제방법
1. 주채무, 보증채무
제4절 미확정 회생채권 및 부인권 행사로 부활될 회생채권
제5절 장래의 구상권
제6절 기타 필요적 규정
1. 공익채권의 변제에 관한 조항
2. 채무의 변제자금의 조달 방법
3. 사채의 발행
4. 회생계획에서 예상된 액을 넘는 수익금의 용도에 관한 조항
5. 분쟁의 해결방법
6. 회생절차의 종결
7. 회생절차의 폐지 신청
8. 기타 사항

제 1 장

채무자의 현황 및 회생절차의 경과

제1장 채무자의 현황 및 회생절차의 경과

제1절 채무자의 개요

1. 인적사항

-. 성명 : ○○○

-. 주소 : ○○시 ○○구 ○○동 ○○○-○

-. 직장 : ○○○초등학교

-. 직장소재지 : ○○시 ○○면 ○○리 ○○

-. 직위 : 교장

2. 이력 및 경과사항

-. 19○○. 04. 11.신규채용

-. 19○○. 04. 11. ~ 19○○. 03. 20. ○○초등학교 근무(교사)

-. 19○○. 03. 21. ~ 19○○. 08. 31. ○○○초등학교 근무(교사)

-. 19○○. 09. 01. ~ 19○○. 02. 28. ○○○초등학교 근무(교사)

-. 19○○. 03. 01. ~ 19○○. 02. 29. ○○초등학교 근무(교사)

-. 19○○. 03. 01. ~ 19○○. 02. 28. ○○○초등학교 근무(교사)

-. 19○○. 03. 01. ~ 19○○. 02. 28. ○○초등학교 근무(교사)

-. 19○○. 03. 01. ~ 19○○. 02. 28. ○○초등학교 ○○분교 근무(교사)

-. 19○○. 03. 01. ~ 20○○. 02. 28. ○○○초등학교 근무(교사)

-. 20○○. 03. 01. ~ 20○○. 02. 28. ○○초등학교 근무(교사)

-. 20○○. 03. 01. ~ 20○○. 02. 28. ○○초등학교 근무(교사)

-. 20○○. 03. 01. ~ 20○○. 08. 31. ○○초등학교 근무(교감)

-. 20○○. 09. 01. ~ 현재까지. ○○○초등학교 근무 중(교장)

-. 20○○. 09. 30.회생절차개시 및 재산보전처분, 포괄적 금지명령 신청

제2절 회생절차 개시신청에 이르게 된 사정

1. 큰처남이 실질적으로 운영하는 사업체의 사업자금 지원 및 연대보증

20○○년 큰처남이 ○○에서 농협에 근무하다가 I.M.F때 그만두고 □□계열회

사인 ○○○식당 식자재공급업체인 ○○주식회사에 입사하여 책임자로 근무하게 되었고, ○○에서 내려와 마땅히 기거할 곳이 없어 채무자의 집에 기거하게 되었습니다. 그리고 □□가 부도가 나게 되면서 ○○주식회사를 큰처남이 인수하면서 회사를 관리할 사람이 필요하게 되어 채무자의 배우자가 회사에 입사하여 일을 돕게 되었습니다.

큰처남이 회사를 운영하면서 회사의 운영에 필요한 자금이 필요하게 되자 가장 가까이 살고 있는 채무자에게 부탁을 하여 왔고, 채무자로서는 배우자가 다니는 직장이고 큰처남이 하는 사업이라 아파트 담보대출 및 퇴직금담보대출, 친인척에게까지 차용하여 빌려주었고 또한 회사의 대출을 받는데 연대 보증인으로 입보하게 되었습니다.

그러다 회사의 운영이 어려워지면서 회사의 채무를 채무자가 대신 상환하는 상황에 이르렀고, 채무자의 명의로 빌려 회사의 운영자금에 사용하였던 채무와 연대보증인으로 되어 있는 채무들이 변제되지 못하는 상황에 이르게 되었습니다.

제3절 회생절차개시 신청 후의 경과

1. 회생절차개시 신청 후의 주요 경과

채무자 ○○○은 20○○년 09월 30일자로 ○○지방법원에 회생개시신청을 하여 20○○년 11월 05일에 회생절차 개시결정을 받았습니다.

또한, 회생절차 개시결정 이후 법원으로부터 선임된 관리인(채무자)이 채무자의 재산 및 업무를 관리하면서 정상적인 영업활동을 수행하고 있습니다.

2. 회생절차 개시 후의 경과

-. 20○○년 11월 05일 회생절차 개시결정
-. 20○○년 11월 05일 관리인 선임
-. 20○○년 11월 20일부터 20○○년 12월 03일까지 회생채권 및 회생담보권의 신고기간
-. 20○○년 12월 11일 관리인의 회생담보권, 회생채권 시·부인 명세서 제출
-. 20○○년 12월 30일 조사위원 ○○회계법인 제1차 조사보고서 제출
-. 20○○년 01월 07일 관리인 보고를 위한 관계인집회 개최

-. 20○○년 01월 12일 조사위원 ○○회계법인 제1차 조사보고서(수정본) 제출
-. 20○○년 03월 11일 조사위원 ○○회계법인 제2차 조사보고서 제출
-. 20○○년 03월 11일 회생계획안 심리를 위한 관계인집회 개최

제 2 장

권리변경의 요지

제2장 권리변경의 요지

제1절 회생계획안 입안의 기초

본 회생계획안은 채무자 회생 및 파산에 관한 법률에 따라 채권자 등 이해관계인들 간에 공평성과 형평성을 기함과 동시에 조사위원인 ○○회계법인이 산정한 채무자의 청산시 회생채권의 예상청산배당율보다 높은 수준의 채권회수율이 확보되도록 하며 궁극적으로는 채무자의 회생이 가능하도록 작성하였습니다.

채무자의 재무 상태와 수익성으로 보아 경영이익을 극대화 하더라도 채무금액이 과다하여 전액변제가 곤란하므로 변제 가능한 범위 내에서 그 권리를 변경하고자 합니다.

채무자의 상환능력을 고려할 때 약정이자율을 적용할 경우에는 채무상환이 거의 불가능하게 되어 채무자의 회생담보권은 원금(개시 전 이자 포함)을 전액 변제 하는 것으로 하였으며, 개시 후 이자는 면제(다만, 20○○년까지 부동산처분이 이루어지지 않을 경우 처분시까지 미상환원금잔액에 대하여 연 5.5%의 이율을 적용하여 개시 후 이자를 지급하며, 발생연도 변제기일에 변제한다)받는 것으로 하였습니다. 또한 회생채권(주채무, 보증채무)의 경우는 원금과 개시 전 이자에 대해서는 24%를 지급하기로 하였습니다.

채무자의 연령을 감안하면 향후 10년간은 꾸준히 변제해 나갈 것으로 예상하고 있습니다. 또한 조사위원인 ○○회계법인이 조사하여 예상한 향후 기간의 현금흐름 수준 또는 관리인이 조사하여 예상한 향후 현금흐름 수준이 유지된다면 본 회생계획안을 성실히 수행할 수 있을 것으로 자신하고 있습니다.

회생채권자 및 이해관계자 여러분의 적극적인 지원과 배려가 수반된다면 본 채무자는 정상적인 근무생활로 사회적 책임을 다하고 충분히 갱생할 수 있으리라 판단하여 이에 관리인은 본 회생계획안을 입안하기에 이른 것입니다.

제2절 자산 및 부채의 현황

조사위원인 ○○회계법인의 20○○년 11월 05일 현재의 자산·부채 조사결과에 따라 다음과 같습니다. (채무자의 부채는 20○○. 12. 11.자 관리인이 제출한 회생담보권, 회생채권 시·부인명세서를 참조)

-. 채무자의 총자산은 329,656,260원이지만 청산가치 기준은 285,368,248원입니다.

-. 채무자의 총 부채는 1,335,257,453원입니다. 이 중 [553]회생담보권 시인액이 323,282,861원이고,[554]회생채권액 시인액이 1,011,974,592원입니다. (회생채권액 시인액 중 회생채권 4-4, 4-5번 ○○보증보험(주) 미확정 보증채무로 인정하되 의결권은 부인한 금액 11,287,770원이 포함된 금액임)

제3절 청산시 예상배당률

조사위원 ○○회계법인의 20○○년 11월 05일 현재의 경제적 개념에 따른 채권구분에 의하여 청산시 채권자 조별 배당액과 배당률은 다음과 같습니다.

(단위 : 원)

채권구분	채권금액	배당액	배당률(%)
회생담보권	323,282,861	278,994,249	86.30%
회생채권 (주채무, 보증채무)	1,010,003,845	6,373,999	0.63%
합 계	1,333,286,706	285,368,248	21.44%

(*) 청산가치 기준 채권자별 변제액에 대한 자세한 내역(별표 1, 2)을 참조.

(*) 회생채권의 경우 추완 12번으로 신고된 ㅇㅇ새마을금고의 채무가 51,692,813원에서 54,744,377원으로 변경되었고, 추완 13번으로 신고된 ㅇㅇ중앙회(ㅇㅇ여신관리단) 6,265,459원이 추가되었으며, 추완 14번으로 신고된 ㅇㅇ기업진흥공단의 채무 중 이자가 1,959,500원에서 4,148,870원으로 증가되었습니다.

상기 결과에서 보듯이 채무자가 청산하는 경우 채권액 대비 회생담보권자의 경우 86.30%, 회생채권자의 경우 채권액 대비 0.63%의 배당이 이루어지며 전체적인 청산 배당률은 21.44%입니다.

제4절 변제할 채권의 내역

변제가능액을 산정함에 있어 채무자의 청산시 무담보 회생채권의 예상청산배당율보다 높은 수준의 채권회수율이 확보되도록 하여 채권자에 대한 최선의 이익을 도모하는 한편 채무자의 회생을 전제로 하여 공정성과 형평성의 이념에 입각하여 권리변경과 변제방법의 기준을 마련하였습니다.

구체적으로 회생절차 개시결정 이후 채권조사기일(20○○년 12월 11일자 관리인의 채권시·부인표)에서 시인한 채권액의 회생계획안 작성대상 확정채권의 내역은 다음과 같습니다.

– 다 음 –

(단위 : 원)

구 분	시인된 채권액 (20○○. 12. 11. 기준)			변제대상 채권액	면제금액
	원 금	개시 전 이자	합 계		
회생담보채권	323,282,861	0	323,282,861	323,282,861	0
회생채권 (주채무·보증채무)	988,420,408	21,583,437	1,010,003,845	242,400,923	767,602,922
합 계	1,311,703,269	21,583,437	1,333,286,706	565,683,784	767,602,922

(*) 회생변제계획안 총괄표(별표 3) 참조.

(*) 회생채권의 경우 추완 12번으로 신고된 ○○새마을금고의 채무가 51,692,813원에서 54,744,377원으로 변경되었고, 추완 13번으로 신고된 ○○중앙회(○○여신관리단) 6,265,459원이 추가되었고, 추완 14번으로 신고된 ○○기업진흥공단의 채무 중 이자가 1,959,500원에서 4,148,870원으로 증가되었습니다.

(*) 회생담보권 2번 주식회사 ○○상호저축은행이 신청하여 20○○. 03. 02.자로 화해권고결정된 20○○회확○ 회생담보권조사확정에 따라 주식회사 ○○상호저축은행의 회생담보권금액이 13,500,000원에서 41,000,000원으로, 회생채권금액이 41,500,000원에서 14,000,000원으로 변경되었습니다.

제5절 권리변경과 변제방법의 요지

1. 회생담보채권의 권리변경과 변제방법

1) 원금 및 개시 전 이자

회생담보채권에 대하여는 원금(개시 전 이자 포함)을 전액 변제하는 것으로 하였습니다.

회생담보채권의 지급은 총 금액 323,282,861원에 대해서 준비년도(20○○년)에 채무자 소유의 부동산(○○군 ○○읍 ○○리 ○○○○-○번지외 10필지 〈재산평가액: 199,398,861원〉)을 처분하여 담보순위 1순위 회생담보권자인 (주)○○○푸드(199,398,861원)를 변제하는 것으로 하였으며, 제1차년도(20○○년)에는 채무자 소유의 부동산(○○시 ○구 ○○동 ○○○-○〈재산평가액: 119,000,000원, ○○시 ○구 ○○동 ○○○-○〈재산평가액: 4,884,000원〉)을 처분하여 담보순위 1, 2, 3순위 회생담보권자인 (주)○○은행(78,000,000

원), (주)○○상호저축은행(41,000,000원), ○○기업은행(4,884,000원)을 변제하는 것으로 하였습니다.

지급시기에 대해서는 준비년도(20○○년) 12월 말일과 제1차년도(20○○년) 6월 말일에 변제하는 것으로 하였으며, 12월 말일과 6월 말일이 공휴일인 경우 직전 영업일을 변제기일로 하였습니다.

2) 개시 후 이자

전액을 면제합니다.(다만, 20○○년까지 부동산 처분이 이루어지지 않을 경우 처분시까지 미상환원금잔액에 대하여 연 5.5%의 이율을 적용하여 개시 후 이자를 지급하며, 발생연도 변제기일에 변제한다.)

2. 회생채권의 권리변경과 변제방법

가. 주채무·보증채무

1) 원금 및 개시 전 이자

개시 전 이자는 원금과 가산하는 것으로 하였습니다.

채무자가 주채무자와 보증채무자에 대하여는 원금(개시 전 이자 포함) 24%를 변제하고 76%는 채권자별로 본 회생절차 인가시에 면제되는 것으로 하였습니다. 하지만 공무원연금법 제31조의 2항에 따라 퇴직급여 등으로 우선공제되는 채무는 인가결정이 확정된 경우라도 본 절차를 통해 변제된 금액을 제외한 채무 전액을 우선 공제하기로 합니다.

회생채권의 지급은 제1차년도(20○○년)부터 제10차년도(20○○년)까지 총 242,400,923원을 제1회(20○○. 01. 25)부터 제120회(20○○. 12. 25)까지 매년 3개월(3월, 6월, 9월, 12월)에 1회씩 동액 동률로 나누어 지급하는 것으로 하였습니다.

지급 시기는 3개월마다 25일에 원금에 비례하여 채권자별로 변제하는 것으로 하였습니다. 3개월마다 25일이 공휴일인 경우 직전 영업일을 변제기일로 하였습니다. 단 공무원연금법 제31조의 2항에 따라 퇴직급여 등으로 우선공제되는 채무는 본 절차를 통해 변제된 금액을 제외한 채무에 대해서 퇴직시 퇴직급여로 전액 변제하는 것으로 하였습니다.

2) 개시 후 이자

전액을 면제합니다.

3. 신고되지 아니한 채권의 처리

회생담보권자 및 회생채권자의 목록에 기재되지 않고 신고되지 아니한 회생담보권 및 회생채권은 그 권리가 소멸되는 것으로 하였습니다.

4. 장래의 구상권

회생절차 개시결정 이후 혹시라도 채무자를 위한 보증인이나 물상보증인(담보목적물의 제3취득자를 포함한다.) 또는 기타 제3자가 자기의 출재로 인하여 회생담보권 또는 회생채권자에게 변제한 경우에는 채무자에 대하여 구상권을 취득하는 것으로 하였습니다.

또한, 구상권자는 채권자의 권리변경 전에 채권이 회생절차 또는 기타의 사유로 인하여 모두 소멸된 경우에 한하여 자기의 구상권을 행사할 수 있으며, 채무자는 회생계획에 의하여 변제하여야 할 회생담보권 및 회생채권액의 잔액 범위 내에서 구상권자의 구상권 비율에 따라 변제하는 것으로 하였습니다.

5. 소송 중인 채권

회생계획안 제출일 현재 소송 중인 채권에 대하여는 소송결과 채무자의 채무로 확정되는 경우 회생채권에 준하여 변제할 예정입니다.

제6절 결 언

본 회생계획안은 채권자 및 기타 이해관계인의 이익을 최대한 보호하고, 채무자의 회생을 도모하여 채권자들에게 공정하고 형평에 맞는 회생계획을 수립하려고 노력하였습니다.

현재 채무자의 재무구조로는 금리부담이 가중되어 예정된 기간 내에 회생할 가망이 없어 개시 후 이자와 관련하여 회생담보권의 경우 원금 전액을 변제하는 대신 면제(다만, 20○○년까지 부동산 처분이 이루어지지 않을 경우 처분시까지 미상환원금잔액에 대하여 연 5.5%의 이율을 적용하여 개시 후 이자를 지급하며, 발생연도 변제기일에 변제한다)받는 것으로 하였으며 회생채권액의 이자도 산입하지 않았습니다. 그리고 회생채권(주채무, 보증채무)의 경우 원금과 개시 전 이자에 대해서는 합산하여 24%를 지급하도록 하였습니다. 이 점 양해 바랍니다. 채무자의 현 상황은 재정적인 궁핍상황에 처해 있습니다. 그러므로 곧바로 회생절차를 진입하더라도 충실한 변제를 할 수 없는 실정이므로 회생준비년도인 20○○년은 영업정상화를 위해 노력하고, 20○○년을 제1차회계년도로 하여 그 변제를 시작하는 것으로 계획을 수립하였습니다.

채무자의 재정적 파탄으로 인하여 회생담보권 및 회생채권에 대한 일부 권리변경 및 변제기간을 유예할 수밖에 없었던 점에 대하여 송구스럽게 생각하고 있으며, 본 회생계획안의 원만한 수행을 위해서는 채권자 여러분의 희생과 인내를 전제로 하고 있다는 사실을 깊이 인식하고 회생계획안 인가를 계기로 채무자는 새로운 결의로써 회생계획 수행에 필요한 최대한의 노력을 기울이고자 합니다.

---

553) 회생담보권 2번 주식회사 ○○상호저축은행에서 신청하여 20○○. 03. 02.자로 화해권고결정된 20○○회확○ 회생담보권조사확정에 따라 13,500,000원이었던 금액이 41,000,000원으로 변경되어 금액의 차이가 있습니다.

554) -. 회생담보권 2번 주식회사 ○○상호저축은행에서 신청하여 20○○. 03. 02.자로 화해권고결정된 20○○회확 1 회생담보권조사확정 결과에 따라 주식회사 ○○상호저축은행의 채권액 55,000,000원에서 회생담보권 41,000,000원이 되어 회생채권액 14,000,000원으로 변경되었습니다.

-. 회생채권 13번 ○○기업진흥공단의 채무 중 20○○. 03. 11.자로 추후 보완신고를 하여 원금은 변동이 없으며, 이자가 1,959,500원에서 4,148,870원으로 증가되었습니다.

제 3 장

회생계획안의 내용 및 조항

제3장 회생계획안의 내용 및 조항

제1절 총 칙

1. 용어의 정의

가. 개시 전 이자

"개시 전 이자"라 함은 회생절차 개시결정일 전일(20○○년 11월 04일)까지 회생담보권 및 회생채권에 대하여 발생한 이자, 연체이자, 지연손해금 등으로 조사기간 안에 또는 특별조사기일에 시인되어 확정된 것을 말한다.

나. 개시 후 이자

"개시 후 이자"라 함은 회생절차 개시결정일(20○○년 11월 05일)부터 회생담보권 및 회생채권에 대한 원금변제가 완료되는 시점까지 미변제 원금에 대하여 발생하는 이자 및 지연손해금을 말한다.

다. 준비연도

"준비연도"라 함은 회생절차 개시결정일(20○○년 11월 05일)부터 20○○년 12월 31일까지를 말한다.

라. 회생계획기간

"회생계획기간"이라 함은 준비연도(20○○년)와 그 다음연도인 20○○년부터 10년간의 기간으로 하고, 20○○년 12월 31일에 종료하는 것으로 한다.

마. 제1차 연도

"제1차 연도"라 함은 준비연도의 다음 연도인 20○○년 01월 01일부터 같은 해 12월 31일까지를 말하며, 제2차 연도 이후의 각 연도는 순차적으로 매년 1월 1일부터 같은 해 12월 31일까지로 한다.

바. 인 가 일

"인가일"이라 함은 본 회생계획안이 법원으로부터 인가된 날을 말한다.

사. 금융기관

"금융기관"이라 함은 은행, 상호저축은행, 할부금융회사, 보증보험회사, 파이낸스사, 신용보증기금, 카드사, 증권회사, 보험회사, 렌탈회사, 투자신탁회사, 창업투자회사, 농협을 말한다.

아. 대여채무

"대여채무"라 함은 채무자가 금융기관 등으로부터 대출 등에 의하여 금융을 제공받음으로써 부담하는 채무를 말한다.

자. 보증채무

"보증채무"라 함은 채무자가 타인을 위하여 한 보증으로 인하여 부담하는 채무를 말한다.

차. 기 타

기타 본 회생계획안의 용어 및 문구 해석에 이의가 있을 경우 채무자 회생 및 파산에 관한 법률의 취지에 따라 해석하되 다툼이 있는 경우에는 회생사건을 담당하는 법원의 해석에 따른다.

2. 일반규정

가. 변제기일

본 회생계획안에 의하여 매년 변제할 원금 및 이자는 20○○년(준비년도)에는 12월 30일과 20○○년(제1차년도)에는 6월 30일, 20○○년(제2차년도)부터 20○○년(제10차년도)까지는 3개월(3월, 6월, 9월, 12월)마다 25일(단, 공휴일인 경우에는 그 직전 영업일)에 변제하며, 위 변제기일 전이라도 법원의 허가를 얻은 경우에는 수시로 변제할 수 있다.

관리인은 법원의 허가를 얻어 분할변제액의 전부 또는 일부에 관하여 할인율 6.5%에 의하여 계산된 조기 변제일에 있어서의 현재가치 상당액을 회생채권자의 전부에 대하여 조기변제 할 수 있다. 이 경우 법원의 허가를 얻은 날부터 1개월 이내의 날을 조기 변제일로 정하여야 한다.

나. 변제장소, 회생채권·회생담보권 변제시 채권자 확인방법

회생담보권·회생채권의 변제는 채무자의 본점 소재지(또는 채무자의 주된 영업소·주소지)에서 한다. 단, 금융기관에 대해서는 해당 금융기관의 본·지점으로 할 수 있다.

회생담보권 및 회생채권의 변제시 법인은 법인등기부등본·법인인감증명서를,

개인은 신분증·인감증명서를, 채권자의 대리인은 채권자 본인의 위임장을 제시하여야 하며, 채무자는 회생담보권자 및 회생채권자가 제시한 서류로 채권자 본인임을 확인한 후 변제한다. 다만, 회생담보권자 및 회생채권자가 미리 지정한 금융기관의 계좌로 입금하는 방식으로 변제할 수 있으며, 회생담보권자 및 회생채권자가 금융기관인 경우 위와 같은 채권자 확인절차를 거치지 아니하고 해당 금융기관이 발생한 상환확인서 또는 상환영수증으로 이에 갈음할 수 있다.

다. 변제충당순서

1) 본 회생계획안 인가일 이후의 회생담보권 및 회생채권의 변제충당 순서는 원금·개시전 이자·개시 후 이자의 순으로 한다.
2) 변제재원의 부족으로 변제계획에 따라 당해 연도 회생채권을 전액 변제할 수 없는 경우에는 회생담보권 원금·회생채권 원금의 순으로 당해연도 변제예정금액에 비례하여 변제하며, 나머지가 있을 경우에 회생담보권 이자·회생채권의 이자 순으로 당해 연도 변제예정금액에 비례하여 변제하되 당해 연도 변제예정액 중 미변제분은 다음 연도 변제기일에 우선하여 변제한다.
3) 금융기관 회생담보권 및 회생채권에 대한 대출과목별 변제충당순서는 회생담보권 및 회생채권별 변제금액의 범위 내에서 해당 금융기관이 정하는 바에 따른다.

라. 채권양도·대위변제의 특례

회생담보권자 또는 회생채권자에 관하여 개시결정일 이후 채권양도·대위변제 등의 원인으로 채권자가 변경되었다 하더라도 채권이 승계취득자에 대하여 개시결정일 당시의 채권자 및 채권액을 기준으로 하여 본 회생계획안의 권리변경과 변제방법을 적용한다. 채권자의 변경으로 인하여 종전의 회생담보권 또는 회생채권에 관하여 수인의 채권자가 있게 된 경우에는 각 채권자들의 채권액 비율에 따라 배분하여 권리변경 및 변제방법을 적용한다.

마. 변제 미이행시 처리

본 회생계획안에 따른 채무의 변제기일에 이행하지 못할 경우에는 미변제 금액에 대하여 변제기일 다음 날부터 실제 변제일까지 실제 변제일 당일 (주)○○은행의 일반자금대출 연체 이자율을 적용하여 변제한다. 연체이자율이 없는 채권자에 대해서도 (주)○○은행의 일반자금대출 연체이자율을 적용하여 변제한다.

바. 기한의 이익 상실

회생절차가 폐지되는 경우에는 회생담보권 및 회생채권에 관하여 본 회생계획안에 정한 변제기일에도 불구하고 그 변제기가 도래하는 것으로 본다.

사. 외화표시채권의 원화환산기준

외화표시채권은 외화로 변제하거나 변제 당일에 ○○은행이 최초로 고시하는 대고객 전신환매도율로 환산한 원화로 변제한다. 단, 외화표시 채권을 원화로 대위변제한 구상금채권자에 대하여는 대위변제한 시점의 결제 은행 대고객전신환매도율을 적용하여 환산한 원화로 변제한다.

아. 변제금액의 확정

회생계획안의 채권별 변제방법에 의해 산정된 금액 및 변제일이 별첨 채권별 변제계획의 금액 및 변제일과 상이한 경우에는 회생계획안 본문에서 정한 변제방법에 의해 산정된 변제금액 및 변제일을 기준으로 변제한다.

자. 회계연도

본 회생계획안의 회계연도 표시는 매년 1월 1일부터 12월 31일까지로 한다.

제2절 회생담보권에 대한 권리변경과 변제방법

1. 회생담보권의 내역

채무자가 변제하여야 할 회생담보권의 내역은 다음과 같습니다.

(단위 : 원)

신고번호 (목록번호)	채 권 자	설정순위	시인된 채권액 (20ㅇㅇ. 12. 11. 기준)		
			원 금	개시 전 이자	합 계
8 (회생담보권 1-1, 1-2)	(주)ㅇㅇ은행	1, 2	78,000,000	0	78,000,000
3 (회생담보권 2)	(주)ㅇㅇ상호 저축은행	3	41,000,000	0	41,000,000
(회생담보권 3)	ㅇㅇ기업은행	1	4,884,000	0	4,884,000
10 (회생담보권 5)	(주)ㅇㅇㅇ푸드	1	199,398,861	0	199,398,861
합 계			323,282,861	0	323,282,861

2. 권리변경과 변제방법

가. 원금 및 개시 전 이자

1) 회생담보채권에 대하여는 원금(개시 전 이자 포함)을 전액 변제하는 것으로 한다.

회생담보채권의 지급은 총 금액 323,282,861원에 대해서 준비년도(20○○년)에 채무자 소유의 부동산(○○군 ○○읍 ○○리 ○○○○-○번지외 10필지 〈재산평가액: 199,398,861원〉)을 처분하여 담보순위 1순위 회생담보권자인 (주)○○○푸드(199,398,861원)를 변제하는 것으로 하며, 제1차년도(20○○년)에는 채무자 소유의 부동산(○○시 ○구 ○○동 ○○○ ○○아파트 ○○○-○○○○호〈재산평가액: 119,000,000원, ○○시 ○구 ○○동 ○○○-○〈재산평가액: 4,884,000원〉)을 처분하여 담보순위 1, 2, 3순위 회생담보권자인 (주)○○은행(78,000,000원), (주)○○상호저축은행(41,000,000원), ○○기업은행(4,884,000원)을 변제하는 것으로 한다.

지급시기에 대해서는 준비년도(20○○년) 12월 말일과, 제1차년도(20○○년) 6월 말일에 변제하는 것으로 하였으며, 12월말일과 6월말일이 공휴일인 경우 직전 영업일을 변제기일로 한다.

2) 개시 후 이자

전액을 면제하기로 한다.(다만, 20○○년까지 부동산 처분이 이루어지지 않을 경우 처분시까지 미상환원금잔액에 대하여 연 5.5%의 이율을 적용하여 개시 후 이자를 지급하며, 발생연도 변제기일에 변제한다.)

3. 권리변경 및 변제방법에 따른 채권자별 내역

(단위 : 원)

신고번호 (목록번호)	채 권 자	설정순위	시인된 채권액 (20○○. 12. 11. 기준)			변제대상 금액	면제금액
			원 금	개시 전 이자	합 계		
8 (회생담보권 1-1, 1-2)	(주)○○은행	1, 2	78,000,000	0	78,000,000	78,000,000	0
3 (회생담보권 2)	(주)○○상호저축은행	3	41,000,000	0	41,000,000	41,000,000	0
(회생담보권 3)	○○기업은행	1	4,884,000	0	4,884,000	4,884,000	0
10	(주)○○○푸드	1	199,398,861	0	199,398,861	199,398,861	0

(회생담보권 5)							
합 계			323,282,861	0	323,282,861	323,282,861	0

-. 권리변경 후 원금의 구체적인 변제계획은 별표 (4)와 같다.

4. 담보권의 존속에 관한 규정

가. 담보권의 존속

회생담보권자의 담보권은 본 회생계획안에 의하여 권리 변경된 회생담보권을 피담보하는 담보권으로서 종전의 순위에 따라 존속한다. 그러나 회생담보권으로 인정되지 아니한 담보권과 담보목적의 지상권 등은 소멸한다.

나. 담보권의 해지

채무자가 담보물건을 매각할 경우, 매매계약이 완료된 후 소유권 이전 등기 등을 할 경우 법원은 해당물건에 관한 회생담보권의 담보권 말소 촉탁을 할 수 있다.

본 회생계획안에 따라 채무자가 회생담보권 중 변제할 금액에 해당하는 채무를 변제하는 경우에는 채무자의 재산상에 있는 모든 담보권(담보권자가 채무자에게 가지고 있는 근저당권, 양도담보권, 질권 등)은 소멸되며, 담보권자는 소멸 즉시 근저당권의 경우 근저당권 등기의 말소, 양도담보의 경우 동산의 인도, 견질 및 담보조로 제공한 유가증권의 변환 등 담보권의 소멸 및 그에 따른 처리에 필요한 제반절차를 즉시 이행하여야 한다. 담보권자가 즉시 위 필요서류를 제출하지 않았을 때에는 담보권의 말소에 필요한 서류를 청구하여 말소하거나 법원에 촉탁에 의하여 말소한다.

다. 보험사고 발생시의 처리방법에 관한 규정

1) 관리인은 보험계약이 만료된 때에는 계속하여 보험계약을 체결한다.
2) 관리인이 위와 같은 담보목적물에 대한 보험가입의무를 이행하지 않을 경우 회생담보권자는 보험료를 지불하여 보험계약을 체결할 수 있으며, 보험료로 지출된 금액은 채무자에 대한 공익채권으로 본다. 채무자는 이를 우선적으로 변제하여야 하며, 그 원금에 대하여 보험료 지급일부터 은행의 일반대출 연체이율에 따른 지연손해금(또는 본 회생계획안에 따른 회생담보권의 개시 후 이자율에 따른 이자)을 지급하여야 한다.
3) 보험에 가입되어 있는 담보목적물에 대하여 보험사고가 발생한 경우, 관리인

은 법원의 허가를 얻어 해당 보험금을 이재물건의 복구에 사용하여야 하며, 복구된 물건에 대하여는 잔존 회생담보권을 피담보채권으로 하여 종전의 순위에 따라 담보권을 설정하여야 한다.

4) 관리인이 보험금으로 이재물건을 복구하지 아니할 경우에는 당해 이재물건에 설정되어 있는 담보권의 순위에 따라 본 회생계획안에 의하여 변제하여야 할 회생담보권의 범위 내에서(6.5%의 현가율을 적용하여) 조기 변제하되 당해 담보목적물의 회생담보권의 원금·개시 전 이자·개시 후 이자 순으로 변제하고, 남는 것이 있으면 같은 방법으로 다음 연도 회생담보권을 변제한다.

5) 관리인이 이재물건의 복구나 채권 변제에 사용하고 남는 보험금은 법원의 허가를 얻어 채무자의 운영자금으로 사용할 수 있다.

라. 담보권자의 물상대위권 행사와 관련한 처리방법에 관한 규정

1) 회생담보권자의 담보목적물이 훼손된 경우 당해 담보목적물의 복구가 가능한 경우에는 관리인은 법원의 허가를 얻어 해당 담보목적물의 멸실·훼손·공용징수로 인하여 지급되는 손해배당금이나 보상금을 수령하여 담보목적물의 복구에 사용하여야 하며, 복구된 물건에 대하여는 잔존 회생담보권을 피담보채권으로 하여 종전의 순위에 따라 담보권을 설정하여야 한다.

2) 회생담보권자의 담보목적물이 멸실·공용징수되거나 또는 훼손된 경우, 관리인이 손해배상금이나 보상금을 수령하여 담보목적물을 복구하지 아니하는 때에는 그 담보목적물에 설정되어 있는 담보권의 순위에 따라 본 회생계획안에 의하여 변제하여야 할 회생담보권의 범위 내에서(6.5%의 현가율을 적용하여) 조기 변제하되 당해 담보목적물의 회생담보권을 모두 변제하기에 부족한 경우에는 변제기일이 먼저 도래하는 회생담보권의 원금·개시 전 이자·개시 후 이자 순으로 변제하고, 남는 것이 있으면 같은 방법으로 다음 연도 회생담보권을 변제한다.

3) 관리인이 담보목적물의 복구나 회생담보권의 변제에 사용하고 남는 금원은 법원이 허가를 얻어 채무자의 운영자금으로 사용할 수 있다.

마. 담보목적물 매각위임에 관한 규정

담보목적물이 본 회생계획안의 매각예정연도 내에 매각되지 않을 경우, 관리인은 회생담보권자들이 요청하는 바에 따라 법원의 허가를 얻어 당해 담보목적물에 관한 최우선 순위 회생담보권자에게 그 매각을 위임할 수 있다. 이 경

우 최우선 순위 회생담보권자는 담보목적물을 매각함에 있어 그 매각 조건에 관하여 관리인을 통하여 법원을 허가를 얻어야 하며, 매각 위임일 다음날부터 실제 변제일까지는 그 담보목적물의 처분으로 인한 변제 예상금액에 대한 연체이자는 발생하지 않는다.

바. 담보물건 매각대금의 처리

채무자가 담보물건을 매각할 경우에는 매각대금에서 그 처분으로 인하여 발생하는 제세금 및 매각관련 기타 비용을 공제할 실입금액으로 시인된 담보평가액 범위 내에서 조기 변제하되, 당해 담보목적물의 회생담보권을 모두 변제하기에 부족한 경우에는 그 회생담보권의 변제는 원금·개시 전 이자·개시 후 이자 순으로 변제하고, 같은 순위의 것 중에서는 변제기일이 먼저 도래하는 순서에 따르며, 잔여 회생담보채권은 본 회생계획안에 의한 회생채권 변제방법에 따라 변제한다. 담보목적물에 대한 회생담보권자가 복수일 경우에는 회생담보권자의 담보권 순위에 따라 순차적으로 변제하고, 동순위 회생담보권자가 있을 경우에는 그 회생담보권자의 채권액 비율에 비례하여 변제한다. 회생담보권을 변제한 후 남는 처분대금은 법원의 허가를 받아 해당 담보권자 중 채권액이 담보권을 초과하여 회생채권으로 시인된 채권을 이 회생계획안에서 정하는 조기 변제시의 할인율(6.5%)을 적용하여 조기 변제할 수 있다. 그 후 초과액은 법원의 허가를 받아 채무자의 공익채권 변제, 운전자금, 회생채권 변제자금으로 사용한다.

제3절 회생채권에 대한 권리변경과 변제방법

1. 主채무, 보증채무

가. 회생채권의 내역

(단위 : 원)

신고번호 (목록번호)	채 권 자	시인된 채권액 (20○○. 12. 11. 기준)		
		원 금	개시 전 이자	합 계
1 (회생채권 2)	○○신용 보증재단	170,000,000	0	170,000,000
6 (회생채권 3)	(주)○○은행	101,722,680	6,869,780	108,592,460
7 (회생채권 4-1)	○○보증보험(주)	131,322,710	0	131,322,710

추완 12 (회생채권 5)	○○새마을금고	54,744,377	0	54,744,377
(회생채권 6-1)	○○○ 연금관리공단	4,880,000	0	4,880,000
(회생채권 6-2)	○○○ 연금관리공단	19,340,000	0	19,340,000
(회생채권 6-3)	○○○ 연금관리공단	18,300,000	0	18,300,000
11 (회생채권 7)	○○캐피탈(주)	31,223,454	1,762,585	32,986,039
2 (회생채권 8-1)	○○카드(주)	9,952,178	248,507	10,200,685
2 (회생채권 8-2)	○○카드(주)	14,280,155	74,122	14,354,277
5 (회생채권 9)	○○카드(주)	19,029,600	626,851	19,656,451
9 (회생채권 10-1)	농협중앙회 (○○○지점)	10,000,000	300,527	10,300,527
추완 13 (회생채권 10-2)	농협중앙회 (○○여신관리단)	5,753,913	511,546	6,265,459
(회생채권 11)	○○○	110,000,000	0	110,000,000
4 (회생채권 12)	○○농업협동조합 (○○지점)	30,000,000	1,513,403	31,513,403
추완 14 (회생채권 13)	○○기업진흥공단	116,640,000	4,148,870	120,788,870
8 (회생담보권 1-1, 1-2)	(주)○○은행	75,820,202	2,818,561	78,638,763
3 (회생담보권 2)	(주)○○상호 저축은행	14,000,000	0	14,000,000
4 (회생담보권 4)	○○농업협동조합 (○○지점)	40,810,000	2,708,685	43,518,685
10 (회생담보권 5)	(주)○○○푸드	10,601,139	0	10,601,139
합 계		988,420,408	21,583,437	1,010,003,845

나. 권리변경 및 변제방법

1) 원금 및 개시 전 이자

개시 전 이자는 원금과 가산하는 것으로 한다.

채무자가 주채무자와 보증채무자에 대하여는 원금(개시 전 이자 포함) 24%를 변제하고 76%는 채권자별로 본 회생절차 인가시에 면제되는 것으로 한다. 하지만 공무원연금법 제31조의 2항에 따라 퇴직급여 등으로 우선공제 되는 채무는 인가결정이 확정된 경우라도 본 절차를 통해 변제된 금액을 제외한 채무 전액을 우선 공제하기로 한다.

회생채권의 지급은 제1차년도(20○○년)부터 제10차년도(20○○년)까지 총 242,400,923원을 제1회(20○○. 01. 25)부터 제120회(20○○. 12. 25)까지 매년 3개월(3월, 6월, 9월, 12월)에 1회씩 동액 동률로 나누어 지급하는 것으로 한다.

지급 시기는 3개월마다 25일에 원금에 비례하여 채권자별로 변제하는 것으로 하였습니다. 3개월마다 25일이 공휴일인 경우 직전 영업일을 변제기일로 하였습니다. 단 공무원연금법 제31조의 2항에 따라 퇴직급여 등으로 우선공제 되는 채무는 본 절차를 통해 변제된 금액을 제외한 채무에 대해서 퇴직시 퇴직급여로 전액 변제하는 것으로 한다.

2) 개시 후 이자

전액을 면제한다.

다. 권리변경 및 변제방법에 따른 채권자별 내역

(단위 : 원)

신고번호 (목록번호)	채 권 자	시인된 채권액 (20○○. 12. 11. 기준)			변제대상 금액	면제금액
		원 금	개시 전 이자	합 계		
1 (회생채권 2)	○○신용 보증재단	170,000,000	0	170,000,000	40,800,000	129,200,000
6 (회생채권 3)	(주)○○은행	101,722,680	6,869,780	108,592,460	26,062,190	82,530,270
7 (회생채권 4-1)	○○보증보험(주)	131,322,710	0	131,322,710	31,517,450	99,805,260
추완 12 (회생채권 5)	○○새마을금고	54,744,377	0	54,744,377	13,138,650	41,605,727
(회생채권 6-1)	○○○ 연금관리공단	4,880,000	0	4,880,000	1,171,200	3,708,800
(회생채권 6-2)	○○○ 연금관리공단	19,340,000	0	19,340,000	4,641,600	14,698,400
(회생채권 6-3)	○○○ 연금관리공단	18,300,000	0	18,300,000	4,392,000	13,908,000

11 (회생채권 7)	ㅇㅇ캐피탈(주)	31,223,454	1,762,585	32,986,039	7,916,649	25,069,390
2 (회생채권 8-1)	ㅇㅇ카드(주)	9,952,178	248,507	10,200,685	2,448,164	7,752,521
2 (회생채권 8-2)	ㅇㅇ카드(주)	14,280,155	74,122	14,354,277	3,445,026	10,909,251
5 (회생채권 9)	ㅇㅇ카드(주)	19,029,600	626,851	19,656,451	4,717,548	14,938,903
9 (회생채권 10-1)	농협중앙회 (ㅇㅇㅇ지점)	10,000,000	300,527	10,300,527	2,472,126	7,828,401
추완 13 (회생채권 10-2)	농협중앙회 (ㅇㅇ여신관리단)	5,753,913	511,546	6,265,459	1,503,710	4,761,749
(회생채권 11)	ㅇㅇㅇ	110,000,000	0	110,000,000	26,400,000	83,600,000
4 (회생채권 12)	ㅇㅇ농업협동조합 (ㅇㅇ지점)	30,000,000	1,513,403	31,513,403	7,563,217	23,950,186
추완 14 (회생채권 13)	ㅇㅇ기업진흥공단	116,640,000	4,148,870	120,788,870	28,989,329	91,799,541
8 (회생담보권 1-1, 1-2)	(주)ㅇㅇ은행	75,820,202	2,818,561	78,638,763	18,873,303	59,765,460
3 (회생담보권 2)	(주)ㅇㅇ상호 저축은행	14,000,000	0	14,000,000	3,360,000	10,640,000
4 (회생담보권 4)	ㅇㅇ농업협동조합 (ㅇㅇ지점)	40,810,000	2,708,685	43,518,685	10,444,484	33,074,201
10 (회생담보권 5)	(주)ㅇㅇㅇ푸드	10,601,139	0	10,601,139	2,544,273	8,056,866
합 계		988,420,408	21,583,437	1,010,003,845	242,400,923	767,602,922

-. 권리변경 후 원금의 구체적인 변제계획은 별표 (5)과 같다.

제4절 미확정회생채권 및 부인권 행사로 부활될 회생채권

1. 신고기간 만료 전 부인의 소 또는 부인의 청구 등이 계속된 경우 아래 각 해당 채권에 관한 부인의 소, 부인의 청구 등이 재판이 확정된 후 1개월 내에 상대방이 신고를 추후 보완하고, 그 상대방이 받은 이행을 반환하거나 그 가액을 상환한 경우, 그 추후 보완된 신고가 시인되거나 그에 관한 채권조사확정재판 등이 확정되면 그 채권에 관하여 각 해당 권리변경 및 변제방법을 적용한다.

2. 신고기간 만료 후 부인의 소 또는 부인의 청구 등이 제기된 경우

가. 신고기간 만료 후 관리인이 부인의 소 또는 부인의 청구를 제기하여 그에 관한 재판이 확정된 후 1개월 내에 상대방이 신고를 추후 보완하고 그 상대방이 받은 이행을 반환하거나 그 가액을 상환한 경우, 그 추후 보완된 신고가 시인되거나 그에 관한 채권조사 확정재판 등이 확정되면 그 권리의 성질 및 내용에 비추어 가장 유사한 회생채권 또는 회생담보권의 권리변경 및 변제방법을 적용한다.

나. 위 가. 항에 따라 가장 유사한 권리변경 및 변제방법을 적용하는 것에 관하여 다툼이 있는 경우에는 관리인의 신청에 의하여 회생법원이 이를 결정한다.

3. 20○○회확 1 회생담보권조사확정 사건의 종국결과에 따라 주식회사 ○○상호저축은행 신고번호 3번(회생담보권 2)의 회생담보권 금액이 변경될 경우, 각 회생담보권 및 회생채권으로 인정되는 금액에 관하여 각 해당 권리변경 및 변제방법을 적용한다.

제5절 장래의 구상권

1. 회생절차 개시결정 이후 채무자를 위한 보증인·물상보증인(담보목적물의 제3취득자를 포함한다.) 기타 제3자가 자기의 출재로 인하여 회생채권자 또는 회생담보권자에게 변제한 경우에는 채무자에 대하여 구상권을 취득한다. 대위변제로 발생한 구상채권에 대하여 주채무자에 대한 대위변제 금액 중 원채권의 원금을 기준으로 하여 개시결정 후 이자를 변제한다.

2. 다만, 구상권자는 채권자의 권리변경 전의 채권이 회생절차에 의하여 또는 회생절차에 의하지 아니하고 모두 소멸된 경우에 한하여 자기의 구상권을 행사할 수 있으며, 채무자는 이 회생계획안에 의하여 변제하여야 할 회생채권 및 회생담보권의 잔액 범위 내에서 구상권자의 구상권 비율에 따라 변제한다.

제6절 기타 필요적 규정

1. 공익채권의 변제에 관한 조항

회생개시일 현재 채무자의 공익채권에 대한 채무는 존재하지 아니한다. 그러나 추후보완신고에 의하여 공익채권이 인정된다면, 조세채권은 제1차년도인 20○

○년부터 제3차년도인 20○○까지 3년간 균등분할 변제한다. 회생계획안 이후 발생하는 공익채권에 대해서는 영업수익금과 기타의 재원으로 법원의 허가를 얻어 수시로 변제한다.

2. 채무의 변제자금의 조달 방법

첨부된 추정소득 및 추정자금수지계획표(별표 6) 참조.

3. 사채의 발행

채무자는 회생계획 인가일부터 회생절차가 종료될 때까지 관련 법규 및 채무자의 자금사정과 형편에 따라 사채를 분할하여 발행할 수 있다. 다만, 사채의 발행규모와 발행시기 및 발행방법 등 구체적인 사항은 관리인이 법원의 허가를 얻어 정한다.

4. 회생계획에서 예상된 액을 넘는 수익금의 용도에 관한 조항

가. 예상을 초과하는 영업수익금 또는 자산매각대금이 발생한 경우 관리인은 법원의 허가를 얻어 공익채권의 변제, 운전자금이 사용, 회생채권의 변제 등으로 사용한다.

나. 예상수익금이 예상보다 적을 경우에는 회생담보권의 채권을 우선 변제하고, 그 후 잔여액으로 각 회생채권자의 당해 연도 변제액에 따라 안분한 비율로 변제하면 미변제 채권액을 차기년도에 우선하여 변제한다.

5. 분쟁의 해결방법

관리인은 회생절차 진행 중 분쟁이 발생하여 화해, 조정의 수락 또는 소송의 수행을 하기 위해서는 회생법원의 허가를 얻어 이를 시행한다.

6. 회생절차의 종결

회생담보권 및 회생채권에 대한 변제를 완료하면, 관리인은 지체 없이 회생절차 종결을 신청하여야 한다. 다만, 관리인은 변제 완료 전이라도 법원의 허가를 얻어 채권자들과 회생절차 조기 종결 후의 채권자등의 회생계획 수행감독 방안에 관하여 협약을 체결한 후 법원에 조기종결을 신청할 수 있다.

7. 회생절차의 폐지 신청

다음 각 경우에 관리인은 회생절차의 폐지를 신청하여야 한다.

가. 채무자가 회생계획에 따른 변제를 제대로 이행하지 못하고 앞으로도 변제의 지체가 계속될 것으로 예상되는 경우

나. 영업실적이 회생계획상 예정된 영업계획 수준에 비하여 현저히 미달하고, 가까운 장래에 회복될 전망이 보이지 않는 경우

다. 회생계획에서 정한 자산매각계획을 실현하지 못하여 향후 자금 수급계획에 현저한 지장을 초래할 우려가 있는 경우

라. 공익채권이 과다하게 증가하여 향후 회생계획 수행에 지장을 초래할 우려가 있는 경우

마. 이해관계인들의 불합리하고 과다한 간섭 등이 계속되어 회생절차의 진행에 심각한 차질이 발생한 경우

8. 기타 사항

본 회생계획안에 언급되지 않은 사항은 채무자 회생 및 파산에 관한 법률에 근거하여 회생법원의 허가를 득하여 시행하며 회생법원의 결정에 따른다.

별 첨 자 료

1. 청산가치 기준 변제계획서 상세내역(회생담보권)

2. 청산가치 기준 변제계획서 상세내역(회생채권〈주채무, 보증채무〉)

3. 회생변제계획안 총괄표

4. 회생담보권 변제계획 상세내역

5. 회생채권(주채무, 보증채무) 변제계획 상세내역

6. 추정소득

[사례 3] 일반회생 – 근로자, 배우자 연대보증채무

일반회생신청서 일람표

회생절차개시신청서	회생계획안
	• 회생계획안(표지) • 회생계획안(본문) • 채무자의 현황 및 회생절차의 경과 • 권리변경의 요지 • 회생계획안의 내용 및 조항 • 자산 및 부채의 현황 • 청산시 예상배당률 • 변제할 채권의 내역 • 권리변경과 변제방법의 요지 • 회생계획안의 내용 및 조항 • 회생채권에 대한 권리변경과 변제방법 • 미확정 회생채권 및 부인권 행사로 부활될 회생채권 • 장래의 구상권 • 회생절차의 종결 • 회생절차의 폐지 신청 • 기타 사항

[서식 1] 일반회생계획안(변경안)

○○지방법원 민사○○단독
사건번호 : 20○○회단○○ 회생

회 생 계 획 안

(변경안 : 20○○.09.22)

(종전안: 20○○. 09. 18)

채무자 겸 관리인 ○ ○ ○

목 차

제3장 회생계획안의 내용 및 조항

제1절 총 칙

1. 용어의 정의
2. 일반규정

제4장 회생채권에 대한 권리변경과 변제방법

제1절 회생채권에 대한 권리변경과 변제방법

1. 주채무로 부담하는 회생채권에 대한 권리변경과 변제방법
2. 보증채무로 부담하는 회생채권에 대한 권리변경과 변제방법
3. 미확정 회생채권에 대한 권리변경과 변제방법
4. 조세 및 벌금채권에 대한 권리변경과 변제방법
5. 신고되지 아니한 채권의 처리
6. 장래의 구상권
7. 미확정회생채권 및 부인권 행사로 부활될 회생채권

제5장 공익채권의 변제방법에 관한 규정

제6장 변제자금 등의 조달방법

제1절 변제자금과 운영자금의 조달방법

제7장 사채의 발행

제8장 예상초과수익금 등의 처리방법

제1절 예상초과수익금의 처리방법

제2절 예상수익금 부족시 처리방법

제9장 분쟁이 해결되지 아니한 권리

제10장 회생절차의 조기종결

제11장 회생절차의 폐지신청

제12장 기타사항

〈별 첨 자 료〉

제 1 장

회생계획안 제출에 이르기까지의 경과와 현황

제1장 회생계획안 제출에 이르기까지의 경과와 현황

제1절 채무자에 대한 일반사항

1. 인적사항

-. 성명 : ○○○

-. 주소 : ○○시 ○○구 ○○동 ○○○-○○

-. 직장 : 주식회사 ○○○

-. 직장소재지 : ○○시 ○○구 ○○동 ○○○

-. 직위 : 행정부서(인사노무그룹) 사원

2. 이력 및 경과사항

-. 19○○. 02. ○○시 ○○고등학교 졸업

-. 19○○. 01. 육군○○○사령부 입대

-. 19○○. 06. 20. 육군 병장 만기 제대

-. 19○○. 06. 20. 주식회사 ○○○ 입사

-. 19○○. 07. 23. 현재까지 주식회사 ○○○ 재직 중

-. 20○○. 06. 18. 회생절차개시 및 재산보전처분, 포괄적 금지명령 신청

제2절 회생절차 개시신청에 이르게 된 사정

1. 배우자 상가 건물 구입으로 금융권 대출

채무자는 배우자 ○○○이 운영하던 노래방과 레스토랑의 준비자금 및 운영자금 조달을 위하여 본인 명의로 대출을 받고 또한 ○○○의 채무를 연대보증하게 되었습니다.

2. 배우자 가게 운영부진

그러나 배우자 가게 운영이 계속 부진하였고 이를 만회하고자 했던 배우자가 고리의 사채까지 쓰면서 채무자를 연대보증을 세워 수억 원대의 빚을 지게 되었습니다.

3. 장모님 항암치료 및 채무증대로 인한 급여압류 시작

부진한 가게 운영 속에 암 투병 중인 장모님의 항암치료비와 병원비까지 부담하게 되어 가게 유지비용 및 병원비 마련을 위해 채무자와 배우자가 연대하여 대출을 받게 되었으나 누적된 채무로 인하여 20○○년부터 채무자의 급여의 일부가 가압류되기 시작하여 현재까지 정상적인 급여를 받지 못하게 되었습니다. 또한 배우자 ○○○은 ○○지방법원에 20○○하단○○○○호로 파산신청을 하게 되었습니다.

이러한 사유로 인하여 결국 채무자의 재산이나 소득으로는 변제기가 도래한 채무를 변제할 수 없는 상황에 이르게 되어 ○○지방법원에 본 회생절차를 신청하여 20○○년 7월 15일에 회생절차개시결정을 받기에 이르렀습니다.

제3절 회생절차 개시신청 후의 경과

1. 회생절차 개시신청 후의 주요 경과

채무자는 20○○년 06월 18일자로 ○○지방법원에 회생절차 개시신청을 하여 20○○년 07월 15일에 회생절차 개시결정을 받았으며 동시에 채무자 겸 관리인으로 선임되어 채무자의 재산 및 업무의 관리와 운영을 계속하여 왔습니다.

2. 회생절차 개시 후의 경과

-. 20○○년 07월 15일 회생절차 개시결정
-. 20○○년 07월 15일 관리인 선임
-. 20○○년 07월 31일부터 20○○년 08월 10일까지 회생채권 및 회생담보권의 신고기간
-. 20○○년 08월 17일 관리인의 회생담보권, 회생채권 시·부인표 제출
-. 20○○년 08월 21일 관리인 보고를 위한 관계인집회 개최

3. 회생절차 개시 결정 후의 개선 노력

채무자는 회생절차개시결정 후 급여소득자로서의 업무뿐만 아니라 관리인으로서의 업무에 충실하고자 노력하고 있으며 생계비 절약을 통하여 월 변제액을 높일 수 있도록 최선을 다하고 있습니다.

제 2 장

권리변경의 요지

제2장 권리변경의 요지

제1절 회생계획안 입안의 기초

본 회생계획안은 채무자 회생 및 파산에 관한 법률에 따라 채권자 등 이해관계인들간에 공정성과 형평성을 기함과 동시에 채무자의 청산시 회생채권의 예상 청산배당율보다 높은 수준의 채권회수율이 확보되도록 하며 궁극적으로는 채무자의 회생이 가능하도록 작성하였습니다.

채무자의 재무 상태와 수익성으로 보아 급여소득을 통하여 이익을 극대화 하더라도 채무금액이 과다하여 전액변제가 곤란하므로 변제 가능한 범위 내에서 그 권리를 변경하고자 합니다.

채무자의 상환능력을 고려할 때 약정이자율을 적용할 경우에는 채무상환이 거의 불가능하게 되어 채무자의 회생채권(주채무)은 원금과 개시 전 이자에 대해서 38%를 현금 변제하는 것으로 하고, 회생채권(보증채무)은 원금과 개시 전 이자에 대하여 32.8%를 현금 변제하는 것으로 하였습니다. 또한 회생채권(주채무, 보증채무)의 개시 후 이자는 인가시에 전액 면제받은 것으로 하였습니다.

채무자는 향후 10년간 직장생활을 통하여 꾸준히 변제해 나갈 것으로 예상하고 있으며 관리인이 조사하여 예상한 향후기간의 현금흐름 수준이 유지된다면 본 회생계획안을 성실히 수행할 수 있을 것으로 자신하고 있습니다.

회생채권자 및 이해관계자 여러분의 적극적인 지원과 배려가 수반된다면 본 채무자는 정상적인 근무생활로 사회적 책임을 다하고 충분히 갱생할 수 있으리라 판단하여 이에 관리인은 본 회생계획안을 입안하기에 이른 것입니다.

제2절 자산 및 부채의 현황

채무자 겸 관리인의 20○○년 07월 14일 현재의 자산·부채 조사결과에 따르면 다음과 같습니다.

-. 채무자의 총자산은 51,411,316원이며 청산가치 기준은 50,661,316원입니다.
-. 채무자의 총 부채는 824,175,957원이며[555] 회생채권(주채무, 보증채무) 시인액은 823,908,597원이며, 조세 및 벌금채권은 267,360원입니다.

제3절 청산시 예상배당률

20○○년 07월 14일자 현재의 경제적 개념에 따른 채권 구분에 의하여 청산시 채권자 조별 배당액 및 배당률은 다음과 같습니다.

– 다 음 –

(단위 : 원)

채권구분	채권금액	배당액	배당률(%)
회생채권 (주채무, 보증채무)	823,908,597	50,393,956	6.12
벌금 ·조세채권	267,360	267,360	100.00
합 계	824,175,957	50,661,316	6.15

상기 결과에서 보듯이 채무자가 청산하는 경우 우선권 있는 채권의 경우 100%의 배당이 이루어지며, 회생채권액(주채무, 보증채무) 대비 6.12%의 배당이 이루어집니다. 그리고 전체적인 배당은 6.15%가 이루어집니다.

제4절 변제할 채권의 내역

변제가능액을 산정함에 있어 채무자의 청산시 무담보 회생채권의 예상청산배당율보다 높은 수준의 채권회수율이 확보되도록 하여 채권자에 대한 최선의 이익을 도모하는 한편 채무자의 회생을 전제로 하여 공정성과 형평성의 이념에 입각하여 권리변경과 변제방법의 기준을 마련하였습니다.

구체적으로 회생절차 개시결정 이후 채권조사기일(20○○년 08월 17일자 관리인의 회생채권 시·부인표)에서 시인한 채권액의 회생계획안 작성대상 확정채권의 내역은 다음과 같습니다.

- 구체적인 회생변제계획안 총괄표는 별표 1과 같다.

– 다 음 –

(단위 : 원)

구 분	시인된 채권액			현금변제 대상금액	면제금액
	원 금	개시 전 이자	합 계		
회생채권 (주채무)	162,531,114	84,310,719	246,841,833	93,799,897	153,041,936
회생채권	355,113,578	206,706,771	561,820,349	184,277,074	377,543,275

(보증채무)					
벌금·조세채권	267,360	0	267,360	267,360	0
합 계	517,912,052	291,017,490	808,929,542	278,344,331	530,585,211

제5절 권리변경과 변제방법의 요지

1. 회생채권의 권리변경과 변제방법

가. 주채무 회생채권

① 주채무 회생채권으로 부담하고 있는 회생채권의 개시 전 이자는 원금과 가산하여 변제하는 것으로 하였으며, 원금의 62%는 면제하고, 나머지 원금 38%에 대해서는 제1차년도(20○○년)부터 제3차년도(20○○년)까지는 각 10%를, 제4차년도(20○○년)에는 9%를, 제5차년도(20○○년)부터 제9차년도(20○○년)까지는 각 10%를, 제10차년도(20○○년)에는 11%를 각각 현금 변제합니다.

② 개시 후 이자는 인가시에 전액 면제합니다.

나. 보증채무 회생채권

① 보증채무 회생채권으로 부담하고 있는 회생채권의 개시 전 이자는 원금과 가산하여 변제하는 것으로 하였으며, 원금의 67.2%는 면제하며, 나머지 원금 32.8%에 대해서는 제1차년도(20○○년)부터 제3차년도(20○○년)까지는 각 10%를, 제4차년도(20○○년)에는 9%를, 제5차년도(20○○년)부터 제9차년도(20○○년)까지는 각 10%를, 제10차년도(20○○년)에는 11%를 각각 현금 변제합니다.

② 개시 후 이자는 인가시에 전액 면제합니다.

다. 미확정 회생채권

권리가 확정되면 각 해당 채권에 관하여 회생계획안에서 규정한 주채무 회생채권에 대한 권리변경 및 변제방법을 적용합니다. 목록에 포함되지 아니한 우발채무는 법원의 허가를 얻어 권리변경과 변제방법을 정하여 변제합니다.

라. 벌금 및 조세채권

① 원금은 우선 지급해야 할 채권이므로 준비년도(20○○년)에 전액 변제합니다.

② 인가일 이전까지 발생한 가산금 및 중가산금에 대해서는 원금과 동일하게 변제합니다.

2. 신고되지 아니한 채권의 처리

회생채권자의 목록에 기재되지 않고 신고되지 아니한 회생채권은 그 권리가 소멸되는 것으로 하였습니다.

3. 장래의 구상권

회생절차 개시결정 이후 혹시라도 채무자를 위한 보증인이나 물상보증인(담보목적물의 제3취득자를 포함한다.) 또는 기타 제3자가 자기의 출재로 인하여 회생담보권 또는 회생채권자에게 변제한 경우에는 채무자에 대하여 구상권을 취득하는 것으로 하였습니다.

또한, 구상권자는 채권자의 권리변경 전에 채권이 회생절차 또는 기타의 사유로 인하여 모두 소멸된 경우에 한하여 자기의 구상권을 행사할 수 있으며, 채무자는 회생계획에 의하여 변제하여야 할 회생채권액의 잔액 범위 내에서 구상권자의 구상권 비율에 따라 변제하는 것으로 하였습니다.

4. 소송 중인 채권

회생계획안 제출일 현재 소송 중인 채권에 대하여는 소송결과 채무자의 채무로 확정되는 경우 회생채권에 준하여 변제할 예정입니다.

제6절 결 언

본 회생계획안은 채권자 및 기타 이해관계인의 이익을 최대한 보호하고, 채무자의 회생을 도모하여 채권자들에게 공정하고 형평에 맞는 회생계획을 수립하려고 노력하였습니다.

현재 채무자의 재무구조로는 금리부담이 가중되어 예정된 기간 내에 회생할 가망이 없어 개시 후 이자와 관련하여 회생채권액의 이자는 산입하지 않았습니다. 그리고 회생채권(주채무)의 원금과 개시 전 이자에 대해서는 38%를 현금 변제하는 것으로 하였으며, 회생채권(보증채무)의 원금과 개시 전 이자에 대해서는 32.8%를 현금 변제하는 것으로 하였습니다. 이 점 양해 바랍니다.

채무자의 현 상황은 재정적인 궁핍상황에 처해 있습니다. 그러므로 곧바로 회생절차를 진입하더라도 충실한 변제를 할 수 없는 실정이므로 20○○년은 채무변제를 위한 준비년도이고, 20○○년을 제1차회계년도로 하여 그 변제를 시작하는 것으로 계획을 수립하였습니다.

채무자의 재정적 파탄으로 인하여 회생채권에 대한 일부 권리변경 및 변제기간을 유예할 수밖에 없었던 점에 대하여 송구스럽게 생각하고 있으며, 본 회생계획안의 원만한 수행을 위해서는 채권자 여러분의 희생과 인내를 전제로 하고 있는 사실을 깊이 인식하고 회생계획안 인가를 계기로 채무자는 새로운 결의로써 회생계획 수행에 필요한 최대한의 노력을 기울이고자 합니다.

555) 회생채권액 시인액은 개시 후 이자 654,415원 및 미확정 주채무로 시인하였지만 의결권을 주지 않은 ○○보증보험(주)의 14,592,000원이 포함된 금액입니다.

제 3 장

회생계획안의 내용 및 조항

제3장 회생계획안의 내용 및 조항

제1절 총 칙

1. 용어의 정의

가. 개시 전 이자

"개시 전 이자"라 함은 회생절차 개시결정일 전일(20○○년 07월 14일)까지 회생채권에 대하여 발생한 이자, 연체이자, 지연손해금 등으로 조사기간 안에 또는 특별조사기일에 시인되어 확정된 것을 말한다.

나. 개시 후 이자

"개시 후 이자"라 함은 회생절차 개시결정일(20○○년 07월 15일)부터 회생채권에 대한 원금변제가 완료되는 시점까지 미변제 원금에 대하여 발생하는 이자 및 지연손해금을 말한다.

다. 준비연도

"준비연도"라 함은 회생절차 개시결정일(20○○년 07월 15일)부터 20○○년 12월 31일까지를 말한다.

라. 회생계획기간

"회생계획기간"이라 함은 준비연도(20○○년)와 그 다음연도인 20○○년부터 10년간의 기간으로 하고, 20○○년 12월 31일에 종료하는 것으로 한다.

마. 제1차 연도

"제1차 연도"라 함은 준비연도의 다음 연도인 20○○년 01월 01일부터 같은 해 12월 31일까지를 말하며, 제2차 연도 이후의 각 연도는 순차적으로 매년 1월 1일부터 같은 해 12월 31일까지로 한다.

바. 인 가 일

"인가일"이라 함은 본 회생계획안이 법원으로부터 인가된 날을 말한다.

사. 주 채 무

"주채무"라 함은 채무자가 금융기관인 은행, 상호저축은행, 할부금융회사, 보증보험회사, 파이낸스사, 신용보증기금, 카드사, 증권회사, 보험회사, 렌탈회사, 투자신탁회사, 창업투자회사, 농협 등에서 대여한 채무를 말한다.

아. 보증채무

"보증채무"라 함은 채무자가 타인을 위하여 한 보증으로 인하여 부담하는 채무를 말한다.

자. 기 타

기타 본 회생계획안의 용어 및 문구 해석에 이의가 있을 경우 채무자 회생 및 파산에 관한 법률의 취지에 따라 해석하되 다툼이 있는 경우에는 회생사건을 담당하는 법원의 해석에 따른다.

2. 일반규정

가. 변제기일

본 회생계획안에 의하여 매년 변제할 원금 및 이자는 20○○년(제1차년도)부터 20○○년(제10차년도)까지 매년 12월 말일(단, 공휴일인 경우에는 그 직전 영업일)에 변제하며, 위 변제기일 전이라도 법원의 허가를 얻은 경우에는 수시로 변제할 수 있다.

관리인은 법원의 허가를 얻어 분할변제액의 전부 또는 일부에 관하여 할인율 6.5%에 의하여 계산된 조기 변제일에 있어서의 현재가치 상당액을 회생채권자의 전부에 대하여 조기 변제할 수 있다. 이 경우 법원의 허가를 얻은 날부터 1개월 이내의 날을 조기 변제일로 정하여야 한다.

나. 변제장소, 회생채권 변제시 채권자 확인방법

회생채권의 변제는 채무자의 본점 소재지(또는 채무자의 주된 영업소·주소지)에서 한다. 단, 금융기관에 대해서는 해당 금융기관의 본·지점으로 할 수 있다.

회생채권의 변제시 법인은 법인등기부등본·법인인감증명서를, 개인은 신분증·인감증명서를 채권자의 대리인은 채권자 본인의 위임장을 제시하여야 하며, 채무자는 회생채권자가 제시한 서류로 채권자 본인임을 확인한 후 변제한다. 다만, 회생채권자가 미리 지정한 금융기관의 계좌로 입금하는 방식으로 변제할 수 있으며, 회생채권자가 금융기관인 경우 위와 같은 채권자 확인절차를 거치지 아니하고 해당 금융기관이 발생한 상환확인서 또는 상환영수증으로 이에 갈음할 수 있다.

다. 변제충당순서

1) 본 회생계획안 인가일 이후의 회생채권의 변제충당 순서는 원금·개시전 이자·개시 후 이자의 순으로 한다.

2) 변제재원의 부족으로 변제계획에 따라 당해 연도 회생채권을 전액 변제할 수 없는 경우에는 회생채권 원금의 순으로 당해연도 변제예정 금액에 비례하여 변제하며, 나머지가 있을 경우에 회생채권의 이자 순으로 당해 연도 변제예정 금액에 비례하여 변제하되 당해 연도 변제예정액 중 미변제분은 다음 연도 변제 기일에 우선하여 변제한다.

3) 금융기관 회생채권에 대한 대출과목별 변제충당순서는 회생채권별 변제금액의 범위 내에서 해당 금융기관이 정하는 바에 따른다.

라. 채권양도·대위변제의 특례

회생채권자에 관하여 개시결정일 이후 채권양도·대위변제 등의 원인으로 채권자가 변경되었다 하더라도 채권이 승계취득자에 대하여 개시결정일 당시의 채권자 및 채권액을 기준으로 하여 본 회생계획안의 권리변경과 변제방법을 적용한다. 채권자의 변경으로 인하여 종전의 회생채권에 관하여 수인의 채권자가 있게 된 경우에는 각 채권자들의 채권액 비율에 따라 배분하여 권리변경 및 변제방법을 적용한다.

마. 변제 미이행시 처리

본 회생계획안에 따른 채무의 변제기일에 이행하지 못할 경우에는 미변제 금액에 대하여 변제기일 다음 날부터 실제 변제일까지 실제 변제일 당일 해당은행의 일반자금대출 연체 이자율을 적용하여 변제한다. 연체이자율이 없는 채권자에 대해서도 (주)○○은행의 일반자금대출 연체이자율을 적용하여 변제한다.

바. 기한의 이익 상실

회생절차가 폐지되는 경우에는 회생담보권 및 회생채권에 관하여 본 회생계획안에 정한 변제기일에도 불구하고 그 변제기가 도래하는 것으로 본다.

사. 외화표시채권의 원화환산기준

외화표시채권은 외화로 변제하거나 변제 당일에 ○○은행이 최초로 고시하는 대고객 전신환매도율로 환산한 원화로 변제한다. 단, 외화표시 채권을 원화로 대위변제한 구상금채권자에 대하여는 대위변제한 시점의 결제 은행 대고객전신환매도율을 적용하여 환산한 원화로 변제한다.

아. 변제금액의 확정

회생계획안의 채권별 변제방법에 의해 산정된 금액 및 변제일이 별첨 채권별 변제계획의 금액 및 변제일과 상이한 경우에는 회생계획안 본문에서 정한 변제방법에 의해 산정된 변제금액 및 변제일을 기준으로 변제한다.

자. 회계연도

본 회생계획안의 회계연도 표시는 매년 1월 1일부터 12월 31일까지로 한다.

제 4 장

회생채권에 대한 권리변경과 변제방법

제4장 회생채권에 대한 권리변경과 변제방법

제1절 회생채권에 대한 권리변경과 변제방법

1. 주채무로 부담하는 회생채권에 대한 권리변경과 변제방법

가. 회생채권의 내역

(단위 : 원)

신고번호 (목록번호)	채 권 자	시인된 채권액		
		원 금	개시 전 이자	합 계
(회생채권1-2)	(주)ㅇㅇ금융공사	7,482,000	12,775,248	20,257,248
(회생채권1-4)	(주)ㅇㅇ금융공사	2,586,273	7,666,452	10,252,725
8 (회생채권 3)	ㅇㅇ생명보험(주)	2,199,023	1,421,780	3,620,803
(회생채권4-1)	(주)ㅇㅇ은행	1,375,006	1,514,928	2,889,934
(회생채권4-2)	(주)ㅇㅇ은행	2,348,839	3,398,678	5,747,517
(회생채권4-3)	(주)ㅇㅇ은행	2,102,519	1,803,413	3,905,932
(회생채권4-4)	(주)ㅇㅇ은행	16,000,000	4,611,661	20,611,661
(회생채권4-5)	(주)ㅇㅇ은행	300,000	82,717	382,717
(회생채권4-6)	(주)ㅇㅇ은행	1,939,936	2,784,965	4,724,901
7 (회생채권5-1)	ㅇㅇ보증보험(주)	0	603,176	603,176
(회생채권 8)	ㅇㅇ파이낸셜(주)	2,763,084	4,561,828	7,324,912
1 (회생채권 9)	ㅇㅇㅇ	20,000,000	8,276,636	28,276,636
2 (회생채권 11)	ㅇㅇㅇ	84,387,584	0	84,387,584
4	ㅇㅇ카드(주)	15,792,613	29,640,727	45,433,340

(회생채권17-1)				
4 (회생채권17-2)	ㅇㅇ카드(주)	3,254,237	5,168,510	8,422,747
합 계		162,531,114	84,310,719	246,841,833

나. 권리변경 및 변제방법

① 주채무로 부담하고 있는 회생채권의 개시 전 이자는 원금과 가산하여 변제하는 것으로 하였으며, 원금의 62%는 면제하고, 나머지 원금 38%에 대해서는 제1차년도(20○○년)부터 제3차년도(20○○년)까지는 각 10%를, 제4차년도(20○○년)에는 9%를, 제5차년도(20○○년)부터 제9차년도(20○○년)까지는 각 10%를, 제10차년도(20○○년)에는 11%를 각각 현금 변제한다.

② 개시 후 이자는 인가시에 전액 면제한다.

다. 권리변경 및 변제방법에 따른 채권자별 내역

\- 구체적인 회생채권 변제계획 상세내역은 별표 2와 같다.

(단위 : 원)

신고번호 (목록번호)	채 권 자	시인된 채권액			면제금액	현금변제
		원 금	개시 전 이자	합 계		
(회생채권1-2)	(주)ㅇㅇ 금융공사	7,482,000	12,775,248	20,257,248	12,559,494	7,697,754
(회생채권1-4)	(주)ㅇㅇ 금융공사	2,586,273	7,666,452	10,252,725	6,356,689	3,896,036
8 (회생채권 3)	ㅇㅇ생명 보험(주)	2,199,023	1,421,780	3,620,803	2,244,898	1,375,905
(회생채권4-1)	(주)ㅇㅇ은행	1,375,006	1,514,928	2,889,934	1,791,759	1,098,175
(회생채권4-2)	(주)ㅇㅇ은행	2,348,839	3,398,678	5,747,517	3,563,461	2,184,056
(회생채권4-3)	(주)ㅇㅇ은행	2,102,519	1,803,413	3,905,932	2,421,678	1,484,254
(회생채권4-4)	(주)ㅇㅇ은행	16,000,000	4,611,661	20,611,661	12,779,230	7,832,431
(회생채권4-5)	(주)ㅇㅇ은행	300,000	82,717	382,717	237,285	145,432
	(주)ㅇㅇ은행	1,939,936	2,784,965	4,724,901	2,929,439	1,795,462

(회생채권4-6)						
7 (회생채권5-1)	ㅇㅇ보증 보험(주)	0	603,176	603,176	373,969	229,207
(회생채권 8)	ㅇㅇ 파이낸셜(주)	2,763,084	4,561,828	7,324,912	4,541,445	2,783,467
1 (회생채권 9)	ㅇㅇㅇ	20,000,000	8,276,636	28,276,636	17,531,514	10,745,122
2 (회생채권 11)	ㅇㅇㅇ	84,387,584	0	84,387,584	52,320,302	32,067,282
4 (회생채권17-1)	ㅇㅇ카드(주)	15,792,613	29,640,727	45,433,340	28,168,671	17,264,669
4 (회생채권17-2)	ㅇㅇ카드(주)	3,254,237	5,168,510	8,422,747	5,222,103	3,200,644
합 계		162,531,114	84,310,719	246,841,833	153,041,936	93,799,897

2. 보증채무로 부담하는 회생채권에 대한 권리변경과 변제방법

가. 회생채권의 내역

(단위 : 원)

신고번호 (목록번호)	채 권 자	시인된 채권액		
		원 금	개시 전 이자	합 계
(회생채권1-1)	(주)ㅇㅇ금융공사	8,572,630	13,939,318	22,511,948
(회생채권1-3)	(주)ㅇㅇ금융공사	5,813,000	9,923,176	15,736,176
3 (회생채권2-1)	(주)ㅇㅇ은행	23,218,135	37,624,232	60,842,367
3 (회생채권2-2)	(주)ㅇㅇ은행	60,845,101	57,096,128	117,941,229
6 (회생채권 6)	ㅇㅇㅇㅇ 축산업협동조합	6,531,665	9,106,777	15,638,442
(회생채권 7)	ㅇㅇㅇ제일차 유동화전문(유)	2,233,905	2,381,569	4,615,474
(회생채권10)	ㅇㅇㅇ	46,274,843	0	46,274,843
11 (회생채권12)	ㅇㅇㅇ	45,000,000	46,944,006	91,944,006
	ㅇㅇㅇ	7,133,129	0	7,133,129

(회생채권13)				
10 (회생채권14)	○○○	100,521,218	0	100,521,218
(회생채권15)	○○○	16,969,952	0	16,969,952
5 (회생채권16)	○○○	32,000,000	29,691,565	61,691,565
합 계		355,113,578	206,706,771	561,820,349

나. 권리변경 및 변제방법

① 보증채무로 부담하고 있는 회생채권의 개시 전 이자는 원금과 가산하여 변제하는 것으로 하였으며, 원금의 67.2%는 면제하고, 나머지 원금 32.8%에 대해서는 제1차년도(20○○년)부터 제3차년도(20○○년)까지는 각 10%를, 제4차년도(20○○년)에는 9%를, 제5차년도(20○○년)부터 제9차년도(20○○년)까지는 각 10%를, 제10차년도(20○○년)에는 11%를 각각 현금 변제한다.

② 개시 후 이자는 인가시에 전액 면제한다.

다. 권리변경 및 변제방법에 따른 채권자별 내역

- 구체적인 회생채권 변제계획 상세내역은 별표 2와 같다.

(단위 : 원)

신고번호 (목록번호)	채 권 자	시인된 채권액			면제금액	현금변제
		원 금	개시 전 이자	합 계		
(회생채권1-1)	(주)○○ 금융공사	8,572,630	13,939,318	22,511,948	15,128,029	7,383,919
(회생채권1-3)	(주)○○ 금융공사	5,813,000	9,923,176	15,736,176	10,574,710	5,161,466
3 (회생채권2-1)	(주)○○은행	23,218,135	37,624,232	60,842,367	40,886,071	19,956,296
3 (회생채권2-2)	(주)○○은행	60,845,101	57,096,128	117,941,229	79,256,506	38,684,723
6 (회생채권 6)	○○○○ 축산업협동조합	6,531,665	9,106,777	15,638,442	10,509,033	5,129,409
(회생채권 7)	○○○제일차 유동화전문(유)	2,233,905	2,381,569	4,615,474	3,101,599	1,513,875
	○○○	46,274,843	0	46,274,843	31,096,694	15,178,149

(회생채권10)						
11 (회생채권12)	○○○	45,000,000	46,944,006	91,944,006	61,786,372	30,157,634
(회생채권13)	○○○	7,133,129	0	7,133,129	4,793,463	2,339,666
10 (회생채권14)	○○○	100,521,218	0	100,521,218	67,550,258	32,970,960
(회생채권15)	○○○	16,969,952	0	16,969,952	11,403,808	5,566,144
5 (회생채권16)	○○○	32,000,000	29,691,565	61,691,565	41,456,732	20,234,833
합 계		355,113,578	206,706,771	561,820,349	377,543,275	184,277,074

3. 미확정 회생채권에 대한 권리변경과 변제방법

가. 권리변경과 변제방법

권리가 확정되면 각 해당 채권에 관하여 회생계획안에서 규정한 주채무 회생채권에 대한 권리변경 및 변제방법을 적용한다. 목록에 포함되지 아니한 우발채무는 법원의 허가를 얻어 권리변경과 변제방법을 정하여 변제한다.

1) 미확정 회생채권의 내역

(단위 : 원)

신고번호	목록번호	채 권 자명	채권내용	금액
7번	회생채권 5-2번	○○보증보험(주)	(주)○○○ 장래구상금	14,592,000

4. 조세 및 벌금채권에 대한 권리변경과 변제방법

가. 채권의 내역

(단위 : 원)

신고번호 (목록번호)	채 권 자	시인된 채권액		
		원 금	가산금 및 중가산금	합 계
9 (채권 1)	○○시	259,600	7,760	267,360
합 계		259,600	7,760	267,360

나. 권리변경과 변제방법

1) 채무자가 조세 및 벌금채무자로서 변제해야 할 우선권 있는 회생채권의 권리변경 및 변제방법

① 원금은 우선 지급해야 할 채권이므로 준비년도(20○○년)에 전액 변제한다.

② 인가일 이전까지 발생한 가산금 및 중가산금에 대해서는 원금과 동일하게 변제한다.

다. 권리변경 및 변제방법에 따른 채권자별 내역

1) 채무자가 조세 및 벌금채무자로서 변제해야 할 회생채권의 권리변경과 변제방법에 따른 채권자별 내역은 다음과 같다.

- 구체적인 변제계획의 상세내역은 별표 3과 같다.

(단위 : 원)

신고번호 (목록번호)	채 권 자	시인된 채권액	면제금액	현금변제
9 (채권 1)	ㅇㅇ시	267,360	0	267,360
합 계		267,360	0	267,360

5. 신고되지 아니한 채권의 처리

회생담보권의 목록 및 회생채권자의 목록에 기재되지 않고 신고되지 아니한 회생 담보권, 회생채권은 그 권리가 소멸된다.

6. 장래의 구상권

가. 회생절차개시결정 이후 채무자를 위한 보증인, 물상보증인(담보목적물의 제3취득자를 포함한다.) 또는 기타 제3자가 자기의 출재로 인하여 회생채권자 또는 회생담보권에게 변제한 경우에는 채무자에 대하여 구상권을 취득하는 것으로 한다.

나. 다만, 구상권자는 채권자의 권리변경 전에 채권이 회생절차에 의하여 또는 회생절차에 의하지 아니하고 모두 소멸된 경우에 한하여 자기의 구상권을 행사할 수 있으며, 채무자는 이 회생계획안에 의하여 변제하여야 할 회생채권 및 회생담보권의 잔액 범위 내에서 구상권자의 구상권 비율에 따라 변제하는 것으로 한다.

7. 미확정회생채권 및 부인권 행사로 부활될 회생채권

가. 신고기간 만료 전 부인의 소 또는 부인의 청구 등이 계속된 경우 아래 각 해당 채권에 관한 부인의 소, 부인의 청구 등이 재판이 확정된 후 1개월 내에 상대방이 신고를 추후 보완하고, 그 상대방이 받은 이행을 반환하거나 그 가액을 상환한 경우, 그 추후 보완된 신고가 시인되거나 그에 관한 채권조사확정재판 등이 확정되면 그 채권에 관하여 각 해당 권리변경 및 변제방법을 적용한다.

나. 신고기간 만료 후 부인의 소 또는 부인의 청구 등이 제기된 경우

1) 신고기간 만료 후 관리인이 부인의 소 또는 부인의 청구를 제기하여 그에 관한 재판이 확정된 후 1개월 내에 상대방이 신고를 추후 보완하고 그 상대방이 받은 이행을 반환하거나 그 가액을 상환한 경우, 그 추후 보완된 신고가 시인되거나 그에 관한 채권조사확정재판등이 확정되면 그 권리의 성질 및 내용에 비추어 가장 유사한 회생채권 또는 회생담보권의 권리변경 및 변제방법을 적용한다.

2) 위 "가" 항에 따라 가장 유사한 권리변경 및 변제방법을 적용하는 것에 관하여 다툼이 있는 경우에는 관리인의 신청에 의하여 회생법원이 이를 결정한다.

제 5 장

공익채권의 변제에 관한 규정

제5장 공익채권의 변제에 관한 규정

1. 회생계획안 작성기준일 현재의 미지급 공익채권 및 이후 발생하는 공익채권은 본 회생절차 종료시까지 영업수익금과 기타 재원으로 수시로 변제한다.

2. 기타 필요한 사항은 관리인이 법원의 허가를 받아 행한다.

제 6 장

변제자금 등의 조달방법

제6장 변제자금 등의 조달방법

제1절 변제자금과 운영자금의 조달방법

1. 변제자금의 조달은 채무자가 매달 수령하는 급여소득으로 충당함을 원칙으로 하며 변제자금이 부족할시 법원의 허가를 얻어 차입하여 변제자금을 조달한다.

제 7 장

사채의 발행

제7장 사채의 발행

채무자는 회생계획 인가일부터 회생절차가 종료될 때까지 관련 법규 및 채무자의 자금사정과 형편에 따라 사채를 분할하여 발행할 수 있다. 다만, 사채의 발행규모와 발행 시기 및 발행방법 등 구체적인 사항은 관리인이 법원의 허가를 얻어 정한다.

제 8 장

예상초과수익금 등의 처리방법

제8장 예상초과수익금 등의 처리방법

제1절 예상초과수익금의 처리방법

예상을 초과하는 급여 또는 자산매각대금이 발생한 경우 관리인은 법원의 허가를 얻어 공익채권의 변제, 운전자금의 사용, 회생담보권·회생채권 변제 등으로 사용한다.

제2절 예상수익금의 부족시 처리방법

예상수익금이 예상보다 적을 경우에는 회생담보권의 채권을 우선 변제하고, 그 후 잔여액으로 각 회생채권자의 당해 연도 변제액에 따라 안분한 비율로 변제하며 미변제 채권액은 차기년도에 우선하여 변제한다.

제 9 장

분쟁이 해결되지 아니한 권리

제9장 분쟁이 해결되지 아니한 권리

회생절차 진행 중 채무자에게 속하는 권리로서 분쟁이 발생하여 화해, 조정의 수락 또는 소송의 수행을 함에 있어서 관리인은 법원의 허가를 얻어 한다.

제 10 장

회생절차의 조기종결

제10장 회생절차의 조기종결

회생담보권 및 회생채권에 대한 변제를 완료하면, 관리인은 지체 없이 회생절차 종결을 신청하여야 한다. 다만, 관리인은 변제 완료 전이라도 법원의 허가를 얻어 채권자들과 회생절차 조기 종결 후의 채권자등의 회생계획 수행감독 방안에 관하여 협약을 체결한 후 법원에 조기종결을 신청할 수 있다.

채무자 회생 및 파산에 관한 법률 제283조(회생절차의 종결) 및 회생실무준칙 제14호에 정한 바에 따라 본 회생계획안의 수행가능성과 관련하여 아래의 사항을 고려한 결과, 채무자 회사의 회생계획 수행과정을 면밀히 주시하여 향후 회생계획의 수행가능성 여부가 명백하게 드러났고 회생계획의 수행에 지장이 없다고 인정되는 때에는 회생법원은 관리위원회, 채권자협의회 및 이해관계자의 의견을 들어 특별한 사정이 없는 한 직권으로 회생절차를 조기에 종결한다.

1. 수행가능성 판단시 고려해야 할 긍정적인 요소

가. 회생계획안상 주요 부분의 변제가 차질 없이 이행되고 있는 경우

나. 채무자의 총 자산이 총 부채를 안정적으로 초과하고 있는 경우

제 11 장

회생절차의 폐지신청

제11장 회생절차의 폐지신청

다음의 경우에 관리인은 회생절차의 폐지신청을 하여야 한다.

1. 회생계획에 따른 담보권자 및 회생채권자 변제를 제대로 이행하지 못하고, 앞으로도 변제의 지체가 계속될 것으로 예상되는 경우
2. 채무자의 급여소득이 회생계획상 예정된 계획의 수준에 비하여 현저히 미달되고, 가까운 장래에 회복될 전망이 보이지 않는 경우
3. 회생계획에서 정한 자산매각계획을 실현하지 못하여 향후 자금수급계획에 현저한 지장을 초래할 우려가 있는 경우
4. 공익채권이 과다하게 증가하여 향후 회생계획의 수행에 지장을 초래할 우려가 있는 경우

제 12 장

기 타 사 항

제12장 기타사항

1. 이 회생계획안에 언급하지 않은 사항은 채무자 회생 및 파산에 관한 법률에 근거하여 법원의 허가를 받아 시행한다.

2. 본 회생계획안 인가 후 외부자금 유입 등 특별한 사유로 인하여 회생계획 수행에 변동사항이 발생할 경우 관리인은 법원에 회생계획의 변경을 신청하여야 한다.

별 첨 자 료

1. 회생변제계획안 총괄표

2. 회생채권 변제계획 상세내역

   가. 회생채권(주채무)

   나. 회생채권(보증채무)

3. 조세 및 벌금채권 변제계획 상세내역

4. 추정소득 및 추정자금수지계획표

[사례 4] 일반회생 – 초등학교 교사, 배우자 사업 보증

일반회생신청서 일람표

회생절차개시신청서	회생계획안

- 회생계획안(표지)
- 회생계획안(본문)
- 채무자의 현황 및 회생절차의 경과
- 권리변경의 요지
- 회생계획안의 내용 및 조항
- 자산 및 부채의 현황
- 청산시 예상배당률
- 변제할 채권의 내역
- 권리변경과 변제방법의 요지
- 회생계획안의 내용 및 조항
- 회생채권에 대한 권리변경과 변제방법
- 미확정 회생채권 및 부인권 행사로 부활될 회생채권
- 장래의 구상권
- 회생절차의 종결
- 회생절차의 폐지 신청
- 기타 사항

[서식 1] 일반회생계획안(변경안)

사건 : 20○○회단○ 회생

회생계획안(변경안)

20○○. ○. ○.

관 리 인 ○ ○ ○

서울중앙지방법원 민사○○단독 귀중

목 차

제2절 회생채권에 대한 권리변경과 변제방법

1. 주채무, 보증채무

제3절 미확정 회생채권 및 부인권 행사로 부활될 회생채권

제4절 장래의 구상권

제5절 기타 필요적 규정

1. 공익채권의 변제에 관한 조항
2. 채무의 변제자금의 조달 방법
3. 회생계획에서 예상된 액을 넘는 수익금의 용도에 관한 조항
4. 분쟁의 해결방법
5. 회생절차의 종결
6. 회생절차의 폐지 신청
7. 기타 사항

제1장 채무자의 현황 및 회생절차의 경과

제1절 채무자의 개요

1. 인적사항

-. 성명 : ○○○

-. 주소 : ○○시 ○○구 ○○동 ○○-○

-. 직장 : ○○○초등학교

-. 직장소재지 : ○○시○○○초등학교

-. 직위 : 교사

2. 경 력

채무자는 19○○년 02월 ○○교육대학교를 졸업하고, 20○○년 03월 01일 교사로 신규 채용되어 ○○○○초등학교와 ○○초등학교를 거쳐 현재 19○○년 어류양식을 하는 배우자(○○○)와 혼인하여 슬하에 딸 하나를 두고 ○○○초등학교에서 교직생활을 하고 있습니다.

제2절 회생절차 개시신청에 이르게 된 사정

1. 배우자의 가두리 양식실패 및 사업자금의 보증채무

채무자의 배우자(○○○)는 20여년간(19○○~20○○) 가두리 양식을 하면서 흑자를 내지 못하고 사료비 등을 외부에서 차입하여 경영하여 왔습니다. 이런 가운데 채무자는 자연스럽게 친·인척으로부터 사채를 얻어 배우자의 가두리 양식을 도왔으며, 배우자의 차입경영자금에 대한 보증을 채무자가 설 수 밖에 없었습니다.

배우자의 경영노력에도 불구하고 경제불황이 오면서 배우자의 사업은 더욱 어려워져서 결국 파산에 이르게 되었습니다.

상기의 사유 등으로 인하여 채무자가 변제하여야 할 금액이 과다하여 채무자가 이를 변제하지 못하게 되자 채권자가 소송을 통하여 채무자의 급여를 압류하였으며, 이러한 어려운 여건을 개선해 보고자 개인회생절차(20○○개회○○○○호)를 통하여 갱생의 길을 걷고자 하였으나 그나마 무담보 채무액이 5억원이 넘는 관계로 기각된바, 채무자는 부득이 회생절차 개시신청을 하기에 이르렀습니다.

제3절 회생절차개시 신청 후의 경과

1. 회생절차개시 신청 후의 주요 경과

채무자 ○○○는 20○○년 07월 20일자로 서울중앙지방법원에 회생개시신청을 하여 20○○년 09월 03일에 회생절차 개시결정을 받았습니다.

또한, 회생절차 개시결정 이후 법원으로부터 선임된 관리인(채무자)이 채무자의 재산 및 업무를 관리하면서 정상적인 급여활동을 수행하고 있습니다.

2. 회생절차 개시 후의 경과

-. 20○○년 09월 03일 회생절차 개시결정
-. 20○○년 09월 03일 관리인 선임
-. 20○○년 09월 22일부터 20○○년 10월 21일까지 회생채권 및 회생담보권의 신고기간
-. 20○○년 10월 26일 관리인의 채권 시부인표 제출
-. 20○○년 11월 20일 조사위원 ○○회계법인 조사보고서 제출
-. 20○○년 11월 26일 관리인 보고를 위한 관계인집회 개최
-. 20○○년 01월 07일 회생계획안 심리를 위한 관계인집회 개최

제2장 권리변경의 요지

제1절 회생계획안 입안의 기초

본 회생계획안은 채무자 회생 및 파산에 관한 법률에 따라 채권자 등 이해관계인들간에 공평성과 형평성을 기함과 동시에 조사위원인 ○○회계법인이 산정한 채무자의 청산시 회생채권의 예상청산배당률보다 높은 수준의 채권회수율이 확보되도록 하며 궁극적으로는 채무자의 회생이 가능하도록 작성하였습니다.

채무자의 재무 상태와 수익성으로 보아 경영이익을 극대화 하더라도 채무금액이 과다하여 전액 변제가 곤란하므로 변제 가능한 범위 내에서 그 권리를 변경하고자 합니다.

채무자의 상환능력을 고려할 때 약정이자율을 적용할 경우에는 채무상환이 거의 불가능하게 되어 채무자의 회생채권(주채무, 보증채무)의 경우는 원금과 개시

전 이자에 대해서는 9%를 지급하기로 하였습니다.

채무자의 정년을 감안하면 향후 7년간은 꾸준히 변제해 나갈 것으로 예상하고 있습니다. 또한 조사위원인 ○○회계법인이 조사하여 예상한 향후기간의 현금흐름 수준 또는 관리인이 조사하여 예상한 향후 현금흐름 수준이 유지된다면 본 회생계획안을 성실히 수행할 수 있을 것으로 자신하고 있습니다.

회생채권자 및 이해관계자 여러분의 적극적인 지원과 배려가 수반된다면 본 채무자는 정상적인 근무생활로 사회적 책임을 다하고 충분히 갱생할 수 있으리라 판단하여 이에 관리인은 본 회생계획안을 입안하기에 이른 것입니다.

제2절 자산 및 부채의 현황

조사위원인 ○○회계법인의 20○○년 09월 03일 현재의 자산·부채 조사결과에 따라 다음과 같습니다.

-. 채무자의 총자산은 37,608,171원이지만 청산가치 기준은 607,131원입니다.

-. 채무자의 총 부채는 1,310,721,670원입니다. 이 중 회생채권(주채무, 보증채무)액이 1,310,721,670원입니다.

제3절 청산시 예상배당률

조사위원 ○○회계법인의 20○○년 09월 03일 현재의 경제적 개념에 따른 채권 구분에 의하여 청산시 채권자 조별 배당액과 배당률은 다음과 같습니다.

(단위 : 원)

채권구분	채권금액	배 당 액	배당률(%)
회생채권 (주채무, 보증채무)	1,310,721,670	607,131	0.046
합 계	1,310,721,670	607,131	0.046

(*) 청산가치 기준 채권자별 변제액에 대한 자세한 내역은 별표 1을 참조.

상기 결과에서 보듯이 채무자가 청산되는 경우 회생채권자(주채무, 보증채무)의 경우 0.046%의 배당이 이루어집니다.

제4절 변제할 채권의 내역

변제가능액을 산정함에 있어 채무자의 청산시 회생채권의 예상청산배당률보다 높은 수준의 채권회수율이 확보되도록 하여 채권자에 대한 최선의 이익을 도모하는 한편 채무자의 회생을 전제로 하여 공정성과 형평성의 이념에 입각하여 권리변경과 변제방법의 기준을 마련하였습니다.

구체적으로 회생절차 개시결정 이후 채권조사기일(20○○년 10월 26일자 관리인의 채권 시·부인표)에서 시인한 채권액의 회생계획안 작성대상 확정채권의 내역은 다음과 같습니다.

– 다 음 –

(단위 : 원)

구 분	시인된 채권액 (20○○. 10. 26. 기준)			변동액	변제대상 채권액
	원 금	개시 전 이자	합 계		
회생채권 (주채무·보증채무)	911,004,951	399,716,719	1,310,721,670	0	117,964,950
합 계	911,004,951	399,716,719	1,310,721,670	0	117,964,950

(*) 회생변제계획안 총괄표(별표 2) 참조.

제5절 권리변경과 변제방법의 요지

1. 회생채권의 권리변경과 변제방법

가. 주채무·보증채무

1) 원금 및 개시 전 이자

개시 전 이자는 원금과 가산하는 것으로 하였습니다.

채무자가 주채무자와 보증채무자에 대하여는 원금(개시 전 이자 포함) 중 9%를 변제하고 91%는 채권자별로 본 회생절차 인가시에 면제되는 것으로 하였습니다.

회생채권의 지급은 제1차년도(20○○년)부터 제7차년도(20○○년)까지 총 117,964,950원을 1차년도(20○○년)에는 16,852,136원을 동액 동률로 나누어 지급하는 것으로 하였고, 2차년도(20○○년)부터 7차년도(20○○년)는 제1회(20○○. 01. 25.)로 하여 제72회(20○○. 12. 25.)까지 3개월마다 1회씩 동액 동률로 나누어 지급하는 것으로 하였습니다. 지급 시기는 1차년도(20○○년)에는 12월 말일에 원금에 비례하여 채권자별로 변제하는 것으로 하였으며, 2차년도(20○○년)부터 7차년도(20○○년)까지는 3개월마다 25일에 원금에 비례하여 채권자별로 변제하는 것으로 하였습니다. 1차년도(20○○년)의 12

월 말일 변제와 2차년도(20○○년)부터 7차년도(20○○년)의 변제기일인 3개월마다 25일이 공휴일인 경우 직전 영업일을 변제기일로 하였습니다.

2) 개시 후 이자

전액을 면제합니다.

2. 신고되지 아니한 채권의 처리

회생채권자의 목록에 기재되지 않고 신고되지 아니한 회생채권은 그 권리가 소멸되는 것으로 하였습니다.

3. 장래의 구상권

회생절차 개시결정 이후 혹시라도 채무자를 위한 보증인이나 물상보증인(담보목적물의 제3취득자를 포함한다.) 또는 기타 제3자가 자기의 출재로 인하여 회생담보권 또는 회생채권자에게 변제한 경우에는 채무자에 대하여 구상권을 취득하는 것으로 하였습니다.

또한, 구상권자는 채권자의 권리변경 전에 채권이 회생절차 또는 기타의 사유로 인하여 모두 소멸된 경우에 한하여 자기의 구상권을 행사할 수 있으며, 채무자는 회생계획에 의하여 변제하여야 할 회생담보권 및 회생채권액의 잔액 범위 내에서 구상권자의 구상권 비율에 따라 변제하는 것으로 하였습니다.

4. 소송 중인 채권

회생계획안 제출일 현재 소송 중인 채권에 대하여는 소송결과 채무자의 채무로 확정되는 경우 회생채권에 준하여 변제할 예정입니다.

제6절 결 언

본 회생계획안은 채권자 및 기타 이해관계인의 이익을 최대한 보호하고, 채무자의 회생을 도모하여 채권자들에게 공정하고 형평에 맞는 회생계획을 수립하려고 노력하였습니다.

현재 채무자의 재무구조로는 금리부담이 가중되어 예정된 기간 내에 회생할 가망이 없어 회생채권액의 이자는 산입하지 않았습니다. 그리고 회생채권(주채무, 보증채무)의 경우 원금과 개시 전 이자에 대해서는 합산하여 9%를 지급하도록 하였습니다. 이 점 양해 바랍니다.

채무자의 현 상황은 재정적인 궁핍상황에 처해 있습니다. 그러므로 곧바로 회생절차를 진입하더라도 충실한 변제를 할 수 없는 실정이므로 회생준비년도인 20○○년은 영업정상화를 위해 노력하고, 20○○년을 제1차회계년도로 하여 그 변제를 시작하는 것으로 계획을 수립하였습니다.

채무자의 재정적 파탄으로 인하여 회생채권에 대한 일부 권리변경 및 변제기간을 유예할 수밖에 없었던 점에 대하여 송구스럽게 생각하고 있으며, 본 회생계획안의 원만한 수행을 위해서는 채권자 여러분의 희생과 인내를 전제로 하고 있다는 사실을 깊이 인식하고 회생계획안 인가를 계기로 채무자는 새로운 결의로써 회생계획 수행에 필요한 최대한의 노력을 기울이고자 합니다.

제3장 회생계획안의 내용 및 조항

제1절 총 칙

1. 용어의 정의

가. 개시 전 이자

"개시 전 이자"라 함은 회생절차 개시결정일 전일(20○○년 09월 02일)까지 회생담보권 및 회생채권에 대하여 발생한 이자, 연체이자, 지연손해금 등으로 조사기간 안에 또는특별조사기일에 시인되어 확정된 것을 말한다.

나. 개시 후 이자

"개시 후 이자"라 함은 회생절차 개시결정일(20○○년 09월 03일)부터 회생담보권 및 회생채권에 대한 원금변제가 완료되는 시점까지 미변제 원금에 대하여 발생하는 이자 및 지연손해금을 말한다.

다. 준비연도

"준비연도"라 함은 회생절차 개시결정일(20○○년 09월 03일)부터 20○○년 12월 31일까지를 말한다.

라. 회생계획기간

"회생계획기간"이라 함은 준비연도(20○○년)와 그 다음연도인 20○○년부터 7년간의 기간으로 하고, 20○○년 12월 31일에 종료하는 것으로 한다.

마. 제1차 연도

"제1차 연도"라 함은 준비연도의 다음 연도인 20○○년 1월 1일부터 같은 해 12월 31일까지를 말하며, 제2차 연도 이후의 각 연도는 순차적으로 매년 1월 1일부터 같은 해 12월 31일까지로 한다.

바. 인 가 일

"인가일"이라 함은 본 회생계획안이 법원으로부터 인가된 날을 말한다.

사. 금융기관

"금융기관"이라 함은 은행, 상호저축은행, 할부금융회사, 보증보험회사, 파이낸스사, 신용보증기금, 카드사, 증권회사, 보험회사, 렌탈회사, 투자신탁회사, 창업투자회사, 농협을 말한다.

아. 대여채무

"대여채무"라 함은 채무자가 금융기관 등으로부터 대출 등에 의하여 금융을 제공받음으로써 부담하는 채무를 말한다.

자. 보증채무

"보증채무"라 함은 채무자가 타인을 위하여 한 보증으로 인하여 부담하는 채무를 말한다.

차. 기 타

기타 본 회생계획안의 용어 및 문구 해석에 이의가 있을 경우 채무자 회생 및 파산에 관한 법률의 취지에 따라 해석하되 다툼이 있는 경우에는 회생사건을 담당하는 법원의 해석에 따른다.

2. 일반규정

가. 변제기일

본 회생계획안에 의하여 매년 변제할 원금 및 이자는 1차년도(20○○년)는 12월 30일, 2차년도(20○○년)부터 7차년도(20○○년)까지는 3개월마다 25일(단, 공휴일인 경우에는 그 직전 영업일)에 변제하며, 위 변제기일 전이라도 법원의 허가를 얻은 경우에는 수시로 변제할 수 있다.

관리인은 법원의 허가를 얻어 분할변제액의 전부 또는 일부에 관하여 할인율

6.5%에 의하여 계산된 조기 변제일에 있어서의 현재가치 상당액을 회생채권자의 전부에 대하여 조기 변제할 수 있다. 이 경우 법원의 허가를 얻은 날부터 1개월 이내의 날을 조기 변제일로 정하여야 한다.

나. 변제장소, 회생채권·회생담보권 변제시 채권자 확인방법

회생담보권·회생채권의 변제는 채무자의 본점 소재지(또는 채무자의 주된 영업소·주소지)에서 한다. 단, 금융기관에 대해서는 해당 금융기관의 본·지점으로 할 수 있다.

회생담보권 및 회생채권의 변제시 법인은 법인등기부등본·법인인감증명서를, 개인은 신분증·인감증명서를, 채권자의 대리인은 채권자 본인의 위임장을 제시하여야 하며, 채무자는 회생담보권자 및 회생채권자가 제시한 서류로 채권자 본인임을 확인한 후 변제한다. 다만, 회생담보권자 및 회생채권자가 미리 지정한 금융기관의 계좌로 입금하는 방식으로 변제할 수 있으며, 회생담보권자 및 회생채권자가 금융기관인 경우 위와 같은 채권자 확인절차를 거치지 아니하고 해당 금융기관이 발생한 상환확인서 또는 상환영수증으로 이에 갈음할 수 있다.

다. 변제충당순서

1) 본 회생계획안 인가일 이후의 회생담보권 및 회생채권의 변제충당 순서는 원금·개시 전 이자·개시 후 이자의 순으로 한다.
2) 변제재원의 부족으로 변제계획에 따라 당해 연도 회생채권을 전액 변제할 수 없는 경우에는 회생담보권 원금·회생채권 원금의 순으로 당해연도 변제예정금액에 비례하여 변제하며, 나머지가 있을 경우에 회생담보권 이자·회생채권의 이자 순으로 당해 연도 변제예정금액에 비례하여 변제하되 당해 연도 변제예정액 중 미변제분은 다음 연도 변제기일에 우선하여 변제한다.
3) 금융기관 회생담보권 및 회생채권에 대한 대출과목별 변제충당순서는 회생담보권 및 회생채권별 변제금액의 범위 내에서 해당 금융기관이 정하는 바에 따른다.

라. 채권양도·대위변제의 특례

회생담보권자 또는 회생채권자에 관하여 개시결정일 이후 채권양도·대위변제 등의 원인으로 채권자가 변경되었다 하더라도 채권이 승계취득자에 대하

여 개시결정일 당시의 채권자 및 채권액을 기준으로 하여 본 회생계획안의 권리변경과 변제방법을 적용한다. 채권자의 변경으로 인하여 종전의 회생담보권 또는 회생채권에 관하여 수인의 채권자가 있게 된 경우에는 각 채권자들의 채권액 비율에 따라 배분하여 권리변경 및 변제방법을 적용한다.

마. 변제 미이행시 처리

본 회생계획안에 따른 채무의 변제기일에 이행하지 못할 경우에는 미변제 금액에 대하여 변제기일 다음 날부터 실제 변제일까지 실제 변제일 당일 ○○수산업협동조합의 일반자금대출 연체 이자율을 적용하여 변제한다. 연체이자율이 없는 채권자에 대해서도 ○○수산업협동조합의 일반자금대출 연체이자율을 적용하여 변제한다.

바. 기한의 이익 상실

회생절차가 폐지되는 경우에는 회생담보권 및 회생채권에 관하여 본 회생계획안에 정한 변제기일에도 불구하고 그 변제기가 도래하는 것으로 본다.

사. 외화표시채권의 원화환산기준

외화표시채권은 외화로 변제하거나 변제 당일에 ○○은행이 최초로 고시하는 대고객전신환매도율로 환산한 원화로 변제한다. 단, 외화표시 채권을 원화로 대위변제한 구상금채권자에 대하여는 대위변제한 시점의 결제 은행 대고객전신환매도율을 적용하여 환산한 원화로 변제한다.

아. 변제금액의 확정

회생계획안의 채권별 변제방법에 의해 산정된 금액 및 변제일이 별첨 채권별 변제계획의 금액 및 변제일과 상이한 경우에는 회생계획안 본문에서 정한 변제방법에 의해 산정된 변제금액 및 변제일을 기준으로 변제한다.

자. 회계연도

본 회생계획안의 회계연도 표시는 매년 1월 1일부터 12월 31일까지로 한다.

제2절 회생채권에 대한 권리변경과 변제방법

1. 주채무, 보증채무

가. 회생채권의 내역

(단위 : 원)

신고번호 (목록번호)	채 권 자	시인된 채권액 (20ㅇㅇ. 10. 26 기준)		
		원 금	개시 전 이자	합 계
(채권 1)	ㅇㅇ생명보험㈜	0	2,191,053	2,191,053
4 (채권 2)	㈜ㅇㅇ은행	9,803,988	17,521,688	27,325,676
2 (채권 3-1)	㈜ㅇㅇ상호저축은행	4,599,272	8,727,314	13,326,586
2 (채권 3-2)	㈜ㅇㅇ상호저축은행	27,455,235	55,613,210	83,068,445
2 (채권 3-3)	㈜ㅇㅇ상호저축은행	10,277,833	18,934,948	29,212,781
3 (채권 4-1)	ㅇㅇ보증보험㈜	11,840,066	16,512,164	28,352,230
3 (채권 4-2)	ㅇㅇ보증보험㈜	5,804,170	7,223,570	13,027,740
(채권 5)	ㅇㅇ자동차㈜	16,945,260	113,894	17,059,154
(채권 6-1)	ㅇㅇ수산업협동조합	16,157,076	22,069,518	38,226,594
(채권 6-2)	ㅇㅇ수산업협동조합	1,946,901	2,959,428	4,906,329
(채권 6-3)	ㅇㅇ수산업협동조합	0	4,549,429	4,549,429
(채권 7)	ㅇㅇㅇㅇ수산업협동조합	6,565,539	10,872,072	17,437,611
(채권 8)	㈜ㅇㅇ금융공사	14,992,939	32,812,034	47,804,973
(채권 9)	ㅇㅇ파이낸셜㈜	8,280,000	14,636,626	22,916,626
(채권 10-1)	ㅇㅇ신용보증기금	342,908	4,890	347,798
1 (채권 10-2)	ㅇㅇ신용보증기금	71,479,625	0	71,479,625
(채권 10-3)	ㅇㅇ신용보증기금	196,406	2,801	199,207
1 (채권 10-4)	ㅇㅇ신용보증기금	55,514,529	0	55,514,529
1 (채권 10-5)	ㅇㅇ신용보증기금	58,362,794	0	58,362,794
(채권 11-1)	ㅇㅇ상호저축은행	3,340,402	6,788,925	10,129,327
(채권 11-2)	ㅇㅇ상호저축은행	6,000,000	11,615,763	17,615,763
(채권 12)	ㅇㅇ보증기금	133,526,565	1,904,395	135,430,960
(채권 13)	㈜ㅇㅇ상호저축은행	16,659,912	28,456,957	45,116,869
(채권 14-1)	ㅇㅇ자산관리공사	6,724,758	10,719,553	17,444,311
(채권 14-2)	ㅇㅇ자산관리공사	7,710,134	13,398,642	21,108,776
(채권 14-3)	ㅇㅇ자산관리공사	10,000,000	16,419,360	26,419,360
(채권 15)	파산자ㅇㅇㅇㅇ신용협동조합 (파산관재인 ㅇㅇ보험공사)	19,902,301	35,303,112	55,205,413

(채권 16)	(유)○○자동차공업사	16,246,278	231,709	16,477,987
(채권 17-1)	○○중앙회	5,000,000	8,111,402	13,111,402
(채권 17-2)	○○중앙회	15,268,860	23,103,361	38,372,221
(채권 17-3)	○○중앙회	15,061,200	26,063,164	41,124,364
(채권 18)	○○○	153,000,000	1,304,262	154,304,262
(채권 19)	○○○	182,000,000	1,551,475	183,551,475
합 계		911,004,951	399,716,719	1,310,721,670

나. 권리변경 및 변제방법

1) 원금 및 개시 전 이자

개시 전 이자는 원금과 가산하는 것으로 하였습니다.

채무자가 주채무자와 보증채무자에 대하여는 원금(개시 전 이자 포함) 중 9%를 변제하고 91%는 채권자별로 본 회생절차 인가시에 면제되는 것으로 하였습니다.

회생채권의 지급은 제1차년도(20○○년)부터 제7차년도(20○○년)까지 총 117,964,950원을 1차년도(20○○년)에는 16,852,136원을 동액 동률로 나누어 지급하는 것으로 하였고, 2차년도(20○○년)부터 7차년도(20○○년)는 제1회(20○○. 01. 25.)로 하여 제72회(20○○. 12. 25.)까지 3개월마다 1회씩 동액 동률로 나누어 지급하는 것으로 하였습니다. 지급 시기는 1차년도(20○○년)에는 12월 말일에 원금에 비례하여 채권자별로 변제하는 것으로 하였으며, 2차년도(20○○년)부터 7차년도(20○○년)까지는 3개월마다 25일에 원금에 비례하여 채권자별로 변제하는 것으로 하였습니다. 1차년도(20○○년)의 12월 말일 변제와 2차년도(20○○년)부터 7차년도(20○○년)의 변제기일인 3개월마다 25일이 공휴일인 경우 직전 영업일을 변제기일로 하였습니다.

2) 개시 후 이자

전액을 면제합니다.

다. 권리변경 및 변제방법에 따른 채권자별 내역

(단위 : 원)

신고번호 (목록번호)	채 권 자	시인된 채권액 (20○○. 10. 26. 기준)			면제액	변제대상 금액
		원 금	개시 전 이자	합 계		
(채권 1)	○○생명보험㈜	0	2,191,053	2,191,053	1,993,858	197,195
4 (채권 2)	㈜○○은행	9,803,988	17,521,688	27,325,676	24,866,365	2,459,311

2 (채권 3-1)	㈜ㅇㅇ상호저축은행	4,599,272	8,727,314	13,326,586	12,127,193	1,199,393
2 (채권 3-2)	㈜ㅇㅇ상호저축은행	27,455,235	55,613,210	83,068,445	75,592,285	7,476,160
2 (채권 3-3)	㈜ㅇㅇ상호저축은행	10,277,833	18,934,948	29,212,781	26,583,631	2,629,150
3 (채권 4-1)	ㅇㅇ보증보험㈜	11,840,066	16,512,164	28,352,230	25,800,529	2,551,701
3 (채권 4-2)	ㅇㅇ보증보험㈜	5,804,170	7,223,570	13,027,740	11,855,243	1,172,497
(채권 5)	ㅇㅇ자동차㈜	16,945,260	113,894	17,059,154	15,523,830	1,535,324
(채권 6-1)	ㅇㅇ수산업협동조합	16,157,076	22,069,518	38,226,594	34,786,201	3,440,393
(채권 6-2)	ㅇㅇ수산업협동조합	1,946,901	2,959,428	4,906,329	4,464,759	441,570
(채권 6-3)	ㅇㅇ수산업협동조합	0	4,549,429	4,549,429	4,139,980	409,449
(채권 7)	ㅇㅇㅇㅇ수산업협동조합	6,565,539	10,872,072	17,437,611	15,868,226	1,569,385
(채권 8)	㈜ㅇㅇ금융공사	14,992,939	32,812,034	47,804,973	43,502,525	4,302,448
(채권 9)	ㅇㅇ파이낸셜㈜	8,280,000	14,636,626	22,916,626	20,854,130	2,062,496
(채권 10-1)	ㅇㅇ신용보증기금	342,908	4,890	347,798	316,496	31,302
1 (채권 10-2)	ㅇㅇ신용보증기금	71,479,625	0	71,479,625	65,046,459	6,433,166
(채권 10-3)	ㅇㅇ신용보증기금	196,406	2,801	199,207	181,278	17,929
1 (채권 10-4)	ㅇㅇ신용보증기금	55,514,529	0	55,514,529	50,518,221	4,996,308
1 (채권 10-5)	ㅇㅇ신용보증기금	58,362,794	0	58,362,794	53,110,143	5,252,651
(채권 11-1)	ㅇㅇ상호저축은행	3,340,402	6,788,925	10,129,327	9,217,688	911,639
(채권 11-2)	ㅇㅇ상호저축은행	6,000,000	11,615,763	17,615,763	16,030,344	1,585,419
(채권 12)	ㅇㅇ보증기금	133,526,565	1,904,395	135,430,960	123,242,174	12,188,786
(채권 13)	㈜ㅇㅇ상호저축은행	16,659,912	28,456,957	45,116,869	41,056,351	4,060,518
(채권 14-1)	ㅇㅇ자산관리공사	6,724,758	10,719,553	17,444,311	15,874,323	1,569,988
(채권 14-2)	ㅇㅇ자산관리공사	7,710,134	13,398,642	21,108,776	19,208,986	1,899,790
(채권 14-3)	ㅇㅇ자산관리공사	10,000,000	16,419,360	26,419,360	24,041,618	2,377,742
(채권 15)	파산자ㅇㅇㅇㅇ신용협동조합 (파산관재인 ㅇㅇ보험공사)	19,902,301	35,303,112	55,205,413	50,236,926	4,968,487
(채권 16)	(유)ㅇㅇ자동차공업사	16,246,278	231,709	16,477,987	14,994,968	1,483,019
(채권 17-1)	ㅇㅇ중앙회	5,000,000	8,111,402	13,111,402	11,931,376	1,180,026
(채권 17-2)	ㅇㅇ중앙회	15,268,860	23,103,361	38,372,221	34,918,721	3,453,500
(채권 17-3)	ㅇㅇ중앙회	15,061,200	26,063,164	41,124,364	37,423,171	3,701,193
(채권 18)	ㅇㅇㅇ	153,000,000	1,304,262	154,304,262	140,416,878	13,887,384

(채권 19)	○○○	182,000,000	1,551,475	183,551,475	167,031,842	16,519,633
합 계		911,004,951	399,716,719	1,310,721,670	1,192,756,720	117,964,950

-. 권리변경 후 원금의 구체적인 변제계획은 별표 (3)과 같다.

제3절 미확정회생채권 및 부인권 행사로 부활될 회생채권

1. 신고기간 만료 전 부인의 소 또는 부인의 청구 등이 계속된 경우 아래 각 해당 채권에 관한 부인의 소, 부인의 청구 등이 재판이 확정된 후 1개월 내에 상대방이 신고를 추후 보완하고, 그 상대방이 받은 이행을 반환하거나 그 가액을 상환한 경우, 그 추후 보완된 신고가 시인되거나 그에 관한 채권조사확정재판 등이 확정되면 그 채권에 관하여 각 해당 권리변경 및 변제방법을 적용한다.

2. **신고기간 만료 후 부인의 소 또는 부인의 청구 등이 제기된 경우**

가. 신고기간 만료 후 관리인이 부인의 소 또는 부인의 청구를 제기하여 그에 관한 재판이 확정된 후 1개월 내에 상대방이 신고를 추후 보완하고 그 상대방이 받은 이행을 반환하거나 그 가액을 상환한 경우, 그 추후 보완된 신고가 시인되거나 그에 관한 채권조사확정재판 등이 확정되면 그 권리의 성질 및 내용에 비추어 가장 유사한 회생채권 또는 회생담보권의 권리변경 및 변제방법을 적용한다.

나. 위 가. 항에 따라 가장 유사한 권리변경 및 변제방법을 적용하는 것에 관하여 다툼이 있는 경우에는 관리인의 신청에 의하여 회생법원이 이를 결정한다.

제4절 장래의 구상권

1. 회생절차 개시결정 이후 채무자를 위한 보증인·물상보증인(담보목적물의 제3취득자를 포함한다.) 기타 제3자가 자기의 출재로 인하여 회생채권자 또는 회생담보권자에게 변제한 경우에는 채무자에 대하여 구상권을 취득한다. 대위변제로 발생한 구상채권에 대하여 주채무자에 대한 대위변제 금액 중 원채권의 원금을 기준으로 하여 개시결정 후 이자를 변제한다.

2. 다만, 구상권자는 채권자의 권리변경 전의 채권이 회생절차에 의하여 또는 회생절차에 의하지 아니하고 모두 소멸된 경우에 한하여 자기의 구상권을 행사할 수 있으며, 채무자는 이 회생계획안에 의하여 변제하여야 할 회생채권 및 회생담보

권의 잔액 범위 내에서 구상권자의 구상권 비율에 따라 변제한다.

제5절 기타 필요적 규정

1. 공익채권의 변제에 관한 조항

회생개시일 현재 채무자의 공익채권에 대한 채무는 존재하지 아니한다. 그러나 추후보완신고에 의하여 공익채권이 인정된다면, 임금채권의 경우 회생계획안에 반영하여 법원의 허가를 얻어 수시 변제하며, 조세채권은 제1차년도인 20○○년부터 제3차년도인 20○○까지 3년간 균등분할 변제한다. 회생계획안 이후 발생하는 공익채권에 대해서는 영업수익금과 기타의 재원으로 법원의 허가를 얻어 수시로 변제한다.

2. 채무의 변제자금의 조달 방법

첨부된 추정소득(별표 4) 참조.

3. 회생계획에서 예상된 액을 넘는 수익금의 용도에 관한 조항

가. 예상을 초과하는 급여소득 또는 자산매각대금이 발생한 경우 관리인은 법원의 허가를 얻어 공익채권의 변제, 운전자금이 사용, 회생채권의 변제 등으로 사용한다.

나. 예상수익금이 예상보다 적을 경우에는 정리담보권의 채권을 우선 변제하고, 그 후 잔여액으로 각 정리채권자의 당해연도 변제액에 따라 안분한 비율로 변제하면 미변제 채권액을 차기년도에 우선하여 변제한다.

4. 분쟁의 해결방법

관리인은 회생절차 진행 중 분쟁이 발생하여 화해, 조정의 수락 또는 소송의 수행을 하기 위해서는 회생법원의 허가를 얻어 이를 시행한다.

5. 회생절차의 종결

회생담보권 및 회생채권에 대한 변제를 완료하면, 관리인은 지체 없이 회생절차 종결을 신청하여야 한다. 다만, 관리인은 변제 완료 전이라도 법원의 허가를 얻어 채권자들과 회생절차 조기 종결 후의 채권자 등의 회생계획 수행감독 방안에 관하여 협약을 체결한 후 법원에 조기종결을 신청할 수 있다.

6. **회생절차의 폐지 신청**

다음 각 경우에 관리인은 회생절차의 폐지를 신청하여야 한다.

가. 채무자가 회생계획에 따른 변제를 제대로 이행하지 못하고 앞으로도 변제의 지체가 계속될 것으로 예상되는 경우

나. 영업실적이 회생계획상 예정된 영업계획 수준에 비하여 현저히 미달하고, 가까운 장래에 회복될 전망이 보이지 않는 경우

다. 회생계획에서 정한 자산매각계획을 실현하지 못하여 향후 자금 수급계획에 현저한 지장을 초래할 우려가 있는 경우

라. 공익채권이 과다하게 증가하여 향후 회생계획 수행에 지장을 초래할 우려가 있는 경우

마. 이해관계인들의 불합리하고 과다한 간섭 등이 계속되어 회생절차의 진행에 심각한 차질이 발생한 경우

7. **기타 사항**

본 회생계획안에 언급되지 않은 사항은 채무자 회생 및 파산에 관한 법률에 근거하여 회생법원의 허가를 득하여 시행하며 회생법원의 결정에 따른다.

〈 별첨자료 〉

1. 청산가치 기준 변제계획서 상세내역(주채무, 보증채무).
2. 회생변제계획안 총괄표.
3. 회생채권(주채무, 보증채무) 변제계획 상세내역.
4. 추정소득.

[사례 5] 일반회생 – 주유소 운영 개인사업자, 과도한 대출

일반회생신청서 일람표

회생절차개시신청서	회생계획안
	• 회생계획안(표지) • 회생계획안(본문) • 채무자의 현황 및 회생절차의 경과 • 권리변경의 요지 • 회생계획안의 내용 및 조항 • 자산 및 부채의 현황 • 청산시 예상배당률 • 변제할 채권의 내역 • 권리변경과 변제방법의 요지 • 회생계획안의 내용 및 조항 • 회생채권에 대한 권리변경과 변제방법 • 미확정 회생채권 및 부인권 행사로 부활될 회생채권 • 장래의 구상권 • 회생절차의 종결 • 회생절차의 폐지 신청 • 기타 사항

[서식 1] 일반회생계획안(변경안)

사건 : 20○○회단○○ 회생

회 생 계 획 안

20○○. ○. ○.

관리인 ○ ○ ○

○○지방법원 민사○○단독 귀중

목 차

제3장 회생계획안의 내용 및 조항

제1절 총　칙

1. 용어의 정의
2. 일반규정

제2절 회생담보권에 대한 권리변경과 변제방법

1. 회생담보권의 내역
2. 권리변경과 변제방법
3. 권리변경 및 변제방법에 따른 채권자별 내역
4. 담보권의 존속에 관한 규정

제3절 회생채권에 대한 권리변경과 변제방법

1. 주채무, 보증채무
2. 조세·벌금 채무

제4절 미확정 회생채권 및 부인권 행사로 부활될 회생채권

제5절 장래의 구상권

제6절 기타 필요적 규정

1. 공익채권의 변제에 관한 조항
2. 채무의 변제자금의 조달 방법
3. 회생계획에서 예상된 액을 넘는 수익금의 용도에 관한 조항
4. 분쟁의 해결방법
5. 회생절차의 종결
6. 회생절차의 폐지 신청
7. 기타 사항

제1장 채무자의 현황 및 회생절차의 경과

제1절 채무자의 개요

1. 인적사항

(1) 성명 : ○○○ (○○주유소)

(2) 주민등록번호 : 000000-0000000

(3) 현주소 : ○○시 ○○구 ○○동 ○○-○○

(4) 영업장 주소 : ○○시 ○○구 ○○동 ○○-○○

(5) 업종 : 주유소

2. 이력 및 경과사항

19○○년 09월 13일 출생

19○○년 12월 27일 결혼(배우자 ○○○)

19○○년 02월 15일 ○○주유소 개업

20○○년 04월 17일 ○○지방법원 20○○개회○○○○○호 개인회생 신청

20○○년 11월 15일 회생절차개시 및 재산보전처분 신청

제2절 회생절차 개시신청에 이르게 된 사정

1. 큰아들과 작은아들의 합의금 지급

채무자는 큰아들 ○○○가 ○○자동차의 영업사원으로 근무할 당시 차량을 할부로 판매하면서 할부금 상환에 필요한 보증인으로 주위의 친지를 내세웠으나 경기불황으로 할부금 연체가 쌓이게 되었고, 보증을 섰던 친지들에게 압류 등의 조치가 취해지가 친지들로부터 검찰고발을 당하게 되었으며 이를 해결하는 과정에서 합의금 35백만 원을 부채로 조달하게 되었습니다. 또한 19○○년 채무자의 작은아들인 ○○○가 교통사고를 내고 피해자의 사망으로 인한 합의금으로 2억원을 부채로 마련하게 되었습니다.

2. 시동생의 사업자금 지원 및 큰아들의 주유소 방만한 경영

채무자의 시동생인 ○○○는 ○○종합건설(주)을 설립하여 운영하던 중 부도

위기에 몰리자 20○○년 연말쯤 채무자에게 도움을 요청하게 되었고, 어려운 자금사정을 수차례 지원하면서 누적 부채가 6억 9천만원으로 불어나게 되었고, 결국 ○○종합건설(주)은 1년여 만에 최종 부도 처리되었습니다. 채무자는 20○○년 큰아들 ○○○에게 주유소의 운영을 맡기고 학원차 시간제 운전기사로 근무하던 중 큰아들의 방만한 주유소 경영으로 인하여 1년여 만에 2천만원을 넘지 않았던 상거래 채무가 1억여원이 넘게 증가하게 되었습니다.

제3절 회생절차개시 신청 후의 경과

1. 회생절차개시 신청 후의 주요 경과

채무자 ○○○은 20○○년 11월 15일자로 ○○지방법원에 회생개시신청을 하여 20○○년 12월 27일에 회생절차 개시결정을 받았습니다.

또한, 회생절차 개시결정 이후 법원으로부터 선임된 관리인(채무자)이 채무자의 재산 및 업무를 관리하면서 정상적인 영업활동을 수행하고 있습니다.

2. 회생절차 개시 후의 경과

-. 20○○년 12월 27일 회생절차 개시결정

-. 20○○년 12월 27일 관리인 선임

-. 20○○년 01월 24일부터 20○○년 02월 20일까지 회생채권 및 회생담보권의 신고기간

-. 20○○년 03월 17일 관리인의 채권시부인표 제출

-. 20○○년 03월 24일 조사위원 ○○회계법인 조사보고서 제출

-. 20○○년 03월 31일 관리인 보고를 위한 관계인집회 개최

3. 관리인의 경영정상화를 위한 조치

채무자의 주유소는 차량연료, 난방연료 및 농업용 연료 등을 공급하는 소매점포로서 안정적인 경영을 하여왔으며 지속적인 고정고객 관리를 통하여 수익성 증대에 노력을 경주하여 일정금액의 영업이익을 창출하고 있고 영업을 하면서 외상매출금의 비율을 최대한 줄이도록 하고 있으며 또한 부대경비를 절감하기 위해 노력하고 있습니다.

이러한 다방면의 노력을 통해 영업이익을 극대화함으로써 조속한 시일 내에 변제를 완료하고 영업의 정상화를 이룩하고자 최선을 다하고 있습니다.

제2장 권리변경의 요지

제1절 회생계획안 입안의 기초

본 회생계획안은 채무자 회생 및 파산에 관한 법률에 따라 채권자 등 이해관계인들 간에 공평성과 형평성을 기함과 동시에 조사위원인 ○○회계법인이 산정한 채무자의 청산시 회생채권의 예상청산배당율보다 높은 수준의 채권회수율이 확보되도록 하며 궁극적으로는 채무자의 회생이 가능하도록 작성하였습니다.

채무자의 재무 상태와 수익성으로 보아 경영이익을 극대화 하더라도 채무금액이 과다하여 전액변제가 곤란하므로 변제 가능한 범위 내에서 그 권리를 변경하고자 합니다.

채무자의 상환능력을 고려할 때 약정이자율을 적용할 경우에는 채무상환이 거의 불가능하게 되어 채무자의 회생담보권은 원금(개시 전 이자 포함) 전액을 변제하는 대신 개시 후 이자율은 비교적 낮은 5%를 지급하고, 회생채권(주채무, 보증채무)의 경우는 원금과 개시 전 이자에 대해서는 18%를 지급하기로 하였습니다. 또한 조세채권의 경우는 가산금 및 중가산금에 대해서는 인가일 이전까지 발생한 가산금 및 중가산금은 원금과 동일하게 변제하는 것으로 하였습니다.

채무자의 재정 상태는 비록 파탄에 이르렀으나 채무자가 21년간 주유소를 운영한 경험을 바탕으로 매출액의 지속적인 증대와 관리비 절감 및 매출채권의 비율을 줄이는 등 영업활동의 내실을 기하기 위하여 노력하고 있어 조사위원인 ○○회계법인이 조사하여 예상한 향후기간의 현금흐름 수준 또는 관리인이 조사하여 예상한 향후 현금흐름 수준이 유지된다면 본 회생계획안을 성실히 수행할 수 있을 것으로 자신하고 있습니다.

회생담보권자를 비롯한 회생채권자 및 이해관계자 여러분의 적극적인 지원과 배려가 수반된다면 본 채무자는 정상적인 영업을 영위하여 사회적 책임을 다하고 충분히 갱생할 수 있으리라 판단하여 이에 관리인은 본 회생계획안을 입안하기에 이른 것입니다.

제2절 자산 및 부채의 현황

조사위원인 ○○회계법인의 20○○년 12월 26일 현재의 자산·부채 조사결과에 따라 다음과 같습니다.

-. 채무자의 총자산은 234,614,008원이지만 청산가치 기준은 124,837,017원입니다.

-. 채무자의 총 부채는 1,165,392,796원입니다. 이 중 회생담보권 시인액이 270,827,300원이고, 회생채권액이 892,097,826원이며, 조세·벌금채권액이 2,467,670원입니다.

(채무자의 부채가 20○○. 03. 17.자로 회생담보권, 회생채권 시·부인명세서를 제출할 당시에는 회생담보권 시인액이 213,305,000원이었고, 회생채권액이 949,620,126원, 조세·벌금채권액이 2,467,670원, 총 1,165,392,796원이었습니다. 하지만 채권자 (주)○○은행에서 20○○. 04. 16.자로 ○○지방법원 20○○회확○ 회생담보권조사확정재판을 신청하였고 20○○. 04. 30.자로 화해결정이 내려져 회생담보권에서는 57,522,300원이 증가가 되었고, 회생채권에서는 57,522,300원이 감소가 되었습니다.)

제3절 청산시 예상배당률

조사위원 ○○회계법인의 20○○년 12월 26일 현재의 청산 대차대조표상 채무 잔액을 기준으로 상기에서 산정한 채무자 자산의 청산가액을 파산절차에 따른 권리 순위에 의하여 배당할 경우 각 채권자 조별 배당 가능액 및 배당률 등은 다음과 같습니다.

(단위 : 천원)

구 분	배당가능자산	계	우선권 있는 채권	회생담보권	회생채권
변제전금액	124,837	1,165,393	2,468	270,827	892,098
담보권자변제(주1)		(-)100,841	-	(-)100,841	-
변제후금액	23,996	1,064,552	2,468	169,986	892,098
우선권자변제(주2)	-	(-)2,468	(-)2,468		-
변제후금액	21,528	1,062,084	-	169,986	892,098
회생채권행사(주3)	-	(-)21,528	-	(-)2,280	(-)19,248
회생채권 행사후금액	-	1,040,556	-	167,706	872,850
배당액	-	124,837	2,468	103,121	19,248
배당률(%)	-	10.71%	100%	38.08%	2.16%

(*) 청산가치 기준 채권자별 변제액에 대한 자세한 내역은 별표 1~3을 참조.

(주1) 담보권자의 변제가능액 : 담보 있는 부동산 및 유형자산 등의 청산가액의 배당예상액

(주2) 담보로 제공된 자산 이외의 자산에 대하여 최우선으로 배당받을 수 있는 채권(각종 조세공과금 및 회생재단관리비용 등)

(주3) 회생채권액(담보권자의 회생채권 전환액 포함) • 미회수 일반회생채권 구성 비율

(*) 조사위원 ○○회계법인이 20○○년 12월 26일자로 조사한 회생담보권, 회생채권액이 20○○년 04월 16일자로 채권자 (주)○○은행에서 ○○지방법원 20○○회확○ 회생담보권조사확정재판을 신청하여 20○○년 04월 30일자 화해결정이 내려져 회생담보권에서는 57,522,300원이 증가가 되었고 회생채권에서는 57,522,300원이 감소가 되었습니다.)

상기 결과에서 보듯이 채무자가 청산하는 경우 채권액 대비 우선권 있는 채권자의 경우 100%, 담보권자의 경우 48.34%, 회생채권자의 경우 채권액 대비 2.03%의 배당이 이루어지며 전체적인 청산 배당률은 10.71%입니다.

제4절 변제할 채권의 내역

변제가능액을 산정함에 있어 채무자의 청산시 무담보 회생채권의 예상청산배당율보다 높은 수준의 채권회수율이 확보되도록 하여 채권자에 대한 최선의 이익을 도모하는 한편 채무자의 회생을 전제로 하여 공정성과 형평성의 이념에 입각하여 권리변경과 변제방법의 기준을 마련하였습니다.

구체적으로 회생절차 개시결정 이후 채권조사기일(20○○년 03월 17일자 관리인의 채권시·부인표)에서 시인한 채권액의 회생계획안 작성대상 확정채권의 내역은 다음과 같습니다.

– 다 음 –

(단위 : 천원)

구 분		시인된 채권액 (20○○. 03. 17. 기준)			변동액	변제대상 채권액
		원 금	개시 전 이자 및 가산금	합 계		
회생담보채권		270,827,300	0	270,827,300	0	270,827,300
회생채권	주채무·보증채무	874,915,773	15,510,717	890,426,490	730,149,722	160,276,768
	벌금·조세채권	2,361,070	106,600	2,467,670	0	2,467,670
합 계		1,148,104,143	15,617,317	1,163,721,460	730,149,722	433,571,738

(*) 회생변제계획안 총괄표(별표 4) 참조.

(*) 채무자가 채무자 회생 및 파산에 관한 법률 제118조 제2호로 20○○. 03. 17. 개시 후 이자를 시인하여 회생담보권, 회생채권 시·부인명세서를 제출하였지만 그중 회생채권 시부인 명세서의 채권 4번 ○○○새마을금고(개시후이자 : 745,875원), 채권 5번 신용보증기금(개시후이자 : 770,885원), 채권 8-1번 ○○수산업자신용보증기금(개시후이자: 97,261원), 채권 8-2번 ○○수산업자신용보증기금(개시후이자 : 57,315원) 총 1,671,336원의 경우 채무자 회생 및 파산에 관한 법률 제191조 제3호, 제218조 제1항 제2호에 의하여 회생변제계획에 포함하지 않고 회생변제계획을 작성하여 20○○. 03. 17.자 제출한 회생담보권, 회생채권 시·부인명세서와 금액이 상이합니다.

(*) 채무자의 부채가 20○○. 03. 17.자로 회생담보권, 회생채권 시·부인명세서를 제출할 당시에는 회생담보권 시인액이 213,305,000원이었고, 회생채권액이 949,620,126원, 조세·벌금채권액이 2,467,670원, 총 1,165,392,796원이었습니다. 하지만 채권자 (주)○○은행에서 20○○. 04. 16.자로 ○○지방법원 20○○회확○ 회생담보권조사확정재판을 신청하였고 20○○. 04. 30.자로 화해결정이 내려져 회생담보권에서 57,522,300원이 증가되었고 회생채권에서는 57,522,300원이 감소되었습니다.)

제5절 권리변경과 변제방법의 요지

1. 회생담보채권의 권리변경과 변제방법

1) 원금 및 개시 전 이자

회생담보채권에 대하여는 원금(개시 전 이자 포함)을 전액 변제하는 것으로 하였습니다.

회생담보채권의 지급은 총 금액 270,827,300원에 대해서 제1차년도(20○○년)부터 제10차년도(20○○년)까지 매년 27,082,730원씩 동액 동률로 나누어 매년 12월 말일에 원금에 비례하여 채권자별로 변제하는 것으로 하였습니다. 매년 12월말일이 공휴일인 경우 직전 영업일을 변제기일로 하였습니다.

2) 개시 후 이자

이자율을 5%로 재조정하여 제1차년도(20○○년)부터 제10차년도(20○○년)까지 매년 12월 말일에 변제하는 것으로 하였으며 회생절차 개시결정일로부터 준비년도까지의 이자에 대하여는 면제하는 것으로 하였습니다.

2. 회생채권의 권리변경과 변제방법

가. 主채무·보증채무

1) 원금 및 개시 전 이자

개시 전 이자는 원금과 가산하는 것으로 하였습니다.

채무자가 주채무자와 보증채무자에 대하여는 원금(개시 전 이자 포함) 18%를 변제하고 82%는 채권자별로 본 회생절차 인가시에 면제되는 것으로 하였습니다. 회생채권의 지급은 제1차년도(20○○년)부터 제10차년도(20○○년)까지 총 160,276,768원을 매년 16,027,677원씩 동액 동률로 나누어 지급하는 것으로 하였습니다. 지급 시기는 매년 12월 말일에 원금에 비례하여 채권자별로 변제하는 것으로 하였습니다. 매년 12월 말일이 공휴일인 경우 직전 영업일을 변제기일로 하였습니다.

2) 개시 후 이자

전액을 면제합니다.

3) 임차보증금

회생담보권에서 담보권의 가치가 없어 회생채권으로 인정한 임차보증금에 관한 부분은 변제금을 적립하여 두었다가 명도시 지급하는 것으로 하였습니다.

나. 조세·벌금

1) 원 금

조세·벌금 채권은 우선 지급하여야 할 채권이므로, 준비년도(20○○년) 말에 전액 변제하는 것으로 하였습니다.

2) 가산금 및 중가산금

인가일 이전까지 발생한 가산금 및 중가산금은 원금과 동일하게 변제합니다.

3. 신고되지 아니한 채권의 처리

회생담보권자 및 회생채권자의 목록에 기재되지 않고 신고되지 아니한 회생담보권 및 회생채권은 그 권리가 소멸되는 것으로 하였습니다.

4. 장래의 구상권

회생절차 개시결정 이후 혹시라도 채무자를 위한 보증인이나 물상보증인(담보목적물의 제3취득자를 포함한다.) 또는 기타 제3자가 자기의 출재로 인하여 회생담보권 또는 회생채권자에게 변제한 경우에는 채무자에 대하여 구상권을 취득하는 것으로 하였습니다.

또한, 구상권자는 채권자의 권리변경 전에 채권이 회생절차 또는 기타의 사유로 인하여 모두 소멸된 경우에 한하여 자기의 구상권을 행사할 수 있으며, 채무자는 회생계획에 의하여 변제하여야 할 회생담보권 및 회생채권액의 잔액 범위 내에서 구상권자의 구상권 비율에 따라 변제하는 것으로 하였습니다.

5. 소송 중인 채권

회생계획안 제출일 현재 소송 중인 채권에 대하여는 소송결과 채무자의 채무로 확정되는 경우 회생채권에 준하여 변제할 예정입니다.

제6절 결 언

본 회생계획안은 채권자 및 기타 이해관계인의 이익을 최대한 보호하고, 채무자의 회생을 도모하여 채권자들에게 공정하고 형평에 맞는 회생계획을 수립하려고 노력하였습니다.

현재 채무자의 재무구조로는 금리부담이 가중되어 예정된 기간 내에 회생할 가망이 없어 개시 후 이자와 관련하여 회생담보권의 경우 원금 전액을 변제하는 대신 비교적 낮은 5%의 개시 후 이자를 적용하였으며 회생채권액의 이자는 산입하지 않았습니다. 그리고 회생채권(주채무, 보증채무)의 경우 원금과 개시 전 이자에 대해서는 합산하여 18%를 지급하도록 하였습니다. 조세·벌금채권의 가산금 및 중가산금에 대해서도 인가일 전까지 발생한 가산금에 대해서는 준비년도(20○○년)에 전액을 변제하도록 하였습니다. 이 점 양해 바랍니다.

채무자의 현 상황은 재정적인 궁핍상황에 처해 있습니다. 그러므로 곧바로 회생절차를 진입하더라도 충실한 변제를 할 수 없는 실정이므로 회생준비년도인 20○○년은 영업정상화를 위해 노력하고, 20○○년을 제1차회계년도로 하여 그 변제를 시작하는 것으로 계획을 수립하였습니다.

채무자의 재정적 파탄으로 인하여 회생담보권 및 회생채권에 대한 일부 권리변경 및 변제 기간을 유예할 수밖에 없었던 점에 대하여 송구스럽게 생각하고 있으며, 본 회생계획안의 원만한 수행을 위해서는 채권자 여러분의 희생과 인내를 전제로 하고 있다는 사실을 깊이 인식하고 회생계획안 인가를 계기로 채무자는 새로운 결의로써 회생계획 수행에 필요한 최대한의 노력을 기울이고자 합니다.

제3장 회생계획안의 내용 및 조항

제1절 총 칙

1. 용어의 정의

가. 개시 전 이자

"개시 전 이자"라 함은 회생절차 개시결정일 전일(20○○년 12월 27일)까지 회생담보권 및 회생채권에 대하여 발생한 이자, 연체이자, 지연손해금 등으로 조사기간 안에 또는특별조사기일에 시인되어 확정된 것을 말한다.

나. 개시 후 이자

"개시 후 이자"라 함은 회생절차 개시결정일(20○○년 12월 27일)부터 회생담보권 및 회생채권에 대한 원금변제가 완료되는 시점까지 미변제 원금에 대하여 발생하는 이자 및 지연손해금을 말한다.

다. 준비연도

"준비연도"라 함은 회생절차 개시결정일(20○○년 12월 27일)부터 20○○년 12월 31일까지를 말한다.

라. 회생계획기간

"회생계획기간"이라 함은 준비연도(20○○년)와 그 다음연도인 20○○년부터 10년간의 기간으로 하고, 20○○년 12월 31일에 종료하는 것으로 한다.

마. 제1차 연도

"제1차 연도"라 함은 준비연도의 다음 연도인 20○○년 1월 1일부터 같은 해 12월 31일까지를 말하며, 제2차 연도 이후의 각 연도는 순차적으로 매년 1월 1일부터 같은 해 12월 31일까지로 한다.

바. 인 가 일

"인가일"이라 함은 본 회생계획안이 법원으로부터 인가된 날을 말한다.

사. 금융기관

"금융기관"이라 함은 은행, 상호저축은행, 할부금융회사, 보증보험회사, 파이낸스사, 신용보증기금, 카드사, 증권회사, 보험회사, 렌탈회사, 투자신탁회사,

창업투자회사, 농협을 말한다.

아. 대여채무

"대여채무"라 함은 채무자가 금융기관 등으로부터 대출 등에 의하여 금융을 제공받음으로써 부담하는 채무를 말한다.

자. 보증채무

"보증채무"라 함은 채무자가 타인을 위하여 한 보증으로 인하여 부담하는 채무를 말한다.

차. 기 타

기타 본 회생계획안의 용어 및 문구 해석에 이의가 있을 경우 채무자 회생 및 파산에 관한 법률의 취지에 따라 해석하되 다툼이 있는 경우에는 회생사건을 담당하는 법원의 해석에 따른다.

2. 일반규정

가. 변제기일

본 회생계획안에 의하여 매년 변제할 원금 및 이자는 해당 연도 12월 30일(단, 공휴일인 경우에는 그 직전 영업일)에 변제하며, 위 변제기일 전이라도 법원의 허가를 얻은 경우에는 수시로 변제할 수 있다.

관리인은 법원의 허가를 얻어 분할변제액의 전부 또는 일부에 관하여 할인율 6.5%에 의하여 계산된 조기 변제일에 있어서의 현재가치 상당액을 회생채권자의 전부에 대하여 조기 변제할 수 있다. 이 경우 법원의 허가를 얻은 날부터 1개월 이내의 날을 조기 변제일로 정하여야 한다.

나. 변제장소, 회생채권·회생담보권 변제시 채권자 확인방법

회생담보권·회생채권의 변제는 채무자의 본점 소재지(또는 채무자의 주된 영업소·주소지)에서 한다. 단, 금융기관에 대해서는 해당 금융기관의 본·지점으로 할 수 있다. 회생담보권 및 회생채권의 변제시 법인은 법인등기부등본·법인인감증명서를, 개인은 신분증·인감증명서를, 채권자의 대리인은 채권자 본인의 위임장을 제시하여야 하며, 채무자는 회생담보권자 및 회생채권자가 제시한 서류로 채권자 본인임을 확인한 후 변제한다. 다만, 회생담보권자 및 회생채권자가 미리 지정한 금융기관의 계좌로 입금하는 방식으로 변제할 수 있

으며, 회생담보권자 및 회생채권자가 금융기관인 경우 위와 같은 채권자 확인 절차를 거치지 아니하고 해당 금융기관이 발생한 상환확인서 또는 상환영수증으로 이에 갈음할 수 있다.

다. 변제충당순서

1) 본 회생계획안 인가일 이후의 회생담보권 및 회생채권의 변제충당 순서는 원금·개시전 이자·개시 후 이자의 순으로 한다.

2) 변제재원의 부족으로 변제계획에 따라 당해 연도 회생채권을 전액 변제할 수 없는 경우에는 회생담보권 원금·회생채권 원금의 순으로 당해연도 변제예정금액에 비례하여 변제하며, 나머지가 있을 경우에 회생담보권 이자·회생채권의 이자 순으로 당해 연도 변제예정금액에 비례하여 변제하되 당해 연도 변제예정액 중 미변제분은 다음 연도 변제기일에 우선하여 변제한다.

3) 금융기관 회생담보권 및 회생채권에 대한 대출과목별 변제충당순서는 회생담보권 및 회생채권별 변제금액의 범위 내에서 해당 금융기관이 정하는 바에 따른다.

라. 채권양도·대위변제의 특례

회생담보권자 또는 회생채권자에 관하여 개시결정일 이후 채권양도·대위변제 등의 원인으로 채권자가 변경되었다 하더라도 채권이 승계취득자에 대하여 개시결정일 당시의 채권자 및 채권액을 기준으로 하여 본 회생계획안의 권리변경과 변제방법을 적용한다. 채권자의 변경으로 인하여 종전의 회생담보권 또는 회생채권에 관하여 수인의 채권자가 있게 된 경우에는 각 채권자들의 채권액 비율에 따라 배분하여 권리변경 및 변제방법을 적용한다.

마. 변제 미이행시 처리

본 회생계획안에 따른 채무의 변제기일에 이행하지 못할 경우에는 미변제 금액에 대하여 변제기일 다음 날부터 실제 변제일까지 실제 변제일 당일 ○○○농업협동조합의 일반자금대출 연체 이자율을 적용하여 변제한다. 연체이자율이 없는 채권자에 대해서도 ○○○농업협동조합의 일반자금대출 연체이자율을 적용하여 변제한다.

바. 기한의 이익 상실

회생절차가 폐지되는 경우에는 회생담보권 및 회생채권에 관하여 본 회생계획안에 정한 변제기일에도 불구하고 그 변제기가 도래하는 것으로 본다.

사. 외화표시채권의 원화환산기준

외화표시채권은 외화로 변제하거나 변제 당일에 ○○은행이 최초로 고시하는 대고객전신환매도율로 환산한 원화로 변제한다. 단, 외화표시 채권을 원화로 대위변제한 구상금채권자에 대하여는 대위변제한 시점의 결제 은행 대고객전신환매도율을 적용하여 환산한 원화로 변제한다.

아. 변제금액의 확정

회생계획안의 채권별 변제방법에 의해 산정된 금액 및 변제일이 별첨 채권별 변제계획의 금액 및 변제일과 상이한 경우에는 회생계획안 본문에서 정한 변제방법에 의해 산정된 변제금액 및 변제일을 기준으로 변제한다.

자. 회계연도

본 회생계획안의 회계연도 표시는 매년 1월 1일부터 12월 31일까지로 한다.

제2절 회생담보권에 대한 권리변경과 변제방법

1. 회생담보권의 내역

채무자가 주채무로서 변제하여야 할 회생담보권의 내역은 다음과 같습니다.

(단위 : 원)

신고번호 (목록번호)	채 권 자	설정순위	시인된 채권액 (20○○. 03. 17 기준)		
			원 금	개시 전 이자	합 계
4 (회생담보권 1)	(주)○○은행	1	260,827,300	0	260,827,300
5 (회생담보권 4)	○○캐피탈(주)	1	10,000,000	0	10,000,000
합 계			270,827,300	0	270,827,300

2. 권리변경과 변제방법

가. 원금 및 개시 전 이자

개시 전 이자는 원금에 가산하는 것으로 하였습니다.

회생담보권의 지급은 원금(개시 전 이자 포함)을 전액 변제하는 것으로 하였으며 제1차년도(20○○년)부터 제10차년도(20○○년)까지 동액 동률로 나누어 매년 12월 말일에 원금에 비례하여 채권자별로 변제하는 것으로 하였습니다.

매년 12월 말일이 공휴일인 경우 직전 영업일을 변제기일로 하였습니다.

나. 개시 후 이자

이자율을 5%로 재조정하여 제1차년도(20○○년)부터 제10차년도(20○○년)까지 매년 12월 말일에 변제하는 것으로 하였으며 회생절차 개시결정일로부터 준비년도까지의 이자에 대하여는 면제하는 것으로 하였습니다.

3. 권리변경 및 변제방법에 따른 채권자별 내역

(단위 : 원)

신고번호 (목록번호)	채 권 자	설정 순위	시인된 채권액 (20○○. 03. 17 기준)			면제 금액	변제대상 금액
			원 금	개시 전 이자	합 계		
4 (회생담보권 1)	(주)○○은행	1	260,827,300	0	260,827,300	0	260,827,300
5 (회생담보권 4)	○○캐피탈(주)	1	10,000,000	0	10,000,000	0	10,000,000
합 계			270,827,300	0	270,827,300	0	270,827,300

-. 권리변경 후 원금의 구체적인 변제계획은 별표 (5)와 같다.

4. 담보권의 존속에 관한 규정

가. 담보권의 존속

회생담보권자의 담보권은 본 회생계획안에 의하여 권리 변경된 회생담보권을 피담보하는 담보권으로서 종전의 순위에 따라 존속한다. 그러나 회생담보권으로 인정되지 아니한 담보권과 담보목적의 지상권 등은 소멸한다.

나. 담보권의 해지

채무자가 담보물건을 매각할 경우, 매매계약이 완료된 후 소유권 이전 등기 등을 할 경우 법원은 해당물건에 관한 회생담보권의 담보권 말소 촉탁을 할 수 있다.

본 회생계획안에 따라 채무자가 회생담보권 중 변제할 금액에 해당하는 채무를 변제하는 경우에는 채무자의 재산상에 있는 모든 담보권(담보권자가 채무자에게 가지고 있는 근저당권, 양도담보권, 질권 등)은 소멸되며, 담보권자는 소멸 즉시 근저당권의 경우 근저당권 등기의 말소, 양도담보의 경우 동산의 인도, 견질 및 담보조로 제공한 유가증권의 변환 등 담보권의 소멸 및 그에 따른 처리에 필요한 제반절차를 즉시 이행하여야 한다. 담보권자가 즉시 위 필요서류를 제출하지 않았을 때에는 담보권의 말소에 필요한 서류를 청구하여 말소하거나 법원의 촉탁에 의하여 말소한다.

다. 보험사고 발생시의 처리방법에 관한 규정

1) 관리인은 보험계약이 만료된 때에는 계속하여 보험계약을 체결한다.
2) 관리인이 위와 같은 담보목적물에 대한 보험가입의무를 이행하지 않을 경우 회생담보권자는 보험료를 지불하여 보험계약을 체결할 수 있으며, 보험료로 지출된 금액은 채무자에 대한 공익채권으로 본다. 채무자는 이를 우선적으로 변제하여야 하며, 그 원금에 대하여 보험료 지급일부터 은행의 일반대출 연체 이율에 따른 지연손해금(또는 본 회생계획안에 따른 회생담보권의 개시 후 이자율에 따른 이자)을 지급하여야 한다.
3) 보험에 가입되어 있는 담보목적물에 대하여 보험사고가 발생한 경우, 관리인은 법원의 허가를 얻어 해당 보험금을 이재물건의 복구에 사용하여야 하며, 복구된 물건에 대하여는 잔존 회생담보권을 피담보채권으로 하여 종전의 순위에 따라 담보권을 설정하여야 한다.
4) 관리인이 보험금으로 이재물건을 복구하지 아니할 경우에는 당해 이재물건에 설정되어 있는 담보권의 순위에 따라 본 회생계획안에 의하여 변제하여야 할 회생담보권의 범위 내에서(6.5%의 현가율을 적용하여) 조기 변제하되 당해 담보목적물의 회생담보권의 원금·개시 전 이자·개시 후 이자 순으로 변제하고, 남는 것이 있으면 같은 방법으로 다음 연도 회생담보권을 변제한다.
5) 관리인이 이재물건의 복구나 채권 변제에 사용하고 남는 보험금은 법원의 허가를 얻어 채무자의 운영자금으로 사용할 수 있다.

라. 담보권자의 물상대위권 행사와 관련한 처리방법에 관한 규정

1) 회생담보권자의 담보목적물이 훼손된 경우 당해 담보목적물의 복구가 가능한 경우에는 관리인은 법원의 허가를 얻어 해당 담보목적물의 멸실·훼손·공용징수로 인하여 지급되는 손해배당금이나 보상금을 수령하여 담보목적물의 복구에 사용하여야 하며, 복구된 물건에 대하여는 잔존 회생담보권을 피담보채권으로 하여 종전의 순위에 따라 담보권을 설정하여야 한다.

2) 회생담보권자의 담보목적물이 멸실·공용징수되거나 또는 훼손된 경우, 관리인이 손해배상금이나 보상금을 수령하여 담보목적물을 복구하지 아니하는 때에는 그 담보목적물에 설정되어 있는 담보권의 순위에 따라 본 회생계획안에 의하여 변제하여야 할 회생담보권의 범위 내에서(6.5%의 현가율을 적용하여) 조기 변제하되 당해 담보목적물의 회생담보권을 모두 변제하기에 부족한 경우에는 변제기일이 먼저 도래하는 회생담보권의 원금·개시 전 이자·개시 후 이자 순으로 변제하고, 남는 것이 있으면 같은 방법으로 다음 연도 회생담보권을 변제한다.

3) 관리인이 담보목적물의 복구나 회생담보권의 변제에 사용하고 남는 금원은 법원이 허가를 얻어 채무자의 운영자금으로 사용할 수 있다.

마. 담보목적물 매각위임에 관한 규정

담보목적물이 본 회생계획안의 매각예정연도 내에 매각되지 않을 경우, 관리인은 회생담보권자들이 요청하는 바에 따라 법원의 허가를 얻어 당해 담보목적물에 관한 최우선 순위 회생담보권자에게 그 매각을 위임할 수 있다. 이 경우 최우선 순위 회생담보권자는 담보목적물을 매각함에 있어 그 매각 조건에 관하여 관리인을 통하여 법원을 허가를 얻어야 하며, 매각 위임일 다음날부터 실제 변제일까지는 그 담보목적물의 처분으로 인한 변제 예상금액에 대한 연체이자는 발생하지 않는다.

바. 담보물건 매각대금의 처리

채무자가 담보물건을 매각할 경우에는 매각대금에서 그 처분으로 인하여 발생하는 제세금 및 매각관련 기타 비용을 공제할 실입금액으로 시인된 담보평가액 범위 내에서 조기 변제하되, 당해 담보목적물의 회생담보권을 모두 변제하기에 부족한 경우에는 그 회생담보권의 변제는 원금·개시 전 이자·개시 후 이자 순으로 변제하고, 같은 순위의 것 중에서는 변제기일이 먼저 도래하는 순서에 따르며, 잔여 회생담보채권은 본 회생계획안에 의한 회생담보권 변제방법에 따라 변제한다. 담보목적물에 대한 회생담보권자가 복수일 경우에는 회생담보권자의 담보권 순위에 따라 순차적으로 변제하고, 동순위 회생담보권자가 있을 경우에는 그 회생담보권자의 채권액 비율에 비례하여 변제한다. 회생담보권을 변제한 후 남는 처분대금은 법원의 허가를 받아 해당 담보권자 중 채권액이 담보권을 초과하여 회생채권으로 시인된 채권을 이 회생계획안에서 정하는 조기 변제시의 할인율(6.5%)을 적용하여 조기 변제할 수 있다. 그 후 초과액은 법원의 허가를 받아 채무자의 공익채권 변제, 운전자금, 회생채권 변제자금으로 사용한다.

제3절 회생채권에 대한 권리변경과 변제방법

1. 주채무, 보증채무

가. 회생채권의 내역

(단위 : 원)

신고번호 (목록번호)	채 권 자	시인된 채권액 (20ㅇㅇ. 03. 17 기준)		
		원 금	개시 전 이자	합 계
9 (채권 1-1)	(주)ㅇㅇ은행	5,760,000	1,872,609	7,632,609
9 (채권 1-2)	(주)ㅇㅇ은행	3,124,028	577,473	3,701,501
(채권 1-3)	(주)ㅇㅇ은행	1,438,650	0	1,438,650
7 (채권 2-1)	ㅇㅇㅇ 농업협동조합	10,395,843	1,175,842	11,571,685
7 (채권 2-2)	ㅇㅇㅇ 농업협동조합	0	901,101	901,101
(채권 3)	ㅇㅇㅇㅇ 씨앤씨(주)	99,000	0	99,000
3 (채권 4)	ㅇㅇㅇ 새마을금고	28,597,130	626,002	29,223,132
6 (채권 5)	ㅇㅇ보증기금	33,681,556	2,587,970	36,269,526
(채권 6)	(주)ㅇㅇ 오일랜드	15,239,665	0	15,239,665
2 (채권 7)	ㅇㅇㅇㅇ 네트웍스(주)	128,764,213	0	128,764,213
1 (채권 8-1)	ㅇㅇ수산업자 신용보증기금	9,102,650	336,673	9,439,323
1 (채권 8-2)	ㅇㅇ수산업자 신용보증기금	5,364,123	169,741	5,533,864
11 (채권 9-1)	ㅇㅇ 새마을금고	20,000,000	3,526,376	23,526,376
11 (채권 9-2)	ㅇㅇ 새마을금고	21,000,000	3,330,870	24,330,870
11 (채권 9-3)	ㅇㅇ 새마을금고	24,000,000	406,060	24,406,060

(채권 10)	○○○	1,800,000	0	1,800,000
(채권 11)	○○○	30,000,000	0	30,000,000
(채권 12)	○○○	135,700,000	0	135,700,000
(채권 13)	○○	20,000,000	0	20,000,000
(채권 14)	○○○	78,000,000	0	78,000,000
(채권 15)	○○○	13,000,000	0	13,000,000
(채권 16)	○○○	11,500,000	0	11,500,000
(채권 17)	○○○	16,000,000	0	16,000,000
(채권 18)	○○○	4,500,000	0	4,500,000
(담보권 1)	(주)○○은행	211,168,911	0	211,168,911
(담보권 2)	○○○	30,000,000	0	30,000,000
(담보권 3)	○○○	10,000,000	0	10,000,000
(담보권 4)	○○캐피탈(주)	6,680,004	0	6,680,004
합 계		874,915,773	15,510,717	890,426,490

나. 권리변경 및 변제방법

1) 원금 및 개시 전 이자

개시 전 이자는 원금에 가산하는 것으로 하였습니다.

채무자가 주채무, 보증채무인 회생채권에 대하여는 원금(개시 전 이자 포함) 중 18%를 변제하고 82%는 채권자별로 본 회생절차의 인가시에 면제되는 것으로 하였습니다.

회생채권의 지급은 제1차년도(20○○년)부터 제10차년도(20○○년)까지 총 160,276,768원을 매년 16,027,677원씩 동액 동률로 나누어 지급하는 것으로 하였습니다.

지급 시기는 매년 12월 말일에 원금에 비례하여 채권자별로 변제하는 것으로 하였습니다. 매년 말일이 공휴일인 경우 직전 영업일을 변제기일로 하였습니다.

2) 개시 후 이자

전액을 면제합니다.

다. 권리변경 및 변제방법에 따른 채권자별 내역

(단위 : 원)

신고번호 (목록번호)	채 권 자	시인된 채권액 (20○○. 03. 17 기준)			면제액	변제대상 금액
		원 금	개시 전 이자	합 계		
9	(주)○○은행	5,760,000	1,872,609	7,632,609	6,258,739	1,373,870

(채권 1-1)						
9 (채권 1-2)	(주)○○은행	3,124,028	577,473	3,701,501	3,035,231	666,270
(채권 1-3)	(주)○○은행	1,438,650	0	1,438,650	1,179,693	258,957
7 (채권 2-1)	○○○ 농업협동조합	10,395,843	1,175,842	11,571,685	9,488,782	2,082,903
7 (채권 2-2)	○○○ 농업협동조합	0	901,101	901,101	738,903	162,198
(채권 3)	○○○○ 씨앤씨(주)	99,000	0	99,000	81,180	17,820
3 (채권 4)	○○○ 새마을금고	28,597,130	626,002	29,223,132	23,962,968	5,260,164
6 (채권 5)	○○보증기금	33,681,556	2,587,970	36,269,526	29,741,011	6,528,515
(채권 6)	(주)○○ 오일랜드	15,239,665	0	15,239,665	12,496,525	2,743,140
2 (채권 7)	○○○○ 네트웍스(주)	128,764,213	0	128,764,213	105,586,655	23,177,558
1 (채권 8-1)	○○수산업자 신용보증기금	9,102,650	336,673	9,439,323	7,740,245	1,699,078
1 (채권 8-2)	○○수산업자 신용보증기금	5,364,123	169,741	5,533,864	4,537,768	996,096
11 (채권 9-1)	○○ 새마을금고	20,000,000	3,526,376	23,526,376	19,291,628	4,234,748
11 (채권 9-2)	○○ 새마을금고	21,000,000	3,330,870	24,330,870	19,951,313	4,379,557
11 (채권 9-3)	○○ 새마을금고	24,000,000	406,060	24,406,060	20,012,969	4,393,091
(채권 10)	○○○	1,800,000	0	1,800,000	1,476,000	324,000
(채권 11)	○○○	30,000,000	0	30,000,000	24,600,000	5,400,000
(채권 12)	○○○	135,700,000	0	135,700,000	111,274,000	24,426,000
(채권 13)	○○	20,000,000	0	20,000,000	16,400,000	3,600,000
(채권 14)	○○○	78,000,000	0	78,000,000	63,960,000	14,040,000
(채권 15)	○○○	13,000,000	0	13,000,000	10,660,000	2,340,000
(채권 16)	○○○	11,500,000	0	11,500,000	9,430,000	2,070,000
(채권 17)	○○○	16,000,000	0	16,000,000	13,120,000	2,880,000
(채권 18)	○○○	4,500,000	0	4,500,000	3,690,000	810,000
(담보권 1)	(주)○○은행	211,168,911	0	211,168,911	173,158,507	38,010,404

(담보권 2)	○○○	30,000,000	0	30,000,000	24,600,000	5,400,000
(담보권 3)	○○○	10,000,000	0	10,000,000	8,200,000	1,800,000
(담보권 4)	○○캐피탈(주)	6,680,004	0	6,680,004	5,477,603	1,202,401
합 계		874,915,773	15,510,717	890,426,490	730,149,722	160,276,768

-. 권리변경 후 원금의 구체적인 변제계획은 별표 (6)과 같다.

2. 조세·벌금 채무

가. 채권의 내역

(단위 : 원)

신고번호 (목록번호)	채 권 자	시인된 채권액 (20○○. 03. 17 기준)		
		원 금	개시 전 이자	합 계
(채권 1)	○○건강보험공단	878,720	0	878,720
(채권 2)	○○연금관리공단	292,300	0	292,300
(채권 3-1)	○○○세무서	281,110	0	281,110
(채권 3-2)	○○○세무서	109,900	0	109,900
(채권 4-1)	○○○○ ○○군	634,790	0	634,790
(채권 4-2)	○○○○ ○○군	270,850	0	270,850
합 계		2,467,670	0	2,467,670

나. 권리변경과 변제방법

1) 원 금

조세·벌금 채권은 우선 지급하여야 할 채권이므로, 준비년도(20○○년)에 전액 변제하는 것으로 하였습니다.

2) 가산금 및 중가산금

인가일 이전까지 발생한 가산금 및 중가산금은 원금과 동일하게 변제합니다.

다. 권리변경 및 변제방법에 따른 채권자별 내역

(단위 : 원)

신고번호 (목록번호)	채 권 자	시인된 채권액 (20○○. 03. 17 기준)			면제액	변제대상 금액
		원 금	개시 전 이자	합 계		
(채권 1)	○○건강보험공단	878,720	0	878,720	0	878,720
(채권 2)	○○연금관리공단	292,300	0	292,300	0	292,300
(채권 3-1)	○○○세무서	281,110	0	281,110	0	281,110

(채권 3-2)	ㅇㅇㅇ세무서	109,900	0	109,900	0	109,900
(채권 4-1)	ㅇㅇㅇㅇ ㅇㅇ군	634,790	0	634,790	0	634,790
(채권 4-2)	ㅇㅇㅇㅇ ㅇㅇ군	270,850	0	270,850	0	270,850
합 계		2,467,670	0	2,467,670	0	2,467,670

-. 권리변경 후 원금의 구체적인 변제계획은 별표 (7)과 같다.

제4절 미확정회생채권 및 부인권 행사로 부활될 회생채권

1. 신고기간 만료 전 부인의 소 또는 부인의 청구 등이 계속된 경우 아래 각 해당 채권에 관한 부인의 소, 부인의 청구 등이 재판이 확정된 후 1개월 내에 상대방이 신고를 추후 보완하고, 그 상대방이 받은 이행을 반환하거나 그 가액을 상환한 경우, 그 추후 보완된 신고가 시인되거나 그에 관한 채권조사확정재판 등이 확정되면 그 채권에 관하여 각 해당 권리변경 및 변제방법을 적용한다.

2. **신고기간 만료 후 부인의 소 또는 부인의 청구 등이 제기된 경우**

가. 신고기간 만료 후 관리인이 부인의 소 또는 부인의 청구를 제기하여 그에 관한 재판이 확정된 후 1개월 내에 상대방이 신고를 추후 보완하고 그 상대방이 받은 이행을 반환하거나 그 가액을 상환한 경우, 그 추후 보완된 신고가 시인되거나 그에 관한 채권조사확정재판 등이 확정되면 그 권리의 성질 및 내용에 비추어 가장 유사한 회생채권 또는 회생담보권의 권리변경 및 변제방법을 적용한다.

나. 위 가. 항에 따라 가장 유사한 권리변경 및 변제방법을 적용하는 것에 관하여 다툼이 있는 경우에는 관리인의 신청에 의하여 회생법원이 이를 결정한다.

제5절 장래의 구상권

1. 회생절차 개시결정 이후 채무자를 위한 보증인·물상보증인(담보목적물의 제3취득자를 포함한다.) 기타 제3자가 자기의 출재로 인하여 회생채권자 또는 회생담보권자에게 변제한 경우에는 채무자에 대하여 구상권을 취득한다. 대위변제로 발생한 구상채권에 대하여 주채무자에 대한 대위변제 금액 중 원채권의 원금을 기준으로 하여 개시결정 후 이자를 변제한다.

2. 다만, 구상권자는 채권자의 권리변경 전의 채권이 회생절차에 의하여 또는 회생

절차에 의하지 아니하고 모두 소멸된 경우에 한하여 자기의 구상권을 행사할 수 있으며, 채무자는 이 회생계획안에 의하여 변제하여야 할 회생채권 및 회생담보권의 잔액 범위 내에서 구상권자의 구상권 비율에 따라 변제한다.

제6절 기타 필요적 규정

1. 공익채권의 변제에 관한 조항

회생개시일 현재 채무자의 공익채권에 대한 채무는 존재하지 아니한다. 그러나 추후보완신고에 의하여 공익채권이 인정된다면, 임금채권의 경우 회생계획안에 반영하여 법원의 허가를 얻어 수시 변제하며, 조세채권은 제1차년도인 20○○년부터 제3차년도인 20○○까지 3년간 균등분할 변제한다. 회생계획안 이후 발생하는 공익채권에 대해서는 영업수익금과 기타의 재원으로 법원의 허가를 얻어 수시로 변제한다.

2. 채무의 변제자금의 조달 방법

첨부된 추정 손익계산서(별표 8) 및 추정 순 영업현금흐름표(별표 9) 참조.

3. 회생계획에서 예상된 액을 넘는 수익금의 용도에 관한 조항

가. 예상을 초과하는 영업수익금 또는 자산매각대금이 발생한 경우 관리인은 법원의 허가를 얻어 공익채권의 변제, 운전자금이 사용, 회생채권의 변제 등으로 사용한다.

나. 예상수익금이 예상보다 적을 경우에는 정리담보권의 채권을 우선 변제하고, 그 후 잔여액으로 각 정리채권자의 당해연도 변제액에 따라 안분한 비율로 변제하면 미변제 채권액을 차기년도에 우선하여 변제한다.

4. 분쟁의 해결방법

관리인은 회생절차 진행 중 분쟁이 발생하여 화해, 조정의 수락 또는 소송의 수행을 하기 위해서는 회생법원의 허가를 얻어 이를 시행한다.

5. 회생절차의 종결

회생담보권 및 회생채권에 대한 변제를 완료하면, 관리인은 지체 없이 회생절차 종결을 신청하여야 한다. 다만, 관리인은 변제 완료 전이라도 법원의 허가를 얻어 채권자들과 회생절차 조기종결 후의 채권자 등의 회생계획 수행감독 방안에 관하여 협약을 체결한 후 법원에 조기종결을 신청할 수 있다.

6. 회생절차의 폐지 신청

다음 각 경우에 관리인은 회생절차의 폐지를 신청하여야 한다.

가. 채무자가 회생계획에 따른 변제를 제대로 이행하지 못하고 앞으로도 변제의 지체가 계속될 것으로 예상되는 경우

나. 영업실적이 회생계획상 예정된 영업계획 수준에 비하여 현저히 미달하고, 가까운 장래에 회복될 전망이 보이지 않는 경우

다. 회생계획에서 정한 자산매각계획을 실현하지 못하여 향후 자금 수급계획에 현저한 지장을 초래할 우려가 있는 경우

라. 공익채권이 과다하게 증가하여 향후 회생계획 수행에 지장을 초래할 우려가 있는 경우

마. 이해관계인들의 불합리하고 과다한 간섭 등이 계속되어 회생절차의 진행에 심각한 차질이 발생한 경우

7. 기타 사항

본 회생계획안에 언급되지 않은 사항은 채무자 회생 및 파산에 관한 법률에 근거하여 회생법원의 허가를 득하여 시행하며 회생법원의 결정에 따른다.

별 첨 자 료

1. 청산가치 기준 변제계획서 상세내역(조세, 벌금채무).
2. 청산가치 기준 변제계획서 상세내역(담보채무).
3. 청산가치 기준 변제계획서 상세내역(주채무, 보증채무).
4. 회생변제계획안 총괄표.
5. 회생담보권 변제계획 상세내역.
6. 회생채권(주채무, 보증채무) 변제계획 상세내역.
7. 조세, 벌금채권 변제계획 상세내역.
8. 추정 손익계산서.
9. 추정 순영업현금흐름표.

[사례 6] 일반회생 – 회사의 이사, 회사에 대한 연대보증

일반회생신청서 일람표

회생절차개시신청서	회생계획안

- 회생계획안(표지)
- 회생계획안(본문)
- 채무자의 현황 및 회생절차의 경과
- 권리변경의 요지
- 회생계획안의 내용 및 조항
- 자산 및 부채의 현황
- 청산시 예상배당률
- 변제할 채권의 내역
- 권리변경과 변제방법의 요지
- 회생계획안의 내용 및 조항
- 회생채권에 대한 권리변경과 변제방법
- 미확정 회생채권 및 부인권 행사로 부활될 회생채권
- 장래의 구상권
- 회생절차의 종결
- 회생절차의 폐지 신청
- 기타 사항

[서식 1] 일반회생계획안(변경안)

사건 : 20○○회단○○ 회생

회 생 계 획 안

20○○. ○. ○.

관리인 ○ ○ ○

○○지방법원 민사○○단독 귀중

목 차

2. 일반규정

제2절 회생채권에 대한 권리변경과 변제방법

1. 주채무, 보증채무

제3절 미확정 회생채권 및 부인권 행사로 부활될 회생채권

제4절 장래의 구상권

제5절 기타 필요적 규정

1. 공익채권의 변제에 관한 조항
2. 채무의 변제자금의 조달 방법
3. 사채의 발행
4. 회생계획에서 예상된 액을 넘는 수익금의 용도에 관한 조항
5. 분쟁의 해결방법
6. 회생절차의 종결
7. 회생절차의 폐지 신청
8. 기타 사항

제1장 채무자의 현황 및 회생절차의 경과

제1절 채무자의 개요

1. 근무지 현황

-. 상호 : ○○○○○ 주식회사

-. 주요업종 : 액체 여과기 제조업

-. 근무지 주소 : ○○시 ○구 ○○동 ○-○ ○○빌딩 ○층

-. 직책 : ○○○○지국 지국장

-. 근무기간 : 20○○년 8월 ~ 현재 (약 7년)

제2절 회생절차 개시신청에 이르게 된 사정

1. 배우자의 사업실패

채무자는 현재 가족관계등록부상 배우자로 되어 있는 ○○○과 19○○년 4월 결혼하였으며, 당시 배우자는 주식회사 ○○○라는 회사를 운영하면서 대표이사를 맡고 있었고 채무자는 이사로 등재되어 있었습니다. 주식회사 ○○○는 관공서에 가로등 점멸기 등을 납품하는 유망한 중소기업이었으나, 19○○년 11월 자금난을 견디지 못하고 부도에 이르게 되었습니다. 이러한 일련의 과정을 통하여 채무자 소유의 부동산이 임의경매 처분되는 등 채무자는 극심한 경제적 어려움에 직면하게 되었습니다.

2. 보증채무의 인수

채무자는 주식회사 ○○○의 이사등재 당시 차입금에 대하여 연대보증을 제공하여 보증 채무를 인수하게 되었으며, 이로 인한 보증채무금은 약 8억 4천만원에 이르게 되었습니다. 그리고 채권자들에 의하여 급여가 압류되어 채무자를 포함한 5인의 가족이 정상적인 생활을 유지할 수 없게 되고 채무의 상환여력이 현저히 저하되었습니다. 이러한 상황이 복합적으로 작용하여, 현재 상태로는 변제기에 있는 채무를 정상적으로 상환할 수 없는 상태에 도달한바, 채무자는 회생절차 개시신청을 하기에 이르렀습니다.

제3절 회생절차개시 신청 후의 경과

1. 회생절차개시 신청 후의 주요 경과

채무자 ○○○는 20○○년 05월 27일자로 ○○지방법원에 회생개시신청을 하여 20○○년 07월 22일에 회생절차 개시결정을 받았습니다.

또한, 회생절차 개시결정 이후 법원으로부터 선임된 관리인(채무자)이 채무자의 재산 및 업무를 관리하면서 정상적인 급여활동을 수행하고 있습니다.

2. 회생절차 개시 후의 경과

-. 20○○년 07월 22일 회생절차 개시결정

-. 20○○년 07월 22일 관리인 선임

-. 20○○년 08월 06일부터 20○○년 08월 18일까지 회생채권 및 회생담보권의 신고기간

-. 20○○년 08월 25일 관리인의 회생담보권·회생채권 시·부인표 제출

-. 20○○년 09월 03일 조사위원 ○○회계법인 조사보고서 제출

-. 20○○년 09월 17일 관리인 보고를 위한 관계인집회 개최

제2장 권리변경의 요지

제1절 회생계획안 입안의 기초

본 회생계획안은 채무자 회생 및 파산에 관한 법률에 따라 채권자 등 이해관계인들 간에 공평성과 형평성을 기함과 동시에 조사위원인 ○○회계법인이 산정한 채무자의 청산시 회생채권의 예상청산배당률보다 높은 수준의 채권회수율이 확보되도록 하며 궁극적으로는 채무자의 회생이 가능하도록 작성하였습니다.

채무자의 재무 상태와 수익성으로 보아 경영이익을 극대화 하더라도 채무금액이 과다하여 전액변제가 곤란하므로 변제 가능한 범위 내에서 그 권리를 변경하고자 합니다.

채무자의 상환능력을 고려할 때 약정이자율을 적용할 경우에는 채무상환이 거의 불가능하게 되어 채무자의 회생채권(주채무, 보증채무)의 경우는 원금과 개시전 이자에 대해서는 17%를 지급하기로 하였습니다.

채무자의 정년을 감안하면 향후 10년간은 꾸준히 변제해 나갈 것으로 예상하

고 있습니다. 또한 조사위원인 ○○회계법인이 조사하여 예상한 향후기간의 현금흐름수준 또는 관리인이 조사하여 예상한 향후 현금흐름 수준이 유지된다면 본 회생계획안을 성실히 수행할 수 있을 것으로 자신하고 있습니다.

회생채권자 및 이해관계자 여러분의 적극적인 지원과 배려가 수반된다면 본 채무자는 정상적인 근무생활로 사회적 책임을 다하고 충분히 갱생할 수 있으리라 판단하여 이에 관리인은 본 회생계획안을 입안하기에 이른 것입니다.

제2절 자산 및 부채의 현황

조사위원인 ○○회계법인이 20○○년 07월 22일 현재의 자산·부채 조사결과는 다음과 같습니다.

-. 채무자의 총자산은 33,195,382원이지만 청산가치 기준은 9,905,482원입니다.

-. 채무자의 총 부채는 867,199,455원입니다. 이 중 회생채권(주채무, 보증채무)액이 867,199,455원입니다.

제3절 청산시 예상배당률

조사위원인 ○○회계법인의 20○○년 07월 22일 현재의 경제적 개념에 따른 채권 구분에 의하여 청산시 채권자 조별 배당액과 배당률은 다음과 같습니다.

(단위 : 원)

채권구분	채권금액	배 당 액	배 당 률
회생채권 (주채무, 보증채무)	867,199,455	9,905,482	1.14%
합 계	867,199,455	9,905,482	1.14%

(*) 청산가치 기준 채권자별 변제액에 대한 자세한 내역은 별표 1을 참조.

상기 결과에서 보듯이 채무자가 청산되는 경우 회생채권자(주채무, 보증채무)의 경우 1.14%의 배당이 이루어집니다.

제4절 변제할 채권의 내역

변제가능액을 산정함에 있어 채무자의 청산시 회생채권의 예상청산배당률보다 높은 수준의 채권회수율이 확보되도록 하여 채권자에 대한 최선의 이익을 도모하는 한편 채무자의 회생을 전제로 하여 공정성과 형평성의 이념에 입각하여 권리변경과 변제방법의 기준을 마련하였습니다.

구체적으로 회생절차 개시결정 이후 채권조사기일(20○○년 08월 25일자 관리인의 회생담보권·회생채권 시·부인표)에서 시인한 채권액의 회생계획안 작성대상 확정채권의 내역은 다음과 같습니다.

– 다 음 –

(단위 : 원)

구 분	시인된 채권액 (20○○. 08. 25. 기준)			변제대상 채권액	면제대상 금액
	원 금	개시 전 이자	합 계		
회생채권 (주채무·보증채무)	821,855,631	45,343,824	867,199,455	147,423,907	719,775,548
합 계	821,855,631	45,343,824	867,199,455	147,423,907	719,775,548

(*) 회생변제계획안 총괄표(별표 2) 참조.

제5절 권리변경과 변제방법의 요지

1. 회생채권의 권리변경과 변제방법

가. 주채무·보증채무

1) 원금 및 개시 전 이자

개시 전 이자는 원금과 가산하는 것으로 하였습니다.

채무자가 주채무자와 보증채무자에 대하여는 원금(개시 전 이자 포함) 중 17%를 변제하고 83%는 채권자별로 본 회생절차 인가시에 면제되는 것으로 하였습니다.

회생채권의 지급은 제1차년도(20○○년)부터 제10차년도(20○○년)까지 총 147,423,907원씩 동액 동률로 나누어 지급하는 것으로 하였습니다. 지급 시기는 매년 12월 말일에 원금에 비례하여 채권자별로 변제하는 것으로 하였습니다. 매년 12월 말일이 공휴일인 경우 직전 영업일을 변제기일로 하였습니다.

2) 개시 후 이자

전액을 면제합니다.

2. 신고되지 아니한 채권의 처리

회생채권자의 목록에 기재되지 않고 신고되지 아니한 회생채권은 그 권리가 소멸되는 것으로 하였습니다.

3. 장래의 구상권

회생절차 개시결정 이후 혹시라도 채무자를 위한 보증인이나 물상보증인(담보목적물의 제3취득자를 포함한다.) 또는 기타 제3자가 자기의 출재로 인하여 회생담보권 또는 회생채권자에게 변제한 경우에는 채무자에 대하여 구상권을 취득하는 것으로 하였습니다.

또한, 구상권자는 채권자의 권리변경 전에 채권이 회생절차 또는 기타의 사유로 인하여 모두 소멸된 경우에 한하여 자기의 구상권을 행사할 수 있으며, 채무자는 회생계획에 의하여 변제하여야 할 회생담보권 및 회생채권액의 잔액 범위 내에서 구상권자의 구상권 비율에 따라 변제하는 것으로 하였습니다.

4. 소송 중인 채권

회생계획안 제출일 현재 소송 중인 채권에 대하여는 소송결과 채무자의 채무로 확정되는 경우 회생채권에 준하여 변제할 예정입니다.

제6절 결 언

본 회생계획안은 채권자 및 기타 이해관계인의 이익을 최대한 보호하고, 채무자의 회생을 도모하여 채권자들에게 공정하고 형평에 맞는 회생계획을 수립하려고 노력하였습니다.

현재 채무자의 재무구조로는 금리부담이 가중되어 예정된 기간 내에 회생할 가망이 없어 회생채권액의 이자는 산입하지 않았습니다. 그리고 회생채권(주채무, 보증채무)의 경우 원금과 개시 전 이자에 대해서는 합산하여 17%를 지급하도록 하였습니다. 이 점 양해 바랍니다.

채무자의 현 상황은 재정적인 궁핍상황에 처해 있습니다. 그러므로 곧바로 회생절차를 진입하더라도 충실한 변제를 할 수 없는 실정이므로 회생준비년도인 20○○년은 영업정상화를 위해 노력하고, 20○○년을 제1차회계년도로 하여 그 변제를 시작하는 것으로 계획을 수립하였습니다.

채무자의 재정적 파탄으로 인하여 회생채권에 대한 일부 권리변경 및 변제기간을 유예할 수밖에 없었던 점에 대하여 송구스럽게 생각하고 있으며, 본 회생계획안의 원만한 수행을 위해서는 채권자 여러분의 희생과 인내를 전제로 하고 있다는 사실을 깊이 인식하고 회생계획안 인가를 계기로 채무자는 새로운 결의로써 회생계획 수행에 필요한 최대한의 노력을 기울이고자 합니다.

제3장 회생계획안의 내용 및 조항

제1절 총 칙

1. 용어의 정의

가. 개시 전 이자

"개시 전 이자"라 함은 회생절차 개시결정일 전일(20○○년 07월 21일)까지 회생담보권 및 회생채권에 대하여 발생한 이자, 연체이자, 지연손해금 등으로 조사기간 안에 또는 특별조사기일에 시인되어 확정된 것을 말한다.

나. 개시 후 이자

"개시 후 이자"라 함은 회생절차 개시결정일(20○○년 07월 22일)부터 회생담보권 및 회생채권에 대한 원금변제가 완료되는 시점까지 미변제 원금에 대하여 발생하는 이자 및 지연손해금을 말한다.

다. 준비연도

"준비연도"라 함은 회생절차 개시결정일(20○○년 07월 22일)부터 20○○년 12월 31일 까지를 말한다.

라. 회생계획기간

"회생계획기간"이라 함은 준비연도(20○○년)와 그 다음연도인 20○○년부터 10년간의 기간으로 하고, 20○○년 12월 31일에 종료하는 것으로 한다.

마. 제1차 연도

"제1차 연도"라 함은 준비연도의 다음 연도인 20○○년 1월 1일부터 같은 해 12월 31일까지를 말하며, 제2차 연도 이후의 각 연도는 순차적으로 매년 1월 1일부터 같은 해 12월 31일까지로 한다.

바. 인 가 일

"인가일"이라 함은 본 회생계획안이 법원으로부터 인가된 날을 말한다.

사. 금융기관

"금융기관"이라 함은 은행, 상호저축은행, 할부금융회사, 보증보험회사, 파이낸스사, ○○보증기금, 카드사, 증권회사, 보험회사, 렌탈회사, 투자신탁회사, 창업투자회사, 농협을 말한다.

아. 대여채무

"대여채무"라 함은 채무자가 금융기관 등으로부터 대출 등에 의하여 금융을 제공받음으로써 부담하는 채무를 말한다.

자. 보증채무

"보증채무"라 함은 채무자가 타인을 위하여 한 보증으로 인하여 부담하는 채무를 말한다.

차. 기 타

기타 본 회생계획안의 용어 및 문구 해석에 이의가 있을 경우 채무자 회생 및 파산에 관한 법률의 취지에 따라 해석하되 다툼이 있는 경우에는 회생사건을 담당하는 법원의 해석에 따른다.

2. 일반규정

가. 변제기일

본 회생계획안에 의하여 매년 변제할 원금 및 이자는 해당년도 12월 30일(단, 공휴일인 경우에는 그 직전 영업일)에 변제하며, 위 변제기일 전이라도 법원의 허가를 얻은 경우에는 수시로 변제할 수 있다.

관리인은 법원의 허가를 얻어 분할변제액의 전부 또는 일부에 관하여 할인율 6.5%에 의하여 계산된 조기 변제일에 있어서의 현재가치 상당액을 회생채권자의 전부에 대하여 조기 변제할 수 있다. 이 경우 법원의 허가를 얻은 날부터 1개월 이내의 날을 조기 변제일로 정하여야 한다.

나. 변제장소, 회생채권·회생담보권 변제시 채권자 확인방법

회생담보권·회생채권의 변제는 채무자의 본점 소재지(또는 채무자의 주된 영업소·주소지)에서 한다. 단, 금융기관에 대해서는 해당 금융기관의 본·지점으로 할 수 있다.

회생담보권 및 회생채권의 변제시 법인은 법인등기부등본·법인인감증명서를,

개인은 신분증·인감증명서를, 채권자의 대리인은 채권자 본인의 위임장을 제시하여야 하며, 채무자는 회생담보권자 및 회생채권자가 제시한 서류로 채권자 본인임을 확인한 후 변제한다. 다만, 회생담보권자 및 회생채권자가 미리 지정한 금융기관의 계좌로 입금하는 방식으로 변제할 수 있으며, 회생담보권자 및 회생채권자가 금융기관인 경우 위와 같은 채권자 확인절차를 거치지 아니하고 해당 금융기관이 발생한 상환확인서 또는 상환영수증으로 이에 갈음할 수 있다.

다. 변제충당순서

1) 본 회생계획안 인가일 이후의 회생담보권 및 회생채권의 변제충당 순서는 원금·개시 전 이자·개시 후 이자의 순으로 한다.

2) 변제재원의 부족으로 변제계획에 따라 당해 연도 회생채권을 전액 변제할 수 없는 경우에는 회생담보권 원금·회생채권 원금의 순으로 당해연도 변제예정금액에 비례하여 변제하며, 나머지가 있을 경우에 회생담보권 이자·회생채권의 이자 순으로 당해 연도 변제예정금액에 비례하여 변제하되 당해 연도 변제예정액 중 미변제분은 다음 연도 변제기일에 우선하여 변제한다.

3) 금융기관 회생담보권 및 회생채권에 대한 대출과목별 변제충당순서는 회생담보권 및 회생채권별 변제금액의 범위 내에서 해당 금융기관이 정하는 바에 따른다.

라. 채권양도·대위변제의 특례

회생담보권자 또는 회생채권자에 관하여 개시결정일 이후 채권양도·대위변제 등의 원인으로 채권자가 변경되었다 하더라도 채권이 승계취득자에 대하여 개시결정일 당시의 채권자 및 채권액을 기준으로 하여 본 회생계획안의 권리변경과 변제방법을 적용한다. 채권자의 변경으로 인하여 종전의 회생담보권 또는 회생채권에 관하여 수인의 채권자가 있게 된 경우에는 각 채권자들의 채권액 비율에 따라 배분하여 권리변경 및 변제방법을 적용한다.

마. 변제 미이행시 처리

본 회생계획안에 따른 채무의 변제기일에 이행하지 못할 경우에는 미변제 금액에 대하여 변제기일 다음 날부터 실제 변제일까지 실제 변제일 당일 주식회사 ○○은행의 일반자금대출 연체이자율을 적용하여 변제한다. 연체이자율이 없는 채권자에 대해서도 주식회사 ○○은행의 일반자금대출 연체이자율을 적용하여 변제한다.

바. 기한의 이익 상실

회생절차가 폐지되는 경우에는 회생담보권 및 회생채권에 관하여 본 회생계획안에 정한 변제기일에도 불구하고 그 변제기가 도래하는 것으로 본다.

사. 외화표시채권의 원화환산기준

외화표시채권은 외화로 변제하거나 변제 당일에 ○○은행이 최초로 고시하는 대고객전신 환매도율로 환산한 원화로 변제한다. 단, 외화표시 채권을 원화로 대위변제한 구상금채권자에 대하여는 대위변제한 시점의 결제 은행 대고객전신환매도율을 적용하여 환산한 원화로 변제한다.

아. 변제금액의 확정

회생계획안의 채권별 변제방법에 의해 산정된 금액 및 변제일이 별첨 채권별 변제계획의 금액 및 변제일과 상이한 경우에는 회생계획안 본문에서 정한 변제방법에 의해 산정된 변제금액 및 변제일을 기준으로 변제한다.

자. 회계연도

본 회생계획안의 회계연도 표시는 매년 1월 1일부터 12월 31일까지로 한다.

제2절 회생채권에 대한 권리변경과 변제방법

1. 주채무, 보증채무

가. 회생채권의 내역

(단위 : 원)

신고번호 (목록번호)	채 권 자	시인된 채권액 (20ㅇㅇ. 08. 25. 기준)		
		원 금	개시 전 이자	합 계
1 (채권 1-1)	ㅇㅇ보증기금	201,190,283	0	201,190,283
1 (채권 1-2)	ㅇㅇ보증기금	183,321,151	0	183,321,151
1 (채권 1-3)	ㅇㅇ보증기금	183,236,381	0	183,236,381
2 (채권 2)	ㅇㅇ보증보증기금	201,013,041	0	201,013,041
(채권 3-1)	(주)ㅇㅇㅇㅇ상호저축은행	0	2,806,574	2,806,574

(채권 3-2)	(주)○○○○상호저축은행	28,094,775	42,537,250	70,632,025
(채권 4)	○○○	25,000,000	0	25,000,000
합 계		821,855,631	45,343,824	867,199,455

나. 권리변경 및 변제방법

1) 원금 및 개시 전 이자

개시 전 이자는 원금과 가산하는 것으로 하였습니다.

채무자가 주채무자와 보증채무자에 대하여는 원금(개시 전 이자 포함) 중 17%를 변제하고 83%는 채권자별로 본 회생절차 인가시에 면제되는 것으로 하였습니다.

회생채권의 지급은 제1차년도(20○○년)부터 제10차년도(20○○년)까지 총 147,423,907원씩 동액 동률로 나누어 지급하는 것으로 하였습니다. 지급 시기는 매년 12월 말일에 원금에 비례하여 채권자별로 변제하는 것으로 하였습니다. 매년 12월 말일이 공휴일인 경우 직전 영업일을 변제기일로 하였습니다.

2) 개시 후 이자

전액을 면제합니다.

다. 권리변경 및 변제방법에 따른 채권자별 내역

(단위 : 원)

신고번호 (목록번호)	채 권 자	시인된 채권액 (20○○. 08. 25. 기준)			변제대상 채권액	면제대상 금액
		원 금	개시 전 이자	합 계		
1 (채권 1-1)	○○보증기금	201,190,283	0	201,190,283	34,202,348	166,987,935
1 (채권 1-2)	○○보증기금	183,321,151	0	183,321,151	31,164,596	152,156,555
1 (채권 1-3)	○○보증기금	183,236,381	0	183,236,381	31,150,185	152,086,196
2 (채권 2)	○○보증보증기금	201,013,041	0	201,013,041	34,172,217	166,840,824
(채권 3-1)	(주)○○○○상호저축은행	0	2,806,574	2,806,574	477,118	2,329,456
(채권 3-2)	(주)○○○○상호저축은행	28,094,775	42,537,250	70,632,025	12,007,444	58,624,581
(채권 4)	○○○	25,000,000	0	25,000,000	4,250,000	20,750,000

합 계	821,855,631	45,343,824	867,199,455	147,423,907	719,775,548

-. 권리변경 후 원금의 구체적인 변제계획은 별표 (3)와 같다.

제3절 미확정회생채권 및 부인권 행사로 부활될 회생채권

1. 신고기간 만료 전 부인의 소 또는 부인의 청구 등이 계속된 경우 아래 각 해당 채권에 관한 부인의 소, 부인의 청구 등이 재판이 확정된 후 1개월 내에 상대방이 신고를 추후 보완하고, 그 상대방이 받은 이행을 반환하거나 그 가액을 상환한 경우, 그 추후 보완된 신고가 시인되거나 그에 관한 채권조사확정재판 등이 확정되면 그 채권에 관하여 각 해당 권리변경 및 변제방법을 적용한다.

2. 신고기간 만료 후 부인의 소 또는 부인의 청구 등이 제기된 경우

가. 신고기간 만료 후 관리인이 부인의 소 또는 부인의 청구를 제기하여 그에 관한 재판이 확정된 후 1개월 내에 상대방이 신고를 추후 보완하고 그 상대방이 받은 이행을 반환하거나 그 가액을 상환한 경우, 그 추후 보완된 신고가 시인되거나 그에 관한 채권조사확정재판 등이 확정되면 그 권리의 성질 및 내용에 비추어 가장 유사한 회생채권 또는 회생담보권의 권리변경 및 변제방법을 적용한다.

나. 위 가. 항에 따라 가장 유사한 권리변경 및 변제방법을 적용하는 것에 관하여 다툼이 있는 경우에는 관리인의 신청에 의하여 회생법원이 이를 결정한다.

제4절 장래의 구상권

1. 회생절차 개시결정 이후 채무자를 위한 보증인·물상보증인(담보목적물의 제3취득자를 포함한다.) 기타 제3자가 자기의 출재로 인하여 회생채권자 또는 회생담보권자에게 변제한 경우에는 채무자에 대하여 구상권을 취득한다. 대위변제로 발생한 구상채권에 대하여 주채무자에 대한 대위변제 금액 중 원채권의 원금을 기준으로 하여 개시결정 후 이자를 변제한다.

2. 다만, 구상권자는 채권자의 권리변경 전의 채권이 회생절차에 의하여 또는 회생절차에 의하지 아니하고 모두 소멸된 경우에 한하여 자기의 구상권을 행사할 수 있으며, 채무자는 이 회생계획안에 의하여 변제하여야 할 회생채권 및 회생담보

권의 잔액 범위 내에서 구상권자의 구상권 비율에 따라 변제한다.

제5절 기타 필요적 규정

1. 공익채권의 변제에 관한 조항

회생개시일 현재 채무자의 공익채권에 대한 채무는 존재하고 있지 아니하다. 그러나 추후보완신고에 의하여 공익채권이 인정된다면, 임금채권의 경우 회생계획안에 반영하여 법원의 허가를 얻어 수시 변제하며, 조세채권은 제1차년도인 20○○년부터 제3차년도인 20○○까지 3년간 균등분할 변제한다. 회생계획안 이후 발생하는 공익채권에 대해서는 영업수익금과 기타의 재원으로 법원의 허가를 얻어 수시로 변제한다.

2. 채무의 변제자금의 조달 방법

첨부된 추정가용소득(별표 4) 참조.

3. 사채의 발행

채무자는 회생계획 인가일부터 회생절차가 종료될 때까지 관련 법규 및 채무자의 자금사정과 형편에 따라 사채를 분할하여 발행할 수 있다. 다만, 사채의 발행 규모와 발행시기 및 발행방법 등 구체적인 사항은 관리인이 법원의 허가를 얻어 정한다.

4. 회생계획에서 예상된 액을 넘는 수익금의 용도에 관한 조항

가. 예상을 초과하는 급여소득 또는 자산매각대금이 발생한 경우 관리인은 법원의 허가를 얻어 공익채권의 변제, 운전자금의 사용, 회생채권의 변제 등으로 사용한다.

나. 예상수익금이 예상보다 적을 경우에는 회생담보권의 채권을 우선 변제하고, 그 후 잔여액으로 각 회생채권자의 당해연도 변제액에 따라 안분한 비율로 변제 하면 미변제 채권액을 차기년도에 우선하여 변제한다.

5. 분쟁의 해결방법

관리인은 회생절차 진행 중 분쟁이 발생하여 화해, 조정의 수락 또는 소송의 수행을 하기 위해서는 회생법원의 허가를 얻어 이를 시행한다.

6. 회생절차의 종결

회생담보권 및 회생채권에 대한 변제를 완료하면, 관리인은 지체 없이 회생절차 종결을 신청하여야 한다. 다만, 관리인은 변제 완료 전이라도 법원의 허가를 얻어 채권자들과 회생절차 조기 종결 후의 채권자등의 회생계획 수행감독 방안에 관하여 협약을 체결한 후 법원에 조기 종결을 신청할 수 있다.

7. 회생절차의 폐지 신청

다음 각 경우에 관리인은 회생절차의 폐지를 신청하여야 한다.

가. 채무자가 회생계획에 따른 변제를 제대로 이행하지 못하고 앞으로도 변제의 지체가 계속될 것으로 예상되는 경우

나. 영업실적이 회생계획상 예정된 영업계획 수준에 비하여 현저히 미달하고, 가까운 장래에 회복될 전망이 보이지 않는 경우

다. 회생계획에서 정한 자산매각계획을 실현하지 못하여 향후 자금 수급계획에 현저한 지장을 초래할 우려가 있는 경우

라. 공익채권이 과다하게 증가하여 향후 회생계획 수행에 지장을 초래할 우려가 있는 경우

마. 이해관계인들의 불합리하고 과다한 간섭 등이 계속되어 회생절차의 진행에 심각한 차질이 발생한 경우

8. 기타 사항

본 회생계획안에 언급되지 않은 사항은 채무자 회생 및 파산에 관한 법률에 근거하여 회생법원의 허가를 득하여 시행하며 회생법원의 결정에 따른다.

〈 별첨자료 〉

1. 청산가치 기준 변제계획서 상세내역(주채무, 보증채무).

2. 회생변제계획안 총괄표.

3. 회생채권(주채무, 보증채무) 변제계획 상세내역.

4. 추정가용소득.

[사례 7] 일반회생 – 개인사업자, 사업실패

일반회생신청서 일람표

회생절차개시신청서	회생계획안
	• 회생계획안(표지) • 회생계획안(본문) • 채무자의 현황 및 회생절차의 경과 • 권리변경의 요지 • 회생계획안의 내용 및 조항 • 자산 및 부채의 현황 • 청산시 예상배당률 • 변제할 채권의 내역 • 권리변경과 변제방법의 요지 • 회생계획안의 내용 및 조항 • 회생채권에 대한 권리변경과 변제방법 • 미확정 회생채권 및 부인권 행사로 부활될 회생채권 • 장래의 구상권 • 회생절차의 종결 • 회생절차의 폐지 신청 • 기타 사항

[서식 1] 일반회생계획안(수정본)

사건 : 20○○회단○○ 회생

회 생 계 획 안(수 정 안)

20○○. ○. ○.

관리인 ○ ○ ○

○○지방법원 민사○○단독 귀중

목 차

제3장 회생계획안의 내용 및 조항

제1절 총 칙

1. 용어의 정의
2. 일반규정

제2절 회생담보권에 대한 권리변경과 변제방법

1. 회생담보권의 내역
2. 권리변경과 변제방법
3. 권리변경 및 변제방법에 따른 채권자별 내역
4. 담보권의 존속에 관한 규정

제3절 회생채권에 대한 권리변경과 변제방법

1. 주채무, 보증채무

제4절 미확정 회생채권 및 부인권 행사로 부활될 회생채권

제5절 장래의 구상권

제6절 기타 필요적 규정

1. 공익채권의 변제에 관한 조항
2. 채무의 변제자금의 조달 방법
3. 회생계획에서 예상된 액을 넘는 수익금의 용도에 관한 조항
4. 분쟁의 해결방법
5. 회생절차의 종결
6. 회생절차의 폐지 신청
7. 기타 사항

제1장 채무자의 현황 및 회생절차의 경과

제1절 채무자의 개요

1. 인적사항

(1) 성명 : ○○○

(2) 주민등록번호 : 000000-0000000

(3) 현주소 : ○○시 ○○군 ○○면 ○리 ○○○

(4) 주민등록상 주소 : ○○시 ○○군 ○○면 ○리 ○○○

(5) 현직업 : 자영업(우럭양식업)

2. 이력 및 경과사항

19○○년 출생

19○○년 02월 ○○고등학교 졸업

19○○년 02월 군입대

19○○년 12월 군제대

19○○년 01월 결혼(배우자 ○○○)

19○○년부터 현재 귀향 후 양식업

20○○년 03월 25일 회생절차개시 및 재산보전처분 신청

20○○년 05월 09일 회생절차개시 및 재산보전처분 결정

제2절 회생절차 개시신청에 이르게 된 사정

1. 우럭양식업의 사업부진

채무자는 우럭양식업 시작 당시에는 적자는 보지 않고 수지는 맞춰 나갈 수 있었으나, 20○○년 온난화현상으로 우럭이 대량으로 폐사하고 과도한 우럭양식업의 경쟁으로 인해 매출감소로 사업이 부진하게 되었습니다.

2. 연대보증과 피보증인의 회생절차 개시

같은 마을의 동일 업종에 종사하는 사람들이 수협 등에서 대출받을 때 보증을 서달라고 해서 거절할 수 없어 보증을 하였는데, 384백만원의 연대보증을 해주

었던 ○○○(주채무자)이 ○○지방법원 20○○회단○호로 회생절차를 신청할 정도로 지급불능상태가 되어 보증인인 채무자에게 변제하라는 금융기관의 독촉 때문에 생업에 종사하는 것조차 힘들어지게 되었습니다.

제3절 회생절차개시 신청 후의 경과

1. 회생절차개시 신청 후의 주요 경과

채무자 ○○○은 20○○년 03월 25일자로 ○○지방법원에 회생개시신청을 하여 20○○년 05월 09일에 회생절차 개시결정을 받았습니다.

또한, 회생절차 개시결정 이후 법원으로부터 선임된 관리인(채무자)이 채무자의 재산 및 업무를 관리하면서 정상적인 영업활동을 수행하고 있습니다.

2. 회생절차개시 후의 경과

-. 20○○년 05월 09일 회생절차 개시결정
-. 20○○년 05월 09일 관리인 선임
-. 20○○년 05월 27일부터 20○○년 06월 12일까지 회생채권 및 회생담보권의 신고기간
-. 20○○년 06월 24일 관리인의 채권시부인표 제출
-. 20○○년 07월 14일 조사위원 ○○회계법인 조사보고서 제출
-. 20○○년 07월 14일 관리인 보고를 위한 관계인집회 개최

3. 관리인의 경영정상화를 위한 조치

채무자는 양식장을 통해 우럭을 키워서 판매하는 일을 해오고 있으며 매년 후반기에 우럭을 판매하기에 전반기에는 치어를 입식하는데 최선을 다하고 있으며 우럭이 판매되기 이전에는 폐사율이 최대한 없도록 하고 있습니다. 또한 영업정상화를 위해 인건비 및 사료비를 줄이며 일정금액의 영업이익을 창출하기 위해 최대한의 노력을 하고 있습니다.

이러한 다방면의 노력을 통해 영업이익을 극대화함으로써 조속한 시일 내에 변제를 완료하고 영업의 정상화를 이룩하고자 최선을 다하고 있습니다.

제2장 권리변경의 요지

제1절 회생계획안 입안의 기초

본 회생계획안은 채무자 회생 및 파산에 관한 법률에 따라 채권자 등 이해관계인들 간에 공평성과 형평성을 기함과 동시에 조사위원인 ○○회계법인이 산정한 채무자의 청산시 회생채권의 예상청산배당율보다 높은 수준의 채권회수율이 확보되도록 하며 궁극적으로는 채무자의 회생이 가능하도록 작성하였습니다.

채무자의 재무 상태와 수익성으로 보아 경영이익을 극대화 하더라도 채무금액이 과다하여 전액변제가 곤란하므로 변제 가능한 범위 내에서 그 권리를 변경하고자 합니다.

채무자의 상환능력을 고려할 때 약정이자율을 적용할 경우에는 채무상환이 거의 불가능하게 되어 채무자의 회생담보권은 원금(개시 전 이자 포함) 전액을 변제하는 대신 개시 후 이자율은 비교적 낮은 5%를 지급하고, 회생채권(주채무, 보증채무)의 경우는 원금과 개시 전 이자에 대해서는 28%를 지급하기로 하였습니다.

채무자의 재정 상태는 비록 파탄에 이르렀으나 채무자가 31여년간 어업에 종사한 경험을 바탕으로 매출액의 지속적인 증대와 사료비 및 인건비절감의 비율을 줄이는 등 영업활동의 내실을 기하기 위하여 노력하고 있어 조사위원인 ○○회계법인이 조사하여 예상한 향후기간의 현금흐름 수준 또는 관리인이 조사하여 예상한 향후 현금흐름 수준이 유지된다면 본 회생계획안을 성실히 수행할 수 있을 것으로 자신하고 있습니다.

회생담보권자를 비롯한 회생채권자 및 이해관계자 여러분의 적극적인 지원과 배려가 수반된다면 본 채무자는 정상적인 영업을 영위하여 사회적 책임을 다하고 충분히 갱생할 수 있으리라 판단하여 이에 관리인은 본 회생계획안을 입안하기에 이른 것입니다.

제2절 자산 및 부채의 현황

조사위원인 ○○회계법인의 20○○년 05월 08일 현재의 자산·부채 조사결과에 따라 다음과 같습니다. (부채의 경우는 20○○. 06. 24.자로 제출한 시·부인명세서를 참조하였습니다)

-. 채무자의 총자산은 126,528,965원이지만 청산가치 기준은 111,048,965원입니다.

-. 채무자의 총 부채는 671,186,871원입니다. 이 중 회생담보권 시인액이 23,241,012원이고, 회생채권액이 647,945,859원입니다.

제3절 청산시 예상배당률

조사위원 ○○회계법인의 20○○년 05월 08일 현재의 청산 대차대조표상 채무 잔액을 기준으로 상기에서 산정한 채무자 자산의 청산가액을 파산절차에 따른 권리 순위에 의하여 배당할 경우 각 채권자 조별 배당 가능액 및 배당률 등은 다음과 같습니다.

(단위 : 원)

구 분	배당가능자산	계	별제권	우선권 있는 채권	회생채권
변제전금액	111,049,000	671,186,871	23,241,012	-	647,945,859
별제권자변제(주1)	23,241,012	23,241,012	23,241,012	-	-
변제후금액	87,807,988	647,945,859	-	-	647,945,859
우선권자변제(주2)	-	-	-	-	-
변제후금액	87,807,988	647,945,859	-	-	647,945,859
배당액	-	87,807,988	-	-	87,807,988
배당률(%)	-	16.55%	100%	100%	13.55%

(*) 청산가치 기준 채권자별 변제액에 대한 자세한 내역은 별표 1~2를 참조.

(*) 채권의 금액은 채무자(관리인)가 20○○. 06. 24.자 제출한 시부인명세서를 참조.

(주1) 별제권자의 변제 가능액 = 담보 있는 부동산 및 유형자산 등의 청산가액의 배당예상액

(주2) 담보된 이외의 자산에 대하여는 최우선으로 배당받을 수 있는 재단채권

상기 결과에서 보듯이 채무자가 청산하는 경우 채권액 대비 회생담보권자(별제권)의 경우 100%, 회생채권자의 경우 채권액 대비 13.55%의 배당이 이루어지며 전체적인 청산 배당률은 16.55%입니다.

제4절 변제할 채권의 내역

변제가능액을 산정함에 있어 채무자의 청산시 무담보 회생채권의 예상청산배당율보다 높은 수준의 채권회수율이 확보되도록 하여 채권자에 대한 최선의 이익을 도모하는 한편 채무자의 회생을 전제로 하여 공정성과 형평성의 이념에 입각하여 권리변경과 변제방법의 기준을 마련하였습니다.

구체적으로 회생절차 개시결정 이후 채권조사기일(20○○년 06월 24일자 관리인의 채권시·부인표)에서 시인한 채권액의 회생계획안 작성대상 확정채권의 내역은 다음과 같습니다.

- 다 음 -

(단위 : 원)

구분		시인된 채권액 (20○○. 06. 24. 기준)			변동액	변제대상 채권액
		원금	개시 전 이자	합계		
회생담보채권		23,241,012	0	23,241,012	0	23,241,012
회생채권	주채무·보증채무	645,402,791	2,527,178	647,929,969	466,509,578	181,420,391
합 계		668,643,803	2,527,178	671,170,981	466,509,578	204,661,403

(*) 회생변제계획안 총괄표(별표 3) 참조.

(*) 채무자가 채무자 회생 및 파산에 관한 법률 제118조 제2호로 20○○. 06. 24. 개시 후 이자를 시인하여 회생담보권,회생채권 시·부인명세서를 제출하였지만 그중 회생채권 시부인 명세서의 채권 3-1번 ○○농업협동조합(○○지점)〈개시 후 이자: 15,890원)의 경우 채무자 회생 및 파산에 관한 법률 제191조 제3호, 제218조 제1항 제2호에 의하여 회생변제계획에 포함하지 않고 회생변제계획을 작성하여 20○○. 06. 24.자 제출한 회생담보권, 회생채권 시·부인명세서와 금액이 상이합니다.

제5절 권리변경과 변제방법의 요지

1. 회생담보채권의 권리변경과 변제방법

1) 원금 및 개시 전 이자

회생담보채권에 대하여는 원금(개시 전 이자 포함)을 전액 변제하는 것으로 하였습니다.

회생담보채권의 지급은 총 금액 23,241,012원에 대해서 제1차년도(20○○년)부터 제7차년도(20○○년)까지 매년 3,320,145원씩 동액 동률로 나누어 매년 12월 말일에 원금에 비례하여 채권자별로 변제하는 것으로 하였습니다. 매년 12월 말일이 공휴일인 경우 직전 영업일을 변제기일로 하였습니다.

2) 개시 후 이자

이자율을 5%로 재조정하여 제1차년도(20○○년)부터 제7차년도(20○○년)까지 매년 12월 말일에 변제하는 것으로 하였으며 회생절차 개시결정일로부터 준비년도까지의 이자에 대하여는 면제하는 것으로 하였습니다.

2. 회생채권의 권리변경과 변제방법

가. 주채무·보증채무

1) 원금 및 개시 전 이자

개시 전 이자는 원금과 가산하는 것으로 하였습니다.

채무자가 주채무자와 보증채무자에 대하여는 원금(개시 전 이자 포함) 28%를 변제하고 72%는 채권자별로 본 회생절차 인가시에 면제되는 것으로 하였습니다.

회생채권의 지급은 제1차년도(20○○년)부터 제7차년도(20○○년)까지 총 647,929,969원을 매년 25,917,199원씩 동액 동률로 나누어 지급하는 것으로 하였습니다. 지급 시기는 매년 12월 말일에 원금에 비례하여 채권자별로 변제하는 것으로 하였습니다. 매년 12월 말일이 공휴일인 경우 직전 영업일을 변제기일로 하였습니다.

2) 개시 후 이자

전액을 면제합니다.

3. 신고되지 아니한 채권의 처리

회생담보권자 및 회생채권자의 목록에 기재되지 않고 신고되지 아니한 회생담보권 및 회생채권은 그 권리가 소멸되는 것으로 하였습니다.

4. 장래의 구상권

회생절차 개시결정 이후 혹시라도 채무자를 위한 보증인이나 물상보증인(담보목적물의 제3취득자를 포함한다.) 또는 기타 제3자가 자기의 출재로 인하여 회생담보권 또는 회생채권자에게 변제한 경우에는 채무자에 대하여 구상권을 취득하는 것으로 하였습니다.

또한, 구상권자는 채권자의 권리변경 전에 채권이 회생절차 또는 기타의 사유로 인하여 모두 소멸된 경우에 한하여 자기의 구상권을 행사할 수 있으며, 채무자는 회생계획에 의하여 변제하여야 할 회생담보권 및 회생채권액의 잔액 범위 내에서 구상권자의 구상권 비율에 따라 변제하는 것으로 하였습니다.

5. 소송 중인 채권

회생계획안 제출일 현재 소송 중인 채권에 대하여는 소송결과 채무자의 채무로 확정되는 경우 회생채권에 준하여 변제할 예정입니다.

제6절 결 언

본 회생계획안은 채권자 및 기타 이해관계인의 이익을 최대한 보호하고, 채무자의 회생을 도모하여 채권자들에게 공정하고 형평에 맞는 회생계획을 수립하려고 노력하였습니다.

현재 채무자의 재무구조로는 금리부담이 가중되어 예정된 기간 내에 회생할 가망이 없어 개시 후 이자와 관련하여 회생담보권의 경우 원금 전액을 변제하는 대신 비교적 낮은 5%의 개시 후 이자를 적용하였으며 회생채권액의 이자는 산입하지 않았습니다. 그리고 회생채권(주채무, 보증채무)의 경우 원금과 개시 전 이자에 대해서는 합산하여 28%를 지급하도록 하였습니다. 이 점 양해 바랍니다.

채무자의 현 상황은 재정적인 궁핍상황에 처해 있습니다. 그러므로 곧바로 회생절차를 진입하더라도 충실한 변제를 할 수 없는 실정이므로 회생준비년도인 20○○년은 영업정상화를 위해 노력하고, 20○○년을 제1차회계년도로 하여 그 변제를 시작하는 것으로 계획을 수립하였습니다.

채무자의 재정적 파탄으로 인하여 회생담보권 및 회생채권에 대한 일부 권리변경 및 변제기간을 유예할 수밖에 없었던 점에 대하여 송구스럽게 생각하고 있으며, 본 회생계획안의 원만한 수행을 위해서는 채권자 여러분의 희생과 인내를 전제로 하고 있다는 사실을 깊이 인식하고 회생계획안 인가를 계기로 채무자는 새로운 결의로써 회생계획 수행에 필요한 최대한의 노력을 기울이고자 합니다.

제3장 회생계획안의 내용 및 조항

제1절 총 칙

1. 용어의 정의

가. 개시 전 이자

"개시 전 이자"라 함은 회생절차 개시결정일 전일(20○○년 05월 08일)까지 회생담보권 및 회생채권에 대하여 발생한 이자, 연체이자, 지연손해금 등으로 조사기간 안에 또는특별조사기일에 시인되어 확정된 것을 말한다.

나. 개시 후 이자

"개시 후 이자"라 함은 회생절차 개시결정일(20○○년 05월 09일)부터 회생담보권 및 회생채권에 대한 원금변제가 완료되는 시점까지 미변제 원금에 대하여 발생하는 이자 및 지연손해금을 말한다.

다. 준비연도

"준비연도"라 함은 회생절차 개시결정일(20○○년 05월 09일)부터 20○○년 12월 31일까지를 말한다.

라. 회생계획기간

"회생계획기간"이라 함은 준비연도(20○○년)와 그 다음연도인 20○○년부터 7년간의 기간으로 하고, 20○○년 12월 31일에 종료하는 것으로 한다.

마. 제1차 연도

"제1차 연도"라 함은 준비연도의 다음 연도인 20○○년 1월 1일부터 같은 해 12월 31일까지를 말하며, 제2차 연도 이후의 각 연도는 순차적으로 매년 1월 1일부터 같은 해12월 31일까지로 한다.

바. 인 가 일

"인가일"이라 함은 본 회생계획안이 법원으로부터 인가된 날을 말한다.

사. 금융기관

"금융기관"이라 함은 은행, 상호저축은행, 할부금융회사, 보증보험회사, 파이낸스사, 신용보증기금, 카드사, 증권회사, 보험회사, 렌탈회사, 투자신탁회사, 창업투자회사, 농협을 말한다.

아. 대여채무

"대여채무"라 함은 채무자가 금융기관 등으로부터 대출 등에 의하여 금융을 제공받음으로써 부담하는 채무를 말한다.

자. 보증채무

"보증채무"라 함은 채무자가 타인을 위하여 한 보증으로 인하여 부담하는 채무를 말한다.

차. 기 타

기타 본 회생계획안의 용어 및 문구 해석에 이의가 있을 경우 채무자 회생 및 파산에 관한 법률의 취지에 따라 해석하되 다툼이 있는 경우에는 회생사건을 담당하는 법원의 해석에 따른다.

2. 일반규정

가. 변제기일

본 회생계획안에 의하여 매년 변제할 원금 및 이자는 해당 연도 12월 30일(단, 공휴일인 경우에는 그 직전 영업일)에 변제하며, 위 변제기일 전이라도 법원의 허가를 얻은 경우에는 수시로 변제할 수 있다.

관리인은 법원의 허가를 얻어 분할변제액의 전부 또는 일부에 관하여 할인율 6.5%에 의하여 계산된 조기 변제일에 있어서의 현재가치 상당액을 회생채권자의 전부에 대하여 조기 변제할 수 있다. 이 경우 법원의 허가를 얻은 날부터 1개월 이내의 날을 조기 변제일로 정하여야 한다.

나. 변제장소, 회생채권·회생담보권 변제시 채권자 확인방법

회생담보권·회생채권의 변제는 채무자의 본점 소재지(또는 채무자의 주된 영업소·주소지)에서 한다. 단, 금융기관에 대해서는 해당 금융기관의 본·지점으로 할 수 있다.

회생담보권 및 회생채권의 변제시 법인은 법인등기부등본·법인인감증명서를, 개인은 신분증·인감증명서를, 채권자의 대리인은 채권자 본인의 위임장을 제시하여야 하며, 채무자는 회생담보권자 및 회생채권자가 제시한 서류로 채권자 본인임을 확인한 후 변제한다. 다만, 회생담보권자 및 회생채권자가 미리 지정한 금융기관의 계좌로 입금하는 방식으로 변제할 수 있으며, 회생담보권자 및 회생채권자가 금융기관인 경우 위와 같은 채권자 확인절차를 거치지 아니하고 해당 금융기관이 발생한 상환확인서 또는 상환영수증으로 이에 갈음할 수 있다.

다. 변제충당순서

1) 본 회생계획안 인가일 이후의 회생담보권 및 회생채권의 변제충당 순서는 원금·개시 전 이자·개시 후 이자의 순으로 한다.
2) 변제재원의 부족으로 변제계획에 따라 당해 연도 회생채권을 전액 변제할 수

없는 경우에는 회생담보권 원금·회생채권 원금의 순으로 당해연도 변제예정금액에 비례하여 변제하며, 나머지가 있을 경우에 회생담보권 이자·회생채권의 이자 순으로 당해 연도 변제예정금액에 비례하여 변제하되 당해 연도 변제예정액 중 미변제분은 다음 연도 변제기일에 우선하여 변제한다.

3) 금융기관 회생담보권 및 회생채권에 대한 대출과목별 변제충당순서는 회생담보권 및 회생채권별 변제금액의 범위 내에서 해당 금융기관이 정하는 바에 따른다.

라. 채권양도·대위변제의 특례

회생담보권자 또는 회생채권자에 관하여 개시결정일 이후 채권양도·대위변제 등의 원인으로 채권자가 변경되었다 하더라도 채권이 승계취득자에 대하여 개시결정일 당시의 채권자 및 채권액을 기준으로 하여 본 회생계획안의 권리변경과 변제방법을 적용한다. 채권자의 변경으로 인하여 종전의 회생담보권 또는 회생채권에 관하여 수인의 채권자가 있게 된 경우에는 각 채권자들의 채권액 비율에 따라 배분하여 권리변경 및 변제방법을 적용한다.

마. 변제 미이행시 처리

본 회생계획안에 따른 채무의 변제기일에 이행하지 못할 경우에는 미변제 금액에 대하여 변제기일 다음 날부터 실제 변제일까지 실제 변제일 당일 ○○○수산업협동조합의 일반자금대출 연체 이자율을 적용하여 변제한다. 연체이자율이 없는 채권자에 대해서도 ○○○수산업협동조합의 일반자금대출 연체이자율을 적용하여 변제한다.

바. 기한의 이익 상실

회생절차가 폐지되는 경우에는 회생담보권 및 회생채권에 관하여 본 회생계획안에 정한 변제기일에도 불구하고 그 변제기가 도래하는 것으로 본다.

사. 외화표시채권의 원화환산기준

외화표시채권은 외화로 변제하거나 변제 당일에 ○○은행이 최초로 고시하는 대고객전신환매도율로 환산한 원화로 변제한다. 단, 외화표시 채권을 원화로 대위변제한 구상금채권자에 대하여는 대위변제한 시점의 결제 은행 대고객전신환매도율을 적용하여 환산한 원화로 변제한다.

아. 변제금액의 확정

회생계획안의 채권별 변제방법에 의해 산정된 금액 및 변제일이 별첨 채권별 변제계획의 금액 및 변제일과 상이한 경우에는 회생계획안 본문에서 정한 변제방법에 의해 산정된 변제금액 및 변제일을 기준으로 변제한다.

자. 회계연도

본 회생계획안의 회계연도 표시는 매년 1월 1일부터 12월 31일까지로 한다.

제2절 회생담보권에 대한 권리변경과 변제방법

1. 회생담보권의 내역

채무자가 주채무로서 변제하여야 할 회생담보권의 내역은 다음과 같습니다.

(단위 : 원)

신고번호 (목록번호)	채권자	설정순위	시인된 채권액 (20○○. 06. 24. 기준)		
			원금	개시 전 이자	합계
2 (회생담보권 1)	○○농업협동조합 (○○지점)	1	20,500,000	0	20,500,000
3 (회생담보권 3)	○○캐피탈(주)		2,741,012	0	2,741,012
합 계			23,241,012	0	23,241,012

2. 권리변경과 변제방법

가. 원금 및 개시 전 이자

개시 전 이자는 원금에 가산하는 것으로 하였습니다.

회생담보권의 지급은 원금(개시 전 이자 포함)을 전액 변제하는 것으로 하였으며 제1차년도(20○○년)부터 제7차년도(20○○년)까지 동액 동률로 나누어 매년 12월 말일에 원금에 비례하여 채권자별로 변제하는 것으로 하였습니다.

매년 12월 말일이 공휴일인 경우 직전 영업일을 변제기일로 하였습니다.

나. 개시 후 이자

이자율을 5%로 재조정하여 제1차년도(20○○년)부터 제7차년도(20○○년)까지 매년 12월 말일에 변제하는 것으로 하였으며 회생절차 개시결정일로부터 준비년도까지의 이자에 대하여는 면제하는 것으로 하였습니다.

3. 권리변경 및 변제방법에 따른 채권자별 내역

(단위 : 원)

신고번호 (목록번호)	채권자	설정순위	시인된 채권액 (20○○. 06. 24. 기준)			면제금액	변제대상 금액
			원금	개시 전 이자	합계		
2 (회생담보권 1)	○○농업협동조합(○○지점)	1	20,500,000	0	20,500,000	0	20,500,000
3 (회생담보권 3)	○○캐피탈(주)		2,741,012	0	2,741,012	0	2,741,012
합 계			23,241,012	0	23,241,012	0	23,241,012

-. 권리변경 후 원금의 구체적인 변제계획은 별표 (4)와 같다.

4. 담보권의 존속에 관한 규정

가. 담보권의 존속

회생담보권자의 담보권은 본 회생계획안에 의하여 권리 변경된 회생담보권을 피담보하는 담보권으로서 종전의 순위에 따라 존속한다. 그러나 회생담보권으로 인정되지 아니한 담보권과 담보목적의 지상권 등은 소멸한다.

나. 담보권의 해지

채무자가 담보물건을 매각할 경우, 매매계약이 완료된 후 소유권 이전 등기 등을 할 경우 법원은 해당물건에 관한 회생담보권의 담보권 말소 촉탁을 할 수 있다. 본 회생계획안에 따라 채무자가 회생담보권 중 변제할 금액에 해당하는 채무를 변제하는 경우에는 채무자의 재산상에 있는 모든 담보권(담보권자가 채무자에게 가지고 있는 근저당권, 양도담보권, 질권 등)은 소멸되며, 담보권자는 소멸 즉시 근저당권의 경우 근저당권 등기의 말소, 양도담보의 경우 동산의 인도, 견질 및 담보조로 제공한 유가증권의 변환 등 담보권의 소멸 및 그에 따른 처리에 필요한 제반절차를 즉시 이행하여야 한다. 담보권자가 즉시 위 필요서류를 제출하지 않았을 때에는 담보권의 말소에 필요한 서류를 청구하여 말소하거나 법원의 촉탁에 의하여 말소한다.

다. 보험사고 발생시의 처리방법에 관한 규정

1) 관리인은 보험계약이 만료된 때에는 계속하여 보험계약을 체결한다.

2) 관리인이 위와 같은 담보목적물에 대한 보험가입의무를 이행하지 않을 경우 회생담보권자는 보험료를 지불하여 보험계약을 체결할 수 있으며, 보험료로

지출된 금액은 채무자에 대한 공익채권으로 본다. 채무자는 이를 우선적으로 변제하여야 하며, 그 원금에 대하여 보험료 지급일부터 은행의 일반대출 연체 이율에 따른 지연손해금(또는 본 회생계획안에따른 회생담보권의 개시 후 이자율에 따른 이자)을 지급하여야 한다.

3) 보험에 가입되어 있는 담보목적물에 대하여 보험사고가 발생한 경우, 관리인은 법원의 허가를 얻어 해당 보험금을 이재물건의 복구에 사용하여야 하며, 복구된 물건에 대하여는 잔존 회생담보권을 피담보채권으로 하여 종전의 순위에 따라 담보권을 설정하여야 한다.

4) 관리인이 보험금으로 이재물건을 복구하지 아니할 경우에는 당해 이재물건에 설정되어 있는 담보권의 순위에 따라 본 회생계획안에 의하여 변제하여야 할 회생담보권의 범위 내에서(6.5%의 현가율을 적용하여) 조기 변제하되 당해 담보목적물의 회생담보권의 원금·개시 전 이자·개시 후 이자 순으로 변제하고, 남는 것이 있으면 같은 방법으로 다음 연도 회생담보권을 변제한다.

5) 관리인이 이재물건의 복구나 채권 변제에 사용하고 남는 보험금은 법원의 허가를 얻어 채무자의 운영자금으로 사용할 수 있다.

라. 담보권자의 물상대위권 행사와 관련한 처리방법에 관한 규정

1) 회생담보권자의 담보목적물이 훼손된 경우 당해 담보목적물의 복구가 가능한 경우에는 관리인은 법원의 허가를 얻어 해당 담보목적물의 멸실·훼손·공용징수로 인하여 지급되는 손해배당금이나 보상금을 수령하여 담보목적물의 복구에 사용하여야 하며, 복구된 물건에 대하여는 잔존 회생담보권을 피담보채권으로 하여 종전의 순위에 따라 담보권을 설정하여야 한다.

2) 회생담보권자의 담보목적물이 멸실·공용징수되거나 또는 훼손된 경우, 관리인이 손해배상금이나 보상금을 수령하여 담보목적물을 복구하지 아니하는 때에는 그 담보목적물에 설정되어 있는 담보권의 순위에 따라 본 회생계획안에 의하여 변제하여야 할 회생담보권의 범위 내에서(6.5%의 현가율을 적용하여) 조기 변제하되 당해 담보목적물의 회생담보권을 모두 변제하기에 부족한 경우에는 변제기일이 먼저 도래하는 회생담보권의 원금·개시 전 이자·개시 후 이자 순으로 변제하고, 남는 것이 있으면 같은 방법으로 다음 연도 회생담보권을 변제한다.

3) 관리인이 담보목적물의 복구나 회생담보권의 변제에 사용하고 남는 금원은 법원의 허가를 얻어 채무자의 운영자금으로 사용할 수 있다.

마. 담보목적물 매각위임에 관한 규정

담보목적물이 본 회생계획안의 매각예정연도 내에 매각되지 않을 경우, 관리인은 회생담보권자들이 요청하는 바에 따라 법원의 허가를 얻어 당해 담보목적물에 관한 최우선 순위 회생담보권자에게 그 매각을 위임할 수 있다. 이 경우 최우선 순위 회생담보권자는 담보목적물을 매각함에 있어 그 매각 조건에 관하여 관리인을 통하여 법원을 허가를 얻어야 하며, 매각 위임일 다음날부터 실제 변제일까지는 그 담보목적물의 처분으로 인한 변제 예상금액에 대한 연체이자는 발생하지 않는다.

바. 담보물건 매각대금의 처리

채무자가 담보물건을 매각할 경우에는 매각대금에서 그 처분으로 인하여 발생하는 제세금 및 매각관련 기타 비용을 공제할 실입금액으로 시인된 담보평가액 범위 내에서 조기 변제하되, 당해 담보목적물의 회생담보권을 모두 변제하기에 부족한 경우에는 그 회생담보권의변제는 원금·개시 전 이자·개시 후 이자 순으로 변제하고, 같은 순위의 것 중에서는 변제기일이 먼저 도래하는 순서에 따르며, 잔여 회생담보채권은 본 회생계획안에 의한 회생담보권 변제방법에 따라 변제한다. 담보목적물에 대한 회생담보권자가 복수일 경우에는 회생담보권자의 담보권 순위에 따라 순차적으로 변제하고, 동순위 회생담보권자가 있을 경우에는 그 회생담보권자의 채권액 비율에 비례하여 변제한다. 회생담보권을 변제한 후 남는 처분대금은 법원의 허가를 받아 해당 담보권자 중 채권액이 담보권을 초과하여 회생채권으로 시인된 채권을 이 회생계획안에서 정하는 조기 변제시의 할인율(6.5%)을 적용하여 조기 변제할 수 있다. 그 후 초과액은 법원의 허가를 받아 채무자의 공익채권 변제, 운전자금, 회생채권 변제자금으로 사용한다.

제3절 회생채권에 대한 권리변경과 변제방법

1. 주채무, 보증채무

가. 회생채권의 내역

(단위 : 원)

신고번호 (목록번호)	채 권 자	시인된 채권액 (20○○. 06. 24. 기준)		
		원금	개시 전 이자	합계
1 (채권 1-1)	○○○수산업협동조합	10,000,000	0	10,000,000

1 (채권 1-2)	ㅇㅇㅇ수산업협동조합	5,940,000	0	5,940,000
1 (채권 1-3)	ㅇㅇㅇ수산업협동조합	18,000,000	0	18,000,000
1 (채권 1-4)	ㅇㅇㅇ수산업협동조합	6,000,000	0	6,000,000
1 (채권 1-5)	ㅇㅇㅇ수산업협동조합	18,000,000	0	18,000,000
1 (채권 1-6)	ㅇㅇㅇ수산업협동조합	10,260,000	0	10,260,000
1 (채권 1-7)	ㅇㅇㅇ수산업협동조합	16,810,000	0	16,810,000
1 (채권 1-8)	ㅇㅇㅇ수산업협동조합	10,000,000	0	10,000,000
1 (채권 1-9)	ㅇㅇㅇ수산업협동조합	18,000,000	0	18,000,000
1 (채권 1-10)	ㅇㅇㅇ수산업협동조합	10,000,000	0	10,000,000
1 (채권 1-11)	ㅇㅇㅇ수산업협동조합	5,393,468	0	5,393,468
1 (채권 1-12)	ㅇㅇㅇ수산업협동조합	10,184,271	0	10,184,271
1 (채권 1-13)	ㅇㅇㅇ수산업협동조합	373,913,251	0	373,913,251
1 (채권 1-14)	ㅇㅇㅇ수산업협동조합	10,000,000	0	10,000,000
1 (채권 1-15)	ㅇㅇㅇ수산업협동조합	12,000,000	0	12,000,000
5 (채권 2-1)	ㅇㅇ양계농업협동조합(ㅇㅇ지점)	25,515,000	1,522,160	27,037,160
5 (채권 2-2)	ㅇㅇ양계농업협동조합(ㅇㅇ지점)	15,000,000	656,217	15,656,217
2 (채권 3-1)	ㅇㅇ농업협동조합(ㅇㅇ지점)	10,000,000	302,739	10,302,739
2 (채권 3-3)	ㅇㅇ농업협동조합(ㅇㅇ지점)	2,580,300	46,062	2,626,362
3 (채권 4)	ㅇㅇ캐피탈(주)	5,375,460	0	5,375,460
2 (담보권 1)	ㅇㅇ농업협동조합(ㅇㅇ지점)	2,431,041	0	2,431,041
1 (담보권 2)	ㅇㅇㅇ수산업협동조합	50,000,000	0	50,000,000
합 계		645,402,791	2,527,178	647,929,969

나. 권리변경 및 변제방법

1) 원금 및 개시 전 이자

개시 전 이자는 원금에 가산하는 것으로 하였습니다.

채무자가 주채무, 보증채무인 회생채권에 대하여는 원금(개시 전 이자 포함) 중 28%를 변제하고 72%는 채권자별로 본 회생절차의 인가시에 면제되는 것으로 하였습니다.

회생채권의 지급은 제1차년도(20○○년)부터 제7차년도(20○○년)까지 총 181,420,391원을 매년 25,917,199원씩 동액 동률로 나누어 지급하는 것으로 하였습니다.

지급 시기는 매년 12월 말일에 원금에 비례하여 채권자별로 변제하는 것으로 하였습니다. 매년 말일이 공휴일인 경우 직전 영업일을 변제기일로 하였습니다.

2) 개시 후 이자

전액을 면제합니다.

다. 권리변경 및 변제방법에 따른 채권자별 내역

(단위 : 원)

신고번호 (목록번호)	채 권 자	시인된 채권액 (20○○. 06. 24. 기준)			면제액	변제대상 금액
		원금	개시 전 이자	합계		
1 (채권 1-1)	○○○수산업 협동조합	10,000,000	0	10,000,000	7,200,000	2,800,000
1 (채권 1-2)	○○○수산업 협동조합	5,940,000	0	5,940,000	4,276,800	1,663,200
1 (채권 1-3)	○○○수산업 협동조합	18,000,000	0	18,000,000	12,960,000	5,040,000
1 (채권 1-4)	○○○수산업 협동조합	6,000,000	0	6,000,000	4,320,000	1,680,000
1 (채권 1-5)	○○○수산업 협동조합	18,000,000	0	18,000,000	12,960,000	5,040,000
1 (채권 1-6)	○○○수산업 협동조합	10,260,000	0	10,260,000	7,387,200	2,872,800
1 (채권 1-7)	○○○수산업 협동조합	16,810,000	0	16,810,000	12,103,200	4,706,800
1 (채권 1-8)	○○○수산업 협동조합	10,000,000	0	10,000,000	7,200,000	2,800,000
1	○○○수산업	18,000,000	0	18,000,000	12,960,000	5,040,000

(채권 1-9)	협동조합					
1 (채권 1-10)	○○○수산업 협동조합	10,000,000	0	10,000,000	7,200,000	2,800,000
1 (채권 1-11)	○○○수산업 협동조합	5,393,468	0	5,393,468	3,883,297	1,510,171
1 (채권 1-12)	○○○수산업 협동조합	10,184,271	0	10,184,271	7,332,675	2,851,596
1 (채권 1-13)	○○○수산업 협동조합	373,913,251	0	373,913,251	269,217,541	104,695,710
1 (채권 1-14)	○○○수산업 협동조합	10,000,000	0	10,000,000	7,200,000	2,800,000
1 (채권 1-15)	○○○수산업 협동조합	12,000,000	0	12,000,000	8,640,000	3,360,000
5 (채권 2-1)	○○양계농업 협동조합(○○지점)	25,515,000	1,522,160	27,037,160	19,466,755	7,570,405
5 (채권 2-2)	○○양계농업 협동조합(○○지점)	15,000,000	656,217	15,656,217	11,272,476	4,383,741
2 (채권 3-1)	○○농업협동조합 (○○지점)	10,000,000	302,739	10,302,739	7,417,972	2,884,767
2 (채권 3-3)	○○농업협동조합 (○○지점)	2,580,300	46,062	2,626,362	1,890,981	735,381
3 (채권 4)	○○캐피탈(주)	5,375,460	0	5,375,460	3,870,331	1,505,129
2 (담보권 1)	○○농업협동조합 (○○지점)	2,431,041	0	2,431,041	1,750,350	680,691
1 (담보권 2)	○○○수산업 협동조합	50,000,000	0	50,000,000	36,000,000	14,000,000
합 계		645,402,791	2,527,178	647,929,969	466,509,578	181,420,391

-. 권리변경 후 원금의 구체적인 변제계획은 별표 (5)과 같다.

제4절 미확정회생채권 및 부인권 행사로 부활될 회생채권

1. 신고기간 만료 전 부인의 소 또는 부인의 청구 등이 계속된 경우 아래 각 해당 채권에 관한 부인의 소, 부인의 청구 등이 재판이 확정된 후 1개월 내에 상대방이 신고를 추후 보완하고, 그 상대방의 받은 이행을 반환하거나 그 가액을 상환한 경우, 그 추후 보완된 신고가 시인되거나 그에 관한 채권조사확정재판 등이 확정되면 그 채권에 관하여 각 해당 권리변경 및 변제방법을 적용한다.

2. 신고기간 만료 후 부인의 소 또는 부인의 청구 등이 제기된 경우

가. 신고기간 만료 후 관리인이 부인의 소 또는 부인의 청구를 제기하여 그에 관한 재판이 확정된 후 1개월 내에 상대방이 신고를 추후 보완하고 그 상대방이 받은 이행을 반환하거나 그 가액을 상환한 경우, 그 추후 보완된 신고가 시인되거나 그에 관한 채권조사확정재판 등이 확정되면 그 권리의 성질 및 내용에 비추어 가장 유사한 회생채권 또는 회생담보권의 권리변경 및 변제방법을 적용한다.

나. 위 가. 항에 따라 가장 유사한 권리변경 및 변제방법을 적용하는 것에 관하여 다툼이 있는 경우에는 관리인의 신청에 의하여 회생법원이 이를 결정한다.

제5절 장래의 구상권

1. 회생절차 개시결정 이후 채무자를 위한 보증인·물상보증인(담보목적물의 제3취득자를 포함한다.) 기타 제3자가 자기의 출재로 인하여 회생채권자 또는 회생담보권자에게 변제한 경우에는 채무자에 대하여 구상권을 취득한다. 대위변제로 발생한 구상채권에 대하여 주채무자에 대한 대위변제 금액 중 원채권의 원금을 기준으로 하여 개시결정 후 이자를 변제한다.

2. 다만, 구상권자는 채권자의 권리변경 전의 채권이 회생절차에 의하여 또는 회생절차에 의하지 아니하고 모두 소멸된 경우에 한하여 자기의 구상권을 행사할 수 있으며, 채무자는 이 회생계획안에 의하여 변제하여야 할 회생채권 및 회생담보권의 잔액 범위 내에서 구상권자의 구상권 비율에 따라 변제한다.

제6절 기타 필요적 규정

1. 공익채권의 변제에 관한 조항

회생개시일 현재 채무자의 공익채권에 대한 채무는 존재하지 아니하고 있다. 그러나 추후보완신고에 의하여 공익채권이 인정된다면, 임금채권의 경우 회생계획안에 반영하여 법원의 허가를 얻어 수시 변제하며, 조세채권은 제1차년도인 20○○년부터 제3차년도인 20○○까지 3년간 균등분할 변제한다. 회생계획안 이후 발생하는 공익채권에 대해서는 영업수익금과 기타의 재원으로 법원의 허가를 얻어 수시로 변제한다.

2. 채무의 변제자금의 조달 방법

첨부된 추정 가용소득명세서(별표 6) 참조.

3. 회생계획에서 예상된 액을 넘는 수익금의 용도에 관한 조항

가. 예상을 초과하는 영업수익금 또는 자산매각대금이 발생한 경우 관리인은 법원의 허가를 얻어 공익채권의 변제, 운전자금의 사용, 회생채권의 변제 등으로 사용한다.

나. 예상수익금이 예상보다 적을 경우에는 회생담보권의 채권을 우선 변제하고, 그 후 잔여액으로 각 회생채권자의 당해연도 변제액에 따라 안분한 비율로 변제하면 미변제 채권액을 차기년도에 우선하여 변제한다.

4. 분쟁의 해결방법

관리인은 회생절차 진행 중 분쟁이 발생하여 화해, 조정의 수락 또는 소송의 수행을 하기 위해서는 회생법원의 허가를 얻어 이를 시행한다.

5. 회생절차의 종결

회생담보권 및 회생채권에 대한 변제를 완료하면, 관리인은 지체 없이 회생절차 종결을 신청하여야 한다. 다만, 관리인은 변제 완료 전이라도 법원의 허가를 얻어 채권자들과 회생절차 조기 종결 후의 채권자등의 회생계획 수행감독 방안에 관하여 협약을 체결한 후 법원에 조기종결을 신청할 수 있다.

6. 회생절차의 폐지 신청

다음 각 경우에 관리인은 회생절차의 폐지를 신청하여야 한다.

가. 채무자가 회생계획에 따른 변제를 제대로 이행하지 못하고 앞으로도 변제의 지체가 계속될 것으로 예상되는 경우

나. 영업실적이 회생계획상 예정된 영업계획 수준에 비하여 현저히 미달하고, 가까운 장래에 회복될 전망이 보이지 않는 경우

다. 회생계획에서 정한 자산매각계획을 실현하지 못하여 향후 자금 수급계획에 현저한 지장을 초래할 우려가 있는 경우

라. 공익채권이 과다하게 증가하여 향후 회생계획 수행에 지장을 초래할 우려가

있는 경우

마. 이해관계인들의 불합리하고 과다한 간섭 등이 계속되어 회생절차의 진행에 심각한 차질이 발생한 경우

7. 기타 사항

본 회생계획안에 언급되지 않은 사항은 채무자 회생 및 파산에 관한 법률에 근거하여 회생법원의 허가를 득하여 시행하며 회생법원의 결정에 따른다.

〈 별첨자료 〉

1. 청산가치 기준 변제계획서 상세내역(담보채무).
2. 청산가치 기준 변제계획서 상세내역(주채무, 보증채무).
3. 회생변제계획안 총괄표.
4. 회생담보권 변제계획 상세내역.
5. 회생채권(주채무, 보증채무) 변제계획 상세내역.
6. 추정 가용소득명세서

[별첨 1] 청산가치기준 변제계획서 상세내역(담보채무)

신고번호 (목록번호)	채권자	설정순위	채권금액	면제금액	변제대상금액
2 (회생담보권1)	ㅇㅇ농업협동조합(ㅇㅇ지점)	1	20,500,000	-	20,500,000
3 (회생담보권3)	ㅇㅇ캐피탈㈜		2,741,012	-	2,741,012
합 계			23,241,012	-	23,241,012

[별첨 2] 청산가치기준 변제계획서 상세내역(주채무, 보증채무)

신고번호 (목록번호)	채권자	원금	이자	합계	면제액	변제대상금액
1 (채권1-1)	ㅇㅇㅇ수산업협동조합	10,000,000	-	10,000,000	8,439,997	1,560,003
1 (채권1-2)	ㅇㅇㅇ수산업협동조합	5,940,000	-	5,940,000	5,013,358	926,642
1 (채권1-3)	ㅇㅇㅇ수산업협동조합	18,000,000	-	18,000,000	15,191,994	2,808,006
1 (채권1-4)	ㅇㅇㅇ수산업협동조합	6,000,000	-	6,000,000	5,063,998	936,002
1 (채권1-5)	ㅇㅇㅇ수산업협동조합	18,000,000	-	18,000,000	15,191,994	2,808,006
1 (채권1-6)	ㅇㅇㅇ수산업협동조합	10,260,000	-	10,260,000	8,659,437	1,600,563
1 (채권1-7)	ㅇㅇㅇ수산업협동조합	16,810,000	-	16,810,000	14,187,635	2,622,365
1 (채권1-8)	ㅇㅇㅇ수산업협동조합	10,000,000	-	10,000,000	8,439,997	1,560,003
1 (채권1-9)	ㅇㅇㅇ수산업협동조합	18,000,000	-	18,000,000	15,191,994	2,808,006
1 (채권1-10)	ㅇㅇㅇ수산업협동조합	10,000,000	-	10,000,000	8,439,997	1,560,003
1 (채권1-11)	ㅇㅇㅇ수산업협동조합	5,393,468	-	5,393,468	4,552,085	841,383
1 (채권1-12)	ㅇㅇㅇ수산업협동조합	10,184,271	-	10,184,271	8,595,521	1,588,750

1 (채권1-13)	ㅇㅇㅇ수산업협동조합	373,913,251	-	373,913,251	315,582,678	58,330,573
1 (채권1-14)	ㅇㅇㅇ수산업협동조합	10,000,000	-	10,000,000	8,439,997	1,560,003
1 (채권1-15)	ㅇㅇㅇ수산업협동조합	12,000,000	-	12,000,000	10,127,996	1,872,004
5 (채권2-1)	ㅇㅇ양계축산업협동조합 (ㅇㅇ지점)	25,515,000	1,522,160	27,037,160	22,819,355	4,217,805
5 (채권2-2)	ㅇㅇ양계축산업협동조합 (ㅇㅇ지점)	15,000,000	656,217	15,656,217	13,213,842	2,442,375
2 (채권3-1)	ㅇㅇ농업협동조합(ㅇㅇ지점)	10,000,000	302,739	10,302,739	8,695,508	1,607,231
2 (채권3-3)	ㅇㅇ농업협동조합(ㅇㅇ지점)	2,580,300	46,062	2,626,362	2,216,648	409,714
3 (채권4)	ㅇㅇ캐피탈㈜	5,375,460		5,375,460	4,536,886	838,574
합계		592,971,750	2,527,178	595,498,928	502,600,917	92,898,011

[별첨 3] 회생변제계획안 총괄표

〈담보채무〉											
구 분	20ㅇㅇ년 (준비년도)	20ㅇㅇ년 (1차년도)	20ㅇㅇ년 (2차년도)	20ㅇㅇ년 (3차년도)	20ㅇㅇ년 (4차년도)	20ㅇㅇ년 (5차년도)	20ㅇㅇ년 (6차년도)	20ㅇㅇ년 (7차년도)	합계	총채권액	변제율
원 금	-	3,320,145	3,320,145	3,320,145	3,320,145	3,320,145	3,320,145	3,320,145	23,241,012	23,241,012	100%
이 자	-	1,162,051	996,043	830,036	664,029	498,022	332,014	166,007	4,648,202	4,648,202	100%
소 계	-	4,482,196	4,316,188	4,150,181	3,984,174	3,818,167	3,652,159	3,486,152	27,889,214		
〈주채무·보증채무〉											
구 분	20ㅇㅇ년 (준비년도)	20ㅇㅇ년 (1차년도)	20ㅇㅇ년 (2차년도)	20ㅇㅇ년 (3차년도)	20ㅇㅇ년 (4차년도)	20ㅇㅇ년 (5차년도)	20ㅇㅇ년 (6차년도)	20ㅇㅇ년 (7차년도)	합계	총채권액	변제율
원 금	-	25,917,199	25,917,199	25,917,199	25,917,199	25,917,199	25,917,199	25,917,199	181,420,391	647,929,969	28%
이 자	-	-	-	-	-	-	-	-	-		
소 계	-	25,917,199	25,917,199	25,917,199	25,917,199	25,917,199	25,917,199	25,917,199	181,420,391		
누 계	-	30,399,394	30,233,386	30,067,379	29,901,372	29,735,365	29,569,357	29,403,350			
									총합계	209,309,605	

[별첨 4] 회생담보권 변제계획 상세내역

신고번호	목록번호	담보권자	구 분	20○○년 (준비년도)	20○○년 (1차년도)	20○○년 (2차년도)	20○○년 (3차년도)	20○○년 (4차년도)	20○○년 (5차년도)	20○○년 (6차년도)	20○○년 (7차년도)	소 계
2	담보권 1	○○농업협동조합 (○○지점)	원금	-	2,928,571	2,928,571	2,928,571	2,928,571	2,928,571	2,928,571	2,928,571	20,500,000
			이자	-	1,025,000	878,571	732,143	585,714	439,286	292,857	146,429	4,100,000
			소계	-	3,953,571	3,807,142	3,660,714	3,514,285	3,367,857	3,221,428	3,075,000	24,600,000
3	담보권 3	○○캐피탈㈜	원금	-	391,573	391,573	391,573	391,573	391,573	391,573	391,573	2,741,012
			이자	-	137,051	117,472	97,893	350,000	300,000	250,000	200,000	1,452,416
			소계	-	528,624	509,045	489,466	741,573	691,573	641,573	591,573	4,193,428
			누계	-	4,482,195	4,316,187	4,150,180	4,255,858	4,059,430	3,863,001	3,666,573	28,793,428

[별첨 5] 회생채권(주채무, 보증채무) 변제계획 상세내역

신고번호	목록번호	채 권 자	구 분	20○○년 (준비년도)	20○○년 (1차년도)	20○○년 (2차년도)	20○○년 (3차년도)	20○○년 (4차년도)	20○○년 (5차년도)	20○○년 (6차년도)	20○○년 (7차년도)	소 계
1	채권 1-1	○○○ 수산업협동조합	원금	-	400,000	400,000	400,000	400,000	400,000	400,000	400,000	2,800,000
			이자	-	-	-	-	-	-	-	-	-
			소계	-	400,000	400,000	400,000	400,000	400,000	400,000	400,000	2,800,000
1	채권 1-2	○○○ 수산업협동조합	원금	-	237,600	237,600	237,600	237,600	237,600	237,600	237,600	1,663,200
			이자	-								
			소계	-	237,600	237,600	237,600	237,600	237,600	237,600	237,600	1,663,200
1	채권 1-3	○○○ 수산업협동조합	원금	-	720,000	720,000	720,000	720,000	720,000	720,000	720,000	5,040,000
			이자	-	-	-	-	-	-	-	-	-
			소계	-	720,000	720,000	720,000	720,000	720,000	720,000	720,000	5,040,000
1	채권 1-4	○○○ 수산업협동조합	원금	-	240,000	240,000	240,000	240,000	240,000	240,000	240,000	1,680,000
			이자	-	-	-	-	-	-	-	-	-
			소계	-	240,000	240,000	240,000	240,000	240,000	240,000	240,000	1,680,000
1	채권 1-5	○○○ 수산업협동조합	원금	-	720,000	720,000	720,000	720,000	720,000	720,000	720,000	5,040,000
			이자	-	-	-	-	-	-	-	-	-
			소계	-	720,000	720,000	720,000	720,000	720,000	720,000	720,000	5,040,000

1	채권 1-6	○○○ 수산업협동조합	원금	-	410,400	410,400	410,400	410,400	410,400	410,400	410,400	2,872,800
			이자	-	-	-	-	-	-	-	-	-
			소계	-	410,400	410,400	410,400	410,400	410,400	410,400	410,400	2,872,800
1	채권 1-7	○○○ 수산업협동조합	원금	-	672,400	672,400	672,400	672,400	672,400	672,400	672,400	4,706,800
			이자	-	-	-	-	-	-	-	-	-
			소계	-	672,400	672,400	672,400	672,400	672,400	672,400	672,400	4,706,800
1	채권 1-8	○○○ 수산업협동조합	원금	-	400,000	400,000	400,000	400,000	400,000	400,000	400,000	2,800,000
			이자	-	-	-	-	-	-	-	-	-
			소계	-	400,000	400,000	400,000	400,000	400,000	400,000	400,000	2,800,000
1	채권 1-9	○○○ 수산업협동조합	원금	-	720,000	720,000	720,000	720,000	720,000	720,000	720,000	5,040,000
			이자	-	-	-	-	-	-	-	-	-
			소계	-	720,000	720,000	720,000	720,000	720,000	720,000	720,000	5,040,000
1	채권 1-10	○○○ 수산업협동조합	원금	-	400,000	400,000	400,000	400,000	400,000	400,000	400,000	2,800,000
			이자	-	-	-	-	-	-	-	-	-
			소계	-	400,000	400,000	400,000	400,000	400,000	400,000	400,000	2,800,000
1	채권 1-11	○○○ 수산업협동조합	원금	-	215,739	215,739	215,739	215,739	215,739	215,739	215,739	1,510,173
			이자	-	-	-	-	-	-	-	-	-
			소계	-	215,739	215,739	215,739	215,739	215,739	215,739	215,739	1,510,173
1	채권 1-12	○○○ 수산업협동조합	원금	-	407,371	407,371	407,371	407,371	407,371	407,371	407,371	2,851,597
			이자	-	-	-	-	-	-	-	-	-
			소계	-	407,371	407,371	407,371	407,371	407,371	407,371	407,371	2,851,597
1	채권 1-13	○○○ 수산업협동조합	원금	-	14,956,530	14,956,530	14,956,530	14,956,530	14,956,530	14,956,530	14,956,530	104,695,710
			이자	-	-	-	-	-	-	-	-	-
			소계	-	14,956,530	14,956,530	14,956,530	14,956,530	14,956,530	14,956,530	14,956,530	104,695,710
1	채권 1-14	○○○ 수산업협동조합	원금	-	400,000	400,000	400,000	400,000	400,000	400,000	400,000	2,800,000
			이자	-	-	-	-	-	-	-	-	-
			소계	-	400,000	400,000	400,000	400,000	400,000	400,000	400,000	2,800,000
1	채권 1-15	○○○ 수산업협동조합	원금	-	480,000	480,000	480,000	480,000	480,000	480,000	480,000	3,360,000
			이자	-	-	-	-	-	-	-	-	-

			소계	-	480,000	480,000	480,000	480,000	480,000	480,000	480,000	3,360,000
5	채권 2-1	ㅇㅇ양계 축산업협동조합 (ㅇㅇ지점)	원금	-	1,081,486	1,081,486	1,081,486	1,081,486	1,081,486	1,081,486	1,081,486	7,570,402
			이자	-	-	-	-	-	-	-	-	-
			소계	-	1,081,486	1,081,486	1,081,486	1,081,486	1,081,486	1,081,486	1,081,486	7,570,402
5	채권 11	ㅇㅇ양계 축산업협동조합 (ㅇㅇ지점)	원금	-	626,249	626,249	626,249	626,249	626,249	626,249	626,249	4,383,743
			이자	-	-	-	-	-	-	-	-	-
			소계	-	626,249	626,249	626,249	626,249	626,249	626,249	626,249	4,383,743
2	채권 3-1	ㅇㅇ농업협동조합 (ㅇㅇ지점)	원금	-	412,110	412,110	412,110	412,110	412,110	412,110	412,110	2,884,770
			이자	-	-		-	-	-	-	-	-
			소계	-	412,110	412,110	412,110	412,110	412,110	412,110	412,110	2,884,770
2	채권 3-3	ㅇㅇ농업협동조합 (혹산지점)	원금	-	105,054	105,054	105,054	105,054	105,054	105,054	105,054	735,378
			이자	-	-	-	-	-	-	-	-	-
			소계	-	105,054	105,054	105,054	105,054	105,054	105,054	105,054	735,378
3	채권 4	ㅇㅇ캐피탈㈜	원금	-	215,018	215,018	215,018	215,018	215,018	215,018	215,018	1,505,126
			이자	-	-	-	-	-	-	-	-	-
			소계	-	215,018	215,018	215,018	215,018	215,018	215,018	215,018	1,505,126
2	담보권 1	ㅇㅇ농업협동조합 (ㅇㅇ지점)	원금	-	97,242	97,242	97,242	97,242	97,242	97,242	97,242	680,694
			이자	-	-	-	-	-	-	-	-	-
			소계	-	97,242	97,242	97,242	97,242	97,242	97,242	97,242	680,694
1	담보권 2	ㅇㅇㅇ 수산업협동조합	원금	-	2,000,000	2,000,000	2,000,000	2,000,000	2,000,000	2,000,000	2,000,000	14,000,000
			이자	-	-	-	-	-	-	-	-	-
			소계	-	2,000,000	2,000,000	2,000,000	2,000,000	2,000,000	2,000,000	2,000,000	14,000,000
			누계	-	25,917,199	25,917,199	25,917,199	25,917,199	25,917,199	25,917,199	25,917,199	181,420,391

[별첨 6] 추정 가용소득명세서

(단위 : 천원)

구 분	준비년도 (20○○년)	1차년도 (20○○년)	2차년도 (20○○년)	3차년도 (20○○년)	4차년도 (20○○년)	5차년도 (20○○년)	6차년도 (20○○년)	7차년도 (20○○년)	합 계
수 입 액	51,120	195,121	211,528	224,068	188,076	192,966	197,983	203,131	1,463,993
지 출 액	75,730	153,881	145,571	137,951	139,138	142,755	146,466	150,275	1,091,767
조피볼락 구입비	12,000	9,234	9,474	9,720	9,973	10,232	10,498	10,771	81,902
사 료 비	24,778	100,074	90,067	81,004	80,710	82,808	84,961	87,170	631,572
인 건 비	19,200	29,837	30,911	31,715	32,539	33,385	34,253	35,144	246,984
유 류 비	2,775	4,271	4,382	4,496	4,613	4,733	4,856	4,982	35,108
기타비용	6,977	10,465	10,737	11,016	11,303	11,597	11,898	12,208	86,201
소득금액	24,610	41,240	65,957	86,117	48,938	50,211	51,517	52,856	372,226
최저생계비	8,000	12,312	12,632	12,961	13,297	13,643	13,998	14,362	101,205
가용소득	32,610	28,928	53,325	73,156	35,641	36,568	37,519	38,494	271,021
총영업 현금흐름	32,610	28,928	53,325	73,156	35,641	36,568	37,519	38,494	271,021
영업 관련 투자액	-	-	-	-	-	-	-	-	-
순현금흐름	32,610	28,928	53,325	73,156	35,641	36,568	37,519	38,494	271,021

(주1) 20○○년도 추정손익은 20○○. 05. 08.부터 20○○. 12. 30.까지의 추정손익임.

[기재례 1] 조사위원의 조사보고서

조 사 보 고 서

사　　건 : 20○○회단○ 회생

신 청 인 : ○ ○ ○ (19○○. ○. ○.생)

　겸　　: ○○시 ○○군 ○○면 ○리 ○○○

채 무 자 : ○ ○ ○

20○○년 ○월 ○일

조 사 위 원	○○ 회 계 법 인 공인회계사 ○○○

조 사 보 고 서

사　　건 : 20○○회단○ 회생

신 청 인 : ○ ○ ○ (19○○. ○. ○.생)

　겸　　: ○○시 ○○군 ○○면 ○리 ○○○

채 무 자 : ○ ○ ○

위 사건에 관하여 20○○년 05월 09일 귀원으로부터 조사위원으로 선임되어 채무자 회생 및 파산에 관한 법률 제90조 내지 제92조 소정의 사항에 관하여 조사하고, 사업을 계속할 때의 가치가 사업을 청산할 때의 가치보다 큰지의 여부 및 회생절차를 진행함이 적정한지의 여부, 부채에 산입되지 않은 제3자에 대한 보증채무내역 및 발생가능성, 채무자의 중대한 책임이 있는 행위로 인하여 회생절차개시의 원인이 발생하였는지 여부 및 채무자 회생 및 파산에 관한 법률 제100조 내지 제104조의 규정에 의하여 부인할 수 있는 행위의 존부 및 범위 등에 대한 의견과 함께 그 조사결과를 다음과 같이 보고합니다.

20○○년 ○월 ○일

조 사 위 원	○○ 회 계 법 인 공인회계사 ○○○

○○지방법원 민사○○단독 귀중

〈목 차〉

조사위원의 종합의견

이 건 신청인 겸 채무자인 ○○○(이하 "채무자"라 함)의 회생절차개시에 대하여 본 조사위원이 조사한 내용을 요약하면 다음과 같습니다.

1. 채무자가 회생절차 개시신청을 하기에 이른 주된 원인

"Ⅲ. 회생절차의 개시에 이르게 된 사정"에서 설명하고 있는 바와 같이 우럭양식업을 시작하면서 항상 자금 부족과 과다경쟁으로 인한 수입감소로 수협과 농협에서 대출을 받아 운영자금으로 사용하게 되었으며 대출시 상호연대보증을 하게 되었습니다. 그런데 20○○년 온난화현상으로 키우던 우럭 중 상당량이 폐사하고 피보증인 중에 연대보증채무가 384백만원인 ○○○(주채무자)이 ○○지방법원 20○○회단○호로 회생절차를 신청할 정도로 지급불능상태가 되어 채무자 본인에게 채무상환압박이 있어 채무자 본인의 채무까지도 지급불능상태에 빠져, 회생절차 개시신청을 하게 되었습니다.

2. 채무자의 업무 및 재산에 관한 사항

조사기준일(20○○년 05월 08일) 현재 본 조사위원이 채무자가 제시한 대차대조표를 기준으로 "Ⅴ. 채무자의 업무 및 재산에 관한 사항"에서 설명하고 있는 방법에 따라 자산·부채에 대한 조사를 실시한바, 조사결과는 다음과 같습니다.

(단위 : 천원)

구분	채무자제시금액	수정후금액	증(감)액
자산총계	123,900	126,529	2,629
부채총계	627,051	611,437	-15,614
순 자 산	-503,151	-484,908	18,243

위와 같이 채무자는 조사기준일 현재 부채총계가 자산총계를 484,908천원 초과하고 있습니다.

3. 채무자의 회생 및 파산에 관한 법률 제100조 내지 제 104조의 규정에 의하여 부인

할 수 있는 행위의 존부 및 범위

부인대상 행위의 유무를 검토하였으나, 해당기간의 회계장부가 없어 이에 대하여 구체적으로 확인할 수 없었으며, 채무자에 대한 질문 등에 의하여 검토한바, 해당 사항은 발견되지 아니하였습니다. 그러나 해당 회계기간의 회계장부가 있었다면, 이에 해당하는 행위가 발견되었을지는 알 수 없습니다.

4. 채무자가 사업을 계속할 때의 가치가 채무자가 사업을 청산할 때의 가치보다 큰지의 여부 및 회생절차를 진행함이 적정한지의 여부

"Ⅶ. 채무자가 사업을 계속할 때의 가치가 채무자가 사업을 청산할 때의 가치보다 큰지의 여부 및 회생절차를 진행함이 적정한지의 여부"에서 설명하고 있는 바와 같이 본 조사위원의 조사에 따르면 회사의 청산가치는 111백만원이나 계속기업가치는 298백만원으로 계속기업가치가 청산가치보다 187백만원 큽니다.

5. 조사의 한계

향후 정상적인 영업활동기간 중에 예기치 못한 변수가 발생할 수도 있으며, 위와 같은 조사내용은 본 조사위원이 제한된 범위 내에서 가능한 방법으로 취합한 자료를 근거로 하여 내린 결론입니다. 따라서 상기 조사내용들에 대한 실제 적용 여부는 보다 종합적이고 법률적인 판단이 요구됩니다.

Ⅰ. 조사의 개요

1. 본 조사는 신청인 겸 채무자인 ○○○(000000-0000000)의 '회생절차개시신청사건'에 관한 조사로서 20○○년 05월 09일자로 귀원으로부터 선임된 본 조사위원이 20○○년 05월 09일부터 20○○년 07월 11일까지의 기간에 걸쳐 채무자에 직접 출장하는 방법 등으로 본 조사를 실시하였으며, 그 조사내용은 다음과 같습니다.

(1) 채무자의 개요
(2) 회생절차의 개시에 이르게 된 사정
(3) 채무자의 업무 및 재산에 관한 사항
(4) 채무자의 부채액에 산입되지 않은 제3자에 대한 보증채무의 금액, 내용 및 보증책임의 발생가능성
(5) 채무자의 중대한 책임이 있는 행위로 인하여 회생절차 개시의 원인이 발생하였는지의 여부
(6) 채무자의 회생 및 파산에 관한 법률 제100조 내지 제104조의 규정에 의하여 부인할 수 있는 행위의 존부 및 범위
(7) 채무자가 사업을 계속할 때의 가치가 채무자의 사업을 청산할 때의 가치보다 큰지의 여부 및 회생절차를 진행함이 적정한지의 여부

2. 채무자의 재산상태에 대한 조사는 채무자가 제시한 20○○년 05월 08일 현재(회생절차개시결정일 전일)의 대차대조표와 부속명세서를 기초로 하여 실시되었습니다.

3. '채무자 회생 및 파산에 관한 법률'(이하 "법"이라 함)상 보증채무의 금액, 내용 및 보증책임의 발생가능성, 부인할 수 있는 행위의 존부 및 범위 등은 본 조사위원이 조사과정에서 조사한 내용을 토대로 하여 본 조사위원의 입장에서 검토된 것으로 이에 대한 실제 법 적용여부에 대하여는 판단할 수 없었습니다.

4. 본 조사위원은 채무자의 수익성과 경제성 및 자금수지를 검토함에 있어서 채무자가 제시한 추정손익계산서와 사업계획서 등 근거자료, 본 조사위원의 조사내용 및 채무자가 처해 있는 현실적인 여건 등을 고려하였습니다.

5. 본 조사를 실시함에 있어서 채무자측 응답자는 신청인입니다.

6. 이 보고서에 사용되는 용어의 내용은 다음과 같습니다.

(1) 조사대상 「신청인 겸 채무자」인 「채무자 ○○○」을 「채무자」로 표현하였습니다.

(2) 재산상태의 조사에 있어서 「수정」이라 함은 채무자가 제시한 20○○년 05월 08일 현재의 재산목록을 기준으로 자산 및 부채의 적정성을 조사하여 실제와 일치하지 아니한 내용을 실제와 일치하도록 가감한 것을 말합니다.

(3) 「청산가치」란 채무자가 파산적 청산을 통하여 채무자 소유의 개별자산을 분리하여 처분할 때의 가액을 합산한 금액으로 이는 재산목록상의 개별자산의 가액을 기준으로 하여 산정(다만, 주택은 개별주택가격로 산정)된 금액을 의미합니다.

(4) 「계속가치」란 채무자의 재산을 처분하지 않고 유지한 채 계속하여 사업소득(양식장운영소득)을 창출할 경우의 가치로 이는 채무자의 사업소득에서 사업과 관련된 비용, 제세공과금과 최저생계비를 차감한 미래가용소득을 채무변제에 사용하는 경우 이를 현재가치로 할인하는 현금흐름할인법에 의하여 산정된 금액을 의미합니다.

(5) 「가용소득」이란 채무자의 사업소득에서 사업과 관련된 비용 및 제세공과금을 차감한 소득을 말하고 「변제제원」이란 채무자의 가용소득에서 최저생계비를 차감하여 채무상환에 사용할 수 있는 금전을 말합니다.

(6) 재산상태조사에 있어서 「조사기준일」은 20○○년 05월 08일 현재를 의미하고 업무상태의 조사에서 「조사보고일」은 20○○년 07월 11일 현재를 의미합니다.

Ⅱ. 채무자의 개요

1. 채무자의 일반현황

(1) 성명 : ○○○

(2) 주민등록번호 : 000000-0000000

(3) 현주소 : ○○시 ○○군 ○○면 ○리 ○○○

(4) 주민등록상주소 : 위와 같음

(5) 현직업 : 자영업(우렁양식업)

2. 채무자의 이력

(1) 19○○년 출생

(2) 19○○년 02월 ○○고등학교 졸업

(3) 19○○년 12월 군입대

(4) 19○○년 12월 군제대

(5) 19○○년 01월 결혼(배우자 ○○○)

(6) 19○○년부터 현재 귀향 후 양식업

(7) 20○○년 03월 25일 회생절차개시 및 재산보전처분 신청

(8) 20○○년 05월 09일 회생절차개시 및 재산보전처분 결정

3. 주요거래 금융기관 및 주채권자

채무자의 주요거래 금융기관 및 주채권자는 다음과 같습니다.

- 주 거래은행 : ○○○수산업협동조합
- 주 채 권 자 : ○○○수산업협동조합, ○○농협협동조합, ○○양계축산업협동조합, ○○캐피탈, ○○보증보험

4. 채무자의 조사기준일 현재 재산상태(채무자제시)

(1) 재산현황

채무자의 재산현황은 다음과 같습니다.

구 분	금액(원)	비 고
자 동 차	17,000,000	1대의 자동차
선 박	20,000,000	1대의 선박
부 동 산 (주 택)	20,500,000	
양 식 장 / 어 류 (우 럭)	66,400,000	
합 계	123,900,000	

(2) 채무현황

채무자의 채무현황은 다음과 같습니다.

구 분	거래처수	금액(원)	비 고
회생담보권자	3	76,001,331	
회생채권자(주채무)	5	187,583,828	
회생채권자(보증채무)	4	363,465,990	
총채무금액	12	627,051,149	

Ⅲ. 회생절차의 개시에 이르게 된 사정

채무자가 회생절차 개시신청에 이르게 된 이유는 다음과 같습니다.

(1) 우럭양식업의 사업부진
채무자는 우럭양식업 시작 당시에는 적자는 보지 않고 수지는 맞춰 나갈 수 있었으나, 20○○년 온난화현상으로 우럭이 대량으로 폐사하고 과도한 우럭양식업의 경쟁으로 인해 매출 감소로 사업이 부진하게 되었습니다.

(2) 연대보증과 피보증인의 회생절차 개시
같은 마을의 동일 업종에 종사하는 사람들이 수협 등에서 대출받을 때 보증을 서달라고 해서 거절할 수 없어 보증을 하였는데, 384백만원의 연대보증을 해주었던 ○○○(주채무자)이 ○○지방법원 20○○회단○호로 회생절차를 신청할 정도로 지급불능상태가 되어 보증인인 채무자에게 변제하라는 금융기관의 독촉 때문에 생업에 종사하는 것조차 힘들어지게 되었습니다.
따라서 신청인은 주채무자 ○○○의 연대보증채무 384백만원과 채무자가 우럭양식을 하면서 발생한 채무 때문에 지급불능상태에 빠져, 채무자가 회생절차를 신청하게 되었습니다.

Ⅳ. 채무자의 업무 및 재산에 관한 사항

1. 채무자의 업무

신청인은 19○○년부터 ○○시 ○○군 ○○면에서 우럭 양식업을 하고 있으며 조사기준일 현재 PVC 가두리 양식장을 8조의 규모로 양식업을 영위하고 있습니다.

2. 재산상태 조사의 개요

(1) 본 조사위원은 채무자의 회생절차개시결정 전일인 20○○년 05월 08일 현재를 조사기준일로 하여 채무자로부터 제시받은 대차대조표와 부속명세서를 기초로 조사를 실시하였습니다.

(2) 본 조사를 실시함에 있어서 상기 기초자료 이외에 제 증빙서류들을 확인하였으며 필요에 따라 회사에 추가적인 자료의 제시를 요청하였습니다. 따라서 채무자가 제시한 제 증빙서류 및 자료들의 내용이 실제 상황과 상이한 경우 조사결과의

내용에 영향을 미칠 수도 있습니다.

(3) 본 조사를 실시함에 있어서 거래금융기관에 대하여는 전량 조회절차를 실시하였으며, 기타 채무에 대해서도 전량 조회절차를 실시하였습니다. 또한 미회수된 채무에 대하여 채권신고서류로 대체하였는바, 이는 현실적인 한계와 조회실시결과에 의한 효익이 크지 아니할 것으로 판단되었기 때문입니다.

3. 재산상태 조사에 적용한 방법

본 조사위원이 재산상태를 조사함에 있어 각 계정별로 적용한 조사방법을 요약하면 다음과 같습니다.

가. 자 산

① 현금 및 현금등가물

채무자의 은행예금 등의 잔액은 금융거래확인서 및 조회서에 의하여 확인하였습니다.

② 재고자산

재고자산은 실지조사를 통하여 실재성을 확인하였습니다.

③ 유형자산

자동차와 선박은 각각 자동차등록원부와 어선원부를 통하여 실재성을 확인하였습니다. 자동차에 대한 평가는 중고차 쇼핑몰인 〈SK엔카〉에서 조회한 중고차매몰시세를 준용하였고 선박에 대한 평가는 〈간이수리소〉의 평가결과를 준용하였습니다. 한편 부동산(주택)은 토지 및 건물등기부등본을 통해 실재성을 확인하였습니다. 부동산(주택)는 개별주택가격을 기준으로 평균낙찰가율을 적용하여 평가하였습니다.

나. 부 채

① 주 채 무

조사기준일 현재 금융거래확인서와 채권증빙서류 및 조회서를 통하여 확인하였습니다.

② 보증채무

조사기준일 현재 금융거래확인서와 채권증빙서류 및 조회서를 통하여 확인하였습니다.

4. 재산의 상태

(1) 재산상태 평가결과 요약

(단위 : 원)

구 분	채무자제시금액	수정후금액	증(감)액
자산총계	123,900,000	126,528,965	2,628,965
부채총계	627,051,149	611,437,377	-15,613,772
순자산(자기자본)	-503,151,149	-484,908,412	18,242,737

본 조사위원이 채무자가 제시한 20○○년 05월 08일 현재의 대차대조표를 기준으로 자산과 부채를 조사하여 작성한 수정 후 대차대조표에 따르면 회사의 순자산가액은 (-)484,908천원으로 평가되어 채무초과상태입니다.

(2) 재산상태 조사 요약

자 산 요 약 표

(단위 : 원)

구 분	채무자제시금액	수정 후 금액	증(감)액
유동자산 :	60,000,000	60,128,965	-128,965
1) 당좌자산	-	128,965	-128,965
2) 재고자산	60,000,000	60,000,000	0
비 유 동 자 산 :	63,900,000	66,400,000	-2,500,000
1) 유형자산	63,900,000	66,400,000	-2,500,000
자 산 총 계	123,900,000	126,528,965	-2,628,965

조사결과 채무자제시 자산 중 부동산가액은 채무자 제시금액보다 2,500천원이 증가되었으며, 예금 129천원이 발견되어 증가되었습니다.

(3) 부채상태 조사 요약

부 채 요 약 표

(단위 : 원)

구분	채무자제시금액	수정 후 금액	증(감)액
대 여 채 무(금융기관)-원금	209,910,145	196,350,145	13,560,000
대 여 채 무(금융기관)-이자	3,675,014	3,596,242	78,772
보 증 채 무	413,465,990	411,490,990	1,975,000
부 채 총 계	627,051,149	611,437,377	15,613,772

1) 대여채무(금융기관)-원금의 증(감)액 13,560,000원은 ○○○수산업협동조합에

이미 상환한 채무액 10,000,000원과 ○○보증보험의 미확정채무 3,560,000원 입니다.

2) 대여채무(금융기관)-이자 증(감)액 78,772원은 이자계산기준일 차이로 발생한 것입니다.

3) 보증채무 증(감)액 1,975,000원은 ○○보증보험의 미확정채무 1,975,000원입니다.

4) 보증채무의 경우 주채무자 ○○○에 대한 연대보증금액 384,098천원, 주채무자 ○○○에 대한 연대보증금액 5,393천원, 주채무자 ○○○에 대한 연대보증금액 10,000천원 및 주채무자 ○○○에 대한 연대보증금액 12,000천원으로 구성되어 있습니다.

(4) 채무자의 자산 및 부채 목록 : (별첨1) 참조

V. 채무자의 부채액에 산입되지 않은 제3자에 대한 보증채무의 금액 내용 및 보증책임의 발생가능성

1. 조사기준일 현재 견질 등의 목적으로 금융기관 등에 제공한 어음 또는 수표는 없습니다.

2. 채무자의 지급보증 등의 내역

금융거래조회서 등의 조사결과 채무자가 제공하고 있는 ○○○, ○○○, ○○○, ○○○에 대한 지급보증이 존재하며 동 지급보증금액의 합계액 411,491천원은 채무자의 부채액에 산입되었습니다.

3. 채무자가 제공받은 지급보증 내역(장래의 구상채권)

금융거래조회서 등의 조사결과 채무자의 차입에 대하여 ○○수산업자신용보증기금, ○○○, ○○○, ○○○, ○○○, ○○○으로부터 지급보증을 제공받고 있습니다.

4. 담보제공 현황

조사기준일 현재 채무자는 채무액 76,001천원과 관련하여 자동차와 토지와 건물(주택)이 담보로 제공되었습니다.

5. 채무자의 부채에 반영되지 않은 채무

채무자의 부채에 반영되지 않은 채무 등이 존재한다는 사실을 조사기준일 현재 확인할 수 없었습니다.

Ⅵ. 채무자의 회생 및 파산에 관한 법률 제100조 내지 제104조의 규정에 의하여 부인할 수 있는 행위의 존부 및 범위

1. 채무자는 회생절차개시 이후 주요자산에 대한 매각 등의 행위는 발견되지 않았습니다.

2. 회사는 회생채권자를 해하는 행위 및 담보의 제공 또는 채무의 소멸에 관한 행위는 발견되지 아니하였습니다.

3. 채무자가 지급의 정지 등이 있은 후 및 전 60일(특수관계자의 경우 1년)이내에 한 담보제공 및 채무소멸행위로서 채무자의 의무에 속하지 아니하는 것은 발견되지 아니하였습니다.

4. 채무자가 지급의 정지 후 또는 그 전 6월(특수관계자의 경우 1년)이내에 무상행위 및 이에 준하는 행위는 발견되지 아니하였습니다.

5. 전득자에 대하여도 위의 부인대상 행위가 존재하는지 검토하였으나 부인대상행위는 발견되지 않았습니다.

6. 기타 부인대상행위가 존재하는지 검토하였으나 부인대상 행위는 발견되지 않았습니다.

Ⅶ. 채무자가 사업을 계속할 때의 가치가 사업을 청산할 때의 가치보다 큰지의 여부 및 회생절차를 진행함이 적정한지의 여부

1. 수익성 측정

채무자가 현재의 어려움을 극복하고 회생절차 등을 통하여 계속적으로 영업을 유지 할 수 있는지 여부를 판단하기 위하여 채무자의 회생기간 동안의 구체적인 사업계획과 이에 근거한 경제성 및 자금수지가 검토되어야 합니다. 이러한 검토를 위하여 우선 채무자의 수익성을 측정하여야 하는바, 이는 향후 채무자의 사업계획에 근거한 추정가용소득계산서로 추정할 수 있습니다.

(1) 회생절차개시 신청시 제출한 추정가용소득

채무자의 향후 7개년간 추정가용소득은 다음과 같습니다.

(단위 : 천원)

구 분	영업소득	생계비	가용소득
20○○년도	36,000	12,000	24,000
20○○년도	35,280	12,000	23,280
20○○년도	34,574	12,000	22,574
20○○년도	33,883	12,000	21,883
20○○년도	33,205	12,000	21,205
20○○년도	32,541	12,000	20,541
20○○년도	31,890	12,000	19,890
20○○년도	31,253	12,000	19,253
합 계	268,626	96,000	172,626

① 영업소득

채무자는 20○○년도에 연간 169,000천원의 수입 및 연간 133,000천원의 지출을 추정하였습니다. 연간 수입액에서 지출액을 차감한 36,000천원의 가용소득을 추정하였습니다.

② 생 계 비

채무자는 보건복지부 공표인 2인가족 최저생계비 월 784천원의 약 128%인 1,000천원을 월 최저생계비로 추정하였으며 연환산 금액으로는 12,000천원입니다.

(2) 채무자 수입액 추정의 타당성 검증을 위한 수입의 추정

① 회사의 20○○년부터 20○○년까지의 수입내역

본 조사위원이 채무자 수입액 추정의 타당성 검토를 위한 20○○년부터 20○○년까지의 수입은 다음과 같습니다.

구분	수입금액(천원)	비 고
20○○년	414,695	수산물위판실적증명서상 수입금액임

20○○년	291,500	
20○○년	60,807	
합 계	767,002	

상기 자료를 분석해 보면 최근 3개년 동안 평균수입금액은 256백만원입니다.

② 채무자의 수입액 추정에 대한 본 조사위원의 수정

ㄱ. 어업통계시스템(fs.fips.go.kr)에서 제공한 조피볼락에 대한 전국평균 폐사율 현황은 다음과 같습니다.

구분	20○○년	20○○년	20○○년	20○○년	합계
현사육량(단위 : 천마리)	235,746	366,804	377,473	316,041	1,296,064
폐사량(단위 : 천마리)	28,772	52,640	76,720	78,893	237,025
폐사율	12.20%	14.35%	20.32%	24.96%	18.29%

한편, 채무자는 회생절차개시신청서에서 조피볼락에 대한 생존율을 70~80%로 가정하였습니다. 본 조사위원은 어업통계시스템에서 제공한 전국평균 폐사율 18.29% 및 채무자 제시 생존율 70%(폐사율 30%, 연간 10%)를 고려하여 폐사율을 14.15%로 추정하였습니다. 또한 20○○년에는 조사기준일로부터 12월 31일까지 기간에 대해서 폐사율을 고려하였으며 치어의 경우 매년 6월경에 구입하는 것을 고려하여 치어의 폐사량을 산정하였습니다.

ㄴ. 어업통계시스템(fs.fips.go.kr)에서 제공한 조피볼락에 대한 전국평균 판매단가는 다음과 같습니다.

구분	20○○년	20○○년	20○○년	20○○년	합계
출하량(M/T)	19,589	21,263	27,482	35,415	103,749
판매금액(백만원)	175,159	198,723	187,426	219,552	780,860
판매단가(M/T)	8,942	9,346	6,820	6,199	7,526

ㄷ. 본 조사위원은 폐사율을 14.15%로 추정하여 폐사량을 산출하였으며 판매단가는 1kg당 7,526원으로 추정하여 수입액을 산출하였습니다.

ㄹ. 물가인상 등의 반영 여부

본 조사위원은 채무자의 수입액을 추정하기 위하여 한국은행에서 발표한 20

○○년 농축수산물 물가상승률을 검토하였으며, 이에 의하면 농축수산물 물가는 전년대비 2.6% 증가하였습니다.

상기 제시된 20○○년 농축수산물 물가상승률을 고려하여 수입의 성장성을 추정하였습니다.

ㅁ. 본 조사위원이 수정한 향후 5년간 판매량 및 수입액은 다음과 같습니다.

(단위 : 마리)

구분	20○○년	20○○년	20○○년	20○○년	20○○년
2년생	27,170	77,751	66,750	50,062	50,062
3년생	-	11,663	33,375	40,113	30,085
판매량(주)	13,585	50,538	53,400	55,132	45,104

주) 판매량은 20○○년과 20○○년에는 2년생 50%와 3년생 100%, 20○○년 이후에는 2년생 30%와 3년생 100%로 구성되어 있습니다.

구분	20○○년(주1)	20○○년	20○○년(주1)	20○○년	20○○년 이후
판매량(kg)	6,793	25,269	26,700	27,566	22,552
판매단가(kg당)	7,526	7,722	7,922	8,128	8,340
수입액(천원)	51,120	195,121	211,528	224,068	188,077

주) 판매량(kg)은 한 마리당 0.5kg, 두 마리당 1kg입니다.

다. 채무자 지출액 추정의 타당성 검증을 위한 지출의 추정

채무자의 향후 7개년간 지출액 추정은 다음과 같습니다.

(단위 : 천원)

구분	조피볼락구입비	사료비	유류비	인건비	기타비용	지출합계
20○○년도	10,400	81,450	2,000	28,800	10,200	132,850
20○○년도	10,400	81,450	2,000	28,800	10,200	132,850
20○○년도	10,400	81,450	2,000	28,800	10,200	132,850
20○○년도	10,400	81,450	2,000	28,800	10,200	132,850
20○○년도	10,400	81,450	2,000	28,800	10,200	132,850
20○○년도	10,400	81,450	2,000	28,800	10,200	132,850
20○○년도	10,400	81,450	2,000	28,800	10,200	132,850
합 계	52,000	407,250	10,000	144,000	51,000	664,250

본 조사위원이 채무자 지출액 추정의 타당성 검토를 위한 20○○년부터 20○○년까지의 지출을 검토하고자 하였으나 관련 증빙 등이 존재하지 않았습니다.

ㄱ. 조피볼락구입비 및 사료비

채무자의 조피볼락구입비 및 사료비는 채무자와 면담을 통해 조사기준일 현재 거래되고 있는 가격을 기준으로 추정하였습니다. 월 평균 사료비는 만마리당 치어 6상자, 1년생 50상자, 2년생 및 3년생 80상자가 소요된다고 가정하였습니다.

(단위 : 원)

구분	추정기준	금액
조피볼락구입비	조사기준일 현재 거래 되고 있는 마리당 가격	120
사 료 비	조사기준일 현재 거래 되고 있는 상자(20KG)당 가격	9,000

ㄴ. 기타 영업비용

채무자의 기타영업비용은 경유어선 1척에 대한 유류비, 인건비, 기타비용 등으로 구성되어 있습니다. 인건비 및 기타영업비용은 채무자가 제시한 자료를 바탕으로 추정하였습니다.

(단위 : 원)

구분	추정기준	금액
유류비-경유	20○○년 6월 거래되고 있는 면세유 드럼당 가격	208,140
인건비	채무자 제시 연간 급여(2명)	28,800,000
기타비용	채무자 제시 연간 기타비용	10,200,000

ㄷ. 물가인상 등의 반영 여부

20○○년 농축수산물 물가 상승률을 고려하여 지출의 성장성을 추정하였습니다.

ㄹ. 본 조사위원이 수정한 지출액은 다음과 같습니다.

(단위 : 천원)

구분	20○○년(주1)	20○○년	20○○년	20○○년	20○○년 이후
조피볼락구입비(주2)	12,000	9,234	9,474	9,720	9,973
사료비	34,778	100,074	90,067	81,004	80,710
인건비	19,200	29,837	30,911	31,715	32,539
유류비	2,775	4,271	4,382	4,496	4,613

기타비용	6,977	10,465	10,737	11,016	11,303
지출액	75,730	153,881	145,571	137,951	139,138

주1) 20○○년 지출액은 20○○년 5월 9일부터 20○○년 12월 31일까지의 지출액임.

주2) 조피볼락(치어)를 20○○년에는 10만마리, 20○○년 이후에는 7만 5천마리를 구입하는 것으로 하였음

(3) 영업외수익 및 영업외비용

자금수지에 대한 추정은 채무변제 조건을 알지 못하므로 생략하였으며, 회생계획안이 마련되는 경우 이에 따라 추정하여야 합니다. 따라서 자금수지에서 발생하는 이자수익과 이자비용을 추정하지 아니하였습니다. 기타 비경상적으로 발생하는 영업외수익 및 영업외비용은 없는 것으로 가정하였습니다.

(4) 종합소득세

종합소득세등은 매 사업연도의 소득세등차감전순이익을 과세표준으로 하여 산정하여야 하나 추정의 불확실성을 고려하여 발생하지 않는 것으로 가정하였습니다.

(5) 추정가용소득계산서

위에서 설명한 추정에 의하여 작성된 추정가용소득계산서 및 본 조사위원이 수정한 추정가용소득계산서는 첨부된 [별첨2] 및 [별첨3]과 같습니다.

2. 청산가치 및 계속기업가치의 경제성 검토

(1) 경제성 검토의 의의

채무자 회생 및 파산에 관한 법률의 목적이 재정적 궁핍으로 파탄에 직면하였으나 경제적으로 갱생의 가치가 있는 채무자에 관하여 그 사업의 정리재건을 도모하는 것인바, 구체적으로는 채무자가 파산적 청산을 통하여 보유 자산이 해체되어 개별 매각되는 것을 전제로 할 경우의 청산가치와 기초재산을 보유하면서 가용소득으로 변제재원을 마련하여 채무를 변제할 경우의 계속가치(순현금흐름의 현재가치 즉, 변제재원의 현재가치)를 비교하여 계속기업가치가 청산가치에 비하여 큰 경우 경제적으로 갱생의 가치가 있는 것으로 판단되고 있습니다.

따라서 본 조사위원은 채무자가 경제적으로 갱생의 가치가 있는지를 판단하기 위하여 청산가치와 계속기업가치를 산정하여 본 바, 그 내역은 다음과 같습니다.

(2) 채무자의 청산가치 산정

채무자가 파산적 청산을 통하여 보유 자산이 개별 매각되는 것을 전제로 할 경우의 청산가치는 본 조사위원의 수정 후 금액에서 다음의 기준을 적용하여 산출한 결과 111,049천원입니다.

가. 주요 자산별 청산가치 산정시 적용한 주요기준

유형자산인 자동차와 선박 및 부동산(주택)은 수정 후 대차대조표상 금액에 20○○년 01월부터 20○○년 05월까지 ○○지방법원 관내의 평균 경매낙찰가율을 적용하여 평가하였습니다. ○○지방법원 관내 평균낙찰가율은 자동차인 경우 83%, 선박인 경우 75%, 그리고 단독주택은 67%이었습니다.

채무의 청산가치 평가 결과

(단위 : 원)

계정과목	채무자제시금액	수정 후 금액(주1)	회수율	청산가치
자산				
Ⅰ. 유동자산	60,000,000	60,128,965		60,128,965
(1) 당좌자산	-	128,965	100%	128,965
(2) 재고자산	60,000,000	60,000,000	100%	60,000,000
Ⅱ. 비유동자산	63,900,000	66,400,000		50,920,000
(1) 유형자산	63,900,000	66,400,000		50,920,000
1.자동차	17,000,000	17,000,000	83%	14,110,000
2.선박	20,000,000	20,000,000	75%	15,000,000
3.주택	20,500,000	23,000,000	67%	15,410,000
4.양식장	6,400,000	6,400,000	100%	6,400,000
자산총계	123,900,000	126,528,965		111,048,965

(주1) 수정후 금액은 자산의 평가증 또는 평가감에 따라 수정사항을 반영한 것입니다.

나. 청산시 채권자 종류별 배당액 및 배당률

경제적 개념에 따른 채권 구분에 의하여 청산시 채권자 조별 배당과 배당률을 산정하면 다음과 같습니다.

(단위 : 천원)

구분	배당가능자산	계	별제권	우선권있는채권	회생채권
변제전 금액	111,049	611,437	18,151	0	593,286
별제권자변제(주1)	18,151	18,151	18,151	-	-

변제후금액	92,898	593,286	0	0	593,286
우선권자변제(주2)	0	0	-	0	-
변제후 금액	92,898	593,286	0	0	593,286
배당액		92,898	-	-	92,898
배당률(%)		18.16%	100.00%	100.00%	15.66%
배당액 구성비율			16.35%	0%	83.65%

(주1) 별제권자의 변제가능액 = 담보 있는 부동산 및 유형자산 등의 청산가액의 배당예상액
(주2) 담보된 이외의 자산에 대하여는 최우선으로 배당받을 수 있는 재단채권

회사가 청산되는 경우 채권액 대비 별제권자 100.00%, 회생채권자는 15.66%의 배당이 이루어지며, 전체적으로는 18.16%의 채무를 변제할 수 있을 것으로 판단됩니다.

(3) 채무자의 계속가치 산정

채무자의 계속기업가치는 채무자의 기초재산을 보유하면서 일정기간 가용소득을 창출하고 최저생계비를 제외한 변제재원을 변제에 충당한 경우에 의거한 순영업현금흐름의 현재가치로 산출하였습니다.

채무자의 순현금흐름의 현재가치는 20○○년부터 20○○년까지 매년 추정된 가용소득의 순현금흐름을 다음에서 설명하는 자본환원율로 현가화하여 산출되었습니다. 채무자와 본 조사위원의 추정 순영업현금흐름에 따른 채무자의 계속기업가치의 평가결과는 다음과 같습니다.

채무자의 계속기업가치 평가 결과

(단위 : 천원)

구 분	채무자제시	조사위원
순현금흐름의 현재가치(A)	199,608	298,316
매각가능자산 현재가치(B)	-	-
계속기업가치 평가액{(A)+(B)}	199,608	298,316

가. 계속기업가치 산정시 적용된 추정

1) 향후 사업계획과 수지예상 요인에 대한 추정

채무자의 순현금흐름의 현재가치는 추정가용소득계산서를 근거로 산출되었으

며, 앞에서 설명하는 추정가용소득계산서 작성시 적용된 제 가정이 충족된다는 전제하에 산출되었습니다.

2) 계속기업가치의 추정기간

미래 현금흐름의 추정은 채무자의 사업계획과 수지예상에 의해 추정가능한 20○○년부터 20○○년까지 약 8년간의 현금흐름과 20○○년 이후의 현금흐름을 구분하여 추정하였는바, 20○○년 이후의 현금흐름은 채무자의 영업의 특성상 가격의 변동을 예측할 수 없으므로 20○○년의 현금흐름이 지속된다고 가정하여 추정하였습니다. 모든 현금흐름은 결산일(12월 31일)에 이루어지는 것을 가정하여 현금흐름을 추정하여 할인하였습니다.

3) 할 인 율

통상 회생절차 개시신청기업의 경우 미래 순현금흐름을 현재가치화하는 수단인 적정할인율은 회사의 채권자가 해당채권을 보유함으로써 발생하는 위험을 보상받고자 하는 미래의 기대수익율(투자위험이 없는 금융자산에 투자하는 무위험이자율에 위험프리미엄을 가산한 율)을 의미합니다.

채무자의 경우 순영업현금흐름을 현재가치로 할인하는데 적용한 할인율은 자본자산가격결정모형(CAPM)에 따라 동종산업 평균 자본구조(부채비율)를 기본으로 하여 추정합니다. 그러나 채무자의 산업특성상 일반적으로 자본시장에 상장되어 거래되는 대용회사가 없어 CAPM을 적용할 수 없습니다. 따라서 조사보고일 현재 무위험이자율(Rf), 우리나라 시장위험 프리미엄(Rm-Rf), 소기업의 Risk Premium 및 채무자 고유의 Risk Premium을 합산한 할인율을 적용하였습니다.

무위험이자율(Rf)은 조사기준일 현재의 한국은행고시 3년 만기 국고채이자율인 5.22%를 적용하고, 우리나라 시장위험프리미엄은 한국신용평가정보가 발표한 우리나라 증시 12년간 평균시장수익율과 무위험이자율의 차이인 3.3%를 적용하였으며, 중소기업 Risk Premium 및 채무자 고유의 Risk Premium은 3.2%를 적용하여 총 Risk Premium을 6.5%로 적용하였습니다.

따라서 채무자의 할인율은 11.72%를 적용하여 계속기업가치를 평가하였습니다.

나. 계속기업가치 산출내역

상기와 같은 추정을 근거로 채무자의 계속기업가치 산정내역을 요약하면 재무자의 추정가용소득에 따른 계속기업가치는 [별첨2]와 같으며, 본 조사위원의 수정된 추정가용소득계산서에 따른 계속기업가치는 [별첨 3]와 같습니다.

(4) 경제성 검토의견

조사기준일 현재의 청산가치는 111백만원이고, 채무자의 추정가용소득계산서에 따른 계속기업가치는 200백만원으로 산출되었으며, 본 조사위원의 수정 추정가용소득계산서에 따른 계속기업가치는 298백만원으로 산출되었습니다.

따라서 채무자의 실현가능성을 고려한 본 조사위원의 수정 후 추정가용소득계산서에 따른 계속기업가치가 청산가치보다 높아 청산할 경우보다 존속할 경우가 경제성이 있는 것으로 판단됩니다. 다만, 상기 계속기업가치는 향후 손익계산서, 할인율 등의 추정을 통해 산출된 것으로서 추정의 속성에 따른 불확실성이 있습니다.

[별첨 1]

채무자의 자산 및 부채목록

1. 자산계정

가. 현금 및 현금등가물

(단위 : 원)

구분	채무자제시	회생손익	수정 후 금액	비고
보통예금	-	128,965	128,965	

나. 재고자산

(단위 : 원)

구분	채무자제시	회생손익	수정 후 금액	비고
재고자산(우럭)	60,000,000	-	60,000,000	

다. 유형자산

(단위 : 원)

구분	채무자제시	회생손익	수정 후 금액	비고
자동차	17,000,000	-2,890,000	14,110,000	
선박	20,000,000	-5,000,000	15,000,000	
부동산(주택)	20,500,000	-5,090,000	15,410,000	
양식장	6,400,000	0	6,400,000	
합 계	63,900,000	-12,980,000	50,920,000	

① 차량운반구 평가 내역

연번	차명	자동차등록번호	평가금액(원)	비고
1	그랜저(20○○식)	00주0000	14,110,000	낙찰가율 83% 적용
합계			14,110,000	

② 선박 평가 내역

연번	선박명	어선번호	평가금액(원)	비고
2	○○○	1111111-1111111	15,000,000	낙찰가율 75% 적용
합계			15,000,000	

③ 부동산(주택) 평가 내역

연번	구분	소재지	면적(㎡)	개별주택가격	평가금액(원)	비고
3	토지	○○○○○○○○	328	23,000,000	15,410,000	낙찰가율 67% 적용
	건물	○○○○○○○○	80.04			
합계				23,000,000	15,410,000	

④ 양식장평가 내역

연번	가두리재질	조	금 액(원)	평가조정	평가금액(원)	비고
4	PVC	8	6,400,000	0	6,400,000	
합계				0	0	

2. 부채계정

참조 : 채권의 출처별 구분표시

주1) 공익채권(우선권자), 주2) 별제권(담보권자), 주3) 회생채권(담보 없는 금융기관채권자)

가. 대여채무

거래처명	적요	금액(원)	비고
○○○수산업협동조합	무 담 보	113,010,000	주3)
○○농업협동조합	담 보 권 제 공	23,260,319	주2)
○○농업협동조합	무 담 보	13,307,732	주3)
○○양계축산업협동조합	무 담 보	42,251,864	주3)
○○캐피탈(주)	담 보 권 제 공	2,741,012	주2)
○○캐피탈(주)	무 담 보	5,375,460	주3)
합 계		199,946,387	

나. 보증채무

거래처명	적요	금액(원)	비고
○○○수산업협동조합	보증-○○○(담보권제공)	50,000,000	주2)
○○○수산업협동조합	보증-○○○(무담보)	334,097,522	주3)
○○○수산업협동조합	보 증 - ○ ○ ○	5,393,468	주3)
○○○수산업협동조합	보 증 - ○ ○ ○	10,000,000	주3)
○○○수산업협동조합	보 증 - ○ ○ ○	12,000,000	주3)
합 계		411,490,990	

[별첨 2]

채무자 제시 추정가용소득명세서 및 계속가치계산서

(단위 : 천원)

구 분	20○○년도	20○○년도	20○○년도	20○○년도	20○○년도	20○○년도	20○○년도	20○○년도	20○○년 이후	합계
Ⅰ. 소득금액	36,000	35,280	34,574	33,883	33,205	32,541	31,890	31,253		
Ⅱ. 최저생계비	12,000	12,000	12,000	12,000	12,000	12,000	12,000	12,000		
Ⅲ. 가용소득	24,000	23,280	22,574	21,883	21,205	20,541	19,890	19,253		
Ⅰ. 총영업현금흐름	24,000	23,280	22,574	21,883	21,205	20,541	19,890	19,253	19,253	
Ⅱ. 영업관련투자액	-	-	-	-	-	-	-	-	-	
Ⅲ. 순현금흐름	24,000	23,280	22,574	21,883	21,205	20,541	19,890	19,253	19,253	
Ⅳ. 할인율	8.00%	8.00%	8.00%	8.00%	8.00%	8.00%	8.00%	8.00%		
Ⅴ. 현재가치계수	0.9259	0.8573	0.7938	0.7350	0.6806	0.6302	0.5835	0.5403	0.4289	
Ⅵ. 현금흐름의순현가	22,222	19,958	17,920	16,084	14,432	12,945	11,606	10,402	74,040	199,609

(주1) 미래현금흐름의 현재가치는 회사의 회생기간 중의 현금흐름의 현재가치(20○○년부터 20○○년까지와 20○○년 이후 고정성장율에 의한 현재가치를 합산하여 산출함.

(주2) 현재가치계수 : 계속기업가치를 산출하기 위한 현재가치계수는 아래와 같습니다.

* 현재가치계수 = 1 ÷ (1+R)N (R : 할인율, N : 기간)

[별첨 3]

수정 추정가용소득명세서 및 계속가치계산서

(단위 : 천원)

구 분	20○○년도 (주1)	20○○년도	20○○년도	20○○년도	20○○년도	20○○년도	20○○년도	20○○년도	20○○년 이후	합 계
Ⅰ. 수입액	51,120	195,121	211,528	224,068	188,076	192,966	197,983	203,131		
Ⅱ. 지출액	75,730	153,881	145,571	137,951	139,138	142,755	146,466	150,275		
조피볼락구입비	12,000	9,234	9,474	9,720	9,973	10,232	10,498	10,771		
사료비	34,778	100,074	90,067	81,004	80,710	82,808	84,961	87,170		
인건비	19,200	29,837	30,911	31,715	32,539	33,385	34,253	35,144		
유류비	2,775	4,271	4,382	4,496	4,613	4,733	4,856	4,982		
기타비용	6,977	10,465	10,737	11,016	11,303	11,597	11,898	12,208		
Ⅲ. 소득금액	-24,610	41,240	65,957	86,117	48,938	50,211	51,517	52,856		
Ⅳ. 최저생계비	8,000	12,312	12,632	12,961	13,297	13,643	13,998	14,362		
Ⅴ. 가용소득	-32,610	28,928	53,325	73,156	35,641	36,568	37,519	38,494		
Ⅰ. 총영업현금흐름	-32,610	28,928	53,325	73,156	35,641	36,568	37,519	38,494	38,494	
Ⅱ. 영업관련투자액	-	-	-	-	-	-	-	-		
Ⅲ. 순현금흐름	-32,610	28,928	53,325	73,156	35,641	36,568	37,519	38,494	38,494	
Ⅳ. 할인연수	0.6493	1.6493	2.6493	3.6493	4.6493	5.6493	6.6493	7.6493		
Ⅴ. 할인율	11.72%	11.72%	11.72%	11.72%	11.72%	11.72%	11.72%	11.72%		
Ⅵ. 현재가치계수	0.93056	0.83295	0.74557	0.66735	0.59734	0.53468	0.47859	0.42838	3.6551	
Ⅶ. 현금흐름의순현가	-30,346	24,096	39,758	48,821	21,290	19,552	17,956	16,490	140,699	298,316

(주1) 20○○년도 추정손익은 20○○년 05월 08일부터 20○○년 12월 31일까지의 추정손익임.

(주2) 미래현금흐름의 현재가치는 회사의 회생기간 중의 현금흐름의 현재가치(20○○년부터 20○○년까지와 20○○년 이후 고정성장율에 의한 현재가치를 합산하여 산출함).

(주3) 현재가치계수 : 계속기업가치를 산출하기 위한 현재가치계수는 아래와 같습니다.

* 현재가치계수 = 1 ÷ (1+R)N (R : 할인율, N : 기간)

(주4) 20○○년 이후의 기업의 잔존가치를 산출하기 위한 현재가치할인계수는 아래와 같으며, 20○○년 이후의 잔존가치를 산출하기 위한 고정성장율을 0%로 적용함

* 잔존가치의 현재가치계수 = 1 ÷ {(1+R)N×(R-G)} (G:고정성장율) = 3.5158

[별첨 4]

채권자별 신고금액 및 채권인정액

(단위 : 원)

<table>
<tr><th>대분류</th><th>중분류</th><th>소분류</th><th>거래처</th><th>채권자
신고금액</th><th>조회서등
회신금액(주1)</th><th>채권
인정금액</th><th>차이</th><th>비고</th></tr>
<tr><td rowspan="4">회생담보권</td><td colspan="2">보증채무</td><td>○○○수산업
협동조합</td><td>50,000,000</td><td>50,000,000</td><td>0</td><td>50,000,000</td><td>주2</td></tr>
<tr><td rowspan="2">일반회생채권</td><td rowspan="2">금융기관</td><td>○○농업협동조합</td><td>23,260,319</td><td>23,260,319</td><td>15,410,000</td><td>7,850,319</td><td>주2</td></tr>
<tr><td>○○캐피탈</td><td>2,741,012</td><td>2,741,012</td><td>2,741,012</td><td>0</td><td></td></tr>
<tr><td colspan="3">회생담보권소계</td><td>76,001,331</td><td>76,001,331</td><td>18,151,012</td><td>57,850,319</td><td></td></tr>
<tr><td rowspan="9">회생채권</td><td rowspan="6">일반회생채권</td><td rowspan="6">금융기관</td><td>○○○수산업
협동조합</td><td>123,010,000</td><td>113,010,000</td><td>113,010,000</td><td>10,000,000</td><td></td></tr>
<tr><td>○○농업협동조합</td><td>12,944,991</td><td>13,307,732</td><td>21,158,051</td><td>-8,213,060</td><td>주2</td></tr>
<tr><td>○○양계축산업
협동조합</td><td>42,693,377</td><td>42,251,864</td><td>42,251,864</td><td>441,513</td><td></td></tr>
<tr><td>○○캐피탈</td><td>5,375,460</td><td>5,375,460</td><td>5,375,460</td><td>0</td><td></td></tr>
<tr><td>○○보증보험</td><td>3,560,000</td><td>0</td><td>0</td><td>3,560,000</td><td>주3</td></tr>
<tr><td>소 계</td><td>187,583,828</td><td>173,945,056</td><td>181,795,375</td><td>5,788,453</td><td></td></tr>
<tr><td colspan="2" rowspan="3">보증채무</td><td>○○○수산업
협동조합</td><td>361,490,990</td><td>361,490,990</td><td>411,490,990</td><td>-50,000,000</td><td>주2</td></tr>
<tr><td>○○보증보험</td><td>1,975,000</td><td>0</td><td>0</td><td>1,975,000</td><td>주3</td></tr>
<tr><td>소 계</td><td>363,465,990</td><td>361,490,990</td><td>411,490,990</td><td>-48,025,000</td><td></td></tr>
<tr><td colspan="4">합 계</td><td>627,051,149</td><td>611,437,377</td><td>611,437,377</td><td>15,613,772</td><td></td></tr>
</table>

주1) 조사보고서일 현재 조회 회신 및 대체적인 절차를 통하여 확인된 금액입니다.

주2) 담보가액초과분이며 동금액은 회생채권금액으로 기재하였습니다.

주3) 채무자가 한국전력공사에 전기요금을 미납부시 서울보증보험이 미납액에 대해 보증하는 것으로, 20○○년 07년 08일 현재 미납액은 없습니다.

제4장 간이회생절차 개시신청서 작성사례

[사례 1] 간이회생 – 회사의 대표이사, 사업부진

일반회생신청서 일람표

간이회생절차개시신청서	간이회생계획안

- 회생절차개시명령신청서(표지)
- 회생절차개시명령신청서(본문)
- 회생담보권자의 목록총괄표
- 회생채권자의 목록총괄표
- 회생담보권·회생채권 시·부인 명세서
- 회생담보권, 회생채권 시·부인 총괄표
- 회생담보권자·회생채권자목록 총괄표(재제출)

[서식 1] 간이회생절차 개시신청서(표지)

간이회생절차 개시신청서

신 청 인	전화: 051) 000-0000 휴대폰: 000-0000-0000
대 리 인	전화: 051) 000-0000 F A X: 000-000-0000
주거래 은행	○○농업협동조합

신청인 겸 채무자 ○○○

위 신청대리인 법무법인 ○○
담당변호사 ○○○

○○지방법원 귀중

[서식 2] 간이회생절차 개시신청서

간이회생절차 개시신청서

신청인 ○○○(000000-0000000)
겸 ○○시 ○○구 ○○동 ○○○-○○○
채무자 휴대전화 : 000-0000-0000

위 신청인 겸 채무자의 대리인 법무법인 ○○
담당변호사 ○○○
○○시 ○○구 ○○동 ○○-○○○ (우. 00000)
(전화번호: 000) 000-0000, 전송번호: 000) 000-0000
(E-mail : kkkkk@naver.com)

신 청 취 지

1. 채무자에 대하여 간이회생절차를 개시한다.

라는 결정을 구합니다.

신 청 이 유

Ⅰ. 채무자의 개요

1. 인적사항

가. 성명 : ○○○(000000-0000000)
나. 주소 : ○○시 ○○구 ○○동 ○○○-○○○
다. 직업 : ○○○○○조합법인 대표이사
○○수산 대표
라. 사업장 주소 : ○○시 ○○구 ○○동 ○○○-○○○
마. 가 족 관 계 : 채무자를 포함하여 6인 가족으로 아래와 같습니다.

◆ 배우자 : ○○○(19○○. ○. ○.생)
◆ 자 녀 : ○○○(19○○. ○. ○.생)
◆ 자 녀 : ○○○(19○○. ○. ○.생)

◆ 자 녀 : ○○○(19○○. ○. ○.생)
◆ 자 녀 : ○○○(19○○. ○. ○.생)

2. 이력사항

- 19○○. 4. ○○상회 개업
- 19○○. 5. 운수사업(화물차량 2.5Ton)
- 19○○. 8. ○○○○학교 졸업
- 19○○. 5. ○○식품 개업
- 20○○. 9. ○○수산 개업
- 20○○. 8. ○○○○○조합법인 설립
- 20○○. 5. ○○○○○조합법인 대표이사

3. 채무자의 업무 현황

채무자는 20○○년 9월 ○○수산을 개업하여 해조류 가공을 주업으로 하는 제조업체인 ○○수산을 운영하고 있으며 20○○년 8월 설립한 ○○○○○조합법인의 대표이사로 재직하고 있습니다.

채무자는 해조류 가공을 목적으로 20○○년 9월 ○○수산을 설립하였으며 ○○수산은 해조류(미역, 다시마 등)를 삶고, 염장 처리하여 판매하는 수산식물 가공업을 영위하고 있습니다.

채무자는 19○○년 ○○식품을 개업하고 20○○년 ○○수산을 개업하여 해조류 생산 및 공급에 다년간 종사하였으며 20○○년 8월 자동건조설비를 갖춘 ○○○○○조합법인을 설립하여 수산식물 가공업을 영위하여 왔습니다.

○○○○○조합법인은 수산식물 자동 건조 설비, 냉동창고 등을 보유하고 ○○수산에서 염장 처리한 미역, 다시마 등 해조류를 선별, 세척, 건조, 포장하여 판매하고 있습니다. 채무자는 다년의 경험을 바탕으로 최고의 품질, 청결과 안전성에 비중을 두고 제품을 생산하고 있으며 판매망 확보 및 매출 증대를 위해 노력하는 등 영업활동을 성실히 수행하였습니다.

가. ○○수산[소갑 제2호증의 1 (사업자등록증)]

- 사업자등록번호 : 000-00-00000
- 사업장소재지: ○○시 ○○구 ○○동 ○○○-○○○

- 업태: 제조업
- 종목: 해조류 가공
- 설립연월일 : 20○○년 09월 06일

나. ○○○○○조합법인[소갑 제2호증의 2(법인등기부등본)], [소갑 제2호증의 3(조합원명부)], [소갑 제2호증의 4(사업자등록증)]

1) 회사내역

회 사 명	소 재 지	자 본 금	설립일자
○○○○○조합법인	부산 ○○구 ○○동 ○○○-○○○	550,000,000원	20○○. 8. 2.

2) 회사의 조합원 현황

성 명	소유좌수 (단위 : 좌)	금액 (단위 : 원)	지분율(%)	비고(관계)
○○○	21,800	218,000,000	39.7	대표이사
○○○	16,400	164,000,000	29.8	
○○○	15,000	150,000,000	27.3	
○○○	900	9,000,000	1.6	
○○○	900	9,000,000	1.6	
합 계	**55,000**	**550,000,000**	**100**	

Ⅱ. 채무자의 자산, 부채 및 그 밖의 재산상태

1. ○○수산 최근 5년간의 요약 재무상태표 [소갑 제7호증 (재무제표)]

(단위 : 천원)

구 분	20○○년	20○○년	20○○년	20○○년	20○○년
유동자산	405,996	451,141	280,881	322,062	196,591
비유동자산	164,529	153,956	158,626	147,318	137,547
자산총계	570,525	605,097	439,507	469,380	334,138
유동부채	409,300	409,300	300,000	300,000	300,000
비유동부채	-	-	-	-	-
부채총계	409,300	409,300	300,000	300,000	300,000
자본총계	**161,225**	**195,797**	**139,507**	**169,380**	**34,138**

2. ○○수산 자산 현황

가. 최근 5년간 항목별 자산내역 [소갑 제7호증 (재무제표)]

(단위 : 천원)

구 분	20○○년	20○○년	20○○년	20○○년	20○○년
당좌자산	335,405	435,155	250,758	322,062	196,591
재고자산	70,591	15,986	30,123	-	-
유형자산	164,529	153,956	158,626	147,318	137,547
자산총계	**570,525**	**605,097**	**439,507**	**469,380**	**334,138**

나. 자산 내역 [소갑 제3호증의 1 (자산현황)] (20○○. 6. 30. 현재)

채무자의 자산내역은 다음과 같습니다.

(단위 : 원)

과 목	총 금 액	평가금액	비 고
○○수산 관련자산			
유동자산	70,000,000	70,000,000	
원재료	70,000,000	70,000,000	6월말 현재 재고액
비유동자산	137,546,877	162,523,951	
토지	52,068,000	52,068,000	취득가액 평가
건물	79,251,700	103,975,500	상각후 취득가액 평가
기계장치	4,821,341	4,196,976	상각후 취득가액 평가
차량운반구	1,000	1,000	상각후 취득가액 평가
기타유형자산	1,404,836	2,282,475	상각후 취득가액 평가
기타자산	70,000,000	70,000,000	
○○○푸드 출자액	218,000,000	-	21,800좌
합 계	**425546,877**	**232,523,951**	

3. 부채 현황

가. ○○수산 최근 5년간 항목별 부채내역 [소갑 제7호증 (재무제표)]

(단위 : 천원)

구 분	20○○년	20○○년	20○○년	20○○년	20○○년
유동부채	409,300	409,300	300,000	300,000	300,000
비유동부채	-	-	-	-	-
부채총계	**409,300**	**409,300**	**300,000**	**300,000**	**300,000**

나. 회생담보권 및 회생채권의 내역 (20○○. 6. 30. 현재)

{소갑 제4호증 [회생담보권자(금융기관 대여채무)의 목록 총괄표],소갑 제5호증 [회생채권자(금융기관 대여채무)의 목록 총괄표], 소갑 제6호증 [회생채권자(금융기관 보증채무)의 목록 총괄표]}

(단위 : 원)

구 분	채권내역	채권금액
회생담보권	금융기관 대여채무	160,240,476
회생채권	금융기관 대여채무	576,453,686
	금융기관 보증채무	1,741,040,986
합 계		**2,477,735,148**

1) 회생담보권자 (20○○. 6. 30. 현재)

► 금융기관 대여채무

(단위 : 원)

채권자명	금 액	비 고
ㅇㅇ농업협동조합	160,240,476	• 부산 ㅇㅇ구 ㅇㅇ동 ㅇㅇㅇ [토지] • 부산 ㅇㅇ구 ㅇㅇ동 ㅇㅇㅇ [건물] • [기계장치]
합 계	**160,240,476**	

2) 회생채권자 (20○○. 6. 30. 현재)

► 금융기관 대여채무

(단위 : 원)

채권자명	금 액	비 고
ㅇㅇ농업협동조합	239,809,524	담보권 중 회생채권
ㅇㅇ은행	240,000,000	
ㅇㅇ기업진흥공단	96,644,162	
합 계	**576,453,686**	

► 금융기관 보증채무

(단위 : 원)

채권자명	금 액	비 고
ㅇㅇ은행	1,374,601,000	
ㅇㅇ기업진흥공단	366,439,986	
합 계	**1,741,040,986**	

다. 자본 현황

채무자의 부채는 20○○. 6. 30. 현재 기준 잘못된 계산식원이나, 자산은 232,523,951원으로 이에 자본 잠식 상태입니다.

4. 손익 현황

가. ○○수산 최근 5년간 손익 내역 [소갑 제7호증 (재무제표)]

(단위 : 천원)

구 분	20○○년	20○○년	20○○년	20○○년	20○○년
매출액	1,689,595	1,472,085	1,095,590	1,048,705	483,564
매출원가	1,473,820	1,273,513	964,850	941,436	416,317
매출총이익	215,775	198,572	130,740	107,269	67,247
판매비와 관리비	171,618	152,701	81,508	60,569	27,208
영업이익	44,157	45,872	49,232	46,700	40,039
영업외비용	9,823	11,299	18,522	16,828	15,281
소득세차감전이익	34,334	34,572	30,710	29,873	24,758
소득세등	-	-	-	-	-
당기순이익	34,334	34,572	30,710	29,873	24,758

Ⅲ. 간이회생절차 개시신청에 이르게 된 사정

채무자는 다음과 같은 원인으로 인해 채무를 정상적으로 상환할 수 없는 상황에 처하여 간이회생절차의 개시신청에 이르게 되었습니다.

1. ○○○ 태풍 피해로 인한 과다한 금융채무의 부담

채무자는 해조류를 염장 처리하여 판매하는 수산식물 가공업체로서 20○○년 9월 ○○시 ○○구 ○○동에서 개업하여 미역, 다시마 등을 가공하여 판매하고 있으며 20○○년까지 연 매출을 10억원 이상을 유지하여 왔습니다.

그러나 채무자는 20○○년 발생한 ○○○ 태풍으로 인하여 약 2억 정도의 공장, 설비 등의 재해 손실이 발생하였으며 차입 및 자체 자금으로 공장 등을 복구하였으나 이로 인하여 차입금이 증가하였으며 회사의 운영자금 등에 어려움이 발생하였습니다.

2. 해조류 작황 부진으로 인한 매출 감소

해조류의 조달에는 계절성이 존재하며 시기별로 원재료의 조달에 어려움이 발생하기도 합니다. 채무자의 해조류 가공은 주로 1월부터 4월까지 매출이 대부분이 발생하고 있습니다. 그러나 20○○년에는 연안 수온의 불안정으로 인한 양식 작황의 부진과 태풍 피해 여파로 인하여 원재료의 수급에 어려움이 발생하였으며 이로 인하여 매출이 크게 감소하였습니다.

3. 관계회사인 ○○○○○조합법인에 대한 보증채무 부담

채무자는 20○○년 8월 해조류 자동 건조 설비를 갖춘 수산식물 가공업체인 ○○○○○조합법인을 설립하여 미역, 다시마 등을 가공하여 판매하고 있습니다. ○○○○○조합법인은 20○○년 발생한 ○○○ 태풍 피해와 매출채권의 부실화로 인하여 차입 원리금의 상환이 불가능한 상황에 이르게 되어 간이회생절차를 신청하기에 이르렀습니다. 채무자는 ○○○○○조합법인의 대표이사로 ○○○○○조합법인의 금융채무에 대하여 연대보증을 제공하고 있어 약 1,741백만원의 보증채무의 부담이 예상됩니다.

이러한 상황에서 기존 대출 원리금의 상환이 불가능하게 되어 간이회생절차의 개시신청에 이르게 되었으며 채무자의 채무가 간이회생절차를 통해 상환조건이 변경된다면, 정상적인 영업활동을 통하여 채무를 변제하고자 계획하고 있습니다.

Ⅳ. 채무자의 경제적 회생가치

1. 청산가치의 계산

(1) 채무자의 청산가치

채무자의 20○○년 6월 30일 현재 청산가치는 153백만원으로 산정되었으며, 계정과목별 산정내역은 다음과 같습니다. [소갑 제8호증 (청산가치 산정내역)]

[청산가치 산정표]

(단위 : 원)

계정과목	자산가액	청산조정	청산가치	회수율(%)
재고자산	70,000,000	35,000,000	35,000,000	50.00%
토지	52,068,000	-2,014,495	54,082,495	103.87%
건물	103,975,500	42,858,701	61,116,799	58.78%
기계장치	4,196,976	1,729,994	2,466,982	58.78%
차량운반구	1,000	1,000	-	0.00%
기타유형자산	2,282,475	1,825,980	456,495	20.00%
합 계	**232,523,951**	**79,401,180**	**153,122,771**	**65.85%**

(2) 청산가치의 산정방법

회사가 20○○년 6월 30일 현재 시점에서 청산한다고 가정하였을 때 수정 후 재무상태표상 재산을 매각하는 경우의 청산가치를 산정하였으며, 항목별 산정 기준은 다음과 같습니다.

가. 재고자산

① 재고자산은 원재료로 50%의 회수비용을 적용하여 산정하였습니다

나. 유형자산

① 유형자산 중 토지, 건물, 기계장치는 재산상태평가액(취득원가, 상각후 장부가액 등)에 최근 1년간 용도별 경매낙찰가율을 적용하여 청산가치를 산정하였습니다.

② 기타유형자산은 각 자산별로 파산적 청산이라는 특수상황을 가정할 경우 처분가액 정도(20%)로 청산가치를 산정하였습니다.

다. 출 자 금

① 출자금은 채무자가 보유하고 있는 ○○○○○조합법인에 출자금(출자좌수 21,800좌)으로 순자산이 (-)이며 간이회생정차를 신청하는 등의 사유로 그 가치가 없는 것으로 산정하였습니다.

(3) 청산가치 조별 배당률

회생담보채권에 우선 배당 후, 남은 잔액에 대해서는 채권금액에 비례하여 배당하였으며, 그 내역은 다음과 같습니다.

(단위: 원)

구 분	채권금액	청산가치배분액	청산배당률(%)
회생담보권	160,240,476	118,305,889	73.83%
회생채권	2,317,494,672	34,816,882	1.50%
합 계	**2,477,735,148**	**153,122,771**	**6.18%**

위와 같이 총 채권금액 2,477,735,148원에 대한 청산가치 배분액 153,122,771원의 비율(청산배당율)은 6.18%입니다.

2. 계속기업가치의 계산

(1) 채무자의 계속기업가치

회사의 계속기업가치는 회사 재산을 해체, 청산함이 없이 이를 기초로 하여 기업활동을 계속할 경우의 수익성 및 자금수지 검토 결과에 의거하여 순영업현금흐름의 현재가치에 자산의 매각으로 인한 현금흐름의 현재가치를 가감하여 산출하였습니다.

회사의 순영업현금흐름의 현재가치는 20○○년~20○○년까지는 각 기간별로 추정된 순영업현금흐름을 다음에서 설명하는 자본환원율로 현가화하고, 20○○년 이후에는 현금흐름의 성장 없이 지속되는 것으로 가정하여 이를 현가화하여 산출되었으며, 산출 결과 회사의 계속기업가치 평가액은 531,613천원입니다.[소갑 제9호증 (추정현금흐름의 세부내역)]

[회사의 계속기업가치 평가 결과]

(단위 : 천원)

구 분	평 가 액
추정기간 내 현금흐름의 현재가치(A)	342,330
영구현금흐름의 현재가치(B)	189,283
기초현금 및 비영업자산청산가치(C)	-
계속기업가치 평가액(=A+B+C)	531,613

(2) 계속기업가치 평가내역

1) 추정손익 및 영업현금흐름의 산정방법

회사의 순영업현금흐름의 현재가치는 회사의 사업계획에 따른 추정손익계산서를 근거로 산출되었으며, 추정손익계산서 작성시 적용한 방법은 다음과 같습니다.

가. 수입금액

① 사업수입

채무자의 계속기업가치 산정을 위한 매출액은 최근 연도별 회사의 매출액, 회사의 생산능력, 거래처별 매출 내역, 물가상승률 등을 고려하였습니다.

채무자는 20○○년 9월 ○○수산을 개업하여 미역, 다시마 등 해조류을 삶고 염장 처리하여 납품하는 수산물 가공업체로써 20○○년까지 연 매출이 10억원을 상회하였습니다. 회사의 생산능력과 과거 매출 현황 및 월별 매출 내역을 고려하여 20○○년 7월 이후와 20○○년 매출액은 과거 분기별 매출비율을 적용하였으며 회생 초기의 어려움을 감안하여 20○○년 매출 감소비율 등을 고려하여 추정하였습니다. 이후 매출액은 물가상승률을 반영하여 추정하였으며, 20○○년 매출액은 20○○년 매출액 수준으로 회복할 것으로 가정하였습니다.

② 급여소득

채무자의 20○○년 8월 ○○○○○조합법인을 설립하여 현재 대표이사로 재직 중에 있으며 이에 따라 급여소득을 창출하고 있습니다. 이에 따라 현재의 급여수준을 고려하여 앞으로 11년간(준비년도 포함)의 급여소득을 추정하였으며, 임금인상은 고려하지 아니하였습니다.

위와 같은 추정에 고려한 이에 따른 산정 결과는 다음과 같으며, 세부내역은 첨부한 추정현금흐름의 세부내역을 참고하시기 바랍니다.

(단위 : 천원)

구 분	20○○년 7월~	20○○년	20○○년	20○○년	20○○년	20○○년
	(준비연도)	(1차연도)	(2차연도)	(3차연도)	(4차연도)	(5차연도)
제품매출	106,100	483,564	494,169	505,007	516,082	527,401
급여소득	18,000	36,000	36,000	36,000	36,000	36,000
합 계	**124,100**	**519,564**	**530,169**	**541,007**	**552,082**	**563,401**

구 분	20○○년	20○○년	20○○년	20○○년	20○○년	합 계
	(6차연도)	(7차연도)	(8차연도)	(9차연도)	(10차연도)	
제품매출	538,968	550,788	562,867	575,212	587,827	5,447,985
급여소득	36,000	36,000	36,000	36,000	36,000	378,000
합 계	**574,968**	**586,788**	**598,867**	**611,212**	**623,827**	**5,825,985**

나. 매출원가의 추정

매출원가는 재료비, 인건비, 감가상각비와 기타원가로 구분하여 추정하였습니다. 재료비는 해조류의 양식 작황 등에 의하여 가격 변동의 발생가능성이 높으므로 최근 3개년 매출액 대비 원재료비율을 적용하여 추정하였습니다.

인건비는 전액 일용 근로자 발생 급여로 최근 매출 대비 발생비율을 고려하여 추정하였으며 감가상각비는 회사 보유 자산에 대한 감가상각비를 재계산하여 추정하였습니다.

기타원가는 변동비와 고정비로 구분하여 최근 매출액 대비 발생비율과 최근 고정원가 및 물가상승률을 고려하여 추정하였습니다.

이에 따른 산정결과는 다음과 같으며, 구체적인 추정방법 및 그 내역은 첨부한 추정현금흐름의 세부내역과 같습니다.

(단위 : 천원)

구 분	20○○년 7월~ (준비연도)	20○○년 (1차연도)	20○○년 (2차연도)	20○○년 (3차연도)	20○○년 (4차연도)	20○○년 (5차연도)
재료비	78,227	356,532	364,351	372,342	380,508	388,853
인건비	5,485	25,000	25,548	26,109	26,681	27,266
감가상각비	4,090	7,857	9,578	6,932	6,932	6,932
변동원가	8,674	39,534	40,401	41,287	42,193	43,118
고정원가	514	1,041	1,055	1,069	1,083	1,097
합 계	**96,991**	**429,964**	**440,933**	**447,738**	**457,396**	**467,266**

구 분	20○○년 (6차연도)	20○○년 (7차연도)	20○○년 (8차연도)	20○○년 (9차연도)	20○○년 (10차연도)	합 계
재료비	397,381	406,096	415,002	424,104	433,405	4,016,799
인건비	27,864	28,475	29,100	29,738	30,390	281,658
감가상각비	6,932	6,932	6,932	6,932	6,932	76,979
변동원가	44,064	45,030	46,018	47,027	48,058	445,406
고정원가	1,111	1,126	1,141	1,156	1,171	11,563
합 계	**477,352**	**487,659**	**498,193**	**508,957**	**519,957**	**4,832,406**

다. 판매비와 관리비의 추정

판매비와 관리비는 인건비, 감가상각비 및 기타경비로 구분하여 추정하였으며, 최근 매출대비 경비 발생비율과 고정비용 발생액 및 물가상승률을 적용하여 추정하였습니다.

이에 따른 산정 결과는 다음과 같으며, 구체적인 추정방법 및 그 내역은 첨부한 추정현금흐름의 세부내역과 같습니다.

(단위 : 천원)

구 분	20○○년 7월~ (준비연도)	20○○년 (1차연도)	20○○년 (2차연도)	20○○년 (3차연도)	20○○년 (4차연도)	20○○년 (5차연도)
변동경비	6,005	25,140	25,653	26,177	26,713	27,261

고정경비	586	1,188	1,204	1,219	1,236	1,252
합 계	**6,591**	**26,328**	**26,856**	**27,397**	**27,949**	**28,513**

구 분	20○○년 (6차연도)	20○○년 (7차연도)	20○○년 (8차연도)	20○○년 (9차연도)	20○○년 (10차연도)	합 계
변동경비	27,820	28,392	28,977	29,574	30,185	281,897
고정경비	1,268	1,285	1,302	1,319	1,337	13,195
합 계	**29,089**	**29,677**	**30,279**	**30,893**	**31,521**	**295,092**

2) 현금의 유출이 없는 비용

영업비용에 포함되어 있는 감가상각비는 추정손익계산서 작성시 비용으로 처리되었으나 현금의 유출이 없는 비용이므로 현금흐름에 가산하였습니다.

3) 순운전자본의 변동

회사가 영업활동을 영위하기 위해서는 필연적으로 매출채권, 매입채무 등의 운전자본에 대한 투자가 요구되는바, 동 운전자본의 변동액은 영업활동의 현금흐름에 영향을 미치게 됩니다. 이러한 운전자본의 변동액은 매출 및 매출원가의 추정치를 기초로 회사의 특성에 따라 가정한 회전율을 적용하여 산출하였습니다.

4) 제세공과금의 추정

향후 추정 소득금액에 현재의 소득세율 및 4대 보험료 사용자 부담률 등을 감안하여 추정하였습니다.

5) 생 계 비

생계비는 1인기준 최저생계비의 1.5배를 감안하여 월 1백만원을 적용하여 추정하였습니다.

6) 계속기업가치의 추정기간

미래 현금흐름의 추정은 회사의 사업계획과 수지예상에 의해 추정 가능한 20○○년 7월부터 20○○년까지의 약 11년간의 현금흐름과 20○○년 이후의 현금흐름을 구분하여 추정하였는바, 20○○년 이후의 현금흐름은 성장률이 없는 것으로 가정하여 추정하였으며, 모든 현금흐름은 12월 31일 이루어지는 것으로 가정하였습니다. 또한, 급여소득에 대하여는 20○○년 이후의 현금흐름은 없는 것으로 가정하여 추정하였습니다.

7) 할 인 율

할인율은 20○○년 7월 10일 현재 3년 만기 국고채 수익률인 1.806%에 위험프리미엄 6.50%를 가산하여 8.306%를 적용하였습니다.

3. 결 론

위에서 본 바와 같이 계속기업가치와 청산가치를 비교한 표는 아래와 같습니다.

(단위 : 천원)

계속기업가치	청산가치	계속기업가치-청산가치	비 고
531,613	153,123	378,490	계속기업가치 〉 청산가치

위의 표에서 보듯이 계속기업가치가 청산가치를 초과하고 있습니다. 따라서, "채무자 회생 및 파산에 관한 법률"에 따른 경제적으로 회생의 가치가 있는 채무자로서" 청산할 때의 가치가 존속시킬 때의 가치보다 큰 것이 명백한 경우"에 해당되지 아니하며(동법 제285조등) 채무자가 회생절차를 통하여 존속하는 경우 채권자의 변제가능규모가 청산절차를 통하여 변제받을 수 있는 규모에 비하여 월등히 높은 것으로 예상됩니다.

(단위 : 천원)

구분	채권금액	배분액	배당률(%)
청산의 경우	2,477,735	153,123	6.18%
계속기업의 경우	2,477,735	531,613	21.46%
차 이	0	378,490	15.28%

Ⅴ. 회생계획의 이해 가능성

1. 채무자의 소득

채무자의 재정 상태는 비록 파탄에 이르렀으나, ○○수산으로부터 계속적으로 사업소득이 발생하고 있으며 20○○년 ○○○○○조합법인으로부터 현재까지 급여소득을 창출하고 있습니다. 현재의 소득을 유지하게 된다면 앞으로 11년간(준비년도 포함) 제세공과금을 제외하고 약 543,329천원의 소득을 얻을 수 있을 것으로 예상됩니다.

이 중에서 11년간(준비년도 포함) 최저생계비를 공제하고 회생담보권 및 회생채권의 변제에 약 526,682천원을 충당할 수 있을 것으로 예상됩니다. 보다 상세한 내역은 별첨 추정소득현금흐름의 세부내역 및 채무상환계획표와 같습니다. [소갑 제9호증의 1 (추정 현금흐름의 세부내역), 2 (채무상환계획표)]

2. 부채상환계획

채무자는 위 장래소득으로 다음과 같이 회생채권 및 회생담보권을 변제할 수 있습니다.

가. 회생담보권

① 원금 및 「개시 전 이자」는 전액을 현금 변제하되, 제1차년도(20○○년)까지 거치 후 제2차년도(20○○년)부터 제5차연도(20○○년)까지 균등분할 변제하는 것으로 하였습니다.

② 「개시 후 이자」는 권리변경 후 원금 및 「개시 전 이자」에 대하여 준비년도(20○○년)부터 제10차년도(20○○년)까지 연 5%의 이자율을 적용하여 매년 변제일에 변제하는 것으로 하였습니다.

나. 회생채권

① 원금 및 「개시 전 이자」의 85%는 면제하고, 나머지 15%에 대해서는 제5차년도(20○○년)까지 거치 후 제6차년도(20○○년)부터 제10차년도(20○○년)까지 5년간 균등분할 변제하는 것으로 하였습니다.

Ⅵ. 회생절차 개시신청의 의사

채무자의 채무는 2,477,735천원으로 채무액 30억원 미만인 소액영업소득자에 해당하여 간이회생절차 개시신청을 하였습니다. 본 신청이 "채무자 회생 및 파산에 관한 법률"에 따른 간이회생절차개시신청 요건에 해당되지 아니할 경우에는 회생절차개시의 신청을 하는 의사가 있습니다.

소 명 방 법

1. 소갑 제1호증의 1 가족관계증명서
   2 혼인관계증명서
   3 주민등록등본
   4 주민등록초본

5 대표 ○○○ 이력서
1. 소갑 제2호증의 1 사업자등록증(○○수산)
2 법인등기부등본(○○○○○조합법인)
3 조합원 명부(○○○○○조합법인)
4 사업자등록증(○○○○○조합법인)
1. 소갑 제3호증의 1 자산현황
2 자산별 세부내역
3 부동산등기부등본{부산 ○○구 ○○동 ○○○(토지)}
4 부동산등기부등본{부산 ○○구 ○○동 ○○○(토지)}
5 부동산등기부등본{부산 ○○구 ○○동 ○○○(건물)}
6 부동산등기부등본{부산 ○○구 ○○동 ○○○(건물)}
1. 소갑 제4호증 회생담보권자(금융기관 대여채무)의 목록 총괄표
1. 소갑 제5호증 회생채권자(금융기관 대여채무)의 목록 총괄표
1. 소갑 제6호증 회생채권자(금융기관 보증채무)의 목록 총괄표
1. 소갑 제7호증 재무제표
1. 소갑 제8호증 청산가치 산정내역
1. 소갑 제9호증의 1 추정현금흐름의 세부내역
2 채무상환계획표
1. 소갑 제10호증 종합소득세 신고내역(20○○년)
1. 소갑 제11호증 진술서
1. 소갑 제12호증 금융거래 확인원

첨 부 서 류

1. 위 소명방법 각 1통
1. 위임장 1부

20○○. ○. ○.

신청인 겸 채무자의 대리인 법무법인 ○○
담당변호사 ○ ○ ○ (인)

○○지방법원 귀중

[사례 2] 간이회생 – 소액영업소득자, 사업부채 및 보증채무

일반회생신청서 일람표

회생절차개시신청서	회생계획안
• 회생절차개시명령신청서(표지)	• 회생계획안(표지)
• 회생절차개시명령신청서(본문)	• 회생계획안(본문)
• 재산보전처분명령신청서	• 채무자의 현황 및 회생절차의 경과
• 포괄적금지명령신청서	• 회생계획안의 요지
• 관리인보고서	• 회생담보권 권리변경과 변제방법
	• 회생채권 권리변경과 변제방법
	• 공익채권의 변제방법
	• 변제할 채권의 내역
	• 변제자금의 조달방법
	• 자구노력의 추진
	• 예상수익금의 과부족시 처리방법
	• 분쟁해결의 방법
	• 운영자금의 조달방법
	• 회생절차의 조기종결 및 폐지신청
	• 기타 사항

[서식 1] 간이회생절차개시신청서(표지)

사건 : 20○○회단 회생

간이회생절차개시신청서

20○○. ○. ○.

관리인 ○ ○ ○

○○지방법원 민사○○단독 귀중

[서식 2] 간이회생절차개시신청서

간이회생절차개시신청서

신 청 인 ○○○(123456-1234567)
겸 ○○시 ○○구 ○○대로 ○○○번길 ○○○(○○동)
채 무 자 휴대전화: 000-0000-0000

위 신청인 겸 채무자의 대리인 법무법인 ○○
담당변호사 ○○○
○○시 ○○구 ○○대로 ○○○번길 ○○○(○○동)
(전화번호: 000) 000-0000, 전송번호: 000) 000-0000
(E-mail : kkkkk@naver.com)

신 청 취 지

채무자에 대하여 간이회생절차를 개시한다.
라는 결정을 구합니다.

신 청 이 유

Ⅰ. 채무자의 업무의 현황

1. 채무자의 개요

가. 인적사항

1) 성 명 : ○○○(123456-1234567)
2) 주 소 : ○○시 ○○구 ○○대로 ○○○번길 ○○○(○○동)
3) 직 업 : ◇◇◇◇석유 운영
4) 사업장주소 : ○○시 ○○면 ○○대로 ○○○번길 ○○○
5) 가 족 관 계 : 채무자 포함 4인 가족으로 아래와 같습니다.

◆ 배우자: ○○○(60세)
◆ 자 녀: ○○○(22세)
◆ 자 녀: ○○○(20세)

나. 이력사항

- 19○○. 2. 대전 ○○고등학교 졸업
- 19○○. ~ 20○○. ○○철공 재직(대표이사)
- 20○○. ~ 20○○. ○○건설 재직(대표이사)
- 20○○. ~ 현재 ○○가스(주) 재직(대표이사)
- 20○○. ~ 현재 ◇◇◇◇석유 운영

2. 채무자의 업무현황

가. 채무자 회사의 사업현황

채무자는 20○○년 7월 ○○가스(주)를 설립하여 대표이사로 등재되어 있으나 현재는 실질적인 사업운영은 이루어지지 않고 있으며, 기존 ○○가스(주)에 임대하여 오던 토지, 건물, 주유소시설을 보유한 채 20○○년 4월 ◇◇◇◇석유의 사업자로 주유소를 운영하고 있습니다.

채무자가 속한 석유산업은 국내 4대 정유사가 원유수입과 동시에 가공시설 처리 과정을 거쳐 현대산업의 "심장"과 같은 역할을 하는 각종 석유제품을 생산하고 있으며, 또한 국가 경제 및 국민 생활에 필수적인 물자인 석유제품을 안전하게 공급함으로써 국가발전에 큰 힘을 주고 있습니다. 우리나라 정제산업에서 석유제품을 생산하기 위해서는 원유국을 통해서 원유를 전면 수입하고 있어 원유수출국의 경제적, 정치적인 영향이 석유산업에 있어서 큰 이슈로 자리 잡고 있습니다. 거시적인 영향으로 환율이 상승할 때 석유제품을 생산하는 국내 정유사뿐만 아니라 정유사와 수입사로부터 석유제품을 매입하여 하부 유통업체와 판매소에 납품하는 업체에도 큰 영향을 미치게 됩니다. 그러므로 석유생산과 석유를 유통하는 업체 모두가 비탄력적인 유가의 흐름을 항상 확인을 통한 생산 활동을 하여야 할 것입니다.

석유제품 도매시장은 국내 정유사의 과점산업이라고 불리는 만큼 국내 4대 정유사가 독점하는 시장이었으나, 정부의 석유가격 안정화를 위한 정책을 통한 수입사에 대한 면제혜택이 부여되면서 실질적으로 수입사에 더 유리한 조건으로 석유를 수입할 수 있어 국내 정유사만에 과점산업이었던 석유제품 도매시장이 수입사의 할당 관세 면제로 석유유통산업 구조에 가격 안정화가 점차 보이고 있으며, 석유유통산업이 유통 이윤을 통한 매출 구조 형성에 큰 힘이 될 것으로 보고 있습니다.

우리 현대사회가 발전하기까지 세계 여러 나라의 산업혁명 속에 항상 석유라는 자원이 자리를 잡고 있었습니다. 그만큼 현대문명이 이렇게 빠르게 발전할 수 있었던 이유가 화석연료의 활성화에 주체인 바로 석유입니다. 하지만 몇 년의 세월을 이어온 석유자원에 대한 믿음도 지구 온난화와 환경오염에 대한 의심쩍은 문제로 석유자원의 종말론이 거론될 수밖에 없는 일들이 많아지고 있으며, 석유종말론은 1956년 지질학자인 킹허버트가 종모양의 곡선을 그려 보이며 65년~71년 사이에 석유 생산이 정점에 달할 것이라고 하였으며, 이는 71년 오일쇼크발생 사건으로 적중하는 듯 보였으나, 그 뒤 석유 생산은 오히려 늘어 그의 이론은 근거를 잃었습니다. 그러나, 석유시장이 변화가 올 때마다 되살아나기를 반복하였으며, 또한 석유수입국에서는 대체에너지에 대한 정책을 수없이 거론되고 있고, 끊임없는 대체에너지 연구를 발표하고 있으나, 대체에너지에 대한 투자를 시작으로 얻은 성과가 석유시장의 점유율을 반전하기에는 오랜 기간이 소요될 것으로 보고 있습니다. 그만큼 앞으로 계속된 소비활동을 유지하는 자원이 석유라는 것을 보여주고 있습니다.

최근 고유가 시대에 맞춰 국제적인 메이저 석유기업 및 국내 정유사들은 석유사업의 환경변화에 맞추어 석유제품 생산을 하기 위해 고도화 석유정제시설에 대한 지속적인 투자방향을 잡고 있기 때문에 메이저 석유기업 및 국내 정유사에 향방과 수입사에 할당 관세 면제를 통한 국내정유사, 수입사간에 경합시장에서 가격경쟁을 통한 석유 유통산업에 앞으로 향방이 달라질 것으로 예측됩니다. 또한 석유 유통산업에 간접적인 영향을 주는 여건들을 대처하기 위한 전략적 방향과 공격적인 마케팅을 통한 국내 석유수요 흐름 분석을 수시로 검토해야 할 것이며, 경쟁력 있는 대체재가 대두하기까지는 안정적인 석유소비에 대한 증가추세가 계속해서 이어갈 것으로 보이고 있습니다.

나. 채무자 회사의 사업계획

채무자의 주요 상품인 석유류는 국내 정유사가 원유를 전면수입으로 정제 가공처리를 통하여 제품을 생산하기 때문에 국내 정유사와 수입사로부터 석유제품에 대한 100% 영향을 받는 석유 유류도소매업은 국내 정유사와 수입사의 원유 및 가공된 석유제품수입원가 적용 비율에 따라 석유 유류도소매업의 매출원가에 큰 영향을 주고 있습니다. 현재 시장점유율 확보에 중점을 둔 인근주유소간의 과당경쟁이 가속화되고 유사 휘발유 판매 및 유류단가 상승 등으로 유통마진이 축소되는 어려운 영업환경에서도 직원들의 열의있는 영업과 이용자들의 편의시설을 확충하고 차별화된 전략 및 다양한 서비스를 제공하여 매출 증대를 기대하고 있습니다.

한편, 채무자회사가 20○○년까지 임대하여 동일 장소에서 주유소사업을 영위한 ○○가스(주)의 최근 사업 실적은 다음과 같습니다.

(단위 : 천원)

구 분	20○○년	20○○년	20○○년
매 출 액	15,858,868	17,815,090	3,804,715
매출원가	15,585,024	17,497,067	3,594,269
매출총이익	273,844	318,023	210,446
판 관 비	210,927	235,421	145,585
영업이익	62,917	82,602	64,861

20○○년까지는 저장탱크 등을 임차하여 도매업을 수행하였으나 20○○년에는 주유소업만을 영위하여 매출이 크게 감소하였으며, 채무자는 20○○년 실적의 80%만을 달성하여도 향후 회생절차의 진행을 통해 채권자에게 보다 유리한 변제를 이행할 것으로 예상하고 있습니다.

Ⅱ. 채무자의 자산, 부채 그 밖의 재산상태

1. 채무자의 자산 현황

채무자의 재산은 다음과 같습니다. 상세한 내역은 자산현황에 기재되어 있습니다. [소갑 제2호증의 1 (자산현황)]

채무자의 자산내역은 종전 회생절차(○○지방법원 20○○회단○○○○○)의 조사보고서를 원용하였으며, 그 내역은 다음과 같습니다.

(단위 : 원)

과 목		채무자 제시액	실사조정		실사가치
			차 변	대 변	
Ⅰ.	**유동자산**	**10,676,462**			**56,840,894**
(1)	**당좌자산**	**10,676,462**			**22,268,641**
	현금	(12,248,097)	12,748,097	-	500,000
	보통예금	6,754,719	-	2,668,444	4,086,275
	외상매출금	16,169,840	1,512,526	-	17,682,366
(2)	**재고자산**	-			**34,572,253**

	상품	-	34,572,253	-	34,572,253
II.	**비유동자산**	**598,929,500**			**598,929,500**
(1)	**투자자산**	**-**			**-**
	주식	-			-
(2)	**유형자산**	**598,929,500**			**598,929,500**
	토지	479,868,000	-	-	479,868,000
	건물	110,561,500	-	-	110,561,500
	차량운반구	8,500,000	-	-	8,500,000
자산총계		**609,605,962**	**48,832,876**	**2,668,444**	**655,770,391**

2. 채무자의 부채 현황

채무자의 부채 현황은 다음과 같습니다. 상세한 내역은 [소갑 제3호증의 1 [회생담보권 및 회생채권의 시·부인 목록)] 에 자세히 기재되어 있습니다.

(단위 : 원)

구 분	채권내역	채권금액
회생담보권	대여채무	639,478,688
회생채권	대여채무	29,111,980
	보증채무	244,249,744
	확정구상채무	309,164,000
	미확정구상채무	3,170,512
합 계		**1,225,174,924**

1) 회생담보권자 (20○○. 3. 30. 현재)

► 대여채무

(단위 : 원)

채권자명	채권금액	담보 제공내역
(주)ㅇㅇ은행	525,954,709	(토지, 건물) ㅇㅇㅇ도 ㅇㅇ시 ㅇㅇ면 ㅇㅇ리 ㅇㅇㅇ-ㅇ, ㅇㅇㅇ-ㅇ, ㅇㅇㅇ-ㅇ
(주)ㅇㅇ은행	113,523,979	
합 계	**639,478,688**	

2) 회생채권 대여채무 (20○○. 3. 30. 현재)

► 대여채무

(단위 : 원)

채권자명	금 액	비 고
ㅁㅁ카드(주)	19,204,786	

(주)ㅇㅇ카드	9,905,911	
ㅇㅇ기업은행 ㅇㅇ지점	1,283	
합 계	**29,111,980**	

3) 회생채권 보증채무 (20○○. 3. 30. 현재)

► 대여채무

(단위 : 원)

채권자명	금 액	비 고
(주)ㅇㅇ은행	191,570,759	회생담보권 중 회생채권시인액
(주)ㅇㅇ카드	634,891	
ㅇㅇ기업은행 ㅇㅇ지점	52,044,094	
합 계	**244,249,744**	

4) 회생채권 확정구상채무 (20○○. 3. 30. 현재)

► 확정구상채무

(단위 : 원)

채권자명	금 액	비 고
ㅇㅇ보증보험(주)	47,704,000	
ㅇㅇ보증기금	261,460,000	
합 계	**309,164,000**	

5) 회생채권 미확정구상채무 (20○○. 3. 30. 현재)

► 미확정구상채무

(단위 : 원)

채권자명	금 액	비 고
ㅇㅇ보증보험(주)	3,170,512	
합 계	**3,170,512**	

3. 재무 현황

(1) 채무자의 ◇◇◇◇석유의 20○○년 손익내역은 다음과 같습니다.

(단위 : 원)

구 분	20ㅇㅇ년
매 출 액	1,109,022,037
매출원가	955,248,897

매출총이익	113,773,140
판매비 와 관리비	63,433,273
영업손익	50,339,867
영업외 수익	5,017,468
영업외 비용	500
소득세 차감 전 이익	55,356,835
소득세등	0
당기순이익	55,356,835

4. 소 결 론

이상과 같이 채무자의 총 부채는 1,225,174,924원이며, 총 자산은 655,770,391원으로서 부채가 더 많은 상태입니다. 한편, 채무자가 연대보증을 한 주채무자 ○○가스(주)는 실질적인 영위사업이 없는 상태이고, 이에 대한 상환요구가 있으나 변제기일에 상환할 수 없는 상태입니다. 이에 따라 연대보증채무가 현실화되어 해당 채무자 소유의 부동산에 대한 경매절차가 이루어질 경우 정상적인 경영활동을 지속할 수 없는 상황에 처하게 되어, 채무자는 사업을 계속할 수 없는 상황에 있습니다.

Ⅲ. 파탄에 이르게 된 원인

채무자는 건설분야에서 20여년을 종사하여 오던 중 ○○○, ○○○과 석유류 도소매업을 목적으로 ○○가스(주)를 설립하였습니다. 당시 채무자 소유의 부동산 및 주유소시설을 ○○가스(주)에 임대하여 주는 방식으로 주유소 등을 운영하여 왔습니다. 감사로 등재된 위 ○○○은 그 직원으로 있던 이사 위 ○○○과 개인사업자로서 주유소 석유부판장 운수업 등 여러 사업체를 운영하고 있었습니다. 그러한 경험을 인정하여 ○○가스(주)의 실질적인 운영은 감사 ○○○이 하게 되었습니다. 업체관리, 자금관리, 인력관리를 비롯한 모든 업무분야에서 감사 ○○○의 주도하에 사업을 영위하여 온 이유로 장부상 외상매출금 등 채권채무에 대하여 실제금액과 차이가 있음을 20○○년 9월 감사 ○○○이 개인파산 신청을 한 이후에야 알게 되었습니다.

사업초기인 20○○년 운전자금 부족으로 채무자 ○○보증기금 2억, ○○은행 5천, 20○○년에는 ○○보증기금 1억, ○○보증 5천 등 사업장의 정상화를 위하여 다방면에서 노력을 하여 자금을 차입하였습니다. 처음에는 초창기라 운영이 힘들 수 있다는 생각으로 제가 가지고 있던 부동산 및 주변의 지인들로부터 자금을 차입하여 운영자금으로 사용했습니다. 그러던 중 20○○년 1월부터는 도저히 도소매 현물 대리점 운영이 어려워 본인이 소유한 주유소로 이전하여 주유소업을 하게 되었습니다. 하지만 주유소 운영 역시 자금사정이 좋지 않아 20○○년 5월 ○○은행으로부터 3억원의 대출을 하게 되었습니다. 또한 ○○은행 3억에 대한 자금 역시 바닥이 난 상태였습니다. 이에 당시 유류재고 1천만원, 법인적금 해약 1천 2백만원, 채무자 본인명의로 ○○카드론 1천 3백, ○○카드론 2천만원, 지인 1천만원 등 총 6천 2백만원으로 다시 영업을 시작하여 지금까지 이어오고 있었습니다.

하지만 작년 4월 ○○은행으로부터 3억중 1억 5천만원의 상환청구를 받아 도저히 ○○가스를 운영할 수 없게 되었습니다. 이에 ○○가스(주)의 사업영위를 위해 본인 명의로 차입금 금액과 회사명의로 차입한 금액에 대한 보증으로 인해 정상적으로 주유소 운영 및 부채상환이 불가능한 상황에 처하였습니다. 이에 따라 채무자는 회생절차의 개시신청에 이르게 되어 20○○. 5. 15.자로 ○○지방법원 20○○회단○○○○○호로 회생절차개시 신청을 하였지만 회생담보권 (주)○○은행의 부동의로 폐지가 되어 금번 재신청을 하기에 이르렀습니다. [소갑 제6호증 (진술서)]

한편, 채무자는 지금까지 금융기관, 지인 등 법인 및 개인이 변통한 자금에 대한 이자 및 세금 등 어떠한 부분에서도 연체를 한 적이 없습니다. 이에 채무자는 감사 ○○○의 관리부실 때문에 전적으로 운영이 어려워졌다고는 생각하지 않습니다. 가장 큰 원인은 친구 이전에 동업자라는 사적인 부분보다 공적인 감정으로 임했어야하는데 그렇지 못한 본인의 책임이 제일 큰바, 대표이사로서 책임질 수 있는 모든 부분에 대해서 책임을 다할 것입니다.

Ⅳ. 채무자의 경제적 회생가치

1. 청산가치의 계산

(1) 채무자의 청산가치

채무자의 20○○년 3월 30일 현재 청산가치는 452,007,543원으로 산정되었으며, 계정과목별 산정내역은 다음과 같습니다. [소갑 제5호증 (조사보고서)]

(단위 : 원)

과 목		채무자 제시액	청산조정		청산가치
			차 변	대 변	
Ⅰ.	**유동자산**	**56,840,894**			**56,840,894**
(1)	**당좌자산**	**22,268,641**			**22,268,641**
	현금	500,000	-	-	500,000
	보통예금	4,086,275	-	-	4,086,275
	외상매출금	17,682,366	-	-	17,682,366
(2)	**재고자산**	**34,572,253**			**34,572,253**
	상품	34,572,253	-	-	34,572,253
Ⅱ.	**비유동자산**	**598,929,500**			**598,929,500**
(1)	**투자자산**	-			-
	주식	-			-
(2)	**유형자산**	**598,929,500**			**395,166,650**
	토지	479,868,000	-	160,755,780	319,112,220
	건물	110,561,500	-	40,576,071	69,985,430
	차량운반구	8,500,000	-	2,431,000	6,069,000
자산총계		655,770,391	48,832,876	203,762,851	452,007,543

(2) 청산가치의 산정방법

채무자가 20○○년 3월 30일 현재시점에 청산한다고 가정하였을 때 재산을 매각하는 경우의 청산가치를 산정하였으며, 종전 회생절차에서 조사위원 ○○회계법인에서 20○○. 9. 11. 제출한 조사보고서를 원용하였습니다.

(3) 자산별 청산가치 산정방법

가. 현금/예금현금과 보통예금은 자산의 성격상 파산적 청산이라는 특수상황에도 불구하고 전액 회수할 수 있다고 판단되므로 회수율을 100%로 하여 청산가치를 산정하였습니다.

나. 외상매출금

외상매출금은 거래처의 부실과 연체 여부 등을 고려한 거래처별 회수가능성을 평가하였으며, 채무자의 외상매출금과 미수금은 외상판매금액과 신용카드 판매금액으로 회수가능성에 불확실성이 없으므로 청산가치를 실사가치와 동일하게 평가하였습니다.

다. 재고자산

재고자산은 보관중인 휘발유, 경유, 등유 등으로 조사일(20○○. 8. 11.) 기준 전산시스템의 보관수량에 매입단가를 곱해서 계산한 금액으로 평가하였습니다.

라. 투자자산

투자자산은 채무자가 보유하고 있는 ○○가스(주)의 주식으로 실질적인 사업 영위를 하지 않고 있는 점과 보유자산이 없는 회사인 점을 고려하여 그 가치는 없는 것으로 평가하였습니다.

마. 유형자산

유형자산은 실사가치에 조사기준일 이전 1년 동안의 용도별 낙찰가율(소재지역별 낙찰가율과 ○○지방법원의 용도별 낙착가율 적용)과 청산비용 1%를 고려하여 청산가치를 평가하였습니다.

(4) 청산가치 조별 배당률

회생담보채권에 우선 배당 후, 남은 잔액에 대해서는 채권금액에 비례하여 배당하였으며, 그 내역은 다음과 같습니다.

(단위 : 원)

구 분		채권금액	청산가치 배분액	청산배당률(%)
회생담보권	대여채무	590,429,500	408,413,625	69.2%
	소 계	590,429,500	408,413,625	69.2%
회생채권	대여채무	42,227,333	4,051,332	9.6%
	보증채무	280,183,579	26,881,088	9.6%
	확정구상채무	309,164,000	29,661,498	9.6%
	미확정구상채무	3,170,512	미정	미정
	소 계	634,745,424	60,593,918	9.6%
합 계		**1,225,714,924**	**469,007,543**	**38.3%**

위와 같이 총 채권금액 1,225,714,924원에 대한 청산가치 배분액 469,007,543원의 비율(청산배당율)은 38.3%입니다.

2. 계속기업가치의 계산

(1) 채무자의 계속기업가치

채무자의 계속기업가치는 사업용재산을 해체, 청산함이 없이 이를 기초로 하여 사업활동을 계속할 경우의 수익성 및 자금수지 검토 결과에 의거하여 순영업현금흐름의 현재가치에 비영업용자산의 청산가치를 가감하여 산출하였습니다.

회사의 종전 회생절차에서 조사위원 ○○회계법인에서 20○○. 9. 17. 제출한 조사보고서를 원용하였으며, 산출결과 회사의 계속기업가치 평가액은 853,145천원입니다. [소갑 제5호증 (조사보고서), 소갑 제7호증의1 (추정소득)]

[계속기업가치 평가 결과]

(단위 : 천원)

구 분	평 가 액
추정기간 현금흐름의 현재가치(A)	102,377,407
추정기간 이후 계속기업가치(B)	160,338,906
비영업용자산의 가치(C)	590,429,500
계속기업가치(=A+B+C)	262,716,313

* 할인율(할인율은 3년 만기 국고채 수익률 1.48%에 위험프리미엄 6.50%를 가산하여 7.98%를 적용하였습니다).

3. 결 론

위에서 본 바와 같이 계속기업가치와 청산가치를 비교한 표는 아래와 같습니다.

(단위 : 천원)

계속기업가치	청산가치	계속기업가치-청산가치	비 고
853,145	452,007	401,138	계속기업가치 〉 청산가치

위의 표에서 보듯이 계속기업가치가 청산가치를 초과하고 있습니다. 따라서, "채무자 회생 및 파산에 관한 법률"에 따른 경제적으로 회생의 가치가 있는 채무자로서 청산할 때의 가치가 존속시킬 때의 가치보다 큰 것이 명백한 경우에 해당되지 아니하며(동법 제285조등), 채무자가 회생절차를 통하여 존속하는 경우 채권자의 변제가능 규모가 청산절차를 통하여 변제받을 수 있는 규모에 비하여 높을 것으로 예상됩니다.

(단위 : 천원)

구 분	채권금액	배분액	배당률(%)
청산의 경우	1,225,714	452,007	38.00%
계속기업의 경우	1,225,714	853,145	70.00%
차 이	-	401,138	32.00%

Ⅴ. 회생계획의 이행의 가망성

1. 채무자의 소득

채무자의 재정 상태는 비록 파탄에 이르렀으나, 20○○년 4월부터 ◇◇◇◇석유의 사업을 개시하여 소득을 창출하고 있습니다. 현재의 사업을 유지하게 된다면 앞으로 11년간(준비년도 포함) 제세공과금을 제외하고 약 481,418천원의 소득을 얻을 수 있을 것으로 예상됩니다.

이 중에서 11년간(준비년도 포함) 가족의 최저생계비를 공제하고, 자산의 매각대금 등을 포함하여 회생담보권 및 회생채권의 변제에 약 827,326천원을 충당할 수 있을 것으로 예상됩니다. 보다 상세한 내역은 별첨 추정소득현금흐름의 세부내역 및 채무상환계획표와 같습니다. [소갑 제7호증의 1 (추정소득), 2 (채무상환계획표)]

2. 부채상환계획

채무자는 위 장래소득으로 다음과 같이 회생채권 및 회생담보권을 변제할 수 있습니다.

가. 회생담보권

원금 및 「개시 전 이자」는 전액을 현금 변제하되, 변제할 채권은 제1차년도(20○○년)에 부동산 [토지, 건물] ○○○도 ○○시 ○○면 ○○리 ○○○-○, ○○○-○, ○○○-○를 처분하여 제1차년도(20○○년)부터 제2차년도(20○○년)까지 다음의 비율로 분할 변제합니다.

1차년도 (20○○년)	2차년도 (20○○년)	3차년도 (20○○년)	4차년도 (20○○년)	5차년도 (20○○년)	6차년도 (20○○년)	7차년도 (20○○년)	8차년도 (20○○년)	9차년도 (20○○년)	10차년도 (20○○년)	합계
90%	10%	-	-	-	-	-	-	-	-	100%

② 「개시 후 이자」는 권리변경 후 원금 및 「개시 전 이자」에 대하여 연 3%의 이자율을 적용하여 매년 변제일에 변제하는 것으로 하였습니다.

나. 회생채권(대여채무, 보증채무)

① 원금 및「개시 전 이자」의 70%는 면제하고, 나머지 30%에 대해서는 제2차년도(20○○년)까지 거치 후 제3차년도(20○○년)부터 제10차년도(2026년)까지 다음의 비율로 변제하는 것으로 하였습니다.

1차년도 (20○○년)	2차년도 (20○○년)	3차년도 (20○○년)	4차년도 (20○○년)	5차년도 (20○○년)	6차년도 (20○○년)	7차년도 (20○○년)	8차년도 (20○○년)	9차년도 (20○○년)	10차년도 (20○○년)	합계
-	-	10%	10%	10%	10%	10%	10%	20%	20%	100%

Ⅵ. 재신청에 이르게 된 경위

채무자는 종전 회생절차가 진행되는 동안 회생담보권자 및 회생채권자들에 대한 최대한의 이익을 위해 회생계획안이 가결될 수 있도록 본인의 자산을 하루 빨리 매각하고자 동분서주하여 회생절차가 인가되는 조건하에 부동산을 6억 5천만원에 매수를 하겠다는 매수인이 나타나 매매계약서를 작성하고, 계약금까지 수령하였습니다. 이러한 본인의 노력 끝에 회생담보권은 1차연도(20○○년)에 전액 조기 변제 여건이 가능했고, 회생채권 역시 기존 21%에서 30%로 상향하는 회생계획 수정안을 제출하였습니다. 이 결과 회생채권자의 조에서는 79.28%의 동의를 받게 되었습니다. [소갑 제5호증의3 (매매계약서), 소갑 제5호증의4 (계약금 수령 통장사본)]

하지만 회생담보권자의 조에서 최대 채권자인 ○○은행의 동의를 구하지 못했습니다. ○○은행의 부동의 사유는 시부인표 제출 당시 ○○은행에서 신고한 회생담보권 신고금액 총 525,954,709원 중 476,905,521원을 담보권으로 시인하고, 담보권에 해당되지 않을 것으로 판단한 신용카드채무 1건 13,115,353원, 보증채무 1건 35,933,835원, 총 49,049,188원을 담보권에서 부인하고 회생채권으로 시인함으로써 그 동의를 구하지 못한 것이며, 이에 부득이 채무자로서는 본 건 재신청을 하기에 이른 것입니다.

Ⅶ. 회생의 필요성과 당위성

채무자는 위에서 살펴본 바와 같은 사유로 인하여 재정적인 파탄에 이르게 되었으나, 채무자가 대표이사로 재직하였던 ○○가스(주)에 대한 보증채무의 현실화로 채무를 정상적으로 변제할 수 없는 현재의 어려움에도 불구하고, 주유소의 운영을 통한 사업장의 경영정상화 및 채권자의 피해를 최소화하기 위해 회생절차의 원활한 진행을 위해 노력을 경주하고 있습니다. 또한 채무자의 부동산을 20○○년에 매각할 계획이며, 그리 되면 6억 5천(평가액 5억 9천) 또는 그 이상의 조건에 매각할 수 있는 여건이 되기 때문에 회생담보권 및 회생채권의 조기변제도 가능할 것이라 예상하고 있습니다. 채무자는 귀 법원의 도움과 관련 채권자들의 선처로 간이회생절차를 진행할 수 있는 기회가 제공된다면 최저생계비를 제외한 나머지 가용소득을 채무변제에 투입할 것이며, 성실히 채무의 변제를 이행하여 채권자들의 희생에 대한 최소한의 보답이 가능할 것으로 믿습니다. 최저생계비를 제외한 나머지 가용소득을 채무변제에 투입할 것입니다.

Ⅷ. 결 론

채무자는 사업소득과 자산 매각대금으로 충실히 회생담보권과 회생채권을 상환하려고 하고 있습니다. 또한 채무자의 계속기업가치가 청산가치를 크게 상회하고 있으며 채무상환계획의 이행가능성이 매우 높다는 점 등을 거시적이고 장기적인 안목에서 통찰하시어 채무자에 대하여 간이회생절차 개시결정을 내려주시기를 바랍니다.

소 명 방 법

1. 소갑 제1호증의 1 가족관계증명서
   2 혼인관계증명서
   3 주민등록등본
   4 주민등록초본
   5 사업자등록증{◇◇◇◇석유}
   6 석유판매업(주유소)등록증 및 위험물제조소 완공검사필증
   7 법인등기부등본{○○가스(주)}
   8 사업자등록증{○○가스(주)}
1. 소갑 제2호증의 1 자산현황
   2 부동산등기부등본
   3 부동산등기부등본
   4 부동산등기부등본
   5 부동산등기부등본
   6 부동산등기부등본
   7 자동차등록증 및 중고시세
1. 소갑 제3호증의 회생채권자등의 시·부인 목록
1. 소갑 제4호증의 손익계산서(20○○년)
1. 소갑 제5호증의 1 조사보고서(1차)

2 조사보고서(2차)
3 부동산매매계약서
4 계약금수령 통장사본
5 지방세납세증명서

1. 소갑 제6호증의 진술서
1. 소갑 제7호증의 1 추정소득
2 채무상환계획표
1. 소갑 제8호증의 1 청산가치와 계속기업가치의 비교
2 재무제표(○○가스(주) 20○○년)
3 재무제표(○○가스(주) 20○○년)
4 재무제표(○○가스(주) 20○○년)
1. 소갑 제9호증의 1 종전 회생절차 회생계획안
2 결정(폐지)

첨 부 서 류

1. 위 소명방법 각 1부
1. 위임장 1부

20○○. ○. ○.

신청인 겸 채무자의 대리인 법무법인 ○○
담당변호사 ○ ○ ○ (인)

○○지방법원 귀중

[서식 3] 재산보전처분명령신청서

재산보전처분명령신청서

신 청 인 ○ ○ ○(123456-1234567)
겸 ○○시 ○○구 ○○대로 ○○○번길 ○○○(○○동)
채 무 자 휴대전화 : 000-0000-0000

위 신청인 겸 채무자의 대리인 법무법인 ○○
담당변호사 ○○○
○○시 ○○구 ○○대로 ○○○번길 ○○○(○○동)
(전화번호: 042) 000-0000, 전송번호: 042) 0000-0000
(E-mail: kkkkk@naver.com)

신 청 취 지

1. 채무자는 보전처분명령일 이전의 원인으로 인하여 생긴 일체의 금전채무에 관하여 그 변제 또는 담보제공을 하여서는 아니된다.
2 채무자는 명목여하를 막론하고 차재(어음할인을 포함한다)를 하여서는 아니된다.
3. 위 각 항의 경우에 있어서 미리 법원의 허가를 받았을 때에는 그 제한을 받지 아니한다.

라는 결정을 바랍니다

신 청 원 인

1. 채무자는 귀원에 간이회생절차 개시명령신청을 하여 심리 중에 있습니다. 이에 채무자는 채무자의 재산보전을 위하여 채무자의 재산관련 업무를 신중·공정한 태도로 처리할 예정이나, 채무자가 간이회생절차개시 명령신청을 한 사실이 일반에 알려짐에 따라 일부 채권자의 책동에 의한 불공정한 결과가 발생할 가능성을 배제할 수 없을 뿐만 아니라 채무자가 임의로 채무지급, 재산처분 등을 행하였을 때 다른 채권자로부터 불공평하다는 비난을 받을 수 있을 것이며 또한 법원의 허가를 받지 아니하고 신규차입을 하는 것도 채무자의 현황으로서는 부적당하다고 사료됩니다.

2. 위와 같은 제반사정에 비추어 볼 때 보전처분이 시급히 내려지지 않을 경우 채무자의 회생을 위하여 보전되어야 할 재산이 산일될 우려가 있으므로 채무자에 대하여도 간이회생절차개시를 전제로 한 보전처분이 내려져야 할 것으로 보이므로 신청취지와 같은 결정을 구하고자 이 신청에 이르게 된 것입니다.

소 명 방 법

이 보전처분 신청서와 함께 접수하는 "간이회생절차개시신청서"에 첨부된 소명자료 및 별지를 그대로 원용합니다.

20○○. ○. ○.

신청인 겸 채무자의 대리인

법무법인 ○○

담당변호사 ○○○ (인)

○○지방법원 귀중

[서식 4] 포괄적 금지명령신청서

포 괄 적 금 지 명 령 신 청 서

신 청 인 ○ ○ ○(123456-1234567)
겸 ○○시 ○○구 ○○대로 ○○○번길 ○○○(○○동)
채 무 자 휴대전화 : 000-0000-0000

위 신청인 겸 채무자의 대리인 법무법인 ○○
담당변호사 ○○○
○○시 ○○구 ○○대로 ○○○번길 ○○○(○○동)
(전화번호: 042) 000-0000, 전송번호: 042) 0000-0000
(E-mail: kkkkk@naver.com)

신 청 취 지

이 사건에 관하여 간이회생절차 개시신청에 대한 결정이 있을 때까지, 모든 회생채권자 및 회생담보권자에 대하여 회생채권 또는 회생담보권에 기한 강제집행, 가압류, 가처분 또는 담보권실행을 위한 경매절차를 금지한다.

신 청 원 인

1. 자세한 신청원인은 신청인이 귀원에 제출한 간이회생절차 개시신청서상의 신청원인(소명방법 포함)을 원용합니다.

2. 신청인은 채무자 회사의 갱생을 도모하기 위하여 이 사건 간이회생절차 개시신청을 하였는바, 위 재판이 있을 때까지 회사의 갱생을 위하여 보전되어야 할 회사재산 및 그 권리의 산일을 방지함으로써 후일 회생절차 개시결정이 내려지는 경우 회생절차가 원활하게 이루어지도록 하기 위하여 이 사건 포괄적 금지명령을 신청하기에 이른 것입니다.

3. 또한 신청인은 현재 주유소를 운영 중이며, 직업의 특성상 카드매출이 80~90%를 차지하고 있어 신청인의 카드매출 통장에 압류가 들어오게 되면 영업이 정지될 수

있는 상황에 처하게 되므로 금지명령 결정은 신청인이 영업을 계속할 수 있는 중요한 결정이오니 부디 금지명령 결정을 내려주시기 바랍니다.

라는 결정을 구합니다.

20○○. ○. ○.

위 신청인 겸 채무자 ○○○
대리인 법무법인 ○○
담당변호사 ○○○

○○지방법원 귀중

[기재례 1] 관리인보고서

○○지방법원 일반회생 ○○단독
사 건 20○○간회단○○○○○ 회생
채무자 ○○○

관 리 인 보 고 서

20○○. ○. ○.

채무자 겸 법률상 관리인 ○○○

안녕하십니까?

저는 20○○. 5. 10.자로 ○○지방법원 일반회생 ○○단독으로부터 회생절차 개시결정을 받은 채무자 겸 법률상관리인 ○○○입니다.

먼저 채권자를 비롯한 여러 이해관계인들에게 심려를 끼치게 된 점에 대하여 진심으로 사과드리며, 오늘 집회를 주재하시는 존경하는 재판장님, 그리고 참석해주신 채권자 및 이해관계인 여러분들께 감사의 말씀을 드립니다.

저는 법률상 관리인으로 선임된 공적 수탁자임을 명심하며, 모든 이해관계인에 대하여 공정성과 형평성의 원칙에 의하여, 선량한 관리자로서 의무를 충실히 이행하여 채권자 등 이해관계인의 권익보호를 위하여 최선을 다할 것을 약속드리며, 채무자가 회생절차 개시에 이르게 된 사정, 채무자 업무 및 재산에 관한사항, 회생채권 및 회생담보권의 시·부인 조사결과 및 그 밖의 회생에 관하여 필요한 사항을 보고 드리겠습니다.

1. 채무자가 회생절차에 이르게 된 원인에 대하여 간략히 보고 드리겠습니다.
채무자는 건설분야에서 20여년을 종사하여 오던 중 ○○○, ○○○과 석유류 도소매업을 목적으로 20○○년 12월 26일 ○○가스(주)를 설립하였습니다. 당시 채무자 소유의 부동산 및 주유소시설을 ○○가스(주)에 임대하여 주는 방식으로 주유소 등을 운영해왔습니다. 감사로 등재된 위 ○○○과 직원으로 있던 이사 위 ○○○은 ○○가스(주) 이외에 별도로 개인사업자로서 주유소 석유부판장, 운수업 등 여러 사업체를 운영하고 있었습니다. 그러한 경험을 인정하여 ○○가스(주)의 실질적인 운영은 감사 ○○○이 하게 되었으며 업체관리, 자금관리, 인력관리를 비롯한 모든 업무분야에서 감사 ○○○의 주도하에 사업을 영위하여 온 이유로 장부상 외상매출금 등 채권채무에 대하여 실제금액과 차이가 있음을 20○○년 9월 감사 ○○○이 개인 파산신청을 한 이후에야 알게 되었습니다.
사업초기인 20○○년 운전자금 부족으로 약 2.5억원, 20○○년에는 1.5억원 등 사업장의 정상화를 위하여 다방면에서 노력을 하여 자금을 차입하였습니다. 처음에는 초창기라 운영이 힘들 수 있다는 생각으로 채무자 소유의 부동산 및 주변의 지인들로부터 자금을 차입하여 운영자금으로 사용했습니다. 그러던 중 20○○년 1

월부터는 더 이상 도소매 현물 대리점 운영이 어려워 채무자 소유의 주유소로 이전하여 주유소업을 하게 되었습니다. 하지만 주유소 운영 역시 자금사정이 좋지 않아 20○○년 5월 3억원의 추가대출을 하게 되었습니다. 하지만 20○○년 4월 금융기관으로부터 차입금에 대한 상환청구를 받아 더 이상 ○○가스(주)를 운영할 수 없게 되었습니다. 이에 ○○가스(주)의 사업영위를 위해 채무자 명의로 차입금 금액과 ○○가스(주) 명의로 차입한 금액에 대한 보증으로 인해 정상적으로 주유소 운영 및 부채상환이 불가능한 상황에 처하여 회생절차 개시신청에 이르게 되었습니다.

2. 채무자의 업무 및 재산에 관한 사항에 대하여 보고 드리겠습니다.

(1) 채무자는 현재 ◇◇◇◇석유를 운영 중이며, 조사기준일 현재 실사한 자산은 691,566천원이고, 부채는 1,354,822천원인바, 부채가 자산을 663,256천원 초과하고 있습니다.

3. 목록에 기재 되었거나 신고된 회생담보권 및 회생채권에 대한 시·부인 결과를 보고 드리겠습니다.

(1) 목록에 기재되었거나 신고된 회생담보권은 2건에 932,328천원이며, 579,269천원을 시인하고, 353,059천원을 부인하였습니다.

(2) 목록에 기재되었거나 신고된 회생채권은 10건에 781,025천원이며, 전액 시인하였습니다.

세부적인 사항은 시·부인표를 참조하여 주시기 바라며 추완 신고된 채권은 추후 특별조사기일에 시·부인할 예정입니다.

4. 마지막으로 회생에 관한 기타 사항에 대하여 보고 드리겠습니다.

존경하는 채권단 및 이해관계자 여러분

지금까지 저에게 베풀어주신 후의와 배려에 다시 한 번 깊은 감사를 드리며, 성실히 업무를 수행하여 채권자 및 이해관계인 여러분들의 피해 회복에 최선을 다할 것을 약속드립니다.

채권단 및 이해관계인 여러분의 커다란 배려에 힘입어 채무자가 조기 회생하여 재기할 수 있도록 아낌없는 지원과 성원을 간곡히 부탁드립니다.

간략하나마 이것으로 관리인 보고를 모두 마치겠습니다.

감사합니다.

첨부서류 : 1. 1차조사보고서 1부.
2. 시부인표 1부. (끝).

20○○. ○. ○.

관리인 ○○○

[서식 5] 회생계획안

○○지방법원 제○○ 회생 단독
사 건: 20○○간회단○○○○○ 회생

회 생 계 획 안

20○○. ○. ○.

채무자 겸 법률상관리인 ○ ○ ○

목 차

제 1 장

회생계획안 제출에 이르기까지의 경과와 현황

제1장 회생계획안 제출에 이르기까지의 경과와 현황

제1절 채무자의 현황

1. 채무자의 개요

가. 일반사항

- ▸ 성 명 : ○○○
- ▸ 주 소 : ○○시 ○○구 ○○대로 ○○○번길 ○○○(○○동)
- ▸ 근무처 : ◇◇◇◇석유 운영
- ▸ 직 위 : 관리인

나. 채무자의 주요 이력

채무자의 주요 이력 내용은 다음과 같습니다.

- 19○○. 2. ○○고등학교 졸업
- 19○○. ~ 20○○. ○○철공 재직(대표이사)
- 20○○. ~ 20○○. ○○건설 재직(대표이사)
- 20○○. ~ 현재 ○○가스(주) 재직(대표이사)
- 20○○. ~ 현재 ◇◇◇◇석유 운영

2. 사업 현황

채무자는 20○○년 6월 현 사업장인 ○○○도 ○○시 ○○리 소재의 주유소를 매입한 후, 20○○년 7월부터 부동산임대업을 시작하였습니다. 이후, 채무자는 20○○년 5월부터 동 사업장에서 "◇◇◇◇석유"라는 상호로 직접 주유소를 운영하기 시작하였고, 현재에 이르고 있습니다.

제2절 회생절차 개시신청에 이르기까지의 경과

채무자가 회생절차개시 신청에 이르게 된 주요한 원인은 다음과 같습니다.

1. ○○가스(주) 설립 및 대표이사로서 지분투자, 자금대여, 법인채무에 대해 연대보증 제공

채무자는 20○○년 4월경, 주유소, 석유부판장, 운수업 등 여러 개인사업체를 운영하고 있던 ○○○과 동업하여 석유류 도소매업을 목적으로 하는 ○○가스㈜를 설립하였고, 설립과정에서 주주로 참여하여 ○○가스㈜ 주식 28,000주를 취득하였으며(투자금액 140,000천원, 지분율 35%) 대표이사에 취임하였습니다.
또한, 채무자는 ○○가스㈜의 대표이사로서 ○○가스㈜의 운영자금 목적으로 약 1억원의 자금대여를 하였고, ○○가스㈜ 차입금에 대하여 연대보증을 제공하였습니다(조사기준일 현재 총 보증채무 금액 740,936천원).

2. ○○가스㈜ 폐업으로 인한 보증채무의 현실화

○○가스㈜는 동업자인 ○○○의 자금유용 혐의(채무자의 주장)로 20○○년부터 자금상황이 급격히 어려워지기 시작하였고, 20○○년 4월 경, ○○은행은 ○○가스㈜ 채무에 대해 갑작스럽게 상환청구를 하였습니다.
결국, 20○○년 5월, ○○가스㈜는 폐업하였고, 이로 인하여 채무자의 ○○가스㈜에 대한 보증채무가 현실화되었습니다.

3. 기존 회생절차 폐지 후 재신청

채무자는 20○○년 5월 15일, 상기의 이유로 ○○지방법원에 회생절차를 신청하고 20○○년 6월 26일 개시결정을 받았으나, 회생담보권의 최대 채권자인 ㈜○○은행의 부동의로 20○○년 3월 7일 개최된 회생계획안 결의를 위한 관계인집회에서 부결(회생채권은 가결요건 충족)되어 회생절차가 폐지되었습니다.

제3절 회생절차개시 신청 후의 경과

1. 회생절차 개시신청 후 개시결정에 이르기까지의 경과

채무자는 20○○년 4월 11일 ○○지방법원에 회생절차 개시신청을 하여 재산보전처분 결정을 받고, 20○○년 5월 10일 회생절차개시결정과 관리인이 선임되었고, 간이조사위원 ○○회계법인이 조사위원으로 선임되어 채무자의 재산상황 파악 및 회생절차를 진행함이 적정한지 여부 등에 대한 조사를 실시하게 되었습니다.

2. 회생절차 개시 후의 경과

-. 20○○년 05월 10일 회생절차 개시결정
-. 20○○년 05월 10일 관리인 선임

-. 20○○년 05월 10일 ~ 20○○년 06월 03일 회생담보권·회생채권 신고기간
-. 20○○년 06월 03일 ~ 20○○년 06월 15일 회생담보권·회생채권 조사기간
-. 20○○년 06월 14일 회생담보권,회생채권, 조세 등의 목록 신고 및 시·부인표 제출
-. 20○○년 06월 21일 조사위원 ○○회계법인 1차 조사보고서 제출
-. 20○○년 06월 22일 관리인 ○○○ 관리인조사보고서 제출

3. 회생절차 개시 후의 방침

채무자는 채무변제를 위하여 모든 채무자의 자원을 활용할 것이며 채무자 갱생을 위하여 최선의 노력을 다하고자 합니다.

제 2 장

회생계획안의 요지

제2장 회생계획안의 요지

제1절 회생계획안 입안의 기초

본 회생계획안은 채무자 회생 및 파산에 관한 법률에 따라 채권자 등 이해관계인들 간에 공평성과 형평성을 기함과 동시에 간이조사위원인 ○○회계법인이 산정한 채무자의 청산시 회생채권의 예상 청산배당율보다 높은 수준의 채권회수율이 확보되도록 하며 궁극적으로는 채무자의 회생이 가능하도록 작성하였습니다.

채무자는 본 회생계획안을 수립하는데 있어서 채권자 및 기타 이해관계인들의 이해조정과 회사의 갱생이라는 명제하에서 모든 채권자에게 공정하고 형평성에 맞는 회생계획안을 수립하고자 노력하였습니다.

20○○년 6월 21일 기준으로 재산상태를 조사한 결과 총자산은 691,566천원이고 부채총계는 1,354,822천원으로 부채가 자산을 663,256천원 초과 하는 것으로 확인되었습니다.

채무자의 재정상태는 비록 파탄에 이르렀으나, 채무자의 전문적인 지식을 이용하여 현재의 소득을 유지한다면 본 회생계획안을 성실히 수행할 수 있을 것으로 확신하고 있습니다.

제2절 변제할 채권의 내역

1. 변제할 채권액

채권조사기간(20○○년 6월 3일~20○○년 6월 15일)에 시인한 채권에서 본 회생계획안 작성일까지 추완 신고되어 관리인이 특별조사기일에 이의를 제기하지 않을 채권액, 이의철회한 채권액을 합산하고 회생채권으로 확정된 금액 중 법원허가를 얻어 변제한 소멸된 채권액 등을 차감한 변제대상 채권액의 전체적인 내역은 다음과 같습니다.

- 다 음 -

[채무자 : ○○○] (단위 : 원)

구 분		조사기간에 시인된 채권액				변동액 (+/-)	시인된 총 채권액			
		원 금	개시 전 이자	개시 후 이자	합 계		원 금	개시 전 이자	개시 후 이자	합 계
회생 담보권	금융기관 대여채무	483,000,000	70,347,712	-	553,347,712	-	483,000,000	70,347,712	-	553,347,712

	보증채무	25,921,398	-	-	25,921,398	-	25,921,398	-	-	25,921,398
담보권 합계		잘못된 계산식	잘못된 계산식	-	잘못된 계산식	-	잘못된 계산식	잘못된 계산식	-	잘못된 계산식
회생채권	금융기관 대여채무	28,785,280	5,831,332	-	34,616,612	-	28,785,280	5,831,332	-	34,616,612
	보증채무	354,250,697	52,414,187	-	406,664,884	-	354,250,697	52,414,187	-	406,664,884
	구상 보증채무	309,164,000	25,107,227	-	334,271,227	-	309,164,000	25,107,227	-	334,271,227
	미확정 구상채무	5,473,098	-	-	5,473,098	-	5,473,098	-	-	5,473,098
회생채권 합계		잘못된 계산식	잘못된 계산식	-	잘못된 계산식		잘못된 계산식	잘못된 계산식	-	잘못된 계산식
소 계		**1,206,594,473**	**153,700,458**	**0**	**1,360,294,931**	**0**	**1,206,594,473**	**153,700,458**	**0**	**1,360,294,931**

(주1) 상기 시인된 채권액은 면제 등 권리변경 이전 금액임.

2. 시인된 채권액의 주요 변동 내역

신고기간 만료일(20○○년 6월 3일) 이후 본 회생계획안 제출일까지 회생채권 및 회생담보권의 변동내역은 없습니다.

제3절 권리변경과 변제방법의 요지

채무자는 변제자금 조성을 위하여 경영합리화를 위해 최선의 노력을 경주할 것이지만, 조사보고서상 자금조성계획에서 예상되는 바와 같이 향후 영업현금흐름 및 자구계획만으로는 변제할 채권의 원리금을 정상적으로 변제할 능력이 없어 회생채권에 대한 권리변경이 불가피한바, 채권자, 기타 이해관계인 여러분의 이익보호와 채무자의 경영정상화라는 대전제하에 공정성과 형평성의 이념에 입각하여 회생채권에 대한 권리변경과 변제방법의 기준을 다음과 같이 마련하였습니다.

(단위 : 원)

구 분		시인된 총채권액	권리변경 (면제액)	권리변경 후 변제할 채권액			
				원 금	개시전이자 (가산금등)	개시후이자	합 계
회생담보권	금융기관 대여채무	553,347,712	-	483,000,000	70,347,712	14,311,239	567,658,951
	보증채무	25,921,398	-	25,921,398	-	670,405	26,591,803
담보권 합계		579,269,110		508,921,398	70,347,712	14,981,645	594,250,755
회생채권	금융기관 대여채무	34,616,612	24,231,628	10,384,984	-	-	10,384,984
	보증채무	406,664,884	284,665,419	121,999,465	-	-	121,999,465
	구상보증채무	334,271,227	233,989,859	100,281,368	-	-	100,281,368
	미확정 구상채무	5,473,098	미확정	미확정	미확정	미확정	미확정
회생채권 합계		781,025,821	542,886,906	232,665,817	-	-	232,665,817
합 계		**1,360,294,931**	**542,886,906**	**741,587,215**	**70,347,712**	**14,981,645**	**826,916,572**

1. **회생담보권의 권리변경과 변제방법**

가. 회생담보권 금융기관 대여채무 및 보증채무

① 원금 및 개시 전 이자

원금 및 「개시 전 이자」는 전액을 현금변제 하되, 변제할 채권은 준비년도(20○○년)에 담보 부동산을 처분하여 변제합니다.

② 개시 후 이자

「개시 후 이자」는 연 4%의 이율을 적용합니다.

2. **회생채권의 권리변경과 변제방법**

가. 회생채권 금융기관 대여채무, 보증채무, 구상보증채무

① 원금 및 개시 전 이자

원금 및 개시 전 이자의 70%는 면제하고, 나머지 30%에 대해서는 제1차년도(20○○년)부터 제10차년도(20○○년)까지 변제대상 금액에 대하여 매년 10%씩 10년간 균등 분할 변제합니다.

② 개시 후 이자는 전액 면제합니다.

나. 미확정 구상채무

권리가 확정되면 각 해당 채권에 관하여 회생계획안에서 규정한 금융기관 대여채무에 대한 권리변경 및 변제방법을 적용합니다. 다만, 권리가 확정된 해의 변제기일에 그때까지 경과된 해의 미변제금액을 합산하여 변제하는 것으로 합니다.

3. **장래의 구상권**

가. 회생절차개시결정 이후 채무자를 위한 보증인, 물상보증인(담보목적물의 제3취득자를 포함한다.) 또는 기타 제3자가 자기의 출재로 인하여 회생채권자에게 변제한 경우에는 채무자에 대하여 구상권을 취득하는 것으로 하였습니다.

나. 다만, 구상권자는 채권자의 권리변경 전에 채권이 회생절차에 의하여 또는 회생절차에 의하지 아니하고 모두 소멸된 경우에 한하여 자기의 구상권을 행사

할 수 있으며, 채무자는 이 회생계획안에 의하여 변제하여야 할 회생채권의 잔액 범위 내에서 구상권자의 구상권 비율에 따라 변제하는 것으로 하였습니다.

다. 채무자의 특수관계자가 회생절차 개시결정 이후 대위변제 등으로 채무자에 대하여 취득하는 구상권은 전액 면제합니다. 이때 면제되는 구상권의 금액은 전항의 구상권의 비율을 산정함에 있어서 총액에 산입하는 것으로 하였습니다.

제4절 결 언

본 회생계획안은 채권자, 기타 이해관계인 여러분의 이익을 최대한 보호하고, 채무자의 정상화를 조기에 달성하는 균형점을 찾아 모든 채권자들에게 공정하고 형평에 맞는 회생계획을 수립하고자 노력하였습니다. 본 회생계획안이 채무자의 사정으로 채권자 여러분께 만족할 만한 수준의 회생계획안을 제시하지 못한 점 송구스럽게 생각합니다.

또한, 현재 채무자가 처해있는 사회·경제적인 여건으로 볼 때 정상화의 발판을 마련하기까지는 일정기간이 소요될 것으로 예상되어 채무 변제를 위한 회생채권에 대한 일부 권리변경 및 이자지급을 면제할 수밖에 없었던 점에 대해 채권자 및 이해관계인 여러분께 매우 송구스럽게 생각하는 바입니다.

채무자는 채권자 및 이해관계인 여러분들의 큰 희생과 인내를 전제로 하고 있다는 사실을 깊이 인식하고, 회생계획안 인가를 계기로 새로운 결의로서 채무자를 조기에 회생시켜 관계인 여러분의 기대에 보답하고자 합니다.

끝으로 채무자를 위하여 고충을 겪었던 채권자 여러분에게 송구스럽게 생각하며, 빠른 시일 내에 회생절차 종결을 위해 노력하겠습니다. 올해도 관계인 여러분의 건승과 보람된 한해가 되길 기원합니다.

앞으로도 관계인 여러분의 끊임없는 지도편달과 협조를 부탁드립니다.

제 3 장

회생담보권 및 회생채권에 대한 권리변경과 변제방법

제3장 회생담보권 및 회생채권에 대한 권리변경과 변제방법

제1절 총 칙

1. 용어의 정의

본 회생계획안에서 사용하는 용어의 정의는 다음과 같습니다.

가) 준비연도

"준비연도"라 함은 회생절차 개시결정일(20○○년 05월 10일)부터 20○○년 12월 31일 까지를 말합니다.

나) 제1차 연도

"제1차 연도"라 함은 준비연도의 다음 연도인 20○○년 1월 1일부터 20○○년 12월 31일 까지를 말합니다.

다) 회생계획기간

"회생계획기간"이라 함은 준비연도(개시결정일 20○○년 05월 10일부터 20○○년 12월 31일까지)와 20○○년 1월 1일부터 20○○년 12월 31일까지 10년간의 기간으로 하고, 20○○년 12월 31일에 종료하는 것으로 합니다.

라) 개시 전 이자

"개시 전 이자"라 함은 회생절차 개시결정일 전일(20○○년 05월 09일)까지 회생담보권 및 회생채권에 대하여 발생한 이자, 연체이자, 지연손해금 등으로 조사기간 안에 또는 특별조사기일에 시인되어 확정된 것을 말합니다.

마) 개시 후 이자

"개시 후 이자"라 함은 회생절차 개시결정일(20○○년 05월 10일)부터 회생담보권 및 회생채권에 대한 원금변제가 완료되는 시점까지 미변제 원금에 대하여 발생하는 이자 및 지연손해금을 말합니다.

바) 금융기관 대여채무

"금융기관 대여채무"라 함은 채무자가 채무자명의로 금융기관 등으로부터 대출 등에 의하여 금융을 제공받음으로써 부담하는 채무를 말합니다.

사) 보증채무

"보증채무"라 함은 채무자가 타인을 위하여 한 보증으로 인하여 부담하는 채무를 말합니다.

아) 구상채무

"구상채무"라 함은 타인이 채무자의 채무를 인수하거나 대위변제를 함으로써 채무자가 보증기관 및 타 법인 등에 대하여 부담하는 채무를 말합니다.

자) 미확정 채무(우발채무)

"미확정 채무(우발채무)"라 함은 회생채권 등의 권리 및 금액에 대한 확정절차가 종결되지 않아 발생여부가 미정인 것을 말합니다.

차) 인 가 일

"인가일"이라 함은 본 회생계획안이 회생법원으로부터 인가결정을 받은 날을 말합니다.

카) 면 제

"면제"라 함은 회생담보권 및 회생채권 등에 대한 권리변경으로 면제되는 채권을 말하며, 별도로 면제일자를 지정하지 않을 경우에는 각 채권자별로 변제완료시 면제의 효력이 발생하는 것으로 합니다.

2. 변제기일

본 회생계획안에 의하여 매년 변제할 변제대상 원금 및 이자는 별도의 정함이 없는 경우에 해당연도의 12월 30일(단, 그 날이 금융기관 휴무일인 경우에는 그 직전 영업일)에 변제하며, 위 변제기일 전이라도 회생법원의 허가를 얻은 경우에는 수시로 변제할 수 있습니다.

3. 변제장소

회생담보권, 회생채권의 변제는 채무자가 지정하여 통지하는 장소에서 행합니다. 단, 금융기관에 대해서는 해당 금융기관의 본점 또는 지점으로 할 수 있습니다.

4. 채권자 확인방법

회생담보권 및 회생채권의 변제시 법인은 법인등기부등본 및 법인인감증명서를, 개인은 신분증 및 인감증명서를, 채권자의 대리인은 채권자 본인의 위임장 및 인감증명서를 제시하여야 하며, 채무자는 회생담보권자 및 회생채권자가 제시한 서류로 채권자 본인임을 확인한 후 변제합니다. 다만, 회생담보권 및 회생채권자가 미리 지정한 금융기관의 계좌로 입금하는 방식으로 변제할 수 있으며, 회생담보권 및 회생채권자가 금융기관인 경우 위와 같은 채권자 확인절차를 거치지 아니하고 해당 금융기관이 발행한 상환확인서 또는 상환영수증으로 이에 갈음할 수 있습니다.

5. 변제충당순서

본 회생계획안 인가일 이후의 회생담보권 및 회생채권의 변제충당 순서는 원금, 개시 전 이자, 개시 후 이자의 순으로 합니다.

변제재원의 부족으로 변제계획에 따라 당해 연도 채권을 전액 변제할 수 없는 경우에는 회생담보권 원금, 회생채권 원금 순으로 당해 연도 변제예정금액에 비례하여 변제하며, 나머지가 있을 경우에 회생담보권 개시 전 이자, 회생채권 개시 전 이자, 회생담보권 개시 후 이자, 회생채권 개시 후 이자 순으로 당해 연도 채권자별 변제예정금액에 비례하여 변제합니다. 또한 당해연도 변제예정금액 중 미변제분은 다음 연도에 우선하여 변제합니다.

금융기관 회생담보권 및 회생채권에 대한 대출과목별 변제충당순서는 변제연도별 총변제액 범위 내에서 해당 금융기관이 정하는 바에 따릅니다.

6. 채권양도의 특례

회생담보권자 또는 회생채권자에 관하여 개시결정일 이후 채권의 전부 또는 일부 양도·대위변제 등의 원인으로 채권자가 변경되었다 하더라도 채권이 승계취득자에 대하여 개시결정일 당시의 채권자 및 채권액을 기준으로 하여 본 회생계획안의 권리변경과 변제방법을 적용합니다. 채권자의 변경으로 인하여 종전의 회생담보권 또는 회생채권에 관하여 수인의 채권자가 있게 된 경우에는 각 채권자들의 채권액 비율에 따라 배분하여 권리변경 및 변제방법을 적용합니다.

7. 변제 미이행시의 처리

본 회생계획안에 따른 채무의 변제를 변제기일에 이행하지 못하였을 경우에는 미변제 금액에 대하여 변제기일 다음날부터 실제 변제일까지 실제 변제일 당일 주거래은행((주)○○은행)의 일반자금 대출 연체이자율(단, 채권자가 은행인 경우 해당 은행의 일반자금 대출 연체 이자율)을 적용하여 변제합니다.

8. 기한의 이익 상실

회생절차가 폐지되는 경우에는 회생담보권 및 회생채권에 관하여 본 회생계획안에서 정한 변제기일에도 불구하고 그 변제기가 도래하는 것으로 봅니다.

9. 변제금액의 확정

회생계획안의 채권별 권리변경 및 변제방법에 의해 산정된 금액(개시 후 이자 포함) 및 변제일이 별첨 채권별 변제계획의 금액 및 변제일과 상이한 경우에는, 회생계획안 본문에서 정한 변제방법에 의해 산정된 변제금액 및 변제일을 기준으로 변제합니다.

10. 회계연도

본 회생계획안의 회계연도 표시는 매년 1월 1일부터 12월 31일까지로 합니다.

11. 외화표시채권의 원화환산 기준시기

외화표시채권은 외화로 변제하거나 변제 당일에 한국외환은행이 최초로 고시하는 대고객전신환매율로 환산한 원화로 변제합니다. 단, 외화표시 채권을 원화로 대위변제한 구상금채권자에 대하여는 대위변제한 시점의 결제은행 대고객전신환매도율을 적용하여 환산한 원화로 변제합니다.

12. 기 타

본 회생계획안의 용어 및 문언해석에 이의가 있을 경우에는 채무자 회생 및 파산에 관한 법률의 취지에 따라 해석합니다. 다툼이 있을 경우에는 회생법원의 해석에 따릅니다.

제2절 회생담보권의 권리변경과 변제방법

1. 회생담보권 - 금융기관 대여채무, 보증채무

가. 채무자가 시인한 회생담보권 금융기관 대여채무 및 보증채무와 그 변동액은 다음과 같습니다.

(단위 : 원)

신고	목록	채권자	조사기간 중 시인된 채권액			변동액(+/-)			변동후 시인된 채권액
			원금+개시전이자	개시후 이자	합계	원금+개시전이자	개시후 이자	합계	
채권7	회생	주식회사 ○○은행	553,347,712	-	553,347,712	-	-	-	553,347,712

	담보권1	(대표이사 ○○○)							
채권8	회생 담보권2	주식회사 ○○은행 (대표이사 ○○○)	25,921,398	-	25,921,398	-	-	-	25,921,398
	합 계		579,269,110	-	579,269,110	-	-	-	579,269,110

나. 권리변경 및 변제방법

① 원금 및 개시 전 이자

원금 및 「개시 전 이자」는 전액을 현금 변제하되, 변제할 채권은 준비년도(20○○년)에 담보 부동산을 처분하여 변제합니다.

② 개시 후 이자

「개시 후 이자」는 연4%의 이율을 적용합니다.

다. 권리변경 후 채무자가 변제할 회생담보권 금융기관 대여채무 및 보증채무는 다음과 같습니다.

(단위 : 원)

신고	목록	채권자	변동후 시인된 채권액	권리변경(면제)			권리변경 후 변제할 채권액		
				원금+개시전이자	개시후 이자	계	원금+개시전이자	개시후 이자	합계
채권7	회생 담보권1	주식회사○○은행 (대표이사 ○○○)	553,347,712	-	-	-	553,347,712	14,311,239	567,658,951
채권8	회생 담보권2	주식회사○○은행 (대표이사 ○○○)	25,921,398	-	-	-	25,921,398	670,405	26,591,803
	합 계		579,269,110	-	-	-	579,269,110	14,981,645	594,250,755

라. 세부적인 권리변경 내역은 〈별표 3-1〉과 같으며, 권리변경 후 원금 및 이자의 구체적인 변제계획은 〈별표 4-1〉 과 같습니다.

2. 담보권의 존속 및 해지

가. 담보권의 존속

회생담보권자의 담보권은 본 회생계획안에 의하여 권리 변경된 회생담보권을 피담보채권으로 하는 담보권으로서 종전의 순위에 따라 존속합니다. 그러나 회생담보권으로 인정되지 아니한 담보권과 담보목적의 지상권 등은 소멸합니다.

나. 담보권의 해지 및 담보목적물의 매각대금의 처리

1) 담보권의 해지

본 회생계획안에 따라 채무자가 회생담보권 중 변제할 금액에 해당하는 채무를 변제하는 경우에는 채무자의 재산상에 있는 모든 담보권(담보권자가 채무자에게 가지고 있는 근저당권, 양도담보권, 질권 등)은 소멸되며, 담보권자는 소멸 즉시 근저당권의 경우 근저당권 등기의 말소, 양도담보의 경우 동산의 인도, 견질 및 담보조로 제공한 유가증권의 반환 등 담보권의 소멸 및 그에 따른 처리에 필요한 제반절차를 즉시 이행하여야 합니다. 담보권자가 즉시 위 필요서류를 제출하지 않았을 때에는 담보권의 말소에 필요한 서류를 청구하여 말소하거나 법원에 촉탁에 의하여 말소합니다.

채무자가 담보물건을 처분할 경우, 매매계약이 완료된 후 소유권이전 등기시 필요한 경우 회생법원은 해당 물건 회생담보권자의 담보권 말소를 촉탁할 수 있습니다.

2) 담보목적물 매각대금의 처리

채무자가 담보물건을 매각할 경우에는 매각대금에서 그 처분으로 인하여 발생하는 제세금 및 매각관련 기타 비용을 공제한 실입금액으로 권리설정 순위에 따라 시인된 회생담보권 범위 내에서 우선 변제하되, 당해 담보목적물의 회생담보권을 모두 변제하기에 부족한 경우에는 그 회생담보권의 변제는 원금, 개시 전 이자, 개시 후 이자순으로 변제하고, 같은 순위의 것 중에서는 변제기일이 먼저 도래하는 순서에 따르며, 잔여 회생담보권은 본 회생계획안에 의한 회생담보권 변제방법에 따라 변제합니다. 담보목적물에 대한 회생담보권자가 복수일 경우에는 회생담보권자의 담보권 순위에 따라 순차적으로 변제하고, 동순위 회생담보권자가 있을 경우에는 그 회생담보권자의 채권액 비율에 비례하여 변제합니다.

당해 담보목적물의 시인된 담보평가액 범위 내에서 회생담보권을 변제하고 남은 금액은 회생법원의 허가를 얻어 채무자의 운영자금으로 사용합니다.

또한, 담보목적물이 본 회생계획안의 매각예정연도 내에 매각되지 않을 경우, 관리인은 법원의 허가를 얻어 당해 담보목적물의 최우선 순위 회생담보권자의 요청이 있을 경우 매각을 위임할 수 있습니다. 이 경우 관리인은 담보목적물의 매각에 적극 협조하여, 최우선 순위 회생담보권자는 담보목적물을 매각함에 있어 매각금액 등 매각조건과 관련 비용의 집행에 관하여 사전에 관리인을 통하여 법원을 허가를 얻어야 하며, 매각 위임일 다음날부터 실제 변제일까지는 그 담보목적물의 처분으로 인한 변제 예상금액에 대한 연체이자는 발생하지 않습니다.

3. 보험사고 발생시 처리방법

1) 관리인은 보험계약이 만료된 때에는 계속하여 보험계약을 체결합니다.

2) 관리인이 위와 같은 담보목적물에 대한 보험가입의무를 이행하지 않을 경우 회생담보권자는 보험료를 지불하여 보험계약을 체결할 수 있으며, 보험료로 지출된 금액은 채무자에 대한 공익채권으로 봅니다. 채무자는 이를 우선적으로 변제하여야 하며, 그 원금에 대하여 보험료 지급일부터 은행의 일반대출 연체이율에 따른 지연손해금(또는 본 회생계획안에 따른 회생담보권의 개시 후 이자율에 따른 이자)을 지급하여야 합니다.

3) 보험에 가입되어 있는 담보목적물에 대하여 보험사고가 발생한 경우, 관리인은 법원의 허가를 얻어 해당 보험금을 이재물건의 복구에 사용하여야 하며, 복구된 물건에 대하여는 잔존 회생담보권을 피담보채권으로 하여 종전의 순위에 따라 담보권을 설정하여야 합니다.

4) 관리인이 보험금으로 이재물건을 복구하지 아니할 경우에는 당해 이재물건에 설정되어 있는 담보권의 순위에 따라 본 회생계획안에 의하여 변제하여야 할 회생담보권을 조기 변제하되, 당해 담보목적물의 회생담보권을 모두 변제하기에 부족한 경우에는 변제기일이 먼저 도래하는 회생담보권의 원금, 개시 전 이자, 개시 후 이자 순으로 변제하고, 잔여 금액이 있으면 본 회생계획안에 의한 회생담보권의 변제방법에 따라 변제합니다.

5) 관리인이 이재물건의 복구나 채권 변제에 사용하고 남는 보험금은 법원의 허가를 얻어 채무자의 운영자금으로 사용할 수 있습니다.

6) 담보물건의 보험청구권에 대한 질권설정이 있는 경우에는 보험기간 종료 후 보험 갱신시마다 기존 권리를 재설정하기로 합니다.

4. 담보권자의 물상대위권 행사

가. 회생담보권자의 담보목적물이 훼손된 경우, 당해 담보목적물의 복구가 가능한 경우에는 관리인은 법원의 허가를 얻어 해당 담보목적물의 멸실·훼손·공용징수로 인하여 지급되는 손해배당금이나 보상금을 수령하여 담보목적물의 복구에 사용하여야 하며, 복구된 물건에 대하여는 잔존 회생담보권을 피담보채권으로 하여 종전의 순위에 따라 담보권을 설정하여야 합니다.

나. 회생담보권자의 담보목적물이 멸실·공용 징수되거나 또는 훼손된 경우, 관리

인이 손해배상금이나 보상금을 수령하여 담보목적물을 복구하지 아니하는 때에는 그 담보목적물에 설정되어 있는 담보권의 순위에 따라 본 회생계획안에 의하여 시인된 담보평가액 범위 내에서 변제하여야 할 회생담보권을 조기 변제하되, 당해 담보목적물의 회생담보권을 모두 변제하기에 부족한 경우에는 변제기일이 먼저 도래하는 회생담보권의 원금, 개시 전 이자, 개시 후 이자순으로 변제하고, 잔여 금액이 있으면 본 회생계획안에 의한 회생담보권의 변제방법에 따라 변제합니다.

다. 관리인이 담보목적물의 복구나 회생담보권의 변제에 사용하고 남는 금액은 회생법원의 허가를 얻어 채무자의 운영자금으로 사용할 수 있습니다.

제3절 회생채권에 대한 권리변경과 변제방법

1. 회생채권 - 금융기관 대여채무

가. 채무자가 시인한 회생채권 금융기관 대여채무와 그 변동액은 다음과 같습니다.

(단위 : 원)

신고번호	목록번호	채권자	시인된 채권액				변동	시인된 채권액 합계
			원금	개시전이자	개시후이자	합계		
채권3	회생채권1	ㅁㅁ카드㈜ (대표이사 ○○○)	18,992,336	3,420,836	-	22,413,172	-	22,413,172
채권1	회생채권2	㈜○○카드 (대표이사 ○○○)	9,791,661	2,410,496	-	12,202,157	-	12,202,157
채권6	회생채권3	○○기업은행 (은행장 ○○○)	1,283	-	-	1,283	-	1,283
	합 계		28,785,280	5,831,332	-	34,616,612	-	34,616,612

나. 권리변경 및 변제방법

① 원금 및 개시 전 이자

원금 및 개시 전 이자의 70%는 면제하고, 나머지 30%에 대해서는 제1차년도(20○○년)부터 제10차년도(20○○년)까지 변제대상 금액에 대하여 매년 10%씩 10년간 균등 분할 변제합니다.

② 개시 후 이자는 전액 면제합니다.

다. 권리변경 후 채무자가 변제할 회생채권 금융기관 대여채무는 아래와 같습니다.

(단위 : 원)

신고번호	목록번호	채권자	시인된 채권액 합계	권리변경 (면제)합계	권리변경 후 변제할 채권액		
					원금+개시전 이자	개시후 이자	합계
채권3	회생채권1	ㅁㅁ카드㈜ (대표이사 ○○○)	22,413,172	15,689,220	6,723,952	-	6,723,952
채권1	회생채권2	㈜○○카드 (대표이사 ○○○)	12,202,157	8,541,510	3,660,647	-	3,660,647
채권6	회생채권3	○○기업은행 (은행장 ○○○)	1,283	898	385	-	385
	합 계		34,616,612	24,231,628	10,384,984	-	10,384,984

라. 세부적인 권리변경 내역은 〈별표 3-2〉와 같으며, 권리변경 후 원금 및 이자의 구체적인 변제계획은 〈별표 4-2〉와 같습니다.

2. 회생채권 - 보증채무

가. 채무자가 시인한 회생채권 보증채무와 그 변동액은 다음과 같습니다.

(단위 : 원)

신고번호	목록번호	채권자	시인된 채권액				변동	시인된 채권액 합계
			원금	개시전 이자	개시후 이자	합계		
채권7	회생담보권1	주식회사 ○○은행 (대표이사 ○○○)	35,772,125	4,851,288	-	40,623,413	-	40,623,413
채권8	회생담보권2	주식회사 ○○은행 (대표이사 ○○○)	274,078,602	38,357,750	-	312,436,352	-	312,436,352
채권1	채권5	㈜○○카드 (대표이사 ○○○)	629,530	142,373	-	771,903	-	771,903
채권6	채권6	○○기업은행 (은행장 ○○○)	43,770,440	9,062,776	-	52,833,216	-	52,833,216
	합 계		354,250,697	52,414,187	-	406,664,884	-	406,664,884

나. 권리변경 및 변제방법

① 원금 및 개시 전 이자

원금 및 개시 전 이자의 70%는 면제 하고, 나머지 30%에 대해서는 제1차년도(20○○년)부터 제10차년도(20○○년)까지 변제대상 금액에 대하여 10%씩 10년간 균등 분할 변제합니다.

② 개시 후 이자는 전액 면제합니다.

다. 권리변경 후 채무자가 변제할 회생채권 보증채무는 아래와 같습니다.

(단위 : 원)

신고 번호	목록 번호	채권자	시인된 채권액 합계	권리변경 (면제)합계	권리변경 후 변제할 채권액		
					원금+개시전 이자	개시후 이자	합계
채권7	회생담보권1	주식회사 ○○은행 (대표이사 ○○○)	40,623,413	28,436,389	12,187,024	-	12,187,024
채권8	회생담보권2	주식회사 ○○은행 (대표이사 ○○○)	312,436,352	218,705,446	93,730,906	-	93,730,906
채권1	채권5	㈜○○카드 (대표이사 ○○○)	771,903	540,332	231,571	-	231,571
채권6	채권6	○○기업은행 (은행장 ○○○)	52,833,216	36,983,251	15,849,965	-	15,849,965
		합 계	**406,664,884**	**284,665,419**	**121,999,465**	**-**	**121,999,465**

라. 세부적인 권리변경 내역은 〈별표 3-3〉와 같으며, 권리변경 후 원금 및 이자의 구체적인 변제계획은 〈별표 4-3〉와 같습니다.

3. 회생채권 - 구상보증채무

가. 채무자가 시인한 회생채권 구상보증채무와 그 변동액은 다음과 같습니다.

(단위 : 원)

신고 번호	목록 번호	채권자	시인된 채권액				변동	시인된 채권액 합계
			원금	개시전이자	개시후이자	합계		
채권5	채권7	○○보증보험㈜ (대표이사 ○○○)	47,704,000	4,842,280	-	52,546,280	-	52,546,280
채권2	채권8	○○보증기금 (이사장 ○○○)	261,460,000	20,264,947		281,724,947	-	281,724,947
		합 계	**309,164,000**	**25,107,227**	**-**	**334,271,227**	**-**	**334,271,227**

나. 권리변경 및 변제방법

① 원금 및 개시 전 이자

원금 및 개시 전 이자의 70%는 면제하고, 나머지 30%에 대해서는 제1차년도(20○○년)부터 제10차년도(20○○년)까지 변제대상 금액에 대하여 매년 10%씩 10년간 균등 분할 변제합니다.

② 개시 후 이자는 전액 면제합니다.

다. 권리변경 후 채무자가 변제할 회생채권 구상보증채무는 아래와 같습니다.

(단위 : 원)

신고번호	목록번호	채권자	시인된 채권액 합계	권리변경(면제)합계	권리변경 후 변제할 채권액		
					원금+개시전 이자	개시후 이자	합계
채권5	채권7	ㅇㅇ보증보험㈜ (대표이사 ㅇㅇㅇ)	52,546,280	36,782,396	15,763,884	-	15,763,884
채권2	채권8	ㅇㅇ보증기금 (이사장 ㅇㅇㅇ)	281,724,947	197,207,463	84,517,484	-	84,517,484
	합 계		334,271,227	233,989,859	100,281,368	-	100,281,368

라. 세부적인 권리변경 내역은 〈별표 3-4〉와 같으며, 권리변경 후 원금 및 이자의 구체적인 변제계획은 〈별표 4-4〉와 같습니다.

4. 회생채권 - 미확정구상채무

가. 채무자가 시인한 미확정구상채무의 변동 내역은 다음과 같습니다.

(단위 : 원)

신고번호	목록번호	채권자	시인된 채권액				변동액 합계	시인된 채권액 합계
			원금	개시전 이자	개시후 이자	합계		
채권5	채권10	ㅇㅇ보증보험㈜ (대표이사 ㅇㅇㅇ)	5,473,098	-	-	5,473,098	-	5,473,098
	합 계		5,473,098	-	-	5,473,098	-	5,473,098

나. 권리변경 및 변제방법

권리가 확정되면 각 해당 채권에 관하여 회생계획안에서 규정한 금융기관 대여채무에 대한 권리변경 및 변경방법을 적용합니다. 다만, 권리가 확정된 해의 변제기일에 그때까지 경과된 해의 미변제금액을 합산하여 변제하는 것으로 합니다. 목록에 포함되지 아니한 우발채무는 법원의 허가를 얻어 권리변경과 변제방법을 정하여 변제합니다.

다. 권리변경 후 채무자가 변제할 회생채권 미확정구상채무는 아래와 같습니다.

(단위 : 원)

신고번호	목록번호	채권자	변동후 시인된 채권액	권리변경(면제)합계	권리변경 후 변제할 채권액		
					원금+개시전 이자	개시후 이자	합계
채권5	채권10	ㅇㅇ보증보험㈜ (대표이사 ㅇㅇㅇ)	5,473,098	미확정	미확정	미확정	미확정
	합 계		5,473,098	미확정	미확정	미확정	미확정

라. 세부적인 권리변경 내역은 〈별표 3-5〉와 같으며, 권리변경 후 원금 및 이자의

구체적인 변제계획은 〈별표 4-5〉와 같습니다.

제4절 신고되지 아니한 채권의 처리

1. 법 제147조 내지 제155조에 의거 회생담보권자의 목록 및 회생채권자의 목록에 기재되지 않고, 신고도 되지 아니한 채권은 법 제251조에 의거, 그 권리가 소멸합니다.

제5절 장래의 구상권

1. 회생절차개시결정 이후 채무자를 위한 보증인, 물상보증인(담보목적물의 제3취득자를 포함한다.) 기타 제3자가 출재로 인하여 회생채권자 또는 회생담보권에게 변제한 경우에는 채무자에 대하여 구상권을 취득합니다.

2. 구상권자는 채권자의 권리변경 전의 채권이 회생절차에 의하거나 회생절차에 의하지 아니하고 모두 소멸된 경우에 한하여 자기의 구상권을 행사할 수 있으며, 채무자는 이 회생계획안에 의하여 변제하여야 할 회생담보권 및 회생채권의 잔액 범위 내에서 구상권자의 구상권 비율에 따라 변제합니다.

3. 특수관계자가 회생절차 개시결정 이후 대위변제 등으로 채무자에 대하여 취득하는 구상권은 전액 면제하는 것으로 하되, 이때 면제되는 구상권의 금액은 전항의 구상권 비율을 산정함에 있어서 총액에 산입합니다.

제6절 부인권행사로 부활될 권리의 처리방법

1. 신고기간 만료 전 부인의 소 또는 부인의 청구를 제기하여 그에 관한 재판이 확정된 후 1개월 내에 상대방이 신고를 추후 보완하고, 그 상대방이 받은 이행을 반환하거나 그 가액을 상환한 경우, 그 추후 보완된 신고가 시인되거나 그에 관한 채권조사확정재판 등이 확정되면 그 권리의 성질 및 내용에 비추어 가장 유사한 회생채권 또는 회생담보권의 권리변경 및 변제방법을 적용합니다.

2. 위 1.항에 따라 가장 유사한 권리변경 및 변제방법을 적용하는 것에 관하여 다툼이 있는 경우에는 관리인의 신청에 의하여 회생법원이 이를 결정합니다.

제 4 장

공익채권의 변제방법

제4장 공익채권의 변제방법

회생계획안 작성일 현재 공익채권은 없으며, 이 회생절차 종료시까지 발생하는 공익채권은 관리인보수 및 기타 재원으로 법원의 허가를 얻어 수시로 변제합니다.

제 5 장

변제자금의 조달방법

제5장 변제자금 등의 조달방법

1. 사업소득

변제자금의 조달은 사업소득 수익금으로 충당함을 원칙으로 합니다.

2. 보유자산 등의 처분

사업소득과는 별도로 회생법원의 허가를 얻어 채무자가 보유하고 있는 유휴 자산 및 비효율 자산을 처분하여 변제자금으로 충당할 수 있습니다.

3. 차입금 등

사업수입금 및 보유자산 등의 매각대금만으로 변제자금 및 운영자금을 조달할 수 없을 때에는 회생법원의 허가를 얻어 차입금 등을 조달하여 충당할 수 있습니다.

4. 기타 수익금

기타 수시로 발생하는 수익금은 회생법원의 허가를 얻어 변제자금 및 운영자금에 충당할 수 있습니다.

제 6 장

자구노력의 추진

제6장 자구노력의 추진

1. 채무자 소유의 아래 자산은 본 회생계획안 인가 후 매각을 추진하여 법원의 허가를 얻어 조기 매각을 실현하고 매각대금으로 회생계획안에서 정한 채무를 변제하도록 합니다.

〈매각추진 유형자산 현황〉

(단위 : 원)

목적물	종류	담보권자	평가액	최저매각가격(주1)	매각비용(주2)	회수예정액	매각예정년도
1. [토지, 건물] ○○○도 ○○시 ○○면 ○○리 ○○○-○,○○○-○,○○○-○	대여채무, 보증채무	1. (주)○○은행 2. (주)○○은행	579,269,110	615,000,000	3,075,000	611,925,000	20○○년
합 계			579,269,110	615,000,000	3,075,000	611,925,000	

(주1) 최저매각가격은 가계약서 금액으로 반영됨.

(주2) 법정 중개수수료 0.5%를 매각비용으로 차감하였습니다.

제 7 장

예상수익금의 과부족시 처리방법

제7장 예상초과수익금 등의 처리방법

1. 예상초과수익금의 처리방법

가. 예상을 초과하는 사업소득 또는 자산매각대금이 발생한 경우 관리인은 법원의 허가를 얻어 공익채권변제, 회사운영자금, 회생담보권 및 회생채권의 변제 등으로 사용합니다.

나. 법원의 허가를 얻어 회생채권을 조기 변제할 경우 회생담보권 및 회생채권에 대해 연 4.48%의 할인율을 적용하여 할인한 채권액을 변제합니다.

2. 예상수익금의 부족시 처리방법

예상수익금의 부족으로 본 회생계획안상의 변제금액을 전액 변제할 수 없을 때에는 다음 순서에 따라 처리합니다.

가. 회생담보권자의 채권 원금을 당해연도 변제금액에 비례하여 우선 변제한다.

나. 회생담보권자의 채권변제 후 나머지가 있을 경우, 회생채권의 원금을 당해연도 변제금액에 비례하여 우선 변제한다.

다. 상기"나"항 변제 후 여유자금이 있을 경우, 회생담보권자의 개시 전 이자, 회생채권자의 개시 전 이자 순으로 채권액에 비례하여 변제한다.

라. 상기"다"항 변제 후 여유자금이 있을 경우, 회생담보권자의 개시 후 이자, 회생채권자의 개시 후 이자 순으로 채권액에 비례하여 변제한다.

마. 당해연도 미변제금액은 다음연도에 우선 변제한다.

제 8 장

분쟁해결의 방법

제8장 분쟁해결의 방법

회생절차 진행 중 채무자에게 속하는 권리로서 분쟁이 발생하여 화해, 조정의 수락 또는 소송의 수행을 함에 있어서 관리인은 법원의 허가를 얻어서 합니다.

제 9 장

운영자금의 조달 방법

제9장 운영자금의 조달 방법

운영자금의 조달방법은 사업소득 등 수익금으로 충당하되, 예측하지 못한 원인 등 기타 사유로 자금 수요 발생시에는 법원의 허가를 얻어 금융기관 등에 의하여 조달할 수 있습니다.

제 10 장

회생절차의 조기종결 및 폐지신청

제10장 회생절차의 조기종결 및 폐지신청

제1절 회생절차의 조기 종결 신청

관리인은 회생계획에 따라 변제가 시작되면 회생절차 종결을 신청하여야 합니다. 다만, 회생계획의 수행에 지장이 있다고 인정되는 때는 그러하지 아니합니다.

제2절 회생절차의 폐지신청

다음의 경우 관리인은 회생절차의 폐지신청을 하여야 합니다.

1. 채무자가 회생계획에 따른 변제를 제대로 이행하지 못하고, 앞으로도 변제의 지체가 계속될 것으로 예상되는 경우
2. 사업소득이 회생계획상 예정된 계획의 수준에 비하여 현저히 미달되고, 가까운 장래에 회복될 전망이 보이지 않는 경우
3. 회생계획에서 정한 자산매각계획을 실현하지 못하여 향후 자금수급계획에 현저한 지장을 초래할 우려가 있는 경우
4. 공익채권이 과다하게 증가하여 향후 회생계획의 수행에 지장을 초래할 우려가 있는 경우
5. 노사쟁의 기타 회사내부의 분규나 이해관계인이 불합리하고 과다한 간섭 등이 계속되어 회사운영에 심각한 차질이 발생한 경우

제 11 장

기타사항

제11장 기타사항

1. 이 회생계획안에 언급하지 않은 사항은 채무자 회생 및 파산에 관한 법률에 근거하여 법원의 허가를 얻어 시행합니다.

2. 본 회생계획안의 용어나 자구해석에 대하여 다툼이 있는 경우에는 ○○지방법원 파산부의 해석에 따릅니다.

별 표 목 록

부 록

일반회생 실무규정

- 회생사건실무下 부록 일부 인용 및 참고 -

◇ 회생사건의 처리에 관한 예규

◇ 관리인 등의 선임·해임·감독 기준

◇ 조사위원의 선정, 보수기준 및 조사·보고사항

◇ 채권자협의회의 운영에 관한 준칙

◇ 채무자의 지출행위 중 법원의 허가를 요하는 금액의 기준

◇ 보고서 작성요령

◇ 회생절차의 조기종결에 관한 준칙

[실무규정 1] 회생사건의 처리에 관한 예규(재판예규 제1219호)

회생사건의 처리에 관한 예규

제1조(목적) 이 예규는 회생사건의 사무처리에 필요한 사항을 정함을 목적으로 한다.

제2조(금융위원회에 대한 통지) 법원사무관 등은 주식회사인 채무자에 대하여 회생절차 개시의 신청이 있는 때에는 신청서 접수 후 지체 없이 별지 양식에 따라 금융위원회에 신청접수 사실을 팩시밀리로 통지하고, 통지서 원본은 상단 우측 여백에 전송 시각을 기재하고 날인 후 사건기록에 편철한다.

제3조(관세청에 대한 통지) 법원은 「채무자 회생 및 파산에 관한 법률」(이하 '법'이라 한다) 제40조 제1항에 따라 회생절차개시 신청사실을 통지할 때에는 동시에 관세청에도 그 신청 사실을 통지하여야 한다.

제4조(채권자 등의 신청시 자료수집) 채권자나 주주·지분권자(이하 "채권자등"이라 한다)가 회생절차개시의 신청을 한 사건에서 채무자가 채권자 등이 채무자의 업무 상황, 자산 및 부채의 상황에 관한 자료를 수집하는데 협조하지 아니하는 경우 법원은 채무자에 대하여 다음 각 호의 서류를 제출할 것을 명할 수 있다.

1. 채무자의 업무현황 및 조직에 관한 자료
   가. 정관, 상업등기부등본, 사업경력서, 주주 또는 지분권자 명부, 채무자의 조직 일람표
   나. 노동조합의 명칭, 주요임원의 성명 및 종업원의 가입현황, 단체협약서, 취업규칙 기타 사규·사칙
   다. 향후 사업계획서, 자금조달계획서 및 수지예상표
2. 채무자의 자산 및 부채의 상황에 관한 자료
   가. 재무상태표 및 손익계산서(가장 최근의 결산보고에 기한 것. 다만, 신청시까지 상당한 기간이 경과한 때에는 최근에 가결산한 것을 제출한다. 또 분식계산이 있으면 수정한 것을 제출한다.)
   나. 과거 3년간의 비교재무상태표 및 비교손익계산서(분식계산이 있으면 수정한 것을 제출한다.)
   다. 주요 자산목록
   라. 현재 강제집행, 경매, 가압류, 가처분, 체납처분을 받고 있는 물건 목록과 채권자 성명
   마. 등기·등록된 재산의 등기·등록부 등본
   바. 최근 1년분 이상의 월별 자금운용실적표

사. 주요 거래처 명부(상호나 회사명, 주소나 소재지, 전화번호, 팩시밀리 번호를 기재한다.)

아. 채권자 명부(회생담보권자와 회생채권자로 분류하여 이름, 주소, 채권금액을 개재하되, 회생담보권자에 대하여는 담보의 목적물과 피담보채권의 내용을, 회생채권자에 대하여는 채권의 내용을 기재한다. 다만, 금융기관 채권자의 경우에는 그 전화번호, 팩시밀로 번호 등을 기재하되 기재 순서는 가능한 한 다액채권자부터 기재한다.)

제5조(관리인 등의 선임 등) ① 법원은 다음 각 호에 해당하는 자 중에서 전문성을 가지고 공정하게 업무를 수행할 자를 관리인(채무자의 대표자가 아닌 자를 관리인으로 선임하는 경우에 한함), 보전관리인 또는 감사(이하 관리인, 보전관리인 감사를 포함하여 '관리인 등'이라 한다)로 선임하여야 한다.

1. 채무자의 업종에 전문적인 경험이나 소양이 있는 자
2. 전문경영 또는 그와 유사한 직무수행의 경력이나 소양이 있는 자
3. 회계업무 및 감사업무에 상당한 경험이나 자격이 있는 자(감사의 경우에 한함)
4. 그 밖의 회생절차에 관한 법률적 식견이나 경험이 풍부한 자

② 법원은 제1항의 선정·선임을 위하여 필요한 때에는 채무자, 관리위원회, 채권자협의회, 자금력 있는 제3의 인수희망기업 그 밖에 적절한 기관에 추천을 의뢰할 수 있다.

③ (삭제)

④ 법원은 제1항에 따라 관리인 등을 선임한 때에는 매년 1회 이상 정기적으로 관리인 등이 수행한 업무의 적정성을 평가하여야 한다. 이 경우 법원은 관리위원회 의견을 들어야 한다.

제6조(조사위원의 선임 등) ① 법원은 조사위원에게 조사를 명할 사항이 고도의 경제적·경영적 지식과 판단 능력이 요구되는 경우에는 공인회계사, 회계법인 또는 신용평가 기관을 조사위원으로 선임하여야 한다. 다만, 법적인 검토가 필요한 경우에는 변호사를 조사위원으로 공동 선임할 수 있다.

② 법원은 제1항의 조사위원을 선임함에 있어서는 한국공인회계사회, 대한변호사협회 등으로부터 조사위원 선정 대상자를 추천받아 일정한 평가를 거쳐 미리 적임자 명단을 확보하고 있다가 필요한 때에 이를 활용한다.

③ 최근 3년간 채무자를 외부감사 하였거나 경영컨설팅 등을 한 적이 있는 등 채무자와 업무상 관련성이 있었던 자는 원칙적으로 조사위원으로 선임하지 아니한다.

④ 법원은 제1항에 따라 조사위원을 선임한 때에는 매년 1회 이상 정기적으로 조사위원이 수행한 업무의 적정성을 평가하여야 한다. 이 경우 법원은 관리위원회의 의견을 들어야 한다.

제7조(조사위원의 조사내용) 법원은 조사위원에게 법 제90조 내지 제92조에 규정된 사항의 전부 또는 일부 외에 다음 각 호의 사항에 관하여도 조사하게 할 수 있다.

1. 채무자의 사업을 계속할 때의 가치가 채무자의 사업을 청산할 때의 가치보다 큰지의 여부 및 회생절차를 진행함이 적정한지의 여부
2. 채무자의 부채액에 산입되지 아니한 채무자의 제3자에 대한 보증채무의 금액, 내용 및 보증책임의 발생 가능성
3. 채무자의 이사나 이에 준하는 자 또는 지배인의 중대한 책임이 있는 행위로 인하여 회생절차개시의 원인이 발생하였는지 여부 및 위와 같은 이사 등의 중대한 책임이 있는 행위에 지배주주 및 그 친족 기타 대통령령이 정하는 범위의 특수관계에 있는 주주가 상당한 영향력을 행사하였는지 여부
4. 법 제100조 내지 제104조의 규정에 의하여 부인할 수 있는 행위의 존부 및 범위
5. 회생계획안에 의한 변제방법이 채무자의 사업을 청산할 때 각 채권자에게 변제하는 것보다 불리하지 아니하게 변제하는 내용인지 여부
6. 회생계획안의 수행이 가능한지 여부

제8조(조사위원의 보수) ① 조사위원의 기본보수는 별표의 기준에 의하여 산정하되, 조사의 내용·기간·난이도및 성실성 등을 고려하여 상당한 범위 내에서 가감할 수 있다.

② 조사를 위하여 외부기관의 감정이 필요하거나 그 밖에 이에 준하는 경우에는 그에 소요된 비용을 별도로 지급할 수 있다.

제9조(청산가치와 계속기업가치의 산정) ① 법 제220조 제1항, 제222조 제1항, 제285조, 제286조 제2항 등에서 규정하고 있는 채무자가 사업을 청산할 때의 가치는 채무자가 청산을 통하여 해체·소멸되는 경우에 기업을 구성하는 개별 재산을 분리하여 처분할 때의 가액을 합산한 금액으로서 청산재무상대표상의 개별자산의 가액을 기준으로 하여 산정한다. 다만, 유형고정자산은 법원의 부동산경매절차의 평균 매각가율을 적용하여 할인한 가액을 기준으로 산정한다.

② 법 제220조 제1항, 제222조 제1항, 제285조, 제286조 제2항 등에서 규정하고 있는 채무자의 사업을 계속할 때의 가치는 채무자의 재산을 해체·청산함이 없이 이를 기초로 하여 기업활동을 계속할 경우의 가치로서 기업의 미래 수익흐름을 현재가치로 할인하는 현금흐름할인법에 의하여 산정한다.

제10조(허가서 등 보조기록) ① 회생사건에서 다음 각 호의 문서는 접수한 때부터 주기록과 분리하여 '허가서 등 보조기록' 이라는 표지를 붙여 연도별로 편철하여 보관하되 주기록에 첨철한다. 다만, 채무자가 개인인 경우에는 그러하지 아니한다.

1. 법원이 관리위원에게 위임한 통상적인 업무에 관한 허가사무 또는 채무자의 일상적인 영업활동 내지 경영 활동에 속하는 사항에 관하여 관리인 등이 제출하는

허가신청서 및 동 신청취하서

2. 관리인 등이 제출하는 월간보고서, 분기보고서, 결산보고서 및 이에 준하는 통상의 보고적 문서

3. 진정서 및 이에 준하는 문서

② 재판장은 제1항 각 호의 문서 중에서 주기로 완결시까지 계속 보존할 필요성이 있다고 판단되는 경우에는 이를 주기록에 편철할 것을 명할 수 있다.

③ 제1항의 '허가서 등 보조기록'은 그 문서 접수일 다음 해부터 5년간 보존한 후에 폐기절차를 행한다.

제11조(공고의 방법) ① 회생사건에서의 공고는 전자통신매체를 이용한 방법에 의한 공고를 원칙으로 한다.

② 「채무자 회생 및 파산에 관한 규칙」 제6조 제1항 제2호의 규정에 따른 전자통신매체를 이용한 공고는 공고사항을 법원 홈페이지 법원공고란에 게시하는 방법으로 한다.

③ 제2항의 규정에 따른 공고를 한 때에는 법원사무관등은 공고문을 출력하여 기록에 편철하여야 한다.

부 칙

제1조(시행일) 이 예규는 2006년 4월 1일부터 시행한다.

제2조(다른 예규의 폐지) 「회사정리사건처리요령」(재민 92-5)·「회사정리절차개시 신청사실의 금융위원회에 대한 통지」(재민 92-1)·「회사정리절차개시 신청사건과 보전처분 신청사건이 동시에 계속하게 되는 때의 처리요령」(재민 93-1)·「회사정리사건의 기록보존에 관한 예규」(재민95-5)는 이를 폐지한다.

제3조(다른 예규의 개정) 「중요사건의 접수와 종국 보고」(재일 83-1) 중 다음과 같이 개정한다.

2. 가. (4) 중 '회사정리절차'를 '회생절차'로 한다.

제4조(경과조치) 이 예규 시행 당시 종전의 「회사정리법」에 의하여 정리절차개시의 신청을 한 회사정리사건은 종전의 예에 의한다.

부 칙(2014. 1. 21. 개정)

제1조(시행일) 이 예규는 즉시 시행한다.

제2조(경과조치) 이 예규는 이 예규 시행 당시 법원에 계속 중인 사건에도 적용한다.

[실무규정 2] 관리인 등의 선임·해임·감독 기준(회생실무준칙 제1호)

관리인 등의 선임·해임·감독 기준

2006. 04. 01. 시행
2013. 11. 01. 개정

1. 목 적

이 준칙은 법인 채무자(이하 '채무자'라고 한다)의 업무 수행권 및 관리처분권을 갖는 관리인 또는 관리인으로 보게 되는 채무자의 대표자에 관하여 그 선임·불선임 및 해임 기준을 제시함으로써 재정적 어려움으로 인하여 파탄에 직면한 채무자의 조기 회생절차 진입을 유도하고, 아울러 이들에 대한 감독 및 포상기준을 밝힘으로써 회생절차가 공정하고 투명하게 진행되도록 함에 그 목적을 둔다.

2. 기존 경영자 관리인

가. 의 의

기존 경영자라 함은 회생절차개시 당시의 채무자의 대표자를 말하고, 기존 경영자 관리인이라 함은 기존 경영자가 관리인으로 선임된 경우 당해 관리인을 말한다.

나. 선임 원칙과 기준

(1) 회생절차개시신청 후 회생절차개시 전 사이에 채무자에 관하여 채무자 회생 및 파산에 관한 법률(이하 '법'이라고 한다) 제74조 제2항 각 호의 사유가 존재한다고 명백히 인정되지 아니하면, 기존 경영자를 관리인으로 선임한다.

(2) 채무자에 관하여 법 제74조 제2항 제1호의 사유가 존재하고 있는지 여부는 특별한 사정이 없는 한 회생절차개시 당시의 이사, 지배인 등을 기준으로 하여 판단한다.

다. 선임 절차

(1) 채무자의 회생절차개시신청 후 지체 없이 채무자의 대표자에 대한 심문절차를 진행한다. 위 심문절차에는 채무자의 주거래 은행 등 주요 채권자도 참석하여 관리인 선임 및 회생절차개시에 관하여 의견을 개진할 수 있다.

(2) 위 심문절차가 종료한 후 신속하게 관리위원회와 채권자협의회에 기존 경영자를 관리인으로 선임함에 관하여 의견을 조회한다.

(3) 채무자의 대표자에 대한 심문결과와 관리위원회 및 채권자협의회에 대한 의견조회 결과에도 불구하고 법 제74조 제2항 각 호의 사유의 존재가 명백히 인정되지 아니하면, 법원이 관리인을 선임하지 아니하는 결정을 하는 경우를 제외하고는 신속하게 회생절차개시결정을 함과 동시에 기존 경영자를 관리인으로 선임하는 결정을 한다.

라. 수

(1) 채무자에게 공동 대표자가 존재하는 경우에는 원칙적으로 기존 경영자 관리인은 1인을 선임함으로써 책임소재를 분명히 한다.

(2) 아래의 경우에는 수인의 기존 경영자 관리인 선임을 고려할 수 있다.

① 채무자의 업무적 특성상 2개 이상의 전문적 기능을 필요로 하는 경우

② 채무자 내부의 대립되는 이해관계의 조정을 위하여 필요한 경우

(3) 기존 경영자 관리인이 수인인 경우 필요한 때에는 그 상호간의 업무분장을 정할 수 있다.

마. 임 기

(1) 기존 경영자 관리인을 선임한 경우에는 원칙적으로 임기제를 시행하지 아니한다.

(2) 기존 경영자 관리인의 선임 후 채무자의 대표자가 변경된 사정은 기존 경영자 관리인의 자위에 영향을 미치지 아니한다.

바. 해 임

(1) 기존 경영자를 관리인으로 선임한 후 법 제83조 제2항 각 호의 사유가 존재함을 인정할 만한 명백한 사유가 발견된 경우에는, 기존 경영자 관리인에 대한 심문절차를 거쳐 관리인의 직에서 해임할 수 있다.

(2) 법 제83조 제2항 제3호의 '관리인이 경영능력이 부족한 때'라 함은 다음의 경우를 포함하는 것으로 한다.

① 관리인이 회생계획에서 정한 영업이익을 2년 연속 달성하지 못한 때

② 관리인이 회생계획에서 정한 영업이익을 총 3회 달성하지 못한 때

3. 제3자 관리인

가. 의 의

제3자 관리인이라 함은 법원이 제2항의 기존 경영자 관리인 이외의 자를 관리인으로 선임한 경우 당해 관리인을 말한다.

나. 선임 원칙 및 기준

(1) 제3자 관리인은 채무자에 관하여 법 제74조 제2항 각 호의 사유가 존재한다고 인정되거나 관리인을 해임한 경우에 선임한다.

(2) 제3자 관리인의 선정은 전문경영 또는 그와 유사한 직무수행의 경력 또는 소양이 있는지 여부와 채무자의 업종에 대한 전문지식이 있는지 여부를 가장 중요한 요소로 고려한다.

(3) 회생계획에 따라 채무자를 인수한 지배주주가 있는 경우 그의 의견을 우선적으로 참작한다.

(4) 법인보다는 자연인을 우선하여 제3자 관리인으로 선정한다.

다. 선임방법 및 절차

(1) 법원은 각종 경제단체 기타 여러 경로를 통하여 널리 경영능력 등을 구비한 전문인력을 물색하여 미리 적임자 명단을 확보하고 있다가 제3자 관리인 선정 때 활용한다.

(2) 법원은 판사 3인 이상의 면접위원이 복수의 후보자에 대한 구두 면접을 실시한 후 최다 득점자를 제3자 관리인으로 선임한다. 다만, 최다득점자가 제3자 관리인 선임을 거절하는 경우, 최다득점자에게 제3자 관리인으로 선임될 수 없는 결격사유가 있는 경우 등에는 차순위 득점자를 제3자 관리인으로 선임한다.

(3) 아래와 같은 경우에는 위 (2)의 규정에서 정한 절차에 의하지 아니하고 제3자 관리인을 선임할 수 있다.

① 기존 제3자 관리인의 임기가 만료되어 해당 채무자의 제3자 관리인으로 재선임하는 경우

② 서울중앙지방법원 파산부에서 제3자 관리인, 감사로 선임되어 활동한 경력이 있는 자로서, 제3자 관리인, 감사로서의 자질과 경륜, 경영능력, 청렴성 등이 인정된 자를 선임하는 경우

③ 다른 채무자의 제3자 관리인 및 감사 면접에 응하였으나 선임되지 않은 자

로서, 해당 면접과정에서 자질과 경륜, 경영능력, 청렴성 등이 인정된 자를 선임하는 경우

④ 기존에 확보된 관리인 적임자 명단에 채무자의 관리인으로 선임하기에 적절한 후보가 없는 경우 또는 채무자의 회생을 위하여 필요한 경우

(4) 위 (3)의 ④에 해당하는 경우에는 채무자, 관리위원회, 채권자협의회, 주요 채권자, 자금력 있는 제3의 인수자, 관련 행정부처, 기타 적절한 기관에게 추천을 의뢰하거나 공개모집 등 적절한 방법으로 제3자 관리인을 선정할 수 있다. 그와 같이 추천을 의뢰할 때에는 '관리인 추천에 유의할 사항(양식 1)'을 첨부한다.

(5) 면접위원은 면접이 종료된 후 제3자 관리인 후보자에 대한 채점이 기재된 면접표를 파산부 기획법관에게 송부한다.

라. 의견조회

법원은 선정한 후보자에 관하여 이력서를 첨부하여 채권자협의회와 관리위원회의 의견을 조회하고 그 의견을 참작하여 제3자 관리인으로 선임한다.

마. 수

(1) 제3자 관리인은 1인을 선임함으로써 책임소재를 분명히 한다.

(2) 아래의 경우에는 수인의 제3자 관리인 선임을 고려할 수 있다.

① 채무자의 업무적 특성상 2개 이상의 전문적 기능을 필요로 하는 경우

② 대립되는 이해관계의 조정을 위하여 필요한 경우

(3) 제3자 관리인이 수인인 경우 필요한 때에는 그 상호간의 업무분장을 정할 수 있다.

바. 임 기

(1) 제3자 관리인은 임기를 정하여 선임함으로써 책임경영의 체제를 확립한다. 다만, 회생계획안에 따라 채무자를 인수하거나 실질적인 지배 지분을 확보한 제3자나 그가 추천한 자를 관리인으로 선임하는 경우에는 예외로 할 수 있다.

(2) 제3자 관리인의 임기는 선임일부터 2년으로 하되, 채무자의 결산기, 실적평가에 필요한 기간, 법원의 업무량, 기타의 사정을 고려하여 적절하게 조정한다.

(3) 회생절차개시결정 당시 선임된 제3자 관리인의 임기는 회생계획인가일 또는 회생계획인가일이 속하는 달의 말일까지(회생계획인가 전에 회생절차가 폐지되는 경우에는 폐지결정 확정 때까지)로 하며, 회생계획이 인가된 후 위

(2)에 의하여 새로이 임기를 정한다.

(4) 제3자 관리인의 임기가 만료된 때에는 법 제83조 제2항 각 호의 해임 사유가 없는 한 동일한 사람을 관리인으로 재선임한다.

(5) 제3자 관리인을 재선임함에 있어서도 채권자협의회와 관리위원회에게 그 의견을 조회한다.

사. 해 임

제3자 관리인의 해임에 관하여는 제2항 바.호를 준용한다.

4. 법 제74조 제3항의 관리인으로 보게 되는 채무자의 대표자

가. 의 의

관리인으로 보게 되는 채무자의 대표자라 함은, 법원이 법 제74조 제3항에 의하여 관리인을 선임하지 아니하는 결정을 한 경우 같은 조 제4항에 의하여 채무자의 관리인으로 보게 되는 채무자의 대표자를 말한다.

나. 관리인 불선임 결정의 기준 및 절차

(1) 관리인 불선임 여부는, 중소기업자 및 채무자 회생 및 파산에 관한 규칙 제51조에 해당하는 채무자 중 법 제74조 제2항 각 호의 사유가 존재하지 아니한 경우에 한하여 다음 각 사정을 종합적으로 고려하여 결정한다.

① 채무자 및 채권자협의회의 의견

② 자산, 부채, 자본금의 규모

③ 채무자에 대한 주식·출자지분의 분포

④ 채무자의 자율적인 지배구조 결정에 대한 경험 및 적합성

(2) 제2항 다.호의 규정은 법원이 관리인 불선임결정을 할 경우에 준용한다.

다. 채무자의 대표자의 선정절차 및 기준

(1) 회생절차개시 후 회생계획인가 전의 단계에서는, 채무자 내부의 주주총회결의·사원총회결의 또는 이사회결의 등 통상적인 대표자 선임절차에 의하여 채무자의 대표자를 선정한다.

(2) 회생계획인가 후의 단계에서는, 법 제203조 제1항 내지 제3항, 제263조 제1항, 제2항, 제4항에 따라 회생계획에서 선정한 자, 회생계획에서 정한 선정방법에 의하여 선정된 자 또는 회생계획에서 유임할 것으로 정한 자가 채무자의 대표자가 된다.

(3) 채무자의 대표자의 선정은 회생채권자·회생담보권자·주주·지분권자 일반의 이익에 합치하여야 한다.

라. 수

(1) 회생계획인가 후의 단계에서 여럿의 대표자에게 채무자를 대표하게 하는 때에는 회생계획에 그 뜻을 정하여야 한다.

(2) 위 (1)의 경우 여럿이 대표자 상호간의 그 업무분장을 정할 수 있다

마. 임 기

(1) 회생절차개시 후 회생계획인가 전의 단계에서 채무자 내부의 통상적인 대표자 선임절차에 의하여 채무자의 대표자의 임기를 정하는 경우에는 1년 6월을 초과하지 못한다.

(2) 회생계획인가 후 단계에서 회생계획에서 채무자의 대표자의 임기를 정한 경우에는 1년을 넘지 못한다.

(3) 채무자의 대표자는 연임할 수 있다.

바. 해 임

(1) 회생절차개시 후 회생계획인가 전의 단계에서는, 채무자 내부의 주주총회결의 또는 이사회결의 등 통상적인 대표자 선임절차에 의하여 채무자의 대표자를 해임한다.

(2) 회생계획인가 후의 단계에서는, 회생계획에서 정한 방법에 따라 채무자의 대표자를 해임한다.

사. 관리인의 선임

법원이 법 제74조 제3항의 관리인 불선임 결정을 한 후 법 제74조 제2항 각 호의 사유가 있다고 인정하여 관리인을 선임한 경우에는 채무자의 대표자는 채무자에 대한 업무의 수행권과 관리처분권을 상실하고, 새로 선임된 관리인이 그 권한을 가진다.

5. 보 수

가. 적용 범위

아래 나.호, 다.호의 각 규정은 기존경영자 관리인, 제3자 관리인, 관리인으로

보게 되는 채무자의 대표자(이하 '관리인 등'이라고 한다)에게 모두 적용한다.

나. 보수 기준

(1) 관리인 등의 보수는 노동부에서 발간하는 임금구조기본통계보고서 중 당해 업종 경영자의 보수실태를 참작하고 기존의 보수체계와 채무자의 재정 상태, 관리인 등의 업무의 내용과 난이도 등을 고려하여 정하되, 관리인 등의 직무와 책임에 상응하는 것이어야 한다.

(2) 관리인 등이 퇴직하는 때에는 위 (1)의 보수와는 별도로 퇴직금을 지급할 수 있다. 퇴직금의 액수는 채무자의 퇴직금 규정, 재직기간, 관리인 등이 수행한 업무의 양과 질, 퇴직 사유 기타 제반 사정을 종합하여 정하되, 상당한 이유가 있는 때에는 퇴직금을 지급하지 아니할 수 있다.

다. 특별보상금 기준

(1) 법원은 아래 각 호의 사유가 있다고 인정되는 때에는, 채권자협의회의 의견을 들어, 채무자의 규모와 재정상황, 기여도 등을 종합적으로 고려하여 관리인 등에게 특별보상금을 지급할 수 있다.

① 관리인 등이 그의 경영 수완에 의하여 회생계획이 예정한 경영목표를 초과하여 달성한 때

② 관리인 등의 능력과 노력에 기인하여 채무자의 재산상황이 당해 관리인 등의 최초 취임 당시에 비하여 현저히 개선된 때

③ 관리인 등이 능동적으로 신규 자본을 물색·유입하거나 다른 우량기업과 인수·합병을 이룩함으로써 채무자의 회생에 현저한 기여를 한 때

(2) 위 (1)의 특별보상금은 채무자의 규모와 재정상황, 기여도 등을 종합하여 3억원을 한도로 정하되, 이에 갈음하여 일정한 가격으로 주식을 매수할 권리(스톡 옵션)를 부여할 수 있다.

6. 관리인대리

가. 관리인대리는 특별한 필요가 있음을 구체적으로 소명한 경우에 한하여 그 선임을 허가한다.

나. 관리인대리를 선임할 필요성이 소멸한 때에는 관리인 또는 관리인대리로 하여금 즉시 그 사유를 법원에 보고하도록 한다.

다. 관리인대리에 대한 보수 및 특별보상금은 제4항 나.호 및 다.호를 준용한다.

7. 선임증·증명서의 수여

가. 채무자의 관리인에게는 선임을 증명하는 선임증을, 관리인으로 보게 되는 채무자의 대표자에게는 업무의 수행권과 관리처분권이 있음을 증명하는 증명서를 수여한다.

나. 관리인 등에게 선임증·증명서를 수여할 때에는 성실한 책무 수행을 당부한다.

다. 선임증·증명서를 수여할 때에는 가급적 채무자의 주요 간부를 참석하게 하여 관리인 등의 법적 지위를 이해하고 체감하게 한다.

8. 개인 채무자에 대한 준용

위 규정들은 성질에 반하지 않은 한 개인 채무자에 대하여도 이를 준용한다.

9. 보전관리인에 대한 준용

위 규정들은 성질에 반하지 않는 한 보전관리에 대하여도 이를 준용한다.

〈부칙, 2013.11.01〉

1. 이 준칙은 2013.11.01부터 시행한다.

(별지 양식 생략)

[실무규정 3] 조사위원의 선정, 보수기준 및 조사·보고사항(회생실무준칙 제2호)

조사위원의 선정, 보수기준 및 조사·보고사항

2006. 4. 1. 시행
2008. 2. 11. 시행

1. 목 적

이 준칙은 채무자 회생 및 파산에 관한 법률(이하 '법'이라고 한다) 제87조 제1항의 규정에 의한 조사위원의 선임기준과 보수기준을 정하고 같은 조 제3항, 제4항에 의하여 조사위원이 수행하여야 할 조사·보고사항에 관하여 정함을 목적으로 한다.

2. 조사위원 후보명단

가. 조사위원은 조사위원 후보명단(이하 '후보명단'이라 한다)에 등재된 자(이하 '조사위원 후보'라 한다) 중에서 선정한다. 다만, 채무자가 영세한 소규모 기업 또는 개인인 경우로서 후보명단에 등재된 자 중에서 조사위원을 선임하는 것이 적합하지 아니하다고 인정되는 때에는 그러하지 아니하다.

나. 후보명단에는 아래 각 목의 1에 해당하는 자를 등재한다.

(1) 국내 신용평가기관 중 규모가 3위 이내에 드는 기관

(2) 소속 공인회계사가 30명 이상인 국내 회계법인

다. 나.호에 해당하는 자의 수가 부족하거나 기타 상당한 이유가 있는 때에는 한국공인회계사회의 추천을 받은 회계법인을 후보명단에 추가 등재한다.

3. 선정방식

가. 조사위원으로 선임할 자는 조사위원 후보 전원에게 선임의 기회가 공평하게 부여되도록 명단의 순서대로 선정함을 원칙으로 한다. 다만, 회사의 자산규모가 300억원 이상인 경우에는 다음 순서의 후보 중 명단의 순서에 따라 소속공인회계사가 100명 이상인 회계법인을 우선하여 선정할 수 있다.

나. 위 방식에 의하여 선정될 당해 조사위원 후보가 최근 3년간 대상 채무자를 외부감사한 적이 있는 등 업무상 관련이 있었던 경우 또는 조사업무의 규모와 특

성에 비추어 대상 채무자의 조사업무를 수행하기 부적합하다고 보이는 상당한 이유가 있는 경우에는 당해 후보를 배제하고 다음 순서의 후보를 조사위원으로 선정한다. 이 경우 배제된 후보는 다음 기회에 우선적으로 선정한다.

4. 후보명단의 조정

가. 법원은 매년 1월 말까지 제2항 나.호, 다.호의 요건에 해당하는 기관 또는 회계법인을 조사하여 그 결과에 따라 후보명단을 갱신한다.

나. 후보명단에 등재된 자가 아래 각 목의 1에 해당하거나 기타 조사위원으로서 부적합하다고 볼 상당한 사유가 있는 때에는 언제든지 후보명단에서 삭제한다.

① 조사위원으로 선임되었음에도 정당한 이유 없이 조사위원이 되기를 거부한 때
② 조사보고 내용이 부실한 때
③ 보수청구액이 현저히 부당하다고 인정되는 때
④ 소속 공인회계사 수의 감소 기타 사유로 그 공신력이 현저히 훼손된 때

5. 조사위원 보수의 결정

조사위원의 보수는 별지 보수기준표의 범위에서 결정하되, 조사의 내용·조사기간·조사의 난이도·조사의 성실성 등을 고려하여 상당한 범위 내에서 가감할 수 있다.

6. 조사위원의 조사·보고사항

가. 제1차 조사보고서

조사위원은 법원의 명령에 의하여 제1회 관계인집회 전에 다음 각 사항을 조사하여 제1차 조사보고서를 작성, 제출한다.

① 법 제90조 내지 제92조 소정의 사항에 관한 의견을 붙인 조사결과
② 채무자의 사업을 계속할 때의 가치가 채무자의 사업을 청산할 때의 가치보다 큰지의 여부 및 회생절차를 진행함이 적정한지의 여부에 관한 의견
③ 채무자의 부채액에 산입되지 아니한 채무자의 제3자에 대한 보증채무의 금액, 내용 및 보증책임의 발생가능성
④ 채무자의 이사나 이에 준하는 자 또는 지배인의 중대한 책임이 있는 행위로 인하여 회생절차개시의 원인이 발생하였는지 여부 및 위와 같은 이사 등의 중대한 책임이 있는 행위에 지배주주 및 그 친족 기타 대통령령이 정하는 범위의 특수관계에 있는 주주가 상당한 영향력을 행사하였는지 여부

⑤ 법 제100조 내지 제104조의 규정에 의하여 부인할 수 있는 행위의 존부 및 범위

나. 제2차 조사보고서

조사위원은 법원의 명령에 의하여 제2회 관계인집회 전에 다음 각 사항을 조사하여 제2차 보고서를 작성, 제출한다.

① 회생계획안에 의한 변제방법이 채무자의 사업을 청산할 때 각 채권자에게 변제하는 것보다 불리하지 아니하게 변제하는 내용인지 여부

② 회생계획안의 수행이 가능한지 여부

다. 그 밖의 보고서

조사위원은 위 가.호 및 나.호에 규정된 사항 이외에도 법원이 필요하다고 인정하여 조사를 명한 사항을 조사하여 보고서를 작성, 제출한다.

7. 채무자에 관한 청산가치와 계속기업가치의 산정

법 제220조 제1항, 제222조 제1항, 제285조, 제286조 제1항 등에서 규정하고 있는 채무자에 관한 청산가치와 계속기업가치는 다음과 같은 방법에 의하여 산정하여 비교한다.

가. 청산가치의 산정

(1) 청산가치란 채무자가 파산적 청산을 통하여 해체·소멸되는 경우에 기업을 구성하는 개별 재산을 분리하여 처분할 때의 가액을 합산한 금액을 말한다.

(2) 청산가치는 청산대차대조표상의 개별자산의 가액을 기준으로 하여 산정한다. 다만, 유형고정자산은 법원의 부동산입찰절차의 평균 낙찰률을 적용하여 할인한 가액을 기준으로 산정한다.

나. 계속기업가치의 산정

(1) 계속기업가치란 채무자의 재산을 해체·정산함이 없이 이를 기초로 하여 기업활동을 계속할 경우의 가치를 말한다.

(2) 계속기업가치는 기업의 미래 수익흐름을 현재가치로 할인하는 현금흐름할인법에 의하여 산정한다.

8. 부실 경영에 책임이 있는 지배주주 등의 책임에 관한 조사·보고

가. 조사위원이 채무자의 이사나 이에 준하는 자 또는 지배인의 중대한 책임이 있

는 행위로 인하여 회생절차개시의 원인이 발생하였는지 여부 및 위와 같은 이사 등의 중대한 책임이 있는 행위에 지배주주 및 그 친족 기타 대통령령이 정하는 범위의 특수관계에 있는 주주가 상당한 영향력을 행사하였는지 여부를 조사하여 그 결과를 보고하는 때에는 조사결과를 뒷받침하는 구체적인 사실관계와 소명자료를 제출하여야 한다.

나. 법원은 조사위원의 가.호에 관한 조사결과를 법 제114조(법인의 이사 등에 대한 보전처분), 법 제115조(손해배상청구권 등의 조사확정재판), 법 제205조(주식회사 또는 유한회사의 자본감소) 제4항, 법 제218조(평등의 원칙) 제1항 제3호, 제2항에 관한 사항을 판단하는데 중요한 자료로 참작된다.

9. 회생절차개시 전에 진행된 M&A 절차에 관한 특칙

회생절차개시 전에 채무자와 주요 채권자와의 협의하에 M&A 절차가 진행되고, M&A 주간사 등에 의하여 채무자에 관한 청산가치 및 계속기업가치 평가가 이루어지고 회생절차에서 그에 대하여 채권자협의회의 동의가 있는 경우에는 특별한 사정이 없는 한 조사위원에게 채무자에 관한 청산가치 및 계속기업가치의 조사·보고의무를 명하지 아니할 수 있다.

조사위원 후보명단

후보 \ 횟수	1	2
*○○ 회계법인		
*○○ 회계법인		
*○○ 회계법인		
*○○ 회계법인		
*○○ 회계법인		
*○○ 회계법인		
*○○ 회계법인		
○○ 회계법인		
○○○○ 회계법인		
○○ 회계법인		
○○ 회계법인		

ㅇㅇ 회계법인		
ㅇㅇ 회계법인		
ㅇㅇ 회계법인		
ㅇㅇ 회계법인		
ㅇㅇ 회계법인		
한국기업평가(주)		
한국신용평가(주)		
한국신용정보(주)		

* 표시는 소속 공인회계사가 100명 이상인 회계법인임.

조사위원 보수 기준표

조사 당시의 자산 총액	기준 보수
50억원 미만	1,500만원
50억원 이상 80억원 미만	1,800만원
80억원 이상 120억원 미만	2,700만원
120억원 이상 200억원 미만	3,200만원
200억원 이상 300억원 미만	3,900만원
300억원 이상 500억원 미만	4,500만원
500억원 이상 1,000억원 미만	5,000만원
1,000억원 이상 3,000억원 미만	5,700만원
3,000억원 이상 5,000억원 미만	7,700만원
5,000억원 이상 7,000억원 미만	9,200만원
7,000억원 이상 1조원 미만	10,000만원
1조원 이상 2조원 미만	11,000만원
2조원 이상	12,000만원(1조원당 1,200만원씩 추가

[실무규정 4] 채권자협의회의 운영에 관한 준칙(회생실무준칙 제3호)

채권자협의회의 운영에 관한 준칙

2006. 4. 1. 시행

1. 목 적

이 준칙은 채권자협의회의 운영에 관한 규약의 제정 및 그 절차에 관하여 규정함으로써 채권자협의회가 채권자 일반의 이익을 적절히 대표할 수 있도록 함을 그 목적으로 한다.

2. 규약의 제정

채권자협의회는 대표채권자가 지정된 때로부터 7일 이내에 채권자협의회의 운영에 관한 규약을 제정하여 법원 및 관리위원회에 팩시밀리 또는 전자우편 그 밖의 상당한 방법으로 통보하여야 한다.

3. 규약의 내용

제2항의 규약은 채무자 회생 및 파산에 관한 법률과 그 시행령 및 대법원규칙의 규정에 부합하고, 채권자 일반의 이익을 적절히 대표할 수 있도록 채권자협의회를 운영하는 내용이어야 한다.

4. 채권자협의체에 관한 규약

채권자협의회는 회생절차의 조기 종결 여부에 관하여 채무자와 협약이 이루어진 때에는, 회생실무준칙 제14호("회생절차의 조기 종결에 관한 준칙") 제5항에 따라 향후 채권자협의체에 갈음하여 채무자의 회생계획 수행을 감독할 수 있는 채권자협의체의 구성 및 운영에 관한 적절한 규정을 마련하여 협약 체결 후 7일 이내에 법원 및 관리위원회에 제출하여야 한다.

[실무규정 5] 채무자의 지출행위 중 법원의 허가를 요하는 금액의 기준 (회생실무준칙 제6호)

채무자의 지출행위 중 법원의 허가를 요하는 금액의 기준

2006. 04. 01 제정
2007. 01 .28 개정
2011. 01. 22 개정

1. 회생계획의 인가를 받은 법인 채무자(이하 '채무자'라고 한다)의 지출행위 중 법원의 허가를 요하는 금액(이하 '요허가금액'이라 한다)의 하한은 채무자의 연간 매출액에 따른 별표 1의 금액을 기준으로 하되, 그 자산 총액, 허가신청의 빈도, 업종과 규모가 유사한 다른 채무자의 요허가금액 현황, 기존 경영자를 관리인으로 선임한 여부 기타 여러 사정 등을 고려하여 적절히 가감한 금액으로 한다.
2. 제1항의 금액은 미리 관리위원회의 의견을 들어 결정한다.
3. 회생계획인가 전에 있는 채무자의 요허가금액은 특별한 사정이 없는 한 연간 매출액 100억 이하인 채무자는 500만원으로, 연간 매출액 100억 초과인 채무자는 1,000만원으로 정하고, 인가 후에 제1항의 방법에 따라 허가 기준금액을 재조정한다.
4. 제1항의 규정에 의하여 결정한 요허가금액은 채무자의 영업상황에 따라 그 적정 여부를 매년 재검토한다.

별표 1. 연간 매출액에 따른 요허가금액의 기준

연간 매출액(원)	기준액(원)
100억 이하	5,000,000
500억 이하	10,000,000
500억 ~ 1,000억	20,000,000
1,000억 ~ 5,000억	30,000,000
5,000억 초과	50,000,000

[실무규정 6] 보고서 작성요령(회생실무준칙 제8호)

보고서 작성요령

2006. 04. 01 시행
2013. 07. 12 개정

1. 보고서의 종류

가. 채무자가 법원에 정기적으로 제출하는 보고서는 월간보고서, 분기보고서, 채무자 현황 및 연간보고서 3가지 종류로 하고, 그 밖에 법원이 필요하다고 판단하여 구두 또는 서면으로 보고를 명한 사항에 대하여도 지체 없이 보고서를 작성, 제출한다.

나. 2/4분기 보고서는 제목을 '반기보고서'로 붙이고, 4/4분기 보고서는 '채무자 현황 및 연간 보고서'를 제출하는 것으로 갈음한다. 단, 매 분기 말의 월간보고서(3,6,9,12월의 월간보고서)는 별도로 제출한다.

다. 분기의 표시는 채무자의 회계연도를 기준으로 한다. 예를 들면, 12월말 결산법인의 경우는 1, 2, 3월이, 3월말 결산법인의 경우는 4, 5, 6월이, 6월말 결산법인의 경우는 7, 8, 9월이, 9월말 결산법인의 경우는 10, 11, 12월이 1/4분기가 된다.

2. 보고서의 제출시기 및 제출횟수

가. 월간보고서는 그 다음달 20일까지, 채무자 현황 및 연간보고서는 당해 회계연도 종료일로부터 3개월 이내에 제출하고(결산기가 연말인 채무자의 경우를 예로 들면, 매년 3월 31일까지), 분기보고서(1/4분기, 3/4분기보고서)는 분기 종료일로부터 1개월 이내에, 반기(2/4분기)보고서는 반기 종료일로부터 2개월 이내(결산기가 연말인 채무자의 경우를 예로 들면, 1/4분기 보고서는 4월 30일, 반기보고서는 8월 31일, 3/4분기는 10월 31일까지)에 제출한다.

나. 해당 재판부는 회생계획이 인가된 채무자에 대하여 회생계획 수행상태, 영업상황, 경영실태, 자금사정, 관리인의 업무수행 성실도 등을 종합하여 월간보고서를 격월간으로 제출하게 하거나, 1/4분기 및 3/4분기 보고서를 제출하지 아니하게 할 수 있다.

3. 보고서를 제출할 채무자

가. 월간·분기보고서(반기보고서 포함)는 보전처분 이후 단계의 채무자가 제출하고, 채무자 현황 및 연간보고서는 개시결정을 받은 채무자에 한하여 제출한다. (다만, 보전처분 이후 단계의 채무자가 개시결정을 받지 않은 채 당해 회계연도 종료일로부터 3개월이 경과한 경우에는 채무자 현황 및 연간보고서가 아니라 4/4분기 보고서를 제출하되, 그 내용은 1/4분기, 3/4분기 보고서의 작성요령에 따른다.)

나. 회계연도 종료일로부터 3개월 이후에 개시결정을 받은 채무자의 경우는 개시결정일로부터 2개월 이내에 채무자 현황 및 연간보고서를 제출한다.

다. 제2항 나목의 규정에도 불구하고 법원은 개인 채무자, 규모가 영세한 소기업의 경우에는 회생계획의 인가 전후를 묻지 않고 보고서의 일부 또는 전부의 작성, 제출을 완화 또는 면제할 수 있다.

4. 보고서의 제출방법과 부수

가. 월간보고서 : 'Excel'이나 '한글' 프로그램으로 작성한 후 4부(법원용, 재판장용, 주심판사용, 관리위원용)를 출력하여 파산과에 접수시키고, 해당 File을 주심판사에게 E-Mail로 송부한다.

나. 분기보고서(반기보고서 포함)와 채무자 현황 및 연간보고서 : 'Excel'이나 '한글' 프로그램으로 작성한 후 4부(법원용, 재판장용, 주심판사용, 관리위원용)를 출력하여 파산과에 접수시키고, 해당 File을 주심판사에게 E-Mail로 송부한다.

다. File을 주심판사에게 E-Mail로 송부함에 있어서는 E-Mail의 제목만으로 어느 채무자가 보낸 무슨 파일인지를 알 수 있도록 하여야 하며, 첨부되는 파일명은 우선 채무자 이름을 다른 채무자와 구분할 수 있도록 2, 3자로 줄여 표기하고 연도와 월 또는 분기 표시를 하여야 하며 일관성을 유지하여야 한다.

5. 보고서의 작성요령

가. 월간보고서 기재사항 및 기재요령

① 매출실적과 입금실적 :

- 별지 1. 「매출실적과 입금실적」 양식으로 작성
    - 부가가치세는 매출실적 및 입금실적에 제외할 것
- 양식 하단의 「그 달까지의 누계」칸에는 당월까지의 실적·회생계획의 누계와 그 달성률을 표기

- 회생계획상 연간 목표액만으로 표시되어 있는 매출, 입금액을 월간 목표액으로 배분함에 있어서는 회생계획에 관하여 자체적으로 설정한 월별 목표액 비율에 따라 배분

② 자금수지표 :

- 별지 2.「자금수지표(총괄)」 및 별지 2-1.「자금수지실적명세」 양식으로 작성
- 별지 2.「자금수지표(총괄)」을 작성함에 있어 회생계획상 연간 목표액만으로 표시되어 있는 수입, 지출액을 월간 목표액으로 배분함에 있어서는 회생계획에 관하여 자체적으로 변제예정 월에 회생담보권, 회생채권, 공익채권의 변제 예정액이 모두 포함되는 것으로 작성

③ 어음·수표발행 현황과 자금수지표(어음수표를 발행하는 채무자의 경우에만 작성하고, 어음수표를 발행하지 않고 있는 채무자의 경우는 제목만 기재하고 '해당 없음'이라고 표시)

④ 당해 월에 발생한 주요 사항

- 그 달에 발생한 주요 회생계획수행상황(회생계획의 변제계획, 자산처분 계획 중 수행한 것, 수행하지 못한 것 등), 인원 및 영업, 노사관계 중 특이사항, 기타 보고를 요하는 사항에 대하여 기재

⑤ 허가사항 내역 :

- 허가사항 총괄표
- 법원 허가사항 명세
- 관리위원 허가사항 명세

⑥ 허가금액 이하 지출내역

⑦ 허가금액 이상 지출내역 [허가금액을 초과하기는 하나 '제세공과금(국세, 지방세, 전기료, 수도료, 가스료, 전화료, 국민연금, 장애인고용분담금, 직업훈련분담금, 개별부담금)과 건강보험료, 고용보험료, 산재보험료 중 공익채권에 해당하는 것'이라서 사전허가대상에서 제외된 항목의 지출내역을 의미함]

⑧ 채무자가 서울중앙지방법원 파산부 회생실무준칙 제9호(자회사의 현황에 관한 보고요령) 소정의 자회사(이하 '자회사'라고만 함)를 가지고 잇는 경우에 자회사에 관한 주요 사항의 변동

⑨ 공익채권 현황표 : 별지 4.(예시)「공익채권 현황 양식」을 참고하여 작성

- 금융기관 공익채권, 상거래 공익채권, 제세공과금 공익채권, 기타 공익채권 등

으로 분류하여 작성
- 개시결정일(회생계획인가 전 회사) 또는 회생계획인가일(회생계획인가 후 회사) 기준, 전년도 말, 직전 분기말, 직전 월말과 대비
- 증감내역과 그 원인분석
- 보유 매출채권의 합계액 기재

⑩ 시재보유 현황
- 해당 월의 말일 현재 시재보유 현황을 현금, 예금, 어음 등으로 나누어 기재하고, 채무자 명의로 개설된 모든 계좌에 관한 해당 월의 1일부터 말일까지의 거래내역서를 첨부할 것 {회계연도 마지막 달의 월간보고서에는 위 기재사항 이외에 신회계연도의 월별 매출목표 및 자금수지계획, 분기별 손익목표(전년 실적 및 회생계획과 비교) 등의 내용을 담은 「사업계획서」와 회생계획상 당해연도 변제분에 대한 이행상황을 기재한 「회생담보권·회생채권 변제이행상황표」를 첨부할 것. 사업계획서는 별도 파일로 제출)

나. 분기보고서 기재사항 및 기재요령(1/4분기 보고서 및 3/4분기 보고서)

(1) 기재사항의 주요 목차

① 인원현황

② 영업현황

㉮ 매출 및 입금실적, ㉯ 대차대조표, ㉰ 손익계산서, ㉱ 종합의견과 전망 및 대책

③ 회생계획 수행현황

㉮ 회생담보권, 회생채권 변제현황, ㉯ 부동산 매각, ㉰ 신주발행, ㉱ 기타

④ 보고사항

㉮ 회생채권, 회생담보권 현황표, ㉯ 향후 1년간 변제할 회생담보권·회생채권의 금액, ㉰ 공익채권 현황표, ㉱ 신규자본유치 및 M&A를 위한 조치사항 및 실적, ㉲ 어음·수표 발행현황, ㉳ 가압류, 가처분, 소송현황, ㉴ 접대비 사용현황, ㉵ 사업현장 명세(건설 채무자의 경우) ㉶ 기타 당기에 발생한 특이사항

(2) 기재요령

(가) 일반적인 기재요령
- 아래와 같이 각 기재항목별로 제시하는 작성요령과 작성양식에 따라 기재사항

이 누락되지 않게 보고서를 작성한다(당해 채무자에 해당사항이 없는 기재사항이 있다 하더라도 제목은 기재하고 "해당없음" 표시를 할 것)

- 제시하고 있는 작성 양식 중 '별지(예시)'로 표현하고 있는 양식은 채무자 실정에 맞게 변형하여 작성하여도 무방하고, "(예시)"로 표현하고 있지 아니한 별지 양식은 그 양식 그대로 작성한다. 다만, "(예시)"로 표현하고 있지 아니한 별지 양식 가운데 그와 같은 양식에 따라 작성하는 경우 채무자 현황을 정확히 나타나는데 미흡한 면이 있다면, 채무자 현황을 잘 나타낼 수 있는 양식을 자체 개발하여 작성할 수 있다(다만, 제시한 양식의 기재사항은 누락되지 말아야 함).
- 기재항목에 대하여 법원이 특별히 제시하고 있는 양식이 없는 경우에는 채무자 실정에 맞게 양식을 만들어 보고한다.
- 각 부분에 대한 보고서를 작성함에 있어, 실적과 회생계획상의 예정치 사이에 차이가 큰 항목에 대하여는 반드시 주(註)를 달아 그 사유를 기재한다. 또한 대차대조표의 각 항목 중 전기에 비하여 큰 변동이 있는 항목들에 대하여도 각기 주(註각)를 달아 그 사유를 기재한다. 위와 같은 각 주(註)의 설명은 법원이 쉽게 납득할 수 있을 정도로 상세한 것이어야 한다.
- 매출, 입금, 수주, 자금수지 등 회생계획상 연간 목표액만으로 표시되어 있는 항목을 월간(또는 분기) 목표액으로 배분함에 있어서는 회생계획에 관하여 자체적으로 설정한 월별 목표액 비율에 따라 배분.
- 손익항목의 매출원가율, 판관비율 등 회생계획상 연간 매출액 대비율이 정해져 있는 항목은 분기의 회생계획목표액을 정함에 있어 그 매출액 대비율을 임의로 변경시키지 말고 연간기준 매출액 대비율을 그대로 유지할 것.
- 위의 기재항목은 반드시 기재하여야 할 사항을 제시한 것이므로, 관리인의 판단하에 의미 있는 다른 항목을 추가하여 기재하는 것은 얼마든지 가능할 뿐 아니라 이를 적극 권장함(예컨대, 재무제표상의 특이사항에 관한 설명, 시설투자·기술투자계획 및 실적, 인적 자원의 관리계획 및 실적, 노사화합방안, 채권회수계획 및 실적, 기타 회생계획완수를 위하여 추진하여야 할 각종 장단기 혁신계획(Innovation)과 실적 등)

(나) 구체적인 기재요령

① 인원현황 :

- 직급별, 본사·공장(현장)별/지역별 등으로 적절히 구분하여 작성.
- 전년도 말과 직전 분기 말과 증감대비, 변동사항이 있으면 비고란에 간단히 이

유를 기재

② 영업현황

○ 매출실적과 입금실적 :

- 별지 1. 양식으로 총괄표 작성
  - 과거 실적, 회생계획은 1년분을 모두 기재하고 올해 실적은 다달이 기재해 나감
  - 반드시 회생계획과 대비할 것(회생계획에 월별 또는 분기별 매출액이 기재되어 있지 아니한 경우의 기재방법:회생계획에 관하여 자체적으로 설정한 월별 또는 분기별 목표액 비율에 따라 배분하여 표시할 것)
  - 달성률은 전년 및 회생계획과 대비한 실적의 비율을 %로 기재(예컨대, 10% 초과 달성한 경우에는 110%, 10% 미달한 경우에는 90%로 기재 / 종전의 증감률 개념으로 기재하는 일이 없도록 할 것)
  - 부가가치세는 매출실적 및 입금실적에서 제외할 것
- 별지 5.(예시)를 참고하여 주요 부문(품목)별 매출실적표 작성
  - 매출액에서 차지하는 각 부문(품목)별 비중 표시
- 별지 6.(예시)을 참고하여 주요 부문(품목)별 생산실적표 작성(제조업의 경우)
  - 전년도 같은 분기와 직전 분기 말과 대비하고 공장가동률 표시
- 수출부문이 있는 경우, 별지 7.(예시), 별지 8.(예시)을 참고하여 주요 품목별 수출실적, 수출대금 결제현황표를 작성

○ 수주실적표

- 건설, 조선, 기타 주문생산부문이 있는 경우 수주실적표 작성(양식은 자체적으로 만들어 작성).
  - 수주실적표도 위 '매출실적' 작성요령과 유사한 방법으로 과거 실적, 회생계획표의 수주계획을 기재하고 상호 대비
  - 건설업을 영위하는 채무자의 경우 현장명, 발주처, 수주금액(계약 변경분 포함하되 계약변경분임을 부기), 공사기간 등을 기재

○ 분기 대차대조표 :

- 별지 9.(예시) 양식을 참고하여 작성
- 전년도 말, 직전 분기 말과 대비하여 증감을 표시하고 증감인원을 기재
- 대차대조표는 요약대차대조표 및 상세대차대조표를 모두 작성하되 증감비교는 요약대차대조표 항목만 하여도 무방함.

○ 분기 손익계산서 :

- 손익계산서는 별지 10., 11., 12. 양식을 참고하여 작성

① 해당 분기 손익계산서(요약)
② 1/4분기 ~ 해당 분기 손익계산서(요약)
③ 1/4분기 ~ 해당 분기 손익계산서(상세) 3개의 손익계산서를 작성 첨부(물론 1/4 분기 보고서의 경우는 ② 1/4분기 ~ 해당 분기 손익계산서(요약)가 불필요함)

- 위 2개의 요약 손익계산서(①, ②)에 대하여는 반드시 회생계획(회생계획이 1년 단위로 되어 있는 경우 이를 분기로 나눈 금액), 전년도 같은 기간 2개 수치와 대비하여 항목별 달성률(※증감률이 아님)을 표시하고, 상세 손익계산서는 그냥 통상적인 결산보고서 양식에 따라 작성할 것
- 요약 손익계산서에는 각 항목이 매출액 중에서 차지하는 비율(원가율, 매출총이익률, 판관비율, 영업이익률, 경상이익률, 당기순이익률 등)을 표기할 것
- 현행 기업회계기준에 따른 손익계산서(재무회계)를 작성하되, 별도로 관리회계에 따른 손익계산서를 작성하여 기업회계기준에 따른 손익계산서와 대비하고 그 차이가 있는 부분은 비고란에 그 내역을 기재한다(별지 10-1., 11-1. 양식). 관리회계에 따른 손익계산서라 함은 기업회계기준에 따른 손익계산서에서 현재가치할인차금상각, 대손상각(경상적인 것을 제외한다), 채무면제이익, 재해손실 등 채무자의 영업활동과 직접 관계가 없이 당해 분기에 특수하게 발생한 손익항목을 제외한 손익계산서를 말한다.

  위 항목 외에 추가로 관리회계에 따른 손익내역을 기업회계기준에 따른 손익내역과 달리 작성하려면 이를 달리할 특별한 사정이 있는 경우에 한하고 그 특별한 사정의 존재를 비고란에 상세히 기재하여야 한다.
- 요약손익계산서(누계)의 하단 또는 다음 장에 각 회계연도 개시 후부터 당해 분기까지 기간 동안의 이자보상비율을 기재(이자보상 비율은 이자비용 및 법인세차감전순이익을 이자비용으로 나누는 방법으로 산출하되, 그 이자비용에는 지급이자, 할인료, 사채이자 등이 모두 포함되어야 하며, 지급이자에는 공익채권에 대한 이자뿐 아니라 회생채권에 대한 발생이자까지 모두 포함되어야 함. 다만, 현가할인차금상각 및 채무면제이익은 제외하고 산정)

○ 종합의견과 전망 및 대책

- 영업현황(매출, 손익, 자금현황)에 대한 자체분석, 향후 영업전망, 만회대책 등을 기재

• 법원은 채무자가 회생계획상의 추정손익, 추정자금수지, 변제계획을 명실상부하게 달성하고 있는지 여부(특히, "회생계획"과 "실적"이 차이가 나는 경우 그

차이 원인과 대책), 동종 업계의 일반적인 동향과 해당 채무자의 영업현황(매출구조, 손익구조, 수출비중의 변화 등)에 대한 분석, 나아가 채무자가 잔여 회생계획상의 손익, 자금수지, 변제계획을 차질 없이 이행하기 위하여 채무자가 나아가야 할 방향 및 이를 위하여 세부적으로 추진하여야 할 사항(예컨대, 매출증대, 손익개선, 매출 또는 손익구조의 개편, 조직정비, 노사화합, 시설투자, 기타 회생계획완수를 위하여 추진하여야 할 각종 장단기 혁신계획(Innovation)과 이를 위한 세부사항 등)에 대하여 지대한 관심이 있다는 점을 유념하고, 이런 부분에 초점을 맞춰 구체적이고도 자세하게 기재하기 바람.

③ 회생계획 수행현황

○ 회생담보권, 회생채권 변제현황

- 별지 13.「회생담보권·회생채권 변제현황」양식에 따라 회생계획상 당해 분기에 변제하도록 되어 있는 회생채무 내역을 기재하고 그 변제현황을 기재
- 미변제금액(과거분 포함)이 있는 경우, 그에 대한 정확한 세부내역 (채권자 이름 / 회생담보권, 회생채권 여부/원금, 개시 전 이자, 개시후 이자 내역 / 원래 변제기 / 연체시 적용하기로 한 회생계획상의 연체이자율 및 이에 따라 현재까지 발생한 연체이자액), 지체사유(채권자미수령의 경우도 이러한 사유를 기재), 향후 변제계획 및 대책 등을 별도 표로 상세히 기재 설명하고, 이 부분에 대한 기재는 미변제상태가 해소될 때까지 매 분기보고서마다 기재할 것.
- 별지 13.「회생담보권·회생채권 변제현황」양식 중 '변제실적 - 전분기까지 요변제액'은 바로 전분기의 요변제액을 말하는 것이 아니라, 인가결정 후부터 전분기까지 요변제액 총액을 말하는 것임, '변제실적-미변제액'은 인가결정 후부터 전분기까지의 요변제액 중 미변제된 채권액의 총액을 말하는 것임, '변제실적-조기변제액'은 당분기를 포함한 향후 요변제액에서 미리 변제된 채권액을 말하는 것임.

○ 부동산매각, 신주발행, 기타

- 부동산매각, 신주발행, 기타 회생계획상 당해 분기에 이행하도록 되어 있는 사항에 대한 수행현황 기재, 수행하지 못한 경우에는 그 사유, 향후 수행계획 및 대책을 기재(미수행의 경우에 기재하는 향후 수행계획 및 대책은 미수행 상태가 해소될 때까지 매 분기보고서마다 기재)
- 향후 1년 내에 수행하여야 할 부동산매각(회생계획상 이미 매각을 하였어야 할 부동산 포함), 신주발행, 기타 회생계획상의 이행예정사항과 그 이행전망(① 회

생계획상 매각시기, 매각예정금액, ② 매각 불이행시 처리방법 - 연체이자 적용 여부, 매각위임이나 공매위임 등의 조치가 강제되어 있는지 여부 등, ③ 매각 추진 경과, ④ 향후 이행 전망, 매각 불이행시 자금운영대책 등의 요령으로 기재)

- 회생계획상의 자산매각 계획과 채무변제 계획의 관계(실제 매각되었는지 여부와 관계없이 회생계획상의 매각예정 연도에 예상매각대금 상당의 금액을 회생담보권자에게 무조건 변제하기로 되어 있는 것인지, 아니면 실제 매각된 경우에만 그 매각대금의 범위 내에서 변제하고 매각되지 않으면 일반적인 변제조항(몇 년 거치 몇 년 분할 상환)에 따라 변제하면 되는 것인지, 또한 만일 후자의 경우라면 회생계획상 자금수지에는 어떻게 반영되어 있는지)

④ 보고 사항

○ 회생담보권, 회생채권 종합변제실적 및 변제계획표 :

- 별지 14.「회생담보권·회생채권 종합변제 실적 및 변제계획표」양식에 따라 매 보고서마다 작성(※변제시기 또는 변제금액이 가변적인 보증채무는 본 표에서는 제외하고 별도 표로 처리)

㉠ 실변제대상채권액 : 인가 당시 확정된 원금, 개시 전 이자 중 권리 변경 후의 금액(즉, 면제 또는 출자전환된 채권을 차감한 금액)을 기재하고, 개시 후 이자는 인가 당시 예상하여 적용한 이율로 계산한 금액(즉, 회생계획상의 개시 후 이자 금액)을 기재

㉡ 변제실적 : 채무자의 변제행위(상계 포함)로 인한 부분만 기재, 일부 금액을 조기변제하면서 나머지를 면제받은 경우에는 전체 금액을 변제실적에 반영시킬 것, 조기변제한 경우의 연도 표시는 당초 회생계획상의 변제연도에 의함(즉, 회생계획상 2013년도에 변제예정이던 채무를 2011년에 변제하였으면 변제실적란에 2013년도 칸을 만들어 변제금액을 기재)

㉢ 변동 : 인가 이후 보고서작성기준일까지 회생채권 등의 확정에 관한 소송에서의 패소로 인한 증가분, 환율·이자율 변경으로 인한 증감분, 구상권 없는 제3자의 대위변제로 인한 감소분, 원금의 조기변제로 인한 개시 후 이자 자연감소분 등 위 ㉡ 변제실적에 포함시킬 수 없는 사유로 인한 변동금액을 기재하고, 각 변동항목에 대한 금액을 주석으로 기재

㉣ 채권잔액 : ㉠ - ㉡ - ㉢

㉤ 변제계획 : 원칙적으로 장래의 도래분만 기재하나, 지나간 연도 중에 미변제

금액(채권자 미수령 포함)이 있으면 '변제계획'에 해당 연도칸을 만들어 미변제잔액을 기재

○ 향후 1년간 변제하여야 할 회생담보권·회생채권의 금액

- 별지 15. 「향후 1년간 변제하여야 할 회생담보권·회생채권의 금액」 양식에 따라 변제기 순서에 따라 표로 작성(※ 정확한 변제기일을 기재하고, 기존의 미변제금액도 향후 1년간 변제하여야 할 채권금액으로 포함시키되 이 부분에 대한 변제기 표시는 원래 변제하였어야 할 변제기를 기재할 것)하고, 그 변제전망(○○부동산 매각 대금 ○○억원, ○○주식매각대금 ○억원, 증자대금 ○억원, 영업수익금 ○억원 등 회생계획상의 예상변제재원과 실제 예상변제재원)을 구체적으로 기재
- 별지 16. 「보증채무 현실화현황 및 종합변제계획표」 양식에 따라 매 보고서마다 작성
- 변제시기 또는 변제금액이 가변적인 보증채무(회생계획상 "주채무자로부터 우선 변제받기로 하되, 주채무자의 변제불능 등의 사유 발생시 채무자가 …… 변제한다"는 식으로 규정된 채무를 의미하며, 주로 대출금 연대보증채무를 지칭)에 대하여는 별도로 표 작성

㉠ 인가 당시 보증채무액 : 인가 당시의 보증채무 원금, 개시 전 이자 중 권리변경 후의 금액(즉, 면제 또는 출자전환된 채권을 차감한 금액) 및 회생계획상 지급하기로 한 개시 후 이자(결국 현실화 되어 채무자가 변제하여야 할 보증채무액)를 기재

㉡ 변제실적 : 위 보증채무 중 채무자가 변제하여야 할 상황이 발생하여 이미 변제(상계 포함)한 부분을 기재, 일부 금액을 조기변제하면서 나머지를 면제받은 경우에는 전체 금액을 변제실적에 반영시킬 것, 조기변제한 경우의 연도표시는 당초 회생계획상의 변제연도에 의함(즉, 회생계획상 2013년도에 변제예정이던 채무를 2011년에 변제하였으면 변제실적란에 2013년도 칸을 만들어 변제금액을 기재)

㉢ 변동 : 인가 이후 보고서작성 기준일까지 회생채권 등의 확정에 관한 소송에서의 패소로 인한 증가분, 환율·이자율 변경으로 인한 증감분, 주채무자의 변제로 인한 감소분 등 위 ㉡ 변제실적에 포함시킬 수 없는 사유로 인한 변동금액을 기재하고, 각 변동 항목에 대한 금액을 주석으로 기재

㉣ 채권 잔액 : 계 : ㉠ - ㉡ - ㉢ = 우발 +현실화, 우발 : 채권잔액 중 아직 현실화

되지 아니한 금액, 현실화 : 채권 잔액 중 이미 현실화된 금액

㉤ 변제계획 : 원칙적으로 장래의 도래분만 기재하나, 지나간 연도 중에 미변제 금액(채권자 미수령 포함)이 있으면 '변제계획'에 해당 연도 칸을 만들어 미변제잔액을 기재

○ 공익채권 현황표 : 별지 17.(예시)「공익채권 현황」 양식을 참고하여 작성

- 금융기관 공익채권, 상거래 공익채권, 기타 공익채권 등으로 분류하여 작성
- 전년도 말, 직전 분기 말과 대비
- 증감내역과 그 원인분석

○ 신규자본유치 및 M&A를 위한 조치사항 및 실직

○ 어음, 수표 발행현황 : 별지 18.(예시)「어음, 수표 발행현황」과 같은 양식으로 작성

- 당좌개설은행 표기

○ 가압류, 가처분, 소송현황 : 별지 19.와 같은 양식으로 작성

- 가압류, 가처분 외에 계류중인 소송(회생채권 등의 확정에 관한 소송 포함)도 기재
- 채무자가 신청인(원고)이든, 피신청인(피고)이든 불문하고 기재
- 가압류, 가처분은 해당 분기에 있었던 것만 기재하고, 소송은 현재 계류중인 것 모두 기재

○ 접대비 사용현황 : 별지 20.과 같은 양식으로 기재

- 반드시 위 내용 외에 법인세법상 손금으로 처리되는 접대비 한도액을 산출하고, 실제 지출액이 이를 초과하는지 여부를 기재할 것

○ 사업현장명세 :

- 건설채무자의 경우에 별지 21.「사업현장명세」 양식에 따라 작성
- 미분양아파트 현황도 별도로 기재

○ 기타 사항 : 기간(분기, 반기, 연) 중 채무자가 있었던 중요사항 또는 특이사항 기재

○ 자회사에 관한 주요 사항의 변동, 자회사의 상세손익계산서(그 요령은 채무자에 대한 것과 같다)

※ 분기보고서 작성시 결산이 완료되지 않은 경우에도 일단 가결산 수치를 토대로 가결산 수치임을 적절히 표시하여 제출기한까지 보고서를 제출하되, 추후 결산이 완료되면 과거 분기보고서 중 결산완료시 달라진 부분을 명기한 수정보고서를 제출할 것

다. 반기보고서(2/4분기 보고서) 기재사항 및 기재요령

- 2/4분기 보고서(회계연도의 중간보고서)는 '반기보고서'로 표기
- 기재사항 및 기재요령은 위 분기보고서에 준함
- 반기보고서와 별도로 2/4분기 보고서를 작성할 필요는 없음
- 반기보고서는 반기종료일로부터 2개월 이내에 제출하고, 회계감사기관의 반기 검토 의견서 또한 나오는 대로 법원에 제출 (상장기업 등 반기검토 보고서가 있는 채무자의 경우)

※ 반기보고서 작성시 결산이 완료되지 않은 경우에도 일단 가결산 수치를 토대로 가결산 수치임을 적절히 표시하여 제출기한까지 보고서를 제출하되, 추후 결산이 완료되면 과거 반기보고서 중 결산완료시 달라진 부분을 명기한 수정보고서를 제출할 것

라. 채무자 현황 및 연간보고서 기재사항 및 기재요령

① 채무자의 개요

○ 설립연월일, 설립자, 채무자연혁, 본·지점 및 공장 소재지

○ 계열기업인 경우 소속 그룹명 및 그 현황, 소속일자, 계열기업이 된 사정(과거 계열기업이었던 경우는 과거소속 그룹명, 계열분리일자, 계열분리된 경위)

○ 주요 업종, 생산품, 주요 판매처

○ 업계순위(매출실적, 생산시설의 규모, 시장점유율 등에 따른 업계순위)와 주요 경쟁업체

○ 채무자 기관·부서 도표(담당자 표시)

○ 임원 현황 및 직책, 보수, 최근 5년간 임원 수의 변동추이(감사를 두고 있는지 여부, 있다면 상근인지 비상근인지, 실질적인 감사인지 아니면 명목상의 감사인지 여부와 그 보수에 관한 사항은 별도 기재), 보고서 말미에 임원이력서 첨부

○ 직원 현황(총수 및 사업별·직급별 현황), 최근 5년간 직원 수의 변동 추이

○ 회생절차개시신청에 이른 주요 원인(파탄원인, 부도일자)

○ 회생절차신청경과(신청대리인, 신청일, 보전처분일, 개시일, 회생계획안 최초제출일, 회생계획인가일, 계획변경일, 인가결정에 대한 항고유무 등)

○ 법원허가금액(최종증액결정일자) 및 허가대상행위, 보고서 말미에 법원의 결정문 사본 첨부

○ 결산기준일

○ 외부회계감사

㉮ 회계법인명

㉯ 회계법인 선정에 관하여 당원의 허가를 받은 일자, 허가서의 문서번호, 회계감사보수

㉰ 지난 10년간 채무자를 외부감사한 회계법인의 이름 및 감사의견(적정, 한정, 의견거절 등 / 적정 이외의 의견을 받은 경우에는 그 사유 기재)

㉱ 외부회계감사를 받지 않았다면 그 사유

○ 회생절차상의 조사위원

○ 법률 및 회계, 세무, 노무자문에 관한 사항

○ 경영고문, 자문역 등 그 명칭을 불문하고 정식임원 이외의 고문을 두고 있는 경우, 그 성명, 선임경위와 선임일자, 보수, 사무실·차량·기사·비서 제공 여부

② 관리인 또는 관리인으로 보게 되는 채무자의 대표자에 관하여

○ 성명(한자) 및 인적사항

○ 이력서

○ 선임일자(보전관리인으로든 관리인으로든 최초 선임된 일자를 기재, 관리인 불선임결정에 의하여 관리인으로 보게 되는 채무자의 대표자의 경우에는 대표자로 선임된 일자 및 관리인 불선임결정 일자를 모두 기재), 재선임된 경우 재선임일자 및 임기, 보고서 말미에 최종 선임결정문 사본 첨부

○ 현재 보수(법원이 결정해 준 본봉 / 상여금 또는 연봉을 기준으로 하되, 만일 채무자의 사정상 반납하고 있는 금액이 있다면 그 금액은 별도로 표시), 최초 선임일 이후 보수변동내역, 보고서 말미에 최종 보수결정문 사본 첨부

○ 선임 전의 채무자와의 관계(직책), 관리인 등이 된 사정(법 제74조 제2항 또는 제3항의 적용에 의한 기존 경영자 관리인, 법원 직권 또는 채권자 추천에 의한 제3자 관리인)

③ 자본과 관련하여

○ 회생계획이 아직 인가되지 아니한 채무자의 경우 : 현재 납입자본금, 발행주식수, 주식소유관계(총 주식수 5% 이상 소유하는 주주명단 및 그 소유비율, 취득일자), 주식의 담보제공상황

○ 회생계획이 인가된 채무자의 경우 : 회생계획상 주주, 주식에 관한 조항

㉮ 지배주주 및 특수관계인의 주식에 대한 소각 여부, 그 비율, 이행결과

㉯ 회생계획인가 전의 납입자본금, 발행주식 수 및 그에 대한 소각 또는 병합 여부, 그 비율, 이행결과(등기부상 주식사항)

㉰ 회생계획에 따른 신주발행(출자전환, 전환사채, 신주인수권부사채 발행 포함) 여부 및 그 결과

㉱ 현재 납입자본금, 발행주식 수, 주식소유관계(총 주식 수 5% 이상 소유하는 주주명단 및 그 소유비율, 취득일자), 주식의 담보제공상황

㉲ 회생계획상 향후 신주발행 일정

○ 주권발행 여부, 상장(장외등록)법인 여부, 주당 액면가, 최근 주식시세(또는 거래가격) 및 지난 1년간 주식시세 변동상황의 개요

④ 전년도(4/4분기 포함) 영업현황

○ 매출실적과 입금실적
- 기재사항 및 기재요령은 위 분기보고서에 준하여 작성

○ 대차대조표
- 기재사항 및 기재요령은 위 분기보고서에 준하여 작성

○ 손익계산서
- 기재사항 및 기재요령은 위 분기보고서에 준하여 작성

○ 자금수지표
- 회생계획, 전년도 같은 기간과 대비하여 항목별 증감을 표시
- 자금수지표 양식은 별지 22. 「자금수지표(총괄)」, 별지 22-1.(예시) 「회생계획상의 추정 자금수지 내역과 당해 연도의 실제 자금수지 내역 비교표」, 별지 22-2. 「자금수지실적명세」에 따름

○ 종합의견과 전망 및 대책
- 전년도 영업현황(매출, 손익, 자금현황)에 대한 자체분석

○ 가압류, 가처분, 소송현황
- 기재사항 및 기재요령은 위 분기보고서에 준하여 작성

○ 접대비 사용현황
- 기재사항 및 기재요령은 위 분기보고서에 준하여 작성

⑤ 자산 및 부채와 관련하여(최근 외부회계감사보고서 또는 결산서를 기준으로 할 것)

○ 신청당시, 개시당시, 인가당시, 최근 자산 및 부채총액

○ 지난 5년간의 비교대차대조표

※ 외부회계감사결과(또는 인가 전 채무자로서 회계감사를 받지 아니한 경우에는 조사위원의 조사결과)를 기준으로 하고, 외부회계감사를 받지 아니한 대차대조표인 경우에는 그 뜻을 부기할 것(아래

손익계산서도 동일)

○ 인가 당시 확정된 회생채권, 회생담보권 액수 및 최근의 회생채권, 회생담보권 잔액(원금 및 개시 전 이자, 보증채권 및 장래의 구상권 등으로 구별하여 표 작성)

○ 인가 당시 및 최근의 공익채권액(금융기관채무, 상거래채무, 기타 등으로 구별)

○ 최근 총 채무액(회생채무와 공익채무 총계)

○ 어음·수표의 발행 여부(거래재개 일자, 당좌계정이 개설된 은행지점 기재) 및 지난 2년간 월별 어음·수표발행현황(매수 및 금액)

⑥ 영업및 자금수지와 관련하여

○ 회생계획기간 중의 추정손익계산서(회생계획안의 추정손익계산서)

○ 지난 5년간의 요약비교손익계산서(※ 매출액 중 매출원가, 매출총이익, 판관비, 영업이익, 영업외비용, 경상이익, 특별이익, 당기순이익 등이 차지하는 비율을 백분율로 표기)

○ 금년도 사업계획

㉮ 금년 업계동향

㉯ 금년 채무자의 영업전략

㉰ 금년 손익계획 및 자금수지계획(회생계획과 대비하여 월별·분기별 매출액, 매출원가, 매출총이익, 판관비, 영업이익, 영업외수익, 영업외비용, 경상이익, 당기순이익의 목표치 및 연간 합계액을 기재)

㉱ 수주부문이 있는 채무자의 경우(건설채무자 등) 인가연도 이후부터 작년까지의 수주실적(회생계획, 자체목표와 대비할 것) 및 금년 수주계획(회생계획 및 자체목표)

㉲ 금년 사업계획의 달성 및 향후 회생계획의 완수를 위하여 금년도에 역점을 두고 추진하여야 할 사항과 이에 대한 세부적인 추진방안(예컨대, 조직정비, 판매조직개편, 우수인력유치, 보수체계정비, 신규투자, 고수익 영업부분의 강화, 특정공장의 폐쇄나 이전, 현지법인의 철수, 원가율이나 판관비의 절감, 노사화합, 증자, 자산매각, 부동산개발, 신제품개발, 미수채권회수 등등)

○ 기타 영업과 관련하여 중요한 사항

⑦ 회생계획상의 변제계획과 관련하여

○ 회생담보권, 회생채권의 권리변경 및 변제방법 요약표 및 변제기일

○ 회생계획안에 따른 연도별·채권별·항목별(원금, 이자) 회생담보권과 회생채권의 변제대상금액(회생계획안상의 종합변제계획표에 기초)과 실제 변제상황(실변제

금액, 미변제금액, 미변제사유를 기재하고 향후 변제대책을 자세히 기재)

○ 회생계획상의 자산매각계획(매각예정자산내역, 매각예정시기, 매각예정가, 실제 매각 여부)

○ 회생계획상의 자산매각계획과 채무변제계획의 관계(회생계획상의 매각예정연도에 예상매각대금에 해당하는 금액을 회생담보권자에게 실제 매각되었는지 여부와 관계없이 무조건 변제하기로 되어 있는 것인지 아니면 실제 매각된 경우에만 그 매각대금의 범위 내에서 변제하고 매각되지 않으면 일반적인 변제조항(몇 년 거치 몇 년 분할상환)에 따라 변제하면 되는 것인지, 또한 만일 후자의 경우라면 회생계획상 자금수지에는 어떻게 반영되어 있는지)

※ 개시단계 채무자인 경우 회생계획의 주요 내용과 채권자와의 협의내용, 향후 계획안 통과 일정을 기재

⑧ 노사관계에 대하여

○ 노동조합의 유무

○ 노조원의 수(전체 노조가입가능직원 수 중 실제가입자의 비율 표기), 노동조합이 속한 상급 노동단체

○ 최근 노사관계의 동향(특히, 최근 5년간 쟁의행위 발생한 경우에는 그 내용과 경과 기재)

○ 최근 5년간 임금인상의 추이(만일 반납하는 상여금 등이 있다면, 그 규모)

○ 올해 임금단체협약의 시기 및 전망

○ 기타 노사관계와 관련한 특이사항

⑨ 기 타

○ 신규자본유치 및 M&A를 위하여 취한 조치사항 및 실적

○ 개시신청 당시 및 현재의 주거래은행(지점 표시, 주소, 전화번호, 팩스번호 기재)

○ 채권자협의회가 구성되어 있는 경우 그 구성원 및 대표채권자

○ 잔존 채권금액의 다액 순으로 10대 회생담보권자 및 회생채권자(주소·전화·팩스번호·담당부서·담당자)

○ 구 사주 및 그 특수관계인의 채무자와의 현 관계(맡고 있는 직책이 있다면 그 직책, 보수, 지원현황)

○ 기타 중요사항 및 법원에 건의할 사항

⑩ 감사의 의견(회생실무준칙 제4호)

○ 채무자의 업무처리 과정에 상법 제413조에 규정된 사항이 있는지 여부를 명기

○ 회계 및 자금관계 보고내용의 적부, 당해 분기 감사 실적의 개요, 자회사에 관한 사항, 기타 특이사항

⑪ 자회사 현황보고서 첨부(회생실무준칙 제9호)

○ 자회사의 개요

- 설립연월일, 설립자, 채무자연혁, 자회사 관계를 유지하는 이유, 본·지점 및 공장소재지
- 주요 업종, 생산품, 주요 판매처
- 임원 현황, 임기 및 직책, 선임 전 채무자와의 관계, 보수(임원 이력서 첨부)
- 직원 현황(총수 및 사업별·직급별 현황)
- 채무자의 경영 관여 정도

○ 자본에 관한 사항

- 현재 납입자본금, 발행주식 수, 주식소유관계(총 주식 수 5% 이상 소유하는 주주명단 및 그 소유비율)
- 주권발행 여부, 상장(장외등록)법인 여부, 주당 액면가, 최근 주식시세(또는 거래가격) 및 지난 1년간 주식시세 변동상황의 개요
- 자회사가 주식회사가 아닌 경우에는 위 각 사항에 대응하는 사항

○ 자산 및 부채에 관한 사항(최근 감사보고서 또는 결산서 기준)

- 최근 5년간의 채권·채무 총액의 추이
- 최근 5년간의 비교 대차대조표
- 자회사의 주요 재산목록

○ 영업에 관한 사항

- 최근 5년간의 요약 비교 손익계산서(매출액 중 매출원가, 매출총이익, 판관비, 영업이익, 영업외비용, 경상이익, 특별이익, 당기순이익 등이 차지하는 비율을 백분율로 부기할 것)
- 직전 회계연도의 상세 손익계산서(각 항목의 매출액에 대한 백분율을 부기함과 아울러 재무회계 및 관리회계에 따른 각 손익상황을 비교할 것)
- 차기 회계연도 손익계획 및 사업전망

○ 채무자와 자회사와의 관계

- 상호간의 영업 거래현황
- 상호간의 금전대차 기타 채권·채무 내역
- 회생계획인가 당시와 전년도 및 당년도의 상호간의 채권·채무 총액의 추이

- 상호 보증관계
- 최근 5년간 채무자가 받은 이익배당의 내용
- 자회사 매각계획의 유무 기타 자회사에 대한 향후 운용방침과 그 경과

○ 기타 중요한 사항(채무자가 다른 회사의 최대 지분을 소유하고 있음에도 불구하고 그 다른 회사에 대하여 실질적인 경영권을 행사하지 않고 있는 경우의 그 내역과 사유 등

※ 채무자 현황 및 연간보고서의 각종 수치는 가급적 회계감사기관의 회계감사보고서에 따를 것. 만약 회계감사보고서가 나오기 전이라면 가결산 결과에 의하여도 무방하나, 해당부분에 가결산 수치임을 적절히 표시하고, 회계, 감사기관의 회계감사보고서가 나오는 대로 회계감사보고서, 결산보고서와 함께 법원에 수정보고서를 제출하면서 가결산 결과를 기초로 작성한 연간보고서의 수치와 달라진 부분을 지적할 것.

〈부칙, 2010.07.12〉

1. 이 준칙은 2010.07.12.부터 시행한다.

(별지 양식 생략)

[실무규정 7] 회생절차의 조기종결에 관한 준칙(회생실무준칙 제14호)

회생절차의 조기종결에 관한 준칙

2006. 4. 1. 시행

1. 목 적

이 준칙은 회생절차의 조기종결에 관한 객관적 기준을 정립함으로써 회생절차의 진행에 관한 예측가능성을 제고하고 조기종결이 적합한 채무자의 신속한 회생을 촉진함을 그 목적으로 한다.

2. 조기종결의 적극적 운영

법원은 채무자의 회생계획 수행과정을 면밀히 주시하여 향후 회생계획의 수행가능성 여부가 명백하게 드러났고 인정되는 때에는 관리위원회, 채권자협의회 및 이해관계인의 의견을 들어 특별한 사정이 없는 한 직권으로 회생절차를 조기에 종결한다.

3. 수행가능성의 판단시 고려 요소

가. 긍정적인 요소

- 회생계획상 주요 부분의 변제가 차질 없이 이행되고 있는 경우
- 채무자의 총 자산이 총 부채를 안정적으로 초과하고 있는 경우
- 채무자가 회생계획상 예정된 경상수지 수준을 대폭 초과 달성하거나 수년간 계속하여 상당한 정도로 초과 달성하고 있고 앞으로도 그 수준을 유지할 가능성이 높은 경우
- 제3자가 채무자를 인수하여 향후 회생계획 수행에 필요한 자금조달이나 경상이익의 실현에 지장이 없다고 보여지는 경우

나. 부정적인 요소

- 회생계획에 따른 변제를 제대로 이행하지 못하고 있고 앞으로도 변제의 지체가 계속될 것으로 예상되는 경우
- 영업실적이 회생계획상 예정된 사업계획의 수준에 비하여 현저히 미달하고 있고 가까운 장래에 회복될 전망이 보이지 않는 경우

- 회생계획에서 정한 자산매각계획을 실현하지 못하여 향후 자금수급계획에 현저한 지장을 초래할 우려가 있는 경우
- 공익채권이 과다하게 증가하여 향후 회생계획의 수행에 지장을 초래할 우려가 있는 경우
- 노사쟁의, 기타 채무자 내부의 분규나 이해관계인의 불합리하고 과다한 간섭 등이 계속되어 채무자 운영에 심각한 차질이 발생한 경우

4. 조기종결의 운영 기준

가. 채무자 회생 및 파산에 관한 규칙 제51조 제2호 내지 제6호에 해당하는 채무자에 대하여는 제3항 나.호에 해당하는 경우가 아니면 특별한 사정이 없는 한 회생계획에 따른 변제가 시작된 후 회생절차를 종결함을 원칙으로 한다.

나. 위 가.항에 해당하지 아니하는 채무자 중 제3항 가.호의 요소 전부 또는 일부를 갖추면서 제3항 나.호에 해당하지 아니하는 채무자에 대하여는 특별한 사정이 없는 한 회생절차를 종결함을 원칙으로 한다.

다. 위 가.호 및 나.호에 해당하지 아니하는 채무자에 대하여는 최근 3년간의 회생계획 수행실적에 비추어 제3항 나.호에 해당하는 경우가 아니면 특별한 사정이 없는 한 회생절차를 종결함을 원칙으로 한다.

5. 채권자협의회에 대한 감독

가. 회생절차를 조기 종결하는 경우에 향후 채무자의 회생계획의 수행을 확보하기 위한 적절한 수단을 강구할 필요가 있다고 판단되는 경우에는 법원은 관리인에게 주요 채권자들의 협의체(다음부터 '채권자협의체'라고 한다)가 회생절차의 조기종결 후 채무자의 회생계획 수행을 감독하는 방안을 마련하도록 권고한다.

나. (1) 채권자협의체는 특별한 사정이 없는 한 채권자협의회의 구성원을 그 구성원으로 하여야 한다.

(2) 특별한 사정이 있는 경우에는 관리위원회의 승인을 얻어 채권자협의회의 구성원이 아닌 자를 그 구성원으로 정할 수 있다.

다. 관리인은 법원으로부터 위 가.호의 권고를 받은 때에는 채권자협의체와 사이에 채권자협의체 내부의 구성과 운영 및 활동 범위에 관하여 필요한 사항을 정한 협약을 체결하여 법원의 허가를 받아야 한다.

라. 관리인은 회생계획에 위 다.호의 사항을 규정하여 관계인집회의 결의 또는 서면결의에 부칠 수 있고 이 경우에는 법원의 허가를 받지 아니할 수 있다.

마. 채권자협의체의 활동 범위는 채무자에게 월간보고서나 분기보고서를 협의체에 제출하도록 하고, 회생계획에서 예상된 범위를 벗어나는 지출 및 중요 자산의 처분에 관하여 별도로 보고하는 등의 방법으로 회생계획의 적정한 수행을 감독하기 위하여 필요한 한도 내에서 정하여야 한다.

바. 채권자협의체는 채무자에게 영업비밀에 속하는 정보나 자료의 제출을 요구하거나 경영판단에 속하는 행위에 대해 간섭하거나 시설투자 및 인력확충 등에 필요한 자금지출의 통제를 하는 등 채무자의 사업활동 및 경영권의 본질적인 영역에 속하는 사항에 관하여는 감독권을 행사할 수 없다.

서식색인

(ㄱ)

(ㄷ)

(ㅁ)

(ㅂ)

(ㅅ)

(ㅇ)

(ㅈ)

(ㅊ)

(ㅌ)

(ㅍ)

(ㅎ)

저 자 약 력

• 저자 : **장 종 운**

- 전남대학교 법과대학 및 동 대학원
- 법학박사

현〉 대한법률구조공단 법률전문상담관
기업회생경영사

【저서】「개인도산개론」 외 다수

• 공저자 : **김 상 승**

- 전 법원내부회생위원(사무관)
- 전 법인회생·법인파산 담당관
- 전 미래로 법무사합동법인 대표법무사

현〉 중앙법률사무원교육원 회생법 교수
법무법인 우암 사무국장(T. 010-8512-7100)
E-mail : pasan@hanmail.net

【저서】「법인회생사건 처리실무」(공저)

무담보 5억원·담보부 10억원 초과의
고액 개인채무자를 위한 유일한 회생절차 **신 일반회생 실무**

저　　자 장 종 운·김 상 승　　2017년 1월 19일 초판 인쇄
발 행 인 양 진 수　　2017년 1월 31일 초판 발행
발 행 처 진 원 사

서울시 서초구 법원로 2길 17-6 (서초3동 형덕빌딩 1층)
전화 : 02) 916-1850 / 팩스 : 02) 916-3442
신고번호 제321-2512007002호
http://www.jinwonsa.co.kr
http://www.lawbookstore.co.kr
e-mail : hhansin@hanmail.net

ISBN : 978-89-6346-489-3　　93360　　**정가 80,000 원**